9787514436105_2
U0784441

中华人民共和国地方志丛书

郴州市志

（1989—2005）

郴州市地方志编纂委员会　编

（中卷）

方志出版社
Publishing House of Local Records

此版权页不得擅自改动及遗漏，违者必究。

图书在版编目（CIP）数据

郴州市志：1989-2005 / 郴州市地方志编纂委员会编. --北京：方志出版社，2019.1
ISBN 978-7-5144-3610-5

Ⅰ. ①郴… Ⅱ. ①郴… Ⅲ. ①郴州—地方志—1989-2005 Ⅳ. ①K296.43

中国版本图书馆CIP数据核字（2019）第028117号

郴州市志（1989—2005）

编　　者：郴州市地方志编纂委员会
责任编辑：齐　笑
出 版 人：冀祥德
出 版 者：方志出版社
　　　　　地址　北京市朝阳区潘家园东里9号（国家方志馆4层）
　　　　　邮编　100021
　　　　　网址　http://www.fzph.org
发　　行：方志出版社图书经销中心
　　　　　电话（010）67110500
经　　销：各地新华书店
印　　刷：郴州市天虹彩色印刷有限责任公司
开　　本：889×1194　　1/16
印　　张：143
字　　数：3850千字
版　　次：2019年1月第1版　　2019年1月第1次印刷
印　　数：0001～1500册

ISBN 978-7-5144-3610-5　　定价：896.00元

· 版权所有　翻印必究 ·

总目录

第十一篇 经济综述

第十二篇 经济综合管理

第十三篇　农业与农村经济

第十四篇 工 业

第十五篇　商　贸

第十六篇　旅游业·服务业

第十七篇　开放开发

第十八篇 财政·税务

第十九篇 金 融

郴州市志（1989—2005）

第十一篇

经济综述

1988年5月，国务院批准郴州创办由广东向内地延伸的改革开放过渡试验区后，郴州乘势而上兴起新一轮发展热潮。继后又抓住撤地建市这一历史机遇加快郴州经济发展。1989—2005年，郴州始终坚持以改革开放为主线，以经济建设为中心，推动经济实现由量到质的巨变，综合经济实力显著增强。

1989—1994年，郴州地区在积极办好改革开放试验区进程中，全面实施"以开放促开发，以开发促发展"战略，改革创新，大胆进行放活商品流通、放活经济所有制结构、放活企业经营机制的"三放活"改革，增强经济发展活力。同时以市场为导向，着力改善经济发展基本条件，转换生产经营体制机制，发展商品经济。在这一时期，农业基础地位得到巩固和加强。湘南农业综合开发、农业商品基地开发、扶贫开发等工程的实施，加速了传统农业向现代农业转变。农村经济打破产业界线由"农、林、牧、副、渔"向"工、商、运、建、服（务）"延伸发展。到1994年，全年实现农业总产值42.42亿元，为1989年的2.4倍。工业生产规模不断扩大，经济效益逐步好转。全地区大力发展多种所有制结构、多种经营形式的工业企业，国有企业普遍推行破产重组、股份合作、兼并联营、国有民营、租赁经营等经济体制机制改革。全地区包括国有、集体、私营、股份、个体等在内的工业企业发展到4.5万户，有29户小型企业升为大中型企业。全年实现工业总产值90.18亿元、工业增加值33.11亿元，分别为1989年的2.7倍和2.9倍。与此同时，发挥地处湖南"南大门"之优势，倾力发展边境贸易和旅游产业。全社会固定资产投资逐步增加，助推建筑、交通、邮电、商业贸易、金融、保险业的发展。地区生产总值达95.26亿元，为1989年38.76亿元的2.5倍；财政总收入达7.96亿元，为1989年3.19亿元的2.5倍。

1995年5月，郴州实现撤地建市，市委、市政府面对经济发展规模优势不明显、产业结构不尽合理、产品粗加工技术含量不高等问题，找准实现经济跨越式发展着力点，提出"重农富民、兴工强市、科技兴业"三个战略重点，确立抓好"基础设施、支柱产业、农产品商品基地、科技开发、旅游开发"五大战略工程，力推经济发展由小散型、粗放型向集约型、效益型转变，实现提质升级上台阶。

在1996—2000年"九五"计划时期，郴州市以开发县域经济为驱动，调整优化农业产业结构。先后重点组织开发培植畜牧、水产养殖和烤烟、蔬菜、果茶、药材种植等支柱产业，建立粮食、生猪、烤烟、水果、楠竹、用材林、茶叶七大优质农产品商品基地。同时大力推进"优势产业带""一乡一品、一村一品"基地建设，促进县域经济产业结构转换与升级。工业经济突出改变增长方式，推进体制、产业、技术创新。这期间，郴州选择电子信息、生物技术与制药、新型建材和有色金属深加工四大高新技术产业作为主攻方向，改变单一的资源型产业结构。采用资产重组、联大靠强等方式，着力培植能源、建材、有色金属、食品烟草、化工五大行业，年产值分别过亿元的骨干企业。其间，资兴市"省级科技星火密集区"、郴州市区中心城区"高新技术产业群"，带动工业企业力推高新技术产业化，全市“老、粗、弱”产业形象有较大改变。到2000年，全市实现生产总值231.55亿元，财政总收入16.82亿元，分别为1995年的1.9倍和1.7倍。生产总值中第一产业增加值、第二产业增加值分别为60.75亿元和78.67亿元，是1995的1.7倍和1.9倍。第三产业不断发展壮大，2000年其增加值达92.13亿元，分别为1995年的2.47倍和1989年的7.7倍。

在2001—2005年“十五”计划期间，郴州市农业推行土地流转进行适度规模经营，强化集生产、加工、销售于一体的农业产业化经营，突出转变农业发展方式。到2005年，市内初步形成农业产业化经营构架，以安仁优质稻、临武鸭、资兴东江鱼、桂阳烟叶、桂东玲珑茶等为代表的农产品，相继融入“生产—加工—销售”一体化产业链。生态农业、品牌农业、特色农业得到发展。全市农产品商品率达75%。工业领域结合企业改制，运用资本运作和技术嫁接、参股合营、购销合作等方式将企业做大做强，组建大集团、大公司。同时，每年聚力建设一批工业新兴产业项目，打造上规模、技术新、市场竞争力强的骨干企业群团。郴州境内形成有色金属、能源、电子信息、建材、医药食品、化工机械6大工业支柱产业集群，华录数码、高斯贝尔、冷杉空调、恒维电子等高新技术企业相继落户郴州。2001—2005年，年总产值过亿元企业由9家发展到67家，全市高新技术产值年均增长39.3%。商贸、交通、服务、旅游等第三产业迈上新台阶。2005年，第三产业实现增加值168.46亿元，为2000年92.13亿元的1.8倍，为1989年11.90亿元的14.1倍，呈快速增长之势。

1989—2005年，郴州一、二、三产业逐步协调发展，财政收入稳步增长，人民生活水平日益提高。2005年，全市生产总值和财政总收入分别达475.81亿元和43.12亿元，为1989年的12.3倍和13.5倍。生产总值中，一、二、三产业增加值分别为81.52亿元、225.83亿元和168.46亿元，分别为1989年的6.4倍、16倍和14.2倍；农村居民人均纯收入和城市居民人均年收入分别为3506元、9595元，为1989年的6.6倍和7.0倍。

此17年间，郴州经济在加快发展的同时，亦还存在工农业基础设施比较落后，产业结构调整困难，产业升级换代层次较低，产品科技含量不高等突出问题，制约着郴州经济加快发展的步伐。

第一章 经济发展

第一节 生产总值

一、生产总值及其增速

1989年，郴州加快改革开放过渡试验区建设，以资源开发为依托，以产业结构调整为主轴，以经济项目建没为重点，全区生产总值增长较快。是年，全地区完成生产总值（GDP）38.76亿元，人均生产总值926元。1990年，实现生产总值42.55亿元，比上年增长7.9%，人均生产总值1009元。

1991—1995年是郴州地区经济转入快速发展时期。1992年召开的中国共产党第十四次全国代表大会，确立建设社会主义市场经济体制方针。自此全区加快经济体制改革，以市场为导向着力调整工农业产业结构，突出发展优势产业，实施“科技兴郴”，推动经济发展。1993年，全地区生产总值增长速度13.5%，为改革开放后最高增速年。1994年，人均生产总值2198元，为1989年926元的2.4倍。

1995年5月郴州撤地建市后，中共郴州市委、市人民政府确立“开放兴郴、重农富民、兴工强市、科技兴业”发展战略，推进经济建设重点项目建设，加快产业结构调整，经济效益持续增长。1995年，生产总值突破百亿元，达到118.99亿元。1999年，全市生产总值总量突破两百亿元，达207.63亿元，提前三年实现比1980年生产总值总量翻两番目标，2000年全市生产总值达231.55亿元。“九五”计划（1996—2000年）时期，全市生产总值年均增长10.6%。其中，1996年增长13.1%，1997年增长10.3%。其后三年因受亚洲金融危机影响，经济增长速度有所放缓，分别增长9.8%、9.6%和10.1%。2000年人均生产总值5305元，比1995年增加2579元，年均增长10.7%。

在2001—2005年“十五”计划期间，市委、市政府推行“经济强市、生态大市、旅游名市”战略，扩大对外开放，开展招资引商，推进建设“新型工业化、农业产业化、城镇化”进程，大力发展有色金属、能源建材、电子信息、机械化工、烟草食品、生物医药六大优势产业，推进农业产业化经营，经济总量扩大，经济效益明显提高。2001—2005年，全市实现地区生产总值由259.28亿元增加到475.81亿元，年均增长11.9%，比全省平均水平高3.6个百分点，比“九五”时期平均高1.3个百分点，年均增幅创五年计划新高。

到2005年，全市年生产总值475.81亿元，比上年增长12.8%，比全省平均增幅高1.2个百分点；人均生产总值11030元，比全省平均水平高664元，比2000年增加5725元，年均增长12.0%，比“九五”时期高1.3个百分点，增长幅度在全省14个市州位居第三。2005年全市人均生产总值是1989年的11.9倍，年均增加594.35元。

二、第一、二、三产业增加值

（一）第一产业

自1989年始，全地区实施湘南农业综合开发项目，农业随之升温，发展步伐加快。1989—1995年，第一产业增加值总量由12.71亿元增加到36.23亿元，年均增长6.1%。1996—2000年，郴州市强化农业在经济工作中的基础地位，调整农村产业结构，加大农业投入，改善农业生产条件。在其五年间，第一产业增加值年均增长7.9%，总量由1996年的44.72亿元增加到2000年的60.75亿元，增加16.03亿元。2001—2005年，全市继续调整三次产业结构比重，农业生产进入平稳发展期。其间前三年第一产业增加值增长速度分别为3.5%、3.3%、3.4%。2004年、2005年，党中央、国务院高度关注“三农”（农村、农业、农民）问题，财政支农力度加大，加之农村实施税费体制改革，农民受益增多，生产积极性高涨，这两年第一产业年增加值增长速度分别为7.1%和6.1%，明显快于前三年。2005年，全市农业增加值总量增至81.52亿元，比上年增加4.92亿元，为1989年12.71亿元的6.4倍。

（二）第二产业

1989—1990年，境内工业实施“治理、整顿”方针政策，加之受资金短缺、电力紧张、工业产品市场疲软等因素影响，第二产业增加值增幅较低。1989年比1988年增长7.2%，1990年比1989年增长仅3.5%，其中当年工业增长3.4%，建筑业增长5.0%。1991年后，企业推进管理体制改革，打破拿固定工资的“铁碗饭”，实行劳动优化组合及工资与效益挂钩等革新，企业内在活力增强。加之市场环境好转，社会投资逐步活跃，基础设施建设力度加大，促使第二产业增加值实现跨越增长。1991—1995年，第二产业增加值由15.93亿元增加到42.21亿元，年均增长14.6%。其中，工业增加值由14.38亿元增至39.23亿元，年均增长15.1%。1996—2000年“九五”计划期间，全市工业面临市场竞争激烈、税负加重、成本提高等困难，且国有工业企业又进入改制整顿期，工业增长减慢，1997和1998年仅增长8.1%和8.4%。“十五”计划（2001—2005年）时期，郴州市实施“工业强市”战略，大力发展民营、外资工业企业，加强新兴工业基地和支柱工业建设，推进新型工业化进程；加之受国际市场矿产品价格上扬拉动，全市工业强势发展。与此同时城镇化进程步伐加快，项目建设不断扩大，驱动建筑业快速发展。2001—2005年，第二产业增加值由91.54亿元增加到225.83亿元，增加134.29亿元，年均增长17.4%。其中，工业增加值由81.32亿元增加到206.63亿元，年均增长17.8%，创历史最高水平；建筑业增加值由10.23亿元增加到19.20亿元，年均增长14.2%。2005年，全市第二产业增加值总量由1989年的14.15亿元增至225.83亿元，占当年生产总值的比重达47.5%；工业增加值为1989年14.15亿元的16.0倍。

（三）第三产业

20世纪90年代初，郴州提出加快现代服务业发展的目标要求，第三产业进入快速发展轨道。1990年，郴州实现第三产业增加值12.62亿元，按可比价格计算比上年增长16.8%。1991—1995年（“八五”计划时期），郴州交通、电信业长足发展，贸易市场、生活服务和旅游业日趋繁荣。第三产业增加值年均增长10.9%，总量由1991年的15.45亿元增加到1995年的40.55亿元，增加25.1亿元。1996—2000年（“九五”计划时期），人民生活水平大幅度提高，交通、贸易等流通领域建设日益完善，电信、金融保险和房地产业异军突起，社会事业全面繁荣，第三产业随之进入发展鼎盛时期。此间，第三产业增加值由1996年的54.80亿元增加到2000年的92.13亿元，年均增长 12.5%，年均增幅居历年之首。2001—2005 年（“十五”时期），第三产业发展平稳，增长质量提高。运输、邮政和商贸等传统行业进入稳健发展时期，信息传输、文化娱乐、商务服务等新兴行业发展迅速，各行业呈现协调扩展、相互促进的局面。这一时期，第三产业年增加值总量由 2001 年的 104.84 亿元增加到 2005 年的 168.46 亿元，年均增长 11.5%。2005 年，第三产业增加值总量是 1989 年 11.9 亿元的 14.2 倍。

1989—2005 年郴州市（地区）生产总值环比增长情况一览表

表 11-1-1-1

项目	生产总值			第一产业		第二产业		增长（%）		第三产业	
年份	绝对值（亿元）	人均（元）	增长（%）	绝对值（亿元）	增长（%）	绝对值（亿元）	增长（%）	工业	建筑业	绝对值（亿元）	增长（%）
1989	38.76	926	6.30	12.71	2.6	14.15	7.2	9.5	-17.3	11.90	9.7
1990	43.27	1009	7.90	16.01	5.9	14.64	3.5	3.4	5.0	12.62	16.8
1991	49.74	1167	11.20	18.36	7.5	15.93	10.0	10.4	8.1	15.45	11.0
1992	64.24	1497	13.20	24.24	6.6	20.61	22.6	21.1	43.0	19.40	10.9
1993	78.61	1824	13.50	25.21	7.6	27.08	18.8	19.4	11.8	26.31	13.6
1994	95.26	2198	10.00	28.76	3.0	36.03	12.7	13.1	7.0	30.48	14.0
1995	118.99	2726	9.00	36.23	6.1	42.21	9.5	12.1	-26.1	40.55	11.2
1996	151.49	3443	13.10	44.72	10.5	51.97	15.0	15.2	11.1	54.80	13.1
1997	172.55	3893	10.30	55.01	11.0	54.80	8.1	7.1	30.4	62.74	12.6
1998	190.44	4269	9.80	57.03	8.3	60.23	8.4	6.6	40.2	73.18	12.9
1999	207.63	4705	9.60	59.09	5.2	65.38	11.2	10.9	14.6	83.16	11.6
2000	231.55	5305	10.10	60.75	4.6	78.67	12.0	12.1	10.8	92.13	12.4
2001	259.28	6058	10.00	62.90	3.5	91.54	15.3	16.2	8.8	104.84	14.0
2002	288.56	6795	11.30	64.30	3.3	106.81	17.3	16.8	21.1	117.45	10.6
2003	327.28	7676	11.50	64.26	3.4	132.67	17.6	17.6	16.9	130.35	10.3
2004	398.46	9333	13.20	76.60	7.1	173.24	18.9	19.4	14.7	148.62	10.8
2005	475.81	11030	12.80	81.52	6.1	225.83	17.8	18.8	10.0	168.46	10.7

说明：表中绝对值以现行价格计算，增速按可比价格计算

第二节　农业发展概况

一、农业产值

1989 年后，郴州地区农业在继续抓好粮食生产同时，依靠产业结构调整和科技进步，大力发展烟、果、茶、竹木、蔬菜及药材等经济作物的生产，拓展畜牧、水产养殖业，农业生产实现稳步

发展。1990年农业总产值比1989年增长34.6%。在1991—1995年的“八五”计划时期，农业总产值年均增长6.7%。之后，坚持以市场为导向，推进农业产业向多元化、高效益方向发展，调减传统粮食品种播种面积，增加烤烟、蔬菜、水果等经济作物种植面积。同时普遍推广“三元杂交猪”养殖，发展草食动物养殖，扩大优质鱼放养面积，农业产值增幅逐年提升。在1996—2000年的“九五”计划时期，农业总产值年均增长由“八五”计划时期的6.7%上升到8.1%。到2000年，全市农林牧渔业年总产值达94.39亿元，比上年增长3.2%。全市加快发展优质高效农业。到2005年，水稻播种面积达250.1千公顷，比上年增长1.0%，其中优质水稻种植面积143.3千公顷，同比增长19.4%，占水稻种植面积的57.3%，提高8.8个百分点；杂交玉米种植面积30.3千公顷，占玉米种植面积的91.8%，比上年提高3.0个百分点；蔬菜、药材种植面积均有所增加，油料和棉花种植面积则有所减少。养殖业增加值为33.1亿元，比上年增长5.1%；出栏肉猪、菜牛、家禽同比分别增长3.5%、11.2%和5.0%，总产量同比分别增长4.1%、5.7%和10.3%。

2005年，全市实现农林牧渔业总产值131.10亿元，为1989年18.01亿元的7.3倍。“十五”（2001—2005）计划时期，克服多种自然灾害和市场需求、物价波动的影响，农业总产值年均依增长6.7%，较之“九五”（1996—2000年）计划期间，年均下降1.4个百分点。

1989—2005年郴州市（地区）农业总产值一览表

表11-1-2-1　　单位：万元

年份＼项目	农业总产值	1.农业	2.林业	3.牧业	4.渔业	5.服务业
1989	180064	87408	14553	62166	7340	8597
1990	242393	129834	18162	71740	9187	13468
1991	256826	133427	21422	79330	9275	13372
1992	286218	147257	29038	85031	10233	14659
1993	358620	199296	33146	112026	13610	—
1994	424216	222766	38465	148563	14422	—
1995	558530	293970	38370	208672	17518	—
1996	696309	363927	36511	268791	27080	—
1997	858694	412618	53500	359957	32619	—
1998	884903	435321	53818	358308	37456	—
1999	914764	471674	57924	341656	43511	—
2000	943882	469598	59451	372301	42532	—
2001	981666	485064	65218	385120	46264	—
2002	1002112	517966	62050	378046	44050	—
2003	1025866	490858	72678	393373	49915	19042
2004	1225333	589368	76258	486152	53352	20203
2005	1310986	649190	81133	493494	62945	24224

说明：按1993—2002年的农业统计制度规定，服务业产值未单独分类统计

二、主要农产品产量

（一）粮食、经济作物产品产量

1989—2005年，粮食产量实现稳定增长。全市（地区）粮食产量由1989年的152.65万吨增加到2005年的201.19万吨，增加48.54万吨，增长31.8%，平均每年递增1.9%。其中，1990年比1989年增长3.5%，1995年比1991年增长12.9%，2000年比1996年增长6.9%，2005年比2001年增长3.7%。全市粮食单产亩平由1989年的327千克增加到2005年的398千克，增长21.7%，粮食生产能力得到大幅提升。2003年后，国家采取粮食综合补贴和最低收购保护价等一系列惠农政策，调动农民种粮积极性，粮食种植结构愈趋合理。到2005年，全市稻谷与旱粮种植面积结构比由1989年的84.1∶15.9调整到74.3∶25.7，优质旱粮尤其是高产杂交玉米种植面积扩大。此间，以蔬菜为主体的经济作物生产呈快速发展之势。2005年，蔬菜种植面积为72.67千公顷，为1989年的18.43千公顷的3.9倍，年均增长9.0%。其他经济作物产量如油料、烤烟、茶叶、水果产量分别为5.21万吨、7.20万吨、0.23万吨和21.24万吨，与1989年比分别增长4.4倍、54.6%、2.0倍和11.4倍。“桂阳金叶”牌烤烟、苏仙邦尔泰茶油、永兴冰糖橙、宜章纽荷尔脐橙、资兴狗脑贡茶、桂东“朝贡金桔”、临武蜜柚等境内主要优势农产品，先后获湖南省农博会金奖，产量随之逐年增加。

（二）畜禽产品产量

1989—2005年，郴州按照产业化、规模化要求，举力发展猪、牛、羊、鸡、鸭、鹅、兔七大畜禽养殖。全市（地区）主要畜产品生猪出栏由1989年的176.59万头，增加到2005年的554.18万头，增加377.59万头，增长2.1倍，年平均递增7.4%。其中，1990年比1989年增长0.6%，1995年比1991年增长67.0%，2000年比1996年增长29.8%，2005年比2001年增长13.3%。全市生猪存栏数由1989年的173.08万头增加到2005年的322.04万头，增加148.96万头，增长85.5%，年平均递增4.0%。其中，1995年比1991年增长27.1%，2000年比1996年增长10.2%，2005年比2001年增长8.9%。在此期间，家禽、畜牧养殖从原零星散养向兴办规模化养殖场养殖转变。苏仙牌猪、临武鸭、永兴黄郎鸡等成为特色品牌和当地拳头产品，形成规模养殖效益。2005年，全市饲养菜牛、家禽的存栏数分别比1989年增长44.3%和2.1倍。畜牧业产值占全市农林牧渔业总产值的比重（按当年价格计算），由1989年的34.5%上升到2005年的37.6%，提高3.1个百分点。

（三）水产品产量

1989—2005年，全市（地区）水产品年产量由2.01万吨增加到9.79万吨，增加7.78万吨，增长3.9倍，年平均递增10.4%。其中，1995年比1991年增长48.4%，2000年比1996年增长64.9%，2005年比2001年增长46.5%。2005年，全市淡水养殖面积37.08千公顷，是1989年放养面积的1.5倍。其间，渔业生产从零星常规养殖发展到网箱养殖、特种养殖、大水面养殖等多种高效益模式养殖。水产品养殖品种逐步向多元化转变，其中“东江鱼”发展为全国名优渔业产品，成功养殖的斑点叉尾鮰、宝石斑、罗非鱼、虹鳟鱼等名优特品种，填补郴州渔业生产空白。

1989—2005年郴州市（地区）农业主要产品产量一览表

表11-1-2-2

项目 年份	粮食（万吨）	油料（吨）	烤烟（吨）	水果（万吨）	生猪出栏（万头）	生猪存栏（万头）	生猪存栏（万头）	水产品（吨）
1989	152.65	9740	46586	766	1.71	176.59	173.08	20105

续表 11-1-2-2

项目 年份	粮食 （万吨）	油料 （吨）	烤烟 （吨）	水果 （万吨）	生猪出栏 （万头）	生猪存栏 （万头）	生猪存栏 （万头）	水产品 （吨）
1990	158.02	16410	42789	742	1.57	176.70	174.22	21505
1991	151.75	16702	48849	823	2.13	184.38	180.92	21371
1992	155.62	18321	73407	835	1.35	192.89	184.78	23352
1993	158.80	16692	81494	853	3.35	217.86	197.29	25854
1994	159.06	17973	51260	906	3.02	256.38	211.74	27320
1995	171.25	21207	46134	1016	4.43	307.98	229.87	31711
1996	180.48	27600	62600	1249	4.44	360.01	257.80	36727
1997	170.76	29933	91455	1104	9.48	404.66	264.68	43271
1998	187.30	33775	61158	1139	6.53	446.73	273.56	49264
1999	195.02	36075	58533	1324	10.03	446.26	286.55	54744
2000	192.85	40346	65014	1374	8.56	467.15	284.04	60570
2001	194.10	42956	62592	1509	11.07	489.02	295.70	66805
2002	190.21	45405	66189	1806	12.47	504.13	301.35	74596
2003	181.17	48930	69614	1888	14.75	518.10	306.51	80380
2004	194.71	50225	70790	2063	17.67	535.19	313.45	88702
2005	201.19	52125	72019	2327	21.24	554.18	322.04	97854

说明：水果产量中不含瓜果类水果（西瓜、甜瓜、草莓）产量

三、农业综合生产能力

1989年，国务院批准实施湘南农业综合开发计划后，郴州地区着力改善农业发展基本条件，提高农业综合生产能力。1989—1991年，在实施第一期农业综合开发中，全地区改造中低产田5.02万公顷，新增灌溉面积2.43万公顷，建设稳产高产农田3.93万公顷，兴建农业商品基地6.67万公顷，开垦宜农荒地1.17万公顷，造林1.74万公顷。1989—2005年，郴州先后组织实施6期农业综合开发，共投入农业开发项目资金12.53亿元。在农业综合开发驱动下，郴州加大农业基础设施建设投入，致力改善农田水利、土地种植、农业机械、农业产业化、农业科技推广等条件，农业综合生产能力逐步增强。

至2005年，郴州在此17年间，完成兴修水库、修整病险水库、修复水毁灌溉堤坝工程、渠道清淤及水利工程基础设施配套等重点水利工程建设4970项，全市旱涝保收面积占农田总面积的78.8%。同时，改造中低产稻田19.19万公顷，综合治理水土流失面积2.23万公顷，解决239个村民小组5.54万人饮用水困难。2005年，全市农业机械总动力251.8万千瓦，与1989年相比增长2.2倍；全市已有78%的村通自来水、99.6%的村通公路，农村用电量比1989年增长3.1倍，全市11个县（市、区）和250个乡镇建立县级农技推广站11个、乡级农技推广站248个，重点组织推广农业生产新技术110多项。农业生产条件改善，使农业综合生产能力逐步提升，现代农业建设步伐加快。其间，农业产业化经营有重大突破。全市集中力量建设“水稻、烟叶、畜禽、水产、经济林、楠竹、

水果、蔬菜、药材、茶叶”十大优势农业产业基地，形成优势农产品集约、规模化生产；培植涌现临武鸭、裕湘面、东江鱼等一批科技含量高、地方特色鲜明的农业产业化龙头企业，开发特色农产品品牌20个。2005年，全市拥有市级以上农业产业化龙头企业36家（其中国家和省级10家），实现产值5.29亿元，带动其连接的农业生产基地实现总产值3.73亿元。其中临武舜华鸭业发展有限责任公司、资兴东江渔业集团2家国家级农业产业化龙头企业，加工生产的产品驰名省内外。

第三节 工业发展概况

一、工业总产值、增加值

1989年，郴州工业总产值为32.88亿元，按可比价格计算比上年仅增长0.7%。之后，各级政府采取措施加快工业发展。1990年1月，郴州地委、行署组织400多名干部到162家停产半停产企业调查研究，帮助整改和解决资金、技术、原料等方面具体困难，到5月，有122家停产半停产企业恢复生产。1994年，郴州组织39个由市、县级领导干部带队的支帮促工作队下厂蹲点，实行扭亏增盈首长负责制，帮助企业更新管理增效益。到1995年，全市实现工业总产值107.23亿元，按可比价计算比上年增长12.1%，比1989年增长1.1倍，年均增长12.8%；实现工业增加值39.23亿元，比1989年增加27.80亿元，年均增长13.1%。1996年，全市实施“开放带动”战略，加快国有企业改革步伐，改善投资环境拓展招商引资，大力发展各种经营形式的企业，依托技术创新转变经济增长方式，工业生产持续发展。1996年，全年实现工业总产值129.96亿元，按可比价计算比上年增长15.2%。全市开发新产品59项，实现产值5.88亿元。新产品新技术中，“水泥包装微机控制技术”获省优秀新技术项目奖。1998年，郴州丰利金刚石股份有限公司研制的“激光焊接锯片”新产品，被湖南省人民政府确定为科技开发“百亿工程”项目。到2000年，全市实现工业总产值199.3亿元，比1995年增加92.07亿元，年平均增长11.07%；实现工业增加值69.29亿元，比1995年增加30.06亿元，年均增长10.3%。之后，随着实施“兴工强市”战略的推进，着力培植龙头企业和优势支柱产业，工业经济持续增长。2005年，全市实现工业总产值620.56亿元，按可比价格计算，比2000年增长1.29倍，年均增长18.1%；实现工业增加值207.46亿元，按可比价格计算，比2000年增长2.26倍，年均增长17.8%。工业总产值、工业增加值分别为1989年的18.9倍和18.1倍；年产值过亿元企业增至67户，郴州规模以上工业企业增加值在全省14个市州排名居第四位。2005年，全市工业经济总量跃居全省市（州）第五位。

1989—2005年郴州市（地区）工业总产值、增加值一览表

表11-1-3-1

项目 年份	工业总产值（当年价，万元）	工业总产值环比发展速度（%）	工业增加值（当年价，万元）	工业增加值环比发展速度（%）
1989	328791	100.7	114338	109.5
1990	328447	100.9	122576	103.4
1991	388553	113.3	143786	110.4

续表 11-1-3-1

项目 年份	工业总产值 （当年价，万元）	工业总产值环比发展速度（%）	工业增加值 （当年价，万元）	工业增加值环比发展速度（%）
1992	479086	117.9	177319	121.1
1993	657785	119.4	242897	119.4
1994	901823	113.1	331075	113.1
1995	1072267	112.1	392309	112.1
1996	1299587	115.2	470811	115.2
1997	1385360	107.1	496821	107.1
1998	1479565	106.6	526046	106.6
1999	1621603	110.9	572089	110.9
2000	1992950	112.1	692897	112.1
2001	2347695	116.2	813157	116.2
2002	2728022	116.8	942170	116.8
2003	3440036	117.6	1180412	117.6
2004	4561488	119.4	1553535	119.4
2005	6205586	120.4	2074573	118.8

二、工业经济增长质量

自 1989 年始，郴州突出利用自身工业资源优势，注重发展规模工业、优势产业和推进企业技术改造，推动传统产业结构调整和新兴产业优化升级，提高工业经济增长质量。1989—1994 年，郴州地区在调整、整顿工业企业中，着重淘汰一批“小、散、粗、弱”企业，先后选择 100 家企业进行重点扶持，做大做强，改变小散、粗放经营状况。1995—2000 年，全市凭借资源优势，着力发展壮大市域强势产业，重点培植形成“有色金属、能源、建材、医药食品、机械化工、电子信息”六大支柱产业集群。2001 始，全市相继组织开展“新型工业建设年”“重点项目建设年”“高新技术产业建设年”等活动，力促工业产业、技术、管理创新，驱动工业经济向产业化和规模、质量、效益型转变。2005 年，全市工业总产值过亿元工业企业由 2001 年的 9 家发展到 67 家，规模工业实现利税总额较之 2000 年增长 6.3 倍，工业化水平比 2000 年提高 15.8 个百分点。

到 2005 年，郴州工业经济“小、散、粗、低”状况明显改观，产业结构优化升级。全市根据资源优势发展有色、黑色金属矿采选冶炼和煤炭、电力、建材、机械、化工等工业。重工业产值增长明显。2005 年，规模以上重工业增加值实现 124.87 亿元，占工业增加值的 84.6%，其中有色和能源工业占 59.0%。同时，加大煤电能源工业投入，工业发展能源“瓶颈”的制约减弱。2005 年，煤炭采选业投资额由 1989 年的 2037 万元增加到 9.84 亿元，电力投资由 1989 年的 1.45 亿元增加到 2005 年的 24.62 亿元。此外，工业经济增长中优势产业的支撑作用凸显。2005 年有色金属、能源、建材、医药食品（含烟草）、化工机械和电子信息六大优势产业完成增加值 114.61 亿元，占全市规模以上工业增加值的比重达 77.6%。永兴县金银冶炼业、资兴市能源产业、苏仙区电子信息业、嘉禾县铸锻造业、宜章县烟花爆竹业、临武县食品加工业、桂东和汝城小水电及竹木加工业等优势产业集群，相继初具雏形。

17年间，全市在调优工业规模、产业结构同时，突出经济增长方式转变。工业企业加强技术改造，提高生产技术含量，采取节能挖潜、资源综合利用及发展循环经济等措施，致力提高产业技术档次和效益。2000—2005年，全市高新技术产业产值年均增长39.3%。到2005年，全市工业经济增长质量明显提高。当年规模以上工业实现利润27.47亿元；工业经济效益综合指数226.5%；工业化水平43.4%，比2000年提高15.8个百分点。

1989—1997年郴州市（地区）乡及乡以上独立核算工业企业总产值一览表

表11-1-3-2 单位：万元

年份＼项目	企业个数	总产值（当年价）	轻工业产值	其中		重工业产值	其中		
				以农产品为原料	以非农产品为原料		采掘工业	原料工业	加工工业
1989	1194	268462	102580	95604	6976	165882	73332	42234	50316
1990	1189	280158	101555	93780	7775	178603	77204	48751	52648
1991	1145	307889	115117	105823	9294	192772	77110	56996	58666
1992	1347	378200	141034	127966	13068	237166	83084	77664	76418
1993	1556	486883	132689	117672	15017	354194	109939	134068	110187
1994	1537	611113	180777	162751	18026	430336	145610	157019	127707
1995	1633	725629	189746	170186	19560	535883	186034	179498	170351
1996	1837	885749	243740	211820	31920	642009	251832	188580	201597
1997	1807	996653	259474	224208	35266	737179	288242	218757	230179

1998—2005年郴州市（地区）规模以上工业企业总产值和增加值一览表

表11-1-3-3 单位：万元

年份＼项目	企业个数	总产值（当年价）	其中		增加值（当年价）
			1. 轻工业	2. 重工业	
1998	288	646448	173368	473079	251870
1999	331	737442	182153	555289	278704
2000	375	829701	196537	633164	303290
2001	405	912899	209313	703586	332771
2002	472	1143275	255024	888251	421811
2003	591	1675898	304283	1371615	610671
2004	613	2550800	393683	2157117	906783
2005	823	4005997	499975	3506022	1475912

说明：自1998年统计制度改革全面统计仅统计年产值500万元及以上规模工业企业，规模以下工业企业采用抽样调查获取资料

三、工业产品产量、质量

2005年，在全市规模以上工业统计的110种主要产品产量中，与1989年比，增加产量的产品有80多种。其中：发电量80.48亿千瓦时，增加56.39亿千瓦时；原煤1285.66万吨，增加635.87万吨；焦炭41.92万吨，增加30.68万吨；铅精矿折含铅量4.04万吨，增加1.09万吨；锡精矿折含锡量3.40万吨，增加3.16万吨；钨精矿折含钨量（折三氧化钨65%）1.56万吨，增加0.45万吨；布匹2473万米，增加944万米；硫酸16.13万吨，增加8.04万吨；农用化肥（折纯100%）14.07万吨，增加7.19万吨；合成氨15.59万吨，增加9.18万吨；化学农药0.85万吨，增加0.69万吨；水泥430.49万吨，增加342.09万吨；平板玻璃379.46万重量箱，增加369.79万重量箱；石墨及碳素制品162.71万吨，增加145.51万吨；生铁11.47万吨，增加11.18万吨。另有尿素、啤酒、塑料树脂等12种产品从无到有，产量逐年增加。

其间，郴州加快以企业为主体的技术创新体系建设，注重培植高新技术产业和产品，工业产品质量提高。1989—2005年，工业系统有127个（项）新产品、新技术获市级科技进步奖，其中有4个（项）获国家科技发明和科技进步奖。2005年，全市有30家企业通过ISO9001-2000质量管理体系认证，3家企业2项产品获得"国家免检产品"称号，5家企业5项产品获"湖南名牌产品"称号，其中"金旺"品牌获湖南省首批出口名牌产品称号；30家企业30项产品采用国际标准或国外先进标准，全市工业产品质量标准覆盖率达80%以上，规模以上工业企业产品合格率均达95%以上。

随着一些新建项目陆续投产，在此期间亦出现部分行业产品供大于求矛盾。此外，郴州工业企业粗放生产经营状况尚未根本改变，粗加工产品多，精加工产品少，资源没有得到合理开发和高效利用；企业自主创新能力尚待提高，尤其是"郴州制造"的高新技术产品不多，产品的附加值明显偏低。

1989—2005年郴州市（地区）工业主要产品产量统计表

表11-1-3-4

项目/年份	发电量（亿千瓦时）	原煤（万吨）	铅精矿折含量（万吨）	钨精矿折含量（万吨）	白银（千克）	黄金（千克）	农用化肥（折纯万吨）	水泥（万吨）	平板玻璃（万重量箱）
1989	24.09	649.79	2.95	1.11	1135	—	6.88	88.40	9.67
1990	25.40	636.29	3.01	1.37	—	—	7.69	94.87	56.20
1991	26.75	651.21	2.89	1.49	—	—	7.93	107.18	72.00
1992	33.51	721.55	3.15	1.33	28134	2.64	8.15	130.45	74.29
1993	33.93	839.49	3.55	1.31	3542	13.00	6.59	157.34	68.45
1994	42.11	1253.00	3.19	1.86	78320	230	7.57	180.00	79.65
1995	46.31	1396.00	4.94	0.45	112000	198	10.12	237.00	249.00
1996	35.73	1587.00	4.52	0.93	35128	1383	10.80	230.00	270.00
1997	42.69	1267.63	3.15	1.17	25270	3009	13.01	221.4	182.78
1998	41.26	1192.18	4.74	1.28	231000	1971	13.65	241.33	196.05
1999	39.55	962.19	3.43	0.64	36448	345	14.25	267.43	270.38
2000	34.47	364.76	3.35	0.60	51517	375	15.02	262.04	315.12

续表 11-1-3-4

年份＼项目	发电量（亿千瓦时）	原煤（万吨）	铅精矿折含量（万吨）	钨精矿折含量（万吨）	白银（千克）	黄金（千克）	农用化肥（折纯万吨）	水泥（万吨）	平板玻璃（万重量箱）
2001	39.51	411.41	4.46	0.75	90122	906	11.87	261.50	329.26
2002	42.59	504.91	3.55	0.88	253843	1320	16.67	312.37	263.89
2003	59.98	729.49	4.48	1.00	872736	1521	14.45	348.65	195.35
2004	82.87	1047.23	4.54	1.46	1798747	1360	14.31	361.00	292.11
2005	80.48	1285.66	4.04	1.56	2010073	1577	14.07	430.49	379.46

说明：自 1998 年起按统计制度规定，只统计规模以上工业产品产量

第四节 建筑业发展概况

1989 年，郴州建筑业总产值为 0.76 亿元，其后连续 3 年处于徘徊状况，年总产值均不足 1 亿元。从 1992 年开始，房地产开发和其他工程建设带动建筑业呈快速发展势头，逐渐成为境内国民经济支柱产业。1995 年完成总产值 3.54 亿元。1996 年，建筑行业加大管理体制改革力度，积极推行工程项目招标投标责任制，建筑业经济持续发展。1996 年全市 93 个建筑企业，实现建筑业产值 9.91 亿元，1997 年达 11.61 亿元。到 2000 年，相继完成和投建市内邮电 718 工程、通信装备工程、四普庄 110 千伏输变电工程、郴州城东 220 千伏线路工程、耒宜高速公路工程、郴化 20 万吨复合肥等重点工程项目。随后开工建设五岭广场、山河引水、郴州大道、鲁永公路一期工程、107 国道城区段拓宽改造、青岛啤酒（郴州）有限公司 10 万吨啤酒扩建、郴江河城区段综合治理、国庆南路延伸等一批大型建筑工程。1989—2005 年，郴州建筑业累计完成总产值 193.03 亿元，年均增长幅度达到 25.43%。2005 年，全市建筑业总产值达到 28.46 亿元，为 1989 年的 37.4 倍。

在此 17 年间，郴州建筑企业通过兼并、重组、联合、改制，产业结构渐次趋于合理，形成国有与民营等多种经济形式并存、互为补充的发展框架。2005 年，全市资质内建筑企业由 1989 年的 26 户发展到 83 户。全市建筑业在稳定发展传统行业的同时，积极开拓新的施工领域，装饰、维修等行业得到发展。在总承包和专业承包建筑企业中，房屋和土木工程建筑业、建筑安装业、建筑装饰业所占比重都分别有所上升。期间，建筑业行业内部结构得到优化，建筑技术不断更新，综合竞争力明显增强。同时，建筑企业自有机械设备平均输出功率越来越高，企业动力装备率大幅增长。2005 年，建筑企业自有机械设备由 1993 年的 2733 台增至 13915 台，动力装备率由 1993 年的 3.22 千瓦 / 人增长到 5.02 千瓦 / 人。

1989—2005 年郴州市（地区）建筑业产值和技术装备情况一览表

表 11-1-4-1

年份＼项目	企业数（个）	总产值（万元）	竣工产值（万元）	自有机械设备（台）	动力装备率（千瓦 / 人）
1989	26	7579	—	—	—
1990	26	7343	—	—	2.32

续表 11-1-4-1

年份＼项目	企业数（个）	总产值（万元）	竣工产值（万元）	自有机械设备（台）	动力装备率（千瓦/人）
1991	31	9564	—	—	2.21
1992	31	11849	—	—	2.83
1993	40	17441	11464	2733	3.22
1994	46	24430	18007	3843	1.88
1995	44	35382	23098	3686	2.90
1996	93	99072	80058	7328	1.71
1997	102	116148	94947	8571	2.77
1998	100	147964	88497	11427	2.56
1999	94	138459	92252	11708	3.74
2000	93	122672	98464	8105	3.75
2001	90	154372	102753	13729	3.75
2002	82	224291	149324	12151	2.91
2003	86	291136	194009	15352	3.39
2004	79	238005	193233	14495	5.16
2005	83	284568	266647	13915	5.02

第五节　交通运输、邮电业发展概况

一、交通运输业

1989 年，郴州境内交通有京广铁路、国道 106、107 线及 1806、1803 线等省道 10 条。然而县、乡公路少，路况差，自身交通运输能力有限。1990 年后，郴州采取政府牵头、地方投资、群众投劳、民办公助、部门实施等多项措施，加快发展公路建设。到 2001 年，公路通车总里程达到 16152 千米，通村公路率达 99.2%，居全省市州第一位。此后，随着郴资桂、鲁永、桂嘉等高等级公路和通乡、通村公路陆续开通，形成一个以郴州市区为中心、辐射 11 个县（市、区）的干支结合、乡村公路为辅的交通网络，加快缓解郴州交通“瓶颈”状况，交通运输能力显著提高。随之交通行业民用车辆拥有量急剧增加，到 2005 年，郴州民用车辆（含货车、客车、小车、挂车、拖拉机、摩托车等）拥有量达 21.95 万辆，比 1989 年增长 13.2 倍，年均增长 18.1%。其中：客车 3.30 万辆，增长 9.7 倍，年均增长 16.0%；货车 4.07 万辆，增长 2.5 倍，年均增长 8.1%。

这期间，郴州交通运输逐步形成以公路运输为主体、铁路为骨干、水运为辅助的格局。公路客运“八五”（1991—1995 年）时期累计完成周转量 87.52 亿人千米，“九五”（1996—2000 年）时期完成 181.76 亿人千米，比“八五”时期累计增长 1.08 倍；“十五”（2001—2005 年）时期完成 157.15 亿人千米，比“九五”时期下降 13.5%。其年均增幅“八五”时期为 12.6%，“九五”时期为11.1%，“十五”时期为-4.1%。公路货运“八五”时期累计完成周转量141.57亿吨千米，“九五”时期累计完成164.59亿吨千米，比“八五”时期累计增长16.3%；“十五”时期累计完成306.89亿吨千米，比“九五”时期累计增长86.5%。“八五”“九五”和“十五”时期货物周转量年平均增幅分别为40.9%、3.1%和16.8%。

2005年，全市完成货运量9371万吨，为1989年的2.9倍；完成货物周转量7607.6百万吨千米，为1989年的5.9倍。完成客运量8426万人次，为1989年的2.5倍；完成旅客周转量3578.3百万人千米，为1989年的2.7倍。

1989—2005年郴州市（地区）交通运输业情况统计表

表11-1-5-1

项目 年份	民用车辆（辆）	其中		货运量（万吨）	货物周转量（亿吨千米）	客运量（万人）	旅客周转量（亿人千米）
		货车（辆）	客车（辆）				
1989	15408	11686	3091	3204	12.89	3369	13.36
1990	16214	12225	3496	3179	9.75	3680	14.26
1991	18083	13392	3985	1804	9.05	3363	15.38
1992	21029	15235	5005	6728	29.38	3354	14.33
1993	25381	18438	5906	7404	21.97	3788	14.26
1994	25486	18243	6070	7431	27.20	6962	17.74
1995	34654	24665	8880	7895	53.97	7092	25.81
1996	35983	21810	12922	8365	44.75	8273	27.99
1997	37795	21723	14731	7333	27.73	8356	33.14
1998	35964	20990	14388	8489	28.22	8523	37.33
1999	39114	23089	15395	9243	30.92	8778	39.57
2000	43243	26403	16107	9650	32.97	8696	43.71
2001	47821	29314	17697	8420	48.01	8496	26.70
2002	163295	33240	19040	5318	48.89	6153	28.70
2003	201046	37098	22992	6975	68.37	6381	29.83
2004	201046	40375	25287	8830	77.60	7455	36.15
2005	219513	40668	32960	9371	76.08	8426	35.78

说明：民用车辆包括货车、客车、小车、挂车、拖拉机、摩托车等

二、邮政电信业

20世纪90年代，邮政业按市场需求开发邮政新业务，先后推出商函广告、国内国际特快专递、邮政快递、邮政购物等新业务。到1996年，随着固定电话、寻呼机、移动电话走进城乡，邮电业务收入总量增至2.39亿元。2000年，郴州电信行业718网络扩容工程完工，加之中国联通工程开通及电信资费调整，促使邮政电信业发展加快。全市实现邮电业务总量8.7亿万元，比上年增长71.3%。年末移动电话总量达15.72万部，比上年增加9.8万部，增长1.7倍；新增固定电话17.82万部，年末总量达42.46万部，同比增长72.3%。继后，移动电话业务持续发展，全市加大电信基础设施建设，

缓解移动电话信道拥挤状况，提高接通率。

17年间，邮电业务总量逐年快速增长。其中，“八五”（1991—1995年）时期完成4.22亿元，平均每年增长63.5%；“九五”（1996—2000年）时期完成23.27亿元，比“八五”时期累计增长4.5倍，年均增长37.6%；“十五”（2001—2005年）时期完成66.63亿元，比“九五”时期增长2.9倍，年均增长18.7%。

至2005年，全市拥有固定电话74.67万部，为1995年的8.3倍、2000年的1.8倍；移动电话91.13万部，为1995年的137.9倍、2000年的5.8倍；国际互联网用户8.05万户，为1997年的884.6倍、2000年的3.1倍。2005年，郴州市邮电业务总量20.54亿元，为1989年的207.5倍、1995年的11.6倍、2000年的2.3倍。

1989—2005年郴州市（地区）邮政电信业务情况统计表

表11-1-5-2

项目 年份	邮电业务总量（万元）	固定电话（部）	移动电话（部）	国际互联网络用户（户）
1989	990	—	—	—
1990	1510	—	—	—
1991	2740	—	—	—
1992	4177	—	—	—
1993	6582	—	—	—
1994	11063	—	—	—
1995	17639	90230	6607	—
1996	23930	121313	13291	—
1997	30085	107313	24456	91
1998	40841	116755	37100	532
1999	50832	246400	59191	2455
2000	86997	424600	157191	26108
2001	68446	469500	207800	58200
2002	104672	575000	552000	75000
2003	128722	575000	552000	75000
2004	159073	675000	755900	98200
2005	205411	746700	911300	80459

说明：横线栏“—”指当时尚无此项社会经营业务统计

第六节　商贸业发展概况

一、国内贸易

1989—1995年，郴州消费市场日渐繁荣，购销渐趋两旺，社会消费品零售呈现快速增长，全地区实现社会消费品零售总额由17.85亿元增加到58.91亿元，年均增长22.0%。其后，郴州市城区涌现北湖、罗家井、同心等年营业额上亿元的市场13个，沃尔玛、步步高、家润多、新一佳、通程、肯德基、麦当劳等大型连锁（商场）店、超市，亦相继登陆郴州市城区，拉动境内商业贸易的兴旺。到1996—2000年，社会消费品市场稳中见旺，集市贸易成交愈益活跃，全市社会消费品零售总额由70.02亿元增加到100.32亿元，年均增长12.2%，2001—2005年，全市实现社会消费品零售总额由111.28亿元增加到177.77亿元，年均增长12.1%，1989—2005年的17年间，全市社会消费品零售额年均增长15.4%。2005年，全市社会消费品零售额177.77亿元，是1989年的9.96倍，在全省14个市州排位第五。

1989—2005年郴州市（地区）社会消费品零售额一览表

表11-1-6-1

年份＼项目	消费品零售总额（万元）	增长速度（%）
1989	178544	—
1990	173779	−2.7
1991	198491	14.2
1992	231377	16.6
1993	287424	24.2
1994	453047	57.6
1995	589081	30.0
1996	700166	18.9
1997	787754	12.5
1998	866027	9.9
1999	959255	10.8
2000	1003226	4.6
2001	1112754	10.9
2002	1235488	11.0
2003	1369709	10.9
2004	1562104	14.0
2005	1777663	13.8
1989—2005	—	15.4

二、对外出口经济贸易

自20世纪80年代末起，郴州利用地处湖南“南大门”，邻近华南沿海及贯通南北要衢的区位优势，打开物流大门，拓展对外开放，多渠道、多形式地发展外向型贸易经济，到1990年，全年外贸出口总额80万美元，出口产品中数量较多的有粮油食品、土畜产品、轻工产品、机械产品和矿藏产品。1995年，外贸出口（大陆境外销售）总额1749万美元，比1990年增长20.3倍，年均增长35.8%。

其中，锡销往香港1151吨，铋出口德国、美国234吨，石墨销往香港、台湾和出口日本和德国1.82万吨，玻璃销往港台和出口越南16.83万箱，大理石销往台湾7.95万立方米。其间，强力发展“名、优、特”高效外向型农业，生猪、烤烟外调外销率均居全省前列。

1995年后，市委、市政府把“开放兴郴”作为推动经济社会发展的首选战略，相继制定出口创汇和境外营销奖励政策，组织在广东、澳门等地设立商品销售窗口和举办招商及商贸洽谈会，谋求发展开放型经济，努力扩大出口创汇。在1995—2000年间，外贸出口总额年均增长2.2%。2000年，通过组团参加欧洲投资贸易洽谈会、东莞“三来一补”招商会、深圳“高招会”（高新技术产品招商会）等一系列招商引资活动，外贸经济取得新扩展。全年外贸出口海关统计达2436万美元，同比增长32.5%，高于全省平均增幅4个百分点。较之1999年，出口市场由34个国家和地区发展到37个国家和地区，出口（销售）品种由12类54个品种增加到12类60种，其中石墨占出口产品额的41.4%。2001—2005年，对外贸易工作取得新的突破。2005年，全市外贸出口总额24657万美元，为2000年2436万美元的10.1倍。其中出口矿产品2640万美元、化工产品2102万美元、纺织原料及制品2453万美元、贵金属8292万美元、卫星通讯设备1407万美元。其五年间，外贸出口总额年均增长58.9%。尤其是出口至日本、美国、荷兰及非洲以及销往香港、台湾地区的产品增多；在出口商品中，以石墨、白银、铝、铅、铋、铟、卫星通信设备及纺织制品居多。

第七节　财政总收入

1989年，郴州地区实现财政总收入3.19亿元。1990年，财政收入增长有所转缓，全区实现财政总收入3.29亿元，比上年仅增长3.1%。1991—1995年“八五”期间，全市地区生产总值逐年增长，财源规模迅速扩大，财政收入随之大幅度增加。（1994年始因实行分税制上划中央财政两税，故当年地方一般预算收入较上年出现负增长（详见表11–1–7–1）。1995年财政总收入由1991年的3.60亿元剧增到9.65亿元，年均增长24.0%，其增速是历史最快的时期；一般预算收入由3.60亿元增加到7.02亿元，年均增长16.4%。另上划中央财政两税2.63亿元。

自1996年始，市委、市政府狠抓财源建设，重点部署加强产业化项目建设、招商引资和发展商贸业，并把各县（市、区）财政增收列入年终工作目标考核“一票否决”指标之一，财政收入呈现稳健增长。当年全市财政收入在上年增长21.2%的基础上仍保持18.0%的增速，财政总收入达到11.38亿元，其中一般预算收入8.64亿元。1999年和2000年，由于国有工业企业全面进行改制调整，加之受亚洲金融危机和自然灾害的影响，全市经济增长出现暂时性减速，地区生产总值增长在10.0%左右徘徊，财政增长乏力。这两年分别实现年财政总收入15.88亿元和16.82亿元，较之上年分别增长9.6%和5.9%，与往年相比出现较大降幅。“九五”期间（1996—2000年），全市财政总收入年均增长11.8%，地方一般预算收入年均增长13.8%。

2001年后，全市国有企业在深化改革中焕发生机，农业产业化、新型工业化、城镇化强力推进，全市经济随即进入新一轮的快速增长期，为财政收入的快速增长提供保障。在2001—2005年的“十五”计划期间，市、县两级设立“产业建设引导资金”和招商引资奖，致力培植优质高效支柱产业和名优产品，广辟产业型“长流水”式优质财源，财政收入实现平稳快速增长。2005年较之

2001年，财政总收入由19.1亿元增加到43.1亿元，年均增长27.7%，；一般预算收入由15.2亿元增加到27.4亿元，年均增长15.3%。

1989—2005年，郴州财政收入主要源自各行业的税收。境内着力优化财源结构，重点扶持产业项目建设和龙头企业，倾力发展个体私营经济、“一优两高”（优质，高产、高效）农业和矿产、房地产、烟草、能源、交通运输业等支柱产业，财税增收点逐年增多，到2005年，财政收入中税收收入占73.5%。全市年纳税金额达50万元以上的企业单位有150多家，初步形成以有色金属、卷烟、电力、煤炭、优质农产品和房地产为主的纳税重点行业。这些行业对财政收入的贡献超过80%，成为全市主体财源。

2005年，郴州财政总收入突破40亿元，达43.12亿元，较上年增长18.1%，比全省平均增幅高4.6个百分点，是郴州财政至此增收最多的一年。地方一般预算收入27.36亿元，其年增幅自2000年开始，在全省14个市州排名中稳居第二位。

1989—2005年郴州市（地区）财政收入统计表

表11-1-7-1 单位：万元

项目 年份	财政总收入	增长（%）	地方一般预算收入	增长（%）	上划中央财政两税	上划中、省财政两个所得税
1989	31894	—	31894	—	—	—
1990	32855	3.0	32855	3.0	—	—
1991	36044	9.7	36044	9.7	—	—
1992	46883	30.1	46883	30.1	—	—
1993	64621	37.8	64621	37.8	—	—
1994	79601	23.2	56183	-13.1	23418	—
1995	96451	21.2	70199	24.9	26252	—
1996	113769	18.0	86371	23.0	27398	—
1997	126289	11.0	98348	13.9	27941	—
1998	144915	14.7	115981	17.9	28934	—
1999	158835	9.6	128420	10.7	30415	—
2000	168183	5.9	133818	4.2	34365	—
2001	191003	13.6	152350	13.8	38653	—
2002	218305	14.3	173831	14.1	44474	16233
2003	291299	33.44	214922	23.6	56238	20139
2004	348221	19.5	231643	7.8	91583	24995
2005	431190	23.8	273618	18.1	126323	31249

第二章 经济结构

第一节 产业结构

一、一、二、三产业结构

1989年，中共十三届五中全会作出《关于进一步治理整顿和深化改革的决定》，确定由计划经济体制转入建设社会主义市场经济体制。此后，郴州面向市场需求积极调整产业结构，推进产业结构转换升级。继而，全市三次产业结构出现一产业比重逐步降低、二产业比重持续上升、三产业比重明显提高的显著变化。

1989—1992年，随着农业升温和湘南农业综合开发项目的实施，全地区农业重新成为国民经济的主导，农业基础产业得到加强。三次产业结构由之前的“二一三”调整为“一二三”，但产业之间比重相差不大。1992年，郴州实现生产总值64.24亿元，其中，第一产业实现增加值24.24亿元，占37.7 %；第二产业增加值20.61亿元，占32.1%；第三产业增加值19.40亿元，占30.2%。

1993—1995年，郴州地区实施“兴工强市、科教兴业”发展战略，注重发展第二、三产业，力促工业和服务业发展。第二、三产业在生产总值中所占比重渐超第一产业比重，第二、三产业比重均衡，形成“二三一”产业结构。1993年，全区生产总值中，第一产业占32.1%，第二产业占34.4%，第三产业占33.5%；与1992年比，第一产业下降5.6个百分点，第二、三产业分别上升2.3和3.3个百分点。1995年，第一、二、三产业结构再次调整为30.4%、35.5%和34.1%。第一产业比重依然有所下降，二、三产业比重持续上升。

1996—2002年，人们生活水平大幅度提高，各类消费需求趋旺，郴州市商品批发和零售、贸易、餐饮、旅游、娱乐业以及金融保险、房地产、物流等产业，逐步进入全面发展时期。其所产生的增加值率持续上升，带动全市产业结构调整发生重大改变。1996年，第三产业比重开始超过第二产业成为拉动经济发展主导力量，第一产业比重仍呈下降趋势，产业结构转入“三二一”的发展阶段。2002年，全市实现生产总值288.56亿元，其中第一产业增加值64.30亿元，占22.3%；第二产业106.81亿元，占37.0%；第三产业117.45亿元，占40.7%。与1995年比，第一产业下降8.1个百分点，第二、三产业分别上升1.5和6.6个百分点。

2003—2005年，全市针对工业基础较为薄弱的实际情况，以结构调整为主线，大力发展科技含量高的优势产业和新兴产业，推进第二产业内部结构优化升级，加速现代工业化进程。全市工业增长强劲，第二产业在国民经济中比重上升。2005年，全市完成生产总值475.81亿元，其中，第一产业增加值81.52亿元，占17.1%；第二产业225.83亿元，占47.4%；第三产业168.46亿元，占35.5%。与2002年比，第一、三产业分别下降5.2个和5.2个百分点，第二产业则上升10.4个百分点。

三次产业形成“二三一”发展结构类型，第二产业占主体。2005年，一、二、三产业在国内生产总值中所占比重由1989年的32.8∶36.5∶30.7调至为17.1∶47.4∶35.5。

其间，郴州三次产业结构演变过程显示：产业结构得到不断调整优化，但第三产业比重依然偏低，增幅仍缓。现代服务业和城市化发展还有待拓展空间和提质。

1989—2005年郴州市（地区）生产总值产业构成情况（当年价）统计表

表11-2-1-1　　单位：亿元

项目 年份	地区生产总值	第一产业		第二产业				第三产业	
		绝对值	比重(%)	绝对值	比重(%)	#比重（%）		绝对值	比重(%)
						工业	建筑业		
1989	38.76	12.71	32.8	14.15	36.5	29.5	7.0	11.90	30.7
1990	43.27	16.01	37.6	14.64	34.4	28.8	5.6	12.62	28.0
1991	49.74	18.36	36.9	15.93	32.0	28.9	3.1	15.45	31.1
1992	64.24	24.24	37.7	20.61	32.1	27.6	4.5	19.40	30.2
1993	78.61	25.21	32.1	27.08	34.4	30.9	3.6	26.31	33.5
1994	95.26	28.76	30.2	36.03	37.8	34.8	3.1	30.48	32.0
1995	118.99	36.23	30.4	42.21	35.5	33.0	2.5	40.55	34.1
1996	151.49	44.72	29.5	51.97	34.3	31.1	3.2	54.80	36.2
1997	172.55	55.01	31.9	54.80	31.8	28.8	3.0	62.74	36.3
1998	190.44	57.03	29.9	60.23	31.6	27.6	4.0	73.18	38.5
1999	207.63	59.09	28.5	65.38	31.5	27.6	3.9	83.16	40.0
2000	231.55	60.75	26.2	78.67	34.0	29.9	4.1	92.13	39.8
2001	259.28	62.90	24.3	91.54	35.3	31.4	3.9	104.84	40.4
2002	288.56	64.30	22.3	106.81	37.0	32.7	4.4	117.45	40.7
2003	327.28	64.26	19.6	132.67	40.5	36.1	4.5	130.35	39.9
2004	398.46	76.60	19.2	173.24	43.5	39.0	4.5	148.62	37.3
2005	475.81	81.52	17.1	225.83	47.4	43.4	4.0	168.46	35.5

二、农业产业结构

1989年7月初，郴州地区被列为全国农业综合开发重点区域之一，各地随即组织立项配套开发资金，加大农业投入。郴州农业生产内部结构随之逐步优化，在小幅波动中，种植业比重略有上升，林业比重保持相对稳定，牧业、渔业比重稳步上升。当年，郴州实现农业总产值18.01亿元，其中，种植业、林业、牧业、渔业、副业分别为8.74亿元、1.46亿元、6.22亿元、0.73亿元和0.86亿元，分别占农业总产值的48.5%、8.1%、34.5%、4.1%和4.8%。到1995年，全年实现农业总产值55.85亿元，其中种植业、林业、牧业、渔业产值分别为29.40亿元、3.84亿元、20.87亿元和1.75亿元，分别占农业总产值的比重为52.6%、6.9%、37.4%和3.1%。2000年，实现农业总产值94.39亿元，其中种植业、林业、牧业和渔业分别为46.96亿元、5.95亿元、37.23亿元和4.25亿元，分别占农业总产值的比重为49.8%、6.3%、39.4%和4.5%。

其间，各业结构比重有增有减，牧业和渔业呈小幅上升。到2005年，全市生态农业、品牌农业、特色农业形成新的产业结构优势。全年实现农业总产值131.10亿元，是1989年的7.3倍。其中，种植业、林业、牧业、渔业、副业产值分别为64.92亿元、8.11亿元、49.35亿元、6.29亿元、2.42亿元。与1989年比，种植业、牧业、渔业产值分别上升1.0%、3.1%和0.7%，林业、副业下降1.9%和3.0%。畜牧养殖业的市场竞争力日趋增强，出现一批有特色、产值高增长的规模型生态养殖基地，畜牧业在农业各业产值增幅中居首。

1989—2005年，郴州农村经济结构发生重大改变。2005年，全市实现农村社会总产值549.49亿元。其中，农业、工业、建筑业、运输业、商业餐饮服务业总产值分别为131.1亿元、280.0亿元、36.7亿元、44.6亿元和57.1亿元，分别占农村社会总产值的23.8%、51.0%、6.7%、0.5%和18.0%。较之1989年，农业和运输业分别下降37.9%和5.3%；农村工业、建筑业和商业餐饮服务业分别增长30.0%、1.1%和13.0%，其对经济增长的贡献水平稳步上升。

1989—2005年郴州市（地区）农业总产值构成情况（当年价）统计表

表11-2-1-2　　单位：亿元

项目 年份	农业总产值	种植业		林业		牧业		渔业		副业	
		绝对值	比重（%）	绝对值	比重（%）	绝对值	比重（%）	绝对值	比重（%）	绝对值	比重（%）
1989	18.01	8.74	48.5	1.46	8.1	6.22	34.5	0.73	4.1	0.86	4.8
1990	24.24	12.98	53.5	1.82	7.5	7.17	29.6	0.92	3.8	1.35	5.6
1991	25.68	13.34	51.9	2.14	8.3	7.93	30.9	0.93	3.6	1.34	5.2
1992	28.62	14.73	51.5	2.90	10.1	8.50	29.7	1.02	3.6	1.47	5.1
1993	35.86	19.93	55.6	3.31	9.2	11.20	31.2	1.36	3.8	—	—
1994	42.42	22.28	52.5	3.85	9.1	14.86	35.0	1.44	3.4	—	—
1995	55.85	29.40	52.6	3.84	6.9	20.87	37.4	1.75	3.1	—	—
1996	69.63	36.39	52.3	3.65	5.2	26.88	38.6	2.71	3.9	—	—
1997	85.87	41.26	48.0	5.35	6.2	36.00	41.9	3.26	3.8	—	—
1998	88.49	43.53	49.2	5.38	6.1	35.83	40.5	3.75	4.2	—	—
1999	91.48	47.17	51.6	5.79	6.3	34.17	37.4	4.35	4.8	—	—
2000	94.39	46.96	49.8	5.95	6.3	37.23	39.4	4.25	4.5	—	—
2001	98.17	48.51	49.4	6.52	6.6	38.51	39.2	4.63	4.7	—	—
2002	100.21	51.80	51.7	6.21	6.2	37.80	37.7	4.41	4.4	—	—
2003	102.59	49.09	47.9	7.27	7.1	39.34	38.3	4.99	4.9	1.90	1.9
2004	122.53	58.94	48.1	7.63	6.2	48.62	39.7	5.34	4.4	2.02	1.6
2005	131.10	64.92	49.5	8.11	6.2	49.35	37.6	6.29	4.8	2.42	1.8

说明：1993—2002年按统计制度规定副业产值未单独分类统计

三、工业产业结构

1989年后，郴州工业立足境内矿产和能源资源等优势，调整产业结构，大力发展有色、黑色金属矿采选及冶炼和煤炭、电力、建材、机械、化工等工业。工业内部结构调优，呈现轻工业比重逐步下降、重工业比重渐次上升之势。是年，全地区实现工业总产值32.88亿元，其中，轻工业总产值10.78亿元，占32.8%；重工业总产值22.09亿元，占67.2%。1995年，全市实现工业总产值107.23亿元，其中，轻工业总产值27.58亿元，占25.7%；重工业总产值79.65亿元，占74.3%，其比重较之1989年提高7.1个百分点。

到20世纪90年代中期，郴州注重发展地方传统产业、资源优势产业和新兴产业。永兴县的金银回收冶炼、资兴市的能源产业、苏仙区的电子产业、嘉禾县的铸造锻造业、桂阳县的矿产业、安仁县的建筑业、宜章县的建材工业、临武县的食品加工业、桂东县、汝城县的小水电和竹木加工等优势集群产业逐步形成。到2000年，全市全年实现工业总产值199.30亿元，其中，轻工业总产值58.51亿元，占29.4%，比1995年上升3.7个百分点；重工业总产值140.78亿元，占70.6%，同比下降3.7个百分点，轻重工业比重略升略降。其后，中共郴州市委、市政府组织加快工业园区建设，从本地资源、区位和传统产业优势出发，大力招商引资，培植地方龙头企业和高新技术产业，着力推动全市重工业提质增效。2005年，全市实现工业总产值620.56亿元，其中，轻工业总产值90.94亿元，占工业总产值的14.7%；重工业总产值529.61亿元，占85.3%，较1989年，占工业总产值的比重上升18.1个百分点，较2000年上升14.7个百分点。

"八五"（1991—1995年）和"十五"（2001—2005年）计划时期，境内重工业呈上升趋势，特别是"十五"时期，重工业进入加速发展阶段，较之"九五"期间（1996—2000年），重工业占工业总产值的比重上升9.86个百分点。在"九五"时期，由于产业内部结构变化和国有企业改革进入转体调整阶段，重工业比重略有下降。轻工业在"九五""十五"时期所占比重总体下降，10年间下降11个百分点。

1989—2005年郴州市（地区）工业总产值构成情况（当年价）统计表

表11-2-1-3

项目 年份	工业总产值（亿元）	轻工业产值（亿元）	所占比重（%）	重工业产值（亿元）	所占比重（%）
1989	32.88	10.78	32.8	22.09	67.2
1990	32.84	10.84	33.0	22.01	67.0
1991	38.86	13.60	35.0	25.26	65.0
1992	47.91	17.73	37.0	30.18	63.0
1993	65.78	17.76	27.0	48.02	73.0
1994	90.18	24.30	27.0	65.88	73.0
1995	107.23	27.58	25.7	79.65	74.3
1996	129.96	43.48	33.5	86.48	66.5
1997	138.54	48.04	34.7	90.50	65.3
1998	147.96	39.95	27.0	108.00	73.0
1999	162.16	44.10	27.2	118.06	72.8

续表 11-2-1-3

年份＼项目	工业总产值（亿元）	轻工业产值（亿元）	所占比重（%）	重工业产值（亿元）	所占比重（%）
2000	199.30	58.51	29.4	140.78	70.6
2001	234.77	67.83	28.9	166.94	71.1
2002	272.80	65.75	24.1	207.06	75.9
2003	344.00	62.46	18.2	281.54	81.8
2004	456.15	70.25	15.4	385.90	84.6
2005	620.56	90.94	14.7	529.61	85.3

四、第三产业内部结构

进入20世纪80年代末期，郴州经济社会的快速发展，带动了第三产业的繁兴，其内部结构逐步优化升级和趋向多元化。到90年代，第三产业中交通运输和批零贸易业等传统行业，总体呈现比重逐步下降趋势，而电信、文化娱乐、金融保险业和房地产业等新型产业则提速发展，其比重呈逐年上升态势。1990年，全区实现第三产业增加值12.62亿元，其中，交通运输邮政电信业、贸易餐饮业、金融保险业、房地产业和其他服务业增加值分别为2.97亿元、3.13亿元、1.66亿元、0.92亿元和3.94亿元，其所占比重分别为23.5%、24.8%、13.1%、7.3%和31.3%。1995年，全市实现第三产业增加值40.55亿元，其中，交通邮政电信业、贸易餐饮业、金融保险业、房地产业和其他服务业增加值分别为9.88亿元、12.55亿元、3.07亿元、2.24亿元和12.81亿元，所占比重分别为24.4%、31.0%、7.6%、5.5%和31.5%。同比交通邮政电信业、贸易餐饮业增加值均呈现大幅增长，尤以贸易餐饮业增幅居首，增加6.2个百分点。2000年，实现第三产业增加值为92.13亿元，其中，交通邮政电信、贸易餐饮、金融保险、房地产业和其他服务业增加值分别为21.27亿元、26.44亿元、4.20亿元、6.16亿元和34.07亿元，其所占第三产业增加值比重分别为23.1%、28.7%、4.6%、6.7%和36.9%。

2005年，全市实现第三产业增加值168.46亿元，其中，交通邮政电信业、贸易餐饮业、金融保险业、房地产业和其他服务业增加值分别为29.21亿元、48.86亿元、6.53亿元、10.93亿元和80.95亿元，其所占第三产业增加值比重分别为17.3%、29.0%、3.9%、6.5%和43.3%。第三产业内部行业所占比重较之往年有升有降，总体逐渐趋向协调好转。其中尤以文化、旅游休闲产业为主的其他服务业增长明显，其在第三产业增加值中的比重由1990年的31.3%增至2005年的43.3%，增加12个百分点。其间，郴州第三产业在三次产业结构中的比重虽不断上升，但产业内部结构依然存在房地产业、科技开发、信息服务业总量规模偏小等问题。

1989—2005年郴州市（地区）第三产业增加值构成情况一览表

表 11-2-1-4　　单位：亿元

年份＼项目	第三产业增加值（当年价）	交通运输仓储邮电业		批发零售贸易餐饮业		金融保险业		房地产业		其他服务业	
		绝对值	比重(%)	绝对值	比重(%)	绝对值	比重(%)	绝对值	比重(%)	绝对值	比重(%)
1989	11.90	2.81	23.6	2.92	24.5	1.61	13.5	0.82	6.9	3.75	31.5
1990	12.62	2.97	23.5	3.13	24.8	1.66	13.1	0.92	7.3	3.94	31.3

续表 11-2-1-4 单位：亿元

年份＼项目	第三产业增加值（当年价）	交通运输仓储邮电业		批发零售贸易餐饮业		金融保险业		房地产业		其他服务业	
		绝对值	比重 (%)	绝对值	比重 (%)	绝对值	比重 (%)	绝对值	比重 (%)	绝对值	比重 (%)
1991	15.45	3.64	23.5	3.92	25.3	1.89	12.2	1.03	6.7	4.98	32.3
1992	19.40	4.64	23.9	4.98	25.7	2.44	12.6	1.16	6.0	6.17	31.8
1993	26.31	6.14	23.3	6.99	26.6	2.65	10.1	1.72	6.5	8.81	33.5
1994	30.48	7.51	24.6	8.64	28.3	2.85	9.4	1.86	6.1	9.61	31.6
1995	40.55	9.88	24.4	12.55	31.0	3.07	7.6	2.24	5.5	12.81	31.5
1996	54.80	13.07	23.9	16.32	29.8	3.26	5.9	3.72	6.8	18.43	33.6
1997	62.74	15.30	24.4	18.71	29.8	3.49	5.6	3.91	6.2	21.34	34.0
1998	73.18	17.46	23.9	20.72	28.3	3.74	5.1	4.89	6.7	26.38	36.0
1999	83.16	20.35	24.5	23.35	28.1	3.97	4.8	5.87	7.1	29.62	35.5
2000	92.13	21.27	23.1	26.44	28.7	4.20	4.6	6.16	6.7	34.07	36.9
2001	104.84	23.52	22.4	29.05	27.7	4.49	4.3	6.61	6.3	41.16	39.3
2002	117.45	24.75	21.1	32.43	27.6	4.81	4.1	7.26	6.2	48.21	41.0
2003	130.35	27.21	20.9	36.02	27.6	5.15	3.9	8.20	6.3	53.77	41.3
2004	148.62	29.75	20.0	41.06	27.6	5.51	3.7	9.76	6.6	62.54	42.1
2005	168.46	29.21	17.3	48.86	29.0	6.53	3.9	10.93	6.5	72.93	43.3

第二节　所有制经济结构

1989 年，郴州农村继续实行以家庭联产承包责任制为主、家庭经营与集体经营相结合的双层经营制；土地为集体所有，推行个人承包经营或土地流转经营。农业生产资料除土地外，基本为个人所有，乡、村企业为集体所有。农业这一所有制结构稳定延续至 2005 年。其间，郴州工业所有制结构发生重大变化。各级政府采取一系列措施，引导、扶持发展私营和个体等非公有制企业，工业所有制结构渐趋形成国有经济、集体经济和其他经济（个体私营经济、外商及大陆港澳台投资经济）等多种经济成分并存的多元化格局。商业从改革流通体制入手，普遍开放商品市场发展个体商业，个体商业经济在社会消费品总额中所占比重日趋增大。是年，郴州地区公有制经济占整个国民经济的绝大部分，而非公有制经济处于起步阶段，基础比较薄弱。全年实现地区生产总值 38.8 亿元，其中公有制经济增加值 30.2 亿元，占 77.8%；非公有制经济增加值 8.6 亿元，仅占 22.2%。

1990 年，郴州倾力扶持发展乡镇集体企业、个体私营企业、外资企业及非公有制经济，实现地区生产总值 43.3 亿元。其中公有制经济增加值 33.2 亿元，占地区生产总值的 76.7%；非公有制经济增加值 10.1 亿元，占地区生产总值的比重由 1989 年的 22.2% 升至 23.3%。到 1995 年，全市实现地区生产总值为119.0亿元，其中公有制和非公有制经济增加值分别为81.0亿元、38.0亿元，分别占地区生产总值的68.1%、31.9%；与1990年比，非公有制经济比重提高8.6个百分点。按可比价计算，在1990—1995年的五年间，公有制经济年均增长9.4%，而非公有制经济年均增长则达18.8%。其中，第一、二、三产业公有制经济增加值比重分别为63.4%、79.2%、60.7%，非公有制经济增加值分别占各行业增加值的36.6%、20.8%、39.3%。在第二产业中，公有制工业增加值20.8亿元，占71.5%；非公有制工业增加值8.3亿元，占28.5%，比1990年增加21.7个百分点。

1996—2000年（“九五”计划时期），随着经济体制改革的深入，郴州放手发展多元化经济，各类成分经济快速发展，特别是私营企业发展快于国有企业。五年间，非公有制经济增加值年均增长19.9%。到2000年，全市实现地区生产总值231.6亿元，公有制和非公有制经济增加值分别为122.7亿元和108.9亿元，分别占地区生产总值的53.0%和47.0 %，非公有制经济所占比重较之1995年增加15.1个百分点。其中，第一、二、三产业公有制增加值分别占其总增加值的64.2%、54.7%和44.1%，非公有制经济增加值分别占其总增加值的35.8%、45.3%、55.9%。在第二产业中，公有制工业增加值37.80亿元，占54.5%；非公有制工业增加值31.51亿元，占45.5%。

2001—2005年（“十五”计划时期），国有企业改制转体步伐加快，国有企业产权向多元化扩展，所有制结构又发生重大改变，非公有制经济逐步赶上并超过公有制经济比重，成为经济发展主体。2001年在全市7305家法人企业中，有私营企业3364家，占企业法人的46.1%，比国有和集体企业的44.0%多2.1个百分点。联营企业、股份制企业、外商和港澳台企业及其他企业分别有68家、408家、73家、163家，分别占企业法人的1.0%、5.6%、1.1%、2.2%。2004年，全市按登记注册类型的企业法人分类，有国有和集体企业1070家，占全部法人企业的14.8%；股份制合作企业265家，占3.7%；国有独资公司22家，占0.3%；私营企业5261家，占73.0%；股份有限公司和其他有限责任公司419家，占5.8%；港澳台投资企业和外商投资企业104家，占1.4%；其他企业71家，占1.0%。

2005年，全市实现地区生产总值475.81亿元，公有制和非公有制经济增加值分别为203.18亿元、272.63亿元，占生产总值的42.7%、57.3%；非公有制经济增加值所占比重比公有制经济高14.6个百分点。第一、二、三产业增加值中，公有制经济所占比重分别为64.7%、25.4%和55.0%，非公有制经济所占比重分别为35.3%、74.6%和45.0%。在第二产业中，公有制工业增加值占28.5%，非公有制工业增加值占71.5%。非公有制经济已成为全市经济尤其是工业经济发展的主力军。

1989—2005年郴州市（地区）生产总值所有制结构一览表

表11-2-2-1　　单位：亿元、%

项目/年份	生产总值			第一产业增加值			第二产业增加值			第三产业增加值		
	总量	公有制比重	非公有制比重	总量	公有制比重	非公有制比重	总量	公有制比重	非公有制比重	总量	公有制比重	非公有制比重
1989	38.8	77.8	22.2	12.7	71.6	28.4	14.2	91.4	8.6	11.9	68.3	31.7
1990	43.3	76.7	23.3	16.0	71.1	28.9	14.6	91.3	8.7	12.6	68.1	31.9
1991	49.7	75.0	25.0	18.4	68.8	31.2	15.9	89.4	10.6	15.5	67.5	32.5
1992	64.2	73.0	27.0	24.2	65.8	34.2	20.6	87.9	12.1	19.4	66.3	33.7
1993	78.6	71.3	28.7	25.2	63.9	36.1	27.1	85.1	14.9	26.3	64.2	35.8
1994	95.3	70.7	29.3	28.8	64.1	35.9	36.0	82.5	17.5	30.5	63.0	37.0

续表 11-2-2-1 单位：亿元、%

项目/年份	生产总值			第一产业增加值			第二产业增加值			第三产业增加值		
	总量	公有制比重	非公有制比重	总量	公有制比重	非公有制比重	总量	公有制比重	非公有制比重	总量	公有制比重	非公有制比重
1995	119.0	68.1	31.9	36.2	63.4	36.6	42.2	79.2	20.8	40.6	60.7	39.3
1996	151.5	64.9	35.1	44.7	63.8	36.2	52.0	72.8	27.2	54.8	58.2	41.8
1997	172.6	61.2	38.8	55.0	60.3	39.7	54.8	68.7	31.3	62.7	55.4	44.6
1998	190.4	59.7	40.3	57.0	63.3	36.7	60.2	65.2	34.8	73.2	52.5	47.5
1999	207.6	57.6	42.4	59.1	67.6	32.4	65.4	59.9	40.1	83.2	48.6	51.4
2000	231.6	53.0	47.0	60.8	64.2	35.8	78.7	54.7	45.3	92.1	44.1	55.9
2001	259.3	52.4	47.6	62.9	65.7	34.3	91.5	52.6	47.4	104.8	44.4	55.6
2002	288.6	51.8	48.2	64.3	66.6	33.4	106.8	50.6	49.4	117.5	44.9	55.1
2003	327.3	47.6	52.4	64.3	65.7	34.3	132.7	38.5	61.5	130.4	47.9	52.1
2004	398.5	46.5	53.5	76.6	64.2	35.8	173.2	38.1	61.9	148.6	47.3	52.7
2005	475.81	42.7	57.3	81.52	64.7	35.3	225.83	25.4	74.6	168.46	55.0	45.0

第三节 投资结构

自 1989 年，郴州全社会固定资产投资总体保持提速增长态势：“八五”（1991—1995 年）计划期间投资总额累计为 80.79 亿元，“九五”（1996—2000 年）计划期间为 215.77 亿元，“十五”（2001—2005 年）计划期间为 659.29 亿元。1989—2005 年，郴州市全社会固定资产投资累计完成总额 969.54 亿元，平均每年投资 57.03 亿元。投资规模由 1989 年的 6.97 亿元增加到 2005 年的 191.82 亿元，年均增幅达到 23.0%。“九五”和“十五”计划时期投资总额，分别占 1989—2005 年全社会固定资产投资总量的 22.3% 和 68.0%。随着固定资产投资力度的加大，全市基础产业和基础设施建设取得重大进展，特别是工业、能源、交通、农业、市政等领域投建和建成一大批大中型工程项目。

在此 17 年间，郴州建立和完善市场经济体制，面向社会和海外境外开放投资领域，投资主体展现多元化特征，非国有投资在全社会投资中所占比重逐年提高。1989—2005 年，郴州全社会投资中，国有投资累计完成 360.94 亿元，年均增长 14.0%，占全市投资总量的比重由 1989 年的 59.8% 下降到 2005 年的 19.3%；非国有投资累计完成 608.58 亿元，年均增长 28.5%，占全市投资总量的比重由 1989 年的 40.2% 上升到 2005 年的 80.7%。投资主体结构逐渐由以国有投资为主导转向以引进外资和以民间投资为主导。1998—2000 年，资兴市出台 10 条招商引资优惠政策，先后引进市外资金 30 亿元兴建青岛啤酒股份公司和湘南农业观光园等十大项目。2002 年，永兴县利用县内有 3 万多人定居东南亚和北美等地的“华侨之乡”优势，出台优惠政策招商引资，在全县总投资达 13 亿余元的 118 个重点项目中，侨胞直接投资或引进资金占 70.0%。2003 年，苏仙区引进港资 3 亿元，在区科技工业园兴建电子工业出口生产项目。

1989—2005 年，郴州市全社会固定资产投资按经济类型分：国有经济投资完成 360.95 亿元，占37.23%；集体经济投资184.21亿元，占19.0%；个体经济投资144.87亿元，占14.94%；其他经济投资279.51亿元，占28.83%。按隶属关系分：中央项目完成投资101.09亿元，占总额的10.4%；地方项目共完成投资868.43亿元，占总额的89.6%。按建设性质分：基本建设投资共完成382.29亿元，占39.4%；更新改造投资完成161.99亿元，占16.7%；房地产开发完成投资80.05亿元，占8.3%；其他投资完成345.21亿元，占总额的35.6%。此间房地产投资迅速增长，2001—2005房地产累计投资67.38亿元，占同期投资总额的10.2%。

1989—2005年郴州市（地区）全社会固定资产投资总额（按经济类型分）一览表

表11-2-3-1　单位：亿元

年份＼项目	全社会固定资产投资总额	国有经济		集体经济		个体经济		其他经济	
		总量	比重（%）	总量	比重（%）	总量	比重（%）	总量	比重（%）
1989	6.97	4.17	59.8	1.16	16.6	1.64	23.6	—	0.0
1990	6.72	4.24	63.2	1.19	17.7	1.29	19.1	—	0.0
1991	7.82	5.06	64.7	1.38	17.6	1.38	17.7	—	0.0
1992	11.83	8.79	74.3	1.97	16.6	1.07	9.1	—	0.0
1993	15.99	10.52	65.8	3.74	23.4	1.73	10.8	—	0.0
1994	21.72	14.99	69.0	4.49	20.7	2.24	10.3	—	0.0
1995	23.42	14.00	59.8	4.57	19.5	3.53	15.1	1.32	5.6
1996	28.07	14.75	52.6	6.59	23.5	5.60	20.0	1.12	4.0
1997	30.09	15.49	51.5	7.25	24.1	5.37	17.8	1.98	6.6
1998	43.62	25.64	58.8	8.46	19.4	7.51	17.2	2.01	4.6
1999	55.00	27.65	50.3	10.25	18.6	13.95	25.4	3.15	5.7
2000	58.99	27.31	46.3	11.58	19.6	12.58	21.3	7.52	12.7
2001	76.88	34.29	44.6	13.67	17.8	15.61	20.3	13.31	17.3
2002	97.09	40.00	41.2	16.18	16.7	16.60	17.1	24.32	25.0
2003	135.81	35.63	26.2	24.01	17.7	18.21	13.4	57.97	42.7
2004	157.68	41.42	26.3	29.14	18.5	19.46	12.3	67.66	42.9
2005	191.82	36.99	19.3	38.58	20.1	17.10	8.9	99.14	51.7
1989—2005累计	969.54	360.95	37.23	184.21	19.0	144.87	14.94	279.51	28.83

说明：“九五”期间及2001年，全社会固定资产投资不含耒宜高速郴州段投资和50万元以下投资

1989—2005年郴州市（地区）全社会固定资产投资总额（按投资属性分）一览表

表11-2-3-2　单位：万元

年份＼项目	全社会固定资产投资总额	按建设性质分								按隶属关系分			
		基本建设		更新改造		房地产开发		其他		中央		地方	
		绝对值（亿元）	比重（%）	绝对值（亿元）	比重（%）	绝对值（亿元）	比重（%）	绝对值（亿元）	比重（%）	绝对值（亿元）	比重（%）	绝对值（亿元）	比重（%）
1989	6.97	2.64	37.9	1.83	26.2	—	—	2.5	35.87	2.36	33.9	4.60	66.1

续表 11-2-3-2　　　　单位：万元

项目/年份	全社会固定资产投资总额	按建设性质分								按隶属关系分			
		基本建设		更新改造		房地产开发		其他		中央		地方	
		绝对值（亿元）	比重（%）	绝对值（亿元）	比重（%）	绝对值（亿元）	比重（%）	绝对值（亿元）	比重（%）	绝对值（亿元）	比重（%）	绝对值（亿元）	比重（%）
1989	6.97	2.64	37.9	1.83	26.2	—	—	2.5	35.87	2.36	33.9	4.60	66.1
1990	6.72	2.34	24.8	1.39	20.7	0.14	2.1	2.85	42.41	2.05	30.6	4.66	69.4
1991	7.82	2.71	24.7	2.20	28.1	0.14	1.8	2.77	35.42	2.46	31.4	5.36	68.6
1992	11.83	2.65	22.4	2.76	23.3	0.09	0.8	6.33	53.51	4.28	36.2	7.55	63.8
1993	15.99	5.89	36.8	4.21	26.3	0.22	1.4	5.67	35.46	2.97	18.6	13.02	81.4
1994	21.72	5.99	27.6	6.93	31.9	0.41	1.9	8.39	38.63	4.32	19.9	17.41	80.1
1995	23.42	7.58	21.4	4.92	21.0	1.29	5.5	9.63	41.11	5.06	21.6	18.37	78.4
1996	28.07	10.16	36.2	4.06	14.5	1.15	4.1	12.7	45.24	4.96	17.7	23.11	82.3
1997	30.09	10.95	36.4	5.03	16.7	1.18	3.9	12.93	42.97	4.65	15.5	25.44	84.5
1998	43.62	17.91	41.1	6.99	16.0	1.92	4.4	16.8	38.51	4.70	10.8	38.92	89.2
1999	55.00	19.35	35.2	8.61	15.6	2.06	3.8	24.98	45.42	5.16	9.4	49.84	90.6
2000	58.99	19.76	33.5	9.58	16.2	4.07	6.9	25.58	43.36	8.21	13.9	50.78	86.1
2001	76.88	28.28	36.8	12.28	16.0	4.91	6.4	31.41	40.86	12.89	16.8	63.99	83.2
2002	97.09	38.93	40.1	13.50	13.9	6.32	6.5	38.34	39.49	14.98	15.4	82.11	84.6
2003	135.81	54.04	39.8	17.38	12.8	16.68	12.3	47.71	35.13	14.41	10.6	121.40	89.4
2004	157.68	57.59	36.5	26.27	16.7	19.18	12.2	54.64	34.65	5.16	3.3	152.51	96.7
2005	191.82	89.24	46.5	34.07	17.8	20.28	10.6	48.23	25.14	2.46	1.3	189.36	98.7
1989—2005 年累计	969.54	382.29	39.4	161.99	16.7	80.05	8.3	345.21	35.60	101.09	10.4	868.43	89.6

第四节　劳动就业结构

1989 年，郴州地区全社会从业人员 210.09 万人，其中单位职工人数 30.75 万人，城镇个体私营劳动者 2.1 万人，农村从业人员 177.24 万人。农村劳动人员占全社会从业人员的 84.4%。此后，各地动员社会各方面力量，广开劳动就业门路。

进入 20 世纪 90 年代，社会就业单位性质渐趋发生较大变化。1998 年，单位职工人数最多达到 34.42 万人。其后因部分国有、集体单位实行破产、转让、兼并重组，一部分职工下岗转变就业身份，成为股份制企业或私营企业就业者，致使国有、集体单位职工人数大幅减少，其他经济类型单位职工人数则大量增加。2005 年与 1989 年相比，国有单位职工人数所占比重下降 8 个百分点，集体单位下降 10 个百分点，而其他单位职工人数则由少到多上升 18 个百分点达 4.76 万人。同时，城镇个体、私营企业就业人数增长较快。2005 年，全市城镇个体、私营企业就业人员达到 26.54 万人，占全社会从业人员比重由 1989 年的 1.0% 升至 9.7%，增加 8.7 个百分点，年均增长 15.5%。农村从业人员稳定增长，而从事农业种养业从业人员则逐年减少。2005年，农村从业人员219.78万人，与1989年相比，农村从业人员增加42.54万人，而从事农业种植、养殖业生产从业人员却减少30.42万人，每年减少1.90万余人。

与此同时，随着城镇建设的加快及农民进城务工者剧增，城镇从业人员大量增加，非农从业人员比重因之不断提高。2005年，城镇就业人员由1989年的32.85万人增加到53.02万人，年均增加1.18万人；全市非农从业人员比重由1989年的23.1%增加到51.6%，每年平均增长1.2个百分点。

到2005年，三次产业从业人员的比重升降较大，劳动力就业结构显现明显变化：第一产业从业人员减少，第二产业从业人员持续增长，第三产业从业人员快速增长。2005年，全社会从业人员发展到274.36万人，比1989年增加64.27万人，增长30.6%。第一产业从业人员131.65万人，第二产业从业人员59.40万人，第三产业从业人员83.31万人。较之1989年，第一产业减少29.95万人，年均减少1.9万人；第二产业增加29.28万人，年均增加1.8万人；第三产业增加64.94万人，年均增加3.8万人。在全社会就业人员中，第一产业从业人员所占比重由1989年的76.9%下降到2005年的48.0%；而第二、三产业从业人员比重则逐年扩大，尤其是第三产业从业人员比重增长较快。2005年，第三产业从业人员占全社会从业人员的比重达到30.4%，与1989年相比其就业比重提高21.7%。当年，全市城镇登记失业人员为2.27万人，失业率为3.7%。1989—2005年，累计增加从业人员64.27万人，年均增加4.17万人。

1989—2005年郴州市（地区）全社会从业人员情况（按就业性质分）统计表

表11-2-4-1 单位：万人

项目/年份	全社会从业人员	单位职工人数	其中			城镇个体私营劳动者	农村从业人员	其中	其他社会劳动者
			国有单位	集体单位	其他单位			农业从业人员	
1989	210.09	30.75	25.30	5.45	—	2.10	177.24	161.60	—
1990	215.63	31.24	25.98	5.26	—	2.63	181.76	165.20	—
1991	221.85	32.10	26.82	5.28	—	2.22	187.53	169.41	—
1992	224.44	32.04	26.91	5.13	—	2.19	190.21	—	—
1993	226.48	31.85	26.71	5.02	0.13	2.63	191.01	164.34	0.99
1994	231.68	31.87	27.23	4.34	0.30	5.87	192.96	—	0.98
1995	237.87	32.69	27.93	4.20	0.56	6.71	194.24	161.69	1.23
1996	244.73	33.45	28.34	4.33	0.78	12.76	197.38	161.21	1.14
1997	243.62	34.16	28.90	4.37	0.89	12.75	195.23	152.47	1.08
1998	249.42	34.42	28.32	4.01	2.09	15.05	198.53	154.05	1.42
1999	249.64	34.28	28.53	3.78	1.97	15.85	198.66	152.07	0.85
2000	250.20	33.33	28.02	3.72	1.59	11.65	204.54	154.33	0.68
2001	256.48	31.96	25.49	3.42	3.05	15.73	207.89	151.71	0.90
2002	261.25	30.78	24.90	3.14	2.74	19.56	209.60	143.35	1.31
2003	262.68	29.70	24.49	2.55	2.66	19.05	212.53	134.08	1.40
2004	267.34	29.61	23.67	2.51	3.43	21.86	213.89	129.01	1.98
2005	274.36	26.48	19.71	2.01	4.76	26.54	219.78	131.18	1.56

1989—2005 年郴州市（地区）全社会从业人员情况（按产业人员分）统计表

表 11-2-4-2　　单位：万人

年份＼项目	全社会从业人员（万人）	一产业	比重（%）	二产业	比重（%）	三产业	比重（%）
1989	210.09	161.60	76.90	30.12	14.30	18.37	8.80
1990	215.63	163.48	75.80	30.16	14.00	21.99	10.20
1991	221.85	164.49	74.10	31.05	14.00	26.31	11.90
1992	224.44	163.53	72.80	32.25	14.40	28.65	11.80
1993	226.48	158.80	70.10	33.33	14.70	34.35	15.20
1994	231.68	157.92	68.20	34.60	14.90	39.10	16.90
1995	234.87	155.16	66.10	33.90	14.40	45.81	19.50
1996	244.73	154.82	63.30	32.22	13.20	57.69	23.50
1997	243.62	153.48	63.00	31.76	13.10	58.38	23.90
1998	249.42	153.50	61.50	31.74	12.70	64.18	25.80
1999	249.64	153.82	61.60	30.52	12.20	65.30	26.20
2000	250.20	155.27	62.10	36.72	14.70	28.21	23.20
2001	256.48	152.51	59.50	38.04	14.80	65.93	25.70
2002	261.25	144.04	55.10	43.58	16.70	73.63	28.20
2003	262.68	133.89	50.10	50.70	19.20	78.09	29.70
2004	267.34	130.11	48.70	55.92	20.90	81.31	30.40
2005	274.36	131.65	48.00	59.40	21.60	83.31	30.40

第五节　县市区经济结构

一、三次产业经济构成

1989 年，郴州地区在国务院批准实施湘南农业综合开发计划后，11 个县（市、区）委、政府在发展县域经济中，将加强农业综合开发作为农业上台阶的战略措施来抓，农业发展步伐加快，县域经济三次产业结构排序均表现为“一二三”。到 1993 年，全市实施“兴工强市”发展战略，县域经济着力发展工业主导产业、骨干企业和名牌产品，第二产业发展迅速。1996 年，“开放兴郴”被列为发展郴州经济的首选战略，各县（市、区）在扩大对外开放中力促交通运输、通信和商贸服务等业，带动全市第三产业进入加速发展时期。2002 年后，县级区域更加注重劳动密集型产业和资源型产业的发展，发挥人力资源和自然资源优势，加快乡镇工业发展。第二产业在区域经济中所占的比重随之普遍提高。

到2005年，随着工业强市和拓展现代服务业步伐的全面加快，全市县域经济三次产业结构普遍由20世纪90年代初期的“一二三”转为“二三一”类型，第二产业在三次产业中占绝对优势。2005年，全市第二产业增加值比重占三次产业增加值比重的47.4%，11个县（市、区）第二产业增加值比重在45%以上的有7个县（市、区）。县域经济中第二产业的比重呈现三个层次，第二产业比重高于全市平均水平的有资兴市、临武县、苏仙区、北湖区、汝城县；略低于全市平均水平的有永兴县、宜章县、嘉禾县、桂阳县，低于全市平均水平的有桂东县和安仁县。在三次产业经济构成中，2005年资兴市第二产业增加值为33.93亿元，占生产总值的比重为57.7%，居全市之首；安仁县第二产业增加值为9.62亿元，占生产总值的比重为32.6%，为全市最低，而该县第一产业比重则高达31.1%，居全市之首。

2005年郴州各县市区产业增加值构成比重一览表

表11-2-5-1

项目／年份	生产总值（万元）	一产业		二产业		三产业	
		增加值（万元）	比重（%）	增加值（万元）	比重（%）	增加值（万元）	比重（%）
郴州市	4758136	815152	17.1	2258338	47.4	1684646	35.5
北湖区	733438	43656	5.9	376956	51.4	312826	42.7
苏仙区	520363	56924	10.9	272099	52.3	191340	36.8
桂阳县	639426	170199	26.6	240365	37.6	228861	35.8
宜章县	471742	82496	17.5	210455	44.6	178791	37.9
永兴县	539727	103460	19.2	244553	45.3	191714	35.5
嘉禾县	299627	70215	23.4	115987	38.7	113425	37.9
临武县	342543	59119	17.3	189379	55.3	94045	27.5
汝城县	285048	56295	19.8	145425	51.0	83328	29.2
桂东县	77387	18797	24.3	27117	35.0	31473	40.7
安仁县	295569	91962	31.1	96240	32.6	107367	36.3
资兴市	588009	88428	15.0	339289	57.7	160292	27.3

说明：因生产总值分级核算，县市区相加不等于全市总计

二、所有制经济结构

1989—2005年，郴州境内县域经济坚持以非公有制经济为主体的改革导向，大力发展非公有制经济，增强县域经济活力。各县（市、区）把发展非公有制经济与小城镇建设、调优经济结构、国企改革、招商引资有机结合起来，提高非公有制经济产业的聚集效应和企业的经济效益。1989年，嘉禾县把发展个体私营经济与小城镇建设结合起来，将交通便利、有传统产业经济特色的城关镇、塘村镇、车头镇、袁家镇作为集中发展区，建设以发展锻造、铸造和小五金加工为主的个体私营经济带。到1994年，经济带区域个体私营经济户发展到2500多户，个体私营经济总产值过3亿元，成为全县四大经济支柱之一。永兴县将发展个体私营经济作为推进县域经济的一大支撑，到1999年，引导全县打工者回乡创办企业416家，城镇从事二、三产业的人员达4.6万人，仅个体私营建筑企

业年创产值4亿元。资兴市全面推进国企改革，到2003年，全市109家市属企业有35家依法破产，有65家实行“两个置换”转为民营或国有民营企业，改制企业产值增幅高于该市平均水平的4.1个百分点。到2005年，郴州市随着个体私营经济的快速发展及国营企业的转体改制，非公有制经济成为县域经济的主体，当年全市非公有制经济增加值占全市生产总值的57.3%。11个县（市、区）非公制经济增加值占本县（市、区）生产总值比重超过60%的有临武、汝城、永兴、宜章、资兴5个县（市）；超过50%而不到60%的有嘉禾、桂阳、安仁、桂东4个县。

2005年郴州各县市区非公有制增加值比重统计表

表11-2-5-2

项目 / 年份	生产总值（万元）	非公有制经济增加值（万元）	比重（%）
郴州市合计	4758136	2726412	57.3
北湖区	733438	357315	48.7
苏仙区	520363	243568	46.8
桂阳县	639426	349397	54.6
宜章县	471742	294660	62.5
永兴县	539727	342120	63.4
嘉禾县	299627	172895	57.7
临武县	342543	228877	66.8
汝城县	285048	188182	66.0
桂东县	77387	39544	51.1
安仁县	295569	157656	53.3
资兴市	588009	361179	61.4

三、产业经济内部结构

（一）农牧业经济

1989年以后，各县（市、区）在推进湘南农业综合开发中，根据自身资源和生产条件优势，对产业结构进行调整，逐步形成“优质水稻”“优质烤烟”“优质林木”“优质生猪”“优质畜禽”“优质蔬菜”和“优质果茶”等农牧产品生产基地，构成县域特色经济。桂阳县烤烟是县域经济中尤具特色的传统农产品，全县39个乡镇中有32个乡镇和9个农林牧渔场大面积种植烤烟，年种植面积逾1.6万公顷。常年烤烟收购量占全省近四分之一、烟叶产值过3亿元，为该县境内年税收过8000万元的单个农产品，至2005年先后被国家列为全国替代进口烟生产基地、国际优质烟开发基地和全国优质烟叶科技示范基地。全市区域内烟草种植较多的还有嘉禾县、永兴县和宜章县。2005年，桂阳、永兴、嘉禾、宜章4县烟叶产量分别占全市烟叶总产量的64.6%、9.2%、8.1%和6.5%，均为市级以上优质烤烟生产基地。安仁、桂阳、永兴、宜章4县优质水稻种植面积大、产量高、米质好，是水稻生产大县，2005年4县水稻产量分别占全市水稻总产量的17.5%、14.9%、13.6%和11.9%，为郴州优质水稻重点生产基地。桂阳、永兴、安仁、宜章、嘉禾、资兴及苏仙7县（市、区）系全市重点发展的生猪生产基地，2005年这7县生猪产量分别占全市生猪总产量的13.9%、13.4%、

11.4%、11.3%、11.1%、10.6% 和 7.9%。汝城县、桂东县则利用山区独特的水能和地域气候优势，发展小水电和特色蔬菜、中药材种植，规模日益扩大，成为县域经济发展和农民增收的有效途径。此间，郴州在发展县域经济中，相继涌现裕湘面、临武鸭、资兴东江鱼、资兴狗脑贡茶、嘉禾辣椒、桂东玲珑茶、安仁豪峰茶、永兴冰糖橙等极具特色的农产品。安仁优质稻、临武舜华鸭、资兴东江鱼、桂东玲珑茶、嘉禾三味辣椒均成为规模生产、系列开发，畅销于国内外的名牌产品。

2005 年郴州各县市区猪、稻、烟产量占全市比重情况一览表

表 11-2-5-3

项目 / 年份	生猪		稻谷		烟叶	
	出栏总量（万头）	占全市比重（%）	总产量（万吨）	占全市比重（%）	总产量（吨）	占全市比重（%）
郴州市合计	554.18	100.0	164.72	100.00	72416	100.00
北湖区	26.51	4.80	4.35	2.60	2764	3.80
苏仙区	43.56	7.90	11.44	6.90	1124	1.50
桂阳县	77.09	13.90	24.54	14.90	46784	64.60
宜章县	62.51	11.30	19.72	11.90	4679	6.50
永兴县	74.13	13.40	22.36	13.60	5847	8.10
嘉禾县	61.26	11.10	10.75	6.50	6660	9.20
临武县	37.51	6.80	9.09	5.50	856	1.20
汝城县	37.80	6.80	16.09	9.80	63	0.10
桂东县	12.46	2.20	5.99	3.60	157	0.20
安仁县	62.88	11.40	28.79	17.50	3436	4.70
资兴市	58.47	10.60	11.61	7.10	46	0.10

（二）规模工业经济

1989—2005 年，各县（市、区）依托区域内丰富的自然资源及区位、交通优势，竭力推进工业化进程，着力打造有色、能源、电子信息、建材、医药食品、化工机械 6 大优势产业，构建规模工业经济格局，使之在县域经济中所占比重逐步提高。2005 年，全市工业化水平达到 43.4%，各县（市、区）中年产值过亿元的规模工业企业增至 67 户。县级规模工业增加值占全市规模工业增加值比重较高的有北湖区、资兴市、桂阳县、苏仙区、汝城县、宜章县，分别占全市规模工业增加值的 17.5%、14.0%、12.6%、12.1%、9.5% 和 9.1%。资兴市致力构筑规模工业经济模式，至 2005 年，该市先后多方式引进 20 万吨复合肥厂、20 万吨啤酒生产线、程江口电站、鲤鱼江电站扩建等 30 多个规模工业建设项目，投资金额达 40 余亿元。其规模工业增加值 2005 年跃居全市第二位，仅次于北湖区。

2005 年郴州各县市区规模以上工业增加值构成比重一览表

表 11-2-5-4

项目 / 年份	规模以上工业		轻工业		重工业	
	增加值（万元）	占全市比重（%）	增加值（万元）	所占比重（%）	增加值（万元）	所占比重（%）
郴州市合计	1475912	100.00	227203	15.40	1248709	84.60

续表 11-2-5-4

项目/年份	规模以上工业		轻工业		重工业	
	增加值（万元）	占全市比重（%）	增加值（万元）	所占比重（%）	增加值（万元）	所占比重（%）
北湖区	258586	17.50	145599	56.3	112987	43.7
苏仙区	179191	12.10	12839	7.2	166352	92.8
桂阳县	186275	12.60	5832	3.1	180443	96.9
宜章县	134029	9.10	18541	13.8	115488	86.2
永兴县	128406	8.70	1203	0.9	127203	99.1
嘉禾县	68571	4.60	1915	2.8	66656	97.2
临武县	107196	7.30	7182	6.7	100014	93.3
汝城县	140928	9.50	—	—	140928	100.0
桂东县	20201	1.40	456	2.2	19745	97.8
安仁县	45256	3.10	12882	28.5	32374	71.5
资兴市	207273	14.00	20755	10.0	186518	90.0

说明：规模以上工业增加值按生产法计算，为当年价

（三）有色金属产业经济

郴州素有“有色金属之乡”之称，11个县（市、区）均蕴藏多种有色金属资源，各地依托资源优势，大力开发有色金属产业。1989年后，各县（市、区）注重矿产品精、细、深加工，逐步走采选、冶炼加工、综合利用“一条龙”产业发展之路，促使矿产品增产增值。至2005年，全市县域规模以上有色金属采选、冶炼及压延加工企业达215户，占全市有色金属规模以上工业企业的97.2%；实现增加值42.87亿元，占全市有色金属规模以上工业企业增加值的98.8%；上缴税金9.11亿元，占全市有色金属规模工业上缴税金的27.3%。从事有色金属采选和冶炼及压延加工的从业人员3.07万人，占全部规模工业企业从业人员总数的88.3%。其间，各县（市、区）力图将有色金属产业做大做强。1998年，临武县将原县冶炼厂拍卖出让组建港商独资企业即怡丰（郴州）锡业有限公司，1999年生产锡锭2220吨，产值和销售收入均过亿元，一跃成为当时全国四大锡锭生产基地之一。2005年，永兴、桂阳、临武、汝城4县规模以上有色金属采选、冶炼及加工业增加值均在5亿元以上，分别占县域规模工业增加值的88.9%、40.6%、69.1%和43.9%，上缴税金占规模工业的比重分别为84.2%、39.2%、66.4%和48.0%。有色金属产业成为当地县域经济支柱，其开采加工的铅、锌、锡、钨、铜、铁等矿产品，及回收冶炼的金、银，因质量上乘而畅销国内外市场。

2005年郴州各县市区规模以上有色金属工业主要指标及比重情况统计表

表 11-2-5-5

项目/年份	规模以上企业数		增加值		税金		从业人员	
	数量（个）	占全部（%）	数量（万元）	占全部（%）	数量（万元）	占全部（%）	数量（人）	占全部（%）
郴州市合计	221	26.9	461883	35.2	98377	27.3	30742	24.0
市辖	6	15.8	33103	20.9	7276	7.7	3547	16.9

续表 11-2-5-5

项目/年份	规模以上企业数		增加值		税金		从业人员	
	数量（个）	占全部（%）	数量（万元）	占全部（%）	数量（万元）	占全部（%）	数量（人）	占全部（%）
北湖区	9	12.2	46930	41.4	5556	30.9	1874	25.5
苏仙区	22	39.3	43331	47.5	9571	42.2	1433	15.1
桂阳县	24	25.0	69809	40.6	19644	39.2	6939	50.9
宜章县	9	8.5	15741	12.3	3437	12.8	3661	21.8
永兴县	62	73.8	112045	88.9	15916	84.2	3631	49.7
嘉禾县	1	1.2	553	1.0	260	1.5	26	0.3
临武县	40	48.8	66834	69.1	17065	66.4	7307	59.7
汝城县	31	49.2	50129	43.9	10237	48.0	1351	48.4
桂东县	3	15.8	1577	14.3	247	9.4	202	8.6
安仁县	10	25.0	20588	45.5	9139	49.7	613	16.5
资兴市	4	4.9	1243	0.6	30	0.1	158	0.8

（四）能源产业经济

郴州市水力和煤炭资源丰富，为华南地区能源供应基地。1989—2005年，境内煤炭开采和水电、煤电项目开发已成为推动县域经济发展的重要产业。此间，郴州抓住全国建设农村初级电气化县的有利时机，先后建成9个初级电气化县（市、区）。其中汝城县水电资源极为丰富，境内有大小河流696条，水能理论蕴藏量为全省人平的2.7倍，可开发水电量达19.8万千瓦。该县采取鼓励、扶持政策措施，驱使形成多渠道、多层次、多形式、多元化投入的水电开发模式，至2001年水电装机容量达7.23万千瓦，居全省各县之首；当年水电企业完成发电量3.03亿千瓦时，发电供电总产值1.07亿元，实现利税1790万元，成为全县三大支柱产业之一。

到2005年，主要产煤地宜章县、桂阳县、资兴市、临武县、嘉禾县，其规模以上煤炭企业煤产量分别占全市规模以上工业企业煤产量的31.2%、22.3%、18.6%、10.1%和9.2%；资兴市、汝城县、桂东县、宜章县、永兴县以煤炭发电量居冠，5县（市）规模以上电力企业年发电量分别占全市规模以上工业企业总发电量的73.1%、9.4%、4.7%、2.2%、2.2%。

2005年郴州各县市区规模以上工业原煤产量、发电量占全市比重情况统计表

表 11-2-5-6

项目/年份	原煤产量（万吨）	所占比重（%）	发电总量（万千瓦时）	所占比重（%）
郴州市合计	1285.66	100.0	804753	100.0
北湖区	67.34	5.2	4777	0.6
苏仙区	4.18	0.3	12193	1.5
桂阳县	287.08	22.3	8430	1.1
宜章县	400.95	31.2	17879	2.2
永兴县	35.45	2.8	17625	2.2
嘉禾县	118.51	9.2	12601	1.6

续表 11-2-5-6

项目 年份	原煤产量（万吨）	所占比重（%）	发电总量（万千瓦时）	所占比重（%）
临武县	129.56	10.1	2926	0.4
汝城县	—	—	75864	9.4
桂东县	—	—	37882	4.7
安仁县	3.95	0.3	8830	1.1
资兴市	238.64	18.6	588110	73.1

（五）旅游经济

郴州境内生态旅游资源丰富，革命纪念地甚多，且各县（市、区）境内均有分布。1989 年后，各县（市、区）将旅游资源开发作为县域经济发展的新生支柱产业来抓，旅游业占县域生产总值比重日愈提升。郴州 1995 年撤地建市后，各县（市、区）进而以丰富的旅游资源为依托，多方聚资开发旅游产业，旅游业发展加快。到 2001 年，全市旅游接待人数 367.4 万人次，旅游综合收入达 15.6 亿元。境内相继形成“红色文化、生态休闲、林城福地、漂流探险、温泉健身”五大特色旅游，东江湖风景区 2002 年被评为国家 AAAA 级旅游景区。到 2005 年，全市年接待游客升至 631 万人次，旅游综合收入跃至 42.20 亿元，为 2001 年的 2.7 倍，占全市生产总值比重的 8.9%。旅游综合收入已成为县域经济中的重要组成部分。资兴市、北湖区、宜章县、桂东县、苏仙区、永兴县、汝城县为郴州市重点旅游开发经济区。2005 年，旅游综合收入过 3 亿元的有资兴市（9.89 亿元）、北湖区（6.69 亿元）、宜章县（4.09 亿元）、苏仙区（3.46 亿元）和永兴县（3.37 亿元）。至 2005 年，郴州市在开发旅游经济的进程中，先后被评为省级“园林城市”“中国优秀旅游城市”“全国园林绿化先进城市”“中国温泉之乡”。

2005 年郴州市（县市区）旅游经济占生产总值情况统计表

表 11-2-5-7

项目 年份	接待人数（万人次）	地区生产总值（亿元）	综合收入（亿元）	占生产总值比重（%）
郴州市合计	631.40	475.81	42.20	8.9
市本级	95.51	—	8.0	8.9
北湖区	89.05	73.34	6.69	9.1
苏仙区	60.94	52.04	3.46	6.7
桂阳县	34.82	63.94	2.27	3.6
宜章县	57.14	47.17	4.09	8.7
永兴县	51.62	53.97	3.37	6.2
嘉禾县	18.27	29.96	0.98	3.3
临武县	16.76	34.25	0.81	2.4
汝城县	28.73	28.50	1.59	5.6
桂东县	8.45	7.74	0.61	7.9
安仁县	7.66	29.56	0.44	1.5
资兴市	162.45	58.80	9.89	16.8

第三章 人民生活

第一节 农村居民生活

一、居民收入

1989年，郴州地区农村居民抽样调查资料显示，农民人均纯收入533元，其收入结构为工资性收入22元、家庭经营性收入500元、财产和转移性收入11元。其结构比为4.1∶93.8∶2.1，以家庭经营收入为主。在家庭经营收入中，农林牧渔业收入379元，工业和建筑业收入20元，交通运输服务业和其他收入101元。家庭经营收入中又以农林牧渔业收入为主，占家庭经营收入的75.8%。1990年，农民人均纯收入517元，其中工资性收入24元、家庭经营性收入450元、财产性和转移性收入43元，其结构比为4.6∶87.0∶8.4。与上年比，农民收入结构有所变化，财产性和转移性收入增幅较大。在家庭经营收入中，农林牧渔业收入369元，工业和建筑业收入14元，交通运输服务业和其他收入67元。1995年人均纯收入1236元，比1990年增长1.38倍，年均增长19.04%，年均增加143.8元。2000年农民人均纯收入2430元，比1995年增加1194元，年均增长14.5%，年均增加297元。其中农民外出务工工资性收入700元，比1995年增加441元，年均增加88元；农民家庭经营收入有所增加，种植业收入和林业收入有增有减，牧业、渔业、工业和建筑业收入持续增长。财产性和转移性收入呈渐升态势。

2000年以后，全市农村加大产业结构调整力度，大力发展第二、三产业经济，同时积极组织农村剩余劳动力转移发展劳务经济，农村居民各项经济收入持续增长。到2005年，农村居民人均年纯收入达到3506元，是1989年533元的6.6倍、1995年1236元的2.8倍、2000年2430元的1.4倍。2005年，农村居民人均工资性收入1251元，比1989年增加1229元，年均增加76.8元；农村居民人均家庭经营收入2080元，比1989年增加1580元，年均增加98.75元；农村居民财产转移性收入175元，比1989年加164元，年均增加10.25元。在农民人均家庭经营收入中，种植业收入1019元，林业收入82元，牧业收入345元，渔业收入38元，加工收入164元，建筑业收入85元，交通运输邮电业收入126元，批发零售贸易餐饮业收入144元，社会服务业和其他收入77元，分别比1989年增长4.1倍、4倍、1.5倍、3.0倍、8倍、8.4倍、17倍、14倍和3.8倍。

1989—2005年，郴州境内农村居民收入增长最快的为工资性（务工）收入，其次为财产、转移性收入和家庭经营收入。在家庭经营收入中，又以从事交通运输邮电业收入、批发零售餐饮业收入和从事建筑业收入增长较快。

1989—2005年郴州市（地区）农村居民人均年收入情况统计表

表 11-3-1-1 单位：元

年份＼项目	人均纯收入	其中		
		工资性收入	家庭经营性收入	财产和转移性收入
1989	533	22	500	11
1990	517	24	450	43
1991	625	23	560	42
1992	662	23	600	39
1993	769	108	624	37
1994	1004	159	779	66
1995	1236	259	948	29
1996	1629	276	1320	33
1997	1912	363	1518	31
1998	2154	493	1639	22
1999	2336	611	1681	44
2000	2430	700	1633	97
2001	2531	745	1689	97
2002	2614	891	1655	68
2003	2812	989	1687	136
2004	3161	1086	1924	151
2005	3506	1251	2080	175

说明：家庭经营收入是指农民家庭农林牧渔和工业建筑业收入、交通运输邮电业、批发零售贸易餐饮、社会服务和其他收入

二、居民消费

1989年农村居民抽样调查情况显示，郴州市农村居民人均生活消费支出为497元，占人均纯收入的93.2%。其中，用于食品的支出为272元，恩格尔系数（食品消费支出占消费性支出总额的比重）达54.7%；用于衣着消费39元，占总消费支出的7.8%；用于家庭设备用品及服务支出70元，占总消费支出的14.1%；用于教育文化娱乐消费支出24元，占消费支出总额的4.8%。另用于医疗保健、交通和通信、居住、其他商品和服务性支出都有不同程度增长。1990年，农村居民消费水平提高，人均消费支出585元，比上年增长17.7%。居民消费中以食品消费支出增长最快。

到1995年，农村居民消费水平持续提高，当年人均消费支出1278元，比1990年的585元增长1.2倍。在消费支出总额中，用于食品消费支出791元，占61.9%；人均衣着消费支出75元，占5.9%；人均居住支出108元，占8.5%；人均医疗保健支出38元，占3.0%；交通和通信人均支出21元，占1.6%。食品消费支出居首，次为居住、衣着消费支出。

2000年农村居民人均消费性支出1894元，比1995年增加616元，年均增长8.2%。其中，人均食品消费支出989元，比1995年增长25.0%，年均增长4.6%；医疗保健消费支出94元，比

1995 年增长 1.5 倍；交通和通信消费支出 94 元，比 1995 年增长 3.5 倍；教育文化娱乐服务人均支出 263 元，比 1995 年增长 1.6 倍，占消费支出总额的 13.9%；人均居住支出 181 元，比 1995 年增长 66.5%，人均居住面积 29 平方米，比 1995 年增加 4.2 平方米，增长 16.9%。人均消费支出中，食品、文化教育和居住消费占主体，交通和通信费用支出增长较快。

随着农村居民经济收入的提高和生活消费的多样化，到 2005 年，农村居民人均年消费性支出增加到 2761 元，为 2000 年的 1.5 倍，八大类消费（食品、衣着、居住、设备用品、交通通信、文化教育、医疗保健、其他商品）支出比 2000 年均有不同程度的增长。其中食品消费支出 1269 元、医疗保健支出 195 元、交通和通信费用支出 239 元，分别为 2000 年的 1.3 倍、2.1 倍和 2.5 倍。农村居民消费结构明显改善，食品消费支出占总消费支出比重继续下降，由 2000 年占比 52.2% 下降到 2005 年的 45.9%；交通通信和居住、文化教育消费支出则大幅增长，其中以交通通信消费支出增长最快。

1989—2005 年郴州市（地区）农村居民人均年消费支出情况统计表

表 11-3-1-2　　　　单位：元

项目 年份	消费支出	其中							
		食品消费	衣着消费	居住消费	设备用品	交通通信	文化教育	医疗保健	其他商品
1989	497	272	39	58	70	4	24	18	12
1990	585	371	39	40	66	4	24	19	22
1991	602	349	47	64	71	6	27	20	18
1992	639	384	45	49	68	7	38	23	25
1993	777	472	46	85	37	15	90	23	9
1994	972	613	58	91	43	19	106	32	10
1995	1278	791	75	108	61	21	158	38	26
1996	1531	873	91	174	80	29	198	58	28
1997	1648	962	88	147	79	25	249	71	27
1998	1941	1075	101	262	101	40	246	65	51
1999	1865	1058	89	236	75	52	239	75	41
2000	1894	989	98	181	98	94	263	94	77
2001	2054	1062	115	202	104	112	264	112	83
2002	2142	1031	135	286	111	117	279	117	66
2003	2284	1085	133	324	128	156	279	122	57
2004	2495	1271	142	265	121	186	303	143	64
2005	2761	1269	167	309	162	239	344	195	76

第二节 城镇居民生活

一、居民收入

1989—1991年，郴州城镇居民人均可支配收入逐年上升。1990年比1989年增长5.5%，1991年比1990年增长8.1%。其间全民所有制和集体所有制职工工薪收入是居民生活费收入主要来源，其次是转移性收入（离退休人员离退休金收入）。当时从事个体私营经济的从业者较少，人均年收入仅10余元。城镇居民收入差距相对较小，高、低收入之比1989年为3.6∶1、1990年为3.2∶1、1991年为3.7∶1。高收入组（占调查户数10%）居民的收入，为低收入组（占调查户数10%）居民收入的3倍多。尔后，城镇居民调查指标体系中引入"可支配收入"（居民家庭总收入中扣除个人所得税、社会保障支出、住房公积金后用来自由支配的收入）调查，将其作为衡量城镇居民收入水平的主要指标。

1992—1995年，经济体制改革开放力度加大，郴州城镇居民收入渠道趋向多元化，既有来自单位的工资、奖金、津贴收入，亦有储蓄利息、股息与红利、保险收益、房屋出租等财产收入。1993年职工工资收入与离退休职工收入，人均分别比上年增长36.2%和36.5%；1994年这两项收入分别比1992年增长68.6%和94.8%。此外，补贴、津贴、奖金等收入明显增多，城镇居民财产性收入亦有增加。1993年和1994年较之1992年，城镇居民人均可支配收入分别增长33.6%和61.9%。

1995—2000年，郴州城市居民可支配收入增长较慢，年均增幅仅为1.8%。1996年部分企业受到市场疲软冲击，经济效益出现下滑，有的企业处于停产半停产状态，企业职工工薪收入水平下降，导致当年城市居民可支配收入同比下降4.3%。且收入差别在加大，最高收入组居民户人均可支配收入为最低收入组居民户的4倍左右。1997年始，城镇居民调查指标体系又有新变化，将职工工资、奖金、补贴、补助等收入归至相应经济类型单位的职工收入中统计。随着企业改制转体，从事个体、私营的从业居民增多，此项收入亦开始增加；同时在国有企业改制后，部分单位职工买断工龄、提前退休享受内退工资或待岗领取生活费，使城镇居民人均转移性收入也有增加，2000年人均转移性收入从1996年的480元增加到1233元，年均增加151元。全市城镇居民人均可支配收入从1995年的5367元增加到5871元，年均增加101元。

2001—2005年，郴州经济所有制结构趋向多元化，城市居民就业由原以国有、集体经济单位就业为主转向以个体私营企业为主。2002年，国家统计局对城镇居民收入指标进行重新归类，将"实际收入"改为"家庭总收入"，将居民在各种不同经济类型单位得到的收入全部归入"工薪收入"，将"个体经营者净收益"改为"经营净收入"。按照新的调查统计标准，2005年，全市城镇居民人均可支配收入达到9595元，比2000年增加3724元，年平均增长10.3%，高于湖南省城市居民可支配收入平均增幅。资兴市、北湖区、苏仙区和桂阳县城镇居民人均可支配收入过9000元，临武、永兴、宜章、嘉禾、安仁县城镇居民人均可支配收入逾8000元。此间，城镇居民经济收入增加较快，消费水平明显提高，生活质量日益改善，同时亦出现贫富差距拉大现象，当年调查显示：高低收入比由1990年的3.2∶1扩大到5∶1。

1989—2005年郴州市（地区）城镇城区居民人均年收入情况统计表

表11-3-2-1　　　　单位：元

项目 年份	人均收入		工薪收入	经营净收入	财产性收入	转移性收入
	总额	#可支配收入				
1989	1448	1372	1232	12	5	199
1990	1543	1447	1312	13	12	206
1991	1659	1564	1437	13	7	202
1992	2027	2034	1669	28	12	318
1993	2708	2714	2177	57	41	433
1994	4397	4395	3576		76	745
1995	5371	5367	4399	—	121	851
1996	5140	5138	4524	26	110	480
1997	5279	5239	4561	31	33	654
1998	5648	5606	4608	25	84	931
1999	5402	5357	4508	32	57	805
2000	5921	5871	4592	32	64	1233
2001	6435	6385	5089	5	291	1050
2002	7429	6961	6364	44	45	976
2003	8216	7559	6548	451	85	1132
2004	9131	8567	7113	870	44	1104
2005	10129	9595	7135	1170	218	1606

1989—2005年郴州市（地区）城镇居民人均可支配年收入比较表

表11-3-2-2　　　　单位：元

项目 年份	可支配收入	高收入组可支配收入	低收入组可支配收入	高低收入组收入之比
1989	1372	2635	732	3.6∶1
1990	1447	2497	769	3.2∶1
1991	1564	2807	763	3.7∶1
1992	2034	4872	1183	4.1∶1
1993	2714	5360	1397	3.8∶1
1994	4395	8823	1803	4.9∶1
1995	5367	9607	2508	3.8∶1
1996	5138	7430	2313	3.2∶1
1997	5239	10597	2375	4.5∶1

续表 11-3-2-2　　单位：元

年份＼项目	可支配收入	高收入组可支配收入	低收入组可支配收入	高低收入组收入之比
1998	5606	13032	2020	6.5 ：1
1999	5357	10738	2138	5.0 ：1
2000	5871	11670	2398	4.9 ：1
2001	6385	13500	2618	5.2 ：1
2002	6961	15231	2592	5.9 ：1
2003	7559	13634	2965	4.6 ：1
2004	8567	16938	3759	4.5 ：1
2005	9595	19553	3911	5.0 ：1
1997	5239	10597	2375	4.5 ：1

说明：最高收入组和最低收入组户数各占调查户数 10%

2003—2005 年郴州各县市区城镇居民可支配收入调查情况一览表

表 11-3-2-3　　单位：元／人年

年 份	2003 年	2004 年	2005 年
全市城镇居民	7369	8222	9179
北湖·苏仙区城镇居民	7559	8567	9595
桂阳县城镇居民	7190	8068	9154
宜章县城镇居民	7055	7918	8789
永兴县城镇居民	6860	7718	8815
嘉禾县城镇居民	6990	7343	8332
临武县城镇居民	6985	7858	8941
汝城县城镇居民	5755	6493	7524
桂东县城镇居民	5422	6032	6653
安仁县城镇居民	6720	7146	8228
资兴市城镇居民	7960	8896	9984

说明：北湖、苏仙两区没有单独进行城镇住户调查，有关数据采用郴州市城调队的郴州市中心城区调查资料

二、居民消费支出

1989 年，郴州地区市场物资供不应求的矛盾趋于缓和，城镇居民消费水平有所提高，人均年消费支出 1350 元，占可支配收入的 98.5%。其中，用于食品的消费支出 735 元，恩格尔系数为 54.4%，食品消费支出中肉禽蛋水产品支出居首占 39.5%；衣着消费为 134 元，占总消费支出的 9.9%；家庭设备用品及服务性支出 155 元，占总消费支出的 11.5%；教育文化娱乐及服务消费 123 元，占消费支出总额的 9.1%；医疗保健、交通和通信、居住、杂项商品的支出分别为 33 元、10 元、79

元和 81 元，分别占消费支出总额的 2.4%、0.8%、5.9% 和 6.0%。1990 年，社会有效供给有所增加，市场物价较上年相差不大。人均消费性支出 1377 元，收支相抵结余 69 元。

1991 年后，居民消费支出结构渐趋合理。1995 年，城市居民年人均消费支出 4373 元，占可支配收入的 81.5%，其中用于食品支出 2062 元，比 1991 年增加 1201 元，恩格尔系数下降到 47.2%，较之 1989 年下降 7.2 个百分点。主食消费支出减少，副食品及干鲜瓜果的消费支出大幅度增加，同时在外早餐消费人群增多。当年人均用于交通和通讯的支出 262 元，为 1991 年的 10 倍，增长最快。其次为教育文化娱乐及服务支出，人均达到 400 元，其中用于教育支出比重比 1991 年提高 2.4 个百分点。居住方面支出相对增加不多，人均支出 169 元，比 1991 年增加 67 元，年均增加 17 元。

1996—2000 年，居民消费性支出增长速度总体有所减缓，八大类消费支出有降有升。用于满足温饱的食品消费支出和衣着消费支出呈逐年减少态势，而用于医疗保健、交通通信、教育及文化娱乐消费支出则形成增势。2000 年，人均食品消费支出 1933 元、衣着消费支出 418 元，分别比 1996 年减少 127 元和 37 元。而人均医疗保健支出 414 元、交通通信支出 326 元、教育文化娱乐及服务消费支出 927 元，分别比 1996 年增长 62.4%、71.6% 和 91.5%。其中，教育支出 656 元，增长 92.3%，居增幅之首；居住支出 283 元，增长 63.6%，城镇居民居住条件明显改善。

2001—2005 年，郴州城镇居民生活水平开始转向从温饱型到小康型的跨越。2005 年，居民年人均消费支出 8344 元，为 1989 年 1350 元的 6.2 倍。消费支出结构进一步改善。当年人均用于食品支出 2752 元，占人均消费支出的 32.9%，比 1989 年降低 21.5 个百分点；居住支出 1387 元，比 1989 年增加 1308 元，增长 16.6 倍；教育文化娱乐及服务支出 1157 元，增加 1034 元，增长 8.4 倍；交通和通信出支 831 元，增加 821 元，增长 82.1 倍。

在这一时期，城镇居民收入差距带来消费支出的差别。2005 年抽样调查显示，高收入组居民用于生存方面的食品消费支出比重为 31.3%，比低收入组低 13.9 个百分点，而休闲旅游、文体娱乐服务方面的消费支出，则明显高于低收入组。同时仍还有一些居民生活较为贫困，生活消费水平较低，生活质量尚未明显改善：高收入组人均年消费支出 11796 元，低收入组人均年消费支出则为 5178 元，低收入人均消费支出仅为高收入组人均消费支出的 43.8%。

1989—2005 年郴州城镇居民人均年消费支出情况统计表

表 11-3-2-4　　单位：元

项目 年份	消费总支出（元）	其中							
		食品	衣着	设备用品	医疗保健	交通通信	教育文化娱乐	居住	杂项商品
1989	1350	735	134	155	33	10	123	79	81
1990	1377	798	164	127	31	16	102	93	46
1991	1534	862	169	130	36	24	102	102	109
1992	1669	928	185	155	41	36	139	91	94
1993	2005	1082	238	139	64	55	184	103	140
1994	3488	1677	475	287	107	232	309	181	220
1995	4373	2062	578	505	160	262	400	169	237
1996	4466	2060	646	468	255	190	484	173	190
1997	4931	2129	549	589	224	234	820	167	219

续表 11-3-2-4 单位：元

年份＼项目	消费总支出（元）	其中							
		食品	衣着	设备用品	医疗保健	交通通信	教育文化娱乐	居住	杂项商品
1998	4511	1962	560	548	183	202	676	216	164
1999	4645	1856	455	586	302	191	748	308	199
2000	5007	1933	418	485	414	326	927	283	221
2001	5598	2116	478	551	419	444	773	510	307
2002	5697	2183	531	450	384	604	890	499	156
2003	6198	2275	671	547	383	517	912	707	186
2004	7753	2679	777	578	361	1619	1058	518	163
2005	8349	2752	851	578	522	831	1157	1387	271

2005 年郴州市城镇居民调查消费结构情况一览表

表 11-3-2-5

项目	样本人均		高收入组		低收入组	
	消费额（元/人年）	比重（%）	消费额（元/人年）	比重（%）	消费额（元/人年）	比重（%）
人均年消费	8349	100.0	11796	100.0	5178	100.0
食品	2752	32.9	3691	31.3	2343	45.2
衣着	851	10.2	1717	14.6	505	9.8
家庭设备用品	578	6.9	1030	8.7	248	4.8
医疗保健	522	6.3	499	4.2	525	10.1
交通通信	831	10.0	1598	13.6	433	8.4
教育文化娱乐	1157	13.9	1979	16.8	565	10.9
居住	1387	16.6	654	5.5	478	9.2
杂项商品	271	3.2	629	5.3	81	1.6

1989 年—2005 年郴州市城镇居民主要食品及服务消费变化图

图 11-3-2-1

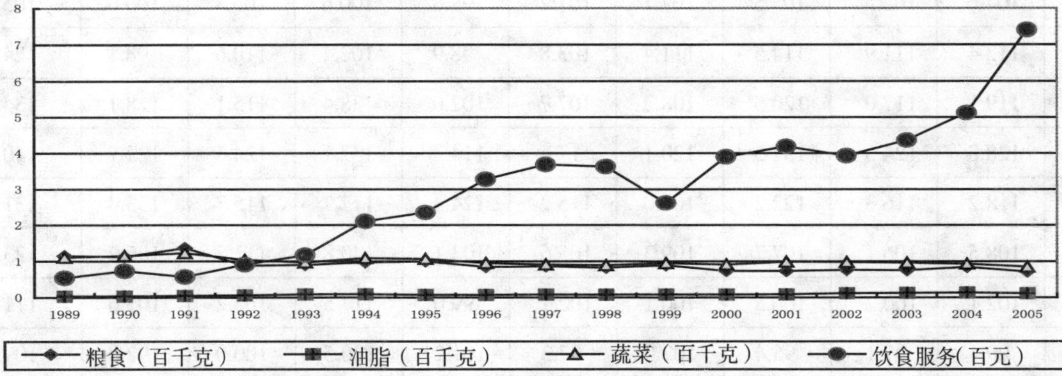

第三节 物价运行指数

一、居民消费价格指数

1989—2005 年，郴州市（地区）物价运行指数调查显示：居民消费品价格指数在前 8 年中居高不下，在后 9 年中价格水平则有升有降，总体呈现小幅度上扬。

1989 年，国家进一步放开大部分工业消费品价格，对服务项目价格实行部分放开，同时对部分农副产品和农业生产资料价格，实行计划内价和计划外价的“双轨制”。随之物价涨幅较大，加之郴州境内一些社会商品供应不足和受广东市场物价拉力的影响，郴州居民消费品价格指数上涨 19.3%，零售物价总指数上涨 19%，高于全国全省平均涨幅。主要消费品价格全面上涨，其中食品类上涨 19.2%，衣着类上涨 17%，药物及医疗品类价格涨幅高达 114.3%，服务类项目价格上涨 22.3%。随后，国家针对经济过热、物价陡涨、货币贬值等问题，适时采取治理整顿和调控的政策措施，物价狂涨的势头逐步得到遏制。到 1996 年，零售物价总指数上涨 6.1%，涨幅比 1989 年降低 12.9 个百分点；居民消费品价格总指数上涨 8.5%，其中食品上涨 7.7%、衣着类上涨 9.3%、日用品类上涨 5.6%、书报杂志项目上涨 40.8%。2000 年，全市居民消费价格总指数上涨 1.6%，涨幅比 1996 年降低 6.9 个百分点，其中服务类项目价格指数上涨 13.2%，食品和衣着类有所下降，而日用品、书报杂志和燃料类物价均有不同程度上涨。2005 年，居民消费品价格总指数上涨 1.7%，其中食品上涨 0.9%、教育文化娱乐服务上涨 3.2%、居住上涨 8.5%，而衣着、家用设备、交通通信价格指数均有所下降。

1989—2005 年郴州市居民消费价格指数统计表（一）

表 11-3-3-1　（以上年为 100）

年份	居民消费价格总指数	零售物价总指数	其中							服务项目价格指数
			食品类	衣着类	日用品类	文化娱乐品	书报杂志类	药及医疗品	燃料类	
1989	119.3	119.0	119.2	117.7	107.5	108.3	204.9	124.0	240.0	122.3
1990	99.9	98.1	95.9	108.5	98.7	99.6	101.1	117.1	110.9	117.2
1991	104.6	104.5	105.5	107.1	101.2	98.3	100.6	105.8	100.0	105.6
1992	113.4	111.9	114.5	111.4	103.8	98.9	102.4	110.6	98.1	124.8
1993	119.1	117.0	120.5	108.2	107.7	102.0	138.4	115.1	128.1	134.7
1994	128.8	124.3	137.5	120.1	117.4	114.3	137.1	124.6	122.7	140.8
1995	118.2	116.3	122.2	107.0	115.2	124.4	117.7	115.7	133.4	131.4
1996	108.5	106.1	107.7	109.3	105.6	103.1	140.8	111.5	106.2	123.2
1997	102.1	100.2	100.5	100.1	102.1	99.0	117.5	103.2	103.6	111.4
1998	99.4	97.1	95.4	102.0	97.3	101.2	100.5	100.0	92.0	109.9

续表 11-3-3-1 （以上年为 100）

年份	居民消费价格总指数	零售物价总指数	其中							服务项目价格指数
			食品类	衣着类	日用品类	文化娱乐品	书报杂志类	药及医疗品	燃料类	
1999	99.0	97.2	98.6	93.8	98.3	97.3	103.4	99.0	97.8	108.4
2000	101.6	99.6	98.7	97.0	101.3	100.2	110.4	100.2	118.8	113.2

1989—2005 年郴州市居民消费价格指数统计表（二）

表 11-3-3-2 （以上年为 100）

年份	居民消费价格总指数	其中							
		食品	烟酒及用品	衣着	家庭设备用品及维修	医疗保健和个人用品	交通和通信	娱乐教育文化用品及服务	居住
2001	97.5	98.3	98.9	93.6	88.7	96.8	94.0	104.0	100.3
2002	99.6	101.5	99.5	96.1	95.7	95.3	96.9	102.9	101.0
2003	101.3	102.1	96.8	101.3	97.5	103.6	97.1	101.7	104.0
2004	106.0	113.8	103.3	100.8	98.8	99.5	97.3	103.2	106.8
2005	101.2	100.9	99.7	98.9	99.8	98.3	99.1	103.2	108.5

说明：2001 年物价指数分类标准和指标含义按新的八大类进行编算

二、市场物价指数

1989 年，市场物价回升。郴州地区居民消费价格总指数为 119.3，零售物价总指数为 119.0。1991 年，居民生活费用价格总指数比上年上升 4.6%，零售物价总指数上升 4.5%，随后涨幅递增，形成新一轮的物价上涨和通货膨胀。1994 年，居民生活费用价格指数上涨 28.8%，商品零售价格指数上升 24.3%。食品价格全面上涨成为物价上涨的主体，食品类指数上涨 37.5%，其中粮食上涨 37.5%，油脂上涨 61.2%，肉禽蛋上涨 40.7%，鲜菜上涨 47.2%。另中西药药品价格、服务项目价格指数涨幅亦升，也成为影响物价总水平居高不下的重要因素。群众普遍感到“菜价高”“吃药贵”。

1995 年，贯彻国家“加强宏观调控，抑制通货膨胀”的方针政策，境内高涨的物价开始回落，全市居民消费价格总指数、商品零售价格指数分别由 1 月份的 133.3 和 132.4 回落到 12 月末的 102.9 和 102.5，基本抑制物价大幅上涨的势头。1996 年，市、县两级政府继续力抓宏观调控和抑制通货膨胀，同时增加投入加大建设“米袋子”“菜篮子”生产基地的力度，扩展市场食品供给。还拨出专款调运商品物质，平抑市场物价，全年共投入物价调控资金 547 万元，重点调节粮食、蔬菜、猪肉的价格，顺利实现商品零售价格涨幅控制在 10% 以内的目标。1997 年，宏观经济形势继续趋好，各种农产品、日用工业品供需平衡，市场有效供给充足，以致市场物价基本稳定。1998—2002 年，物价承接前期惯性进一步回落下降，价格水平持续走低。在此 5 年间，郴州市物价水平一直处于低拉运行。

2003 年后，国民经济持续稳步发展，居民实际收入稳步提高，市场物价开始走出偏低水平，并逐年小幅上升，消费品价格指数每年有小幅增长，平均涨幅在 4.0% 左右。1989~2005 年，郴州市物价变动显示，食品类价格指数是影响消费价格指数变动的主要因素。2005 年，居民消费价格总指数为 104.5，食品类价格指数为 116.4，对总指数的影响程度达 59.0%，且食品类价格指数的上涨和下跌，都先于其他消费品价格指数。

郴州市志（1989—2005）

第十二篇

经济综合管理

1989—2005年，随着改革开放的不断深入，郴州经济综合管理部门工作逐步由计划经济管理向市场经济管理体系转变。其间，经济综合管理总体实现三大转变：由微观管理向宏观调控管理转变，由行政指令性管理向指导性、服务性管理转变，由高度集中统一管理向多方式放活管理转变。各项综合经济管理放开放活与加强监管相互联动并进。

在此17年间，正值推进改革开放和建立社会主义市场经济之际。为适应市场经济发展需求，计划管理工作加强市场调研，作好经济社会发展计划编制；适时放宽、调整经济计划审批权限，减少指令性计划，加强宏观经济运行动态监测；正确引导市场投资方向，调整、优化重大建设项目计划，此间，较好地引导、协调郴州完成固定资产投资969.54亿元，投建重点工程项目475项。国土资源管理及时做好国土、矿产资源普查、评估、开发利用规划等工作，放活土地经营和矿产资源开发，同时举力整治非法用地和矿产资源开采，依法强化国土、矿产资源保护。1997—2005年郴州市耕地连续9年实现占补平衡，2000—2005年郴州市人民政府连续6年被评为“全省耕地保护先进单位”。工商行政管理工作加强市场经营秩序监管，创新行政管理方式，致力为发展商品市场流通和工商经济提供优质服务。全市社会消费品零售总额由1989年的17.90亿元增加到2005年的177.80亿元，年均增长15.4%。到2005年，全市注册登记的城乡个体私营企业发展到3349万户，为1989年的38.9倍。物价管理部门以价格改革为突破口，打破过去物价“统管过死”的束缚，激活商品流通，拉动经济发展。1992年3月起郴州在全省率先放开粮油购销价格基础上，渐次放开大多数商品价格，物价渐趋转向以市场调节为主。同时加强行政事业性收费管理，推行涉农收费公示制做法在全国推介。审计监督工作在审计规范财政预算执行、单位财务收支、专项资金使用、领导干部经济责任中发挥重大作用。1989—2005年，郴州审计机关完成审计单位12718个，查出违纪违规行为金额58.83亿元，上交财政2.67亿元，促进增收节支20.33亿元，向司法机关移送经济违法嫌疑人员145人。

与此同时，统计、国资、质量技术、食品药品、安全生产管理部门大胆改革，积极创新，强化管理职能，着力建立健全适应社会主义市场经济的监管体制机制，为推进郴州经济发展作出贡献。统计工作认真实施统计制度和统计执法，按时优质完成统计报表、专项统计调查和统计服务工作。国有资产管理在推进国有经济改革中，创新国有资产评估、清产核资和保值增值运作方法。其中仅2005年全市盘活国有资产、资源5.3亿元，为财政创收1.69亿元。质量技术监督工作在生产经营日趋放活新形势下，加强计量、生产标准化和产（商）品质量管理，到2005年，全市产（商）品抽检合格率平均达81.4%。食品药品监督管理强化对其生产、流通、使用渠道的监管，建立健全管理网络和制度，全市食品药品质量安全水平不断提高。安全生产监管工作强力推进，全面实行安全生产许可证制度，通过开展经常性安全督查与集中专项整治，到2005年，全市安全生产局面凸显好转。其中全市重点整治的工矿安全事故和死亡人数，较之1989年分别下降48.9%和40.0%。

第一章 计划管理

第一节 计划管理体制

自1989年始，在加快改革开放新形势下，郴州倾力推进计划经济管理体制向适应社会主义市场经济管理体制转变。1989—1990年（“七五”计划后期），郴州地区计划工作加快改变过去统下指标、统批项目、统配物质等直接的微观管理，重点转向研究经济社会发展方略、编制中长期规划等间接的宏观管理上。此间，计划管理主要职能是搞好宏观调控，平衡、协调社会经济关系，提供协调服务。在发挥计划指导调节作用、完成指令性调拨任务同时，变革过去那种量价不变的统调模式。郴州在湖南省率先试行放开城镇食油购销计划和价格，转为市场调节为主。1990年，郴州地区计划委员会（简称“计委”）根据经济市场调研，制定出台《贯彻〈国务院关于当前产业政策要点〉的实施方案》，推进郴州经济结构和产业结构面向市场调整。

1991—1995年（“八五”计划时期），计划管理工作重点是继续缩减指令性计划，协调处理好关系国计民生重要产品在生产和流通中的关系。1991年，郴州地区计委明确划分地、县两级有关部门项目审批权限。1992年，重点引导经济结构调整，加强固定资产投资宏观管理，放开计划管理项目。除国家下达的进出口计划、固定资产投资项目计划、农资化肥计划、大中专学生招生、分配计划实行指令性计划外，其余计划项目均逐项放开转入由市场调节制定。1992年3月1日起，郴州地区在放开食油购销价格基础上，又在全省率先放开粮食购销价格，实行指导性价格，激活粮食生产经营。继后，加力推进计划管理适应社会主义市场经济发展新形势，在各项计划指标中减少指令性计划指标比重，市场调节份额日趋扩大。

1996—2000年（“九五”计划时期），按照郴州市委、市政府提出的“计委要办大事、谋大事”要求，计划工作重点转入研究国内外和市域经济形势，对经济运行中突出问题提出对策和建议，精心编制郴州市国民经济和社会发展中长期规划。此间面对东南亚金融危机和严峻外贸出口形势，计委部门发挥综合协调财政、信贷、物价、金融职能作用，用经济杠杆加强对全市国民经济的宏观调控，因地制宜地指导重要物资产品和生产资料的储备与管理，发展和完善市场体系，促进市场经济体制建立和地域经济发展。

2001—2005年（“十五”计划时期），发展计划管理工作重点加快由微观计划管理向建立宏观调控体系转变。突出搞好调查研究，围绕市委、市政府决策编制经济社会发展计划；争取项目和资金，协调上下内外计划管理工作关系，突出减少对产业经济发展的计划管理。2001年12月，郴州市计划委员会更名发展计划委员会后，调整职能，将产业政策的制定和实施、引导企业和商业性金融投资方向、编制重大科技攻关和科研项目计划、一般工业品进出口指标和申报业务5项工作职能，移交至相关委、局。新增职能有负责对重大工程项目建设的稽查，指导和协调郴州市工程项目招投标工作；协调编制和督导实施生态环境建设规划及国民经济动员工作；编制和督导实施东江库区经济社会发展、郴资桂经济一体化建设综合规划等。2005年5月，郴州市发展计划委员会更名为郴州市发展和改革委员会（简称“市发改委”），其工作职能继而全面转向加强宏观谋划、管理和综合协调服务，即加强对经济社会发展重大问题的调研，综合协调改革与发展全面性工作；推进投资融资体制改革，引导建立融资方式多样、由政府调控的新型市场投融资体制；减少项目立项、项目贷款等行政审批对经济活动的直接干预，加强对工程项目立项、投建的督察协调服务；对竞争性领域行业实行宏观调控管理，促进行业自律。至此，郴州在改革计划管理体制过程中，初步构建适应市场经济发展的宏观调控和协调服务工作新框架。

第二节 计划编制与执行

一、长远规划

（一）郴州地区（市）1991—2000年经济社会发展规划

1990年上半年，郴州地区计划委员会在调查基础上，运用系统工程原理，经反复论证，编制出《郴州地区国民经济和社会发展（1991—2000）十年规划》（简称规划），提出努力实现社会主义现代化建设第二步战略目标，到20世纪末，把郴州建设成为产业结构较为合理、商品经济较发达、科技进步较快并具有较强经济实力的区域，使城乡人民生活基本从温饱型达到小康生活水平。

目标任务：郴州地区生产总值在1990年基础上（按1990年不变价计算），到20世纪末实现翻一番。即到2000年，地区生产总值达到88亿元，年均增长7.2%。国民收入达到70亿元，年均增长7%。工农业总产值达到120亿元、年均增长7.3%，其中农业总产值年均增长4.5%，工业总产值年均增长9%；第三产业在地区生产总值中的比重提高到33%左右。城镇居民人均可支配收入达到2300元，农民人均纯收入达到1150元（现价）。基本普及九年制义务教育，2/3以上县（市、区）进入全国科技工作先进县行列。人口自然增长率控制在10‰以内，人口总量控制在470万人左右。

规划执行：经过“八五”“九五”计划的实施，郴州经济和社会事业快速发展，经济实力增强，达到十年规划预期目标。2000年（按1990年不变价计算），郴州市地区生产总值达到125.72亿元，为规划指标的142.9%。工农业总产值196亿元，为指标的163.3%，其中农业总产值50亿元，年均增长7.4%，主要农产品产量均超过规划指标；工业总产值146亿元，年均增长15.49%，比规划的工农业产值总指标高出26亿元。进出口总额1.64亿美元，其中出口1.5亿美元，为指标的2.9倍。城镇居民人均可支配收入5871元，农民人均收入2430元，分别为规划指标的2.6倍和1.1倍。基本解决贫困人口温饱问题，有4个县（市、区）、176个乡镇基本达到小康生活标准。全市11个县（市、区）有9个跻身全国科技工作先进县（市、区）行列。基本普及九年义务教育和扫除青壮年文盲。人口自然增长率控制在5‰以内，总人口为452.96万人，比规划指标减少17.04万人。存在的主要问题有部分工业产品产量因受产业治理整顿和市场疲软等因素影响，未能达到规划指标。2000年规模以上工业原煤产量365万吨，不及规划指标的一半。水泥生产因关闭淘汰11家小水泥厂，产量和产值下降。有色金属受国际市场价格波动影响，开采速度放慢，产量、产值减少。

（二）郴州市1996—2010年经济社会发展远景目标纲要

2000年1月，郴州市计委编制出《郴州市国民经济和社会发展（1996—2010）远景目标纲要》（简称纲要）。提出以深化改革扩大开放，促进经济社会稳健发展为指导思想，以建立社会主义市场经济体制为主线，突出调整经济结构，转变经济增长方式，提高经济增长质量，实现经济和社会协调快速发展。

目标任务：到2010年（按1990年不变价计算），生产总值达到380亿元，“九五”时期（1996—2000年）年均增长12%，后十年（2000—2010年）年均增长11%；人均生产总值“九五”时期年均增长11%，后十年年均增长10%；农业总产值达到73亿元，工业总产值达到876亿元，第三产业增加值达到165亿元。在地区生产总值中，到期末三次产业结构优化调整为12:45:43左右。全社会消费品零售总额达到730亿元（现价），“九五”时期年均增长19%，后十年年均增长18%；外贸收购总值80亿元（现价），“九五”时期年均增长25%，后十年年均增长20%。到2010年，进出口总额实现10.70亿美元，城市居民人均可支配收入2万元，农民人均纯收入1万元。科技对工农业生产的贡献率达到60%以上，全市人口控制在490万人以内。郴州市城镇化水平达到40%以上。

纲要执行：经过“九五”“十五”计划实施，至2005年，多数指标提前实现。2005年，生产总值达到475.81亿元（当年价），超过纲要目标97.69亿元。人均生产总值11030元，完成计划的112.7%。有的目标接近实现。一、二、三产业结构比例为17.4:47.4:35.2，城市化水平36.8%。“纲要”中有的规划目标因定得过高，未能完成。其中到2010年城镇居民人均可支配收入规划为2万元，而到2005年实际收入尚为9595元；农民人均收入目标为1万元，2005年实际收入尚为3506元。2005年，外贸进出口总额为2.62亿美元，全社会消费品零售总额为177.77亿元，均离2010年纲要目标指标相距甚远。

二、中期计划

（一）“七五”计划（1986—1990年）

1985年，郴州制定的“七五”计划总目标是：郴州地区提前一年（即到1989年）实现工农业总产值比1980年翻一番。到1990年，生产总值达到37.86亿元，农业总产值达到28.30亿元，工业总产值达到31.70亿元，国民收入达到22.35亿元，期末人口控制在405万人，人口自然增长率不超过9‰。地、县全民单位固定资产投资总额达5.82亿元，社会商品零售总额年均递增8.87%；财政收入达到1.82亿元，年增递增4.98%。

实施“七五”计划期间，全区大力拓展“四开一通”，即开发农业、能源、矿业、智力和搞活商品流通，聚力发展科技、教育等社会事业，国民经济和社会事业加快发展。到“七五”期末的1990年，郴州地区生产总值达到43.27亿元，为计划的114.29%，比“六五”计划末年总值增长34.52%，其间年均递增5.96%。工农业生产总值完成计划的96.33%，比“六五”计划末年完成数增长40.3%。财政收入达到3.29亿元，为计划的1.81倍。在这一时期，亦出现盲目发展工业产业项目，以致部分工业企业出现无序发展、效益下滑等现象。

1986—1990 年郴州地区“七五”计划部分项目执行情况一览表

表 12-1-2-1

项目	计算单位	1985 年完成	1990 年计划	执行情况			
				实际完成	完成计划（%）	比前期增长（±%）	五年年均递增（±%）
生产总值	亿元	32.00	37.86	43.27	114.29	34.52	5.96
粮食	万吨	143.42	165.00	158.02	95.76	10.17	1.96
油料	吨	6785.00	7500.00	16410.00	218.80	141.86	19.32
苎麻	吨	410.00	1000.00	201.00	20.10	–51.00	–15.32
烤烟	吨	32050.00	3000.00	42700.00	142.30	33.20	5.91
生猪饲养量	万头	294.29	450.00	350.90	77.98	19.24	3.58
原煤	万吨	513.98	330.00	636.30	192.80	23.79	4.36
发电量	亿度	17.48	39.50	25.40	64.30	45.30	7.76
卷烟	万箱	34.62	40.00	41.00	102.50	18.42	3.44
棉布	万米	1602.00	2500.00	1375.00	56.00	–14.20	–3.10
麻袋	万条	856.00	1400.00	585.00	41.78	–31.66	–7.91
机制纸	吨	12475.00	24000.00	13100.00	54.58	5.01	0.98
水泥	万吨	48.55	105.00	96.00	91.42	97.73	14.61
固定资产投资	亿元	15.38	—	34.66	—	125.35	17.65
社会商品零售总额	亿元	9.68	16.50	17.38	105.30	79.54	12.42

说明：表内生产总值等相关数据绝对值为当年价，增长速度按 1990 年不变价计算

（二）“八五”计划（1991—1995 年）

1990 年上半年，根据全国、湖南省十年规划和“八五”计划纲要，郴州地区编制第八个国民经济和社会发展五年计划。主要计划指标：按 1990 年不变价计算，到 1995 年，生产总值达到 60 亿元，比 1990 年增长 36.4%，年均增长 6.4%；人均生产总值 1333 元，年均增长 5.2%；工农业总产值达到 81 亿元，年均增长 6.3%；人均国民收入 1070 元，年均增长 5%。全社会固定资产投资达到 35 亿元；财政收入 5.3 亿元，年均增长 10%；城镇居民人均可支配收入达到 1850 元，年均增长 5%；农民人均纯收入达到 860 元，年均增长 7%；学龄儿童入学率达到 99%，经济条件较好的县市基本普及九年义务制教育；郴州人口控制在 450 万人以内。

“八五”计划期间，郴州各地积极推进经济体制改革，放活生产经营机制；调整经济结构，发展优势工业产业和高效产业，力促变区位、资源优势为经济优势，确保实现“八五”计划目标。至 1995 年，郴州生产总值达到 76.01 亿元（1990 年不变价），超计划 16.01 亿元，完成计划 126.7%；年均递增 12.3%，比“七五”时期年均高出 5 个百分点。工农业总产值 120.39 亿元，为计划的 148.6%；年均递增 15.2%，比“七五”时期年均高出 8.2 个百分点。地方财政收入 7.02 亿元，年均增长 16.2%。各项社会事业发展随之加快。然而在这一时期，依然存在经济增长方式粗放，农业基础薄弱、产业化水平不高等问题。

1991—1995年郴州市（地区）“八五”计划部分项目执行情况一览表

表12-1-2-2

项目	单位	1990年完成	1995年计划	执行情况			
				实际完成	完成计划（%）	比前期增长（±%）	五年年均递增（±%）
生产总值	亿元	42.55	60.00	76.01	126.68	78.68	12.30
人均生产总值	元	1009.00	1333.00	2726.00	204.50	170.16	11.58
工农业总产值	亿元	59.24	81.00	120.39	148.60	103.20	15.24
第三产业增加值	亿元	12.62	11.50	23.43	203.74	85.66	13.17
乡镇企业总值	亿元	12.76	25.00	125.96	503.84	887.14	—
财政总收入	亿元	3.28	5.30	9.64	181.90	193.90	24.00
地方财政收入	亿元	3.28	5.30	7.02	132.49	114.00	16.20
财政支出	亿元	4.46	7.20	9.87	137.10	121.00	17.20
消费品零售总额	亿元	17.38	34.00	58.91	173.26	239.00	27.60
外贸收购总额	亿元	0.74	1.95	4.34	222.56	486.50	50.00
固定资产投资（五年累计）	亿元	34.70	35.00	80.80	230.50	132.00	28.10
城镇居民人均可支配收入	元	1446.00	1850.00	5367.00	292.32	271.16	—
农民人均纯收入	元	612.00	860.00	1221.00	141.90	98.20	14.80
人口自然增长率	‰	19.93	12.00	4.33	—	—	—
人口总数	万人	424.29	450.00	438.21	—	—	—

说明：表内相关数据按1990年不变价计算

（三）“九五”计划（1996—2000年）

1995年下半年，编制出台郴州市第九个国民经济和社会发展计划。主要计划指标：到2000年生产总值达到135亿元（按1990年不变价计算），年均增长12%；人均生产总值达到3000元，年均增长11%，实现人均生产总值比1980年翻两番；一、二、三产业比例关系由1995年的29.1∶36.8∶34.1调整为20∶43∶37；乡镇企业总产值达400亿元，年均增长30%；全社会消费品零售总额达到140亿元，年均增长20%；进出口总额达到1.65亿美元，其中出口1.25亿美元，年均增长25%；外贸收入总值达13亿元，年均增长25%；五年累计利用外资2亿美元，年均增长30%～40%；地方财政收入14亿元，年均增长15%；农民人均纯收入达到2500元，年均增长15%。到2000年，全市占总人口90%的地区普及九年制义务教育，基本扫除青壮年文盲，郴州市城镇化水平达到30%；郴州市人口自然增长率控制在6‰以下，总人口控制在455万人以内。

“九五”计划期间，郴州全面扩大改革开放，倾力发展工业经济和外向型经济，优化经济结构，转变经济增长方式，突出依靠科技创新提高经济质量和效益。同时大力发展各项社会事业，促使经济和社会事业协调发展。2000年，郴州市完成生产总值125.72亿元（按1990年不变价计算），年均增长10.59%，为计划的93.13%，经济总量在全省排位上升到第七位。人均生产总值5305元，年均增长12.0%。生产总值在1996年比1980年翻两番的基础上，到1998年再次实现人均生产总值翻两番的目标。郴州市财政总收入完成计划的100%，其中地方财政收入已完成计划的95.6%，2000年地方财政收入总量排全省市州第二位。一产业增加值完成计划的107.3%，二、三产业增加值分别完成计划的89.89%、88.08%。一、二、三产业比例由1995年30.45∶35.47∶34.08调整到26.24∶33.97∶39.79，呈现第三产业比重明显提高发展新格局。郴州市基本普及九年义务教育和扫除青壮年文盲。人口自然增长控制在计划以内，总人口452.96万人，比计划减少2.10万人。在这一期间，还存在企业下岗职工增多、就业难度大，城乡差距、贫富差距拉大，以及非公有制经济发展环境尚待完善等问题。

1996—2000年郴州市"九五"计划部分项目执行情况一览表

表12-1-2-3

项目		单位	1995年完成	2000年计划	执行情况			
					实际完成	完成计划（%）	比前期（±%）	五年年均递增（±%）
生产总值		亿元	76.01	135.00	125.72	93.13	65.40	10.59
一产业增加值		亿元	22.05	30.00	32.20	107.33	46.00	7.87
二产业增加值		亿元	30.53	57.00	51.24	89.89	67.83	10.91
三产业增加值		亿元	23.42	48.00	42.28	88.08	80.53	12.54
人均生产总值		元	2726.00	3000.00	5305.00	176.83	94.61	12.00
工农业总产值		亿元	120.39	235.00	196.24	83.51	63.00	10.27
固定资产投资（五年）		亿元	80.80	300.00	217.68	72.56	169.41	21.92
消费品零售总额		亿元	58.91	140.00	100.32	71.66	70.29	11.23
外贸进出口总额		万（美元）	5600.00	16500.00	16500.00	100.00	194.00	—
其中	进口	万（美元）	1500.00	4000.00	1474.00	36.97	-1.20	—
	出口	万（美元）	4100.00	12500.00	15026.00	120.20	266.48	—
实际利用外资		亿（美元）	0.30	1.00	0.98	98.00	226.60	—
五年累计出口总额		亿（美元）	—	3.00	6.17	205.70	—	29.60
财政总收入		亿元	9.65	16.82	16.82	100.00	74.30	11.80
地方财政收入		亿元	7.02	14.00	13.38	95.60	90.59	13.80
城镇居民人均可支配收入		元	5367.00	8500.00	5871.00	69.07	9.40	1.81
农民人均纯收入		元	1221.00	2500.00	2430.00	97.20	99.00	14.76
人口自然增长率		‰	6.00	4.62	—	—	—	—
人口总数		万人	438.21	455.00	452.96	—	—	—

说明：表内相关数据按1990年不变价计算，其五年累计固定资产投资不含耒宜高速公路投资

（四）"十五"计划（2001—2005年）

郴州市"十五"计划依照市委、市政府提出的"一、三、五"（即坚持以经济工作为中心的发展路子，实行"开放带动、科技兴郴、可持续发展"三大战略，力争在加快城镇化进程、所有制结构调整、产业结构调整、重点区域经济发展和启动市场需求五个方面有新的突破）的总体要求，制

定其间经济和社会事业发展目标。主要计划指标（按当年价计算）：2005年，生产总值达到460亿元、年均增长10%以上，人均生产总值达到9787元、高于湖南省平均水平；财政总收入达到26亿元、年均增长9%以上，地方财政收入达到21.6亿元、年均增长10%。三次产业比例关系调整为18.5∶41.3∶40.2；城镇化水平达到37%左右，社会消费品零售总额达到197亿元，进出口总额达到3.02亿元，五年累计固定资产投资430亿元。城镇居民人均可支配收入达到8540元、年均增长8%，农村居民人均纯收入达到3480元、年均增长7%；城镇登记失业率控制在3.5%左右；人口控制在470万人以内。

实施“十五”计划期间，全市力行开放带动、科技兴郴和可持续发展三大发展战略，加快国有企业体制和农村土地经营机制改革，调整经济结构和产业布局，重点推进新型工业化、农业产业化和发展第三产业进程，拓展国际国内商品流动市场，确保计划圆满完成。到“十五”期末的2005年，郴州市实现生产总值475.81亿元（当年价），其间年均增长率高于计划的1.9个百分点，高于湖南省平均增幅1.2个百分点；人均生产总值高于计划1270元，高于湖南省人均生产总值691元。财政总收入43.12亿元，年均增长20.7%，高于计划的11.7个百分点，高于湖南省年均增幅2.6个百分点；其中地方财政收入27.36亿元，年均增长15.4%，高于计划5.4个百分点，地方财政收入总量自2000年连续6年居湖南省市州第二位。三次产业比例由2000年的26.24∶33.97∶39.79调整为17.13∶47.46∶35.41。涌现年产值达亿元的工业企业67户，规模工业企业实现利税65.7亿元，比2000年增长6.3倍。2005年，郴州市中心城区面积扩大到35.3平方公里，全市城镇化水平36.8%，比2000年提高10.8个百分点；非公有制经济实现增值273.60亿元，市属国有企业改革面83.0%，县属国有企业改革面90.0%以上。人口自然增长率控制在5.53‰，总人口460.88万人，比计划指标少生9.12万人。这期间，存在的主要问题是经济增长总体上仍处于粗放型阶段，资源能源型和传统产业比重过大，资源综合利用和精深加工水平还不高，企业自主创新能力不强；现代服务业领域有待拓展。同时，农业产业化水平不高，欠发达地区农村社会事业发展滞后。

2001—2005年郴州市“十五”计划部分项目执行情况一览表

表12-1-2-4

项目	单位	2000年完成	2005年计划	执行情况			
				实际完成	完成计划（%）	比前期增长（±%）	五年年均递增（±%）
生产总值	亿元	231.55	460.00	475.81	103.44	74.41	11.77
一产业增加值	亿元	60.75	85.00	81.52	95.91	20.02	3.72
二产业增加值	亿元	78.67	190.00	225.83	118.86	122.68	17.36
人均生产总值	元	5305.00	9787.00	11030.00	112.70	115.49	12.00
财政总收入	亿元	16.82	26.00	43.12	165.84	156.36	20.72
其中地方财政收入	亿元	13.38	21.60	27.36	126.67	104.48	15.38
社会消费品零售总额	亿元	100.32	197.00	177.77	90.24	77.20	12.12
外贸进出口总额	亿（美元）	1.65	3.02	2.62	86.75	58.78	9.69
实际利用外资（五年累计）	亿（美元）	3.59	6.40	9.20	143.75	156.27	20.71
固定资产投资（五年累计）	亿元	217.68	430.00	660.00	153.49	203.19	26.70

续表 12-1-2-4

项 目	单 位	2000 年完成	2005 年计划	执行情况			
				实际完成	完成计划 %	比前期 ±%	五年年均递增 ±%
城镇居民人均年可支配收入	元	5871.00	8540.00	9595.00	112.35	63.43	10.32
农村居民人均年收入	元	2430.00	3480.00	3506.00	100.74	44.28	7.61
城市化水平	%	26.00	37.00	36.76	99.35	10.76	—
城镇登记失业率	%	3.40	3.50	3.69	—	—	—
人口自然增长率	‰	4.62	6.00	5.53	—	—	—
人口总数	万人	452.96	470.00	460.88	—	—	—

说明：表内生产总值按当年价计算，增速按 2000 年可比价计算；固定资产投资中不含耒宜高速公路投资

三、年度计划

1989—1990 年，是“七五”计划的后两年。郴州地区根据中共中央治理整顿经济秩序精神，年度计划编制稳中求进，调整经济发展速度。1989 年通过年度计划执行，农业战胜严重旱涝灾害，工业克服资金短缺和产品滞销困难，较上年实现地区生产总值增长 2.8%，工农业总产值增长 1.8%。1990 年在经济调整治理中，郴州在投资金额计划比上年减少 12.5% 的情况下，致力发展优势高校产业，年度国民生产总值仍然完成预期目标。当年因粮食、生猪等农产品市场价格下跌，农民人均纯收入则比计划减少 54 元、较上年减少 17 元。1991 年是“八五”计划头一年。年度计划编制以“调整、改革、提高、发展”方针为指导，科学、稳妥地制定各项计划主要指标。当年，国民生产总值比上年增长 4.0%，比计划低 0.5 个百分点。工农业生产总产值比上年增长 5.8%，比计划高 1 个百分点。固定资产投入比上年增长 16.8%，地方财政收入同比增长 11%。

1992 年后，在加快建立社会主义市场经济体制中，年度计划内容渐有变动和调整，逐步停止统配物质分配计划，转由市场调剂供给。新增《第三产业发展计划》《房地产开发建设计划》《土地开发利用计划》《环境保护计划》等计划项目编制。1995 年，郴州抓住撤地建市发展机遇，大干快上。较之 1994 年，工农业生产总值增长 18.8%，地方财政收入增长 21.1%，城镇居民人均可支配收入和农民人均纯收入分别增长 19.6% 和 22.1%，自营出口增长 92.5%，实际利用外资增长 90.6%。这一年，是“八五”时期郴州经济社会发展最快最好的一年。

自 1997 年始，全市国民经济和社会发展年度计划内容包括农业、工业、能源、交通运输、邮电、第三产业、外贸出口供货、利用外资、科技、文化、教育、卫生、人口、旅游、民政、环境保护等。2000 年后，年度计划制定突出调整经济结构和工业企业“抓大放小”、扭亏增盈。2000 年郴州市规模以上工业总产值同比增长 14.2%，工业产品销售率达 99.1%。工业企业总体开始扭转多年亏损局面，全年净盈利 0.76 亿元，同比减亏 1.25 亿元，经济效益综合指数为 89.0%，同比提高 12 个百分点。外经外贸、固定资产投资、第三产业增幅均超过 12.0%。

2005 年，年度计划安排既注重当年发展目标，又考虑与“十五”计划衔接。突出引导优势产业发展和创新经济增长方式，注重强化投资和消费需求对经济增长的拉动作用。这一年全面完成年度计划，国民生产总值、财政总收入、地方财政收入、固定资产投资、社会消费品零售总额、实际利用外资的年增幅同比均在 12% 以上，外贸进出口总额年增幅达 20%。

1989—2005年，郴州地区（市）计委（发改委）每年年初均按照郴州当期“五年”中期计划要求和上年度计划执行情况，精心组织编制郴州年度经济和社会发展计划。其间，年度计划编制基本切合实际，计划执行比较好。

第三节　固定资产投资管理

从1989年起，郴州将固定资产投资纳入投资规模计划进行管理。全民所有制单位基本建设和改造实行指令性计划管理，全社会固定资产投资纳入计划管理，集体和个体投资规模则实行指导性计划。当年为压缩固定资产投资规模，停建工程项目37个，压缩投资3745万元。1991年，郴州行署印发《郴州地区近期产业政策的实施方案》，具体规定地、县两级计委的固定资产投资审批权限。

自1992年始，郴州地区实行固定资产投资许可证制度，根据投资额大小分别由地、县两级计委审批核发投资许可证，有的项目还须报省计委审批。是时对全民基本建设、技术改造计划和城镇集体贷款投资实行指令性计划，其他则实行指导性计划。固定资产投资管理主要是对项目建设实行项目论证和行政审批，对资金运行进行监督检查。

1995年6月，郴州市政府成立郴州市重点工程项目建设管理办公室，会同郴州市计委管理固定资产投资项目。2001年，市计委和市财政局设立产业项目建设引导资金，根据政府安排每年从财政筹措资金4000万元投入产业项目建设，引导产业项目建设从优投资。从2003年起，为助推企业产业固定资产投资，市发展计划委员会组织召开银（行）企（业）合作融资洽谈会，至2005年，通过此会向金融机构推介项目513项，帮助企业签约项目建设贷款计204.49亿元。

2003年12月，设立郴州市招标投标领导小组，在市计委下设办公室，负责研究制定有关招投标重大事项政策性规定，指导、协调、监管招标投标工作。自始全市固定资产投资项目按规定全部纳入招投标管理。至2005年底，郴州市招投标办公室核准招投标项目560项，先后16次派出稽查组对65个国债项目和重大项目进行稽查，及时查处违法违规进行工程招投标单位和责任人。全市核准工程项目公开招标率、投标率均达100%。自2003年，全市固定资产投资总额年均过100亿元人民币。

1989—2005年，郴州社会固定资产投资总额为969.54亿元。其中国有经济投资360.958亿元，占总投资的37.23%；集体经济投资184.21亿元，占总投资的19.0%；个体经济投资144.94亿元，占总投资的14.94%；其他（含引进境外资金）经济投资279.51亿元，占总投资的28.83%。2005年，为此间投资最高年份，达191.80亿元，是1989年的27.5倍。

第四节　重点工程项目管理

1989年，郴州行署将投建重大工程项目列为重点项目计划管理。郴州地区计委对重点项目立项、资金投入、经济社会效益进行评估，并对工程建设进行稽查监管。1989—1991年，先后组织对郴州地区化肥厂3万吨磷铵工程、东江饮水工程、石面坦电站工程等40个重点项目建设进行检查和督促。

1992—1994年，地区计委组织对重点项目进行分类论证，筛选12个重中之重项目列入计划加强稽查管理。期间，郴州行署领导多次带领地区计委干部深入项目投建工地，协调解决建设用地、资金及施工环境问题。

1996年7月，郴州市政府印发《郴州市重点建设项目管理暂行办法》，出台加强重点建设项目管理新举措，即推行项目法人代表制和工程监理制，施行项目法人代表（责任人）与郴州市政府签订法定代表人责任书制度。1999年，对全市部分重点工程进行执法检查，发现问题及时督促整改。其中针对耒宜高速公路建设中存在的质量问题，先后下达书面停工令、返工令30份，责令清退不称职监理人员7人、不合格施工单位4个。

2000年，成立郴州市重点工程项目建设领导小组。市、县两级计划管理部门按照市委、市政府关于对重点项目实行领导分工负责要求，建立领导成员分工负责项目建设制度，分别对256个在建重点项目进行跟踪监管和协调服务。自2001年始，市计划管理部门会同郴州市重大项目稽察特派员办公室，负责对境内国家、省、市投资建设项目展开全程监管。

2002年，郴州市政府办公室转发郴州市发展计划委员会（简称"发计委"）《关于郴州市重大建设项目稽察办法》，推行重大项目专项稽察制度。2003年，郴州市发计委与郴州市政府经研室、市重点办联合制定《郴州市重点项目目标责任制考核暂行办法》《郴州市重点建设项目建设优惠政策规定》，强化重点项目考查管理和扶持工作。2002—2003年，郴州市委、市政府开展"郴资桂经济一体化重点项目建设年"活动，市发计委组织人员多次深入郴资桂高等级公路沿线重点项目建设工地，开展施工环境稽查。2002—2005年，全市监督查出影响重点工程建设环境事件791起，其中立案查处605起，占76.5%；同时全面开展项目验收评价工作。

1989—2005年，郴州先后投建市（地区）、省、国家三级重点工程项目475项。计划管理部门会同相关部门依法依职加强对重点项目建设管理，推进建设施工进度和质量。

第五节　经济信息服务

1989年年初，郴州行署成立郴州地区经济信息中心，归口郴州地区计划委员会管理。1995年撤地建市后，郴州市人民政府成立郴州市经济信息化工作领导小组，下设办公室与郴州市经济信息中心实行两块牌子合署办公。2005年6月，市经济信息化工作领导小组办公室和市经济信息中心改为市政府直属事业单位。在此期间，郴州经济信息工作机构多方式地开辟经济信息渠道，为郴州经济发展提供快捷信息服务。

一、信息服务平台

（一）创办信息刊物

1989年，郴州地区信息中心创办《信息荟萃》。1990年8月续办《经济信息内参》后更名为《郴州经济蓝页》）。《信息荟萃》不定期地摘编各地经济政策、市场动态、新产品和新技术信息，为工农业生产经营提供经济信息，还开设介绍郴州骨干企业和名优新产品等重点专栏。该刊先后刊发《对郴州煤炭积压的思考》《郴州地区在湘赣粤的地位及其发展对策》等研讨文章，均引起领导和相关部门重视。市信息中心还先后完成《湘赣粤交界地区国土综合开发规划及郴州规划主要指标对比数据集》等4部专业性资料撰写。《郴州经济蓝页》主要反映郴州经济发展现状、问题、对策及建议，供市、县两级党政领导和省相关部门参考。至2004年，此刊物共编辑208期。2005年，信息中心因职能转变而停办此刊。

（二）建立信息交流网

郴州与江西赣州市、广东省韶关市交界，经济交往多，工作联系广。1989年，国家计委把这一区域列为全国国土资源综合开发19个重点地区之一。1991年年初，郴州发起成立“郴（州）赣（州）韶（关）信息交流网联谊会”，并于3月在郴州召开“郴赣韶信息交流网理事筹备会”，后成立理事会并制定《郴赣韶信息交流网章程》。此后，郴赣韶3市轮流每年举办一次“信息交流网理事会会议”，相互交流国土综合开发经济信息，研究信息交流网建设事宜。1996年，郴州在郴赣韶信息交流网组织上网信息88条，被信息交流网采用76条，推进了郴州招商引资工作。理事会先后举办14届年会，相互交流大量经济信息。2004年在韶关市召开最后一次年会后理事会活动终止。

（三）兴建电子政务（商务）网络

2000年，郴州市政府投资600万元建设政府网络工程，第一期工程于2000年3月建成。申请设立政府上网域名6个、单位网站7个，市内有200家用户通过互联网交换平台在网上查询政府网页信息。全市年内完成54家企业及其产品的信息采集工作，信息完成量居湖南省市州第五位。2002年7月，市委办公室、市政府办公室印发《关于加快郴州市政府公众信息网信息资源开发的通知》。12月，郴州市政府公众信息网（域名 www.cz.gov.cn）建成开放。2003年，市政府投资50万元完成“‘中国郴州’招商网”建设（域名 www.chenzhouvest.gov.cn）。2004年又投资50万元，建设电子商务与互联网交换平台。至此，市政府电子政务平台基本建成，市、县两级政务内网及政务公开网投入使用。从2005年起，市财政每年列支100万元作为电子信息产业发展奖励基金。至2005年，先后建成郴州市政府公众信息网，及郴州市科技信息网、投资信息网、招商网、人事信息网等政务网站12个，市直有关部门相继建成系统内部纵向网络，全方位地为社会获取各类经济、政务信息提供服务平台。

二、信息技术成果

自1989年，郴州地区（市）经济信息中心组织开发的软件“湘赣粤交界地区经济信息系统”，获湖南省经济信息系统应用软件评比一等奖、国家信息系统VAX应用软件评比三等奖；地区经济信息中心参与调研撰写的《郴州地区经济、科技、社会发展规划研究》获湖南省区域规划优秀成果二等奖，《郴州地区近期产业政策实施方案的研判》获湖南省科技进步四等奖，《郴州军工企业转民品生产情况的调查》获全市“振兴郴州百题调查竞赛”三等奖。此外，有3个开发软件获国家信息系统技术成果证书，“郴州市经济分析与展望”年度调研报告连续3年被《湖南经济蓝皮书》采用。2000年后，郴州信息化工作带动信息产业加速发展。至2005年，郴州兴建富雷数码、高斯贝尔等10家电子信息产业企业。2005年，全市电子信息产业实现销售收入30.60亿元（不含软件业），产值占全市地区生产总值的6.4%，比上年提高1.4个百分点。当年，郴州市被湖南省信息产业厅授予“湖南省信息化工作先进单位”称号。1989—2005年，郴州信息技术成果和信息服务工作获国家、省、市级奖励项目20项（次）。

第六节　计划管理机构

1989年，郴州地区计划委员会内设综合计划科、农财科、产业科、基建科、物资科、文卫科、人事科、办公室8个科室；编制24名，实有在职32人。另辖副处级事业单位即郴州地区经济信息中心。1992年5月，成立郴州地区经济建设投资公司（副处级事业单位），归口郴州地区计委管理，人员编制27名；其职能主要是通过政策性融资推进城市基础设施建设。1995年，该公司单设，与郴州地区计委脱钩。

1995年6月，郴州地区计划委员会更名为郴州市计划委员会（简称市计委），内设科室11个，即办公室、政工科、固定资产投资科、国土地区科、工交能源科、农村经济科、社会事业科（加挂市社会事业发展服务中心牌子）、财贸物资市场科、产业长规综合科（加挂市第三产业办公室牌子）、外经外贸科、经济技术协作科（加挂市经济技术协作办公室牌子，主要负责人高配副处级），人员编制40名。郴州市政府批准成立的郴州国际工程咨询公司划归郴州市计委管理，其职能系受投资方委托对固定资产投资项目进行咨询评估，为政府审批工程建设项目提供论证依据。1997年，市计委增设第三产业科，人员编制未变。

2001年12月，郴州市计划委员会更名为郴州市发展计划委员会，为市政府工作部门。其内设科室由12个减至10个，调整科室名称和职能。工交能源科改称工业交通能源发展科（加挂郴州市国民经济动员办公室、郴州市农网改造办公室牌子），外经外贸科与财贸物资市场科合并为经贸流通与对外经济发展科（加挂郴州市经济技术协作办公室牌子），经济技术协作科与国土地区科合并为地区经济发展科（加挂郴州市开发区办公室、郴州市郴资桂一体化发展协调办公室牌子），第三产业科更名为第三产业发展科（加挂郴州市第三产业办公室牌子），社会事业科更名为社会事业与高新技术产业发展科。保留原办公室、政工科、产业长规综合科、农村经济科、固定资产投资科。同时，将原内部科室序列外设立的郴州市重大项目稽察特派员办公室，划入郴州市发改委内设机构。

2005年5月，郴州市发展计划委员会改组为郴州市发展和改革委员会，仍为市人民政府工作部门，内设机构无变化，编制31名。同年，郴州市经济信息中心划为市人民政府直属管理。11个县（市、区）组建相应的计划行政管理机构。至2005年12月，市、县两级计划行政管理机构有在职干部职工186人。

1989—2005年郴州市（地区）计委、发改委主要负责人名录

表12-1-6-1

单 位	姓 名	职 务	任职时间
郴州地区计划委员会	王绍宗	主 任	1984.01—1990.03
郴州地区计划委员会	卢 诚	主 任	1990.03—1995.01
郴州地区（市）计划委员会	罗相朝	主 任	1995.01—1999.04
郴州市计划委员会	赵立民	主 任	1999.04—2000.06
郴州市计划委员会	许永善	主 任	2000.06—2003.12
郴州市发展计划委员会	刘志坚	主 任	2003.12—2005.05
郴州市发展和改革委员会	刘志坚	主 任	2005.05—

第二章 国土资源管理

第一节 地籍管理

一、土地调查

1987 年 11 月至 1994 年 9 月，郴州地区开展中华人民共和国成立后首次土地利用现状调查，做好土地资源清查和利用、权属调处和土地分类登记建档等工作。普查历时 7 年，调查成果经湖南省有关部门验收合格，其中郴州地区和桂阳、永兴、安仁 3 县调查成果获全省优秀成果奖。

1994 年 10 月，郴州地区启动土地调查后的详查后续工作，即对 1987 年 11 月至 1994 年 9 月进行土地资源调查的资料进行查实修正。详查工作于 1995 年 10 月完成，修正图斑 2.54 万个，变更面积 1.45 万公顷，占郴州地区土地总面积的 0.75%。此次土地详查查实全市土地总面积为 193.17 万公顷。郴州市土地详查成果被国家土地管理局评为科技进步一等奖。同时形成《郴州市土地详查后续工作报告集》，详尽地反映郴州利用土地状况和土地待开发资源，对科学规划经济社会发展如何土地利用提出建议和意见。2004 年 7 月，郴州市国土资源局根据土地调查情况制定加强地籍管理 10 项规定，使郴州市土地步入“地动即知，地动即管”的严格管理程序。1994 年至 2005 年，全市依据土地普查资料调处土地纠纷 1.5 万多起。

二、地籍调查与登记发证

（一）地籍调查

1989 年，郴州地区国土局先在临武、桂阳、宜章 3 县县城完成地籍测量，进行地籍摸底，积累宗地资料。同时在汝城县城关镇开展农村地籍调查试点工作。1991 年始，郴州地区各县（市）农村地籍调查全面铺开，农村地籍测量与调查渐成一项常态性工作。1993—1994 年，全区开展城镇（乡）国有土地地籍调查、测量。此后，非农业建设用地增多。为掌握地籍动态，1996—2002 年，郴州市开展城（镇）地籍变更调查，共测量城镇面积 32.20 平方千米；对原有地籍图、册、簿变更部分进行核查更正，变更地籍面积 47.64 平方千米。

2002—2004 年，郴州市国土资源局投入资金 230 万元，为地籍数据库配备先进的城镇地籍管理信息系统软件和绘图仪、扫描仪、千兆交换机等设备设施，先后聘请 160 名技术员参与筹建地籍数据库工作。其间，对新划入郴州市城区的石盖塘镇、万华岩镇、许家洞镇进行补充调查和测绘；对郴州市城区 166 条街（巷）的 16418 宗土地权属进行地籍调查，补绘和更新地籍地形图 1106 幅、扫描宗地平面图7000多幅，存入数据库地籍档案1.6万余份，数据量达到10G。且全部调查落实其土地权属、位置、类别、等级、地界和面积。郴州市城镇地籍数据库经验收被评为湖南省优等数据库，为全省第一个通过验收的城镇地籍数据库。2004年10月，湖南省城镇地籍数据库建设座谈会暨评审验收会在郴州召开。市国土资源局运用地籍调查成果，推进土地登记发证和建设用地报批、报建以及土地收购储备工作。2002—2005年，该局还运用地籍数据库资料，妥善调处土地权属纠纷154宗。

（二）土地登记发证

1990年5月，郴州地区启动城镇（工矿）土地申报登记工作。是年，全区有44个乡镇、2821个机关和事业单位、124个独立工矿区，11750户城镇居民，向国土部门申报登记土地1.66万宗，均经审核为其发放国有土地使用证。农村则在地籍调查测量基础上，按户核发集体土地使用证；集体土地所有权证按村或组核发，并建立地籍档案。到2002年，郴州市政府加强郴州市城市规划区土地登记换证工作，要求本着“权属合法，面积准确，尊重历史，不引起权属纠纷”原则，稳妥、依法地开展这一工作。2004年4月，郴州市政府办公室转发市国土资源局《郴州市农村集体土地所有权登记发证二作实施方案》，要求在2004年10月31日前全面完成农村集体土地所有权登记发证工作。至2005年12月，郴州市国有土地使用权证应发221443本，实发168953本，占应发证的76.2%；集体土地所有权证应发4318本，实发3793本，占应发证的87.8%；集体土地使用权证应发740688本，实发540948本，占应发证的73.0%。

2005年12月郴州市土地登记发证统计表

表12-2-1-1　　单位：本

行政区划		国有土地使用权证		集体土地所有权证		集体土地使用权证			
代码	单位名称	应发证数	已发证数	应发证数	已发证数	应发证数	已发证数	其中宅基地应发证数	已发证数
431000000	郴州市合计	221443	168953	4318	3793	740688	540948	739783	540741
431001000	市辖区	78500	67905	120	100	39646	12255	3964	12255
431002000	北湖区	458	442	233	159	25000	1729	25000	1729
431003000	苏仙区	1819	1528	240	230	20000	1764	20000	1764
431021000	桂阳县	7000	4632	504	339	132100	95320	132100	95320
431022000	宜章县	13690	12100	460	401	112500	73652	82447	73652
431023000	永兴县	50000	20000	917	788	55853	81500	112500	81500
431024000	嘉禾县	8000	5260	480	472	63536	46853	55853	46853
431025000	临武县	36846	36703	298	270	58000	59373	63531	59368
431026000	汝城县	8000	6310	309	308	46500	20144	58000	20144
431027000	桂东县	4800	2435	180	180	79670	44414	4620	4358
431028000	安仁县	5050	4946	301	286	25436	78962	79670	78962
431081000	资兴市	7280	6692	276	260	25436	24982	24836	24836

2005 年郴州市土地面积分类统计表

表 12-2-1-2 单位：亩

单位	总计	其中		
		农用地	建设用地	未利用地
郴州市	28975988.70	26035054.40	1465796.60	1475137.70
市辖区	692640.60	598454.20	76858.90	17627.50
北湖区	1029645.40	976736.80	30399.30	22509.30
苏仙区	1536064.90	1431939.10	69135.70	34990.10
桂阳县	4430510.10	4000330.40	240724.00	189455.70
宜章县	3128647.20	2777211.00	134199.30	217236.90
永兴县	2968506.80	2642176.00	163370.70	162960.10
嘉禾县	1044360.80	835267.40	79219.30	129874.10
临武县	2062850.20	1747104.70	71472.40	244273.10
汝城县	3637439.80	3479802.20	74713.40	82924.20
桂东县	2179670.80	1961343.00	50265.00	168062.80
安仁县	2191724.90	1953174.80	126433.60	112116.50
资兴市	4073627.20	3631514.80	349005.00	93107.40

说明：为精确体现土地类别面积，本表特使用市亩作计量单位

第二节　土地利用与保护

一、土地利用规划

（一）总体规划

1989 年 6 月，郴州地区国土局编制完成《郴州地区 1986—2000 年经济社会发展国土利用规划》。同年，还组织编制农业区划开发总体规划和郴州参与湘赣粤国土综合开发规划。

1993 年，郴州行署批转郴州地区国土局《关于地、县、乡三级编制土地利用总体规划工作方案的报告》，启动全区第二轮土地利用总体规划编制，至 1995 年这一工作全面完成。地、县两级编制的规划，综合分析研究辖区土地利用现状和后备资源潜力，及土地利用结构和布局，提出 1990—2000 年土地利用目标、各项用地指标和重点建设项目用地规模。乡（镇）用地规划则根据县（市）规划指标，划分集镇、村级用地和基本农田保护区范围，重点制定完善基本农田保护制度。

1997 年，郴州市人民政府第三次组织编制市、县、乡三级土地利用总体规划。规划基期年为 1996 年，阶段年为 2000 年，目标年为 2010 年。规划编制根据国民经济“八五”（1991—1995 年）、“九五”（1996-2000 年）发展计划，本着优化土地资源配置、调整土地利用结构原则，形成郴州市土地利用总体规划（文本），及郴州市土地利用现状图、土地利用总体规划图，郴州市城区建设

用地规划控制图等。2000 年 4 月，湖南省人民政府批准实施郴州市市、县两级土地利用总体规划。8 月，郴州市政府批准实施各乡镇土地利用总体规划。

2005 年 10 月，郴州市国土资源局启动郴州市第四轮土地利用总体规划修编工作。规划期为 2006—2020 年，突出解决建设用地总量控制及其规模布局与建设用地矛盾问题，加强土地利用规划与城市建设等相关规划的衔接，提高土地利用总体规划的可行性和操作性。2005 年，郴州市国土资源局完成市级第四轮土地利用总体规划编制大纲审查，各县（市、区）新一轮修编土地利用规划前期准备工作亦相继就绪。

（二）土地开发整理规划

1989 年至 1990 年 6 月，郴州地区国土局对全区尚待开发的土地资源进行全面调查，修编土地开发整理规划。先后组织参与调查计 8240 多人，投入资金 190 多万元；绘制土地资源分布图和开发利用规划图 132 幅，整理数据集 261 本，写出调查报告和典型论证报告 164 份。248 个乡镇均建立调查数据库。经调查，查清郴州地区待开发土地资源总计 26.90 万公顷，占郴州地区总面积 13.9%，重点拟定宜耕、宜林、宜建（建设）土地开发整理规划。1993 年 12 月，郴州行署召开会议部署地属以上工矿企业制定土地复垦规划，会后印发《郴州地区土地复垦基本标准》《郴州地区土地复垦规划要求（初稿）》，要求地属以上工矿企业制定出本企业土地复垦规划，上报地区国土局。到 2002 年，郴州市政府组织完成编制市、县（市、区）两级土地开发整理专项规划。2003 年 11 月，湖南省国土资源厅批准实施郴州市土地开发整理规划，全市随即对田、土、水、路、林、村土地展开开发综合整治，使废弃村、废塘、废路及旧村庄闲置土地经复垦成为新增耕地面积，使废弃及老化低效土地经开发整理提升了其利用效益。

二、土地开发整理

郴州组织专业化土地开发整理工作始于20世纪90年代。1990—1998年，土地开发整理以外延（开荒造田）扩大耕地面积为主。1999 年始，土地开发整理逐步转向内延开发以提高地力为主。当年 6 月中旬，资兴市组织香花乡、清江乡、高码乡、三都镇、蓼江镇实施万亩土地连片开发整理项目，并被国土资源部列入扶持项目。项目采用国家出资、农民出地，租赁经营、对半分成，权属不变、到期归还的运作模式组织开发，国家共下拨项目开发资金 2572.84 万元。2003 年 6 月项目完工，开发整理土地 916.68 公顷，其中新增耕地 785.78 公顷。2003 年，宜章县梅浆矿区土地复垦项目被国土资源部批准立项，总投资 471 万元，整地规模 99 公顷，经复垦新增耕地 51.5 公顷。2004 年 5 月，该项目完工通过湖南省国土资源厅验收。至 2005 年年底，郴州市先后实施土地开发整理项目 187 项，其中列入部级项目 13 项、省厅级 37 项、市级 137 项，列入项目开发整理总面积 4109.67 公顷；实际完成项目 141 项，开发整理土地面积达 2867.50 公顷，占土地开发整理项目计划的 69.8%。

三、基本农田保护

1992 年年初，国务院部署在全国开展基本农田保护工作。6 月，湖南省人民政府要求各地两年内完成基本农田保护区划定工作。7 月，郴州地区国土局启动基本农田保护区划定工作，总结推广全国土地管理先进单位即桂阳县太和乡在非农建设用地逐增的态势下，自 1989 年发动和组织村民开垦宜耕荒地和废弃旧宅基地，实现全乡基本农田有增无减的经验，带动全区开发和保护基本农田。郴州划定基本农田保护区以1991年为基期年，分别确定2000年、2020年的保护区域。1994年，完成全区基本农田保护区划定工作，划定基本农田保护面积24.34万公顷，占农田总面积的90.1%。市国土局继而制定农田保护技术规程和实施方案。

从1998年起，郴州市在村（行政村）以上建立耕地保护档案，市、县、乡、村四级层层向上级递交年度基本农田保护责任状。1999年1月1日，新修订的《中华人民共和国土地管理法》发布实施，郴州市依法加大基本农田保护和耕地开垦补充工作力度。按照保护面积到丘块、保护责任到农户的要求，到2001年，村、组、农户层层签订农田保护责任状，共100.18万份。

自2002年，郴州市政府设立基本农田保护基金，重奖基本农田保护先进县（市、区）。2003年、2004年，全市开展基本农田保护执法检查。2005年末，郴州市耕地经开垦补充增至27.30万公顷，基本农田保护面积稳定在24.30万公顷；新增耕地面积与非农业建设占用耕地（160.33公顷）相抵，全市耕地面积净增331.89公顷。1997—2005年，郴州市耕地保护工作连续9年实现占补平衡。2000—2005年，郴州市人民政府连续6年被湖南省人民政府评为全省耕地保护先进单位。

第三节　建设用地管理

一、计划与用途管制

20世纪80年代，随着经济社会加速发展和人民生活水平日益提高，建设用地呈现快速增长趋势。1989年后，郴州加强建设用地管理，重点将三项建设用地（国家建设用地、集体建设用地、农民建房用地）计划，纳入国民经济和社会发展计划统筹管理。自1990年，郴州对占用耕地的建设实行指令性计划，其计划数层层分解到乡镇，不许突破；对占用非耕地则实行指导性计划，其计划可根据实际情况由地区（市）国土局在县（市、区）之间调剂，余缺互补；乡镇企业建设用地须经计划部门批准，农民建房用地需报请当地国土管理部门审批，其年控制在总户数的3.5%以内。

1993年11月，郴州行署印发《郴州地区建设用地"五统一"暂行规定》，明确凡建设用地"由县（市）人民政府实行统一规划、统一征用、统一开发、统一出让、统一管理"，促使郴州土地管理由多头分管向统一规范管理转变。1996年3月，郴州市政府印发《郴州市建设用地"五统一"管理规定》，确定"城镇规划区范围内临时用地，必须经规划部门批复后由国土管理部门办理临时用地手续，缴纳临时用地费"。1988—1996年，郴州计划用地规模为5342公顷，其中耕地1886.66公顷，非耕地3455.34公顷。经严格建设用地管理，实际使用3730.33公顷，其中耕地1596.33公顷亩，非耕地2134公顷，分别为用地计划的69.8%、84.6%、61.5%。在1997年至1998年间，全市冻结非农业建设占用耕地审批一年。

1999年1月1日，新修订的《中华人民共和国土地管理法》颁布实施。郴州市政府据此随即印发《郴州市土地管理若干问题暂行规定》，明确建设用地由计划管理转变为以土地总体规划为准则的用途管理制。规定非农业生产建设用地审批权集中到国务院和省政府，基本农田征用一律由国务院审批；农民使用耕地建房由原乡级政府审批上收到县级政府审批，使用原宅基地、空坪隙地由乡级政府审批；同时提高征用土地的上缴补偿费标准。自当年始，农村住宅地不得向城市居民出售，城市居民不得占用农民集体土地建住宅。

2002年9月，郴州市国土资源局确定城市规划区内村民建房用地标准：菜农占用耕地面积不超过100平方米，占用非耕地面积不超过120平方米；粮农占用耕地不超过110平方米；拆旧建新拆100平方米以上按100平方米建新房，不足100平方米的，按实际拆旧面积建新房。郴州市用地审批事项由原来的67项集中统批为31项。2003年3月，郴州市依据湖南省人大常委会颁布的《湖南省实施〈中华人民共和国土地管理法〉办法》，严明建设用地审批权限：不足1公顷的由县（市、区）人民政府批准；1公顷以上不足4公顷的由市人民政府批准；4公顷以上的由省人民政府批准；农村村民一户只能拥有一户宅基地。2004年8月，市国土资源局印发《关于加强农村宅基地管理意见》，要求认真执行乡镇、村土地利用规划，在提高乡镇城镇化水平的同时，提升农村住宅和村庄建设集约用地水平。2005年，郴州市强化执行耕地保护行政首长负责制和年度目标管理考核。全市在非农建设用地需求剧增态势下，至此依然保障24.34万公顷基本农田保护面积无减少，全市耕地总量实现动态平衡。

1989—2005年，市国土资源局调整规划用地项目108宗，依法协调解决执行土地利用总体规划与年度计划及重点建设项目建设用地矛盾，先后确保苏仙和北湖两区工业园、郴嘉高等级公路、倒窝里垃圾场、武广高速铁路郴州站等一批国家、省、市重点项目建设用地。其间，农村集体土地在不改变农业用地性质情况下，可以租赁或以地作价入股与外商合作经营的方式，提高土地用途效益。

二、用地补偿

（一）国家建设项目用地补偿

1989年，郴州境内国家建设项目用地，其补偿标准按照《湖南省土地管理实施办法》相关规定执行，即国家建设项目用地征地补偿费和安置补助费之和，不得超过被征土地前3年平均年产值的20倍。1996年1月，郴州市政府下发《郴州市城乡建设征地拆迁补偿标准暂行规定》，规定市域内国家建设项目征用耕地，经省、市有关部门核准后，可相应减免被征地单位粮食定购任务和农业税；土地征用后剩余劳动力，由市、县（市、区）人民政府妥善安置，并将相应安置补助费转拨给吸收劳动力单位。其中被征单位人均征用耕地0.1亩以下的，报湖南省人民政府批准，原有农业人口可以转为非农业人口，被征地单位可获得被征面积10%的安置用地。2002年7月，郴州市政府根据本地情况印发《郴州市征地拆迁补偿安置办法》，明确在郴州境内的国家建设项目用土地补偿，按郴州市城市规划区、县（市）城市规划区、县（市、区）建制镇规划区3个等级，实行不同标准用地补偿。2005年10月，湖南省政府办公厅印发《关于发布湖南省征地年产值标准的通知》，将郴州水田、旱土、专业菜地、专业渔池征地的年产值标准适当上调，建设用地补偿标准相应有了提高。1989—2005年，在郴州投建的107国道扩宽改造工程、国家直属粮库建设工程、京珠高速公路工程等9项国家重点工程，均按国务院明确的有关征地拆迁补偿标准实施。其补偿具体标准因时因地因项目而定，一般皆低于郴州市征地补偿标准。

（二）乡镇村（集体）建设用地补偿

1989—1995年，郴州境内乡镇企业使用集体土地补偿费，均按该土地前3年平均产值的2～5倍补偿，国家不予调整土地和粮食定购指标，不核减农业税，土地余缺由乡镇、村自行调剂。1996年1月始，按照郴州市政府制定的《郴州城乡建设征地拆迁补偿标准暂行规定》，乡镇、村企业建设使用村或村民小组集体所有土地，均按该土地前3年平均年产值的2倍计算予以土地补偿费，青苗和附着物补偿分别按一年产值损失计算补偿。2002年，市政府出台《郴州市征地拆迁补偿安置办法》规定，凡对乡村建设用地补偿费未作明确规定的，均参照非农业建设用地征收补偿标准执行。至2005年，郴州普遍执行乡镇、村（集体）建设用地补偿制度。但在执行中，有一些乡（镇）、村办企业在使用集体土地上，未按用地补偿标准执行或未能兑现补偿费。

（三）农村居民个人建房用地补偿及收费

从1990年5月开始，郴州地区（市）按每年每平方米0.5～0.8元收取农村宅基地有偿使用费。1993年5月后，为减轻农民负担，全区停收此项费用。一些行政村面对建设用地趋于增多、集体土地日渐减少趋势，为控制用地，自行规定新申请宅基地用户要向集体经济组织缴纳1000～20000元不等宅基地使用费。后在加强农村建房审批管理中，这一违规收费被遏止。2001年，湖南省物价局、国土资源厅下文规范收取农民建房代办服务费，规定农民建房用地按不同地类收费："占用农用地建房的每平方米收费不超过0.8元，最高每户不得超过150元；使用原宅基地和荒山荒坡的每户每宗用地不超过30元，建房定点放线不得另行收费，绘图费减半收取。"至2005年，全市皆按该规定收取农村居民个人建房用地代办服务费。

三、用地执法监察

1989年，郴州地区加强用地行政执法监察，全面清理城乡违法建设用地。1991年，全区重点清理七种用地（矿山、公路、乡村学校、乡镇企业、农贸集市、临时用地、房产宅基地权属变更划拨用地），纠正违法批地用地行为。当年郴州市城区组织拆除有关部门违法批地建房101栋、临街摊点241处。1989—1991年，郴州地区国土管理部门查处违法批地、用地、占地案件4100余起。

1992年始，郴州地区开展创建土地使用"三无"（无违法用地、无违规超标用地、无占用耕地用地）乡镇活动。当年经组织检查，全区有33.4%的乡镇达到"三无乡镇"标准。1993年，地区国土局、地区计委联合清理各类开发园区建设用地，全区原25个工业园区被撤销7个效益欠佳园区，18个保留园区土地利用率亦由清理前的39.5%提高到64.2%。1995年，郴州市土地监察大队查出建设用地违法案件2967件，违法用地面积82万平方米。其中占用耕地35.20万平方米，处理违法案件1073起，含大案22起。1998年，全面开展非农业建设用地清理工作。市政府成立耕地保护执法领导小组，市本级全年查处非农建设用地违法案件63起，收缴罚没款80余万元。

2002年，郴州市、县两级国土资源管理部门加强用地执法巡回监察，查处非法用地案件526起，挽回经济损失207.10万元。2003年2月至2004年8月，郴州市委、市政府组织清理建设用地，先后撤销各级各类不必设立的开发园区30个，核减园区规划用地3050.88公顷，占园区原用地规划的31.5%，其中核减规划占用耕地面积1200公顷。其间，市本级清收欠缴土地出让金2330万元，纠正土地登记发证资料误差63处。到2005年，市、县两级均相继分别成立副处级或副科级国土资源执法监察大队（支队）。当年，全市执法监察队伍组织依法查处国土资源违法案件748起，收缴罚没款710万元。

第四节 矿产资源管理

一、探矿权管理

1989年，矿产勘查登记分别归口国家和省地质矿产部门办理，辖区探矿权分别由地、县（市）两级矿管部门进行监督管理。1998年始，全市统一使用地质矿产部印制的矿产资源勘查许可证、地质调查申请登记书。当年施行地勘项目20个，均由市、县两级地质矿产管理部门分级执行监管。同时市级矿管部门对县（市、区）兴办的国有、集体、私营、个体小型矿储量，实行分类评审指导。2001年8月，郴州市国土管理局与市地质矿产局合并组建郴州市国土资源局。2002年，市国土资源局制定《郴州市探矿权设置管理规定》，完成驻郴7个地勘单位资质统检和24个地勘项目年检工作，协助湖南省国土资源厅检查40个勘查项目区域矿业权的设置，申报地勘立项3个，征收探矿权使用费5.80万元。2004年，郴州市进行地质勘查项目75个，年检66个，新设探矿权30个。2005年，郴州市年检地质勘查项目80个，现场抽查13个（煤勘项目），处罚两起违规勘查行为，完成68个零星矿产资源储量报告评审备案工作。郴州市国土资源局申报的瑶岗仙钨矿、黄沙坪铅锌矿等5个大中型矿山勘查项目，获上级拨予资源潜力勘查资金700万元。

二、采矿权管理

1989—1991年，郴州对乡镇矿山颁发集体采矿许可证，协助郴州境内省属大中型矿山企业做好申请办证事宜，并对采矿权证进行年检年审。在年检年审中，对存在安全隐患、严重污染环境、乱采滥挖、超深越界开采和未交资源补偿费的矿山，均责成限期整改。1991年，地、县两级地矿部门查处嘉禾县石桥乡梅草岭煤矿越界开采和肖家镇担干岭煤矿发生瓦斯大爆炸事故案件，均吊销其采矿许可证。1994年，郴州地区地质矿产局（简称“地矿局”）协助湖南省地矿厅，完成国家在郴州五大有色矿矿界争议裁定调查工作，还在宜章县境内的广东省梅田矿务局、永兴县马田矿区开展国有矿山范围内乡镇矿山采矿登记工作试点。是年，全区办理乡镇采矿许可证275件，办证率由上年42%提高到50%。1995年，北湖区、资兴市、嘉禾县的乡镇采矿许可证办证率均达98%；全市完成采矿权证年度检查审核866件，占应检矿山的80%。年检中注销采矿许可证80件，处理侵权办矿53家，停产整顿8家，限期整改400家，审核换证200件；没收非法开采矿石2000吨，罚款10.25万元。

1998年6月始，按照国务院规定，郴州市采矿权登记管理归口郴州市地矿局办理，实行矿业权登记发证统一管理。1999年5月，市地矿局停止审核稀土、钨、锡、锑、萤石、重晶石矿采矿许可证报批工作。年产3万吨以上煤矿和国营矿山由市地矿局初审把关，报湖南省地矿局批准发证；年产3万吨以下煤矿经县（市、区）地质矿产部门初审把关，报市地矿局审批换发采矿许可证。到2000年底，郴州市有矿山978家，换证970家，换证率99.2%。2000年年检矿山909家，年检率92.9%。2002年起，郴州市全面实行采矿许可证制度，健全和实施办证集体会审和采矿权出让审批等相关制度。

2005年，郴州市国土资源局推行采矿权证发放预审制，未经预审或没有通过预审的，不得实施储量报告、地质环境评估评审和颁发采矿许可证。全市根据湖南省国土资源厅下达的钨矿开采总量控制指标，关闭（停业）钨矿19家。郴州市全年受理采矿权登记发证400件，年检年审矿山901家。年检中取缔非法采矿点43处、查处超深越界开采事件217起，注销采矿许可证72件，下达整改通知书217份，追缴矿山资源补偿费77.5万元、罚没款366 .8万元。

三、矿业秩序整顿

1989年，郴州行署组织对临武县香花岭锡矿矿区办矿秩序进行重点整治，关闭180多个非法开采矿口。1990年6月，郴州行署下达《关于清理小矿山，坚决取缔无证采矿的决定》。之后，每年组织开展采矿清理整顿工作。1994年，郴州地区和县（市）先后组织矿山清理整治20多次，取缔关闭无证采矿矿点2031处（次），挽回经济损失100多万元。桂阳辉山矿区是当地有名的“矿灾区”，非法开采冶炼砒矿现象和偷、盗、抢砒矿等现象时有发生。年内桂阳县政府组织公安干警和职能部门先后6次整治该矿区，取缔非法开采矿点1450处（次）、摧毁土法炼砒灶30座、抓捕违法案犯罪嫌疑人36人。1995—1996年，郴州市矿管部门查处矿业违法案件2342起、调处矿产资源争执纠纷230起，参与行政诉讼案16起；公安机关传唤或行政拘留屡禁不止非法办矿矿主133人，其中移送司法机关判刑48人。

1999年，矿管部门结合“环保世纪行”和优化经济发展环境活动，把清理建材矿山、选（洗）矿厂和冶炼企业纳入整顿矿业秩序重点对象。全市取缔非法矿点511处、选（洗）矿点103个，关停非法冶炼企业30余户，罚款68万元；查处涉矿违法案件163起，司法部门拘留违法人员8人，传唤32人。 2002年，重点组织整治市域12个重点矿业开采区，依法关闭山河水库一、二级环境保护区内64个采矿点，关停北湖区鲁塘矿区非法采煤矿（点）220多个（处）。

2003年1月，郴州市政府根据临武县香花岭锡矿矿区争抢矿产开采纠纷多情况，组织工作组进驻该矿区半年之久，依法调处采矿纠纷，查处非法进入矿区开采行为，督导建立矿区正常生产秩序。当年，郴州市政府先后印发《郴州市矿业秩序专项整治实施方案》《优势矿产开采专项整治方案》，部署集中展开对石墨开采、煤炭勘查开采、国有矿山周边环境、矿山民爆器材产销整治行动。同时对钨、锡、锑、稀土4种优势矿产责令实施控制开采。

2003年后，郴州市加强矿业开采基层监管网络建设，合力形成严防非法办矿现象“反弹”长效机制。到2005年，全市129个重点矿业乡（镇）均成立安全生产监管站，配备安监员1100多名；重点矿区组建常年清整队（督查队），按“属地管理”原则，基层清整队伍采取“包矿山、包管理、包整治、包责任”办法，就地整顿规范矿业秩序。全市当年先后出动清整人员5.8万人（次），对煤、钨、锡、锑、石墨优势矿种开采，和新田岭、瑶岗仙、柿竹园、黄沙坪、三十六湾等39个重点矿区进行集中整治，取缔关闭非法矿井（点）1545多个（处），向公安机关移送采矿刑事案件30起。1989—2005年，郴州市（地区）地质矿管（国土资源）部门在矿业秩序整顿中，调处各类矿业纠纷780多件，其中通过协调按法律程序裁定164件。

第五节 测绘管理

一、测绘行业管理

1989年，郴州地区国土局根据国家土地管理局《关于搞好地籍测量工作的通知》，规定地籍测量工作由各级土地管理部门组织实施。年内经对全区27个测绘单位进行审核，给其中20个单位颁发测绘许可证。1996年5月，郴州市国土局设立测绘管理科（加挂郴州市人民政府测绘管理办公室牌子），行使市政府赋予的测绘管理和行政执法职能。1997年始，市国土局对测绘资格证书实行分级年检制度，乙、丙、丁级测绘资格证书由湖南省国土测绘局委托郴州市国土局办理，实行一年一检，五年一期重新审查发证制度。2003年后，重点年检测绘单位法律法规的执行、生产技术人员结构、仪器设备配置及测绘业务能力，对使用不合格计量器测绘的成果不予验收，对因此而给用户造成严重损失的一律吊销其测绘资格证书。2004年，严格"测绘资质证书"换证工作，对审查不合格单位暂缓登记（换证）。2005年，全市持测绘资质证单位8个，其中乙级7个、丙级8个、丁级21个，被降低等级单位2个。建立市测量标志档案库，县、乡两级聘请以乡（镇）国土管理员为骨干的测量标志保管员430人，形成市、县、乡三级测绘工作网络和测绘标志保护人员队伍。2001—2005年，市国土资源局先后对郴州市域测绘标志进行4次普查和维护，查清设立国家三角点标志339个，标石保存均完好（觇标仅存4座），保存国家水准点标志108个。同时对所有标志进行维护，由市国土局、市公安局署名树立保护警示牌447块，设立砌砖混结构保护井447口、外加保护盖288块。

二、测绘市场监督

进入20世纪90年代，为适应市场经济发展，郴州市测绘单位起步施行"一业为主，两头延伸，多种功能，多种经营"工作方针，逐步跨地域跨行业向建筑、桥梁、公路、市政建设、城市规划、城乡地籍以及房产测绘多个领域发展测绘经营市场。1996年，郴州市国土局加强测绘市场项目管理，规定测绘项目实施前必须进行登记，审查项目可行性、测绘单位资质、技术设计的科学性，提高面向社会市场测绘质量。1998年11月，湖南省国土测绘管理局与湖南省保密局联合对郴州市测绘成果进行检查，根据发现的问题，规定测绘成果不得擅自复制、转让或者转借，编印出版地图要依法经过审查。1999年后，市域内凡超过20万元测绘金额的项目一律实行招投标，严禁无证测绘、超越测绘资质证书许可范围的测绘经营行为。2003年，市国土部门加强测绘计量器具标准监管和使用，促进以数字摄影为主的微型计算机、自动绘图机数字化测图系统的运用。市政府还组织国土资源、工商、文化、新闻出版部门，对郴州地图出版发行市场进行专项整治，市本级查抄没收非法地图出版物100余册（种），规范地图产品的测绘和印制发行。2004年，市国土资源局对测绘市场服务规定"七不准"：不准将承包测绘项目转包他人，不准使用不具备相应执业资格人员从事测绘活动，不准使用未经检验的测量仪器从事测绘活动，不准采用不正当竞争手段承揽测绘项目等。当年，全市有测绘从业人员570人，实现服务总值3800万元、人均服务年产值6.60万元，比全省测绘行业人均服务值5.46万元多1.14万元。2005年，郴州市对省政府明确保留的8项测绘行政审批事项，严格按照法律法规依据审核审批。

第六节　国土资源使用制度改革

一、土地使用制度改革

（一）农村土地使用制度改革

1989 年，郴州地区农村土地使用制度改革，重点在巩固完善家庭联产承包责任制同时，推行对集体土地进行租赁、承包经营，和发展家庭经营与集体经营相结合的双层经营。1990 年 5 月始，组织开展农村住宅基地有偿使用改革，经在桂阳县黄沙坪镇周台村试点，在全区推广对农民住宅基地收取一定有偿使用费用于村组集体公益事业的做法。1993 年 5 月后，为减轻农民负担，全区停止收取农村宅基地有偿使用费，转向以强化限额使用住宅基地等措施，驱动农村节约使用土地资源。1999 年 1 月 1 日始，全市执行新修订的《中华人民共和国土地管理法》，农户承包的土地在自愿原则下，可多形式地实行转让经营流转。农村集体建设用地可流转用于兴办企业，或以土地入股形式参与企业经营。这一土地使用制度改革，促进了农业经济产业化和商业化。2005 年，全市农民承包土地流转经营面积 9.37 万公顷，流转方式主要有转包、转让、互换、出租、入股联营等。当年流转土地形成集聚规模化经营面积 5534 公顷，促成新增种植、养殖专业户 2.46 万户。

（二）国有土地使用制度改革

1992 年 2 月，郴州行署召开全区城镇土地改革会议，重点布署推行土地有偿使用工作，启动国有土地使用制度改革。行署组织先在桂阳县城关镇进行试点，主要开展基准地价调查和土地分等定级工作，其成果获湖南省国土系统国土使用制度改革优秀成果奖。在该镇示范下，于 12 月全区完成城市（镇）规划区基准地价、土地分等定级工作，确定基准地价最高 250 元 / 平方米、最低 20 元 / 平方米。开始以低价位、协议出让方式启动有偿出让土地使用权。同时，对土地隐形市场进行清理，收回违法用地并给予经济处罚。1992 年，全区出让土地使用权 51 宗 1.79 万平方米，收取土地有偿使用费 14.61 万元，土地有偿使用取得“零”突破。1993 年，郴州行署推行以拍卖、招标方式有偿出让土地使用权，宜章、汝城、安仁、桂阳、嘉禾和资兴 6 县（市）拍卖土地使用权 9962.16 平方米，收取土地出让金 241.30 万元。11 月，湖南省土地使用制度改革现场经验交流会在宜章县召开。

1995 年 9 月，郴州市政府印发《郴州市国有土地使用权出让、转让、出租、抵押管理暂行办法》，使国有土地有偿使用有规可依，拉动国有企业盘活土地资产。到 1998 年，全市除国家机关、军事用地、城市基础设施和公益事业用地，以及国家重点扶持的能源、交通、水利等基础设施用地外，国有土地全面进入市场实行有偿使用。1998 年郴州市出让土地 990 宗，获取出让金增至 2459.59 万元。2002 年，推行土地收购储备制度，市国土资源局建立国土资源交易大厅，采用经营性用地招标拍卖、挂牌出让国有土地使用权等举措，推进国有土地有偿使用。同时依法规范国有土地有偿使用。当年，查处嘉禾县国土资源局在未收回国有土地使用权、未施行国有土地使用权出让手续等情况下，违规出让国有土地金额达 4808.58 万元一案。2004 年，郴州城镇基准地价历经 1996 年、2000 年、2002 年三次调整后，升至最高 2000 元 / 平方米、最低 230 元 / 平方米。

2005 年 3 月，郴州市国土资源局设立国土信息网站，被国土资源部确定为全国市级国土资源网"公开示范单位"。2001—2005年，全市有偿出让土地1103公顷，土地出让收入达34亿元。仅市本级土地交易收入用于城市建设金额就有6亿元。至2005年，全市收购储备国有土地677.97公顷，土地上市交易初步形成"一条龙"全程式服务。

二、矿产资源税费征收

郴州矿产资源丰富。1989年前，全区矿山开采点最多时达3000多个（处），矿业开采秩序一度混乱，造成国有矿产资源大量流失。1989年，郴州行署设立郴州地区矿产资源开发管理办公室，负责国有矿山开采划界定权、矿业权证管理、纠纷调处工作。1991年，行署组织调查研究，开始着手改革矿产资源使用制度，变无偿使用为有偿开采。

1992年，郴州行署制定《郴州地区矿产资源补偿费征收管理暂行规定》，决定启征矿产资源补偿费。时因没有界定补偿费具体征收标准，加之宣传发动工作未到位，开征工作遂未运转执行。1994年2月，郴州地区根据国务院颁布的《矿产资源补偿费征收管理规定》相关条款，制定具体征收费率，明确跨县（市、区）的矿山企业矿产资源补偿费由地区矿管局征收，其他矿山企业矿产资源补偿费按地域管辖范围由县（市、区）征收。3月7日，郴州行署召开全区矿产资源补偿费征管工作会议，再次启动这一征收工作。经广泛宣传发动，全区全年征收矿产资源补偿费204万元，实现征收其费"零"的突破。

1995年1月，湖南省人民政府颁布实施《湖南省矿产资源补偿费征收管理实施办法》，明确各类矿种收取补偿费由国家、省、市、县四级分成的比例。年内，郴州市政府制定《郴州市矿产资源补偿费征收入库奖励办法》，同时实行矿产资源补偿费征收入库风险抵押制度，和企业评先奖优实行资源补偿费上缴"一票否决制"，强化矿产资源补偿费征管。1995年，郴州市地矿局直接征收补偿费408万元，全市矿产资源补偿费征收突破2000万元。

1997年，湖南省地矿厅委托郴州市地矿局，代收郴州境内7家省属以上矿山企业资源补偿费。永兴、临武、宜章、苏仙、资兴等县（市、区）先后成立矿产品税费统征办公室。同时，设立煤炭、有色金属矿产品外运出口税费征收站，对县属以上国有矿山企业矿产品，实行凭县（市、区）矿产品准运证登记放行，对个体（集体）采矿（经营）者则实行就地过磅征收资源补偿费。2000年，县（市、区）调整煤炭资源补偿费收费标准。矿产资源补偿费征管权下放至县（市、区）征收，市本级直接征收的矿山企业只保留4家。

2002年，郴州市国土资源局印发《关于进一步加强矿产资源补偿费征收管理工作的通知》，明确按属地原则，资源补偿费由矿山所在地县级国土资源部门征收。全市规范征收费减免申报工作，加强对资源补偿费征收考核，当年单位征收面达100%，费额征收率达85%，完成上级下达的资源补偿费征收入库任务。2002—2005年，郴州市连续4年完成湖南省国土资源厅下达的矿产资源补偿费征收任务，总计征收入库2400万元。

第七节　国土资源管理机构

一、郴州地区（市）国土（国土资源）局

1989年，郴州地区国土管理局内设办公室、城乡建设用地科、区划科、地籍管理科、法规监察科，局机关人员编制25名；下辖郴州地区国土测绘队，有事业人员编制8名。各县（市）国土局计有编制173名。全区253个乡镇和街道有176个建立国土管理所，配备土地管理员319人，其中专职163人。

1995年5月，郴州地区国土管理局更名为郴州市国土管理局，内设办公室、政工科、计划财务科、地籍地政科、区划规划科、城乡建设用地管理科、城区土地管理科、政策法规科、土地监察科（加挂郴州市土地监察大队牌子）、测绘管理科10个科室。局机关人员编制37名，其中行政人员编制33人。下设市国土测绘队、地产开发中心（加挂郴州市征地拆迁办公室牌子）2个直属事业单位，有自收自支人员编制25人。市国土管理局并在郴州市城区设国土管理所（派出机构）10个。

2001年8月，郴州市国土管理局与市地质矿产局合并组建郴州市国土资源局，内设办公室、法规监察科、规划科、计划财务科（加挂郴州市矿产资源补偿费征收办公室牌子）、耕地保护科（加挂郴州市农业区划办公室牌子）、建设用地科（加挂郴州市征地拆迁办公室牌子）、地籍管理科、地产管理科、矿产开发管理科、地矿勘查储量科、地质环境科、测绘管理科、政工科计13个科室，人员编制39名。直属机构有市土地收购储备中心（副处级）、国土资源执法大队、国土资源所（分局）、土地交易中心（加挂郴州市土地评估所牌子）、国土资源测绘队、土地开发整理中心、矿产开发综合服务中心。

2005年8月，局辖二级机构郴州市国土资源信息中心成立。9月，北湖区和苏仙区国土资源局上收由市国土资源局垂直管理，设为市国土资源局北湖分局、苏仙分局。11月，增设市国土资源局城区分局，定编制55人（含城区14个国土资源管理所）。至2005年12月，郴州市国土资源局内设机构和人员编制无大变动。全市国土资源系统编制总额1447人，实有1690人，其中在职1566人。全市250个乡镇均设立国土资源管理所。

1989—2005年郴州市（地区）国土资源局（国土局）主要负责人名录

表12-2-7-1

单位	姓名	职务	任职时间
郴州地区国土管理局	曾锦春	局长	1988.05—1991.01
郴州地区（市）国土管理局	熊明亮	局长	1991.02—1996.09
郴州市国土管理局	吴章钧	局长	1996.09—2000.09
郴州市国土管理局	吴祥祥	局长	2000.09—2001.08
郴州市国土资源局	吴祥祥	局长	2001.08—
郴州市国土资源局	杨秀善	党组书记	2001.08—

二、郴州地区（市）地质矿产局

1989年，郴州地区矿产资源开发管理办公室（简称“矿管办”），为湖南省地矿局派出机构（副处级），受湖南省地矿局与地区行署双重领导，主管郴州区域内矿产资源勘查开采监管工作，编制5人，未设置科室。各县（市）也相继成立矿管办。1991年6月，成立郴州地区矿产资源开发管理局，仍为副处级单位，内设办公室、矿产资源监督管理科、法规科，人员增至13人，隶属地区行署办管理。

1993年11月，郴州地区矿产资源开发管理局更名为郴州地区地质矿产局，升格为正处级，为政府组成单位，纳入政府机构序列。1995年5月，郴州地区地质矿产局更名为郴州市地质矿产局，内设机构有办公室、矿产资源补偿费管理办公室、监督管理科、政策法规科，定编15人。另有直属事业单位市地质矿产稽查队。2001年8月，市地质矿产局与市国土管理局合并组建成郴州市国土资源局。

第三章 工商行政管理

第一节 工商企业登记管理

一、国有企业登记注册

1989年，郴州地区工商行政管理部门加强国有工商企业登记工作，及时为改制企业办理变更登记手续。年内办理变更为联营企业的76户、变更为股份制或股份合作制企业的434户。1991年，增设国有工商企业销售网点办理注册登记（临时证照），扩张产（商）品销售，使之当年国有工商企业增加销售额2884万元，实现利润286万元。到是年12月，全地区登记注册国有工商企业4117户，从业人员6.46万人，注册资金35.60亿元。

1992年，全区工商部门落实《湖南省企业法人登记管理若干规定》，着力为企业登记提供优质服务。郴州地区工商行政管理局（简称工商局）推行柜台式公开办公，实行登记政策、办证员身份、办证流程、收费标准"四公开"登记注册制度。郴州地区登记注册国有工商企业发展到4887家，比上年增加770家。1994—1998年，国有企业加快改制转体，加之受市场疲软特别是亚洲金融危机影响，国有企业经营状况出现滑坡。到1999年，全市登记注册国有工商企业数减至4406家。2001年，郴州市全面清理整顿党政机关办企业，至年末登记注册国有企业又减至4040家。继后，全市工商经济加速发展，国企改制强力推进，国有企业登记、变更登记办理日益增多。

2005年，在助推国有企业改制转体中，郴州市工商局及时为新组建27户企业集团的50个子公司、12个控股公司、10户参股公司办理登记或变更登记；为12户联合兼并企业、1896户股份合作企业，及32户承包、出售和破产企业办理登记或变更登记手续。至此，市、县两级先后有1646户国有工商企业完成改制，其中有1028户转为个体私营企业，142户转为合伙企业，346户实行租赁经营，28户企业被买断组建成个人独资企业，102户实行内部承包。工商行政管理部门均及时为其办理登记和变更登记手续。到是年12月，全市有注册登记的国有工商企业4206户，注册资本金49.89亿元。

二、集体和个体私营企业登记注册

郴州地区工商集体所有制企业主要集中在乡镇企业和商业、供销、粮食、二轻系统。1989—1992年，一些集体企业起步改组或改制为个体私营企业。工商管理部门在登记注册中放宽注册条件，放宽经营范围，引导和支持集体企业改制和调整经营结构。到1992年12月，全地区有登记注册集体企业8730户。

1993—1994 年，工商管理部门在企业登记中，支持集体企业建立“三自一包”（自主经营、自负盈亏、自我发展和承包经营）经营责任制，增强发展活力。到 1994 年，随着乡、镇（村）企业发展，当年全区登记注册集体企业 9613 户，为 1989—2005 年间集体企业登记注册最多的一年。此后，郴州市加快集体企业改制，大力扶持发展民营经济，出现集体企业逐减、个体私营企业激增新趋势。1995—2002 年，在发展乡、镇（村）办企业中，全市一手抓扶持，一手抓整顿，全市清理注销名为集体实为个体企业 1106 户。2001 年，严格企业登记注册管理，工商部门在对 864 户无证开采乡、镇（村）小煤矿进行清理整顿中，其中注销营业执照的集体煤矿企业 764 户。与此同时，全市工商集体企业改制大步推进，到 2005 年，郴州市二轻系统原有的供销公司、木器厂、服装皮件厂、棉织厂等 420 户集体企业破产或转制，供销系统大部分“双代”（代购、代销）店转为个体经营。二轻系统仍保留为集体企业所有制的商店（企业）仅剩 76 户，注册资金 9648.6 万元。

截至 2005 年 12 月，郴州市登记注册工商集体企业由 1989 年的 6604 户减至 2635 户，减少 60.1%；注册资金 9.90 亿元，从业人员 2.49 人。登记注册工商个体工商户、私营企业则分别由 1989 年的 5.43 户、86 户增至 7.9 万户和 3349 户，分别为 1989 年的 1.5 倍和 38.9 倍。

三、公司制企业登记注册

1994 年 7 月始，郴州工商部门按照《中华人民共和国公司法》和国务院颁布的《公司登记管理条例》，积极办理公司制企业登记注册，支持企业改制转体。至 1995 年，先后有郴州市汽车运输公司改制为湖南郴州市汽车运输集团有限责任公司、郴州桥口氮肥厂改制为郴州化工集团有限公司、郴州筑路机械厂改制为中国路桥集团郴州筑路机械有限责任公司等。工商部门均为其及时办理变更登记手续。1996—1999 年，郴州市先后登记注册有限责任公司和股份有限公司达 138 户。2003—2005 年，通过推进国有企业改制转体和做大做强工业企业，公司制企业又有新发展，工商部门为 611 户公司制企业办理工商注册登记手续。至 2005 年 12 月止，郴州市登记注册公司制工商企业 1728 户，其中有限责任公司 1570 户，含国家授权投资的国有独资公司 118 户（子公司 86 户），其他法人出资有限公司 686 户，自然人出资公司 728 户，企业集团 38 户。

四、外资企业登记注册

1989 年，郴州地区在创办改革开放过渡试验区中，加大对外开放力度。6 月，郴州行署印发《关于鼓励外来投资的优惠办法》，出台鼓励外商来郴投资优惠措施。全区工商部门倾力受理外资企业登记注册事宜. 至 1992 年办理外商企业登记注册 60 户，投资总额 6499.25 万美元，注册资本 5184 万美元，外方人缴出资额 2615 万美元。1993 年起，郴州致力改善投资环境，广泛组织招商引资，入境落户的外资企业逐增。当年，区内登记注册外资企业增至 102 户，投资总额 1.19 亿美元，注册资本 9575 万美元。到 1997 年末，郴州市拥有登记注册的外商投资企业 140 户，其中中外合资企业 75 户、合作企业 34 户、外商独资企业 31 户，另有分支机构 36 个。全市外商投资总额达 5.12 亿美元，注册资本 2.43 亿美元。此后，郴州随着投资环境的改善和资源、区位优势的吸引，招商引资日愈彰显成效。到 2001 年，地处偏远的桂东县亦有 4 家外商投资企业办理登记注册，全市外资企业登记注册消灭空白县（市、区）。全市严格做好外商投资企业登记注册工作，坚持必备的开办条件，对不符合国家规定的和手续不齐全企业，一律不予登记注册。2005年，新登记注册外商投资企业33户，投资总额9.39亿美元，注册资本3.35亿美元，其中外方认缴3.11亿美元。分别比上年增长23%、310%、143%、145%。同时，办理外商投资企业变更登记94次，注销登记1户。

1989—2005年，郴州市累计登记注册外商投资企业485户，其中分支机构及办事处94户。投资总额17.89亿美元，注册资本7.41亿美元，外方认缴6.38亿美元，占注册资本的86.1%。至2005年，全市实有登记注册外资企业175户，其中合资54户、合作23户、独资98户。

五、企业登记监督管理

1989年，郴州地区工商行政管理部门在开展企业登记年度检验中，重点查处无证无照企业，清理无名称、无场地、无资金“三无”企业。年内，对新开办168家公司进行全面清理整顿，调整22家公司经营范围，注销不具备开办条件公司17家。1993年下半年，郴州行署根据湖南省委办公厅和省政府办公厅《关于党政机关与所办经济实体脱钩的实施意见》，部署地区工商局对党政机关开办的114家公司进行清理，清理后注销登记69家，移交归口部门管理45家。1994年后，企业登记年检执行国家工商总局印发的《企业、法人年度检验办法》。1998年4月，郴州市政府组织市招商局、市工商局等9个部门联合对郴州市“三资”企业进行年检，督促未通过年检的30户法人企业进行整改。至2000年间，企业、法人登记年度检验率平均达90%。同时清查党政机关所办经济实体186家，其中注销98家，解除挂靠26家，移交26家，吊销营业执照12家，转体脱钩24家。在对企业监督管理过程中，同时加强对工商营业执照年检。

2000年以后，企业登记年检从书面式审查向实地、实际工作审查转变。郴州市工商部门加强建立企业联系点，广泛开展企业走访、回访活动，沟通联系，上门推进企业登记日常监督管理工作。2002年，全年内资企业、外资企业、个体户、私营企业实地年检率分别达到91%、85%、90%和92.7%。676家内资企业和19家外商投资企业，因出现严重违法经营行为或未申报年检，被依法吊销营业执照。2005年配合市政府中心工作，重点加强煤矿企业登记年度检验，对不符合安全生产条件、市政府责令停产整顿的290户煤矿实行扣缴营业执照，对不能提交有效前置许可证的煤矿一律不予通过企业登记年检。1989—2005年，经年检，予以注销登记注册执照企业计472户，其中合资企业233户、合作企业173户、外商独资企业66户。

1989—2005年郴州市（地区）工商企业登记注册情况统计表

表12-3-1-1

项目	合计			国有企业		集体企业	
	期末企业数（户）			期末企业数（户）		期末企业数（户）	
年度	企业总数	其中法人（户）	资本金（万元）	小计	资本金（万元）	小计	资本金（万元）
1989	10615	1698	317394	3501	218481	6604	65086
1990	11529	2436	320726	3616	250135	6918	87655
1991	14361	5208	411864	4117	356079	8846	126436
1992	15337	3669	485000	4887	399843	8730	118308

续表 12-3-1-1

年度＼项目	合计			国有企业		集体企业	
	期末企业数（户）			期末企业数（户）		期末企业数（户）	
	企业总数	其中法人（户）	资本金（万元）	小计	资本金（万元）	小计	资本金（万元）
1993	16791	4697	573218	5877	432069	9113	127789
1994	18019	5055	617056	6396	447920	9613	150597
1995	16158	4962	670588	6489	466278	9325	167677
1996	13996	4528	703630	5907	479131	7359	149618
1997	13280	4876	608257	5815	600702	6662	126128
1998	10642	3944	876936	4894	643869	5244	117749
1999	9591	3620	897052	4406	536817	4645	111446
2000	10068	4318	944691	4554	497781	4557	113085
2001	8874	3768	970682	4040	458150	3699	106515
2002	7830	2862	1049101	3478	436897	3127	100190
2003	7175	2627	1050013	3138	406200	2677	89742
2004	7655	4036	1155911	3644	437504	2526	89662
2005	8689	4305	1300118	4206	498876	2635	98896

续表 12-3-1-1

年度＼项目	联营企业		公司		股份合作、合营、其他企业	
	期末企业数（户）		期末企业数（户）		期末企业数（户）	
	小计	资本金（万元）	小计	资本金（万元）	小计	资本金（万元）
1989	76	1937	426	30126	8	1764
1990	88	3048	887	69163	20	3806
1991	118	4906	1246	86870	34	6425
1992	126	6875	1586	108048	48	10305
1993	116	6540	1675	129647	10	3028
1994	122	6332	1830	152748	58	12207
1995	96	10338	105	11927	143	16819
1996	84	9428	576	69046	70	18417
1997	31	4079	697	80428	75	21887
1998	28	1870	429	212915	47	5454
1999	24	1682	475	243040	41	4365
2000	20	1126	894	237001	43	4799

续表 12-3-1-1

项目＼年度	联营企业 期末企业数（户）		公司 期末企业数（户）		股份合作、合营、其他企业 期末企业数（户）	
	小计	资本金（万元）	小计	资本金（万元）	小计	资本金（万元）
2001	17	827	1070	168406	48	5086
2002	12	645	1117	505853	96	5516
2003	10	624	1260	548503	90	4944
2004	13	696	1374	585263	98	5246
2005	15	986	1728	695895	105	5463

2005年郴州市县（市、区）企业登记注册情况表

表 12-3-1-2

项目＼单位	企业总数（户）	从业人员（人）	注册资金（万元）	全民 企业数（户）	全民 从业人员（人）	全民 注册资金（万元）	集体 企业数（户）	集体 从业人员（人）	集体 注册资金（万元）
合计	18980	978757	3593697	6183	296087	350383	8270	473192	988966
北湖区	1624	38396	68146	606	21458	48946	864	28846	29684
苏仙区	1665	39848	71284	618	22847	53408	876	30908	34206
城前岭	35	1048	684	12	326	486	18	628	648
资兴市	2044	42608	83867	680	50248	41206	896	61248	38826
桂阳县	1816	43285	54082	460	42687	36840	866	52065	37826
嘉禾县	1030	14826	29646	320	14825	9846	462	34806	26482
临武县	1227	15864	37827	402	22847	8988	480	35084	31084
宜章县	1968	38417	37816	606	29804	18647	784	49467	29866
汝城县	1262	15208	29487	352	11208	9268	628	34628	24606
桂东县	992	12065	21062	267	9217	486	504	21734	20148
永兴县	1714	44163	46828	528	21486	18286	846	60468	37046
安仁县	1524	26464	34682	446	10486	16078	648	35482	26467
市工商局	2077	46565	78286	886	38648	87896	398	27828	37868

续表 12-3-1-2

项目/单位	集体			联营			公司		
	其中：乡镇企业								
	企业数（户）	从业人员（人）	注册资金（万元）	企业数（户）	从业人员（人）	注册资金（万元）	企业数（户）	从业人员（人）	注册资金（万元）
合计	1942	74899	118786	129	30678	84777	4398	96716	7547668
北湖区	124	2482	1489	12	426	567	142	4806	6780
苏仙区	138	2886	1876	10	386	308	161	3096	8184
城前岭	—	—	—	1	87	67	4	116	267
资兴市	302	7668	7268	6	278	288	462	10765	9868
桂阳县	214	5968	7268	4	128	283	486	7408	9214
嘉禾县	114	4808	4987	20	496	1208	228	3846	6428
临武县	144	4165	4667	5	108	186	340	5648	8402
宜章县	193	7122	70892	16	343	875	562	7082	9868
汝城县	190	6704	5512	4	95	127	278	4063	4980
桂东县	125	2706	1788	9	118	408	212	2046	3684
永兴县	179	21486	8643	12	166	536	328	3284	4185
安仁县	219	8904	5468	2	128	78	428	9684	7874
市工商局	—	—	—	28	308	9846	767	14867	74966

说明：“城前岭”指郴州市经济技术开发区

第二节 经济合同管理

一、合同鉴证

1989 年，郴州对经济合同实行自愿鉴证原则和分级鉴证制度。合同金额在 500 万元以上的由湖南省工商局鉴证，50 万 ~ 500 万元的由郴州地区工商局鉴证，50 万元以下的由所在地的县级工商局鉴证。至 1990 年 12 月，郴州地区鉴证各类合同 2.69 万份，鉴证金额 37.52 亿元。所鉴证经济合同以建筑施工、财产租赁、商品购销为主。

1992 年起，郴州地区工商局统一监制法定代表人证明书、法人授权委托证明书、代订经济合同委托书，全面推行凭此“两证一书”签订经济合同制度。当年，全区签订经济合同 1.95 万份，合同金额 46.39 亿元，其中鉴证合同 1368 份，合同金额 4108.50 万元。

1994 年 5 月，郴州地区工商局、地区城乡建设局、地区司法局和郴州建设银行联合下发《关于对建筑安装工程承包合同实行统一鉴证管理的通知》，规定凡辖区内建筑工程承包合同，必须先由工商行政管理部门鉴证后方可施工，银行方可予以贷款。郴州自始启动建筑业经济合同鉴证。

1995 年后，拓展经济合同鉴证工作，除对建筑安装工程承包合同鉴证外，渐而延伸至对重要生产资料如石油、钢材、煤炭、烟叶、化肥、天然气等重要生产资料交易，以及房地产转让、租赁等实行统一合同鉴证管理。同时，建立经济合同鉴证申报、审查、登记鉴证、检查等环节具体管理制度。1995—1996年，郴州市鉴证各类经济合同1.4万份，合同金额85.02亿元。1999年起，工商部门细化重大经济合同鉴证管理，规定个体经营户必须将场地租赁经营合同经鉴证后，方能登记注册领取营业执照。2005年，推行使用合同鉴证示范文本260本，规范合同鉴证文书使用。

1989—2005年，郴州市工商部门鉴证各类经济合同26.84万份，合同金额48.68亿元，合同履约率95%。

二、抵押物登记

1995年10月1日，《中华人民共和国担保法》颁布实施。郴州市工商局随即开展对城市房地产和乡（镇）村企业厂房等建筑物抵押登记工作。至1996年6月，先后有资兴市和永兴、宜章、桂阳、安仁、临武5县（市）及苏仙、北湖两区人民政府，授予工商部门行使房地产抵押物登记权。1996年，全市办理抵押物登记226件，其中动产抵押物189件，不动产抵押物37件，主债权金额13.50亿元，收取登记费用15.93万元。

1997年3月，市、县两级工商局举办抵押物登记培训班，组织集中参训人员880人次。同月，市工商局与中国人民银行郴州分行联合印发《关于办理企业动产抵押物和城市房地产或乡（镇）企业的厂房建筑物抵押登记管理有关问题的通知》，明确办理动产与不动产抵押物登记相关事项。市工商局还多次与物价部门联系协商，统一抵押物登记收费标准。

1999年全市着力规范企业动产物登记工作。工商系统依照企业动产抵押物登记管理办法，对续贷合同进行补办登记手续，并对借款、抵押合同进行鉴证。全年工商部门办理抵押登记317件，为1996年226件的1.4倍。登记被担保主债权金额9.65亿元，同比增长34%。其中办理动产抵押登记168件，被担保主债权金额7.39亿元；办理房地产抵押登记149件，被担保的主债权金额1.36亿元。

2005年，郴州市工商部门办理动产和不动产抵押物登记2032件。其中办理动产抵押物登记1187件，登记被担保的主债权金额7.61亿元；办理不动产房地产抵押登记845件，登记被担保主债权金额6.84亿元。与启动这项工作的1996年相比，办理抵押物登记数增长2.7倍。

三、合同纠纷处理与监管

（一）合同纠纷处理

1989年4月，经郴州行署批准，郴州地区工商局经济合同仲裁委员会更名为郴州地区经济合同仲裁委员会，各县（市）工商局经济合同仲裁委员会随之相继更名。地、县两级时有仲裁员88人，负责调解或仲裁处理经济合同纠纷。1989—1996年，郴州地、县两级经济合同仲裁委调解经济合同纠纷244起。1997年6月，郴州市将合同仲裁办案工作列入年度目标管理，建立评先奖优制度，以调动仲裁员办案积极性，提高办案质量。1998年，全市展开经济合同纠纷仲裁执行清理工作。县（市）工商局（除安仁、桂东两县外）运用仲裁职能，先后派出46人（次）奔波辗转，分赴河南、贵州、云南等7个省22个县市，行程过万公里，为35家企业追回债务欠款864.80万元。1989—2005年，郴州市合同仲裁机关仲裁经济合同纠纷案468起，涉案金额3286.45万元，争议金额1847.60万元；

其中仲裁96起，占20.5%，撤诉18起，占3.8%；移交司法机关处理8起。

（二）合同监查管理

1989年，郴州地区工商部门依照《中华人民共和国经济合同法》规定，对经济合同开展经常性监督检查，帮助企业建立经济合同管理制度，并在企业建立监管联系点。1991年后，加强经济合同督查，严厉打击私刻假合同印章、非法印制出售经济合同文本等违法行为。全区检查1872户企业的4.67份经济合同，合同金额14.68亿元；其中查处无效合同747份，涉及合同金额893.8万元；查处违法合同案件49起，案值527.40万元。1993年，在对合同监督管理中，依法协助合同当事人挽回或避免损失金额2288.60万元。

之后，逐步在经济合同管理中强化服务工作。1995—2000年，郴州市工商部门上门为企业、单位合同当事人提供法规咨询服务、解答疑难问题1684人次；举办合同法规培训班246期，培训企业法定代表人和合同管理人员9486人次；同时广泛组织开展“重合同、守信用”宣传教育活动。2001年1月，郴州卷烟厂、湖南省郴州建设工程集团有限公司、郴州市第三建筑工程公司被国家工商总局评为“重合同、守信用”企业。

1989年至2005年，郴州市（地区）检查各类经济合同18.95万份，合同金额31.86亿元。经纠正错误合同，查处无效合同、违法合同及合同欺诈案件，为企业挽回损失3468.50万元，其中依法确认无效合同4838份，查处违法合同案件236起，涉案金额1648万元。其间举办合同法规培训班418期，参训人员计2.48万人次。至2005年，郴州市先后涌现县级“重合同、守信用”企业60家、市级415家、省级40家。

第三节　市场建设与监管

一、市场建设

1989年，郴州地区有城乡集贸市场214个，营业面积65.21万平方米（另有商业网点3.48万个）。农村集贸市场多以圩日为集，大多集贸市场条件简陋，缺乏配套基础设施。还有一些地域因缺少商品流通的集贸市场而制约经济发展。1989年后，郴州各级政府及各县（市）工商部门加大投入，改建扩建和新建各类集贸市场。1989—1993年，全区投入市场建设资金4.9亿元，其中工商部门投入3008.7万元，全区集贸市场由1989年的214个增加到225个。旧式市场多进行改建、扩建，由露天式改为棚顶式，兴建货台、货廊和道路等设施。

1993年起，郴州按照“政府领导、统一规划、多家共建、工商监管”工作方针，组织推动集贸市场建设。城乡市场不再仅由政府和工商部门直接投资建设，转向采取“谁投资建设、谁使用、谁受益”办法，调动社会力量参与投资建设。地、县两级供销社积极参与筹资兴建、改建农贸市场。1995年始，根据国务院和国家工商行政管理局部署，工商行政管理机关转向只对市场实施行政管理，不再投资直接参与商品市场建设。

到2002年，全市基本形成以社会融资、招商引资为融资主体的城镇集贸市场建设框架。2003年4月，由香港丰生集团与郴州市经济技术开发区合作开发的郴州城区五岭大市场开业，市场占地10公顷，建筑面积13.6万平方米，投建资金总额1.6亿元，年贸易额在35亿元以上。时为湘南地区规模最大、配套最完善的综合性大型市场。此间，各地通过招商引资和采取国营、集体、个体联合或独资方式，新建、改建大批农村集贸市场。2005 年，郴州市集贸市场由 1989 年的 214 个增至 288 个，且普遍改变过去“小、脏、乱”的状况（参见第十篇第一章第五节“市场体系建设”）。

二、市场监管

1989 年，郴州地区和县（市）工商部门成立经济检查队和市场稽查队，还组建基层市场巡查队 113 个。市场监管以工商部门为主，会同公安、物价、计量、税务等部门对市场经营秩序进行监督和管理，重点整治扰乱经营市场秩序、哄抬物价、投机倒把、欺行霸市、制假售假和短斤少两等违法违规经营行为。当年，全区立案查处各类经营违法违规案件 1016 起，其中万元以上要案 66 起。

1995 年，组织重点核查集贸市场的所有权、市场占地面积、建筑面积以及投资情况，全市核实登记、颁发市场登记证 202 本。1989—1996 年，境内着重查处转手倒卖重要生产资料等违法违章案件 1738 起，罚没金额 1374.42 万元。1997 年，着重对市场开办单位履职及市场运行情况开展年检工作。1998 年，全市突出市场经营秩序整顿，共查处无证经营 2.47 万户，取缔 8764 户；查处违法违章经营案件 2438 起。2000 年，各县（市、区）工商部门组织力量，先后集中对 2486 户国有、集体商业企业和 4.83 万户个体工商户进行检查，查处违法违章经营行为 4185 起，罚没金额 126.40 万元。

自 2003 年起，工商行政管理机关全面推行市场登记证年检制度。当年通过年检的市场 206 个，（占全市市场总数的 71.5%），实行重点监管的农资市场（单位）30 个（家）。同时贯彻国务院颁布的《粮食收购管理条例》，实行粮食市场准入制，督促粮食收购企业建立台账制度。至 2005 年 12 月，全市批准入市收购的粮食企业 45 户，其中国有 43 户。年内，全市经登记核发市场登记证的集贸市场 226 个，占市场总数的 78.4%；登记市场占地总面积 148.67 万平方米，建筑总面积为 98.46 万平方米。年内对取得市场登记证的 226 个市场进行年检，通过年检审核的市场 212 个，占市场总数的 93.8%。

1989—2005 年，郴州对重点地区、重点商品、重点市场先后组织全市（区）性集中专项查处和整治 26 次，出动执法人员 1.5 万人（次）。取缔无证照经营农业生产资料商户 428 户，查处无证照粮商 1604 户；查处集贸市场假冒伪劣商品案件 4.31 起，罚款没收金额计 7896.80 万元，为经营者和消费者挽回经济损失 648.40 万元。

第四节　商标与广告管理

一、商标管理

1989 年，郴州地区商标注册 154 件。1990 年，郴州各县（市）工商局成立商标管理机构，全区工商部门走访企业 786 户，宣传商标知识，其中有 61 户主动到工商部门提交商标注册申请。对 27 户企业的 19 个注册商标进行验收，及时纠正企业擅自改变注册商标文图行为。1992 年，加强商标权转让的申报审批工作。

1993年7月始，依照国务院颁布的《中华人民共和国商标法实施细则》，全面加强商标管理。全区年内注册商标243件，比1989年增加89件。到1994年，郴州地区验证注册商标162件，查处违法使用商标企业38户，办理申请转让注册商标14件，签订注册商标使用合同5份。1995年，郴州核转上报注册商标102件，有效注册商标163件。1997年，市工商局选择10户企业参与1997年湖南省著名商标评选活动。“金郴州”“相思鸟”“湘南”牌香烟和“万华”牌面粉、“裕湘”牌面条、“金陵”牌烟花被评为“湖南省著名商标”。

1995—1998年，全市加强执行注册商标验证、年检制度，规范企业注册商标使用行为。此间，郴州市工商局对全市146户企业的267件注册商标进行验证，纠正37户企业违法违规使用54件注册商标行为；对全市注册商标进行年检600件，纠正两户企业自行转让商标的违法行为。2001年，及时办理商标续展、变更手续。全年市工商局申报注册商标102件、续展21件、变更12件。12户企业商标被评为“郴州市著名商标”。

2001年，市、县两级工商部门组织深入企业引导商标注册，增强品牌意识，实施品牌战略。年内申请商标注册102册，评选出郴州市十大著名商标，新增湖南省著名商标5件，其中“相思鸟”“万华”“裕湘”商标连居湖南省著名商标之列。2005年，各地召开实施商标法座谈会46次，举办商标印制企业人员业务培训班12期，加强行业企业自律，堵住商标违法源头。至2005底，全市有注册使用商标819件，其中评为湖南省著名商标8件。

1989—2005年，郴州办理注册商标转让申请38件，签订注册商标使用合同186份。在开展商标专用权保护工作中，查处商标使用权违法案2119件，收缴销毁假冒“五粮液”“茅台”“水井坊”等假冒违法商标56万套。2005年底，全市有注册商标定点印刷企业48家，商标专管人员170人。

二、广告管理

20世纪80年代，郴州随着广告宣传的趋旺而愈益注重广告管理。1989年，郴州地区有广告经营单位12家。全区初步建立以工商部门为主，公安、城管等部门协同配合的户外广告管理体系。

1990年，全区实行户外广告发布登记核准备查制，凡未经工商行政管理部门核准的广告均视为虚假无效广告，予以取缔查处。9月1日始，兴办广告经营单位改由省一级审批为分别由省、地(市)、县三级工商部门审批。1991年，资兴、桂阳、永兴、宜章4县（市）工商局，规范和支持户外广告宣传，在县（市）城和重要集镇修建户外集中广告专栏。1992年，郴州地区工商局制作固定户外广告发布牌（栏）180处。1989—1994年，组织全区集中对广告经营单位进行3次清理整顿，吊销32户不符合条件的广告经营单位的营业执照或许可证，查处无证经营广告和违章发布广告案28件，取缔非法广告路牌68块。

1995年2月1日《中华人民共和国广告法》颁布实施后，地区工商局即与郴州日报、郴州人民广播电台等媒体联合开办专栏专题，宣传解析广告法。1996年，郴州市政府办公室发出通知，部署清理整顿户外广告。1997年8月，工商行政管理部门督促各广告经营单位配备广告审查员，建立相应的审核制度。1998年，郴州市推行户外广告准贴证和公开宣告“无效广告”制度。全年检查广告3568条，查处药品、食品混淆不清广告161起，向社会公布一批无效广告；收缴违法印刷品广告1.5万份，查处虚假违法广告案24起。年内全市还举办“中华好风尚”专题公益广告宣传活动。

2002—2003年，全市工商部门统一行动，督查整顿新闻媒体、广告经营单位发布的医疗、药品和房地产广告。查处违章使用广告医药单位15家，清理违章药品广告40多起；清查违法广告案

480件、罚款9.8万元，立案查处违法房地产广告案件3起。2002—2005年，市工商局举办广告企业审查员资格培训班22期，参训人员经考试全部获取从业资格证书。全市广告审查员皆凭国家工商总局统一印制的“广告审查员证”，实行持证上岗。

第五节　个体私营工商经济管理

1989年，郴州地区工商部门登记注册发照的个体工商户、私营企业54341户，从业人员7.01万人，注册资金5624万元；其中私营企业86户（独资企业49户、合伙企业37户），从业人员988人。年内普查个体私营业户2.38万户（次），重点抽查1.26万户（次）。普查中进行年检验照，换发、变更执照和注销歇业执照，同时查处违章经营行为。1992年，规范完善个体工商户收费制度，全年收取个体工商户管理费1364.69万元。1993年，严格营业执照年检制度，年检中取缔无照经营836户；纠正名为集体实为个体经营户325户，补交个体工商管理费20.6万元。

1994年，郴州行署成立郴州地区个体（私营）经济发展领导小组，把发展个体（私营）经济工作纳入县（市）双文明建设目标管理考核内容，推进个体私营经济管理。至年底，郴州地区个体（私营）工商户增至10.25万户，为1989年的1.9倍。1996年3月，郴州市委、市政府决定将当年定为“个体私营经济发展年”，全市对个体私营经济一手抓放宽准入政策，一手抓加强管理。市工商局组织在个体私营工商企业中开展“户户讲道德，店店无假货”评比活动，评选“公平交易模范户”101户。至年底，全市注册登记个体工商户和私营企业户发展到15.61万户，同比增加2.98万户，增长19.1%。

1999年8月，市纪委、监察局、物价局、工商局联合发文，明确对私营企业实行收费登记卡制度，凭卡登记收费，规范收费管理，制止乱收费。工商部门严格个体（私营）工商户办证标准，及时清除和换发临时营业执照。到2000年，郴州市有个体工商户和私营企业6.44万户，数量虽减少，但其经兼并、合作联营规模普遍扩大。当年实现税收3.91亿元，比上年增长11.3%。2002年，全市有16家私营企业获湖南省私营企业500强称号，税收额占郴州市税收总的21%。2004年，全市开展“红盾巡航”“红盾雷霆”个体私营工商经济专项整治行动，查处无照经营2808户、年内督促补办营业执照1100户，取缔无照经营个体私营企业570户。

2005年，在个体私营工商企业年检验照中，加强实地下访检查，采取“看、问、查”的方式，到企业核实年检资料的真实性，帮助查找问题，敦促及时整改。全市查处违法违规生产经营企业92户；通过年检规范前置或后置审批条件企业189户，变更登记93户，注销登记7户。

1989—2005年，郴州工商部门坚持严格、规范、依法的个体私营工商经济管理，查处无照经营、使用过期执照个体（私营）工商户1.37万起（次），其中立案查处8268起（次），办结8196起，办结率为99.1%，查处大批违章经营案件。与此同时，谒力扶持个体私营经济健康快速发展。至2005年底，郴州市有登记注册个体工商户7.89万户、私营工商企业3349户，从业人员计26.82万人，注册资本金计70.8亿元，分别为1989年的1.5倍、38.9倍、3.8倍、98.4倍。

1989—2005 年郴州市（地区）个体私营工商户（企业）登记注册情况一览表

表 12-3-5-1

项目 年度	个体工商户（户）	从业人员（人）	注册资本（万元）	私营企业（户）	从业人员（人）	注册资本（万元）	产值（万元）	销售总额（万元）	社会消费品零售额（万元）
1989	54255	69114	5624	86	988	1668	2130	—	—
1990	43896	62365	4930	105	1086	2783	2854	65802	11920
1991	46028	51286	2693	182	2216	4592	46148	98416	201592
1992	48076	58790	2808	198	2304	4906	48027	119425	246483
1993	50134	78718	31677	202	2381	5168	49116	126996	269564
1994	102523	197738	102784	621	7478	7983	131958	397800	299685
1995	125846	224526	146275	479	7876	9858	243800	561600	340194
1996	155058	387599	198919	1068	10426	21816	404024	784395	378168
1997	155048	397566	159239	796	11306	23732	440509	809317	395080
1998	179873	453608	202226	684	12394	28548	585200	1084056	567682
1999	93675	214259	114060	618	10299	36258	408346	700887	494031
2000	64374	144782	90079	654	9481	54376	654414	856832	725910
2001	65744	146607	104694	754	8702	70093	564560	912483	661611
2002	62758	146102	123668	1183	18406	135924	618201	929663	740451
2003	67467	155541	163346	2014	35037	215660	603937	1196131	816380
2004	72715	190830	182096	2660	40864	356819	508277	966535	750362
2005	78963	216470	205619	3349	51747	502436	546158	1064929	859000

第六节 消费者权益保护

1991 年 10 月，郴州地区和各县（市）相继成立消费者协会（简称“消协”）。1992 年元月，全区开展《中华人民共和国消费者权益保护法》宣传月活动，地区消协组织出动宣传车 268 台次，举办学习班 14 期，发放宣传资料 5.5 万份。1994 年 3 月 15 日，在全区开展第一个“3·15”国际消费者权益日宣传咨询服务活动，地区消协在郴州城区街头设立咨询点，宣传普及消费者权益保护法和消费常识．受理消费者投诉和开展商品检查。继后，郴州每年均确定一个主题内容，组织开展“3·15”维护消费者权益活动。

1995 年 6 月，郴州地区消费者协会更名为郴州市消费者协会，下辖 11 个县（市、区）消费者协会、82 个基层分会。市、县两级随后成立消费者申诉举报中心，设立乡镇（街道）投诉站 138 个、村（居委会）投诉点 166 个，初步形成县、乡、村三级消费维权监督网。各地消费维权组织积极处理消费者反映的问题，依据产品质量鉴定，依法帮助消费者维护合法权益。市消协每年组织开展创建诚信商店和消费者信得过单位评选活动。到2000年，全市先后有郴州兴华有限责任公司、郴州市液化石油气公司、郴州市北湖商场等161家单位，被市消协评为“消费者信得过单位”和“诚信商店”。

2001年1月始，市、县两级工商局相继将原消费者申诉举报中心改建为“消费者申诉举报指挥中心”，开通“12315”申诉举报热线电话，实行24小时值班受理。年内聘请53人为“3·15”消费维权志愿者，参与打假维权活动；新设乡（镇）消费维权投诉站53个，扩大基层消费维权网络建设。2003年12月，成立郴州仲裁委员会消费争议纠纷仲裁中心，当月仲裁消费争议纠纷案3起，消费者获赔金额1.15万元。2004年5月，市消协成立“法律服务部”，开通法律服务热线，委托郴州市城区天天律师事务所为消费者提供法律帮助。2005年，郴州市消费者维权网站维权自愿服务者发展到286人，消费维权力量得到加强。

1991—2005年，郴州地区（市）、县两级消协先后组织开展商品质量督查行动208次。接待消费者来电来信来访24.25万人次，受理消费投诉案件8382起，处理8298起，处理率达93.6%，为消费者挽回经济损失345万元。

1991—2005年郴州市（地区）消协受理投诉情况统计表

表12-3-6-1

项目 年度	受理投诉（起）	调处率（%）	挽回经济损失（万元）	来信来访（人次）	向法院起诉（起）
1991	126	91.30	13.00	246	—
1992	330	91.80	30.00	640	13
1993	1103	89.80	98.50	1245	84
1994	1287	94.30	300.00	2310	36
1995	1040	96.70	45.65	530	41
1996	693	89.10	56.54	1891	28
1997	1285	88.90	90.60	2186	37
1998	1723	90.20	88.60	11560	20
1999	1864	95.40	70.16	20250	26
2000	1987	94.60	87.43	140350	31
2001	2874	90.30	49.80	147926	36
2002	4487	95.40	463.40	268367	32
2003	5628	98.90	467.40	34268	34
2004	8376	98.80	262.15	80412	98
2005	8382	99.00	345.00	242530	86

第七节 工商行政管理机构

1989年，郴州地区工商行政管理局（简称工商局）为郴州地区行政公署组成部门，内设办公室、工商登记科、市场管理科、经济合同科、商标广告科、个体私营经济科、政工科、财会科、经济检查队9个科（室、队），人员编制44人。全区设基层工商所69个。

1995年5月，郴州地区工商行政管理局随地改市更名为郴州市工商行政管理局，为市人民政府直属机构。局机关内设职能科室12个：办公室、政工科、监察室、财务基建科、法制科、个体私营经济管理科、企业登记管理科、经济合同科、市场监督管理科、商标广告科、经济检查科（经济检查队）、外商投资企业注册管理科。有直属事业单位3个：培训中心、后勤服务中心、市场服务中心。挂靠单位3个：市个体劳动者私营企业协会、市消费者协会、市工商行政管理学会。辖郴州市城区罗家井、人民路、兴隆、南塔、北湖、站前、下湄桥7个工商所。局内设机构核定行政人员编制48人，事业编制8人；所辖工商所事业编制206人，培训中心自收自支事业编制23人（含市个协）。6月，郴州市经济技术开发区工商分局划归郴州市工商局管理。8月，撤销郴州市（北湖区）和郴县（苏仙区）工商局，设立郴州市工商局北湖分局和苏仙分局。郴州市本级工商系统有人员285人。

1999年5月，全市工商系统遵照国家工商总局改革方案实行体制改革，由原“条块结合，以块为主”管理体制改为省以下垂直管理，市工商局为省工商局垂直管理直属机构，县（市）工商局和城区工商分局为市工商局直属机构。2000年，市工商局人、财、物上收至省工商局管理。2001年3月，市、县两级工商部门分别将自办市场移交给市、县两级市场服务中心管理，至此，全市工商系统实现建市场与管市场职能分离。

2002年1月，郴州市工商局内设机构在机构改革中作相应调整。局机关内设办公室、政策法规科、财务基建科、商标广告科、企业监管科、外商投资企业注册管理科、消费者权益保护科（含12315申诉举报指挥中心）、人事教育科、个体私营企业监管科、审计科、监察室、工会计12个机构。下设直属行政机构3个：注册登记分局、市场规范管理分局、公平交易分局。设郴州城区派出机构即工商所7个。设事业单位3个：后勤服务中心、信息中心、培训中心。有挂靠社团组织3个：个体劳动者私营企业协会、消费者委员会、工商行政管理学会。郴州市工商局系统核定编制386人，其中局机关公务员编制59人。市工商局管理职能作相应调整：将原由质量技术监督部门承担的流通领域商品质量监督管理职能，划归工商行政管理部门；将广告业管理职能划给政府经济贸易委员会；取消市场培育建设、市场布局规划职能；将引导个体和私营工商经济发展职能移交个体劳动者私营企业协会；将社会性事务交给社会中介组织，原所办各类咨询、商标代理等社会中介服务机构与局机关脱钩。

2005年12月，郴州市工商行政管理局下辖县（市）工商局9个、城区分局2个、开发区分局1个，派出机构（工商所）82个。局机关内设机构未变。全市工商系统有干部职工1705人。

1989—2005年郴州市（地区）工商局主要负责人名录

表12-3-7-1

单位	姓名	职务	任职时间
郴州地区二商行政管理局	黄仁谷	局长	1984.12—1994.12
郴州地区（市）工商行政管理局	邓毅	局长	1994.12—2005.03
郴州市工商行政管理局	欧阳志刚	局长	2005.03—

第四章 国有资产管理

第一节 资产评估与处置

1991年年初，郴州地区设立资产评估机构，启动对国有资产实行专业评估和管理。7月，郴州行署印发《关于加强国有资产管理的通知》，要求加强国有资产产权变动审批管理，凡涉及到国有资产产权变动经济活动，须报同级和上级国有资产管理部门批准并进行资产评估。1992—1993年，推进国有公房出售、中外合资兴业、创办股份制企业和联营企业，国有资产产权变动增多，资产评估业务随之增加。两年内，郴州地区评估国有资产58项，其中资产评估额较大项目达4亿元。

1995年，经湖南省国资局批准，全市设立具有评估资格的资产评估机构10家。1995—1996年，资产评估重点为国有企业改制服务，评估范围涉及国有企业资产拍卖出售、企业破产清算、抵押担保、非经营性资产转经营性资产等领域。此间，郴州市完成企业资产评估项目104项，评估增值率为38%。国有企业资产评估及时启动资产经营。1996年2月，郴州市国有资产管理局（简称“国资局”）采用“先收购，后转让”办法，经资产评估，及时转让江口电站和波水电站资产，市财政从中增收3500万元。

1997年，郴州市加强对资产评估统一规范管理。市国资局印发《关于进一步规范我市资产评估表格的通知》，制定统一规范的资产评估明细表格24种；统一推行评估机构年检制度，和资产评估工作操作程序，全市资产评估机构年检检查率达100%。举办优秀“资产评估案例”评比活动，提高评估质量。1997—1998年，全市完成资产评估项目296项，评估增值率达30%。其间，按规定程序，全市监管和处置资产项目292宗，专户储存金额520.87万元。1998年，全市评估机构发展到14家，获国家注册资产评估师资格21人。

1999年11月，郴州市委、市政府印发《郴州市国有企业产权交易暂行办法》，规定产权处置交易范围、交易方式和产权出让收入的管理使用，严格规范产权处置。继后市政府制定《郴州市企业产权交易优惠政策》，鼓励公平、公正、合法处置国有资产，鼓励改制、破产企业资产上市交易。1999年，全市审批和监管资产处置26宗，处置资产322.82万元，专户储存金额72.74万元。2000年，国有资产管理部门优化产权交易服务，在评估交易过程中，集中实行便捷的“一栋楼办公，一站式服务”。

2001年，郴州市国资局成立产权交易中心，搭建资产经营平台。2002年，郴州市政府印发《郴州市国有资产经营（收益）管理暂行办法》《关于处置国有资产必须进入产权交易中心的通知》，严明国有企业改制资产处置渠道和操作程序。全市全年举行产权交易活动180次，交易金额3.11亿元。其中市本级组织产权交易拍卖活动9次，评估底价1600万元，竞拍成交额达2100万元，增值500万元，增值率33.6%。2003—2004年，郴州市举行产权交易活动增至1278次，交易金额

18.64亿元；其中市本级组织交易拍卖活动41次，交易金额2.20亿元，增值1.99亿元，增值率为14.1%。其间，成功处置交易一批资产额较大的项目：石面坦电站（苏仙区）1.6亿元、永兴电站6950万元、郴州师范学校6750万元。2000—2005年，国有资产评估突出为推进国企改制、国有资本运营服务，全市以国企改制为主体，及时完成改制企业资产评估项目530项，评估值80亿元，评估增值率达11.2%。

第二节 清产核资登记与统计

一、清产核资登记

1990年，郴州地区财政局国有资产管理办公室启动评估核实国有资产占有量工作，明晰企业资产产权，办理企业产权登记。全区评估核实和办理企业产权登记89户，其注册资金计3.98亿元，资产总额10.90亿元，负债总额7.13亿元，国有资产总额3.23亿元。

1994年，在全国开展第五次清产核资登记中，郴州地区对387户企业进行清产核资。经资产核资登记，其累计资产损失总额1.62亿元，全部资金挂账3.77亿元，损失与挂账额占清查企业全部资产总额39.80亿元的13.5%；其负债总额为28.29亿元，占资产总额的71.1%。清产核资结果显示：企业大量固定资产品质结构僵化滞后、运转不灵，经营效益低下。1995年，继续推进国有企业清产核资工作。清理企业814户，清产总额64.33亿元，负债总额43.39亿元，负债占资产总额67.4%；所有者权益20.95亿元，占资产总额32.6%。当年11月，成立郴州地区国有资产管理局（简称“国资局”），设资产评估管理科管理清产核资登记工作。

1996年6月，郴州市清产核资工作领导小组办公室更名为郴州市清产核资办公室，加挂统计评价科牌子。至此，全市已进行清产核资国有企业819户，其中资产总额81.35亿元，负债总额46.75亿元，所有者权益34.6亿元。

1997年始，对企业国有资产颁发国有资产产权登记证，建立和实施产权登记证年检制度。到6月，郴州市领取产权登记证企业793户，其中市本级196户，县（市、区）597户；登记资产总额57亿元，其中市本级32亿元，县（市、区）25亿元。1998年，结合清产核资，对产权登记企业开展年检，年检746户，年检登记资产总额93.7亿元，负债总额64.5亿元，负债占资产总额的68.8%。2001年，郴州市国资局在清产核资登记中，实行精细组织，上门指导，跟踪服务，确保质量。当年该项工作获全省评比一等奖。

2005年，全市经清产核资、办理企业国有资产产权登记企业291户，资产总额96.1亿元。办理企业国有资产产权登记国有企业数比1989年减少370个，减少56.0%；资产总额则增加89.62亿元，增长14.8倍。

二、资产统计年报

1993年，郴州地区开始实行国有资产统计年报工作，经统计年报，全区国有企业资产总量为6.9亿元。1995年始，组织力量对企业国有资产流失进行统计调查。当年调查53户企业，形成调查报告5份；查出流失国有资产总额6134万元，占账面资产总额的17.4%。统计调查分析出造成市内国有资产流失的7条原因和14种表现形式，为市委、市政府加强国有资产管理提供决策参考实情。

1996年，财政部门实行新的、独立的国有资产统计报表制度，报表涵盖国有企业、行政事业单位，国有资产统计标准外延扩大。全市当年按照新的统计要求组织参与年统计汇编单位2364户，其中企业单位856户、行政事业单位1500户、基本建设单位8户（含67个建设项目）。统计显示：这些单位国有净资产总量为59.7亿元，负债70.8亿元，总资产负债率为53.9%。1998年，郴州市汇入国有资产年度报表的行政事业和国有企业单位2342户，年末其占用资产总额为147.4亿元，具有国有资产总量为66.6亿元，与1996年比，资产总额和国有资产总量均提高11.0%。国有资产总量中经营性国有资产30.4亿元，占45.6%；非经营性国有资产36.2亿元，占54.4%。1999年，全市年报汇入国有资产年报统计的国有企业、行政事业单位2323户，统计国有资产总额为68.2亿元，比1998年总额提高3.4%。

2000年，郴州市财政、国资管理部门完善资产统计内容和标准，建立统一的会计报表编制信息数据体系。是年，按照统计要求，集中力量先后完成人员培训，资料收集、录入、审核、汇总、报表编制上报工作任务。郴州市统计汇入单位1516户，其中国有企业610户、城镇集体企业438户、国有金融企业2户、集体金融企业214户、基本建设项目252个。2002年，统计年报显示：郴州市统计汇入单位共有国有资产总额85.54亿元，其中市本级29.07亿元（行政事业单位18.73亿元、企业单位10.34亿元）。2005年，郴州市政府、市国资委分别印发《建立健全郴州市国有资产监督管理体制的若干意见》《关于规范市属国有资产变更及处置行为通知》等文件，要求在国有企业改制转体中做好国有资产统计年报工作。当年郴州市首批纳入国资监管的22家单位资产总额为48亿元，总负债29亿元，所有者权益19亿元。1993—2005年，郴州市按时完成资产统计年报工作，为引导国有资产经营、配置、监管及时提供资料依据。

第三节　资产保值增值

一、盘活资产资源

从1994年起，郴州地区（市）开展盘活国有存量资产和存量资源工作，推进国有资产保值增值。次年，郴州市政府利用东江水泥厂资产和资源优势，促成该厂与美国海德国际投资公司合办时为湖南省最大的中外合资企业即金磊水泥集团。郴州市国资局帮助丰利股份公司盘活国有资产，协助公司进行股权转让，使之成为郴州市首家实行国有资产股权转让企业。1996—2000年，全市通过采取拍卖、出让、租赁等方式进行“两个盘活”（盘活国有资产、盘活国有资源），累计为财政创收1.07亿元。其间，苏仙区将5户长期处于停产半停产状态企业整体租赁出去，既盘活国有资产，又每年提供税收过500万元。2001年，全市采取“政府引导、市场运作”方式，以租赁、承包、拍卖等多种形式，盘活国有资产资源首次年过亿元，达到1.52亿元，为财政增收6067万元。桂阳县对城镇基础设施使用权和经营权进行有偿转让，当年拍卖县城5条主要街道保洁权，年为财政节约开支20余万元。

2002年，郴州市政府经报省人民政府批准，实施城市客运出租车经营权有偿出让、转让。市本级首次拍卖城市客运出租车牌1078副，为财政创收2700万元。郴州市经济技术开发区管委会以每股0.63元价格，转让银河公司国有法人股509.55万股给东山海联公司，获转让款320万元。2004年，致力运用市场运作方式，拓宽盘活国有资产渠道。通过出让公用场地、设施使用权和经营权，吸集外资和社会资金，实现存量资产由实物形态向价值形态转变，全年全市实现“两个盘活”收入1.52亿元，其中市本级完成8049万元。仅在2003—2005年，郴州市盘活国有资产、资源收益11.9亿元，为财政创收3.1亿元。其中2005年，盘活国有资产、资源收益5.3亿元，为财政创收1.69亿元。

二、开征国有资产占用费

1995年始，郴州市政府根据国家《国有资产收益管理办法》和湖南省人民政府《湖南省行政事业单位非经营资产转作经营性资产的暂行规定》，决定开征行政事业单位“非经营性资产转作经营性资产”（简称“非转经”）国有资产占用费，确保国有资产收益及时足额上缴。1995年，郴州市财政局对市本级非经营性资产转经营性资产进行核查，查实市本级国有资产“非转经”资产总额6900万元，核定应征收“非转经”占用费271.57万元，实际征收168.2万元，仅占61.9%。各县（市、区）财政征收“非转经”占用费金额53万元。1996年，开始征收企业国有资产占用费，全市共征收企业国有资产占用费275.94万元。继后，市国有资产管理局强化“非转经”资产占用费征收，根据市直行政事业单位“非转经”资产变化，核定全市应征收“非转经”资产占用费194.3万元，其中市本级93万元。1997年，全市征收企业国有资产占用费240万元；征收“非转经”资产占用费360万元，其中市本级100万元，征收率有提高。1998年，企业国有资产占用费缓征，全市征收行政事业单位“非转经”资产占用费380万元，其中市本级150万元。2005年，郴州市本级征收行政事业单位“非转经”资产占用费80万元。其间，随着国有企业改制渐转为民营企业，企业国有资产占用费数额趋减，所征金额随之渐少。

三、资本运营监管

1989年以后，郴州国资管理部门加强对国有资本运营的监管，促进国有资产保值增值。1996年，郴州市委办公室、市政府办公室转发市委纪委、市监察局、市财政局、市国资局《关于公物处理实行公开拍卖的暂行规定》，市国资委依照这一规定监督改制企业处置资产76起，专户储存78.8万元，其中市本级处置36起，专户储存49.4万元。1997年，市财政局和市国资局联合市委纪委、市监察局，对1996年全市322户行政事业单位资产处置情况进行检查，查处违纪违规处置资产金额454.62万元。其中查处市本级1996年违规处置国有资产23户，清退违规处置资产金额14.2万元。

1997年，郴州市委、市政府印发《关于企业改革的补充规定》和《郴州市企业国有资产保值增值考核办法》，要求国有企业在改制转体中资产不流失，通过资本运营将企业做大做强。市国资局在郴玻集团、郴州化工集团和市麻纺厂改制中，严把资本运营关，防止国有资产无效或低效流失。1998年，郴州市有150户国有企业改制转体，占企业总数的20.1%。市国资局积极支持市属企业改革，对资本运营实施分类指导，整合经营优势，促使国有资产发挥最佳运营效益。先后协助通过资本运营组建郴州山河（实业）集团有限公司，代表郴州市政府对山河集团进行授权经营；督促郴州市水泥厂、郴玻集团、郴州湘林实业公司做好企业改制中资本运营工作。2002年6月，郴州市政府下发《郴州市国有资产经营（处置）管理暂行办法的通知》，严格规范国有企业在改制中对国有资产的经营（处置）行为，防止国有资产出现流失。2003年，市国资管理部门加强资本运营中资产清算、核实、评估等工作，成功组织郴州师范学校、苏仙区石面坦电站、永兴县水电站产权交易活动，交易金额达2.97亿元。2005年，全市推行资本运营全程公开的“阳光操作”工程，组织开展专项检查，督促公正、透明地进行国有资产交易，使全市减少国有资产流失约1000万元。

第四节　行政事业产权管理

1995年，郴州市财政局、市国资局印发《关于行政事业单位资产处置的暂行办法》，明确行政事业单位国有资产监管体制、处置范畴、处置程序。行政事业单位产权管理以财政部门为主，国资局配合监管。自始，全面启动行政事业单位和社会团体国有资产管理工作。

1996年，郴州市财政局组织对全市行政事业单位进行清产核资和产权登记工作。清产核资登记行政事业单位1762户、产权登记发证率100%，其中行政单位661户、事业单位1098户、社会团体2户、其他单位1户。基本摸清全市行政事业单位资产构成和资产分布。清产核资表明，郴州市行政事业单位年末在编人数7.8万人，资产总额37.72亿元，负债总额9.64亿元，负债占资产总额的25.6%；国有资产总额28.08亿元，其中固定资产总额23.71亿元，占国有资产总额的84.4%。此后，并对行政事业单位资产开展产权年检工作。

1997年，全市行政事业单位参加产权年检1759户，资产总额为44.49亿元，其中国有资产总额32.60亿元；新办产权登记28户，撤销登记12户。1998年，行政事业单位产权登记证年检受检1786户，新办产权登记15户，撤销登记19户。总计资产总额为52.33亿元，其中国有资产38.15亿元，负债14.18亿元。此后，停止对行政事业单位国有资产进行普查登记。

2002年4月，成立郴州市预算单位清产核资协调工作小组，郴州市政府办转发《市财政局关于对市直行政事业单位非经营性国有资产所有权使用分离实施意见的通知》。此后，财政部门对行政事业单位和社会团体国有资产的监管转向对经营性资产的监管。当年市财政局为125户市直行政事业单位办理资产权属移交手续，实行非经营性国有资产所有权使用分离。全市清理1666户预算事业单位资产66.96亿元，其中负债17.09亿元，净资产49.87亿元；盘盈资产5亿元。至2005年，全市着力做好行政事业单位国有资产产权登记换证工作，健全和完善国有资产监管制度。

第五节　国有资产管理机构

1990年5月，成立郴州地区国有资产管理办公室（以下简称“国资办”），与地区财政局国有资产管理科实行两块牌子，合署办公。1994年11月，成立郴州地区国有资产管理局（简称“国资局），归口地区财政局管理，内设办公室、产权管理科、资产评估管理科、企业资产管理科、行政事业资源科，人员编制21名。下辖资产评估事务所、产权交易中心（加挂郴州地区资产经营公司牌子）。1995年5月，郴州撤地建市，郴州地区国有资产管理局随之更名为郴州市国有资产管理局，依归口市财政局管理。所属二级机构同时更名。1996年4月，郴州市人民政府成立郴州市国有资产管理委员会，为国有资产管理协调机构，由市长任主任，委员会成员由市财政局、市经委、市国资局等 14 个局（委）单位主要负责人组成，下设办公室。

2005 年 5 月，组建郴州市人民政府国有资产监督管理委员会（简称国资委），为市人民政府直属正处级特设机构，行使由市人民政府授权代表政府履行国有资产出资人职责。市国资委成立党委，履行郴州市委规定职责，市财政局和原国有资产管理局相关行政职能同时划转市国资委。李查荣首任国资委主任，宋建国任党委书记。

第五章 质量技术监督

第一节 计量管理

1989年，郴州地区计量局组织开展对非法定计量单位改制，和工商企业计量定级、升级进行验收复查。先后验收复查27家中央、省、地属企业施行法定计量单位工作，对郴州市城区15家较大商场销售使用计量器具及商品标签、广告计量单位改制情况进行检查督导。全区检定计量器具6.89万台（件），其中强制检查6.67万台（件）；抽查10家计量器具生产企业和72个简易计量器具制修个体工商户产品3747台（件），合格率为98.3%；抽查集贸市场计量器具4145台（件），合格率为64.3%。严格查处一批计量违法案件。至年底，郴州地区工业企业计量定级升级179户（其中二级31户、三级142户、验收6户）；桂东、永兴、资兴、嘉禾、汝城、临武、宜章7县基本完成向法定计量单位使用过渡。

1990年，重点在党政机关、企事业单位和社会团体中推行使用法定计量单位。7月，郴州地区计量局会同省政府检查组随机抽查郴州党政机关、新闻媒体、厂矿、医院等35个单位的文稿、票证、标签，查证其基本采用法定计量单位；市场标准计量器具改制率100%，工作计量器具改制率96.6%，其他计量器具改制率97.9%。国营、集体工商企业完成向使用法定计量单位过渡。12月，对地级、县级8家“物价计量信得过”商店进行复查，其中3家商店因计量检查不合格，被摘去“物价计量信得过”牌匾。是年，郴州通过省级检查验收，成为湖南省第三个基本完成向法定计量单位过渡的地区。

1991—1996年，郴州推行国家技术监督局出台的《企业计量定级升级管理办法》，下力提升计量定级升级工作质量。其间，成立地区（市）计量技术服务部和计量协会，加强计量定级升级技术保障。其间，新增稳压电源、X光机、B超检定仪、双相电度表校验台和电脑电图仪等先进检定装置和设施。全区（市）先后培训计量评审员241人次，选送计量干部参加全国、全省计量函授班培训562人次，对102名专职计量检定员进行考核换证，倾力提高评审队伍思想素质和技术水平。在此6年间，完成企业计量定级19户、换证27户、计量认证26户。检修各种计量器具4.94万台（件），查封不合格计量器具80台（件），查处违反计量法规案件59起。同时在企业开展“计量信得过”评比活动，先后有华天大厦、南国商场、郴州市（北湖区）中心粮店、罗家井市场被湖南省计量局评为湖南省计量先进单位。

1997年，郴州市技术监督局（简称技监局）发布《郴州市强制检定计量器具目录》，计52项98种。全市强制检定（简称强检）计量器具年审备案企事业单位850家，计量器具强检覆盖率95%，计量项目强检覆盖率64%。市、县两级产品质量检验所、计量检验所、衡器检验所，经湖南省技术监督局检验均为合格。1998年，依据《中华人民共和国计量法》，市技监局将商品房面积计量纳入监管范围，现场抽查测量商品房面积6.7万平方米，并出具公正数据。查处郴州华中钢铁厂（1996—1998年间）破坏电表计量准确度、窃电600多万千瓦时重大案件，为供电部门挽回损失260多万元。1999年，市技监局增加水表、电表、高压计量箱和电话计时计费器检定项目，全年检定计量器具2.98万台（件）、修理6748台（件）。

2000年，拓展计量器具检验项目。全市质检部门监督抽检电能表等6种产品1343块（台），合格率82%；定量包装商品经抽检计量合格率为82%。郴州市质量技术监督局（简称“质监局”）出台《郴州市配镜经销分类管理考核办法》，对全市53家眼镜验光配镜门店开展规范化管理；配合税务部门安装加油机税控器464台。2001年，郴州市计量测试检定所建成电学室、流量室、出租车计价器室、测力天平室、理化室、衡器室、压力室7个专业工作室。全年利用现代检定技术设备，完成计量器具检定2.66万台件，辅助查处计量违法案件341起。

2002年，加强计量监督执法力度。郴州市政府组织纠风办、质监、税务、公安等部门，协同突击执法检查107国道宜章段10个加油站，查处计量作弊加油站1家。全年执法强检计量器具3.22万台（件），其中检查在用计量器具1.24万台，合格率为87.7%；抽检定量包装商品990个批次，合格931个批次，合格率为94.0%。2004—2005年，全市完成9个县（市）计量所59项计量标准和机构考核，完成8家企业14项计量标准复查换证以及6家质检机构计量认证评审工作。对10家企业22项计量标准进行考核，予以专项计量考核发证企业5家。帮助长沙卷烟厂郴州分厂、青岛啤酒（郴州）有限公司新建热工仪表计量标准和完善计量管理体系。2005年，郴州市裕湘面业有限公司获湖南省《定量包装商品生产企业计量保证能力证书》，其生产的系列产品包装获使用“C”标志，在国内免予市场计量监督抽查。

第二节 标准化管理

1989年4月1日，《中华人民共和国标准化法》颁布实施。郴州地区标准局依法按照国家标准、行业标准、地方标准和企业标准，对企业推行分类分级标准化管理，力促企业采用国际标准和国外先进标准（以下简称“双采”）组织生产。年内组织全区对企业标准化水平进行考核定级，达到国家标准一级水平企业1户、二级水平4户、三级水平7户，有2户企业的3项产品“双采”验收达标。

1990—1994年，郴州地区组织提高标准化监管水平，推行“双采”标准生产。期间，对金属矿产品、饲料、化肥等产品的3个质量监督检验站，以及汝城县产品质量、宜章县煤炭质量监督检验所（站）进行考核，均认定为合格。举办全区标准化管理培训班4期，培训人员410人次。同时部署监查产品执行国家强制性标准情况，帮助企业提升标准化生产水平。到1994年，全区帮助企业转化各种生产标准40个，实现标准化水平上等级企业24户，推行“双采”标准企业14户计16个产品。在此5年间，地区标准局收集国际标准和国外先进标准1.75万个，向企业推介提供产品标准1407个。同时，督促郴州卷烟厂、郴州化肥厂、东江水泥厂等骨干企业建立标准化工作机构、配备标准化监管人员，构建以技术管理、生产标准为主体的企业标准化管理体系。

1995年，郴州市技监局制定《标准化规范化示范商场管理办法》《零售商店服务规范》，推行商业地方标准管理。郴州商场、北湖商场等4个商场获湖南省标准化规范化示范商场称号。年内，全市有15项产品获准采用国际标准标志，18项产品实现采标认可。郴州茶树茶种繁殖示范场被列为全国优质高效农业标准化示范场，汝城地热研究所推行的苦丁茶标准填补湖南无苦丁茶标准的空白。1996年，临武县被国家技术监督局列为全国消灭无标生产试点县，到1997年8月，该县企业生产标准覆盖率上升到99.1%，达到消灭无标生产试点要求。

至2001年，郴州11个县（市、区）实现"消灭无标生产"。桂阳县制定印发烟叶标样2160份，指导按标准分级收购烟叶。国家级农业标准化示范场郴州茶树茶种繁殖场、省级农业标准化示范场汝城苦丁茶研究中心相继开展新的标准化课题研究。2001年，市技监局首次制定发布50多项地方种子标准。同时在金融、税务、工商、统计等机构和社团推行应用代码，年内有701家组织机构办理代码实施登记证书。

2002年3月，郴州市质监局组织115家生产、服务企业参加全国优质服务月活动。继后举办《房间空调安装规范》强制性国家标准培训班；会同市教育局对学校豆奶生产推行标准管理，使47所学校豆奶加工点实现规范化生产；为45家企业提供质量标准技术服务，为企业挽回经济损失计1100万元；组织技术人员完成高斯贝尔数码科技有限公司产品标准检验鉴定，促使产品及时进入市场实现年产值超亿元。2003年，市质监部门协助新建市级农业标准化示范项目5个，带动全市农业标准化示范基地实现农业总产值1.89亿元。2004年，全市265户企业的390个产品获市级产品标准实施证书。郴州市质监局被国家质检总局授予"全国标准化工作先进单位"称号。2005年，全面实施国家电能质量和电业安全规程11项标准，全市有380家发电厂（站）到所在地的质监部门办理标准实施登记证书，纳入标准化管理。

第三节　产（商）品质量管理

1989年至1996年4月，郴州产（商）品质量由地区（市）经委负责管理。其间，地（市）、县两级经委采取举办质量管理培训班、监督检查产（商）品和查处无证产（商）品等举措，推进产品、商品的质量管理。1996年5月，产（商）品质量管理职能划入新组建的郴州地区技术监督局。当年，举办产（商）品质量管理培训班，在重点企业施行GB/T19000、ISO9000族标准；同时实施"名牌战略"，帮助东江水泥厂、郴州面粉厂、鲁塘石墨矿等6家企业创省级名牌产品8个，指导企业开展以提高经济社会效益为目标的优秀QC班组活动，年内全市获国家、省级优秀QC项目奖43个。1989—1996年，强化质量监督，先后抽查生产企业756户、产品2821个批次，查处产品质量不合格企业289户；监督检查市场商品4720批次，查处经销不合格商品企业1864户。1995年、1996年，郴州市工业产品合格率分别为73.5%、84.6%，商品合格率分别为68%、72%。全市产（商）品质量逐渐提高。

1997年，国务院颁布质量振兴纲要（1996—2010年），郴州市质监局力推郴州质量振兴工作。全年组织培训企业质量管理人员1209人，普及质量管理知识，取得培训合格证书910人。1998年，全市企业产品降废减损额达1400余万元。1999年，重点帮助企业健全质量保证体系和管理水平，推动全市有7个产品获湖南省质量奖、4个产品获湖南省名牌称号。

2000年11月，郴州市政府印发《郴州市质量振兴实施计划（2000—2010年）的通知》。随即全市33个质量管理先进单位和48名先进个人，联合向企业界发出《质量立信，质量创牌，质量振兴》倡议书，全市兴起提升企业产品质量热潮。当年郴州市主要工业产品等级品率达87.8%，产品质量抽检合格率达到88.6%。2001年，市政府组织实施"名牌战略"工程，力促产品质量。全市有6个产品被评为湖南省名牌产品，郴州化工集团生产的"吐绿"牌尿素成为国家免检产品。全市先后出动行政执法人员1.15万人次，开展产（商）品打假治劣专项行动，查处质量、标准、计量违法案件4473起，涉案金额5020万元；捣毁制、售伪劣产品商品窝点66处，涉及价值107.27万元，其中销毁假冒伪劣品标值41万元。

2002年，全市强化农产品质量安全管理，突出发展无公害农产品。郴州市质监局出台并组织实施《郴州市无公害蔬菜基地管理办法》，对3个第一批无公害蔬菜生产试验示范基地、5个农业标准化生产示范基地，实行定人定点监管和提供质量帮扶服务。并对无公害标志项目初审上报，带动全市发展无公害农产品。全市全年无公害农产品总产值达到1.05亿元，占全市农业总产值的1.1%。宜章县获湖南省"质量兴市（县）先进县"称号。2003年，全面完成规模以上企业质量普查工作，建立质量档案企业270户，占普查企业数的95%；完成41户企业生产许可证换证和补证工作，38户企业获国家质检总局颁发的全国工业产品生产许可证，获证率92.7%。市政府批转市质监局《关于开展质量兴市活动的意见》，出台《名牌产品奖励办法》。全市在质量兴市活动中致力创造名牌产品。当年，汝城县斌志木业有限公司生产的"波林"牌细木工板，获"湖南省名牌"产品称号。

2004年，加强特种产品生产质量监管及其质量体系建设。市质监局组织对全市获危险化学品生产许可证的10家企业16项产品进行复查，检查项目50个，项目合格29个，对不合格项目旋即跟踪督促整改。同时，加强对锅炉、压力容器质量的监管。全市在加强质量体系建设中，通过质量体系认证企业98家，402名企业质量管理人员获IS09000族标准质量体系注册内审员资格；工业产品质量等级品率为84.5%，比上年提高3.2%；全市24项列为湖南名牌产品年创销售收入23.30亿元、利税6.80亿元，较上年分别增长17.9%和24.8%。

2005年初，郴州市政府成立质量兴企名牌强市战略工作领导小组。8月，全市循环经济暨质量兴市工作会议在永兴县召开。9月，市政府印发《郴州市实施质量兴企名牌强市战略若干意见》，明确2005—2010年质量工作目标，部署全市推进产品上质量、创品牌。当年全市产（商）品质量整体水平比上年的85%提升2个百分点，有3项产品获"国家免检产品"证书。年内全市25项湖南名牌产品销售收入达23.9亿元，比上年增长33.4%。1996—2005年，郴州市抽检商品质量18960批次，被检各类商品平均合格率74.0%～81.2%，其中食品类居高达81.2%，电器类为74.0%。期间，郴州工农业产品获"湖南省名牌"称号63个（次）。

1996—2005年郴州市产（商）品质量抽检结果统计表

表12-5-3-1

项目 年度	建材类		食品类		化工类		电器类		其他类	
	抽检批次	合格率（%）	抽检批次	合格率（%）	抽检批次	合格率（%）	抽检批次	合格率（%）	抽检批次	合格率（%）
1996	280	72	830	78	120	81	200	68	26	85
1997	430	73	870	76	270	80	260	69	71	74

续表 12-5-3-1

年度＼项目	建材类		食品类		化工类		电器类		其他类	
	抽检批次	合格率（%）	抽检批次	合格率（%）	抽检批次	合格率（%）	抽检批次	合格率（%）	抽检批次	合格率（%）
1998	510	75	860	80	230	75	230	71	53	78
1999	560	73	901	82	260	79	190	75	43	80
2000	580	76	892	81	300	81	235	78	62	81
2001	570	79	820	80	200	82	210	73	78	79
2002	582	79	858	83	280	80	205	72	92	75
2003	591	80	843	84	270	78	235	76	103	76
2004	589	81	875	83	257	76	215	81	143	80
2005	578	82	913	85	283	81	208	78	135	81
累计	5270	77.5	8226	81.2	2470	79.2	2188	74	806	78.4

附：

1996—2005 年郴州市获湖南省名牌、质量奖产品目录

表 12-5-3-2

年度	生产企业	产品名称	品牌	名优级别	备注
一九九六	郴州面粉总厂	万华系列面条	万华牌	省名牌产品	—
	郴州面粉总厂	晏乐系列面条	晏乐牌	省名牌产品	—
	东江水泥厂	R425#、R525# 水泥	金磊牌	省名牌产品	—
	郴州卷烟厂	84 毫米咀相思鸟烟	相思鸟牌	省名牌产品	—
	安仁豪山茶场	绿茶	豪峰牌	省名牌产品	—
	鲁塘石墨矿	微晶石墨	鲁塘牌	省名牌产品	—
	郴州裕湘面条业公司	系列面条	裕湘牌	省名牌产品	—
一九九七	郴州碾米机厂	6NF-9 农用铁辊碾米机	三利牌	省质量奖	—
	郴州柴油机厂	CZ175F 柴油机	郴星牌	省质量奖	—
	黄沙坪铅锌矿	铅精矿	坪宝牌	省质量奖	—
一九九八	郴州三利碾米机公司	6NF-9 农用铁辊碾米机	三利牌	省名牌产品	—
	郴州裕湘面业公司	系列面条	裕湘牌	省名牌产品	复评
	郴州化工集团	总养分≥ 45% 高浓度硫基复合肥	苏仙牌	省名牌产品	—
	东江金磊水泥集团	R525# 普通硅酸盐水泥	金磊牌	省名牌产品	复评
	鲁塘石墨矿	微晶石墨	鲁塘牌	省名牌产品	复评
	郴州市面粉总厂	面粉系列产品	晏乐牌	省名牌产品	保持
	郴州市面粉总厂	面粉系列产品	万华牌	省名牌产品	保持
	安仁豪山茶场	特种茶叶	豪峰牌	省名牌产品	保持

续表 12-5-3-2

年度	生产企业	产品名称	品牌	名优级别	备注
一九九八	郴州卷烟厂	84 毫米相思鸟咀烟	相思鸟	省质量奖	保持
	郴州卷烟厂	84 毫米蓝盖郴州烟	郴州牌	省质量奖	—
	711 矿电化厂	CPM-31PVC 糊树脂	郴化牌	省质量奖	—
	郴州化工集团	有效 $P_2O_5 \geq 12\%$ 过磷钙	乐农牌	省质量奖	—
	郴州化工集团	N、P、K 三元复混肥	苏仙牌	省质量奖	—
	郴州化工集团	三元复合肥	苏仙牌	省质量奖	—
	柿竹园有色金属矿	Bi99.995% 铋锭	柿竹园牌	省质量奖	—
	郴州市柴油机集团公司	CZ175F 柴油机	郴星牌	省质量奖	保持
	黄沙坪铅锌矿	铅精矿	坪宝牌	省质量奖	保持
一九九九	郴州卷烟厂	相思鸟咀烟	相思鸟牌	省名牌产品	复评
	郴州面粉总厂	系列挂面	晏乐牌	省名牌产品	复评
	郴州面粉总厂	系列面粉	万华牌	省名牌产品	复评
	安仁豪山茶场	绿 茶	豪峰牌	省名牌产品	复评
	郴州华湘化工有限责任公司	糊树脂	郴化牌	省名牌产品	—
	黄沙坪铅锌矿	铅精矿	坪宝牌	省名牌产品	—
二〇〇〇	宜章玉溪水泥公司	水 泥	玉城牌	省名牌产品	—
	郴化集团公司	尿 素	吐绿牌	省名牌产品	—
	郴州八达玻璃公司	玻 璃	洛玻牌	省名牌产品	—
	香花岭锡矿	锡铸锭	湘锡牌	省名牌产品	—
	郴州红松纸业公司	纸袋纸	红松牌	省名牌产品	—
二〇〇一	郴化集团公司	复合肥	苏仙牌	省名牌产品	复评
	鲁塘石墨矿	无定型石墨	鲁塘牌	省名牌产品	复评
	东江金磊水泥集团	水 泥	金磊牌	省名牌产品	复评
	郴州裕湘面业公司	系列挂面	裕湘牌	省名牌产品	复评
二〇〇二	郴州卷烟厂	相思鸟咀烟	相思鸟牌	省名牌产品	复评
	郴州面粉总厂	系列挂面	晏乐牌	省名牌产品	复评
	郴州面粉总厂	系列面粉	万华牌	省名牌产品	复评
	安仁豪山茶场	绿 茶	豪峰牌	省名牌产品	复评
	郴州华湘化工有限责任公司	糊树脂	郴化牌	省名牌产品	复评
	黄沙坪铅锌矿	铅精矿	坪宝牌	省名牌产品	复评
二〇〇三	汝城斌志木业有限公司	细木工板	波林牌	省名牌产品	复评
	郴州化工集团有限公司	尿 素	吐绿牌	省名牌产品	保持
	柿竹园有色金属有限责任公司	铋精矿	柿竹园牌	省名牌产品	—
	宜章兴宜水泥有限公司	水 泥	新村牌	省名牌产品	—

续表 12-5-3-2

年度	生产企业	产品名称	品牌	名优级别	备注
二〇〇四	永兴西河铅业有限公司	1# 白银	金苹牌	省名牌产品	—
	湖南鑫达银业有限公司	1# 白银	永银牌	省名牌产品	—
	临武舜华鸭业发展有限公司	临武鸭系列产品	舜华牌	省名牌产品	—
	裕湘震寰食品有限公司	方便面、米粉	裕湘牌	省名牌产品	—
	郴州化工集团有限公司	复合肥	苏仙牌	省名牌产品	复评
	东江金磊水泥有限公司	普通水泥	金磊牌	省名牌产品	复评
	郴州裕湘面业有限公司	挂面	裕湘牌	省名牌产品	复评
二〇〇五	湖南资兴东江鱼集团有限公司	东江鱼制品	东江湖牌	省名牌产品	—
	郴州华湘化工有限责任公司	糊树脂	郴化牌	省名牌产品	—
	郴州创兴人造板有限公司	中、高密度纤维板	创兴牌	省名牌产品	—
	郴州钻石钨制品有限责任公司	氧化钨	钻石牌	省名牌产品	—

第四节　质量技术监督管理机构

1989 年，郴州地区标准局、郴州地区计量局分别专司产（商）品生产（销售）中技术质量标准和计量管理工作。1994 年 11 月，地区标准局、地区计量局合并，组建郴州地区技术监督局（简称“技监局”），归口地区经委管理。

1995 年 6 月郴州地区技术监督局在地改市后更名为郴州市技术监督局，从市经委析出为市人民政府职能部门。11 月，撤销北湖、苏仙两区技术监督机构，成建制上收两区技术监督局。1996 年 5 月，郴州市政府印发《郴州市技术监督局职能配置、内设机构和人员编制方案》，局机关人员定编 32 名，内设办公室、计财科、政工科、法规宣教科、监督管理科、质量科、标准化科、计量科。下辖 5 个二级机构：市计量监督检定所、市产品质量监督检验所、市衡器监督检定所、市技术监督稽查队、市技术监督情报资料中心。市技术监督局系统编制 101 名，主管全市标准化、计量和产（商）品质量工作。

1999 年 8 月，国务院决定全国质量技术监督系统实行省以下垂直管理。从 1999 年 10 月 1 日起，郴州市技术监督局上收为湖南省质监局直属机构，县（市、区）技监局为市技监局直属机构；市本级锅炉、压力容器等特职监管人员按相关规定划入市技监局。2000 年 1 月，全省技术监督系统统一更名为质量技术监督局（简称“质监局”），郴州市技术监督局更名为郴州市质量技术监督局。2000 年 11 月，郴州市劳动局所属市劳动保护检测所、市锅炉压力容器检验所划入郴州市质监局，合并成立郴州市特种设备检验检测所。

2001 年 5 月，湖南省质监局批准《郴州市质量技术监督局职能配置、内设机构和人员编制方案》。郴州市质监局机关行政编制 31 名，内设机构中原标准化科与质量科合并为标准质量科，市衡器监督检定所与市计量监督检定所合并设立市计量测试检定所，市技术监督情报资料中心更名为市质量技术监督信息管理所，市技术监督稽查队更名为市质量技术监督稽查队。2003年，郴州市质监局增设锅炉和特种设备安全监察科、市特种设备检验检测所。2005年，又增设食品质量安全监督管理科。

至2005年12月，郴州市质检局局机关定编39名，内设办公室、计财科、人事科、法规宣教科、监督管理科、计量科、标准质量科、特种设备安全监察科、食品质量安全监督科计9个科（室）；下辖6个二级机构：市稽查队、计量所、产检所、锅特所、信息所、监督站，计人员编制155名。所辖9县（市）质监局内设机构与市局大体一致。

1994—2005年郴州市（地区）质监局（技监局）主要负责人名录

表12-5-4-1

单 位	姓名	职 务	任职时间
郴州地区（市）技术监督局	蒋柏青	党组书记	1994.12—1999.07
郴州市技术监督局	李知福	局 长	1995.09—1999.07
郴州市质量技术监督局	李知福	局 长	1999.07—2004.05
郴州市质量技术监督局	吴兴国	局 长	2004.05—

第六章 物价管理

第一节 价格管理体制改革

1989—2005年，郴州着力有计划有步骤地改革不合理价格体系和过分集中的价格管理体制，逐步建立与市场经济相适应的价格管理运行体系。这一时期，郴州价格管理体制改革总体经历三个阶段。

1989—1991年，全区物价改革坚持按“以管为主，适当放开”方针递次推进。1989年，郴州物价虽比1988年有所下降，但因受全国通货膨胀影响，仍居高不下。为稳定物价，郴州地区物价局适当集中管价权限，将粮、油、棉、水、电、燃气等人们日常生活所需的产（商）品定价权收归地区管理；对已放开的一般性日用品价格恢复差率控制和调价申报制度；对农药、化肥等农业生产资料实行专营价格管理；对计划内以外生产资料分别实行出厂价、销售价限价和差率控制。1990年，物价逐渐回落。物价部门在全区推行企业定价许可证制度和年检制度，同时适当放开物价管理，打破过去“统管过死”的束缚。7月，地区物价局制定《关于推进价格改革促进经济发展的暂行规定》，郴州地区除国务院和湖南省政府统一定价的商品外，其余商品价格和收费标准实行由地区与县（市）分级管理。1991年4月，郴州行署行文出台8条扩大改革开放措施，其中明确规定“适当放宽商品经营范围和价格管理”。随后，郴州地区商品价格逐次放开，其中与邻省（地区）的商品交流价格和公路客货运输收费，实行对等调节、适当放开、自我衔接。

1992—1997年，在加快建立社会主义市场经济新形势下，郴州物价管理进入“以放为主，放调结合”改革阶段，致力建立适应市场经济发展的价格体系。1992年3月，郴州地区在湖南省率先放开粮食购销价格，取消居民粮食供应票证。继而全面放开钢材、煤炭、小化肥、彩电等重要物资价格。9月，湖南省物价局印发《关于修订省管湘南地区商品价格和收费目录的通知》，将粮油、公路客货运公益事业性收费、房地产价格定价权下放给地、县市物价局管理。11月，全区取消生产资料最高出厂价、销售限价和商品差率控制，对一些实行计划内、外“双轨制”重要生产资料价格进行“并轨”。全年陆续大范围地下放195种（类）生产资料、81种（类）工业产品定价权。全区由政府定价商品减至61种（类），其在社会商品零售额中只占2.3%，在工业产品销售额中仅占16.4%。与此同时，放调结合。1993年3月，郴州地区物价局联合地区财政局印发《郴州地区商品房价格管理暂行办法》，明确区域内商品房价格实行地、县分级管理。1994—1995年，市政府加强宏观调控控制物价上涨，要求各地凡属于政府定价商品如大米、面粉等均采取临时限价；对水泥、汽车商品实行提价申报制度；对矿产品实行差率控制。境内物价上涨势头得到遏制。1996年，郴州各级物价部门重点理顺部分商品价格矛盾、规范收费行为。2月，取消食盐价区，按城市市场和农村市场分别定价；自来水实行分类计价；大化肥由各县（市、区）制定零售价格，小化肥价格由市、县分级管理，企业可在规定浮动范围确定出厂价格。8 月，对餐饮业实行分等定级和毛利率控制管理。对服务性收费项目、收费标准，一律由郴州市物价局统一核定下达并实行监审制度。1997 年，为减轻农民用电负担，农村实行分类电价。

1998—2005 年，郴州物价管理按照“放活、完善、规范”工作方针，在放活中规范、完善价格监管，全市物价转向以市场调节为主，进入建立市场物价新秩序阶段。1998 年，受东南亚金融风波影响，市场价格低迷，郴州市物价管理重点由抑制通货膨胀转为缓解通货紧缩，运用价格杠杆刺激消费，促进经济增长。取消电力增容费、空调电费加价、超计划用电加价，以带动电力消费；取消 1995 年起实行的 18 种生活必需品提价申报、差率控制、提价备案和最高限价监审措施，全部实行由市场调节价格；停止执行水泥、汽车出厂价格提价申报制度；取消铜、铝、锌、煤炭产品在流通领域实行差率控制规定。与此同时，郴州致力完善价格监管体系。实施药品价格登记备案制度，汽油、柴油零售价格由政府定价改为政府指导价，逐步推行城乡用电同网同价。1999 年 4 月，境内生产化肥由政府定价改为政府指导价，并实行分级管理。8 月，中、晚稻执行定购价、保护价“两价合一”。清理整顿水泥、化肥、种子重要生产资料降价倾销行为，规范市场价格竞争秩序。2001 年 7 月始，推行价格听证会制度，促进价格决策民主化。自当年新粮上市起，将早籼稻退出保护收购价格范围，拉开粮食等级差价，促进粮食生产结构调整。农村居民生活用电按价区实行最高限价；调整中晚稻收购价格，按保护价敞开收购农民余粮，拉动粮价合理回升；改革非义务教育收费管理体制，适当放开非强制性培训收费和社会力量办学收费。到 2002 年 4 月，郴州市属于政府定价和指导价的社会消费品零售价格，只占社会消费品零售总额的 1.8%；农产品收购价格只占农产品收购总额的 1.4%；工业生产资料零售价格只占工业生产资料零售总额的 0.2%；农业生产资料价格全部放开，转入市场调节价。10 月，改革医疗服务价格，非营利性医疗机构由政府定价改为政府指导价，营利性医疗机构实行市场调节价，不同级别的医疗机构实行 10% 的价差，分别执行三个类别价格标准。2003 年 4 月，在非典型性肺炎流行期间，物价部门对部分医药用品价格采取行政干预措施，遏制乘机哄抬价格现象。2004 年，宜章、嘉禾、资兴等县（市）钢铁生产用电实行差别电价政策，对淘汰类、限制类企业施行加价举措，运用价格杠杆促进工业产业结构调整。2005 年 7 月，郴州市物价局对地方电网上网电价和销售电价进行调整，实行丰、平、枯（水）季节电价和峰谷（水）分时电价，运用价格杠杆调节不同季节和时段电力需求。同时加大农业生产资料价格管理力度，对碳铵、磷肥、复合肥实行政府指导价，严控零售价差率。

1989—2005 年郴州市（地区）主要物价指数一览表

表 12-6-1-1 单位 %

项目 年份	零售物价总指数	居民消费价格总指数	服务项目价格指数
1989	119.00	119.30	122.30
1990	98.10	99.90	117.20
1991	104.50	104.60	105.60
1992	111.90	113.40	124.80
1993	117.00	119.10	134.70
1994	124.30	128.80	140.80

续表 12-6-1-1 单位 %

项目 年份	零售物价总指数	居民消费价格总指数	服务项目价格指数
1995	116.30	118.20	131.40
1996	106.10	108.50	123.20
1997	100.20	102.10	111.40
1998	97.10	99.40	109.90
1999	97.20	99.00	108.40
2000	99.60	101.60	113.20
2001	99.40	97.50	104.30
2002	99.10	99.60	105.40
2003	99.70	98.90	108.20
2004	105.00	106.10	102.50
2005	100.80	104.50	114.50

第二节 价格调控

一、农产品价格调控

1989 年，郴州地区农产品收购价格除粮食和烤烟等实行政府定价外，其余农产品均转入市场调节价格。自 1992 年 3 月 1 日始，郴州在放开食油购销价格的基础上又放开粮食购销价格，实行政府指导价。即收购公粮（农业税）仍按省定价格，以实物计收，定购粮仍按农户原负担的任务实行定量不定价，实行指导价，按一年一定原则进行；对城镇居民口粮销售和粮食定购，实行最高限价和最低保护价。到 1998 年，郴州与中央同步开展粮食流通体制改革，粮食销售在政府指导下实行顺销价，维护生产经营业和消费者利益。以木材为主的林产品，根据市场行情由政府制定最低保护价收购。烤烟实行政府定价收购，由国家物价管理部门会同烟草专卖部门制定全国各地区的烟叶收购基准价，国家烟草专卖部门制定各等级、品种具体收购价格，各地不得随意变动和擅自调整。2001 年以后，粮食收购适时推出保护价维护粮农利益。

1989—2005 年郴州市（地区）粮食收购和杂交稻种销售价格表

表 12-6-2-1

项目 年份	早籼稻收购（元/50 千克）	中籼稻收购（元/50 千克）	晚籼稻收购（元/50 千克）	杂交稻种销售［早熟品种］（元/千克）
1989	17.09	17.09	17.09	4.5~5.0
1990	22.10	22.10	22.10	4.8~5.3
1991	23.50	23.50	23.50	5.0~5.5
1992	28~32	31~36	31~36	5.3~5.8
1993	21~29	26~32	28~32	5.6~6.2

续表 12-6-2-1

年份＼项目	早籼稻收购（元/50千克）	中籼稻收购（元/50千克）	晚籼稻收购（元/50千克）	杂交稻种销售［早熟品种］（元/千克）
1994	49~55	52~62	55~63	5.9~6.6
1995	55~65	58~68	63~75	6.0~7.1
1996	65~78	68~82	72~88	6.4~7.1
1997	65~75	68~80	72~86	6.4~7.20
1998	57~70	63~75	64~75	6.8~7.5
1999	51~62	53~65	58~68	7.5~8.0
2000	50~60	54~65	58~68	8.2~8.8
2001	50~58	52~66	56~70	9~10
2002	50~60	52~65	52~65	10~12
2003	52~60	55~60	55~65	11~12
2004	70~75	72~78	72~78	10~11
2005	70~73	72~75	72~78	11~12

1989—2005 年郴州市（地区）烤烟收购价格一览表

表 12-6-2-2　单位：元/50千克

项目＼年份	1989	1990	1991	1992	1993	1994	1995	1996	1997
C3F	220	220	220	220	220	225	500	650	720
X2F	150	150	150	150	150	150	400	510	570
C4F	—	—	—	—	—	—	—	—	—
C4L	—	—	—	—	—	—	—	—	—
X3F	120	120	120	120	120	120	310	430	480
X1L	165	165	165	165	165	165	420	540	600
X2L	135	135	135	135	135	130	350	460	510
B3F	170	170	170	170	170	150	350	530	530
B4F	130	130	130	130	130	100	240	370	400
B2L	150	150	150	150	150	130	340	500	510
B3L	110	110	110	110	110	90	240	340	380
B2R	160	160	160	160	160	130	250	380	420
B3R	120	120	120	120	120	90	160	240	280
H2F	175	175	175	175	175	170	360	510	530
X2V	120	120	120	120	120	110	230	350	380
C3V	160	160	160	160	160	170	350	500	540
B2V	140	140	140	140	140	130	240	380	390
B3V	110	110	110	110	110	100	130	260	290

续表 12-6-2-2

项目 \ 年份	1989	1990	1991	1992	1993	1994	1995	1996	1997
S1	115	115	115	115	115	100	240	280	320

续表 12-6-2-2

单位：元 /50 千克

项目 \ 年份	1998	1999	2000	2001	2002	2003	2004	2005
C3F	680	625	625	670	667	667	677	690
X2F	530	410	442	410	430	430	500	500
C4F	—	490	490	490	490	490	573	540
C4L	—	442	442	453	452	452	490	500
X3F	440	318	318	302	323	323	385	400
X1L	560	507	507	507	505	505	563	580
X2L	490	400	400	388	398	398	458	465
B3F	470	437	395	334	300	323	344	395
B4F	360	325	280	194	150	150	198	235
B2L	460	410	390	345	344	344	385	410
B3L	340	298	280	173	160	160	219	245
B2R	350	460	460	470	468	468	453	460
B3R	250	357	357	275	274	274	266	285
H2F	500	495	495	494	492	492	479	485
X2V	380	310	310	310	310	310	313	310
C3V	500	485	485	486	484	484	500	500
B2V	370	368	368	378	376	376	370	375
B3V	270	280	280	270	270	270	271	275
S1	300	280	280	227	210	226	229	220

说明：1. 此表烤烟收购价格是收购数量较大的中等级别的烤烟价格；
2. C4F、C4L 是 1999 年新列等级，故在此之前没有相应价格；
3. 1994 年及以前烤烟收购价格中不含价格补贴，之后均含价格补贴

二、工业品价格调控

1989 年，郴州地区各种工业品价格均不同程度上涨，其中水、电、石油、燃气等资源性产品价格上涨幅度较大。是时除国家规定的 85 种工业品实行政府定价或政府指导价外，其余工业品价格全部放开，随行就市，上下浮动。到 1992 年，郴州逐次下放 81 种（类）工业产品定价权。后随着价格改革和市场供求变化，在工业品价格继续逐步放开同时，对一些工业品价格实行调控。农业生产资料中的工业品如农药、化肥、农膜等仍属管价范围，即按省、市物价部门规定的差率和价作原则，确定批零价格。之后至 2005 年，农业生产资料工业品价格逐步实现全面放开；其他物资产（商）品除对少数专营物质和商品，以及关系国计民生的水、电、石油等少数商品进行管价调控以外，价格全面放开。

1989—2005年郴州市（地区）部分工业品销售价格一览表

表 12-6-2-3

品种 / 年份	钢材（φ6.5 线材）（元/吨）	水泥（525号）（元/吨）	汽油（90号）（元/升）	柴油（0号）（元/升）	资兴矿务局不含税煤炭（元/吨）
1989	1600~1800	130~160	—	1.19	44.71
1990	1500~1800	125~160	—	1.22	47.61
1991	1500~1700	140~178	—	1.72	50.11
1992	1500~1700	180~240	1.75	1.72	60.74
1993	1600~1900	300~390	1.78	1.79	111.70
1994	1800~2000	280~360	1.87	2.04	109.83
1995	1800~2000	270~340	1.95	2.11	139.73
1996	2000~2300	250~320	1.95	2.15	158.27
1997	2000~2200	240~310	2.02	2.34	181.66
1998	2200~2400	230~280	2.04	2.02	175.24
1999	2000~2400	250~300	2.40	2.40	164.01
2000	2400~2800	220~290	2.99	3.22	150.53
2001	2500~2800	200~260	2.78	2.67	165.83
2002	2600~3000	170~230	2.08	2.76	189.92
2003	2700~3500	160~350	2.96	3.08	191.81
2004	2800~3300	180~280	3.39	3.50	258.93
2005	2800~3400	180~260	3.88	3.95	317.26

三、日用消费品价格调控

1989—1991年，郴州境内日用消费品价格管理实行计划内价和计划外价的“双轨制”价格。1992—2005年，日用消费品价格陆续转入市场调节售价，但关系国计民生的食盐、药品、石油、燃气等少数日用消费品仍实行政府定价。1992年10月后，郴州日用消费品零售物价指数连续三年超过两位数，涨幅最高点达到32.4%，给民众日常生活造成压力。1995年，郴州市建立零售物价调控目标责任制，明确由各县（市、区）负责市场物价稳定工作，年终由市委、市政府组织对各县（市、区）物价调控工作进行考核奖惩。各地采取政府补贴调拨生活物质和扶持发展日用消费品生产的办法，增加供给，调控物价上涨趋势。1995年，物价调控目标为18.0%，年终实现零售物价涨幅降至16.3%；到1996年年终涨幅回落至6.1%，回落速度列全省市州第一。1996年，郴州市委、市人民政府被湖南省委、省人民政府评为全省“物价调控目标先进单位”。至2005年，全市一直坚持实施零售物价调控管理目标责任制，力推稳定市场物价，尤其是社会日用消费品价格的稳定。

四、社会服务价格和教育收费调控

1989—2005年，郴州社会营运车辆收费以及旅游、医疗、有线电视、邮政、固定电话服务收费和物业管理基本服务收费，均统一由政府定价、由物价部门监督执行。电信中移动通话费、物业管理中代办、指定服务费和旅游业服务费，由政府调控，市场调节价格。

在此17年间，郴州市公办中小学校教育收费一直实行政府定价，社会力量办学收费则实行政府指导价。其间的1989—1991年，全地区公办中小学收费标准由省物价局管理。1992年，全省中小学收费管理权限下放到地州市。郴州地区各县（市）根据地区规定各自核定收费标准，并报地区物价局备案。然而一些地方公办学校也出现擅立收费项目和擅自提高收费标准现象，有的学校违规巧立名目向学生收费项目甚达40多种。为此，各级政府和物价部门多次重申中小学收费项目和标准，和组织收费检查严禁学校乱收费。1996年，湖南省人民政府明文规定公办学校教育收费由湖南省物价、财政部门审批，各地州市、县（市）、乡（镇）政府和其他任何部门均不得越权设立收费项目或提高项目收费标准。自此，郴州市严格执行这一教育收费规定。2003年秋季，湖南省试行义务教育阶段收费“一费制”（学杂费）办法，郴州市桂东、汝城两个贫困县首先实行农村义务教育“一费制”，其标准为农村小学每生每期96元，农村初中每生每期156元。其后，义务教育阶段“一费制”收费办法在郴州市普遍推行。

1989—2005年郴州市（地区）城区居民主要生活用品价格一览表

表12-6-2-4

品名 年份	标一晚米（元/千克）	新鲜瘦猪肉（元/500克）	食盐(500装)（元/袋）	白沙糖（国产一级）（元/500克）	水（元/吨）
1989	1.30~1.45	4.5~5.5	0.20	1.06	0.10
1990	1.52~1.63	4.8~6.0	0.32	1.74	0.20
1991	1.70~1.80	4.3~5.6	0.32	2.00	0.30
1992	1.68~1.84	4.6~5.5	0.32	2.00~2.30	0.30
1993	1.90~2.11	4.8~6.0	0.51	2.00~2.40	0.30
1994	2.07~2.38	5.5~6.5	0.51	2.00~2.50	0.60
1995	2.52~2.80	5.5~6.6	0.60	2.20~2.80	0.60
1996	2.61~2.82	5.0~6.3	0.62	2.30~2.90	0.63
1997	2.67~2.92	5.0~6.5	0.62	2.20~2.60	0.80
1998	2.36~2.58	4.5~5.6	0.62	2.30~2.80	0.80
1999	2.43~2.60	5.0~5.3	0.80	1.80~2.40	1.02
2000	2.40~2.65	5.0~5.2	0.80	1.60~2.00	1.02
2001	2.52~2.67	5.5~5.4	0.80	1.80~2.20	1.02
2002	2.59~2.78	5.8~6.6	1.00	1.80~2.20	1.20
2003	2.57~2.78	6.3~7.2	1.00	1.50~1.90	1.40
2004	2.72~3.21	6.0~8.0	1.00	1.50~1.80	1.40
2005	3.26~3.66	6.0~8.0	1.00	1.60~1.90	1.62

续表 12-6-2-4

年份＼品名	电（元/千瓦时）	蜂窝煤12厘米（元/个）	液化石油气12千克（元/罐）	彩电20英寸（元/台）	砖混一级住宅（元/平方米）
1989	0.220	0.07~0.09	25~27	3200	350~400
1990	0.220	0.11~0.14	28~30	3000	380~450
1991	0.220	0.12~0.15	28~31	2800	410~450
1992	0.220	0.12~0.15	28~31	2700~2900	550~650
1993	0.250	0.16~0.18	32~38	2500~2800	700~800
1994	0.350	0.18~0.20	38~43	2400~2600	730~850
1995	0.350	0.18~0.20	42~48	2300~2700	780~880
1996	0.390	0.18~0.21	43~51	2300~2600	780~900
1997	0.450	0.18~0.21	42~50	2000~2400	800~900
1998	0.503	0.21~0.22	43~50	2000~2300	800~900
1999	0.503	0.18~0.23	42~51	1800~2000	800~950
2000	0.503	0.20~0.25	41~53	1500~1800	850~950
2001	0.503	0.21~0.25	42~53	1300~1500	900~1100
2002	0.503	0.21~0.26	41~50	1000~1300	960~1200
2003	0.548	0.22~0.26	45~51	950~1200	950~1300
2004	0.548	0.27~0.29	51~65	950~1100	1000~1300
2005	0.548	0.38~0.40	62~85	900~1000	100~1400

1989—2005 年郴州市（地区）公办中小学每学期学（杂）费收费标准一览表

表 12-6-2-5

单位：元

年份＼收费标准	小学收费标准												初中收费标准	
	小学（农村）						小学（城镇）						初中（农村）	
	一年级	二年级	三年级	四年级	五年级	六年级	一年级	二年级	三年级	四年级	五年级	六年级	一年级	二年级
1989	3.5	3.5	3.5	4	4	4	5	5	5	5	5	5	6	6
1990	4	4	4	4	4	4	5	5	5	5	5	5	6	6
1991	6	6	6	6	6	6	9	9	9	9	9	9	8	8
1992	6	6	6	6	6	6	9	9	9	9	9	9	8	8
1993	6	6	6	6	6	6	9	9	9	9	9	9	8	8
1994	6	6	6	6	6	6	9	9	9	9	9	9	8	8
1995	40	40	40	40	40	40	50	50	50	50	50	50	60	60
1996	40	40	40	40	40	40	50	50	50	50	50	50	60	60
1997	70	70	70	70	70	70	90	90	90	90	90	90	90	90

续表 12-6-2-5

单位：元

收费标准 / 年份	小学收费标准												初中收费标准	
	小学（农村）						小学（城镇）						初中（农村）	
	一年级	二年级	三年级	四年级	五年级	六年级	一年级	二年级	三年级	四年级	五年级	六年级	一年级	二年级
1998	70	70	70	70	70	70	90	90	90	90	90	90	90	90
1999	70	70	70	70	70	70	90	90	90	90	90	90	90	90
2000	70	70	70	70	70	70	90	90	90	90	90	90	90	90
2001	70	70	70	70	70	70	90	90	90	90	90	90	90	90
2002	70	70	70	70	70	70	90	90	90	90	90	90	90	90
2003	70	70	70	70	70	70	90	90	90	90	90	90	90	90
2004	70	70	70	70	70	70	90	90	90	90	90	90	90	90
2005	80	78	78	78	103	103	101	99	99	99	124	124	127	124

续表 12-6-2-5

单位：元

收费标准 / 年份	初中收费标准				高中收费标准								
	初中（农村）	初中（城镇）			省重点高中			市重点及城区一般高中			农村高中		
	三年级	一年级	二年级	三年级	一年级	二年级	三年级	一年级	二年级	三年级	一年级	二年级	三年级
1989	6	8	8	8	—	—	—	30	30	30	27	27	27
1990	6	8	8	8	—	—	—	30	30	30	27	27	27
1991	8	12	12	12	65	65	65	55	55	55	51	51	51
1992	8	12	12	12	65	65	65	55	55	55	51	51	51
1993	8	12	12	12	80	80	80	68	68	68	65	65	65
1994	8	12	12	12	80	80	80	68	68	68	65	65	65
1995	60	70	70	70	400	400	400	300	300	300	300	300	300
1996	60	70	70	70	400	400	400	300	300	300	300	300	300
1997	90	110	110	110	450	450	450	350	350	350	260	260	260
1998	90	110	110	110	650	650	650	500	500	500	260	260	260
1999	90	110	110	110	800	800	800	650	650	650	450	450	450
2000	90	110	110	110	1000	1000	1000	900	900	900	600	600	600
2001	90	110	110	110	1000	1000	1000	800	800	800	550	550	550
2002	90	110	110	110	1000	1000	1000	800	800	800	550	550	550
2003	90	110	110	110	1000	1000	1000	800	800	800	550	550	550
2004	90	110	110	110	1000	1000	1000	800	800	800	550	550	550
2005	124	148	145	145	1000	1000	1000	800	800	800	550	550	550

五、价格调节基金征收管理

1989年，郴州行署印发《关于建立物价调节基金的通知》，明确对未经批准出省的粮食等14种主要物资和其他紧俏物资的销售，实行征收价格调节基金。其征收基金主要用于扶持扩大菜品生产的“菜篮子”基地建设，和调控居民基本生活必需品价格。

1994年，郴州行署印发《郴州地区副食品价格调节基金管理暂行办法》，明确价格调节基金征收范围、征收标准、使用对象。郴州地区和各县（市、区）物价局相继设立价格调节基金征收管理机构，开征价格调节基金。1995年，郴州市政府对价格调节基金征收管理办法进行修改完善，将所有事业性专项性收费和经营服务、特种服务、社会车辆营运等行业均纳入缴纳价格调节基金的范围。征收价格调节基金，主要用于建设平抑市场价格的生产基地和其他稳定价格水平的实业项目建设。桂阳、宜章、北湖、永兴、临武、嘉禾6县（区）还结合当地实际，先后开征煤炭价格调节基金。

1989—2005年，郴州市共征收入库价格调节基金9671.5万元，其中市本级2618.9万元。在此期间，市本级投放价格调节基金2128.75万元，用于扶持农贸市场、蔬菜基地、家畜家禽养殖基地建设，和用于调拨生活物质以稳定灾害及元旦、春节期间的市场物价。

第三节 价格监督与检查

一、价格监督

（一）商品和收费明码标价

1990年2月，国家物价局发布《关于商品和收费实行明码标价制度的规定》，随之全区物价部门组织广泛宣传，督促落实全面明码标价制度。至年底，国营商业单位明码标价覆盖面由上年8%提高至100%，个体工商户达90%。1994年5月，郴州地区物价局制定《关于商品和服务实行明码标价的管理办法》，明确规定凡在郴州区域内进行产品收购、商品销售或收取费用的经营者都须实行明码标价。1998年，《中华人民共和国价格法》颁布实施。市物价管理部门依法建立和完善价格统计、监测和明码标价调查制度，2001年6月起，郴州市进而规范药品和医疗服务收费明码标价，实行医疗服务项目收费标准公示制度，推行住院病人“一日一清单”和门诊药品明细清单制度。7月，市物价局印发《关于商品和服务行业价格标签监制管理办法》，规定使用统一印制价格标签。还在郴州市城区八一路、北湖市场、市第一人民医院、苏仙岭风景区、市电信分公司营业网点，组织开展使用统一价格标签明码标价示范工作，至年底带动郴州城区各类商品和服务收费规范使用明码标价率达90%以上。各县（市）督促商业网点和乡镇供销社、农资供应点公示商品价格，督促各学校将收费标准明码公示于校园内外，接受社会监督。是年，郴州市城区八一路获“湖南省明码标价示范街”称号。至2005年，全市商业明码标价和教育收费公示率均达100%。

（二）价格违法举报

1990年，成立郴州地区物价监督举报中心。地、县两级物价管理部门设立物价监督举报箱124个、举报电话12部，随时受理群众举报。2000年，郴州市物价局设立价格违法投诉举报中心，配备专职人员受理、承办投诉举报案件，并对县（市、区）查处的重大价格违法案件进行跟踪督查，实行督办通报制度。2001年4月，物价部门开通覆盖全市的价格举报电话“12358”专线，受理和回复消费者反映的价格和乱收费问题。2004年5月1日起，“12358”价格举报电话实行24小时专人值班制度。在重大节假日，各级物价部门组建价格举报快速反应小分队，及时出动查处价格举报案件。当年全市立案查处价格违法案件515件，退还用户19.62万元，罚款6万元。郴州市价格举报中心被省物价局评为“湖南省价格举报工作先进集体”。2005年，全市受理价格咨询、举报1354件（项），立案查处价格违法案件484件，退还用户25.8万元，罚款6.86万元，立案办结率100%。

（三）涉农价格和收费公示

自1999年起，郴州市启动涉农价格和收费公示。1999年，郴州市物价局汇集整理国务院、湖南省、郴州地区有关涉农收费明令取消和规范收费的项目，在《郴州日报》上公布，接受社会监督，推动制止涉农收费“三乱”（乱集资、乱收费、乱摊派）现象。2001年7月，郴州市政府发出《关于全面推行涉农价格收费公示制度的通知》，明确规定凡向农民收取的各项费用，均必须在收费场所、街道或乡镇集市公共场所及村头禾坪，采取树公示牌（栏、板）、贴公示表、发放收费卡等形式，向农民公示收费项目和收费价格标准，做到“明明白白收费”。郴州市即时成立涉农收费领导小组，制定工作实施方案，组织力量下乡督促落实；在新闻媒体公布国土、计生、公安、供电等15个部门所有涉农收费项目及价格标准，全市并聘请涉农收费监督员1100多名展开实地督查。市、县两级随继建立涉农价格（收费）、公示监督管理、涉农收费价格举报查处制度。至年底，全市251个乡镇、2967个行政村共设立涉农收费公示牌（栏）6593个，推进“政府规规矩矩收费，农民明明白白交费”，年减轻农民负担逾4000万元。2002年7月，国家发改委在郴州召开全国涉农价格和收费公示经验交流会，《人民日报》、中央电视台对郴州推行涉农收费公示制的经验进行宣传推介。2004年11月，市物价局制定《郴州市价格和收费公示监督管理办法》，进一步健全和完善对收费公示监管制度。至2005年，全市250个乡（镇）全部规范化、制度化推行涉农价格和收费公示制度。

（四）社会监督网络

1989—1991年，郴州地区及各县（市）先后在企业集中区设立职工物价监督检查站，郴县（苏仙区）、宜章等县还在一些重点乡（镇）设立农村物价监督检查站。各监督检查站普遍聘请义务物价监督员进行物价监督，协同物价部门重点查处当地哄抬物价和乱收费、乱提价行为。1992—1995年，郴州地区（市）及各县（市、区）物价部门先后在石油、公路运输、林业、医药、邮电等行业设立价格监督检查站，监督检查行业收费价格。2002年，郴州市物价局从市人大代表、市政协委员中聘请10多名物价收费监督员进行物价巡访监督。到2003年，全市初步形成以县级物价部门为中心、乡镇价格监督站为依托、涉农价费监督员为纽带的价费监管体系。2005年，全市开展价格服务进社区工作，在城市社区普遍建立价格监督检查站，设立价格公示牌（栏），开始形成覆盖全社区的价格监督网络。

二、价格检查

1989年以后，郴州各级物价检查部门主要采取经常性检查与专项集中检查相结合办法，加强物价运行价格检查。检查中，多联合工商、财政、税收、公安部门，或聘请人大代表、政协委员和社会各界人士参与。在节假日或各个特殊时期，突出针对物价运行中出现普遍问题开展市场经营价格专项检查。价格检查重点检查农业生产资料、交通运输、电力和教育、涉农收费，及其人们主要生活商品价格和医疗、邮政通讯、餐饮行业服务性价格。1991年1月，地委、行署召开全区减轻农民负担会议，特别强调要清理、整顿涉农价格，不能违规提高涉农收费项目价格。1995年，组织开展6次全市性市场物价大检查和2次行业收费价格专项检查。1996年，重点检查春运市场、中小学收费及医疗、电力、婚姻登记等收费项目价格。1995—1996年，全市各级物价部门查处各类价格违法案件1421件，涉及金额2227.48万元，没收上缴财政377.44万元，清退给用户753.06万元。1997—2005年，全市乡镇物价监督站在检查中，严厉查处辖区内商品和服务未明码标价、集贸市场价格欺诈行为，驱使农村市场价格秩序逐渐好转。在2003年“非典”时期，市、县两级物价部门组织开展专项价格检查，打击乘机哄抬药品、食盐价格等牟取暴利的违法行为。1989—2005年，郴州在物价检查中查处违法违规案件1.28万件，予以处罚金额2.37亿元，上缴财政7273.23万元；其中地（市）本级查处1783件，处罚金额9091.22万元，上缴财政2762.51万元。

1989—2005年郴州市（地区）物价检查情况统计表

表12-6-3-1

类别 年份	全市（地区）合计数			其中市（地区）本级数		
	查处案件（件）	经济制裁（万元）	上缴财政（万元）	查处案件（件）	经济制裁（万元）	上缴财政（万元）
1989	860	574.45	574.45	117	311.38	311.38
1990	1438	624.18	539.23	65	411.87	350.03
1991	1058	415.79	393.14	328	233.59	233.59
1992	687	122.94	122.94	123	27.28	27.28
1993	542	334.44	150.87	49	59.81	46.00
1994	1417	708.65	293.06	287	280.34	213.48
1995	594	347.21	142.40	17	54.68	46.82
1996	847	722.02	276.50	126	184.31	90.17
1997	773	1560.68	641.27	25	484.93	116.04
1998	717	3215.70	630.07	36	1844.42	92.96
1999	824	3482.93	705.34	65	1059.02	163.57
2000	443	3256.24	369.83	12	1703.87	109.02
2001	427	2509.25	600.58	39	1156.48	190.50
2002	686	1692.25	409.54	141	176.25	134.50
2003	736	1595.75	420.83	40	270.25	160.15
2004	498	1200.290	387.34	135	361.59	118.23
2005	287	1367.76	616.34	178	471.14	358.78
合计	12834	23730.53	7273.74	1783	9091.22	2762.51

第四节 行政事业性收费管理

一、收费行为管理

1988年12月，湖南省人民政府发布《湖南省行政事业性收费管理办法》，将行政事业性收费管理列入物价管理部门工作内容。1989年，全区物价部门对核发“收费许可证”行政事业单位收费行为进行全面清理整顿。地区本级审查72个单位、157个收费点、1492本收据，查出违法违规收费金额85.31万元，注销临时收费许可证23件，吊销正式收费许可证4件。1990年，一些行业、部门和乡（镇）擅自制发收费文件，导致出现乱收费、乱摊派、乱罚款现象。郴州地区物价局立时制定《郴州地区整顿乱收费实施方案》，印发各项行政事业收费目录，明确收费权限和收费标准；同时组织重点清查教育、医疗、公安、国土、交通等部门各项行政事业性收费，纠正违法违规收费行为。

1991年7月始，郴州市实行行政事业性收费专用收据准购制度，即凡有行政事业性收费职权的单位经年审合格后，凭收费许可证到物价管理部门办理准购证，再凭准购证到财政部门领取“行政事业性收费专用收据”，严格规范收费收据操作行为。

1997年，全市在行政事业性收费实行“两证”（收费许可证、准购证）基础上，继而对个体（私营）企业实行税外费负担卡制度，明确规定个体（私营）企业在纳税以外应负担的行政事业性收费项目，严禁擅立收费项目。同时，经在郴州市柴油机厂等13家重点企业试行后，推行向企业收费须凭纪检监察部门签发的“进企业收费通知书”收费的收费制度。至此，全市行政事业性收费普遍推行“两证一卡一书”收费制度。

1998年，郴州市物价部门开展费用负担调查，重点调查个体（私营）企业、城市客运、中介服务、医疗保健、房地产开发等行业上缴费用负担情况，清查和整顿行政事业性收费行为。2001年，郴州市政府进而规定凡向企业收费除须持有收费许可证和进企业收费通知书外，还必须如实填写企业收费登记卡，以备物价部门检查。至2005年，全市行政事业性收费行为步入规范、有序管理。

二、收费项目和收费标准管理

1989年后，郴州少数地方在行政事业性收费中出现自立收费项目和擅自提高项目收费标准现象。1993年，郴州地区财政局、物价局对全区行政事业单位申请新增收费项目和提高收费标准项目，一律暂停审批；凡由财政全额拨款行政事业单位收费项目，一律先停止执行再进行清理整顿。1997年2月，郴州市物价局将国务院和湖南省人民政府从1993年起明令撤销和降低收费标准的652个收费项目向社会公布，接受公众监督。1998年8月，取消征收汽车维修行业管理费。到1999年5月，相继取消城市规划管理费、房地产交易管理费、城市车辆占道费、商业网点建设费、城市户口增容费等收费项目190项。

2004年5月，郴州市政府颁发《郴州市行政事业性收费管理暂行办法》。全市据此相关规定，各类收费审批实行“一个窗口”统一受理、继而取消一批行政事业性收费项目和降低一些收费项目收费标准：对进城务工农民，除收取每本不超过5元的办理暂住证和流动人口婚育证明的工本费外，取消其他行政事业性收费；在农村取消植物检疫证书费、减免水土流失防治费和建设用地批准书工本费等7项收费，降低畜禽及其产品检疫费收费4项。2005年，市政府组织力量再次清理1990年以后下发的收费文件，废止执行17件；严格审核和检查进入市政务中心公开办事大厅32个单位办理政务的收费项目、收费标准。当年严格执行收费年检年审制度，市本级全年检审“收费许可证”“服务价格登记证”355件，年审金额14.20亿元，重点查处自立收费项目、超标准收费行为。经年检换发“收费许可证”“服务价格登记证”18件，注销“两证”37件。

三、外资企业收费管理

自1989年，郴州在扩展招商引资中规范对外资企业收费的管理，为外资入境创业创造良好环境。1995年7月，郴州市政府印发《关于加强对外商投资企业收费管理的规定的通知》，市物价部门根据通知相关规定，即时组织对外资企业的行政事业性收费进行专项清理整顿。其中市本级审查涉及外资企业收费项目112项，取消无收费依据、无管理和服务内容的收费项目2项，核定按标准减半收费的项目59项，核定按最低标准收费的项目19项，年减轻外资企业负担1500万元以上。同时，对外资企业收费实行“一证一卡”（即收费许可证、收费登记卡）制度。1996年，郴州市监察、物价、招商三部门联合整治对外资企业收费行为，会同建立健全集资报批、收费公开、挂牌保护、举报投诉制度。2002年，开展收费许可证清理工作，并及时将清理调整后的收费项目、标准告知外资企业。1998—2005年，全市对外资企业收费实行挂牌保护明示，凡到外资企业收费者须持“进企业收费通知书”进行收费外，还必须使用“行政事业性收费收据”和填写“企业收费登记卡”，以备审查其收费项目和收费标准是否违规。

第五节　价格服务

一、价格认证服务

1992年3月，郴州地区及县（市）相继成立价格事务所，配备专职估价鉴定人员，启动价格认证服务工作。价格事务所接受有关部门和单位的委托，开展“四物”（赃物、罚没物、过期无主物、纠纷物）价格评估鉴定和价格信息咨询服务，协调处理各类价格争议、纠纷。1995年后，拓展价格认证评估领域，逐步延至对保险理赔物、银行抵押物评估。1997年始，价格事务所按中介服务机构运作。1998—2001年，市本级共办理各类价格评估认证2800多宗，评估金额3亿多元。2002年，市、县（市、区）价格事务所更名为价格认证中心，不再履行社会中介评估服务职能，主要接受国家司法机关、行政执法机关和仲裁机构的委托，办理刑事、民事、经济案件及经济纠纷中涉案物品的价格认证。2003—2005年，郴州市累计办理各类价格认证8848宗，认证标的物金额达4.59亿元。2005年12月，郴州市价格认证中心被国家发改委评为“全国先进价格认证中心”。

二、成本调查与审核服务

1989年，郴州地区物价局农产品成本调查队为获取农产品定价、调价的依据，在桂阳、安仁、嘉禾、资兴、永兴、郴县（苏仙区）6县选定32个调查点，对粮食、烤烟、生猪等农产品生产成本开展常年定点调查，同时对汝城县林产品（木材）生产成本进行调查。汇集整理5大类、16个品种生产成本资料。1990年，地区农产品成本调查队更名为工农业产品成本调查队，增加工业产品成本调查职能。年内调查队对卷烟、建材、纺织品等5大类20个地方工业产品成本开展专题调查，对理顺工业产品价格起到一定作用。1991年，地区物价局制定《郴州地区工业品生产成本定点调查计划》，明确对硫酸、碳铵、汽车货运等21种工业品和服务项目进行定点调查，对凡未经成本调查审核，擅自对产品定价调价的企业均按规定进行查处。1992年，地区物价局运用成本调查资料为企业和个人提供经济信息服务，产生经济效益500多万元，挽回经济损失近60万元。同时运用成本调查资料调处价格纠纷12起，涉及财物价值1800多万元。

1995年，根据国家发改委、湖南省物价局安排，郴州市农产品成本常规调查品种有早籼稻、晚籼稻、烤烟、生猪和木材5个品种。当年在桂阳、安仁、永兴、嘉禾4县完成早籼稻、晚籼稻、烤烟生产成本调查，其结果直报国家物价局；在桂阳、汝城县完成生猪、木材生产成本调查并报湖南省物价局。1996年，全市物价管理部门加强农产品成本调查工作力量，各县（市、区）均配备1至2名专职农产品成本调查人员，建立聘请特约农产品成本调查员参与调查制度。当年，郴州市工农业产品成本调查队被国家计委评为“全国物价系统农产品成本调查先进集体”。

1997年，郴州市物价局制定《郴州市农产品成本调查工作考评办法》，启动对各县（市、区）农产品成本调查进行量化考评工作。工业产品成本调查主要品种有小水电、化肥、医院自制药品，经考评审核减少不合理成本费用列支1000多万元，继对相应产品价格进行调整。1998年，市物价局组织开展教育收费、农资价格、自来水成本和农户种植意向等17项专项调查，根据调查结果提出价格调整方案，遏制乱定价、乱提价行为。

1999年，成本调查范围始由农产品、工业品向服务收费项目扩展。郴州市物价局、卫生局联合调查郴州市第一人民医院、第四人民医院和宜章县人民医院的医疗服务成本。依据调查结果，对其医疗服务定价收费中存在不合理的问题提出整改意见。

2000年始，郴州市物价部门加强商品房成本调查，审查新建商品房建筑面积21.22万平方米，核减不合理成本费用2547万元。与此同时，在郴州市城区重点开展城市供水、小水电、公路客运、出租汽车运营等成本调查。至2005年，郴州市建立健全主要农产品成本调查项目“一县三点九户”（每县每个成本调查项目至少有三个调查点，每个调查点至少有九家调查户）制度，促进成本调查的代表性和真实性。2005年，郴州市价格成本调查队被国家发改委评为2004—2005年度“全国价格成本调查先进集体”。

1989—2005年郴州市（地区）主要农产品成本收益情况对比一览表

表12-6-5-1

项目 \ 年份		1989	1990	1991	1992	1993	1994	1995	1996	1997
早籼稻（亩）	产量（千克）	378.85	417.00	409.00	379.00	363.00	360.00	394.25	373.90	366.00
	物资费用（元）	72.84	81.55	83.80	76.85	92.27	102.78	159.54	174.64	167.47
	用工数量（个）	20.70	21.90	21.80	23.00	21.60	23.60	20.30	18.80	17.10
	生产成本（元）	141.81	147.25	148.11	134.35	199.19	217.24	291.49	362.74	359.85
	净产值（元）	182.08	149.63	135.97	152.17	168.28	273.51	280.53	434.65	307.66
	减税纯收益（元）	33.05	76.69	64.80	87.92	50.63	147.31	124.26	215.21	92.72
晚籼稻（亩）	产量（千克）	413.25	365.70	374.20	429.70	394.00	376.00	404.00	425.00	357.90
	物资费用（元）	71.70	73.04	70.99	88.47	98.52	123.84	138.28	185.08	208.30
	用工数量（个）	19.90	20.80	17.60	20.30	19.20	18.60	17.60	17.60	16.40
	生产成本（元）	137.37	135.44	103.79	149.37	193.56	216.84	252.68	357.56	394.38

续表 12-6-5-1

项目	年份	1989	1990	1991	1992	1993	1994	1995	1996	1997
晚籼稻（亩）	净产值（元）	217.62	123.30	144.30	167.09	322.15	311.80	403.38	585.37	296.71
	减税纯收益（元）	72.76	52.61	84.27	99.40	210.38	202.40	268.07	379.88	92.21
烤烟（亩）	产量（千克）	126.40	143.50	128.80	157.80	140.50	111.50	119.40	144.60	139.30
	物资费用（元）	116.89	132.25	153.38	193.32	195.91	229.43	312.37	407.95	400.52
	用工数量（个）	51.80	51.20	51.20	46.20	52.70	55.50	52.90	54.40	54.10
	生产成本（元）	287.88	285.85	295.72	331.92	459.41	501.38	666.80	935.63	979.39
	净产值（元）	413.86	441.75	388.13	439.35	505.72	345.91	917.13	1532.93	923.06
	减税纯收益（元）	119.34	279.12	236.05	289.85	234.32	68.89	553.71	992.75	325.96
生猪(春季、头)	产量（千克）	105.53	100.20	120.00	94.15	119.35	113.50	122.60	107.05	137.90
	物资费用（元）	300.97	287.01	315.64	249.85	349.12	552.04	747.62	915.78	807.96
	用工数量（个）	28.80	32.00	17.70	20.10	23.70	40.50	40.00	34.90	27.10
	生产成本（元）	396.01	383.01	359.89	300.10	467.62	752.52	1027.62	1160.63	1141.70
	净产值（元）	423.80	120.24	112.19	124.66	136.12	229.12	32.46	93.55	433.85
	减税纯收益（元）	27.79	24.24	68.94	74.41	17.62	28.64	−251.54	−157.98	88.11
生猪(秋季、头)	产量（千克）	—	—	—	—	—	—	135.75	131.75	131.09
	物资费用（元）	—	—	—	—	—	—	983.54	864.18	786.77
	用工数量（个）	—	—	—	—	—	—	38.50	20.90	26.80
	生产成本（元）	—	—	—	—	—	—	1252.69	1069.33	1117.23
	净产值（元）	—	—	—	—	—	—	125.26	248.51	393.36
	减税纯收益（元）	—	—	—	—	—	—	−147.64	34.37	50.90

续表 12-6-5-1

项目	年份	1998	1999	2000	2001	2002	2003	2004	2005
早籼稻（亩）	产量（千克）	381.00	373.20	377.40	363.80	365.90	341.90	395.60	400.00
	物资费用（元）	185.38	178.59	158.52	152.06	166.77	160.16	202.72	220.20
	用工数量（个）	15.00	12.96	9.60	10.70	12.20	12.00	10.50	10.77
	生产成本（元）	365.38	300.06	288.38	312.56	394.47	308.96	315.52	356.94
	净产值（元）	250.64	166.07	120.78	138.98	169.14	152.32	382.70	323.30
	减税纯收益（元）	23.64	−7.18	−9.10	−41.16	−57.87	−14.14	242.52	162.62
晚籼稻（亩）	产量（千克）	454.40	413.60	354.80	406.80	406.70	398.00	427.70	438.90
	物资费用（元）	162.35	164.75	167.99	162.36	159.28	171.46	238.74	254.07
	用工数量（个）	13.20	11.70	10.70	11.80	12.50	10.50	9.30	9.64
	生产成本（元）	320.75	293.45	311.05	339.36	346.78	301.66	339.64	374.72
	净产值（元）	410.19	302.93	222.21	244.14	223.02	290.18	428.42	360.37
	减税纯收益（元）	213.12	153.41	79.15	47.50	−11.43	115.31	300.19	213.71

续表 12-6-5-1

项目	年份	1998	1999	2000	2001	2002	2003	2004	2005
烤烟（亩）	产量（千克）	137.88	151.80	155.79	131.50	149.80	134.30	160.50	168.90
	物资费用（元）	382.66	369.44	368.04	362.59	512.80	431.70	684.93	1046.72
	用工数量（个）	52.72	52.20	49.00	52.60	46.00	42.20	48.51	47.91
	生产成本（元）	970.00	1041.00	1025.49	1173.16	1179.80	954.98	1206.29	1781.52
	净产值（元）	483.01	1011.00	766.18	313.99	856.75	649.00	869.42	1161.09
	减税纯收益（元）	–147.52	308.10	114.32	–233.44	248.79	219.71	819.82	236.25
生猪(春季、头）	产量（千克）	88.30	132.80	93.60	104.00	101.20	108.90	95.10	119.60
	物资费用（元）	656.33	752.12	540.94	638.27	620.82	742.76	619.22	739.57
	用工数量（个）	5.80	19.65	3.30	3.10	1.10	44.50	24.03	6.57
	生产成本（元）	712.09	968.27	608.17	692.44	634.46	1294.56	943.64	842.50
	净产值（元）	–63.98	–150.66	96.17	97.12	18.21	75.42	516.56	108.09
	减税纯收益（元）	–125.75	–378.81	28.94	42.95	2.25	–476.38	177.15	3.84
生猪(秋季、头）	产量（千克）	82.00	87.80	100.50	102.00	100.80	83.70	—	—
	物资费用（元）	451.75	283.81	628.46	627.29	638.89	541.36	—	—
	用工数量（个）	9.50	5.80	3.46	3.80	1.90	32.80	—	—
	生产成本（元）	556.52	319.08	679.63	695.74	638.89	948.08	—	—
	净产值（元）	76.78	46.75	97.20	69.00	30.12	259.35	—	—
	减税纯收益（元）	–40.70	4.81	46.03	0.55	4.24	–147.37	—	—

说明：生猪只有春季数据的为全年数据

第六节　物价管理机构

1989年，郴州地区物价局内设办公室、价格科和综合信息科（1990年改综合价格科）。1992年3月，成立郴州地区价格事务所，与地区物价检查所合署办公，开展价格事务服务。10月，地区物价局从行署大院迁至地区物价检查所院内（郴州市城区飞虹路）。年内局机关内设机构作相应调整，增设房地产价格管理科。1993年3月，地区价格事务所从局机关折出单独设立。至此，郴州地区物价局下辖二级机构3个：地区价格事务所、地区物价检查所、工农产品成本调查队。

1995年10月，郴州地区物价局改称郴州市物价局，为政府工作机构，局机关内设机构亦作相应调整。2002年，市物价局房地产价格管理科更名为服务价格管理科，郴州市工农产品成本调查队更名为郴州市价格成本调查队，郴州市价格事务所更名为郴州市价格认证中心，专事涉案物品价格认证和价格信息服务。2003年，成立郴州市价格举报中心，专门受理和查处价格举报案件。至2005年，局机关设办公室、商品价格管理科、服务价格管理科、价格调节基金征收办公室、行政事业收费管理科、纪检监察室；下辖二级机构3个：郴州市价格成本调查队、郴州市价格认证中心、郴州市物价检查所。郴州市价格成本调查队加挂市价格监测中心牌子。是年，局机关及二级机构在职、离岗、退休人员计 77 人。

1989—2005 年郴州市（地区）物价局主要负责人名录

表 12-6-6-1

单位	姓名	职务	任职时间
郴州地区物价局	毛明辉	局长	1984.03—1993.02
郴州地区（市）物价局	黄才勇	局长	1993.02—

第七章 审计监督

第一节 国家审计

一、财政审计

（一）市本级财政预算执行审计

1994年8月，《中华人民共和国审计法》颁布。从1996年起，郴州市审计局建立年审制度，开始对郴州市政府的年度财政预算执行和其他财政收支情况进行年度审计。1996—2005年，郴州市审计局在此项审计中发现的主要违纪违规问题有：市财政部门应缴未缴预算收入、坐支预算收入、违规调整收支科目，未及时拨付预算支出、支出不合规、管理不规范，其挪用专项资金共计2.16亿元；市地方税收部门违规退库，应缴未缴税收收入计7799.1万元。市财政、市地方税务部门落实审计部门提出的整改意见，并将整改情况向郴州市人大常委会、郴州市政府报告。其间，财政审计注重揭示财政收支运行中存在的突出矛盾和提出改进意见，2005年，市审计局针对财政负债风险和专项资金管理存在的问题，报请以市政府名义出台《郴州市规避政府性债务风险实施细则》和《郴州市关于加强专项资金（基金）管理的意见》。

（二）县（市、区）级财政决算审计

自1986年起，郴州地区（市）审计局开始对县级人民政府的财政年度决算进行审计，三年审一次，一次审三年。2000年后，改为两年审一次，一次审两年。主要审计县（市、区）政府年度财政收入、财政支出真实性、合法性；政府税收计划执行、税款征收、划解及管理情况。1986—2005年，地（市）审计局对县（市、区）人民政府财政决算审计75次，查出违规违纪资金累计15.07亿元。主要有应缴未缴款6275.99万元，截留上级收入3539.73万元，虚列收支6.11亿元，截留专项资金6709.9万元，违规调整收支科目1.93亿元，多收多提1.06亿元，管理不规范资金4.32亿元。虚列收支、管理不规范和违规调整收支科目主要表现为弄虚作假、截留专项资金主要为截留土地、矿产资源以及税费收入。在此期间，查出违纪违规金额较多的有资兴市、嘉禾县、安仁县、桂阳县、宜章县。对11个县（市、区）财政决算中出现的问题，郴州地区（市）审计局按照财经法律法规提出整改意见，或责成调整账务，或要求归还原资金渠道，该上缴的上缴，应拨付的予以及时拨付。

1986—2005 年郴州市（地区）县级财政决算审计情况统计表

表 12-7-1-1　　单元：万元

单位	审计次数	违规问题							
		应缴未缴收入	截留上级收入	虚列收支	截留专项资金	违规调整收支科目	多收多提	管理不规范	合计
北湖区	8	402.31	424.94	443.70	794.69	222.00	964.60	7292.46	10544.70
苏仙区	9	306.36	501.29	3590.57	980.79	448.54	1158.16	911.89	7897.60
资兴市	7	596.99	847.96	7600.41	45.26	4397.93	86.48	6505.40	21080.43
永兴县	8	773.12	517.85	8942.79	547.02	100.00	1335.44	3099.58	15315.80
安仁县	5	172.48	74.65	10604.70	945.99	—	357.13	4805.12	16960.07
桂阳县	7	578.33	501.47	3264.90	230.65	2956.64	170.58	12088.27	19790.84
嘉禾县	5	663.93	328.50	16134.92	335.49	1399.35	543.27	809.44	20214.90
临武县	8	720.77	114.77	1031.87	1258.97	1910.82	483.41	1126.85	6647.46
宜章县	7	1239.90	133.15	6722.66	1098.18	5591.40	4291.98	6327.77	25405.04
汝城县	5	82.04	59.53	221.92	6.26	980.99	19.05	—	1369.79
桂东县	5	180.00	21.40	2124.50	466.60	86.28	1159.39	270.00	4308.17
开发区	1	559.76	14.22	441.56	—	195.00	—	—	1210.54
合 计	75	6275.99	3539.73	61124.50	6709.90	19288.95	10569.49	43236.78	150745.34

说明：1995 年 5 月地改市前，北湖区称郴州市（县级）、苏仙区称郴县

二、行政事业单位财务审计

1989 年以后，郴州境内行政事业单位财务审计由报送审计渐转为就地审计，重点是审查其财务收支真实性、合法性和效益性。1994 年，郴州地区审计局经审计发现郴州师范学校无收费依据的收费 13 种，向学生乱收费 80 万元，遂依法责令学校向学生退还乱收费金额。1995—1996 年，全市审计机关审计行政事业单位 411 个，查出违纪金额 8178 万元，上缴财政 793 万元，罚款 122 万元，追还被侵占挪用资金 1495 万元。此后，郴州市审计局组织就地审计重点项目有： 1997 年组成 12 个审计组，审计 12 家重点人民医院上年年度财务收支及经营情况；1998 年，对司法系统上年年度和对物价系统 12 个行政单位、34 个事业单位（1996—1997 年）的财务收支情况进行审计；1999 年，分别审计郴州市苏仙宾馆 1998 年度、郴州市广播电视新闻中心 1995 年 10 月至 1998 年 6 月的财务收支情况；2000 年，组织全市审计机关对市、县（市、区）工商行政管理局（1998—1999 年度）财务收支展开审计；2001 年，对郴州市质量技术监督系统（1999—2000 年度）财务收支及其他经济活动进行审计；2002—2005 年，先后对郴州师专 2001 年度、郴州市一中 2003 年度、郴州市委党校 2003 年度、郴州市交警支队 2003—2004 年财务收支情况进行审计。上诸单位审计查出的主要问题有乱收费、乱罚款；不严格执行收支“两条线”规定，财务管理混乱；公款私存，私设“小金库”；隐瞒、转移、截留罚没收入；滥发奖金、补贴、实物，漏交税费；超标准建房，虚列开支。审计完

毕后，均形成专项审计调查报告呈报，并分别向其单位提出整改意见。

1989—2005年，郴州市审计机关先后组织对市本级139个行政事业单位进行审计，审计总金额3.9亿元，查处违纪违规金额4883.7万元。其中查出违纪违规金额较多的有郴州市公安局交警支队、郴州师范专科学校，其金额分别达1300万元、900万元。

三、金融保险财务资产审计

1989—1994年，郴州地区审计机关对金融、保险机构重点进行财务收支审计，协同建章立制，规范财务管理。1995年后，对金融、保险审计着重由财务收支审计转向资产、负债、损益审计，突出对银行不良资产审查，查处各类违规经营活动和重大经济违纪行为。至2005年，全市共完成金融、保险审计项目29项，查出违纪违规金额4.05亿元。

（一）银行审计

1990—1991年，郴州地区审计局对中国建设银行郴州地区中心支行1989—1990年财务收支情况进行审计。重点审计财务收支的合规与合法性，审计发现的主要问题是挤占成本费用、当年收入转至下年、少列营业收入、虚列成本、少计利润、漏缴能源交通基金及预算调节基金，其挤占挪用信贷基金计347.22万元。审计作出收缴中央财政4.96万元的处理。1993年8月，审查中国农业银行郴州地区中心支行1992年度及1993年上半年信贷资金。该行违规拆借资金2600万元、动用信贷资金从事房地产业务4080万元。审计责成其归还原资金渠道，明令不得再违规动用信贷资金。9月，在审计中国建设银行郴州地区中心支行1992年至1993年上半年信贷资金中查明，该行超规模贷款6175万元，违规拆借资金6720万元，动用信贷资金从事房地产业务2415万元。审计作出理责成其规范信贷行为，并处罚款5000元的处理。此间审计还发现，中国工商银行郴州地区中心支行违章拆借1992年度和1993年上半年信贷资金1.27亿元，违规借给宏发房地产公司从事房地产业务3150万元；中国银行郴州地区支行违规拆借1992年度至1993年上半年信贷资金1.03亿元。审计后均责成上诸单位进行整改。1995—2005年，着重审计银行资产、负债、损益情况。1995—1996年，郴州市审计局分别对中国银行郴州市支行，桂阳县、永兴县、资兴市支行（1994—1995年）资产、负债、损益情况进行审计，督促这4家银行纠正设账外资金资产、虚列收入、人为调节利润、漏交税金、违规贷款和重计工资、福利费、工会经费等问题。两年间，共查处银行违纪违规金额8365.72万元，督促其收回外流（应收回）利息2018万元。

（二）保险审计

1992年至1993年5月，郴州地区审计局在审计中国人民保险公司（简称“中保”）郴州地区中心支公司1991年和1992年财务中，发现该公司挤占成本费用13万元、漏缴预算调节基金和能源交通建设基金17.06万元、漏缴中央财政收入0.2万元、隐瞒收入4.37万元等问题。审计处理为收缴财政22.96万元。1998年，审计中保财产保险有限公司郴州市分公司1997年度资产负债损益情况，查出该分公司漏缴企业所得税和应上缴的利润、用假发票报账套取现金、漏缴固定资产投资方向调节税、违规列账及会计科目使用不当等问题，计少缴控购调节基金328.85万元。审计处理要求其及时调整账务，补缴漏缴税金17.49万元。至2005年，保险审计查出主要问题是虚列保险赔款、乱挤占成本费用及设账外资金等。

四、企业财务、资产审计

（一）工交企业审计

1989—1994年，郴州地区审计局先后对地区直属和郴州市（北湖区）烟草、机械、交通、轻纺、化工、冶金、煤炭、电力等行业的38个工交企业，主要进行财务收支审计，同时还开展对承包经营的审计。1995年后，又开始试行工交企业厂长（经理）离任经济责任审计，并有针对性地向审查企业内部资产经营管理制度和经济效益方面延伸。2000年始改进企业审计方法，重点对改制企业和盈亏大户资产、负债、损益进行审计。审计部门注重寓服务于审计中，推动企业发展。2001年市审计局在对某重组改制企业进行经济责任审计时，发现该企业由于财务管理混乱，账目、资产不清，职工反映强烈。进审中对企业新开发资产营运和结存情况逐项清查盘点，累计核对资产出售、出租合同3000份，核实资产1.47亿元，往来账2070万元。同时逐一核实其销售收入、成本和利润。经审计核实，该企业资产为2014万元，比企业账面净资产215万元增加1799万元。继而审计组协同企业纠正会计核算失真，资产核算不实问题，并帮助企业建立健全财务管理制度。审计后职工心明气顺了，积极为巩固发展企业改制成果出力。1989—2005年，市本级审计工交企业98户，查处企业违规金额9890万元，上缴财政1000余万元。发现企业主要存在资产、负债不实，挤占成本费用、少计收入、设账外资金、转移国有资产经营收入，滥发奖金补贴、经营乱涨价乱提级，应缴而未上缴地方财政收入等问题。

（二）商贸企业审计

1989年，郴州地区地、县两级审计机关组成12个审计小组，对全地区117个粮食企业1988年度财务收支进行行业审计，企业审计复盖面达63%。审计查出违规金额1341万元，收缴财政724万元，弥补粮食亏损挂账634万元。郴州地区审计局据此总结撰写审计报告《应从四个方面加强对粮食企业的审计监督》，编印《郴州地区粮食行业审计违纪案例选编》读本，作为粮食系统警示教育教材。当年，全国烟台粮食审计研讨班推广郴州“以审促教”的做法。1991年，地区审计局在对地区商业集团贸易公司审计中发现重大违纪问题，经报有关部门查处，涉案金额近7万元，8名涉案人员受到党纪政纪处分。1996年，对郴州市药品经营公司和11个医药企业资产负债损益进行审计，审计总金额1.03亿元，查出违规金额616.5万元，收缴财政35.2万元。2005年，郴州市审计局受湖南省审计厅授权，先后审计嘉禾、资兴、临武、汝城、安仁、桂东、宜章、永兴8县（市）新华书店2003—2004年财务收支，查出违规金额1481.5万元，收缴财政42万元。其主要问题为隐瞒收入136.8万元，少计或多计销售成本27.9万元，公款支付个人建房费31.9万元，还将支付教育部门的让利费215.6万元计入“销售折扣与折让”科目，导致减少利润，漏缴国家税费及专项资金。1989—2005年，郴州地区（市）审计局审计商贸企业334户，查出违规金额8900万元，收缴财政1050万元。期间，对其集中组织重大审计项目9项。

（三）建筑安装和服务企业审计

1991年，郴州地区审计局对地区工程公司1989—1990年承包经营进行审计，查出违规金额100万元，其中查出截留利润、虚增利润、虚报产值、多提含量工资等问题。1994年，审计郴州地区宏发房地产开发公司1993年度财务收支情况，查出擅自改变借款性质、少计亏损和债权不实等违规金额561万元，管理不规范资金332万元。1999年，先后对郴州中国旅行社、郴州市水电建设公司1998年度资产、负债、损益进行审计，责成其纠正财务违规行为和补缴税款。2005年，市审计局审计郴州御泉大酒店有限责任公司2003年9月—2005年6月资产、负债、损益情况，查出违规用承包收入支付个人入股红利28.6万元，为客户单位虚开发票套取现金8.1万元。审计机关按照法律法规对其进行处罚，责成企业健全制度、认真整改。

五、专项资金审计

1989年后，郴州对上级和本级财政安排用于农业开发建设、资源环保、社会保障、民政福利、社会事业和外资援建方面的专项资金组织进行，在收缴、拨付及使用效果等方面的专项审计监督。至2005年，市本级共对15项专项资金进行审计，其中集中审计92次，审计总金额18亿元，其中外资1735.49万美元。涉审的18亿元中查出违纪违规资金1167.38万元人民币。其间，审计部门在开展专项资金审计调查中，注重剖析问题提出整改意见。

（一）农业专项资金审计

1989年，郴州地区审计局组织对农业综合开发资金进行专项审计（至2005年组织审计5次）。1995年查出第二期农业综合开发违纪金额350万元，处理归还原资金渠道320万元，同时及时向上级有关部门反映审计中发现的配套资金未落实问题。1995—2004年，市审计局经全面审计资兴市、苏仙区、汝城县、北湖区移民资金使用情况，提请有关方面及时下拨移民专项资金564.22万元。1997—2004年，组织3次全面审计国家级贫困县桂东县和汝城县、省级贫困县宜章和安仁县扶贫专项资金使用情况，提请有关方面按时拨付1997—1998年扶贫资金538.95万元、省级配套以工代赈资金60万元。2001年重点对全市2000年度水利建设基金的征管使用开展审计与调查。2004年6月，市、县审计机关联合审计安仁、桂东、永兴、嘉禾、临武、北湖6个县（区）2002—2003年水库移民口粮补贴款的管理使用，查处安仁县太源村克扣、挪用移民口粮补贴款33.04万元等违规案件。2005年5月，在对2002—2004年退耕还林工程专项资金审计中，查出安仁县洋际乡一副乡长截留退耕还林资金和补贴款1.56万元一案。

（二）社会保障资金审计

1998年，郴州市审计局开始审计社会保障专项资金，纠正郴州市劳动就业管理处1996年动用失业保险基金购买地方债券58万元问题。同时审计出市房改办在1997年12月至1998年期间违纪违规金额1.14亿元一案，收缴财政153.27万元，归还原渠道资金1.08亿元，核减财政拨款1.42万元，移送纪检监察机关处理1人。1999年，市审计局组织12个审计组，对1998年度企业职工基本养老保险基金和建筑行业劳动保险基金进行审计，查出挤占挪用和虚列支出、转移隐瞒企业基本养老保险基金和劳动保险基金9363.89万元，审计处理为收缴财政35.62万元，责成归还原资金渠道6809.47万元。2002年，市审计局审计市劳动就业管理处执行失业保险政策和财务收支情况，查证市本级1021个参保单位有28个单位欠缴失业保险基金计664.97万元。此项审计结果引起市政府重视，及时采取措施推进失业保险金缴纳。

（三）救灾款物及募捐资金审计

1996年，市本级对救灾款物及募捐资金审计项目有：市民政局1996年接收全市抗洪救灾募捐款2380万元和价值83万元救灾物资的发放，以及对郴州市希望工程光彩基金的筹集、管理使用；共青团郴州市委1992年1月至1996年8月希望工程募捐资金收支；郴州市社会福利有奖募捐委员会办公室1995年财务收支。在审计救灾款物收、管、用中，还重点抽查60多个重灾乡镇救灾物质到位和发放情况，并通过《郴州日报》向社会公布救灾款（物）使用情况。1998—1999年，郴州市审计局组织全市审计机关，跟踪审计1998年度全市抗旱救灾资金物资筹集、使用和管理情况，重点抽查市水电局、建整办、红十字会及部分乡镇相关情况。审计总金额2000万元，查出挤占挪用救灾专项资金63.71万元。同时对全市1998年度福利彩票发行、销售和对募集赈灾资金上解情况进行审计，查出违纪违规金额159.94万元，分别依纪依规作出审计处理。

（四）教育与计生专项经费审计

1996年，郴州市审计局启动教育专项经费审计。1996—1997年，市审计局对郴州市教委、郴州市六中、郴州师范、郴州师范附属小学进行财务审计，查出违纪违规金额498.7万元，其中挤占挪用教育经费158.9万元、漏列预算外收入193.9万元、滥发钱物21.37万元、挤占拖欠农村教育费附加102.8万元，其他违规金额21.73万元。审计后分别作出收缴财政、归还原渠道资金等相应处理。1999年，市审计局组织对全市1998年度城乡教育费附加征收、管理、使用情况进行审计。被调查学校（单位）213个，查出违纪违规金额1.46亿元。审计部门提出4条整改意见，责成其返还原渠道资金1038.88万元。2001年2月，对城市教育附加费进行专项审计调查。至2005年，郴州市审计局对教育专项经费进行4次集中审计，查出违纪违规金额计2.21亿元，其中挤占挪用1338.14万元。经审计处理为收缴财政107.56万元，追回被侵占挪用资金359万元。

1997—2005年，市审计局先后组织对全市1995年、1996年、2003年年度计划生育专项经费征收、管理、使用情况进行审计。审计单位涉及市与11个县（市、区）计划生育委员会、151个乡镇（街道）计划生育办公室，共查出违纪违规金额575万元。较为突出的问题是挪用计生专项经费166.40万元、坐支现金和其他违纪金额162.10万元、违规收费213.9万元。审计后对违规违纪资金分别提出处理意见，并收缴财政34.80万元。

（五）外资与国土资金审计

1991年始，审计部门适时对外资项目工程计划执行、资金到位、国际国内招标、设备到货、经费支出等情况进行审计，并出具审计报告向有关部门反映情况。到2005年，郴州地区（市）审计局审计外资在郴州援建涉外资金项目，有贫困县教育发展、区域造林、贫困地区林业发展、地方病防治、结核病防治、妇幼保健、红壤开发、种子商业化等10大类，审计涉及总金额4.07亿元，其中外资1735.49万美元，查出违纪违规金额1167.38万元人民币。审计发现问题主要为利用世界银行贷款的红壤开发项目配套资金未能及时到位，拆借挪用项目资金，固定资产和库存物质账实不符，还贷难度大，以及项目配套物资过多造成损失等。通过审计，发现的问题逐步得到整改。

1998—2002年，在对市、县两级国土资金征收、管理、使用分别进行审计中，涉及财政及国土资金主管部门23家，审计总金额1.44亿元。查出应缴未缴预算收入、改变征收项目入库、违规收费、挤占挪用国土专项资金等违规金额共计2765.96万元。审计后责成被审计单位归还原资金渠道2248.44万元，收缴财政128.06万元，移送纪检监察机关查处案件1起。

六、经济责任审计

（一）党政（事业）单位领导干部经济责任审计

1997年6月，郴州市委办公室、市人民政府办公室印发《郴州市行政企事业单位领导干部任期经济责任审计暂行规定》，部署推行领导干部任期履行经济责任审计。从1997年到2005年，郴州市审计局共对市本级167个单位的174名党政（事业）单位领导干部（含3个县区的县区委书记和县区长）进行任期经济责任审计，查出相关领导人任职期间单位出现违规金额4.77亿元，管理不规范金额4.81亿元，损失浪费金额2750万元，经济责任人被移送市纪委和检察机关处理33人。其间，审计重要项目有：对郴州市政府驻深圳办事处主任1994—1995年任期经济责任审计，郴州市财政局局长1994年2月—2001年8月任期经济责任审计，郴州市第一人民医院院长2000年12月—2003年6月任期经济责任审计。审计查出郴州市政府驻深圳办事处财务管理混乱，内部监督松懈，动用公款炒期货使单位损失228.7万元，直接责任人张某某被移送纪检监察机关处理。审计出郴州市财政局下属单位擅自外借财政资金7299.83万元（含实物国债本息），擅自动用公款380万元炒股问题，审计就此提出8条整改建议，相关责任人薛某某、俞某某等6人被追究刑事责任。在此期间，突出对党政领导干部（经济责任人）“三权”（经济决策权、经济管理权、财经政策执行权）行为的审计，并注重发挥审计结果教育作用。2005年，市委、市政府将市环卫原处长王某某滥用经济管理权以致涉嫌经济犯罪的审计结果，向全市通报，起到“审计一人，教育一大片”作用。

（二）企业领导干部经济责任审计

20世纪90年代初，郴州市审计机关开始对国有企业领导人经营承包责任指标进行审计，审计结论作为政府部门考核承包人业绩重要依据。随着国有企业改革深入，对企业领导人审计扩大为全面经济责任审计。1995—2005年，郴州市审计局先后对全市28户国有企业领导人任期经济责任进行审计。其中开展重大审计项目5项：对郴州玻璃集团有限公司董事长1989年7月—1998年3月任期经济责任进行审计，查明该企业财务管理混乱，资金流失达1377.84万元；对郴州化肥总厂厂长1991年1月—1997年1月任期经济责任审计，审计肯定其任职期间实行效益目标管理的业绩，也查处企业财务账目违规金额1687.97万元一案；对郴州汽车运输集团有限责任公司董事长、郴州玻璃集团有限公司董事长1998年3月—2001年12月任期经济责任分别进行审计，发现和纠正郴州玻璃集团有限公司潜亏和经营收入不实7566.67万元问题，同时将郴玻集团董事长彭某某因决策失误以致合作投资被骗185万元一案，移送市纪委追究责任；对玛瑙山矿矿长2001年12月至2004年6月任期进行经济责任审计，查出企业违规金额2674万元；对郴州市市场服务中心主任2000年6月—2005年6月任期经济责任进行审计，纠正该中心超标准收取物业管理费146.51万元、漏交税费9.94万元问题。

七、固定资产投资审计

从1989年开始，郴州地区（市）审计机关相继开展固定资产投资项目审计，重点审计基建工程项目资金来源和使用合规合法性、建设项目收费情况、工程造价真实性。1989—2005年，市本级施行重大建设项目审计五项：1990年6月对郴州地区化肥厂在建磷铵生产项目展开审计，项目概算总投资1642万元，审计查出该项目违反成本管理规定、挤占成本费金额1173.62万元；1995年对石面坦电站工程竣工进行决算审计，核定大坝一期工程投资额1332.80万元，比施工方决算报价2091万元节省工程投资758.20万元；1999年审计郴州市城区涌泉安居工程，该工程批准投资5000万元，审计查出有关部门乘机乱摊派乱收费、挪用建设资金，超计划投资等违规金额3993.34万元，随即郴州市政府常务副市长宋甲武主持召开涌泉小区安居工程规范管理工作会议，部署按审计建议落实整改。2001年10月组织对耒宜高速公路征地拆迁补偿资金进行审计，查出挤占挪用资金2537.71万元；2003年12月至2004年对郴州市政府搬迁工程及住宅区竣工决算进行审计，送审工程总造价1.36亿元，核减5227.67万元，审减率为28%，审计处理收缴财政50万元。2005年，市审计局完成御泉大酒店、汝城福泉山庄、市政府搬迁维修改造和扫尾工程4个重点建设项目投资审核。审核投资总额1.46亿元，核减工程款2200万元。同时，此间市本级还完成其他固定资产投资审计69项。审计查出问题主要有概算外投资、挤占挪用建设资金、多列概算、超规模超标准建设等。

1989—2005年郴州市（地区）国家审计项目审计情况一览表

表12-7-1-2

项目 年度	审计单位（个）	违规行为金额（万元）	应缴财政（万元）	已缴财政（万元）	促进增收节支（万元）	向司法机关移送（人）	建议给予行政处分（人）	提交审计报告（篇）	被批示采用（篇）	查出百万元以上违纪案（件）
1989	640	6215	1392	1191	144	15	2	48	18	4
1990	670	5331	813	619	238	4	2	69	50	5
1991	956	6113	489	417	60	2	9	43	15	—
1992	868	5695	386	405	39	1	1	71	13	1
1993	510	3849	393	395	119	1	—	264	152	—
1994	733	7935	635	593	161	2	—	246	144	—
1995	559	14432	746	691	257	—	—	337	197	9
1996	609	18715	2015	1853	23	1	—	400	222	19
1997	863	19221	2994	2797	2294	8	—	423	261	23
1998	961	37336	3301	2841	13615	—	—	411	268	11
1999	828	63739	1981	1728	17490	3	2	397	237	18
2000	887	47812	2327	2199	13200	21	1	434	272	22
2001	762	76769	2839	2488	18000	15	1	445	289	21
2002	753	58460	2087	1638	25200	17	6	463	284	65
2003	698	71722	2484	2286	23100	14	16	490	265	—
2004	702	72649	2541	2439	34630	27	—	628	259	—
2005	719	72345	2340	2163	54728	14	—	508	229	—
总计	12718	588338	29763	26743	203298	145	24	5677	3175	198

说明：已缴财政金额系指当年底入库数

第二节 内部审计

1989年，郴州行署、各县（市）所属行政事业、经济管理部门和大中型企业单位，陆续建立内部审计机构，配备专聘或兼职审计人员，逐步推开内部审计工作。1991年，郴州地区审计局制定和完善内部审计工作目标及达标措施，确定考核办法，推进内审工作规范化。

1995—1996年，全市912个单位开展内部审计，纠正违纪金额3412万元，查出损失浪费1377万元，促进增收节支1230万元；向司法机关移送案件4件，移送司法机关处理1人，建议给予行政处分12人。期间，全市先后开展"内审工作信得过单位"和"内部审计促管理创效益"竞赛评比活动。东江水泥厂、郴州市烟草公司、资兴市农行、桂东县教委、汝城县粮食局被湖南省审计厅评为全省内审先进单位。到1996年12月，全市各部门、单位设立内审机构208个，配备专职内审人员191人、兼职373人。其中设立专职内审机构102个。

自2001年6月始，全市推行内审人员持证上岗制度。2002年7月，郴州市内部审计协会成立（简称内审协会），内审工作转向以行业管理为主。至2005年，市内审协会先后组织内审人员参加全省内审业务培训430多人次，组织120多名内审人员参加中国内审协会在云南、黑龙江、内蒙古等地举办的内审业务后续教育。同时，组织内审人员参加审计资格考试，有315人陆续获中国内审协会颁发的内审人员岗位资格证书，2人获国际注册内部审计师资格（CIA）证书。2001—2005年，全市经济管理部门和大中型企事业单位内审机构完成内审项目2685项，查出违纪违规金额7.62亿元、浪费损失金额1615万元；内审中提出的整改意见被采纳1922条，评估促进增收节支9968万元；经内审向纪检监察部门和司法机关提交违纪违法案件线索15起，移送司法机关处理11人，建议给予行政处分56人。

2005年，郴州市审计局组织对全市内部审计机构进行检查。检查显示内审机构健全，内审人员均实行持证上岗，严格执行内审制度。2004—2005年，郴州市内审协会被湖南省内审协会评为湖南省内审工作先进单位。

第三节 社会审计

20世纪80年代末始，郴州地区地、县两级相继成立审计事务所（事业单位），依法承办审计业务和会计咨询、会计服务，受当地政府、审计机关委托进行财务收支和资产查证。地区审计局定期召开审计事务所所长会议，交流工作经验，进行业务指导。

随着市场经济的发展，从1992年开始，审计机关引导社会审计机构审计业务实行"三个转变"，即由接受审计机关委托为主向接受社会委托为主转变，由单纯的财务收支审计、验资为主向为社会全面提供审计服务转变，由服务领域以城市为主向城乡结合、市内市外结合转变。1993年底，审计事务所更名为审计师事务所。1996年，郴州市审计局印发《关于进一步加强审计师事务所建设和管理的通知》，要求各审计师事务所"扩大业务规模，理顺管理体制，提高业务水平"。是年，全市设审计师事务所12家，从业人员144人，其中注册审计师41人。1995—1996年，其接受2234个单位委托完成审计事项3016项，核减基建预决算2658万元，为委托单位挽回经济损失5467万元；核减虚假注册资金5877万元，促进单位提高经济效益3427万元。1996年，郴州市审计师事务所跻身湖南省“十强审计师事务所”行列。

1997年，湖南省计审厅下发《关于清理整顿审计师事务所和注册会计师工作的通知》，郴州市审计局据此制定《郴州市审计师事务所清理整顿工作方案》。1998年7月，经湖南省注册审计师协会检查验收，郴州市和北湖、苏仙区及临武、嘉禾、永兴、汝城县7家审计师事务所被认定为合格所。2000年10月，郴州市12家审计师事务所与审计机关脱钩改制，成为独立法人单位，业务上接受审计机关指导和监督。至2005年12月，全市有社会审计从业人员250多人。其间，全市各审计师事务所面向社会扩展资产评估、验资年审、基建工程预决算验证、经济案件鉴定、财务收支验证等审计业务，还选派审计人员担任一些企事业单位常年会计顾问，均取得较好经济效益和社会效益。

第四节 审计机构

一、郴州地区（市）审计局

1984年3月，原郴州地区审计处更名为郴州地区审计局，后内设机构几经调整，到1989年，审计局内设财政金融审计科、行政事业审计科、工交审计科、商粮贸审计科、基建投资审计科、办公室6个科室。人员定编40名，实有人员30人，1990年实有人员增至40名。1995年5月，郴州地区审计局更名为郴州市审计局。2000年3月，增设领导干部经济责任审计科。2002年1月，郴州市政府批准市审计局设立经济责任审计处。2004年4月，为加强经济责任审计工作，郴州市编委给市审计局增加全额拨款事业编制6名。2005年，又增设开发园区审计科和计算机审计科。至此，郴州市审计局机关内设财政金融审计科、行政事业审计科、经贸审计科、农业外贸审计科、固定资产投资审计科、经济责任审计处、法制科、政工科、办公室、监察室等10个科（处）室。全局人员编制46名，实有工作人员46人。

1989—2005年郴州市（地区）审计局主要负责人名录

表12-7-4-1

单 位	姓 名	职 务	任职时间
郴州地区（市）审计局	周德清	局 长	1984.12—1996.06
郴州市审计局	匡初坤	局 长	1996.07—1999.08
郴州市审计局	黄子明	局 长	2000.03—
郴州市审计局	曾寅阶	党组书记	2000.03—2001.06
郴州市审计局	陈哲余	党组书记	2001.06—

二、内审和社会审计机构

（一）内部审计机构

1989年，郴州地区设部门和单位内审机构83个，配备内审人员123人。1993年，精简机构，压缩编制，地、县（市）两级内部审计机构和人员数量精减20%。继后郴州市内部审计机构和内部审计队伍保持稳定。2002年7月，成立郴州市内部审计协会，为挂靠市审计局学术团体，至2005年12月，有团体会员81个，会员310人。2005年，全市有部门和单位内审机构109个，有专（兼）职内审人员355人，其中专职内审人员212人。

（二）社会审计机构（团体）

1992年，湖南省审计厅批准成立郴州地区审计事务所，为地区审计局二级机构，属自收自支事业单位。1993年12月，审计事务所更名为审计师事务所。1995年，郴州地区审计师事务所更名为郴州市审计师事务所，从业人员40人。1999年9月，全市地、县两级12个审计师事务所改制成合伙制社会中介机构。市审计师事务所更名为市审计技术服务中心。2000年10月，郴州市审计技术服务中心与市审计局实行人、财、物脱钩。11月，经湖南省注册会计师协会批复，在原郴州市审计技术服务中心基础上，组建郴州"正一会计师事务所"，为社会审计机构独立法人单位。审计机关只负责对其进行业务监督。在此期间，11个县（市、区）社会审计机构相应改制转体，成为自收自支独立法人单位。

第八章 统计

第一节 统计制度和统计执法

一、统计报表制度

1989年，郴州地区统计局建立国民经济、农业、工业、能源建筑业、运输邮政业、固定资产投资、劳动、商贸、社会综合等23种专业统计报表制度。每种专业报表下设若干表种，分别实行月报、季报、半年报和年报制。统计报表制度一般每年修订一次，主要调整表种、统计内容、标准和指标，用于规范当年统计年报和来年定期报表。统计报表制度实行按统计专业组织施行、由基层单位逐级统计上报汇总的工作程序。1999年始，全市推行统计方法及统计报表报送制度改革，即推行抽样调查、专项调查统计方法，规模以上工业企业定期报表实行分企业报送制度，大中型企业、贸易业实行联网直报制度等。

自2001年起，郴州市统计报表的设计、审批实施程序化、规范化管理。市政府明确凡郴州市有关部门向社会布置施行的统计报表，须按程序上报郴州市统计局，经湖南省、国家统计局审批和备案后方可实施。否则将视为非法报表予以查处，并通知相关基层单位拒报。至2005年，郴州市统计局先后对统计局内部新增各县（市、区）政绩考核5种报表进行审批、备案，对统计部门以外的郴州市残疾人联合会等6个单位申报新增统计报表，均按规定程序进行呈报、审批，备案后方准予执行统计。2005年，郴州市统计局制定《市直部门报表制度》《郴州市核算报表制度》，规范市直部门报表统计和专业增加值测算方法。

二、统计执法监管

1989年3月，郴州地区监察局、统计局联合印发《关于开展统计法规执行情况大检查的通知》，后从县(市)抽调人员用三个月时间开展县市交叉检查，检查142个单位。主要检查1988年粮食产量、农民收入、工业总产值、固定资产投资额、楼堂馆所项目、物价指数、社会集团购买力统计年报的指标数据质量。1990年8月，郴州地区统计局印发《关于抓紧抓好统计违法案件查处工作的通知》，要求依法从严查处统计违法案件。1992年9月和1995年7月，地区（市）统计局会同地区（市）监察局、法制办等部门，在全区（市）分别进行统计执法工作检查，重点检查乡镇、机关和企事业单位有无迟报、拒报统计报表资料，有无虚报、瞒报、伪造、篡改统计数据资料，有无违反规定自行编发统计调查表或自行公布统计资料等情况。其中在1995年7月检查中，通报批评资兴市香花乡政府虚报农业统计数据的统计违法行为。

1996—2004年，重点检查和纠正统计工作中弄虚作假行为。其间，郴州市统计局、市人大常委会财经委、市监察局、市政府法制办公室、市委纪委和组织部，多次联合检查和抽查行政事业及企业单位统计执法工作，先后检查县（市、区）66次，乡镇、企事业单位264次。在纠正统计工作弄虚作假违法行为中，立案查处943个单位，其中给予通报批评和经济处罚248个单位。2003年，在《郴州日报》刊登统计举报电话，让广大群众依法参与对统计公信的监督。2004年，汝城县统计局被国家统计局评为"全国依法统计先进单位"。

2005年，突出抓好乡镇和非公有制经济组织统计执法检查。4月，市统计局从11个县（市、区）中各分别抽取3个乡镇，由乡镇领导、统计员携带各种报表资料送市统计局，重点接受依法统计质量检查，并通报检查结果。5月，市、县两级统计局和郴州市经济普查办公室邀请人大代表、政协委员和媒体记者参与核查经济普查数据，核查455个非公有制经济组织的相关数据，督促其提高统计数据依法性和公信度。是年，全市统计执法检查644个单位，其中立案查处统计违法案件153件、予以经济处罚单位72个、通报典型统计违法案件13起。湖南省统计局在宜章县召开全省统计法规工作座谈会，郴州市统计局和宜章县统计局在会上介绍严格统计执法监督工作经验。

第二节　统计报表

一、综合统计

1989年，郴州地区地、县两级国民经济核算统计报表有"社会总产值和国民收入""社会总产值、生产、消费、积累平衡表""国民收入消费额""居民消费水平""国民收入消费与积累""国民收入积累额""国民生产总值和国内生产总值生产法计算表""国民生产总值和国内生产总值分配法计算表""国民生产总值和国内生产总值支出法计算表"共9种。在生产法计算表中，第三产业按四个层次分别计算；国内生产总值分配法计算中有"劳动者收入""福利基金（公益金）""利润（提留）、税金、其他和固定资产折旧"等6个项目；在国民收入积累额统计表中，国民收入积累额分为固定资产和流动资产两大类别，并分为全民所有制、城镇集体及其他所有制、农村集体及其他所有制、城乡居民私人住房4个项目；社会总产值计算范围只包括农业、工业、建筑业、运输邮政电信业、商业饮食业5大行业。

1992年，国家统计局改革国民经济核算体系，郴州地区设国民经济核算表8种。1996年，正式开始全国第一次基本单位清查，清查标准时点为1996年12月31日。全市经数据资料收集和汇总处理，查清全市拥有法人单位13220个。法人单位与产业活动单位比例为1∶1.54。1997年，完成国家布置的第二次投入、产出调查。2003年，国内生产总值核算报表有所增加，全市年度综合报表共11张，定期报表1张。

2005年始，郴州市统计局根据全市非公有制经济快速发展态势，在湖南省率先开展非公有制经济综合统计，及时掌握非公有制经济构成、效益、发展速度等基本情况。统计显示：2005年郴州市生产总值为475.81亿元。其中公有制经济增加值为203.18亿元，占总额42.7%；非公有制经济增加值为272.63亿元，占总额的57.3%。非公有制经济增加值高于公有制经济增加值14.6个百分点。

二、农业统计

农业统计报表分年报和季节性定期报表两大类。1989 年，郴州地区农业统计报表有 10 种，季节性定期报表为 5 种。1991 年，湖南省统计局、农业厅、林业厅、水利厅、民政厅联合实行湖南省农村社会经济统计一套表制度，其统计范围包括农业（含种植业、林业、牧业、副业）所有经济成份。全区农业统计分乡镇、县市调查统计表和乡镇月报表三部分。1993 年，为便于国内生产总值的核算，农村社会经济统计改为农林牧渔业统计。1994 年，农业产值年报中的农业净产值改为按农业增加值计算。

1993—1995 年，郴州地区（市）统计局结合农业统计，参照国家和省提出的农村小康标准，承担农村创建小康村考核统计和监测工作。统计人员深入农村搜集考核统计资料，采取随机抽样方法，进行质量检查、分析评估、数据处理、综合统计。1995 年，经统计部门进行经济指标考核，全市有 25 个行政村晋档升级达到农村小康标准。1996 年，国家实行新增《乡村社会经济调查》报表制度，以乡镇为单位进行统计。随着使用“SDP”软件包处理农业统计报表的推行，逐步实现全市农业统计数据超级汇总，数据审核到乡（镇），产值统一到乡（镇），减少人为干扰和操作差错。2004 年，国家统计局将农业产量、产值报表合并为《农林牧渔业综合统计报表》，取消《蔬菜及特种生产情况表》。至 2005 年 12 月，农业统计报表未有新变化。

三、工业统计

自 1989 年始，国家完善工业统计报表指标体系，统计内容发展到既注重产值、产量统计，又注重规模、结构、效益和质量统计。1991 年，增加预算内工业企业统计内容，按月呈报总产值。郴州地区玛瑙山矿等 141 家地、县预算内工业企业，纳入该统计范围。

1992 年，郴州地区对乡及以上独立核算工业企业经济效益综合指数，实行定期考核公布。1995 年，全国第三次工业普查将原对工业总产值采用产品和平均销售单价计算，改为按不含销售税计算。1998 年，境内工业统计分为两部分：第一部分是对全部国有企业和年产品销售收入 500 万元以上非国有工业企业，即“规模以上工业”进行全面统计，定期上报；第二部分是对年产品销售收入 500 万元以下非国有工业和全部个体经营工业企业（规模以下工业）进行统计。统计方法由抽样调查取得资料。1999 年，对规模以上工业企业统计报表分企业汇总上报，对其计算经济效益综合指数，并按比例系数法分月公布工业增加值总量及增长速度。同时建立规模企业联网直报制度。

2003 年，执行《国民经济行业分类》（GB/T47511-2002）标准。“木材及竹材采运业”由采掘业调整到农业统计中，“纤维原料初步加工业”调整至农业“农副产品初加工服务”中。工业统计报表新增加“废弃资源和废旧材料回收加工业”项，纳入工业统计范围。郴州有黄沙坪铅锌矿、郴州卷烟厂、郴电国际和八达玻璃厂等 11 户重点企业实现联网直报。同时，对大中型工业企业实行动态划分，按销售收入、固定资产原值和从业人员 3 个指标设定划分标准，每年公布一次。郴州市 5 户企业定为大型企业，41 户定为中型企业。2004 年，月报开始采用价格缩减法计算工业发展速度。2005 年，工业统计报表统计填报方法无新变动。

四、物资与能源统计

（一）物资统计

1989年，物资统计有定期报表和年报表。其有主要报表3种，分别对原材料、能源购进消费与库存数量、总值进行统计。1990年，新增全民和集体所有制独立核算工业产品销售与库存总值表及原材料燃料消费与库存总值表，至1998年，表种有重点能耗工业企业能源购进消费与库存、重点企业单位产品综合能耗报表。后随着市场经济体制的建立，绝大部分物资、原材料转入由市场调节供应，物资统计制度沿用至2000年为止。自2001年起，政府统计部门不再执行原物资统计报表制度。

（二）能源统计

1989年，郴州地区统计局对郴州地区县属及其以上企业和年耗标煤在500吨以上乡镇企业，开展"工业企业能源消费报表"和"主要工业产品原材料消耗情况表"统计。县、市和其地直主管局、公司能源水泵情况仍按1988年规定的综合报表上报，上报表种有年报表和定期报表、季报表和月报表4种。1993年，能源统计报表中新增"能源消费和库存"季度报表。2003年，增加"工业企业水消费"半年报表。2004年，全国第一次经济普查的能源统计，增加规模以上工业企业能源购进、消费及库存情况统计表。2005年，能源统计进行重大改革，郴州市设能源平衡报表32张，将煤炭、汽油、柴油、燃气等战略性能源统计范围，由规模以上工业企业扩大到全社会范围，并将电力（能源）消耗按三次产业、城镇和乡村生产消费进行分类统计。

五、建筑业与固定资产投资统计

（一）建筑业统计

1989年始，郴州对辖区内建筑业施工企业全部进行统计。1992年，建筑业统计报表制度进行部分修订。修订后统计内容包括建筑施工企业个数及平均人数；建筑施工企业总产值和净产值；建筑施工企业机械设备数量与功率；建筑施工企业固定资产、流动资产及利润；建筑施工企业工程项目质量；国有大中型建筑企业基本情况；建筑施工企业主要财务指标；国有建筑企业主要经济效益指标；建筑施工企业劳动生产率。至2005年12月，郴州建筑业统计报表制度无变化。

（二）固定资产投资统计

1989年，郴州地区对固定资产投资统计，根据不同投资对象采取不同统计调查方法进行。全民所有制和城镇集体所有制投资单位采取全面统计方法，农村集体和城乡居民私人建房，由统计部门和有关单位采取抽样调查或其他方法取得资料。统计主要范围是50万元以上基本建设项目、技术改造项目、房地产开发项目、农村非农建设项目以及城镇、农村居民建房。其主要指标包含在32种表格中。1990年，完善房地产开发统计报表，细化房地产投资总计划、本年度计划、累计完成数、本年度完成数、土地购置和开发资金来源、建筑面积等项统计内容。其统计报表制度自始沿用至2005年。

六、商业与对外经贸统计

（一）商业统计

1989年，郴州在商业统计中执行上年制定商业定期统计表式12种，其中电信月报3种、表式月报6种、季报2种、半年报1种。1990年，报表制度进行过一些修订。修订后综合年报表共8种，主要包括商品零售额及构成、零售量、商品购销存总值及数量、农副产品收购额及数量和社会商品购买力等内容，还含国有商业及供销商业经济效益主要指标、商业企业主要财务指标、城乡集市贸易情况。1992年，调整和细化以上统计内容，制定商业统计报表34种，其中年报22种、定期报表12种。随着商业个体私营经济快速发展，1997年对1992年报表制度进行调整，设综合定期报表4种、综合年报表6种、基层定期报表5种、基层年报表5种。新增民营经济、个体私营经济成分情况的统计。至2005年，郴州商业统计报表制度比较稳定，无变化。

（二）对外经贸统计

1989年，相继设立利用外资统计报表8种。1990年，根据湖南省统计局、外经贸委颁发的《湖南省利用外资统计制度》，增加利用外资报表4种，取消3种。在进出口统计报表中，分别增加从欧洲共同体、东欧、东盟进口和出口总值两个指标。到1991年，郴州地区编制主要外贸、外经统计报表4种，其中设有自营总额及商品数量、外贸收购总值及收购数量、外商投资项目、投资总额、注册资本、合同外资和实际利用外资等统计内容。以上对外经贸统计报表沿用至2005年。

七、劳动工资统计

1989年，郴州地区劳动工资统计分定期统计报表和年度统计报表。定期报表分基层单位定期报表和地区综合定期报表，按季统计。年度报表共9种，基本涵盖全民、集体所有制单位固定职工和合同制职工工资构成、来源和变动情况。1990年，国家统计局和湖南省统计局调整年度报表种类和统计指标，增加劳动力资源与分配平衡表、职工保险福利费及构成情况表共6个表种。1991年，年报内容增加待业人员就业安置和城镇待业人员变动情况。1994年，劳动工资统计增加城镇劳动力供给去向和农村劳动力进城务工情况。继国家统计局对国民经济行业分类进行修订，劳动工资统计年报在分类统计时按新标准执行，行业分类由原12大行业调整为农、林、牧、渔业和制造、电力、建筑业等16大行业，同时对国民经济行业的中类和小类作调整。1996年，劳动工资统计报表增加其他单位职工人数与工资项目。1997年，于职工人数报表中增设下岗职工、职工工资总额报表中增设下岗职工生活费两项统计指标。1998年又取消其两项指标，增设离开本单位仍保留关系的职工年末人数和生活费指标。

2002年，开始执行国家统计局制定的《国民经济行业分类》标准，调整门类、大类、中类和小类。郴州市劳动和社会保障局、市统计局、市工商局建立城镇新增就业人数联合会审制度，对有关数据和指标统一口径对外发布。同时，对县（市、区）房地产业劳动报酬，非市场、非盈利服务行业劳动报酬情况设表进行统计。其报表制度沿用至2005年。

八、人口、旅游、科技统计

（一）人口统计

由统计部门、公安部门共同负责统计。1989年，湖南省同时实行两套人口统计报表，相互监督和验证。一套由湖南省统计局制发，由乡镇政府和街道办事处统计人员填报；另一套由湖南省公安厅制发，由乡镇和街道派出所户籍民警填报。统计部门每年进行一次1%人口变动抽样调查，根据人口抽样调查资料，结合当地计划生育部门统计的“三率”（人口出生率、死亡率、自然增长率），综合评估推算出区域内总人口及构成。其统计制度和方法沿用至2005年无变化。2005年，全市人口统计为总人口460.88万人，其中男性240.63万人、女性220.25万人。

（二）旅游统计

1989年，郴州地区旅游业报表执行上年由省统计局、旅游局统一制定的统计报表，共15种，其中月报7种、季报4种、半年报1种、年报3种。主要由郴州地区统计局、地区旅游局执行3种，由各涉外宾馆、景点景区管理局（处、所）执行8种。1991年，湖南省统计局重新修订《湖南省旅游统计制度》，在原统计指标基础上增加旅游设施、旅游经济效益方面内容。至2005年，湖南省统一制定的旅游统计制度和报表无变化。2005年，全市统计接待国内外游客631.40万人次，实现旅游总收入42.20亿元人民币，占全市总产值的8.9%。

（三）科技统计

科技统计由市科技局和市统计局分工负责进行。市科技局负责科技资源、技术市场、科技人员、科研机构基本情况统计。市统计局负责大中型工业企业科技基本情况、高新技术产品统计，及科技兴业统计监测。科技统计报表主要有9种，其中年报8种。1989—2005年，科技、统计部门统计分工与统计方法无大变化。

第三节 专项统计调查

一、投入产出调查

郴州地区（市）按照国家统计局部署，分别于1992年、1997年和2002年进行3次投入产出调查。在1992年的全国投入产出调查中，郴州地区有18家工业企业被列为湖南省投入产出调查单位。郴州地区统计局组建投入产出调查办公室，牵头组织各单位完成调查任务。在1997年的全国投入产出调查中，除前次参与调查的18户工业企业外，还在北湖区另行确定60户农户作为农业行业投入产出调查对象。在2002年全国投入产出调查中，市内调查单位增至32家，涵盖工业、农业、商业、住宿业、医疗服务行业。为拓展调查面，郴州市投入产出调查办公室，并在金融、保险和其他服务业增加6个调查单位。调查数据资料直报湖南省统计局汇总。此外，推行对投入产出专项调查成果的利用，2003年8月，郴州举办全市投入产出调查资料开发利用培训班。至2005年，郴州筑路机械厂、湖南东江水泥厂、湖南炭素厂应用投入产出调查资料，优选生产开发项目成效明显，受到市政府领导和湖南省投入产出办公室好评，其中有两项应用成果被湖南省统计网站转载。

二、农业普查

1995年10月，郴州市成立农业普查领导小组办公室，按照国务院统一部署组织开展全国首次农业普查。郴州市人民政府印发《关于认真搞好首次全国农业普查工作的通知》，要求通过普查全面了解和掌握农村生产力和农业产业构成及发展的基本情况，为各级党委、政府制定农业和农村经济发展规划提供确切依据。1996年为调查年份。4月，召开各县（市、区）农业普查办公室主任会，各县（市、区）政府领导向市政府签订“郴州市首次农业普查工作目标管理责任状”。全市对251

个乡镇、2963个行政村和5766个非农乡镇企业、85.16万户农村居民、3.98万个非农户类农业生产经营单位，均展开现场调查以获取准确数据。农业普查查明郴州农业基本情况：全市1996年12月有乡村人口334.96万人，农林牧渔业劳动力161.21万人；1996年农作物播种面积为306.06千公顷，其中种粮251.52千公顷、油料7.64千公顷、棉花1.56千公顷、烟叶22.18千公顷、药材0.23千公顷、蔬菜14.23千公顷、麻类2.40千公顷、饲料3.80千公顷。

三、工业普查

1995年6月，根据国务院统一部署，郴州市开展第三次全国工业普查。市、县两级成立工业普查领导小组及办公室，配备普查专干，安排专项经费。这次普查主要是查清企业类型、工业产值和外商投资企业资产状况，采取直接发表调查方式进行。1995年为普查年份。普查表明，1995年12月，郴州市乡及乡以上工业企业1663个，其中轻工业485个、重工业1178个；大型企业8个、中型企业24个、小型企业1615个。乡及乡以上工业总产值55.47亿元（90年不变价，下同），比1985年增长1.9倍，比1990年增长60.3%，10年间平均每年递增11.3%。其中轻工业产值16.05亿元，比1985年增长1.1倍，比1990年增长38.4%，10年间平均每年递增7.7%;重工业总产值39.41亿元，比1985年增长2.4倍，比1990年增长71.3%，10年间平均每年递增13.2%。普查结束后，编印《第三次工业普查资料汇编》。

四、经济普查

2003年12月，国务院下发《关于开展第一次全国经济普查的通知》。2004年，郴州市启动开展第一次经济普查，重点普查单位标志、从业人员、资产、效益等状况。普查结果显示：2004年12月，郴州市有独立核算法人单位13642个，年末从业人员50.35万人，全部工业企业销售产值348.46亿元;全部工业企业实现总产值350.88亿元，拥有资产总计332.76亿元。其中规模以上工业企业总产值268.19亿元、企业资产241.50亿元，规模以下工业企业工业总产值82.69亿元、企业资产91.26亿元。全市工业企业有科技人员1876人，其中高中级技术职称人员970人。全市有总承包和专业承包建筑企业85户，从业人员3.34万人，年末建筑业机械设备总功率17.24万千瓦，全市建筑业实现总产值24.64亿元、增加值5.80亿元；有房地产开发企业152户，年末从业人员4997人，完成房产投资额21.68亿元，其中住宅投资额12.39亿元。2005年，组织做好经济普查报表审核、经济普查资料开发应用工作。

五、人口普查与抽样调查

1989年，郴州按照国务院统一部署开展全国第四次人口普查，普查标准时间为1990年7月1日零时。普查对象是具有中华人民共和国国籍、在国境内常住自然人，此次普查较第三次人口普查增加人口迁移情况调查。1995年，全市开展1%人口抽样调查，调查采取分层次、多阶段、整群抽样方法展开。北湖、桂阳、永兴、汝城、桂东、安仁6个县区被抽中成为人口抽样调查单位。2000年，全市开展第五次全国人口普查，普查标准时间是2000年11月1日零时。普查结果：全市总户数124.80万户，总人口432.48万人，比1989年第四次人口普查增加11.22万人，平均每年增长0.26%，自然增长率为5.47‰。总人口中男性226.35万人，女性206.13万人，男女性别比109.8∶100。全市人口密度为每平方公里223人。2005年，郴州又组织进行一次全国1%的人口抽样调查，调查在全市11个县（市、区）抽取72个乡镇（街道）、140个居民（村民）小组、191个调查小区开展。1995年和2005年两次1%人口抽样调查数据，均报省统计局汇总处理。

六、城市住户经济调查

1992年，郴州地区开展城市住户经济调查，主要调查城市住户现金收支、消费支出、家庭居住及其收入水平、实物收入等基本情况。2003年，全市又一次开展城镇住户经济调查。6月，郴州市率先在湖南省开展县级城镇住户调查，调查城镇居民520户，搜集统计各县（市、区）城镇居民可支配收入指标，推进县域经济考核。2005年，郴州市再次组织进行城市住户经济调查。调查显示：2005年郴州市城市居民人均年可支配现金收入9595元，比上年增长12.0%，人均年消费支出8349元、比上年增长7.7%；年末人均手存现金456元，同比减少26元。显示出城市住户可支配收入和消费支出同步增长的走势。

七、农村住户经济调查

1989年，郴州地区农村经济调查队抽样调查农村住户粮食、油料作物播种面积和产量以及肉猪饲养产量，并公布调查结果。1990年，全区农村住户经济调查主要调查农民家庭基本情况、农民家庭种植饲养、渔业生产、家庭收入和消费支出等情况。调查网点采用随机抽样方法，确定调查户790户。之后，在开展农村住户经济调查中进行调查网点扩点和轮换，增强调查网点代表性。1991年，调查网点增加到800户。到1995年，对老网点全部进行轮换。2000年，调查户扩展到1040户。2005年，郴州市所设国家调查网点和地方调查网点再次全部进行轮换，设置调查网点90个870户，常住人口3214人，调查后汇总资料805户。当年调查显示：2005年全市农村居民人均纯收入3506元、比上年增长10.9%，人均消费支出2761元、同比增长10.7%。年末人均手存现金982元，同比增加16元；期末人均银行存款余额1689元，同比增加308元。调查比较客观地反映了郴州境内农户经济收支等主要情况。

第四节 统计技术与统计服务

一、统计技术

1989年在开展第四次全国人口普查前，国家统计局为郴州地区统计局无偿调拨微机、打印机计15台，改善人口普查统计技术。1992年，全区统计工作开始使用计算机汇总技术进行统计资料、数据分析。2000年开展第五次全国人口普查，国家统计局为郴州市统计局无偿调拨双面自动光电扫描仪、微机、激光打印机计5台；市统计局自筹资金20万元，添置先进自动化统计办公设备6台。2002年，湖南省统计局给市统计局无偿调拨网络设备思科路由器1台，市统计局自筹资金30余万元加强统计信息化建设。2004 年正值第一次经济普查时，国家统计局又无偿向市统计局调拨微机和服务器价值 10 多万元，下发统计 SARP、HAPS 和 MITT 正版软件及办公软件。市统计局自筹资金 40 万元添置液晶显示器、刻录机、激光打印机、微机等现代化统计设备。至此，郴州统计技术向现代电子技术发展，统计数据传输向网络化发展。

2005 年，市统计局筹资 30 万元购置神舟 P4 液晶显示微机、IBMX106 服务器、科士达 500VAUPS 机、TPLINK16 口交换机等。其网络中心有 P3 服务器 4 台，民调中心有 P4 服务器 1 台、P4 高档微机 59 台、视频会议系统一套。其年，市、县两级建成和开通局域网络，有网上客户微机 154 台；乡镇统计站配备微机 151 台，配机率达 59.7%。郴州市统计数据传输网络化系统基本形成，实现普及网络信息报送工作，统计软件单机版升级为网络版。统计信息网站、视频会议系统、语言通信系统、电子邮件系统陆续开通运行，统计应用整体社会效益渐趋扩大。此外，郴州市大型经济社会普查数据资料全部进入电脑管理。1989—2005 年，郴州地区（市）统计局运用先进统计技术，进行的第三产业、工业、基本单位、农业和经济 5 项普查数据处理，均被国家统计局评为该项数据处理先进单位。

二、统计服务

从 1989 年始，郴州统计管理部门出台多项激励措施，鼓励统计人员围绕经济社会建设重点问题开展调查研究，撰写统计分析材料，服务于实际工作。郴州地区（市）统计局先后形成《我市科技力量在全省的排位及其对策》《对国有工业企业改革与发展的思考》《警惕国有企业的隐形亏损》和《大中专毕业生分配步履艰难》等统计调研报告，引起市政府和相关部门重视，促进工作的改进。其中撰写的《大中专毕业生分配步履艰难》受到时任国务院副总理李岚清签批。1995 年起，郴州市统计局每年选择 50 篇以上各类统计分析资料，登载在自办简报《统计调研报告》《统计信息》和《统计简报》上，供市领导和有关部门参阅。统计部门还与各种传媒建立通信网络，提供郴州经济建设成就和社会发展情况信息统计资料，提高统计资料社会应用率。每年被市以上报刊、广播和电视台采用统计信息稿件 30 余篇。其中市统计局经过统计数据分析综合，撰写反映郴州撤地建市十周年成就的《辉煌十年》一稿，在《湖南日报》全文刊登。市统计局每年还在报刊上发布郴州市年度统计公报，将年度统计的 13 大类综合数据向社会公布。同时编印发送《郴州统计月报》《全市主要经济指标完成情况通报》季刊，为各级领导干部和部门了解经济社会运行情况提供资料依据。

1989—2005 年，郴州统计局结合全市中心工作，先后组织进行县（市、区）经济社会发展评价考核、小康村晋档升级、经济强镇（乡）村等项工作统计考核。1995—2005 年，市统计局制订考核方案，每年对 11 个县（市、区）经济社会发展情况进行评估。评价指标体系包括：地区生产总值、农业经济、工业经济、第三产业经济、外经外贸、乡镇企业、个体（私营）经济、地方财政、基础设施、社会发展 10 个方面内容，及时为市委、市政府制定县域经济发展计划提供数据资料。其间，市统计局还代市政府制订推进工业化、农业产业化和城镇化进程考核评价方案，由市政府办公室下文付诸实施；对境内省级经济技术开发区（园区）、85 个小城镇、市属重点工业企业、重点建设项目主要指标完成情况，进行定期统计监测通报；并开展行风评议社会量化测评工作，推进行业行风建设。2005 年，市统计局为市政协开发一套“提案管理查询系统”，拓展统计信息化工作服务领域。

第五节　统计机构

1989年，郴州地区统计局人员编制33人，局内设机构有科、室、站7个，下辖二级机构计算站和农村经济调查队。11个县市均设立统计局，人员编制183人。郴州地区292个全民企业有260个设立综合统计科；248个乡镇有230个成立统计站，占乡镇总数88.7%。

1995年5月撤地建市后，郴州地区统计局更名为郴州市统计局，人员编制35人。原郴州市（今北湖区）城市统计调查队（全额拨款事业单位）升格为副处级单位，上划隶属于郴州市统计局。市局机关内设机构变化不大。1999年，市、县两级统计局相继成立企业调查队。2002年3月5日，郴州市人民政府办公室印发《郴州市统计局职能配置、内设机构和人员编制规定的通知》。据此局机关内设办公室、监察室、综合科、社会科、法规科、工交科、投资商贸科、计算机中心共8个科、室（中心），下辖二级机构有农村调查队。至2005年12月，市统计局机构无变化，人员编制42人，11个县（市、区）统计局人员编制246人。全市250个乡镇均设有统计站，村级配备兼职统计员625人。全市基本形成以市统计局为中心，以机关企事业单位统计科（股、室）、乡镇统计站、村级统计组为基础的统计工作网络。

1989—2005年郴州市（地区）统计局主要负责人名录

表12-8-5-1

单位	姓名	职务	任职时间
郴州地区统计局	李节生	局长	1986.01—1991.01
郴州地区统计局	殷芝莲	局长	1991.01—1991.11
郴州地区统计局	周礼山	局长	1991.12—1994.12
郴州地区（市）统计局	向曾榆	局长	1994.12—2001.08
郴州市统计局	邓述佑	局长	2001.08—2005.12
郴州市统计局	向曾榆	党组书记	2001.08—2003.08
郴州市统计局	陈冬文	党组书记	2003.08—2005.12

第九章 食品药品监督管理

第一节 食品监督管理

一、工业生产食品监管

（一）生产环节监管

1989年7—8月，郴州地区卫生局、食品工业办联合工商、商业、供销部门组成3个检查组，对郴州11个县（市）冷饮、饮料、饮食、糕点、肉食和集贸市场制作食品卫生状况进行检查，检查食品生产经营单位129家、食品卫生管理组织33个。经检查，通报表扬汝城县、宜章县、郴州市（今北湖区）辖区生产食品卫生安全状况较好的34个单位，批评安仁县、永兴县辖区计26个食品制作单位“脏、乱、差”现象。

1990—1991年，郴州地区卫生部门着力督促实施国家食品卫生法，提高工业生产食品卫生安全质量。1990年，全区对31家冷饮厂进行重点抽检监测，抽检样品1594件，合格率87.8%，合格单位由地区卫生局颁发卫生合格证；分期分批组织34707名食品从业人员进行体检，对8343名食品作业人员进行就地卫生安全培训；经监测全区自行制作、生产食品卫生质量合格率84.2%。1991年，全区配备135名食品卫生监督员，其中专职58人。年内，监测各类自制食品5522种次，卫生质量合格率升为89.8%，比上年提高5.6个百分点；监测、检查食品生产单位15405户次，立案处罚1685户次，没收销毁伪劣食物产品3.80万千克，罚款3.50万元；境内13个水厂出厂水质综合检测合格率平均为89%。当年宜章县成立食品卫生领导小组，1992年投入460万元改善食品生产卫生条件，对全县1772家食品生产经营单位定期抽检，均建立卫生档案。1993年，宜章县被卫生部评为“全国食品卫生示范县”。

1997年3月、4月，安仁县华王乡中心小学先后发生两起因砷化物导致715名师生食物中毒重大事件，经迅速组织抢救未酿成严重后果。郴州地区以此为鉴，当年力抓食品标签强制性标准实施的监督检查，经抽查食品生产企业食品标签合格率为81%。对食品生产经营厂家32792名从业人员全部进行体检．其中查出1335名“五病”[①]患者全部被从业单位辞退。年内取缔非法食品生产厂家39户，捣毁一个违规生产儿童饮料作坊，并在郴州电视台公开曝光。

1999—2002年，加强对食品生产卫生专项检查，把好食品安全关。1999年中秋节前，全市对

① “五病”指化脓性皮肤病、活动性肺结核、痢疾、伤寒、病毒性肝炎。

工业生产食品厂家开展二恶英污染食品、月饼生产卫生专项执法检查，受检生产单位达100%。当年郴州市城区遭“8·13”洪灾后，卫生防疫部门即对城区7个水厂进行水质专项监测，出具水质监测报告245份，同时对受洪水污染的所有水井进行消毒；检查食品生产、经销单位7562家（次），查封变质食品4.25万千克，销毁3.98万千克，使郴州市灾中无一人因食品感染疾病或中毒。2001年，郴州市卫生局联合工商、质监、公安等部门开展6次食品卫生专项整治活动，取缔无证非法食品生产经营单位176家、责令停业进行食品生产卫生整改259家，罚款29.85万元。组织饮用水专项监测监管，城镇供水监测和农村用水监测覆盖面分别达98.2%和97.62%，城市二次供水监督测盖面100%。2002年，郴州市质监局根据群众对米粉生产和学校饮食所反映的问题，督促郴州城区80家米粉店按地方标准组织生产，会同教育、卫生部门对学校豆奶生产加工作坊和水厂进行监测整顿，取缔水质不合格水厂2家。

2003—2005年，郴州市卫生局联合城管、教育、公安等部门，先后对郴州市中心城区中小学周边食品生产经营场所开展6次执法专项整治，查处取缔学校周边无证食品经营户65家。部署对100平方米以上餐饮经营单位和学校、幼儿园、托儿所食堂，实施食品卫生监督量化分级管理制度。期间，郴州市质监部门会同卫生、工商等有关部门，查处6家使用发黄变质大米和添加亚硫酸钠加工米粉生产企业，帮助76家合格食品加工企业提质升级使用“QS”标志，重点查处一件无害化处理厂用死猪肉制腊肉、炼猪油案件。2005年，全市有获食品生产许可证企业28户。

（二）流通环节监管

1989—1994年，郴州地区工商行政管理部门和质监部门在对市场流通食品监管工作中，查处假冒伪劣食品9882千克，变质瓜子、糖果、饼干1.14万千克，冒牌白酒1.08万瓶、假酒7.33万瓶。立案重点查处销售假茅台酒案3起，共670多件标值73.3万元。

1995—1998年，郴州市政府组织卫生、公安、工商、质监部门开展以监查市场食品安全为主的“打假除劣”专项行动。其间，先后对全市1.3万家酒类经营场所进行“地毯式”全面检查，查扣假酒5.58万瓶，其中假茅台酒3624瓶标值36万多元；查处67家食品违法经销单位；烧毁市场变质饮料5.87万瓶、病死猪肉140千克。全市流通环节食品卫生安全质量随之渐趋提高。

2000—2004年，郴州市卫生、工商部门4次联合开展食品打假和“食品安全月”行动。此间，组织全市专项检查副食品、保健食品上市质量，查出不合格食品10余类53个品种，查处销售假烟假酒，变质糖饼、饮料、奶粉、霉变大米和病死猪肉加工品等违法经营案件549起。至2004年，全市放心肉、菜销售网络延伸24家集贸市场及超市，设立放心肉菜销售专柜30个。

2004年6月，成立郴州市食品安全委员会，由分管副市长任主任。委员会建立食品安全委员会成员单位联席会议制度，督促各成员单位协作以市场流通为重点落实食品安全监督管理责任。2005年，郴州市食品安全委员会印发《郴州市食品安全综合考核评价细则（试行）》，部署启动食品安全放心工程，实行食品安全目标考核评价制度。当年，各县（市、区）开展以粮、肉、蔬菜、水果、奶制品、豆制品、水产品经营为重点的食品安全专项整治活动。检查超市159家、市场145个、个体经营户3234户、批发商53户，取缔无证食品经营户364户，捣毁食品制假窝点14个。

二、农业生产食（产）品监管

（一）生产环节监管

1989—1996年，郴州地区重点加强蔬菜、水果、粮食安全生产监管，组织各级农技人员下乡指导农民科学使用化学农药、肥料，协助种植无公害优质农产品。其间，城镇专业菜地发展至 1370.6 公顷，首次超过湖南省下达的建立专业菜地指标面积。推广种植优质安全无公害蔬菜、水果和水稻。桂东县被列为湖南省优质蔬菜生产基地县。到 1996 年，全市以优质米、果、粮为主导产品的种植业迅速发展，仅优质玉米播种面积就由 1994 年的 5973 公顷扩大到 1996 年的 13180 公顷。

1998 年，郴州市政府组织市直相关部门和各县（市、区）政府负责人赴山东省寿光市考察无公害蔬菜生产，并从当地聘请 12 位技师到郴州指导。全市建立无公害蔬菜示范基地 12 处，新增优质蔬菜种植面积 4.13 万公顷。2000 年后，郴州市质监部门加大对农产品生产的标准化管理。2003 年，市农业局成立农产品质量安全工作领导小组，加强农产品质量安全监测。当年对从境外引进种植的 69 个新品种进行质量安全检测。到 2003 年，市级无公害蔬菜生产示范基地发展到 62 个、总面积 2467 公顷，上市总产量占上市商品蔬菜总量的 54%。全市被湖南省认定的无公害蔬菜生产基地 41 个、面积 1.73 万公顷，比湖南省下定目标面积超过 6600 多公顷。全市还兴建蜜柚、冰糖橙农业标准化示范基地 12 个。

2004 年 9 月，郴州市政府办公室印发《关于加强农产品质量安全工作的通知》，成立郴州市农产品质量安全工作领导小组，负责农产品质量安全和农业标准化管理工作。2005 年，市农业局增设农产品质量安全中心和绿色食品办公室，主要负责无公害农产品、绿色食品和有机食品的认证工作。郴州市建立无公害农产品面积 8 万公顷。其中水稻 4.9 万公顷、无公害茶叶 5400 公顷、无公害瓜果 2.56 万公顷，通过无公害绿色和有机食品认证产品 69 个，分别完成省下达任务数的 367.5%、130.0%、148.3%、276.0%。至 2005 年，郴州市建有经省验收认定的无公害农产品生产面积 3.6 万公顷，为省下达 4670 公顷指标任务的 7.7 倍。

（二）流通环节监管

1989 年后，郴州地区（市）加大对农产品在流通环节监管，重点进行农产品安全检测，整治上市农产品农药和违禁药物残留超标。1995 年，市工商部门组织开展“打假”保农业活动，提高农食产品上市率。1997 年，郴州市政府成立市蔬菜无公害生产和推行净菜上市工作领导小组，制订无公害蔬菜产销（1997—2000 年）总体规划和年度实施计划。当年通过农药残留量抽样检测，1.41 亿千克蔬菜实现上市安全。

1998 年，重点加强蔬菜加工、市场流通管理，全市加工转化无化学添加剂超标和违禁使用药物的蔬菜 0.2 万吨，成为上市“放心菜”产品而增值 400 多万元。到 2002 年，全年蔬菜上市总量 12.2 万吨，其中无公害蔬菜 3.7 万吨，占上市蔬菜总量的 30.3%。2003 年，市本级和 8 个县（市、区）及郴州市城区七星蔬菜批发市场成立蔬菜质量检测中心，郴州市中心城区年抽检上市蔬菜样品 4338 个（次），合格率 95.7%，较上年提高 7.7%。资兴市、临武县、桂阳县开展“放心菜”市场准入制度试点，推行蔬菜上市准入挂牌经营。至 2004 年，全市农产品流通经严格把关，促使先后有茶果、畜牧水产等 35 个农产品畅销省内外市场。

2005 年 8 月，郴州市委、市政府召开全市农产品质量安全工作会议，市、县两级相继成立农业综合执法队和农产品质检中心。市财政安排专项建设资金 152 万元，资助全市建设农产品检测场所 3000 余平方米。至此，全市建立 17 个省级、26 个市级农产品质量例行监测点，检测工作从业人员实行持证上岗；申报认证无公害农产品 30 个、绿色食品 5 个、有机食品 10 个，具有质量认证农产品达 110 个；郴州市建成菜果质量检测中心 11 个，配备专业检测人员 14 名，购置检测分析设备 40 多台（套）。当年，累计抽检上市农产品 1226 批次 1.05 万个样品，农药残留超标率降至 7.8%。

三、禽畜水产食品监管

（一）防疫检疫

1989年，郴州地区畜牧水产部门检疫生猪33.7万头、家禽37万羽、牛2.8万头，处理病死家畜1300多头。1990年，加强禽畜免疫防治，使全区生猪出栏182.25万头，比上年增长0.5%。查处各类畜牧水产养殖违规违法案件561起。

1992年，在全区249个乡镇铺开猪瘟免疫新程序，其中64个乡镇开展生猪防疫技术承包责任制。全区常年免疫密度在95%以上，生猪死亡率由上年的1.5%降到1.3%。到1996年，郴州市畜禽疫病得到有效控制。年内查处病畜病禽案件137起、渔业卫生安全违法案件306起。畜禽、水产品产量均比上年增加10%以上。

1999年4月，郴州市8个县（市、区）的48个乡镇、157个行政村不同程度地爆发以牛为主的牲畜五号病疫情，有疫点269个。郴州市各有关部门迅速组织疫区消毒灭疫，扑杀病牛1431头，农户自行无害化处理病牛1500头，扑杀病猪1107头、病羊97只。疫情得到有效控制。

2002—2004年，郴州畜牧水产部门加大对兽药监管，开展监测和查处“瘦肉精”违禁药物。2002年，查处兽药违法违规经营案154起，对半年内两次检测出“瘦肉精”呈阳性的湘潭、祁阳两产地生猪，予以境内“市场禁入”半年。2003年，全市畜牧水产部门抽样检测兽药、饲料样品2442个，查处饲料假劣案33起，结案率达100%。2004年，重点开展城区屠宰场“瘦肉精”生猪抽样监测，每天按屠宰生猪3%的比例抽检。年内全市生猪检测“瘦肉精”率为0.65%，比省要求控制标准低1.35个百分点。郴州市制定《临武鸭品种标准》《临武鸭饲养准则》，并报湖南省技术监督局批准发布执行，籍此带动全市提高农产品标准化优质生产水平。

2005年，郴州市畜牧水产局投资建成建筑面积315平方米的国家级P2实验室，配备120多万元的仪器设备，独立开展动物疫病监测诊断、药物残留检测及饲料质量监测。时值国内外爆发高致病性禽流感疫情，市畜牧水产部门迅即调入禽流感疫苗493万毫升、消毒药物7吨，在全市推行强制免疫，使全市高致病性禽流感得到有效防控。年内，市畜牧水产局与市工商行政管理局联合印发《郴州市城区畜禽水产品质量安全监督管理工作方案》，对水产养殖单位（户）和市城区大型超市开展畜禽水产品质量抽样检测工作，全年仅水产品进行检疫16（批）次。至年底，全市认定无公害生猪354万头，无公害水产品养殖面积2.55万公顷，无公害畜禽水产品23个，绿色产品2个。

（二）定点屠宰

从1989年始，郴州不断加强对牲畜定点屠宰工作的管理，严禁品质不合格生猪进入屠宰入市，让市民吃上经过检验的“放心肉”。1996年，成立郴州市牲畜屠宰管理办公室，年内先后发布《关于加强牲畜定点屠宰的通告》《关于加强牲畜定点屠宰管理办法》，筹资90多万元改造郴州市城区协作路、香花路牲畜屠宰场。1997年12月，郴州市消灭定点屠宰空白城区。

2000年，屠宰定点向乡镇延伸，陆续有桂阳县、临武县、资兴市和苏仙区推行在乡（镇）实行定点屠宰。2002年，郴州市政府颁布《郴州市牲畜定点屠宰管理办法》，要求建立健全屠宰场内部管理制度，完善操作规程，严格对入场屠宰牲畜检查，强化质量监督。郴州市中心城区成立牲畜定点屠宰稽查队，重点打击私屠滥宰行为，全年查处相关案件440多起。郴州市年内定点屠宰牲畜32万头，上交国税1600多万元。2003年，市定点屠宰的牲畜入场率达90%。2002—2003年，郴州市连续两年被湖南省畜牧水产局评为全省牲畜定点屠宰工作先进单位。

2005年，郴州市商务局牵头组建30人联合执法队，查处私屠滥宰案件384起，捣毁私设屠宰窝点 58 个。郴州市中心城区和资兴市城区有 3 个机械化屠宰场竣工投入使用。至此，全市城区建立牲畜定点屠宰场 24 家，统一定点屠宰肉品的市场占有率达 95%。

第二节 药品监督管理

一、药品生产、流通、使用监管

（一）药品生产监管

1989 年，郴州地区医药管理局（简称医药局）对全区 14 家医药生产企业开展经常性药品生产质量检验。1993 年，地区医药局投资 20 万元，扶持南开制药厂进行技术改造，提高药品生产质量。1995—1998 年，市药监管理部门对 4 家药品生产企业的 74 个注册品种进行调查，审核药品名称、剂型、效期、执行标准等。同时督促标准化生产，先后对 18 家医疗机构制剂室的 438 种制剂品种进行清理，按质量标准审核验查。自 1999 年始，全市对药品生产经营单位换发生产经营合格（许可）证。2000 年，帮助南开制药厂、湘龙堂和南方药酒厂做好生产品种的转版、转标工作，奠定提高质量基础。2005 年，全市取得医药、医疗器械生产经营许可证的企业 681 户，有 442 户生产经营企业通过 CMP 认证。

（二）药品市场监管

1989 年，郴州地区两次组织检查医药市场药品质量，先后历时 34 天。检查结果显示，全区西药合格率为 94.4%，中成药合格率为 99.6%，医药市场药品质量综合合格率达到 97%。检查中查获一批劣质药品。1990 年，各药材公司建立药品入库验收制度，发现和处理假劣药材 310 种次，金额 7 万多元。地区医药局会同地区公安部门破获广东省濂江县以黄某为首的在郴州境内的药材诈骗案，涉案金额 324 万元；查处安徽省亳州市个体药贩蒋某在郴州非法设点批发伪劣药品一案。

1991 年，在加强药品流通监管中，郴州地区组织全区 14 户医药工商企业开展“重质量、上品种、增效益、比贡献”社会主义劳动竞赛活动。桂阳、永兴、嘉禾 3 县药材公司被评为湖南省药材质量管理先进县；宜章和桂阳县药材公司中心门市部、郴州市（北湖区）同仁药店被评为湖南省质量管理示范药店。1992—2001 年，郴州行署（市政府）多次牵头组织开展医药市场整治行动。1995 年，市政府牵头组织卫生、医药、公安、工商等部门，配合一道整顿医药市场。全市取缔无证行医诊所（门店）300 余家，查处假劣药品 965 种（次）、价值 35.4 万元；查处非法游医药贩案 35 起。1996 年，查处假劣药品 5536 种（次）、价值 22.2 万元。1998 年，全市开展“药品市场打假一百天”活动，共出动执法人员 2000 多人次。先后查处取缔非法开设的永兴县马田镇中药材市场，规范安仁县春分节中草药市场经营活动，关闭撤除郴州市城区罗家井非法中药材经销店铺 9 家。累计检查药品 3.5 万批（次），没收非法药品 6900 种（次），价值过百万元。

2003—2005 年，全市着重组织中药市场专项检查，先后检查经营单位 4300 多家，检查药品 52 万种（次），查获假川贝、防风、枣仁和劣质炮甲、沉香、鳖甲等大批假劣伪冒中药，净化中医药市场。

（三）医疗用药监管

1989 年，郴州地区卫生部门以监管基层医疗机构用药为重点，聘请地、县药监员 98 人、乡镇药监员 296 人、村级药品报告员 1115 人，形成以县（市）为中心、乡（镇）为枢纽、村级为基础的药品质量监督网。监督网上下对口、分级负责，开展经常性的医疗用药质量监督、检查和报告工作。是年，全区医疗用药抽检合格率 97.8%。1990 年，全区结合清理整顿社会医疗机构展开医疗用药检查，检查医疗机构 488 个，个体诊所 501 户。抽检其使用的药品、医疗器械来源及其质量，全区医疗机构用药抽检合格率为 98%。

到 1994 年，在加大放开社会办医新趋势下，郴州境内无证行医机构亦乘机增多，导致医疗事故渐而增加。当年，地、县两级医药行政管理部门联合公安机关、工商部门，深入城乡查处无证行医、无证经营药品医疗器械和假劣药品流入医疗机构问题。全年查获医疗机构假劣药品 82 批次 315 种，价值 69 万元；办结医疗涉药违法案件 113 起，结案率为 76.3%；对无证行医机构当场予以查封关闭。1994—1995 年，查处城乡非法游医 35 人，取缔无证行医医疗机构 310 多家，其中行医个体户 53 户。此间查处假劣药品 956 种（次）。

2000 年，组织对城区医疗机构用药进行调查摸底，先后检查 4200 个村卫生室和 450 个个体诊所用药质量，检查药品 6.93 万批（次），及时纠正医疗药品采购渠道混乱，毒、麻药管理存在漏洞等问题，重点清查和严禁使用含 PPA 的药品制剂 13 种。2002 年，督促全市基层医疗机构建立健全医疗用药档案和台账、药品医疗器械购销登记和医疗用药质量自查登记制度。

2004—2005 年，全市组织实施药品放心工程。其间，发挥县、乡、村三级监督网络作用，组织药品监管人员下乡进村进行督查，使县、乡两级医疗机构用药受检覆盖率达到 100%，村级达到 95% 以上。至 2005 年年末，郴州市完成药品备案单位 4798 家，其中县级医疗机构及县门诊部 88 家（处），县级以下医疗机构（含个体诊所）4710 家。

二、药品质量检验

1989 年，由郴州地区药检所行使对药品质量监督检验职能。该所当年与卫生局签订药品检验目标责任书（合同），年完成检品 529 件超任务 14.5%，经检验合格品 374 件、不合格品 155 件，分别占检品的 70.7% 和 29.3%，未发生一例检验差错事故。药检所还完成制定湖南省、郴州地区《地方实用药材标准》10 种，其中 1 种地方标准经湖南省药政局鉴定获二等奖。1992—1994 年，地区药检所实行“定员、定职、定额、定工资”的全员聘任合同制管理，激发内部工作活力。此间全所累计完成抽、送药品检验 3176 件，不合格品 978 件，不合格率为 30.7%。

1998 年下半年，由市政府牵头、市卫生局组织开展全市“药品打假一百天”行动，开展药品质量专项检查活动，查处假劣药品 9668 种（次），货值 51 万余元。2002 年，郴州市在湖南省率先建立由郴州市药监局牵头、郴州市药检所配合齐抓共管药检工作机制，强化药品质量检验力度。年内其相互配合对医疗机构药剂开展专项检查，先后出动执法人员 284 人次，检查药品 65611 批（次），医疗机构药品受检覆盖率达 100%。陆续查处桂阳县朱某某中西医疗诊所自 1998 年起多次无证配制未经批准的风湿剂（500ml/ 瓶）案、安仁县人民医院违规生产葡萄糖注射液案、郴州医学高等专科学校附属医院违规生产使用葡萄糖注射液和葡萄糖氯化钠注射液案。

2004 年，郴州市药检所改革药品检验机制，将药品检验划分为评价性抽验、监督抽验和委托送检三类，全面提高药品抽验质量。全市完成检品 661 批（次），检出不合格药品 115 批（次），不合格率为 17.4%，查处不合格药品价值 29.1 万元；依据药品检验报告书查处药品案件 121 件。在药品同品种质量考核中，完成湖南省药监局下达计划抽验品种 79 个、249 批（次），质量考核合格率达 97.6%。2005 年，郴州市完成监督抽检、委托抽验检验药品 591 批（次），在监督抽验 454 批（次）药品中查处不合格药品 190 批（次），不合格率批（次）为 41.9%，不合格药品价值 67.4 万元，药品同品种质量考核合格率为 97.8%。

三、特殊药品监管

1989年，郴州地区严把麻醉精神药品供应关，继续实行“谁主管谁负责、谁出问题谁负责”管理责任制。地区医药公司作为麻醉药品专供单位，每年把剧毒、麻醉、精神药品列为用药安全重点防范点，建立一套审批购药程序。至1994年，境内未发现因管理不当而造成特殊药品流失现象。1995年，医药、卫生管理部门对全市麻醉药品使用单位进行全面年审和检查，审查153个单位，查处违反规定经营特殊药品案件6起，均责成相关单位和责任人限期整改存在的问题。

1996年6月，郴州市医药局针对发现盗窃、骗购、贩卖麻醉和精神药品犯罪现象，印发《麻醉、精神药品管理办法》，再次明确指定麻醉药品、精神药品定点供应单位为郴州市医药公司，药用罂粟壳经营单位是郴州市和各县（市、区）药材公司，并严格规定特殊药品的供应、经营审批程序。继后，全市实行“麻醉、精神药品购用印鉴卡”制度，严防药品流入非法渠道。

2000年1月，成立郴州市药品监督管理局（简称市药监局），药品监督管理职能自此由医药局转至药监局负责。当年郴州市药监局对市内168家麻醉、精神药品使用单位进行年检，对2家年检不合格单位吊销供应卡1家、限期整改1家。2001—2002年，市药监局为160家医疗单位换发麻醉、一类精神药品购进印鉴卡。在全市范围内确定二类精神药品批发单位13个、定点零售单位82个，确定罂粟壳定点批发单位10个、定点零售单位11个。

2003—2004年，医疗用药单位与郴州市药监局签订“麻醉药品、一类精神药品使用安全管理目标责任书”，市药监局按年度对使用单位的麻醉药品用药和医师资格进行全面审查。2005年7月26日，国务院公布新的《麻醉药品和精神药品管理条例》，依据条例相关规定，食品药品监管部门将特殊药品监管职能移交至郴州市卫生局。

四、药品不良反应监测

郴州市药品不良反应（ADR）监测工作始于2000年。当年5月中旬，郴州市药监局会同市卫生局联合举办药品不良反应监测管理工作培训班，参训有各药品生产、经营、使用单位人员。2003年7月，成立郴州市药品不良反应监测中心，重点加强药品不良反应监测的信息反馈工作，指导临床合理用药。年内，监测中心派出专家小组，至县（市、区）协同举办药品不良反应监测技术培训班。2004年，加强监测网络建设，全市ADR报告表数量达678份，为上年的6倍，报表数量排湖南省市州第五位，按人口比排湖南省第三位。郴州市食品药品监督局被省食品药品监督局授予“湖南省药品不良反应监督工作先进单位”称号。2005年，郴州市上报药品不良反应报告例数仍处全省市州前五位。

第三节 机构

一、郴州市食品安全委员会

2004年6月，郴州市人民政府印发《关于成立郴州市食品安全委员会的通知》，成立以分管副市长为主任，以市政府办公室、市食品药品监管局、市农业局、市内贸办公室、市卫生局、市工商局、市质监局、市经贸局、市教育局、市畜牧水产局、市公安局和郴州检验检疫局共12家部门为成员单位的郴州市食品安全委员会。委员会办公室设市食品药品监管局。委员会负责组织制定贯彻国家有关食品安全法规和政策的工作方案和措施，协调相关部门管理食品安全工作关系，组织食品安全工作考核，督促查处重大食品安全事故等。2005年4月，增补市委宣传部、市财政局、市卫生监督所为成员单位。至此，委员会成员单位为15个。2004—2005年，市食品安全委员会先后制定下发《郴州市食品安全委员会工作责任追究制》《郴州市食品安全综合考核评价细则（试行）》等文件，组织开展全市性食品安全监管工作活动8次。

二、郴州市食品药品监督管理局

1989—1994年，食品安全监督管理分别由卫生、质检、农业、畜牧水产、工商行政管理部门实行分职分段（从食品生产到市场营销各环节段）管理模式；药品安全监管主要由医药、卫生行政管理部门协同承担。

2001年1月，撤销郴州市医药管理局，设立郴州市药品监督管理局（简称“药监局”），为市人民政府直属机构，由原市医药管理局和市卫生局药政、药检机构合并组建而成，主管全市药品监督行政执法工作。市药监局内设办公室、药品注册科、安全监管科、医疗器械监管科、市场监督科、人事科、财务科6科1室，下辖二级机构即市药品检验所。6月，国务院部署进行药监管理体制改革，省以下药监部门实行垂直管理。随后市药监局移交湖南省药品监督管理局管理，完成人员分流和资产上划工作。9月，正式挂牌成立湖南省郴州市药品监督管理局。各县（市、区）药品监督管理分局为市药监局派出机构。

2004年6月，在原湖南省郴州市药品监督管理局基础上，组建成立湖南省郴州市食品药品监督管理局，为省食品药品监督管理局直属机构，增加对食品、保健品、化妆品安全进行监管工作职能。2005年，湖南省郴州市食品药品监督管理局内设办公室、政策法规科、食品安全监察与协调科、药品注册安全监管科、医疗器械科、药品市场监督科、人事教育科、监察室、稽查办、财务科10个职能科（室、办）。

1989—2005年郴州市（地区）食品药品管理部门主要负责人名录

表12-9-3-1

单位	姓名	职务	任职时间
郴州地区医药管理局	程柏轩	局长	1989.01—1995.05
郴州市医药管理局	邓昌伟	局长	1995.05—1997.06
郴州市医药管理局	李日春	局长	1997.06—2000.01
郴州市药品监督管理局	左永玉	局长	2000.01—2004.06
郴州市食品药品监督管理局	左永玉	局长	2004.06—

第十章 安全生产监管

第一节 安监教育与管理制度

一、安监宣传教育

1989—1990年，郴州地区各级各类企业对新招收或调入职工均进行入厂教育、车间教育和班组教育。教育内容包括学习国家安全生产法律法规、方针、政策，学习和掌握企业安全生产制度、岗位安全操作规程，以及安全生产装置的使用和维护保养等技能。此后，企业一直坚持这一教育培训制度。

自1991年始，全区（市）根据国家安全生产委员会将每年五月第一周定为“安全生产宣传教育周”的决定，每年均在这周广泛举办形式多样的安全生产宣传教育活动。1993年始，郴州安全生产监管部门强化对国有矿山企业矿长、副矿长、工区主任和乡镇（村）矿山矿长，以及特种作业人员的安全生产技术培训工作。每年地（市）、县两级为其人员举办培训班70期以上，培训合格率在95.0%以上。

1995—1996年，全市重点铺开宣传《中华人民共和国矿产资源法》。先后出动宣传车辆600多台次，市县两级领导发表电视讲话50多次、印发宣传资料3.8万份、举办学习班198期、召开学习贯彻会议520场次，提高全社会对依法安全开采矿产资源的认识。

2002年，中共中央宣传部、国家安全生产监督管理局等部门将每年的6月定为“安全生产宣传月”。郴州在当年6月举办的全市“安全生产宣传月”活动中，各新闻媒体开辟安全生产宣传专栏专题，刊登和播发安全生产报道和安全生产法规及知识。2003年郴州在“安全生产宣传月”活动中，围绕“实施安全生产法，人人事事保安全”这一主题内容，市、县两级举办安全培训班58期、安全演讲报告会4次、安全知识竞赛249场（次）。共青团郴州市委组织开展“青工安全生产技术比武”、评选“安全生产标兵”活动。之后，在“安全生产宣传月”活动中，市、县两级除举办安全生产报告会、安全生产知识抢答赛、安全生产辩论会外，还举办“我们要安全”万人签名和安全技术练兵、安全技能比武等活动。

2003年6月，郴州市安全生产监督管理局（简称“市安监局”）成立。12月，郴州市举办地改市后首期分管煤炭工作乡镇长安全生产培训班，系统学习有关煤炭安全生产的法律法规、煤矿安全开采规程及安全生产管理知识。2004年9月，郴州市煤炭职业技术学校挂牌成立，学校将煤炭安全生产教学列入主要课程。2003—2005年，市、县两级安监局共培训安全生产监管人员138人、生产经营单位负责人和安全生产管理人员1264人、特种作业人员1.21万人次。

至2005年年底，郴州市建有行业安全生产培训机构18个，其中获湖南省三级培训资质认定机构2个、四级资质认定机构10个，6家特种作业人员培训机构获湖南省安监局认定授牌。全市高危企业和规模以上企业，普遍建立安全生产技术培训中心和严格的培训考核制度，其安全教育培训推行“统一命题、统一阅卷、统一发证”考试制度，同时实行教考分离，促使培训机构不断提高安全生产培训教育质量。

二、安监管理制度

（一）安全生产责任制度

1989年，郴州地区在完善企业承包经营责任制的同时，明确承包人的安全生产责任，将安全生产作为考核承包经营企业的重要项目指标。1996年，郴州市委、市政府行文明确规定：全面推行以目标管理控制指标为主要内容的安全生产责任制。各级人民政府主要负责人、生产经营单位的法定代表人是本行政区域、本单位安全生产的第一责任人；分管安全生产工作的负责人承担分管责任，分管其他方面工作的负责人对其分管工作中涉及安全生产的事项承担分管责任。

2000年以后，深化和完善安全生产责任目标管理制度。当年全市按照层次管理原则，市、县、乡三级和市直部门、规模以上企业，自上而下层层签订年度安全生产目标责任状，逐次将安全生产目标管理控制指标，层层分解细化落实到企业、乡镇和企业的班组。目标管理控制指标由定性指标和定量指标构成，对领导责任、安全生产宣传教育、安全生产检查监督和安全设施建设均进行全面考核。考核量化指标有“安全事故降幅、伤亡人数降幅、重大事故降幅、特大事故降幅”四大项。实行“月通报、季预警、年考核”奖惩制度。自后，全市一直坚持实施这一安全生产监管责任制度。2005年4月，市委、市政府印发《关于进一步加强矿业秩序整治，严格安全生产责任追究的有关规定的通知》，强化安全生产领导责任追究。当年，全市追究特大安全事故责任领导人46人。

（二）安监举报、处置和风险抵押制度

2002年7月，郴州市人民政府印发《郴州市煤矿安全生产举报制度的通知》，发动社会监督，实行煤矿安全隐患和事故举报奖励制度。当年，经安全督查和受理群众举报，郴州市政府对全市煤矿事故多发的8个乡镇予以通报和黄牌警告。2003年10月，郴州市委、市政府联席会议研究决定：对年度内发生1起特大事故（死亡10人及以上）或3起重大事故（死亡3人及以上）的县（市、区），和发生1起特大事故的乡镇、企业厂矿，年终评先评优均实行安全“一票否决”制，取消其评先评优资格，并将其定为安全生产不合格单位，追究有关人员责任。2004年，郴州市政府制定《郴州市安全生产风险抵押金管理办法》，推行安全生产责任单位交纳安全生产风险抵押金制度，督促其履行安全生产管理职责。2004—2005年，郴州市市管50户工矿商贸企业缴纳安全生产风险抵押金118万元，县（市、区）直管882家工矿商贸企业缴纳安全生产风险抵押金2891.8万元，累计因发生各类安全生产事故共扣罚风险抵押金51万元，其扣罚资金全部转入安全生产项目建设，以经济制裁手段促进安全生产。

（三）“安全许可”制度

1993年起，郴州行署部署在乡镇矿山企业试行基本安全生产条件审查认证，将安全许可条件作为矿山开采办证（照）的基本条件。1997年，郴州市劳动行政管理部门以矿井、采矿区为单位，开展矿山安全生产条件审查，开始发放安全生产许可证工作。至1998年年底，郴州市完成210家矿山229处矿井的审查认定，其中对达到基本安全生产条件的102处矿井办发安全生产许可证，督促

120处暂不予办证的矿井进行安全隐患整改，对不具备基本安全生产条件的7处矿井坚决不予办理安全生产许可证，并建议有关部门吊销其采矿许可证和营业执照。继后又陆续完成1720家乡镇（村）和个体矿山企业的审查，结合安全生产专项整治，依法取缔关闭无安全生产许可证、不具备基本安全生产条件矿井621处。同时，对达到基本安全生产条件企业及时办发安全生产许可证。2004年1月7日，国务院颁发《中华人民共和国安全生产许可证条例》，严格安全生产许可证发放工作。至2005年底止，郴州市矿山开采、建筑施工、危险化学品、烟花爆竹、民用爆破器材的生产经营企业，全面实行安全生产许可证制度。共颁发安全生产许可证581件，其中地方煤矿企业380件、非煤矿山企业141件，危险化学品企业20件、烟花爆竹企业40件，发证率分别为其企业数的69.6%、36.6%、87%、72.7%。

第二节　矿业安全生产督查整治

郴州境内矿藏尤为丰富，系矿业开采重要地域，亦为安全事故多发之地。郴州一直将规范矿业开采秩序，严格矿业安全生产督查整治，作为郴州安全生产的一项首要工作。1989年始，郴州地（市）委、行署（政府）对安全事故处理坚持"三不放过"原则，即对未查明事故原因、未追究事故责任，未吸取教训整改者不放过。1990年6月，郴州行署下达《关于清理整顿取缔无证采矿的决定》，组织部署清理关闭无证开采小矿井（窑）。然由于境内矿山个体私营开采企业（户）和开采的小矿小点逐年增多，安全整治难度加大，安全生产形势仍不稳定。

1996年始，郴州市和各县（市、区）政府加力整治矿业生产安全隐患，重治引发安全事故源头。是年，全市在严厉打击矿业非法开采行为同时，组织开展经常性安全生产隐患检查，督促工矿企业整改排除事故隐患1500多处，全年矿山安全事故起数、死亡人数和重伤人数分别比1995年下降13.7%、9.5%和60.0%。其中煤炭百万吨死亡率8.4人，比全国平均水平低1.2个百分点。当年，郴州市跃居"全国矿山安全生产先进单位"行列。

2000年后，中共郴州市委、市政府坚持不走靠非法和不安全开采矿产增加财政收入的路子，保持强劲整治矿业安全生产态势。2000—2003年，在开展矿山安全生产整治"春雷行动"中，市政府组织全市安监、公安、工商、煤炭部门先后出动7000多人次联合执法，经过"宣传发动、摸底调查、清理整顿、巩固提高"四个阶段工作，先后依法关闭取缔各类小采矿（窑）2204处（次），炸毁非法矿井247处，安全隐患整改率达91.0%；责令452个乡镇煤矿停产进行安全生产整顿，经安全验收合格后予以恢复生产的398个。其间全市矿山开采持证率达94.0%。

2003年6月，在全市开展"安全生产月"活动中，成立以分管副市长为组长的"安全生产月"领导小组，各地广泛开展安全生产大检查，突出整改矿业安全生产中薄弱环节，排查重大安全隐患155处，当月矿业伤亡人数同比分别下降5.9%和20.0%。8月，郴州市政府办公室就1—7月7起煤矿安全生产事故隐瞒情况发出通报批评，要求严格落实事故报告制度和瞒报事故责任追究制度；并下发关于对1—7月发生重大煤矿事故的5个乡（镇）给予黄牌警告的通报。2004—2005年，全市注重加大安全生产建设投入，改善安全生产基本条件。此间，全市安排安全生产专项资金1.48亿元，其中用于矿业安全生产设备购置、安全技术改造、事故隐患治理费用1.38亿元。2005年，市、县两级财政在预算内安排安全生产专项资金5608.80万元，主要用于工矿、道路、水上、消防、地质等方面安全设施的治理。

2005年，郴州市委常委会议、市党政联席会议、市政府常务会议先后9次研究安全生产工作，市委、市人大常委会、市政府、市政协、郴州军分区18位市级领导，分别联系督促11个县（市、区）43个重点矿区安全整治工作。全市把治理煤矿瓦斯突出作为安全生产工作重点，组织开展瓦斯治理“百日会战”。全市投入资金5000多万元，重点进行安全监控系统和防治瓦斯突出设施建设，率先在湖南省建立市、县（市、区）、矿山三级煤矿瓦斯监测监控无线联网。全市年内发生瓦斯事故26起，死亡56人，同比分别下降50％和52％。同年，市政府加强对矿业安全生产进行综合整治，部署各级电力监管部门和供电企业联合整治矿山供电用电秩序，对其中存在安全隐患的282个非法矿井、40个非法转供电企业停止供电，并拆除这些矿点的供配电设施，迫其停产。市政府还行文规定，公安部门和供电企业必须凭国土资源、安全监管、煤炭、环保管理部门联合审定的矿山企业和数量，供应爆破器材和供电。否则，依法依规追究向非法矿山提供爆破器材和供电行为人的责任。2005年，郴州市矿业安全生产形势明显好转，工矿安全事故、死亡人数比上年下降21.9%和11%，比1989年分别下降48.9%和40%。

第三节　特种行业安全治理

1989—1994年，特种设备质量和安全使用，分别由质检和劳动部门负责。1995年，郴州市政府成立市安全生产委员会（简称安委会）后，负责统一组织治理特种行业安全生产。1998年，市安委会组织对锅炉、压力容器等特种设备的安全使用开展检测检验。共检验锅炉426台、压力容器307台、石油液化气钢瓶2584只、压力管道3000多米、安全减压阀1200多只、电梯97台、桥式起重机56台、升降机12台、汽车起重机25台。2002年，市安委会和市安全生产监管局组织部署对全市特种设备进行全面清查，分行业、分类型地为全市547家企事业单位2436台特种设备建立安全作业档案，实施微机管理。

2003年，郴州市政府成立危险化学品生产整治领导小组，年内组织对危险化学品生产、经营、储存、运输、使用和废弃物处置进行摸底调查，对生产不符合国家规定标准的危险化学品，和未经安全评估达到安全生产条件的生产企业，一律责令停产整顿或关闭。在烟花爆竹安全生产整治中，督促企业落实定点、限量生产和凭证营销、专车运输制度。严厉打击非法生产烟花爆竹的个体小作坊，先后取缔宜章县、汝城县和永兴县383家非法生产和安全措施不达标的烟花爆竹家庭作坊。同时，市安全生产监管局和市公安部门对民爆器材的供应和使用推行封闭式管理，落实民爆器材经营、储运和使用单位的安全保卫制度和流向登记制度。

2005年，郴州市各级公安机关投入警力2418人次，重点打击非法制造、买卖民用爆破器材违法犯罪活动。检查涉爆单位1779个，取消爆炸物品使用许可证298件，依法收缴和扣押一批民爆器材，治安处罚231人、刑事拘留7人、逮捕7人。同时，严格实行特种行业安全生产许可证制度。年内经考察审核，颁发安全生产许可证的危险化学品生产企业20户、烟花爆竹生产企业40户，发证率分别为其生产企业数的87%和72.7%。1989—2005年，安监部门共检查检验特种设备1.03万台，查处事故隐患970多起，下达整改意见书5266份，责令停用设备124台，取缔土锅炉115台，强制报废压力钢瓶283只。

1989—2005年郴州市（地区）各类安全事故统计表

表 12-10-3-1　　　单位：起

项目 年度	年事故数	其中			
		工矿事故	交通事故	火灾事故	其他事故
1989	904	133	715	56	
1990	847	140	615	92	—
1991	942	214	656	72	—
1992	764	173	537	54	—
1993	1082	193	838	51	—
1994	1166	196	924	46	—
1995	1214	264	899	51	—
1996	1426	200	1172	54	—
1997	1560	166	1297	97	—
1998	1325	143	1092	90	—
1999	1574	108	1370	96	—
2000	1926	59	1716	151	—
2001	2100	77	1817	206	—
2002	1781	86	1480	205	—
2003	1649	90	1204	354	1
2004	1231	87	927	216	1
2005	1154	68	876	209	1
合计	22635	2397	18135	2100	3

第四节　安全生产监管机构

一、郴州市安全生产委员会

1989年，郴州地区生产安全沿袭以往监管体制，即县以上人民政府劳动行政主管部门对本行政区内生产安全实施统一监督，政府主管部门对本部门企事业单位生产安全实施行政管理。

1995年，郴州市人民政府成立郴州市安全生产委员会（简称“市安委会”），由市直经贸、劳动、公安、乡镇企业等行政主管部门和煤炭、冶金、电力、机械电子、建筑、医药、交通等主管局（总公司）共23个单位负责人组成，由分管安全生产的副市长任安委会主任。安委会负责指导、协调全市安全生产工作，研究制定安全生产的重大政策和措施，协调解决安全生产中重大问题。市安委会下设办公室开展日常工作，至2002年与市劳动局合署办公。2003年，市委、市政府重新调整郴州市安全生产委员会，调整后的市安委会组成成员单位增至43个，自此安委会办公室设在郴州市安全生产监督管理局。

二、郴州市安全生产监督管理局

2002年9月，郴州市经贸委设立郴州市安全生产监督管理局（加挂市安委会办公室牌子），为副处级机构，行使郴州市安全生产监督管理职责。

2003年6月，郴州市安全生产监督管理局从市经贸委析出，更名为郴州市安全生产监督管理局（简称安监局），为市政府直属工作部门，升格为正处级（加挂市安委办公室牌子）。核定编制20名，其中行政编制11名，事业编制7名，机关后勤服务事业编制2名。内设局办公室、监察科、协调科、政策法规科、安监科、危险化学品科和安全生产监测中心（加挂郴州市安全生产技术培训中心牌子）。至2005年，局内设机构和人员编制无变化。各县市相继成立安全生产监督管理局，全市有170个乡镇和街道办事处成立安全生产监督管理站，配备安监员289名。

2003年6月—2005年12月，郴州市安监局由王章斌担任党组书记、局长。

三、湖南省煤矿安监局郴州分局（监察办事处）

2000年8月，湖南省煤矿安全监察局郴州煤矿安全监察办事处成立，为省派驻机构，负责郴州市和株洲市两市煤矿生产安全监察。自此，原由郴州市劳动局承担的煤矿生产安全监管职能划归该处接管。2005年3月，省煤矿安全监察局郴州煤矿安全监察办事处改为省煤矿安全监察局郴州煤矿安全监察分局。

2000—2005年湖南煤矿安监局郴州煤矿安监部门主要负责人名录

表12-10-4-1

单位	姓名	职务	任职时间
郴州煤矿安全监察办事处	雷渊德	主任	2000.08—2001.08
郴州煤矿安全监察办事处	陈建康	主任	2002.03—2005.02
郴州煤矿安全监察分局	丁国强	局长	2005.03—
郴州煤矿安全监察分局	陈建康	书记	2005.03—

第十三篇

农业与农村经济

郴州市志（1989-2005）

1989年，郴州地区农村社会总产值29.17亿元，农林牧渔总产值18.01亿元，粮食总产量152.65万吨，农民人均纯收入533元，分别是1980年的2.9倍、4.01倍、1.77倍、2.28倍。实现在1980年基础上翻一番的经济发展目标。

1990年1月，郴州地委、郴州地区行政公署发出《关于动员全区大办农业的决定》，动员完善和创新农业生产经营机制，加速农业综合开发和产业结构调整，加大投入和组织领导力度，推进农业稳健发展。从1990年始，郴州着力稳定和完善以家庭联产承包为主的双层经营责任制，搞好农业综合开发，推进农村扶贫开发和小康建设，做大做强农村经济。

1992年，地委、行署相继印发《郴州地区全面建设社会主义新农村示范乡镇工作方案》《关于开发和建立“四优”农产品基地实施方案的通知》《关于进一步加速农业开发的若干规定》，相继出台扶持农业发展的政策措施。1993年始，地委、行署提出以奔小康总揽农村工作全局，组织全区晋档升级开展村级经济活动，驱动农村经济发展。1994年起，郴州以建设农业强市、推进农村小康建设为总体目标，相继组织开展“经济强镇（乡）村竞赛”“乡镇企业发展年”“乡镇企业效益年”活动。1995年，郴州市粮食总产量达171.25万吨，创此前历年最高水平。实现乡镇企业总产值125.96亿元，农业总产值55.85亿元，农民人均纯收入1236元，分别为1989年的8.9倍、3.1倍、2.3倍，至2000年，郴州市农村基本实现总体小康，11个县（市、区）有8个县（市、区）达到总体小康水平。全市实现现代化建设第二步经济发展战略目标。

2001年，郴州市委、郴州市政府相继印发《关于加快农业结构调整，大力推进农业产业化经营的意见》《关于在大“十字经济走廊”创建现代农业示范区的意见》《郴州市农业龙头企业考核办法》。继而先后组织实施“一优（优质）两高（高产、高效）”农业系列开发项目。突出加快农业结构调整，促进农业产业化经营。2003—2005年，市委、市政府着力引导全市以优化农村经济结构为主线，突出推进生产、加工、销售一体化农业产业化经营，倾力组织发展订单农业、外向型农业、创汇农业、生态农业，推广应用农业生产新成果、新技术，提高农产品商品化率和农业生产效益。到2005年，全市农村社会总产值增至535.18亿元，农村牧渔总产值达131.09亿元，农民人均纯收入跃至3506元，分别为1989年的18.3倍、7.3倍和6.6倍。粮食作物总产量201.41万吨，创年产新高。

在此17年间，郴州农业和农村经济步入持续、稳健发展的新阶段。

农业生产开发平稳推进。1989年，郴州市粮食总播种面积311.23千公顷，油料种植面积14.5千公顷、蔬菜种植面积24.2千公顷、药材种植面积0.18千公顷。1990年后，坚持农林牧渔综合开发，综合治理山水田园路；大力开发种植业、养殖业和林业经济，致力发展优质高产高效农业。17年共投入开发资金12.53亿元，其中投入土地治理项目资金8.02亿元，占64%，投入开发农业产业化经营项目4.51亿元，占36%。通过产业化经营龙头项目带动，建成一批高产优质粮食基地、优质经济作物生产基地、优势养殖基地。农业生产开发全面拓展，产业结构明显优化。到2005年，郴州粮食播种总面积336.9千公顷，比1989年增加25.67千公顷，增长8.2%；油料、棉花、蔬菜、药材种植面积分别比1989年增长1.8倍、2倍、3倍和19.2倍。郴州市拥有国家级农业产业化龙头企业2家、省级9家、市级44家和县级200余家。全市初步形成粮、果、茶、烟、畜禽、水产、竹木、蔬菜、花卉、中药材十大优势产业，开发出临武鸭、东江鱼、裕湘面、桂阳烟等十大农业名牌产品。

农村水利建设卓有成效。1989—2005年，郴州新建、续建中型水库9座、小型水库79座、治理病险水库600余座；修筑堤防54.82千米。2005年，全市总蓄、引、提水量能力达96.42亿立方米，水库总容量111.58亿立方米；实现总灌溉面积172.22千公顷，旱涝保收面积138.07千公顷。其间，郴州利用国债资金2560万元，自筹资金4050万元，在农村建成各类饮水工程868处，解决25.18万农村人口（占饮困人口65%）和13.15万头大牲畜的饮水困难。农村水电装机容量和发电量分别比1989年增长4.8倍和4.84倍。郴州地方电网联结境内外6县2区2市。99.0%的乡镇村和98.9%的农户通电。郴州市地方电网实力在全国地方电网中排名第6位。与此同时，开展以水土保持为中心的生态环境建设，在全市22条小流域开展山、水、田、林、路综合治理。累计治理水土流失面积9.29万公顷，占水土流失面积的22.5%，减少土壤流失量194万吨。农业生态环境明显改善。

农机化程度不断提高。至2005年，郴州市农业机械原值为12.06亿元，农业机械总动力251.8万千瓦，比1988年分别增长4.4倍、2.1倍；农田排灌动力、动力打稻机、水田耕整机、农用运输车数量分别比1989年增长1.96倍、183倍、15.98倍和6.9倍。机烘烤烟房、水稻联合收割机，从无到有比1988年分别增至7万余间和491台。全市机耕面积21.34万公顷，为1989年的2.8倍，机耕化程度达39.7%；机电排灌面积10.5万公顷，比1988年增长92%。水稻生产全程机械化设备开始进入种粮大户。

林业生态环境建设取得重大进展。1989年，郴州地委、行署作出《关于五年消灭宜林荒山、八年绿化郴州的决定》，至1993年春，全区实现造林“灭荒”达标，到1997年5月，提前一年半实现全面绿化达标目标。1998年至2005年，以世界银行贷款造林、长江中上游防护林体系建设、退耕还林等重点工程为龙头，累计完成人工造林面积26.53万公顷，占郴州市有林地面积48%。2005年末，郴州市有林地面积113.06万公顷，森林覆盖率64.5%。除嘉禾县外，其余10个县（市、区）均为湖南省重点林区县（市、区）。郴州市建立自然保护区24处7.16万公顷，占全市国土总面积的3.71%，生物多样性得到保护。此外，大造经济林和发展林木加工业，林业经济效益大步提升。

乡镇企业进一步发展。郴州乡镇企业通过体制改革、产业结构调整和推进技术创新，企业生产结构得到优化升级，相继形成地方产业特色，企业经济效益呈快速增长之势。2005年，乡镇企业总产值较1989年增长45.4倍；当年实现增加值159.5亿元，占全市生产总值比重的33.5%，其中工业增加值占全市工业增加值的比重达50.2%。是年，农民人均获乡镇企业收入1558元，占人均纯收入的44.4%。

1989—2005年，郴州农业面貌在发生巨大变化中，也出现一些不可忽视的新情况、新矛盾：村组集体经济薄弱；农田水利基本建设滞后，农业水利设施老化，抗灾保收能力弱；工业、交通和城镇建设占地增多，农业耕地面积趋减；农业产业化整体水平还不高，农业科学技术应用、集约化生产经营水平和综合生产能力尚有待提升。

第一章 农村经济改革与发展

第一节 农村经营方式改革

一、完善统分结合双层经营

1989年，郴州地区在完善家庭承包经营中组织修订家庭生产承包合同69万多份，处理悬而未决的承包合同纠纷3486起。鼓励和支持125个乡、1975个村和1.37万个村民小组分别建立经济联合社、经济合作社和经济合作小组。家庭小散经营向合作聚集经营转变，助推农村家庭经济和集体经济双层经营。

1990年，地、县、乡抽调1.01万名干部组成工作队，下乡入村在开展社会主义教育中帮助完善统分结合的双层经营。督导加强土地承包管理，查处违法用地行为，同时帮助恢复和健全村级财会和集体资产积累制度，壮大集体经济。当年郴州地区收取土地承包费3189万元，强化完善耕地承包合同。全地区有1530个行政村（占总数的51.3%）清查收回贪污挪用金额1014.3万元；清理收回集体财产折价款693.3万元。将收回价款交给村经济合作社管理使用，投入发展、壮大集体经济。是年，全区77%的行政村建立村级经济合作组织。

1992年，全地区在土地评等定级的基础上，完善土地承包合同141.3万份。对承包户在承包过程中，凡在土地中能多投工、投肥，提高地力的给予奖励，如掠夺式经营造成地力下降的要求赔偿损失。同时建立社员劳动积累工、义务工投入制度，主要用于当地兴修农田水利设施和发展集体经济。

1994年，郴州创新家庭承包生产责任制经营方式。全地区有7256个村民小组（占总组数的23.9%）实行口粮田发包到户和责任田投标承包到劳力，共发包土地面积4716万公顷，籍以推行土地向种养大户聚集形成规模经营效益；有14055个村民小组（占总组数的46.2%）实行“区域种植，统种分管”，发包面积2670公顷；有1868个村民小组（占总组数的6.14%）联户实行土地适度规模经营面积2826公顷；有9023户农户转包转让土地使用权面积4240公顷。是年，全地区粮食总产量达157.17万吨，农民人均纯收入1004元，分别比1989年增长3.1%和88.4%倍。

1993—1999年，郴州在发展农村集体经济中，连续7年开展村级经济晋档升级活动。各地强化目标管理，建立健全农村集体经营的激励、约束机制，并组织督导、检查。到1999年，经逐年按标准进行晋档升级考评，全市村级经济达小康标准的由2个晋升为422个，实现晋档升级的村1277个；村级经济滞后的村则由2657个降至474个，实现基本消灭集体经济“空白村”的目标。到2005年，全市乡（镇）村企业总产值（当年价）由1989年的10.42亿元增至529.76亿元，增长40.6倍。

二、建立农民专业合作经济组织

1989年，一些乡镇开始自发尝试成立农业合作经济组织，以改变单家独户难以形成生产规模效益的境况。1992年，安仁县朝阳乡算背村经济合作社组织发展农户养猪，实行统一传授技术、统一防病治病、统一供应饲料、统一组织销售。既减轻了农户家庭经营的劳务负担，又显现规模生产效益。是年，该村生猪饲养量由1990年的1500多头发展到1万多头，人均出栏猪7头。是年末，全地区2727个行政村（占总数的92.1%）建立经济联社或经济合作社。开展统一经营服务，全地区办乡级农业服务实体42个、村级服务实体2303个。

20世纪90年代中期后，出现农业企业与农民联营创办农民专业合作经济组织的新趋势，形成“公司＋农户”“产、供、销”联营的运作模式。1998年5月，临武舜华鸭业公司，牵头兴办“临武鸭”养殖协会。同年8月，资兴东湖鱼制品有限公司牵头兴办东江鱼养殖协会。继后，相继涌现永兴冰糖橙公司牵头兴办的永兴冰糖橙协会、宜章加法果业公司牵头兴办的宜章脐橙协会以及烟草部门扶持的烟叶协会等。

2000年9月，郴州市政府召开全市农民专业合作经营组织女带头人座谈会，引擎发展农民专业合作经济组织。2002年，嘉禾县塘村镇农民专业协会联合会被选为农业部100家政府扶持、规范的试点单位。年底，郴州市成立农民专业合作经济领导小组。2004年，郴州市委、市人民政府先后印发《关于加快发展农民专业合作经济组织的意见》《郴州市十佳农民专业合作经济组织评选办法》《郴州市农民专业合作经济组织资格认定管理办法》等政策性文件，加强对农民专业合作经济组织的扶持、引导和管理。

至2005年年末，郴州市建成农民专业合作经济组织1744家，在实行生产、加工、营销“一条龙”服务的驱动下，带动农户发展专业生产22万户，占郴州市总农户的31%；实现利润45亿元，占农民可支配收入的41.5%。农民专业合作组织分布涵盖农村经济发展的主要产业，其中，种植业865家占49.61%，养殖业461家占26.46%，加工运输业231家占13.23%，其他187家占10.7%；由各类“能人”牵头兴办的634家占36.35%，依托龙头企业兴办的179家占10.28%；由涉农部门牵头兴办的243家占23.95%，由村集体经济组织兴办的583家占33.44%，其他形式兴办的105家占5.89%。2005年，北湖区保和乡蔬菜协会、宜章县新华乡梨协会、宜章县白石渡镇蔬菜合作社、临武香芋合作社、嘉禾县石羔乡铺江烟叶协会、嘉禾县石桥镇周家村农产品贩销协会，被评为湖南省农民专业合作组织示范项目单位。

三、农村经济结构调整

（一）农业内部产业结构

1989年，郴州地区种植业产值占农业总产值的比重为48.5%，养殖业占农业总产值的比重为38.6%。1990年，全区把发展优质高产高效农业作为主攻方向，加快农业内部结构调整步伐，重点发展烤烟、畜牧、水产、果茶四大优势产业。到1995年，郴州市农业总产值达55.85亿元，按可比价格计算分别比1989年和1990年增长38.40%和38.02%，其中种植业29.4亿元（粮食产值16.3亿元，经济作物产值13.1亿元，分别占种植业产值55.5%、44.5%），占52.6%；林业3.84亿元，占6.9%；牧业20.87亿元，占37.4%；渔业1.75亿元，占3.1%。是年，农业增加值36.23亿元，按可比价格计算比1989年、1990年分别增长52.78%和37.74%，其中种植业29.4亿元，占52.6%；林业3.84

亿元，占 6.9%；牧业 14.86 亿元，占 35.0%；渔业 1.44 亿元，占 3.4%。

1996—2005 年，郴州农业瞄准市场需求，进一步提高优质高效产业的比重。粮食生产大力扩种优质稻和玉米，经济作物生产实行“稳烟、优果、扩菜、兴茶”方略，养殖业提高生猪优质率及突出发展以牛、羊为主的草食动物和大水面水产养殖。1996 年组织养殖业开发攻坚，全市实现农民人均出栏一头生猪的目标。优质农产品的比重进一步提高，经济作物播种面积占整个农作物播作面积的比重升至 36.2%。至 2000 年，全年全市实现农、林、牧、渔增加值 60.75 亿元，比 1995 年增长 72.4%。其中，优质粮食、经济作物种植业占增加值的 49.46%，畜（禽）牧业占 37.4%，渔业占 5.76%，林业占 7.38%。

2000—2005 年，全市在农业产业结构调整中，加快优势产业和特色产业带建设，集中力量建设“粮、果、菜、烟、畜禽、水产、竹木、蔬菜、花卉、中药材”十大产业带基地，相继开发和壮大“安仁优质稻”“临武鸭”“资兴东江鱼”“永兴冰糖橙”“北湖蔬菜”“桂阳烤烟”“桂东茶叶”等系列农业支柱产业。2005 年，全市粮食总产量达 201.19 万吨，创历史新高。实现农业总产值 131.1 亿元，按可比价格计算比 2000 年增长 25.49%，年均增长 4.64%。其中，种植业 64.92 亿元，占 49.5%；林业产值 8.11 亿元，占 6.2%；牧业产值 49.35 亿元，占 37.6%；渔业产值 6.29 亿元，占 4.8%；农林牧渔业服务业产值 2.42 亿元，占 1.9%。2005 年农业增加值 81.52 亿元，按可比价格计算比 2000 年增长 25.62%，年均增长 4.67%，占郴州市生产总值的比重为 17.1%。

（二）农村非农产业结构

1989 年，郴州地区乡镇企业产值 11.42 亿元，农村社会总产值 29.17 亿元，其中非农产业总产值 11.16 亿元，占农村社会总产值的 38.3%。

从 1990 年开始，郴州地委、郴州地区行署加强乡镇企业管理，组织开展“乡镇企业管理年”“乡镇企业效益年”等活动，力助农村非农产业发展，提升农村经济发展水平。1995 年，乡镇企业总产值达 125.96 亿元，分别比 1989 年增长 10 倍，比 1990 年增长 8.9 倍，比 1993 年增长 2.8 倍。农村社会总产值 152.39 亿元，按可比价格计算比 1990 年增长 38.02 倍，年均增长 27.6% 倍。农村非农产业总产值 96.54 亿元，占农村社会总产值的比重提高到 63.3%。其中，农村工业总产值、农村建筑业、农村运输业、农村批发零售贸易、餐饮业分别占非农产业总产值的 72.6%、6.2%、12.9% 和 8.0%。1996 年末，郴州市委、市人民政府作出开展“乡镇企业发展年”活动的决定，鼓励个体私营经济和外资兴办乡镇企业。至 2000 年，乡镇企业中的民营企业、个人私营经济成分快速增长。农村非农业总产值 378.49 亿元，是 1995 年的 3.9 倍，占农村社会总产值的比重提高到 80%。

2001 年，郴州市委、市人民政府把加强农业和增加农民收入作为经济工作的突出位置来抓。继续推进乡镇企业产业结构调整，突出扶持发展有资源、市场优势的产业项目，同时大力发展民营经济、劳务经济，提高非农产业比重。2005 年，郴州市乡镇企业总产值 529.76 亿元，增加值 159.50 亿元，分别是 2000 年的 1.96 倍和 2.1 倍。农村社会总产值 535.18 亿元，是 2000 年的 1.13 倍。非农行业总产值 404.08 亿元，是 2000 年的 1.07 倍，占农村社会总产值的比重 75.5%。其中：农村工业总产值 270.02 亿元，占 66.9%；农村建筑业 34.11 亿元，占 8.4%；农村运输业 44.22 亿元，占 10.9%；农村批发、零售贸易、餐饮业 55.58 亿元，占 13.8%。

四、创新农技服务体系

1989 年 6 月，郴县（苏仙区）华塘镇在全省率先建立以镇办农校为主体的科技培训服务中心和技术开发服务公司。继后发展为以镇农校、农技站为依托的农科教中心，实行“两联”（联合开展技术培训、联合做好技术物资服务）开展社会技术服务。并由一名副镇长兼任由农业、科技、教育单位组成的农科教中心主任，各村相继成立农科教小组，形成合力，为农民提供科技教育、普及服务，改善了往日单家独户生产推广应用农业技术难的状况。1990年9月，湖南省委、省政府在郴县召开全省农村教育工作会议，推广华塘镇实施农科教结合的经验。

1991年5月，地委、行署成立郴州地区农科教领导小组。6月，地委、行署联合印发《关于切实办好农科教中心的通知》。是年，全区创办乡镇农科教中心68个，共有科技示范户5000户，起到引进应用农业新技术的带头作用。1992年1月，郴州地委、郴州行署在郴县召开乡（镇）农科教中心经验交流会。到1993年，全地区建立乡镇农科教中心153个，占乡（镇）总数的61.4%。其中以农校为依托的119个，占77.8%；以农技站为依托的26个，占17%；以其他站为依托或站校合一的8个，占5.2%。农科教中心共培植科技推广示范村443个，示范组2580个，示范户17412户。到1998年，全市251个乡镇有225个建有农科教中心，有158个乡（镇）农科教中心常年开办农业技术培训班，初步构建一个覆盖全市农村的农业科学技术教育、推广、服务网络体系。

1998年始，农科教中心以市、县两级农业广播学校为平台，进而组织开展农村各类专业人才培养。当年开设种养类、工程类和经济类18个专业，累计招收大专学员198人，中专学员1.36万人，进行实用技术培训2.12万人次，毕业7528人。这届学员毕业后，先后担任村级干部332人、乡（镇）农技员253人；获得县以上科技成果奖46人，被评为科技示范户430户、科技致富标兵202人。与此同时，乡（镇）农科教中心重点抓好“三户”（专业户、重点户、科技示范户）培训，协助展开应届初中毕业生绿色证书培训；与农业广播学校配合，年培训农民工20余万人次。年内实现村有农技员、组有科技示范户，户有一人掌握1~2门实用技术。全市农业科技入户率达到86%，农业先进技术覆盖率达90.3%，良种覆盖率达95%，农业科技对农村经济增长的贡献率达40%。

到1999年，全市创新农技服务经营机制，以农科教中心农技员为骨干，推行以技术服务承包、入股等方式，引入市场机制实行有偿责任技术转移。当年，桂阳县39个乡（镇）农技站普遍推行这一新的技术服务形式，与种粮大户签订技术承包服务合同，实行有偿责任农技推广服务，效益明显。经省政府组织验收评审，该县被授予“湖南省农村技术市场示范县”称号，北湖区、临武县被授予科教兴农先进县，白露塘镇、郴江乡等14个乡镇受到表彰。2000年，全市农科教中心引进科技示范项目377项次。2001—2004年，郴州市以县、乡两级农科教中心骨干，建立各类农业科技示范园10个，科教示范村27个，设立优质稻、种苗、养鱼、节水、农机等科技推广示范点313个、示范面积8.52万公顷。

1989—2005年，郴州农技服务体系的创新，带动农村生产经营方式向技术型、效益型转变。此间，县、乡两级农科教中心共举办各类农业实用技术培训班4万余期次，培训农民人数400多万人次；推广农业科技新成果、新技术585项。与此同时，担负和完成科研项目110项（国家级2项、省级17项、市级91项），其中农业46项、林业24项、水利14项、畜牧和农机各13项。在这些项目中，“杂交水稻制种”“两系杂交稻推广”“80万亩旱粮丰产栽培技术推广”“永兴油菜低改技术推广”“灌木丛林间草地饲养山羊综合配套技术推广”“禽霍乱综合防治及配套技术推广”“模式化鱼田工程技术推广”“微型耕整技术研究开发利用”的科技含量，达到湖南省领先水平，有效地促进了农业与农村经济的发展。

第二节 农村土地经营改革

一、土地延包

20世纪80年代，郴州普遍开展第一轮农村土地承包，推行家庭联产承包生产责任制。1996年11月，根据国家关于延长土地承包30年不变的指示精神，市委农村部、市农经处组成工作组在嘉禾县龙潭乡开展农村土地延包试点工作。工作组在延包前对耕地进行适当小调整，然后严格办理续签手续。将耕地承包期延长到30年，林地承包期延长至30~70年。1997年2月，郴州市委、郴州市政府推广其完善土地延包工作的经验与作法。是年底，全市虽有541个行政村完成土地延包工作，然大部分村则处于进展缓慢的局面。

1998年3月，郴州市委办公室、市人民政府办公室转发《市委农村工作部、市政府农村工作办公室〈关于全面推开农村土地承包、流转和集体资产清产核资工作的实施方案〉的通知》，要求各地加快完成土地延包工作。至当年6月底，全市完成土地承包30年不变工作的行政村641个，占全市总村数的21.5%，仍落后于全国70%和湖南省58.4%的工作进展。继后市委、市政府加大此项工作的推动力度。1999年，组织3个检查组对全市农村土地延包工作进行巡视督查。至年底，全市完成延长土地延包工作的行政村2866个，占总村数的96%。

2003年2月，市委、市政府印发《关于认真做好〈农村土地承包法〉学习宣传和贯彻实施工作的通知》。3月，郴州市开展《中华人民共和国农村土地承包法》宣传学习月活动，全市发放学习资料11.36万份，举办学习培训班培训6897人次。各地进而对农村土地承包工作进行一次全面回头看，查漏补缺，对少部分地方存在的超标准预留机动田及承包经营权证书填写欠规范等问题进行纠正。到2005年底，郴州市2928个村按时完成土地延包30年工作，占总村数的98%；92.2万户农户签订了土地承（延）包合同，占农户总数的97.2%，其中95%的农户领到土地承（延）包经营权证书。

二、土地经营流转

20世纪90年代，随着农业产业经营和农业商品经济发展，农村承包土地经营（使用）权转移现象增多。郴州市人民政府根据《中华人民共和国土地管理法》有关规定，在依法稳定农村土地承包期“三十年不变”基础上，按照“强化所有权，稳定承包权，明确使用权，放活经营权”和“依法、自愿、有偿”原则，引导广大农户进行土地承包经营权合法有序流转。

2001年10月，郴州市人民政府印发《关于印发〈郴州市农村集体土地延包及土地经营权流转管理试行办法〉的通知》，继后全面启动土地流转经营制度改革，即对集体荒山、荒地、荒水、荒滩“四荒”资源及农民承包耕地放活经营权，允许采用拍卖、出租、承包、转让、互换、联营等方式，进行流转使用。各县（市、区）也相继出台相关文件，建立健全土地承包经营权有偿流转管理制度。当年，郴州市引导农民采取合同转包、转让和出租等形式，向种养大户、能人和农业龙头企业聚集经营流转土地2.57万公顷。通过招商实行土地有偿使用面积1.8万公顷。

2002年后，一些乡（镇）、村成立农村土地流转管理中心或土地流转信息站，为农村土地流转提供法律和信息服务。到2005年，郴州市土地经营流转总面积12.74万公顷（含集体用地），其中农户承包耕地流转的总面积增至9.37万公顷（转包面积2.73万公顷，转让面积1.24万公顷，互换面积0.11万公顷，出租面积3.68万公顷，入股合营面积1.28万公顷，其它形式流转面积0.33万公顷），涉及农户3235户，11万余人。到年底，市内农民承包土地在流转中形成规模化经营面积5500多公顷，助成新增种植、养殖大户和专业户1.24万户。农村土地推行流转经营，提高了土地使用的规模效益。

第三节　乡镇企业体制改革

一、生产经营体制改革

20世纪80年代末期，郴州地区乡镇集体企业开始推行承包经营责任制，变革过去统一生产，统一经销的计划经济旧体制，企业释放自主经营活力，经济效益好转。然有的企业在承包过程中因缺乏有效的监督和制约，以致出现“以租代管”和承包方只顾眼前利益“杀鸡取卵”掠夺性经营的现象。进入90年代，各地总结经验教训，健全和完善乡镇企业承包经营管理制度，推行承包经营目标管理，量化细化承包双方责、权、利之责。1991年，桂阳县荷叶乡斋婆冲煤矿实行承包经营目标管理，将矿井保护改造列入重要的承包考核内容，避免了只顾产煤、不管矿井维护的短期行为。是年该矿生产原煤1.5万吨，创产值69.3万元，利润20.7万元，为此前历年最好效益。同时矿井亦得到修整和维护。1992年，桂阳县51家严重亏损乡镇企业，分别采取生产线“分立经营，切块包干”和车间设备“拆零承包，以包带包”等办法实行承包经营，共盘活滞死资金4600万元，促进了生产，亏损减少。

之后，在完善承包经营责任制的同时，郴州全面放开乡镇企业生产经营，企业经营机制更趋多样化和灵活性，相继出现“租赁经营”“风险承包”“整体承包”“一厂（矿）多制承包”等经营方式。1988—1996年，资兴市三都镇煤矿（镇办企业）由矿长刘汉文带领职工对煤矿连续三轮（三年一轮）实行集体承包。该矿承包后将产、销、利润、安全等8大指标分解承包到班组至个人，实行计件（量）工资制，企业激发活力。到1996年，该矿除还清旧债外还积累流动资金130多万元，并先后投资327万元兴建选矿厂、综合服务楼和购买商业门面，使煤矿成为集“采、选、工、贸”于一体的新型企业。嘉禾县第二水泥厂（普满乡乡办企业）至1996年底因经营不善，资产负债率达118%，企业涉临倒闭。1997年5月，该厂由职工雷丰蜻组阁实行租赁承包。承包期3年，交纳租赁费680万元，风险抵押金110万元。承包后企业内部实行“联产、联质、联利”相结合的生产责任制，建立基本工资、标准工资、浮动工资三结合的分配制度，充分激发员工的生产积极性和责任感。至翌年5月，该厂生产水泥5万吨，创产值1250万元、税费90多万元，上交租赁费220万元。此后，该企业扭亏为盈，逐年增收。到1998年，全市投产的20家乡镇水泥厂有17家实行租赁经营，当年生产水泥比上年增加40万吨，经济效益显著提高。

到20世纪90年代后期，境内乡镇企业又呈现行业联营，跨区域联营，做大做强经营规模的新势头。宜章县城南乡是湖南省盛产建材白云石之乡，原乡内27家白云石加工企业小型、松散，管理无章，缺乏市场竞争力，以致普遍亏损。1999年该乡将小散企业实行合作联营，组建“宜章县石米集团总公司”。遂从实际出发采取“产、销有统有分”“产、销一体”等管理模式。继后在2000年3月，该公司又以乡建材厂为龙头，实行由股东租赁全行业生产经营权的办法联合经营，企业经营不断放活做强。至年底，销售收入、利税比上年同期分别增长16%、22%，企业尚积累资金30万元。此间，宜章县石米集团总公司先后获市委、市政府授予的“乡镇企业系统体制创新最佳企业”“明星乡镇企业”称号。苏仙区镇办企业郴州良田水泥厂自90年代末期在企业实行承包经营、合股收购的形式，将市内4家乡镇水泥厂及国有嘉禾县第一水泥厂结成经济联合体。企业资产总额由600万元增至1.09亿元，年产普硅水泥能力由原4.4万吨增至80万吨（厂本部30万吨），年上缴税费均过1000万元，成为全市乡镇企业的一面红旗。2004年3月该厂实行股份制改造又组建“湖南良田水泥有限公司”。与此同时，市内一些乡镇企业展开横向联手经营，组建企业集团，至2005年年底，全市乡镇企业先后联合组建嘉禾县汽运公司、宜章县笆篱皮草集团公司、桂东县竹业集团公司等。全市12.57万户乡镇（村）办企业，相继转入实行承包、租赁、合作联营、兼并经营等多方式经营，不断将企业做大做强做优。

二、企业产权制度改革

1989年以后，乡镇集体企业在兴起经营体制改革的同时，开始起步进行企业产权制度改革。最初阶段，多为乡村经济能人和农民群众集资入股买断一些乡（镇）、村办“小矿井、小煤窑、小厂子”资产权和经营权，渐趋转向打破乡村集体企业统一由乡村集体办的格局。1993年，郴州地区行政公署颁发《郴州地区乡镇企业股份合作制试行办法》，继后举办首期全区农村股份制学习班，重点部署以股分合作制的形式推进乡镇集体企业产权制度改革。

1995年3月，郴州地委下发《关于加快发展乡镇企业的决定》，提出以企业股份合作制为重点引擎乡镇企业产权制度改革。随即，地委、行署组织在全市21家乡（镇）集体企业进行股份制改造试点。1996年10月，市委、市政府在桂阳县召开全市乡镇企业产权制度改革经验交流会。随后全市乡村集体企业股份制改造全面推开，多采用拆股、售股集资、参股联营的方式改造乡镇集体企业产权。1998年3月，原嘉禾县城关镇镇办企业“嘉禾县第二建筑公司”在资产核算后，组建成“嘉禾县第二建筑工程有限责任公司”。其按净资产2∶2.9∶5.1的股份比例，划定镇政府、原公司和公司职工在企业所持股份，对企业实行股份制经营、分红和管理，调动了镇政府、企业和职工三方兴企的积极性。当年，公司实现利税过100万元，较上年增长1.5倍。次年，嘉禾县推广该公司改制的作法，带动全县26家乡镇集体建筑企业推行产权改制，改制面92.9%。

2002年，资兴市75家 乡镇集体企业全部实行改制，企业通过拍卖、转让、兼并、破产以及资产拆股、售股等方式，全部转为民营化。该市产权改制企业清除债务1.5亿元，盘活资产1.7亿元，当年有33家企业改制后实现大幅增值。至此，境内乡镇新办企业普遍实行股份合作制，运用股份合作制方式，吸纳资金、技术、设备、原材料、土地使用权入股办强企业，形成多元化投入的乡镇企业发展新态势。至2005年，郴州市90%以上的乡镇集体企业，转为以股份制或股份合作制为主的多形式拥有企业产权的民营企业。这些企业以“产权明晰，自主经营”的新活力参与市场竞争，经营机制灵活多样，经营效益普遍趋好。

第四节　农业产业化经营

一、产业化基地建设

1989—1991年，郴州在综合调整农业产业结构工作中，开始建立农业商品基地，并起步由单一种、养向加工、营销环节延伸，尝试农工商、贸工农、产购销一体经营，逐步改变生产经营零星小散效益差的境况。郴州行署组建农业商品基地办公室，及时组织农业产业化商品基地建设。1992年初，地委、行署印发《郴州地区开发和建立“四优”农产品基地实施方案》，确定把建立优质粮油、烤烟、茶果和畜禽水产“四优”产业基地建设，纳入地级领导干部目标管理责任制内容，地委、行署和人大、政协联工委四家领导各负责各抓好一项优质农产品基地建设。至1993年年底，全区“四优”产业基地建设取得初步成效，新增产值1.85亿元。

1996年10月，全市农业产业化暨冬季农业工作会议提出，以农业产业化经营为导向，着力建立10大主导产业（木材、烤烟、楠竹、水果、油茶、药材、畜禽、水产、蔬菜和优质稻），为发展农业产业化链式经济提供物质基础。当年，市委书记梅克保在办点的宜章县城南乡法堂村，组织发动群众办起千头养猪场，发展养猪专业户50户、工程化稻田养鱼5.4公顷。

1997年9月，郴州市委、市人民政府印发《关于推进农业产业化的实施意见》，提出重点抓好粮油、烟草、畜禽水产、竹木、果茶、蔬菜6大农副产品示范基地建设。至此，桂阳、宜章、嘉禾、资兴、安仁县先后被列为省级瘦肉型猪基地县；全市初步建立永兴县、临武县、苏仙区、北湖区、桂阳县、资兴市、桂东县7大山羊开发基地，以及以临武县为中心的临武鸭养殖带，以永兴县、桂阳县、北湖区、宜章县为中心的良种黄鸡养殖带，以资兴市、汝城县为中心的特色鹅养殖带。安仁县的优质稻、桂阳县的烤烟、资兴市的脐橙及东江鱼、永兴县的冰糖橙和油茶、北湖区的蔬菜和楠竹、苏仙区的畜禽等产业，均形成规模化基地生产。1998年8月，成立郴州市农业产业化领导小组。

2003年5月，市委、市政府下发《关于实施农业产业化“一县一品”工程的意见》，按照农业产业化经营要求，确定安仁县食用菌、北湖区茶叶及蔬菜、苏仙区黑山羊、资兴市东江渔业、桂阳欧阳海库区高效渔业、宜章县脐橙、永兴县冰糖橙、临武鸭业、嘉禾三味系列食品、汝城小水果、桂东中药材等20个项目，为农业产业化“一县一品”基地开发工程。2004年12月，郴州市11个县（市、区）均纳入湖南省五大产业链建设基地县（市、区）。

到2005年，郴州市农业“十大”优势产业基地建设初具规模：以中、高档优质稻、杂交稻制种为主的粮油产业基地，重点分布在安仁、永兴、资兴、苏仙、桂阳等县（市、区），优质稻面积14.2万公顷；以桂阳、嘉禾、永兴三县烤烟为主的优质烟产业基地，种植面积稳定在2.35万公顷左右，当年收购烟叶79.86万担，实现烟叶特产税10981万元；分布各地的优质畜禽基地：2005年出栏瘦肉型猪553.03万头、牛19.28万头、羊55.06万只、出笼家禽3531.63万羽；以东江冷水鱼、欧阳海水库珍珠养殖为主的渔业和特种水产基地，当年资兴东江鱼生产基地年水产品总量达9.79万吨；，楠竹、麻竹为主的竹木产业基地，全市拥有商品林面积79.67万公顷，竹林面积8.20万公顷。此外优质水果产业基地营造果园面积4.98万公顷，2005年总产量47.65万吨；蔬菜产业基地有总面积7.27万公顷，2005年产量173万吨；花卉苗木产业基地种植面积1000公顷，有各类花卉大棚过10万平方米，花卉苗木产值突破1亿元；名茶产业基地有茶园面积5900公顷，2005年茶叶产量2327吨；药材产业基地中药材种植面积达3500公顷。

至2005年，郴州农产品在第一至第七届湖南省农博会评比中获金奖60种。先后有桂阳县被列为全国六大烤烟主产县之一，永兴县被确定为省级草食动物开发示范县，资兴市东江鱼生产基地被列为湖南省八大名特优水产养殖基地之一，宜章、临武县被纳入农业部湖南省脐橙优势产业带基地县，资兴市被国家林业局命名为“第三批中国名特优经济林之乡”。

1999—2005年郴州市获湖南省一至七届农博会金奖农产品一览表

表13-1-4-1

获奖时间	生产单位	金奖产品名称
第一届（1999年）	郴州裕湘面业公司	“裕湘”牌系列面条
	郴州穗丰特产制品公司	“禧宾”牌穗丰土酒
	东江脐橙开发公司	“东江”牌脐橙
	资兴汤市狗脑贡茶场	“狗脑”牌贡茶
	宜章莽山钟家茶厂	“莽山”牌银翠茶
	临武舜华鸭业公司	“舜华”牌酱鸭
	临武县农业局	“舜珠”牌蜜柚
	永兴冰糖橙公司	“永兴”牌冰糖橙
	安仁县豪山茶场	“豪峰”牌毛尖
	桂东县茶叶开发公司	“玲珑”牌绿茶
	郴州市经济技术开发区	998植物高级营养素
	郴州市经济技术开发区	保得及微生物制剂
第二届（2000年）	郴州裕湘面业公司	“裕湘”牌系列面条、系列米粉
	永兴冰糖橙公司	“永兴”牌冰糖橙
	永兴复和食品公司	“回味”牌金腐竹
	桂东茶叶开发公司	“玲珑”牌绿茶
	安仁豪山茶场	“豪峰”牌茶
	临武舜华鸭业公司	“舜华”牌临武鸭
	资兴东江鱼制品公司	“东江”牌鱼系列
	资兴汤市狗脑贡茶场	“狗脑”牌贡茶
	资兴东江脐橙开发公司	东江脐橙
	宜章莽山钟山茶场	莽山银翠茶
	宜章果木场	惠泽百合
	郴州茶树良种场	南岭岚峰茶
	郴州市经济技术开发区	三旗998植物高级营养素
	宜章湘宜机械厂	“湘宜”牌微型耕地机
第三届（2001年）	郴州裕湘面业公司	“裕湘”牌系列面条
	郴州市苏仙阁酒厂	“仙茅”牌土酒
	郴州市金剑化工有限公司	“苏仙”牌纯茶油

续表 13-1-4-1

获奖时间	生产单位	金奖产品名称
第三届（2001年）	资兴东江天然绿色食品公司	“瑶山春”牌野生果子酒
	资兴东江鱼制品公司	东江银鱼
	何氏湘辣王食品公司	“琥珀”牌酱肉
	桂阳红日食品公司	“红日”牌辣酱肉
	宜章惠泽百合公司	“惠泽”牌百合
	嘉禾真味辣制品公司	“珠泉”牌湘嘉鱼
	永兴冰糖橙公司	“永兴”牌冰糖橙
	安仁县菩提露酒厂	“菩提”牌露酒
	桂东茶叶开发公司	“玲珑”牌绿茶
	汝城县林科所	“紫光”牌银杏茶、苦丁茶
第四届（2002年）	郴州裕湘面业公司	“裕湘”牌儿童营养面、红薯方便粉
	郴州老桂岽高山食品公司	“老桂岽”牌花豆
	桂阳成民食品公司	“成清设”牌碱面
	桂阳县香源食品厂	“子龙郡”牌坛子肉
	郴州太和辣业公司	“金太和贡”牌坛子肉
	嘉禾真味辣制品公司	“珠泉”牌湘嘉鱼
	嘉禾三味食品公司	“三味”牌腐乳王
	天湖食品公司	“天湖”牌熟食
	宜章惠泽百合公司	“惠泽”牌百合
	宜章莽山瑶族食品加工厂	“莽山”牌蕨根糍粑
	资兴渔业公司	“好地方”牌东江银鱼
	资兴移民服务中心	“好地方”牌东江脐橙
	东江库区果茶研究所	“好地方”牌楚云仙茶
	永兴复和食品公司	“回味”牌金腐竹
	永兴冰糖橙公司	“永兴”牌冰糖橙
	临武舜华鸭业公司	“舜华”牌临武鸭熟食
	嘉华面业公司	“林邑”牌爽滑面
第五届（2003年）	郴州裕湘面业公司	“裕湘”牌系列面条
	郴州裕湘面业公司	“裕湘”牌系列米粉
	郴州裕湘面业公司	“裕湘”牌红薯方便米粉
	东江渔业制品公司	“东江”牌糖果鱼
	临武副食品加工厂	“舜峰”牌酒
	嘉禾真味辣制品公司	“珠泉”牌湘嘉鱼
第六届（2004年）	郴州福辉菌业公司	“福辉”牌食用菌
	郴州苏仙两江源农副产品基地	“两江源”牌高山菌
	临武小徐瓜食品公司	“大冲”牌辣椒酱

续表 13-1-4-1

获奖时间	生产单位	金奖产品名称
第六届（2004 年）	安仁坪上食用菌公司	“天扶”牌食用菌
	安仁桥石辣子鱼厂	“桥石”牌辣子鱼
	郴州邦尔泰油脂工贸公司	“苏仙”牌纯茶籽油
	嘉禾嘉津食用油厂	“嘉津”牌纯茶油
	郴州川湘食品厂	“桂宾”牌坛子肉
	资兴东坪土蜂蜜开发公司	“东坪”牌土蜂蜜
	郴州奇怪辣业公司	“李家坊”牌系列产品
	资兴东江鱼集团公司	“东江湖”牌东江口味鱼
	永兴玄田食品公司	永兴四黄鸡
第七届（2005 年）	资兴东江狗脑贡茶公司	“狗脑贡”牌绿茶
	宜章加法果业公司	纽荷尔脐橙
	安仁坪上食用菌公司	“天扶”牌食用菌真姬菇
	郴州朝天龙辣业公司	朝天龙辣熟食
	资兴东江鱼集团公司	“东江湖”航空鱼
	宜章年年有特色食品厂	“年年有”牌糖果鱼
	郴州方利米业公司	“方利”牌茉莉香米

二、农业龙头企业建设

自 20 世纪 90 年代中期，郴州强化以工哺农理念，致力打造农副产品加工龙头企业，发展农业链式经济，带动农业生产发展和提高经营效益。1996 年 10 月，郴州市委、市人民政府决定培育八大龙头企业，即木材加工生产线、胶竹板生产线、粮食加工生产线、松脂松香深加工生产线、饲料加工企业、肉类综合加工生产线、水产品冷冻加工生产线、板鸭加工生产线。1997 年，郴州市重点支持六大市级龙头企业建设，即郴州种业集团、湘南烟草集团、郴州电力公司、郴州市牧工商总公司、桂东竹胶板厂、郴州粮油加工城。

1998 年，湘南烟草集团、郴州水利电力集团、市牧工商公司、桂东竹胶板厂 4 个市级龙头企业均组建完毕。郴州水利电力集团按照现代企业制度运作，积极争取上市。随即，各县（市、区）政府把建设县级龙头企业作为牵引农业产业化发展的一大任务。当年，桂阳县财政拨款扶持湖南天韵银杏实业有限公司发展生产，临武县扶持临武鸭发展有限公司建成两条日加工 2000 羽临武鸭生产线，年加工能力 80 万羽。北湖区组建的大光华畜牧有限公司，采取“公司＋农户”形式，联结家禽养殖专业户 400 多户，全年农户、公司产值达 2000 多万元。1999 年，临武舜华鸭业集团采取“公司带基地、基地连农户”的形式，带动发展养鸭基地 56 个，年养殖临武鸭 287.7 万只，出笼 169.4 万羽，连接生产经营实现“肉鸭养殖、产品加工、销售贸易”一体化发展。公司年创产值 2273.6 万元。桂东竹胶板厂实施“工厂＋农户”的发展模式，建立生产基地 15 个，牵动全县发展种竹户 8000 多户，该厂生产能力达 1 万立方米。湘南烟草集团联结农户扩种烟叶，实现卷烟产量 30 万大箱，年销售收入 10 亿元、利税 5.1 亿元。嘉禾县三味食品有限公司与 700 户农户签订“三味辣椒”种植合同，及时为生产提供产前、产中、产后服务，发展农户专业生产基地1340公顷。

2000年，郴州市、县两级共选择730户农产品加工企业作为龙头企业扶持对象。市委、市政府对其在资金投入、税费上缴、科技服务、产品营销等方面，相继制定出台一系列优惠扶持政策措施。自当年，市财政每年拨款300万元资金扶持农产品龙头企业建设，按照省、市、县三个层次龙头企业的标准，对龙头企业实行年度考核，进行升级或降级的动态管理。2002年1月，按照《郴州市农业龙头企业考核试行办法》，评选出首批15家郴州市农业龙头企业。其中临武舜华鸭业发展有限公司、郴州市裕湘面业有限公司被评为湖南省农业龙头企业。是年年底，15户市级龙头企业实现销售收入4.92亿元、税金2198万元，同比增长54.8%和71%，其连结发展生产基地6.05万公顷，直接带动产业农户22万户，农民人均增收360元。

2003年8月，市政府组织对第一批市级农业产业化龙头企业进行监测：14家企业合格，1家企业不合格，取消市级龙头企业资格。同时认定第二批市级龙头企业6户。是年，郴州市市级以上农业龙头企业基本完成股份制改造，企业规模扩大，实力增强。20户省、市级龙头企业固定资产达4.23亿元，实现销售收入8.92亿元，实现税金3790万元，分别比上年分别增长40%、42%和61%；联结生产基地8.4万公顷，直接带动发展专业生产农户32万户。

2004年11月，郴州市人民政府认定第三批市级龙头企业16户。年内，临武舜华鸭业发展有限公司、资兴东江鱼集团有限公司晋升为国家级龙头企业，郴州市实现国家级龙头企业“零”的突破；资兴创兴板公司、永兴冰糖橙公司、嘉禾三味食品公司、北湖花卉世界晋升为省级龙头企业。是年，郴州市36家市级以上龙头企业实现销售收入19.10亿元，比上年增长26%；完成税金7017万元，比上年增长16%；联结产业基地8.13万公顷，带动专业生产农户46万户。

2005年12月，认定第四批市级龙头企业19家。至此，安仁县坪上食用菌开发有限公司、郴州邦尔泰工贸发展有限公司被认定为省级龙头企业，临武舜华鸭业公司、东江鱼集团公司、郴州裕湘面业公司被认定为国家级农产品加工示范企业。至此，郴州市有市级以上农业产业龙头企业55家，其中国家级3家、省级9家、市级43家。

三、农产品商品化建设

1989年，郴州地区有城乡集贸市场214个，营业面积65.21万多平方米。继而，郴州在发展农产品生产、加工的同时，加快农副产品集贸市场、批发市场及外销商贸网络建设，以“销”促“产”形成农业产业化拉力。1995年，郴州市采用招商形式，社会融资等方式加强市场建设，以农产品上市交换为主的市场达到270个。至1998年，郴州市新建、改建农产品大型专业市场23个。郴州市城区罗家井农贸市场扩建后年成交额6亿元，时为湘南地区最大的农产品交易市场；新建的七星蔬菜批发市场，日成交蔬菜30万千克，年蔬菜交易量过亿千克，成为湘南地区当时最大的蔬菜集散中转地。宜章生猪中转站建成开业，开拓广东和港澳生猪市场。其间，市委农村工作部、市林业局等单位在湖南农产品（广州）大市场购置门面，开辟农产品销售窗口；郴州市、北湖区畜牧水产局在广东省增城、深圳和广州，设立畜禽产品销售点。1998年，郴州市66%的生猪、30%的山羊、25%的家禽销往广东、港澳市场。全市成立各类销售协会1600多个，有会员9万人，参加流通营销大军10多万人，其销售郴州70%以上的水产品、水果、生猪、蔬菜。

1999年以后，郴州市各级加力拓展境外农产品销售市场，提升农产品商品率。1999年，市领导带队率有关单位和企业参加湘粤农贸市场湖南农产品展销会、湖南省首届“农博会”和厦门招商会，还在澳门举办郴州农业招商会推介郴州农产品。2000年1月，在郴州市城区七星大市场举办的郴州市名特优新农副产品迎春展销会，实现现货成交额1850万元，签订贸易和招商引资合同9个。11月在长沙市红星大市场举行的湖南省第二届“农博会”，郴州市组织参加展销农副产品10大类、68个品种，实现现货交易额312万元，签订引资和产品销售合同27个，累计合同金额3.5亿元。

2001年，嘉禾县周家村开设郴州市首家村级农产品市场，自此该村长期从事农产品营销250户600多人。有12辆汽车、132台手扶拖拉机常年在省内外跑营销，年外销花生、大豆、南瓜等农副产品1万多吨。并在广州、长沙、东莞、上海、北京等地设立农产品营销窗口。

2003年，各地强力打造农产品品牌，提升农产品商品化水平。资兴市优化资源配置，将原7户渔业开发企业兼并组成东江鱼集团有限公司，投资2000万元兴建两条半自动化加工生产线。郴州裕湘面业公司投资2400万元建设裕湘食品工业园，研发、生产面业新品红薯方便面。2004年8月，在郴州农业特产展销暨经贸洽谈会，150多户企业的500多个农产品参展，现货交易和合同贸易计6100万元. 并组织评选出郴州“十大”农业特产品牌。其中郴州裕湘面业公司的“裕湘”牌、临武舜华鸭业公司的“舜华”牌、资兴东江鱼集团公司“东江湖”牌、桂东县竹胶板厂的“桂峰”牌商标在当年被认定为湖南省著名商标。在一届至七届（1999—2005年）湖南省农博会，郴州获金奖产品有60个品种84奖次。

2005年，郴州市有城乡集贸市场288个，其中农副产品专业市场30个。农产品销售形成以乡镇、县域农贸市场，区域性农产品中心批发市场和市外营销窗口为主的框架体系。全市农产品商品化率达71.0%。

第五节 农村小康建设

一、建设小康乡村

1992年，郴州地委组织地、县两级5487名工作队员（县以上机关2330名），进驻249个乡镇的1307个村，其中地级机关工作队进驻行政村495个。工作队围绕团结一致奔小康这一主题，重点向农民进行市场理念、经济开发观念教育，引导农民调整农业生产结构，发展高效优质农业。地委确定郴江乡等31个乡（镇）作为郴州地区奔小康示范乡（镇）。各地工作队根据小康建设标准，围绕经济、政治、文化和社会保障目标制定具体指标，力争县（市）国民生产总值年人均达2500元以上；人均年纯收入1500元，其中农民人均年纯收入1200元；农民人均拥有家庭自我资产价值4000元，占有粮食400千克左右；县（市）财政收入人均达到120元以上；农民人均占有乡（镇）、村两级集体公共积累800元；乡（镇）级集体经济年纯收入达到50万元以上；村级集体经济年纯收入10万元以上；人均年末储蓄款达800~1000元；一个乡80%的村，一个村80%以上农户达到小康生活水平。是年，全区249个乡（镇）、2713个村、40.1329万户农户制定了奔小康工作规划（计划）。

1993年，全区260名地、县级领导（地级领导22名）下基层办小康建设示范点。地、县两级抽调1640名干部和科技人员，进驻216个乡（镇）的311个村帮助小康建设。地、县各机关单位把支助农村奔小康纳入工作范围。当年，郴州地区建委抽调12名技术人员分赴地委工作队驻点村，免费为村庄建设开展勘测规划工作。郴州地区乡企委为重点村制定村级企业发展规划，为村办企业搞好评估论证和项目投建工作。农业银行郴州支行实施“十、百、千”奔小康工程，重点为10个小康乡（镇）、100个小康村和1000户小康户建设提供金融支持，共落实融资项目228个，总投资3.7亿元，贷款2.7亿元。地委组织部计划分期分批用3年时间，组织整顿全区农村党支部，推进农村小康建设。当年，全区270位县（处）级领导办抓党建、奔小康联系点，454个建整村调整村党支部书记208人、村主任190人，以增强农村基层组织带领群众奔小康的凝聚力和战斗力。

1993年12月和1994年11月，地委、行署分别印发《郴州地区创建小康村实施方案》（简称“方案”）、《关于小康村建设有关规定的通知》。“方案”确定小康村的10大项目指标，并把创建小康村分成4个级别：经济指标达标村、基本达标小康村、全面达标小康村、高标准小康村。地区每年通过年终验收，对达到以上小康村4个级别标准的，分别给予奖励。是年，全区31个小康建设示范乡（镇）在全地区晋档升级考核中，排在前50名19个。同年，地委、行署在组织乡村小康建设中，推行分类指导、梯级推进，部署在全区开展村级经济晋档升级活动。全区将低于小康村经济标准的行政村划分为一、二、三、四4个档次，推开晋档升级活动。各村对照小康村经济建设的各档级标准，找准自己位置，提出分期目标，实现向小康村的梯级推进。地委和县（市）委直接抓90个后进村村级经济晋升工作。1995年7月，《湖南日报》头版、湖南省委内刊《省委通报》向全省推介郴州市这一引导农村奔小康的经验。到1999年，经逐年组织考评，全市进入小康经济达标村达41.2%，晋升为一、二、三档村依次达30.5%、23.6%和15.8%，四档村则由1993年占村总数的89.4%下降至15.9%，下降73.5个百分点。

1996年1月，市委、市政府印发《关于开展农村经济强镇（乡）、村竞赛活动的决定》，明确评选“郴州市农村经济十强镇（乡）”和“郴州市农村经济百强村”标准，拉动加快农村小康建设。是年末，按全国农村小康标准进行验收，经考核评选出十强镇（乡）、九十九强村。全市第一批实现小康的乡镇16个，其中示范乡镇6个；第一批小康村159个。苏仙区良田镇被湖南省人民政府授予“湖南省乡镇之星”。1997年，郴州市开展农村经济“十强镇（乡）”“百强村”竞赛活动。年底，除表彰先进单位外，对排名最后的10个乡（镇）和50个村进行通报，出示黄牌警告。1998年，郴州市在竞赛中把所有的乡（镇）、行政村分别划分为一、二、三类。市里对进入前二十位的一类乡（镇）予以通报表彰，各县（市、区）对进入前五十位的一类行政村予以通报表彰。对还属三类村的村和乡（镇），由当地乡（镇）、县（市、区）安排主要领导挂点联系，并派驻工作队重点帮扶。到1999年，全市31个小康建设示范乡（镇）有27个实现小康达标。至2000年，全市评为农村经济实力10强10快乡（镇）比重达60%。

2003年6月，郴州市委印发《关于全面建设农村小康新村村庄建设的意见》和《关于印发〈郴州市全面建设农村小康村标准〉的通知》。2004年4月中旬，郴州市委、郴州市政府成立郴州市农村全面小康示范村建设工作领导小组，领导小组办公室设市委农村工作部。5月，按新的建设标准在全市确定30个农村小康建设示范村（每个县市区2至4个村）。7月，郴州市召开农村全面小康示范村建设启动会。会后，各县（市、区）所建的2个示范村，均由县（市、区）委书记、县（市、区）长联系办点。按照“科学规划、严格实施，因地制宜、量力而行，经济实用、农民自愿”的原则，力争用五年左右时间，率先将示范村建设成为物质文明、精神文明、政治文明协调发展，生态环境优美、人与自然和谐相处的新农村。

2005年1月，郴州市委派出18支由市级领导联系办点的小康示范村建设工作队，驻点开展小康示范村建设工作。40多个市直单位分进别驻包村，市财政每村安排5万元启动资金。通过一年的努力，有30个示范村随着经济的发展建设新房317栋、村中心广场18个、硬化村主干道6.83万米、通自来水3642户、改厕改畜栏1755间、建沼气池572个。自后，小康示范村建设转为新农村示范村建设，郴州市乡村奔小康建设深入开展。

1993—1999年郴州市（地区）村级经济晋档升级一览表

表13-1-5-1　　单位：个

年份	村个数	达标村		一档村		二档村		三档村		四档村		其中					
												一级村		二级村		三级村	
		个数	占比（%）	个数	占比（%）	个数	占比（%）	个数	占比（%）	个数	占比（%）	个数	占比（%）	个数	占比（%）	个数	占比（%）
1993	2973	2	—	58	2.00	76	2.60	180	6.00	2657	89.40	334	11.20	841	28.30	1482	49.90
1994	2973	41	1.40	108	3.60	194	6.50	394	13.30	2236	75.20	623	21.00	1012	34.00	601	20.20
1995	2880	59	2.00	241	8.10	350	11.70	616	21.40	1614	54.20	813	27.30	563	18.90	238	8.00
1996	2880	96	3.20	556	18.70	573	19.20	793	27.00	862	28.90	501	16.80	303	10.50	48	1.60
1997	2976	213	7.10	479	16.10	467	15.70	675	22.70	1142	38.40	574	19.30	422	14.20	146	4.90
1998	2975	588	19.80	720	24.20	698	23.50	596	20.00	373	12.50	232	7.80	118	4.00	23	0.80
1999	2976	422	41.20	908	30.50	703	23.60	469	15.80	474	15.90	235	7.90	158	5.30	81	2.70

二、农村小康建设监测验收

1997年5月，中共郴州市委、市人民政府成立郴州市农村小康统计考核监测办公室。经监测验收，1999年嘉禾县、苏仙区、资兴市、桂阳县基本实现小康；2000年北湖区、永兴县、临武县、安仁县、宜章县基本实现小康；汝城县、桂东县在2000年实现稳定脱贫，接近小康目标。

2000年，小康统计考核监测表明：2000年，郴州市农民人均纯收入2430元，小康水平实现程度达94.8%。按监测农村小康的6大类16项指标数据测算，是年，郴州市小康进程综合分值为92.61分，比湖南省的87.47分高5.14分。其中农民人均纯收入2430元（折1990年价为1153），小康实现程度为94.8%；至此，郴州市11个县（市、区）中，已有嘉禾县、资兴市、苏仙区、桂阳县、北湖区、永兴县、宜章县、临武县8个县（市、区）总体上实现基本小康；安仁县综合分值为84.33分，已接近总体小康生活水平；汝城县综合分值73.7分、桂东县综合分值62.6分，均进入质量提高型温饱阶段。

2000年，郴州市251个乡镇，达到总体小康的185个，占73.7%。按测算小康进程综合分值100分评估，即达小康的乡镇105个，占全市乡镇总数的41.8%；基本达小康的乡镇80个，占31.9%；进入质量提高型温饱阶段乡镇32个，占12.7%；处于数据扩充型温饱阶段乡镇35个，占13.9%，这类乡镇大多分布在汝城县、桂东县，分别为14个和16个。是年，全市2976个村，达到和实现总体小康的2105个，占70.7%。按测算小康进程综合分值100分评估，即达小康的村879个，占29.5%；达到基本小康的村1226个，占村总数的41.2%；进入质量提高型温饱阶段的村485个，占村总数的16.3%；处于数量扩充型温饱阶段的村372个，占村总数的12.5%；仍处于低水平温饱阶段的村14个，占村总数的0.5%。按村综合分值80分~90分为总体基本小康并以村人口评估，到 2000 年，全市农村达到和接近总体小康生活人口为 270 万人。

2005 年，郴州农村全面小康实现程度为 26.18%，处湖南省 14 个市、州第五位。其中：农村经济发展实现程度为 13.7%，比全省平均水平高 1.09 个百分点；农村居民生活质量实现程度为 26.3%，比全省平均水平高 11 个百分点；农村环境资源实现程度为 60.17%，高于全省平均水平 27.81 个百分点；农村人口素质的全面小康实现程度为 23.9%，比全省平均水平低 14.5 个百分点；农村社会发展的实现程度为 31.9%，比全省平均水平高 2.9 个百分点；农民对农村社会治安和村务公开满意度分别为 65% 和 68%，实现程度为 20% 和 43.6%。

第六节　农村扶贫开发

自 1986 年始，郴州根据中共中央、国务院有关扶贫工作的指示精神和湖南省委、省政府的部署，启动由地方各级政府自上而下有计划、有规模地开展扶贫帮困工作。至 2005 年，各地按照开发式扶贫要求，确立扶贫攻坚目标，制定脱贫规划。农村扶贫坚持政府主导，运用开发式扶贫、科技扶贫、搬迁式扶贫等方式，动员全社会积极参与。同时充分发挥贫困地方人民群众自力更生、艰苦奋斗的精神，全面加强贫困地方基础设施建设，不断改善贫困地方生产和生活条件。经过长期的农村扶贫，贫困山区经济条件不断改善，生存环境、农业产业开发取得巨大成果，贫困群众收入逐渐增加，人口科技文化素质亦不断提升。1986—2005 年，郴州扶贫工作经历三个阶段时期的攻坚，实现贫困地方经济社会事业全面发展。在至 2005 年的 20 年间，国家、省、市（地区）共投入扶贫资金 8.63 亿元，完成扶贫项目 4269 个。郴州市贫困人口由 1988 年的 122.54 万人（时按 5 年年人均纯收入在 150 元以下为贫困标准计算）减至 19.33 万人，先后有 103.21 万人实现脱贫解决温饱问题。2005 年，郴州贫困人口占总人口的比例由 1988 年 29.9% 下降至 4.2%。下降 25.7 个百分点。

一、扶贫概况

1986—1993 年，为郴州地区扶贫开发第一阶段。郴州地区 11 个县（市）均为革命老区，多是贫困人口多的贫困县。此间，郴州地委、行署开展大范围的扶贫开发。这一阶段农村扶贫实行重点县与面上县相结合，以扶持贫困乡（镇）的贫困人口为主。1986 年，经国务院贫困地区经济开发领导小组批准，郴州地区桂东县、汝城县被列入国家重点扶持贫困县。1987 年，经中共湖南省委、省人民政府批准，安仁县被列入湖南省重点照顾贫困县。1988 年，宜章县被定为国家扶持贫困地区与革命老区结合部县。同时，把桂阳县、临武县、资兴市、永兴县、嘉禾县等 5 个县（市）贫困乡（镇）纳入扶持范围。郴州地区计有 90 个乡（镇）、122.54 万农村贫困人口纳入扶持范围。其中革命老区贫困乡（镇）77 个，占贫困乡（镇）总数的 85.56%。根据扶贫规划目标要求：到 1993 年底，人均年收入达 400 元以上方为脱贫。在此期间，扶贫工作投入以国家和湖南省政府扶贫资金为主。在国家扶持下通过项目开发，利用当地资源发展商品生产；鼓励贫困地区干部群众艰苦创业，实现由政府救济扶贫向自我经济开发扶贫转变。其间历经 7 年扶贫工作，郴州地区利用扶贫资金投建扶贫开发项目 374 项，其中国家扶贫贴息贷款开发 257 项、湖南省扶贫贷款开发 65 项、其他扶贫资金开发 52 项。项目投入扶贫资金 6798 万元，其中县、乡、村、组农户自筹资金 2960 万元。1986—

1993年，扶贫开发项目共创收1.8亿元，创利税2000万元，项目建设直接安排劳动力12.55万人，其中贫困户劳力10.1万人。先后帮助85787户贫困户解决温饱问题。到1993年，郴州地区实现温饱乡镇79个、人口98.28万人，分别占纳入扶贫乡镇、扶贫人口范围的86.7%和80.2%。资兴市、永兴县、嘉禾县、临武县、郴县5个县（市）完成消除贫困乡（镇）任务。

1994—2000年，为农村扶贫开发第二阶段。这一阶段，为扶贫攻坚阶段。1994年，国务院下发《关于印发国家“八七”扶贫攻坚计划的通知》，要求在全国范围内从1994年起到2000年，用7年时间基本解决全国8000万人口温饱问题。地委、行署根据国务院通知要求，和中共湖南省委、省人民政府安排，调整扶贫范围，突出扶贫攻坚重点，经申报将桂东县、汝城县调整为国家以工代赈延伸县和湖南省重点扶持县；宜章县、安仁县维持不变。郴州总的目标是在“八七”扶贫攻坚期间，解决11个贫困乡（镇）、267个贫困村中24.26万贫困人口温饱问题。郴州市（地）委、政府（行署）提出扶贫开发新思路：即重视耕地资源开发，改善农业生产条件，稳粮增产；选准优势产业发展农业商品经济，力促支柱产业开发建设；调整产业结构加速发展二、三产业，积极引导发展贫困地区劳务经济。在此7年间，各级政府加大扶贫资金投入，除增加扶贫贷款投入外，地区财政从1994年至1995年每年安排15万元作为扶贫周转金支持扶贫工作。从1997年起，国家开始下拨无偿扶贫开发资金。郴州市市、县两级党委、政府坚持每年组织党政机关和企事业单位干部组成工作组进驻重点乡镇、村，做好扶贫工作，形成扶贫攻坚合力。1994—2000年，郴州市（地区）共投入扶贫资金2.64亿元，其中财政无偿扶贫资金6770.6万元，信贷扶贫资金1.96亿元，组织实施各类扶贫开发项目479项，项目受益覆盖农户7.5万户。到2000年，郴州基本实现国家“八七”扶贫攻坚目标。

2001—2005年，为农村扶贫开发第三阶段。这一阶段，以国务院印发的《中国农村扶贫开发纲要（2001—2010）》和湖南省政府印发的《湖南省农村扶贫开发规划（2001—2010）》要求为目标。扶贫工作重点转向以重点县的特困村为主，开展进村入户扶贫，帮助由解决温饱转向解决温饱与脱贫致富奔小康并举。全市确定358个特困村28.4万贫困人口（按贫困标准人平纯收入在900元以下为贫困人口，加上因灾返贫的5.84万人）为重点帮扶对象。在扶贫开发中，各地突出基础设施扶贫、产业扶贫、科技扶贫、社会扶贫。5年郴州市共投入各类扶贫资金5.31亿元，其中财政扶贫资金1.06亿元，信贷扶贫资金4.25亿元，共实施各类开发项目1001项，突出开展农村生态建设工程、产业开发工程、科教扶贫工程和劳动力培训转移工程建设。通过5年扶贫，到2005年郴州市贫困人口由2000年的28.4万人下降为2005年的19.33万人。

二、扶贫政策与措施

1986年，中共郴州地委、行署制定20条扶贫优惠政策，对贫困地区实行税收减免、采取优惠办法投入各种贷款、增加资金和物质投入，提供各项优惠服务等。1988年，地委、行署发动驻郴部队就近扶贫、厂矿企业挂勾扶贫，驻郴部队和部队工厂17个单位筹集41.38万元开展扶贫，扶助贫困乡村办小企业10个，帮助解困办实事100多件。

1989年，地委、行署动员地直机关对口扶贫，发动各个部门从资金、物质和技术上广泛开展扶贫活动。是年，郴州地区老革命根据地经济开发促进会（简称“老促会”）和各县市老促会，协助地委、行署制定扶贫开发规划措施。行署、老促会组织77个老区贫困乡乡长，参加湖南省科委举办的经济开发学习班学习，推进技术扶贫。1989—1990年，地直局以上单位87个，有47个开展挂钩对口扶贫，支助资金789.57万元，生产生活物资3601.5吨，协力为贫困地方解贫办实事。

1991年，郴州地委、地区行署作出《关于加快贫困乡村脱贫致富步伐的措施的通知》。到截至1993年，桂东县减免农业税848.4万元，定购粮食免购4200万斤；汝城县减免农业税856.8万元。为配合扶贫攻坚行动，郴州市委、市政府从1996年起，连续3年在桂东县召开现场办公会，研究解决扶贫工作实际问题，制定举全市之力帮扶国家重点扶持的桂东、汝城两县贫困乡（镇）脱贫的措施。

从1997年起，按照领导联村、单位包村的方式，中央、省、市、县先后向省定贫困村派出驻村帮扶工作组1049个，投入各类扶贫资金9588万元。其中，湖南省委书记杨正午连续9年联系桂东县扶贫，继任省委书记张春贤又继续联系桂东县扶贫。同时副省长贺同新、省政协副主任陈彰嘉自1997年连续6年在汝城、宜章县联村扶贫。市委、市政府和郴州军分区先后有15名领导挂点联村抓扶贫。2002—2005年，中国铁路工程总公司对口帮扶桂东县、汝城县，每年每县驻一人挂职帮扶，3年来共投入286万元，帮助两县贫困村改善生产生活条件。省、市工作组先后进驻186个特困村开展建整扶贫，其中省工作组25个，市直工作组161个，投入各类扶贫资金5758万元。此间，各驻村扶贫工作组坚持"围绕扶贫抓建整，抓好建整促扶贫"，力抓村级领导班子建设与整顿，至2005年，共调整、充实、配强村级班子成员2576人，培养村级后备干部3114人，增强贫困村村级领导班子战斗力。并从计生、综治、精神文明建设等方面开展综合治理。湖南省机关事务局驻桂东县沙田镇江湾村（省委书记杨正午扶贫联系点）工作组，2005年投入各类资金231万元，组织兴建一座400千瓦小水电站，种植甜玉米、反季节蔬菜28.27公顷，培养养殖大户11户，修建桥梁2座、硬化村级公路3.35千米、维修水渠4.8千米，河堤1100米，建沼气池60个。同时协助开展系列助学、慰贫活动，使江湾村发生可喜变化。1997—2005年，郴州市本级财政安排财政扶贫资金1255万元，每个工作组每年配套5万元扶贫资金，保障工作组扶贫投入。老促会协助有关部门举办科技培训班570期，培训老区贫困乡（镇）农民8.3万人次，从外地引进科技人才219名到贫困乡（镇）普及，传授实用技术。各挂钩扶贫单位计为老区贫困乡（镇）筹集投入发展资金789.5万元。

三、贫困地区基础设施建设

1986年，郴州地方扶贫资金的投入以贴息贷款为主，资金主要投向县、乡、村基本农田水利设施建设。1987—1993年，宜章县利用扶贫资金，新修和整修水利工程250处，增加灌溉面积1867公顷，改善灌溉面积1000公顷，改造中低产田335公顷。1993年全县17个贫困乡粮食总产9.96万吨，人均产粮337千克，比1987年的219千克增产54%。

1994年，扶贫资金投入逐年增加，贫困地方基础设施建设投入随之增多，着重改善贫困群众生存环境。至2000年，郴州市267个贫困村共新修、维护乡村公路233千米，204个村通路，占贫困村的83%，架设输电主线155千米，新增通电村21个，覆盖农户4011户，贫困村通电率达91%。修建人畜饮水工程61处，解决2.54万人、4.7万头牲畜的饮用水困难。实施程控电话建设工程，实现75个村通程控电话。新建小型水利工程217处，新修、整改水渠91千米，修复河堤21.3千米，新增灌溉面积900公顷。新建、维修村部大楼25幢、学校35所，同时兴建村卫生室和提高有线电视、广播普及率，改善群众的基本生活条件。

从2001年开始，贫困地区利用信贷资金加快基础设施建设。2001—2005年，桂东县利用信贷扶贫资金2500万元，先后实施有线电视传输、医院建设、县一中改建扩建、电网改造、市场服务中心等基建项目，改善全县文化、医疗、教育、市场、用电条件。汝城县除用扶贫贷款改造全县用水、用电、医疗、教育设施外，还投入1550万元开发旅游设施建设，其中投入1100万元建成福泉山庄开发温泉资源，投入450万元在县城建设濂溪文化广场。宜章县利用2500万元扶贫贷款，建起含普通教育、职业教育的湘粤学校；投入3000万元扶贫贷款实施城区玉溪河治理项目，投入1000万元建设君泰宾馆，带动全县旅游开发。安仁县投入扶贫贷款2000万元，相继投建县一中教学楼、安平大市场和广播电视、电力设施项目，推动全县经济社会全面发展。

2005年，由郴州市移动公司启动农村通信扶贫工程，在全市投资1.1亿元，建立移动基站111个，改善158个村通信条件，受益涉及4个贫困县67个贫困村。至2005年末，郴州市4个扶贫重点县新修、维修乡村公路980千米，解决30.5万人行路难问题；修建人畜饮水工程440处，解决5.35万人饮水困难；实施农网改造项目架设输电线路680千米，解决38.9万人照明用电问题；全市实现123个贫困村通电话、通广播电视，新修维修村小学72所、新建改造村卫生室98个、完成21个乡（镇）中心卫生院的医疗设备配套；帮助803户无房户、危房户、残贫户建房；共建成沼气池1.15万口。贫困地区生活环境有了明显改善。

四、开发式扶贫

1986年，郴州地区和县（市）扶贫办公室会同科委、科协、乡镇企业局、农业局、畜牧水产局等有关部门采取集中培训、以会代训、现场参观的形式，举办各类农技培训班2480期，培训137万人次，印发各类技术资料80万份。是年，郴州地区在发展种养业中，组织开发水果、茶叶、药材、林木种植，以及矿业、建材和养殖业。1993年，汝城县通过兴建奈李种植基地，产奈李3000多吨，实现产值700多万元，利税350万元。其4000多户种植户人均增收100多元。资兴市投入扶贫资金3400万元，组织种植水果4400公顷、茶叶1128公顷、药材531.53公顷、林木3533.35公顷；开采矿石总量2.25万吨，发展网箱养鱼2000多口。此间，桂东县累计投放茶叶扶贫贷款128万元，扶持茶园面积由200多公顷发展到486.67公顷。其中大地乡茶叶面积扩至290.13公顷，创产值210万元、纯利73.5万元，全乡仅此一项人均年增收84.4元。1986—1993年，汝城县在开发生产增强贫困地区自我发展经济功能中，先后培植脱贫致富产业10项，其中1.2万公顷速生木产林年产木材8万立方米；2000公顷优质水果年产水果150万千克；2600多公顷山苍籽林年产山苍子粗油25万千克。此外，还建立以年产160吨香菇为主的食用菌开发基地、年出栏10万头的瘦肉型生猪生产基地、3300多公顷的楠竹基地、1300多公顷的杂交制种基地等。其中奈李种植项目投入扶贫专项贴息贷款242万元，开发种植面积2400公顷，先后建成以文明、土桥、永丰、附城4个乡为主的奈李生产基地。

从1994年开始，在实施国家“八七”扶贫攻坚计划中，郴州依托本地资源，立足市场需求，突出发展种养加工和商贸业。是年，桂东县重点扶持兴建竹胶板厂和县罐头厂两个县级龙头企业。其罐头厂1999年生产清水笋、盐渍荞头1000多吨，实现产值700多万元，利税75万元。该县两个龙头加工企业到1999年直接带动生产基地1.5万户近6万人脱贫致富。2000年，汝城县大坪镇与香港亚太集团驻广东英德果菜收购站签订133.33公顷荷兰豆产销订单，亩创产值2875元；安仁县组建柏叶牛市，形成养殖、交易、贩运一体的交易市场，每年交易量达10万头。至2000年末，郴州在此7年间共实施产业扶贫项目2415个。其中种植业项目1058个，养殖业项目894个，加工业项目463个。

自2001年始，扶贫开发工作坚持将解决绝对贫困人口温饱与增加低收入人口收入并举。全市继续把发展种养业作为扶贫开发的重点，注重扶持龙头企业，推进贫困地区农业产业化经营。2002年，汝城县投入1500万扶贫贴息贷款，扶持斌志木业公司在马桥、南洞、集龙、田庄等8个乡建立3200公顷竹木原材料生产基地，在三江口开发区征地新建年加工细木工板、刨花板5万立方米的加工厂。是年，该公司实现产值6000万元，利税360万元，带动5600户林农增加收入800万元，人均增收400多元。汝城县还利用丰富的水能资源，除自筹资金外，投入1.5亿元扶贫贷款兴建装机总容量达8万千瓦的水电站。桂东县联合福建客商开发巴西菇种植项目，由对方提供种子、技术，负责收购、加工、销售，使巴西菇生产规模迅速扩大。当年寒口乡寒口村38户村民种巴西菇43.5棚，实现年产值27.01万元，纯收入10.22万元，农户一般每棚纯收入4000元左右，高的达8000元，经济效益明显。

2003年以后，郴州市致力扶贫技术培训，推进贫困人口转移就业工作，同时，加强产业化扶贫。当年，郴州市扶贫办公室联合郴州职业技术学院开办贫困地区劳务输出培训班，开设计算机、酒店服务、家用电子维修3个专业，培训后转移贫困地区青年农民就业149人。次年，又联合郴州育才职业学校，培训转移就业电子专业学员123名。2004年，安仁县按照“公司＋协会＋基地＋农户”市场运作模式，以200万元财政扶贫资金作为担保金，拉动1.2亿元的社会资金投入食用菌产业，发展种植食用菌重点乡（镇）8个、专业村51个、专业户6510户，年产菇5万吨，创产值3.5亿元，菇农人均增收1000元以上。2004年10月，湖南省产业化扶贫暨小额信贷担保金实施经验交流会在安仁县召开，推介安仁县的做法。2005年全市贫困地区1072名学员经培训全部推荐就业。2003—2005年，郴州市向外地农校选派205名贫困青年免费参加学习，培育产业开发科技示范户4580户。同时积极推广新技术、新品种，推进产业开发。此间，全市实施各类扶贫产业开发项目85项，其中仅养殖业发展生猪养殖602万头、肉牛57万头、羊19万只、家禽580.4万羽。

其间，对一些自然条件极差、生存环境恶劣、脱贫难度大的偏远高寒山区，市、县扶贫部门配合小城镇建设，积极探索搬迁式移民扶贫。至2005年，郴州市共筹措资金200多万元，先后在7个乡的7个特困村扶助异地扶贫安置（政府无偿划拨建房用地、投入扶贫资金扶助，农户自愿筹资部分资金），使243户、982人实现异地安置，以摆脱恶劣的生存环境，加快脱贫致富步伐。

五、扶贫资金管理与机构

（一）扶贫资金管理

1986—1996年，郴州扶贫资金投入主要是低息或贴息贷款，由扶贫部门审核推荐项目，农发行郴州分行按照审批程序放贷。各级人民银行、专业银行的低息和贴息贷款，以开发项目确定扶贫资金，重点投入投资少、周期短、见效快的种养项目，扶持能带动千家万户辐射面大的农业加工项目。资金投入逐步实现由单纯救济向经济开发、由拨改贷的转变。截至1993年，在已开发的154个扶贫项目中，经济效益好的项目62个占40.3%，效益一般的项目有66个占42.9%，效益差的项目21个占13.6%，停产的项目5个占3.2%。1986—1993年，国家和省还专项安排桂东、汝城、宜章、安仁4县扶贫钢材1165吨、柴油665吨、农用薄膜13吨、汽车64辆，退耕还林粮575万千克。

从1997年起，国家财政开始投入无偿扶贫资金，支持贫困地区发展。是年7月，国务院办公厅下发《国家扶贫资金管理办法》，湖南省人民政府办公厅印发《湖南省扶贫资金管理实施细则》，明确扶贫资金实行专户管理，封闭运行。1998年，中国农业银行印发《扶贫贷款管理办法》，规定扶贫贷款主要用于贫困户、承担扶贫开发任务的各类经济实体和服务组织发展种植业、养殖业、林果业。贴息方式有中央财政贴息、地方财政贴息和部门贴息。

2000年，国务院扶贫开发领导小组、财政部、国家发展计划委员会联合印发《财政扶贫资金管理办法》，进一步明确扶贫资金使用范围，规定扶贫资金不得用于行政事业机构开支和人员经费、各种奖金津贴和福利补助，以及修建楼堂馆所及住宅等11项开支。郴州按照国家、省有关扶贫资金管理的规定，推行年中检查，年终审计制度，确保各项扶贫资金全部用于国家和省里重点扶持的贫困县。并以这些县的贫困乡、村、户作为资金投放、项目实施和受益对象；非贫困县中零星分散的贫困乡、村、户，由地方各级政府自行筹措安排资金进行扶持。扶贫资金分配基本依据是贫困人口数量和贫困程度、自然条件、基础设施状况、地方财力、贫困地区农民人均纯收入、扶贫资金使用效益。并逐步形成严格的扶贫项目资金管理办法，即扶贫资金的使用由当地政府组织项目的规划、论证和筛选，建立扶贫项目库，再依照资金投放程序发放扶贫项目资金。1997—2005年，郴州实行每年由县级扶贫部门与县级财政部门联合申报项目，市里审核，再由省扶贫办、省财政厅联合有关部门项目验收，由项目实施单位到县财政报账，确保扶贫资金专款专用。1986年至2005年底，国家、省、市投入郴州扶贫资金8.63亿元，其中无偿财政扶贫资金1.74亿元（市本级配套1840万元），信贷扶贫资金6.89亿元。

1986—2005年郴州市（地区）扶贫资金投入情况统计表

表13-10-6-1　　单位：万元

年份	桂东县			汝城县			宜章县			安仁县
	财扶	信贷	小计	财扶	信贷	小计	财扶	信贷	小计	财扶
1986	—	260	260	—	200	200	—	—	—	—
1987	—	270	270	—	230	230	—	—	—	—
1988	—	250	250	—	260	260	—	200	200	—
1989	—	260	260	—	300	300	—	250	250	—
1990	—	230	230	—	260	260	—	250	250	—
1991	—	240	240	—	270	270	—	250	250	—
1992	—	220	220	—	250	250	—	240	240	—
1993	—	290	290	—	270	270	—	230	230	—
1994	—	700	700	—	700	700	—	240	240	—
1995	—	800	800	—	800	800	—	250	250	—
1996	—	1100	1100	—	1000	1000	—	500	500	—
1997	763	1000	1763	663	1000	1663	100	340	440	21.6
1998	978	1400	2378	512	1450	1962	140	300	440	10
1999	620	1800	2420	331	1600	1931	95	180	275	50
2000	714	1670	2384	571	1453	2024	175	250	425	32
2001	856	1180	2036	481	7390	7871	292	300	592	77
2002	757	2780	3537	529	3250	3779	264	4530	4794	243
2003	735	2300	3035	584	2900	3484	264	1000	1264	269
2004	836	500	1336	550	750	1300	292	1500	1792	464

2005	604	1300	1904	476	400	876	236	500	736	303
合计	6863	18550	25413	4697	24733	29430	1858	11310	13168	1469.6

续表 13-10-6-1　　单位：万元

年份	安仁县		桂阳县	市直						全市总计
	信贷	小计	财扶	省	市	信贷	财扶	信贷	小计	
1986	—	—	—	—	—	—	—	460	460	—
1987	100	100	—	—	—	100	—	700	700	1160
1988	130	130	—	—	—	50	—	890	890	2050
1989	140	140	—	—	—	—	—	950	950	3000
1990	120	120	—	—	—	100	—	960	960	3960
1991	120	120	—	—	—	100	—	980	980	4940
1992	120	120	—	—	—	103	—	933	933	5873
1993	120	120	—	—	15	—	15	910	925	6798
1994	150	150	—	—	15	—	15	1790	1805	8603
1995	150	150	—	—	15	—	15	2000	2015	10618
1996	130	130	—	—	—	—	2730	2730	13348	
1997	100	121.6	—	15	170	—	1732.6	2440	4172.6	17520.6
1998	100	110	—	15	170	—	1825	3250	5075	22595.6
1999	160	210	100	15	170	—	1381	3740	5121	27716.6
2000	300	332	100	15	180	—	1787	3673	5460	33176.6
2001	200	277	60	19	180	—	1965	9070	11035	44211.6
2002	5500	5743	80	29	210	—	2112	16060	18172	62383.6
2003	900	1169	20	34	260	—	2166	7100	9266	71649.6
2004	500	964	—	40	245	—	2427	3250	5677	77326.6
2005	500	803	15	41	210	—	1885	2700	4585	81911.6
合计	9540	11009.6	375	223	1840	453	17325.6	64586	81911.6	—

（二）机构

1986年11月，中共郴州地委、郴州地区行署成立贫困地区经济开发领导小组。从1986年至2000年，领导小组下设扶贫开发办公室（简称“扶贫办”）作为二级行政机构挂靠地委农村工作部（地区农经委），设行政编制3人。1996年党政机关机构改革，将市扶贫办的行政编制调整为全额事业编制。2001年11月，郴州市扶贫开发办公室升格为副处级全额拨款事业单位，定编制6人，实有6人。内设综合科、项目科，归口市农村工作办公室管理。2002年机构改革中，扶贫办机构编制未变。2004年明确市扶贫开发办公室为市政府直属副处级单位。2005年机构编制、内设机构和人员无变化。

第二章 农村经济管理

第一节 土地承包管理

1989年11月，郴州地区和桂阳县组成地县工作队在桂阳县仁义乡开展农村承包合同管理试点工作。试点工作根据实行家庭联产承包责任制后，少数乡村签订的土地承包合同对双方的权利、责任、义务界定不清，有的村级组织甚至与农民出现“表式合同”“单边合同”和“君子协定”等现象，以致带来合同管理和兑现上的困难、引发合同纠纷的问题，下村摸索依法规范土地承包管理的措施和办法，推进农村土地承包制度化、规范化、法律化管理。

1990年2月，郴州行署根据试点工作经验，印发《关于认真贯彻实施〈湖南省农村承包合同管理办法（试行）〉的通知》，要求各地建立土地承包管理机构，依法鉴定、监督落实承包合同。随后，各地从建立合同管理机构、配备人员入手，强化农村土地承包合同管理。到1991年年底，全地区有9个县（市）205个乡镇成立相应的土地承包合同管理机构，分别占县市、乡镇数的81.8%和82%，配备合同管理专干205名。1992年，地、县、乡三级分别成立农村承包合同管理委员会，由地区统一制作、印发承包合同文本，明确双方的权利和义务。同时，各地组织做好合同的填写、签证和归档管理各项工作，增强签订承包合同的严肃性，促进合同兑现。是年，全区新签、完善签订的承包合同分别是53.9万份和50.6万份，调解合同纠纷2.14万起，仲裁1.52万起。

1996年，全市农村进入二轮土地延包后，各地落实承包政策，完善承包内容，建立签订、签证、检查、办案、回访、建档、收费八个方面的制度，土地承包管理日臻规范和严格。2005年，郴州市有农村土地承包仲裁机构345个，仲裁人员824人。至此二轮土地延包共发生土地承包纠纷1677起，调处1654起，调处率98.63%。其中调解1596起，占96.49%；仲裁52起，占3.15%；判决6起，占0.36%。

第二节 农村财务管理

1989年，调查统计显示：郴州地区村、组两级集体资产仅剩8368.16万元，全年总收入5539.14万元，总负债为1187.80万元，村级资产空白村1392个，占全地区村级总数的47.5%。造成这一状况的主要原因是一些地方村级财务与资产管理制度及监管机制不健全，乃至出现违规借资、支出，甚至私分、贪污、挪用集体资产的现象。

1991年5月，农业部、财政部下发《关于印发〈村合作经济组织财务制度〉（试行）的通知》

后，全区加强农村集体经济财务管理，村级财务记账方法从“收付记账法”改为“借贷记账法”，并开展“农村账务活动年”活动，各级政府农经管理和财政部门通过会计集中办公、日常审计监督方式，加强农村账务管理。1996年，财政部、农业部结合新会计制度和农村税费改革情况，对有关村合作组织财务制度、经济组织会计制度进行修订。郴州市统一村级财务核算科目、核算方法、核算内容、核算报表。1997年，全市根据中共中央办公厅、国务院办公厅《关于在农村普遍实行村务公开和民主管理制度的通知》精神，组织开展“农村财务晒账”活动。推行“村财务公开上墙，民主理财到农户”工作。一些地方经村民大会选举5~7人相继组成民主理财小组，对村级财务实行民主决策、民主监管。到2000年年底，全市80%以上的乡（镇）、村实行财务公开上墙接受监督。当年，全市部署对村级财务进行全面审计，查出违规违法资金900多万元，涉及违纪人员500多人，清退金额690万元。

2001年，郴州市成为继山东省维坊市后的全国第二个农村经济（简称农经）电算化试点市。郴州市农经局在北湖区郴江镇梨树山村试行农村财务电算化，并确立该村为农经管理示范园。试点工作中，梨树山村摸索出一套农村财务村账由乡代管的移交管理、备用金管理、报账管理的办法。是年6月，郴州市纪委、市委组织部、市财政局、市农经局联合印发《关于在全市全面推行村账乡代管工作的通知》。随即全市推行在坚持“资金所有权、审批权、收益权、分配权”四权不变的前提下，由乡镇农经站与村支“两委”签订委托代理书，实行村账乡代管。同时市农经局开始对全市重点乡镇村账代管财务进行审计。7月，安仁县禾市乡推行村账乡代管和农经信息化的经验，分别在《人民日报》和《湖南日报》上推介。10月，郴州市农经信息化工作的作法和经验，在农业部召开的全国农经信息化经验交流会议上推介。2003年，郴州市组织对永兴县鲤鱼塘东岭、洪波村村级财务进行直接审计，摸索加强农村财务审计监管的作法。

2004年始，郴州市全面开展村党支部、村委会干部离任经济责任审计工作，助推村级集体资金资产的合理使用。

1989—2005年，郴州市累计培训村、组财会人员3.71万人次。推行农村集体资产年审制度，先后重点组织对2375个村组、乡镇企业、乡属单位进行资产审计，共审计金额5.29亿元，查处违纪金额9001.6万元，查处违纪人员828人，挽回集体经济损失1.72亿元。至2005年末，全市实行村务公开的村2867个，占96.4%。有70%的乡镇、82%的村实行村账乡代管；60%的乡镇和52%的行政村实现农经管理电算法、信息化。2005年，郴州市农村集体总收入、总资产（现行价）由1989年的5539.14万元、8368.16万元增至9.75亿元和17.2亿元，分别增长16.6倍和19倍。然而期间也因农村投资建校办学及基础设施建设，加之集体经营企业锐减，和上级返回村级作为集体资产和工作运转的经费不能足额到位，以致农村集体债务逐年增加。2005年，郴州市村级总负债5.73亿元，总负债为1989年的48倍多。

1989—2005年郴州市（地区）集体资产及审计情况一览表

表13-2-2-1　　单位：万元

项目 年份	农村集体资产			农村资产审计				
	总收入	总资产	总负债	审计单位（个）	审计金额	违纪金额	违纪人数（人）	挽回集体经济损失
1989	5539.14	8368.16	1187.80	732	4782	261.70	12	197
1990	5681	10845	1310	2259	13003	607	71	578

续表 13-2-2-1 单位：万元

年份	农村集体资产			农村资产审计				
	总收入	总资产	总负债	审计单位（个）	审计金额	违纪金额	违纪人数（人）	挽回集体经济损失
1991	6442	12159	1193	1718	11573	482	38	342
1992	7605	19688	1398	812	8159	406	35	248
1993	8562	15866	2315	1519	17345	551	35	721
1994	13029	20241	2669	1031	44326	409	52	946
1995	14791	25125	2817	761	15313	349	35	864
1996	74485	34675	8975	924	28491	200	25	564
1997	67393	65079	20397	1090	38703	384	45	778
1998	70011	104603	39675	1286	33765	636	69	798
1999	92811	114307	27271	1140	36800	792.62	46	891
2000	92979	121899	35947	1798	58502	1514.33	109	2785
2001	80002	136629	37111	1775	51322	882.2	105	2456
2002	112798	152936	42484	1895	46736	800.75	59	1284
2003	99165	176005	45910	1799	37875	285	41	1201
2004	89272	141331	50964	1491	36511	196	25	1280
2005	97524	172001	57304	1727	46074	245	26	1249
合计	938089.1	1331757	378927.8	23757	529280	9001.6	828	17182

说明：此表为现行价，资料来源为全市农经统计报表；农村集体资产含村（组）和乡镇两级集体经营收入，审计单位含村（组）、乡镇企业及乡镇所属单位

第三节 农民负担监管

20世纪80年代中期，一些地方相继出现乱收费、乱罚款、乱集资和各种摊派问题，农民负担趋重问题成为社会关注的焦点，甚至引发群体性上访事件。1989年，郴州地区农民负担总额为2.84亿元，农民人均80.11元。其中乡村统筹提留费人均24元、农业税收负担人均40元，社会负担（含摊派、集资、行政收费、罚款）人均16.01元。当年农民负担额占上年人均纯收入391元的16.12%。农民负担人均增长率普遍高于人均纯收入增长率15个百分点以上。

1990年，郴州地区成立减轻农民负担工作领导小组办公室（简称"减负办"）。1991年始，地委、行署组织清理涉农收费文件。并于1992年境内全面实行"农民负担监督管理卡"和"农村集资许可证"制度（简称"一卡""一证"）。1993年，地委、行署印发《关于公布第一批撤销、停止执行涉及农民负担文件的通知》。至年底，地、县两级共清理涉负文件2017件，其中废止、撤销608件，停止执行328件、修订201件；取消涉农收费项目379项，降低收费、集资标准1216项。全地区

年内累计减少农民年负担金额为3164.86万元。当年农民负担监督管理卡入户率在85%以上。当年由于“一卡”“一证”制度的实施，全区农村“三提五统”[①]总额5487.72万元，人均负担15.14元，占上年人均纯收入483元的3.14%，人均负担比1992年的17.19元减少2.05元，降低11.9%。

从1997年起，全市推行减轻农民负担党政主要领导负责制。各级党政主要领导为当地农民减负工作的第一责任人，凡涉及因农民负担引发的恶性案件、严重群体性事件，均首查当地党政主要领导之责。1998—2000年，查处宜章县栗源镇、汝城县延寿乡、小垣镇发生的因农民涉负问题诱发的群体性闹事事件，对其乡镇党政负责人均进行责任追究。

自2001年始，郴州全面推行涉农收费公示制，采取设立和发放“牌、板、栏、卡”等形式向农民公示涉农收费项目、价格及相关政策。到2002年5月，郴州市251个乡镇、2997个行政村均采取在农村集市，村头路口竖牌挂板和发放印卡的方式，公布中小学收费及国土、计生、公安、民政、供电15个部门涉农收费（价格）项目及标准。全市聘请收费监督员1100多名，在物价部门设立举报电话，受理涉农收费举报，并将处理结果公布于众。市委、市政府还将涉农收费公示制列入全市年度11件重点督查大事之一。是年7月，全国涉农价格和收费公示工作经验交流会在郴州市召开，会议推介郴州的经验，与会代表还现场参观苏仙区良田镇陈家湾村、白露塘镇珠江桥村、塘溪乡龙潭村涉农价格和收费公示的情况。

2002年，郴州市开展以减轻农民负担为主要目标的农村税费改革。全市相继取消收取乡统筹费、农村教育集资费、农村劳动积累工和义务投工，规定农业税最高税率为常年产量的7%，农业税附加和农业特产税附加比例均为正税的20%，并改革村提留征收使用办法。对于村内进行的农田水利基本建设，郴州出台农村“一事一议”筹资筹劳办法，以保证取消统一摊派劳、资以后农业生产建设的正常开展。2004年，全面取消除烟叶以外的农业特产税、屠宰税；并在2002年农业税率和农业附加税率的基础上分别降低3个百分点和0.6个百分点。此间，市委、市政府先后4次组织督查农村税费改革政策的落实，加强对农民负担的监管。2005年，全面实行免征农业税政策，全市农民负担监督管理转入主要进行涉农收费监管和维护农民的合法经济权益。全年减少农业税收9050万元，农民人均减负25元。

第四节　农村合作基金会管理

1993年3月，桂阳县荷叶乡为筹集和使用农村的闲散资金，在郴州地区率先成立农村合作基金会并挂牌营业。继之，资兴市龙溪乡、三都镇、何家山乡，北湖区郴江镇以及嘉禾县龙塘镇等21个乡（镇）相继组建农村合作基金会，面向社会聚集资金，实行“代管代投，内部融资”的管理办法。1994年5月，在嘉禾县召开郴州地区农村合作基金会工作现场会，到年底，全区建立乡（镇）农村合作基金会86个，聚集闲散资金8365万元，投放贷款7383万元。

1995年3月，郴州行署印发《关于进一步加快农村合作基金会发展的通知》。1996年，郴州

---

① 三提五统：农村三项提留，即“公积金、公益金、管理费”三项提留；乡五项统筹，即“教育附加费、军烈属优抚费、民兵训练费、计划生育费、乡村道路建设费”五项统筹。

市农经局先后制定出台有关“资金投放贷、会计、会员、安全、票据、备付金”六项管理制度；编印《郴州市农村合作基金会会计培训教材》，先后举办4期农村合作基金会主任和会计培训班。至年末，郴州市11个县（市、区）均成立农村合作基金会县级联合会。1997年8月，市委农村工作部、市监察局、市财政局联合下发《关于印发〈郴州市农村合作基金会投放管理若干规定〉的通知》。11月，郴州市农村工作办公室、市地税局、市农经局印发《郴州市农村合作基金会财务管理试行办法》。这一系列出台文件，均要求对农村合作基金会的操作、营运进行规范化制度化管理。

到1998年底止，郴州市有各级农村合作基金会、代办点计1235个，其中县级联合会11个，乡（镇）农村合作基金会208个，村业务代办点1016个，分别占县、乡、村三级单位总数的100%、84%和39%，共有从业人员1113名。当年聚集、代管各类资金8.3亿元，放款余额6.18亿元，拥有固定资产2103万元。1993—1998年，境内各农村合作基金会计投放资金31.16亿元，其中放款农业生产17.37亿元、乡镇企业7.12亿元、个体商户6.67亿元。此间，全市农村合作基金会取得收入2.47亿元，纳税2861万元，上缴管理费2465万元，返回农民红利9785万元。

在此6年间，农村合作基金会的兴办，曾为缓解农村资金供求矛盾，发展农村经济起到积极作用。然而，因管理体制和运行机制上存在严重缺陷，加之监管机制不健全、人员素质差，潜伏着很大的金融风险，成为影响农村大局稳定的隐患。1999年1月，中共中央、国务院决定用两年时间对农村合作基金会进行彻底清理整顿，实行清盘和关闭。1999—2001年，全市各级政府组织对农村合作经济组织开展清产核资、清收清退和开门兑付工作，共清理干部职工借款和担保借款6078万元，审结案件1.2万起；收回放款4.19亿元，存款兑付8.2亿元；尚未收回放款1.07亿元，导致部分农民的存款难兑付。在此3年间，农村合作基金会并入当地农村信用社的农金会51家，并入资产6557万元，小额收购961万元；158家农村合作基金会全部清盘关闭。至2005年12月，在湖南省、郴州市和各县（市、区）三级财政的协调资助下，农民存款兑付金额全部归还至农民手中。

1989—2005年郴州市（地区）农村工作机构主要负责人名录

表13-2-4-1

单 位	名 称	职 务	任职时间
郴州地委行署农村工作部办公室	雷纯章	部长（主任）	1987.08—1991.10
郴州地委行署农村工作部办公室	杨德昭	部长（主任）	1991.10—1992.08
郴州地委行署农村工作部办公室	李文积	部长（主任）	1992.08—1994.12
郴州地（市）委行署农村工作部办公室	李泽余	部长（主任）	1994.12—1999.06
郴州市委（市政府）农村工作部办公室	徐哨军	部长（主任）	1999.06—

第三章 农业综合开发

第一节 资金投入

一、资金来源

1988年10月，郴州行署成立郴州地区农业综合开发办公室（简称农开办）。1989年春，国务院批准实施湘南农业开发计划，至2005年，郴州开展长达17年的农业综合开发，先后分为六期进行。开发资金来源有国家农业开发专项资金（有偿和无偿两种），银行倾斜贷款资金，各级地方政府配套资金，还有项目自筹资金和乡村以上代赈资金。农业综合开发主要以中央财政投资为引导，省、地、县财政予以配套投入，争取农行专项贷款支持，带动项目区农民群众投资、投工、投劳。

第一期（1989—1991年）：中央财政5865.7万元，湖南省财政1397万元，地、县两级财政4722.62万元，银行贷款6231.13万元，项目自筹3823.10万元。分别占投资总额的26.66%、6.33%、21.40%、28.27%、17.35%。

第二期（1992—1994年）：中央财政5392万元，省财政1083.50万元，地、县两级财政4114.60万元，银行贷款5721.50万元，项目自筹1813.02万元。分别占投资总额的28.88%、5.80%、22.04%、30.65%、9.71%，另还有其他投入资金540.2万元。

第三期（1995—1997年）：中央财政4728万元，省财政2595.09万元，市、县两级财政3171.70万元，银行贷款4900.77万元，项目自筹5242.27万元；分别占投资总额的22.63%、12.42%、15.18%、23.46%、25.09%，另有其他资金投入253万元。

第四期（1998—2000年）：中央财政6494万元，省财政3215.50万元，市、县两级财政2978.20万元，银行贷款5119.20万元，自筹资金5715.45万元。分别占投资总额的27.46%、13.59%、12.59%、21.64%、24.16%，还有其他投入资金310万元。2000年9月，湖南省农开办规定省、市、县地方财政配套资金的比例为：省、市财政资金无偿和有偿比例为0.5∶0.5，县（市、区）财政配套资金无偿和有偿比例根据各自财力情况确定，无偿资金比例不得低于50%。

第五期（2001—2003年）：中央财政7700万元，省财政3868万元，市、县两级财政2555.3万元，银行贷款2270万元，项目自筹4123.2万元；分别占投资总额的36.72%、18.44%、12.18%、10.83%、19.67%，另有其他资金450万元。

第六期（2004—2005年）[①]：中央财政6390万元，省财政2349万元，市、县两级财政1085.30万元，银行贷款2440万元，项目自筹6807.20万元。分别占投资总额的33.43%、12.29%、5.68%、12.77%、35.62%，另有其他资金40万元。

1989—2005年，郴州共投入农业综合开发资金12.53亿元，主要资金来源划分：中央财政3.65

亿元（无偿2.12亿元，有偿1.53亿元）；湖南省财政1.45亿元（无偿7917.75万元，有偿6590.34万元）；郴州市（地区）财政6513.4万元；各县（市、区）级财政1.19亿元；银行贷款2.67亿元；项目自筹资金2.75亿元；其他资金1593.2万元。

按开发期和年度划分：第一期开发（1989—1991年）共投入2.20亿元，占投入总额的17.55%；第二期开发（1992—1994年）共投入1.86亿元，占投入总额的14.84%；第三期开发（1995—1997年）共投入2.09亿元，占投入总额的16.67%；第四期开发（1998—2000年）共投入2.37亿元，占投入总额的18.91%；第五期开发（2001—2003年）共投入2.09亿元，占投入总额的16.67%；第六期开发，2004年投入8719.3万元、占投入总额的7%，2005年投入1.04亿元、占投入总额8.3%。

二、资金管理

1989年6月，郴州地区农开办制定《郴州地区农业综合开发资金管理试行方法》，对开发资金的安排、使用范围、使用条件、使用程序，资金的检查与监督，有偿贷款的回收均作出具体规定。开发资金由地、县两级农开办掌握安排，财政部门负责监督使用。地区、县（市）农开办在银行设立农业综合开发资金专项账户，进行专项管理。每期农业综合开发工程完工后，都要组织以审计为主，财政、开发办参加的联合审计组，对开发资金进行专项审计。

1993年3月，郴州地区财政局制定《关于我区第二期农业综合开发财务管理的意见》，对项目管理和工程竣工验收结算以及资金的筹集、投向、拨付、管理作出规定。1994年6月，郴州地区财政局发出的《关于农业综合开发无偿资金实行县市报账制的通知》规定：凡农业开发无偿资金，各县（市）财政停止对项目单位直接拨款；所有无偿资金一律拨给县（市）农业开发专户，农业开发专户设在县市财政局，由财政部门管理。

1995年，第三期农业综合开发开始，市财政局和市农开办联合印发《郴州市农业综合开发资金县（市、区）级报账制试行办法》，规定县（市）农业综合开发财政配套资金，无偿占70%，有偿占30%；各项目区要先用群众自筹资金和县级配套资金，再用上级下拨资金；项目区内工程建设所有发票都要到县（市、区）农开办报账。是年，开始在资兴市进行农业综合开发资金县级统一报账试点工作。到1996年，郴州市在全省率先实行农业综合开发资金县级报账制。

1998年始，全市在第四期农业综合开发中为把握资金的合理投向，市（县）两级财政确定专职人员负责管理农业综合开发资金，把好资金的审批、拨付、使用关。2001年第五期农业综合开发实施后，郴州市政府于2月印发《关于实行农业综合开发工作责任制的通知》，规定实行一票否决的农业综合开发资金管理制度，推进农业综合开发资金按照专业化、规范化、制度化标准进行管理。

2005年，市、县两级农业综合开发项目资金，全部按计划批复投入，财政配套资金年初纳入本级财政预算，接到上级资金后及时拨款到报账专户；农民自筹资金在“一事一议”和公示的前提下，督促足额落实。科技项目资金按科技计划批复提取和使用，项目管理费按计划批复提取并在报账户报账，产业化项目有偿资金按计划批复投放，做到贷款手续齐备，资产抵押和担保手续合规。

1989—2005年，郴州六期农业综合开发[1]累计投资12.53亿元（至2005年年底实际完成11.49

① 第六期农业综合开发，至2006年结束。

亿元），其中投入土地水利治理资金 8.02 亿元，投入多种经营及其他项目资金 4.51 亿元。在执行投资计划的过程中，第一至第四期农业综合开发投资分别完成计划的 128.2%、104.9%、113.7% 和 101.7%；第五期至第六期计划则只分别完成 97.8%、99.5%，其原因系从 2000 年起，减少财政有偿资金在总投资中的比例，银行贷款中多种经营项目的执行难度大，仅第五期农业开发因银行贷款资金难落实，多种经营项目只完成计划的 80.2%。另外，一些县级财政为确保上级新的开发资金继续投入，以截留新开发资金偿还拖欠的有偿资金债务，导致影响开发项目资金的投入。此间，每期农业综合开发项目完工后，郴州地区（市）审计局均对开发资金使用进行专项审计，对审计中发现的挤占、挪用农业综合开发资金、配套资金不足以及有偿资金占用费清缴不及时等问题，均认真组织查处和整改。

三、回收有偿资金

1989—1991 年，郴州地区第一期农业综合开发投入有偿开发资金 3818.5 万元。其中中央财政 3004 万元，省级财政 732.3 万元，县级财政 82.23 万元。当时因缺乏经验，财政有偿资金都与无偿资金捆在一起投入到土地治理项目上，在拨放有偿资金时没有认真落实债权债务，且部分项目在特大洪涝灾害袭击中受损，有的多种经营项目因选择不准经营失败，以致部分有偿资金无法收回。

1993 年 9 月，郴州市行署发出《关于认真做好农业综合开发有偿资金回收管理工作的通知》，强调完善有偿资金的回收合同，落实好回收措施，尽快做好农业综合开发有偿资金的回收工作。随后，各县（市）采取措施完成第一期有偿资金的回收工作。1992—1994 年，第二期有偿资金完成较好。郴州市（北湖区）和郴县（苏仙区）采取先由财政垫付的办法，才完成农业综合开发有偿资金回收上缴任务。

1995 年从第三期农业综合开发起，郴州市财政局、市农开办在有偿资金投入和回收上严把立项、审批、合同关，决定凡到期的农业综合开发有偿资金回收上缴任务完不成的地方，今后不再安排开发项目，且追究领导者责任。各县（市、区）和单位随之积极还款，但部分县（市、区）仍采用以先由财政垫付还款的办法（总垫付率占就应还资金的 51.3%）偿还上级财政有偿资金，造成出现有偿资金回收不实，影响高效投入的现象。

1998—2000 年，第四期农业综合开发应回收财政有偿资金本金 6062.71 万元，实际回收本金 5719.11 万元，回收率 94.3%。县级财政在采用财政垫付办法以新账还旧账的压力越来越大，以致一些地方不敢向农业开发新项目增加投入。郴州市在第四期农业综合开发中未投入出去的有偿资金达 2179 万元，占中央、省、市财政借入有偿资金 5215 万元的 41.2%。2001 年 11 月，湖南省财政厅为缓解农业综合开发有偿资金还款压力，决定对全省 2001—2003 年第五期农业综合开发到期的部分中央财政有偿资金分别延期 3 年回收，延期期间不再回收占用费。其中核定郴州市 2001 年到期的 730 万元延期归还。并一次性核定郴州市中央财政有偿资金呆账核销指标 400 万元。2003 年 10 月，省财政厅核定郴州市 2003 年到期的中央财政有偿资金 491.35 万元延期归还，并核销中央财政农业综合开发有偿资金呆账 1329.56 万元。2004 年，郴州市经省财政厅核定到期开发的有偿资金（本金）2469.15 万元全部回收上缴。

在 2004 年始实施的第六期农业综合开发中，全市采取措施加大有偿资金回收力度。2005 年郴州市应缴湖南省到期有偿资金 2543.3 万元（其中本金 2458 万元，占用费 85.3 万元），到 11 月 29 日，全部如数上缴。自 1989 年农业开发始至 2005 年年末，郴州市获得农业开发有偿资金累计 2.19 亿元，其中中央 1.53 亿元，湖南省 6590.34 万元。经上级核销的呆账共 2459.56 万元，延期归还资金 1221.35 万元。但原由各县（市、区）财政垫付的到期有偿资金 7474 万元，仍然没有回收。

1989—2005 年郴州农业综合开发资金来源及投向统计表

表 13-3-1-1 单位：万元

项目			1989—1991年第一期	1992—1994年第二期	1995—1997年第三期	1998—2000年第四期	2001—2003年第五期	第六期 2004年	第六期 2005年	合计
资金来源	中央财政	总额	5865.70	5392	4728	6494	7700	3220	3170	36569.70
	其中	无偿	2861.70	2703	2364	3531	5032	2416	2353	21260.70
		有偿	3004	2689	2364	2963	2668	804	817	15309.00
	省财政	总额	1397	1083.50	2595.09	3215.50	3868	1187	1162	14508.09
	其中	无偿	664.70	487.50	1150.05	1448.50	2432	862	873	7917.75
		有偿	732.30	596	1445.04	1767	1436	325	289	6590.34
	地区（市）财政		953	903	999.50	1387.50	1518.40	375	377	6513.40
	县级财政		3769.62	3211.60	2172.20	1410.70	1036.90	190.30	143	11934.32
	银行贷款		6231.13	5721.50	4900.77	5119.20	2270	1010	1430	26682.60
	项目自筹资金		3823.10	1813.02	5242.27	5715.45	4123.20	2737	4070.2	27524.24
	其他资金		—	540.20	253	310	450	—	40	1593.20
合计			22039.55	18664.82	20890.83	23652.35	20966.50	8719.30	10392.20	125325.55
资金投向	土地治理		18587.55	10689.94	12675.52	15891.55	12472.50	5164.30	4752.20	80233.56
	多种经营项目		3452.00	7974.88	8215.31	7760.80	8494	3555	5640	45091.99

说明：数据源自郴州市农业开发办公室

1989—2005 年郴州各县（市、区）农业综合开发资金来源及投向统计表

表 13-3-1-2 单位：万元

项目			北湖区（郴州市）	苏仙区（郴县）	资兴市	永兴县	安仁县	桂阳县
资金来源	中央财政	总额	2274.29	3096.71	2806.32	4073.28	3802.96	4399.22
	其中	无偿	1347.99	1870.00	1551.44	2306.14	2432.26	2622.30
		有偿	926.30	1226.71	1254.88	1767.14	1370.70	1776.92
	省财政	总额	1157.50	785.80	1571.72	1870.90	1208.12	1632.80
	其中	无偿	709.39	492.90	762.60	1022.35	812.56	811.80
		有偿	448.11	292.90	809.12	848.55	395.56	821.00
	地区（市）财政		508.50	471.20	515.30	544.60	639.16	631.90
	县级财政		662.90	1105.68	1169.18	1399.50	942.87	1893.18

续表 13-3-1-2　　单位：万元

项目	金额 \ 县（市、区）	北湖区（郴州市）	苏仙区（郴县）	资兴市	永兴县	安仁县	桂阳县
资金来源	农行贷款	1461.70	1942.97	2193.00	3009.07	2184.93	2963.74
	自筹资金	1842.70	2502.40	3360.56	2808.72	2377.44	2798.00
合计		7907.59	9904.76	11616.08	13706.07	11155.48	14318.84
资金投向	土地治理	4342.58	6741.60	7539.30	8309.97	7763.67	10039.30
	多种经营项目	3565.01	3163.16	4076.78	5396.10	3391.81	4279.54

续表 13-3-1-2　　单位：万元

项目			金额 \ 县（市、区）	嘉禾县	临武县	宜章县	汝城县	桂东县	合计
资金来源	中央财政		总额	3031.52	3790.38	3389.86	3150.28	1412.26	35227.08
		其中	无偿	1670.76	1988.48	1901.26	1838.30	971.06	20499.99
			有偿	1360.76	1801.90	1488.60	1311.98	441.20	14727.09
	省财政		总额	1373.90	1759.70	1619.90	1286.10	597.20	14863.64
		其中	无偿	660.75	832.00	544.60	690.40	347.80	7687.15
			有偿	713.15	927.70	1075.30	595.70	249.40	7176.49
	地区（市）财政			366.90	671.50	544.10	465.70	247.00	5605.86
	县级财政			872.64	1098.40	1188.00	1044.00	358.40	11734.75
	农行贷款			2088.90	3145.17	2506.00	2184.40	789.50	24469.38
	自筹资金			2692.93	3411.13	2411.68	2120.42	895.58	27221.56
合计				10426.79	13876.28	11659.54	10250.90	4299.94	119122.27
资金投向	土地治理			5721.01	7375.38	6940.17	6872.97	2864.38	74510.33
	多种经营项目			4705.78	6500.90	4719.37	3377.93	1435.56	44611.94

说明：本表数据源自为各县（市、区）农开办上报市（地区）农开办数据

第二节　农业开发项目

一、综合项目

（一）中低产田改造

1989年，郴州地区尚有需改良的低产田6.86万公顷，占水田面积的38.22%。其多因地下水位高、排灌不畅或受矿毒侵害及缺磷少钾而致。郴州有计划地将中低产田改造列入农业综合开发的重点项目，先后组织实施改田项目154项，重点开好“环山沟、排水沟、灌水沟”，实现“劳能排、污能

清、旱能浇”。1989—1991年第一期农业综合开发中，郴县（苏仙区）在农田受有色金属矿矿毒污染的白露塘区域，设立中低产田改造项目区，确定以“撇开矿毒水，引进优质水、降低地下水”的综合治理办法，对766.67公顷受污染的农田先后投资170多万元，投入劳动工日270多万个，新开一条长16.2千米的渠道，开挖排洪除渍沟252条长11.9千米，使受污染的农田基本排除矿毒毒害。这一改造项目受到国家农业综合开发办视察组的称赞。在1995年至1997年第三期农业综合开发中，临武县南强乡项目区集中连片改造中低产田2000公顷，做到路渠配套，易灌能排，旱涝保收。该项目区被评为湖南省优良项目区，获湖南省农业综合开发一等奖。1989—2005年，郴州市（地区）群众累计投工2.25亿万个工日，完成土方2168.83万立方米，浆砌方195.15万立方米，开挖田间疏浚沟道1.58万千米，衬砌渠道602.62公顷；采取农业和生物措施改良稻田土壤12.55万公顷。至2005年，郴州市累计改良中低产田19.19万公顷，其中低产田全部得到不同程度的改造，改造后粮食产量亩均增产22.3%。

（二）水利建设

从1989年第一期农业综合开发起，重点对老化破损农田水利设施，实施以“配套、维修、加固、防渗”为主的改造措施。至2005年，累计新建、扩建、维修加固小型水库475座，改建、新建排灌站359座，筑建栏河坝597座，兴修桥、涵、闸、渡、槽等配套设施3.02万处，改造河道（沟渠）16.66千米。此外，营造农田防护林4.28万公顷。各项目区在新修水利工程中，注重扩充蓄水能力。桂阳县在第一期农业综合开发中将兴建水库列入重点工程项目，3年中在敖泉秀峰项目区建小型水库4座，基本上解决了敖泉、樟木、樟市和十字4个乡（镇）农田长期缺水“灌水难”的问题。

（三）开荒造地与农机化建设

在1989至1997年的第一、二、三期农业综合开发中，为扩大耕地面积，郴州累计开荒造田1.87万公顷，项目村人平增加水田面积0.02公顷。1998年，农业开发倡导尽量少开荒甚至不开荒，把提高农业综合生产能力与保护生态环境结合起来。至此，郴州不再将开荒造地列入农业开发项目。1989—2005年，实施农业机械开发项目，修建机耕道1443.9千米，新增各类农业机械4200多台，增加农机总动力2.47万千瓦。2005年，市内耕地机耕面积达21.3万公顷。

（四）多种经营

从1989年开始，各农业综合开发项目区利用当地资源优势，集中连片地开发经济效益较好的特色农业产业，先后重点扶植发展优质畜禽、水产、经济林、蔬菜、花卉业和农副产品加工6个多种经营项目。陆续兴建扩建一批畜禽、水产养殖，及经济林、名优特果茶、蔬菜种植基地。其间，资兴市东江鱼养殖加工基地、宜章县万亩脐橙基地、永兴县冰糖橙标准化示范基地、桂阳县银杏开发基地、桂东沙田柑和北湖区名贵花卉种植基地均形成生产规模。1999年，临武鸭产业化开发项目列入国家农业综合开发项目后，至2005年先后投入农业综合开发项目资金1280万元，扶助相继兴建加工包装车间、屠宰生产线、羽绒加工车间、鸭制品车间及马口铁罐装产品生产线，并建立临武鸭繁育、养殖基地63个。到2005年，临武鸭产业化项目年加工能力达到30万羽，比2000年增长16.7倍，产值达1.56亿元，使一个原亏损的临武鸭加工小企业转向快速滚动发展。2004年，资兴市在农业综合开发中新建东江鱼制品系列加工生产线1条，年扩大鱼制品加工能力5万千克。

二、项目管理与效益

1989年，以后郴州将农业综合开发项目纳入重点工作管理议程，普遍实行量化目标考核，不断建立和完善开发、管护责任制。在实施项目建设中，逐步推行开发项目招标投标和项目实施情况公开制度，接受社会监督。

1989—1991 年，郴州地区第一期农业综合开发项目的运行和管护形式主要有三种，即由乡镇、村组统一规划，统一开发，实行集体所有，承包经营，此法多用于开荒造田项目；统一规划，统一开发，统一管理，分户经营，此法多用于中低产田改造和水利项目；独立或个体经营，此法多用于养殖、农业机械耕作和小型加工项目。农业综合开发项目竣工后，由各项目管护单位或个人对项目的运行进行管护。1996 年 10 月，郴州市政府印发的《关于加强农业综合开发项目工程管护的通知》规定：各地各级要建立管护组织、健全管护制度，落实管护资金，依法保护开发项目以发挥作用。随即，各县（市、区）探索和创新农业开发项目管护新机制，先后推行租赁开发、承包经营、股份制经营管理、经济实体加农户经营管理及收费维护设施等经营管理形式，加强项目运营管理。每期农业综合开发项目完毕，由县（市、区）、地（市）、省、国家逐级组织检查验收。重点是检查资金的配套、使用，管理以及项目建设和效益情况，按优良、合格、不合格 3 个等级评定。

1998 年，从第四期农业综合开发起，农业综合开发项目验收改由郴州市农开办推荐 1 个县（级）项目单位参加湖南省验收，省农开办采用随机抽样的办法再抽查 1~2 个县（市、区）进行验收，其余的县（市、区）由郴州市农开办组织验收。2004 年 5 月，郴州市农开办采用测量项目面积和渠道长度、逐一核实项目任务完成情况、查阅资金使用账目和核查账目决算等手段，对各县（市、区）的农业综合开发项目进行认真验收和评价。

至此，经逐级考评验收，各县（市、区）的六期农业综合开发项目均为合格以上。经省组织考评，其中第一期农业综合开发郴州地区为优良项目区；宜章、资兴、永兴、桂阳、郴县（苏仙区）、嘉禾 6 县（市、区）开发项目认定为优良项目县（市）。

1989—2005 年，郴州在实施六期农业综合开发中，各项目开发均取得明显成效。实施的低产田改造和水利设施建设项目，使 19.16 万公顷农田排涝除渍，并实现有水灌溉和得到土壤改良，综合治理水土流失面积 2.23 万公顷，建成旱涝保收稻田 19.1 万公顷、稳产高产田 3.93 万公顷；水利建设 2005 年与项目开发前的 1988 年比较，新增有效水量 5.7 亿立方米，新增灌溉面积 3.71 万公顷，改善灌溉面积 8.42 万公顷，并新增节水灌溉面积 2.66 万公顷，年节约水量 7287 万立方米。与此同时，新垦荒山造田 1.86 万公顷，扩大防护林种植面积 4.3 万公顷、经济林 2.4 万公顷，改造草山 1640 公顷。在多种经营开发项目中，项目区通过新建、扩建畜禽养殖基地和发展集约化畜禽养殖场，养殖畜牧业发展成为郴州的支柱型产业，2005 年，全市养殖业增加值 33.1 亿元，肉禽、水产品产量同比分别增长 4.1%、5.7%。是年，全市机耕面积比 1988 年增长 2.5 倍。其间，在农业开发中还有计划、有重点地投入农业科技示范项目，突出农产品品种改良和先进实用生产技术的推广应用。先后组织推广早、晚稻软盘旱育抛秧、杂交玉米综合高产栽培、杂交水稻制种、测土配方施肥和节水灌溉等农业生产新技术 110 多项。至 2005 年，项目区开展技术培训 28.45 万人次，技术推广应用农田 12.74 万公顷。一些项目区成为当地科技兴农示范基地。

在此 17 年间，郴州农业开发项目年平均新增生产能力：粮食 8.76 亿千克、油料 1661 万千克、肉类 7490 万千克、水产品 547 万千克、水果 6853 万千克、烟叶 1739 万千克、蚕茧 60.5 万千克。调查统计显示：其间郴州通过农业综合开发累计实现增加农业产值 34.06 亿元，投入产出比 1:2.27。项目区农民普遍增产增收，农民人均年纯收入增加 200~300 元。

1989—2005年郴州市（地区）农业综合开发项目完成情况统计表

表 13-3-2-1

项目 / 数量 / 县（市、区）	总项目数	中低产田改造			排灌沟渠		机耕道	拦河坝	造林	
		合计	缺水型	涝渍型	开挖	衬砌			防护林	经济林
	个	万公顷	万公顷	万公顷	千米	千米	千米	座	万公顷	万公顷
北湖区	25	0.84	0.15	37.11	556.70	491.10	65.90	124	0.30	0.18
苏仙区	26	1.95	0.57	124.13	1862	690	96	9	0.56	0.30
资兴市	23	1.64	0.55	85.02	1275.30	998.60	205.20	14	0.42	0.26
永兴县	35	2.26	1.14	144.08	2161.20	966.50	84.40	67	0.50	0.29
安仁县	32	2.12	1.41	189.34	2840.10	970.30	120.50	123	—	0.19
桂阳县	36	2.36	1.24	132.13	1982	1059	197	47	0.75	0.19
嘉禾县	25	1.65	0.53	73.07	1096	821	117	86	0.04	0.07
临武县	29	1.70	0.50	102.87	1543	1098.70	182.20	9	0.37	0.21
宜章县	35	2.02	0.32	70.51	1057.70	714.50	212	52	0.50	0.34
汝城县	25	1.99	0.61	84.37	1265.50	1019.20	123	30	0.39	0.28
桂东县	22	0.66	—	10	150	210.35	40.70	36	0.52	0.11
合计	313	19.19	7.03	1052.63	15789.50	9039.25	1443.90	597	4.30	2.40

续表 13-3-2-1

项目 / 数量 / 县（市、区）	改良土壤	山塘水库		工程量		桥涵闸	技术培训	技术推广	河道改造	开荒造田
		新建	维修	土方	万方					
	万公顷	座	座	万方	万方	处	人次	万公顷	千米	万公顷
北湖区	0.43	12	19	77.20	15.17	918	18750	0.39	6.80	0.08
苏仙区	0.07	—	109	351.90	46.18	4463	65570	1.05	0.99	0.17
资兴市	0.39	—	—	220.15	9.81	1948	29100	0.62	—	0.26
永兴县	1.27	—	17	306.60	15.01	521	39060	0.48	—	0.18
安仁县	1.79	11	45	144.28	13.25	7230	21810	2.11	—	0.22
桂阳县	1.83	4	218	323	27	3667	22750	4.61	5.32	0.27
嘉禾县	1.01	—	—	141	10.50	4052	17120	0.62	—	0.13
临武县	1.69	—	36	468	43.57	3671	18600	1.97	—	0.15
宜章县	2.05	29	3	20.19	2.37	618	28750	0.37	—	0.21
汝城县	1.60	3	9	116.51	12.29	1833	20210	0.50	—	0.15
桂东县	0.42	—	1	—	—	1263	2800	0.02	3.55	0.27
合计	12.55	59	457	2168.83	195.15	30184	284520	12.74	16.66	1.86

说明：本表各数据为各县（市、区）农业综合开发办提供

1989—2005年郴州市（地区）农开办主要负责人名录

表 13-3-2-2

单 位	姓 名	职 务	任职时间
郴州地区农业开发办公室	雷纯章	主任（农村部部长兼任）	1989.01—1991.10
郴州地区（市）农业开发办公室	王豫泰	主任（政府副秘书长兼任）	1991.10—1997.12
郴州市农业开发办公室	徐哨军	主任（政府副秘书长兼任）	1997.12—1999.12
郴州市农业开发办公室	廖建玉	主 任	1999.12—2000.09
郴州市农业开发办公室	李德金	主任（政府副秘书长兼任）	2000.09—2001.08
郴州市农业开发办公室	谢守志	主 任	2001.08—

附：

丘岗山地综合开发

1994年10月，湖南省委，湖南省人民政府在怀化召开全省丘岗山地开发工作会议。郴州地委、行署认真贯彻怀化会议精神，随即成立郴州地区丘岗开发领导小组和领导小组办公室，组织专业技术人员对全区丘岗山地资源、开发现状与开发潜力进行调查研究。全区时有丘岗山地面积164.39万公顷，为全区耕地面积的4倍，其中需低改丘岗48.33万公顷。同年12月23日，郴州地委、行署作出《关于加快丘岗山地开发的决定》。部署按照产业化要求实施丘岗山地综合开发“5841”工程。即确定从1994年起至2000年要建立五个开发带：北部以安仁和永兴一部分，建立以甜橙、冰糖橙为主的开发带；中部以郴州市（苏仙区）、郴县（北湖区）和资兴、桂阳一部分，建立以脐橙、银杏等优质果、高产油茶和草食动物为主的开发带；西部以嘉禾和桂阳一部分，建立以优质干果、高产油菜为主的开发带；南部以临武和宜章一部分，建立以优质柚、橙、梨和草食动物为主的开发带；东部以汝城、桂东和资兴一部分，建立以大径材、楠竹、优质茶叶和小水果为主的开发带。通过丘岗山地形成八大商品基地：优质果木基地6.67万公顷，优质茶叶基地0.67万公顷，高产油茶基地13.33万公顷，大径材基地13.33万公顷，高产楠竹基地6.67万公顷，特种药材和蚕桑基地各0.67万公顷（后调整为工业原料林20万公顷），草食动物基地载畜200万头。提高综合生产能力，实现郴州财政增收4亿元，农民人均增收1000元的目标。

1995年3月26日，郴州行署召开当年第5次专员办公会议，研究决定组建省道1813线示范带指挥部，建立省道1813线（郴州段）丘岗山地综合开发示范带。示范带全长50余公里，辖郴县和资兴市的13个乡（镇）、129个村，丘岗山地面积1.6万公顷，需要开发和低改的面积1.13万公顷，分布在大小3000多个山坡。示范带当年被湖南省委、省人民政府列为湖南省丘岗山地开发示范带，由省委副书记郑培民挂点指导。是年5月，撤地建市后的中共郴州市委、市人民政府批转郴州市丘岗开发办公室《关于组织实施丘岗山地综合开发攻坚战的报告》，要求把丘岗山地开发作为振兴农村经济、建设小康社会攻坚战来组织实施。同年9月，郴州市委、市人民政府召开冬季农业暨丘岗山地开发动员大会，组织与会者参加“1813”线丘岗山地开发现场。随后，各地组织村民、机关干部及企事业单位职工，分片定点展开丘岗山地综合开发大会战。是年11月1日，湖南省委办公厅在

《湖南督查》第34期以《郴州市坚持大规模、高起点丘岗山地开发成绩斐然》为题，推介郴州市丘岗山地开发的经验与做法。到1996年，全市在示范带的带动和引导下，共完成丘岗山地综合开发面积19.1万公顷，其中新开发5.9万公顷，林木低产田改造13.2万公顷；改造、兴办各类优质农产品种养加工企业656个，年增产值1.65亿元，创利税3601万元。两项合计，郴州市丘岗山地综合开发年均增值5.33亿元，创利税1.2亿元。

1997年1月12日，湖南省在永州市召开湖南省丘岗开发示范工作座谈会。郴州市委书记梅克保在会上作《以抓好省示范带为契机，全面推进我市丘岗山地开发》专题发言。继后在"1813"示范带的带动下，至1998年末，全市在丘岗山地开发中兴办万亩示范基地和千亩示范基地计82个，总面积1.13万公顷。郴州市累计投入各类开发资金1.92亿元，投入劳动工日1841万个，兴办和改造各类农产品种养加工企业186个；全市丘岗山地综合开发实现年新增农业产值4.6亿元，年新增利税1.4亿元。1998年后，丘岗山地综合开发工作重点转移到提高生产质量和效益上。

第四章 种植业

1989年以后，郴州将种植业作为农业发展的重头项目加力开发，逐步形成以水稻栽培、杂交稻制种、名优果茶和蔬菜生产为主，以旱粮、烤烟、油料、瓜果等生产为辅的发展构架。

水稻作为郴州的主要粮食作物，年播种面积占粮食作物面积的70%左右，稻谷产量占粮食总产80%以上。自20世纪90年代初，境内大力推广双季杂交稻种植及其高产配套栽培技术，到90年代中期又启动“吨粮田建设”“中、高档优质稻生产开发”项目建设，水稻生产实现“量”与“质”并举。2003年，安仁县被湖南省财政厅列为“全省优质稻生产基地建设县”。2004年，郴州市无公害水稻产地面积7.03万公顷。2005年，境内水稻种植面积25万公顷，亩产由1989年368千克提高到439千克，亩均增产19.3%。其中优质稻播种面积达59.1%。

郴州市杂交水稻制种具有得天独厚的气候优势，是湖南省杂交稻种生产区和国家、省级“三系”、“两系”杂交稻制种基地。种子销往全国100多个县（市）乃至美国、越南等国。境内杂交稻制种面积常年保持在3000公顷左右，年产种子4000吨以上，单产大面积亩均一般在200千克左右。1993年，资兴市州门司镇黄旗洞村民何胜的1.7亩“枝优77”制种田，经中国工程院袁隆平院士带队组织验收，亩产达492.4千克，时创国内外杂交稻制种亩产之冠。

郴州强力推进农业结构调整，经济作物种植向规模化、特色化和品牌化发展，其中尤以水果、茶叶和蔬菜生产发展甚快，渐成境内强势产业。2005年，水果种植面积4.98万公顷，产量达47.65万吨（含瓜果类水果），分别比1989年增长2.9倍和4.1倍。此间，果、茶、菜种植相继涌现一批驰名省内外的名优特产品。尤其是烤烟生产发展成效显著，烤烟单产由1989年的118.9千克提高到2005年的189千克，提高58.9%；桂阳、永兴两县成为全国优质烟生产基地。2005年较之1989年，全市经济作物种植面积由3.73万公顷增至5.62万公顷，产值由3.22亿元增至34.36亿元，其占种植业产值的比重由36.8%提高到52.9%，提高16.1个百分点。

郴州旱粮作物有玉米、薯、麦、豆及高粱等。境内旱粮生产尤以高产杂交玉米和甜玉米种植发展较快。宜章县玉米种植面积大，产量高、品质好，1997年被农业部、国家计委纳入“全国旱作农业基地示范县”。2005年，全市旱粮种植面积由1989年的4.96万公顷增至8.68万公顷，总产由1989年的8.09万吨跃至36.68万吨，分别为1989年的1.8倍和4.5倍；旱粮占粮食总产比由1989年的5.3%升至18.2%。宜章、嘉禾和临武县先后被湖南省农业厅评定为“全省旱粮开发示范基地县”。油料作物面积亦比1989年增长1.8倍，亩均增产4.4倍。

到2005年，郴州市种植业种植总面积由1989年的38.85万公顷增加到39.31万公顷，产值由1989年的8.74亿元跃至64.92亿元，产值增长6.4倍；种植业产值占农业总产值的比重由1989年的48.5%提高到49.5%，提高了1个百分点。

1989—2005 年郴州市（地区）种植业概况统计表

表 13-4-0-1

项目 年份	种植总面积与产值			粮食作物		经济作物	
	播种面积（万公顷）	产值（亿元）	占农业总产值比重（%）	播种面积（万公顷）	占种植总面积比重（%）	播种面积（万公顷）	占种植总面积比重（%）
1989	34.85	8.74	48.5	31.12	89.3	3.73	10.7
1990	35.93	12.98	53.2	31.85	88.6	4.08	11.4
1991	35.47	13.34	51.9	31.15	87.8	4.32	12.2
1992	36.10	14.73	51.5	30.82	85.4	5.28	14.6
1993	35.79	19.93	55.6	30.30	84.7	5.49	15.3
1994	35.35	22.28	52.5	31.09	87.9	4.26	12.1
1995	35.54	29.40	52.6	31.63	89.0	3.91	11.0
1996	36.59	36.39	52.3	31.37	85.7	5.22	14.3
1997	38.19	41.26	48.0	31.70	83.0	6.49	17.0
1998	38.34	43.53	49.2	33.06	86.2	5.28	13.8
1999	38.65	47.17	51.6	33.61	86.9	5.04	13.1
2000	39.23	46.96	49.8	33.71	85.9	5.52	14.1
2001	39.26	48.51	49.4	33.62	85.6	5.64	14.4
2002	39.13	51.80	51.7	33.43	85.4	5.70	14.6
2003	39.41	49.09	47.9	33.37	84.7	6.04	15.3
2004	40.08	58.94	48.1	34.56	86.2	5.52	13.8
2005	39.31	64.92	49.5	33.69	85.7	5.62	14.3

第一节 粮油作物

一、水稻

水稻是郴州的主要粮食作物。水稻栽培的品种分籼稻和粳稻两大类。粳稻仅在桂东县、汝城县、资兴市高海拔地区零星分布，境内普遍种植籼稻，品种以杂交稻组合为主。1989 年，郴州地区水稻播种面积 26.16 万公顷，每公顷产稻 5520 千克，总产量 144.40 万吨。至 1992 年，为了确保粮食的有效供给，政府把重点放在增加粮食总量上。重点开展杂交稻的推广应用及中低产田改造和吨粮田综合开发。

1993 年后，郴州地区粮食生产保持稳定发展。随后，出现卖粮难、粮库积压、财政负担过重、种粮效益下降问题。为此，郴州及时调整水稻种植结构，大力开发优质稻生产，突出提高水稻种植的单产和质量。1995 年，郴州优质稻种植面积增至 2500 公顷。1996 年，引进塑料软盘育秧抛秧栽培技术，全市推广应用面积 8.85 万公顷，占当年水稻栽培面积 35.7%。1999 年，优质稻种植 3.92

万公顷，杂交稻种植达到23.33万公顷，水稻总产166.30万吨。

2000年8月下旬，苏仙区栖凤渡镇栖凤渡村9.43公顷中稻超级杂交稻示范区，经全国超级杂交稻验收组验收，平均每公顷产11667.15千克，最高每公顷产12108千克，突破国家“863”高科技计划规定产量，居全国低纬度、低海拔6.67公顷高产示范点之首。2001年，汝城县利用其独特的气候和土地资源及技术优势，发展种植超级稻0.53万公顷、优质稻0.55万公顷，居湖南省当年县域超级稻种植面积之冠，并以最高每公顷达12855千克的示范成果创郴州最高公顷产纪录。2002年汝城县百亩示范片每公顷平均产稻11220千克。2003年6月，汝城县被国家杂交稻研究中心列为超级杂交稻示范基地，院士袁隆平欣然为该基地题名。此期间，郴州杂交稻和优质稻种植科研、示范工作成效显著，带动了全境杂交稻、优质稻生产发展。当年，郴州市水稻面积调减到22.56万公顷。其中种植优质稻面由1999年的3.92万公顷积增至9.88万公顷，占水稻种植面积的43.8%。

2004年，全市贯彻国家出台的补贴种粮户、降低农资价格，保护粮食收购价格的扶持粮食生产政策，水稻生产得到恢复性增长。是年，郴州11个县（市、区）经摸底调查，种植面积在33.33公顷以上的杂交稻组合有150个。全市水稻种植面积24.77万公顷，其中种植常规稻品种9个，面积仅0.8万公顷。

至2005年，郴州市水稻种植面积25.01万公顷，其中优质稻种植14.30万公顷，占水稻种植面积的57.18%，全市推广应用杂交稻组合192个，主要是威优和汕优两大系列。常规稻品种21个，以优质稻、糯稻品种为主。水稻在育秧、栽植密度、施肥、管水、病虫防治等方面得到进一步改进，其施用技术更趋科学和规范。其中软盘育秧抛秧栽培技术，既让农民告别了手工插秧“弯腰曲背插破指”的艰辛劳动，增产效益又明显，受到农民欢迎。2005年全市运用此技术栽培水稻16.67万公顷，经评估取得每公顷增产775千克的效益。2005年与1989年比，境内水稻种植面积减少1.15万公顷、每公顷则增产1065千克。

1989—2005年郴州市（地区）粮食生产统计表

表13-4-1-1　　单位：万公顷、公斤、万吨

年份	粮食作物		水稻			旱粮		
	面积	总产	面积	公顷产	总产	面积	公顷产	总产
1989	31.12	152.50	26.16	5520	144.40	5.20	1635	8.10
1990	31.85	157.92	26.65	5995	149.11	4.67	1695	8.81
1991	31.15	151.57	25.65	5520	141.59	5.50	1815	9.98
1992	30.82	155.54	25.60	5715	146.30	5.22	1770	9.24
1993	30.30	158.87	24.90	5925	147.53	5.40	2100	11.34
1994	31.09	157.17	25.19	5670	142.83	5.90	2430	14.34
1995	31.63	171.07	26.29	5985	157.29	5.34	2580	13.78
1996	31.37	180.36	25.53	6375	162.75	5.84	3015	17.61
1997	32.70	170.93	25.23	5940	149.86	7.47	2820	21.07
1998	33.06	187.10	25.59	6430	164.47	7.47	3030	22.63
1999	33.61	195.10	25.37	6555	166.30	8.24	3495	28.80
2000	33.71	192.97	25.09	6465	162.20	8.62	3570	30.77

续表 13-4-1-1 单位：万公顷、公斤、万吨

年份	粮食作物		水稻			旱粮		
	面积	总产	面积	公顷产	总产	面积	公顷产	总产
2001	33.62	191.34	24.67	6450	159.12	8.95	3600	32.22
2002	33.43	189.20	24.16	6450	155.83	9.27	3600	33.37
2003	32.37	177.45	22.56	6300	142.13	9.81	3600	35.32
2004	34.56	194.91	24.77	6345	157.17	9.79	3855	37.74
2005	33.69	201.41	25.01	6585	164.69	8.68	4230	36.72

二、旱粮

郴州境内旱粮作物以玉米、红薯、马铃薯为主，豆类、麦类和高粱、粟米等次之，多为零星种植，总体面积不大。1989 年，郴州地区旱粮面积 4.89 万公顷，占粮食生产总面积的 15.9%；1998 年，郴州市旱粮面积达 7.47 万公顷，继后面积逐年增加。此间，随着饲料业的发展，拉动玉米生产迅速发展。2005 年，郴州市旱粮面积达到 8.67 万公顷，占粮食种植面积的 25.8%；旱粮单产每公顷由 1989 年的 1635 千克提高到 4230 千克；总产由 1989 年的 8.09 万吨增加到 36.68 万吨；旱粮占粮食总产值的比重由 1989 年的 5.3% 提高到 18.2%，增加 12.9 个百分点。

（一）玉米

随着畜禽规模化养殖的兴起，以及优质杂交玉米的推广，境内玉米生产发展迅速，成为仅次于红薯的第二大粮食作物。1989 年，郴州地区玉米种植面积 0.56 万公顷，占旱粮种植面积的 11.4%，每公顷产 1320 千克，总产 7392 吨，占旱粮总产的 9.1%。郴州玉米种植以宜章县发展最早、最快，在面积、亩产、总产上都有较大的突破。1999 年经湖南省农业厅、农业科学研究院、湖南农业大学专家现场测产验收，宜章县被称之为“南方玉米大面积高产第一县”。郴州境内种植有春玉米和秋玉米，以春玉米为主；玉米栽培品种以杂交玉米为主，品种更新较快。在玉米种植技术上，适时早播，力争早季来到前成熟，先后推广地膜育苗移栽、垅作宽窄行栽培、一穴单株、科学施肥栽培等新技术。2005 年，郴州市玉米种植面积达到 3.30 万公顷，占旱粮面积的 38%，比 1989 年提高 27.2%，每公顷产 4830 千克，总产 15.96 万吨，分别为 1989 年的 5.8 倍和 21.2 倍。

（二）红薯

1989 年，郴州红薯种植面积 2.19 万公顷。红薯主要品种有洋市红皮，南薯 88，湘薯 10、11、14、15 号，湘农黄皮，广东白皮，花心玉及豫薯 868。2003 年，临武县引进高淀粉含量的红薯新品种梅营 1 号、梅营 2 号、美国 1 号，均显著增产。其间由于红薯渐退出饲料市场。红薯种植面积增长不快。2005 年，郴州市红薯种植面积 2.42 万公顷，单产每公顷达到 4635 千克（折谷），总产 11.22 万吨，分别比 1989 年增长 0.11%、130.6% 和 155.5%。

（三）马铃薯

1989 年，郴州马铃薯种植面积 0.18 万公顷，总产 0.33 万吨，每公顷产薯 1800 千克。2003 年，郴州引进推广稻田免耕、稻草全程覆盖种植马铃薯新技术，改“翻耕栽培”为“免耕栽培”、改“种薯”为“摆薯”、改“挖薯”为“捡薯”，既省工、省成本又增产。至 2005 年，全市马铃薯种植发展到 0.97 万公顷，总产达到 3.92 万吨，每公顷产薯达 4020 千克，分别为 1989 年的 5.4 倍、11.9 倍和 2.2

倍。种植主要品种有：东农303，克新3、4号，荷兰15、K8，大西洋，南中552。

（四）其他旱粮

豆类、麦类及高粱、粟米等其他旱粮在郴州境内系零星种植。豆类主要有大豆、绿豆、蚕豌豆、红豆、豇豆等，栽培面积每年保持1.33万公顷左右；麦类主要是小麦、大麦、荞麦。小麦和大麦在抽穗扬花和灌浆结实价段，因常遇梅雨季节，易滋生赤霉病、锈病而产量低、品质差，种植面积遂逐年减少。至2005年，除大麦种植绝迹外。其他豆类、麦类作物及高粱仍保持传统种植方式和种植规模，其中小麦每年种植面积多保持在2000公顷左右。

1989—2005年郴州市（地区）旱粮生产统计表

表13-4-1-2 单位：万公顷、吨

年份	面积		产量		小麦		大麦		红薯	
	小计	占粮作面积比重（%）	小计	占粮食总产比重（%）	面积	产量	面积	产量	面积	产量
1989	4.89	15.90	80900	5.30	0.45	4980	0.02	87	2.19	43917
1990	5.20	16.30	87900	5.56	0.52	5087	0.009	83	2.35	49613
1991	5.49	17.70	100100	6.60	0.47	6003	0.017	219	2.49	55808
1992	5.41	16.90	92600	5.95	0.50	6922	0.018	564	2.53	49773
1993	5.42	17.80	113400	7.14	0.37	4416	0.024	83	2.55	62497
1994	5.37	17.30	130500	8.20	0.28	4533	0.007	81	2.49	80841
1995	5.35	16.90	137600	8.04	0.29	4782	0.006	2	2.37	81596
1996	5.84	18.60	175900	9.75	0.28	5461	—	4	2.26	85316
1997	7.47	22.80	210700	12.34	0.21	4098	—	0	2.48	92895
1998	7.47	22.60	226750	12.10	0.19	3908	—	0	2.66	84413
1999	8.25	24.50	588600	14.80	0.20	3978	—	0	2.67	102811
2000	8.63	25.60	307300	15.93	0.22	4221	—	0	2.69	105157
2001	8.95	26.60	323500	16.67	0.21	4118	—	0	2.77	111907
2002	9.27	27.70	343600	18.06	0.22	4267	—	0	2.89	118990
2003	9.81	30.30	366500	20.23	0.19	3974	—	0	3.02	121134
2004	9.79	28.30	377400	19.38	0.19	3985	—	0	2.85	125526
2005	8.67	25.80	366800	18.21	0.20	4222	—	0	2.42	112218

续表13-4-1-2 单位：万公顷、吨

年份	马铃薯		大豆		玉米		高粱		其他	
	面积	产量	面积	产量	面积	产量	面积	产量	面积	产量
1989	0.18	3304	1.14	16334	0.56	7459	0.06	923	0.29	3896
1990	0.22	4908	1.23	16906	0.55	6451	0.06	992	0.28	3860
1991	0.24	4398	1.23	14761	0.70	13009	0.06	1000	0.29	4902
1992	0.26	5462	1.18	16310	0.57	8442	0.05	901	0.30	4226

续表 13-4-1-2 单位：万公顷、吨

年份	马铃薯		大豆		玉米		高粱		其他	
	面积	产量	面积	产量	面积	产量	面积	产量	面积	产量
1993	0.25	30690	1.22	19603	0.57	11116	0.06	1345	0.33	16350
1994	0.26	4664	1.33	21077	0.58	12711	0.07	1387	0.24	5206
1995	0.28	6864	1.34	21659	0.75	16103	0.06	319	0.25	6257
1996	0.39	11895	1.27	26030	1.32	40777	0.06	1667	0.26	4750
1997	0.40	13256	1.24	24860	1.63	64437	0.09	2037	1.42	9117
1998	0.46	14904	1.37	30178	2.35	83898	1.11	2237	0.33	7162
1999	0.53	19197	1.45	30466	2.91	121615	0.11	2620	0.36	7913
2000	0.55	20070	1.45	31400	3.23	135882	1.76	2899	0.37	7671
2001	0.59	21414	1.53	34271	3.30	140654	0.11	2724	0.44	8412
2002	0.66	24125	1.57	36452	3.39	148150	0.12	3081	0.43	8535
2003	0.70	26747	1.63	38173	3.68	164078	0.12	3018	0.47	9376
2004	0.81	36586	1.35	41265	4.09	156787	0.09	2221	0.40	11030
2005	0.97	39219	1.33	41199	3.30	159617	0.09	2313	0.36	—

三、草本油料作物

境内草本汨料作物主产油菜、花生及小面积零星种植芝麻、向日葵等。其间，市场对植物油需求逐增，刺激油料作物生产快速发展。2005 年，全市油料作物种植面积 2.68 万公顷，每公顷产籽 1995 千克，总产 52125 吨，分别为 1989 年的 2.9 倍、0.9 倍和 5.4 倍。

油菜 油菜是郴州第一大油料作物。主要种植于安仁县、永兴县、汝城县、资兴市、宜章县。1989 年，郴州地区种植油菜 0.37 万公顷，产籽 2701 吨。继后品种更新快，境内特别是低硫苷、低芥酸优质油菜品种推广迅速。2005 年，安仁县种植油菜 8000 公顷，全部为双低油菜，占全市油菜种植面积的 58%、双低油菜种植面积的 73%；油菜籽总产 10844 吨，占全市油菜籽总产量的 59%。境内油菜种植三要品种有：湘油 11、13、15 号，油杂油 1、2、3 号，油研 7 号。栽培重点推广硼肥施用、多效唑施用、稻田免耕直播和病虫防治新技术。是年，全市收籽种植面积 1.46 万公顷、每公顷收籽 1309.50 千克、总产 19119 吨，分别为 1989 年的 3.9 倍、0.8 倍和 7.1 倍。

花生 郴州传统种植作物，多用作副食品，少用于榨油。从 1989 年开始，花生种植稳步发展，当年郴州地区花生种植面积 5307 公顷，总产 6719 吨。花生一般套种玉米、高粱等高秆作物，与秋红薯、白萝卜、红萝卜等作物连作。种植的主要品种有：湘花 1 号，黔花 1 号，粤油 7、8 号及地方品种。2005 年，种植面积 1.20 万公顷，比 1989 年扩种 6693 公顷；每公顷产花生 2805 千克，比 1989 顷增 103 千克；总产 33660 吨，比 1989 年增加 26941 吨，增长 4 倍。

其他 其他油料作物，主要指农户零星种植的芝麻、向日葵。

1989—2005 年郴州市（地区）油料作物生产情况统计表

表 13-4-1-3　　单位：万公顷、吨

年份	合计		油菜		花生		其他	
	面积	产量	面积	产量	面积	产量	面积	产量
1989 年	0.93	9740	0.37	2701	0.53	6719	0.03	320
1990 年	1.65	16418	1.03	8566	0.57	7517	0.05	335
1991 年	1.70	16702	1.06	9649	0.61	6862	0.03	191
1992 年	1.73	18321	1.10	9552	0.61	8557	0.02	212
1993 年	1.27	16692	0.56	6080	0.66	10274	0.04	338
1994 年	1.30	17973	0.51	5294	0.75	12361	0.04	318
1995 年	1.44	21207	0.62	6284	0.80	14542	0.02	381
1996 年	2.64	27647	1.10	10729	0.81	16023	0.73	895
1997 年	2.16	29933	1.27	12493	0.82	16706	0.07	734
1998 年	2.28	33775	1.28	13518	0.92	19368	0.08	889
1999 年	2.26	36075	1.19	13239	1.01	21950	0.07	886
2000 年	2.49	40346	1.37	15654	1.10	24514	0.02	178
2001 年	2.59	42956	1.36	15723	1.18	26558	0.06	675
2002 年	2.60	45405	1.39	16923	1.22	28174	0.03	307
2003 年	2.82	48930	1.44	18326	1.32	29945	0.06	659
2004 年	2.62	50225	1.44	18610	1.15	31400	0.03	215
2005 年	2.68	52125	1.46	19119	1.20	33660	0.02	165

四、耕作制度

郴州市粮油作物耕作制度主要有：稻—稻—油、稻—稻、稻—油，具有轮作和间种的特色，其主要集中在安仁县、永兴县、宜章县、汝城县，常年轮作面积 10 万 ~13.35 万公顷；玉米—稻或稻—玉米，各县（市、区）均有零星分布，常年轮作面积 0.67 万公顷左右；马铃薯—稻，是 2000 年发展起来的种植新模式，常年轮作面积 3300 公顷左右；瓜、菜—稻，分布于各县（市、区）常年轮作面积 1.33 万公顷左右；烤烟—稻，主要分布在桂阳县、永兴县、嘉禾县、安仁县、宜章县，常年轮作种植面积达 660 公顷；稻—绿肥，常年种植面积 4 万余公顷；菜—稻，常年种植 4 万公顷左右。此期间，由于农村青壮劳动力多外出务工，稻田复种指数下降，曾经的双季稻地区有不少改为一季稻种植。冬季板田、耕地抛荒现象明显增加。

第二节　经济作物

1989 年以后，随着粮食单产的提高，粮食短缺问题逐步得到解决，郴州市各级政府积极调整产

业结构，发展经济作物。1989年，郴州地区经济作物播种面积为3.73万公顷，占种植业面积的10.7%。进入20世纪90年代，经济作物面积（含果、茶、蔬菜）占种植业面积不断扩大，占种植业播种面积的比重大大上升。进入21世纪，经济作物种植高速发展，2005年，郴州市经济作物播种面积5.62万公顷，占当年种植业面积的14.3%。经济作物产值30.54亿元，占种植业产值的51.8%。

一、水果

1989年前，郴州以发展蜜橘生产为主体，带动梨、李、桃、葡萄、草莓、杨梅、栗、枣、枇杷水果生产的发展。柑桔为境内水果生产的主体。80%以上为温州蜜柑的尾张。1989年后，郴州相继引进椪柑、脐橙、蜜柚名优品种，选育出“东江湖”牌早熟蜜橘、永兴“冰糖橙”、临武“琯溪蜜柚”等地方名优品种。同时对劣质果园进行高接换种改良。1997年，资兴东江库区生产的“东江湖”早熟蜜橘远销加拿大1200吨，创汇近40万美元。其种植的东江脐橙皮薄肉实、香甜可口，风味独特。到2000年，资兴市脐橙和早熟蜜橘种植基地达4000公顷，年产量4.50万吨以上；永兴县冰糖橙基地增至5000公顷，年产量4万吨以上；临武县琯溪蜜柚种植200多公顷，年产柚300余吨。2002年，宜章、临武县被列为农业部湖南脐橙产业带基地县，资兴市、安仁县为脐橙产业辐射市县，脐橙种植面积计增至4667公顷。

此间，境内品种结构普遍优化。在种植上重点推广柑橘高接换种技术，开发推广名优特水果品种种植。全市柑橘栽培种类有橙类、椪柑、温州蜜柑、柚子、杂柑和金柑6个种类；主产区为资兴市、永兴、宜章、桂阳、临武、安仁县和苏仙区。到2005年，主要橙类栽培面积8000公顷，品种主要有纽荷尔、朋娜、华脐、耐湿、红肉、永兴冰糖橙、锦橙；椪柑面积达1000公顷；温州密柑面积为8000公顷，品种主要有宫川、兴津、国庆1号、国庆4号、隆园早等；柚类面积2840公顷，品种主要为琯溪蜜柚、沙田柚、文旦柚；杂柑系少量栽培；金柑面积100余公顷，主要分布于桂东县清泉镇。期间，一些水果种植因供大于求，或因销路不畅，也出现“增值难”的问题。

境内其他水果还有桃、梨、李、枣、葡萄、杨梅、草莓、枇杷、板栗、杏、柿等。其中栽培面积较大的为桃、梨、李、葡萄。葡萄生产发展最快，全市葡萄栽培品种主要有红富士、巨丰、美国红提、美国黑提。苏仙区改良培育的“仙岭”牌葡萄是郴州名果之一，成熟期早、果实柔软多汁，酸甜适度口感好，外观极佳产量又高，2004年获农业部无公害产品认证。2005年该区葡萄挂果面积470公顷，产量1.05万吨，创产值5000多万元。

2005年，郴州市水果种植面积4.98万公顷，产量47.56万吨，分别比1989年增加4.21万公顷、45.79万吨，分别为1989的6.5倍和26.8倍；水果产值5.02亿元，比1989年增加2.89亿元，为1989年的2.4倍。

二、蔬菜

郴州境区蔬菜发展有着气候温润、临近华南沿海市场及交通便利等优势。1989年，境内蔬菜市场放开搞活，在全地区实施“菜篮子工程”和农业产业化的牵动下，蔬菜生产发展加快，逐步实现由自给自足型向外销型转变，由生产大路菜向特色菜转变，由分散零星种植向基地规模化种植转变。

到1998年，郴州市蔬菜种植面积由1989年的1.84万公顷增加到3.51万公顷，初步形成以城郊为主的香细菜和速生叶菜类基地；以桂东县、汝城县为主的高寒区反季节无公害蔬菜基地；以宜章县为主的面向粤、港、澳市场的夏秋渡淡蔬菜基地；以嘉禾县三味辣椒、临武县香芋、永兴县莲藕为主的地方特色蔬菜基地；以苏仙区、资兴市为主的山野驯化蔬菜种植基地。蔬菜生产整体呈现以地方性、外向型为主，多元化种植名、优、特品种的新格局。

郴州蔬菜外销市场主要是广东省、长沙市、武汉市、浙江省等地及港澳地区和美国、新加坡等国家。宜章县长策乡利用高寒山区的气候资源优势及临近粤港的区位优势，2000年与广东省东莞市长兴蔬菜贸易公司合作，开辟5个村级连片的73.33公顷反季节无公害供港蔬菜基地。2001年仅5月下旬至8月上旬，该乡用冷冻大车运往香港销售的蔬菜达900多吨。是年，长策乡蔬菜产量4500余吨，为菜农增收374万元，人均增收312元。乡财政增收23万元。

境内蔬菜品种分为郴州地方传统品种和境外引进品种两大类，地方传统品种主要为永春萝卜、青麻叶大白菜、调羹白、莽山大韭菜、嘉禾三味椒、碑记大辣椒、太和五爪椒、三里田早黄瓜、湘茄3号、花豆、临武香芋、拳姜等60多种。此外，还有宜章苦笋、桂东黄菌及苦菜、野葱、野苋等野生或半野生的地方传统品种20余种。境外引进种植品种主要有成都大头菜、广东芥蓝、天津芹菜、南京大叶菠菜、山东大蒜以及韩国萝卜马耳早、半头红、短叶13号和日本五寸胡萝卜、越南葫芦瓜等。2005年，郴州蔬菜种植有9类140多个品种。临武香芋外销数量达到7.1万吨，远及美国和新加坡；桂东甜玉米畅销至香港1500吨。

境内蔬菜采取南北向、深沟高畦栽培方式，以改善地间小气候和减少积水造成烂根死苗现象。耕作方式有轮作、间作和套作，轮作多为“菜—稻”、“菜—烟”，间作常在葡萄棚架瓜类间种植叶类菜，套作即在黄瓜快收获完毕时点播秋豆角。生产技术普遍推广地膜育苗、大棚栽培、测土配方施肥、应用植物生长调节剂。蔬菜产区普遍禁用高毒高残留化学农药。

至2005年，郴州市蔬菜种植面积7.27万公顷，产量173万吨，分别比1989年增长2.9倍和3.1倍；人均菜地0.24亩，比1989年增加0.17亩，人均蔬菜年拥有量由1989年的102千克增至375千克，增长2.7倍；境内城郊建有专业菜地0.46万公顷，为1989年0.048万公顷的9.6倍。全市无公害蔬菜面积认定为1.73万公顷，市场蔬菜产品农残速测合格率在96%以上。

三、茶叶

1989年，郴州地区有茶园面积2733公顷，产茶766吨，茶叶品种多为地方品种。是年，全区加快名优茶叶基地建设，郴州茶树良种繁殖示范场先后引进繁育省内外茶树良种（品系）70余个，年繁殖出圃茶树良种苗木200万~500万株，成为全国10大茶树良种繁殖示范场之一。之后，资兴市、桂东县、永兴县、安仁县、宜章县及北湖区为茶叶主产地，栽培良种为福鼎大白、白毫早、槠叶齐、福云6号、高芽齐、福丁大毫、萍云11号等。汝城县白毛茶为地方野生品种，驯化栽培面积2000公顷，集中分布于汝城县三江口瑶族镇及县大坪林场。重点推广名优茶综合开发技术，桂东县玲珑茶、宜章县莽山银翠茶、五盖山米茶、安仁县豪峰茶、资兴市狗脑贡茶、汝城县银针茶及永兴县龙华剋毫茶，均为优越自然条件下实行茶树良种化栽培，以别具一格采制工艺生产的品质独特的优质茶叶。

至2005年，郴州市茶园面积发展到5907公顷，名优茶面积占全市茶园总面积75%。产茶2327吨。茶园面积、产量分别为1989年的2.2倍和3.04倍。

四、烤烟

烤烟是郴州优势经济作物，主产区为桂阳、永兴、嘉禾3县。1989年，郴州地区烤烟种植面积2.62万公顷，产量4.66万吨。1997年，全市烤烟种植4.03万公顷，是郴州历史上烟草种植最多的一年，产量9.15万吨，分别占当年湖南省烤烟种植面积的31.8%，烤烟产量的40.7%；年内全市实现烤烟产值8.14亿元，占全市经济作物产值的46.6%。为缓解烟叶市场产大于销的矛盾，当年郴州市委、市人民政府提出"计划种植，主攻质量"的生产方针，1998年郴州市烟叶种植面积调减到2.62万公顷，与上年相比调减面积1.41万公顷。

20世纪90年代，境内烤烟主栽品种为红花大金元、G80、NC89，2000年后多为K326、云烟87、K346等优良品种。此间，先后逐步推广以稻草或纸制的营养钵寄栽两段育苗、工厂化塑料大棚育苗、塑料格育苗和测土配方施肥等新技术。境内除少数旱土因地制宜采用高垅宽双行栽培外，大面积烟草由原来的大板块或低垅双行改为高垅单行栽培，以利烟叶通气、透光、烟厢排水和土壤改造，促进增产提质。桂阳县是全国八大产烟县之一，烤烟生产面积占全市烟草面积40%以上。全县39个乡镇有32个乡镇和9个农林牧渔场大面积种烟，当季覆盖率达85%以上，全县年均产烟3.6万吨以上，产量居全省产烟县之首，居全国六大优质烟产区前三名。桂阳县开发种植的"国际型高香气烤烟"，2000年6月经国家烟草专卖局组织专家检查验收和理化分析，优烟开发基地种植水平和烟草长势为一流，烟叶内在质量仅次于福建省邵武，在全国6个开发种植点中居第二位，该县烟叶畅销全国50多家的大小烟厂。

2005年，郴州市烤烟种植面积2.54万公顷，比1989年少773.33公顷，然而由于种植水平的提高产量则达到7.2万吨，比1989年增加2.54万吨，增产54.6%；烤烟每亩单产由1989年的118.9千克增至189千克，提高58.9%。

五、其他经济作物

苎麻　20世纪90年代，郴州苎麻种植面积因需求量趋少、市场售价低迷而锐减，均为零星种植，主要分布在嘉禾、桂阳两县。2000年，郴州市苎麻种植由1989年的407公顷减至60公顷，产量仅98吨。2005年，种植面积减至40公顷，产麻102吨。栽培品种主要为雅麻、园麻、嘉禾白脚麻等地方传统品牌及引进的相苎1号、黄壳甲。

蚕桑　20世纪90年代初，国内外市场丝织品走俏，蚕茧价格上涨，桂阳县、临武县和资兴市开始组织发展蚕桑种养业。1993年，桂阳县投资30万元兴建烘茧房和仓库，在9个行政村的40个村民小组开展示范性种桑养蚕。次年，桂阳县种桑树135公顷，产鲜蚕8.86万千克，烘干茧7.09万千克，创产值81.04万元。1995年，桂阳县蚕农放弃收益较低的蚕桑业转入烤烟生产，养蚕业随之消失。到2005年，境内仅资兴市和临武县尚有种桑面积计320公顷，当年蚕茧产量26.7吨。生产上主要推广桑园一次性施肥技术，及小蚕共育、大蚕地面育、省力化蚕台养蚕、方格簇上簇等育蚕技术。

棉花　境内棉花历年为零星分散种植，多为自产自用。棉花生产因其产量低、收益差，一直处于徘徊和缓慢发展状态。1989年郴州地区棉花种植120公顷，产棉42吨。2005年郴州市棉花种植面积360公顷，产棉300吨。其增长速度在经济作物种植中较为滞后。

甘蔗　甘蔗在各县（市、区）均有小面积种植，以临武县、桂阳县、宜章县、嘉禾县见多。1989年，境内甘蔗种植面积393.33公顷，产量1.78万吨。以传统品牌白皮果蔗和黑皮蔗种植为主。2005年郴州甘蔗种植面积533.33公顷，产量2.2万吨。

高山菊 高山菊系新型药用保健植物食品。2001年，在苏仙区廖家湾乡进行野生人工栽培成功，苏仙区随之力推种植。2004年，郴州苏仙江源农副产品基地生产的“两江源”牌高山菊获湖南省第六届农博会金奖，并通过国家无公害产品认证。至2005年，郴州市以主产地苏仙区为主发展高山菊种植133.33公顷，产干花220吨，创产值880万元。

花卉·草皮 花卉、绿化草皮业始于20世纪90年代中期。自1996年始，郴州市起步发展花卉、草皮产业。花卉栽培主要集中于郴州市城区周边和各县（市）城郊。当年郴州市城区较大的花圃有“郴州花卉大世界”花圃园，建成自动调温大棚花苗生产基地33.34公顷，主栽花卉西洋杜鹃、富贵子。草皮生产主产于苏仙区白露塘镇和桥口镇等乡（镇），有的村因产、销草皮闻名而被誉为“草皮村”。2005年全市建立花卉、草皮生产基地480公顷，创产值2944万元。

果用瓜 郴州果用瓜有西瓜、甜瓜（香瓜）两种。西瓜种植占果用瓜总量的90%。1989年，随着经济作物的大力开发，西瓜种植面积逐年增加。到1996年，郴州市西瓜种植面积达0.45万公顷，产量12.9万吨。至此全市除海拔较高的山区桂东县外，其他县（市、区）均有种植。主要栽培永乐5号、麒麟8424、湘育301、303、306及黑蜜2号、西龙8号品种。永乐5号系从浙江引进的中早熟杂交品种，易坐果，较耐病，肉质甜脆、口感好，亩产可达4000千克。资兴市烟坪乡和汝城县盈洞瑶族乡等地利用独特的“小气候”，种植的高山反季节西瓜既外表美、口感甜，又错开西瓜上市的高峰期，畅销市场。北湖区万华岩风景区借当地盛产良种西瓜的优势，自2000年始举办一年一度全市“西瓜节”，藉以促进农村经济和旅游产业发展。2005年，全市种植西瓜0.83万公顷，产瓜22.8万吨。桂阳县种植面积居首，为0.18万公顷。境内还种植甜瓜，主要品种有新玉甜瓜、华南108、日本甜宝和中甜1号。2005年，全市种植甜瓜0.12万公顷，产瓜3.6万吨。

附：

郴州名优果茶选介

五盖山米茶 产于苏仙区良田镇五盖山茶场。传为明代贡品，俗有“一升茶有一升米重”之说。1980年由郴州科技人员从瑶族老茶农种植中发掘创制。1982年在湖南省农业厅召开的全省名优茶审评会上，被列为全省20个优质名茶之首。至2005年，该茶拥有茶园面积35公顷，年产茶100余吨。品质特点：外形紧直重实，锋苗好，色泽银毫隐翠，汤色清澈晶莹，毫香清高馥郁，滋味鲜爽愉悦，叶底芽头嫩绿匀净。

桂东玲珑茶 原产于桂东县清泉镇铜锣村玲珑茶场。清代已享有盛名，1斤茶换一担谷。1979年由桂东县科技人员发掘创制。1980年至1989年，多次被湖南省农商界评为湖南省名茶。1985年、1989年分别获农业部优质农产品金杯奖。1994年获首届“湘茶杯”金奖和第五届亚太地区国际博览会金奖。该茶拥有基地面积1000公顷，年产茶100多吨。品质特点：外形紧细，奇曲玲珑，白毫显露锋苗好，色泽黄绿明亮，香气清高持久，滋味浓爽隽永，叶底细嫩匀亮。

狗脑贡茶 原产资兴市汤市乡狗脑贡茶场。该茶传为宋代贡茶。1994年获首届“郴茶杯”金奖，1995年获第二届“湘茶杯”金奖，1998年获湖南省“金牌杯”金奖，1999年获湖南省首届名优特新农博会金奖，2001年获第三届国际名茶博览会金奖、湖南名茶特等奖。该茶拥有茶园面积670公顷，年产茶50余吨，品质特点外形条索紧细，巧曲奇卷，色泽翠绿，汤色嫩绿明亮，香气高锐持久，滋味鲜厚醇爽，回味悠长，叶底嫩绿匀净。

安仁毫峰 产于安仁县毫山乡茶场，又名冷泉石山茶，为宋代贡茶。1993年由安仁县技术人员发掘创制。该茶1994年获首届“湘茶杯”金奖，1995年获全国新产品新技术交流会金奖和中国园陵新产品新技术博览会金奖。1996年获湖南省政府授予的“湖南名牌产品”称号，1998年获湖南省“金牌杯”名茶金奖。该茶拥有茶园面积330多公顷，年产茶100余吨。品质特点：外形条索紧直匀齐、银毫满披、色泽隐翠；汤色杏绿明亮，香气高锐持久，滋味鲜爽回甘，叶底嫩绿匀亮。

汝白银针 又名白毛尖。系采自珍贵茶树品种汝城白毛茶芽头制成。产于汝城县三江口瑶族镇白毛茶示范场。1991年由湖南农业大学和郴州茶叶科技人员研制成功，当年获巴黎国际名优产品技术博览会最高金奖。该茶拥有茶园面积200公顷，年产茶2000余千克。品质特点：外形芽头长大重实、银毫满披隐翠；内质香气高雅，滋味鲜醇回甘；汤色杏绿晶亮，叶底肥嫩匀亮。冲泡时芽朝上、柄朝下，如春笋出土，起落成趣，品饮时赏心悦目。

龙华春毫 产于永兴县龙华茶场。1995年由郴州市科技人员创制。当年获第二届“郴茶杯”名茶金奖。1996年获第二届“湘茶杯”名茶金奖，1997年获湖南省名茶奖，1998年获湖南省“金牌杯”名茶金奖，1999年获第三届爱因斯坦世界发明（产品、技术）博览会金奖。2005年获上海第十二届国际茶文化节中国新品名茶博览会金奖。该茶拥有茶园面积33公顷多，年产茶5000千克。

永兴冰糖橙 系20世纪70年代从黔阳县引进并经精心选育提纯品种。1989年获农业部优质农产品奖，1995年获中国第二届农业博览会金奖。永兴冰糖橙已发展为永兴县种植业支柱产业，种植面积近8000公顷，年产量过17万吨。其果形近圆，果皮光滑，橙黄色，单果重160~180克，可溶固形物为13.5%以上，含糖量12.11%，皮薄少核，可食率73%以上，维生素C含量达59.7毫克/100毫升，11月中旬成熟。食之肉质脆嫩、化渣、汁多，风味浓郁，浓甜爽口，少核或无核，品质极佳。并有生津开味、润肺理气等较高营养价值和保健作用。

仙岭牌葡萄 郴州名果之一，原产于苏仙区白鹿洞镇长冲铺村，主栽品种为“巨峰”。1998、1999年连续二年获湖南省优质水果金奖，2004年获农业部无公害产品认证。该葡萄具有成熟期早、品质佳、经济效益高的特点。平均粒重8.9克，平均穗重0.47千克，平均可溶性物含量17.8%。亩平产量1500千克以上，亩平产值过7000元，被产区农户喻为致富奔小康的“黄金果”。2005年苏仙区葡萄栽培面积1000公顷，产量1.05万吨，产值5000余万元。

东江湖牌蜜橘 东江湖牌脐橙、椪柑和蜜橘可溶固形物含量高，甜酸适度，风味品质佳，均先后荣获湖南优质水果金奖和湖南省农博会金奖，其中1996—1999年东江特早熟温州蜜橘连续4年获湖南特早熟温州蜜橘评比第一名。东江脐橙获中国第二届农业博览会金奖。2005年，资兴市有蜜橘面积0.39万公顷，年产量4.5万吨，产品畅销湘、粤、京、沪，并出口至东南亚和加拿大。

临武琯溪蜜柚 20世纪90年代初从福建省平和县引进琯溪蜜柚驯化种植。1997—1999年，全国柚类评比中连获金奖。1998—1999年，获湖南省优质水果金奖。蜜柚单果重约1.5千克，果形圆，色橙黄色，皮薄无核，酸甜适口，品质优，可食率达60%以上。2005年栽培面积200余公顷，年产量3000余吨。

第三节　农作物种子（种苗）

一、杂交水稻制种

郴州杂交水稻制种始于1975年。1989年后制种技术日趋成熟，加之境内适宜的气候、地形和土壤条件，渐之建成一批比较稳定的制种基地，杂交水稻制种发展成为郴州农业一大优势产业。生产面积主要分布在资兴市、汝城县、郴县（苏仙区）、永兴县、桂阳县。1989年，资兴市承担湖南省和国家重点项目“杂交水稻超亩产制种技术研究”，农业科学技术人员经3年攻关协作，于1991年成功研发“父本小双行、母本高密度，施好穗肥花肥，轻度割叶，花前振动母本，科学赶粉”等整套超高产稳产的规范化制种技术，使杂交稻制种产量大幅度提高。1993年，资兴市涌现亩产高达492.4千克的制种田，时创世界同类制种亩产新纪录。1994年，郴州市种子公司主持的“杂交水稻超高产制种技术推广”获郴州市科技进步特等奖。中国工程院院士袁隆平为此题字“郴州种业，走向世界”。

1999年，郴州市三个组合计666.67公顷两系杂交水稻制种（“香两优68”400公顷、“八两优100”66.67公顷、“培两优系统”200公顷），由于8月11日至14日，不育系敏感期遇到低于23℃低温，出现“打摆子”现象，导致自交结实而造成制种失败，损失达500万元。湖南省、郴州市财政减免了制种基地的农业税，并对“香两优68”制种进行了灾损补助，并即时采取扶持举措支持既是优势产业也有风险的杂交稻制种业发展。2003年，农业部农业技术推广服务中心确定郴州为国家级水稻新品种展示基地。

至2005年，郴州市杂交水稻制种面积2370公顷，以“三系”春制为主，面积集中在资兴市（1333.33公顷），苏仙区、永兴县、汝城县（各666.67公顷），其次是北湖区、桂阳县及其他各县均有制种。全市有种子生产基地220个，制种农户达2.2万户。“两系”杂交稻制种以夏制为主。是年，生产杂交水稻种子757.7万千克，平均每公顷制种3201千克，比1989年顷均2745千克增加456千克。稻种除自用外，还销至省内外100多个县（市、区），远至美国、越南。郴州市为湖南省杂交水稻种子主产地，及国家、省级“三系”“两系”杂交稻制种生产基地。

二、种子（果苗）引进繁育

20世纪90年代，一些产量低、品种差的常规水稻品种逐步被淘汰，代之以产量高、米质好的三系杂交稻、两系杂交稻种。此时，从郴州境外引进的杂交稻优良品种组合有“明恢77”“R402”“B404”“威优48”“威优49”“华联2号”“汕优46”，其熟期适宜，一般每公顷产7500千克以上。1995年，积极引进优质稻品种，开发优质稻生产。1999年春，郴州市政府牵头，由市农业局优质农产品开发中心及市粮食局米业公司联合从台湾引进优质稻新品种“台A101”，当年种植优质中稻516公顷，晚稻880公顷，米质达到高档优质米标准。是年6月底，种植区有10326户农户签订种植收购合同1340公顷。湖南省政府副省长庞道沐在郴州考察时，肯定郴州市这一开发优质稻的做法。2001年12月，设在郴州市农科所的“国家农作物品种区域试验站”通过省农业厅验收，该站设标准化农作物品种试验田 3.33 公顷。2003—2005 年，郴州市农业局每年组织引进试种水稻新品种 100 多个，并在苏仙区廖王坪、北湖区市郊乡和华塘镇，建立早、中、晚稻新品种种植展示基地 33.33 公顷。3 年间，共引进、筛选推广早稻品种中优 402、中优 974、金优 403，以及中迟熟品种中优 207、金优 117、富优 1 号优质等高产、高抗（病）的新品种 105 个。

此期间，水果、旱粮、蔬菜、油菜、西瓜等农作物种子的引进，种苗的繁育，亦主要由市（地）、县两级种子公司及农业科研机构组织实施。同时，随着农业产业化和果业经营的发展，相继组建郴州市富隆脐橙开发中心、宜章县加法果业公司、永兴县冰糖橙等企业化经营机构，从事优质果苗的选育繁殖。1989—2005 年，郴州先后引进一批旱粮和经济作物新品种，其中玉米有蠡玉 6 号、农大 108、豫玉 22 品种；蔬菜有沈阳快菜、鲁白 1 号和 82 — 2、雪里红及韩国“半头红”萝卜等品种。

三、种子经营与管理

1989 年，郴州地区实施“国家救灾备荒种子储备库”建设项目。由郴州地区种子公司实施，新建储备库 500 平方米，改建种子储备库 500 平方米，储备种子 50 万千克。

1989—1999 年，郴州杂交水稻种子由市（地区）、县两级国营种子公司专营。1995 年，苏仙区种子公司从湖南省贺家山原种场调入杂交稻制种恢复系种子 1300 千克、杂交稻种 15.35 万千克经营。次年，因调入的杂交稻恢复系种含杂率达 36.6%，造成 74.67 公顷制种田报废，直接经济损失 90 余万元；另调入的杂交稻种经大田种植子一代含杂 39%，导致失收，造成经济损失 1000 余万元。是年，郴州市农业局加强质量监督检验，成立“郴州市种子质量检测测试中心”，开始室内检测种子样本，并进行田间花检和鉴定种子样本工作。

2000 年，《中华人民共和国种子法》颁布实施，种子经营步入依法管理轨道，并逐步放开种子市场，打破过去地区封锁、独家经营的状况。同年，各县（市、区）种子管理站从种子公司析出，编入农业局机关，专职从事种子新品种审定、检验管理工作。乡、村两级种子市场主要由种子经销（代理）商经营。当年，郴州从事农作物种子的经销商有 760 家。乡、村两级种子供应除部分由乡镇农技站供应外，主要由种子经销（代理）商经营。2002 年，由郴州市种业发展有限公司和资兴市种子公司改制组建的郴州隆平高科技种业有限公司，全年种子经营创利润 616 万元，被评为郴州市农业产业化龙头企业。

2003 年 9 月，湖南省农业厅批准成立湖南省农作物种子质量监督检验测试中心（郴州）。负责全市农作物种子质量检验检测，检验检测农作物种子纯度、净度、水分、发芽率等。至 2004 年，郴州市 12 家国有种子公司（市属 1 家、县级 11 家），除宜章、临武、嘉禾县外，均先后解体转制组建为种子经营企业，依法面向市场进行农作物种子生产经营。从 1996 年至 2005 年，郴州市种子质量检验检测中心共进行室内检测种子样本 5600 份，进行田间花检 2.2 万公顷，海南进行鉴定的种子样本 1.78 万份。严禁带有病菌的农作物种子（苗）出入境，并对种子质量实行全程监控。

至 2005 年，全市有农作物种子经营企业（含省内外在郴种子经营企业）22 户，良种经销（代理）商 760 户，蔬菜种子批发商 18 户。种子经销大多为个体工商户。2005 年，农作物种子经营量由 1989 年的 727.22 万千克增至 950 万千克，增销 222.78 万千克，销售收入同比增加 1612.05 万元。至此，郴州市（地区）组织审定推广农作物新品种 90 个（2000 年市级停止种子品种审定，转由国家、省级进行品审），多为丰产、稳产、优质品种。其间，经组织专家评议停止推广水稻品种 33 个，不宜大面积推广水稻品种 13 个。

1989—2005 年郴州市（地区）杂交水稻制种统计表

表 13-4-3-1

年份	制种面积（公顷）	公顷产（千克）	总产（万千克）	备 注
1989	3307.60	2745.00	905.50	—
1990	3808.33	3157.50	1203.00	—
1991	2118.40	3222.00	682.40	—
1992	2400.40	3154.50	757.30	—
1993	2310.80	3408.00	787.60	—
1994	2609.33	2934.00	765.40	—
1995	3326.53	2935.00	976.70	—
1996	2604.53	3184.50	829.40	两系制种 63.33 公顷
1997	2543.87	2662.50	677.30	两系制种 59.33 公顷
1998	2400.00	3015.00	707.30	两系制种 67 公顷
1999	2642.53	3001.50	793.10	两系制种 933.33 公顷
2000	2676.93	2749.50	736.00	两系制种 73.33 公顷
2001	1585.73	3061.50	485.59	两系制种 258.40 公顷
2002	2438.27	2590.50	631.85	两系制种 220.53 公顷
2003	4000.00	2833.50	1133.50	两系制种 160.66 公顷
2004	2053.20	3336.00	685.70	两系制种 133.33 公顷
2005	2370.00	3201.00	757.70	两系制种 140 公顷

第四节　土壤保护与开发

一、土壤肥力改良

（一）土壤肥力监测

郴州从 1985 年起，开始建立土壤肥力自然监测点。至 1989 年，郴州地区土壤肥力监测网络基本形成。从 2001 年起，郴州市政府每年安排 5 万元土壤肥力自然监测专项资金，恢复建立 100 个土壤肥力监测点，其中水稻土 75 个，旱土 25 个，代表 37 个主要土种，监测点总面积 8.04 公顷，包含 20 个种植制度，其中双季稻为主的（含“杂交水稻制种—稻”“稻—稻—油”“稻—稻—肥”）31 个点，一季中稻 13 个点，烟稻 13 个点，旱粮 12 个点，蔬菜 8 个点，其他种植制度 23 个点，开展土壤肥力监测工作。2001 年至 2005 年经定点监测显示：100 个土壤监测点土壤养分含量所处水平与 1985 年第二次土壤普查测定相比较，耕地土壤有机质含量大于 4%（丰富）的占耕地面积 31%，比 1985 年所占面积减少 8.6%；有机质含量 3%~4%（较丰富）的占耕地面积 28%，与 1985 年持平；有机质 2%~3%（中等）的占耕地面积 23.4%，比 1985 年增加 4.6%；有机质 1%~2% 和小于 1% 的分别占9.3%和1.3%。郴州市耕地土壤有机质含量呈下降趋势，主要是工业源污染和冬种绿肥植物面积减少，以及农民过量施用化肥所致。

（二）土壤肥力改良

1989年以后，郴州加强有机肥建设和改进施肥技术，改良土壤肥力，提高土壤有机质。境内施行冬种绿肥、养殖细绿萍、秸秆还田、积制土家肥，确保每年全市耕地使用有机肥600余万吨。当年，郴州地区种植绿肥面积7.23万公顷，占水田面积的40.27%。1995年，鲜草产量提高，紫云英鲜草每公顷产量2.18万千克，比1994年增产27.3%。是年，推广早稻撩穗收割留高桩还田、烟秆禾行还田、玉米整秆垄沟翻压还田（土）、油菜撩分枝留高杆还田、秸秆覆盖还田等技术，土壤有机肥力提高，达到增产增收效果。

1995年后，郴州推行放养产量高、有机肥效好的细绿萍面积，年均稳定在4万公顷。1996年经定点调查统计，全市平均每公顷耕地人畜粪肥用量达1.12万千克、沼气肥用量1125千克、绿肥施用量30千克。全市年使用有机肥总量过600万吨。2000年后，由于规模化养殖的发展，农村家畜、家禽养殖由农户分散养殖逐步被专业化、工厂化养殖取代，农家肥施用大量减少。

此间，郴州在改善土壤肥力和结构中，广泛推广测土配方施肥和"缺素补素"施肥方法。2000年，经推广测土配方施肥，基本淘汰质次价低且不宜使用的绿肥紫云英品种的放养。推广产量高、适应性好的"宁波大桥""宾源种""湘肥三号""光叶苕""扁荚山黎豆"以及耐瘠薄、能直播的满圆花多个绿肥优良品种。

2005年，全市举办测土配方施肥技术培训班813期；化验分析土样4805个，填发测土配方施肥通知单8.23万份；使用作物专用肥8.85万吨、推广水田旱土测土配方施肥面积17.86万公顷。评估统计增产粮食3.78万吨、节省化肥1.6万吨、增收节支1.03亿元。1989—2005年，郴州市累计推广农作物配方施肥面积67.53万公顷，仅此一项增产粮食21.8万吨，节省化肥8.1万吨，增收节支4.11亿元。

二、农产品土壤环境保护

1989年至20世纪90年代，郴州农业环境保护工作主要致力山林、田土排污治理，水利修缮和治理水土流失。

从2003年10月开始，根据湖南省《2003年实施〈无公害食品行动计划〉工作方案》和《2003年主要农产品产地环境质量现状评价技术方案》要求，农业环境保护进而拓展至对农产品安全的监管。至年底，郴州市农业局投入资金10万元，在4万公顷耕地（约占全市耕地总面积19.3%），对主要农产品产地环境质量进行调查，开展无公害农产品产地认定及评价。全市调查评价和认定无公害产地15.9万公顷。经检测分析4.03万公顷所种作物耕地土壤，其中清洁耕地1万公顷，占25%；尚清洁耕地1.93万公顷，占48.3%；轻度污染耕地3700公顷，占8.4%；中度污染耕地6000公顷，占15%；重度污染耕地1335公顷，占3.3%。导致土壤污染的原因主要是土壤重金属含量背景值高，不宜合发展无公害农产品。2004—2005年，全市以整治矿物污染耕地为重点，取缔关闭对耕地造成严重污染的采矿选矿、矿石冶炼点158处。同时结合农业综合开发治理矿物污染耕地15处。为加强对农业环境监控，郴州市建立16个农业环境定位监控点，其中点源（即在矿产采选、小冶炼等污染源设"点"监测所造成的周边环境污染）5个，面源污染监控点11个。

2005年，组织对郴州市野生植物资源和外来入侵生物情况进行了一次摸底调查。发现全市有17

种野生食用植物，即莼菜、野生稻、野生大豆、大叶白毛茶、中华猕猴桃、水蕨、浮叶慈菇、金荞麦、萍蓬草、线苞两型豆、野葛、石蒜、大野芋、绞股蓝、水车前、苦丁茶、山犁。与此同时，发现境内存在21种外来入侵有害生物，即加拿大一枝黄花、空心莲子草、水葫芦、假高粱、小飞蓬、一年蓬、三叶鬼针草、土荆芥、北美车前、园叶牵牛、洋姜、霍香荆、飞杨草、含羞草、紫茉莉、垂序商陆、蓖麻、福寿螺、大薸、蕨状满江红、水稻条斑病菌。较为常见的入侵有害生物有水稻条斑病菌、假高粱加拿大一枝花等15种，主要危害水稻、旱粮和经济作物的正常生长及产量与品质。对以上环境污染和野生植物对郴州农业的入侵，有关部门启动研究治理和防范的措施。郴州市环保部门分别对金贵冶炼厂烟尘污染农作物、京珠高速公路良田段生活服务区污水污染农田等20多起事故进行处理。

2005年郴州市点源土壤（耕地）检测结果表一览表

表13-4-4-1

监测点地点	pH值	总铅（Pb）（毫克/千克）	总镉（Cd）（毫克/千克）	总砷（As）（毫克/千克）	总汞（Hg）（毫克/千克）	总铬（Cr）（毫克/千克）
桂阳县新城	7.30	4599	9.73	82	0.29	53
苏仙区白露塘	6.20	583	2.78	72	0.20	40
宜章县麻田镇	7.33	129	3.46	31.36	0.26	48.70
北湖区万华岩镇	6.81	151.10	2.20	10.42	0.11	43.00
临武县汾市乡	7.62	250.10	2.89	19.75	0.21	41.30
国家标准	—	≤250	≤0.30	≤40	≤0.30	≤150

三、红壤开发

1989年，郴州地区红壤开发多与农田改良结合开展，由当地在农田基本建设项目中安排实施。1992年，郴州地区利用世界银行贷款实施红壤开发项目被批准立项。境内以14条小流域边境为基本开发治理单元，重点是搞好土地治理、土壤改良和经济开发基础设施建设，提高土地产出率，建立稳定可持续发展的农业生态模式。1994年6月，郴州正式启动红壤开发项目，开发项目资金源于世行贷款685万美元和地方财政配套资金，另专项贷款和项目自筹资金7811万元。1998年项目进行中期调整，调整后的投资总额为1.05亿元。

红壤开发历时7年，到2001年6月，累计投入投资总额1.52亿元。主要完成低产田改造433公顷，水土保持1138公顷，新开梯田1275公顷、梯田坡土改造15公顷；改造稻田土壤433公顷，开垦旱土73公顷，建造梯土（灌溉）145公顷。新增竹园面积65公顷、灌溉面积1329公顷，新建农舍、仓库、猪舍、农技推广中心、车间作坊面积1.46万平方米；开发果茶种植面积919公顷，新造林、竹面积701公顷；新建道路和桥涵76千米。此外，新增生猪养殖3.18万头，家禽养殖5.5万羽；新建沼池420个，省柴灶1025个。红壤开发区农作物产量与收入持续增加，稻谷单产由实施项目前的每公顷7.95吨增加到9.44吨，增产645吨，增加产值64.50万元；经济作物增加产值3470.40万元；畜牧水产业增加产值2475.90万元。

第五节 植物保护

一、病虫种类及其危害

郴州境内危害农作物的病虫种类较多。有水稻病虫98种，棉花病虫30余种，旱粮病虫110多种。此外，还有稻田草害15科26种，旱土草害30科65种，以及鼠害等5种。

水稻常见的病害有纹枯病、稻瘟病、细菌性条斑病、稻曲病，其次为黄矮病、普通矮缩病、细菌性褐条病、苗立枯病、稻粘黑病、褐色菌核病；常见的虫害有稻飞虱、稻纵卷叶螟、二化螟，次为三化螟、稻叶蝉、稻苞虫、稻蓟马、稻瘿纹、稻秆潜蝇。旱粮作物危害严重的病害有红薯黑斑病、红薯瘟、玉米纹枯病、玉米大斑病、小斑病、高粱黑穗病、麦类赤霉病和黑穗病；主要虫害有玉米螟、红薯小象鼻虫、卷叶蛾、玉米黏虫、蚜虫、粟穗螟、高粱条螟。经济作物主要病害为炭疽病、枯萎病、霜霉病、软腐病、疫病、柑橘溃疡病、烟草黑胫病、烟草花叶病、油菜菌核病、茶饼病；主要虫害有斜纹夜蛾、烟青虫、蚜虫、菜青虫、锈壁虱、潜叶蛾、小地考虑、菜夜蛾、茶毛虫、花蕾蛆、吸果夜蛾等。

自20世纪90年代，因气候、耕作制度的改变，和外来生物的入侵及化肥施用量的增多，以致境内农作物病虫害每年均有不同程度的发生，有的年份甚至大面积暴发成灾。境内年发生水稻纹枯病面积17.3万~20万公顷，占早、中、晚稻面积的60%~80%。该病对水稻生产的危害最大。1993年，宜章、汝城县和北湖区50多个乡镇发生稻瘿纹虫害面积0.97万公顷，半数稻田“标葱”率在20%以上，损失稻谷2000万千克，次年这一虫害面积达1.81万公顷。1994年，由于洪涝灾害的影响，市内4.99万公顷晚稻暴发细菌性条斑病。2000年后，稻瘟病经综合防治由20世纪90年代年发病7.33万~8.67万公顷减至3.34万公顷左右。2003年，全市一代稻纵卷叶螟暴发面积17.37万公顷，成灾失收面积0.19万公顷。2004年和2005年，二化螟分别发生15.48万公顷和18.56万公顷。1989—2005年，稻飞虱先后有6年大面积发生，为害最重的2005年受害面积31.4万公顷（次），损失稻谷869.3万千克。境内水果常见的病害为柑橘溃疡病，年发生面积2000~2660公顷。

二、植物检疫与病虫防治

1989年，郴州地区加强对植物病虫害的检疫和主要病虫害的预测预报工作。农业部门引导农户选用种植抗病虫品种和健康种苗、调整品种布局，组织推广轮作、深耕灭茬、调节播种期、合理施肥灌水等农业防治技术。

20世纪90年代始，郴州市（地区）逐步健全农作物病虫测报网络，县（市、区）设有测报专业站，各乡（镇）农技站配备专职植保员1人，负责病虫测报与防治。1991年，全区组织植检专干进行植物疫情普查，普查中查明检疫对象在郴州的分布，并划分疫区与保护区。1992年8月，郴州市植保植检站根据检变结果主持的“水稻纹枯病综合防治技术推广”项目，获湖南省农业丰收计划二等奖及省科技进步四等奖。

20世纪90年代末期，根据由于化学农药的长期使用，一些害虫产生抗药性和害虫天敌大量被杀灭，致使出现一些害虫十分猖獗的状况。全市大力组织开展生物防治，年稻田放鸭灭虫（稻飞虱）面积10万公顷左右；以菌治病年使用井岗霉生物制剂150吨左右，防治面积26.67万公顷次。同时广泛推广使用吡虫啉、阿维菌素、锐劲特等高效低毒低残留环保型农药，以取代有机磷类等高毒、剧毒农药的使用。1998—1999年，全市组织实施农业、生物、物理、化学综合防治病虫面积5.65万公顷，投入产出比达到1∶2.09。农民单一靠化学农药防治的生产习惯渐而转变，全市化学农药年使用量一般降至6000吨左右。此期间，郴州市禁用杀虫脒、氟乙酰胺等19个高残留化学农药品种及严控剧毒化学农药的使用，以保护害虫天敌和农产品安全。

至2005年，全市配备专职检疫员39名，兼职检疫员92名，有6个县区实现了病虫情况通报网络汇报。当年，各县（市、区）适时发布植物病虫害电视预报80期。全市农作物开展病虫综合防治面积33.35万公顷次，统一组织防治面积5.67万公顷次。

2000—2002年郴州植物病虫害调查及分布情况一览表

表13-4-5-1

检疫结果 / 检疫对象	分布地域		调查及发生面积（千公顷）	
	县、市、区（个）	乡镇（个）	调查面积	发生面积
水稻细条病	11个县市区均有发生	138	22.61	7.97
柑橘溃疡病	9个（永兴、安仁、宜章、嘉禾、资兴、临武、桂阳、苏仙、北湖）	74（永兴县全部乡镇）	4.28	2.37
美洲斑潜蝇	7个（苏仙、北湖、永兴、宜章、汝城、临武、资兴）	61（苏仙、北湖区全部乡镇）	7.57	1.53
菟丝子属	4个（安仁、北湖、苏仙、永兴）	25	3.34	0.11
红薯瘟	1个（永兴）	5	1.00	0.11
红薯小象甲	4个（汝城、永兴、宜章、嘉禾）	34（汝城全部乡镇）	1.17	0.49

第六节　农场

1989年，郴州地区11个国营农场以经营第一产业为主，农业总产值均占农场国民生产总值95%以上，主要产品是稻谷、柑橘、茶叶、烟叶、鲜鱼。其中，桂阳莲花坪农场、共和农场以产稻谷为主，临武果木场、安仁柑橘场、宜章果木场以产柑橘为主，嘉禾行廊茶场、郴县华塘茶场（现属北湖区）、桂阳茶场、临武茶场以产茶叶为主，郴县（苏仙区）农垦场以产鲜鱼为主。桂阳共和农场与嘉禾行廊茶场还与周边乡镇联合种植烤烟。期间，1994年桂阳茶场开发出银杏茶系列产品。

1989—1993年，郴州地区11个国营农场建立将大农场折为小农场，以家庭为单元承包小农场的体制。农场负责搞好管理、协调和服务工作。1993年，这一经营体制在全区农场中全面推行。即职工家庭农场的生产费用、生活费用基本自理，土地承包期一般为15~30年。实行场长负责制与承包经营责任，场长作为企业法人代表与承包方签订承包合同。这一改革，激发了员工生产的积极性和责任感，农场经济效益开始好转。

到1996年，一些农场果茶品种、果茶树老化，种植效益逐年降低，果茶种植面积逐年减少。北湖园艺场破产。为此，一些农场创新产业，宜章果木场从1997年引进百合种植加工技术，开发出百合片、粉、蜜、面系列产品30多个。是年，嘉禾行廊茶场兴办养猪场一个。

2000年，面对果茶业市场的激烈竞争，临武茶场、桂阳茶场、行廊茶场茶叶种植仅剩少量，苏仙农垦场、桂阳莲花坪农场、安仁柑桔场主产品柑桔种植面积也急剧下降。这些农场遂转向开发新产品或产业。是年，嘉禾行廊茶场成为湖南省重点出口生猪养殖基地，年出栏生猪上万头，并逐步形成年出栏生猪5万头的养殖规模。宜章果木场形成年加工百合干3500吨的生产加工能力，产品销售全国，出口东南亚国家。其项目成为该农场新的经济支柱，还带动周边农民大量种植百合，形成“农场＋基地＋农户”的百合产业化格局。其间，各农场除大力发展第二产业外，还探索发展第三产业，主要是利用区位和林木资源优势发展休闲产业，相继建设一批林区休闲、钓鱼山庄场所，拓展第三产业服务项目。

2000年后，根据中共湖南省委、省人民政府关于全省农场体制改革的意见，各农场相继采取“股份制改造”“撤场建区”“整体买断”的方式，推进农场经营和管理体制体系改革。自当年起，陆续有郴州茶树良种繁殖示范场转变职工身份，实行职工参股对农场进行股份制改造；有桂阳共和农场与相邻的县农科所、县烟种所合并联营做大做强，实行社区管理模式；有安仁县柑桔场土地被政府收回，施行职工买断工龄下岗，农场整体买断转制等。

自2003年始，郴州市各农垦企业创办工业企业24户，其中举办个体私营企业19户。所涉行业除茶叶、百合食品加工外，还涉及建材、冶炼行业。苏仙区农垦场的红砖厂、桂阳共和农场的精石灰厂一度成为这两个农场的经济支柱。各农垦企业工业产值所占比重扩大到占总产值的35%。

至2005年年末，郴州市尚有农垦农场9个，土地面积1878公顷，其中林地面积551公顷，水产养殖面积29公顷，耕地面积287公顷。总人口12507人，其中农场职工2410人，在职工和离退休职工参加养老保险的2092人。至此，尚有部分农垦场生产经营萎缩，自我生存、发展能力较弱。

2005年郴州市国有农垦农场基本情况一览表

表13-4-6-1　　单位：公顷、人

单位名称	土地面积	林地面积	水面（养殖）	茶果面积	耕地总面积	其中		总人口	其中		农场职工人数
						水田	旱土		农场人口	乡镇人口	
合计	1878	551	29	515	287	69	218	12507	5206	7301	2410
市莲花坪农场	333	162	5	111	40	20	20	1229	1229	—	648
桂阳共和农场	167	12	1	27	91	27	64	4321	876	3445	465
桂阳县茶场	367	70	4	114	53	4	49	2810	788	2022	278
郴州茶树良种场	83	—	1	60	7	—	7	285	263	22	176
苏仙区农垦场	48	07	15	8	2	—	2	274	274	—	176
临武果木场	133	—	1	31	19	1	18	240	240	—	162
嘉禾行廊茶场	166	43	2	42	29	2	27	835	598	237	236
安仁柑橘场	123	80	—	17	12	5	7	154	154	—	71
宜章果木场	266	100	—	25	28	10	18	205	205	—	71

第七节 农业行政管理机构

一、管理机构与直属机构

1989年，郴州地区农业局内设科室有办公室、人事科、计财科、监察室，是行署主管全区农业生产和农业经济工作的职能部门。二级机构有地区农业技术推广站、粮油作物工作站、植保植检站、经济作物工作站、农场管理站、土地肥料工作站、地区农业广播电视学校、地区种子公司8个。当年地区沼气站从地区农业局划出归地区农委管理。局内有编制26名，直属机构有编制68名。

1995年，郴州撤地建市后，郴州市人民政府将承担行政职能的粮作站、经作站两个事业机构并入市农业局机关，在市农业行政主管部门首设政策法规科。局机关设置6个行政科室，即办公室、政工科、监察室、政策法规科、计划财务科、粮油经济作物科，核定行政编制23名、地方事业编制6名。下设事业机构10个，即农业技术推广站、农场管理站、植保植检站、种子管理站、土壤肥料工作站、农情信息中心、农业利用外资办公室、中央农业广播学校郴州分校、优农中心和种子公司，核定编制84名，其中种子公司为差额拨款单位，定编30名，优农中心为自收自支单位，定编8名，其他事业单位全部为全额拨款单位。

1996年3月，市农业局成立“郴州市农业政策法规执法室”，4月，与郴州市中级人民法院联合成立“郴州市中级人民法院农业行政审判联络室”，7月，经湖南省公安厅批准，郴州市农业局成立“经济民警中队”，12月，成立“郴州市农业局行政复议委员会”。

2002年机构改革，市农业局内设9个科室，即办公室（加挂市农业市场信息中心牌子）、政工科、计划财务科（加挂农业产业化办公室牌子）、政策法规科教科、粮油作物科、经济作物科、植保植检科（加挂市植保质检站牌子）、种子管理科（加挂市农作物种子质量监督检测中心牌子）、土肥和农业环境监测管理科（加挂市土肥和农业环境监测管理站、基本农田保护办公室牌子），核定机关编制23名。下设事业单位6个，即市农业技术推广站、市农业利用外资办公室，市农场管理站、中央农业广播电视学校郴州分校（加挂市农业技术干部培训中心牌子）、局机关后勤服务中心、市农业综合服务中心，核定事业编制47名。其中局机关后勤服务中心、市农业综合服务中心为自收自支事业单位，分别核定编制5名和20名。

2005年3月，蔬菜管理及相关综合管理职能由原市内贸办公室划入市农业局。市蔬菜研究所、市蔬菜良种物资技术推广中心、市蔬菜质量检测中心、市蔬菜购销站、七星市场管理处随之划归市农业局管理。2005年末，市农业局内设机构有行政编制21名、事业编制22名，实有人员43名；直属单位有事业编制156名，实有人员162名。

1989—2005年，各县（市、区）农业部门的机构设置大体与市（地区）农业局机构相对应。至2005年年末，全市农业部门有国有单位311个，总编制2800人，实有2799人。

1989—2005年郴州市（地区）农业局主要负责人名录

表13-4-7-1

单 位	姓 名	职 务	任职时间
郴州地区农业局	叶俊明	局 长	1989.01—1994.04
郴州地区农业局	廖建玉	局 长	1994.04—1994.12
郴州地区（市）农业局	贺杰仁	局 长	1995.01—2001.08
郴州市农业局	李德金	局 长	2001.09—

二、农业执法机构

1995年，郴州撤地建市后在郴州市农业行政主管部门首设政策法规科，负责农业法律法规宣传教育、组织落实、监督检查；负责全市农业资源和基本农田保护监督管理工作；指导和协调全市各级农业部门有关农业法治工作。各县（市、区）农业局相继设立法规股。后成立“郴州市农业政策法规室”“郴州市农业综合执法支队”，各县（市、区）均成立相应农业执法机构。

2005年6月，郴州市编委发文，批准成立郴州市农业行政执法支队，支队与政策法规科分设，为局直属正科级事业单位，核定全额拨款事业编制5名。负责组织、指导、协调本市范围内种子、种苗、农药、肥料、农田和农业环境保护、植物检验检疫、农业野生植物保护、农技推广、农产品质量安全等方面行政执法工作，查处相关违法违规行为。

三、农业信息网络机构

2001年8月，湖南省农业厅批准郴州市农业信息网络平台建设方案，并列入全省第一批建设九个市级平台之一。同年9月，成立市级农业信息平台建设领导小组，制定《郴州市农业信息网络平台建设工作方案》，投资30余万元，于当年11月建成郴州市农业信息网络平台并投入使用。负责发布农业政策法规、实用技术及供求信息。后因经费困难，网站运行一年后关闭。但平台应用功能仍在运作。

至2004年，北湖区、资兴市、宜章县、苏仙区、桂阳县相继建成农业信息网络平台。2005年，临武、安仁两县完成信息平台建设。至年末，郴州市有7个县（市、区）建立农业信息网络平台。资兴市在各县（市、区）第一个完成市本级和所属28个乡（镇）的“一站通”注册登记。郴州市基本形成省、市、县三级农业经济信息网络体系，实现各级农业部门内部资源共享，提高工作效率，并为领导决策和指导农业生产及时提供信息服务。

第五章 养殖业

郴州境内多为丘陵山地，气候温和，饲草饲料丰富，加之水库山塘较多，适宜发展畜牧水产养殖业。1989年始，郴州把养殖业列为农村经济增长的一大支柱产业，致力扶持农村发展养殖大户及能人。1995年，郴州开展评选农民养殖“七大王”（即养殖猪、牛、羊、鸡、鸭、鱼大王及生猪贩运“大王”）活动。1996年始，郴州市委、市人民政府决定将养殖业发展列入全市十件督办大事之一。当年启动创办猪、牛、羊、鸡、鹅、鸭、鱼7个各具特色的商品基地，并投建湖南省首条生猪产业化生产线。1997年，市委、市政府印发《关于加快养殖业产业化进程的决定》。1998年，总投资1000多万元的湘云鲫（鲤）资兴中试基地正式投产。1999年，全市有八大种猪场被定为省级合格种猪场。至2004年，全市250个乡（镇）均设立动物防疫站。此间，各地逐步形成“公司＋农户”“企业牵养殖场”的产业化养殖模式，养殖业产业化及养殖小区发展加快。1989—2005年，郴州养殖业呈现优化升级新态势。

养殖结构不断优化，形成优势效益。1989年，境内猪、牛、羊、家禽、渔业的比例为1∶0.1455∶0.001∶0.0508∶0.1161，根据市场需求变化不断调整养殖结构，东江鱼、临武鸭、黄郎鸡地方名特产品养殖快速拓展。2004年，东江鱼集团公司、临武舜华鸭业公司被列入国家级农业产业化龙头企业，永兴黄郎鸡原种场列入湖南省省级原种场。优势产业逐步发展壮大，至2005年，猪、牛、羊、家禽、渔业养殖比例调整为1∶0.54∶0.012∶0.139∶0.141。

规模养殖快速拓展，初步建立集约化、规模化养殖发展构架。17年间，养殖方式渐由家庭零星养殖向规模养殖转变。2005年，郴州市有上规模畜禽水产养殖户4.49万户，比1989年增长7.5倍。初步形成苏仙区、桂阳县、嘉禾县、宜章县、资兴市、安仁县优质瘦肉型生猪养殖生产基地，宜章县、嘉禾县、资兴市、永兴县、汝城县家禽养殖生产基地，资兴市、桂阳县水产品生产基地。至2005年，全市建成投产畜禽养殖小区16个。

科学、安全养殖水平提高，逐步实现从数量养殖到优质养殖的产业优化升级。通过永兴黄郎鸡的选育、人工种草养畜、人工冷配授精、人工繁殖鳜鱼、网箱养殖虹鳟鱼等技术的试验及推广，养殖产业得到优化升级。2005年较之1989年，优质鱼比例由5.5%升至35.6%，优质瘦肉型猪比例由22.6%提升到65.4%。到2005年年末，全市完成无公害产地认定生猪354万头，无公害水产品产地认定2.55万公顷，认定无公害畜禽水产品23个。

畜禽水产品总量增加，效益明显提高。2005年，郴州市猪、牛、羊、家禽、水产品产量分别为554.18万头、19.28万头、55.06万只、3531.63万羽、9.79万吨，分别为1989年的3.1倍、10.89倍、101.9倍、5.71倍、4.51倍。同年肉类总产量为46.43万吨，人均102.04千克，比1989年人均增加73.94千克，高于全国平均水平；蛋类产品2.78万吨，比1989年增长89.01倍。养殖业产值由1989年的6.95亿元增至55.64亿元，增长7倍，占农业总产值的比重由38.6%升至42.4%；农村人口人均养殖业产值由188.24元增至1909元，增长9倍。

第一节　畜牧业

一、家畜

（一）猪

1989 年，境内生猪价格继上年末继续下跌，猪粮比下降到 1∶4 以下，专业养殖户大多亏损。郴州行署及时采取补助平价饲料粮、贷款贴息扶持政策稳定生猪生产。1990 年，郴州行署下拨 17.5 万千克平价饲料专门用于保护种猪生产。鼓励生猪外销，郴州市、桂阳县、安仁县实行外销生猪免交产品税政策。仅当年 11 月份。郴州地区通过汝城三江口、宜章黄沙、城关三个省级边检站外销生猪 12.17 万头，比上年同期增长 7.5%。

1991 年，全地区加大生猪品种改良，发展瘦肉型猪生产。开展公猪普查鉴定，淘汰处理劣杂公猪 383 头。同时推进畜禽良种场建设，宜章县、桂阳县、资兴市种畜场，在全地区首批建成年出栏瘦肉型生猪千头以上的规模养殖场，桂阳县畜牧良种场成功培育湘白猪桂阳Ⅲ系，资兴市种猪场开展资兴猪选育和杂交组合研究。随之境内生猪品质有所提高，年内宜章、桂阳两个国家级瘦肉型猪基地县，经湖南省政府验收认定合格。全区利用湘南农业综合开发和扶贫开发的机遇，争取项目资金，加强规模猪场建设，致力提高科学饲养水平。1992 年，建成郴州地区外贸猪场、桂阳县种畜场、宜章县种畜场、郴州市三里田外贸猪场、湖南省第五监狱猪场五条出口生猪集约化生产线。1993 年，以桂阳县、宜章县、资兴市、安仁县为主的瘦肉型猪基地出栏二元杂交猪 115.23 万头。安仁县年内发展养猪专业村 26 个、规模猪场 58 个、养猪专业户 1260 户，全年出栏猪 23.1 万头，比上年增长 29.7%。是年，嘉禾县兴建一条年出栏猪 5000 头的集约化养猪生产线，桂东县粮食局建成养殖规模达 5000 头的生猪养殖场。1994 年，郴州地区规模养猪户发展到 7000 多户，规模养殖渐成气候。饲养方式普遍推行土种猪改良杂交猪、单一饲料改配混合饲料、喂熟饲改喂生饲、猪本交改人工输精、养大猪改适时出栏。到 1994 年末，实行以上“五改”养殖大户达 14.6 万户，境内公猪基本实现良种化，三元杂交瘦肉型猪出栏比率达 42.7%。

1995 年 3—5 月，生猪售价又现下跌，国家给郴州下拨专储玉米 4000 吨、粮差款 30 万元，弥补粮食部门、饲料厂、种猪场及养殖大户的亏损。下半年生猪售价开始回升，生猪生产转入正常稳定。当年，安仁、嘉禾两县被列为省级生猪瘦肉型基地县。1996 年，郴州市畜牧水产局在全市率先与台商在广东省增城市复合镇联办养殖场（市畜牧水产局出技术、台商出资金），继后又有安仁县和资兴市在广东省增城创办猪场，郴州养殖业向境外发展。7 月，市委、市政府召开表彰大会表彰奖励首批郴州农民养殖七“大王”。是年，全市出栏肉猪 360.01 万头，首次实现全市农业人口人均出栏一头肉猪的目标。安仁县农业人口人均出栏肉猪达 1.71 头。

1997 年年初，市委、市政府印发《关于加快养殖业产业化进程的决定》，市人大一届三次会议审议通过“将屠宰税收入的 60% 以上应用于发展养殖业”的议案。当年，生猪生产进一步发展，全市出栏生猪 404.66 万头，比上年增长 12.4%，并涌现养殖万头以上生猪的猪场 4 个。年内桂阳县畜种场投资 350 万元新建一条年出栏万头猪生产线，苏仙区栖凤渡镇王小华出栏生猪 8000 头，被评为年度全市生猪“养殖大王”。1998 年，大力推广杂交商品瘦肉型猪综合配套技术，到 1999 年末，全市出栏三元瘦肉猪260万头，占出栏总数58.26%，比1997年提高6.79个百分点。桂阳县畜种场在湖南省率先安装养殖电脑监控系统，嘉禾县被纳入全国瘦肉型猪基地县。

2000年，市政府作出适度规模养猪、稳定生猪散养大户和母猪数量的工作部署，使规模养殖与各地散养齐头并进。当年，因受市外猪肉“瘦肉精”中毒事件的影响，市内生猪市场猪价跌至5年来最低点，生猪生产全面下滑。2001年，各地对“瘦肉精”猪肉严厉封杀，生猪养殖又始复兴。2003年，汝城县三星华龙养殖场与香港昌兴有限公司合资组建郴州隆丰种养股份有限公司，投资1000万元在县园艺场新建集约化万头猪场，推行无臭化技术养殖。

2004年，郴州市着力发展万头生猪养殖小区。10月，市政府印发《郴州规模养殖小区建设实施方案》，确定在全市建设20个重点规模养殖小区。12月上旬，在嘉禾县召开全市畜牧业产业化工作暨养殖小区建设现场会议。推广嘉禾县广发乡乌泥塘采用“统一规划，相对集中，分散饲养，人畜分离”的模式，在全市兴建第一个乡村生猪养殖小区的作法。到2005年，资兴市和桂阳县、宜章县、永兴县相继建成万头养殖小区14个。郴州市全年出栏肉猪554.18万头，比1989年增加377.59万头，增长2.14倍。

1989—2005年，郴州的生猪品种改良及良种推广经历由二元、内三元向外三元转变的过程。良种猪养殖力推外三元杂交猪，主要是“长—大”型杂母猪和杂交商品猪。普遍推广使用全价配合饲料养猪，同时逐步推行建设单体栏和产床配套设施栏舍。2005年，桂阳宝山猪场首次利用地热保温养猪。

（二）牛

境内牛种分水牛和黄牛。郴州是湘南黄牛生产区，尤以山区养殖居多。1989年，全地区饲养量32.07万头，出栏1.77万头。多数地方在实行家庭生产承包责任制中将集体耕牛拆价到户，养用合一，或将耕牛作价到联户，牧养轮役。20世纪90年代初期，农村牛饲养逐渐由投用向肉用型转变。1994年，全地区牛饲养量33.39万头，出栏2.70万头，分别比1989年增加1.32万头和0.93万头；牛出栏率8.09%，比1989年增加2.3个百分点。养牛专业户发展到222户。

1995年始，郴州市进一步优化畜牧业产品结构，发展肉牛生产。1997年，生猪市场疲软，牛肉价格居高不降，农民养牛专业户发展至324户。1998年，宜章县黄沙镇大黄家农民朱刚标投资200万元兴建黄牛育肥场，当年饲养黄牛200头，创全市规模养牛之先例（后因周转资金不足倒闭）。1999年，永兴县被确定为湖南省草食动物开发示范县，该县仅七甲乡养牛生产基地常年存栏牛1万余头，年出栏牛5头以上的养殖户687户。2000年，安仁县争取湖南省项目资金50万元建设柏叶牛交易市场，年交易3万余头，以促销带动养牛生产。各地开发产业化肉牛生产，2001年，宜章县组建天宝肉牛有限公司，实行“公司＋协会＋基地＋农户”的运作模式，在县城内兴建3个肉牛育肥场。是年，永兴县由于养牛业绩突出，被评为湖南省草食动物开发先进县。

2002年，市委、市政府重点实施农业产业“一县（区、市）一品”工程，宜章县、永兴县、嘉禾县、桂东县、安仁县将发展肉牛生产列为“一县一品”工程。2003年，宜章、永兴和嘉禾3县列入湖南省35个肉牛开发基地县。从当年起，省财政连续3年对全省基地县肉牛繁殖大户、草食行业协会及良种公牛引进、肉牛冷配品改等，予以补贴。2005年，宜章天宝肉牛有限公司5年间牵动全县发展养牛专业户4110户，养殖肉牛2.8万头，种植优质牧草1.3万亩，累计出栏肉牛2.54万头。是年，郴州市牛饲养量为77.73万头，年内出栏19.28万头，比1989年分别增长1.47倍和9.98倍。奶牛产业亦有较快发展。是年，全市存栏奶牛527头。

在此期间，郴州推进地方牛品种改良。至2005年，全市建立市级液氮站1个、县级中心品改站5个、乡（镇）村品改站60个，形成市、县、乡、村四级品改网络。基本普及肉牛人工授精冷配品改技术，先后引进西门塔尔、短角、夏洛来、摩拉水牛、德国黄牛品种冻精1.3万颗。农村养牛主要以放牧为主，同时推广普及新法养牛，改放牧与补饲精料相结合，由分散饲养渐趋转向适度规模养殖、集中育肥出栏。

（三）羊

郴州推广养羊始于20世纪80年代末期。1989—1991年，郴县（苏仙区，下同）仰天湖、永兴县七甲、桂东县三官山草牧业基地先后引进马头山羊试养成功，后因基地停建，种羊相继转至农户养殖。1991年，临武县镇南乡农民郭周民养羊190只，年收入6480元，成为全地区率先靠养羊致富的典型。

1992年始，郴州在调整畜牧业产业结构中倾力发展山羊养殖业，催生呈现“养羊热”。当年，全地区养羊2.58万只，出栏突破1万只。郴县、桂阳县、资兴市、临武县、永兴县发展养羊场（户）388个（户），引进推广马头羊、成都麻羊和江南黄羊7500余只。其中郴县采取“羊农拿一点，政府助一点”的办法集资养羊，是年，全县养殖1.4万只，涌现养羊专业户147户，存栏羊1000只以上乡镇有8个，成为郴州境内第一大养羊县。1993年，资兴市高码乡组建全区第一家羊业开发公司，公司内联农户养殖，外联市场营销，年内组织群众入股集资24.7万元，发展养羊专业户34户，养羊1289只。至1995年，仅资兴市发展养羊户1500户。

到1996年，郴州市建立永兴县、临武县、苏仙区、北湖区、桂阳县、资兴市、桂东县七大山羊开发基地，建立万只山羊生产基地乡（镇）17个，养羊基地村150个，养羊专业户2190户。是年，全市养羊由1992年的2.58万只增至27.97万只，年末存栏17.01万只。1997年，羊肉价格上扬，山羊产业随之发展壮大。各地组织推广“灌木（丛林）间草地饲养山羊及综合配套技术”，重点建好种养繁育基地，带动山羊养殖。到1999年，苏仙区以桥口镇为中心，向周边乡（镇）辐射发展山羊养殖，形成连片“十里羊场”基地，年出栏肉羊8万多只。

2002年后，在加快发展草食动物产业中，相继涌现大批养羊大户。当年临武县镇南乡村民王各保建成2000多平方米的南江黄羊养殖场，年出栏肉羊800多只，产值24万余元。2004年王各保被评为郴州市养殖业十佳经济能人。宜章县村民欧高武办场养羊，出栏黑山羊600多只，年产值近20万元，并带动周边农户养羊1100多只。2005年，郴州市羊饲养量110.7万头，出栏肉羊55.06万只，年末存栏55.68万只，分别为1989年的87.9倍、102倍和77.3倍；养羊专业户达6293户，其养羊47.47万只，占全市山羊饲养量的42.9%。

郴州本地山羊数量少，个体小，膻味大，喜食者甚少。1989—2005年，境内相继引进外地马头山羊，成都麻羊、湘江黑羊、南江黄羊、小尾寒羊、波尔山羊6个山羊品种1.5万余只，进行繁殖和杂交改良，本地山羊已近绝迹。农村散养户一般以放牧式为主，养殖专业户多实行圈养和放牧相结合，圈养或过冬时一般饲喂青饲料和补饲精料。

（四）兔

郴州历有养家兔的习惯，以宜章县、嘉禾县、永兴县、资兴市居多，多为饲养肉用兔。1990年始，随着餐饮业的发展及兔毛市场看好，兔的饲养量逐增。1992年，宜章县建设县种兔场，至1995年因销售不畅及饲养管理不善倒闭。1997年，宜章县新华乡从湘西引进塞北兔种100只，发展养兔20户。2001年，汝城县附城乡农民邓重生从浙江省引进獭兔30只，至2003年存栏625只，出栏2250只。其间，因兔毛价格陡跌，兔毛滞销，到2002年，市内已无人饲养毛兔。邓重生的獭兔后也因销售市场疲软而弃养。2005年，郴州市养兔19.65万只，肉兔出栏6.37万只。境内兔主要地方品种为朋兔，其繁殖能力较强。引进品种主要有日本大耳兔及长毛兔、獭兔、塞北兔。农村养兔以散养为主，饲养较粗放。专业养殖场（户）一般采用笼养、分群管理的办法饲养。

（五）马、驴

境内饲养马、驴量少，其主要用于拉板车，承担短途运输任务。1995年，随着交通运输业的快速发展，马、驴的饲养量渐减，到2005年，郴州市基本上无饲养马、驴者。境内马和驴除尚用于山区短途运输外，还拓展供旅游景区游人乘坐游玩。驴肉为人们餐桌食用喜好，其间饲养量有微幅增长。郴州马、驴多由北方贩运入境。

1989—2005年郴州市（地区）猪、牛、羊养殖统计表

表13-5-1-1　　单位：万头（只）

项目 / 年份	猪			牛			羊		
	养殖量	出栏	年末存栏	养殖量	出栏	年末存栏	养殖量	出栏	年末存栏
1989	349.67	176.59	137.08	32.07	1.77	30.30	1.26	0.54	0.72
1990	350.82	176.60	174.22	32.76	1.83	30.93	1.32	0.62	0.70
1991	365.30	184.38	180.92	33.01	1.84	31.17	1.74	0.72	1.02
1992	377.67	192.89	97.29	33.08	2.02	31.06	2.58	1.05	1.53
1993	415.12	217.73	184.78	33.20	2.22	31.08	4.51	1.65	2.86
1994	468.12	256.38	211.74	33.39	2.70	30.69	8.82	3.00	5.82
1995	537.85	307.98	229.87	34.73	3.94	30.79	15.28	5.55	9.73
1996	617.81	360.01	257.80	39.13	5.98	33.15	27.97	10.96	17.01
1997	669.34	404.66	264.68	42.48	8.16	34.32	54.93	22.04	32.89
1998	720.29	446.73	273.56	47.45	11.25	36.20	63.96	28.99	34.97
1999	732.81	446.26	286.55	48.70	12.05	36.65	70.22	31.08	38.42
2000	751.19	467.15	284.04	53.24	15.20	38.04	80.34	39.22	41.12
2001	784.72	489.02	295.70	54.95	15.65	39.30	73.95	35.54	38.61
2002	805.48	504.13	301.35	55.69	16.46	39.23	86.23	40.96	45.27
2003	824.61	518.10	306.51	57.72	17.03	40.69	97.68	46.44	51.24
2004	848.64	535.19	313.45	60.40	18.19	42.21	105.94	51.99	53.95
2005	876.22	554.18	322.04	63.13	19.28	43.85	110.74	55.06	55.68

说明：本表数据为畜牧水产部门统计数据

二、家禽

（一）养殖概况

鸡、鸭、鹅为郴州境内家禽养殖主要种类。20世纪80年代家禽以散养为主，饲养量少，禽产品市场紧俏。90年代始，家禽养殖发展较快，养殖模式渐由散养方式向专业化、规模化转变。到1994年，家禽市场产销两旺，全年活鸡价扬至16元/千克，活鸭价升至10元/千克，激活了家禽养殖专业户的饲养积极性。是年，郴州市家禽养殖专业户发展到 2877 户，其中 67 户年出笼家禽万羽以上。

1995 年，家禽养殖业成为农业经济支柱产业。当年家禽饲养总量突破 2000 万羽，出笼肉禽 1036.8 万羽，首破郴州家禽养殖千万羽大关；蛋品产量 1.75 万吨。1996 年，畜牧部门组织推广“蛋鸡（鸭）稻谷型配合饲料综合饲养技术”，蛋禽养殖开始起步。是年，宜章县农户陈细学组建郴州市首家家禽产品开发公司，新建 6 栋标准鸡舍 1800 平方米，年内孵化鸡苗 38 万羽，饲养出笼肉鸡 30 余万羽。1997 年，苏仙区廖王坪乡朱家湾村涌现饲养鸭 1500 羽以上的养殖户 300 余户，年出笼鸭 60 万羽，成为全市首个“养鸭村”。临武县武水乡村民刘当甫承包乡水库办鸭场，年出笼临武鸭 32 万羽、存笼 2 万羽，当年被评为郴州市养殖业“养鸭大王”。

自 20 世纪 90 年代中期起，郴州市着力引进推广家禽良种和开发地方优良品种，提高家禽养殖效益。先后引进和推广饲养品质好、生长快、口感佳的清远麻鸡，广东黄鸡，长沙黄鸡等优质肉用家禽品种，以及罗曼、康贝尔、金定、绍兴鸭等优质蛋禽品种。临武鸭、永兴黄郎鸡（俗称四黄鸡）地方传统优良品种得到开发，养殖规模不断扩大。2002 年，临武鸭、永兴四黄鸡、汝城乌棕鹅和宜章良种黄鸡养殖，均列为市级农业产业化“一县一品”开发工程。汝城县成立鹅业开发公司，发展养鹅业。

到 2003 年，郴州市出现一批设施先进、技术含量高的家禽养殖场。当年，宜章县岩泉乡上田村陈保华牵头组织村民投资入股，建起 8 栋计 7600 平方米的全封闭式鸡舍，养鸡场实行锅炉地热管供热，全自动饮水饲养。当年，全市出笼家禽 3272.9 万羽，蛋品总产量达 27263.90 吨。2004 年，重点加强畜禽养殖小区建设，形成规模养殖效益。是年，全市启动家禽养殖小区建设 22 个。宜章县开启以城关镇、城南乡为主的肉鸡生产小区，以黄沙、梅田镇为主的蛋鸭生产小区。当年，受国际、国内禽流感疫情的影响，家禽销售量锐减，很多养殖户弃养息业，养殖量剧降。各级政府采取措施加强禽流感预防工作。2005 年家禽养殖量回升。是年，郴州出笼家禽 3531.63 万羽，存笼 1844.85 羽，存笼量比 2003 年下降 1.62%。

（二）养殖品种与饲养方法

家禽养殖的地方传统品种主要有永兴县“黄郎鸡”和临武县“临武鸭”。永兴县黄郎鸡原种场，为郴州市唯一的种鸡场，常年向社会提供鸡苗 30 万羽。临武鸭属肉、蛋兼用型地方鸭种。临武县建立的临武鸭种鸭场，常年存栏 2000 羽，扩繁 2 万羽。家禽养殖引进鸡种主要有艾维菌、罗曼鸡、海赛克斯、泰和乌鸡、清远麻鸡、广东黄鸡、长沙黄鸡、七彩山鸡、黑凤鸡 20 余个蛋用或肉用品种。引进鸭种主要有绍兴鸭、攸县麻鸭、樱桃谷鸭、北京鸭、福川蛋鸭、康贝尔鸭、金定鸭。农村散养的鸭多为杂交后代，地方纯种养殖已较少。此外，引进的鹅种主要有溆浦鹅、清远乌棕鹅、道县灰鹅，养殖较多的为清远乌棕鹅。

在 1989—2005 年间，境内家禽养殖方式渐由散养向规模养殖转变，专业养禽场（户）均采用“全进全出”饲养管理方式。养鸡场分为肉鸡场、蛋鸡场及种鸡场。肉鸡场一般采用垫料或平网地面养殖；蛋鸡场采用笼养；种鸡场采用垫料平养或笼养。农村养鸭历为放牧饲养，专业鸭场亦分肉鸭、蛋鸭、种鸭养殖，全程采用全价配合饲料自由采食，全进全出。鹅以草为主食，散放牧为主，补喂精料。专业鹅场采月全进全出方式管理，分育雏、育成鹅、种鹅三个阶段施之圈养和放牧，全程采用配（混）合饲料加喂饲草。

1989—2005年郴州市（地区）家禽养殖状况统计表

表 13-5-1-2　　单位：万羽、吨

年份	全年出笼禽数 总数	其中 鸡	其中 鸭	其中 鹅	年末存笼禽数 总数	其中 鸡	其中 鸭	其中 鹅	蛋品总产量
1989	618.40	420.60	181.70	16.10	763.30	544.00	191.10	28.20	14695.20
1990	665.20	459.90	185.10	20.20	800.20	589.00	185.90	25.20	15218.40
1991	700.40	490.00	185.60	24.80	794.30	549.40	214.30	30.70	14899.00
1992	723.20	504.90	193.20	24.20	825.70	593.20	212.40	28.10	15670.80
1993	808.50	560.90	221.20	26.40	836.40	587.10	214.70	35.10	16439.70
1994	897.50	589.30	269.40	38.80	885.90	617.40	242.00	26.50	16267.80
1995	1036.80	687.30	312.90	36.60	1001.80	650.70	311.80	38.30	17483.50
1996	1317.00	815.00	458.20	43.80	1107.80	693.90	399.50	37.50	17680.60
1997	1675.90	939.80	671.90	64.10	1322.40	788.70	481.00	52.80	18717.30
1998	2036.60	1149.70	788.00	98.90	1525.30	859.90	491.00	74.40	18081.40
1999	2483.90	1375.90	999.60	108.50	1689.10	908.00	677.20	76.70	21106.90
2000	2949.30	1601.70	1113.30	116.70	1767.60	1006.80	673.70	85.70	24848.00
2001	2868.30	1529.30	1167.70	149.70	1628.30	945.70	589.90	87.60	26492.80
2002	3099.30	1610.50	1316.40	186.80	1791.20	1024.40	688.40	87.40	27166.90
2003	3272.90	1767.30	1346.90	158.70	1875.30	1071.10	693.90	110.30	27263.90
2004	3336.70	1731.10	1427.60	178.00	1851.20	1059.00	682.00	110.20	27153.30
2005	3531.60	1880.90	1441.20	209.60	1844.90	1052.70	681.20	111.00	27775.70

说明：本表数据为畜牧水产部门统计数据

第二节　水产产业

一、鱼类养殖

（一）养殖概况

1989年，郴州地区水域面积6.05万公顷。境内多丘陵山区，水域浮游生物及水生维管束植物较多，适合各种鱼类和水生植物繁殖生长。1989年，郴州地区产鱼2.06万吨。1990年，各地发展水面养殖，推广种草养鱼和网箱养鱼。1991年，全地区推广种草养鱼693.3公顷，产草受益水面0.25万公顷，产鲜鱼2584.4千克，每公顷均比上年末实行种草养鱼的水面增产鲜鱼1072.5千克。1992年，畜牧水产部门实行人员分流，其三分之一人员分流后创办渔业经济实体25个，组织调动鱼苗10亿尾，提供渔需物质20个品种33吨，并组织开展多项科学养鱼技术推广活动。这一年，全地区养殖水面达2.59万公顷，产鱼2.34万吨。

1996—2000年，市委、市政府连续五年把渔业发展列入政府年度工作目标管理，各级政府层层向上级政府签订年度渔业发展达标责任状。各地调整渔业品种结构，推广优新鱼种培育技术和引进境外优良鱼种。到2000年，郴州市名优新鱼类养殖面积0.34万公顷，产量3327吨，占水产品总产量的6%。是年，市畜牧水产局又从北京引进名贵虹鳟鱼4000尾在五盖山试养成功，次年，转至东江桥口河段进行网箱养殖，尾重均达486克，产成鱼766千克，网箱每立方米产鱼19.2千克。

2001年初，郴州市人民政府印发《2001年全市畜牧水产目标管理考核方案》。6月，境内普降大雨，全市72个乡镇发生洪灾，冲失山塘、水库和稻田鱼种约9550万尾、成鱼2700万尾。灾后各地迅速组织对塘、田修堤固坝，恢复渔业生产。8月，市政府召开全市养殖经济能人座谈会，总结交流开发养殖经济的经验和做法。是年，全市水产品产量6.78万吨，其中名优鱼品5201吨。资兴市养殖湘云鲫、银鱼、虹鳟、鲌鱼、三角鲂等名优新鱼类品种36个计2733.3公顷，产鱼3400吨，实现产值4375万元。

2002年以后，调整农业产业结构，全市突出发展池塘、稻田养鱼和网箱养鱼。当年，仅资兴市稻田改鱼塘466.67公顷，新增鲜鱼1213吨；实施模式化稻田养鱼0.21万公顷，每公顷平均产鱼95千克。桂阳县畜牧水产局与江西省商家凌郴平合资开发欧阳海水库网箱养鱼，欧阳海库区高效渔业产业化项目被列为郴州市“一县一品”六大农业产业化重点项目之一。2003年，鱼类养殖呈多元化发展趋势。境内苏仙区发展13.3公顷无公害水产品生产基地，年产鱼200吨。永兴县湘阴渡镇村民唐仙寺创办水产养殖场，投产网箱95口养殖鳝鱼。北湖区同心桥养殖专业户谢鼎贵主攻名优新鱼种养殖，引进养殖鲮鱼60万尾、白鲳68万尾、罗非鱼100万尾、湘云鲫10万尾。安仁县发展鳅鱼、鳝鱼养殖41.8公顷，牛蛙、甲鱼养殖13.01公顷。是年6月，境内持续高温干旱，渔业受灾面积0.99万公顷，直接经济损失6235万元。此间，同时推广养鱼高产技术，发展精养池塘和节粮型渔业，推行以鱼为主，鱼、猪结合，鱼、鸭综合，鱼、鳖结合，鱼、蚌结合，鱼、猪、沼（气）、果结合的多种养殖模式，提高综合利用养殖效益。与此同时，郴州休闲垂钓渔业亦得到发展。

到2005年，郴州市鱼类养殖连片延伸，初步形成资兴市东江湖渔业区，桂阳县欧阳海水库渔业区，永兴县青山垅、湘阴渡、碧塘渔业区，苏仙区五里牌、桥口渔业区7大渔业养殖基地。是年，郴州市养鱼水面3.41万公顷，水产品总量9.3万吨，分别比1989年增长73.9%和4.5倍。有养鱼农户4.32万户，渔业人口13.48万人，渔业劳动力4.47万人，养鱼户户均产鱼2140千克，人均产鱼690千克。资兴市1.33万公顷东江渔业生产基地被列为湖南省八大名特优水产养殖基地。

（二）养殖品种与种苗繁育

从1989年后，郴州市（地区）渔业养殖品种逐发展至有青鱼、草鱼、鲢鱼、鳙鱼、鳊鱼、鲂鱼及黄颡鱼、翘嘴鲌、大口鲶、银鲴、鳗鱼、斗鱼等。引进品种则主要有淡水白鲳、莫桑比克罗非鱼、尼罗罗非鱼、奥尼罗非鱼、日本白鲫、东北银鲫、湘云鲫（鲤）、美国大口胭脂鱼、虹鳟、鲟鱼、鳄鱼、杂交丰鲤等30多种。境内种苗主要采用人工催产、人工孵化鱼苗、捕捞野生鱼苗以及从外地购买鱼苗或受精卵方式繁育。多进行稻田、专用鱼池、网拦育种或在成鱼养殖中套养鱼种。1992年，桂阳县设养殖鱼种网拦471.28万平方米，投放草鱼夏花6.1万尾，生产草鱼大春片3300尾。1996年，在东江湖、欧阳海水库投放银鱼卵，实现银鱼移殖成功并在其水域形成种群。

自1997年，郴州市加强特种鱼人工繁殖。当年资兴市与湖南师范大学合作建成湘云鲫（鲤）厚玉中试基地，是年，生产鱼苗800万尾。1998年，苏仙区建成出苗3000万尾的建鲤生产基地，永兴县罗非鱼场利用温泉生产罗非鱼并形成规模，郴州市水产科学研究所成功繁育加州鲈、银鲷及美国青蛙。2000年，资兴市、北湖区人工孵化黄颡鱼获成功，苏仙区马头岭乡人工孵化月鳢亦成功。2001年，先后从湖南省鱼类原种场调运四大家鱼亲鱼17.5吨，进行鱼类提纯复壮与品种改良。2003年，境内大力发展鱼类名优品种繁育。资兴市高码乡人工孵化翘嘴鲌成功。2004年资兴市养殖美国道氏鳟、金鳟、大西洋鲑、香鱼鱼类虽成熟怀卵，但繁殖未能成功。

至2005年，郴州市有鱼苗鱼种场（点）43家，水面158.87公顷。其中，国有场12家，水面109.27公顷，年生产鱼苗4.69亿尾、鱼种1.39亿尾；私营场31家，水面49.6公顷，年生产鱼苗4.35亿、鱼种695万尾。另有社会分散鱼苗孵化点123处，年孵化鱼苗7.5亿尾。鱼苗生产均实行注册许可制度。

（三）养殖方式

池塘养鱼 1990—1993年，郴州地区在实施“菜蓝子”工程中，着力扩大池塘养鱼面积。先后开辟郴州市郴江乡梨树山村、桂阳县城郊乡牛巷口村、嘉禾县车头镇涵铺村、郴县（苏仙区）农垦场一批池塘养鱼示范基地，养殖面积达156.67公顷，年产鲜鱼1057吨左右。到1993年，郴州地区池塘养鱼由1989年的0.89万公顷发展至0.95万公顷，增加0.06万公顷，当年产鱼1.79万吨，平均每公顷产鱼1851千克。1995年始，各地开挖专业鱼池和深挖塘泥改造中低产塘，建设标准精养鱼塘。同时大面积推广种草、化肥和精饲料养鱼，并混养建鲤、高体鲫、鳜鱼、白鲳等优良鱼种。是年，精养鱼塘每公顷产鲜鱼2790千克，较一般鱼塘每公顷增产885千克。到1999年，郴州市境内池塘养鱼1.07万公顷，产鱼3.47万吨，每公顷均产鱼3249千克。嗣后，推行发展“塘中养鱼、塘边养猪（鸡鸭）、岸上种树”的养鱼池塘综合利用。2005年，全市池塘养鱼1.30万公顷，产鱼5.36万吨，每公顷均产鱼3249千克。

水库养鱼 1989年，郴州市水库渔业可养殖面积2.07万公顷，占全市水产面积的79.5%。1990至1991年，境区内三座大型水库相继成立渔业开发机构，两年间共落实库区养殖面积842.2公顷。其中，桂阳县欧阳海水库库区开发养殖102处计715公顷，投放鱼种165万尾，总投入144万元；永兴县在青山垅水库围栏养鱼48处计80.53公顷；资兴市在东江水库库区试验性围栏养鱼46.67公顷，并从全国邀请40多位水产专家抵东江水库，就开发鱼类养殖进行考察与研究。1993年后，郴州大中型水库普遍实行自繁、自养、自捞，进行筑坝围栏和三网（网围、网栏、网箱）鱼类养殖，实行大湖放养与湖中网箱精养相结合，提高养殖效益。同时在小型水库推广渔业移殖精养技术。2005年，全市小型水库推行混放密放、人工投喂精养，每公顷平均产鱼4500千克以上。

稻田养鱼 稻田养鱼主要实行稻鱼间作、稻鱼轮作和稻鱼间作与轮作相结合。1990年，郴州地区组织开展稻田养鱼“双百”（即百亩成片稻田养鱼，产百担鱼百吨粮）竞赛活动。桂阳县板桥乡泮塘村李茂胃参赛的1亩稻田，获产鱼66.3千克，产稻558.75千克的好收成。1995年，郴州市政府市长龙定鼎在桂东县寨前乡水湾村办点示范，利用10万元扶贫资金发展模式化稻田养鱼16.67公顷，平均每公顷产鱼750千克。1997—1998年，重点推广模式化田养鱼工程技术，推行沟凼式和高垄低沟式两种养殖模式。市畜牧水产局在桂阳、资兴、临武、桂东4县（市），组织实施模式化鱼田工程技术养鱼面积1.1万公顷，产鱼4865吨，每公顷平均比常规稻田养鱼增产262.20千克，累计增产鲜鱼2884吨。到2000年，全年郴州市推广模式化稻田养鱼达6667公顷，顷均增至885千克。主要推广“稻田菜”“稻鱼果”“稻鱼鸭果”及“两季水稻两季成鱼”“两季水稻一季成鱼一季鱼种”等养殖方式。是年，北湖区安和乡坦山村村民李石采进行“稻鸭鱼果”相结合的立体化作业，其进行种、养结合的一亩稻田鱼、鸭、稻总收入达1700元。2005年，全市稻田养鱼3.6万公顷，其中养成鱼2.94万公顷，产成鱼1.18万吨；培育鱼种面积0.72万公顷，产鱼种 1528 吨。

网箱养鱼和围栏养鱼 1990 年，资兴东江水库库区筹资 10 万元试行网箱养鱼成功，1991 年，在其水库投产网箱 86 口，其中，每口网箱平均产鱼 894 千克，到 1992 年，东江水库网箱养鱼扩至 344 口，年产鲜鱼 410 吨。是年，嘉禾县车头镇车头村村民利用钢筋在钟水河段围网养殖草鱼，箱均产鱼 1050 千克（次年因河道网箱被洪水冲失而弃养）。1993 年，境内有 9 个县开展水库网箱养鱼，设网 1525 口计 3.05 公顷，产鱼 1830 吨，平均每公顷产鱼 600 吨。2000 年，东江河道试验网箱养殖虹鳟鱼成功。2001 年，永兴县在便江开始试行河道网箱养鱼，至 2002 年，该县在便江投产网箱 160 口，投放鱼种 5.2 万尾，产鱼 4.16 万千克，创产值 24.80 万元，获利润 17.6 万元。2003 年始，河道网箱重点转向养殖冷水鱼，选择以资兴东江镇至苏仙区桥口镇的东江河段投网养殖为主，主养虹鳟、鲟鱼。一些地方还利用大中型湖湖面、河水面溶氧气足的生态条件，分片划块围栏精养鱼品。网箱和围栏养鱼产量高，获利大，境内农村靠网箱和围栏养鱼致富者甚多。

二、渔具与捕捞

20 世纪 90 年代初期，郴州地区因多采用汽车、拖拉机或肩挑方法运输活鱼，只能短途运销且量少。1993 年，资兴市东江库区管理局渔业公司从云南省购进两台活鱼运输灌，使郴州始步于长途运输营销活鱼。随之境内相继购进活鱼灌，并几经输氧、冷却等方面技术改造，每车次运输量由原 500 千克左右提高至 5 吨以上。同时鱼苗鱼种运输密度成倍增加，运途时间可延至 30 小时以上。至 2005 年，郴州市有活鱼灌 30 台，年运输活鱼 3 万吨。2003—2005 年，郴州冷水鱼养殖有限公司利用活鱼灌运输虹鳟鱼，年销广东、广西省（区）及香港活鳟过百吨。

此间，随着渔业的发展，传统的网、毫、钓、笼篮、箔筌渔具及捕法渐次遭淘汰、废弃，其中钓鱼法和永兴县便江鸬鹚啄捕法均转为休闲渔业捕捞方式。各地除在鱼塘小水库小水面捕鱼仍以拖网围捕外，大、中水面捕捞均先后引进推广“赶、拦、刺、张”联合捕鱼及灯光诱捕法。在大水面、深水位多应用拦网和小围网配合赶鱼、刺网拦鱼，待将鱼群赶至一处后再用撒网或围网捕捞，大水面捕捞生产日益改进。2000 年，灯光诱捕成为大水面捕捞的主要方法。2002 年，1.6 万公顷东江湖银鱼养殖皆采用灯光诱捕法，灯光诱捕银鱼 404 吨。

1989—2005 年郴州市（地区）鱼类养殖情况统计表

表 13-5-2-1

项目 / 年份	塘库放养（公顷）			稻田养鱼（公顷）	鱼产量（吨）			鱼种（万尾）
	小计	其中			小计	其中		
		池塘	水库			养殖	捕捞	
1989	23282	8942	14340	25867	20723	19628	1095	43171
1990	24137	9330	14807	25586	21505	20304	1201	43680
1991	23919	9019	14900	24586	21371	20190	1181	43780
1992	23841	9018	14823	29895	23352	22062	1290	44045
1993	24650	9509	15141	30238	25852	24512	1340	48120
1994	24340	9911	15335	29504	27320	25920	1400	49679
1995	25398	9914	15484	31692	31653	30176	1477	50005

续表 13-5-2-1

年份＼项目	塘库放养（公顷）			稻田养鱼（公顷）	鱼产量（吨）			鱼种（万尾）
	小计	其中			小计	其中		
		池塘	水库			养殖	捕捞	
1996	25537	10043	15494	33834	37727	35937	1790	55651
1996	25537	10043	15494	33834	37727	35937	1790	55651
1997	27900	10519	17381	42453	43271	41237	2034	55470
1998	26584	10838	15746	40071	51454	48788	2666	52780
1999	28760	10685	18075	35300	58325	55554	2771	55000
2000	32663	14173	18490	39740	63921	61494	2427	60996
2001	29931	11175	18756	40266	67807	65856	1951	68915
2002	30579	11808	18771	39426	75105	73530	1575	84410
2003	34429	12378	22051	38273	51600	79855	1745	74740
2004	31802	12601	19201	35128	88232	85913	2319	85020
2005	32096	13049	19047	36040	93002	90584	2418	84534

说明：本表数据为畜牧水产部门统计数据

三、观赏休闲渔业

郴州观赏休闲渔业始于1995年。是时随着人们生活水平的提高和休闲生活方式的多样化，“休养渔业”应运而生。初多为城区养殖观赏鱼，主要品种有金鱼、斗鱼、日本锦鲤、白鲳、金龙鱼、地图鱼、神仙鱼40多个品种。1996年，位于东江风景名胜区的坪石景区投建“钓鱼水寨”垂钓湖池，为郴州首批开展观赏休闲渔业经营的场所，既推进当地旅游业，又开创渔业经营新门路。

2000年，市、县两级政府重视开发休闲渔业，推进渔业经济外延扩张。北湖区政府安排地方财政资助，在郴州市城区建成市域内第一个大型花鸟鱼专业经营市场，经营各种观赏鱼及养殖设施。2002年，郴州市畜牧水产局拨款2万元，扶持建成北湖区长冲休闲渔业基地。到2003年，全市通过多形式筹资计投入1170万元开发休闲渔业，建立休闲垂钓场所近百处，有垂钓水面293.33公顷，年内接待游客6.6万余人次，实现利润122万元。与此同时，一些城郊乡村利用区位优势，集体和个体在山塘、水库开辟垂钓场所。仅郴州城区有山塘垂钓场所10余处。

其间，休闲渔业转而从单一垂钓向综合服务业发展，休闲渔业领域不断拓展。2003年，引进广东省番禺商人韩少华投资兴建“东江三文鱼美食城”，集观鱼、赏鱼、侃鱼、捉鱼、品鱼于一体，成为独具情趣的渔业休闲胜地，2004年，共接待游客近40万人次，总收入近千万元。是年，东江湖“五岛一村”景区驯化鳄鱼进行表演，成为景区特色渔业休闲项目。2005年，郴州市政府投资在郴州市城区建立占地10公顷的融赏湖、观鱼、垂钓于一体爱莲湖风景区。到2005年年底，郴州市建立大小观光、垂钓渔业休闲场所150多处，养殖水面660多公顷。

第三节 特种养殖

一、禽兽类

黑羽绿壳鸡、七彩山鸡、黑凤鸡 1996年，苏仙区调整家禽品种结构，从河南省引进黑羽绿壳蛋鸡1800羽，投放到160户农家饲养，取得较好的经济效益。2000年，桂阳县共和农场投资237万元，兴办占地90公顷的生态农业特种养殖示范场，养殖七彩山鸡、珍珠鸡等特种珍禽5660羽，场内有专业技术人员3名，实行科技饲养。至2005年，郴州市有黑羽绿壳鸡、七彩山鸡、黑凤鸡珍禽养殖场16家、养殖户近3000户，计饲养50万羽。其中苏仙区黑羽绿壳鸡有饲养户1100户，饲养过10万羽。

鹌鹑 20世纪80年代，郴州境内始有家庭零星散养。鹌鹑因其蛋营养价值高而一时声名鹊起。90年代，郴州相继出现一批鹌鹑养殖场（户）。1995年，临武县武水乡玉屏村村民陈新饲养8000羽鹌鹑36天后产蛋，全年销售收入15万元，获纯利4.5万元。2005年，郴州市鹌鹑养殖场（户）500个（户），养殖鹌鹑26万余羽。产蛋直销粤港澳市场。

王鸽 郴州养鸽历来有之，但不成规模。2000年，北湖区养鸽能手李深承包市郊乡骆仙铺0.27公顷，先后投资36万元兴建钢架鸽棚5栋养鸽，2003年，引进美国鸽、泰国王鸽种鸽各400对，开始特种肉鸽养殖。2004年，李深养鸽场存笼种鸽2713对，产仔鸽2500羽，出笼肉鸽3万羽，收入36万元，盈利7万元。至2005年，郴州养鸽有所发展，多为家庭零星散养。

野猪 2000年，郴州五盖山国际狩猎场投资15万元，修建猪舍2栋，引进野猪15头进行杂交配种试验，当年产杂交野猪120头。2003年，郴州畜牧水产局引进众联（香港）管理顾问有限公司，在苏仙区白露塘镇创办郴州郎坤生态野生养殖开发有限公司，总投资2484万元，兴建占地98.07公顷的野猪养殖场。是年，引进纯种野公猪11头和杂交野母猪260头。至2005年养殖杂交野猪2100头，属湖南省最大杂交野猪饲养场。境内除此无其他野猪养殖场地。

二、水产类

甲鱼 俗称鳖，传统珍贵食品。20世纪80年代至90年代初，郴州少数农户进行“鱼、鳖混养”。1994年，安仁县和资兴市各安排农业开发贷款200万元，用于开展人工养殖甲鱼。年内安仁县承坪乡永乐村发展甲鱼养殖30户，放养水面1.87公顷，户均纯收入过万元。1995年，安仁县安平渔场养甲鱼年产种鳖1000只，产商品鳖2吨，创产值100余万元，利获30万元。1995至1996年，桂阳县相继兴建两家专业养鳖场，其太和镇企业办兴办的养鳖场年产种鳖1000多只，出售商品鳖500千克以上。其时，因人工快速饲养甲鱼过肥质差，境内市场滞销而致甲鱼生产徘徊。2002年，市内推广两段法人工养殖甲鱼技术，使甲鱼口味与野生甲鱼无明显差异，人工饲养甲鱼又恢复发展。2005年，郴州市人工养殖甲鱼水面6.67公顷，年产甲鱼80吨。

牛蛙 原产北美洲。1993年，郴县（苏仙区）廖王坪乡草田铺村村民李国庆筹资1.3万元，稻田围栏 0.64 公顷建蛙池 26 口，当年引进种蛙 15 对和幼蛙 100 对，孵化蝌蚪 12 万尾，年出售商品牛蛙 1 吨，产值 8 万元，获利 4 万元。到 2005 年，牛蛙养殖因市场畅销而售价又较高，全市养殖牛蛙农户增多。

银鱼 珍稀鱼种。1995 年始，郴州市内开发大水面银鱼养殖。境内许多养殖户先后与云南省大理市，江苏省常州市等地合作，引进银鱼分别投放于资兴市东江湖、桂阳县欧阳海库区、北湖区四清水库、嘉禾县千家洞及盘江水库、永兴县柏林水库。至2000年，共投放银鱼仔2.22亿粒并养殖成功。2001 年 10 月，东江湖首次捕获银鱼 404 吨，填补湖南省银鱼移殖空白。至 2005 年，全市年产银鱼千吨以上，创产值逾 5000 万元。

虹鳟鱼 珍稀鱼种。2000 年，郴州市内放养冷水鱼（虹鳟鱼）成功。是年，郴州东江冷水鱼有限公司，设20和200平方米规模网箱2万平方米，投放美国道氏鳟和日本金鳟共260万尾。至2005年，年出产商品虹鳟鱼 400 吨 ~600 吨，年均产值 2000 万元，成为国内较大冷水鱼养殖基地之一。

鲟鱼 名贵鱼类。2003年，郴州市畜牧水产局在东江河道网箱养殖鲟鱼成功。是年，市水产科研所、资兴市水产局与新疆额河特种养殖场合作，引进“鲟鱼”（进史氏鲟）“大西洋鲑”“白斑狗”投放东江河道网箱养殖。2004 年，资兴市养鱼户文小龙在高码进行白斑狗鱼人工繁殖成功，其苗种除满足当地外还远销广东。至此，郴州始有鲟鱼类养殖。

大鲵 又名娃娃鱼，为国家二级保护两栖野生动物，鸣声如小儿啼哭，外形似鱼。2000 年，广州华宝珍稀水产养殖场投资 3000 万元，在资兴市东江镇东江河段沿岸占地 5.33 公顷，创办娃娃鱼养殖场，建养鲵池 2 栋 2000 平方米，2003 年，该场从广州花都引进娃娃鱼 820 尾，进行人工饲养、繁殖。其成鱼销往港粤市场。

三、其他特种养殖

蛇 1989 年，郴县（苏仙区）鲁塘乡村民何八斤自筹 5 万元建养蛇场。1992 年，何八斤养蛇场人工孵化养蛇 2000 条，出售肉蛇 230 千克，获利 1.82 万元。1993 年养蛇 3000 条，年收入 2.53 万元。1995 年，安仁县龙市乡村民龙下生饲养种蛇 2000 条，用产下幼蛇 5 万条制作蛇酒，获产值 20 万元。1994 年桂阳县燕塘乡村民雷高自办“华湘蛇场”，占地面积 3000 平方米，至 2002 年饲养数十个蛇品种 8000 余条，是年产蛇 6 吨，销售肉蛇 2.5 吨，加工泡制蛇酒 20 吨，年产值 30 万元，获利润 6 万余元。2003 年因“非典”（非典型性肺炎）疫情国家禁止野生动物交易，其华湘蛇场停办转产。至 2005 年，境内办有少量个体养蛇场，规模均不大。

蜜蜂 1989 年，境内有养蜂专业户 100 余户，加上另有家庭小量饲养，当年养蜂 2300 箱，产蜂蜜 200 吨。1999 年，宜章县塘尾村村民邓北京养蜂 200 余箱，年产蜂蜜 9 吨，年收入达 10 余万元。是年，郴州市人民政府授予邓北京“蜜蜂养殖科技示范户”称号。2000 年，郴州市养蜂 2.5 万箱，蜂蜜产量 350 吨。养蜂地多分布于宜章、永兴、桂阳、临武、嘉禾、安仁、北湖等县（区），饲养品种以意蜂居多，亦有少许中蜂。其间养蜂相继兴起，一些地方除发展养蜂重点户外还创办集体养蜂场。2005 年，郴州市养蜂 3 万箱以上，蜂蜜产量 500 吨。

此外，郴州还有野鸭、獭兔、海狸鼠、美国青蛙、鳗鲡特种养殖，大多以农村家庭散养为主，养殖量不大。有的养殖品种因技术难度大或受市场需求波动影响，以致发展较慢或停业转产。

第四节 饲料

一、传统饲料

郴州市（境内）饲养畜禽饲料，有传统青饲料、精饲料，以及糖化饲料和发酵饲料加工生产的混合饲料。青饲料为人工种植和天然生长两种。普遍种植的有青菜、红薯、包谷、牛皮菜、萝卜、南瓜、水浮莲、浮萍。天然生长饲料有白茅、金茅、茅栗、野古草、芒、画眉草、中和草、矮禾草、野熟麦、黄荆、细毛鸭、咀草等；引进饲料有黑麦草、象合草、莪菜、矮象草、玉米草、皇竹草、三叶草、桂牧1号、鲁梅克斯、扁穗牛鞭草等。20世纪90年代后，随着生猪饲养量的快速增长，加之传统饲料喂养畜禽生长较慢，不适应规模养殖。其饲料日益难满足饲养发展的需要。

二、饲料生产

郴州饲料生产起步于1979年。1990年，郴州地区饲料总产量7.29万吨、总产值2474万元，分别比1989年增长4.0%和4.4%，是年，郴州地区把饲料工业纳入当地国民经济发展计划加快发展。1992年，郴州市中心城区在1公里长的桂门岭街建起“饲料一条街”，40多家饲料生产和经营企业入驻街内设店开业，饲料产销兴旺。

2000年1月，资兴市东江库区管理局、资兴市畜牧局、资兴市水产局计投资180万元，组建东江饲料有限责任公司，开发出“东江”“七宝”牌适用于猪、鱼、鸭喂养的4个系列20多个品种饲料，年生产能力2万吨，该公司被资兴市定为市级农业产业化龙头企业。8月，岳阳九鼎科技有限公司在北湖区下湄桥投资2000万元，成立郴州九鼎饲料有限公司，年生产能力10万吨，生产经营“九鼎”“致富快车”“鼎先”“新杆竿”牌猪用饲料，产品畅销郴州境内外。

2002年7月，北京大北农饲料有限公司在市工业园投资2000万元，成立郴州大北农业饲料有限公司，年生产能力12万吨，主要生产经营猪、鸡全饲料和浓缩饲料7个系列产品，产品除供应郴州还销往境外市场。是年10月，郴州中普饲料有限公司在下湄桥投资230万元，设厂开发鱼、猪、禽3大混合饲料系列产品，年生产能力1万吨。产品主要在郴州市内销售。其年，全市饲料总产量2.01万吨，总产值6138万元，比2001年分别增长42.6%和67.0%。

2003年5月，郴州市饲料行业办公室机构、编制、人员成建制由市计委划归市畜牧水产局管理。2004年4月，四川南方希望实业有限公司和成都世纪投资有限公司在北湖区梨树山投资1200万元，成立郴州希望饲料有限公司，年产能力20万吨，主要经营希望牌猪、鸡、鸭、鱼4大系列共60个品种优质饲料。是年，郴州市饲料总产量9.3万吨，总产值2.74亿元，与2002年比分别增长50.7%和132.8%。2005年，郴州市饲料总产量9.53万吨，总产值3.27亿元，较上年分别增长2.5%和19.4%。郴州大北农饲料有限公司被市委、市政府确定为市级农业产业化龙头企业。

三、饲料管理

20世纪80年代末至90年代初，工业生产饲料由粮食部门统一供应。随着市场放开，个体私营企业逐步进入饲料市场，郴州国营粮食部门10家饲料加工厂大多停产。1995年7月，湖南省人民政府颁布《湖南省饲料管理办法》后，郴州市加强对饲料生产、经营管理。1996年，市政府开始对全市饲料生产加工企业实行饲料准产证制度。1997年，郴州市完成混合饲料生产8万吨。1999年，全市国有饲料加工企业相继完成破产重组工作，全部退出饲料生产市场。1999年至2003年7月，郴州对全市近1000家饲料经销商全部实行饲料经营准销证制度。经市政府有关部门批准，在位于市城区国庆北路、奎门岭路段沿107国道至下湄桥路段，集中建立市城区饲料营销街（市场），有入市经销商近200家，从业人员300多人，月销售饲料3万吨，营业额达1亿元，其饲料经销辐射郴州各县（市、区）和永州市蓝山县、新田县。2005年，开展饲料执法专项整治行动，产品抽样检验395个，查处假劣饲料、原料11.3吨、捣毁饲料制作假窝点3个；查处养殖户饲料投诉案11起，挽回直接经济损失10余万元。

第五节　疫病防治

一、防疫

自1988年始，郴州争取每年在春秋两季集中免疫注射与常年补针相结合的办法，坚持以预防为主地严控动物疫病发生。郴州地区对畜禽防疫灭病工作实现年度目标管理责任制，由行署组织对各县（市）检查与考评。1990至1991年，推广猪瘟免疫新程序技术及鸡瘟（鸡新成疫）综合防治技术，防范疫情发生。1991年，全地区完成布鲁氏病和狂犬病的普查工作。

1995年，以永兴、桂阳、安仁、苏仙、资兴5个县（市、区）为试点，推行生猪免疫证制度。年内，在全市禽场或商品蛋禽、肉禽场，按1%抽检开展禽流感普查。1996年，郴州市委、市人民政府将畜禽防疫工作列入农业综合目标管理。1999年，市本级及安仁、永兴、宜章、苏仙4个县（区）列入全国无规定动物疫病区项目建设单位，共投入国债资金280万元完成项目建设。是年，分期分批对全市种用性畜进行布鲁菌病流行病学调查和采血送样检查。

2000年，郴州市启动普遍实行动物免疫证制度，即家畜“一畜一证”、家禽“一户一证”，凭证强制免疫一类动物疫病，疫区免疫二、三类动物疫病。2002年夏、秋季，郴州境内发生三次特大洪灾，全市畜牧部门组织队伍进入灾区开展动物免疫和消毒灭源防疫，实现了“大灾之年无大疫”。自2003年1月1日起，全面实行免疫标识（耳标）管理制度，并随即在汝城县和资兴市展开执行免投标识制度试点。

2004年，郴州市人民政府将防治高致病性禽流感和牲畜五号病，列入当年市政府督办的9件实事之一，实行各级政府主要领导责任追究制。是年，郴州市畜牧水产局被湖南省人民政府评为防控高致病性禽流感先进集体，永兴县列为国家、省级动物疫情测报点。此外，全市实现动物疫情网络化传输管理。2005年，进入春季防疫期，县、乡两级建立免疫台帐，养殖户建立免疫档案，全市对畜禽实施户籍化管理。是年，郴州市人民政府印发《郴州动物防疫检疫体系建设实施方案》，要求市、县两级要组建防控高致病性禽流感工作应急机构。年内全市对所有存笼家禽均强制注射预防禽流感疫苗，免疫密度98%以上。

二、检疫

1989年，地、县两级畜牧水产行政管理部门均内设防疫检疫执法机构。1997年，郴州市境内内动物检疫分为产地检疫、屠宰检疫，交通检疫和市场检疫四种。1998年，实施国家动物防疫法，动物检疫分为产地检疫、屠宰检疫两种，在交通运输和农贸市场环节则实施检疫监管和补检。产地检疫主要由乡（镇）具体组织实施，统一启用农业部印制的“畜禽产地检疫证明”。并逐步实行规模养殖小区（养殖场）以临栏上户检疫为主，山区乡（镇）以定点检疫为主，其他区域以跟踪、报检、协检为主的产地检疫格局。2002年，市、县两级相继成立畜禽水产品质量检验检测中心，配备专门检测人员。郴州市251个乡镇均组建动物防疫站，其中配备专职检疫人员725名。2005年，郴州动物P2实验室经湖南省技术监督局计量认证各项指标达标，该实验室可开展63个动物疫病监测及兽药残留项目的检测。

1989—2005年，郴州境内累计产地检疫畜禽6249.72万头（羽）。全市普及定点屠宰，牲畜检疫集中在屠宰场完成。定点检疫屠宰牲畜2728.19万头。省际公路运输畜禽检疫消毒站对过往畜禽验证检疫，无害化处理病死畜禽1.12万头(羽)、进行车辆消毒18.5台次；铁路检疫畜禽19.7万头(羽)，2000年后铁路检疫移交郴州出入境检验检疫局检疫。对郴州供港、澳活畜活禽动物，市防疫检疫机构和郴州出入境检验检疫局加强协作检疫；对分散上市的畜禽及其产品进行经常性市场补检。期间，累计补检活畜禽2660.95万头（羽），畜禽产品42.01万吨。

三、治疫

郴州境内畜类传染性疫病主要有牲畜口蹄疫、猪瘟、猪传染性胸膜肺炎、牛出败、牛结核病，羊传染性脓疱（羊口疮）、瘟病（羊天花）等20余种。其中尤以牲畜口蹄疫、猪瘟、猪圆环病、牛出败、羊痘病易爆发，传染快危害大。禽类传染性疫病主要有鸡新城疫（鸡瘟）、禽流感、禽霍乱、鸭病毒性肝炎、小鹅瘟等10多种，其中危害最大的是高致病性禽流感、鸡新城疫和禽霍乱。鱼类常见的鱼传染性疫病有出血病、烂鳃病、赤皮病、肠炎病等30余种。其中尤以链鳙鱼暴发性鱼病、鱼出血病、烂鳃病、肠炎病流行快、危害大。

1989年，各级畜牧水产部门建立健全动物疫情即时上报制度，畜禽疫苗及药品实行计划管理，统一订购，由湖南省畜牧兽医总站提供。1990年始，郴州市（地区）畜牧水产部门每年度均组织对各类动物疫病展开采样抽检和调查，积累疫病防治资料，推进疫病防治工作。

1991年，全地区先后有10个县（市）发生生猪口蹄疫疫情，发病生猪1415头。地、县两级畜牧部门火速组织队伍赶赴疫发点展开免疫注射和扑杀病猪，疫情得到控制。1992年，郴县（苏仙区）白露塘种羊场首次发现羊肠毒血症，羊致死率60%。经及时注射疫苗，疫情得以控制。1994年7月和8月下旬，宜章、桂阳、嘉禾3县部份乡村发生牛出血性败血病疫情，死亡牛40头、猪13头。经紧急组织扑变和对疫区存栏牛注射菌苗免疫，疫情被控制。1999年，郴州市9个县（市、区）85个乡镇259个村，疫点402个，暴发猪牛羊牲畜口蹄疫。市、县两级畜牧防疫人员赶至扑疫，扑杀牲畜6634头，即时控制疫情。2000—2003年，郴州市多次发生猪圆环病，为外调引进种猪所带病源，各地采用灭活二联苗免疫，控制了疫情。至2005年，各地对禽流感预警点地域采用预警、封锁消毒、扑杀存笼家禽紧急措施，先后在各乡（镇）对家禽实施免疫和药物治疗，严防高致病性禽流感疫情在郴州流行。

1989—2005年，对较常流行的猪瘟、鸡瘟实施免疫。猪瘟常年免疫密度95%以上，鸡瘟常年免疫密度70%以上。其瘟病流行强度得到明显控制，但仍有地方局部性流行。

1989—2005年郴州市（地区）畜禽疫苗注射数量统计表

表13-5-5-1

年份＼项目	猪瘟疫苗（万剂）	猪五号病疫苗（万剂）	猪丹毒疫苗（万剂）	猪肺疫疫苗（万剂）	猪链球菌病疫苗（万剂）	仔猪副伤寒疫苗（万剂）	牛五号病疫苗（万剂）
1989	327	3	1275	17.16	38.70	48.86	—
1990	311.75	5.50	6.30	8.10	7.43	37.90	—
1991	343.06	10.40	4.86	4.81	6.06	49.45	—
1992	375.45	30	8.65	13.60	12.75	53.70	—
1993	375.77	23.50	7.48	11.33	14.40	82	—
1994	428.90	40	8.20	12.40	15.60	112.80	—
1995	524.29	50	26.50	31.56	11.10	168.31	—
1996	588.28	45	21.76	31.84	7.74	131.69	—
1997	673.39	50	79.31	110.01	28	258.90	—
1998	739.10	50	97.06	114.51	41.65	292.71	—
1999	749.96	98.20	83.20	97.42	41.74	290.45	15.10
2000	755.24	145	104.7	107.64	60.50	330.82	18.20
2001	771.34	210	178.37	192.21	143.27	432.29	45
2002	790.67	584.50	115.63	123.23	70.99	340.82	55
2003	816.76	257.66	269.98	281.73	108.99	511.33	52.50
2004	465.17	373.47	123.71	124.19	77.55	233.21	73.95
2005	316.16	379.80	71.34	68.98	104.98	113.96	110.63

续表13-5-5-1

年份＼项目	鸡Ⅰ系疫苗（万羽剂）	鸡Ⅱ系疫苗（万羽剂）	禽出败疫苗（万羽剂）	鸡法氏囊疫苗（万羽剂）	鸭瘟疫苗（万羽剂）	小鹅瘟疫苗（万羽剂）
1989	461.89	—	63.40	—	—	—
1990	501.21	—	28.26	—	—	—
1991	245.82	243.83	45.74	—	—	—
1992	252	320	88.60	—	6.40	—
1993	350.20	426.70	109.90	120	20.80	—
1994	366.15	592.50	130	126.50	50.60	8.70
1995	45.70	434.40	213.80	126	86.24	2.70

续表 13-5-5-1

项目 年份	鸡Ⅰ系疫苗（万羽剂）	鸡Ⅱ系疫苗（万羽剂）	禽出败疫苗（万羽剂）	鸡法氏囊疫苗（万羽剂）	鸭瘟疫苗（万羽剂）	小鹅瘟疫苗（万羽剂）
1996	692.67	608.35	115.35	152	24.70	2.21
1997	632.70	690.55	241.80	220	119	11.30
1998	834.59	1051.08	448.45	256.40	123.64	19.50
1999	1310	1370.98	644.22	243.50	249.40	13.30
2000	1344.51	1410.20	670	241.30	232.50	17.40
2001	1491.24	1846.09	905.62	283.50	179.96	19
2002	744.57	1004.25	478.15	345.85	411.54	—
2003	1179.03	1701.20	694.73	392.03	917	—
2004	644.95	855.48	418.86	558.78	469.70	83.81
2005	980.61	947	546.81	539.03	320.25	—

附：

郴州奖励首批七位农民养殖“大王”①

1995年初，郴州按照产业化要求推进养殖业规模开发，展开建立猪、牛、羊、鸡、鸭、鱼、鹅七大养殖基地热潮。广大农村随即涌现一批学科学、求实干的养殖能手，业绩显著，带动了当地养殖业的快速发展。1996年由郴州市畜牧水产局主持，启动逐级推荐评选1995年度农村拔尖养殖（运销）大户。最终评选出郴州市首批养殖业“七大王”（养猪、牛、羊、鸡、鸭、鱼大王及生猪贩运大王）。

被评为1995年年度“养猪大王”的嘉禾县石桥乡岐峰村村民刘革平从创办家庭养猪场起步，继而扩大发展到有大小猪舍120多间，占地6000多平方米的千头猪场，1995年实现年出栏生猪6050头。1996年他又投资40万元，新建3栋建筑面积共2000平方米的猪舍。被评为“养鸭大王”的宜章县城南乡廖家湾村村民曹长健，自1991年开始养鸭，到1995年在县内沙坪乡、城关镇建有养鸭场2个，年孵化仔鸭18万羽。当年出笼肉鸭10万羽，71%销往广东市场，获利15.5万元。评为“养鸡大王”的北湖区郴江乡三里田村邓光亮，1995年出笼肉鸡50万羽。被评为“养鱼大王”的嘉禾县盘江乡李土生，1995年产鱼11.5吨。被评为“养牛大王”的桂东县新坊乡吴友成、“养羊大王”永兴县七甲乡黄国洪均各具养殖特色，成效显著。此外，安仁县平背乡五洞村李四香1995年组织贩运生猪2.5万头，被评为“生猪贩运大王”。

这些农民养殖“大王”，不仅自己积极投身农业养殖，而且热心帮助、带领周边群众以“养”致富，产生带动一片、播富一方的“能人效应”。“养鸭大王”青年农民曹长健自1991年在开始养鸭的同时，热诚上门扶持当地30户贫困户开展养鸭，并积极传授技术，提供鸭苗。1995年，曹长

① 1995—1997年，郴州开展评选表彰年度养殖业“七大王“活动，1998年改为评选养殖业“十大经济能人”活动。

健牵头成立宜章县养殖协会，在协会的组织、服务下，当年全县养鸭44万羽，出笼肉鸭42万羽。“养鸡大王”邓光亮优质优价为邻近农民提供优质鸡苗，义务为村民防治鸡病，提供养殖技术服务，带动周边乡村涌现养鸡大户500多户。“养羊大王”黄国洪先后联户帮助的30多户养羊农家，1995年户平养羊纯收入8000多元，靠养羊奔上“致富路”。

1996年7月5日上午，中共郴州市委、郴州市人民政府在郴州竹园宾馆会议厅表彰奖励七位农民养殖“大王”，表彰大会气氛热烈。市党政领导与首评为全市养殖“七大王”者欢聚一堂，畅谈养殖业发展。市领导并为他们披红戴花，颁发奖牌、奖金和荣誉证书。

第六节　管理服务与机构

一、畜牧渔政管理

（一）动物防疫监管

1989年，郴州地区防疫指挥部组织各县市联合工商、公安、卫生部门，分别对辖区内畜禽交易市场进行多次整顿，经清理审核发放兽医卫生合格证2500份。1990年，组织开展以107国道途卸病死畜禽和城区屠宰加工场所为主的突击整顿活动，查处病死猪肉700余头、病牛20余头、病害畜禽产品3吨，取缔10家无证私屠滥宰个体屠宰场（户）和2家兽医卫生条件极差的卤腊叉烧店，捣毁8个专门从事屠宰加工病死畜禽及病害畜禽产品地下窝点，并进行新闻曝光和行政处罚。1991—1995年，市（地区）畜禽防疫部门加强自身硬件建设，增添防疫设备478台（件），多次组织病害畜禽防疫检查。重点检查各主要农贸市场、107国道过境畜禽运输车辆，查处非法途卸死畜禽场（点）2个，批准设立14个畜禽运输车专门冲洗点，1个病死畜禽集中途卸无害化处理点。至1995年，郴州市重新核发动物防疫合格证700个，查处无检疫证明案件150起。2002年10月1日起，在郴州市城区推行免疫标识准入制，凡无免疫标识牲畜一律不准进入定点屠宰场宰杀，继推广到全市。2005年，对家禽推行上市挂牌销售，严格查证验物。无检疫合格证、无免疫标识畜禽及肉品一律禁止进入市场交易。

（一）药政管理

1991年开始，对兽药市场进行全面整顿，查处无证经营摊主143人，收缴、销毁假劣兽药93个品种，货值8.7万元；培训兽药经营人员400人次。1992年，郴州行署和桂阳、宜章、资兴、嘉禾、临武5县（市）成立兽药管理站。1995年，市、县两级对兽药实行兽用生物制品经营许可证制度，推行兽用疫苗专供管理。1998年，成立郴州市动物保健品协会，制定《郴州市动物保健品行业行规行约》。1999年至2001年，郴州市动物保护协会在城区试行兽药经营代理制，协助执法部门开展兽药打假行动。2002年，郴州市人民政府召开全市生猪“瘦肉精”整治工作会议，市政府牵头组织开展联合执法行动，全面启动“瘦肉精”专项整治行动。市畜牧水产局在全省率先开展城区定点屠宰场“瘦肉精”监测。2003年，实行市城区定点屠宰场日检测制。各县（市）相继建立“瘦肉精”检测制度，对县城屠宰场和规模养殖场开展“瘦肉精”监测。2003年底，经公安部门立案，查处一起违法生产、销售“瘦肉精”案件，分别给予3名涉案人员罚款3万至5万元的处罚并追究刑事责任。2004年7月，对一户屠宰销售“瘦肉精”阳性超标生猪的屠商作出处理，收缴并烧毁屠宰生猪产品

679.5 千克。2005 年年底，郴州市“瘦肉精”检出率下降到 1% 以下，比 2002 年下降 64 个百分点。

（三）渔政监管

20 世纪 90 年代，渔政步入法制化和规范化监督管理。1992 年，东江湖开始实施春禁和渔业捕捞许可证制度。1996 年，根据湖南省财政厅《关于发布〈湖南省征用精养鱼池缴纳新鱼池开发建设费的规定〉的通知》，对郴州市城区实施征用和占用鱼池征收新鱼池开发建设费。从 1996 年至 2001 年，郴州市城区征用精养鱼池 29.68 公顷，征收新鱼池开发建设费 141.66 万元。2002 年，全市开始实行水生野生动物经营特许管理制度。开展水域养殖证的核发、换证和补发工作。2003 年，郴州市组织 11 个县（市、区）开展以严厉打击非法捕捞和经营水生野生动物的“剑鱼”行动。至 2005 年，办理水生野生动物驯养繁殖证 3 个、经营利用证 20 个、养殖证 1908 个。此间，加强对渔业资源管理和保护，先后多次组织打击珠江流域（郴州段）非法捕捞与整治污染统一行动，在全市一些大中型水库，漂流场所实施人工增殖放流，接连在东江湖、欧阳海、永兴青山垅和嘉禾盘江水库投放银鱼卵 2.17 亿粒。2005 年 9 月，湖南省首届珠江流域（郴州）鱼类人工增殖放流仪式在宜章县粟源镇举行，分别在宜章县的乐水河、武水河、渔溪河、玉溪河、樟水河等 5 个点投放原种青鱼、草鱼、鲢鱼、鳙鱼等大规格鱼种 40 万尾。

（四）和畜禽监管

20 世纪 90 年代初期，郴州地区有种畜禽场 11 个，逐步推行规范管理。1994 年，国务院颁布种畜禽管理条例，全地区开展整顿种畜禽场。1998 年，郴州市实施畜禽生产经营许可证制度，对全市 10 个种猪场进行审核验收，8 个种猪场经验收合格发放种猪生产经营许可证。其中桂阳畜禽良种场（挂牌郴州市原种猪扩繁场）为一级原种猪扩繁场，嘉禾县、资兴市、宜章县畜禽良种场为一级制种场，苏仙区种猪场、苏仙区第二种猪场、安仁种猪场为二级制种场，北湖区万华种猪场为三级制种场。2001 年，全市组织对种畜禽场进行验收换证，8 个种畜禽场全部通过验收，获种猪生产经营许可证。2003 年，永兴县黄郎鸡原种场通过验收合格。2004 年，新增桂阳欢乐种猪场为一级种猪生产场，取消宜章县、安仁县种猪场种猪生产经营许可证。2005 年，郴州市有 8 个种畜禽场。其中种禽场 1 个、种猪场 7 个（原种猪扩繁场 1 个、一级生产场 4 个，三级生产场 2 个）。

（五）产品质量安全监管

2002 年，郴州市成立畜禽水产品质量检验检测中心（之前无畜禽水产品质量检验检测专设机构，仅开展疫病诊断和饲料质量检测），配备专门检测人员，市财政拨专款 80 万元购置仪器、设备、试剂，在湖南省率先开展对定点屠宰场生猪进行“瘦肉精”抽样检测工作。年内，还监测禽流感血清样 3016 份、猪瘟血清样 186 份。2003 年，郴州市政府提出实施“放心肉”工程，市畜牧水产局组成专门班子加大市城区屠宰生猪抽检力度，瘦肉精阳性率比上年降低 59 个百分点。组织开展奶牛结核病检测，监测奶牛 376 头，检出阳性 19 头，并按规定对阳性奶牛进行处理。2004 年，农业部拨款 100 万元、郴州市配套投入数 10 万元建设市级 P2 实验室。全市除苏仙、北湖两区由市级代检外，其余 9 个县（市）都先后开展城区定点屠宰场和生猪养殖场抽样检测。年内对全市 17 个奶牛场开展布鲁氏菌病和结核病监测，抽样检测奶牛 176 头，检出结核病阳性奶牛 32 头，阳性率为 18.2%，未发现布鲁氏菌病奶牛，按规定处理结核病奶牛。2005 年，实验楼全面建成，可开展 63 个动物疫病监测、兽药残留检测和饲料检测项目。是年 5 月，市级 P2 实验楼通过湖南省技术监督局检验认证。12 月份经专家组验收，各项指标均达到 P2 实验室要求。

2002—2005 年郴州市生猪瘦肉精检测情况统计表

表 13-5-6-1　　单位：头、%

项目 年份	总数			其中					
				市城区屠宰场			县城屠宰场及养殖场		
	检测数	阳性率	同比下降	检测数	阳性率	同比下降	检测数	阳性率	同比下降
2002	85	64.70	—	85	64.70	—	—	—	—
2003	1479	6.30	58.40	1479	6.30	58.40	—	—	—
2004	7425	2.46	3.84	2886	5.00	1.30	4429	0.75%	—
2005	10716	0.65	1.81	2599	1.31	3.69	8117	0.45%	0.3

二、养殖社会化服务

（一）养殖业经济合作组织

20 世纪 90 年代，计划经济加快向市场经济转变，养殖业社会化服务随之不断拓展，各类协会，集体和个体私营、养殖业联合体组织发展迅速，养殖社会化服务日益扩展。1991 年，郴州地区扶贫办公室牵头成立“郴州地区贫困地区养蜂协会”，会员 100 余人，引导、帮助饲养意蜂达 3000 箱，中蜂约 2 万箱，年产蜂蜜 200 吨。1998 年，市畜牧水产局成立“郴州市养殖协会”，协会成员中有养猪专业户 20 家，养羊专业户 50 家。是年，为规范兽药市场，成立“郴州市动物保健品协会”，年发展会员 30 人。1999 年，资兴市依托丰富水产资源优势，组建“东江湖水产协会”，对加入协会的农户优惠借款 2 万 ~ 3 万元，会员发展到 5647 人。2000 年，资兴市龙溪乡成立“龙溪乡草食动物开发合作社”，该社通过举办山羊养殖技术培训班，上门提供防疫技术服务等形式，带动发展养羊户 350 户，养殖山羊 1.5 万只，出栏山羊 1600 只。2004 年，郴州市成立“郴州市饲料协会”，发展会员 165 人，年内协会积极为饲料生产提供服务，全年饲料生产产值达 1.08 亿元。2005 年，桂阳县成立“养殖业发展协会”，下设养猪、草食动物养殖、家禽养殖、渔业 4 个分会。该协会全力为会员提供饲料、药品、产品销售及养殖技术方面的服务，是年，被郴州市委、市政府评为“十佳专业合作组织”。至 2005 年末，郴州市发展养殖技术业专业协会 17 个，联系会员 1.2 万人。其中养猪协会 5 个，联系会员 5900 人，会员出栏生猪 52.6 万头；养禽协会 4 个，联系会员 2200 人；草食动物协会 6 个，联系会员 3400 人。

（二）苗种供应

郴州养殖业种苗供应主要为畜禽种苗供应和水产种苗供应。20 世纪 90 年代初期，全区除郴县（苏仙区）和郴州市（北湖区）外，其余 9 个县（市）都建立国有种猪场，年向社会供应种猪 2000 多头。此时，一些渔业专业户开始学习引进外地育孵鱼苗的经验技术，兴办鱼种苗场。1993 年，境内有鱼苗孵化场（点）134 个，年生产鱼苗 13 亿尾。是年，有国有鱼苗鱼种场 11 个，计水面 65.07 公顷，年孵化鱼苗 5.54 亿尾；社会兴办孵化点 123 个，年孵化鱼苗 7.5 亿尾。鱼苗主要以本地草鱼、鲢鱼为主，品种有限。1996 年，郴州市 9 个国有种猪场年供种猪 5000 头。到 1997 年底，郴州市有种猪场 10 个。2002 年，国有种畜禽场除宜章种苗场外，其余均改制转体成为股份制私营场。私营鱼苗孵化场随即得到发展，并尝试培育引进渔业养殖新品种。2003 年，永兴县成立黄郎鸡原种场，年向社会供应鸡苗 20 万羽。2005 年，郴州市尚有的 8 个种畜禽场（7 个种猪场、1 个种鸡场）年向社会提供种猪5000头、鸡苗30万羽。鱼苗种场向社会提供鱼苗20亿尾。

（三）物资供应

1989年，全地区兽药、兽用医疗器材主要由郴州地区牧工商公司供应，也有医药部门提供部分兽药器械。此时，全地区畜禽防疫用疫苗，实行计划管理，统一订购，由湖南省畜牧兽医总站负责衔接提供，分为公费疫苗和自费疫苗。并由厂家派车分春、秋两次运送到各县（市、区）。从20世纪90年代初起，根据国家兽药管理条例取消医药部门兽用医疗药械经营权。1990年，郴州地区畜牧水产工作总站成立渔需物资服务部，经营鱼饲料、草籽种、和渔用药品药械。1991年，郴州粮油机械厂先后引进瑞士先进饲料生产设备和国内饲料机械。有些饲料生产厂家通过参加各种饲料机械设备展销会，自行选购饲料生产机械。1992年，郴州地区防检站购疫苗冷藏车一辆，按计划分月到湖南省生物药厂提取疫苗运送各县（市）。是年，郴州地区兽药厂建成投产，年供应郴州兽药价值300万元以上。1993年，全区渔需物资经营服务部增加到52家，年销售收入740万元，一些集体组织和个人亦开始加入渔具经营队伍。1994年，地区对汝城、宜章县猪瘟疫苗实行免费供应。1995年，郴州市经销饲料一条街设立饲料机械设备办事处，并派业务人员深入企业联系订购饲料机械。此后，饲料机械都由饲料加工企业自行购买。1996年，农业部颁布《兽用生猪制品管理办法》6号令，市、县两级据此对兽用生物制品经营市场进行清理整顿，审发兽用生物制品经营许可证。1998年，国营畜牧水产物资商品供应经营单位全部退出市场。郴州市畜牧水产局制定《郴州市兽用生物制品专营管理办法》，全市11个县（市、区）疫苗由防疫部门专营，对重点兽用生物制品严格归口管理与供应，禁止跨地区、越级购进疫苗。2000年，采取计划内疫苗经费与自费疫苗用量挂钩的形式，鼓励各地增加自费苜用量。2001年实行疫苗统一采购，对重大动物疫病防疫用苗，采取按中央、省、市财政6:2:2比例承担，实行层次供应。2003年，市级新建30立方米冷库用于应急疫苗贮备，市畜牧水产局建立市级液氮站，各县（市、区）添置疫苗贮备和管理设施。2005年，开始向县（市、区）提供液氮、冻精、品改器材物质，年内供应液氮2万升、冻精2.4万颗、液氮罐等设施10余套。至年底，全市有540户兽用物质经营户（点），年兽用药、机械销售额3000万元左右；有大小渔具需品市门部100多家，经营渔需物资品种500多个。

三、机构

1987年4月，郴州地区农业局划出地区畜牧兽医站、地区水产站，组建郴州地区畜牧水产工作总站，为副处级事业单位，内设1室1科4站：办公室、人事科、畜牧站、兽医检疫站（对内为兽医防疫站）、兽药饲料质量监测站和水产站（保留“郴州地区渔政站”牌子）。定编44名。1990年6月，地区饲料兽药质量监测站分设为饲料质量监督检验站和地区兽药监察所。1992年6月，增设地区畜牧水产技术服务中心，属事业单位，企业化管理。

1995年7月，郴州地区畜牧水产工作总站更名为郴州市畜牧水产局，机构升格为正处级单位。1996年5月，该局被定为市政府直属事业单位，归口市农村工作办公室管理。内设办公室、政工科、计划财务科、法规宣教科、畜牧科、水产科6个科室。有直属事业单位5个：市兽医防疫站（加挂市兽医检疫站、市兽医卫生监督检验所、市兽医诊断室牌子）、市兽药药政管理站（加挂市兽药监察所牌子）、市渔政监督管理站、市畜牧水产科技推广站、市养殖业开发服务中心。局属二级机构有3个：郴州市水产科学研究所、郴州市牧工商总公司、郴州市兽药厂。其中郴州市牧工商总公司、郴州市兽药厂经改制后实行企业化管理。

2002年3月，郴州市进行机构改革，郴州市畜牧水产局归口市农业局管理（为正处级单位），其人员参照公务员法管理。2004年，郴州市250个乡（镇）组建动物防疫站，按平均每个乡（镇）3名编制配备专职动物防疫员。至2005年年末，局机关8个职能科室、4个直属事业单位，共有全额拨款事业编制53名、自收自支事业编制9名，实有工作人员56名。主要工作职能是组织实施养殖法律法规、制定养殖业发展规划、组织行业重大科研和技术推广，负责种苗、兽药、饲料、动物及畜禽水产品质量安全监督管理，直接担负郴州市城区畜禽水产品质量检验检测、药物残留检测。2005年末，全市有各级畜牧水产机构计454个，编制2327名，其中财政补贴编制1536名，实有从业人员2307人。

1995—2005年郴州市畜牧水产局主要负责人名录

表13-5-6-2

单位	姓名	职务	任职时间
市畜牧水产局	吴章钧	局长	1995.07—1997.06
市畜牧水产局	李辉雄	局长	1997.07—2000.10
市畜牧水产局	曹贤彪	局长	2000.10—2005.12

说明：1989年至1995年5月该局前身为畜牧水产站，副处级单位

第六章 林业

郴州山地广阔，系湖南省重点林区之一。1989年后，郴州相继出台一系列林业改革措施，放宽林业政策，创新生产经营机制，强力组织实施重点工程造林项目，加快林业发展。至2005年，全市有林业用地137.7万公顷，占市域总面积的71.03%；有林地113.06万公顷，活立木蓄积量4528.06万立方米，毛竹2.19亿株，森林覆盖率达64.5%。境内野生动物、植物资源丰富。有陆栖脊椎动物385种，列入国家重点保护的54种；有种子植物2367种，列入国家重点保护的37种。此外，境内尚有湿地面积23.63万公顷。

1989年，郴州地委、郴州地区行署作出《关于五年消灭荒山、八年绿化郴州的决定》。继后短短五年，全地区共投资1.2亿元，投劳3亿工日，完成人工造林10.13万公顷，新增封山育林面积27.58万公顷，义务植树1.5亿株。至1993年春，全地区经省检查验收实现消灭宜林荒山达标。是年11月，地委、行署紧接又作出《关于实现全面绿化，发展高效林业的决定》。随后，林业生产经营体制改革大步推进，即由传统的农户自发零星造林向林业专业户承包造林、营林大户租赁经营、股份合作造林方式转变；国营林场创新生产经营机制，普遍推行承包、租赁、合股经营方式。林业生产由之释放出生机和活力，致力发展高效林业。到1997年5月，郴州经湖南省绿化委员会验收，实现提前一年半实现全面绿化达标。1989—2005年，郴州累计完成人工造林面积265.33万公顷，新增封山育林51.81万公顷，培育大径材2.06万公顷。郴州先后被评为湖南省省级园林城市、全国园林绿化建设先进城市和中国优秀旅游城市。

期间，郴州林业在推进植树造林、绿化国土的同时，面向市场致力发展林业工业生产，基本形成以森林资源为原料的林产品加工产业链。1989—2005年，郴州市（地区）生产木材768.72万立方米，竹材6816.74万根，人造板（含胶合板、纤维板、刨花板、细木工板）88.71万立方米，全市林业总产值实现244.21亿元。在全市范围内基本构建森林采伐、木竹质人造板、林产化工、木浆造纸、木竹地板、森林食品、林产品市场多种经营门类比较齐全的林业工业体系。郴州林业逐步实现生态保护与经济发展的良性互动。

郴州森林资源保护工作得到加强。截至2005年，全市共有森林公安机构39个，林业检查机构12个，林业审判机构12个。全市有林业持证执法人员1426人。17年间，林业保护与执法水平不断提高，境内查处乱砍伐、乱占林等各类违法森林案件3.45万件，为国家和集体挽回经济损失4527.48万元。森林防火呈现政府统一领导、全社会参与的新局面。全市设立森林病虫害监测点125个，森林病虫害防治体系不断完善。自然保护区建设和管理依法推进，至2005年，境域内共建立不同级别和类型的自然保护区24处，其中国家级和省级自然保护区2个（莽山、八面山）。另建有莽山、天鹅山两家国家森林公园。郴州市自然保护区总面积占全市总面积的3.69%，为生态发展和旅游产业奠定了良好的基础。2001—2005年，郴州市森林生态旅游业创产值1.2亿元。

与此同时，郴州在以科技为支撑转变林业发展方式中取得积极进展。境内建立用材林、经济林、种苗、花卉林业生产科技示范基地，到2005年年底，全市有市、县两级林业科研、推广机构13家，有专业科技人员853人；有乡村科技达标林场240家，林业科技示范村40个，市、县级林业科技示范户700户。全市培植形成学科较为齐全、技术力量较强的林业科研体系和市县乡三级科技推广网络。1989—2005年，郴州林业科研获市级以上（含市级）各类科技进步奖37项，其中国家级奖2项、省部级奖18项、地厅级奖17项。

1989—2005年，郴州林业发展经历由传统发展到慢速推进再到又好又快递次变化的过程，初步建立适应社会主义市场经济的林业生产体系和经营模式。2005年，全市有国有林场18家，经营面积10.87万公顷；有乡（镇）、村林场1968家，经营面积2.73万公顷。但郴州林业在发展中也还存在一些问题：个别地方为追求单一的经济效益和建设速度，出现掠夺式经营森林和乱征滥占林地的短期行为；造林绿化整体水平还不高，林种树种栽植结构尚不尽合理，林分质量低；林业产业发展相对滞后，林业经济在全市国民经济中所占的比重还有待提升。

第一节　造林绿化

一、林木种苗

1989年，郴州地区在林木种源普查中，选出采种优良材分128处，面积1579公顷。主要有：杉木49处、285.9公顷；马尾松38处、554.9公顷；黄山松3处、326.3公顷；油茶11处、81.3公顷。还有檫树、火炬松、南方铁杉、长苞铁杉、竹柏及其他树种282.36公顷；散生母树50种909株。继而编印《郴州地区林木种源普查资料汇编》。20世纪90年代，市（地）、县两级继续开展形式多样的种源普查，基本查清全地区种源分布情况及优良种源，为全地区良种选育和建立采种基地打下基础。

20世纪90年代始，境内种苗生产从群众自采自用到建立种苗基地，并逐步走向种苗生产专业化、质量标准化、造林良种化的发展之路。郴州大部地处五岭山地，盛产杉木和马尾松，是湖南省优良种源区之一。此间先后建立天鹅山第一代杉木种子园、桂阳1.5代马尾松种子园和马尾松采种基地、汝城马尾松优良种源采种基地。2001年7月，桂阳县马尾松种子园经湖南省、郴州市林业部门组织复查验收，其建园标准达部（林业部）颁标准，所培育的1.5代种子成活率和保存率均在90%以上，这一新品系具有生长快、抗伏能力强的特点，填补了全省马尾松种子研发的一项空白。天鹅山第一代杉木种子园生产的杉木种子，经省、市林业部门检验，技术指标全部合格，其中1993—2004年生产3200千克种子满足了郴州植树造林的需要。汝城县万亩马尾松采种基地2004年竣工后，为全市马尾松种子定点供种单位和省林业厅马尾松种子定购包销的生产单位之一。其生产的马尾松种子除自用外，每年还向省林业厅种苗站提供2000千克~3000千克种子，支援全省调剂使用。

1989—2005年，郴州逐步形成国有苗圃与集体、个体育苗相结合的苗木生产体系。国营苗圃单位以培育绿化大苗，经济林苗木为主，常规苗木培育则主要由集体和个体苗圃承担。在育苗技术上先后推广容器育苗、生根粉育苗、育苗切根移栽、油茶无性系及子代嫁接育苗先进技术，提高苗木生产质量。为了保证种苗质量，林业部门采用行政手段与法律手段相结合的方式加强对育林种苗管理，严格执行种子生产与经营许可证制度。郴州市持证上岗的种检员40名。2001—2005年，郴州市共查处无证采种40起，取缔无证经营种苗经销商12家，没收非法采集林木种子250千克。同时对生产、调出、调入2.38万千克林木良种加强检查。

到2005年，郴州市拥有国有苗圃场10个，总面积613公顷，其中育苗面积81公顷，常年育苗量逾2100万株；有个体集体育苗场地91处，育苗面积80.12公顷，常年育苗量5000万株以上。境内苗木生产量能满足造林绿化对种苗的需求。临武县大力发展个体育苗生产，全县80户育苗专业户2005年生产合格优质苗1200万株，其中Ⅰ级苗出圃率达94%。是年，湖南省林业生产育苗现场会在临武县召开。

二、工程造林

（一）建设速生丰产林基地

速生丰产林基地是原杉木林基地和用材林基地续建工程，工程始建于1985年。1989年，郴州地区将速生丰产林基地建设列为林业生产发展的重点，在全区范围内选择最佳林用地，以新造和迹地更新为主，采取集约经营，做到适地适树、良种壮苗、精细培育，确保林木速生丰产。1989—1998年，全市（地区）完成速生丰产用材林造林保存面积6.85万公顷，其中新造3.42万公顷、幼林培养7787公顷、更新2.65万公顷。1999年对1985—1998年营造的10.95万公顷速生丰产林基地进行抽样调查测算，郴州市速生丰产林基地林木蓄积达1110万立方米，占全市同期（1999年）林木总蓄积量3396万立方米的32.7%，占全市活立木总蓄积量3543万立方米（包括散生林木）的31.3%。1999年起，速生丰产林基地建设被世界银行贷款造林和国家重点项目造林工程所取代。

（二）长（珠）江中上游防护林工程

郴州土地总面积分属长江水系和珠江水系。为改善长江和珠江流域日趋恶化的生态环境，国家自20世纪90年代在长江中上游实施护林体系建设工程。安仁、桂阳两县分别于1992年和1994年被列入长江防护林体系建设第一期工程辐射县。到2001年，郴州市第一期长江上游防护林工程建设经国家、湖南省林业部门验收，实际完成造林、封山育林合格面积1.81万公顷，占规划总任务的109%。其中人工造林面积8387公顷，封山育林面积9680公顷。累计完成工程投资989万元。2002年，除安仁县外其余10个县（市、区）启动长江防护林体系建设第二期工程；宜章、临武县全部和汝城、桂阳县及北湖区的部分乡（镇）启动珠江防护林体系建设工程。1992—2005年，境内“两江”防护林体系工程完成林业生产合格面积2.83万公顷。其中人工造林5941公顷，封山育林2.03万公顷，低效林改造580公顷，中幼林抚育1258公顷（郴州“两江”防护林工程于2006年经部、省验收各项指标合格，计投资3670万元，其中中央投资2506万元，地方配套1164万元）。

（三）世界银行贷款造林项目

1990—2005年，郴州共实施三期世界银行（简称世行）贷款造林项目工程。1990年启动第一期实施“国家造林项目”世行贷款工程，资兴市、郴县（苏仙区）、郴州市（北湖区）、汝城县（1993年增补）4县（市）在列。至1997年项目竣工验收，共完成投资总额2719.91万元，其中世行信贷资金折人民币2011.72万元，湖南省内配套资金400.47万元，其他资金307.72万元；项目县（市）累计营造速生丰产林1.14万公顷，项目造林面积核实率100%。第二期世行贷款实施的“森林资源发展和保护项目”工程于1995年4月启动，资兴市、苏仙区、北湖区在列。至2001年项目竣工验收，共完成投资总额1720.05万元，其中世行信贷资金折人民币938.64万元，湖南省内配套资金293.3万元，其他资金488.11万元；项目市（区）累计造林6628公顷，项目造林面积核实率

100%。第三期世行贷款实施的“贫困地区林业发展项目”工程于1998年启动，宜章、苏仙、桂阳、嘉禾4个县（区）在列。2005年项目竣工验收，项目县（区）完成投资总额3081.06万元，其中世行信贷折人民币1739.01万元，湖南省内配套资金1236.5万元，其他资金105.55万元；累计造林6966.9公顷，项目造林面积核实率100%。此期世行贷款造林项目，其贷款偿还期、宽限期和年利率各不相同。境内均实行“政府负责，财政担保，林业部门承办，法人还贷，现有林木资产作抵押”的办法组织实施。

到2005年，郴州先后组织实施的三期世界银行贷款造林项目，共竣工验收总面积2.5万公顷，其中造林2.15万公顷，毛竹低改（低产改造）0.35万公顷。协议信贷外资631.22万美元，实际信贷外贷567万美元，折合人民币4689.19万元，另省内配套资金1930.27万元，其他资金901.38万元。累计投入资金6526.84万元。

（四）“三难地”造林

1989年始，郴州在掀起消灭宜林荒山的造林中，同时将钙质页岩、紫色页岩和石灰岩“三难地”列入造林的攻坚项目。境内时有“三难地”27791公顷，主要分布在桂阳、永兴、郴县（苏仙区）、安仁、临武等县境内。1991年，桂阳县引进树种墨西哥柏，在流丰、板桥地带的钙质页岩区栽植413公顷，成活率虽90%，但因易倒伏，终未成林。

1994年7月，湖南省林业厅下达郴州1995—1998年完成“三难地”造林1046公顷的任务，重点安排在境内S332线省道两旁区域。继后，所涉的桂阳、永兴和苏仙、临武4县（区）选择马桑、湿地松、刺槐、女贞、光皮树树种，在“三难地”用羊角锄、钢纤挖穴整地，填客土，采用 直播或容器苗栽植办法造林。1995—1998年，郴州市投入“三难地”造林绿化资金617.2万元，其中省级拨款48万元，市级资助42万元，县级财政配套41万元，县级林业部门投入135.57万元，农民自筹350.63万元。投入劳动日21.77万个。至1998年，全市完成“三难地”造林1548公顷。此间，“三难地”造林任务最大的桂阳县县、乡、村三级层层签订造林目标责任状，县林业部门实行领导分片负责，技术人员施行定岗技术指导，确保按期完成“三难地”造林任务。是年，桂阳县被湖南省林业厅评为“三难地”造林绿化先进单位。

其间，“三难地”造林绿化持续攻坚推进。2003年，桂阳县在钙质页岩地区植种马桑成功；永兴县、苏仙区在107线国道两侧的油市乡、湘阴渡镇、廖王坪乡的紫色页岩和钙质页岩地段选择桉树造林，完成138公顷；临武县在该县至广东连州市公路两侧的武水乡、南强乡的紫色页岩山地地段，选择女贞造林33公顷获得成功，成活率85%以上。郴州市从1995年铺开“三难地”造林绿化至2005年底止，累计完成“三难地”造林1513.65公顷，占“三难地”的4.6%，如期完成改造任务。这些昔日不毛之地，变成了树木成荫的“绿洲”。

（五）退耕还林

1989年，郴州地委、郴州行署继续采取口粮补助措施补助25度以上坡耕地的退耕还林户。2000年，国家退耕还林项目正式启动。2001年，市政府成立退耕还林工程领导小组。全市11个县（市、区）全面列入国家退耕还林项目单位。郴州市实行按验收核定的退耕还林实际面积，向土地承包经营权人无偿提供种苗、造林补助费、粮食和生活补助费。粮食和现金补助年限：经济林5年，生态林8年。退耕后，不准林粮间作，确保“退得下，不反弹”。境内退耕还林主要选择水土流失和风沙危害严重、25度以上的陡坡地段及江河源头、水库周围和石质山地、山脉顶脊等生态地位。各地推行“权、责、利”相结合，做到谁退耕、谁造林、谁经营、谁受益。其承包的退耕地，承包期间可延至70年，并允许依法继承和转让经营权。自2001年全面铺开退耕还林项目工程始，相继涌现一批积极退耕还林的先进集体和个人。2001 年，临武县武源乡庄村邝广兴等 10 余户村民带领家属 35 人，起早摸黑作业完成退耕还林面积 140 公顷；该县接龙乡天堂坪村集资 10 万元组成 30 人的退耕造林专业队，吃住在山上，艰辛完成全村 140 公顷退耕还林任务。至 2005 年，全县完成集中连片退耕还林地 1580 公顷。临武县林业局被湖南省政府授予 2003 年“湖南省林业工作先进集体”称号。

2001—2005 年，郴州市按质按量完成国家下达给郴州市退耕还林的工程造林 7.78 万公顷。其中坡退耕地还林面积 3.24 万公顷，宜林荒山荒地造林面积 3.97 万公顷，封山育林面积 0.57 万公顷。工程涉及 11 个县（市、区）257 个乡镇的 14.59 万农户。期间，中央财政计划安排投资 10.20 亿元，实际到位资金（国债资金）3.42 亿元。其中，种苗补助费 5830 万元，基本建设投资 700 万元，退耕地补助及退耕工作经费 2.76 亿元。

（六）飞播造林

1990 年 3 月 20 日，中国民航 11 大队两架运用飞机抵资兴市茅坪机场，次日升机开播造林。继后于 1993 年，境内在资兴市、郴县（苏仙区）、桂阳县、临武县、永兴县 5 个县（市）连年分批进行第二次飞播种籽造林（第一次为 20 世纪 70 年代初期）。1990—1993 年，郴州完成飞机播种造林面积 10.76 万公顷。其中有效播种面积 8.24 万公顷，占播种面积的 77%。全地区“以播促封，以封保播”，加强飞播前后技术管理。其间，资兴市共计飞播造林 3.64 万公顷，播后严格封山育林，兴办飞播管护林场 41 个，配备专职与兼职护林员 136 人巡山护林。资兴市政府和郴州市林业局共拨款 40 多万元，帮助 24 个飞播乡（镇）6.1 万户村民改用节能灶和增设煤炭供应点，以解决群众生活燃料所需，确保飞播造林区封山成林。在这四年期间，飞播造林使境内大部人工植苗造林难度大的边远高海拔山地，如期实现消灭宜林荒山的目标。此间飞播造林的有效面积相当于同期人工植树造林面积的总和。1997 年、1998 年，北湖区永春乡和资兴市林业局先后被评为 “湖南省飞播造林先进单位”。

（七）其他造林

1989—2005 年，各地创新工程造林形式，鼓励国营、集体单位和个人开发荒山荒地造林，对集体林地采取分户经营、大户承包、股份合作、租赁、联合经营、拍卖、引资开发等形式造林。煤炭、轻工、森工、水利等需材单位相继建立原材料或商品林生产基地。其间，郴州市（地区）先后获“湖南省造林营林工作先进单位”“湖南省造林质量优胜奖”“湖南省造林检查验收及成果汇总一等奖”等称号。

1989—2005 年郴州市（地区）采种、育苗、造林完成情况统计表

表 13-6-1-1

项目/年份	采种（吨）	育苗（公顷）	造林（公顷）	项目/年份	采种（吨）	育苗（公顷）	造林（公顷）
1989	82.16	328.00	25800.10	1995	24.00	56.00	3760.00
1990	74.83	164.60	46380.20	1996	27.90	105.10	2500.00
1991	13.35	159.60	42986.70	1997	5.00	120.60	3276.00
1992	52.77	125.80	55840.00	1998	2.00	75.00	3760.00
1993	20.38	126.50	27910.00	1999	9.00	86.30	2500.00
1994	9.82	68.00	12130.00	2000	13.00	114.00	3276.00

续表 13-6-1-1

项目 年份	采种（吨）	育苗（公顷）	造林（公顷）	项目 年份	采种（吨）	育苗（公顷）	造林（公顷）
2001	4.50	67.90	4753.00	2004	67.00	197.00	23114.00
2002	9.04	115.00	3699.00	2005	60.00	75.00	8997.00
2003	204.00	233.00	33667.00	合计	738.75	222.40	317113.00

说明：造林面积含人工造林和飞播造林面积

三、林木抚育

（一）封山育林

1989年，郴州林业工作提出“以封为主，封造结合”的营林方针，逐步扩大森林面积。1990年，林业部和湖南省林业厅将桂东县列入封山育林试点县，该县采取全封、半封、轮封和工程封育相结合的办法，全县全年落实封山育林面积6667公顷，为1989年的10倍。1991年7月，郴州地区林业局组织105名技术人员，历时半年在全地区范围内对封山育林进行技术指导和普查。至年底，全地区11个县（市）制定封山育林工程管理措施，有计划地继续组织封山育林。1989—1993年，全地区封山育林完成新封27.58万公顷，相当于同期人工造林的3倍。其间在封山育林工作中，桂阳县按照“宜封则封，封造结合，连片封禁，统一管理”的原则，在林区要道设置封山育林和森林防火永久性标牌200块，雇请150名护林员管护封山育林区；资兴市把封山育林任务落实到山头地块，竖立永久性护林标牌，该市政府对护林员统一颁发工作证件，定人、定点、定责、定奖罚地落实护林员岗位职责；同时增设煤炭供应点，积极兴建小水电和放牧草场，帮助封山育林林区群众解决生活能源和放牧等实际困难。通过以上举措，资兴市“十五”期间森林蓄积由“八五”期间的823.99万立方米增至1056.98万立方米，增长28.8%，森林覆盖率由“八五”期间的66.54%增至73.83%。2004年，资兴市被评为“全国封山育林先进单位”。1989—2005年，郴州境内新增封山育林面积51.81万公顷，为此期间人工造林面积26.53万公顷的1.95倍。

（二）油茶低产林改造

1989年，郴州油茶低产林改造列为全国农业综合开发重点工程。郴县（苏仙区，下同）油茶改造被列入第一期项目工程，低改任务1666.70公顷。1990—1992年，郴县推广“油茶更新工程（WFP—中国2696项目）”的经验，采取清理林地、全垦深挖、修技亮脚、挖竹节沟、间密补稀、合理施肥等措施改造油茶低产林。全县累计完成低产油茶改造1916公顷，为任务的115%。平均每公顷年产油370.95千克/公顷，同比较改造前提高14.5倍。最高产油样点是该县岗脚乡南庵村村民李定西的低改油茶，每公顷平均产油达871.95千克。经林业部、湖南省林业厅联合验收，郴县油茶低产林改造综合质量指标列全省第五名。

1993年，郴县、永兴、资兴3县（市）列为第二期油茶低产林改造工程项目地，1995年增加嘉禾县。此期工程的油茶林更新改造主要实施环山水平撩壕或大穴整地，施足基肥，嫁接苗造林，和对林内劣质品种进行单株高接换冠等技术，至1995年末，3县（市）累计完成低改7498.7公顷，为改造任务的75%。其中改造1610.6公顷，更新888.1公顷。

1996年，苏仙区和嘉禾县列入油茶低改第三期工程项目县（区），至1998年，两地完成低改任务784.42公顷。其中更新230.73公顷，改造553.69公顷。1998年，湖南省林业厅安排安仁县油茶低改任务133.3公顷，延至2000年全县低改169.5公顷。

1990—2000年，境内先后三期共完成油茶低产林改造5368.82公顷，其中更新1065.83公顷，改造4302.99公顷。中央财政及省、市（地）、县配套投入资金782.09万元。改造后的油茶林其林相整齐，产量大幅提高。

（三）毛竹低产林改造

1988年，资兴市选择青市、烟坪、连坪3个乡（镇）开展毛竹低产林改造试点。到1990年年底，资兴市完成毛竹低产林改造569.72公顷。1991年，郴州地区制定“八五”期间毛竹发展规划，1992年开始实施，当年有资兴、汝城、郴县、桂阳、嘉禾5县（市）启动竹改项目工程，采用砍除杂草、灌木和“霸王树”，全垦深挖，除掉柴蔸、老竹蔸、竹鞭和科学施肥等，完成毛竹低改3587.47公顷。抽查显示，平均每公顷年产毛竹由改造前的300根增至690根，增加2.3倍，每公顷增加收入3570元，增收3倍以上。资兴市连坪乡出现笋、竹收入上万元农户7户。1994年，在资兴市召开全区毛竹低改工作现场会。次年，毛竹低改扩大，到1996年，郴州市11个县（市、区）全面铺开毛竹低改。1992—2005年，郴州市累计完成毛竹低改和新造6.68万公顷，其中低改6.62万公顷，新造0.06万公顷。竹林经改造使竹林生长环境改善，竹鞭四周延伸，新竹猛增，竹林面积扩大。“十五”期间（2001—2005年）森林资源调查统计表明，毛竹面积由“八五”（1991—1995年）期间的62749.8公顷增至81865.8公顷，净增19116公顷，立竹净增4279.09万株；有立竹20759.49万株，平均每公顷立竹达2535.8株。

四、国土绿化

（一）消灭宜林荒山

1989年4月，郴州地委、地区行政公署作出《关于五年消灭宜林荒山，八年绿化郴州的决定》，各县（市）政府在4月11日召开的全地区消灭宜林荒山动员会上，向行署签定如期灭荒造林责任状。随即，各乡（镇）政府又向县（市）政府签定灭荒造林责任状。造林绿化工作被列入各级党政领导的任期目标考核内容，各地立时掀起垦荒造林高潮。各级领导纷纷下乡办点示范，林业部门积极作好灭荒规划、技术服务和种苗供给工作，全区造林2.58万公顷。1990年初，地委、行署组织县（市）委书记到福建省三明市和江西省赣州地区考察学习开荒造林工作经验。年内有303名地、县级领导上山开荒兴造示范林7307公顷，带动完成人工造林1.65万公顷。从1991年起，桂东、汝城、宜章3县按规定从以工代赈总额中安排10%的资金帮助贫困山区灭荒造林。

1991年10月，地委、行署继而发出《关于进一步动员全社会大办林业、确保“五年消灭宜林荒山、八年绿化郴州”战略目标实现的通知》。随即，各地发动群众采用义务工、积累工形式，加大消灭荒山造林绿化郴州的工作力度。全地区动员1280名机关干部进驻乡村兴办造林绿化样板点，其中地、县两级领导下乡联系办点172处，在山头地块造样板林6786公顷。当年，全地区完成荒山造林5.53万公顷（其中人工造林2.4万公顷、飞播造林3.13万公顷）。桂东县成为全区第一个灭荒造林达标县，桂东县、资兴市、郴州市、嘉禾县4个县（市）和莽山林业管理局成为全区首批消灭宜林荒山达标单位，桂东县副县长李辉雄被评为全国林业战线劳动模范，资兴市获全国造林绿化先进单位称号。

1992年2月，地委、行署召开全区林业工作会议部署开展消灭宜林荒山攻坚工作，确保在1993年全境消灭宜林荒山达标。1992年，汝城县、郴县、宜章县、安仁县4县达到“灭荒”标准。桂阳县尚有宜林荒山2.1万公顷，为全省尚存荒山大户之一。桂阳县委、县人民政府拨专款投入“灭荒”，全县出现“千名干部带队，万名劳力上山”突击开荒造林的场景，是年全县完成造林面积1.5

万公顷（人工造林 0.28 万公顷、飞播造林 1.22 万公顷）。

到 1993 年，郴州地区消灭宜林荒山工作进入扫尾攻坚阶段，尚未“灭荒”达标县开展“找荒山死角，打全歼硬仗”活动。是年 6 月，经湖南省绿化委员会验收，最后一批“灭荒”的桂阳县、临武县、永兴县亦提前半年实现消灭宜林荒山达标。至此，郴州地区 11 个县（市）相继实现消灭宜林荒山的目标。是年 12 月，湖南省绿化委员会为郴州“灭荒”达标颁发纪念杯。

（二）全民植树绿化运动

自 1989 年始，各战线各部门和各单位均成立绿化领导小组，组织全民义务植树和部门绿化，相继开展街道、公路、铁路、河道水库以及单位庭院和居民集居地绿化美化运动。1989 年，全地区 82.66 万人参加义务植树运动，植树 1336.7 万株，成片造林 976 公顷，建绿篱 6.72 万米，栽花 4.58 万盒。1990 年，根据湖南省标准局颁发的《山区、丘陵、平原县绿化标准》，郴州地区林业局对全区绿化作出详细规划，并对绿化管理机构、全民义务植树之责、绿化成果保护提出具体要求。是年，全民义务植树重点安排在荒山区造林植树，全区建义务植树造林基地面积 2000 公顷，植树 1002 万株。

1993 年 11 月，地委、行署继全地区灭荒造林达标后又作出《关于实现全面绿化、发展高效林业的决定》。根据湖南省绿化委员会下达的绿化标准，行署将各项绿化指标分解到县（市），逐级落实到乡（镇）、村、组，实行分级分批验收。1994 年始，全区开展全面绿化达标创先活动，兴起创建全国造林绿化“十佳城市”“百佳县”“百佳乡”“千佳村”热潮。郴州市机关单位以街道、公路、乡镇机关驻地及城区周边山头绿化为主，农村以路旁、村旁、屋旁、塘库旁（四房）绿化为主，年义务植树 30 万株以上。1994 年，郴州市（北湖区）经省绿化委员会验收，成为全地区第一个实现全面绿化达标单位。1995 年郴州撤地建市后至 1997 年 5 月，全市 11 个县（市、区）全部通过省绿化委员会验收达到绿化标准。至此，郴州市比原定的 1998 年提前一年半时间实现全面绿化达标。

1998 年 1 月始，郴州市实施征收全民义务植树以资代劳绿化费（收费对象为 18~60 岁男性和 18—55 岁女性中的非农业人口），用于城区植树绿化工作。1998 年至 2005 年，全市征收绿化费 1004.29 万元。其间，全民植树运动持续高涨。临武县机关干部上山营造“新千年纪念林”200 公顷，宜章县在境区 107 国道和省道 1803 线两旁实施“百公里营林”工程，苏仙区全民义务植树与丘岗开发相结合，郴州城区开展绿化美化“百日攻坚战”。全民义务植树运动不断向基地化、标准化发展。

1989—2005 年，郴州市（地区）参加义务植树的人数累计 4711.1 万人次，植树 2.99 亿株。至 2005 年年末，郴州区域内铁路绿化率达 90.8%，高速公路、国道和省道绿化率达 92%，河、湖沿岸绿化率 92.6%；郴州市城区绿化覆盖率达 30.2%，人均占有公共绿地面积 6.6 平方米，被湖南省建设厅评为省级园林城市。全市先后有 105 个单位被评为省级“园林式单位”，177 个单位评为市级“园林式单位”；郴州市（北湖区）、资兴市、苏仙区先后被全国绿化委员授予“全国造林绿化百佳县”称号。资兴市黄草镇，宜章县长村乡，湘南烟草集团、东江水电厂、资兴市委机关、郴州市委机关、东江水电厂受到全国绿化委员会表彰。

第二节　林工生产

一、木、竹采伐

1989 年，郴州地区在农村开始推行“统一护林，统一采伐”经营方式，森林资源破坏性损失现象有所遏制。1991年，根据《湖南省森林采伐全额管理办法》规定，实行木材采伐限额制度。集体林区木材生产计划由湖南省林业厅统一下达到市（地）；尔后由市（地）下达至县（市）；县（市）林业主管部门根据各地林业生产实际再将采伐指标下达至各乡镇、村。1992年，地区林业主管部门对汝城县、桂阳县、桂东县、资兴市、宜章县木材公司和东江木材厂、资兴刨花板厂7个单位的森工林场木材采伐计划均实行单列。2000年始，由于企业改制及政策调整原因，郴州市森工林场、采育场木材生产计划单列的只有资兴市木材总公司、东江木材厂、宜章县木材公司、汝城斌志木业有限公司、桂东县木材公司5家。

采伐劳力主要由当地林农（职工）承担或聘请外地专业采伐队承担完成。2004年，资兴市在各乡（镇）组建林木专业采伐队103支，对500多名队员培训合格颁发“林木采伐资质证”。采伐方式以间伐为主，少有皆伐。木材运输有陆运和水运，以陆运为主，郴州销出的木、竹运量80%~90%采用汽车运输。

1989—2005年，全市计划生产木材1609万立方米、竹材7917.50万根。实际生产木材768.72万立方米、竹材6816.74万根。分别占计划任务的47.78%、86.1%。17年中，全境木、竹生产虽坚持“凭证”制度，但依然存在乱砍滥伐、无证经营等破坏森林资源的违法行为。

二、木、竹经营

20世纪80年代至90年代初，郴州地区内木材由国家统一计划收购和定点销售。除国有林场生产的木材可自销外，农村集体生产的木材一律由国有木材公司经营销售，国有森工企业在木材经营中发挥主渠道作用。1994年，国家对木材经营逐步放开，各地渐趋开展木材议价购销，主要议价销售困山材、间伐材等外材和废木料。

在经济体制改革不断深入的形势下，1998年始，郴州市11个县（市、区）进一步放开木材经营，取消单一由国有木材公司一家进山收购政策，允许持有木竹经营许可证的个体、民营企业进山收购木材。木竹产品可在建材市场或集市销售，实行产销见面，价格随行就市，自主经营。到2003年，全市森工企业收购木材只占全市木材生产总量的24.84%，国有木材公司收购经营的木材仅占2.71%。各地木、竹逐步加工制造成家具、纸产品，结束以销售原木、原竹为主的木材流通历史。改革过去单一的林产品统销体制，不断放开和拓展经营市场，全市木竹产品专营门市和批发网点日趋增多，国有木材经营企业渐趋解体和半解体。至2005年，郴州市个体、民营企业木材经营日愈成为境内木材经营的主体，仅郴州市城区就有南塔建材市场、同新建材市场、五岭建材市场经销木竹建材和产品，另有100余家零售散木竹家什的店铺，郴州市城区北街形成木竹家具经销一条街。

三、木、竹加工

1989年前，境内木竹加工企业规模小，所加工产品多为锯材、模板类初级产品。1989年，各种木竹制品市场需求日盛，一批国营、集体、个体企业相继投资木竹加工。其时，因各种人造板应用广泛，加之郴州森林原料丰富，各地注重发展人造板加工业，改造和新上一批木胶合板、竹胶合板、刨花板、细木工板、中（高）密度纤维和指接板、脱脂材生产项目。人造板工业渐成郴州木竹加工业亮点，郴州跃为湖南木地板主产地。1993年，境内产量最大的木胶合板生产线在资兴东江木材厂建成投产。1997年，桂东竹胶合板厂通过二期技术改造，年生产能力提高到1万立方米。资兴刨花板厂生产的刨花板在全国新技术新产品交易会上获得金奖。1999年，资兴刨花板又获湖南省第二届名特优新产品博览会金奖。2002年，郴州创兴人造板有限公司在资兴租赁东江木材厂场地兴建的年产3万立方米的高密度纤维板生产线竣工投产。

到2005年，全市经优化木竹加工产品结构，林工产品呈现多样化、品牌化新态势。主要产品有锯竹、木竹人造板、木竹地板、家具、木制品及工艺品、活性炭及木炭、木浆纸7大类18个产品。资兴市东坪乡木碗生产厂年产各种规模木碗15万~18万个、产品畅销日本、马来西亚、泰国等东南亚国家及大陆台湾地区。是年末，郴州市拥有加工木材100立方米或年产值50万元以上的木、竹加工企业299户。全市全年生产加工各类人造板13.55万立方米、木竹地板23.14万平方米、木浆纸2万吨、家具1.35万件、活性炭及木炭540吨、竹跳板30.8万块、竹凉席7.53万床、竹工艺品34万件、锯材32.8万立方米。此外，竹砧板、包装箱均形成一定生产能力。

1989—2005年郴州市（地区）主要木、竹加工产品产量统计表

表13-6-2-1

项目	人造板（万立方米）						地板（万平方米）		
	胶合板		纤维板		刨花板	细木工板	杂木地板	杉木地板	竹地板
年份	木胶板	竹地板	纤维板	中（高）密度纤维板					
1989	0.01	—	0.74	—	0.20	—	—	—	—
1990	0.01	—	0.58	—	0.16	—	—	—	—
1991	0.09	—	0.70	—	0.26	—	—	—	—
1992	0.18	—	1.13	—	0.38	—	0.76	—	—
1993	0.24	0.14	1.01	—	0.80	—	0.49	—	—
1994	0.25	0.20	0.82	—	1.00	—	1.52	—	—
1995	0.23	0.28	0.67	—	1.03	—	2.31	—	—
1996	0.16	0.31	0.67	—	1.00	0.05	1.41	—	—
1997	0.05	0.33	0.57	—	1.04	0.06	1.28	—	—
1998	0.09	0.46	0.54	—	1.09	0.04	0.82	—	—
1999	0.11	0.63	0.32	—	1.18	0.22	0.90	—	—
2000	0.31	0.87	0.07	—	1.23	0.38	—	3.10	—
2001	0.29	1.29	—	2.39	0.52	0.76	—	—	0.51
2002	0.18	6.03	—	5.46	0.39	0.89	—	5.59	1.01
2003	0.51	1.39	—	8.33	0.72	1.06	—	1.13	12.50
2004	4.55	1.55	—	7.30	1.03	3.42	—	0.58	28.28
2005	5.62	2.03	—	5.90	1.06	3.15	—	0.70	22.44

说明：“—”示当年无此产品生产

四、林副产品

郴州林副产品地方特色鲜明。林化原料主要有松脂、油桐籽、生漆、白蜡、山苍籽；森林食品和森林药材主要有油茶籽、竹笋干、核桃、板粟、枣、柿、橘、柚、蕨粉、山野菜、黄菌、花椒、香菇以及药材五倍子、银杏、杜仲、黄柏。1989年，全区生产主要林化原料2912吨，主要森林食品2809吨，森林药材455吨。

郴州松林资源丰富，松脂生产历史悠久，而生产一直欠发达。至1992年，全区松脂产量仅157吨。1993年，加大对松脂生产扶持力度，推广应用新的采脂技术，扩大采脂树种范围，实行采脂与采伐计划挂钩措施，松脂生产加速发展。至1999年，全市松脂产量跃升到1500多吨，为199年的10倍。1999年，根据松脂生产可采资源的实际情况，实行“一县一厂”布局原则，规范松脂生产经营和加工行为，到2000年，郴州市11个县（市、区）均建有小型松香生产厂家，生产工艺逐步从土法生产向蒸汽法过渡，产品质量提高。全市活性炭生产至2005年的年产量突破5500吨。

1989—2005年，郴州森林食品逐步由单纯生产原料向生产、贮藏、加工、销售一条龙经营发展。资兴市于2004年被国家林业局命名为“第三批中国名特优经济林之乡”，桂东县生产的野生黄箘干以珍稀食品而著称；宜章县生产的粉状松针膏饲料添加剂、胡萝卜软膏、松针维生素粉产品，技术标准均达国家专业Ⅰ级品标准；桂东县罐头厂生产的清水竹笋罐头、郴州天湖绿色食品有限公司生产的竹笋罐头和山野菜系列产品，皆相继畅销至日本市场。2005年，郴州市中药材种植面积万余公顷，其中“三木”（杜仲、厚朴、黄柏）保存面积1400公顷。境内有上规模的油茶、油脂、竹笋、鲜果、松脂林副产品加工企业18户，其中松脂加工企业10户。

1989—2005年郴州市（地区）主要林副产品产量统计表

表13-6-2-2

单位：吨

项目	森林食品				林化原料							森林药材				其他
年份	油茶籽	竹笋干	核桃	板粟	松脂	油桐籽	生漆	白蜡	山苍籽	乌桕	紫胶	五倍子	银杏	杜仲	黄柏	棕片
1989	7587	50	2	170	584	28	0	3	2295	2	—	0	15	6	3	431
1990	7535	571	1	469	325	83	—	—	2521	—	—	0	9	393	3	462
1991	7533	662	2	482	189	66	0	80	2049	1	0	0	6	232	4	139
1992	7664	594	60	461	157	66	0	1	3515	—	—	1	12	8	5	—
1993	19013	589	55	711	322	267	0	1	3489	—	3	6	11	11	7	495
1994	26049	664	9	737	371	311	0	1	3115	9	2	5	11	15	8	254
1995	21109	733	23	757	375	330	0	3	3864	6	—	14	23	22	24	291
1996	25201	779	22	877	431	418	0	3	3806	—	—	11	40	27	26	297
1997	29043	1236	29	993	590	408	0	1	4078	1	10	12	47	30	29	407
1998	26893	1575	35	1151	940	615	3	50	4218	43	10	11	96	206	181	482
1999	33771	1430	42	1478	1570	653	2	—	—	57	8	26	63	37	—	647
2000	33958	1613	41	141	2072	756	5	—	—	71	10	31	66	—	—	740
2001	35994	1419	39	1767	2132	842	117	—	—	80	—	29	49	—	—	737

续表 13-6-2-2

项目 年份	森林食品				林化原料							森林药材				其他
	油茶籽	竹笋干	核桃	板栗	松脂	油桐籽	生漆	白蜡	山苍籽	乌桕	紫胶	五倍子	银杏	杜仲	黄柏	棕片
2002	46451	1561	37	2292	2942	742	54	—	—	98	8	35	—	—	—	772
2003	40972	2515	40	4277	2683	853	327	11	1584	125	—	57	40	120	58	809
2004	42437	3060	39	2525	3265	776	73	—	1573	140	—	76	21	111	54	883
2005	49843	3223	80	2847	3970	1136	85	12	1988	178	—	203	42	117	50	1225
合计	461053	22272	555	23411	22917	8350	665	165	38065	811	51	518	551	1336	453	9072

说明：表中“0”值表示产量不足 0.5 吨，合计数与分年合数略有出入系表分年数四舍五入所致

第三节　森林资源保护

一、森林防火

（一）森林火灾

郴州由于受气象因素的影响，加之封山育林造成林内可燃物增多，群众野外滥烧木炭、灶灰、杂草，以及上坟挂纸燃放鞭炮和游客野炊、吸烟等原因，导致 1989 年森林火灾次数呈上升趋势，达 220 次。1990—2001 年，森林火灾发生过百次的仅 2 年，其他年份在 31~72 次。

2003—2005 年，为森林火灾多发期。2003 年 6 月至 8 月，郴州境内有 64 个乡（镇）相继发生森林火灾 120 次，受害森林面积 203 公顷。是年的 11 月 4 日 11 时至 8 日 11 时，桂阳县板桥乡泉溪村发生的重大森林火灾持续燃烧近 5 天，火灾涉及 3 个乡（镇）4 个行政村，受害林地 176.7 公顷，造成直接经济损失 60 多万元；12 月 23 日，汝城县外沙乡梅木村云头坪组村民郑某烧土坎杂草时不慎引发森林火灾，受害森林面积 186.6 公顷，损失活立木蓄积 3218 立方米，幼树 3.24 万株，直接经济损失 36.18 万元。2004 年 2 月 16 日，宜章县平和乡杨柳村一组村民亦因烧土坎杂草不慎引发森林火灾，火灾殃及相邻的马陈村、黄田村，杨柳村村民杨香梅、杨元花、杨招英、曾宪芹在扑救山火中献身。2003—2005 年，郴州市 3 年间共发生森林火灾 1248 次，伤亡 14 人，受害森林面积 6157.6 公顷，损失幼苗 376.49 万株、成林蓄积 14.5 万立方米，年均受害率 2.13‰。

1989—2005 年，郴州境内共发生森林火灾 2338 次，年均 138 次；伤亡 21 人，受害森林面积 1.19 万公顷，年均森林火灾受害率 0.78‰。郴州市火灾受害率由 1989 年的 0.62‰上升至 1.92‰。

1989—2005 年郴州市（地区）森林火灾情况统计表

表 13-6-3-1

项目 年度	火灾次数	受害森林面积（公顷）	林木损失		人员伤亡（人）		受害率（‰）
			幼林（万株）	成林蓄积（立方米）	死亡	受伤	
1989	220	498.40	66.51	7095	—	—	0.62
1990	38	109.80	14.79	604	—	—	0.14

续表 13-6-3-1

年度 \ 项目	火灾次数	受害森林面积（公顷）	林木损失		人员伤亡（人）		受害率（‰）
			幼林（万株）	成林蓄积（立方米）	死亡	受伤	
1991	55	137.30	21.47	1385	—	—	0.17
1992	164	1373.80	138.09	8291	1	—	1.72
1993	107	1018.90	173.38	6618	1	—	1.28
1994	72	347.70	65.77	1916	1	1	0.44
1995	43	216.70	41.33	416	—	—	0.27
1996	38	200.70	46.11	1555	—	—	0.25
1997	31	124.30	10.00	1192	—	—	0.16
1998	55	166.90	71.52	716	—	—	0.17
1999	71	774.00	109.29	7580	1	—	0.79
2000	58	255.80	13.09	174	—	—	0.26
2001	35	274.80	5.50	1105	—	—	0.28
2002	103	329.50	17.85	2140	2	—	0.34
2003	377	1513.80	108.89	17545	3	—	1.57
2004	517	2801.40	96.53	69399	5	3	2.91
2005	354	1842.40	171.07	58105	3	—	1.92
合计	2338	11986.20	1171.19	185836	17	4	—

（二）森林火灾预防

1988 年，郴州地区护林防火指挥部（1990 年改称“森林防火指挥部”）制定、实施《郴州地区森林防火基础建设规划》。重点林区资兴市国有林业企事业单位配备专职护林员，村民委员均建立群众性护林汸火组织，层层落实森林防火责任制，实现连续 3 年无森林火灾。1989 年，该市获“全国护林防火先进单位”称号。1990 年，郴州地区森林防火指挥部与 11 个县（市）和莽山林业管理局签署《森林防火责任状》。各乡（镇）人民政府、国有林业企业和村民委员会即后建立群众性护林、防火组织，配备专职或兼职护林员，行政区域交界的林区建立护林防火联防组织。是年，森林防火短波计算机数据通讯组网安装调试成功并投入运行。1988—1990 年，全地区筹集投入森林防火设施建设基金 446.61 万元，开设防火隔离带 2478 千米，营造防火森林带 301 千米，兴建林区防火瞭望台 17 座，购置防火指挥车 5 辆，风力灭火机 24 台，无线电台及对讲机 262 部及望远镜等器具。

1993 年，桂东县加强森林防火设施建设，森林防火无线电通信网络覆盖率占有林面积的 80% 以上，基本形成全方位、全天候、全覆盖的林火监管网络。是年，桂东县获“全国森林防火先进单位”称号。至 1996 年，桂东县筹资 80 万元用于森林防火项目建设，县域连续 8 年（1989—1996 年）没有发生森林火灾事故。

从 1996 年起，全市强力推进生物防火带建设。郴州市自此每年从育林基金和林业保护建设费中提取部分资金（县级提取 7%、市级 3%~5%），用于生物防火林带和森林防火基础设施建设。

到1999年，全市营造防火隔离带4497千米（其中生物防火林带2251千米），兴修防火简易公路6579千米；建林区防火瞭望台47座，拥有无线电基地台、中继台和车载台101个，有防火车辆33台、扑火机具731台（把、套）。2000年，全市每公顷林地生物防火林带从不足3米增至15米左右。

2002年12月，郴州市森林防火指挥部制定《县（市区）政府森林防火责任考核办法》。在推行林业防火各项责任目标达标中，各县（市、区）财政将森林防火经费列入财政预算，每年投入5万~8万元资金。2002—2005年，在落实各级森林防火责任制中，郴州市人民政府获湖南省森林防火工作一等奖1次、二等奖3次；市林业局获全省森林防火工作目标管理一等奖、二等奖各2次。2005年12月，郴州市人民政府表彰当年落实森林防火责任制的先进单位和个人。同月，市政府办公室印发《关于对森林防火重点乡镇实施治理的通知》，部署综合治理境内重点火险乡（镇）工作。至2005年底，郴州市营造以木荷为主的生物防火林带5251.2千米，初步形成一个较为完备的生物防火林带体系。

（三）森林火灾扑救

1989—1990年，郴州各地大多未建立护林防火专门组织，火灾扑救主要依靠当地组织群众投入。1991年，国家森林防火总指挥部、人民解放军总参谋部、林业部下发《关于组织林区民兵参加森林防火工作的通知》。郴州军分区、各县（市）人民武装部在林区乡村和林场，相继组建民兵护林防火组织。1994年9月，全地区森林防火工作会议决定在林区组建专业或半专业森林消防队，即以重点林区林业职工为主体，以县为单位组建专业森林消防队；在林区机关、企事业单位和广大农村，以基干民兵为主体建立义务消防队。并做到组织、任务、训练、机具四落实。1995年初，资兴市被湖南省定为首批组建半专业森林消防队试点单位后，组织由东江木材厂、湘林运输公司资兴分公司青年建立森林消防中队，有队员60名，配备工具车、风力灭火机、灭火水枪、对讲机消防器具和服装。

1997年，郴州市森林防火办公室按林业部要求，建成林火远程卫星通信终端。到1998年，全市建立半专业森林消防队伍7支，400余人；义务消防队伍1229支，1.32万人。2000年，市林业局投资26万元兴建森林防火“林火卫星监测局域网”，随后11个县（市、区）森林防火办公室均组网成功。

2003年3月，郴州市人民政府制定印发《郴州市处置重特大森林火灾事故工作预案》，对处置程序、扑火工作职责、组织领导及火案处理作出具体规定。是月，郴州市政府、郴州军分区召开全市民兵森林防火应急分队建设工作会议，印发《民兵森林防火应急分队组建方案》。嘉禾县投资30万元组建全市第一支“民兵森林防火应急机动连”，配员456人，下设18个排，配备扑火装备和服装，并经常组织集中培训和扑火演习。该连在“防火期”实行军事化管理，做到“召之即来，来之能战”。到2005年年底，郴州市11个县（市、区）均组建民兵森林防火应急分队，构成专业队扑救与群众扑救相结合的格局。

二、森林病虫害防治

（一）主要病虫害

郴州境内有森林害虫90科755种，森林病害179种。发现林业有害生物110种，其中危害较大的虫害有马尾松毛虫、湿地松粉蚧、竹蝗、萧氏松茎象、白蚁等。马尾松毛虫发生面积占全市（地区）病虫发生面积的80%左右。年均发生约1万公顷，一般是3年一小灾，5年一大灾，局部地区甚至年年有灾。此虫害常发区有桂阳县、嘉禾县等地。竹蝗发生面积占常年全市病虫发生面积的10%左右，17年间年均发生面积1200公顷。1996年，苏仙、资兴、永兴三个县（市、区）爆发竹蝗虫害计5500公顷，以致当年新竹枯死，次年老竹不发笋，年均每公顷经济损失约3000元。林木病害主要有杉木叶枯病、松针赤枯病、油茶炭疽病、苗木猝倒病、苗木立枯病。此外，其他局部发生的病虫害有湿地松粉蚧、萧氏松茎象、毛竹枯梢病、松材线虫病、柑桔溃疡病、板栗疫病等。其发生面积占境内病虫害发生面积的10%左右。

（二）防治体系

1989年后，郴州市（地）、县、乡三级不断健全和完善森林病虫害防治网络建设，逐步形成“一站三网”（森防站，预测、检疫、防治网）防治体系。至1999年，郴州市11个县（市、区）设立森林病虫害监测点125个，中短期测报准确率为85%；监测覆盖率占林区面积79.7%，种苗产地检疫率达93.9%，皆达到湖南省林业厅提出的测报指标。国家林业局还在桂阳、宜章、资兴3县（市）分设国家级森林病虫害中心测报点。其间，全市开展“创建无检疫对象种苗繁育基地”活动，推进防治体系基础性工作。资兴市和苏仙区苗圃获国家级，汝城县苗圃、郴州市林科所、安仁县苗圃获省级，桂阳县苗圃获市级“无检疫对象种苗繁育基地”称号。2000年，郴州市森林病虫害防治站（简称森防站）被国家林业局授予森林病虫害防治标准站。至2005年，全市有省、市、县级森防站12个，专职森防干部、植物检疫员、测报员99人；有林区、乡村监测点兼职检疫员、测报员348人。郴州市、县、乡三级初步构筑起森林病虫害测报、植物检疫和防治服务的森林保护框架。当年，全市11个县（市、区）森林病虫害防治工作全部达到郴州市和湖南省森防目标管理各项指标的要求。

（三）综合防治

20世纪80年代至90年代中期，郴州坚持“预防为主，综合防治”工作方针，逐步形成“人工防治、生物防治、药物防治、工程防治”的综合防治森林病虫害的格局。多采用人工捕杀、挖卵和施用化学农药的办法防治病虫害。普遍采取人工挖竹蝗卵块，采摘松毛虫卵块，挖白蚁巢，掏萧氏松茎象蛹、幼虫等办法，防治竹蝗、马尾松毛虫、白蚁、萧氏松茎象等虫害。对疫区传染病进行皆伐、择伐、消除病株，控制传染。还引进药物施用新技术，提高药用效益。

20世纪90年代后期，郴州市森林病虫害防治从生态学原理出发，采用改进营林、生物防治措施，提高森林自我控灾能力。普遍推广使用白僵菌、苏云金杆菌、松毛虫病菌、绿色威雷等生物制剂和仿生制剂防治森林病虫害。以及采用施放赤眼蜂、肿腿蜂和招引益鸟、设灯光诱蛾等办法防治森林害虫。境内无公害防治率达80%以上。

自2000年，树立“森林保健”新理念，通过人为工程技术，改善森林生存环境，对病虫害实行标本兼治。桂阳县、嘉禾县开展国家级马尾松毛虫综合治理工程，资兴、北湖、苏仙、汝城、宜章5县（市、区）实施萧氏松茎象综合治理工程，累计防治松林虫害面积10万公顷。即在工程治理区，实施封山育林防止外害入侵，改造虫源地、植造混交林增强林木抗灾力，及其实行药物防治、人工捕杀办法进行综合治理。1989—2005年，桂阳县先后四次使用飞机超低容量喷洒溴氰菊酯和生物农药防治马尾松毛虫，飞防357架次，有效面积4.52万公顷，基本控制虫害蔓延。2000—2005年，全市通过病虫害防治，使松林免遭马尾松毛虫和萧氏松茎象的大面积危害，折合挽回经济损失7500万元。汝城县、苏仙区、永兴县、资兴市推行打孔注射内吸性强的农药防治毛竹枯梢病、竹蝗、竹缕舟蛾等病虫，有效防治率均在90%以上。

1989—2005年，全市森林病虫害发生面积20.52万公顷，防治面积15.75公顷，年均防治率达84.1%。

（四）森林植物检疫

1988 年，郴州行署印发《郴州地区森林植物检疫实施细则（试行）》，各地进一步健全充实森林植物检疫队伍建设。1992 年 7 月，郴州地区林业局组织对森林植物检疫对象，设点进行抽取样株普查。检出境内有国内森林植物检疫对象 4 种，即板栗疫病、枣疯病、泡桐丛枝病、毛竹枯梢病；有省内补充检疫对象 1 种，即檫木长足象。

1996 年，郴州市人民政府印发《关于加强植物检疫工作的通知》。1998 年 11 月至 1999 年 12 月，郴州市组织 268 人的普查队伍，先后在境内 255 个乡镇、18 个国有林场设置标准地 3492 个，调查样株 10.24 万株，普查面积 87.87 万公顷，普查率达 91.4%。普查结果表明，全市有全国森林植物检疫对象 3 种，即板栗疫病、柑橘溃疡病和毛竹枯梢病；有省内补充检疫对象两种，即檫木长足象、萧氏松茎象。

2003 年 9 月，经湖南省林业厅和国家林业局专家鉴定，郴州市苏仙区、北湖区在省内首次发现全国林业检疫性有害生物即松材线虫病（又称松树枯萎病），乃一种致病力强、难治理的毁灭性高危病害。市、区两级火速组织疫情普查，查明两区发生面积 380 公顷，病死松树 1027 株。其病害地处交通要道，疫情源系外省带有松材线虫病的松类植物及其产品流入或遗落域内所致。郴州市人民政府立即印发《关于进一步加强松材线虫病防治工作的通知》，继后县（市、区）及疫情所涉乡（镇）、苏仙岭风景区分别成立松材线虫病防治指挥部，实行由政府牵头、林业部门指导、专业队伍施工的防治工作机制。采取清除枯死树木、诱捕天牛产卵、飞机（直升机）喷药、采伐病害迹地树木进行更新及堵截疫源举措，实施严格防治。是年，境内北湖区和苏仙区松材线虫病由 380 公顷减至 283 公顷，有效控制疫情的蔓延和外侵。

2004 年至 2005 年 3 月，郴州市根据国家林业局和省林业厅新修订公布的林业检疫性有害生物名单，认真组织检疫普查。查明郴州有全国林业检疫性有害生物松材线虫病，有省内补充检疫性有害生物萧氏松茎象、柑橘溃疡病、板栗疫病、毛竹枯梢病、加拿大一枝花 5 种。至 2005 年年底，全市投入松树枯萎病防治资金 570 多万元控制该病蔓延。1989—2005 年，郴州市经组织森林植物检疫对象普查，及时查清危险性病虫害在郴州的种类与分布，为森林病虫害防治提供了可靠的依据和信息。

1989—2005 年郴州市（地区）森林病虫害发生与防治情况统计表

表 13-6-3-2

项目 年度	发生面积（公顷）	发生率（%）	防治面积（公顷）	防治率（%）	种苗面积检疫率（%）	林区监测覆盖率（%）
1989	37200	3.86	2660	7.15	90.10	49.00
1990	8387	0.87	893	10.65	91.20	48.60
1991	10587	1.09	7513	70.97	93.20	50.30
1992	10997	1.14	8765	79.70	98.00	56.00
1993	3021	0.94	2925	96.82	96.00	60.50
1994	5204	0.52	3590	68.99	95.00	63.90
1995	3920	1.29	2953	75.34	91.00	74.80
1996	14938	3.63	14180	94.93	89.00	83.50
1997	6477	1.58	6840	105.60	90.00	81.70
1998	4453	1.28	3353	75.30	87.40	83.60

续表 13-6-3-2

项目 年度	发生面积（公顷）	发生率（%）	防治面积（公顷）	防治率（%）	种苗面积检疫率（%）	林区监测覆盖率（%）
1999	15533	2.13	18880	121.55	91.00	83.60
2000	9253	1.27	6013	64.99	95.00	83.60
2001	25880	3.50	32567	125.84	90.00	83.64
2002	6554	1.53	12805	195.38	98.00	98.00
2003	14533	2.12	11960	82.29	98.00	98.00
2004	16567	1.67	12467	75.25	98.50	100.00
2005	11673	1.17	9133	78.24	98.50	95.00
合计	205177	29.59	157497	平均 84.1	年均 93.5	年均 76.1

三、野生动植物保护

（一）野生动物保护

自 1989 年，郴州境内林业、公安、工商、环保部门相互配合加强野生动物保护，依法打击违法犯罪活动。1991 年 5 月，郴州行署印发《关于严厉打击非法捕杀贩卖野生动物的紧急通知》。次年，宜章县林业局在莽山国家级自然保护区，查获非法收购国家重点保护动物短尾猴 2 只。1993 年，地、县两级林业、工商、医药部门继即对医药（药材）公司及药品销售门市部进行两次清查，查封国家禁止交易的含虎骨、犀牛角及其成分药品 34 种，价值 528 万元。

1993 年 5 月，成立郴州地区野生动物保护协会（1995 年改称郴州市野生动物保护协会），协会成立后连年在境区组织开展“爱鸟周”“保护野生动物宣传周”等一系列保护野生动物的宣传教育活动。

1994 年 11 月上旬，一位华侨回桂东县探亲，以“暂住家乡的一个游子”的名义写信并连同一包乡亲相送的干野味品（多为干白鹭肉）寄至郴州行署领导，建议采取措施救救这些“森林卫士”。行署领导及时批示连信转至桂东县政府。该县即以这一生动例子在全县广泛开展爱鸟护鸟宣传活动，桂东县人民政府印发《关于禁止滥捕乱猎候鸟资源的通告》，县林业、环保、工商和涉境乡（镇）成立执法队伍．重点在属中国内陆第二大鸟类迁徙的县城鸟岭、上铁山、猴子岭开展候鸟保护专项行动。到 2005 年，桂东县收缴野生鸟类 6000 多只放归大自然，收缴鸟类干制品 700 余千克及捕鸟器具 350 付，先后捣毁捕鸟场所点 600 多处。

1997 年，郴州市人民政府发布《关于禁止非法收购、宰杀、加工、出售野生动物及其产品的通告》。林业部门严格核发野生动物及其产品经营许可证，严厉查处城乡集贸市场、餐馆酒家非法经营野生动物的行为。是年，北湖区林业局在罗家井市场查处非法出售国家 I 级保护动物倭蜂猴 4 只，并将案件移交公安机关立案处理。

2002 年，国家和湖南省公布重点保护野生动物名录，郴州市据此规范野生动物资源保护。是年 12 月，在全市开展保护“候鸟行动”，市、县两级森林公安先后出动警力 1980 人次，清理集市、宾馆、酒楼、餐馆 1405 家，收缴各类野生鸟类及其他野生动物 6792 只（头、条），其中放归大自然 5443 只（头、条），刑事立案查处 6 起。2005 年年底，郴州市和北湖区森林公安分局联合专案组，在广东、甘肃森林公安的协作下，侦破由国家森林公安挂牌督办的“10·29”特大非法收购、运输、出售国家重点保护野生动物案，抓获犯罪嫌疑人10人，查获国家一、二级重点保护动物69只，缴获作案车辆3台，收缴涉案赃款94万元。

1989—2005年，郴州立案查处野生动物违法案件2100余起，其中刑事案件15起，结案率95%以上。查获列入国家和省保护名录的野生动物主要有云豹、倭蜂猴、巨晰、蟒蛇、黄腹角雉、穿山甲、水鹿、短尾猴、草鸮、大（小）灵猫、虎纹蛙、中华竹鼠、华南兔、蛇、蛙。

（二）野生植物保护

郴州岭多山深，森林植物种类繁多，乃全省重点保护野生植物资源地区之一。属于国家和省重点保护的野生植物有37科97种（含古树名木）。境内根据原生植被、植物区系特点，珍稀濒危植物分布情况，对野生植物主要开展就地保护、迁地保护和科学研究。

1989年后，郴州地区行署部署划定野生植物保护区范围，实行就地封闭式保护。尤其使八面山桃辽岭生长有第四世纪冰川遗贸下来的活化石——“植物熊猫”即银杉365株受到重点保护。1989年5月，在郴州地区林科所设立“郴州地区南岭植物园”，该园收集和培植植物种质资源168科665属1169种。其中，属国家和省级保护的珍稀濒危野生植物21科56种，成为南岭山地珍稀优良树种基因库。1990年始，资兴天鹅山林场进行银杉保护与繁殖技术研究，先后采种育苗银杉3000株。1995—1997年，一些地方出现乱砍伐红豆杉、樟木等国家重点保护珍稀树种的现象，全市林业公、检、法、森保、国土资源、林政等部门多次组织清理整顿砍伐行为。3年间，查处非法收购无证经营和运输的红豆杉、樟木等珍稀树种木材150多立方米。2002年1月始，各县（市、区）对野生植物一律实行凭证采集、凭证运输、凭证经营制度。2003年，资兴天鹅山林场移栽200株银杉与松木混交，就地保护与繁育取得成功。

此间，郴州市（地区）林业科研所、植物园、苗圃对珍稀植物进行迁地保护实验。至2005年，先后有观光木、粤松、银杉、竹柏、罗汉松、木莲等10余种重点保护野生植物被迁地引入获成功，部分珍稀植物推广造林，解除濒危状态。樟树、银杏、红豆杉、木莲、金叶白兰、厚朴等野生植物且已实现迁地栽植。全市有办理野生植物经营许可证的林木加工企业13家。

四、生态公益林管护

1996年6月，资兴市经林业部批准，开展林业分类经营改革试点工作。随即，资兴市成立林业分类经营工作领导小组，组织对公益生态林进行深入摸底调查。1997年11月，完成《资兴市林业分类经营初步方案》《林业分类经营总体规划》。该市以东江库区为重点，开展森林资源资产评估工作，制订《东江库区森林资源资产评估工作方案》《资兴市森林生态效益补助资金试点方案》。是年同月，湖南省分类经营改革工作会议在资兴市召开，总结推广资兴市将森林划分为公益林和商品林，实行分类经营，分类管理，建立科学森林经营体制的作法和经验。1998年11月，《资兴市林业分类经营总体规划》获省林业厅批准。

2001年6月，郴州市人民政府批准实施《郴州市森林分类区划界定工作方案》（简称“方案”），确定把以生态利用为主要目的的森林划为公益林，动员实施生态公益林建设与管护。郴州市和各县（市、区）成立森林分类区划界定领导小组，界定生态公益林54.29万公顷，占全市林业用地40.6%。10月，湖南省林业厅批准郴州森林生态公益林补助试点面积24.82万公顷，其中重点防护林 22.09 万公顷，特种用途林 2.73 万公顷。试点实施单位有北湖、苏仙、永兴、资兴、汝城、安仁、桂阳、桂东、宜章 9 个县（市、区），涉及 127 个乡镇、846 个村、4257 个村民小组、农户 76921 户；涉及省级以上自然保护区 2 个，国有林场 11 个，基地和联营林场 2 个，苗圃 1 个。生态公益林按照事权划分，实行事业化管理。

2002 年 12 月，郴州市人民政府制订《郴州市森林生态效益补助资金试点实施方案》。到 2005 年，郴州各试点单位在森林分类区划界定国家公益的基础上编制实施方案，将管护面积落实到山头地块。各地组织填写《国家重点防护林和特种用途林面积分户（区、场）登记卡》，经张榜公示 5~7 天无异议后，由县（市、区）人民政府与村委会（林场、自然保护区），签订国家重点防护林和特种用途林管护补助协议，以乡、村为单位树立公示牌。各村召开村民大会，选举专职护林员，由其对生态公益林实行专职管护，逐年进行检查验收。森林生态效益补助资金试点区的乡（镇）林业工作站加挂生态公益林管理站牌子。林业站以面积分户（区、场）登记卡为基础，在乡（镇）信用社逐户（林场、自然保护区）建立森林生态效益补助资金账户，发放存折或现金，确保管护经费用于林权所有者或经营者手中。

2001—2005 年，中央下拨给郴州森林生态效益补助资金 8927.2 万元。其中，管护人员费用 7673.91 万元，占 85.96%，管护生产费用 1253.29 万元，占 14.01%。到 2005 年，全市公益林管护建立乡、村两级管理机构 1023 个，配备专职护林人员 1358 人、监管人员 221 人。2005 年，管护单位签订管护协议 1400 份，签订禁止、限伐协议 2051 份。

五、自然保护区建设

1989 年，郴州有宜章莽山和桂东八面山两家湖南省级自然保护区。1994 年，莽山由省级自然保护区晋升为国家级自然保护区。郴州市政府及市林业部门先后制定一系列加强自然保护区管理的制度，严禁一切有损自然保护区秩序和植物的行为。宜章莽山自然保护区 7372 公顷核心区域植物，多年实行封闭式管理，已成为中亚热带阔叶林的典型代表和最大、最完整的原生性常绿阔叶林森林生态基地；具有生存环境内 90% 以上生物的多样性。宜章莽山和桂东八面山自然保护区，被 WWE 猫科动物专业委员会 CarY 博士评价为中国拯救濒危物种华南虎的重要区域。此外，境域内有资兴东江水库、永兴便江、注江，嘉禾盘江水库、千家洞水库等 5 处市、县级湿地自然保护区，其集独特的地域环境、森林生态景观和自然人文景观于一体，是旅游开发胜地，是多种珍稀濒危候鸟的越冬栖息地。

2001 年，郴州市全面启动建立县级自然保护小区工作。至 2005 年，全市经考察规划，选择在生物资源丰富、集中、特有的区域，建立县（市、区）自然保护小区 22 处，面积 4.68 万公顷。至此，境内建立自然保护区 24 处，总面积 7.16 万公顷。其中：国家级自然保护区 1 处、总面积 1.98 万公顷（核心区 7372 公顷），省级自然保护区 1 处，总面积 4913 公顷（核心区 2967 公顷）；县级自然保护小区（含小区）22 处，面积 4.68 万公顷。按类型划分，森林生态系统类型 21 处，面积 5.12 万公顷；湿地生态系统类型 3 处，面积 2.03 万公顷。全市自然保护区面积主要分布于罗霄山脉和南岭山脉的交汇处，是天然林主要分布区。自然保护区成为野生植物资源保护，开展生物科研和进行生态教育及旅游的理想场所。

2005 年郴州市自然保护区一览表

表 13-6-3-3

名称	级别	所在地域	面积（公顷）	建立年份	主要保护对象
莽山自然保护区	国家级	宜章县	19833	1994	亚热带阔叶林生态系统、华南虎
八面山自然保护区	省级	桂东县	4913	1982	亚热带常绿阔叶林生态系统
便江、注江自然保护区	县级	永兴县	18179.5	2001	以丹霞地貌为代表的湿地生态系统
三江口自然保护小区	县级	汝城县	40	2001	亚热带常绿阔叶林生态系统
大水江自然保护小区	县级	汝城县	789	2001	亚热带常绿阔叶林生态系统
九龙江自然保护小区	县级	汝城县	1500	2001	亚热带常绿阔叶林生态系统
五指峰自然保护小区	县级	汝城县	4000	2001	亚热带常绿阔叶林生态系统
庙前自然保护小区	县级	汝城县	3850	2001	亚热带常绿阔叶林生态系统
西边山自然保护小区	县级	汝城县	4050	2001	亚热带常绿阔叶林生态系统
龙虎自然保护小区	县级	汝城县	1	2001	红豆杉
南岭林区自然保护小区	县级	嘉禾县	3600	2003	亚热带常绿阔叶林生态系统
盘江水库保护区	县级	嘉禾县	1558	2003	湿地生态系统、候鸟
烈士塔自然保护小区	县级	嘉禾县	315	2003	亚热带常绿阔叶林生态系统
千家洞水库自然保护小区	县级	嘉禾县	510	2003	湿地生态系统
顶寮自然保护区	县级	资兴市	952.5	1985	亚热带常绿阔叶林生态系统、银杉
兴宁海水保护小区	县级	资兴市	737.6	2001	亚热带常绿阔叶林生态系统、蟒蛇
龙洞下洞保护小区	县级	资兴市	450.5	2001	亚热带常绿阔叶林生态系统、黄腹角雉
龙溪杨家坪保护小区	县级	资兴市	303.2	2001	亚热带常绿阔叶林生态系统、水鹿
龙溪中洞保护小区	县级	资兴市	119.6	2001	亚热带常绿阔叶林生态系统、红豆杉
连坪天狮仙保护小区	县级	资兴市	2663.1	2001	亚热带常绿阔叶林生态系统、水鹿
连坪高塘保护小区	县级	资兴市	747.4	2001	亚热带常绿阔叶林生态系统、水鹿
天鹅山保护小区	县级	资兴市	776.8	2001	亚热带常绿阔叶林生态系统、白鹇
斗余自然保护小区	县级	桂阳县	256	2003	亚热带常绿阔叶林生态系统
木凉亭自然保护小区	县级	桂阳县	1418	2003	亚热带常绿阔叶林生态系统

附：

国家级、省级自然保护区简介

宜章莽山自然保护区 位于宜章县境内东南部，与广东省交界。地处北纬 20°53′~25°03′，东经 112°43′~113°00′，海拔高度 452~1902 米。区域总面积 19833 公顷，其中核心区 7370 公顷。1982 年列为省级自然保护区，1994 年升格为国家级自然保护区，以保护原生性常绿阔叶林及其珍稀动物植物为主要目的。

莽山地处南岭山脉中段，属骑田岭支脉，中亚热带南部，具有特殊的生物地理位置。其海拔

1200米以下为典型的原生性亚热带常绿阔叶林，是世界湿润亚热带常绿阔叶林保存最完好、面积最大、最具代表性的地域。其植物区系丰富多样，属典型的南岭区系。保护区内有高等植物3000余种，其中木本植物1200余种，属国家和省重点保护植物56种。莽山尚存特有植物22种，其中棱果毛蕊茶、莽山野橘等12种，草本有莽山紫菀、湖南黔蕨、莽山苦竹、莽山谷精草、湖南水簪等10种。

莽山自然保护区其动物区系处华中与华南区之分界线。经野生动物调查，有哺乳、鸟类、爬行、两栖类四纲陆栖脊椎动物316种，昆虫400余种。其中国家I级重点保护动物有华南虎、云豹、金钱豹、黄腹角雉、蟒蛇、林麂6种；II级重点保护动物有短尾猴、黑熊、大灵猫、苏门羚、水鹿、草鸮等39种。莽山特有动物有莽山角蟾、莽山烙铁头蛇、莽山后棱蛇3种。其中莽山烙铁头蛇是1989年发现的新蛇种，1998年列入《中国濒危动物红皮书》中的极危等级。特有昆虫有湖南散白蚁、莽山蝎蛉等16种。

莽山是湖南省首批建立的自然保护区。2001年7月始，国家和地方财政共投资881万元启动“莽山国家级自然保护区总体规划”第一期项目工程建设。2003—2004年，又投资350万元修建莽山生态博物馆。2005年，成功举办中国郴州（莽山）生态旅游节。

桂东八面山省级自然保护区 位于桂东县境西部，地处罗霄山脉南端与诸广山平行的八面山东坡，北纬25°54′~26°06′，东经113°37′—113°50′。总面积4913公顷，其中核心区2867公顷。1982年，由湖南省人民政府批准建立省级自然保护区，以保护亚热带森林生态系统和珍稀动植物为主要目标。

保护地区处中亚热带向南亚热带的过渡地带，为湘江水系一级支流洣水和耒水的重要发源地。区内山峦重叠、沟谷纵横，最高主峰海拔2051米，最低海拔800米。其土壤和气温随海拔高度不同形成明显差异，故森林植被也相应出现垂直变化的多样性。一般海拔1200米以下为常绿阔叶林带，1200~1800米多为常绿与落叶阔叶混交林（包括中山针阔叶混交林）带，1800米以上则为中山灌丛、草丛带。

野生植物资源有维管束植物217科922属2259种，其中木草植物100科370属1003种。属国家重点保护野生植物21种，其中I级5种，II级16种。野生动物资源有陆栖脊椎野生动物240种，分属24目66科。属国家重点保护野生动物43种（其中I级5种，II级38种），省重点保护野生动物154种。保护区内有30种野生动物被列入《濒危野生动植物国际贸易公约》（CIYS）。

保护区独具特色的是保存享有“活化石”之称的银杉1000余株，其最大一株胸径44厘米，树高24米；还有南方铁杉纯林13公顷、穗花杉林2公顷。此为迄2005年国内发现保存数量最多、面积最大且较为完整的银杉和南方铁杉地段，对于研究植物群落起源及生态状况具有重要价值。

第四节 国有林场与森林公园

一、国有林场

1989年，郴州地区有国营林场18个，总人口6923人，其中职工4118人。当年，开展第二次国有山林定权发证工作，确定国营林场山林权属。1997年，郴州市国营林场均更名为国有林场。至

2005年，郴州市有18个国有林场，经营总面积11.02万公顷（国有10.87万公顷，集体0.15万公顷），森林蓄积837.75万立方米，（其中莽山、大坪、天鹅山、五盖山4个林场进入全国国有林场500强）。国有林场总人口15201人，其中职工总数5724人。全市国有林场生态林面积78025公顷。分别设生态公益型林场12个、商品型林场6个。

（一）农场管理改革

1989年，全区国营林场继续推行行业管理。之后国有林场改革大体与农林土地使用制度改革同步，推行大林场统一管理，小林场实行家庭承包责任制。1992年，随着木材生产由计划经济向市场经济转移，国营林场的经营自主权逐步扩大，生产经营在“职工承包经营”的基础上，出现“合股经营”及“林场与当地乡村联合经营”等生产方式，呈现“以林为主，多种经营”的发展新态势。1993年，湖南省人民政府取消国营林场木材全部统购调拨任务，国营林场经营自主权进一步扩大，在以林为主的同时拓展种养、木材加工、水电、矿产等多种生产经营。

1995年，临武县西山林场与西瑶乡合并，实行以场代乡、场乡合一管理周边农村居民的行政管理体制，扩大了林场经营面积，周边山林纠纷亦日渐减少。1997年，国营林场更名国有林场后，定为生产性事业单位，改为实行企业管理，由国家投资经营为主转向自我经营、自主发展为主。并逐步把国有林场承担的医院、学校、公路养护等社会性事业部分划给有关部门管理。到2000年，全市有12个林场实现将医院、学校移交地方有关部门管理。

2001年始，国有林场实行分类经营管理，按生态公益林、商品经营型、混合经营型三种类型组织分类经营，以保护和培育森林资源为主要任务，木材产量下降后所需资金按行政隶属关系由同级政府承担。同时，以改革劳动、人事、分配制度为核心，转换经营机制，普遍推行人员管理合同制，劳动承包责任制，上岗公开竞争制。2003年，桂东县宋坪林场将80公顷采伐迹地造竹项目进行承包公开招标，至2005年，职工郭东梅在承包期所营造的毛竹林符合标准要求，除继获经营管理权外，还每年获林场奖励金1200元。2005年，临武县东山林场有51户发展承包式家庭种养经济，计创年产值230万元，上交税费31万元。

2005年年底，全市18家国有林场总面积12.11万公顷（经营面积11.02万公顷），设111个工区，森林覆盖率93.1%；在职职工中下岗、分流为自我经营者1426人，占35.91%。

（二）林场生产经营

1989年，境内国营林场规格材自主经营扩大到50%，经营自主权扩展。1993年，湖南省人民政府取消国营林场全部统购调拨任务，木材及其他林副产品全部自产自销。之后，郴州国营（有）林场以生产原木为主，形成“以材为主，多种经营”的经济发展格局。1997年，宜章骑田岭林场建成装机总容量250千瓦的水电站2座，实行承包经营。还开拓市场，开办林海煤矿。莽山林业管理局建立林、电、工三大支柱产业，年总收入达2303.60万元。2001年起，全市国有林场因开始实行森林分类经营，木材生产下降，第二、第三产业快速推进，逐步自建贮木场、转运站、加工厂和经销门市部，构成“采（伐）、运、贮、加工”生产经营一条龙。至2005年，莽山林业局和天鹅山、五盖山、苏仙岭、大石、大坪5个林场利用山林资源和自然景观，开发森林旅游项目，逐成支柱产业。

2005年，全市国有林场总收入7302万元。其中，木竹销售收入4251万元占58.22%，水电和旅游等多种经营收入2367万元占32.42%，其他收入684万元占9.36%。扣除各类费用支出实现静盈利138万元。国有林场计有经营性资产16272万元、林木资产67887万元、固定资产14938万元，借贷款余用支出，全额19876万元。

2005 年郴州市国有林场林业基本情况统计表

表 13-6-4-1

项目 单位名称	总面积（公顷）	林地面积（公顷）	活立木蓄积（立方米）	森林覆盖率（%）	联营造林面积（公顷）	经营性资产（万元）
全市	121138.50	117450.20	8377510	93.10	2946	16272
宜章县莽山林管局	19833.00	19774.60	1616742	99.23	—	13000
桂东县宋坪林场	9930.10	8614.70	779627	90.00	1921	150
汝城县大坪林场	13985.60	13756.60	1758441	93.24	—	80
汝城县益将林场	5365.80	5211.80	423849	96.00	—	20
汝城县暖水林场	5370.80	5262.30	163868	94.61	—	130
资兴市天鹅山林场	6738.40	6647.70	401210	96.87	—	360
资兴市滁口林场	7876.40	7840.90	553763	97.81	—	36
宜章县骑田林场	5805.00	5617.20	284868	89.73	—	341
宜章县容家洞林场	2625.60	2510.6	269923	83.44	—	32
临武县东山林场	7927.00	7657.10	119106	93.86	—	—
临武县西山林场	12588.00	11993.50	295950	89.24	—	2000
嘉禾县南岭林场	2600.00	2599.90	277839	87.57	—	—
桂阳县太和林场	1937.00	1566.1	172899	70.94	—	—
安仁县大石林场	7621.10	6979.90	685579	84.40	—	—
安仁县公木林场	888.90	867.20	77704	90.02	—	98
永兴县矮塘铺林场	3853.80	3788.6	124390	94.30	1025	—
苏仙区五盖山林场	6523.00	6520.90	350108	97.72	—	25
苏仙区苏仙岭林场	269.00	240.60	21650	86.36	—	—

二、森林公园

进入 20 世纪 80 年代末，郴州加快森林旅游资源开发，加强森林公园建设。境内森林公园建设以国有林场为主体，实行森林自然景观、历史遗迹和人文景观整体开发，突出推进基础设施和景点景观建设。1989—2005 年，先后建设国家、省、县（市）森林公园 6 个，总面积 5.57 万公顷。至 2005 年，郴州境内有国家级森林公园 2 个（莽山、天鹅山），省级 3 个（五盖山国际狩猎场、汝城县九龙江森林公园、苏仙岭风景名胜区），县级 1 个（安仁县大石森林公园）。这一期间，全市森林公园接待游客 300 万人次，旅游收入 4000 万元。其中尤以 2 个国家级、3 个省级森林公园为人们旅游、休闲、考察、疗养提供了良好的去处。

莽山森林公园 1992 年 7 月，经林业部批准在莽山林业管理局辖区内建立莽山国家森林公园。总面积 1.98 万公顷。公园地处湖南省最南部，其东、南、西三面与广东省接壤。地形复杂，山峰陡峭，有石峰 300 多座，其中海拔 1000 米以上山峰 126 座，奇峰、峡谷、怪石众多，瀑布、溪流、高山湖相间；保存着完整的原始次生林，古树名木众多；有各种鸟类、爬行类和两栖类动物 208 种，其特有蛇种“莽山烙铁头”只在公园核心区栖存 300~500 条，被列为爬行类国家一级优先保护动物，具有极高的观赏和科学研究价值。莽山以独特的风景旅游资源和原始自然生态环境而扬名，被誉为“南国天然动物园”“天然动植物博物馆”“南岭山地物种基因库”“湖南省最大的生物基因库”，有“湖南西双版纳”之称。

天鹅山国家森林公园 1992 年 7 月，经林业部批准设立。总面积 6851 公顷。其地处于风景名胜区东江湖畔，交通便利。园区内动植物资源丰富，有国家一级重点保护树种银杉。园区内呈现森林茂盛、山高谷幽、云海茫茫、山溪连湖的壮丽自然景观。公园分为四大景区：大桥景区、濂溪景区、竹洞景区、天鹅顶景区。

五盖山国际狩猎场 1989 年，经林业部批准，建立“湖南郴县五盖山守猎场”。该场位于郴州市东南面 45 公里处，猎场面积 6289 公顷。五盖山地处五岭山脉主峰地带，山高林密、古木参天、峰峦叠峰、流泉飞瀑，有宜于狩猎的动物 26 种及景点 20 余处。场内设施、设备由林业部、湖南省林业厅、郴州地区林业局和郴县林业局共同投资建设。1992 年开始狩猎，更名“中国湖南郴州五盖山国际狩猎场”，是全国第二、江南唯一的国际狩猎场。

汝城县九龙江森林公园 公园位于湘、粤、赣三省交界区，总面积 13447 公顷。园内峰峦起伏，森林茂密，山环水绕，山青水碧，构成一幅风光旖旎、色彩亮丽的秀美山水画卷。森林植被类型丰富多样，珍稀、濒危物种较多，是华南地区保存较好的动植物基因库和天然动植物博物馆之一。园内人文景观资源丰富，存有太平天国遗址、红军长征足迹、瑶山村寨民族风情民俗。2003 年 11 月，汝城县政府批准建立九龙江县级森林公园。2006 年元月，湖南省人民政府批准为湖南省省级森林公园。

第五节 林业执法

1989年以后，郴州林业工作进一步从行政指挥转向规范化、法制化管理轨道，强化林业法治建设。依据《中华人民共和国森林法》，郴州先后制定林木种子、陆生野生动物、自然保护区、森林防火、义务植树、林政管理、林政处罚一系列与之相配套的实施细则、规定和办法。到 1990 年 12 月，全地区确定林业公安、检察、审判人员编制计 229 人，并设立相应机构。

1995 年 5 月，郴州撤地建市，郴州市人大常委会坚持每年召开一次林业执法督办工作会议，并组织人大代表视察林业法规执行情况。1997 年，资兴市东江木材检查站推进公正执法、文明执法，被湖南省林业厅授予“全省十佳文明示范站”称号。宜章县林业公安分局被评为“全国林业公安基层基础建设标兵单位”，立二等功一次。随后，郴州市林业局制定《郴州市行政执法责任制试行办法》《执法过错责任追究暂行办法》《行政执法公示制度》，推进林业行政执法的严肃、公正和透明。当年全市在全民普法活动中，各级政府和林业主管部门先后组织林业普法活动 110 多期，举办法律培训班 40 多期，培训林业管理干部和执法人员 6000 多人次，重点宣传、学习《中华人民共和国宪法》《中华人民共和国森林法》《中华人民共和国种子法》《湖南省林业条例》等。

与此同时，森林公安、林业检察、林业审判机构加强依法办案，相继组织开展“打击毁林犯罪专项斗争”和“毁林、盗林追逃”“蓝剑”“猎狐”“春蕾”“候鸟二号”等一系列依法治林的专项行动。1999 年 6 至 10 月，郴州市林业公、检、法机关组织开展打击毁林开垦、盗窃木材、纵（失）火毁林以及林区黑恶势力犯罪的“追逃战役”，印发《敦促林业犯罪涉案在逃人员限期投案自首的通知》5 万余份，投入侦查、追捕警力 680 多人次，抓获在逃人员 31 名。2000 年 2 月，资兴市林业公安分局干警在江西省南昌市 4 昼夜蹲点守候，将批捕在逃 6 年之久的“全国林木假种子第一案”首犯熊某某逮捕归案①。是年，全市林业公安侦查刑事案件 58 起，其中重、特大案件 13 起，逮捕 45 人，依法移送检察机关起诉 42 人。2001 年，全市森林公安破获破坏野生动物资源，盗林、毁林等案件 457 起。

到 2002 年，全市以森林公安为主体，进一步推进创建安全文明林区活动。全市建立林业联防联调（调解）组织 380 个、护林组织 4113 个，配备专（兼）职林业法制宣传员和护林员 1.5 万余人。至 2005 年，全市开展创建安全文明林区的 121 个单位，基本实现发案少、社会秩序好，无重大森林刑事案件、森林火灾和山林权属械斗。

1989—2005 年，郴州林业公安立案侦查林业刑事、治安、行政案计 3.45 万件，侦破结案 3.4 万件，案件侦破率为 98.5%；收缴木材 3.64 万立方米，挽回经济损失 4527.48 万元。林业检察机关受理公安机关提请的批捕涉林案件 989 件 1398 人，经审查批准逮捕 843 件 1174 人；受理公安移送起诉 990 件 1268 人，经审查提起公诉 875 件 1104 人；立案侦查森林案 114 件 160 人，挽回经济损失 1112.05 万元。林业审判庭共受理林业刑事、山木权属纠纷及民事案件 3.26 万件，结案率 100%，年均办案 1917 件，其中林业刑事案件结案被判处有期徒刑 2175 人，拘役和管制 1105 人。其间，涌现全国优秀人民警察刘清平、全国林业公安机关优秀人民警察黄社财、李文锋、胡晓林等先进模范人物。资兴市林业公安分局黄草派出所 2000 年被评为全国林业公安机关人民满意单位，郴州市人民检察院林业检察科 2001—2005 年连续 5 年被评为“湖南省林业检察先进单位”，市中级人民法院林业审判庭 2004 年被评为“全省林业审判先进单位”。

2005 年底，郴州市、县两级设立：森林公安分局、林业检查和林业审判机关均为 12 个（其中市级 1 个，县级 11 个）；林业公安下设基层派出所 27 个，林业审判下设基层林业人民法庭 6 个。年内人员编制林业公安 357 人、林业检察 48 人、林业审判 74 人。林业公、检、法队伍建设得到加强。

1989—2005 年郴州市（地区）森林公安机关查处森林案统计表

表 13-6-5-1

项目 / 年度	立案（起）	破案（起）	其中			拘禁处罚（人次）	其中		收缴木材（立方米）	挽回经济损失（万元）
			刑事案件	治安案件	林政案件		逮捕	拘留		
1989	1315	1275	95	661	519	2286	69	185	1257	93.20
1990	1109	1085	118	434	533	2310	80	114	1345	83.31
1991	1393	1273	95	274	904	2081	68	132	2020	88.93

① 1990—1992 年，江西省九江县农民熊某某为首从山东等地以每千克 0.91~1.25 元低价收购黑松种（沿海低海拔树种）13 万千克，充当黄山松（高山树种），以每千克 1216 元高价销往郴州、邵阳 10 多个飞播造林县，造成重大损失和恶劣影响，时称“全国林木假种子第一案”。经侦破批捕熊某某后被判处有期徒刑 14 年。

续表 13-6-5-1

年度 \ 项目	立案（起）	破案（起）	其中			拘禁处罚（人次）	其中		收缴木材（立方米）	挽回经济损失（万元）
			刑事案件	治安案件	林政案件		逮捕	拘留		
1992	2016	1987	78	251	1658	3194	35	128	2859	173.12
1993	2866	2850	110	303	2437	4524	70	129	3397	299.84
1994	2499	2479	76	362	2041	3614	18	132	2340	331.09
1995	2925	2911	80	208	2623	4058	70	104	1819	351.44
1996	2266	2256	92	127	2037	3140	75	56	1725	282.93
1998	2347	2337	53	90	2194	3009	35	56	1443	322.77
1999	1355	1345	65	92	1188	2583	39	67	960	318.66
2000	2033	2030	58	65	1907	2503	45	41	982	340.55
2001	960	947	21	39	887	1201	26	24	455	155.85
2002	1086	1077	81	35	961	1361	71	32	941	305.26
2003	1453	1409	115	—	1294	1424	65	43	4526	399.71
2004	2810	2739	206	—	2533	2866	130	58	4245	368.41
2005	3965	3973	130	—	3743	4222	69	29	4394	213.52
合计	34493	33963	1511	3031	29421	46986	991	1373	36365	4527.48

第六节　林业管理与机构

一、林业管理

（一）山林权属管理

1989 年 7 月，湖南省人民政府发出《关于切实做好山林定权发证工作的通知》，郴州地区成立山林定权发证领导小组，并派出 30 个工作组协调开展国有山林定权发证工作。到 1990 年 9 月，全区完成国有林新发证和审核发证单位 85 个（含国营林场、苗圃、林科所），定权发证面积 11.63 万公顷。林业、水利、城建、交通系统 57 个单位的国有林场也予签发林权证，发证面积 0.61 万公顷。查处长期丢失、漏管国有林 560.6 公顷，并更正或补发林权证。在确权中发证，调处发证争议面积 4050.5 公顷。全地区累计签发国有林权证 687 份，制图 562 张。

从 2003 年起，在郴州市范围内换发全国统一式样的林权证。到 2005 年底，全市退耕还林换发证工作全面开展，经验收退耕还林合格面积 5.52 万公顷，审核发证面积 3.43 万公顷，占应发证面积的 62.03%；国有林核实面积 6.69 万公顷，宗地数 7292 宗，登记换发证面积 2.96 万公顷。此间，郴州集体山林基本形成统一护林，家庭或集体经营和多种联营形式并存的格局。自留山、自留地造林实行“户造、户管、户有”，允许经营权继承、转让；分户承包的荒山，实行统一规划，联户管理，谁造谁有；林区成片集体林，则实行折股联营，林木作价折股，按股分红，或实行合同营林承包管理。

郴州境域涉及市、县、乡三级交界边界长达1598.45千米，集体山林边界长占72%以上，是湖南省山林权属纠纷较多的地区之一。各地坚持就地调处，分级负责，遵循“双方协商、上级调解、政府决定、法院裁决”的原则，开展经常性的调处工作，山林权属纠纷呈逐年下降趋势。1990—2005年，因山林纠纷械斗死亡4人、伤残401人，造成直接经济损失935.51万元。全市（地区）共调处省、市（地）、县、乡林际山林权属纠纷6927起，解决争议面积5210.2公顷，至2005年年底，全市山林权属争议面积由1989年的1.63万公顷减至342.5公顷。

（二）征用、占用林地管理

1992年1月开始，郴州行署依照国家相关规定，对征用、占用林地实行审核审批管理。即凡国家建设、乡镇村建设需征用集体和占用国有林地10亩以下的，县级林业部门务将审核意见抄送湖南省级林业部门备案。征用占用10亩以上2000亩以下的，县级林业部门须将书面意见报地区行署或省级林业部门审核备案；征用占用2000亩以上的，则由县级林业部门审核提出意见，经地区和省级林业部门现场复核后再报林业部审批。是年，并规范交纳林地损失补偿费标准。1993年，全地区开始试行使用林地许可证制度和有偿使用林地制度。

1998年11月，市、县两级均成立以政府林业主管领导为组长，由林业、国土、监察部门参加的林地保护清理领导小组，组织全面开展对毁林开垦和乱占林地的清查与督改。到1999年底，全市清理毁林开垦林地4685.28公顷，非法征用、占用林地1225.28公顷，逐块落实退耕还林面积1.04万公顷。2000年，全市启用全国统一印制的使用林地审核同意书、使用林地申请表、使用林地现场查验表，林地使用一律实行先申报审批，后有偿使用制度，凡征、占林地须经报省林业主管部门审批后，方可向用地单位发放使用林地审核同意书。

2001年5月，郴州市组织开展林地保护管理执法检查，到7月底止，查处非法占用林地项目442项，就地纠正非法占用林地项目313项，清退非法占用林地面积680.68公顷。是年10月，全市开展查处非法征、占用林地“蓝剑”行动。2004年4月，全市在开展征用林地清理、整顿中，查处非法占用林地案件381件，依法清退征占林地面积375公顷。继后，对境内有色金属科技工业园、桂东县正江电站、临武县西山林场和双溪滴水岩电站，以及北湖区石盖塘选矿厂、铁厂，鲁矿铁厂建设项目违法占用林地案，均予以依法查处。

2005年8月，郴州市林业局会同湖南省林业厅检查临武县征占用林地情况，查处违法违规占用林地项目105宗，清退面积173公顷。继即在全市范围内组织开展整治违法占用林地专项行动，年内查处违法征占用林地案件225起。郴州市林业局跟踪查处擅自改变林地用途和非法占用林地要案4起。

（三）木材采伐管理

1989年至1990年，郴州地区对乔木树种及毛竹采伐一律坚持限额采伐。1991年，全区实施《湖南省森林采伐限额全额管理办法（试行）》规定，即凡采伐胸径5厘米以上的林木，务必纳入年森林采伐限额，小头直径5厘米以下、长度在1.3米以下的间伐材和采伐、制材加工制剩余物可不列抵采伐限额。

从1994年起，郴州严禁木材采伐“乱开口子、乱批条子”，严格执行省林业部门每年下达的限额采伐计划，坚持凭证采伐制度，并实行“伐前有作业设计、伐中有检查监督、伐后有检尺验证”，严格制止乱砍滥伐和毁林开荒破坏森林的行为。1994—1998年，每年在全市（地区）范围内统一组织开展一次打击乱砍滥伐毁林犯罪的整治行动。1998年下半年，在整治行动中，查出桂东县青山乡发生特大滥伐林木案5件，无证滥伐林木面积85.14公顷，蓄积量1.57万立方米。青山乡有关党政领导因构成涉案玩忽职守罪、滥用职权罪，受到法律制裁。

1987—2005年，湖南省人民政府先后批转郴州4批次森林采伐限额（即“七五”“八五”“九五”“十五”期间采伐限额）。其间，郴州认真落实省下达的森林采伐限额总额及消耗类型和采伐类型计划，森林年采伐量均控制在年生产量以下，采伐量和出材量亦控制在省下达的采伐限额内。至2005年，全市11个县（市、区）和18个国有林场设立森林资源管理机构，部分乡镇林业站配备专职或兼职森林资源管理员，实行持证上岗制度。从2005年起，林木采伐证核发实行电子办证。

（四）木材经营管理

20世纪80年代中期，木材经营逐步放开，木材市场随之扩展。1989年6月，郴州地区根据湖南省人民政府修订发布的《湖南省林政管理办法》，规定凡木材经营单位，须经县市或县级以上林业主管部门同意，及同级工商行政管理机关核准登记发给营业执照后，方可从事经营活动。1991年8月，郴州地区行署发布的《关于进一步加强木材市场管理的通知》强调“坚持由林业部门的国营木材经营单位一家进山收购木材”“逐步推行木材定点供应的办法”，并规定计划内所需用材一律从国营木材经营单位购进，严禁从木材商贩中购入。

1993年，在木材全面取消统购统销后，为避免助长乱砍滥伐损林现象，郴州地区组织清理整顿木材经营、加工单位。年内，全地区先后对202个木材经营单位和301个加工单位进行年度审查，注销不合格经营单位17个、加工单位81个，签发经营或加工许可证8个。到年底，全地区注册木竹经营单位186个，木竹加工单位227个。从1994年3月1日起，启用全省统一制发的湖南省木竹经营、加工许可证。自后，始终坚持“三凭证”制度（凭证砍伐、销售、运输），对木材市场和经营加工单位坚持年审制度，由郴州市林业主管部门核发木材经营（加工）许可证。1999年，在全市木材市场清理整顿中，查出收购无证木材、偷漏国家税费不法行为的木竹经营单位161家，违章收购木材1498立方米，查补应缴林业专项费用25万余元。经过不断加强、完善对木材市场的监管，合法经营渐成气候。

2005年11月，湖南省林业厅颁布修正后的《湖南省木竹经营、加工许可证管理办法》，规定木材经营、加工许可证由县级以上林业行政主管部门核发管理。到2005年底止，郴州市有木竹经营单位461家、加工单位855家。是年，经年审合格木竹经营单位381家、加工单位706家，合格率分别占被审核单位的99%和97.9%；注销229家经营、加工单位的许可证。全市林竹经营秩序总体呈逐年好转趋势。

（五）林业专项资金管理

1989年3月，省财政厅、林业厅规定征收的集体林育林基金、更新改造资金、林政管理费（简称“两金一费”），是林业部门专用基金，属预算外资金，由县林业部门负责收缴，省、地、县三级林业、财政部门共同管理。各级林业部门按分成后的实际收入实行财政专户储存。1993年7月，取消林政管理费征收。1994年6月增设林业保护建设费。是年，将更新改造资金改称维简费。2003年3月，将维简费统一归类并入“育林基金”项目，合并后其征收范围和征收标准不变，简称为“一金一费”。郴州“一金一费”征收收入按分成比例全额上缴各级财政，纳入预算管理，实行专款专用。严禁用于非“育林基金”使用范围之外的预算支出和平衡财政预算。2004年1月1日起，取消由林业主管部门收取的林业保护建设费，林业专项基金只保留“集体林育林基金”一项。

1989—2005年，郴州市（地区）共征收集体林“一金两费”7.60亿元，支出7.38亿元。其中，育林基金收入5 82亿元，支出5.73亿元，主要用于造林、育林、森林资源管理、森林病虫害预防和救治、护林防火、林业科研和成果推广、林业执法、林政宣传、人员经费、征管业务费；维简费(更新改造资金)收入1.56亿元，支出1.32亿元，主要用于森工采运、企业固定资产折旧、设备更新、技术改造、新产品开发、房屋建筑、防洪保安工程项目的补助费；林业保护建设费(林政管理费)收入2195.06万元，支出3368.1万元，主要用于林政管理、森林防火和林区中幼林抚育间伐道路建设。

二、机构队伍

（一）管理机构

1989年，郴州地区林业局机关辖科、室、站、队机构17个，干部职工130人。1995年改称郴州市林业局。1996年机构改革，局辖科、室、站、队机构25个，干部职工156人。履行林业行政管理，是郴州市政府的组成机构。2002年机构改革，局辖科、室、站、队机构24个，干部职工114人。局内设一室五科，即办公室、造林科、资源林政法规科、计划财务科、政工科、森林植物野生动物保护科；有局直属事业单位8个：市林业调查规划设计队、市木材管理站、市林业科技推广中心、市林木种苗管理站、市国有林场与森林公园管理站、市林业产业管理站、市退耕还林办公室、市铁路木材检查站。至2005年，机构、职能无变化。市级林业机构有干部职工114人，其中局机关59人、局属事业单位55人。

（二）直属二级机构

1992年7月，郴州地区木材加工厂移交郴州地区劳动局。1997年9月，郴州市林产工业公司被国有黄沙坪铅锌矿兼并。2005年3月，郴州湘林实业公司经郴州市中级人民法院裁定破产。至此，郴州市林业局直属二级结构有郴州市林业职工接待站、郴州市林业科学研究所、郴州市白石渡贮木场3家。

（三）职工队伍

1989年，郴州地区林业系统干部职工9912人，其中行政机关789人、事业单位5461人、国有企业3662人。2005年，全市林业系统干部职工人数增加到10530人，其中行政机关881人、事业单位6417人、国有企业2382人、集体和个体企业850人；全市林业系统有专业技术人员1203人，其中副高级以上职称19人、中级职称262人、初级职称922人。市局机关和局属事业单位有在职干部职工114人，有大学本科及以上学历43人，大学专科学历49人，中专和高中及以下学历22人。

1989—2005年郴州市（地区）林业局主要负责人名录

表13-6-6-1

单位	姓名	职务	任职时间
郴州地区林业局	朱祖楞	局长	1985.11—1992.12
郴州地区林业局	王存湘	局长	1992.12—1995.01
郴州地区（市）林业局	李光球	局长	1995.01—2003.07
郴州市林业局	邵昌葵	局长	2003.08—

第七章 水利

1989—2005年，郴州各地坚持“水利是农业的命脉”理念，加强各项水利工程建设，农业水利面貌发生深刻变化。至2005年，郴州市累计有水库1061座，其中大型水库3座；中型水库29座（包括在建的黄口堰水库）；小一型水库141座，小二型水库881座（含在建水库）；山平塘9.98万口；修建水轮泵359处，有机械排灌3066台97.31千千瓦；兴建电力排灌2395处48.05千千瓦，堤防54.82千米。郴州市区内总蓄、引、提水能力达到96.42亿立方米，水库和山平圹总容量111.58亿立方米。基本形成以大、中型水库为主体，引水河坝和小（一）型水库为骨干，小（二）型水库、山平塘为辅助的蓄水灌溉工程体系。2005年实现灌溉面积172.22千公顷，有效灌溉面积158.57千公顷，旱涝保收面积138.07千公顷。全市旱涝保收面积占农田总面积的78.8%。

在此17年间，防汛抗旱、水利工程建设、水土流失治理、城乡用水、流域治理、水环境生态建设并头推进，成效显著。此间，新建、改建中型水库11座，除险加固中型水库10座、小型水库280多座。同时兴建一批引水、提水工程，流域综合治理全面展开，城区防洪建设初步启动。2005年，全市引水工程引水量达5.16亿立方米，提水总量达2.79亿立方米；治理水土流失面积9.29万平方米，累计减少土壤流失量194万吨。水利工程建设带动和促进农村小水电建设，至2005年年末，全市农村水电装机容量达78万千瓦，年发电量21万千瓦时，分别比1989年增长4.78倍、4.84倍。在水利工程建设中妥善安置移民28.74万人。其中接收安置三峡移民1060人。

郴州市各级政府、水利部门注重运用行政、法律、科学技术手段，加强水利使用管理。境内水费征管实行统一征收，统一管理。水电管理以郴电国际上市公司为龙头的农村水电企业对外开放，建成一批示范电站和变电站，成为全国农村水电现代化建设的先进典型。至2005年，先后有桂阳、安仁、嘉禾、永兴、资兴、临武、北湖7县（市、区）获“湖南省水利建设强县”称号，郴州市获湖南省水利建设“芙蓉杯”奖。然而，由于水利管理改制后，新的水利投入与管理机制尚未建立健全，公共财政特别是地方财政对水利建设投入严重不足，加之依法治水力度不够，境内仍存在病险水库多，水利设施老化严重，蓄调功能日趋衰退，水利工程防汛抗旱能力还不强的问题。

第一节 农田水利与城市防洪工程

一、蓄水工程

1987年2月开工建设半垅中型水库，1995年12月竣工投入使用。该水库位于资兴市团结乡境内，共完成土石方39.87万立方米，混凝土和钢筋混凝土9.12万立方米，投工92万个工日。水库控制流域面积62平方公里，设计坝高60.5米，总库容2260万立方米，灌溉面积8.35万亩，发电装机5台3020总容量千瓦。此外，桂阳县敖泉镇境内兴修的小I型秀峰水库于1990年动工兴建，次年7月主体枢纽工程和3000米灌溉渠道及240米涵洞完工，库容量近200万立方米，可灌溉邻近5个行政村267公顷农田。水库经续建整理，对库区分片绿化美化，成为可供游憩开发的全市花园式小（一）型样板水库。1993年7月宜章县城南乡境内动工兴建的小（一）型寺山坪水库，于1996年12月竣工蓄水，总投资1066万元，正常库容282万立方米，库内水发电后还可灌溉农田2000多公顷。是一座集防洪、发电、灌溉、城镇居民供水为一体的多功能水电工程。期间，随着骨干水利工程的配套受益，一些地方将小山塘、废塘改作农田，至2005年，郴州市山平塘由1988年的8.66万口减至7.98万口，减少6783口。

1989—2005年，郴州市新建扩建小（一）型水库20座，小（二）型水库126座，山平塘3498口，水库新增蓄水量8722万立方米，山平塘新增蓄水量3600万立方米。并相继涌现一批式样新，功能多的水库工程。新（续）建中型水库11座（含1989年前动工的水库），即半垅、山河、文明、观音山、林子坪、山店江、满天星、两江口电站水库、永兴一级电站水库、永兴二级电站水库、小东江水库，累计增加有效库容2.93亿立方米。至2005年末，境内水库总量由1988年的903座增至1061座，增加158座。其中大型水库增加1座（东江水库），中型水库增加11座，小型水库增加146座，新建水库累计蓄水增容96.5亿立方米。是年，全市拥有欧阳海、青山垅、东江3座大型水库，库容总量达98.17亿立方米；有中型水库29座，小型水库1022座（其中小（一）型水库141座，小（二）型水库881座）。全市水库和山圹总容量达111.58亿立方米。较之1988年15.08亿立方米增长6.4倍，水库、山平塘有效灌溉面积由206千公顷增至158.578千公顷。

2005年郴州市小型水库数量统计表

表13-7-1-1　　单位：座

市、县（区）名称	小（一）型	小（二）型	合计
郴州市	141	881	1022
北湖区	3	10	13
苏仙区	4	50	54
桂阳县	27	221	248
宜章县	12	117	129
永兴县	22	120	142
嘉禾县	17	75	92
临武县	11	67	78
桂东县	6	15	21
汝城县	14	48	62
安仁县	14	92	106
资兴市	11	66	77

说明：此表数据由市水利局提供（含在建水库）

二、病险水库治理

郴州境内水库多修建于20世纪50至70年代，到80年代末，枢纽建筑物各部分结构老化，功能衰退和丧失，进入病发高峰期。加之农村实行家庭联产承包责任制后，组织群众修治水利较难，险情得不到及时处理，导致病险水库增多。自1989年始，郴州结合农业开发项目，对险情严重的水库大坝进行加固，将一批坝下涵管改为内套钢管，并降低溢洪道，改造放水设施。2000年，国家实行积极的财政政策，加大对防洪工程的投入，水利部先后制定两期大中型水库除险加固规划。1989—2005年，郴州共治理病险水库300多座。2000—2005年，郴州市着力对列入全国重点大中型病险水库治理计划的10座水库，分期分批进行除险保安：

青山垅水库 大型水库，建于1974年，位于永兴县境内。2001—2002年，国家安排国债资金投资3150万元，湖南省水利厅2001—2003年安排枢纽加固省级配套资金240万元，用于大坝灌浆及大坝标准化建设、内外坡治理；加固发电隧洞及新增工作闸门和加固溢洪道及新增泄洪洞；整修大坝下游泄洪河护岸和防汛公路工程。全部工程于2005年底完工。

四清水库 中型水库，北湖区境内。2002年8月中旬由于连降暴雨，致使水库大坝外坡出现大面积滑坡重大险情。是年，国家安排国债资金投资1500万元，湖南省人民政府自此一连三年安排配套资金190万元。主要用于大坝基础防渗、大坝加固和排水棱体处理，新开隧洞、封堵输水涵管，以及改建防汛公路、兴建防汛综合楼和大坝观测设施工程建设。至2003年12月底，水库除险加固主体工程全部完工。

贤江水库 中型水库，桂阳县境内。2001—2002年，国家对该水库投资1749万元（国债资金投资880万元）用于除险加固。至2004年，先后完成大坝坝体高喷灌浆，坝基、副坝及溢流堰基础、左右坝肩帷幕灌浆和砼铺盖，以及左坝肩下游山体崩塌处理、溢洪道加固、下游河床处理等全部工程项目。

黄岑水库 中型水库，宜章县境内。2001—2002年，国家投资1921万元对该水库进行除险加固。主要施工项目有大坝坝体与坝基防渗帷幕灌浆、坝基加固及坝基排水处理、大坝冲砂孔恢复、溢洪道加固、修复坝顶交通护栏和防汛公路。至2005年，全部治理项目完工。

黄沙溪水库 中型水库，宜章县境内。2001—2002年，国家投资1859.5万元进行除险加固。施工项目有大坝基础和坝体防渗，下游坝坡进行堆石压脚护坡，倒滤体翻修处理，以及新建公路桥和硬化防汛公路路面。以上项目到2005年均完工。

长河水库 中型水库，临武县境内。2001年，国家安排国债资金450万元，省级基建配套资金82万元，用于水库除险加固。到2003年，先后完成大坝基础帷幕灌浆、坝体劈裂灌浆、泄洪洞回填灌浆及出口堵头、低涵回填灌浆及砼封堵、高涵回填灌浆及钢套管、溢洪道下游防洪堤护砌及高涵滑坡体处理和防汛路面整修全部工程。

龙虎洞水库 中型水库，汝城县境内。2001年，国家、省累计投资1360万元实施病险水库除险加固项目。至2004年，全部完成坝身防渗、坝基及两坝肩防渗、上下游坝坡护坡、溢洪道加固改造及观测设施改造治理项目。

茶安水库 中型水库，安仁县境内。2001年，国家投资1690万元实施除险加固。至2004年3月，完成大坝支墩加固、低涵和溢洪道改造、大坝上游面加固及防汛公路整修主体工程。

大源水库 中型水库，安仁县境内。国家安排国债资金685万元，省水利厅安排资金70万元，用于水库除险加固。治理工程于2004年底动工，2005年底全部完工。

盘江水库 中型水库，嘉禾县境内。2001年，国家安排国债资金550万元，省配套资金50万元，对水库进行低涵封堵、高涵加固和新开低涵除险加固工程。2005年以上项目完成。因主坝坝基坝体防渗未列入计划，仍存在坝体渗漏问题。

三、引水、提灌工程

（一）引水工程

1989—2005年，郴州组织新建一批拦河坝、引水坝、引水渠、引水闸、渡槽等引水工程。至2005年底，郴州市拥有各类引水工程3.19万多处，其中有拦河坝、引水渠3.16万座（处）。中型引水坝（渠）有永乐渠、永定渠、永安渠、乐水坝、莽山渠5处；灌溉农田330公顷以上的引水坝（渠）有江口、灌江、石陂头、迳口、麻田、愚公坦拦河坝及挹莲、雄关、石壁山、淇江、石磨岭引水渠11处。2005年，郴州市引水工程引水量达5.16亿立方米，占蓄、提总水量的26.5%。

（二）提灌工程

郴州境内提灌工程主要有机电提灌、水轮泵和喷灌。20世纪80年代末至90年代中期，郴州机械提水多以小巧的3.67千瓦以下的小型柴油抽水机为主，随着电力提灌的发展，逐以小型灵巧的移动式电动抽水机取代机械提灌，到2004年止，郴州市内燃机灌溉仅剩671台45.86万千瓦。期间，由于溪河改道和其他水利工程取代原因，小型水轮泵站有所减少，重点是对水轮泵工程进行更新改造和配套。喷灌工程建设投入减少，新上项目不多，资金投入由无偿转为有偿和自筹为主，耕地喷灌型式渐由低标准的移动式转为高标准、高效益的固定式喷灌，且多用于蔬菜、柑橘、茶叶经济作物。至2005年，郴州市提灌工程有电动机2397台51.48万千瓦。其中有水轮泵359处，灌溉面积6500公顷，另喷灌面积仅为640公顷。

四、水土流失治理

（一）治理机构

1991年，《中华人民共和国水土保持法》颁布实施，当年除郴州地区水利局外，各县（市）相继成立水土保持监察队，对水土保持依法实施监督管理。1996年，郴州市水利局在水利科加挂水土保持科牌子，实行两块牌子机构合署办公的管理模式。2000年，郴州市开始制订水土保持编报方案。2001年，郴州市成立水土保持委员会，市水利局、市计委、市财政局、市环保局、市国土资源局、市建设局、市交通局、市林业局、市农业局为成员单位，履行制定工作规划和协调治理工作职责。资兴市、桂东县也相继成立水土保持委员会。2002年，在机构改革中，郴州市水利局增设水土保持科。2003年，成立湖南省水土保持监测总站郴州分站。2004年年底，桂东县、资兴市、宜章县、苏仙区分别成立水土保持专门机构。截至2005年，郴州市有水土保持监督执法队伍10个，从业人员52人。2000—2005年，全市编报、审批水土保持方案208个，开发建设单位投入水土流失防治经费1.5亿元。

（二）监测治理

郴州为丘陵山区，山地、小流域甚多，加之矿山开采，导致水土流失严重。从1989年开始，郴州地区内开展以治理小流域为重点的水土保持建设，在22条小流域立项启动山、水、田、林、路的综合治理，以增强流域两岸水土保持及沿岸耕地抗击水毁能力。桂东、汝城、安仁县及资兴市列为全区小流域治理重点地域。

1989—1992年，郴州地区在桂东县兴办水土保持试验区。其间，桂东县投入85万元建立两个计7.6公顷的水土保持基地，并对寨前湾、普乐东水小流域及大塘白沙水库上游展开水土流失治理。通过封山育林，修复河堤，坡地改梯田和种树护山项目建设，治理水土流失面积16.2平方千米。同时结合经济林开发，在大塘白沙水库上游种植药材13.33公顷。

1998年始，国家下拨国债资金，按国家与地方财政1∶1资金比例相配套的方式加大水土流失治理力度。各县（市、区）在小流域周际营造水土保持林，修建蓄水、保土工程，全面展开小流域治理。桂东县、汝城县由中央财政投入90万元，市、县财政配套135万元，分别治理上东河、碧溪河小流域，是年，共治理水土流失面积24平方千米。1999年，国家又对桂东、汝城县和资兴市各投入60万元，县级配套60万元，分别对牛江河、铁炉江、税里河小流域进行综合治理，治理水土流失面积33.96平方千米。

2000—2004年，当地政府和水利部门对桂东县的桂东河、松山河、敖山河，汝城县的铁炉江河，资兴市的双江河、鹿桥河、洲门司河、税里河，安仁县的排山河计9条小流域，相继组织开展集中整治。国家、省财政共投入703万元，地方配套投入627万元，治理小流域面积122.18平方千米。

从1989年到2005年，郴州市（地区）治理水土流失面积总计196.34平方千米。

五、城市防洪工程

郴州境域城市防洪工程建设始于20世纪80年代末期。1989—2005年，市、县两级采用财政投入，市场运作以地生财，银行贷款和群众捐资的方式，累计投入建设资金3.499亿元，其中国债资金2490万元，地方自筹资金3.25亿元。先后开工建设郴江河郴州市区段共9处，投建城市防洪工程和附属工程，及其他重点防洪工程。共新建郴州市城区和县市城区河道防洪堤42千米，重点对堤防进行加高培厚，河床清淤，及新修、改建穿堤建筑物及排洪导泄设施，修建沿河（江）人行游道和风光带。

郴州市城区防洪工程　1998年，郴州市人民政府启动郴州市城区防洪工程建设，1999年城区遭“8·13”洪灾后工程建设加快。1999年，编制完成《郴州市城市防洪规划报告》。规划防洪标准近期50年一遇，中远期100年一遇。施工项目为拆除城区河道行洪障碍，清除河床积淤，新建防洪堤。2004年龙泉路至郴江河入口长2036米河段亦动工兴建护堤。其间，郴州市投资2.1亿元，全部完成旧城区防洪工程建设。流经郴州城区2.7千米的郴江河段，过去污水泛臭，一遇暴雨洪水漫堤，经治理水质较前有所改善，行洪流畅，两岸护堤平滑，人行游道花草相间，亭阁翼然，成为郴州城区的一道美景。到2005年年末，郴州城区郴江河治理，基本完成由高等级公路至环城桥两岸的防洪堤建设，新建防洪堤14千米，清除河道积淤和滑坡垮堤长7.1千米，拆除阻水桥梁和电站河坝8处。燕泉河从市工业学校以上3千米河段经治理基本实现渠道化。

安仁县城堤防工程　1999年列入湖南省“四水”（湘、资、沅、澧）河道治理工程计划。县城城区堤防工程以永乐江为界，分城左、城右两片，堤防工程建筑物设计为4级，防洪标准为50年一遇。至2005年，先后投入1530万元（含国家投资、国债资金、地方财政配套资金），共完成堤防建设2.4千米，河道清淤5千米，新建穿堤建筑物4处。

永兴县城市防洪工程　2001年，启动城区便江河防洪工程施工，防洪标准近期为20年一遇，远期为50年一遇。至2005年，工程投资700万元（国债资金350万元，自筹资金350万元），修筑防洪堤1.47千米，清除堤身碍洪建筑20余处，改造堤身设施30处。

临武县城市防洪工程　2002年启动治理工程，主要整治穿城而过的武水河河段。到2005年，工程投入资金1600万元（国债资金800万元，自筹资金800万元），修建堤防4.8千米，堤身清障15处。昔日洪水泛滥的武水河城区段经整治后河水畅流，河堤宽敞，两岸绿树成荫，亭台错落，成为城区“武水风光带”。

宜章县城市防洪工程　宜章县城市防洪工程防洪标准近期为20年一遇，远期为50年一遇。2002年，宜章县启动玉溪河城区段治理，2005年投入100万元启动城区河道治理工程，其中国债资金50万元，自筹资金50万元。至2005年年底，玉溪河治理工程投入500万元，其中国债250万元，自筹资金250万元，修建堤防0.67千米。

桂东县城市防洪工程　桂东县城位于湘江一级支流沤江上游，沤江穿城而过。城区河段两岸地势低洼，河道狭窄，汛期河水极易漫溢溃街。2003—2005年，桂东县共投入国债资金400万元，在沤江河城区段清淤2.9万立方米，完成河堤建设长度3千米，使城区汛期洪灾得以根除。

资兴市城市防洪工程　该市城市防洪工程标准近期为20年一遇，远期为50年一遇，治理耒水东江河段5.5千米。2003年工程破土动工。至2005年，投入资金500万元，其中国债资金250万元，自筹资金250万元，兴建防洪堤防1.7千米。

嘉禾县城市防洪工程　嘉禾县位于湘江流域上游，湘江一级支流舂陵河流经县城。嘉禾县城市防洪工程分为4个防洪保护区，即晋屏区、丙穴区、城南区和城北区。防洪标准近期按20年一遇洪水设计，远期为50年一遇。计划治理舂陵河城区段长2千米，百泉溪城区河道长3千米，丙穴溪城区河道长1.2千米，水王庙溪城区河道长1.6千米，共7.8千米，概算投资5174.63万元。2003年安排国债50万元。2005年工程尚在建设中。

桂阳县城市防洪工程　桂阳县城区城市防洪工程建设其设计标准为近期20年一遇，远期为50年一遇。2005年投入100万元启动城区河道治理工程，其中国债资金50万元，自筹资金50万元。

第二节　防汛抗旱

一、防汛抗旱队伍

1989年，郴州地区地、县两级设立防汛抗旱指挥部。地区防汛抗旱指挥部由分管水利工作的地委副书记任政委，行署副专员任指挥长。1997年始，市、县两级开始组建防汛抗旱专业队伍。是年，临武县成立抗旱服务队。1998年，宜章县和永兴县继之组建抗旱服务队。其三支县级抗旱专业队均得到湖南省防汛抗旱指挥部认可和物质支持。2000年5月，郴州市首建抗洪抢险舟桥民兵连，下设北湖区、苏仙区和资兴市三个民兵舟桥排。2000年“9·1”洪灾中，资兴市连坪、青市共11个乡（镇）出现洪水围困村庄险情。郴州军分区政委钟六华率市民兵舟桥连赶至灾区，会同救灾官兵和群众一道奋战9天，用冲锋舟和救生设备从洪水中转移受困群众2300多人，运送救灾物质50多吨，抢修公路20多千米。2001年，郴州市潜水救捞大队建立。2003年，组建郴州市城区防汛抢险常备队、预备队和机动队。这些抗洪抗旱专业队伍配备专用装备，组织专业训练，抢险救灾战斗力不断增强。

1989—2005年，郴州境内先后发生13次较大洪涝、干旱灾害（4次为罕见的特大洪涝灾害）。每逢灾害一出现，防汛抗旱队伍均即时赶赴灾区，奋勇抢险救灾，在战胜灾害中发挥特有的作用。

二、防汛监测、信息网络

从20世纪90年代始，郴州地区着力推进防汛监测、信息网络建设。至2005年，郴州市建立水文站8处、水位站1处，基本雨量监测站37处。市水文部门和防汛重点的东江水库、欧阳海水库皆独建雨水时情遥测系统，设有49个不同的雨量点，覆盖境区所有县（市、区）和水库域区，2004年6月，郴州市防汛信息系统一期工程竣工，该系统设100M宽带局域网、多媒体防汛会商室、中心机房、屏幕显示系统、多功能安防装备。至2005年，郴州市逐步构筑起一个较为完善的现代化防汛监测、信息服务网络，为及时掌握汛情，科学做好防汛抗洪准备发挥积极作用。

三、抗灾预案编制

1997年，郴州市汛抗旱指挥部开始编制含市县级以上城镇及大中型水库紧急防预洪灾的《洪水风险图》,制定应急避灾预案。地处八面山暴雨中心和降雨高值区的资兴市青腰镇为山洪灾害多发区，2001年，市防汛抗旱指挥部在该镇开展山洪灾害防御试点工作，并帮助制定《资兴市青腰镇山洪灾害防御预案》。2003年，郴州市水利局与中国水利科学院及湖南省防汛办公室在郴州开展山洪灾害防治专项课题研究，合编《湖南省郴州市山洪灾害危险性评价以及防治对策》一书，以推进各级制定和完善山洪抗灾预案。至2005年，郴州市相继编制出《城镇防洪预案》《水库超标准洪水防御预案》《山洪灾害紧急避灾预案》《重大旱灾应急预案》等共12种抗灾预案。其救灾预案划分灾害区域，确立紧急避灾预警程序和抗灾、避灾组织机构及职责。各地完善应急机制和信息报告、科学决策、抗灾保障各项规章制度。市防汛抗旱指挥部还积极帮助水旱灾害高发区制定抗灾预案。

1997-2005年郴州市防灾抢险预案一览表

表13-7-2-1

预案种类	编制时间	编制范围
洪水风险图	1997年04月	县级以上城镇及大中型水库
城镇防洪预案	2001年10月	郴州市城区及县级城镇
水库超标准洪水防御预案	2002年04月	郴州市大中型水库及重点小一型水库
水库下游群众紧急转移预案	2002年04月	郴州市大中型水库及重点小一型水库
水库防汛物质调度预案	2002年04月	全市
水库抢险队伍调度预案	2002年04月	全市
抗旱预案	2002年04月	各县（市、区）总预案
山洪灾害紧急避灾预案	2002年04月	郴州市及各县（市、区）各总预案
水库防洪预案	2002年05月	郴州市大中型水库及重点小一型水库
郴州市地质灾害防灾预案	2003年03月	郴州市总预案
水库防洪应急预案	2004年04月	郴州市小型以上水库
重大洪水灾害应急预案	2005年12月	郴州市及各县（市、区）各总预案

续表 13-7-2-1

预案种类	编制时间	编制范围
重大旱灾应急预案	2005 年 12 月	郴州市及各县（市、区）各总预案
大中型水库重大事故应急预案	2005 年 12 月	郴州市及各县（市、区）各总预案

第三节 农村饮用水工程

20 世纪 90 年代，农村人畜饮水主要是就地取材，采取打井、引水的办法解决。由于各地水源条件不一，人畜饮用水质量安全存在许多隐患，少数地方饮用污染的水源。同时随地下水的减少，农村饮用水困难的矛盾越来越突出。1990 年始，郴州开始利用世界银行（简称世行）贷款和以工代赈资金为引导，投建乡（镇）供水工程。在郴州市（北湖区）、郴县（苏仙区）、嘉禾县相继筹建一些乡（镇）供水工程。是时乡（镇）供水工程多由乡（镇）企业办管理。1990—1999 年，共建农村饮水工程 3251 处，解决 66.52 万人的饮水困难，其中有 22.13 万人用上自来水。这些工程建设因标准低、工程质量差，年久失修，至 1999 年，大多已无法正常供水使用，甚至废弃。全区仍有 38.81 万人存在饮用水困难问题。

2000年始，郴州市农村在国家加大投入解决饮用水的同时，开始采用有偿供水创收、股份制投入、引入民营资金等方式，增加对农村饮用水工程建设的投入。2002 年，苏仙区良田镇陈家湾人饮工程建成后，以 0.6 元 / 吨的水价收取水费，再从每吨水费中抽取 0.4 元用于发展和完善饮用水工程建设，使之“取之饮水工程，用之饮水工程”。2004 年，桂东县沙田镇区域采取股份制融资办法筹措资金 150 余万元，建成日供水 600 多吨的供水工程，并组建桂东县沙田供水有限公司。2000—2004 年，全市利用国债资金 2560 万元，多形式自筹资金 4050 万元，共建成各类人畜饮水工程 868 处，解决 25.18 万农村人口和 13.15 万头大牲畜的饮水困难，项目覆盖 11 个县（市、区）353 个乡（镇）683 个村，受益农户 6.06 万户。

此期间，农村人饮水解困工程，主要以统一规划，区域分片建站形成供水网为主，适当修建一些乡镇供水工程。2004 年，郴州市利用人饮解困资金，兴建桂阳县和平镇和荷叶乡、宜章县笆篱乡、汝城县大坪乡和热水镇、苏仙区坳上镇等供水工程。在建的集中供水工程的有宜章县的黄沙溪、永兴县的湘阴渡两处。

2005 年起，郴州市委、市政府把群众饮水安全项目列入议事日程，组织加强检测和水质改善。当年经查，全市农村饮水不安全人口仍有 90 万人，占全市农村人口的 23.2%，其中饮用水质不达标人口有 51 万人。主要存在饮用水质氟、砷超标和未经处理的Ⅳ类和超Ⅳ类地表水，乃至为污染严重的地下水。2005 年，国家安排资兴市 100 万元试点改善水质，郴州市和资兴市组织队伍实施改水项目建设，使 7000 人饮上安全质量达标自来水。与此同时，全市启动一批农村饮用水改造提质项目建设。

2005 年，郴州市通过承包、租赁、股份（合作）制形式，把农村 90% 的供水使用权、经营权转给供水站、用水大户、经济能人、村委会或者用水合作组织管理。相继建立自来水厂或供水公司，推行企业化经营，农村饮水工程步入管理有序、良性循环轨道。

第四节　农村水电建设

一、电能建设

1989年，郴州地区农村小水电建设装机16.32万千瓦，年发电量4.34亿千瓦时。从1990年开始，全区逐步放开农村小水电建设，出现国家、集体、个人（合营）齐办农村水电的新局面，水电装机容量和年发电量呈逐年增长趋势。1992年12月，装机3×9300千瓦的石面坦电站投产运行，成为地方网内第一个装机上万千瓦的水电站。是年4月，汝城县主要领导得知国务院副总理朱镕基视察湖南，当晚赶至湘潭，向朱镕基呈上关于满天星电站建设贷款的请求。朱镕基亲自过问电站贷款的落实，使3800万元贷款很快到位投用。

1994年4月，永兴一级电站投产发电。继后经永兴县委、政府的努力，争取到水利部、省水利厅和省发改委对兴办永兴二级电站的重视与支持。2000年5月，长江水利委员会作出审查批复意见，将耒水流域梯级开发规划由十三级增加为十四级，将原规划的耒阳上堡电站由一级分为二级，增加永兴二级电站这一梯级，作为整个流域开发第十级电站。2003年10月，永兴二级电站投产发电。2004年10月，汝城九节带水电站建成投产运行。2005年，程江口水电站投产发电。

2000—2005年，受国家经济持续快速增长拉动，郴州市农村水电装机容量平均每年增加5万千瓦以上，其中2004年装机容量增加达14万千瓦。2005年年底，郴州市农村水电装机容量共77.41万千瓦，年发电量达20.23亿万千瓦时，分别为1989年的4.74倍和4.66倍。

二、电网与电气化建设

1989年，郴州地区所辖县（市）在小水电单供的基础上，联结成片区电网，基本形成各自直供直管的县级电网或电网雏形。同时郴州地区部署县（市）参与农村电气化建设，使农村电网与电气化建设同步展开，相互促进。是年，郴县（苏仙区）下力投入全国农村初级电气化县建设，并于1990年通过验收达标。率先成为郴州地区电气化达标县。

1991年1月，郴州地区水利水电局向郴州行署专题汇报组建郴州地方电网的设想。4月，经呈报审批郴州地区区域电网工程正式动工。国务院批准永兴县、资兴市、宜章县和汝城县为第二批农村电气化建设县。1992年12月，两江口枢纽变电站一次送电成功。1994年3月，永兴一级电站并入市网两江口变电站，永兴县电网接入郴州地区地方电网。4月，郴州地方电网与广东电网通过邓（邓家塘）坪（坪石）线成功联网。

1995年7月，耒阳遥田电站及其片区电网并入郴州地方电网。是年，永兴县、资兴市、宜章县、汝城县农村电气化建设通过验收达标。1996年8月，郴州地方电网向汝城县土桥变电站送电，汝城县网联入郴州地方电网。1999年，临武县五里牌变电站投运。临武县电网通过联结桂阳县变电站与郴州地方电网联网，继蓝山县电网也通过五里牌变电站并入郴州市地方电网。后郴州水利部门又争取到统贷统还农网改造资金，加强地方电网建设，从而使郴州成为湖南省内第三家独立的电力承贷主体。2000年，临武县通过电气化县的验收并达标。

2000年1月，郴州市政府与联合国工业发展组织国际小水电中心，签订共建国际小水电郴州基地协议，促成国际小水电中心在郴州设立地方水电股份发展公司（基地）。时为该中心在中国唯一设立的地方水电基地，简称“郴电国际”。同年，水利部批准永兴、资兴、苏仙、北湖、宜章、临武、汝城、桂东8个县（市、区）列入全国400个“十五”时期（2001—2005年）农村电气化县建设计划。8个县（市、区）先后于2004年、2005年通过验收并达标。

至2005年，郴州市11个县（市、区）先后有8个实现农村电气化建设达标。2005年8月，郴州市水利系统承贷的北湖、苏仙、永兴、资兴、临武、宜章和汝城6个县（市、区）农网改造通过验收。农网改造既减轻了农民负担，又提高供电质量和可靠性。与此同时，郴州地方电网网络布局得到完善，实力增强。

第五节 水利工程移民

一、移民政策与方式

1989年，水利水电工程移民仍在国家给予一定扶持资金的同时，按照“谁主管，谁负责”的政策，凡地方水利水电工程主要由地方政府补给土地补偿和个人房屋及附属物补偿费。移民开垦荒地，自有收入年起1~3年内免交农业税和农产特产税。为确保移民不因缺少耕地发生较大生活困难，湖南省每年安排部分平价口粮给予补贴。1990年始，国家先后、颁布水利水电工程建设征用土地补偿及移民安置条例，移民补助标准逐步提高，主要用于改善移民生存环境。从1998年1月1日起，东江水电站每千瓦时电量提取库区移民扶持资金由原0.005元提高到0.011元，较之原标准提高一倍有余。累计共提取移民扶持资金1.14亿元。至2003年，国家累计下拨给郴州移民扶持资金累计2.75亿元。至2005年，郴州先后为库区移民投入各类基础设施建设资金1.07亿元。

1989—2005年，郴州在水利工程移民方式上，主要实行库区后靠安置、乡内近迁分散安置和整体外迁宅地安置三种形式。在外迁移民中，有的因对异地生活不习惯，有复返迁原地者。17年间，郴州共安置外来移民2114人，其中接受安置重庆市三峡移民1060人。境内有大、中、小型水利水电工程8万多处，累计安置移民28.74万人（含1989年前安置移民），分布于郴州市其中的218个乡（镇）的775个行政村中。属全省移民安置大户。郴州各地认真贯彻落实国家、省制定的移民政策，认真做好移民安置选点、移民对接、移民建房、生产开发、各项待遇落实以及移民后期扶持等工作。

二、移民安置

（一）郴州水库移民

郴州水库移民在20世纪80年代为第一个高峰期。这期间仅建东江水电站形成的东江水库移民，涉及资兴市和汝城县15个乡（镇），移民总数5.51万人，其中资兴市移民占93.5%。1990—2005年，境内兴建的4座中型水库需安置移民1044人。

1997年，竣工的宜章县莽山林子坪水库是一座以蓄水发电为主，兼有防洪、养殖综合利用的中型水利工程。水库淹没土地66公顷，其中耕地21.13公顷。移民的17户77人实行整体外迁安置，新建移民村人均住房面积20平方米，人均耕地0.32亩，基本保证了生存需求。位于苏仙区境内的山河引水工程，从1996年至1999年安置移民146户489人。其间以柿竹园牧场七队为中心划拨土地兴建移民新村，共划拨各类土地66.82公顷，其中移民人均耕地达1.3亩。移民新村建砖混结构住宅2.3万平方米，人平居住面积达40平方米。与此同时，市、区财政支付移民房屋及各类补偿450万元，并在1998至1999年给予每人每年生产生活补助费200元。对此安置，移民均感满意。1996—2001年，嘉禾县境内观音山水库工程移民260户，其中为外迁户建房5928平方米，对就近安插和库区后靠安置户，均落实了责任田、责任山、自留地，配套兴修用水、用电和交通道路公益设施。2005年，动工兴建的市重点工程江源水库位于北湖区石盖塘镇境内，共安置移民331人。

（二）三峡水电站移民

2000年5月中旬，郴州市苏仙区塘溪乡被定为湖南省第一个接受重庆三峡水电站移民的移民点。国务院要求，外迁移民安置必须在年内9月1日以前入住、入耕、入学。就此，中共郴州市委、郴州市政府会同当地政府，迅即组织投建接受三峡移民即龙潭移民新村的各项工作。塘溪乡麻田、和平、珠堆3个行政村主动连片共划出46.67公顷最好的稻田给三峡移民。工地建设副指挥长，塘溪乡党委书记首小翠没日没夜地在移民新村建设工地操劳，先后四次病倒就医输液。郴州市供电、供水、交通和电信、广播电视部门组织专业队伍，及时为移民新村完成供水、供电、道路、通讯、电视配套设施建设。其间，市山河集团、市交通局、市民政局计拿出26万元资助移民新村建设。移民新村自6月22日开建到8月下旬竣工，仅两个多月时间就建起157套、总建筑面积2.6万平方米的住宅及配套生活设施。8月3日，来自重庆市忠县石宝、忠州、复兴3个镇的157户703名移民，顺利入迁新建的苏仙区塘溪乡龙潭新村安家落户。龙塘新村成为湖南省三峡库区外迁移民安置试点和全国最大的集中安置点。2000年9月17日，《湖南日报》以《高风礼赞》为题，报道郴州人民顾全大局，无私奉献，全力建设三峡移民新村的感人事迹。

2002年8月17日，重庆市忠县三峡移民39户144人分别入迁北湖区石盖塘镇五星村、万华岩镇下风村、华塘镇华塘村、市郊乡骆仙铺及槐树下村5个移民安置点。安置点人均住宅45平方米，其所在地均紧贴郴州市城区，交通便利，生产生活条件较好，是理想的宜居之地。

2004年7月，永兴县接收安置重庆市万州区长坪乡三峡移民213人。分别迁居该县湘阴渡镇和碧塘乡8个安置点。为保证移民安居乐业，永兴县先后筹集移民资金776万元，划拨住宅基地1.28公顷，建成移民住宅50栋5067平方米，挖掘水井31口，接通自来水管网2千米，硬化公路1.80千米，改造公路4千米；划拨给移民水田11.25公顷，旱土、山林8.44公顷。使三峡移民有了较好的生活和生产发展环境。

从2000年到2004年，郴州市先后分三批接受安置重庆市三峡移民1060人，市委、市政府尽力组织创造最好的条件，实现让移民皆按时“入住、入耕、入学”。

三、移民后期扶持

郴州境内水库移民迁居的后期扶持工作集中在欧阳海、东江两座大型水库和沙田一座中型水库移民区。这三座水库均建于20世纪60年代至80年代，先后搬迁移民计7.71万人，基本上为集中连片安置形成的移民居住区。1989—1995年，移民的后期扶持工作，扶助项目和内容单一，主要是针对移民后出现的遗留问题及生产生活上的特殊困难，单列项目追加投入。

自1996年，国家将移民后期扶持纳入经济社会发展总体规划，分期分批作出改善移民生产生活基础设施规划，把单一的困难扶助转向重在扶持移民经济开发，增强自身发展功能。沙田水电站位于汝城县濠头乡境内，其水库建设先后搬迁移民3700多人。1997—2000年，湖南省对该水库实施移民遗留问题处理和扶贫攻坚规划（简称后期扶持四年规划）。4年间，国家与地方财政投入3598万元，群众自筹资金投入1640.82万元，用于移民后期扶持。其间，为遭淤积淹没的新移民户建房602栋，人均建房面积35.2平方米；新建人畜饮水工程25处、交通路桥工程45处、农田水利工程51处、用电工程42处、科教文卫设施工程21处。2002年，水利部水库移民开发局对沙田水库又批准实施移民后期扶持六年规划（2002—2007年），至2003年，国家累计下拨沙田库区移民后期扶持资金2.75亿元，其中库区维护基金2063.93万元，后期扶持资金1.84亿元，移民口粮扶持资金7059.73万元。

地处资兴市境内的东江水库，系国家重点水电工程。水库自1986年8月关闸蓄水到2005年，库区先后移民5.15万人。此间，主要依靠国家、地方财政投入和群众自筹资金实施移民后期扶持和经济开发。先后新建改建四级公路156.1千米、机耕道436千米；购置渡船18艘，生产用船47艘，新建桥梁、渡口、码头工程160多处；新建渠道563千米、维修渠道403千米，新建和维修山塘125口，修复河护堤587千米，改建引水河坝8座、提灌站93处。此外，兴建农贸市场8500平方米及环卫、饮水和输电等工程110多处。资兴市委、资兴市人民政府从库区移民生产条件出发，提出“唱山歌、走水路”的经济开发思路，引导发展山上林果绿色经济和水面养殖经济。资兴市投入库区移民各类基础设施建设资金1.07亿元，生产开发资金10.59亿元。移民后期扶持按照“资金跟着项目走，项目跟着计划走”的原则，坚持资金、项目、计划统筹管理。

在1996—2005年10年间，郴州在移民后期扶持工作中，国家、地方财政共投入库区移民各类基础设施建设资金1.07亿元，生产开发资金10.59亿元。共建房10981栋115.51万平方米，修建公路474条1756千米、桥梁106座、涵闸和码头44处、人畜饮水工程934处，兴修渠道310条计333千米、堤防134处13.8千米、电排站155处，架设输变电线路80条128千米。先后解决1.58万移民饮水困难和35个移民行政村通公路、18个行政村通电的问题。在移民生产开发中，组织开垦稻田306.67公顷、开垦旱土233.33公顷，治理受涝受旱耕地688公顷，改造中低产田879.07公顷，种植果、茶、林药等经济林0.92万公顷。至2005年，欧阳海、东江、沙田三大库区移民区，开发的水果、水产、水电、旅游“三水一游”四大优势产业初具规模，科教文卫社会事业实现全面发展。

第六节 水利管理与机构

一、水利管理

（一）水利工程管理

1989年后，郴州境内水利工程仍实行分级管理，即大型水库由市政府（地区行署）、中型水库由县级政府、小（一）型水库由乡镇、小（二）型水库由产权所属村管理的分级管理体制。具体业务管理工作由市（地）、县两级水利部门及乡（镇）水利水电管理站组织实施。水库均实行自主经营、自负盈亏的运作模式。进入20世纪90年代，政府改革小型水利管理体制，对一些小型水库和山塘进行租赁、承包经营和拍卖，放开使用权，搞活经营权。

1992年，郴州市水利水电局成立郴州市水利水电基本建设工程质量监督站，对水利和地方电力施工项目均签定质量监督合同，依法实行监督。1999年始，建立项目法人（建设单位）负责监理、施工单位负责质量保证、政府负责监督的三位一体的质量管理制度。水利工程竣工验收，由省、市、县水利部门根据管辖范围分别主持实施。2000年5月，根据国务院《关于加强公益性水利工程建设管理的若干意见》，对新建工程在立项时便明确项目法人，实行建设、管理合一，项目法人对工程进度、质量、筹资负总责。2001年，成立股份合作制的郴州市水利水电工程建设阳光咨询监理公司，开展经营性水利水电工程建设咨询监理服务。2000—2005年，郴州市水利水电局组织完成对青山垅、盘江、茶安和长河共22座大中型水库，以及大璧垅、西江、曹婆18座重点小（一）型水库大坝的安全鉴定。其中17座中型水库大坝安全鉴定成果通过水利部大坝安全管理中心的复核，获中央财政补助资金9970万元；有1座大型水库、9座中型水库列入国家重点病险水库除险加固规划。其间，组织完成病险水库治理验收7座。

1989—2005年，为确保水库安全，实行水库度汛计划管理。大、中、小型水库按管辖权属分别由市（地）、县、乡（镇）、村制定度汛计划，并呈报上一级水利部门批准、备案。在汛初、汛中、汛末均组织水库度汛及蓄水保水检查，对有工程质量隐患的水库严格蓄水管理。与此同时，编制水库年度调度运用计划，充分发挥水库的综合效益。位于永兴境内的青山垅水库按调度计划在汛期的初中期（4—5月），充分放水发电以腾出蓄洪库容，到汛末（6月）又减少发电用水以调蓄到正常水位。通过合理调度，使这一总库容仅1.14亿立方米的水库常年供灌溉用水达9713万立方米、发电用水为2.74亿立方米，基本实现水量无废弃。

（二）灌溉用水管理

1989年，按照郴州地区行署颁发的《郴州地区水利工程管理办法》有关灌溉用水的规定，仍实行大中型水库“按亩配水，流量分段，续灌与轮灌相结合”的灌田用水制；小型水利工程的灌溉则多通过村规民约建立用水制度，规范用水行为。每年放水灌溉前，县、乡两级均研究落实灌溉和抗旱中的放水时间，水量计算、水量分配、渠系维修、水费收缴工作。各地全面推行统一“一把锄头管水”制度，改变实行家庭生产责任制后出现的“千把锄头上渠道”乱挖水、乱放水的现象。1989—1992年，农业水费征收依然执行过去的水费政策，按每亩3~5元收取。但一些灌区的水费常不能按规定收齐到户。

1993年，境内水费征收改为可以稻谷计收（俗称水粮），每亩收费在10~40元之间。嘉禾、桂阳县对水利工程水费“水粮”实行全县统筹，统一征收，统一管理，并将征收列入县财政局及乡（镇）年终综合考核的重要内容。1994年，位于安仁县境内的茶安水库改过去“有水放到无水止”为“保大放小，常开常关”及“按需送水，轮流灌溉”，同时将原来的按亩收费改为按用水量收费，使该灌区农田用水形成按需分配、计量收费的新体制。随之，郴州在11个县（市、区）推广茶安水库管理灌溉用水的做法。桂阳县1998—2000年5座中型水利工程的年均收缴水费都在55万元以上，创历史最好水平。其间，因水费征收仍要经农户、生产组、村、乡、县5个环节，加之征收体系还不健全和完善，全市大中型水库年平均征收到位率尚只占应收数的65%左右。2002年，茶安水库被评为湖南省水利管理工作先进单位，茶安灌区管理局局长何贵平被评为全国水利管理工作先进个人。至2005年，安仁县、桂阳县、宜章县、永兴县一些乡（镇）相继成立农田灌溉用水协会，采用与受益村、组签订用水合同的办法，保证灌水畅通，农田用水合理及时。

2004年，郴州市以安仁县为水价改革试点县，逐步推广“统一政策、分级管理、分类定价、计量收费”的水费收缴办法，并加大依法征收力度，水费收缴出现好转。2005年，境内32座大中型水库水费征收率均在90%以上，其中大源中型水库征收率突破98%。

（三）农村水电管理

1989年11月，郴州行署印发《关于加快发展小水电的若干规定》，对小水电建设与管理作出规定，明确地、县（市）水利水电局是小水电及地方电网的行政主管部门，对小水电及地方电网实行行业管理，同时明确地县两级水电站及地方电网输变电工程的审批权限。据此，各县（市）和一些乡（镇）先后出台关于加快水电开发的管理规定。小水电开发进入规范有序管理时期。

1994年，郴州水电开发开始推行股份制的融资探索，同股同权、同股同利的股份制在水电行业普遍推广，成为水电开发融资的主要形式，增强了小水电开发活力。1996年，调整小水电及地方电力管理机构，撤销原郴州市小水电开发管理站，成立水电及农村电气化科和地方电力管理办公室，分别对农村水电电气化及地方电网的发展进行管理。1997年，农村小水电企业普遍推广劳动、人事、分配三项制度改革；发电企业普遍推进股份制改造。水电行政管理部门及时加强农村小水电企业改革的监管和指导。

2002年1月，郴州市政府撤销地方电力管理办公室，在水利局成立农村水电及电气化科（对外称郴州市农村水电及电气化发展处）。市水利局负责组织并指导郴州市水利系统的电源电网建设和管理，以及小水电建设及农村电气化的规划、审核、建设和管理工作。是年3月29日，郴州市委、郴州市政府印发《关于鼓励干部参与农业结构调整的若干规定》，明确除政法干警以外，本市范围内允许在职副处（含副处）以下干部以资金、技术形式参与小水电开发。水利部门及时加强管理，依法规范干部参与小水电开发行为。此期间，地方小水电郴州基地先后三次派出专家组赴印度承接水电站建设、安装任务，同时相互交流学习农村水电管理的方法。至2005年，石面坦电站、程江口电站、沙田电站和永兴一级电站产权或控股权先后易主。市水利部门协同加强水电市场和产权变更管理，确保依法有序运转。同时郴州小水电企业完成体制改革和改造。郴电国际管理下的郴州农村小水电企业基本实现与联合国国际小水电管理接轨。

二、管理机构

1989年，郴州地区水利水电局为全地区水利水电建设管理的行政职能部门，内设行政科室4个，即办公室、人事科、计财科、水利科。其工作职责主要是：贯彻上级水利工作方针、政策、发展战略，制定中长期发展规划和年度计划；统一管理水资源及其利用，监测水资源水质，加强水利执法监督；搞好防汛抗旱，协调农田水利基本建设，组织指导水利系统电源建设、利用、管理；加强对土地流失的综合防治，指导水利（水库）建设工程的移民工作和工程建设。郴州市水利水电局下设二级机构有：灌溉管理站、机电排灌站、物资供应站、科技站、移民办公室、电力站、水电勘测设计院。局行政、事业编制共有124人，实有117人。地区内各县（市）均成立水利局或称水利水电局，共有编制130人，实有人员198人。区内重要水库、河坝设有工程管理局。各乡（镇）大多设有水利管理站。是年底，全地区行政事业水利单位有干部职工3388人（未含乡镇）。

1995年5月郴州撤地建市后，郴州地区水利水电局改称郴州市水利水电局。在机构改革中，局机关增设水政科、电力科，人事科改政工科。二级机构增设水利经济综合利用办公室、地方电力管理办公室、市水利水电工程质量监督站、市水利水电服务中心等事业站所。撤消灌溉管理站、机电排灌站、物资供应站。市水电勘测设计院独立核算。局内设行政科室6个，行政编制58人（不含工勤人员）；下设事业机构7个，编制52人（含机关工勤人员6人）。全局共有编制110人，实有107人。全市水利行政管理部门机构改革中转变和新增的职能是：积极培育发展水利水电产业市场体系，逐步建立市、县、乡三级水行政管理部门分层次分级管理的行政管理体制。

2002年1月，郴州市水利水电局改名为郴州市水利局，系市人民政府工作部门。局机关内设机构6个：办公室（加挂财务科牌子）、政工科、水政水资源科、水利建设与管理科、水土保持科、农村水电及电气化科；纪检（监察）机构按有关规定设置，人员编制在局机关行政编制总额中单列。局机关有编制25人，其中机关行政编制18人。局直属（二级）机构7个，即市水利工程管理站、市水利科技推广站、市灌溉试验站、市水利经济综合利用办公室、市水利水电工程质量监督站、市水利水电服务中心、市河道管理站（加挂市水政监察支队牌子）；二级机构编制33名，实有人员35名。全市11个县（市、区）政府，参照郴州市水利水电管理的机构要求，设置相应的水利水电管理机构。至2005年，郴州市水利局机构设置、人员配备与2002年相同。

1989—2005年郴州市（地区）水利（水利水电）局主要负责人名录

表13-7-6-1

单位	姓名	职务	任职时间
郴州地区水利水电局	柳培山	局长	1989.01—1990.12
郴州地区水利水电局	雷衍生	局长	1990.12—1992.10
郴州地区水利水电局	柳培山	局长	1992.10—1994.12
郴州地区（市）水利水电局	江寿海	局长	1994.12—2000.07
郴州市水利水电局	李亚平	局长	2000.07—2003.12
郴州市水利局	曹建平	局长	2003.12—2004.06
郴州市水利局	颜新民	局长	2004.06—

第八章 农业机械

1989年，郴州地区基本实现农村中长途运输和粮、棉、油产品初加工机械化，水稻植保、脱粒半机械化。继后，面对农业生产经营体制的变革和建立社会主义市场经济的新形势，改革和完善农机经营形式，加强农机队伍建设和新机具推广，建立健全农机社会化服务体系。至2005年，全市农业机械化建设显现新的进展。2005年，郴州市农业机械总动力达到251.8万千瓦，比1988年增长2.5倍；机耕总面积21.3万公顷，比1988年增长2.5倍；机耕化程度达39.7%，比1988年提高25个百分点；机电排灌面积10.5万公顷，比1988年增长92%；全市耕地机电排灌面积占46.3%，比1988年提高20.4个百分点；水稻机械化收割从1996年起步已增至1.2万公顷。其间，水稻生产全程机械化设备开始进入种粮大户，土地规模经营成为发展农业机械化的新动力。同时农机管理不断加强，农机监理和服务队伍不断壮大。2005年，郴州市有农机安全监管人员430人，拥有各级农机化服务组织（点）17.4万个，从业人员24万余人，与1988年相比，农机化服务组织（点）增加12万余个，从业人员增加18万余人。

第一节 农机种类

一、耕种机具

（一）耕整机具

1989年，郴州地区的机械化耕作动力主要有轮式拖拉机、手扶拖拉机及机动蒲滚船（简称机滚船）。全地区有轮式拖拉机485台、手扶拖拉机1.56万台、机滚船2137台。在实行家庭联产承包生产责任制，因当时的拖拉机和机滚船对小面积耕作适用性较差，使用者逐渐减少，在一些耕牛锐减的地方又出现“人拉犁、人挖田”的现象。当年，农机部门速从外地引进推广轻巧且能耕、整两用的水田耕整机1257台，当年机耕面积5万公顷，为各类机械机耕总面积的64.6%；拖拉机机耕和机滚船机蒲面积均减少。

1990年，全地区轮式拖拉机、手扶拖拉机、机滚船分别减至357台、1.52万台和2050台，而小型灵便耕整机则增至5786台，有6个乡（镇）拥有耕整机100台以上。到1993年，轮式拖拉机基本绝迹，手扶拖拉机和机滚船亦大幅减少。1996年，郴州市耕整机增至9033台。农民普遍反映：买耕整机是半头牛的成本，用耕整机是三四头牛的工效。

2000年，桂阳县农机局从当地烤烟旱作的实际出发，从江西省拖拉机厂购进“丰收-250”型轮式拖拉机2台，配套旱土旋耕机和起垅机，组成有偿承包机耕服务队，全年旱土旋耕和烟田起垅

180公顷。随后，桂阳县、嘉禾县、安仁县引进水田旋耕机和旱土起垅机。到2002年，在研制生产、推广微型耕整机的带动下，全市耕整机增至3.71万台，比1996年翻两番。

2005年，境内有水田耕整机5.53万台（含水田旋耕机）、旱土起垅机370台、轮式拖拉机5台、手扶拖拉机8664台（主要从事农事运输），还有少量的机滚船。当年，耕整机机耕面积占全市各类机具机耕总面积的98%。

（二）种植机具

1989年，郴州地区仅地区农科所剩有动力插秧机1台。1991年，郴州地区农业丰收计划办公室拨款3000元，在10个县（市）示范性推广地区农机研究所研制的稻种破胸催芽机（简称"催芽机"）20台，全年催稻种1.44万千克。该机稻种催芽的发芽率一般在95%以上，较之人工土法催芽的出芽率高12个百分点，且催芽时间减少4小时，还不易烧种、坏种。1992年，由各县（市）农业开发办公室每台补贴600元，在全区推广催芽机119台；桂东县还从攸县农机技术推广站引进电子特定控温稻种破胸催芽机16台；嘉禾县自制催芽机17台，以半价售至各乡（镇）。是年，稻种催芽机在境内广泛推广应用，用其催芽稻种3.4万千克。1996年，郴州市遭遇强倒春寒，地处高海拔山区的桂东县使用16台电子控温催芽机催芽稻种6万千克，防止了早稻春播催芽出现倒春寒烂种现象。1991—2005年，桂东县催芽机共催稻种62.5万千克，为农户节约稻种催芽成本15.12万元。该机因一般只在强春寒时为避催芽烂种才使用，利用率不高，陆续被一些地方闲置而废弃。

到2000年，插秧机、播种机开始进入农户和农业企业。当年4月，安仁县清溪镇永乐村大塘组村民彭忠德购江苏省东洋插秧机有限公司手扶式动力插秧机1台，年内在自家承包的16.67公顷稻田机插早、晚稻浅根带土秧苗。9月，宜章县农机局购手扶式动力插秧机1台，始用轮式拖拉机牵引插种玉米。从2004年开始，在购机补贴政策拉动下，购置种植机具的农户逐增。

2005年，全市有稻种催芽机200余台、动力稻田插秧机、机动旱地播种机计200余台。境内因梯田、坡地多，机械种植有一定难度，故手工传统作业方式依普遍存在。

二、施肥、植保机具

（一）施肥机具

1989年，郴州地区始推化肥深施技术，即犁田时将化肥深施到犁沟内，以避肥效流失提高肥力。1991年5月，资兴市农机技术推广站购化肥深施器2台，在乡村示范推介。是年，全地区推广应用化肥深施器14台。1993年5月，嘉禾县农机技术推广站从福建省引进球肥深施机和球肥造粒机各1台，并由嘉禾县塘村五金机械厂仿制20套推广使用。1995年，资兴市25个乡（镇）推广与耕整机配套使用的化肥深施器465台，深施化肥面积逾1万公顷。经对比3.6亩实施田，化肥深施比人工撒施每亩增产稻谷31千克、节肥8.5千克，折合每亩增益58元。到1996年，资兴市发展使用化肥深施器645台，全年深施化肥面积6820公顷。1997年3月至1998年，郴州市农机技术推广站从四川引进推广手压式液肥深施器1200台，用于烤烟、蔬菜等旱土作物追肥。在此期间，桂阳县引进此深施器2930台。该器具重仅1千克，操作简单，售价便宜，且施用后肥效高又持久，还可用来防治地下病虫害，因此在境内推广较快。化肥深施普遍比人工泼肥工效要慢，有的效果也不明显，加之受一定的气候条件限制，故化肥深施机具尚未在郴州乡村广泛推广。

（二）植保机具

1989—1995年，农作物施药因机动喷雾、喷粉机不适应单家独户的土地经营规模，境内这类植保机具相继由267部减至114部。而肩背手摇式小型喷雾（粉）器械轻便适用，则由47.79万部增至51.78万部。1996年后，随着农村规模化生产户和植保承包统一经营形式的出现，机动药械又转趋增加。2005年，机动喷雾（粉）器增至7553部，是1988年的13.6倍。安仁县仅排山乡就有动力喷雾器37部，年动力植保面积1200公顷。其间，同时引进了小型的背负式机动喷雾和防治果木病虫的机动药械。2005年，各类动力喷雾（粉）器成为植保的主要机具。

三、收获机具

（一）收割机具

1989年，全地区引进推广割禾器51台，改弯腰收割为站立收割，后因费力且农民不习惯使用而未继续推广。1990年5月，郴县（苏仙区）栖凤渡镇栖凤渡村村民邓明明自购河南出产的稻麦两用条放式收割机（即“割晒机”）1台，为全区首位购用收割机的农民。同年7月，资兴市和郴县农机局各从河南省购进“龙江牌”圆盘式条放割机1台，下乡作示范演示。1992年，郴县农机局购刀剪式条放收割机1台，因性能、质量问题而废弃。1996年，苏仙区农机局购衡阳市农机研究所研制的水稻联合收割机1台，实现境内使用水稻联合收割机“零”的突破。

1998年，汝城县大坪镇农民吴铁生购联合收割机1台，成为郴州市首购联合收割机的农民。继后，汝城县、安仁县购进联合收割机及割晒机，至1999年，全市有联合收割机9台、割晒机4台、动力割禾器3台，推广使用面增至6个县（市、区）。其中动力割禾器因背负肩扛甚费力而中止推广应用。时随着国家实行农业机械购置补贴政策，境内购置收割机具者增多。2005年，全市有联合收割机491台，以浙江省台州市生产的“柳林”牌居多。安仁县有联合收割机233台，拥有量居全市县（市、区）之首。

（二）脱粒机具

1989年，全地区有适宜家庭小面积作业的人力打稻机35.71万台，而动力打稻机则由1981年的3500台减至821台，年动力脱粒面积仅4620公顷。1994年，为解除农村外出经商、务工家庭“双抢”时家无劳力之难，提高脱粒工效，全区推广郴县农机技术推广站研制的新型动力打稻机710台。之后，动力打稻机逐增，人力打稻机仅存少量更新后使用。1998年，嘉禾县引进动力玉米脱粒机20台，随后推广至汝城、临武县。2001—2005年，郴州市新增动力打稻机6.1万台，动力玉米脱粒机2000台。2005年，全市有人力打稻机6.25万台、动力打稻机10.12万台、动力脱粒机12.22万台。

四、排灌机具

1989年，郴州地区有抽水机1.27万台/89787千瓦。是时，抽水机的配套动力在3马力以上，以湖南省农机研究所研制的水泵，在各地区定点生产的“湘农”牌系列水泵为主。1990年，农机产品生产计划放开，市场上相继出现适应农户小规模生产经营的配套动力在3马力以下的微型电泵，以及各种型号的农用小电泵、清水离心泵。1997年，郴州市增加抽水机8960台。1998年和2003年，市内遭大旱，分别年增抽水机3300台和5019台。2005年，全市各类动力排灌机具发展到6.41万台计30.45万千瓦，比1989年的1.25万台增长4.12倍，全年排灌面积达172.22千公顷。

五、农副产品加工机具

（一）粮食加工机具

1989年，郴州地区有粮食加工机具2.15万台，其中碾米机1.75万台、磨粉机2570台、磨浆机1479台。碾米机多为郴州碾米机厂生产的家庭适用型“N400型铁辊碾米机”和“6NF-9型分离式铁辊碾米机”。从1990年起，郴州行署力主发展适合家庭使用的微型、组合式粮食加工机械，并推广压面机、糍粑机、自熟式粉丝成型机等新型机具。颇受农民欢迎。

到1992年，农村相继涌现一批规模较大的粮食加工专业户，粮食加工机具随之增多。1995年，安仁县安平镇形成“粮食加工一条街”，除碾米机外，还有分离、筛选、去石机具。1996年，郴州市拥有粮食加工机械2.36万台，其中碾米机1.84万台、磨粉机2631台、磨浆机2618台。

1998年，桂阳县敖泉镇农民雷贻成投资5万元，从四川省购进含有11道工序的薯制品加工机械1套，创办奥雷精白红薯粉丝厂。1999年，汝城县农机局赠延寿瑶族乡温坪村柴油机和碾米机各1台，结束了该县传统的木砻砻米的历史。2001年，郴州市粮食加工机具增至3.05万台。2002年，汝城县三星镇前山村购置加工机具创办“金泉米粉”加工生产线，使这一地方生产驰名的传统民间产品“豆根”（即当地对米粉的俗称），摆脱了手工劳动实现生产机械化。到2005年，郴州市有碾米机、磨粉机、去石机、清筛机、谷糙分离机、压面机以及各种薯类加工机、机动粮食加工机具计3.71万台。境内粮食加工基本实现机械化。

（二）油料加工机具

1989年，全地区有动力螺旋式榨油机904台、人工液压榨油机1145台，仅边远山区油料加工还使用水力与畜力碾轧原料、人力打木榨榨油的传统方式。是年冬，资兴市扩种油菜1553.3公顷，资兴市政府投入农业开发资金6.3万元，购电动榨油机21台，满足重点油菜种植乡村榨油之需。境内人力榨油机逐渐退出油料加工市场。2001年11月，嘉禾县城关镇乔麦塘村村民李儒德投资15万元购1套8机的植物油精油加工设备，创办个体精品油厂，其产品市场畅销。2005年，郴州市有各种油料动力加工机1762台，基本实现油料加工机械化。

（三）棉花加工机具

1989年，境内基本淘汰脚踩式轧花、弹弓式弹花之传统作业方式，有动力、人力皮辊轧花机和弹花机82台（其中人力15台）。郴州因只少数地方种植棉花，故到1995年仅有棉花加工机具70余台。后随着棉花加工市场的发展，2005年动力轧花机、弹花机又增至111台。但少数偏远地方农户仍有使用传统的脚踩、弹弓方式进行棉花加工的。

（四）烟叶烘烤机具

1989年，桂阳县和郴县（苏仙区）安装由桂阳县农机研究所研制的“6YHN-301型热交换器式烤烟机”的烤烟房4间。试验表明机烤烟房不但升温、排湿快，还能使上、中等烟质比例提高15%左右，备受烟农欢迎。至1996年6月，桂阳、嘉禾、永兴、宜章4县推广机烤烟房281间。同年，此项技术还推广至四川、陕西、河南、贵州、福建等省的烟产区。1993年，全区烤烟种植4万公顷，机烘烤烟房增至7114间，继之逐年增加，主要分布于桂阳、嘉禾、郴县、永兴、宜章6县。1999年，桂阳县烟草公司在该县仁义镇汪山村试建一座热气循环式烤房成功。1999—2000年，郴州市科委、市超导材料厂与桂阳县科技局又在桂阳县境内建超导体烤房32间。2000年，桂阳县烟草公司还在和平镇试建双炉膛蜂窝煤烤房2间。2001年5月，桂东县寨前乡白竹村建造热风循环式机烘烤烟房4间，为高寒山区烘烤优质烟叶闯出新路。至2005年，郴州境内有各类机烘烤烟房7万余间，年烘烤烟叶7.2万吨以上，其烘烤质量、能源节省皆优于普通烤房。

（五）茶叶加工机具

1989年，全地区有揉茶机211台、采茶机3台。1993年，桂东县清泉镇、桥头乡在开发名牌产品“玲珑茶”中相继购置揉茶机9台。继后安仁县豪峰茶场、宜章县天塘、莽山、梅田等乡镇以及汝城县三星镇旱塘村先后购置揉茶机、复干机和烘干机，以开发当地茶叶加工生产，改变历来茶叶由手工加工或单机加工的状况。至2005年，国有、集体茶场茶叶采选、揉捻、烘干、筛选、炒茶、包装各类茶叶的全程加工，普遍采用机械或半机械化作业。农民家庭茶叶加工还多采用手工制茶。

六、运输机具

（一）农用运输汽车

1989年，全地区有小四轮、小三轮农用汽车1790辆。因其性能、价格介于汽车和拖拉机之间，故至1995年增至2990台。2005年，全市有小四轮，小三轮柴油、汽油农用汽车1.10万辆，提高了农村运输能力，减轻农民劳动强度。农用运输车尤在境内山区简易公路运输中发挥特有的作用。

（二）拖拉机配套拖车

1989年，全地区有小四轮拖拉机50台、盘式拖拉机551台。因田间耕作基本由耕整机代替，拖拉机遂不作机耕而改作配套拖车（即拖拉机加挂货物拖车（厢），成为农村机械运输工具之一。1999年，盘式拖拉机由改型拖拉机所取代。2005年，郴州市参加运输的各式拖拉机增加到1.06万台。

七、农田基本建设机械

郴州农田基本建设机械主要有推土机、挖掘机、铲运机、装载机和土地平整机。1989年，农村及国营拖拉机站有推土机97台、土地平整1台、铲运机6台。随着农田基本建设的推进，其机械化施工机具渐趋增多。1994—1996年，临武县农机局职工集资购推土机2台、挖掘机1台，组建机械化施工队投入修复水利工程和丘岗开发；桂阳县农机局从广西自治区购开沟、撩壕、打穴机械用于农田基本建设。1997年，嘉禾县城关镇含田村村民采用入股集资的形式，购挖掘机和推土机各8台、铲运机3台、打桩机1台、汽车40辆，用于农田开发及城镇化建设。到2005年，郴州市农村有推土机223台、挖掘机139台、装载机135台、平地机15台。其机械主要用于农田基本建设施工。

八、饲料加工及渔业机具

1989年，郴州地区有饲料粉碎机2642台。汝城县机械厂生产的手摇青饲料切碎机在汝城县及周边县得到推广，该机后改制成动力青饲料切碎机。1995年，境内饲料粉碎机增至4074台。1996—1999年，随着养殖业的快速发展，4年间新增饲料粉碎机1451台。2000年，宜章县80%以上养猪专业户购有手摇青饲料切碎机。2001—2004年，仅临武县在发展“临武鸭”养殖中添置饲料粉碎机2000余台。2005年，郴州市有饲料粉碎机9782台、动力青饲料切碎机1900余台。2005年较之1989年，郴州渔业机具亦有较大改善，渔用机动船由25艘增至139艘，池塘增氧机由12台增至17台，饵料膨化机由27台增至95台。此外另有少量池塘清淤机。

郴州市（地区）部分年份主要农机统计表

表 13-8-1-1

项目 \ 年份	1988 年	1995 年	2000 年	2005 年	2005 年比 1988 年增长（倍）
水田耕整机（台）	3256	8412	29030	55293	15.98
各类大中型拖拉机（台）	666	72	786	4559	5.89
各类小型拖拉机（台）	15446	13861	17577	12133	－0.21
机动喷雾（粉）器（部）	518	114	642	7553	13.58
水稻联合收割机（台）	—	—	14	491	—
动力打稻机（台）	550	5121	57823	101202	183
排灌动力机械（台）	12524	15391	34718	64088	4.12
排灌动力机械（千瓦）	102749	95303	175088	304519	1.96
粮食加工机械（台）	19564	21272	26186	37076	0.90
机烘烤烟房（间）	—	22683	38843	70000	—
农用运输车（辆）	1400	2989	5011	11029	6.88
农业机械原值（千瓦）	22455	48610	55791	120647	4.37
农业机械总动力（千瓦）	724037	1061938	1615605	2517952	2.48

第二节 农机服务

一、农机生产社会化服务

（一）农田机耕

1989 年，郴州地区机耕服务主要由农机部门下达指导性计划，组织机手与用户签订合同代耕，并给机手分配适量的平价计划柴油。1990 年，地区内机耕面积 8.51 万公顷，机械化程度（含机蒲）50% 以上的乡（镇）25 个、80% 以上的 5 个。

1991 年以后农机生产服务面向社会引入市场机制，推行农机收费合同代耕、租赁作业、集团承包等农机社会化服务模式。是年春耕时节，推广汝城县土桥乡黎明村组建机耕服务队，实行“统一签订代耕合同、统一连片作业、统一收费标准”的作法。安仁县则通过农机部门牵线搭桥，让有机户进村入户签订代耕合同，使全县两千多台耕田机下田，万头耕牛“退役”，安仁县当年水田春耕机械化程度达 25.9%。1993 年，全地区有机户共承包完成机耕面积 1.33 万公顷和晚稻灌溉抗旱 3.33 万公顷。1994 年，各级农机技术团队签订代耕合同 5.1 万份，机耕面积速增至 17.2 万公顷。全年机耕与牛耕相比，减少劳动工日 740 万个，降低生产费用 780 万元，同时因机耕工效高及时抢插而增产粮食约 1.43 万吨，全年机耕评估节约成本和增加效益共计价 1.36 亿元。1998 年，合同代耕、农机技术机耕承包转而以乡（镇）为单位组织实施。

2003年春，因流行非典型性肺炎，在外务工人员严控流动返乡。郴州市各级农机部门迅即组织3.7万台耕整机下田，机耕9.07万公顷，缓解春耕大忙与劳力缺乏的矛盾。2005年，郴州市水田耕作机械化程度达39.7%，较之2000年增长1.57个百分点。其中资兴市三都镇、苏仙区栖风渡镇、安仁县城关镇共7个乡（镇）机械化在70%以上。安仁县机械化程度67.7%。

1989—2005年郴州市（地区）机耕化程度统计表

表13-8-2-1 单位：千公顷

年度＼项目	农作物种植面积	机耕面积	机耕化程度（%）
1989	422.59	77.39	18.31
1990	448.26	85.11	18.99
1991	442.88	92.51	20.89
1992	435.19	97.38	22.38
1993	427.03	99	23.18
1994	423.23	102.34	24.18
1995	428.24	100.99	23.58
1996	445.39	71.47	16.05
1997	467.87	112.80	24.11
1998	482.67	123.93	25.68
1999	500.70	147.87	29.53
2000	514.56	179.08	34.80
2001	522.75	185.68	35.20
2002	530.85	192.60	36.28
2003	529.87	199.60	37.67
2004	536.74	208.62	38.87
2005	537.59	213.43	39.70

（二）水稻机收

1989—1995年，郴州境内水稻机收机具有割禾器，人力、动力打稻机等。1996年，苏仙区农机局首次在市内示范使用一台联合收割机试割水稻30公顷，获得成功。随之，集体、个体购置收割机进行经营的单位和个人增多。1998年，汝城县农机局及该县大坪镇农民吴铁生各出动联合收割机1台，利用邻近的广东省仁化县早稻较之当地成熟早的时间差，“南征”仁化进行水稻机收，开郴州市跨省机具作业之先河。然后其再“回师”汝城投入水稻收割。至次年，他两年收回投资1.8万元。1999年10月，永兴县碧塘乡农机管理员曾永超购1台联合收割机承包收割晚稻，仅4天机收纯收入达1950元。

到2002年，各县（市、区）由农机部门牵头组织机收服务队，开展机收承包规模经营，当年郴州市机收队机收水稻2590公顷。其中，安仁县县机收服务队收割水稻210公顷，其工效吸引农民相继要求机收队收割水稻。2004—2005年，安仁县由12台联合收割机组队出县至永兴以至衡阳市的耒阳、衡南县跨区作业，获纯收入6.5万元。2005年，郴州市有水稻收割机491台，当年机收面积1.28万公顷，（1989年机械收割面积为零）。有村民说："政府补贴买农机，3月插田不弯腰，7月割禾不用刀，省工省力就是好。"

（三）防汛抗旱

1989年，郴州地区在"双抢"抗旱中，出动排灌机9941台，灌田4.23万公顷；出动农用运输车及各类拖拉机1.32万台，抢运抗灾物质3300万吨；400多名农机人员下至田间地头安装、抢修抗旱农机具。并让利销售抗旱机具及耕整机具5400台（套）。1992年，实施"湖南省农机化科技兴农计划"，地、县两级农机部门对桂阳、嘉禾、临武、安仁、永兴5县历年旱情严重的14个乡（镇）的1.33万公顷农田，组织抗旱农机队伍开展抗旱集团承包。1998年，市内又遇夏秋连旱，全市投入抗旱机具4万多台（套），抽水灌田7.33万公顷。在当年抗旱关键时刻，苏仙区农机局断然拆散价值6万余元的新机零件，以满足抗旱农机配件之需。次年3月，旱情仍未解除，临武、嘉禾、苏仙、汝城4县（区）组织近千台拖拉机为旱区送水，解决人畜饮水困难。

1999年在抗击"8·13"洪灾中，全市组织300多名农机技术人员下至抗洪一线，确保4000余台拖拉机、农用运输车完成抢运救灾物质任务。2002年"8·8"洪灾中为确保四清水库排险，北湖区农机局5名农机干部和技术人员，连续7天7夜巡守在水库抢险现场，提供农机维修服务，确保250辆农用运输车安全有序地抢运救灾物质。

2003年大旱期间，资兴市农机局抽选15名技术员，在湖南省率先组建"农机110"服务队，24小时电话值班，为求助电话进行上门农机服务。先后出动队员1552人次，免费安装、抢修农机具1956台次，安装水管长9500米，实现农田灌水受益面积2500多公顷。嘉禾、桂阳县亦组建"农机110"服务队下乡为抗旱服务。是年，各县（市、区）"农机110"共受理农机服务求助电话3000余次，免费安装、修复抗旱机具5000多台（套）。资兴市农机局获湖南省委、省人民政府授予的"全省防汛抗旱先进集体"称号，为全省惟一获此殊荣的县级农机局。郴州市开设"农机110"的做法由农业部推介至全国。

二、农机培训与维修服务

（一）农机技术培训

1989年，郴州地区有县级农机技术培训学校10所，另办有郴州市农机技术常设培训班1个；郴州地区农机局设农机技术服务中心1家。是年，地、县两级新训和复训各类农机人员1.25万人次。地、县、乡三级实行培训分工即地区负责培训各种中级技工、县、乡农机管理人员、部分师资及农用运输车驾驶员；县级培训拖拉机驾驶员、内燃机耕整机手、初级技工；乡（镇）农机管理站则通过就地以师带徒的方式培训农机操作手和修理工。1990年，农用运输车驾驶员改由各县（市）培训。1990至1995年，郴州地区培训各类农机人员3.98万人次。1996年，北湖区新设农机技术培训学校1所。至此，郴州11个县（市、区）均办有农机技术培训学校。

1997—1999年，郴州市组织参加全国"送教下乡、千万农机手培训活动"。其间，市、县两级财政为此投入资金50万元，举办各类短期培训班1700期，印发教材和技术资料16万份，还对11.5万名农机手进行为期一周的适用技术培训。郴州市农机局被农业部授予"全国千万农机手培训活动先进单位"称号。市农机局及苏仙区、桂阳县、嘉禾县农机局分获1997—1998年"湖南省'送教下乡'先进单位"称号。2000年，全市培训农机人员1.23万人次。是年7月至2002年5月，经湖南省农业厅遴选，农业部派遣嘉禾县农机局技术人员李琪、廖凯冲赴孟加拉培训农机维修人员。到2003年，拖拉机驾驶培训全面转入社会化。2004—2005年，郴州有9所县级农机校实施农民工转移就业“阳光工程”培训，培训1496人。2005年，全市培训各类农机人员1.67万人次。至此，郴州市农机管理和技术人员经培训持证上岗者达95%以上。

（二）农机维修

1989年，郴州地区以安仁县为试点，对2个乡67台农业机具试行合同包修。1990年，有9个县（市）推行以厂（点）、乡（镇）农机站、农机管理员为承包主体，落实包修各种机械3277台（部），其中安仁县80%的手扶拖拉机实行包修。是年，全区兴办维修网点470个，其中全民所有4个，集体所有64个、个体户402个，有从业人员955人；有修理设备2530台（套），全年修理机具15.6台次，修理收入总值320万元。

从1991年起，农机维修包修转为以个体修理点为主，各级农机管理部门加强管理，督促提供优质服务，到1995年，累计包修机具1.5万台（部）。是年，郴州地区有农机修理网点538个、从业人员1033人、修理设备2478台（套），全年修理农机具33.17万台次，修理总值1171.23万元。随着个体农机修理业的快速发展，国有农机修理企业全部退出市场，1997年，全市农机修理网点发展至814个，从业人员增至1437人。农机部门组织个体修理户农闲定点修理，农忙上门服务。在“双抢”、抗旱之时，推行农机局技术人员挂点下乡修、乡（镇）农机站人员联村分片修、修理专业户就地上门修的多层次农机维修服务。

2005年，全市有农机修理点439个，从业人员736人。是年，在春耕和“双抢”时节，各县（市、区）组织个体农机修理人员下村入户抢修农机具3.65万台次。

三、农机物资供应

（一）农机供应

1989年，农业机械及配件大多由国有农机公司供应，少量在市场购买。郴州时有地区农机公司1家，县（市）农机公司11家，个体户供应点17家。地、县农机公司主要经营拖拉机、农用汽车、耕整机、打稻机、碾米机、农用水泵、水轮泵、磨粉机、饲料粉碎机及其配件；个体户供应点主要供应农机维修配件及相关商品。是年，地、县12家农机公司完成商品购进总额3333.6万元，比上年增长20.56%。因农机市场疲弱，完成销售总额3493.5万元，比上年下降9.9%，其中11家县（市）公司下降10.9%。

自1991年始，郴州地区农机公司供应农机（包括配件）原实行的“计划分配，统购包销，统一价格，国家补亏”的政策被取消，农机供应市场逐渐全面放开。随着农机供应渠道增多，国有农机供销市场销售继续滑坡。1991年，地、县（市）农机公司虽及时随市场需求扩大商品品种，并开展上门促销活动，但全年亦只完成销售额3086.5万元，比上年减少407万元。其中只有郴州地区农机公司全年售销额增长36.3%，实现销售额1180万元。到1997年，郴州市个体、集体各类农机供销机构增至182家、兼供应农机配件的维修点发展到428家。农机公司销售普遍下降，亏损加剧。

至2005年，市、县两级11家农机公司有7家实行改制进行资产拍卖，有2家申请破产，另有2家暂停关门歇业。至此，市内国有农机供销企业均退出从业市场。2005年，郴州市有农机供应网点154个，从业人员160人，销售农机及配件收入达9600万元。这些分布各地的农机供应网点方便农民就近购买，且经营方式灵活、组织货源及时，农机产品经销普遍看好。

（二）油料供应

1989年，郴州地区农用计划内平价油料供应继续切块戴帽（指点）下达，实行由农机部门管分配、石油部门管调运、供销部门管供应的管理办法。是年，郴县（苏仙区）农机局在107国道线旁的郴州市城区流星岭设郴县农用石油供应站，为地区内第一个由县农机局兴办的农机加油站。全区设农机用油供应点14个，储油能力296吨；年内销售计划内平价柴油523吨，计划外高价柴油700余吨。其时油料供需矛盾突出，为保证重点工程项目机械作的用油，除合理分配油料指标外，建立机、卡、油、票“四对口”的供油制度，实行油票回笼，年油票回笼率在96%以上。

自1991年始，重点推进农机物资服务体系建设，到1993年，农机供油站点由1989年的14个发展至89个，年销售农用柴油1.03万吨。1994—1995年，整顿成品油市场，全地区89个农机供油站（点）皆验收合格。自1994年四季度始，国家取消农用油料指标，实行市场调节、灾年予以适当补贴的办法供应油料。随着各项农机作业收费价格市场化，柴油及其他农用燃油由市场供应。1999年，各类成品油统由中国石油化工集团公司在郴销售企业批发，各农机供油站（点）逐渐退出市场。至2005年，各县（市、区）农机局所办加油站（点）多停业转卖或改作它用。农机管理部门对农用油料管理职能，转变为对农机作业用油的预测、推广节油技术和器材，以及管理、调备农业救灾的油补偿资金。

第三节　农机科研与新机具推广

一、农业机械研制

1989年，桂阳县农机技术推广站徐洋来对“6YHN系列热交换器”烤烟房进行改造，取得良好经济效益。1992年12月6YHN考烟房通过湖南省农机局科技成果鉴定获国家实用新型专利（89211777X）。是年，郴州地区农机研究所成功研制自动控温、超温报警的“2ZP-400型”煤电两用稻种破胸催芽机，并通过地区科技成果鉴定，1994年获全省农机科研成果二等奖。期间，郴县苏仙区坳上乡农机修理户李桂宇研制的钢木结构畜力犁、宜章县赤石乡农机管理员彭延龙研制的“165”型犁耕机，均在当地乃至周边县得到推广使用。

1994年，郴县农机技术推广站以江苏省无锡市生产的1.6匹马力汽油机为推力，在原737型人力打稻机的基础上改制成“5TD-1型动力打稻机”，工效明显提高，每小时打稻0.8~1亩，谷粒脱净率大于98%。

1997—1998年，由桂阳县农机局总工程师徐洋来主持，会同县相关部门在该县华泉、光明乡新建大、中容量的“热风循环式”烤烟房5间，通过改进烤房扩容的热风循环式机烘烤烟房，采用微电脑技术对烟房控温，2000年7月通过郴州市科技成果鉴定验收，在全市推广应用，其烤烟房与传统烤烟房相比，提高上等烟叶比例13.2个百分点，节煤44.9%，较之热交换器式烤烟房提高上等烟叶比例8个百分点，节煤19%。2000年，临武县农机公司采用国内外先进技术研制小型原生脱粒稻麦收获机（又称“梳脱式收获机”）成功；此机可在0.3米宽的田埂上自走并分解后搬移，小时工效2~4亩，收获总损失率小于1.5%，谷粒破碎率为零，且适宜于干、湿田及泥脚深大 于25厘米的大、小田块正常作业。此成果2001年被国家专利局评为“中华优秀专利技术”。此间在农机科研中，境内相继涌现一批热心农机研发的农民。宜章县迎春乡鹧鸪坪村农民李秀平首开湖南省微型耕整机研制之先河，研发出侧扶步耕式微型水田耕整机雏形，由相关部门及企业改制成“威龙牌”微型水田耕整机，为郴州山区小面积稻田耕整提供了轻便适用的机具。资兴市青腰镇坪田村村民李任田，嘉禾县坦坪乡托山村村民李国平、石桥乡神渡村村民雷柏军相继研制的各式谷草分离动力打稻机，均得以推广使用。

从1998年起至2002年，郴州兴起研制适应家庭小规模生产的微型农用机具的热潮。其间域内先后有21家机械、军工、煤炭、建材行业企业和农机事业单位，相继研制出微型水田耕整机24种，有16种通过湖南省农机局科技成果鉴定，其中获全省农机推广许可证的11种。郴州农夫机电有限公司研制的“农夫”牌水旱两用微型耕整机，2001年被评为“湖南省十大名牌农产品”之一，产品销国内十几个省、市、自治区，还出口至越南、菲律宾等国。

2003年，边远山区县桂东县青山乡采洞村农民罗业良研制单人操作的“良友”牌手动杠杆犁，重仅5.5千克，犁田靠手压杠杆产生动力，既不用机动力也不用牛力。当年在桂东县及汝城县、资兴市邻近乡（镇）推广338台。桂东县水泥厂下岗职工黄存峰改进“良友”牌手动杠杆犁，由厂家生产3600台，销至周边的炎陵县及江西省一些乡（镇）。

2003—2005年，郴州农夫机电有限公司先后研制出“农夫4L—80”全喂入式联合收割机和“农夫4LBZ–100型”半喂入式联合收割机。后者可保留稻杆，割茬低，小时工效1.5~2.5亩，在泥脚深小于25厘米的水田行走自如。半喂入联合收割机于2004年9月通过湖南省科技厅科技成果鉴定，2005年列入国家科技“星火计划”开发项目。

1988—2005年，郴州境内自行设计、研制农机科技成果获国家实用新型发明专利21项；获郴州市发明专利的50项，其中民营企业和农民个人13项、农机事业单位5项、国有企业和股份制企业32项；农机化科技成果（含农机产品，研发技术及技术推广项目）获省厅级以上奖21项，其中省部级15项、厅级6项；农机产品在全省及全国性各种新产品、新技术展销会、评优会获奖13个。

1988—2005年郴州市（地区）农机科技成果获奖情况统计表①

表13-8-3-1

获奖时间	获奖单位、个人	获奖项目	奖项名称
1988年11月	桂东县沙田水轮机厂郭远标	微型水轮发电机组	首届国际专利及新技术设备展览会优秀奖
1988年11月	桂东县沙田水轮机厂郭远标	铁辊式节能碾米机	首届国际专利及新技术设备展览会优秀奖
1991年10月	郴州柴油机厂	“千里驹”“郴星”牌柴油机	湖南省科技产品展销会一等奖
1991年11月	郴州柴油机厂	CZ–175F柴油机	北京·全国“七五”星火产品博览会金奖
1992年3月	郴州碾米机厂	6NP–9型铁辊碾米机	西安·第二届全国农副产品加工机械优质产品、优质服务评比会金奖
1992年3月	郴州碾米机厂	6JMCH2型精制米成套设备	西安·第二届全国农副产品加工机械优质产品、优质服务评比会金奖
1992年8月	郴州柴油机厂	CZ–175P柴油机	湖南省科学技术进步二等奖

① 农机部门统计数。

续表 13-8-3-1 单位：千公顷

获奖时间	获奖单位、个人	获奖项目	奖项名称
1993 年 5 月	桂阳县农机技术推广站	6YHN-301 型机烘烤烟房	湖南省“科技兴农”创新奖金奖
1995 年 8 月	郴州柴油机厂	CZ-175F 柴油机	中国国际新产品、新技术博览会科技创新奖金奖
1998 年 11 月	郴州市、桂阳、永兴县农机局	烟稻连作丰产机械化技术推广	湖南省农业丰收奖三等奖
1999 年 11 月	宜章县湘谊机械厂	“湘谊”牌水田耕整机	湖南省首届名优特新农副产品博览会金奖
1999 年 11 月	解放军 7429 工厂机械分厂	“南燕”牌耕整机	湖南省首届名优特新农副产品博览会银奖
1999 年 11 月	解放军 7429 工厂	“南燕 -18”型变型拖拉机	湖南省首届名优特新农副产品博览会优质产品奖
2000 年 11 月	宜章县湘谊机械厂	“湘谊”牌水田耕整机	湖南省第二届名优特新农副产品博览会金奖

二、新机具推广

1989 年，境内农机具主要为水田耕整机、农用运输车、微型水力发电机，新型机具尚为数不多。1990 年始，郴州行署实施湖南省农机局下达的农机“科技兴农”计划，制订郴州地区“农业丰收计划”，促进计划项目区农业机具推广。是年，嘉禾县农机局藉全县农村工作会议之机，组织 24 台新引进的不同型号耕整机在石桥乡作示范推广表演。当年，全区除继续推广应用耕整机和微型水力发电、加工机组外，还发展新型机烘烤烟房 287 间，首次引进小型晒割机 2 台。到 1992 年，全区推广稻种破胸催芽机 119 台、耕整机 1000 余台、机烘烤烟房 2968 间。

在新机具推广中，1994 年夏秋两季郴县（苏仙区）农机技术推广站突破单一销售的推广模式，实行销售加推广技术服务，主动上门做好售后农机使用、技术和维修服务，当年在全县通过推广动力打稻机还实现经营收入 26 万元。这一经营推广模式在全区推介。1998 至 2000 年，在加快农村小康建设步伐中，市、县两级设农机化推广试验示范点 13 个，突出推广使用农机新产品。在此 3 年间郴州市又新增水田耕整机 1.71 万余台、动力打稻机 3.41 万余台、水稻收割机 16 台、经改进的机烘烤烟房 4 万余间。

2000 年，市委、市政府将新农机具推广列入农业发展目标管理考核内容。1 月 14 日至 18 日，郴州市农机局举办名特优新农机产品迎春展销会，组织 10 台耕整机下乡作示范表演。3 月下旬和 12 月下旬，在郴州市委宣传部、农村工作部组织的理论、法律政策、文化、科技、卫生“五下乡”活动中，有 9 个厂家的耕整机参与下乡作推广示范表演。

2002—2003 年，郴州市倾力推广“先进性、适用性、成熟性”农机具，先后组织此类农机具在乡村现场演示活动 400 多场次，驱动推广联合收割机 46 台、动力打稻机 2.1 万台、手压杠杆犁 490 台。2004 年，安仁县、苏仙区被纳入湖南省农业机械购置补贴项目实施县，各获补贴资金 30 万元，促其共推广联合收割机、中型拖拉机120台（套）。2005年，列入湖南省购机补贴项目县的有安仁、苏仙、永兴、宜章、资兴、桂阳6个县（市、区），年内享用补贴资金计141.8万元，拉动农民购机投入910万元，重点推广应用联合收割机和烤烟田、香芋田的起垄机。机耕、机插、机收、机烘水稻生产全程机械设备开始进入种粮大户。是年，安仁县清溪镇永乐村种粮大户彭忠德购联合收割机、中型轮式拖拉机、动力插秧机、稻谷烘干机各1台。2002—2005年，桂阳县烟草公司筹资1000余万元，投入发展机烘烤烟房2万余间，促成全县烟农年均增收节支1795万元，财税年均增收344万元。此项推广为桂阳县打造“桂阳金叶”品牌，跻身入湖南省“经济十强县”做出贡献。

第四节　农机管理与机构

一、农机管理

（一）农机产品质量监查

1989年，郴州地区仍实行以企业自查为主，农机部门抽查为辅的方法，开展对全区各农机制造、销售企业的农机产品进行质量监查。1994年4月，汝城县农机局进行市场农机产品质量抽样检查，合格率仅70%，遂封存有严重质量问题的配件6件，并会同相关部门一一查处其经销户违规经营行为。1996年，全市组织查处价值6.8万元的假冒伪劣农机产品24种1.6万件。年内市内112个农机供应点，实行统一牌证管理。1997—1998年，郴州市农机产品质量监督检查站会同工商、质检部门，先后现场检查郴州市城区农机经营网点，处罚农机产品有问题的经营网点40家，立案查处劣质产品经销案件2起。1998年，成立农机产品质量投诉监督站，对市内19类农机产品实行推广许可证管理。2000年，由市农委牵头，成立由农机、技术监督、工商等相关部门组成的农机产品打假领导小组，继每年均集中组织一次农机产品打假活动。仅2001年，全市在“打假”活动中销毁假冒伪劣农机产品7457台（件）。2002年配合全国“3·15”农机产品统一打假行动，郴州当场销毁查获的价值1.2万余元的假冒伪劣农机产品280件。2004年6月，开展全市“农机推广许可证”大检查，查处无推广许可证上市经营的农机产品7类12种。1989—2005年，郴州查处重大农机产品质量问题112起，先后查封、销毁假冒伪劣农机产品逾20万台（件）。

（二）农机维修监管

1989年，经组织培训、考核，全市为238名农机修理工发放全国统用的农村机械维修人员技术等级证，另有568人换领新证。年内审定农机修理网点426个，定为二级点5个，三级点168个，专项点253个，均发给全国统用的农村机械维修点技术合格证。1990年9月，郴州地区农机管理局（简称“农机局”）及局农机技术员钟翼廉，分获全国农机修理工技术等级审定工作先进集体和先进个人称号。同年，全区首次年度检验修理点431个。1993—1994年，郴州首次对810名农机修理工进行年度审验，对其中50名不合格者施行再次技术培训；推行农机修理工等级制度，对原810名1~3级农机修理工套定初级修理工。1996年，郴州市农机局设立农机设备维修监测站；对426个农机维修点经农机、工商部门清理整顿，实行统一牌证经营管理；826名农机修理工换发新的技术合格证书，59名农机维修监查员经培训全部实行持证上岗。2002—2005年，实施农机行业职业技能鉴定工作，先后有449名农机维修、营销、驾驶人员，经鉴定办理（换发）劳动部统制的职业资格证书。2005，郴州市农机局局长颜志东被评为全国行业职业技能鉴定工作先进个人，系湖南省市、县级农机部门唯一获此殊荣者。

（三）农机安全监理

1989年10月，设立郴州地区农机安全管理所，随后11个县（市）建立农机安全监理站。至年底，地、县（市）和乡镇、农林场所计配农机安全员310余人。农机安全监理行驶农用拖拉机安全技术检验、驾驶员考试考核、核发道路行驶牌及处理农用机车安全事故职能。1992年，撤销国道、省道由农机、公安交警部门联合组建的农机安全检查站，经批准农机监理部门仍可上公路流动进行农机安全检查。到1994年，农机部门根据湖南省人民政府下发的《湖南省农业机械安全监督管理办法》，接受农用运输车及机动三轮的委托管理。1992年始，郴州相继开展创建"四优"（场地优、队伍优、装备优、业绩优）监理所（站），以及争创"畅安工程""优秀服务示范窗口"等活动。1993年在实施"畅安工程"中，全区农机部门组织1万多名农机手参与"畅安伴我行，我为畅安做贡献"签字活动，94%的拖拉机驾驶员参加安全教育培训学习。1996年桂阳县农机局在创"四优"监理所活动中，投资100余万元，新购监理专用车辆2台，分片新设农机监理分站3个，增强农机安全监理能力。2000年，嘉禾县农机安全监理站在创"四优"中成绩突出，被湖南省农机局授予全省"四优"农机安全监理站称号。全市开展"农机安全监理质量年"活动，农机安全监理员和安全员下乡入村上路查处农用运输车、拖拉机无牌无证驾驶、营运载客、乱停乱摆等违章现象1.03万次，严把驾驶员入门关、机动车上户关、年度审验关、事故处理关。2002—2005年，市、县、乡三级农机管理机构逐层签订年度《安全运输责任状》，先后组织开展创建农机"安全村"活动，进行农用机动车辆安全性检测。2005年，全市每百台农机事故次数由1989年的46次降至33次，每百台拖拉机事故死亡人数由2002年的0.15人降至0.1人。共配备农机安全监理人员170人，农机安全员260人。1989—2005年，全市累计发生农机事故1181起，造成重伤927人，死亡593人，经济损失13.25万元。

二、管理机构

（一）郴州市农机管理局

1989年，郴州地区农机管理总站，改设为郴州地区农业机械管理局。有内设机构5个：办公室、人事科、计划财务综合科、管修科、科教科，另设纪检监察室。局内编制32人。二级机构有地区农机研究所、地区农机安全监理所、地区农机技术服务中心和地区农机公司，总编制58人，年末实有53人。1992年，地区农机管理局内设机构改办公室、人事科、计财科、科教科、管修科，二级机构增加地区农用石油公司，年末实有57人。各县（市）农机管理机构除郴州市（北湖区）外，均更名"农机管理局"。

1995年郴州撤地建市后，北湖区设农机管理局。至此，郴州市11个县（市、区）农机管理局均为正科级。同年机构改革，保留市农业机械管理局（简称"农机局"），为市政府局级直属事业单位，归口市政府农村工作办公室管理。1996年6月，根据市政府办公室印发的《郴州市农业机械管理机构编制方案》，市农机局内设办公室、政工科、计划财务科、科教科（加挂"郴州市农机技术推广站"牌），基层管理科，局机关定事业编制29人。另设有纪检组、监察室、局机关党委。直属事业单位有市农机安全监理所、市农机研究所、市农机设备维修监测站、市农机技术服务中心，事业编制共29人，经费来源分别为全额拨款、规费开支和自收自支。是时，市农机局有二级机构市农机总公司，并继续主管市农业机械化学校业务。2001年，市农机技术推广站并入市农机研究所加挂牌子。8月，保留郴州市农业机械化管理局，为承担部分行政职能的正处级事业单位，改由郴州市农业局归口管理。

2002年3月，市政府办公室印发《郴州市农业机械化管理职能配置、内设机构和人员编制规定》。市农机管理局内设办公室、政工科、科教质量科、监督管理科、政策法规科，局机关定全额拨款事业编制24人，另设有纪检组、监察室、局机关党委、工会。直属事业单位有农机安全监理所，农机技术推广站（由农机研究所更名）、农机设备维修监测站、农机技术服务中心，事业编制共27人，经费来源分别为全额拨款和自收自支。2004年9月，除农机技术服务中心外，其余3个单位人员列入参照国家公务员管理范围，不再实行事业单位的职称、工资及资金等人事制度。是年，全局实有干部职工44人。至2005年，市、县、乡三级有农机机构265个，干部职工2995人。

1989—2005年郴州市（地区）农业机械局主要负责人名录

表13-8-4-1

单 位	姓 名	职 务	任职时间
郴州地区农业机械局	戴培章	副局长（主持工作）	1989.06—1991.12
郴州地区农业机械局	徐哲贤	副局长（主持工作）	1991.12—1992.09
郴州地区农业机械局	郑贵德	局 长	1992.09—1994.04
郴州地区（市）农业机械局	徐哲贤	局 长	1994.04—2000.06
郴州市农业机械局	颜志东	局 长	2000.09—2005

（二）直属机构

市农机安全监理所 1989年，为郴州地区农机管理局二级机构，有事业编制8人，年末实有7人，安全监理车1辆。负责农用拖拉机驾驶员考试、考核、办证，办理农用拖拉机行驶证，初审和申报农机监理员、培训农机安全员；参加重大恶性事故调处，组织全市性安全检查，布置和监查拖拉机及驾驶员年度检审。1995年更名“郴州市农机安全监理所”。1996年，增编至11人。2002年，机构改革减编至10人。2003年，加挂“农用机动车检测中心”牌子，对后驱动的农用机动车进行年检前的上线检测。2004年，改按参照国家公务员制度管理。2005年，实有10人。

市农机技术推广站 该站原称郴州地区农机研究所。1989年，根据机械工业和农机化事业发展需要，郴州地委、地区行署决定，将该所一分为二，一部分仍称“农机研究所”，为地区农机管理总站二级机构；另一部分新设地区机械电子研究设计院，为地区机械电子工业公司二级机构。分设后的农机研究所有编制10名。1995年，该所更名“郴州市农机研究所”，增挂“郴州市电脑技术应用开发中心”牌子，隶属关系、工作性质、经费渠道不变。1996年6月，加挂“郴州市农机技术推广站”牌子。2002年，更名“郴州市农机技术推广站”，定全额拨款事业编制9人。2004年，改按国家公务员制度管理。2005年年末，有干部、职工6人。

市农机技术服务中心 原为地区农机管理总站内设的“技术培训中心”主为各县（市）培训农用运输车驾驶员。1989年，更名为郴州地区农机技术服务中心（简称“服务中心”），负责农机技术咨询、技术服务、农机修理、机手培训、物资供应等项业务，定事业编制8人，自筹经费开支。年末实有干部、职工5人。1992年，在郴州市五里堆租门面经营农机产品，有干部、职工8人。1996年，更名为市农机技术服务中心，定事业编制4人，经费自收自支，负责农机技术咨询和农机具及零配件销售、维修工作，转由个人承包经营。2002—2004年，编制、经费渠道不变，仍由个人承包经营。2005年未变化。

市农机设备维修监测站 1996年10月，成立郴州市农机设备维修监测站，负责对农机设备的管理、技术状态检测和农机产品维修质量监督检测，以及管理郴州市城市规划区域内的农机供应网点。，定事业编制4人，收取规费开支。2002年机构改革中，定全额拨款事业编制4人。2004年，改按依照国家公务员制度管理。2005年无变化。

第九章 乡镇企业

进入20世纪80年代末，郴州地区乡镇企业加快向新兴产业拓展，逐步摆脱乡镇企业办农机厂、综合厂、小砖瓦厂（俗称“老三厂”），村办企业打米碎粮、加工面条、榨油轧花（俗称“老三样”）的境况。地委、行署一直把加快乡镇企业发展作为振兴农村经济工作的“重中之重”，重点扶持，强力推进。1990年，地委、行署下发《关于切实促进乡镇企业持续稳定发展的通知》，出台扶助乡镇企业发展新举措。1991年10月，地委、行署作出《关于进一步加快乡镇企业发展步伐的决定》。地委要求“八五”时期要使全地区乡镇企业总产值年递增15%以上，五年翻一番。1995年3月，地委又印发《关于加快发展乡镇企业的决定》，提出“九五”期间（1996—2000年）乡镇企业发展规划，并要求加快改革，提高乡镇企业经济效益。

1998年10月，郴州市委、郴州市政府召开全市乡镇企业产权制度改革经验交流会。会后，乡镇企业经营制度、产权制度和劳动用工制度改革全面推进。到1999年，郴州市乡镇企业变革过去集体统揽统管企业生产经营的模式，实行承包经营和租赁经营责任制的企业增至4812户，实行经营制度改革的企业占企业总数的84%。继后，又力推企业产权制度改革，至2005年，全市乡镇集体所有制企业通过“两个转换”，实行产权制度改革企业1862户，占应改企业总数的100%，企业用工全部实行聘用合同制。其间，郴州市放宽政策，鼓励和扶持多种经济成份投资乡镇企业。乡镇企业的全面改革，开启了持续、快速、健康发展的新途径。至2005年，全市乡镇（村）企业由1989年的6.68万户增加到12.45万户，增长84.6%。其中集体企业1862户，占企业总数的1.5%，个体、私营企业12.08万户，占企业总数的97%，股份制和股份合作制企业1922户，占企业总数的1.5%。郴州市乡镇企业中有规模以上企业504户。

1989—2005年，郴州乡镇企业通过产业结构调整，技术创新，企业生产得以优化升级，已形成具有本地特色的种养业、采矿业、冶炼业、建材业、水电业、建筑业、加工业和商业、旅游、服务业的产业格局。企业主要经济指标呈快速增长之势。2005年，实现增加值159. 5亿元，占全市国内生产总值比重的33.54%，其中工业增加值103.8亿元，占全市工业增加值的比重达50.23%。是年，有50.26万名农民就业于乡镇企业，占农村劳动力总数的21.8%；农民人均获乡镇企业收入1558元，占人均纯收入的44.4%。年内乡镇企业有高、中级技术职称人员1544人，其中高级职称75人，中级职称1469人。1989—2005年，乡镇企业人员获市级以上民营（农民）企业家称号者741名（次）。

第一节 企业形式

一、集体企业

1989年，郴州地区乡镇集体企业以乡镇、村办集体企业为主，计有乡村集体所有制企业4248户，从业人数7.26万人。乡村集体企业以采矿、选矿、冶炼、建材、建筑业为主。是年，全地区乡村集体企业中总产值过300万元的有郴州良田水泥厂、郴州坳上冶炼厂、桂阳县方元铅锌矿、宜章县五岭铁合金厂、安仁县安平建筑工程公司等17户企业；有59名乡村集体企业的厂（矿）长、经理被评为市级农民企业家，4名厂（矿）长、经理被评为省级优秀农民企业家。

1990年6月《中华人民共和国乡村集体所有制企业条例》颁布实施后，郴州地区各级党委、政府把发展乡村集体企业作为壮大农村经济的首要任务，多渠道地增加对乡村集体企业固定资产的投入，1991—1995年，郴州投入资金年平均递增89.9%。1995年，累计对乡村集体企业固定资产投入达5.67亿元，其中52.2%资金来自国家扶持资金和银行贷款，41.2%为企业自有资金，其他渠道资金投入占6.6%。

至1996年，郴州市乡村集体企业实现大的跨越。是年，企业发展至6649户，从业人数22.11万人，比1989年分别增加2401户、14.85万人；总产值66.33亿元，实现利润4.50亿元，实交税金2.26亿元。全市涌现年销售收入过500万元的乡村集体企业有郴州良田水泥厂、桂东县竹胶板厂、安仁县安平建筑工程公司、桂阳县黄沙坪镇上银山铅锌矿和苏仙区雷溪坝电站等70户。

1997年以后，在社会主义市场经济快速发展的形势下，集体包办企业缺乏自主经营活力的弊端日趋显见。为此，全市乡镇企业加快经营体制和产权制度改革，乡村集体企业大部份改制成股份合作制企业。经济效益差、又缺乏市场竞争力的企业相继破产、拍卖或被兼并重组。随之，乡村集体企业数量逐渐减少，在郴州市经济份量中所占比重日趋弱化。截至2005年，郴州市乡村集体企业由1989年4248家减至1862家，减少2386家，集体企业仅占全市乡镇（村）企业总数12.45万家的1.4%；当年乡村集体企业总产值仅占全市乡村企业总产值的12.7%。至此乡村集体企业在乡村企业经济中的主导地位不再凸显。

二、个体与私营企业

1989年3月，郴州地委、地区行署印发《关于鼓励和扶持城乡个体、私营经济发展的规定》，明确在国家相关法规的指导下，各地应实行“四不限制”（不限性质、比例、规模、速度），和“四个放宽”（放宽登记条件、经营范围、地域、从业人员）之规定，以促使乡村个体私营企业发展。截止当年底，郴州地区有个体私营企业5.95万家，实现产值4.75亿元、利润7434万元、利税2309万元，同比分别占地区乡村企业的41.62%、50.35%和42.28%。发展较快的行业为个体冶炼、运输、加工业和种植、养殖业。

到1995年，在推进个体私营企业快速发展中，境内相继涌现一批个体私营企业集中发展的区域或集群。当年，嘉禾县塘村镇农民联办私营企业435户、个体企业1182户，从业人员9054人（占全镇总人口的41%）。镇内形成独具特色的农产品加工专业村、经商专业街、工业小区和商业区。该镇英花村735户村民中有679户从业个体私营经济，其中576户从事传统锻造业，112户从事缝纫和成衣业及布匹贩销。塘村镇全年个体私营企业完成营业收入5.32亿元。因省内外商人云集此地，故享有“湘南第一圩”之盛名。1995年，郴州市乡村个体私营企业实现营业收入78.36亿元、利润9.18万元、税金7099万元，同比分别占全市乡村企业的67.8%、80.4%和22.8%。

1997年12月，郴州市委、市政府印发《关于进一步加快发展个体私营经济的决定》，要求“九五”时期，全市个体私营经济的户数、人数、产值、税收主要指标以每年15%以上速度增长。随即全市出现个体私营企业承包、租赁、联营兼并和购买小型国有企业和乡镇集体企业的新态势。涌现一批上规模、效益好的个体私营企业。截至2002年年底，郴州市乡村个体私营企业增至9.06万户。全年营业收入215.88亿元，创收利润4.41亿元，缴纳税金4.43亿万元，同比分别占全市乡镇企业的71.8%、55.1%和68%。是年，销售收入过500万元的私营企业有106家，占其规模企业总数的34.9%。其中郴州市金贵有色金属有限公司、永兴县西河铅业有限责任公司和永兴县柏林湘达贵金属有限公司3户私营企业，年销售收入过亿元，缴纳税金超500万元。2003年，郴州市政府表彰的11名优秀乡镇企业家有私营企业主5名，评选的209名市、县两级民营企业家有私营企业主79名，占37.8%。

2005年，郴州市个体、私营企业发展到12.08万户，为1989年的2.03倍。其中个体企业7.11万户，私营企业4.97万户，计有从业人员58.72万人。企业全年实现生产总产值381.4亿元，缴纳税金7.88亿元，同比分别比1989年增长80.2倍和30.5倍。

三、股份合作企业

郴州境内乡村股份制合作企业，多由原乡村集体企业进行股份合作制改造而成；新办企业普遍推行股份联营合作制。1989年，全地区乡镇企业中有联户企业3048户，占乡村企业总数的4.5%，初现股份合作制企业雏型。继后起步乡镇企业所有制改革，开始改变以往集体兴办乡镇、村企业，行政统揽生产经营的局面。是年，全地区在企业改制中发展个体联营企业24户，从业人员758人，其按合资经营，按资分红的模式运作，成为郴州地区首批起步的股份合作制企业。

1991年，宜章县瑶岗仙镇镇办砖灰厂引进香港、珠海商家，按4∶3∶2的股份比例联营，组建湖南广兴冶炼有限公司，公司引进外资100万美元，经过自主开拓发展，其主产品二氧化砷出口至海外，经济效益明显。随后，全地区推介这一典型，推进乡镇股份制企业的发展。至1994年，全地区乡村股份合作制企业增至116户，从业人员5153人，股金5644万元。是年，完成总产值9603万元，实现利润2267万元，上缴税金666万元。股份制企业综合经济效益名列境内乡村企业前列。

自1997年始，郴州市对新办的乡村企业，倡导实行股份制和股份合作制。是年，全市乡村股份制和股份合作制企业有176户，从业人员8720人，拥有股金1.52亿元；完成总产值4.97亿元，实现利润4466万元，上缴税金1407万元，同比分别比1994年增长169%、417%和111.2%。当年，全市还兴办乡村“三资”企业19户家，客商投资5644万美元，当年实现营业收入6069万元、利润607万元、税金214万元。

到2005年，按登记注册分类：郴州市有乡镇股份制和股份合作制企业1922户，为1997年的10.9倍，其中有限责任公司163户、股份有限公司519户、股份合作企业12401户，从业人员计1.5万人；“三资”企业19户。是年，全市1922家股份制和股份合作制企业创总产值20.48亿元，实现利润 1.29 亿元，上缴税金 5178 万元，同比分别比 1997 年增长 4.1 倍、2.9 倍和 3.7 倍。

郴州市（地区）乡镇企业部分年份情况统计表

表 13-9-1-1　　单位：户、人、万元

项目 / 年份	企业户数	年末职工人数	总产值	增加额	利润总额	缴纳税金	发放工资总额
1989	66765	202590	114239	未列数据统计	14763	5461	26148
1993	89972	289406	331188	未列数据统计	46388	15417	59613
1997	33257	291300	2000536	510513	48013	39611	212057
2002	104095	500369	3291385	946268	80060	65121	344353
2004	106960	596155	4328394	1234821	120186	94633	463732
2005	125682	710098	5297640	1594959	163509	123394	565645

第二节　乡镇企业产业结构

一、工业企业

1989 年，郴州乡镇工业依托本地资源优势，加快调整产业结构和推进科技创新，加步形成采矿产业、冶炼业、建材业、化工业、水电业和农副产品加工业等产业结构。自 1998 年起，工业企业推行由分散小规模经营向集聚工业小区、规模化经营转变，由资源型、粗放型向加工增值型、集约型转变，为企业做强增效注入新的生机。截至 2005 年年底，郴州市乡镇工业企业由 1989 年的 2.83 万户增至 4.01 万户，增加 1.18 万户；工业总产值由 1989 年的 7.02 亿元增至 344.92 亿元，增长 48.1 倍。全市建立乡镇工业小区 43 个，其中省级 1 个（北湖区石盖塘乡镇工业小区）、市级 8 个、县级 34 个；乡镇工业企业中拥有年销售收入过 500 万元的规模工业企业 504 户。

（一）矿产业

1989—2005 年，郴州乡镇企业逐步形成煤炭、有色金属和石墨三大采（选）矿业，成为乡镇工业的支柱产业。至 2005 年底止，郴州市有乡镇采（选）矿企业 9291 户，从业人员 16.27 万人；是年，创产值 128.38 亿元、利润 2.84 亿元、利税 3.22 亿元。其中年产值过 500 万元的规模采（选）矿企业有 233 户，占全市乡镇规模工业企业总数的 46.2%。

郴州为湖南省煤炭主产区。煤炭开采实现由以乡、村集体开采为主转为以股份合作、私营企业开采为主，煤炭开采经多次清理和整顿，无证非法开采的煤矿（窑、井）被关停。至 2005 年，全市有持证合法开采的乡镇煤矿企业 568 户；郴州有色金属矿藏资源尤为丰富，乡镇企业有色金属开采主要有铅、锌、锡、钨、钼及金、银、铜、铁等。至 2005 年，全市乡镇有色金属采、选企业有 111 户，全年完成产值 19.49 亿元，占乡镇采选矿业总产值 53.5%。郴州境域内石墨采（选）主要集中在北湖区鲁塘镇，桂阳县太和、清和、荷叶乡以及临武县金江镇一带，其石墨矿藏总储量占国内石墨储量一半以上。1989—2005 年，乡镇石墨开采逐渐形成采、选、加工、销售为一体的经营模式，主要生产石墨粉、石墨砂、石墨球、碳棒等初级产品。年均销国内市场约 14 万吨，销国外市场 22

万吨以上、年均创汇逾1100万美元。此间，郴州市石墨资源开发仍存在滥采以及把石墨当煤卖的低价倾销问题，宝贵的石墨资源还未转为经济优势。

（二）冶炼业及压延加工业

1989—1990年，郴州地区冶炼工业经治理整顿，“村村点火，处处冒烟”滥建小冶炼厂（炉）的现象被初步遏制。嗣后，乡镇冶炼工业及压延加工业开始转入规模化、集约化、精细化的产业提升阶段。

1995年，桂阳县城郊、黄沙坪、方元乡（镇）改变过去卖铅锌、铁原矿或粗加工的做法，相继兴建一批冶炼技术更新的铅锌和铁矿冶炼厂。该县乡镇企业经改进开采、冶炼技术，至2003年，形成生产铅锌原矿20万吨、铅锌精矿10余万吨、电解铅3万吨的生产能力。永兴县没有银矿资源，1995—2002年该县投入6000万元，开发传统冶炼技术建成柏林、塘门口和黄泥3个以金、银冶炼为主的工业小区，培育年产值过500万元的白银冶炼规模企业76户，2002年仅白银冶炼、加工一项就为县财政创造增值税1800多万元。是年9月，永兴县在中国首届白银年会上，被世界白银协会命名为“中国银都”。永兴县年产白银超过全国产量的1/4，被誉为“没有银矿的银都”。素有“铸造之乡”之称的嘉禾县至2005年兴办铸锻企业610户，其中年产值过500万元的有40户，实现总产值13.13亿元。经不断改进传统工艺，该县生产的钢锄产品占全国钢锄市场的70%，产品远销至东南亚、拉美国家。

（三）建材业

郴州地区乡村建材工业到1989年逐步改砖、瓦、砂、石手工生产为机械生产，并突出发展水泥、水泥制品、建筑用石及轻质建筑材料生产。境内受与广东邻近市、县基本建设的拉动，1993年，又新建、改建一批生产水泥、水泥制品、石板材料的建材企业。1994年，境内乡村集体建材工业企业发展至481户，从业人员11424人，完成建材工业产值2.23亿元，同比分别比上年增长67.8%、56.5%和49.5%。

1996年，乡镇水泥生产已发展为郴州市乡镇建材业的支柱产业，是年，乡镇水泥企业由1990年的13户增至26户，年设计生产能力由34万吨增至228.6万吨，为1990年的6.7倍。1999年，郴州市乡镇水泥企业淘汰年设计生产能力在2.2万吨以下的水泥生产线8条及小水泥厂3家，乡镇水泥厂“抓大压小”减至22家。2005年，乡镇、村建材工业企业年内完成主要产品有水泥120.97万吨、机制砖31.43亿块、水泥预制件33.77立方米、石灰86万吨，同比分别比1989年增长646%、1380%、434%和226%。其中经济效益在全市列前的水泥企业有郴州良田水泥厂、宜章麻田水泥厂、桂阳第二水泥厂及安仁龙海水泥厂。

（四）化学工业

郴州乡镇化工工业主产氧化钾、氧化钙、氯酸钾、氯酸基、砒灰等化学工业原料和烟花爆竹。1989年，全境乡镇化工企业发展较快，至1999年，地区有乡镇化工企业38户，完成总产值9785万元。创办于1996年的桂东县高氯厂至2004年生产高氯酸盐、氯酸盐3000吨，实现产值1976万元。乡镇烟花爆竹工业主要分布于永兴、宜章、嘉禾、苏仙区4县（区）。尤以永兴县民间烟花爆竹工业发展较快，多采用家庭作坊式生产，以厂家名义收购联营的方式对外销售。2000年，永兴县招商引资聚集兴办烟花爆竹企业，至2002年，永兴县有烟花爆竹企业从业人员4万多人，涌现年产值过500万元的乡镇烟花爆竹企业9户。其中湘南烟花爆竹总公司生产的“金陵”牌商标，被评为湖南省著名商标。到2005年，郴州市有乡镇化工企业20户，实现年产值2000余万元。

（五）水电业

郴州水能资源丰富。自1989年，境内趁全国建设农村水电初级电气化县的契机，大力推进农村小水电工业发展。其尤以汝城县乡镇小水电工业发展较快。到2002年，该县乡、村水电站装机容量达5.9万千瓦，占全县水电装机容量的63.7%。汝城县水电装机容量已达7.23万千瓦，居湖南省各县之首。其间，郴州鼓励农村集体、个体以合资、融资或股份合作制形式开发水电，乡村小水电成为全市支柱产业之一。2001年，郴州市内乡村水电工业企业完成年发电量10亿千瓦时（其中集体企业7亿千瓦时、个私企业3亿千瓦时），比1989年增长589.3%，占全市地方中小水（火）电年发电量的58.8%。2002年5月中旬，全国农村小水电现代化建设工作现场会在郴州召开。会上，水利部向全国农村推介郴州发展农村小水电的经验。同年，郴州被联合国小水电开发组织认定为国际小水电基地。截至2005年，郴州市乡镇水电站装机总容量达69.3万千瓦，完成年发电量20.86亿千瓦时，同比分别比1989年增长324.6%、380.6%。

（六）农副产品加工业

20世纪90年代初期，郴州乡村农副产品加工业有碾米、磨粉、做面、酿造和生产豆制品、木竹藤草制品行业。多为家庭手工作坊式经营，效益低下。90年代中期后，郴州市乡镇农副产品加工业以农业产业化为依托，呈现农业产业化与农副产品加工业互利双赢同发展的新局面。至2002年，郴州市乡镇农副产品加工业先后创办临武舜华鸭业公司、郴州裕湘面业公司两家省级龙头企业，以及郴州绿丰公司、创兴公司等市级龙头企业13户，共联结发展农副产品生产基地5.4万公顷。截至2005年，郴州市101家规模以上农业产业化龙头企业中有农副产品加工企业66户，其中年产值过亿元的9户、5000万元以上亿元以下的13户。是年，全市55户市级以上农副产品加工龙头企业销售收入23.6亿元，上缴税金9650万元。至此，郴州市农副产品加工业在历届湖南省和全国农博会上获金牌奖产品70个；产品年销售收入过百万元的65个、过千万元的28个、过亿元的6个；先后获注册商标产品37个、无公害农产品认证书产品70个、绿色食品认证产品5个。

二、交通运输企业

1989年，境内乡镇交通运输业（含客运、货运、装卸、仓储企业）随着乡村公路的发展而渐趋旺盛，机动车辆随之增多。1992年，嘉禾县广发乡创建郴州地区首家乡镇交通运输企业，即嘉禾县汽车运输集团公司，为全乡350辆汽车提供运输中介服务。至1994年，全区乡镇交通运输业有企业2.79万户，其中个体私营企业2.78万户；全年完成总产值1.36亿元，较之1988年，乡镇运输企业数和产值分别增长85%、9.28倍。1996年，嘉禾县广发乡白觉行政村成为郴州市首个拥有136辆汽车的运输专业村。1997年，桂阳县个体运输业进入县城城区公交市场，开设县城公交营运线3条，参与营运个体中巴车20多辆，成为郴州市第一个个体运输业进入县级城区公交市场的个体运输企业。临武县人口仅为30万人，至2003年全县拥有乡村运输汽车3800多辆、客运汽车220辆、拖拉机及小四轮1240辆，常年有1000余辆汽车在广东、广西、浙江、海南等省（区）及沿海地区跨省营运。汽车运输业成为临武县的一大支柱产业。

2005年，郴州市有乡村交通运输、仓储企业2.92万户，从业人员7.28万人，完成总产值48.38亿元，占郴州市乡镇企业总产值9.1%，实现利润2.6亿元，上缴税金1.25亿元。

三、建筑企业

随着经济社会的加速发展，郴州乡镇建筑业快速崛起。到1994年，郴州地区乡镇建筑企业（含建筑施工队）发展至3136户（支）、从业人数3.62万人、企业实现产值5.8亿元，同比1988年，分别增长71.4%、74%、55.4%。在列入资质审查的106家企业中，定为二级建筑企业的1户（安仁县安仁建筑工程公司）、三级建筑企业10户、四级建筑企业43户。1997年，经清理整顿，有四级资质等级以上乡镇建筑企业73户，占郴州市总建筑企业的71.5%。是年，乡镇建筑企业实现产值8.07亿元，占全市建筑企业总产值69.5%；完成建筑工程492项，占境内完工建筑工程61.3%；获优良建筑单位工程134个，占建筑优良单位工程总数的58.2%。与此同时，全市乡镇建筑企业加快产权制度改革。在郴州享有"建筑之乡"之称的安仁县，至2003年，有股份制和股份合作制及其他形式的建筑企业（含建筑施工队）389家，从业人数达1.37万人。是年，企业产值达9.93亿元，占全县乡镇企业总产值的42.1%，高出全市乡镇企业此项指标数的34.3%。其中安平、竹山和平背3家建筑工程公司为郴州市仅有的3户国家二级乡镇建筑企业。2004年，安仁县乡镇建筑企业完成总产值11.52亿元，占郴州市乡镇建筑企业总产值的34.2%.

2005年，郴州市拥有乡镇建筑企业3300户（含建筑施工队），资产总额16.81亿元，从业人员5.23万人，其中获资质等级企业505家；全年完成总产值36.70亿元，比1997年增长97.8%，实现利润总额1.81亿元，上缴税金8179万元。

四、商业与社会服务企业

1989年，郴州地区乡镇有批发、零售商业企业1.25万户，其中乡镇集体企业242户，个体私营企业12195户，从业人员17681人。企业营业总收入1.52亿元，其中个体私营企业收入1.1亿元，占总额的72.4%。1990年，乡村餐饮、住宿、理发、修理、照相社会服务业迅速兴盛。一些路旁的小吃店、小旅舍、小修理店相继进入集镇、城市、交通要道及旅游区谋求发展，陆续兴办具有一定规模的集体或私营社会服务企业。

1994年，一些经济较为发达、区域位置较好的乡镇，改变过去兴办小店小铺的经商模式，始步自建或联建农贸市场及商贸综合大楼。是年7月，郴州市（北湖区）郴江乡投资1700万元，建成总建筑面积2.17万平方米，集商贸、住宅为一体的郴江商贸城。1998年，嘉禾县塘村镇兴建镇南、镇西、镇北和英花4个工业商贸区。从1997年到1999年，郴州市乡镇企业从银行、信用社融资1.5亿元投入兴建农贸市场，占此间融资总额的18.5%。

1999年，资兴市东江镇投资60万元兴建的东江大坝龙景旅游水上滑道，被誉为"中国野外水上第一滑"。其间，一些乡镇、村和农民相继在城郊开发农家乐、休闲观光农业、休闲农庄旅游服务项目。乡村社会服务业日益拓展。

2005年，郴州市有乡村批发零售业企业2.88万户，从业人员8.06万人，实现商业总产值53.97亿元，占郴州市乡镇企业总产值的9.82%，比1997年所占比率提高1.1%，其中个体私营商业总产值占乡镇商业总产值的98.5%；有乡镇餐饮、住宿、修理、美容美发等社会服务业企业1.81万家，从业人员6.71万人。其中住宿及餐饮1.17万家、其他服务行业6337家，全年实现总产值31.64亿元，占全市当年乡镇企业总产值的16.7%。在社会服务业总产值中，餐饮占48.9%、住宅占19.2%、其他服务行业占31.9%。

五、农业企业

在20世纪80年代，境内农业企业多为集体种植（果、茶、蔬菜）场和畜禽养殖场。是时，由于家庭联产承包责任制的实行，部分乡镇、村办集体种植、养殖企业有的解体、有的规模缩小，而个体、私营农业企业则逐渐增多。1989年，宜章县个体、私营农业企业发展迅速，至2000年全县办有并具有一定规模的个体私营林场86个，占林场总数的81.1%。是年，乡镇、村和个体林场造林753.33公顷，占宜章县当年造林总面积的83.7%。宜章县当年还创办乡镇、村和个体果园45个，有果园面积2406.67公顷，年产柑橘41万吨、梨735吨、李子4.84吨。此间，郴州农村个体养殖业加快发展，一批私营家禽家畜养殖场相继涌现，还兴起养泥娃、鳝鱼、甲鱼、狗、蛇、长毛兔、蜜蜂特种动物的养殖热。桂阳县食品公司下岗职工王少华1997年6月集资240万元，在桂阳县城郊乡全义村桐子坳，兴建全县第一家年出栏生猪万头的“欢乐养殖场”，成为郴州市三个大型私营集约化养猪场之一。王少华还帮助其他乡、村发展个体饲养场20多家。中央电视台《东方时空》专栏曾在“讲述老百姓自己的故事”栏目中，专题推介王少华奋发有为创办养殖场的事迹。2000年10月，永兴县油市乡土桥村村民刘俊钢创办南方野鸡养殖场，配有孵化室、自动恒温育雏室、成鸡饲养棚等先进设施，常年存笼野鸡5000多羽，年出笼1万余羽。并带动周边农民发展个体养殖户30家。到2000年末，郴州市养殖业有规模化、集约化养殖企业150户，其中年产值过200万元的企业70户。

其间，境内一些工业基础薄弱的农村，倾力将兴办种植业、养殖业企业列入发展乡镇企业的重点组织实施。历称“粮食大县”的安仁县利用丰富的阔叶木屑、稻草资源，大力发展食用菌生产。2002年4月，安仁县扶助坪上乡创办坪上食用菌开发有限公司，该公司面向全县集食用菌科研、生产、加工、销售于一体，按照“协会＋公司＋基地＋农户”的模式运作经营；至2004年，该公司建立17个食用菌生产基地800公顷，发展基地菌农1500多户，带动安仁县涌现食用菌种植户6150多户，年产食用菌5万多吨。公司建厂房和生产大棚67公顷，年产鲜菇3万余吨，产品销至长沙、广州、深圳、香港及国外新加坡。安仁县跻身全国食用菌生产先进县。2002—2005年，资兴市清江乡组建的“果业产业合作社”和“柑橘销售股份公司”，实行“合作社＋基地＋农户”和“公司＋农户＋市场”的经营模式。4年间，清江乡发展柑橘种植面积933.35公顷，人均1.1亩，其中种植10亩（0.67公顷）以上的柑桔大户有100户以上。水果生产成为当地经济增收的主要项目。

至2005年，郴州市乡村有种植业、养殖业企业2542户，从业人数2.28万人。2005年，农业企业完成生产总值8亿元，实现利润6067万元，上缴税金1972万元。全市拥有国家级农业产业化企业2户（资兴东江鱼集团有限公司、临武舜华鸭业发展有限公司）、省级9户、市级55户、县级200户。

郴州市（地区）乡镇企业部分年份企业门类户数统计表

表13-9-2-1 单位：户

项目 年份	合计	农业企业	工业企业	建筑企业	运输企业	商业企业	餐宿企业	服务企业	其他企业
1989	66765	1287	28307	1485	17035	12484	2561	3305	301
1993	89972	1617	36114	2928	22841	15253	4234	3654	3331

续表 13-9-2-1

单位：户

项目 年份	合计	农业企业	工业企业	建筑企业	运输企业	商业企业	餐宿企业	服务企业	其他企业
1997	33257	1576	17296	1420	4103	5137	2162	1086	477
2002	104095	1952	33865	2722	23889	24934	9435	5404	1894
2004	106960	1884	37298	3424	22915	24627	10381	4639	1792
2005	125682	2542	40059	3300	29193	28841	11745	6337	3665

郴州市（地区）乡镇企业部分年份企业门类总产值统计表

表 13-9-2-2

单位：万元

项目 年份	合计	农业企业	工业企业	建筑企业	运输企业	商业企业	餐宿企业	服务企业	其他企业
1989	114239	2598	70180	9890	19690	9291	2179	276	135
1993	331188	7297	223078	29811	46249	7918	8650	3956	5139
1997	2000536	65874	1368173	172658	94104	175629	59861	14488	49749
2002	3291385	76887	2067294	235965	302628	333619	155216	47997	71779
2004	4328394	79805	2799827	336822	371115	451375	177961	67341	44148
2005	5297640	80066	3449158	367079	483801	539668	215608	100790	61470

第三节 企业选介

郴州市裕湘面业有限公司 创建于 1988 年，系湖南省农业产业化龙头企业，总部设郴州市经济技术开发区。其生产规模和经营效益居国内同行前列，生产的“裕湘”牌面条、粉丝有 6 个系列 100 多个品种，产品通过 ISO9001 质量体系认证，“裕湘”牌面条被评为湖南省名牌产品，其商标曾连续三届获湖南省著名商标。公司先后被中国面制品协会、中国食品工业协会授予中国拉面行业五强企业和诚信企业荣誉称号。产品畅销国内及出口至爱尔兰、英国、西班牙、新西兰、泰国和南非等 10 多个国家和地区。至 2005 年先后获“全国重质量守信誉企业”“湖南省百强私营企业”称号。董事长李步凡先后被评为全国城镇妇女巾帼创业带头人、全国食品行业女企业家先进个人、全国乡镇企业家、郴州市劳动模范。

湖南省嘉禾泰丰有限公司 创办于 1990 年，属乡村私营企业，公司总部设嘉禾县车头工业园。该公司先后独资或合资收购桂阳县三五煤矿、嘉禾县水泥厂及县氯肥厂闲置土地，建起煤炭、水泥以及上档次的年产值过亿元的铸造生产线和新型装璜材料生产线。到 2004 年，该公司拥有注册企业 5 户，固定资产逾 5000 万元，累计缴纳税费 4500 万元。公司多次被评为市、县乡镇（民营）企业先进单位，所属嘉禾南岭水泥有限公司被评为“湖南省五百强民营企业”，其生产的“嘉岭”牌水泥产品获中国公认名牌称号。董事长李成志先后获全国、省、市优秀乡镇企业家和湖南省劳动模范称号。

湖南省兴光冶炼有限公司 前身是永兴县电解铅厂，创办于 1993 年，2001 年更名为永兴县铅业有限公司，属乡村私营企业，公司总部设永兴县太和乡工业园。2004年8月又更名为湖南省兴光冶炼有限公司。企业以回收提炼工业废物中铅、银为主。企业高薪聘用金属回收领域的专家，同时投入引进先进技术和设备，2001年一次性 投资1370多万元改造生产线，和100多万元从瑞士购进BI-4460型直读金属分析仪。公司通过了国际ISO9001-2000质量管理系统认证，获得国内国际市场通行证。企业的主要产品白银获商务部批准的自营出口许可证，每年向英国标准银行国际知名企业自营出口白银数百吨。2005年，公司出口创汇5000多万元，是全县纳税额率先突破2000万元的民营企业。兴光冶炼公司白银年产量居全国同行第五位、电解铅年产量居湖南省民营企业第一位，此外，还提炼铋、黄金、钯贵金属。董事长曹彦富先后被授予郴州市“十佳”民营企业家，湖南省优秀乡镇企业家以及全国乡镇企业家称号，当选为湖南省第十届人民代表大会代表、郴州市第一、二届人民代表大会代表。

桂东县高氯酸厂 始建于1996年年底，乡村股份制企业，位于县城南邻106国道旁。主要产品有高氯酸钾、高氯酸铵。该厂采用自有知识产权专利技术生产，可根据用户需要生产各种不同规格、不同型号及不同要求的产品，拥有自营进出口经营权。产品80%以上供出口，销售网点分布于华东、华北、华南、华中以及欧美和澳大利亚。2003年，该厂从加拿大引进一套新的循环蒸发处理系统设备。至2004年，企业产量突破3000吨，实现产值1976万元。其厂是制订工业高氯酸钾HG3247标准的单位之一，是全国氯酸盐业理事单位。企业曾先后获“郴州市最佳科技创新企业”“郴州市明星企业”称号和“湖南省科技创新奖”。董事长黄存礼先后被评为郴州市乡镇（民营）企业家、郴州市“十佳”科技工作者、郴州市发展民营经济先进个人。

桂阳县欢乐良种养殖场 系桂阳县食品公司下岗职工王少华，于1997年6月牵头创办的湖南省一级种猪场，养殖场位于该县城郊乡，总投资610万元，各种养殖配套设施齐全、先进。常年饲有纯种“大约克”“长白”“杜洛克”等优质良种猪400多头，长、大、杂母猪500多头，年向社会供应优良种猪逾5000头；出栏商品猪超1.5万头；年供纯种猪精液人工受精约1.5万胎次，年销售收入超2000万元。2004年，该场在桂阳县共和农场租赁水库面积6.67公顷、荒山66.67公顷，投资1000万元，建设一座省级达标的种植场，荒山全部垦植优质果木，实行“猪—沼—果（鱼、蔬菜）”的生态养殖经营模式。欢乐养殖场是郴州市养殖协会龙头企业、市纯种猪精液重点供应站及桂阳县养殖协会样板示范场。养殖场所饲养的生猪被认证为无公害产品，生猪品种为国内优质瘦肉型种猪之一，畅销湘、粤、桂省区，商品猪供应港、澳及沿海发达城市。2005年，该场有员工250名，其中大中专院校毕业生17人。

嘉禾县三味食品有限公司 创办于1998年，公司总部设该县城关镇，是一家以农副产品加工和生猪饲养为主的乡村股份制企业，系湖南省农业产业化龙头企业。公司以嘉禾久负盛名的三味椒和大豆、湘嘉鱼、玉米、红薯为主要原料，生产加工出具有色、香、味俱佳的“三味”辣椒系列产品及杂粮粉丝和米排粉。企业通过ISO9001质量认证和无公害、无污染产品认定，其加工生产的三味牌“腐乳王”2002年在湖南第四届（国际）农博会上获金奖。企业走生产、加工、销售“一条龙”的发展道路，至2005年，先后在县内及周边的新田、桂阳县建立三味椒、大豆、花生、蔬菜、玉米等生产基地4000公顷，带动发展种植户3.7万余户。2005年末，公司有高级职称技术人员5人、中级11人，拥有固定资产3600万元，形成年可加工辣制品6000吨、杂粮粉丝和米排粉4500吨以及出栏生猪2.5万头的生产能力，成为郴州市农副产品加工行业中的骨干企业。

宜章县兴宜水泥有限公司 创建于2002年1月，公司总部设该县的城南镇新村水泥厂，属乡村股份制企业。其以水泥生产为主，兼营建材、煤炭。该公司生产的“新村”牌水泥2002年通过

ISO9001 质量体系认证，2003 年获“湖南名牌产品”和“诚信品牌”称号。至 2005 年，企业先后被评为“湖南省民营企业百家质量信得过单位”“湖南省建材行业综合实力五十强企业”“湖南省重合同守信用单位”；董事长欧阳秀芳被评为省、市乡镇企业家，郴州市第二届“十佳”民营企业家。

安仁县坪上食用菌开发有限公司 创建于 2002 年 4 月，属乡村股份制企业，总部设安仁县坪上乡。该公司形成集食用菌科研、加工、销售为一体的产业结构，系湖南省级农业产业化龙头企业，下辖 6 个营销分公司。其按照“公司＋协会＋基地＋农户”的模式运作，在安仁县内及苏仙区三峡移民村开辟食月菌综合示范园 7 处，建厂房和食用菌棚 67 公顷，联结生产基地 800 公顷，牵动从业农户 6150 户。生产基地被湖南省农业厅认定为“无公害生产基地”。到 2004 年，公司年产鲜菇突破 2 万多吨，销售收入过 9000 万元，创利税 1500 万元。生产的“天扶”牌食用菌系列产品被农业部认定为“无公害绿色”食品，2004，获湖南省第六届农博会金奖、郴州市农业特产十大品牌之一，产品驰名省内外市场。2005 年，公司有资产总额 5103 万元、固定资产 3522 万元；有职工 628 人，其中管理人员 36 人，高、中级职务技术人员 16 人。

临武县金福科技食品有限公司 创建于 2002 年，属乡村私营企业。下辖生产经营企业 6 户，生产以红薯、香芋、马铃薯、玉米、高粱、大米为主要原料的各类淀粉、粉丝及香芋饼干和瑶王酒 5 个系列的品种 10 多个。其不含明矾生产精白红薯粉丝以及红薯淀粉的净化胶色技术，处国内同行领先水平，系一家科技产业型的市级农业产业化龙头企业。2003 年，公司总产值达 5500 万元，创利税 350 万元。公司实行“公司＋基地＋农户＋科研”的经营模式，至 2005 年在临武县 8 个乡镇建立红薯和香芋种植基地 32 处 1667 公顷。董事长周多福先后评为郴州市民营企业家、临武县优秀厂长（经理）。

郴州市邦尔泰苏仙油脂有限公司 原为郴州苏仙油脂化工厂，2003 年改制而成。是集油茶种植、生产加工和科研为一体的乡村股份制企业，主要产品有“苏仙”牌纯茶油和茶粕。公司总部设苏仙区栖风渡镇。企业研发的油茶物理低温冷榨技术达到国内领先水平，其超滤膜法提皂技术获郴州市科技进步一等奖；开发的有机茶籽油填补国内空白，其产品“苏仙”牌纯茶油 2001 年和 2004 年获湖南省第三、第六届农博会金奖；茶粕系列产品畅销国内外市场。公司采用“公司＋基地＋农户”的经营模式，在苏仙区、永兴县 5 个乡镇建立油茶种植基地 2.73 万公顷，并通过国家有机原料基地认证。至 2005 年，该公司资产 5049 万元，拥有日处理 30 吨茶籽榨油及 20 吨的茶油精炼的生产加工线，以及日处理 100 吨的茶饼浸出生产线，系省级农业产业化龙头企业。

临武舜华鸭业发展有限公司 公司成立于 1999 年 10 月，总部设临武县工业园区，是中国最大的麻鸭养殖加工企业。临武麻鸭为全国优良传统鸭种之一。公司自以股份制形式创立以来，构建“公司＋协会＋农场”的产业化经营模式，集临武鸭的种苗孵化、养殖、加工、销售于一体。到 2004 年，公司已建成加工能力达 600 万羽的现代化加工厂 2 座，种鸭场 3 个，养殖农场 60 个，拥有固定资产 8909 万元。当年实现养殖、加工产值 1.57 亿元，成为中国农业产业化 500 强企业之一，国家级农业产业化龙头企业。企业通过 HAGGP 体系认证，相继开发加工香辣鸭、卤鸭、糖果鸭等“舜华”牌临武鸭 7 大系列 50 多个品种。舜华临武鸭系列产品先后被评为“湖南省名牌产品”“湖南省消费者信得过品牌”，“舜华临武鸭”牌商标被评为湖南省著名商标，产品获第一、第二届湖南省农副产品博览会金奖，畅销全国 20 多个省份乃至南非、香港。公司曾获郴州市发展乡镇企业先进单位称号。董事长胡建文先后获郴州市乡镇（民营）企业家、郴州市第二届“十佳”民营企业家及郴州市“十大”杰出青年等殊荣。

湖南资兴东江鱼集团有限公司 公司成立于 2002 年，下辖 7 家控股子公司和协作企业，系一家集水产科研、种苗孵化、饲料生产、水产养殖、水产加工、销售及旅游休闲观光于一体的综合性经营企业。公司总资产1.9亿元，有高级职务技术人员15人；兴建1个科研示范基地、3个种苗孵化基地、4个生产基地及鱼制品加工厂、东江鱼专用饲料加工厂和专业批发市场。东江湖鱼系列产品由东江鱼集团有限公司生产经营。其产品追求“绿色、安全、营养、健康”，具有肉质细嫩、味道自然纯正、营养丰富的特点。东江湖鱼有鲜活鱼系列品种25个，鱼种鱼苗系列品种12个，鱼制品系列品种35个。至2005年，其“东江湖鱼”制品系列产品曾先后三次获湖南省农博会金奖，畅销省外内，“东江湖鱼”商标评为“湖南省著名商标”。2005年，该公司列入国家级农业产业化龙头企业，和ISO9001质量管理体系认证及QS认证。

第四节　企业扶持管理与机构

一、企业扶持

1990年，中共郴州地委、郴州地区行署印发《关于切实促进乡镇企业持续稳定发展的通知》，明确规定严格控制企业上缴金额，制止乱摊派、乱收费行为，减轻企业负担，扶持乡镇企业发展。1991年10月，地委、行署又印发《关于进一步加快乡镇企业发展步伐的决定》，将乡镇企业发展纳入地、县、乡三级工作目标管理责任制。继而在1992年11月，地委、行署还出台《关于建立加快乡镇企业发展机制的规定》，确定自1993年始在全区开展创乡镇企业明星竞赛活动，对兴办企业获得“明星乡镇”及“明星村”及“明星企业”称号的单位和领导给予奖励（含记功、录用、提拔、加薪、奖金等），建立扶持乡镇企业发展的激励机制。

从1995年起，郴州开展部门单位“支、帮、促”乡镇企业活动。国土部门对乡镇企业用地，优先予以安排和审批；市财政部门除每年安排200万元用于扶助发展乡镇企业外，还安排乡镇企业人员培训专项经费；矿产、建设、农业、水电部门积极为乡镇企业提供信息、技术、专业管理等服务。1996—2001年，郴州市组织市直机关单位分期分批到北湖区、苏仙区联办乡镇企业，6年间市直机关单位为企业解决实际困难和问题2000余件，筹措援助资金4200万元。

1997年，市、县两级纪检、监察机关加大对乡镇企业合法权益保护的力度。年内为130户乡镇骨干企业挂牌保护其生产经营权益；协同为乡镇企业清理、取消不合理收费2500万元。同时全市加大金融支持，1997—1999年，农业银行、农村信用社给乡镇企业优先发放贷款8.15亿元。

截至2005年，郴州市对兴办乡镇企业成绩显著者优先予以“农转非”540人，录用为国家干部134人，其中提拔为副科级以上干部54名。同时还表彰一批乡镇企业优秀供销员、会计员和统计员。郴州市先后评选市（地）级乡镇（民营）企业家624人次，其中被郴州市人民政府授予优秀乡镇企业家和“十佳”民营企业家称号的42人，计颁发奖金50万元。

二、企业管理

（一）生产管理

1989年，随着国内市场由卖方市场逐渐向买方市场转变，郴州地区乡镇企业逐渐转为根据市场需求变化组织生产经营活动。地区乡镇企业管理部门组织加强市场调研，实行每月印发一期生产调度简讯。1991 年始，建立健全乡镇企业生产调度工作目标管理考核制度，促使产与销相互衔接，避免生产盲目扩张。当年，地区乡镇企业局组织对全区 80 个重点乡镇企业进行生产调度目标管理考核。

1997—1999 年，全市突出加强乡镇水泥企业产品质量管理。其间，邀请全国质量百佳企业即江苏省湖山水泥厂负责人到郴州传授先进水泥生产技术；组织乡镇水泥企业在全市“科技推广年”活动中施行技改项目 172 项。促使乡镇水泥企业产品 1999 年出厂合格率均达 100%，其间全市年均水泥产量提高 21.5%，生产成本降低 11.6%。

1999 年，重点治理乡镇工业对环境污染严重的企业。全市关闭污染严重的 4 条水泥生产线和 9 条砷制品生产线。迄 2001 年，全市乡镇企业投入生产排污治理资金 6500 万元。

2002 年，郴州市乡镇企业局把规模以上工业企业和县级以上工业小区（园区）列入生产调度管理。县（市、区）乡镇企业局对年销售 100 万元以上的企业直接调度，严格考察企业产、销状况，科学进行生产调控。2003 年，加强安全生产工作管理，针对乡镇企业生产特点，先后举办 4 期安全生产培训班，参加培训的有烟花爆竹、水泥、煤矿等企业负责人和技术员 210 人。至 2005 年，市乡镇企业局配合有关部门取缔非法烟花爆竹厂（作坊）256 家、无证开采矿山点 381 处，明令停业进行安全生产整改乡镇（村）企业 360 户，整改重大安全隐患 135 处。

（二）技术管理

1989 年，郴州地区乡镇企业有各类专业技术人员 1.5 万余人。全区注重健全充实技术人员队伍，提高企业技术改造能力。各县（市）乡镇企业管理部门建立技术人才资料档案库，实行分类培养和管理。同时，全地区加强乡镇技术人员培育，1992—1993 年，全区分期分批培训财务人员 364 人（次），举办一期学制两年，46 人参学的财会函授班。

1992 年，由郴州行署牵头上门邀请湖南大学、中南工业大学教师、专家至郴州，为乡镇企业进行生产技术指导 76 人次。与此同时，积极组织引进先进技术和项目，不断提升乡镇企业的科技开发水平。1996 年，郴州市引导、组织乡镇企业从市外引进科技含量较高的新项目、技改项目 126 项，投入专项科技开发资金 3500 万元，实施项目通过省、部级鉴定的乡镇企业研发新产品 11 个。1999 年，在全市开展的“科技推广年”活动中，市、县、乡三级乡镇企业管理机构组织乡镇水泥企业投入技改项目 172 项。

2000 年，加大乡镇企业所需管理人才和技术人才的培训、引进工作力度。至 2003 年，全市先后 5 批次选送 217 名乡镇企业和民营企业管理人员，赴中央党校对外培训中心及中山大学管理学院培训中心进修深造，学习世贸经济知识与现代企业经营、管理方面的知识。在此 3 年间，桂阳县乡（镇）企业管理部门先后组织、协调 30 多户乡镇企业，与境内外 20 多家科研机构结成对子，进行人才交流、技术合作，还组织为期 1 个月的中南大学教授“桂阳行”活动，帮助乡镇企业技术创新上台阶。该县发盛石墨制品有限公司在与科研单位技术合作中开发的“b000 目炭黑”产品，技术含量处全国领先水平。临武舜华鸭业发展有限公司与湖南省畜牧研究所、广州华南农业大学高院校“联姻”，成功研制 6 大系列 9 个新产品，其香辣鸭、卤鸭等 4 个产品获国家专利证书，板鸭保鲜技术及香辣鸭、酱鸭生产技术为全国独创；资兴市顺兴铁道线路器材厂通过引进技术人才研制开发的可调轨档板，解决了国内铁道史上三大技术难题之一，获科技部扶持的科技引导资金 100 万元。

截至 2005 年，郴州市乡镇（民营）企业有民营科技型企业 105 户，其中 33 户建立技术创新研发机构；有 19 户企业的 25 件产品先后获国家专利证书。民营企业郴州市金贵有色金属有限公司先后研发成功高纯银、高纯硝酸银、AT 纳米抗菌剂高科技产品。该公司于 2004 年被中华全国工商业联合会和中国民营科技实业协会授予“中国优秀民营科技企业”称号。

（三）财务管理

1989年，乡镇企业财务管理主要进行财务计划、资金筹集、固定资产、流动资金、工资、成本及费用、收入、利润、专项资金9个方面的管理。1991年5月，郴州地区乡镇企业局、地区审计局印发《郴州地区乡镇企业系统内部审计暂行办法》，并在市、县（市、区）乡镇企业局设立内部审计机构，在乡镇企业办配备专职或兼职审计人员，加强企业内部财务审计和监管。1993年始，全区（市）乡镇企业推行新的会计制度，落实企业财会通则和会计准则。1994年，在全区推行宜章县乡镇企业开展目标成本核算管理的作法，将成本考核指标分期落实到生产经营的各个环节，推进企业降耗增效。到1998年，全市乡镇企业实行统一的会计制度。之后，加强企业财务清核管理，监督企业增加积累资金。到2004年，郴州市乡村集体企业、股份合作企业、有限责任公司的大多数财务管理制度规范。企业普遍建立完善的财会人员岗位责任、财务开支审批、现金管理、固定资产管理、工资管理、成本管理、接待及财务审计制度，极力杜绝贪污、挪用、座支公款、借资逾期不归还等问题。

三、管理机构

1989年，郴州地区地、县两级设有乡镇企业管理局，负责乡镇企业管理工作；乡（镇）设乡镇企业办公室，具体组织、管理辖区内乡镇企业工作的实施。当年，郴州地区乡镇企业管理局内设机构6个，即办公室、政工科、生产协调科（加挂规划统计科牌子）、管理指导科、科技教育科、外经外贸科。编制26人，实有28人。地、县（市）两级乡镇企业管理局共有编制151人，实有195人；254个乡镇企业办公室有专、兼职人员300人。

1991年10月，地委、行署成立郴州地区乡镇企业工作领导小组，随即县、乡两级亦成立相应机构，均由政府主要领导担任组长，负责解决乡镇企业发展中的重大问题。1992年5月，郴州地区乡镇企业局更名为郴州地区乡镇企业委员会。

1995年郴州撤地建市后，成立新的郴州市乡镇企业工作领导小组；郴州地区乡镇企业管理局更名为郴州市乡镇企业管理局。市乡镇企业工作领导小组办公室设市乡镇企业局。郴州市乡镇企业局为郴州市政府的工作部门。内设机构：办公室、政工科、生产协调科（加挂规划统计科牌子）、管理指导科、科技教育科、外经外贸科6个科室。人员编制24人。其中行政编制21人、事业编制1人、工勤编制2人。直属事业单位有：保留郴州市乡镇企业散装水泥办公室，编制4人，经费自收自支；增设郴州市乡镇企业信息中心，定编4人，自收自支。郴州市大部分县（市、区）乡镇企业局在机构改革中并入新成立的经贸局，对外保留乡镇企业局的牌子。各乡镇企业办公室仍维持原状。

2002年，郴州市人民政府成立郴州市民营经济工作领导小组，并增设市民营经济发展局，与市乡镇企业局两块牌子一套人员合署办公。是年，各县（市、区）均形成类似的管理机构格局。其主要工作职能：组织贯彻实施国家和省有关乡镇企业的政策法规，统筹规划乡镇企业发展，指导、督促乡镇企业生产经营和安全管理，以及提供经济信息和人才、技术服务。2004年12月，撤销市民营经济发展局，职能划出。市乡镇企业局改为副处级事业单位。次年成立郴州市农业产业化工作领导小组，办公室设市乡镇企业局，级别未变，加挂郴州市农业产业化办公室牌子。局内设机构：办公室、规划统计科、农业产业化科，定编10人，实有12人，归口市农业局管理。局直属单位有市农业产业化发展中心，自收自支科级事业单位，定编5人。县（市、区）乡镇企业机构设置及职能多与市里相同，各乡镇政府设立的乡镇企业办公室多并入乡镇劳动管理站或矿管站。2005年，机构、编制、人员无变化。市、县、乡三级乡镇企业管理人员计338人。其中市12人，县（市、区）63人，乡（镇）263人。

1989—2005年郴州市（地区）乡镇企业局主要负责人名录

表13-9-4-1

单 位	姓 名	职 务	任职时间
郴州地区乡镇企业管理局	刘天柱	局 长	1989.01—1992.05
郴州地区乡镇企业委员会	吕贵金	副主任、主任	1992.05—1994.12
郴州地区（市）乡镇企业局	李主其	局 长	1994.12—2000.12
郴州市乡镇企业局	李建军	局 长	2001.06—2004.12
郴州市乡镇企业局	盘王生	局 长	2004.12—

郴州市志（1989—2005）

第十四篇

工业

1989—2005年，郴州市（地区）有电力、煤炭石墨、冶金、建筑材料、机械电子、化学、轻纺、烟草、医药九大门类的工业，共有规模以上（按1998—2006年国家统计局规定的标准，规模以上工业是指全部国有和年主营业务收入达到500万元及以上非公有工业法人企业）工业企业1318户，其中非公有制规模以上企业656户。具有地方特色的工业有煤炭、石墨、电力、冶金、机械电子和烟草。这些工业企业通过改革改制，利用原有工业基础和区位、交通、矿产资源优势，依靠科技创新，调整产业结构，加强节能改造，建立现代企业制度，创造出具有地方特色的名优产品，经济效益逐年增长。1989年，全区工业总产值32.88亿元，工业增加值11.43亿元，完成技术改造投资1.82亿元，实现利税0.93亿元。1995年，郴州市工业总产值107.22亿元，工业增加值39.23亿元，完成技改投资4.91亿元，实现利税0.96亿元。2000年，全市工业总产值199.29亿元，比1995年增加92.07亿元；工业增加值69.29亿元，比1995年增加30.05亿元，按可比价格计算增长63.5%；完成科技投资9.57亿元，比1995年增加4.66亿元，增长4.9%；实现利税2.2亿元，比1995年增加1.24亿元，增长129.17%。2005年，全市工业总产值620.55亿元，比2000年增加421.26亿元；工业增加值206.63亿元，比2000年增加138.17亿元，按可比价格计算增长1.26倍；完成技改投资34.2亿元，比2000年增加24.63亿元，增长2.57倍；实现利税65.69亿元，比2000年增加63.49亿元，增长2.89倍。

改革改制赋予企业新的生命力。1989—1990年，郴州地区积极推进企业内部劳动、人事、分配制度改革，实行全员风险抵押承包，落实企业第二轮承包经营。1991年，郴州地委、行署贯彻落实中共中央、湖南省委工作会议精神，组织6个调查组深入地县（市）101户国有企业进行“投入产出总承包”“扩大股份制”试点。引进乡镇企业经营机制，试行销售费用大包干。在企业内部实行全员劳动合同制、管理和技术人员聘用制，优化劳动组合和推行岗位结构工资制，推进生产要素合理流动和产业结构调整，制定“压、限、停”产的企业名单和改革改制方案，全区工业企业内外部环境明显改善，生产经营形势明显好转。1992年，选择10家企业进行10种类型转换经营机制试点，在各县（市）普遍推行企业劳动、人事、分配制度和社会保险制度改革。1993年，按照地委、行署“机关转变职能、企业转换机制、干部职工转变观念”总要求，全区工业企业与市场经济接轨，推行依法经营，照章纳税，产供销不找政府，人财物自主决策，积极推进资产经营方式改革，探索公有制经济新的增长方式。把限产、压库、促销作为调整结构、提高效益、盘活资金和促进生产持续发展的措施，坚持按“增畅、限平、停滞”的原则进行调控，综合运用电力调度、物资供应、运输安排、资金分配等手段，用市场信息导向指导组织生产。是年，全区工业总产值突破60亿元，137户预算内工业企业实现利润突破1亿元。1994年，加大国有企业的改革力度，剥离企业后勤服务，国有民营股份制企业划小核算单位，特别是联合、兼并、租赁、破产等方面有所突破。全区有9户地县级企业实行破产、13户被兼并、7户分体经营、9户租赁、15户划小核算单位，剥离后勤服务人员3000多人，为企业减负600多万元。是年，全区工业企业完成总产值93.42亿元，当年，增幅排全省第一。1995年，郴州丰利股份有限公司实现全省第一家存量资产法人股权转让，濒临破产的郴州有色冶炼厂进行股份合作制试点，建成“个人有股份，人人是主人”的股份制合作企业，企业重现生机。1996年，大力推进市、县小型企业股份合作制改造和破产重组。当年，全市预算内企业由119户减少到80户，县属预算内企业改革面达80%以上。1997年，全市111家企业实施不同形式的改革。通过改革，全市工业稳步增长。1996年、1997年全区工业企业完成总产值分别为129.95亿元和138.53亿元，增长速度分别排全省第一位和第四位。1998年起，全市实施国有企业三年改革与脱困战略，在组建企业集团、实施破产和联合兼并等方面加大改革力度。当年，全市企业改革改制达115户。2000年，市属33户企业中完成改制的10户，尚在改制的5户，拟订改制方案的18户。县属164户企业完成改制的88户，尚在改制的37户，拟订改制方案的39户。全市列入建立现代企业制度（简称“建制”）考核的8户地方国有大中型企业，有6户完成建制。2001年后，积极推进以产权制度改革为主要内容的各项改革。同年，市汽修厂、市建材厂、市冶炼厂实施产权“核呆”。郴化集团实施股份制改革，职工与企业签订置换身份合同。桥口铅锌矿与云南锡业集团合作改建为云桥矿业公司。玛瑙山矿、山河集团建立现代企业管理制度。山河电子等10户企业2000多名职工置换身份。2002年，市属42户工业企业有32户完成产权制度改革，调整职工劳动关系1.02万人，股权安置职工7842人，有8250名职工与改制后企业签订新的劳动合同。2003年，全市实施改革改制的国有企业累计696户，安置职工5.84万人，另有3.86万人实现二次就业，就业职工占应安置职工总数的66.1%。2005年，深化企业改革，国有企业从一般性的竞争领域有序退出，通过改革企业机制进一步活化，企业规模逐步大化，是年，全市有规模以上工业企业622户，其中产值过亿元的45户；规模以上工业增加值占全市工业增加值60.5%。工业市场逐步外化，工业产品出口交货值累计15.5亿元。

科技兴工，技术改造助推企业发展。1991年，全区筹措资金2亿多元投入技术改造，并对技改工程实行规范化、科学化管理，落实科技开发贷款1056万元，优先保证重点新产品的开发与投产。1995年，指导帮助鲤鱼江煤矿等12户企业建立完善节能机构，加强节能综合利用，加强风机、水泵等节能降耗技术改造，解决鲤鱼江煤矿回收焦炉煤气联合循环发电专项贷款1200万元，并于年底二次点火试验成功。1998年，全年完成技改投资6.99亿元。2000年，完成技改投资9.57亿元，其中用于提高产品质量、增加品种的占45%，用于节能环保的占21%。是年，全市规模以上工业企业实现净盈利1.46亿元，市、县地方国有及国有控股工业企业实现净盈利3748万元，全市国有及国有控股工业企业实现利润1500万元。2001—2003年，每年完成技改投资分别为12.28亿元、13.5亿元和17.3亿元；2003—2005年，全市工业系统围绕推进新型工业化建设，建设大项目，发展大企业，实现全市工业快速、平稳、协调发展，连续3年获湖南省扭亏增盈一等奖。2004年，全市共启动技改项目482个，完成技改投资26.2亿元，完成技术创新项目33项（其中开发项目17项），推广项目162项，完成新产品产值31.8亿元。郴州华安电机制造有限公司的YBZ160280防爆型三相电机获“湖南省技术创新项目”奖。2005年，全市稳步推进26家企业循环经济试点工作，永兴县被列为全省循环经济试点县，资兴焦电股份有限公司采用先进科学技术，大力开展煤炭综合利用，逐步形成“煤—焦—化—电—建材”产业链，实现资源的高效循环利用。是年，全市技改投资完成34.2亿元，其中工业性技改投资完成27.3亿元，占整个技改投资80%。技改投资集中在煤炭、有色金属、电力、生产供应4个行业，共完成投资18.3亿元，占工业技改投资的58.5%。完成技术创新项目522项，其中填补国内空白的有郴州高斯贝尔数码科技有限公司的GM-2700数字电视多路复接器、郴州邦尔泰工贸发展有限公司的新型高效低毒生物农药研究、永兴金荣材料技术有限公司的 AE/AF 法高性能环保型氧化锡触头材料等 11 项创新项目，填补省内空白 2 项。是年，高新技术产品生产企业达 128 户，完成产值 41 亿元，通过利用先进适用技术，六大支柱产业仍然保持较强增长势头，共完成工业增加值 78.6 亿元，占全市规模以上工业增加值的 86.7%。

开放开发，招商引资，扩大企业融资渠道。1997 年，郴州市政府工业主管部门组织企业参加一系列商品展销活动，其中组织 340 户厂矿企业，800 余种名、优、特、新产品参加当年山水旅游节暨经贸洽谈会商品展销活动，成交额达 9.3 亿元。1998 年，全市工业技改在抓好续建项目的同时，着重抓好新开工项目资金协调和招商引资。是年，积极与银行协调技改贷款，向中央和省财政争取专项技改基金 700 万元，组织企业参加省内外招商引资活动，引进外资 750 万美元，促进郴州玻璃厂、八达公司冷修工程、金磊集团散装水泥设施、郴化集团 10 万吨 / 年尿素及 20 万吨 / 年复合肥、七一一矿 2 万吨 / 年等重点工程顺利投产。2001 年，吸纳社会资本 3.06 亿元，带动盘活存量资产 4.84 亿元。2002 年，全年审批外来投资项目 10 个，其中总投资超过 1000 万元的 5 个，引进外资 2839 万元。2003 年，工业招商引资签订合作项目 49 个，总投资 177.01 亿元，引进外资 162.32 亿元；其中外资项目 25 个，总投资 17.04 美元，引进外资 15.59 亿美元，一批投资过亿元的项目落户郴州。全市经批准设立的各类开发区、工业园区 36 个，成为招商引资的新平台和工业经济新的增长点。2004 年，郴州加大工业招商引资力度，建立完善招商引资责任体系，相关部门和各企业积极参加省市组织的湘粤、浙江、珠江三角洲经贸洽谈会、上海投资推介会、香港中小企业洽谈会等，引进工业项目 896 个，工业招商引资到位资金 49.4 亿元，占全市利用外资的 56.5%。2005 年，郴州工业系统大力实施“开放带动”战略，继续推进工业招商，引进工业项目 704 个，工业招商引资到位资金 70.2 亿元，占全市招商引资实际到位资金的 68.2%。

民营经济发展为企业发展增添生力军。2003 年，贯彻落实湖南省、郴州市有关加快民营经济发展的一系列政策措施，引导、扶持、加快民营经济发展。是年，民营经济工业增加值完成 104.2 亿元，占全市工业增加值 75.3%，基本形成工业以民营为主的经济发展格局。2005 年，郴州市非公制经济发展速度加快，完成增加值 272.63 亿元，其中非公有制工业企业完成增加值 104.2 亿元，非公有制经济规模以上企业 656 户，其中年销售收入过亿元的 75 户，实缴税费 22.5 亿元，占全市财政收入的 52.1%，占全市税收总量的 68.7%。非公经济逐步成为全市经济增长的重要成分，财政收入的重要来源，社会就业的重要渠道。

第一章 国有工业体制改革

1989年，郴州地区有直属国营工业企业35户。其中：地区煤炭工业局下属企业4户：栖凤渡煤矿、高亭司煤矿、鲤鱼江煤矿、地区煤矿机械厂；地区机械电子工业局下属企业4户：地区柴油机厂、地区印刷机械厂、地区林业机械厂（地区公路工程机械厂）、地区无线电厂；地区轻纺工业局下属企业6户：地区纺织厂、地区纺织钢针厂、红旗造纸厂、地区美术印刷厂、地区轻纺供销经理部、地区食品酿造厂；地区化学工业局下属企业3户：地区化肥厂、桥口氮肥厂、鲤鱼江磷肥厂（1993年划归冶金系统）；地区冶金工业局下属企业4户：地区有色冶炼厂、玛瑙山锰矿、雷坪有色金属矿、地区冶金机械修造厂；地区建材工业局下属企业5户：鲁塘石墨矿（2004年划归市煤炭系统）、东江水泥厂、地区水泥厂、地区炉渣砖厂、地区建筑材料厂；二轻工业局下属企业2户：地区制革厂、地区木材加工厂；地区交通局下属企业1户：地区汽车修配厂；地区医药局下属企业1户：地区南开制药厂；地区畜牧水产局下属企业1户：地区兽药厂；地区电力系统下属企业3户：地区供电公司、青山垅水电站、莽山水电站；地区水电局下属企业1户：地区机电安装公司；地属直管企业1户：莽山林业管理局。

1994年，在政府机构改革中，各工业主管局转体，分别改为总公司，加挂各行业管理办公室的牌子。

1995年5月，郴州撤地建市，地区工业总公司和地直企业分别改名为市工业总公司和市直企业。郴州市（北湖区）玻璃总厂、市麻纺厂、市三友化工总厂和郴县（苏仙区）的桥口铅锌矿上收为市属企业管理，市玻璃总厂归属建材系统，市麻纺厂归属轻纺系统，市三友化工总厂归属化工系统；市桥口铅锌矿归属冶金系统。地区建材总厂于1991年4月划归中国非金属矿工业总公司管理，1995年11月复归市属企业。1995年后，市政府逐步将郴化集团、郴汽集团、郴建集团、粮油机械公司、建材总公司、空调设备厂、郴玻集团、化学助剂厂、公路工程机械总厂、通用路桥机械厂、金磊水泥集团、市面粉厂、食品酿造厂、郴州冶炼厂、市电力公司、郴州电厂、方利米业、山河集团等企业列为市属国有工业企业，市属国有工业企业达43户。

2000年11月，由于各工业总公司无注册资金，不具备公司条件，不符合《中华人民共和国公司法》规定，各工业总公司全部撤销。是年，在市直机构改革中，市煤炭工业局更名为市煤炭局，并加挂市煤炭安全生产监督局的牌子，为市政府的工作部门。

2002年8月，各工业总公司撤销后，转体组建各行业管理办公室（简称行管办），属行政性事业单位，参照公务员法管理。新组建的行业管理办公室不再直接管理企业，只负责制定行业规划和行业政策，开展行业协调、调查、服务等工作，引导行业进行产业结构调整、维护行业竞争秩序，管理离退休人员。2003年，行管办增加所属国有工业企业改革改制的管理职能。

2005年，市属大部分国有工业企业，完成或基本完成产权制度改革。工业企业中的国有资本大部分退出市场竞争。

第一节 产权制度改革

1996—2000年，郴州市属工业企业认真落实省委、省政府“抓大放小”的精神，全面实施市委、市政府对国有工业“抓大放小”①“扶优扶强”“改制脱困”战略。按照一厂一策，加大产权制度改革。5年间，通过政府在资金、电力、运输、技改、新产品开发以及政策方面的大力扶持，市属工业企业建立现代企业制度取得实质性进展，组建企业集团取得一定成效。中小企业租赁经营、股份合作制改造和企业破产重组、关闭、拍卖、转让等形式的改革改制得到有效推进。组建或改组重组的公司制企业不断完善和规范。国有企业的后勤服务部门，普遍剥离经营，向社会化、实体化、市场化过渡。通过产权制度改革，有力推动全市扭亏增盈工作顺利开展和工业经济持续增长。

进入21世纪，市属国有工业企业产权制度改革进入攻坚阶段。2002年，市政府成立市国有企业改革与发展领导小组办公室（简称市企改办），管理全市国有企业改制工作。加大对中小企业特别是处于困境中的中小企业产权制度改革力度，全市形成改革形式多样、改革力度与职工承受能力基本适应，财政承受能力适度的局面。2001—2004年，市委、市政府先后出台一系列关于转换国有产权和职工身份的文件，在有利于推动企业资产合理流动和重组、有利于职工再就业、有利于促进社会经济发展及职工利益优先的原则下，把转换市属工业企业国有产权及职工身份作为国企改革的主要形式。买断国有产权、买断职工身份，解除企业对政府、职工对企业的依附关系，成熟一个实施一个，使企业的改革稳妥进行。2005年，成立市国有资产监督管理委员会，指导和推进国有企业改革和重组，加强国有资产的管理工作。是年，市属工业改制面达95%，市属国有工业企业大部分退出竞争市场，全市工业企业转移到非公有制经济为主的发展轨道。

一、建立现代企业制度

1993年下半年开始，郴州地区行署着手对一批市属工业企业按照建立现代企业制度的要求进行公司制和股份制改造。1994年，郴州玻璃总厂改制为符合现代企业制度的集团型公司。公司以完善法人制度为基础，以有限责任公司为特征，以公司治理结构为模式，使企业逐渐建立“产权明晰、权责分明、政企分开、管理科学”现代企业制度，达到完善集团经营的目的。1995年3月，郴州玻璃总厂正式列入全省53户建立现代企业制度试点单位之一。7月，制定试点实施方案经总厂职工代表大会通过，报省经贸委和市政府批准同意后，1996年，该厂新组建的公司正式营运。

1997年，郴玻集团，东江水泥厂、郴化集团、郴工集团再度被列为建立现代企业制度试点企业。1998年，郴玻集团通过两年的努力，顺利通过省验收。同时，金磊集团、郴化集团纳入省级改革第三批试点。

1999—2000年，为规范郴化集团现代企业制度，建立国有资产出资人制度，规范公司法人治理

① 注：国有企业抓大放小，指集中力量搞好关系国计民生的非国家控制不可的少数关键企业；放开其余一般性生产竞争领域里的较小规模的国有企业。让它们在市场经济规律的作用下，随着市场结构的变化而不断重新组合，以合理流动资源要素，缩短结构失衡，实现优胜劣汰。

结构，进一步明确股东会、董事会、监事会的职责，推行目标成本管理，形成各负其责的协调运行机制。2000 年，玛瑙山锰矿资源减少，富锰渣、生铁价格低迷，累计亏损 304 万元。2001 年，该矿进行现代企业改革，与宏达公司合作，联合开发磁锡铋矿，年增收 420 万元，扣除上年亏损，年创利润 18 万元。是年，郴化集团通过“三改一加强”（改革、改制、改组，加强管理），扭转多年来经济效益下滑局势，实现工业总产值 2.54 亿元、利润 365 万元，在岗工人年均收入 1.18 万元（不含股息）。

二、股份制改造

1989 年，为探索市属工业企业所有制改革，郴州地区经委选择地区纺织钢针厂进行股份制改革试点，并与有关部门组成工作组，深入企业广泛宣传，制定实施方案。根据职工经济承受能力发行股票（每股金额 300 元），共吸收厂内职工入股 30 万元，占企业资产的 12%。随即试行股份制改造，这一试点，为解决企业资产紧缺问题、保证企业生产经营正常运行做出有益的探索。

从 1991 年起，股份制改革在全区工业企业中逐步推广。1992 年，郴州市玻璃总厂率先在全省组建第一家工业股份制企业，不仅吸收外省资金 1 亿多元，还引进洛阳玻璃厂具有国际先进水平的浮化技术和人才。正式投产后，产销两旺。1993 年，市城前岭铝矿是亏损大户，为走出困境，该矿为扭亏增盈盘活部分存量资产试行分离经营股份制，将超硬材料车间和部分其它资产拿出来，重新组建丰利金刚石股份有限公司，加速国有资产的流动，实现生产要素的合理重组，并创造出较为理想的经营业绩，是全省试行分离经营的股份制改革获得成功的企业。1993 年 8 月，地区化肥厂采取优化产权试行股份制形式，将部分国有资产出售给职工，变国有产权为债权，把职工利益与企业效益捆绑在一起，以增强职工责任感，促进企业经营机制的转换，从而成为全省率先试行出售国有资产的试点企业。1996 年，市属工业企业先后有市纺织钢针厂、市玻璃总厂、市化肥厂、市煤炭公司、市汽修厂、市无线电厂、东江水泥厂、湘南新型建材厂、市美术印刷厂、鲤鱼江煤矿、桥口氮肥厂等试行股份合作制。

1997 年，全市有 27 户工业企业试行股份合作制改造，但大部分企业在改制破产后是由职工出资 2000 ~ 3000 元重组为股份合作制企业，由于仍是老产品、老机制、老厂房设备、老职工队伍，没有实现资源优化配置。同时在股份合作制改组或改造过程中，形成新的股权平均主义，未能真正调动职工积极性，企业生产形势未能得到根本好转。

从 1998 年起，加大改制力度，3 年后，年直接改组为有限责任公司的市属工业企业有 12 户，其中改制较为成功的有郴州粮油机械有限公司、郴州米业有限公司等。郴玻、郴化、金磊集团则按市经委要求组建集团有限责任公司（国有独资公司），对其国有资产均实行授权经营。

2000 年，郴汽集团从总经理到一般员工 4000 多人，全部置换身份（其中 116 人自愿买断工龄与公司脱离关系），成为首家全部置换员工身份的企业，成为全市首家设置期股的公司。

2001 年 4 月，市委、市政府下发《关于加快国有企业股份制改造的意见》，要求用 2 年左右时间，基本完成全市具有一定条件国有企业较规范的股份制改造。在此基础上，再经过 2 年左右的努力，把全市重点骨干企业大部分改造为产权主体多元化的混合所有制有限责任公司和股份有限公司。随即，围绕国有产权、国有职工身份的退出，进行股份制改造，基本完成净资产上亿元的郴化集团股份制改造。

2001 年 9 月，郴建集团实施股份制改造，12 月，郴州市企改办委托市建设局法人代表与郴建集团公司法人代表签订解除国有身份协议，并授权郴建集团法人代表与该公司全体职工分别签订退出国有身份协议书，2002年8月，该公司的股份制改制基本完成。2004年12月，郴州方利米业公司实行股份制改造，对223名职工进行身份置换，改制工作于2006年10月完成。

高亭司煤矿从2003年6月开始实行股份制改造。市政府下拨改贷资金1579万元转为国有资本金，并将2002—2004年这3年煤炭企业政策性亏损补贴225万元捆绑使用，用于企业改制，到年底，改制完成，重新组建煤业公司。7320工厂前身为中国人民解放军7320工厂，1970年，由广州迁址郴州，2002年，正式移交郴州市转为属地管理。2003年12月进行股份制改造，2004年4月，完成改制任务。

2004年，山河集团公司为深化股份制改造，公司将原有职工824人（包括离退休职工）全部给予一次性安置补偿；郴州粮油机械厂实行股份制改造，由该厂29位股东重组为郴州粮油机械有限公司。

三、破产重组、关闭与拍卖

（一）破产重组

1994年，全区有9户企业依法破产，总资产4900万元，盘活资产428万元。破产企业职工总人数1371人，其中安置1287人，占93.9%。全区企业破产总数、总资产在全省排第一位。1996年，全市有43户工业企业申请破产，其中终结的19户。1997年，破产重组后的市麻制品厂，实行股份合作制，民主选举产生董事会和监事会，按新的运行机制运行。2004年10月，重新组建郴州湘南麻业有限公司，公司不设国有股，全部由原企业职工和社会法人、自然人出资组建，成为全市最大的国有企业破产重组后转民营企业的范例。

1999年6月，郴州柴油机厂申请破产，经过半年的破产清算，2000年1月，破产重组为集团公司。2002年，企业社会法人股份和职工个人股份先后退出，该企业仍为国有，注册资金1000万元，固定资产原值1003万元。成为全市机械电子行业破产重组成功的范例；1996年初，市美术印刷总厂着手破产，经过一年的努力，2000年破产终结。破产后组建市美术印刷有限公司。

2001年7月，市冶炼厂进入破产清算程序，破产后重组为东江冶炼有限公司，引进湖南进出口集团万里公司资本金1660万元，租赁铜、锌生产线，职工在新组建的公司就业。2005年，该企业划归资兴市管理。

2002年，市纺织厂实行"先组后租，破产重组"改革，组建郴兴纺织有限公司，但生产经营未见好转。2003年底，经法院裁定宣告破产。该厂破产后，由广东省陆氏兄弟整体收购，重新组建郴州宏生纺织有限公司。

2003年，市红旗造纸厂与深圳客商张伟生签定资产租赁合同，由租赁方投入资金500万元，破产重组成功。

2005年，市玻璃总厂破产改制组建为众友玻璃公司，由中国洛阳浮法玻璃股份有限公司（控股）、市玻璃集团、省工商银行分行3家共同组建八达玻璃股份有限公司，拥有资产2.4亿元。

（二）破产关闭

1994年以后，郴州地区工业企业推行破产重组，部分企业重获生机，生产经营朝好的方向发展。但有的企业（公司）破产重组后管理却是旧模式，职工原有身份不变，产权不明晰，生产经营仍然难以为继，最终停产关闭，实施"两个置换"。1994年，郴州市（北湖区）将市化工总厂与市农药化工厂合并，组建郴州三友化工总厂，上收为市属企业。1995年，市三友化工一分为二，恢复市农药化工厂（后更名为市精细化工总厂）和化工总厂。1996年1月，在市化工总厂一分厂基础上成立市化学助剂厂。1996年6月，市化工总厂破产。职工和资产全部并入市化学助剂厂。2003年，市化学助剂厂因设备老化、技术落后而停产，2004年，通过拍卖机器设备和出让土地破产还债，安置职工，2006年，破产关闭。

1998年9月，雷坪有色矿实行破产关闭。该矿716名职工全部进入再就业服务中心，对114名工作年限较短的年轻职工给予一次性补偿安置，并解除与该厂的劳动合同。1999年，市建材总厂着手破产关闭工作。2002年年底，开始破产清算工作，减债5219万元，盘活资金597万元，2003年6月破产关闭，768名职工全部得到安置。

市空调设备总厂由于生产经营不景气，2002年7月进入破产程序。2003年12月，市政府收回土地使用权，带项目挂牌出让，由香港港深置业公司购买，所得款项一次性安置职工，2004年6月破产关闭。

2003年，郴玻集团公司破产还债，依法进行资产变现和职工安置，2005年，资产变现达4055万元，职工安置率达73%，2006年，破产关闭工作基本结束。

2004年，湖南建材总厂"破产关闭"，财产与国有土地划拨捆绑式变现，依照法定程序公开拍卖，用于安置企业职工。2005年7月，完成破产关闭改制任务。9月，市煤矿机械厂经法院裁定破产，2006年底，破产关闭改制基本完成。

（三）破产拍卖（产权转让）

2003年，市农药化工厂的无形资产和生产设备由市产权交易中心公开拍卖，分别以150万元和230万元的价格拍卖成交。拍卖给市化工集团后，在苏仙区桥口镇组建郴州天龙农药化工有限公司。

2003年底市纺织钢针厂进入破产程序后，企业资产于2004年10月整体拍卖，年底完成改制工作，减债1452万元，盘活存量资产773万元，全厂303名职工（其中退休职工97人）全部得到安置。

2003年4月市制革厂破产后，6月，香港国民集团以2000万元进行整体收购，成立国民制革有限公司，公司成立后解除136名原有职工的劳动关系，并为64名职工办理退休手续。生产启动后，原企业的绝大部分职工重新受聘上岗。

郴州无线电厂在完成破产清算工作的基础上，于2005年11月和2006年分别将门面资产和土地拍卖，减债825万元，盘活存量资产138万元，174名职工全部得到安置。

四、"两个置换"

20世纪80年代后期，国有企业改革始终没有走出"企业负亏、职工负气、银行负债、政府负责"的怪圈，企业对市场的适应能力仍然很弱，改革发展仍很艰难，为继续深化国有企业改革，实现产权主体多元化，使股权结构更为合理，2001年，按照市委、市政府出台的《关于加快企业股份制改造的意见》有关规定，除继续加大国有企业改革力度外，还加大国有集体企业的改革力度，确定以产权结构调整为突破口，以"两个置换"和建立完善现代企业制度为核心，对国有集体企业实行战略性调整与重组，具体作法是"两个置换""两个解除""两个走向"，即通过产权转让，置换企业的国有集体性质，解除企业对政府的依赖关系，让企业走向市场；通过一次性补偿，置换职工身份，解除职工对企业的依赖关系，让职工走向市场。通过"两个置换"，使全市国有、集体企业从此改换身份，转变机制，明晰产权，明确权责，真正成为自主经营、自我发展的市场主体。是年，郴州市汽修厂、市建材厂进行企业改制，实行“两个置换”。郴州冶炼厂“破产核呆”，桥口铅锌矿254名职工和郴化集团2700名职工与企业签订置换身份合同。2003年，90.7%市属工业企业实施“两个置换”。2004年，置换面达93%，企业安置职工共计1.1万人，占应补偿人数的36.8%。2005年，市属国企实施两个置换的面为86%，其中市属工业企业改革面达到95%，全市职工安置2.64万人，占应安置职工总数的72%。2005年，尚未实施产权制度改革的企业有郴州公路工程机械厂、郴州通用路桥机械厂、郴州兽药厂3户企业。

1996—2005年郴州市市属国有工业企业完成或基本完成产权制度改革情况一览表

表14-1-1-1 单位：万元、人

项目 企业名称	应安置职工人数	安置职工人数	其中			离退休职工人数	实施改制时间	完成改革时间	产权制度改革形式	减债总数
			提前退休	现金安置	股权安置					
市麻制品厂	1685	1685	472	1168	50	859	1996.12	2004.12	破产重组	7844
郴柴集团	823	823	126	697	—	328	1997.03	2006.08	破产重组	5252
市水泥厂	545	545	79	394	72	383	2000.07	2004.12	破产重组	1050
市精细化工厂	583	578	149	429	—	303	1997.01	2005.12	破产关闭	4352
雷坪有色矿	768	768	142	626	—	331	1998.06	2003.06	破产关闭	5219
市美印厂	293	293	52	241	—	280	1999.11	2004.06	破产关闭	3400
市有色冶炼厂	192	192	—	192	—	151	2000.01	2000.12	破产关闭	3200
市汽修厂	295	295	11	281	—	161	2000.05	2006.08	破产关闭	1358
市建材总厂	326	326	—	326	—	166	2001.05	2003.01	破产关闭	645
南开制药厂	263	263	—	—	263	—	1998.01	1998.12	联合制改造	—
郴化集团	2031	2031	—	1578	453	1159	2001.03	2002.12	联合制改造	—
郴州电厂	276	276	14	37	225	14	2001.02	2001.12	联合制改造	2900
郴建集团	976	976	67	120	789	310	2001.09	2001.11	联合制改造	—
郴运集团	2959	2959	—	237	2722	1054	2000.06	2000.12	联合制改造	—
市粮油机械公司	245	245	22	29	194	—	2003.12	2004.08	联合制改造	50

项目 企业名称	其中：金融债务	盘活存量资产	企业净资产（含土地）	企业资产变现收入（含土地）	企业改制成本总额	吸纳社会资本	其中		职工身份退出后二次就业数
							招商引资	职工现金入股	
市麻制品厂	3629	1851	—	1851	5715	500	150	—	830
郴柴集团	3479	9536	—	6408	5975	—	—	—	654
市水泥厂	780	1923	—	2575	2587	2605	2605	—	246
市精细化工厂	2440	1530	—	1530	3304	—	—	—	314
雷坪有色矿	1345	547	—	400	1718	700	700	—	420
市美印厂	1650	2872	—	1327	1846	3200	320	—	200
市有色冶炼厂	1200	1200	—	768	768	768	768	—	192
市汽修厂	1019	751	—	2455	1953	—	—	—	192
市建材总厂	550	448	—	823	996	—	—	—	196
南开制药厂	—	6507	2559	—	2559	1000	1000	—	263
郴化集团	—	—	21521	—	9451	—	—	—	1625
郴州电厂	2900	10699	3138	—	683	15700	15000	700	262

续表 14-1-1-1

项目 企业名称	其中：金融债务	盘活存量资产	企业净资产（含土地）	企业资产变现收入（含土地）	企业改制成本总额	吸纳社会资本	其中		职工身份退出后二次就业数
							招商引资	职工现金入股	
郴建集团		—	8218	—	7917	1400	—	1400	858
郴运集团	—	12680	13604	—	12531	11587	8627	2960	2959
粮油机械公司	50	—	1457	—	1449	541	—	541	224

郴州市市属国有工业企业完成或基本完成产权制度改革企业一览表

表 14-1-1-2　　单位：万元、人

项目 企业名称	应安置职工人数	已安置职工人数	其中			离退休职工人数	实施改制时间	完成改革时间	产权制度改革形式	减债总数
			提前退休	现金安置	股权安置					
湘南新型建材厂	397	397	106	291	—	215	2002.08	2005.07	破产关闭	1324
市空调设备总厂	271	271	33	238	—	73	2002.07	2004.06	破产关闭	3275
鲁塘石墨矿	751	751	219	532	—	702	2003.01	2006.12	破产关闭	6112
栖凤渡煤矿	448	448	37	411	—	273	2003.01	2005.12	破产关闭	3680
鲤鱼江煤矿	1200	1152	366	786	—	772	2003.01	2006.12	破产关闭	7692
市纺织厂	2487	2347	853	1494	—	1061	2003.08	2006.12	破产关闭	10726
郴玻集团	1349	1344	201	1140	—	458	2003.12	2006.12	破产关闭	28805
市化学助剂厂	305	305	68	237	—	115	2003.09	2006.12	破产关闭	1690
市煤机厂	292	292	—	275	17	73	2003.11	2006.12	破产重组	2015
金磊集团	2123	2123	626	1497	—	923	2002.11	2004.12	破产重组	24065
市食品酿造厂	165	165	43	122	—	42	2002.08	2005.07	清算解散	800
市面粉厂	679	679	66	613	—	220	2003.09	2004.12	清算解散	13413
桥口铅锌矿	374	374	—	374	—	—	2005.04	2005.09	下划苏仙区	—
市冶炼厂	984	123	123	—	—	594	2001.12	2006	下划苏仙区	—
高亭司煤矿	575	575	56	81	438	498	2003.06	2004.03	股份制改造	201
7320 工厂	343	343	19	11	313	142	2003.12	2004.04	股份制改造	—
山河集团	737	737	—	27	710	86	2003.06	2003.12	股份制改造	—
方利米业公司	160	160	—	131	29	63	2004.12	2006.10	股份制改造	—
市制革厂	154	154	17	137	—	62	2003.07	2005.07	破产关闭	1800
市纺织钢针厂	206	206	54	152	—	151	2003.12	2004.12	破产关闭	1452
市无线电厂	114	114	—	114	—	67	2004.06	2006.12	破产关闭	825

项目 企业名称	其中：金融债务	盘活存量资产	企业净资产（含土地）	企业资产变现收入（含土地）	企业改制成本总额	吸纳社会资本	其中		职工身份退出后二次就业数
							招商引资	职工现金入股	
湘南新型建材厂	370	445	—	445	1755	—	—	—	203
市空调设备总厂	2160	2742	—	1056	1631	—	—	—	147
鲁塘石墨矿	2199	4066	—	2760	5096	3260	—	—	247
栖凤渡煤矿	1006	2630	—	2630	4461	3140	—	—	267
鲤鱼江煤矿	5003	10982	—	11373	11302	9558	4100	—	403

续表 14-1-1-2

项目 企业名称	其中：金融债务	盘活存量资产	企业净资产（含土地）	企业资产变现收入（含土地）	企业改制成本总额	吸纳社会资本	其中		职工身份退出后二次就业数
							招商引资	职工现金入股	
市纺织厂	7396	7451	—	5422	11169	9192	9192	—	1187
郴玻集团	14286	5762	—	9013	10376	7500	7500	—	384
市化学助剂厂	400	125	—	769	2019	460	—	—	168
市煤机厂	337	869	—	1489	2025	1020	—	—	228
金磊集团	13230	10551	—	8593	11176	6770	6270	500	1372
市食品酿造厂	650	633	—	1324	1324	1324	—	—	276
市面粉厂	12400	4965	—	3076	3076	1965	—	—	—
桥口铅锌矿	—	—	—	—	—	—	—	—	—
市冶炼厂	—	6928	—	8361	8399	2850	2850	—	—
高亭司煤矿	—	1200	2910	—	3265	6052	6000	52	519
7320 工厂	—	—	2859	—	2759	—	—	—	1625
山河集团	—	—	17469	—	13465	9000	6000	3000	324
方利米业公司	—	—	789	—	678	139	—	139	132
市制革厂	932	496	—	517	517	3157	3157	—	150
市纺织钢针厂	919	773	—	558	1186	558	—	—	80
市无线电厂	561	138	—	454	770	138	—	—	68

五、“国退民进”

“国退民进’是指国有产权交易出让、民营经济进入的产权交易形式。从 1996 年起，随着全市国有工业企业产权制度改革提速扩面，民营经济发展更为迅速。尤其是 2001 年全省工业化座谈会在郴召开以后，郴州市委、市政府提出“工业兴市、园区兴工”战略，以“开放带动，改革促动，科技推动，投资拉动”，助推全市工业经济的持续快速发展。市委、市政府放手、放胆发展民营经济，把民营经济作为发展区域经济最具活力、最具潜力和最有希望的经济主体来抓。市政府出台一系列有关加快民营经济发展政策措施，加强对民营经济引导、扶持和协调服务，促进全市民营经济蓬勃发展。是年，民营经济占全市工业增加值的 75.3%。基本形成工业以民营为主的经济发展格局。

2005 年，市属国有工业企业改制面达 95%，国有资产逐步退出竞争市场。非公有制工业企业完成增加值 104.2 亿元，增长 27.6%，增速比国有及国有控股工业企业高 12 个百分点。非公有制经济成为全市经济增长的主要力量，其收入占全市财政收入的 52.1%，占税收总量的 68.7%。全市非公有制民营企业成为增加社会就业的重要渠道，其吸纳就业人员中占全市城镇从业人员的 81%。

第二节　经营体制改革

一、全员风险抵押承包

1989年以前，郴州地区工业企业在推行第一、二轮承包经营责任制的过程中，尽可能地引入竞争机制，抵押承包是其中的一种形式。一些企业虽然实行抵押承包，但就其数额和人员，仅限于经营者或经营集团的抵押金，对企业的触动不大，难以解决企业只负盈不负亏的问题。1989年以后，企业推行全员风险抵押承包。全区工业战线先后在栖凤渡煤矿、袁家煤矿实行多种形式的全员风险抵押承包，其具体做法是：从经营者到生产者都按工作责任大小，岗位重要程度分档次交纳不同数量的风险抵押金，企业承包经营者的风险抵押金一般是3000～5000元，风险金期限有一年的，也有和承包期相等的，到期完成承包指标，返回抵押金和利息，没有完成承包指标或出现亏损，则从抵押金中按比例进行抵补。栖凤渡煤矿在全省煤炭系统率先实行资产抵押承包经营责任制的基础上，在全矿实行安全风险抵押承包，抵押金按年度落实到人，其中：矿级领导、工区主任抵押100元，采掘一线工人和专职安全员抵押80元，科室负责人抵押60元，其他人员抵押50元，全矿合计安全抵押金近4万元。同时，制定行之有效的《安全管理奖罚条例》（以下简称《条例》），《条例》规定若全矿实现“三无”（无死亡、无重伤、无重大非伤事故），抵押金全部退回，并给予奖励；发生死亡事故，抵押金全部扣除；对“三违”（违章指挥、违章作业、违反劳动纪律）人员，根据情节轻重和造成经济损失程度，除按照《条例》进行处罚外，并按比例扣除本人风险抵押金。全矿形成人人反“三违”、个个讲安全的风气，为全矿再创安全年打下坚实基础。1989年，全区有51户企业实行全员风险抵押承包，参加人数1.7万人，抵押金额共521.75万元。

1990年开始的第二轮承包，全区有部分工业企业继续实行全员风险抵押承包。东江水泥厂风险抵押承包方案为：厂长交纳风险金2000元、副厂长1500元、中层干部1000元，职工分500元和300元两档自愿择档交纳。损益分配以1989年实现利润500万元为起点基数，每增10万元利润、年风险收入增加1%，达到750万元利润时，风险收入可达上限25%；利润再增收风险金不增。实现利润在起点基数以下时，每降低5万元扣本金1%。全厂共交风险抵押金69.47万元，交纳人数占全厂总人数的95.6%。全厂水泥出厂合格率和袋重合格率达93.3%，优质产品产值率达85%，均达到国家二级企业生产标准。

二、承包经营责任制

郴州地区工业企业推行承包经营责任制分两个轮次进行。第一轮，从1987年开始。当年，全区县（市）属工业企业推广桂阳县和零陵地区承包经营的经验。实施承包经营责任与厂长负责制、厂长任期目标责任制和厂长离任审计制相结合的办法。地区行署委托劳动、审计等有关部门制定有关承包经营规章制度，对承包后的企业奖金和实物发放进行检查监督，防止消费基金的不合理增长；在国家没有重大政策变动的情况下，承包经营责任制一经落实，一定三年不变，全区地、县（市）属工业企业承包经营责任制迅速得到推广。年内，县（市）属企业109户实行承包经营的企业占同类企业总数的79.89%；地属企业开展承包的24户，占总数的82.8%。全区工业企业承包的作法有三种：一是上交利润，递增包干；二是定额包干，超额全留；三是亏损包干，超亏不补，减亏全留。1988年，着重抓合同兑现工作，对地属24户承包企业中完成任务较好的15家经营者给予奖励，对一户未完成承包任务的企业取消承包资格。根据《全民企业承包经营责任制暂行条例》规定，将地属21户企业原有承包纪要和协议改为合同，企业各主管局（公司）为甲方，企业为乙方。并对合同指标作进一步的修改和完善；对全区预算内29户未落实承包的企业，依据各企业不同的特点，采取不同形式的承包办法。在执行承包过程中，尽可能引入竞争机制，实行招标经营、抵押承包等；及时纠正推行承包中出现的用目标责任制代替承包责任制的做法和一年一包的承包合同，强调合同的严肃性和连续性；鼓励、支持企业实行承包、租赁、兼并、拍卖等项改革。是年，全区138户预算内企业，落实承包制的132家，承包面96.6%。其中招聘经营承包45户，占承包企业总数35%。

1990年，地县（市）预算内企业有79户第一轮承包到期，地属预算内企业除3户招标企业外，全部到期。在充分吸取第一轮承包经验教训的基础上，1990年5月，作出第二轮承包方案，确定23户企业实现利润基数为2187万元，比第一轮3年平均数下降25.6%；上缴利润基数定为476万元，比第一轮3年平均上缴利润数增长42%。随即，第二轮承包全面铺开，此轮承包主要采取四种形式：一是递增包干，超收全留。主要是经济效益能保持一定增长或技改任务较重的企业，如玛瑙山锰矿、冶金机修厂、地区煤机厂、东江水泥厂、地区水泥厂、炉渣砖厂等6户企业；二是定额包干、超额全留或分成。主要有技改任务大，还贷任务重或盈利不大的地区化肥厂、桥口氮肥厂、柴油机厂、汽配厂、纺织厂、美术印刷厂、纺织纲针厂、红旗造纸厂及鲁塘石墨矿9户企业；三是自负盈亏、亏损不补、盈利全留。主要有微利或经营性亏损企业，如地区有色冶炼厂、印刷机械厂2户企业；四是亏损包干、超亏不补、减亏全留。主要有政策性亏损的高亭司煤矿1户企业。承包期限一般为5年，最短不少于4年。

三、“退二进三”[①]

1997年，郴州市政府给予郴州市水泥厂、市建材总厂、市汽修厂等特困企业优惠政策。实行“退二进三”和土地开发。1998年，市纺织钢针厂采取“退二进三”的办法，腾出暂时多余的厂房和办公楼对外出租，并由职工集资建筑临时门面300多平方米，发展第三产业。在专门工作组的具体指导和社会各界支持下，市水泥厂于1998年4月停止水泥生产，退出第二产业，利用其在城区黄金地段110亩土地可供开发的优势，整体改制进行股份购买和租赁，开发第三产业，组建郴州市同心房地产开发有限公司，全厂75%职工成为公司股东，11月，公司正式运作。1999年，市汽修厂发展第三产业，组建郴州星原实业有限公司，完成综合市场开发前期准备工作。1998—2000年，投资1.94亿元，开发建成总面积为19.76万平方米的“同心商贸居住区”，并成为省、市重点工程项目。该项目投入使用，不仅安置了市水泥厂的职工，还带来可观的社会效益，成为全市工业系统“退二进三”的典范。

2000年，市美术印刷厂、市纺织钢针厂、市汽车修配厂作为市本级的小型国有工业企业，在稳住现有产品生产的基础上，充分利用原有资源，按照市水泥厂的路子，实施“退二进三”，分别组建市房地产开发公司，转入第三产业。

① 工业企业退出第二产业，进入第三产业。

2001年，市通用路桥工程机械厂为扭亏解困，大力发展投资少、见效快的第三产业，继上年开办汽车配件城后，利用本企业长期闲置的2000多平方米空地，采取客户垫资，开发商投资，企业自筹资金的办法，筹资200万元建成畜牧水产饲料市场，建成50~100平方米/间的门面50余间，10月，建成开业。同年，市麻制品厂与郊区农村和台商三方合作，成功开发集休闲、度假、游泳、健身一体化的龙女温泉。

2002年，郴州柴油机生产集团为实现土地置换开发，将本集团土地委托市国土交易中心公开挂牌交易，最终以挂牌时的总造价6662万元与市振兴房地产开发公司正式签订土地转让合同，从事房地产开发。

2005年，市纺织厂利用闲置土地建成农贸市场和超市，退出第二产业，进入第三产业。

四、租赁经营

1994年，在深化企业内部改革、转换经营机制方面，郴州对活力不足的工业企业允许在国有资产不受损失的前提下采取租赁经营，加快转体转制步伐。全区有9户企业实现部分或整体租赁经营，地属工业企业有桥口铅锌矿、玛瑙山锰矿、鲁塘石墨矿及地区建材厂的部分车间（工区）进行了租赁经营。

1998年7月，红旗造纸厂与广东凤阳集团总公司合股组建郴州红松有限责任公司。然后，再租赁红旗造纸厂生产线进行生产经营，是年年底日产纸达50多吨，碱回收运转正常，超出2362纸机的设计能力，不仅安置500多名职工上岗，而且利润逐年增加。

1999年，东江制药厂被广东宏运集团租赁经营，取得较好的成绩。

2000年，市全新农药化工厂对内实行租赁承包，用收回的承包费发放部分职工生活费。市化学助剂厂，将梁家湾闲置厂房向社会招租，通过租赁启动生产，解决部分职工就业问题，同时，利用租金解决流动资金不足的困难。鲁塘石墨矿采矿一工区为该矿主要生产单位，由于长期遭受非法乱采滥挖的严重破坏，巷道设施破环严重，安全事故时有发生，以致无法组织生产，年亏损额近百万元。同年12月，以270万元/年对外招租成功，招租期限为12年，达到企业减亏、职工得实惠的目的。

2003年2月，为盘活郴玻集团下属晶星公司存量资产，搞活生产经营和安置下岗职工，由江苏侨友工程设备公司租赁晶星公司浮法生产线独立经营，租赁期为一个窖期（四年）。同年5月，为解决市纺织厂职工就业问题，由该厂职工入股组建郴吉纺织有限公司，公司成立后，转租郴兴纺织有限公司空闲场地3500平方米用于生产经营，租赁期10年。是年，由23名股东组建的郴州通达路桥机械公司租赁郴州通用路桥工程机械厂结构车间、精加工车间及其设备进行生产经营。

2004年1月，广州市宏生纺织厂租赁市纺织厂南分厂。市通用路桥机械厂利用空余厂房设备进行出租创收。9月，市煤机厂将生产经营性资产租赁给郴州矿山机械公司。

2005年4月，经法院及清算组研究决定，终止原红旗纸厂与深圳客商张某的资产租赁合同和补充协议；将红旗造纸厂租赁给湖南泰格林纸业集团公司下属全子公司即永州市湘江纸业公司。

五、组建企业集团

从1988年起，郴州地区柴油机厂承包桂阳县农业机械厂后，利用过去23户企业的协作关系，优选确定17户企业组成柴油机生产集团，实行紧密性管理，采取零件互换、转让生产线、补偿经营等形式发展生产，使零部件的生产能力由1万多件（套）上升到1989年的5万件（套）。1992年，因市场变化和内部管理不善等原因，企业严重亏损。1997年，改制重组。1998年2月，在租赁和购买柴油机厂有效资产733.05万元基础上，职工现金入股138万元、16个社会法人参股217万元，成功组建郴州柴油机集团有限公司，该公司是国有控股的多种经济成分并存的混合所有制，集租赁、股份制、股份合作制于一体。

郴州市（北湖区）所属郴州玻璃厂，经过技术改造，1989年，建成湖南省第一条浮法玻璃生产线，后与郴州矿冶厂、郴州肉联厂合并，于1992年组建成郴州玻璃厂。8月，利用组建好的洛阳玻璃厂控股的八达股份公司，新上300吨/日浮法玻璃生产线，1994年9月竣工投产。1995年，总厂上收为市（地）属企业，改制为郴州玻璃集团有限公司，1996年，正式运营。公司拥有固定资产2.9亿元，员工1400多名，下辖5个合资子公司（晶星玻璃有限公司、三江实业发展总公司、郴州矿冶厂、郴州塑料材料厂、郴州晶阳酒店）和一家参股公司（郴州八达玻璃股份有限公司）。

1996年，郴州市汽车运输公司先后投资兴建中心汽车站，改扩建马家坪小商品市场，市副食水果批发市场、湘运客运停车场、湘运机动车配件市场及湘南最大的一汽服务站等。同时，发展壮大出租汽车公司、苏仙旅行社，开展多种经营。8月，公司改制成湖南郴州运输集团有限责任公司。该集团公司拥有资产总额2亿元，其中固定资产1.9亿元。是年，公司投资6500万元，按照三星级配套、四星级服务标准兴建天湖酒店。

1997年6月，郴州化肥厂和郴州桥口氮肥厂合并组建郴州化工集团有限公司，该集团公司下设郴州化肥厂、桥口氮肥厂、永兴氮肥厂等5家公司。拥有资产5.18亿元，固定资产净值4.36亿元，职工2978人，该集团在全省同行业实现四个第一（资产规模第一、运营规模第一、发展速度第一、经济效益第一）。8月，成立湖南郴州郴工集团有限公司，为自主经营，自负盈亏，具有独立法人资格的经济实体。下设市公路工程机械厂、市印刷机械厂、市公路交通工业公司、市公路工程金属结构厂4个分公司（厂）。11月，实施省委、省政府提出的"大公司、大集团"战略，市公路工程机械总厂加入湖南工程机械集团，并将该企业50%以上的国有优良净资产1.5亿元按0.65折股，根据协议认缴股份9750万股国有股，按一次性缴纳，并作为母公司发起人，共同设立湖南工程机械集团浦沅—郴工股份有限公司，12月，在长沙挂牌成立，成为全省强强联合的七大重点企业集团之一。

1998年，组建郴州建设工程集团有限公司。该公司是全市具有国家一级资质，已通过ISO9002国际质量标准认证的国有独资建筑企业，下设郴州万华建设发展有限公司，达康房地产开发公司等6个子公司，全公司总资产2.02亿元，净资产8300万元，在职职工890人。公司拥有对外承接工程、输出劳务和相应材料、设备的外经权，酒店旅游业拥有湘南地区第一家四星级涉外大酒店，同时，还建超市1个。

1998年5月，郴州市自来水公司改制为国有独资的郴州山河实业集团有限公司（简称山河集团），是年，与香港东汇公司签订协议，争取在香港买壳上市。该集团先后组建自来水公司、南方水务公司、五连冠酒店、安装公司、房地产公司、郴州国际旅行社、海吉尔公司、水电公司、湘南家电城、桂阳自来水公司。山河集团组建后，成功走出一条"以存引增，以增活存，存增互促，滚动发展"的资本运用之路。

1998年6月，东江水泥厂按现代企业改制要求改组成立湖南金磊水泥集团有限公司，公司包括3个全资子公司、2个控股子公司和3个参股子公司，是一家以生产水泥为主，跨行业跨地区的企业集团，年生产水泥525万吨，拥有固定资产4.2亿元。

2001年12月，郴州市从事石墨加工和销售的33户企业共同出资2120万元，组建郴州市鲁塘石墨集团有限责任公司，2002年3月，注册登记。公司成员单位有湖南黄沙坪铅锌矿、鲁塘石墨矿两户国有企业和31户私营企业，集团实行统一品牌、销售、结算、管理的运行机制，是年9月正式运行。

六、联合兼并

1989年，郴州玻璃厂建成全省第一条浮法玻璃生产线，后兼并郴州矿冶厂。1991年8月，原郴州化工厂与氮肥厂合并为郴州化工总厂。1992年，郴州玻璃厂又兼并市肉联厂，组建成郴州玻璃总厂。1993年，投入60万元新建冷饮生产线，肉联厂原有冷库、厂房作配套使用，1994年，实现扭亏为盈。1995年，市化工总厂与市农药化工厂合并，更名为郴州三友化工总厂。是年，郴州化肥厂兼并永兴氮肥厂；1994年9月，为实现企业优势互补，东江水泥厂与地区冶金机械修造厂合并为市冶金机械修造厂。

1997年，黄沙坪铅锌矿以承担债务方式兼并市松脂厂，是全市首例跨行业、跨隶属关系的兼并。1998年，郴化集团为定址资兴，部分兼并资兴东江木材厂、资兴氮肥厂和资兴特种水泥厂，以资本营运为手段，盘活3个厂近亿元的存量资产，实现国有资产保值增值，解决3个厂近千名下岗职工再就业问题。是年，市纺织厂被北京蒙妮沙公司兼并。

1998年8月，湖南南开制药厂（原湖南郴州地区制药厂）被三九企业集团整体承债式兼并。2001年12月，经股份制改造，完成湖南三九南开制药有限公司注册登记工作。2002年6月，顺利完成公司的股权转让和外商独资企业的审批、登记注册工作，企业性质从国有控股转为外商独资经营。公司于12月与香港证监署正式签订上市协议，成为香港YGM贸易有限公司的第二大股东，占三九南开制药有限公司31.5%的股权，成为市属工业最成功的联合兼并企业。

七、解除“企业办社会”①

郴州国有工业企业历史形成的“企业办社会”，虽有利于企业社会事务保障，但加重了企业负担。1994年，两级地、县预算内企业有5000多人在“企业办社会”有关部门工作，国有企业有相当一部分固定资产用于办社会，特别是一些城镇大中型企业和远离城镇的矿山企业，学校、医院等社会性机构一应俱全。仅郴州城区内企业办学校达12所，企业除按有关规定上交教育附加费外，每年还要支出达130万元左右用作办社会费用，大大加重了企业负担。解除“企业办社会”包袱，成为工业改革的重要课题。是年，郴州地区柴油机厂将后勤服务科成建制转体，面向社会自主经营，自负盈亏。将厂职工食堂、澡堂、幼儿园、医务室、理发室、藕煤厂、劳动服务公司全部实行内部承包。同时，后勤服务部门广开门路，发展第三产业，新办钢化涂料厂、包装箱厂、招待所，每年除创收80万元外，还为厂部消化30名富余人员，降低各项费用支出60万元。1994年，地属企业中有20家进行后勤剥离，剥离人员总计1020人，其中全剥离320人，全年为企业直接减轻经济负担400万元。

① “企业办社会”主要是针对传统的国有企业而言的，企业建立和兴办了一些与企业生产经营没有直接联系的机构和设施，承担产前产后服务和职工生活、福利、社会保障等社会职能。

1996年，郴州市纺织厂对该厂劳动服务公司、工贸公司以及生活服务公司所属的食堂、澡堂、商业门面实行经营承包，自负盈亏。对幼儿园实行定额补贴，独立核算，把职工医院完全推向社会，实行自负盈亏，为厂部减少费用100万元。

1997年，为加快解除“企业办社会”，减轻企业负担，劳动部门定期或不定期地举办劳动力集市，为分流富余人员提供再就业机会。市政府要求市属企业每户兴办第三产业公司（劳动服务公司）1个以上，分流富余人员占企业职工总数的20%以上，分离服务机构占企业全部机构的10%以上。市政府对企业分流的富余人员兴办的劳动服务公司实行5年税收优惠政策，前三年免征，后两年减半征收，其他费用一律减半，并将市区内企业的子弟学校逐步交给教育部门管理。通过“三减三增”（减债增资、减人增效、减负增效）和加强管理，降低费用，全年市属国有企业共节约支出1.1亿多元。是年，对市属企业幼儿园、职工医院等办社会职能以及澡堂、食堂、车队全部分离出来，实行承包经营、自负盈亏，自我发展，并逐步与企业脱钩。是年，有11户市属企业先后将后勤服务部门剥离出来，实行自主经营、自负盈亏。

从1998年起，市属工业企业分离“办社会”的职能随着企业的改制不断深入，全面推进。将企业后勤系统的食堂、幼儿园、澡堂、医院（医务室）等全部分离出来，实行内部承包、自负盈亏。但在分离企业办学上碰到困难，进展缓慢。到2004年，全市城区有企业自办学校14所，在职教师291人，退休教师250人，在校学生7088人，主要分布在北湖、苏仙两区。2005年，仍有市属企业办学校8所，职工医院5所，除郴州城区东风子弟学校移交北湖区管理外，鲁塘石墨矿、鲤鱼江煤矿、通用路桥机械厂、玛瑙山锰矿、高亭司煤矿、郴汽集团等企业子弟学校的分离工作尚未启动。市纺织厂子弟学校移交虽已启动，但尚未完成。

第三节 企业人事劳动制度改革

一、企业人事制度改革

（一）企业管理干部任用制度改革

1988年，全区有105个工业企业实行厂长负责制，占承包企业总数的79%。厂长行使对厂级行政副职的提名权和中层干部任免权，实行内部干部招聘制。从1989年起，企业在定机构、定编制、定岗位、定职责的基础上，采取招标招聘、民主评聘的方式，在竞争中产生各级领导人。一般管理人员由企业领导层层择优聘用，打破干部和工人界限，取消干部能上不能下的“铁交椅”，破除职务和待遇的终身制，为企业一批优秀管理人员提供施展才华的平台。地属高亭司煤矿、郴州印刷机械厂厂长先后实行厂（矿）长竞聘上岗制度。

1990年8月，东江冶金化工厂实行厂长竞聘。新任厂长上任后，很快就改变了亏损局面，当年减亏64万元。1992年，为扩大企业经营自主权，对企业组织机构实行改革，在干部管理上将过去企业中层以上干部由政府管理改为政府只管厂（矿）长（经理）和党委书记，其他干部管理权下放给企业，由企业分别实行聘任制。地区经委先后对地属工交企业领导班子进行调整和充实，完成栖凤渡煤矿、冶金机械厂、东江水泥厂、地区水泥厂等企业班子的配备工作。1993年，部分地属企业实行厂长、书记一肩挑，企业的厂级领导副职和中层干部实行聘用制。部分优秀工人当上中层以上干部。东江冶金化工厂43名中层领导是工人。桥口氮肥厂建立以定岗定员为重点的人事管理制度，实行“岗位选人，人选岗位”的双向选择，管理科室在全厂范围内招考管理员，按考试成绩和个人表现，从生产一线录用7名工人，鼓励岗位成才。郴州柴油机厂放开人事任免权，分厂副职及其以下负责人任免权全部交给分厂。1996年，市纺织厂改革人事任免建议权和决定权，结合政绩考核、民主评议，对中层以上行政领导干部全部实行聘任制，行政主要负责人有71%实行换岗交流，平均年龄下降，文化程度提高，形成能上能下的用人机制，领导结构进一步优化。1997年，市麻制品厂对干部实行动态管理，公开招聘。桥口铅锌矿率先对中层干部进行公开选拔，有12名年轻骨干走上管理岗位。1998年，市化学助剂厂对中层以上干部实行聘任制，带职上岗。

2000—2005年，随着企业产权制度改革的深入，实行股份制改造的企业，董事会、监事会由企业民主选举产生，中层干部及管理人员仍然实行聘任制。

（二）精简企业管理机构和人员

1989年，栖凤渡煤矿为提高办事效益，节约企业管理费用开支，充实生产一线和加强生产管理，将原有16个科室精简为三部一室，管理干部减少46人，占干部总数的45%，科级干部由24人减少到5人。1990年，郴州工程机械厂把原来的15个科室撤并为5个科室，100多管理人员精减为30人（包括9名中层干部），被精减人员全部安排到生产第一线。郴州柴油机厂本着精简、优化、合理、效能的原则，先后两次对下属科室进行“消肿”，1993年，将原来的27个科室裁减合并为19个，人员减少89人，精减27%；1994年4月，又精简合并5个科室，减少23人，两年共精减人员112人。

1997年，全市纺织系统企业普遍进行人事制度改革，精简管理部门和管理人员，全年精简500余人，机关人员充实生产一线，提前内退700多人，停薪留职400多人。市麻制品厂对科室管理人员进行精简，将原13个科室合并为8个科室，5个车间减并为3个车间，厂级领导由原来10人减少到7人，中层干部由原来57人减少到41人，一般管理人员由原来78人减少到65人。高亭司煤矿矿部机关减员40多人，全部充实到生产一线，同时推行定员定岗，压缩非生产人员78名，全年节约非生产性开支40万元。1998年，精简科室4个，减员40%。

1998年2月，郴州柴油机厂改制组建郴柴集团后，采取的第一大举措是精简机构，将原29个科室裁减合并为17个科室，人员减少112人，精减30%。6月，金磊水泥集团组建后，加大内部机构改革力度，将原东江水泥厂28个机关处室及10个车间单位分别精简到12个和8个，机构减少近一半。

2000年上半年，郴州市纺织厂打破沿袭多年的上下对口体制，由1996年的20个科室减少至8个，中层以上干部由90人减少到50人。

二、企业劳动用工制度改革

从1986年开始，郴州地区全民所有制企业实行以劳动合同制为中心的劳动制度改革，各单位招工一律实行全员劳动合同制，以打破沿袭多年劳动用工制度的终身制。1987年，全区实行劳动合同制用工总人数达9960人。企业还根据工作需要招聘录用各种人才，对违纪职工有权按照职工奖惩条例作辞退处理，自此施行科学、动态的用工制度，打破固定工和临时工分界限的用工制度，推行“三岗制”（即正式岗、预备岗、编外岗）的用工办法。1989年，全区实行创优化劳动组合的企业52家，参与优化劳动组合1.84万人，清理富余人员748人，采取其他渠道安置713人，优化率为95.32%。1990年，全区35地属工业企业，职工总人数1.93万人，其中合同制工人4323人，占职工总数的22.4%。

1993年，全区有3户企业实行全员劳动合同制，有42户企业实行全员劳动合同化管理。市钢管厂从厂长到一般工人都与企业法人签订劳动合同。1994年，根据省经委要求，地属预算内企业职工全部或部分改为合同制，合同制职工约占全部职工的30%，多数企业还进行劳动优化组合，有少数职工因未被组合上而在厂内待业或停薪留职。

为加快全民所有制企业用工制度改革，1995年8月1日，郴州市政府下发《关于企业职工实行劳动合同制的通知》，要求对全市各类企业职工和机关、事业、社会团体的工勤人员，全面实行劳动合同制。1996年，全市共招收合同制工人7.12万人。企业内部实行以优化组合为主要内容的用工制度改革，工人实行劳动组合制，合同化管理，择优上岗，编外管理和试工制等。招工由统分统配向市场机制转变，实行供需见面、企业自主用人、劳动者自主择业的"双向选择"制度。劳动部门简化招工手续，加强招工指导和服务。

1997年，通过建立现代企业制度试点、组建企业集团和进行股份合作制改造，郴州市在用工方面围绕减员增效展开工作。市属工交企业，清退临时工200多人，占全部临时工的20%；分流下岗700多人，减少工资费用支出5000万元。全市有6户国有煤炭企业完成股份制改造，其他煤炭企业均继续推行以减人增效为目的"以产定人""以销定产"三条线管理的改革形式，仅市直煤炭企业分流生产人员670名，轻纺系统市属5户企业分流减员1300多名。

1998年，市经委明确县（市、区）和市属企业减员分流目标任务，各企业结合实际，合理定岗定员，分流安置工作取得成效。市、县（市、区）国有工业企业共分流安置6400人，减少工资性支出1700万元。市轻纺工业系统引导职工下岗分流，实行减员增效，共下岗分流职工3500人，其中市直企业下岗分流1951人，占在职职工总数的30.44%；停薪留职180人，提前内退240人；停岗待业370人。同时，严格定岗、定人、定责与考勤制度，强化劳动纪律，减少和杜绝人浮于事、出工不出力的懒散现象。市属冶金工业企业郴州冶炼厂、桥口铅锌矿、玛瑙山锰矿共清退300多名临时工，减轻企业负担。

1999年，郴玻集团晶星玻璃公司生产线上岗人员由607人压缩到400人，全年节约工资支出86.52万元。市纺织厂推行以"三定"（定岗、定员、定编）为主要内容的用工制度改革，通过落实"七个一批"的减员分流（即厂内退休养一批、优化组合择优上岗一批、降低收费标准鼓励停薪留职一批、长期休假两不管一批、轮流待岗一批、劳务输出一批、实行全员上岗定岗工资加超编人员生活费重新分配的方式安置一批），妥善安置近千名富余人员，形成"就业靠竞争，上岗靠技能"的竞争机制。

随着劳动用工制度改革不断深入，2002年，全市调整职工劳动关系1.02万人，股权安置7842人，有8250人与改制后的企业签订新的劳动合同。2003年，按照《湖南省劳动合同规定》，完善劳动关系三方协调机制和集体合同制度，加强破产改制企业职工分流安置工作，规范企业经济性裁员方案和改制职工分流安置方案的审核审批程序。全市完成改制企业安置方案审核32户，安置职工1.58万人。2005年，全市下岗失业人员实现再就业达1.4万人，其中"4050"人员（指女职工40岁以上，男职工50岁以上）再就业4699人。

三、企业分配制度改革

1988年，全区地县（市）属工业企业普遍采用按责定岗、按岗定分、以分定奖、纵横配套、上下结合的考核办法，在不同程度、不同范围内对分配制度进行改革。实行分配制度改革的地属企业有柴油机厂、林机厂、栖凤渡煤矿、东江水泥厂、地区水泥厂。

1989年，推行计件工资、效益工资、质量工资等不同工资形式，初步打破"铁工资"。郴州公路工程机械厂在分配上实行向一线倾斜的"八级累进制"，即完成基本定额发基本工资、保下限，超定额部分分级累进发奖金、不封顶。实行这种分配制度后，有的一线职工年收入高达3万～4万元，有的职工连基本工资也拿不到。这种奖勤罚懒的分配制度，使职工既有压力又有动力，有利于调动职工积极性，一些停薪留职到沿海打工的人员纷纷要求回厂上班。1990年，全区国有地方煤矿一般采用与原煤产量和销售收入双挂钩的浮动工资制，执行湖南煤矿工资制度，即行政干部实行职务等级工资制，专业技术人员实行技术等级工资制，工人实行岗位等级工资制，井下采掘、运、修工程全面推行计件工资制。

1991年，实行岗位结构工资。郴州地区化肥厂借鉴天津印刷制罐厂的劳动用工、分配等改革的经验，在磷胺车间进行"一厂两制"（在同一工厂上班，实行两种分配制度）试点，引起反响。

1993年，郴州地区柴油机厂对分厂的管理放开工资分配权，分厂可自行决定工资标准和分配方式，职工所得完全与个人劳动成果、产品质量、分厂效益直接挂钩，有力调动职工生产积极性。5月，桥口氮肥厂全面推行以班、组为基础的目标成本管理，鼓励职工岗位成才，企业在分配上向苦、脏、累岗位倾斜，对有特别贡献的人才在各种待遇方面予以照顾和奖励，并组织目标成本管理好的班组岗位职工到风景区疗养度假。

1995—1996年，市属90%以上的工业企业，结合各种形式的承包责任制，分别实行浮动工资、岗位技能工资、定额工资、计件工资、结构工资、承包工资、计时加奖励等内部分配形式，还选择4户企业试行厂长、经理、矿长年薪试点。同时，根据《中华人民共和国劳动法》关于最低工资保障规定，制定郴州市企业最低工资保障线，经省政府批准颁布实施。市劳动管理部门只对企业内部的分配制度给予宏观上的政策指导，及加强劳动工资宏观调控和对企业工资总额增长幅度进行监督检查。

1997年，根据省里的有关规定，对部分企业实行工资指导线制度。同时，对一些国有亏损企业停发奖金和厂长、经理的职务津贴，并按比例核减企业工资基数，对国有资产出现负增长的企业，也按一定比例扣减工资总额。全年全市企业的工资总额增幅速度控制在12%，实行经营者工资收入与实绩挂钩，与单位实现税利、职工人平工资收入两项指标挂钩，根据指标完成情况确定经营者工资收入的高低。全市实行这种管理办法的企业占企业总数的三分之二。同年，选择25户企业试行经营者年薪制的试点。在股份制煤炭企业中，为鼓励职工入股，将工资分配在劳动收入基础上引入资本收入。

1998年，在1997年年薪制试点成功的基础上，将"工效"挂钩分配制度改为工资指导线制度，并把实行该制度的范围从国有企业扩大到混合所有制、私营企业等非公有制企业，稳步推行经营者年薪制试点，完善年薪制实施办法。市麻制品厂在全市率先建立劳动力价位指导制度，每个职位或岗位分高、中、低三个指导价位，最高为1800元/月，最低为215元/月。

1999年，企业职工工资增长幅度由企业自主调控，调控方式更加有利于调动职工生产积极性。是年，劳动力价格[①]职（岗）位覆盖面由上年的28个职（岗）位扩大到37个职（岗）位；实行劳

① 劳动力价格是劳动力价值的货币表现，劳动力的价值是由维持、发展和延续劳动力所必需的生活资料的价值决定的。

动力价格单位覆盖面由上年的市本级、苏仙区、北湖区扩大到全市。

2000年，根据省里确定的工资指导原则，市劳动管理部门对企业工资实行宏观调控指导，即由过去的工资总量直接调控转为工资水平间接调控。全市90%以上公有制企业及股份公司都按照要求实行新的工资宏观调控方式，调整最低工资标准和职工月平均工作时间。全市最低工资标准由上年的225元/月提高到275元/月，增幅为22.2%；职工月平均工作时间由原来的22天缩短为20.9天。年薪制试点单位由上年的1家扩大到是年的9家。郴州城区完善劳动力市场工资指导价位工作，并根据市场变化情况对劳动力价位的工种（岗位）进行充实调整，工种（岗位）由上年的37个增加到78个，指导价位最高600元/月、一般1000元/月、最低300元/月。是年，郴州市被列为劳动力价位指导工作国家试点城市。

2001年，改进和完善企业工资增长指导线和企业工资宏观调控办法。对郴玻集团等10户市属企业的工资分配制度在政策上予以指导。对2000年5户经营者年薪试点企业各项经济指标完成情况逐户进行考核结算。2001年，市政府发布部分职位、岗位（工种）劳动力市场工资指导价位。开展国有、国有控股企业经济者收入情况调查，被抽查的82户企业，其工资分配制度基本符合指导线标准。

从2002年起，积极探索现代企业工资分配形式，每年出台郴州市劳动力市场工资指导价位。企业自主决定工资水平指导线范围逐步扩大。是年，工资增长幅度控制在12.6%，完善企业最低工资标准体系，新增测算和发布小时最低工资标准。2003年，市、县两级决算企业在岗职工年平均工资是9356元，增长9%。2005年，发布指导价位的工种达308个。年度最低工资为420元，非全日制从业人员小时最低工资5.5元。市属改制和破产企业在改制中未出现因违反政策而侵害职工合法权益的现象。

四、企业职工社会保障制度改革

（一）养老保险制度改革

从1987年起，为适应劳动工资制度改革，全区实行离退休职工养老保险金社会统筹，即劳动保险管理部门向统筹单位按一定比例提取统筹金，将离退职工保险基金实行统一筹集、统一管理、统一支付。在保险层次上：从1990年起，由单一的“基本养老保险”拓展为“企业补充养老保险”和“职工个人储蓄保险”。在保险方式上：从1993年起由单一的“企业保险”制度改变为国家、企业、个人三方共同负担养老保险费用的社会保险方式。企业职工退休费用由地区统筹过渡到省级统筹。1994年，为完善企业职工养老保险管理办法，郴州行署下发《郴州地区养老保险暂行办法》，并在全省率先进行基本养老保险计发办法改革试点。

从1995年起，在养老保险管理模式上：改革单个、分散的管理形式，实行各类企业、不同身份职工“统一制度、统一管理、统一调剂”使用基金的综合性养老保险管理。在保险范围和对象上扩大覆盖面，建立不分企业所有制性质，不分用工形式的全方位社会保险体系，实行统一的社会保险办法，享受同等的社会保险待遇。

1996年，企业离退休职工调整离退休费标准，人均月增资36.5元，有效地保障离退休职工的基本生活。1997年，由于一些参保企业欠缴养老基金，直接影响到养老保险金的发放，市社保机构加大征缴力度，重点保证特困企业和破产企业离退休职工的退休金发放，年内市属企业共支付养老金5186万元。同时，根据具体情况分别采取由银行或企业退管机构社保站发放等多种形式代发养老金。

1998年，社会养老保险扩大到集体和个体工商户，全市养老保险基金收缴率达98.2%。养老保险基金征缴比例由原来的24.5%下降到22.5%。相关职能部门积极做好工作，确保企业离退休职工的养老金按时发放。全年社会化发放率为95.62%。

1999—2005年，市委、市政府坚持把养老金征缴与发放当作经济发展和社会稳定的大事来抓，企业退休职工的养老金按时足额发放率和社会化发放率连续七年保持100%。

（二）失业保险制度改革

1989—1992年，地属企业实行待业保险制，由地区劳动服务公司经办职工待业保险业务。国营企业职工个人不缴纳待业保险费，企业按照本单位工资总额的1%缴纳保险费。1993年1月，国务院颁布《国有企业职工待业保险规定》后，待业保险覆盖面扩大，实行企业管理的事业单位亦被纳入待业保险范围，将基金调整为县（市）统筹，缴纳基金由企业标准工资总额改为工资总额，相应地调整待业保险待遇。

1996—1998年，待业保险范围由全民所有制单位扩大到集体所有制单位和其他经济类型企业。失业救济由原来4种对象扩大到8种。1997年，研究制定失业保险制度，并按规定对全市137户企业的2.73万名下岗职工发放救济金157.4万元。1998年，失业保险基金收缴率达92%。

1999年，国务院颁布《失业保险条例》后，进一步规范失业保险制度，失业保险覆盖面延伸到私营企业，统筹层次提高到省级，失业保险基金缴纳标准调整为：用人单位按工资总额2%，职工按本人月工资的1%缴纳。全年全市入库失业保险基金2560万元，完成目标任务的102%，基金收缴率91%。2000年，因企业陆续改制破产，职工开始解除劳动关系，参保人数趋于下降，拖欠基金情况严重。全市共收缴失业保险金2800万元，基金收缴率为91%，失业保险清欠率为30.31%；发放失业保险金1700余万元，发放率100%。

2001—2005年，郴州市劳动部门按照市委、市政府的要求，突出“两个确保”（确保国有企业下岗职工基本生活，确保企业离退休人员养老金按时足额发放），大力促进就业和再就业，每年筹集国有企业下岗职工“一费三金”，为下岗职工发放基本生活费，发放率、保障面均为100%。每年为下岗失业人员提供职业指导和职业介绍，提供安置岗位，特别注重帮助就业弱势群体实现再就业。通过创办再就业基地，鼓励下岗失业人员自谋职业等多种渠道，全面落实下岗失业人员再就业各项优惠政策，不断扩大城镇就业规模。及时为下岗失业人员办理再就业优惠证、发放小额担保贷款，为持证下岗失业人员减免工商、税务等各类税费。2005年，全市下岗人员再就业1.43万人，其中就业弱势群体中再就业4699人。失业保险新增参保1.67万人，为7865人发放失业保险金1158万元；安排下岗职工基本生活费和各项补贴1224万元。

（三）医疗、生育、工伤保险制度改革

医疗保险　1989年，地属工业企业职工和离退休人员仍然沿袭之前劳保医疗制度，即按国家《劳动保险条例》和1966年劳动部、全国总工会下发的《关于改进职工劳保医疗制度几个问题的通知》有关规定，享受医疗保险待遇，费用由企业结算或报销。从1992年起，地属工业企业试行离退休人员医疗费统筹，由地区社会劳动保险管理部门负责管理。统筹费由企业按职工和离退休人员工资总额的2%缴纳。各企业尽管改制出现困难，资金紧张，但都优先考虑医疗统筹，使离退休人员看得起病。1996年6月，企业退休人员医疗保险交由市社保处增设的医保科和医保中心管理。2001年4月，停止实施企业在职职工劳保医疗制度，启动城镇职工基本医疗保险，为解决企业解除劳动关系领取一次性安置费的在职职工参加医疗保险社会统筹的问题，2005年8月，市政府出台专门文件，使全市约2万名被解聘职工受益。年内，上述人员通过财政挂账，办理了参保手续。

生育保险 1989年，地属工业企业女职工生育医疗费、产假工资等项开支，均由企业负担。1992年，试行生育保险社会统筹。至1996年，全市实行女职工生育保险企业有117户，参保女职工1.45万人。1997年，女职工生育保险在全市各县（市、区）全面铺开，有7万余女职工参加，全市累计征缴生育保险金59.8万元，支付42万元，结余17.8万元。1998年，全市城镇企业全面推行职工生育保险。生育保险基金根据“以支定收，收支平衡”的原则筹集，由企业按上年度职工工资总额的1%提取，职工个人不缴纳。凡参加生育保险的企业女职工享受有关保险待遇。全市生育保险基金收缴率达94.6%。1999年8月，市属企业女职工生育保险管理职能划转市医疗保险管理部门管理。后因企业相继改制，生育保险费普遍未征缴到位，生育保险暂停执行。2004年8月，根据省政府颁发的《湖南省城镇职工生育保险办法》，市里重新启动城镇职工生育保险，保险范围不断扩大，全市生育保险已达18.53万人。2005年，根据市政府有关市属国有企业改革改制的有关文件精神，市属国有企业关闭破产等改制期间和企业改制为非国有控股企业，处于孕期、产期、哺乳期的女职工（符合计划生育规定）解除劳动合同申请自谋职业的都可增发两个月的补偿金。是年，全市为1000余名女职工发放了补偿金。

工伤保险 2003年前，全市未开展职工工伤保险业务，职工所发生的工伤事故，由用人单位根据国务院《劳动保险条例》和劳动部1996年制定的《企业职工工伤保险试行办法》处理，费用由用人单位按规定承担。费用标准由市劳动鉴定委员会作出工伤认定和劳动能力鉴定结果后确定。其间，全市（区）基本落实工伤人员的保险待遇。2004年，国务院颁布《工伤保险条例》，是年9月，郴州市下发《郴州市实施〈工伤保险条例〉办法》及相关配套文件，启动全市工伤保险工作，由市医疗保险中心具体承办工伤保险、基金征缴管理、待遇给付等业务。全市工伤保险扩大到个体工商户和已实行企业化管理的事业单位，即按属地管理原则参加工伤保险，缴纳工伤保险费，其缴纳数额为本单位职工工资总额乘以单位缴费率之积。所征收的工伤保险基金定期存入社会保障基金财政专户，实行收支两条线专款专用。并规定了工伤保险基金支付的范围。2005年，全市参加工伤保险达10.63万人。9月，市政府出台《市属国有改革改制企业工残人员工伤待遇处理暂行办法》，全市符合该文件规定的3000余名工残人员从2006年1月起全部纳入工残后续保障，从而彻底解决了伤残职工的工伤保险待遇。

第二章　电力工业

郴州境内水能资源理论蕴藏量237.1万千瓦，具有开发价值的有171万千瓦。煤炭资源已探明储量9.6亿吨，占湖南省的四分之一，是全国年产原煤超千万吨的15个地级市之一，优越的地理位置，丰饶的水能、煤炭资源，利于国家与地方电力工业的发展。

境区内煤炭资源主要分布在资兴、嘉禾、宜章和永兴等县（市），有利于坑口电厂建设。鲤鱼江电厂地处资兴市鲤鱼江镇，是华中电网最南端的一个重要电源点。始建于20世纪50年代中期，是国家电网在湖南投资兴建的重点工程之一，历经4期改建扩建，一直是湖南电网的骨干发电企业。2003年7月与9月，湖南华润电力鲤鱼江有限公司（资兴市A厂）在鲤鱼江电厂原址扩建，2台30万千瓦燃煤机组先后竣工投产，以1条500千伏交流输电线路输电至广东省。2005年，湖南华润电力鲤鱼江有限公司外送广东电力60万千瓦，电量36.4亿千瓦时；内送湖南电力13万千瓦，电量6.0亿千瓦时。2005年9月，华润电力湖南有限公司（苏仙区B厂）2台60万千瓦燃煤机组获国家发改委批准开工建设，再以2条500千伏交流输电线路直送广东。水能资源主要分布在郴县（苏仙区）、桂东、汝城、资兴等县（市），其中桂东、汝城、资兴是郴州3个水电产业大县（市）。1989年，郴县经过五年努力，成为始于1985年全国第一批、郴州地区第一个国家初级农村电气化达标县，农民用电比例提高到92%。1991—2000年，郴州又有7个县（市、区）列入国家第二批与第三批全国农村水电初级电气化试点县。2005年，郴州农村水电装机总容量为69.3万千瓦，比1989年14.7万千瓦（不含东江、沙田和欧阳海电站）增长3.7倍，年均增长10.16%，能源开发程度达80%。郴州水火电源装机总容量214.25万千瓦，发电量85.72亿千瓦时，年人均发电量1860.0千瓦时，水火电源装机容量比1989年的96.77万千瓦增长1.22倍，发电量比1989年的25.26亿千瓦时增长2.4倍，年人均发电量比1989年的603.4千瓦时增长2.08倍。郴州市利用资源和区位优势，融入“珠三角”经济圈，参加“西电东送”工程项目，开发大型坑口燃煤电厂向广东输电。2005年，郴州市外送广东省的电量占全市水、火发电量的比例达43%，人均发电量是人均用电量的2倍。

1989—2005年，郴州市（地区）在“两网并存，划分用户，协调发展”方针指导下，加强国家电网和地方电网建设。1989年，国家电网湖南省郴州电业局（以下简称郴州电业局）建成220千伏环形电网，与湖南省220千伏主电网拥有3条联网通道，与永州、衡阳、株洲三地（市）110千伏电网拥有4条联网通道。郴州电业局供电网络覆盖全境，但没有一个县（市）供电机构由郴州电业局直管。因此，除郴州电业局的供电外，还有郴县供电公司、郴州地区供电公司、高峰水电站、鲁塘乡、南溪乡等县（市）、乡（镇）水电站所属地方电网单位的供电。1991年1月，郴州地区水利局提出组建郴州地方电网的方案，同年3月获郴州地委、行署批准，同年4月，郴州地方电网第一座110千伏变电站两江口变电站开工建设，并于1992年12月接入石面坦水电站投产。1993年，位于华塘镇接入两江口变电站的郴州火电厂投产。1995年，郴州市电力公司（原郴州地区供电公司）两江口变电站通过宜章县城关、梅田2个变电站与广东连州谭岭110千伏首次联网。1996年5月，郴州市电力公司全部拆除郴州电业局下湄桥110千伏变电站7个开关的10千伏出线，将其改接入两江口110千伏变电站，完全脱离郴州电业局电网，并终止与郴州电业局的供用电关系。

2000年12月，郴州市电力公司发起成立湖南郴电国际发展股份有限公司（以下简称郴电国际），宜章、临武、汝城、永兴县于2001年5月以部分供电资产参股郴电国际；桂东、桂阳、安仁、嘉禾县和苏仙区继续由郴州电业局代管；资兴市与郴州电业局联网并协商行业管理。2002年，郴电国际上划于湖南省水利电力有限责任公司。2004年4月，郴电国际股票上市交易，成为郴州市唯一一家上市公司，单独承贷承还农网改造资金。1991—2004年，郴州地区供电公司从7条10千伏线路起家，发展成1张110千伏电网和1个主营供电业务的地方电力公司。2005年，郴电国际电网内有小火电装机总容量3.6万千瓦，小水电装机总容量30万千瓦；有110千伏公用变电站16座，变电总容量49.9万千伏安；与广东省110千伏联网通道3条，与耒阳市、蓝山县110千伏联网通道2条，形成跨县跨省、多种经营、以资产为纽带的地方电力企业。以郴电国际上市为标志，郴州市正式形成体制多元、电网交错、依托湖广，各自管理的发、供、用电管理体制和两张电网。2005年9月20日，两张电网的联网线路桂（园艺场）—蓉（城）线投产，恢复国、地两网中断了10年的供用电关系。2005年年底，郴州电业局及其控股与代管的县（市）级国家电网公司系统内的电力企业，实现统一规划与建设。郴电国际等地方电网的电力企业各有自成的发电、送电、变电设备系统和多种经营产业。地方电网与国家电网，郴州地方电网与蓝山、耒阳地方电网，郴州地方电网与南方电网有购电联网线，均按各自的供电范围独立运转。

2005年，郴州市完成不含转供的全口径供电量47.54亿千瓦时，比1989年12.46亿千瓦时增长2.8倍，年均增幅8.73%；全口径用电量43.58亿千瓦时，比1989年的11.65亿千瓦时增长2.9倍，年均增幅8.88%；每千瓦时用电量产出国内生产总值为10.96元，与全省持平。是年，水、火电装机总容量214.24万千瓦，发电量为85.71亿千瓦时。其中，装机6000千瓦以上的水、火电源装机容量为173.17万千瓦，占81%，发电量73.18亿千瓦时，占85%；装机6000千瓦以上的火电电源装机容量为79万千瓦，占全市火电总装机容量的99%，发电量占99%；装机6000千瓦以上的水电电源为94.17万千瓦，占全市水电总装机容量的70%，发电量占67%。

第一节 发 电

一、火力发电

1989年，郴州地区有湖南省鲤鱼江电厂和企业自备火电厂共13座，装机总容量为23.03万千瓦，发电量为12.43亿千瓦时。其中，1座鲤鱼江公用电厂装机容量20.4万千瓦，发电量11.91亿千瓦时；12座企业自备电厂装机总容量2.63万千瓦，发电量5261万千瓦时。

1994年，湖南省电力公司落实节能减排政策，关停湖南省鲤鱼江电厂小火电机组，筹建2台30万千瓦机组，拆除3、4号机组（2×1.2万千瓦）。2000年和2001年，鲤鱼江电厂又分别将5、6号机组（2×2.5万千瓦）拆除。鲤鱼江煤矿、地区化肥厂、湘南氮肥厂属热电联产自备发电项目，柴油机组自备电厂断续运行。随着电力供应状况不断改善，应付缺电的自备电厂逐渐关停。资兴矿务局焦电股份公司和湘永煤矿出于生产工艺要求，利用煤矸石走发展循环经济的道路，相继各投产2台0.6万千瓦机组。至2005年，桂阳、临武、汝城等县企业自备电厂机组全部关停，全市剩下自备电厂5座，总容量3.05万千瓦，即地区化肥厂1500千瓦、资兴市鲤鱼江煤矿2000千瓦、宜章县湘南氮肥厂3000千瓦、资兴矿务局1.2万千瓦、永兴湘永煤矿1.2万千瓦。

1989年、2005年郴州市（地区）企业自备电厂发展变化情况统计表

表14-2-1-1

序号	企业名称	所在县（市、区）	1989年装机容量（千瓦）	发展变化情况	2005年装机容量（千瓦）
1	黄沙坪矿	桂阳县	4376	1998年，全部关停	0
2	宝山铜矿	桂阳县	2000	1995年，全部关停	0
3	鲤鱼江煤矿	资兴市	1000	1997年，投产1000千瓦	2000
4	地区化肥厂	城北片区	1500	—	1500
5	711矿	苏仙区	1184	1997年，全部关停	0
6	红旗造纸厂	苏仙区	1500	1997年，全部关停	0
7	柿竹园矿	苏仙区	2888	1997年，全部关停	0
8	筑路机械厂	城南片区	640	1997年，全部关停	0
9	瑶岗仙钨矿	宜章县	1900	1996年，全部关停	0
10	汝城钨矿	汝城县	800	1997年，全部关停	0
11	香花岭矿	临武县	2468	1997年，全部关停	0
12	湘永煤矿	永兴县	6000	1996年，投产6000千瓦	12000
13	资兴矿务局	资兴市	0	1992年，投产2×6000千瓦	12000
14	湘南氮肥厂	宜章县	0	1992年，投产3000千瓦	3000
	合计	—	26256	—	30500

鲤鱼江电厂曾经是湖南电网的骨干电厂，湘南电网的发源地，处于广东省与湖南省的结合部，是“以大代小”，提高“西电东送”输电能力，满足广东省“十五”期间（2001—2005年）用电增长需要的最佳电源点。2002年9月，湖南省电力公司（占40%的股份）与香港华润集团（占60%的股份）联合，利用鲤鱼江电厂的原有土地和设施，合资组建湖南华润电力鲤鱼江有限公司，社会经济效益十分显著。

2003年7月与9月，湖南华润电力鲤鱼江有限公司经国家发改委批准“西电东送”项目2台30万千瓦机组分别投产，以1回交流500千伏线路直送广东韶关500千伏曲江变电站，以竞争性电价为基础向广东省送电，动态总投资22亿元；所剩7、8号机组（2×6.5万千瓦）继续向湘南220千伏电网送电。

2005年年底，郴州市有湖南华润电力鲤鱼江有限公司新、老两厂及郴州华明综合利用发电公司3座公用火电厂和5座企业自备电厂，火电总装机容量为79.65万千瓦，年发电量49亿千瓦时，火电总装机容量和发电量分别比1989年增长2.5倍和3倍。

郴州地方电网唯一公用火电厂是华塘火电厂（郴州华明综合利用发电公司），该厂于1993年投产，总容量3.6万千瓦。

1989—2005年郴州市（地区）火力发电统计表

表 14-2-1-2

年度	厂站个数	装机容量（千瓦）		年发电量（万千瓦时）		装机容量年增长率（%）
		总容量	其中鲤厂容量	总电量	其中鲤厂电量	
1989	13	230256	204000	124331	119070	—
1990	14	231756	204000	119023	114760	0.65
1991	14	231160	204000	127494	122656	−0.25
1992	15	239824	204000	129783	123039	3.74
1993	16	256824	204000	129221	116216	7.08
1994	16	232824	204000	131957	117684	−9.3
1995	15	230824	180000	133207	115728	−0.85
1996	14	240924	180000	127464	108521	4.37
1997	8	232376	180000	110419	85638	−3.54
1998	7	228000	180000	112134	84260	−1.9
1999	7	228000	180000	110100	81903	0
2000	7	209500	180000	98939	66261	−8.11
2001	7	184500	155000	104973	71178	−11.93
2002	6	196500	130000	98046	58017	6.5
2003	8	796500	730000	323285	259652	3.06
2004	8	796500	730000	507449	469535	0
2005	8	796500	730000	490060	451034	0

说明：本表根据郴州电业局全市电力生产统计资料整理而成；鲤厂指鲤鱼江电厂

二、水力发电

1989年，郴州地区境内有水电装机总容量73.74万千瓦，年发电量12.83亿千瓦时。其中，东江水力发电厂1987年投产，装机总容量50万千瓦；沙田电厂1973年投产，装机总容量5.4万千瓦；欧阳海水电站1975年投产，装机总容量3.6万千瓦。东江、沙田、欧阳海3个水电站装机总容量，占郴州地区水力发电装机容量的80%，占郴州地区水力发电量的71%。农村小水电装机容量为14.74万千瓦，年发电量3.75亿千瓦时，占水力发电装机容量的20%，占水力发电量的29%。1989年12月，经湖南省政府组织验收，郴县成为国务院“七五”期间（1986—1990年）第一批、郴州地区第一个农村初级阶段电气化县。

1990—1991年，东江水力发电厂利用大坝尾水建反调节水库，梯级开发建设下游小东江水电站，4台机组相继投产，装机容量增加到55.5万千瓦。1994年4月，永兴一级水电站第一台1.5万千瓦机组投产，次年6月第二台机组投产，装机总容量3万千瓦。1996年，小东江电站又增加一台机组，总容量达55.9万千瓦。1997年6月，汝城满天星水电站实现双机并网发电，装机总容量3万千瓦。

在国务院“八五”期间（1991—1995年）第二批、“九五”期间（1996—2000年）第三批农村水电初级电气化县建设中，郴州市（地区）抓住机遇，确立以水电产业为龙头带动相关产业发展的经济发展战略，把小水电建设作为振兴区域经济、推动改革开放和社会进步、加快山区脱贫致富步伐的重大战略举措来抓。在“八五”和“九五”期间，共建成汝城、宜章、资兴、永兴、临武、嘉禾、桂东7个初级电气化县。

2000年，地方各级政府允许私人资本参与小水电开发，形成了全民办电，多渠道、多层次、多形式开发小水电的局面。2002年，郴州市委下发《关于鼓励干部参与农业结构调整的若干规定》，通过“政府引导、市场运作”方式，按照“谁投资、谁受益、谁有资金和积极性，就优先给谁开发”的原则，把机关干部职工入股办水电站与不允许机关干部职工经商办企业严格区分开来，鼓励机关、企事业单位和干部职工及社会各界人士独资、合股开发小水电站。郴州地方各级政府下发加快水电资源开发和管理的若干规定，出台一系列激励引资措施和税费减免政策，引导各类市场投资主体以股份制形式兴办小水电，形成了国家扶持、招商引资、个人投资的多轮驱动和林养水、水发电、电促工、工促财、财还林循环发展的“郴州办电模式”，并向国内外推广。郴州进而掀起农村小水电建设新高潮。2003年，农村小水电装机容量达49.24万千瓦，比2002年增长25.7%。2003年10月，永兴二级水电站第一台机组发电，次年7月第二台机组发电，装机总容量2万千瓦。2004年，农村小水电装机容量在2003年的基础上又增长24%，达61.08万千瓦。2004年10月，欧阳海水电站为充分利用雨水资源，扩建1台3万千瓦机组。2004年12月，沙田电站为减少丰水期泄水，扩建2台2.5万千瓦机组。

2005年，全市水电装机容量134.60万千瓦，比1989年73.74万千瓦增长0.83倍，发电量36.71亿千瓦时，比1989年的12.83亿千瓦时增长1.86倍。全市已经开发的水电装机容量占经济可开发量171万千瓦的80%。随着小水电供电网络的拓展，原社会经济效益差和独立供电微型发电机组逐步被淘汰。是年底，郴州市农村小水电装机容量达69.3万千瓦。农村小水电资源丰富的汝城县、桂东县、资兴市、永兴县开发较快。汝城县小水电装机容量达22.8万千瓦，比1989年7.18万千瓦增长2.18倍；桂东县12.38万千瓦，比1989年增长9.13倍；永兴县7.93万千瓦，比1989年增长3.12倍。2005年，汝城县小水电发电量3.36亿千瓦时，桂东县3.54亿千瓦时，永兴县2.45亿千瓦时。

1989—2005年郴州市（地区）水力发电装机总容量与发电量统计表

表14-2-1-3

年度	电站个数	装机容量（千瓦）				装机总容量年增长率（%）	年发电量（万千瓦时）			
		总容量	其中				总发电量	其中		
			东江水电厂	欧阳海、沙田电站	农村小水电			东江水电厂	欧阳海、沙田电站	农村小水电
1989	84	737442	500000	90000	147442	—	128304	51597	39124	37583
1990	85	765413	514000	90000	161413	3.8	154823	60466	44961	49396
1991	88	800824	555000	90000	155824	4.6	158339	75615	36034	46690
1992	88	812235	555000	90000	167235	1.4	223554	119586	48766	55202
1993	90	859202	555000	90000	214202	5.8	238321	118381	46408	73532
1994	95	879321	555000	90000	234321	2.3	302699	159734	56136	86829
1995	97	904950	555000	90000	259950	2.9	353813	194534	54886	104393
1996	104	919210	559000	90000	270210	1.6	256735	101797	50129	104809
1997	110	961525	559000	90000	312525	4.6	356589	169825	59182	127582

续表 14-2-1-3

年度	电站个数	装机容量（千瓦）				装机总容量年增长率（%）	年发电量（万千瓦时）			
		总容量	其中				总发电量	其中		
			东江水电厂	欧阳海、沙田电站	农村小水电			东江水电厂	欧阳海、沙田电站	农村小水电
1998	112	926094	559000	90000	277094	-3.6	328791	169337	45692	113762
1999	118	951191	559000	90000	302191	2.7	271777	172563	42235	56979
2000	130	974421	559000	90000	325421	2.4	317841	175636	43747	98458
2001	139	1012433	559000	90000	363433	3.9	377585	168499	59913	149173
2002	145	1040683	559000	90000	391683	2.8	420997	195006	62678	163313
2003	167	1145388	559000	94000	492388	10.0	367111	168778	46758	151575
2004	249	1263798	559000	94000	610798	10.3	312914	84765	45065	183084
2005	299	1345986	559000	94000	692986	6.5	367089	101020	43123	222946

说明：1. 本表根据郴州电业局全市电力生产统计资料整理而成；
2. 电站个数指装机总容量500千瓦及以上的电站个数

1989—2005年郴州市（地区）各县市区水力发电装机容量统计表

表 14-2-1-4

单位：千瓦

年度	合计	苏仙北湖	资兴	桂阳	安仁	嘉禾	桂东	宜章	永兴	汝城	临武
1989	737442	26643	511404	49897	9361	8735	12220	27634	8863	71809	10876
1990	765413	38999	525849	49897	9115	8735	8368	28119	13807	70768	11756
1991	800824	26872	568629	49897	9930	8316	6220	28909	16572	73739	11740
1992	812235	36160	568880	49901	10030	8286	7220	28909	16258	73739	12852
1993	859202	63055	577884	56181	10235	8020	7715	32033	19258	73365	11456
1994	879321	71115	584584	53531	10220	7940	5305	33133	26163	74280	13050
1995	904950	71680	584134	53531	10220	8520	6835	37253	39663	78104	15010
1996	919210	71680	592134	53531	10220	8050	7435	40453	40663	80034	15010
1997	961525	71555	591544	53531	10580	8050	7435	40453	46263	111154	20960
1998	926094	50787	590365	56361	10125	9422	6660	35432	39335	109722	17885
1999	951191	51955	604545	58161	10085	10375	11820	36557	41337	107006	19350
2000	974421	62355	604545	58161	10085	14375	20650	36557	41337	107006	19350
2001	1012433	70621	610800	58161	10085	14375	34208	36557	51270	107006	19350
2002	1040583	70621	610800	58161	10085	14695	50148	39975	51270	111493	23435
2003	1145388	70998	628904	58161	10085	14965	73498	39557	72045	153740	23435
2004	1263798	70998	638964	67886	14135	18315	102728	36557	75135	210340	28740
2005	1345986	79232	662630	67886	15010	24555	123788	36557	79340	228248	28740

说明：1. 本表根据郴州电业局全市电力生产统计资料整理而成；
2. 东江水电发电厂、欧阳海电站、沙田电站的装机容量分别计入所在地资兴市、桂阳、汝城县内

1989—2005 年郴州市（地区）各县市区水力发电量统计表

表 14-2-1-5　　单位：万千瓦时

年度	合计	苏仙北湖	资兴	桂阳	安仁	嘉禾	桂东	宜章	永兴	汝城	临武
1989	128304	8255	54014	20916	1976	2479	1654	7876	2018	26528	2588
1990	154823	12383	63422	24062	2315	2892	1309	10547	3890	30429	3574
1991	158339	8427	79500	20108	2732	2673	2010	9517	5305	24713	3354
1992	223554	10270	123615	24185	2875	3278	2303	11774	7172	34519	3563
1993	238321	17865	123938	28878	3252	3102	2399	15568	8076	31299	3944
1994	302699	25174	169324	31019	3759	2946	2673	14682	11657	37551	3914
1995	353813	29868	205603	30573	4447	3416	3260	16981	16636	37952	5077
1996	256735	24906	116089	29580	4047	3171	3890	18260	15997	34966	58296
1997	356589	27443	183800	36763	5494	4118	3425	19933	20047	47604	7962
1998	328791	17234	182247	24673	4443	3319	3009	17266	18286	53307	5007
1999	271777	21758	122190	27855	4343	3667	6003	17904	15512	47128	5417
2000	317841	20128	160898	28710	3300	4782	6701	17265	20761	50287	5009
2001	377585	25488	195009	36391	4000	5832	8963	17603	22299	56291	5709
2002	420997	29324	220365	37160	6385	5166	15106	19354	24635	57997	5505
2003	367111	25131	189653	30294	4550	4540	19130	16955	22122	48380	6356
2004	312914	44300	106586	25544	2513	4986	28279	14527	22816	57841	5522
2005	367089	45719	127990	28933	3294	6163	35401	12654	24541	73648	8746

说明：1. 本表根据郴州电业局全市电力生产统计资料整理而成；
2. 东江水电发电厂、欧阳海电站、沙田电站的发电量分别计入所在地资兴市、桂阳、汝城县内

2005 年郴州市（地区）装机 6000 千瓦及以上水电、火电源统计表

表 14-2-1-6

分类	名称	装机容量（千瓦）	发电量（万千瓦时）	年利用小时（时）	所在地区	运行电网
水电	翠江发电厂（石面坦）	27900	9032	3237	苏仙区	郴电国际
	高峰水电站	8600	3112	3618	苏仙区	郴州电业局
	山河电站	7500	2570	3426	苏仙区	郴电国际
	莽山林管局水电站	17240	6714	3894	宜章县	郴电国际
	黄岑电站	8572	3600	4199	宜章县	郴电国际
	石壁山电业有限公司	12000	4098	3415	桂东县	郴州电业局
	石磨岭电业有限公司	30860	11391	3691	桂东县	郴州电业局
	欧阳海灌管局水电站	36000	18068	5018	桂阳县	郴州电业局
	永兴一级电站	30000	9453	3151	永兴县	郴州电业局
	永兴二级电站	20000	6721	3360	永兴县	郴电国际

续表 14-2-1-6

分类	名称	装机容量（千瓦）	发电量（万千瓦时）	年利用小时（时）	所在地区	运行电网
水电	青山垅灌管局水电站	6000	2100	3500	永兴县	郴电国际
	湘能沙田分公司电站	54000	25055	4319	汝城县	郴州电业局
	满天星水力发电厂	30000	11072	3690	汝城县	郴电国际
	宝沙电站	12600	4158	3300	汝城县	郴电国际
	扶竹洲电站	8400	3350	3988	汝城县	郴电国际
	万年桥电站	15000	4897	3264	汝城县	郴电国际
	九节带电站	12600	4870	3865	汝城县	郴电国际
	两江口电站	8000	3521	4401	汝城县	郴电国际
	过船轮电站	16000	6014	3758	资兴市	郴州电业局
	广东韶关波水分公司	6500	2787	4287	资兴市	郴州电业局
	浙水电站	6500	2610	4015	资兴市	郴州电业局
	程江口电力有限公司	12500	1696	1356	资兴市	郴州电业局
	东江水力发电厂	555000	97870	1763	资兴市	郴州电业局
火电	华明发电有限公司	36000	20282	5633	苏仙区	郴电国际
	白能源湘永煤矿电厂	12000	8913	7427	永兴县	郴州电业局
	鲤鱼江电厂（华润公司）	130000	67714	5208	资兴市	郴州电业局
	资兴焦电煤矸石电厂	12000	6303	5252	资兴市	郴州电业局
	华润电力鲤鱼江公司	600000	383919	6398	资兴市	广东电网

1989—2005 年郴州市（地区）人均发电量统计表

表 14-2-1-7

年度	水火电装机总容量（千瓦）	水火电年发电量（万千瓦时）	年末总人口（万人）	人均发电量（千瓦时/人·年）	备注
1989	967698	252635	418.72	603.4	—
1990	997169	273846	424.29	645.4	—
1991	1031984	285833	428.52	667.0	—
1992	1052059	353337	429.97	821.7	—
1993	1116026	367542	432.20	850.4	—
1994	1112145	434656	434.79	999.7	—
1995	1135774	487020	438.21	1111.4	—
1996	1160134	384199	441.69	869.8	—
1997	1193901	467008	444.76	1050.0	—
1998	1154094	440925	447.52	985.3	灾害损毁
1999	1179191	381877	450.03	848.6	—

续表 14-2-1-7

年度	水火电装机总容量（千瓦）	水火电年发电量（万千瓦时）	年末总人口（万人）	人均发电量（千瓦时/人·年）	备注
2000	1183921	416780	452.96	920.1	—
2001	1196933	482558	455.46	1059.5	—
2002	1237183	519043	458.24	1132.7	—
2003	1941888	690396	455.27	1516.5	华润增 60 万千瓦时
2004	2060298	820363	457.74	1792.3	—
2005	2142486	857149	460.88	1860.0	—

第二节　供电

一、供电网络

（一）500 千伏供电网

1989年，郴州境内没有500千伏电网。2003年9月，由湖南华润电力鲤鱼江有限公司（资兴市A厂）投资、湖南省电力公司负责建设和维护管理的华润鲤鱼江有限公司至韶关曲江变电站500千伏输电线路工程竣工投产，以竞争性电价为基础向广东省输送容量60万千瓦。2004年6月，国家西电东送工程三峡（湖北荆州）至广东（广东惠州）直流500千伏输电线路工程（简称直流“三广线”）竣工投产，途经郴州桂阳县、市城区、宜章县，输送容量300万千瓦。2005年12月，为满足郴州220千伏电网电力需求和电网稳定水平，满足郴州电网下泻负荷的需要，郴州500千伏变电站规划选址工作启动。

（二）220 千伏供电网

1989年，郴州地区有鲤鱼江电厂、城前岭变电站、东江水电厂220千伏环形电网，鲤鱼江电厂至衡阳鄗湖变电站、城前岭变电站至衡阳麻塘变电站、东江水电厂至株洲云田变电站3条220千伏线路与湖南省主电网联网。郴州地区拥有220千伏城前岭枢纽变电站1座，主变压器2台，变电容量24万千伏安，输电线路6条，总长度324.33千米。全部由郴州电业局管辖。

1999—2003年，郴州电业局开断东江至云田线、鲤厂至城前岭线、城前岭至桐山线，建设安仁县朝阳、苏仙区塘溪、桂阳县蓉城3座变电站，投产主变压器3台，变电总容量36万千伏安。郴州电业局自筹资金500万元，为湘南学院建设改道搬迁新建220千伏鲤鱼江电厂至城前岭线、东江水电厂至城前岭线。

2005年，蓉城220千伏变电站扩建主变压器1台，变电容量12万千伏安。郴州市境区220千伏电网全部由郴州电业局管辖，拥有变电站4座，主变压器6台，变电容量72万千伏安，输电线路10条，总长度413.51千米。变电容量比1989年24万千伏安增长2倍，线路长度比1989年324.22千米增长27%，与湖南省主电网联网通道由3条增加到5条。

1989—2005 年郴州市（地区）电业局部分年份 220 千伏电网发展情况统计表

表 14-2-2-1

年度	序号	变电站名称	所在区域	建设性质	变电容量（台×万千伏安）	配套线路名称	线路起止地点	线路长度（千米）	投产时间
1989	1			1989 年存量（4 条线 199.32 千米）	—	鲤鄘线	鲤鱼江电厂 衡阳鄘湖变	60.30	1980.05
	2	城前岭	城南片区		2×12	东城线	东江电厂 城前岭变	45.12	1987.10
	3	—	—		—	鲤城线	鲤鱼江电厂 城前岭变	34.66	
	4	—	—	1989 年增量	—	东鲤线	东江电厂 鲤鱼江电厂	17.33	1989.03
	5	—	—		—	东云线	东江电厂 株洲云田变	107.68	1989.11
	累计	变电站	1 座 2 台 24 万千伏安			线路	6 条 324.33 千米		
1999	1	朝阳	安仁县	一期新建	1×12	东朝线	东江电厂 朝阳变	84.47	1999.01
	2					朝大线	朝阳变 株洲大塘变	24.41	1999.02
	3					东云线	东江电厂 株洲云田变	-107.68	1999.01
	累计	变电站	2 座 3 台 36 万千伏安			线路	7 条 325.53 千米		
2000	1			送电永州		城桐线	城前岭变 永州桐山变	80.83	2000.12
	累计	变电站	2 座 3 台 36 万千伏安			线路	8 条 406.36 千米		
2002	1	塘溪	苏仙区	一期新建	1×12	鲤塘线	鲤鱼江电厂 塘溪变	17.7	2002.10
	2					塘城线	塘溪变 城前岭变	18.8	
	3					鲤城线	鲤鱼江电厂 城前岭变	-34.66	
	累计	变电站	3 座 4 台 48 万千伏安			线路	9 条 408.20 千米		
2003	1	—	—	鲤鱼江电厂腾出 220 千伏升压站场地扩建	—	东塘线	东江电厂 塘溪变	27.59	2003.05
	2	—	—		—	城鄘线	塘溪变 衡阳鄘湖变	55.21	
	3	—	—		—	东鲤线	东江电厂 鲤鱼江电厂	-17.33	
	4	—	—		—	鲤鄘线	鲤鱼江电厂 衡阳鄘湖变	-60.30	
	5	蓉城	桂阳县	一期新建	1×12	城蓉线	城前岭变 蓉城变	30.73	2003.12
	6					蓉桐线	蓉城变 永州桐山变	50.24	
	7					城桐线	城前岭变 永州桐山变	-80.83	
	累计	变电站	4 座 5 台 60 万千伏安			线路	10 条 413.51 千米		
2004	1	—	—	送电郴州	—	耒朝线	耒阳电厂 朝阳变	衡阳管理	2004
2005	1	蓉城	桂阳县	二期扩建	1×12				2005.05
	累计	变电站	4 座 6 台 72 万千伏安			线路	10 条 413.51 千米		

（三）110千伏供电网

1989年，玛瑙山锰矿由资兴秀水改由城南高湾110千伏变电站供电，拆除老、旧、小线路秀水至玛瑙山线，新建高湾至玛瑙山线长18.5千米。是年，郴州电业局拥有110千伏城北下湄桥、桂阳、耒阳盐沙、嘉禾、资兴秀水、宜章、郴州城南高湾变电站7座，主变压器10台，变电总容量18.65万千伏安，110千伏线路17条，总长度546.31千米。

1990—1995年，郴州电业局将沙田水电站送电株洲改为送电郴州，并将瑶岗仙钨矿由35千伏升压为110千伏供电，建设花木桥至瑶岗仙至宜章线长度111.06千米；扶助桂东县建设麻树下输变电工程；支持移民项目与资兴市库区管理局110千伏联网，投资建设秀水至瓦家坳线路和秀水变电站出线间隔；联系株洲电业局，建设安仁县万福庵110千伏变电站和格子塘至万福庵线长度35.6千米；开断城前岭至宜章Ⅱ线，建设苏仙大园变电站。郴州市电力公司第一个两江口110千伏输变电工程竣工投产，两江口至石面坦线长度20.73千米。宜章县电力总公司接收广东韶关坪石供电公司在宜章县境内的梅田变电站，并扩建；投建县城关变电站与粤北电网110千伏联网工程，宜章城关变电站至梅田线长度15.79千米。郴州市电力公司继宜章电力总公司之后，通过两江口至宜章城关变电站至梅田线第一次与广东坪石供电公司110千伏联网。

1996—1998年，郴州电业局将东湾、曾家山、方石、良田、花果山5座35千伏变电站退役拆除，其10千伏出线就近接入110千伏变电站。郴州电业局架设宜章110千伏变电站至宜章湘南氮肥厂的宜章至坪山线长度19.47千米，向湘南氮肥厂供电，湘南氮肥厂由广东坪石供电局改为由郴州电业局供电，为扭亏为盈提供充足低廉的电能。架设高湾110千伏变电站至水厂的高湾至香山坪线长度12.5千米，为东江引水工程香山坪水厂供电。

1996—2000年，郴州电业局新建资兴团山、宜章杨梅山、苏仙桥口、城东龙门、安仁韭菜坪、资兴新区、城东四普庄7座变电站，通过新建龙门变电站用110千伏直降10千伏向市中心城区供电，通过重建四普庄变电站取消市中心城区35千伏供电电压等级。郴州市电力公司新建邓家塘变电站和邓家塘至满天星线路(57.87千米)，与汝城县水电总公司联网；新建邓家塘至坪石线路(35.18千米)，与广东坪石供电公司联网。临武县建设五里牌变电站，与蓝山县联网。郴州市电力公司为调整郴州地方电网电压水平，在邓家塘变电站加装自藕变压器1台，调压容量12万千伏安。2000年，鲤鱼江电厂全部取消35千伏出线电压等级。2001年，四普庄、同心桥35千伏变电站退役，其中四普庄10千伏出线改接入四普庄110千伏变电站，同心桥改为10千伏开关站。2002年，为解决郴州市人民政府搬迁场地需腾空35千伏线路走廊的实际问题，将高湾至香山坪线、高湾至玛瑙山线高湾变一侧改造接入珠江桥110千伏变电站。2003年，在桂东江湾35千伏变电站原址升压改扩建的江湾110千伏变电站投产，原有35千伏出线改造接入江湾110千伏变电站，首次在35千伏出线段部分使用电缆接入原线路终端铁塔，以充分利用土地、设备资源。

2001—2005年，郴州电业局新建嘉禾肖家、永兴箕山、郴州城北下湄桥、苏仙珠江桥、桂东江湾、桂阳流峰、资兴波水、北湖同祥、桂阳城区珺山、资兴高湾10座变电站。架设江湾变电站至杨梅山变电站至宜章变电站的线路115千米满足桂东小水电群的电力外送，架设欧阳海电站至桂阳的线路53.31千米满足该电站双回线路外送电力，此线是郴州电业局设计、施工最长的一条线路；下湄桥变电站直降10千伏向市中心城区供电，是郴州市第一座采用110千伏六氟化硫气体组合断路器的变电站。其间，郴电国际新建苏仙枫树下、永兴柏林、宜章一六、汝城三江口、城南南郊、临武万水、汝城城南、永兴马田、北湖石盖塘9座变电站，汝城分公司架设汝城土桥至广东仁化董塘变电站的董塘至土桥线(62.4千米)与广东韶关仁化供电公司联网，临武分公司架设万水至肖家线(29.8

千米）与郴州电业局联网，郴州分公司架设桂（桂阳县园艺场）至蓉城（县城）线与郴州电业局联网，郴州分公司将两江口至永兴一级水电站线和两江口至桂园艺场线在两江口变电站出线段开断联接改造成桂园艺场至永兴一级水电站线，把永兴一级水电站、临武五里牌变电站、蓝山县接入郴州电业局电网。

2005 年底，郴州市拥有 110 千伏公用变电站 44 座，主变压器 64 台，变电容量 157.35 万千伏安，110 千伏线路 82 条，总长度 1791.83 千米。其中，郴州电业局管辖 110 千伏变电站 28 座，主变压器 42 台，变电容量 107.45 万千伏安，占全市变电容量的 68.3%，变电容量比 1989 年 18.65 万千伏安增长 4.76 倍；110 千伏线路 53 条，总长度 1011.26 千米，占全市线路长度的 56.4%，线路长度比 1989 年 546.31 千米增长 0.85 倍；与湖南省株洲、衡阳、永州 110 千伏电网形成 4 条联网通道。郴电国际管辖 110 千伏变电站 16 座，主变压器 22 台，变电容量 49.9 万千伏安；110 千伏线路 29 条，总长度 780.57 千米；有与广东省韶关供电局之间的 110 千伏联网线路 3 条，与衡阳耒阳市、永州蓝山县之间的 110 千伏联网线路 2 条，与郴州电业局之间的 110 千伏联网线路 2 条。

1990—2005 年郴州市（地区）110 千伏公用变电站发展情况一览表

表 14-2-2-2

主管单位	郴州电业局					郴电国际				
年度	站名	地址	建设性质	主变台数	容量（万千伏安）	站名	地址	建设性质	主变台数	容量（万千伏安）
1990	瑶岗仙	宜章	一期	1	0.8	—	—	—	—	—
1991	秀水	资兴	二期	1	3.15	—	—	—	—	—
	天堂	苏仙	一期	1	3.15	—	—	—	—	—
	盐沙	耒阳	移交白沙矿	-1	-2	—	—	—	—	—
1992	高湾	城南	二期	1	3.15	—	—	—	—	—
	麻树下	桂东	一期	1	1	—	—	—	—	—
	天堂	苏仙	二期	1	3.15	两江口	城北	一期	2	6.3
1993	万福庵	安仁	一期	1	2	—	—	—	—	—
	瓦家坳	资兴	一期	1	1.6	—	—	—	—	—
	凉亭坳	资兴	一期	1	0.8	梅田	宜章	梅田局移交	1	3.15
1994	—	—	—	—	—	梅田	宜章	二期	1	3.15
	—	—	—	—	—	城关	宜章	一期	1	1.25
1995	大园	苏仙	一期	1	2	—	—	—	—	—
	累计	13 座	—	19	37.45	3 座	—	—	5	13.85
1996	团山	资兴	一期	1	3.15	邓家塘	苏仙	一期	1	2
	—	—	—	—	—	土桥	汝城	一期	1	2
	—	—	—	—	—	城关	宜章	二期	1	2
	杨梅山	宜章	一期	1	1	—	—	—	—	—
	韭菜坪	安仁	一期	1	2	—	—	—	—	—

续表 14-2-2-2

主管单位	郴州电业局					郴电国际				
年度	站名	地址	建设性质	主变台数	容量（万千伏安）	站名	地址	建设性质	主变台数	容量（万千伏安）
1997	杨梅山	宜章	一期	1	1	—	—	—	—	—
	韭菜坪	安仁	一期	1	2	—	—	—	—	—
1998	桥口	苏仙	一期	1	3.15	邓家塘	苏仙	调压		
	—	—	—	—	—	园艺场	桂阳	一期	1	1.6
	—	—	—	—	—	五里牌	临武	一期	1	1.6
1999	龙门	城东	一期	1	3.15	—	—	—	—	—
2000	四普庄	城东	35变升压	1	3.15	—	—	—	—	—
	麻树下	桂东	二期	1	1.5	—	—	—	—	—
	新区	资兴	一期	2	4	—	—	—	—	—
	累计	20座		28	58.55	7座			10	23.05
2001	肖家	嘉禾	一期	1	2	枫树下	苏仙	一期	1	2
	箕山	永兴	一期	1	3.15	土桥	汝城	二期	1	2
	下湄桥	城北	改建	2 −2	6.3 −3	城关	宜章	三期	1 −1	2 −1.25
2002	珠江桥	苏仙	一期	1	3.15	柏林	永兴	一期	1	1.6
	桂阳	桂阳	三期	1	1.5	三江口	汝城	一期	1	2
	—	—	—	—	—	五里牌	临武	二期	1	2.5
	—	—	—	—	—	一六	宜章	一期	1	1.25
	累计	23座	—	32	71.65	11座	—	—	16	35.15
2003	江湾	桂东	一期	1	3.15	—	—	—	—	—
	麻树下	桂东	三期	1 −1	3.15 −1.5	—	—	—	—	—
	杨梅山	宜章	二期	2 −1	3 −1	—	—	—	—	—
	肖家	嘉禾	二期	1	2	—	—	—	—	—
	嘉禾	嘉禾	二期	2 −2	6.3 −3	—	—	—	—	—
	宜章	宜章	二期	1	3.15	—	—	—	—	—
	流峰	桂阳	一期	1	2	—	—	—	—	—
	波水	资兴	一期	1	2	—	—	—	—	—
	桂阳	桂阳	拆除	−2 −1	−4 −1.5	—	—	—	—	—

续表 14-2-2-2

主管单位	郴州电业局					郴电国际				
年度	站名	地址	建设性质	主变台数	容量（万千伏安）	站名	地址	建设性质	主变台数	容量（万千伏安）
2004	大园	苏仙	二期	1	3.15	万水	临武	一期	1	2.5
	桥口	苏仙	二期	1	3.15	城南	汝城	一期	1	2
	宜章	宜章	三期	1 −1	3.15 −2	南郊	城南	一期	2	6.3
	同祥	北湖	一期	1	3.15	城关	宜章	三期	1 −1	2 −1.25
	珺山	桂阳	一期	1	3.15					
	万福庵	安仁	二期	1	2					
2005	同祥	北湖	二期	1	3.15	石盖塘	北湖	一期	1	1.6
	高湾	资兴	一期	1	2	马田	永兴	一期	1	1.6
	高湾	城南	三期	1 −1	3.15 −2	—	—	—	—	—
	累计	53 条 1011.26 千米		28 座 42 台	107.45	—	29 条 780.57 千米		16 座 22 台	49.90

（四）35 千伏供电网

1989 年，资兴谷雨潭电化厂投产，建设秀（水）—谷（雨潭）线长度 5.86 千米。资兴新区至三都变、三都至半垅变 2 条线路共 37.24 千米投产。1989 年底，郴州地区拥有 35 千伏公用变电站 39 座，主变压器 52 台，变电容量 14.22 万千伏安，35 千伏线路 73 条，总长度 900.4 千米。其中，郴州电业局管辖 35 千伏变电站 24 座，主变压器 34 台，变电容量 10.48 万千伏安，占全地区变电容量的 73.7%；35 千伏线路 50 条，总长度 635.40 千米，占全地区线路长度的 70.6%。宜章、永兴、汝城、临武县地方电力管辖 35 千伏变电站 15 座，主变压器 18 台，变电容量 3.74 万千伏安，35 千伏线路 23 条，总长度 265 千米。宜章县氮肥厂与广东脱网，35 千伏坪山变电站至宜章县氮肥厂的坪（山）鸡（公山）线投产。1999 年 2 月，郴州电业局为解决代管后的桂阳县华山、光明、白水、杨柳、华泉 5 个偏远山区少数民族无电乡通电问题，投资 500 万元，抢在 1999 年农历春节前，建成投产莲塘、塘市 2 座 35 千伏变电站及 13.23 千米 35 千伏线路。2005 年，接入韭菜坪 110 千伏变电站的安坪 35 千伏变电站和接入江湾 110 千伏变电站的普乐 35 千伏变电站分别投产。当年底，郴州市拥有 35 千伏公用变电站 88 座，主变压器 126 台，变电总容量 48.53 万千伏安，35 千伏线路 161 条，总长度 1793.66 千米。其中，郴州电业局管辖 35 千伏变电站 52 座，主变压器 72 台，变电容量 30.65 万千伏安，占总容量的 63.9%，比 1989 年变电容量 10.48 万千伏安增长 1.92 倍；35 千伏线路 109 条，总长度 1205.02 千米，占全市线路长度的 67%，线路长度比 1989 年 635.4 千米增长 0.9 倍。郴电国际管辖 35 千伏变电站 36 座，主变压器 54 台，变电容量 17.88 万千伏安，比 1989 年 3.74 万千伏安增长 3.8 倍；35 千伏线路 52 条，总长度 588.64 千米，比 1989 年 265 千米增长 1.23 倍。

1990—2005年郴州市（地区）35千伏公用变电站发展情况一览表

表 14-2-2-3

主管单位	郴州电业局					郴电国际				
年度	站名	地址	建设性质	主变台数	容量（万千伏安）	站名	地址	建设性质	主变台数	容量（万千伏安）
1990	东湾	市区	拆除	-1	-0.8	永春	郴县	新建	1	0.18
	—	—	—	—	—	甘溪	临武	新建	2	0.815
	—	—	—	—	—	杨梅山	宜章	新建	2	0.43
1991	曾家山	资兴	拆除	-1	-0.4	—	—	—	—	—
	方石	资兴	拆除	-1	-0.4	—	—	—	—	—
	凤仙	郴县	新建	1	0.63	—	—	—	—	—
1992	半垅	资兴	新建	1	0.2	水东	临武	新建	2	0.375
1993	熬鱼塘	资兴	新建	1	0.5	芙蓉	郴县	新建	1	0.25
	—	—	—	—	—	里田	宜章	新建	1	0.18
1994	石盖塘	郴县	新建	2	1.115	—	—	—	—	—
1995	江湾	桂东	新建	1	0.63	—	—	—	—	—
	大塘	桂东	新建	1	0.5	—	—	—	—	—
	良田	苏仙	拆除	-2	-0.28	—	—	—	—	—
	累计	26座	—	36	12.93	—	21座	—	27	5.97
1996	珠泉	嘉禾	新建	2	1.6	三江口	汝城	新建	1	0.4
	兴宁	资兴	新建	1	0.63	益将	汝城	新建	2	0.5
	—	—	—	—	—	文明	汝城	新建	1	0.25
1997	塘村	嘉禾	新建	2	0.715	城前岭	城南	新建	1	1.0
	虎形山	苏仙	新建	2	1.25	黄沙	宜章	新建	1	0.25
1998	坦坪	嘉禾	新建	2	0.945	狗牙洞	宜章	新建	2	0.5
	花果山	资兴	拆除	-2	-1.12	三江口	汝城	二期	1	0.4
1999	宋坪	桂东	新建	1	0.2	外沙	汝城	新建	1	0.315
	莲塘	桂阳	新建	1	0.2	—	—	—	—	—
	塘市	桂阳	新建	1	0.2	—	—	—	—	—
2000	禾市	安仁	新建	1	0.4	南强	临武	新建	1	0.2
	太和	桂阳	新建	2	1.03	外沙	汝城	二期	1	0.315
	洋市	桂阳	新建	1	0.5	城关	汝城	三期	1 -1	0.5 -0.1
	四都	桂东	新建	2	0.815	—	—	—	—	—
	累计	40座	—	53	20.495	—	29座	—	40	11.0

续表 14-2-2-3

主管单位	郴州电业局					郴电国际				
年度	站名	地址	建设性质	主变台数	容量（万千伏安）	站名	地址	建设性质	主变台数	容量（万千伏安）
2001	桥头	桂东	新建	2	1.115	三六湾	临武	新建	2	1.26
	大奎上	苏仙	新建	1	0.63	麻田	宜章	新建白	2	0.5
	禾市	安仁	二期	1	0.63	外沙	汝城	三期	2 −2	1.0 −0.63
	枫树下	苏仙	拆除	−1	−0.25	—	—	—	—	—
	四普庄	城东	拆除	−2	−0.8	—	—	—	—	—
	同心桥	城北	拆除	−2	−1.115	—	—	—	—	—
2002	关王	安仁	新建	2	1.13	楚江	临武	新建	1	0.5
	龙潭	嘉禾	新建	2	0.815	笆篱	宜章	新建	2	0.5
	许家洞	苏仙	新建	1	0.5	岩泉	宜章	新建	1	0.2
	罗家坝	苏仙	新建	2	0.715	—	—	—	—	—
2003	江湾	桂东	拆除	−1	−0.63	小垣	汝城	新建	2	0.8
	良田二	苏仙	新建	1	0.5	—	—	—	—	—
	清和	桂阳	新建	2	1.26	—	—	—	—	—
	神堂	桂阳	新建	2	1.6	—	—	—	—	—
2004	青腰	资兴	新建	1	0.4	北湖公园	城区	新建	2	2.0
	东坪	资兴	新建	1	0.315	岩泉	宜章	二期	1	0.2
	袁家	嘉禾	新建	2	0.715	黄沙	宜章	二期	1	0.4
	垛山	嘉禾	新建	1	0.25	—	—	—	—	—
2005	桥市	桂阳	新建	1	0.5	笆篱	宜章	二期	1 −1	0.4 −0.25
	金狮岗	桂阳	新建	2	1.19	—	—	—	—	—
	寒口	桂东	新建	1	0.315	—	—	—	—	—
	累计	52 座	—	72	30.65	—	36 座	—	54	17.88

（五）10 千伏供电网

1989 年，郴州地区有 10 千伏配电线路 6172 千米。1998 年，郴州电业局农村供电可靠性 96.4%，综合电压合格率 93.81%，综合线损率 29.12%。

1998—2003 年，郴州电业局投资 3.65 亿元进行一、二期农网建设与改造，其中 10 千伏及 0.4 千伏配电网完成投资 2.4 亿元，新建 10 千伏线路 980.7 千米，改造 10 千伏线路 744.95 千米，更新改造配电变压器 2895 台，总容量 9.55 万千伏安，新建和改造低压线路 8211.28 千米。2003 年 4 月，郴州电业局直供电的行政村 1214 个，完成电网改造行政村 1044 个，电进村率为 86%；农村安装电表 42.53 万户，实际改造 31.13 万户，一户一表入户率 73.19%，高于全省一户一表入户率平均水平，供电范围内73.19%的农村居民户实现城乡居住生活用电“同网同价”，同网价格0.55元/千瓦时，平均降低电价0.5～1元/千瓦时。2004年，郴州电业局投资1.2亿元，全面铺开县城电网建设与改造工作。2005年，郴州电业局农村供电可靠性达99.6%，综合电压合格率达99.04%，综合线损率下降到13.24%。

2005年郴州市10千伏供电设施统计表

表14-2-2-4

主管单位		供电线路长度（千米）	公用配电变压器（台数）	公用变压器容量（千伏安）
郴州电业局	局本部	1727.42	2013	434300
	桂东	946.64	492	77170
	安仁	703.04	654	56630
	桂阳	2566.81	2350	148275
	苏仙	958.10	1481	197418
	嘉禾	677.6	1030	149860
	资兴	2308.73	1582	177600
	合计	9888.34	9602	1241253
郴电国际	郴州	148	843	126900
	宜章	2467	2406	145700
	临武	1097	785	46200
	汝城	897	1960	136000
	永兴	2360	3216	251548
	合计	6969	9210	706348
总计		16857.34	18812	1947601

二、供电调度

1989年，郴州地区实行地、县（市）上下两级供电调度的管理体制，郴州电业局调度室（以下简称地调）是省辖市电力调度机构，履行郴州地区电力调度职能。是年，编制运行方式管理、检修管理、操作管理制度及事故处理办法，实行统一调度，分级管理。执行燃料工业部颁发的《电力系统调度管理暂行条例》，公开、公正、公平下达调令，各县调、发电厂和变电站运行值班单位人员在郴州地调的统一指挥下，严格执行调度规程，做到令行禁止，正确处理企业效益与社会效益的关系，确保郴州电网安全、稳定、优质、经济运行。郴州地方电力组织，没有统一调度机构，与郴州电业局有并网联系的地方电力的县调、地方发电厂和变电站运行值班单位均是地调的下级，服从郴州地调的统一指挥。1991年，地调按照湖南省电力工业局新颁发的《湖南动力系统地区调度管理规程》，严格执行调度管理、调度操作、检修管理、负荷管理、事故处理。郴州电业局利用京九微波电路开通地调至湖南省电力中心调度所的微波通信电路。

1992年，郴州电网第一套调度自动化系统通过湖南省电力工业局主持的地调自动化实用化达标验收。郴州地区供电公司调度室成立。1993 年，国务院颁发《电网调度管理条例》，为地调保障电网安全与电网内各主体权益提供法律依据，标志着电力调度走上依法治网、依法调度、依法管理的新阶段。

1994 年 4 月，宜（宜章城关变电站）梅（田）线投产，地方电网第一次与粤北电网 110 千伏联网，调度业务归口广东省坪石供电公司调度室领导。地区供电公司调度室为确保电网安全运行和供电可靠性，加强建设以电力载波通信为主、程控电话为辅的调度通讯网络，依据《湖南省动力系统地区调度管理规程》和《韶关电力系统调度规程》进行调度业务联系，调度命令使用湖南省电力系统的“预令”和“动令”制度。

1995 年 8 月，郴州市电力公司调度室新控制室投入使用，并安装了显示实时数据的调度模拟屏，实现“两遥（遥测、遥信）”功能。1996 年，郴州电网第一套调度自动化系统升级，通过湖南省电力工业局实用化验收，并正式接收桥口、天堂等 110 千伏无人值班变电站的远动信号。同年，郴州地方电网管理办公室成立，下发《关于加强地方电网管理的有关规定》，明确地方电网实行统一调度、分级管理的体制，建立市、县两级调度，按平等互利原则签订合同，明确调度和结算关系，使各方利益得到充分尊重。各县并网线路及 110 千伏开关、刀闸归市电力公司调度室统一调度。

1997 年 4 月，满天星水电站两台机组投产，其电力调度由市调度室和汝城县调度室双重管理。同年 4 月，地方电网电力调度业务直接接受广东韶关供电局调度中心领导。同年 7 月，郴州地方电网管理办公室颁发《郴州地方电力系统调度规程》。1999 年，湖南省电力调度信息中心先后颁布《湖南省中调规程》《湖南电网地区调度规程》，为郴州电网调度管理确定了基本原则。同年 5 月，地调全部实行无纸化办公，并开通第一条光纤调度通信电路龙门变至地调。2000 年 1 月，郴州市电力公司调度室更名为郴州市电力公司调度管理所。同年 3 月，制定调度管理所《两票操作细则》及《内部考核细则》，修订《郴州地方电力系统调度规程》，与各并网单位重新签订《调度协议》，明确调度管辖范围。当年，郴州电业局建成城区光纤调度通信环网和桂东县调、沙田水电厂等偏远厂站的卫星通信系统，安仁县调度自动化系统投入使用。2002 年，湖南省电力工业局修订《湖南电网地区调度规程》，郴州地调将操作命令票改为操作指令票，操作指令票分为逐项操作指令票和综合操作指令票；将设备状态分为运行、热备用、冷备用、检修四种，逐项操作指令票严禁跨冷备用状态操作；操作票的拟票、审核、预发、执行均通过计算机完成。同年，地调烟台东方电子调度自动化系统升级换代，投入运行。桂阳县调度自动化系统投入使用。

2003 年，郴州降雨量偏少，地方电网网内水电出力严重不足，全年外送电量较 2002 年减少 94%；市区最大用电负荷较 2002 年最大负荷增长 38%；全年倒用广东电量较 2002 年增加 2.48 倍。为加强负荷侧管理，郴电国际制定《关于加强市地方电网经济调度和负荷管理的暂行办法》，在各级调度机构的紧密协作下，确保郴州地方电网稳定运行。同年 6 月，新建调度大楼投入使用，新建调度自动化系统及调度通信系统投入运行，实现了基于“四遥”（摇测、遥信、遥控、遥调）的功能逐步过渡到信息综合智能化，基本实现以光纤通信为主、载波及程控电话为辅的通信网调度。

2004 年 4 月，郴州市电力公司调度管理所上收总部，更名为郴电国际调度中心。同年 7 月，地调为规范县调的调度行为，组织编写并颁布实施《郴州电网县级调度规程》，对县（市、区）供电企业和用电户管辖的电网设施进行调度权限划分，县（市、区）电网和用电户 110 千伏线路、110 千伏主变压器中性点由地调调度，其他设备由所辖的县调和用电户调度。郴州电业局控股、代管县县级调度机构根据以上规程，修订调度值班、交接班、录音、倒闸操作等规章制度，安排线损、无功及负荷预测工作专责或兼职人员。县（市、区）级调度人员经地调培训考试，全部持证上岗。

2005年，桂东、嘉禾县及苏仙区供电调度自动化系统开始安装调试。同年5月，郴州地调组织召开大宗客户座谈会，讨论并通过《郴州电网大宗客户服务管理办法》，加强对客户的管理与服务。7月，地调、安仁县调、桂东县调被国调授予“安全优质服务年活动先进单位”称号。同年9月，郴州地方电网部分电网与湖南省电网联网运行，郴电国际调度中心业务归口韶关供电局调度中心和郴州电业局调度所管理。2005年，地调与10个县（市、区）调、15个并网发电厂签订并网调度协议书25份，地调调度自动化系统接入35个厂站无人值班的自动化信息，其中110千伏变电站30个，220千伏变电站5个。

1989—2005年郴州市（地区）用电最大负荷统计表

表14-2-2-5　　单位：万千瓦

年度	最大负荷	郴州地调负荷曲线最大负荷	年度	最大负荷	郴州地调负荷曲线最大负荷
1989	19.0	14.5	1998	46.2	23.8
1990	19.2	14.7	1999	46.9	24.7
1991	20.7	16.2	2000	47.1	26.1
1992	31.0	18.2	2001	50.2	26.4
1993	30.5	17.6	2002	54.3	26.7
1994	25.6	16.2	2003	61.5	36.7
1995	30.3	17.8	2004	65.1	39.6
1996	42.5	20.7	2005	74.1	49.5
1997	45.6	23.2	—	—	—

三、供电电量

1989年，郴州地区不计发供电单位厂用电量和线损电量，全口径供电电量为12.46亿千瓦时，其中郴州市区与郴县达5.16亿千瓦时，占41.41%。其次是位于郴州城市“十”字型经济带建设的资兴市、宜章县、桂阳县、永兴县，其他县（市、区）用电量相对较少。2005年，郴州市全口径供电量达47.54亿千瓦时，自1989年年均增长8.73%。其中年平均增长速度最快的是桂东县，达21.16%，其次是临武县、汝城县、嘉禾县、安仁县。

1989—2005年郴州市（地区）各县市区全口径供电量统计表

表14-2-2-6　　单位：亿千瓦时

年度	全口径供电量（不含转供）	北湖区	苏仙区	资兴市	桂阳县	嘉禾县	安仁县	桂东县	永兴县	宜章县	临武县	汝城县
1989	12.46	2.90	2.26	2.43	1.12	0.40	0.22	0.09	1.00	1.40	0.33	0.31
1990	13.29	3.00	2.30	2.60	1.17	0.47	0.33	0.10	1.08	1.54	0.36	0.34
1991	15.36	3.47	2.50	2.92	1.35	0.55	0.46	0.11	1.25	1.74	0.54	0.47
1992	15.63	3.34	2.71	2.73	1.54	0.60	0.52	0.14	1.27	1.78	0.55	0.47

续表 14-2-2-6

年度	全口径供电量（不含转供）	北湖区	苏仙区	资兴市	桂阳县	嘉禾县	安仁县	桂东县	永兴县	宜章县	临武县	汝城县
1993	17.49	3.60	2.93	3.35	1.63	0.64	0.65	0.18	1.41	1.98	0.59	0.53
1994	18.90	3.80	3.25	3.55	1.78	0.72	0.83	0.22	1.52	2.00	0.61	0.60
1995	21.33	3.97	4.24	3.68	1.94	0.82	1.09	0.29	1.70	2.25	0.69	0.68
1996	23.28	4.10	4.61	4.20	2.09	0.94	1.16	0.35	1.79	2.58	0.74	0.72
1997	23.61	4.09	4.78	4.14	2.09	1.00	1.17	0.38	1.81	2.61	0.78	0.76
1998	24.62	4.40	5.07	4.31	2.16	1.04	1.25	0.42	1.78	2.51	0.85	0.82
1999	26.61	4.79	5.38	4.67	2.36	1.11	1.24	0.45	2.00	2.72	0.98	0.91
2000	29.08	5.05	5.62	5.08	2.60	1.23	1.27	0.50	2.21	3.15	1.19	1.19
2001	30.72	5.17	5.71	5.15	2.77	1.28	1.05	0.94	2.39	3.43	1.48	1.37
2002	32.70	5.39	6.00	5.32	2.86	1.36	1.03	1.09	2.50	3.74	1.74	1.68
2003	38.24	6.62	7.33	5.48	4.13	1.72	1.08	1.31	2.66	4.04	1.99	1.88
2004	42.13	7.33	8.21	5.67	4.56	2.19	1.11	1.75	2.91	4.14	2.28	1.98
2005	47.54	8.13	8.93	5.78	4.95	2.73	1.16	1.94	4.09	4.43	3.12	2.28
年平均增长率（%）		6.66	8.97	5.57	9.73	12.75	10.95	21.16	9.20	7.47	15.07	13.28

四、供电质量

1989 年，国家电网郴州电业局供电网络是湖南省电网的组成部分，湖南省电网的供电质量基本能满足经济社会发展及人民生活的需要。郴州电业局供电网络涵盖全地区，分别由郴县、资兴、桂阳、嘉禾供电公司与郴州电业局联网售电；郴州地区供电公司在郴州城区的供电由郴州电业局下湄桥变电站 10 千伏出线售电，基本能满足市城区供电区域生产、生活用电需要。郴州地区其他县（市）、乡（镇）小水电站自发独立供电，由于独立供电的地方电网小水电电源丰枯出力悬殊大，供电半径长，电压和频率不稳，持续供电能力差，只能维持有电用，不能用好电。

1992 年 7 月，郴州电业局扶贫投资 300 万元（不含桂东县自筹 50 万元），建设桂东 110 千伏麻树下输变电工程，桂东县供电公司与湖南省电网 110 千伏联网售电，解决独立电网容量不足，灯光昏暗，供电电压频率、波形不合格的问题。

1993 年 6 月，郴州电业局给予移民投资 40 万元，建设秀水变电站至瓦家坳变电站的送电线路和秀水变电站的出线间隔，使资兴市库区管理局与湖南省电网 110 千伏实现联网售电。同年 12 月，郴州电业局通过湖南省电力公司与株洲电业局联系，将安仁县福安 110 千伏变电站接入株洲电业局格子塘变电站，解决安仁供电公司与湖南省 110 千伏联网售电问题，提高供电质量。

1994—1997 年，永兴县水电总公司、宜章县电力总公司、郴州市电力公司、汝城县水电总公司、临武县电力公司先后与广东坪石供电公司 110 千伏联网售电，虽改善了电网结构，扩大了电网规模，但因受广东坪石供电公司110千伏联网售电容量限制，加之供电半径大，难以解决城区电压过低的问题。1998年，郴州市电力公司为解决市城区电压低的问题，在邓家塘110千伏变电站加装110千伏自藕调压变压器1台，升压变电容量12万千伏安，将广东坪石、仁化的电源电压升高，解决了市城区供电电压过低的问题。

2000年，郴州电业局对电能质量监控装置进行分层（供电层、关口层、用电层）监测，对超过限值的节点发出警示信号并采取相应措施予以整改，提高供电质量，变电设备完好率、线路设备完好率、继电保护正确动作率均达到100%，电压合格率达94.4%，供电可靠率达99.76%。

2001年，郴州电业局针对郴州城区城前岭220千伏变电站4组电容器投运情况不佳的问题，投资60万元对该变电站进行谐波治理，京广电气化铁路产生的3次、5次谐波电流得到有效抑制，电压正弦波畸变率得到改善，电能质量指标达到国家标准要求。

2005年，郴州电业局电网科学规划，使发电、变电、配电设施布局更加合理，各级电压电力线路和母线联结方式更先进，运行操作更灵活，供电安全性与可靠性加强，综合电压合格率达98.4%，供电可靠率99.96%。

第三节　用电

一、用电构成

郴州境区用电主要是工业用电，由煤炭开采、黑色与有色金属采选和冶炼、非金属矿采选、氯碱制造、肥料制造、水泥制造、高速铁路与电气化铁路运输、铸造、建筑、机械、纺织、食品加工和造纸等产业构成，各县（市、区）因资源与经济结构不同，其用电结构也有所不同。郴州用电负荷主要集中在以京广铁路为纵轴，郴—资—桂高等级公路为横轴的“十”字形经济带。苏仙区、北湖区、永兴县人口稠密，交通便利，经济发达，骨干企业有桥口氮肥厂、华湘化工、柿竹园多金属矿、湖南碳素厂、马田煤矿等，形成了郴州市最大的负荷中心。资兴市是郴州市的重工业基地，骨干企业有资兴矿务局、东江水泥厂、资兴氮肥厂、郴州冶炼厂、东江电化厂等。桂阳、嘉禾、临武县骨干企业有嘉禾煤矿、湘南铸都、黄沙坪矿、宝山矿、香花岭锡矿等。宜章县紧靠广东省，交通便利，经济发展相对较快，主要工业有化肥、建材、煤炭、有色金属采选等。安仁县是郴州市农业经济最发达的县区之一，主要工业是建材、化肥、橡胶等。这些均构成郴州用电的主体。农业排灌用电主要指农田抗旱、排涝打水用电，农业生产用电主要指田间作业（耕作、植保、收获等）、场上作业（脱粒、扬净、烘干等），以及加工储藏、水产养殖、林业、牧业等方面的用电。随着改革开放不断深化，乡镇民营企业的加工、水泥建材、采矿企业拉动用电需求，乡镇工业用电大幅上扬；土地承包到户、农电“两改一价”实施、农村家电普及、农民生活水平提高，农村生活用电亦持续增加。同时城镇化建设速度的加快，也促使城乡居民生活用电增长较快。

1989年，用电分类与国民经济行业分类一致，分为城乡居民生活、农林牧渔水利业、工业、地质普查和勘探业、建筑业、交通运输邮电通信业、商业饮食仓储业和其他事业8大类用电，合计为全社会用电量（旧用电分类）。从2003年起，用电分类随产业划分的范围变化而调整，分为第一产业、第二产业、第三产业和城乡居民生活用电（发、供电单位厂用电量和线损电量不含在第二产业中）计4大类，合计为全口径用电量（新用电分类）。2005年，全社会用电量达52.96亿千瓦时，比1989年的13.76亿千瓦时增长2.85倍。其中，城乡居民生活用电增长12.64倍，农林牧渔水利业用电增长4.99倍，交通运输邮电通信业用电增长1.49倍，商业饮食仓储业用电增长10.66倍，其他事业用电增长9.16倍。增长速度最快的是城乡居民生活用电，年增长17.74%。全口径用电量达43.58亿千瓦时，比1989年全口径用电量11.65亿千瓦时增长2.74倍。其中，第一产业用电增长3.99倍，年平均增长10.57%；第二产业用电增长2.78倍，年平均增长8.67%；第三产业用电增长3.18倍，年平均增长9.34%。

1989—2005年郴州市（地区）全社会用电分类统计表

表14-2-3-1 单位：万千瓦时

年度	全社会用电量	其中							
		农林牧渔水利	工业	地质普查勘探	建筑	交通邮电通信	商业饮食仓储	其他事业	城乡居民生活
1989	137622	6113	111776	659	1163	7930	995	1158	7858
1990	146410	6503	118719	701	1237	8260	1140	1395	8455
1991	167100	9363	131154	819	1404	8793	936	3220	11400
1992	170264	7737	135419	803	1413	9195	967	2679	12051
1993	188839	8242	150453	874	1517	10237	2022	2636	12858
1994	203492	8165	162307	958	1597	10792	2100	3018	14555
1995	228324	8857	183734	1066	1830	11909	2308	3322	15298
1996	246751	9516	193040	1116	1926	13085	4466	5566	18036
1997	248840	10232	192845	1107	1970	12883	3860	5572	20371
1998	258951	11079	198710	1126	2023	13824	3693	5491	23005
1999	278674	11819	211123	1115	2647	14530	4546	6577	26317
2000	303320	12592	226579	1154	2894	15701	5367	7790	31243
2001	320030	13354	234275	1206	3131	17371	6145	8818	35730
2002	339500	14147	241424	1238	3347	22362	7037	9688	40257
2003	398720	15214	287294	1369	3651	23012	8621	13186	46373
2005	529626	30529	340477	1761	6971	19714	11603	11769	106802
年平均增长率（%）		10.57	7.21	6.34	11.84	5.86	16.59	15.60	17.74

1989—2005 年郴州市（地区）全口径用电分类统计表

表 14-2-3-2　　单位：万千瓦时

年度	全口径供电量	全社会用电量	厂用电量	线损电量	全口径用电量	其中			
						第一产业	第二产业	第三产业	城乡居民生活
1989	124602	137622	13020	8030	116572	6113	91889	10742	7828
1990	132881	146410	13529	8375	124506	6503	98052	11496	8455
1991	153640	167100	13460	7340	146300	9363	111758	13768	11411
1992	156339	170264	13925	7556	148783	7737	115351	13644	12051
1993	174943	188839	13896	10102	164841	8242	127972	15769	12858
1994	189028	203492	14464	11531	177497	8165	137909	16868	14555
1995	213320	228324	15004	13179	200141	8857	157381	18605	15298
1996	232801	246751	13950	13993	218808	9516	167023	24233	18036
1997	236118	248840	12722	14738	221380	10232	167355	23422	20371
1998	246167	258951	12784	16285	229882	11079	171664	24134	23005
1999	266050	278674	12624	17487	248563	11819	183659	26768	26371
2000	290816	303320	12504	24785	266031	12592	192184	30012	31243
2001	307206	320030	12824	26260	280946	13354	198322	33540	35730
2002	326979	339500	12521	27636	299343	14147	204614	40325	40257
2003	382357	398720	16363	31747	350610	15214	242835	46188	46373
2004	421265	436274	15009	34893	386372	16202	266351	51485	52334
2005	475428	529626	54198	48978	435807	30529	347448	44847	106802
年平均增长率（%）		8.79	—	—	8.59	10.57	8.67	9.34	17.71

二、用电水平

1989 年，郴州地区人均用电量为 278 千瓦时，每千瓦时用电量国内生产总产值为 3.33 元；人均生活用电量为 19 千瓦时。

1990 年，郴州地区人均用电量 293 千瓦时，每千瓦时用电量国内生产总产值为 3.48 元；人均生活用电量为 20 千瓦时。

1995 年，郴州市人均用电量 456 千瓦时，比 1989 年增长 64%；每千瓦时用电量国内生产总值 5.95 元，比 1989 年增长 78.7%；人均生活用电量为 35 千瓦时，比 1989 年增长 84.2%。

2000 年，郴州市人均用电量 587 千瓦时，比 1989 年增长 1.11 倍；每千瓦时用电量国内生产总值 8.71 元，比 1989 年增长 1.61 倍；人均生活用电量为 69 千瓦时，比 1989 年增长 2.63 倍。

2005 年，郴州市人均用电量达 945 千瓦时，比 1989 年增长 2.4 倍；每千瓦时用电量国内生产总产值达 10.96 元，比 1989 年增长 2.29 倍；人均生活用电量达 232 千瓦时，比 1989 年增长 11.21 倍。

1989—2005 年郴州市（地区）人均用电水平及每千瓦时电量产值统计表

表 14-2-3-3

年度	全口径用电量（万千瓦时）	国内生产总值（万元）	城乡生活用电量（万千瓦时）	年末总人口（万人）	人均用电量（千瓦时 / 人）	电量产值（元 / 千瓦时）	人均生活用电量（千瓦时 / 人）
1989	116572	387623	7828	418.72	278	3.33	19
1990	124506	432686	8455	424.29	293	3.48	20
1991	146300	497431	11411	428.52	341	3.40	26
1992	148783	642394	12051	429.97	346	4.32	28
1993	164841	786094	12858	432.20	381	4.77	29
1994	177497	952612	14555	434.79	408	5.37	33
1995	200141	1189922	15298	438.21	456	5.95	35
1996	218808	1514908	18036	441.69	495	6.92	40
1997	221380	1725528	20371	444.76	497	7.79	45
1998	229882	1904377	23005	447.52	513	8.28	51
1999	248563	2076331	26317	450.03	552	8.35	58
2000	266031	2316594	31243	452.96	587	8.71	69
2001	280946	2571121	35730	455.46	616	9.15	78
2002	299343	2860390	40257	458.24	653	9.56	88
2003	350610	3242609	46373	455.27	770	9.25	102
2004	386372	3950835	52334	457.71	844	10.23	114
2005	435807	4776900	106802	461.08	945	10.96	232

第四节 电力企业选介

一、湖南郴电国际发展股份有限公司

地址在郴州市城区青年大道民生路口，于 2000 年 12 月 26 日由郴州市电力公司发起成立，注册资本 2.1 亿元。2001 年 5 月，郴州市财政局以投资入股方式，联合宜章、临武、汝城、永兴县 4 家地方电力企业及联合国工业发展组织国际小水电中心设立组建此股份有限公司，公司是国家地方电力大二型独立配电企业（简称“郴电国际”）。2004 年 4 月，郴电国际在上海证券交易所上市，公司发行 7000 万股 A 股股票，成为郴州市第一家上市公司，股票代码 600969。该公司主营地方电网电力供应，兼营电源开发、国际小水电技经贸合作、电力设备制造、工业气体制造，旅游饭店。公司拥有湖南省最大的、独立完整的地方电网。网内发电装机容量 73.5 万千瓦，还建成 110 千伏变电站 25 座，主变容量 758 兆伏安，线路总长 1130 千米；35 千伏变电站 51 座，主变容量 303 兆伏安，

线路总长1338千米；10千伏至6.3千伏线路9393千米。配电台区4898个，配电容量1667兆伏安。公司下属5家分公司、3家控股子公司。2005年，公司资产总额20.6亿元，净资产6.8亿元；实现供电量20.7亿千瓦时，主营业务收入8.34亿元，利润4326万元，税金1.05亿元。

公司上市以来，有以收购方式控股装机3万千瓦的永兴水电站，装机1.92万千瓦的东安县湘江水电站，装机1920千瓦的永兴油塘水电站，启动了装机12万千瓦的宜章综合利用电厂（火电厂）建设项目。与香港恒隆集团合资建设常州、唐山两个工业气体项目。

该公司是联合国工业发展组织国际小水电示范基地，是中国国际小水电与地方电网国际交流的窗口。先后与印度、尼泊尔、阿根廷等国家开展电力工程施工与技术咨询业务。成功承办第二届联合国工业发展组织国际小水电南南合作会议。有60多个国家官员和工程技术人员到公司参观考察。争取加拿大政府无偿援助40万美元建设东江水情自动化测报系统。

郴电国际被水利部、人事部评定为“全国农村电网现代管理先进单位”“全国优秀水利企业”，其现代化企业管理和现代化技术应用成为全国地方电力系统的先进典型，其经验在全国推广。公司还被评为“湖南省百强企业”“湖南省纳税百强企业”“湖南省优秀水利企业”。

二、湖南省郴州电业局

地址在郴州市桔井路27号。成立于1979年（1992年4月注册登记），属国有中型供电工业企业，受湖南省电力工业局直接领导，是郴州地区行署电力行业主管部门，实行省网统一核算，内部承包局长负责制，领导干部实行任期制。

1989年，完成供电量9.87亿千瓦时，线损率2.84%，售电均价93.24元/千·千瓦小时（含税），固定资产达1.18亿元。拥有220千伏城前岭枢纽变电站1座，变电总容量24万千伏安；110千伏变电站7座，变电总容量18.65万千伏安；35千伏变电站24座，变电总容量10.48万千伏安，占全地区仅有35千伏变电容量的73.7%。担负着郴州境内大中型企业等客户的直接供电和地方电网的趸售供电任务。时有在职员工747人。

2005年，局本部固定资产达14.48亿元，拥有220千伏变电站4座、变电总容量72万千伏安，110千伏变电站28座、变电容量107.45万千伏安，35千伏变电站52座、变电容量30.65万千伏安。下设13个部室、5个管理所、1个稽查大队和电力勘测设计与施工等企业10个，控股桂东县、北湖区鲁塘2个电力有限公司，代管安仁、桂阳、苏仙、嘉禾4个县（区）供电企业。在职员工2867人，其中局本部949人。郴州电业局曾获电力工业部“1996年度电力安全文明生产达标企业”、华中电力集团公司“华中电力系统1998—1999年度双文明单位”、湖南省“2000年度文明单位”、中华全国总工会2005年“全国模范职工之家”。该局代管的安仁县电力局获1998年国家电网公司“三为”达标单位称号；2004年，获“国家电网公司文明单位”称号。

第五节 电力管理

一、电力管理机构

1989年，鲤鱼江电厂、沙田水电厂、欧阳海电站、东江水电厂属省管国有企业，青山垅、莽山水电站属地管国有企业，其余水电站和企业自备电厂归各县(市)和企业直接管理。郴州电业局既是湖南省水利电力局的电力企业，又是郴州地区行署管电的职能机构，实行湖南省水利电力局和郴州地区行署双重领导。1992年4月16日，郴州电业局在郴州市工商行政管理局注册登记为全民所有制企业，是湖南省电力公司的直属中型供电企业，受湖南省电力工业局直接领导，是郴州地区行署电力行业主管部门。6月，湖南省电力工业局与桂东县人民政府签订《行业管理协议》，并委托郴州电业局对桂东县供电公司实施行业管理。从此，郴州电业局受湖南省电力公司委托，先后与安仁、桂东、桂阳、苏仙、嘉禾5个趸售县电力企业签订代管协议。

2000年，郴州华塘电厂与香港国明集团有限公司合资改制组建郴州华明综合利用发电有限公司（简称华明公司），香港国明集团公司占48%的股份，华明公司占45%的股份，华明公司职工占7%的股份，郴州华塘电厂自此改制成为香港国明集团公司控股的港澳台资企业。2002年9月，湖南省电力公司与香港华润集团合资改制组建湖南华润电力鲤鱼江有限公司，湖南省电力公司占40%的股份，香港华润集团占60%的股份，鲤鱼江电厂改制成为香港华润集团控股的港澳台资企业。

2005年，湖南省东江水力发电厂是华中电网的调峰电厂，继续由湖南省电力公司管辖。欧阳海电站继续由湖南省欧阳海灌区水利水电工程管理局管理，隶属湖南省水利厅。其他水电站或改制或自发成立为股份制电站，由郴州市和当地县（市、区）水利部门管理。我国经济体制从计划经济逐步走向市场经济的改革过程中，郴州电力供应从计划用电、节约用电、安全用电逐步走向有序用电，郴州市经济委员会行使电力行政管理职能。

1989—2005年郴州电业局主要负责人名录

表14-2-5-1

单 位	姓 名	职 务	任职时间
郴州电业局	罗墨林	局 长	1989.01—1995.06
郴州电业局	罗墨林	书 记	1989.01—1992.06
郴州电业局	陈祥章	书 记	1992.06—1994.11
郴州电业局	周 炜	局 长	1995.06—2000.11
郴州电业局	周 炜	书 记	1994.11—2005.11
郴州电业局	肖春日	局 长	2000.11—2005.11
郴州电业局	易泽茂	局 长	2005.11—
郴州电业局	单 卫	书 记	2005.11—

二、电力营销管理

1989年，郴州电业局实行“营配合一”体制，用电管理所负责营业和10千伏及以下的配电工作。随着电网不断扩大，技术密集程度提高，组织机构分工渐细，客户从申请用电到用上电，涉及湖南省电力公司和局内部多个部门。为提高办事效率，便利客户，将报装应办的手续归口在用电管理所客户服务中心客户办事大厅办理，实行营业窗口一口对外。郴州电业局内部整合资源，规范简化业扩报装流程、会签传递工单，实行内转外不转。1996年10月《供电营业规则》实施之前，供电企业一般没有成立面向客户的电力故障抢修队伍，供电企业按与客户的产权分界，客户自行负责用电侧电气设施的运行维护，供电企业负责供电侧设施的运行维护。1997年，郴州电业局实行“营配分开”体制，在配电班设立专门抢修队。2001年，成立电力110抢修班，既负责受理报修，又负责出勤抢修。2003年，郴州电业局客户服务中心在五岭广场设立第二个客户办事大厅即五岭广场供电营业所。同年，用电管理所客户服务中心被湖南省电力公司授予“规范化服务窗口”称号。2004年，郴州电业局用电稽查机构设为营销稽查科，负责营销范围内所有业务的监督和检查工作。2005年，郴州电业局开通全国统一的电力紧急服务热线电话95598，集中受理客户咨询、查询、故障报修、投诉举报等业务。电力110不再受理报修，专司执行抢修任务。

三、电能计量管理

郴州电业局电能计量管理工作归口郴州市质量技术监督局和湖南省电力公司管理，由湖南省电力中心试验研究所负责电能标准量值传递，确保计量量值准确统一。1991年1月，郴州电业局成立计量办公室。1998年8月，该局以用电管理所校表班为基础，组建科级计量管理所，进一步加强管理，确保计量检定公平、公正、公开；计量检测公证、独立、诚信。1999年，郴州市质量技术监督局组织专家组，对计量法的实施、计量管理体系建设、计量检定能力（人员、环境、设备、制度）等进行全面认证，并由湖南省计量管理局授予郴州电业局“计量合格企业（二级）”铜牌。2004年3月，湖南省技术监督局组织专家组对郴州电业局考核、评定、认证，经验收合格。同年4月8日，湖南省技术监督局在长沙为郴州电业局颁发授权证书和“计量合格企业（二级）”铜牌。

2005年，郴州电业局计量管理所拥有0.05级6表位三相全自动多功能表校验台1张，0.1级12表位全自动多功能电能表校验台2张，0.1级24表位全自动单相电能表校验台1张，0.01级12台位电流互感器校验台1张，0.01级电压互感器校验台1张。主要开展0.1级及以下单相、三相机械和多功能电能表校验，0.05级110瓦及以下电流、电压互感器校验，电能计量装置综合误差测试等工作。该所为确保计量装置安全、准确、可靠运行，主要措施有：严格按照DL/T 448-2000《电能计量装置技术管理规程》要求，购置程控校验装置，确保计量装置产品质量关；校表和装表工作分离，采用经计量管理所校验与参数设置的电能表，由专职计量人员装表接线，核定互感器参数及变比，综合误差测试合格后打好铅封，严把计量装置投运验收关；计量装置投运后一个月内，必须到现场进行带负荷校验和带电检查接线，确保电能表、互感器运行正常；运行正常后，根据客户用电量多少按电能计量装置技术管理规程分类建档，根据计量装置类别，分别到现场带负荷检查校验或轮换（Ⅰ类装置每年4次，Ⅱ类装置每年2次，Ⅲ类装置每年1次，Ⅳ类装置按周期轮换）；运行中的计量装置发生故障或有疑难，计量所接到客户反映后，35千米以内的客户24小时、35千米以外的客户 36 小时赶到现场处理。郴州电业局控股与代管企业的计量器具，由郴州市质量技术监督局定期检验，合格后颁发计量检定授权证书。一般使用经郴州电业局推荐的校验装置和电能表。按照计量装置检定规定轮换，客户在使用中，如有疑问时，向供电企业或县、市质量技术监督局申请校验。客户申请用电办理报装手续时，按照湖南省电力公司统一的报装流程办理。

四、电价管理

郴州电业局执行国家强制性定价，价格管理机构健全，价格信息渠道通畅，内部管理制度规范，工作程序科学合理，在营业窗口向社会实行“五公开”，即公开国家电价分类标准、公开业扩报装流程、公开服务规范标准、公开相关服务收费、公开窗口服务人员，自觉接受社会监督。

1994 年以前，郴州地区电网的销售电价比较稳定。1995 年以后，湖南省电力工业局落实电力设施还本付息、煤电价格联动、鼓励优势产业、限制淘汰类产品、支援农业等政策，按照国家统一部署，结合湖南电力实际情况，经国家物价部门批准，湖南电网对销售电价进行多次调整。1995 年 3 月，湖南电网对销售电价进行调整：居民、中小化肥生产用电不加价，农排用电每千瓦时加收 1.07 分，其它用电加收 3.62 分。1996 年，销售电价调整为：经营性照明每千瓦时加收 16.23 分，城市居民用电每千瓦时加收 12.15 分，中小化肥生产用电每千瓦时加收 3 分，国有水大矿井湖南铁合金企业用电不加价，其他各类用电每千瓦时加收 4.96 分。1997 年，对农村居民、中小化肥、水大矿井、家药、锰矿、黄磷、农业防汛排渍的用电实行多种优待电价，享受优待电价的农村居民从 5 月 1 日起执行，其他用电从 3 月 15 日起执行；增加非居民照明电价类别；2000 年 3 月，新增对电解铝和年生产能力 3 万吨以上氯碱生产用电优惠，增加商业电价类别。2002 年 1 月，通过降低电厂上网电价疏导电价矛盾，销售电价没有调整，对 16 个县实行城乡居民用电同价，同价水平 0.503 元 / 千瓦时；2003 年，农网改造还本付息加价每千瓦时 0.5 分，中央直属水库库区建设基金加收每千瓦时 0.1 分。城乡居民用电同价水平每千瓦时 0.548 元，城镇低保户每月免收 6 度电。城乡居民用电同价自 2003 年 3 月 20 日起，其他电价调整从 2 月 10 日起执行；自 2005 年 5 月 1 日起，农业、中小化肥生产用电，居民生活用电价格不调整，国家产业政策鼓励类项目每千瓦时提高 2 分，趸售电价每千瓦时提高 2.6 分，其他各类用电价格每千瓦时提高 3.9 分。

1989—2005 年，郴州电业局为准确执行国家电价政策，严格履行电价审核和审批，执行工单制。客户申请接入电力系统，都要进行现场查勘，确定供电方案，确定用电类别与相对应的国家目录电价；有专门用电稽查机构和营业差错、责任事故考核追究制度，确保电价政策的正确执行；趸售电价依据国家目录电价和实际电量类别核定，每两年一次，由有关部门组成核定小组，按核定程序进行报批；上网电价按物价管理部门审查批准的电价执行。在电价执行过程中，对于有下网电量的电站（或电网），按照有关文件规定，执行同一计量点的上、下网电量同月、同时段互抵政策。对于超计划的上网电量，可与电站（或电网）签订短期购电合同。

五、电业安全管理

1989 年，供电企业是供电范围内电力安全生产的责任主体；发电企业按照“谁主管、谁负责”的原则，分别是所辖范围内电力安全生产的责任主体。郴州电业局在“保生命，保指标，保电铁（电气化铁路）”安全生产方针的指引下，开展对《电业安全工作规程》四项基本要求（人员、制度、设施与场地、工具）的整顿验收工作，以颁发与收回四项验收合格证的形式促进安全生产。同时，成立局安全委员会，由局长兼任主任委员，委员会成员由各部门主管人员组成，负责研究、检查、处理重大安全方面的问题。局级安全监督机构从原生产技术科分离，单独组建安监科，在业务上受湖南省电力工业局安监处指导与监督，实行资质审查制度。安监科配置了专车和照相机、摄像机等监察器具，负责监督本单位落实安全责任制，对安全制度、安全措施、安全教育、安全活动、安全信息进行宣传、检查、考核，对电力建设、生产运行实施全过程安全监督。安监人员有权签发安全监察通知书，命令责任单位限期整改，有权签发责任单位安全合格证的收回通知，出示黄牌警告，给予经济制裁，明确各级行政正职是安全生产的第一责任者，建立健全各级领导的安全生产责任制。

从1989年开始，郴州电业局每年审批公布局、基层管理所（公司）、班组三级安全监督网机构与人员名单，下达安全目标指标，与基层单位签订安全责任承包合同，并把承包指标分解到各科室、部门，直到班组，形成自上而下一级管一级，自下而上一级保一级的保证体系。郴州电业局每年召开的第一次大会是安全网大会，局领导每周主持召开一次安全生产碰头会，各基层单位负责人每月主持召开一次安全分析会。局办公自动化装置中设有局、基层管理所（公司）安全生产运行记录的提示标志。同时，采用全员安全生产风险抵押方式，进行事故率、安全目标的控制管理；对本企业或同系统发生的电网瓦解、人身伤亡、设备损坏等重大事故状况进行报告分析、立牌警告；采用现场模拟或按应急预案方式，进行各种消防器材的实际使用演练，进行触电急救、人工呼吸法技能演练，进行反事故演习，对可能发生的险情做到正确判断与处置求生。

1991年，开展反违章、反违纪专题活动。1994年，郴州电业局贯彻电力工业部1993年10月颁发的《关于安全工作的决定》，多种经营企业增设专职安全监督人员，进一步加强安全监督体系建设，使安监人员数量充足，专业配套，工作得力。1995年，郴州电业局以“三保、三无、三少”(保命，保网，保主设备；无重伤以上人身事故，无主设备损坏和系统瓦解事故；减少误操作事故，减少继电保护“三误”事故，减少设备和交通事故)为安全生产目标，成立局交通安全委员会，完善交通安全管理网络。1999年，郴州电业局制定代管县级供电企业安全管理办法，全面加强代管县级供电企业安全工作。2000年，郴州电业局针对季节特点，分别进行防雷迎峰、砍青扫障、防汛防火、防暑度夏、防冻融冰工作。2002年，郴州电业局依据代管协议对县级供电企业行使安全管理职责，代管县级供电企业的安全管理与直属县级供电企业同步，进一步加强代管县级供电企业的行业管理。2004年，《中华人民共和国安全生产法》颁布实施。从此，把电力安全生产管理推上法制化轨道，电力经营者从防诉角度狠抓安全，电力操作者从守法角度远离违章，安全保证体系更加完善。2005年，深入开展安全性评价与危险点分析与预控工作，推行标准化作业，坚持以电业安全工作规程为依据，以“三铁”（铁的制度、铁的面孔、铁的处理）反“三违”（违章指挥、违章作业、违反劳动纪律）；用“三铁”降“三高”（领导干部高高在上、基层员工高枕无忧、规章制度束之高阁）；用“三铁”纠“三乱”（思想乱、工作乱、管理乱）。通过开展安全生产活动，收到安全体系落实、日常监督到位、安全意识提高的效果。

第三章 煤炭、石墨工业

第一节 煤炭生产

一、煤矿掘进

1989年，随着科学技术不断发展，岩巷掘进设备和工艺得到改进。郴州境内省地两级煤矿掘进取消手锤、钢钎打眼，全部采用机械化打眼放炮。1990年，资兴矿务局在全省率先使用综合掘进机组等机械化程度较高的掘进机具。2002年开始，资兴矿业公司推广使用树脂锚杆支护。2005年，推广锚索支护，锚网梁锚索联合支护，引进锚杆钻机。年底，市内县属以上国有煤矿普遍使用风钻气腿子、一字型钻头、风镐、电煤钻。爆破材料使用硝铵炸药和煤矿安全炸药，采用瞬发、毫秒电雷管爆破、充电工发爆器启爆等掘进技术，部分矿推广光面爆破等先进技术。井巷一般采用荒料石、水泥料石支护，岩层较好的地段采用锚喷支护，对服务年限较长的斜井、运输大巷、回风巷等峒室均采用荒料石或人工水泥料石砌碹支护，其他巷道一般采用锚喷、锚杆喷、金属支护、水泥杆支护，临时性巷道多用木材支护。省属矿及部分地县所属矿采用耙斗装岩机或铲斗式装岩机装岩，3万吨以下的乡村小矿大都使用木材支护，装岩方式采用人工。

二、采煤

（一）省属煤矿采煤

1989年，资兴矿务局各矿在回采工作面上、下端头推广使用四对八梁和上、下安全出口提前20米加强支护后，上、下端头及上、下安全出口处基本消灭了顶板事故。

1990年，为实现高档普采，资兴矿务局先后购进高档普采机组2台、高档普采机组和240型综采机组，全局共拥有各类机组29台，机采产量111.3万吨，采煤机械化程度为54.92%。周源山煤矿采煤机组采煤率高达91.9%，采煤技术在湖南省煤炭工业的先进生产力行业处先进行列。

1992年，在周源山矿、宝源公司的薄煤层中推广使用2-100型采煤机，改善劳动环境，减轻劳动强度，提高薄煤层月产水平。每个工作面月产量由3000吨～5000吨提高到5000吨～7000吨，最高可达到10000吨以上。

1993年以后，资兴矿业集团有限公司所有回采工作面全部使用单体液压支柱，改善回采工作面顶板管理效果和安全状况，杜绝回采工作面重大顶板事故的发生。

2005年，周源山煤矿采、掘机械化程度分别提高到73.5%和98%。

（二）地县属煤矿采煤

1989年，地方国有煤矿采煤方法逐步改进。煤层倾角在35度以下，一般采用“倾斜分层走向长壁式或短壁式”采煤法：煤层倾角35度以上，采用水平分层竹帘假顶采煤法、金属网下放顶采煤法、单体液压支架配π形梁采煤法、滑移顶梁放顶煤采煤法等。落煤方法以工作面爆破落煤为主、手镐落煤为辅。当年，新上滑移支架工作面2个，新上单体液压支柱工作面1个，年末另有摩擦金属支柱工作面13个。各类回采工作面共使用摩擦金属支柱8527套，滑移支架194架，单体液压支柱900根。

1990年，嘉禾县袁家煤矿进一步完善灌浆灭火工程，并在高突及自燃发火煤层中成功使用伸移顶梁单体液压支架，回采工效由3.5吨/工提高到6.04吨/工；资源回收率由85%提高到93%；采区巷道掘进率由270米/万吨降到101米/万吨；回采坑木消耗由110立方米/万吨降到34.48立方米/万吨；工作面成本由28.9元/吨降到24.8元/吨。是年12月，宜章县麻田煤矿在国有地方煤矿中最早将传统的水平分层竹帘假顶采煤法改进为钢丝网下滑移支架采煤法，此方法是高产、安全、节约坑木的比较先进的采煤法，获郴州地区科技进步二等奖。

1991年，临武县水东煤矿成功使用液压支架，采区回采率由70%提高到85%，被煤炭部授予“部二级质量标准化矿井”。是年，郴州地区鲤鱼江煤矿坚持精采细收，资源回收率不断提高，采区回收率为88.8%，被湖南省地质矿产局评为“矿产资源开发先进单位”。

2005年，市、县所属煤矿采煤方法仍沿用上述办法。

（三）乡镇、个体煤矿采煤

1989—2005年，全市乡镇（个体）煤矿绝大多数仍沿袭巷道式（巷道前进式和后退式）或水平分层竹帘假顶采煤法，以手镐落煤为主。瓦斯突出的矿井多采用超前钻孔、松动爆破、诱发性排放瓦斯法开采。个别煤矿，如宜章县麻田镇泗发煤矿采用“单体液压支柱”采煤先进技术和“可弯型刮板运输机”运煤，减轻井下工人劳动强度，提高采煤效率。

三、井下煤炭运输

1989—2005年，境内井下煤炭运输均采用竖井、斜井，根据矿井年生产能力及井深长度来选择适合型号的绞车提升。3万吨以上的煤矿从井下到地面，普遍采用机械运输，流程是将工作面的煤或矸石用搪瓷溜槽、刮板运输机送到中间平巷和溜煤道，再用刮板运输或半吨矿车送到大巷储煤仓，在大巷仓再装入矿车（半吨或1吨以上）通过防爆型蓄电池电机车运送到井底车场；低瓦斯矿井也有用架线式电机车，再由提升绞车提升到井口，矿车用自动脱钩器脱钩后溜行或由人工送入煤仓；矸石由上山绞车提升至矸石山再由人工送入翻矸架或龙门吊自卸，矿车返回井口车场。规模较小的煤矿，工作面的煤或矸石通过塘瓷溜槽溜入大巷煤斗，装入矿车，用人力推车送到井底车场，由绞车提到井口，再由人工推车运输到地面煤仓。

四、井下通风与防尘

1989—2005年，境内国有煤矿井下通风均沿用抽出式机械通风，乡镇煤矿消灭自然通风，均采用机械通风。矿井通风方式大部分采用中央并列式或中央分列式，也有部分矿井采用对角式或分区式。各矿井均配备专职瓦斯检查员和通风员进行瓦斯检查和通风管理。高瓦斯和煤与瓦斯突出矿井，国有矿均装备瓦斯报警断电仪，实现局部通风机的风电闭锁和风电瓦斯闭锁，部分矿井还装备矿井安全监控系统。2000年后，煤矿瓦斯突出矿井采用预测预报、防突措施、效果检验、安全防护等“四位一体”的综合防突措施，大部分矿井建立防尘系统，采用湿式凿岩、喷雾洒水、净化风流等综合防尘措施，使井下空气新鲜，减少职工矽肺职业病发生。

五、矿井排水

20世纪90年代以来，境内煤矿井下排水，均采用机械排水，根据矿井涌水大小和排水高度配备适宜的排水设备，主要设备为离心式水泵，排水管道为无缝钢管，一般采用集中排水方式，管道一直从井底水泵房敷设至井口。多水平开采的矿井，大多数采用分段排水方式。临武、北湖、桂阳等县（区）成立排水公司，专为密集开采、涌水量较大的乡镇煤矿提供集中排水服务。

六、矿井供电照明

普遍改低压井下供电为高压供电，以满足井下安全用电需要。乡镇煤矿基本消灭干电池照明。国有煤矿井下作业人员携带锂电防爆蓄电池矿灯照明，此灯具有闭锁装置，可避免矿灯短路产生火花，具有防爆性能强、安全系数高等特点。乡镇煤矿也采用上述矿灯。大部分矿的井下主要巷道，硐室和井底车场等新鲜风流中，安装防爆白炽灯或防爆荧光灯作固定照明，消灭明电照明现象，提高井下生产安全系数。

七、原煤产量

随着采煤方法的不断改进，煤炭产量逐年增长。1989年，郴州地区地方煤矿生产原煤411.22万吨。1997年8月，经煤炭部批准：嘉禾、永兴、宜章、临武4个县被列入全国200个重点产煤县；郴州市被公布为全国19个原煤产量过千万吨的地市之一。郴州地方煤矿从2001年起原煤产量基本稳定在1000万吨以上。2005年，省属矿原煤产量为239.2万吨。是年，全市各级煤矿生产原煤总计1524.8万吨，占全省原煤年产量的1/3以上。

1989—2005年郴州市（地区）各级煤矿煤炭产量统计表

表14-3-1-1　　单位：万吨

年份	原煤总产量	省属矿合计	地方矿合计	其中		
				市（地）属矿	县（市、区）属矿	乡（镇）个体矿
1989	736.46	325.24	411.22	23.03	56.83	331.36
1990	725.73	324.52	401.21	23.48	50.55	327.18
1991	738.67	322.57	416.1	21.76	59.84	334.5
1992	805.05	313.88	491.17	18.85	60.08	412.24
1993	919.21	293.96	625.25	15.6	56.24	553.41
1994	949.8	285.41	664.39	14.36	61.35	588.68
1995	1168.53	288.00	880.53	14.67	65.68	800.18

续表 14-3-1-1

年份	原煤总产量	省属矿合计	地方矿合计	其中		
				市（地）属矿	县（市、区）属矿	乡（镇）个体矿
1996	1580.83	289.06	1291.77	13.93	66.52	1211.32
1997	1140.9	260.51	880.39	16.99	56.54	806.86
1998	1089.65	234.99	854.66	19.2	55.05	780.41
1999	812.18	207.88	604.3	22.75	53.26	528.29
2000	568.9	218.9	350	23.12	54.48	272.4
2001	1310.22	210.22	1100	23.25	49.85	1026.9
2002	1328.33	225.33	1103	19.3	46.25	1037.45
2003	1600.06	230.76	1369.3	26.4	66.65	1276.25
2004	1632.92	228.65	1404.27	19.32	70.6	1314.35
2005	1524.8	239.20	1285.6	18.8	72.3	1194.5

第二节　石墨生产

一、石墨矿采矿

1989年以前，境内石墨有开采39年的湖南省鲁塘石墨矿和桂阳县太清联办石墨矿2户企业，均用平巷斜井开拓，采矿方法采用分层崩落法，采掘工艺与煤矿采煤相似，较为落后。是年，开采量分别为6万吨和2万吨。湖南省鲁塘石墨矿集开采、加工、销售于一体，是中国最大的微晶石墨生产企业（该矿厂标产品石墨检验标准20世纪60年代被纳入国家微晶石墨产品标准应用，产品后开始出口并三度获国家银质奖章），被国外称为“金砂”。是郴州石墨行业的利税大户和出口创汇骨干企业。

1990年以后，个体石墨开采企业乱采乱挖，造成资源浪费。鲁塘矿区长约12千米，宽约2千米范围内有个体煤矿和石墨矿企业113户，布设矿井250多口，致使井下矿与矿之间相互穿通，井巷重叠，90%的煤炭、石墨矿超深越界进入到国有矿山湖南省鲁塘石墨矿的开采范围，主要运输巷、通风巷、保安矿柱被挖倒，井下开采安全受到威胁，严重影响鲁塘石墨矿正常生产秩序。

1995年以后，鲁塘石墨矿矿区每年开采石墨原矿150万吨，真正当石墨用的不足70万吨，含炭量75%以下的石墨除少量用于铸造工业外，多数当煤贱卖，约占总产量的50%强，再加上采富弃贫、采厚弃薄，回采率不足40%。石墨保有储量以每年200万吨的速度递减；矿区安全隐患多，生产安全难以保证。2001年，湖南省鲁塘石墨矿被迫全部退出石墨原矿的开采。尔后，矿区由于小窑开采、通风系统不稳定、防治水患设备设施不健全，冒顶、漏底事故时有发生。2003年4月，北湖区鲁塘镇积财石墨矿发生穿水特大事故，死亡17人。尔后，处于半停产状态。

2004年，鲁塘矿区（含北湖区鲁塘镇、桂阳县太和镇、清和乡）持有石墨开采证的矿（井）

共计 38 家、持有煤炭开采证的 60 家（石墨和煤炭系伴生矿，兼采现象普遍），总计有 335 个井口，其中：北湖区持有开采证的矿 93 家，挂风井、配副井后共计 216 个矿井；桂阳县持有开采证的矿有 4 家，却有 64 个矿井开采。湖南省鲁塘石墨矿实行租赁、挂靠、联办共计 55 个矿井。以上 335 个矿井每年可产含炭量 75% 以上的石墨 78.44 万吨，75% 以下的石墨 80.96 万吨，两项合计 159.4 万吨。大矿井（年产 1 万吨以上）从业人员 70 人左右，小矿井仅 10 余人。矿区约有 1 万 ~ 1.5 万人从事石墨开采。是年，投入产出成本，平均吨产能投资额约为 420 元，则 159.4 万吨产能约需投资 6.7 亿元。营业收入固定碳含量 60% 售价 90 元 / 吨、75% 为 120 元 / 吨、80% 为 160 元 / 吨。取中值测算，郴州石墨采矿业年营业收入约 1.47 亿元，营业利润约为 2617 万 ~ 3062 万元。

也有采出石墨品位较低者，如五五零矿开采的石墨含碳量仅 60%，一直在当煤卖。

二、石墨加工业

1989 年，郴州境内石墨加工企业只有湖南省鲁塘石墨矿、桂阳县太清联办石墨矿、郴县鲁塘镇石墨打粉厂 3 家，年加工石墨普通产品分别为 5.5 万吨、2 万吨和 1 万吨。主体加工企业为湖南省鲁塘石墨矿，其加工生产的“鲁塘牌”石墨系列产品连续 3 届获国家质量银质奖，免检出口。尔后逐年递增到 8.5 万吨。1990 年后，石墨加工企业逐年增加，个体石墨加工业兴起，至 2001 年，全市有石墨加工企业 36 户。由于多而散，生产效率不高，加上企业间无序竞争，制约石墨加工企业发展，36 户企业年加工规模仅为 30 万吨，年均 0.83 吨，低于 1989 年加工水平。

2003 年，境内有石墨加工企业 40 户，注册资金总计 1.58 万元，年生产能力达 100 万吨，产能过剩，石墨深加工企业少，大部分企业仅加工生产石墨粉、石墨粒、石墨球、石墨砂等初级产品，年实际生产 30 多万吨，产品附加价值低。

2004 年，市内石墨矿石加工企业 53 户（包括 13 户外地至郴州设立的企业），年产石墨 126.15 万吨。有初级产品加工企业 40 户，其中石墨集团成员企业 34 户，集团外企业 6 户。初级产品加工能力 96.15 万吨，其中石墨粉 32.7 万吨，石墨球 46 万吨，石墨粒 17.45 万吨。郴州本地的石墨加工生产总量约 40 万吨 / 年。加工比率为：石墨球 40%、石墨粉 30%、石墨粒及其他产品约 30%，开工率 41%。另外，郴州在耒阳、宁乡、广东坪石、佛岗等地新办石墨加工厂 13 家，产能在 30 万吨左右。郴州本地的石墨加工企业从业总人数约 1160 人，平均每户企业有从业人员 29 人，人均产能 860 吨 / 年。是年，投入 30 万元建一条石墨粉生产线，投入 50 万元建一条石墨球生产线。全市石墨加工企业固定资产计约 4400 万元。粗加工产品按年产量计算约为 40 万吨，销售价格按石墨粉 600 元 / 吨计算，年销售收入为 2.48 亿元，按每吨利润 50 元计算，全部加工业利润为 2000 万元，加工产品销售利润率为 8% 左右，不到采矿业的一半。石墨加工业利润远远低于采矿业利润，郴州石墨加工产业仍处于附加价值低的粗加工产品阶段。

同年，郴州精加工石墨有限公司研制的连续式工业化天然石墨提纯设备获得国家自主知识产权专利。其技术可将含炭 80% 的石墨粉用高温法提纯到含碳 99.9% 的高纯石墨粉，价格从几百元 / 吨升值到几万元 / 吨。且用高纯石墨粉成功研制出锂离子电池负极材料、石墨坩埚、特碳等深加工产品，价值达几十万元 / 吨。该公司研制成功的高密高纯特碳，经权威机构检验认定为高纯各向同性石墨，其密度和纯度都达到核石墨标准。

2005 年，境内有石墨加工企业为 42 户，年粗加工能力 80 万 ~ 100 万吨，石墨产品加工量剧增。选矿加工工艺流程较简单，主要由手选、粗碎、筛分、中碎、烘干、磨矿、分级等工序组成。粗碎用对辊破碎机，中碎采用锤式破碎机，烘干采用回转式干燥机，粉磨采用雷蒙磨，主要成品为400目以下的石墨粉以及球、块和粒状常规产品。生产的微晶石墨产品90%以上是科技含量和附加值极低的普通系列石墨粉和电池碳棒。已研制开发的深加工产品除冶炼增炭剂（石墨球）大量生产外，其余的石墨型焦炭、超细石墨粉、含碳99.99%的高纯微晶石墨均试验成功，但尚未批量生产。微晶石墨晶体极小，石墨颗粒常常嵌布在粘土中，分离很困难，但由于品位高（一般在60%～90%之间），许多石墨矿山，将采出的矿石直接进行粉碎加工，出售石墨粉产品，其工艺流程为：原矿→粗碎→中碎→烘干→磨矿→分级→包装。

三、石墨销售业

郴州石墨产品在国内外石墨市场享有极高的声誉。鲁塘微晶石墨自然品质优良，固定碳含量高，领域、灰分、硫分等有害杂质少，特别是硫、铁含量极低，非常适合国际市场对高品位石墨的需求。其产品远销日、美、韩、英、澳、法等20多个国家和地区，素有“金砂”之美称。“鲁塘牌”微晶石墨系列产品，曾在1980年、1985年、1990年三度获国家质量银质奖，是出品免检产品。1989年，石墨产品出口价格120美元/吨。2002年，“鲁塘”牌石墨出口居郴州同行业之冠，销售额达1235.69万美元。

2005年，石墨产业国内外销售总金额1.42亿元，销售利润3216.23万元，税收总额3419.64万元。石墨产业税收毛贡献率11.74%，税收净贡献率9.46%。

第三节　矿山安全

一、安全事故与瓦斯治理

1989年，郴州地区煤矿（不含广东梅田、坪石两矿务局）百万吨死亡率为31.91。其中国有煤矿5.18（国有重点煤矿4.61，国有地方煤矿7.51），乡镇个体煤矿64.58。是年，乡镇煤矿全年发生重特大事故14起，死亡105人（乡镇煤矿死亡人数无法按百万吨死亡率计算，下同），其中特大事故4起，死亡62人，全部为瓦斯事故。为落实瓦斯防治，马田煤矿装备瓦斯遥测仪、断电仪203台。

1991—1995年，境内持证煤矿百万吨死亡率为7.23，其中国有重点煤矿6.78，地方煤矿为7.44。1991年，马田煤矿对爱和山、相子山工区安装A-1型集中监测系统。

1996年，百万吨死亡率分别是：国有重点煤矿为11.76，地方煤矿为32.32，其中乡镇煤矿死亡人数185人。2000年，全市煤矿百万吨死亡率为9.72，其中国有重点煤矿9.44，地方煤矿18.04，乡镇煤矿死亡84人。是年，马田矿业公司在爱和山煤矿井下安装移动式瓦斯抽放泵，采用边掘边抽，边采边抽，老塘、盲巷、采用卸压区综合抽，改大孔径抽放为小孔径抽放，抽放孔少药量，深燥破法合抽放的方法，化解抽放难的问题，开创该矿瓦斯抽放先河。

2001年，全市煤矿百万吨死亡率13.67，其中国有重点煤矿为10.47，国有地方煤矿为56.09，乡镇煤矿死亡130人。是年，全市地方煤矿开展安全生产专项整治活动，投入安全整改资金1.57亿元，安装监控系统327套，安装双风机322台，双电源369处。推广使用移动瓦斯抽放系统“四位一体”综合防突措施和瓦斯安全监控系统网络等新技术，此技术居全省地方煤矿领先水平。是年，全市乡镇煤矿建立安全保证金制度，以解决乡镇煤矿发生死亡事故后，矿主逃逸或一时资金困难，善后处理和赔偿无法保障的问题。安全保证金根据煤矿生产规模、灾害程度，向县政府交纳，多则10万元，少则5000元，由当地财政专户保管。2005年，全市累计收缴煤矿安全保证金1350万元。

2002年，全市煤矿百万吨死亡率9.79，其中国有重点煤矿8.88，国有地方煤矿15.26，乡镇煤矿死亡100人。是年，为加强煤矿安全生产管理，市政府颁发《郴州市煤炭安全生产管理办法》《郴州市小煤矿联合改造实施办法》（此件于2005年5月12日废止）。从此，郴州市煤炭安全生产管理更加规范。

2004年，全市煤矿百万吨死亡率7.35，其中国有重点煤矿4.34，国有地方煤矿4.45，乡镇煤矿死亡102人。是年，为加强煤矿瓦斯治理，郴州市煤炭局总投资700多万元启动安全监控系统无线网络信息系统工程，全市地方煤矿安全监控系统实现市、县、矿三级联网，对213个高瓦斯矿井实行全天候监控，在全省率先建立市煤矿安全监控调度指挥中心。

2005年，全市煤矿百万吨死亡率为6.43，其中国有重点煤矿2.93，国有地方煤矿17.56，乡镇煤矿死亡68人。是年，市委、市政府出台《郴州市煤矿企业安全生产责任暂行规定》等一系列规范性文件，强化煤炭行业的安全管理。同时，开展全市瓦斯集中整治活动。百日会战期间，全市共投入资金5000余万元用于瓦斯集中整治，装备和完善矿井安全监控系统261套，实现全市三级监控联网206处。是年，全市瓦斯事故起数、死亡人数同比下降50%和52%，没有发生瓦斯特大事故。

二、矿井水患治理

1989年5月8日至16日，永兴县境内连续4次暴雨，遭受百年不遇的特大洪涝灾害，先后淹没矿井558对，占矿井总数的63%，设备损毁1012台件，倒塌井基1332米，冲走煤炭1.5万吨，直接经济损失800万元。全年累计投入资金600余万元，用于抢险救灾。

1991—1995年，嘉禾县浦溪矿井、嘉禾三十担矿井、宜章杨梅山矿、嘉禾县县属煤矿、资兴市煤矿区、资兴矿务局杨梅山煤矿等多家煤矿遭遇水患，累计直接经济损失2254万余元，累计投入资金1200万元用于水患治理和恢复生产。

1996年8月，驻境广东省梅田矿务局八矿、九矿停产关闭，矿井停止排水，造成上水平的临武县沙田、木沪矿区井下大量积水，矿区内的水东煤矿及115个乡镇个体煤矿因水淹停产，损失严重。临武县筹集资金760万元，用于集中排水，次年12月份，排干积水，被淹矿井恢复生产。

2003年6月、7月、8月三个月，北湖区筹资2000余万元，进行鲁塘矿区矿井水患治理会战。疏通鲁水河河道3.5千米，新建桥梁5座，河床改造500米，封堵沿鲁水河道的废井口和塌陷区，对渗漏的河床用水泥砂浆铺底，对低于最高洪水位的5个矿井井口抬高位置，经过治理，矿区矿井正常涌水量由治理前的3000立方米/时下降到200立方米/时。

2005年4月，梅田矿务局宜章矿区遭遇水患，以梅田镇水害最为严重，为消除水患，由镇政府牵头，筹资1000万元，对箭畔冲、五矿、一矿南翼、东翼、北翼和荷叶塘曾家等塌陷区进行综合治理。同时投入24万余元加快井下引、排水巷道的疏通、维修、拓展，炸毁影响引水的井下巷道密闭，对垮塌严重的巷道进行砌碹。投入220余万元采购、安装排水工程的所需电机、变压器、水泵等设备。5月，郴州市煤炭局投入资金4000余万元，开展重点矿区安全生产综合治理，促进全市煤炭行业安全生产。

三、矿山抢险救灾

1997年2月24日20时，永兴县城郊乡破塘一无证小煤窑（独眼井）主斜井，因提升时矿车跳道撞倒支护，导致斜井出现大面积冒顶事故，垮塌巷道7米多，7名矿工被困井下。县煤炭局救护队采取有效措施奋战8小时将被困井下28小时的矿工全部救出，挽回经济损失20余万元。

1998年4月20日，永兴县复和乡一个体小煤窑发生透水事故，5名矿工被困井下。救护队采用果断科学的救助方案，仅用4小时就将遇险矿工全部救出。

2000年8月19日，嘉禾县田心村村办煤矿回风巷3人一氧化炭重度中毒。嘉禾县救护队及时赶赴现场，经过6小时抢救，遇险人员全部安全脱险。

2001年元月3日，永兴县复和乡梓木村茶园煤矿主斜井发生大面积冒顶事故，垮塌严重，当班6名矿工被困井下。永兴县救护队经过8小时连续苦战，终将被困井下的矿工全部救出。

2002年4月24日凌晨3时，桂阳县荷叶镇河里金叉石墨矿巷道发生穿水事故，致使相邻荷叶煤矿发生水灾，两矿20名工人被困井下。险情发生后，桂阳县迅速展开抢险营救工作，郴州市政府领导现场指挥抢险，省市煤炭、安全监察部门的负责人和专家现场进行技术指导，同时，从资兴矿务局调来专业救护队，从街洞煤矿调来打钻队，县医疗单位派出救护车，200多名干警到现场维持秩序，100多人冒着瓢泼大雨赶运抢险器材，400多名干部群众连续奋战4天3夜，至4月27日下午3时30分，20名被困工人中的16人获救。

第四节　煤炭、石墨企业选介

一、资兴矿业集团有限公司

原名资兴矿务局，地处湖南省资兴市境内，交通便利，铁路、公路直达矿区。1988年末，该集团公司保有地质储量1.15亿万吨；保有表外储量7131万吨（劣质煤），共有6个矿7对矿井，核定生产能力175万吨。该公司原属中央统配煤矿，1998年，下放湖南省。2011年11月，经省政府批准，改制为资兴矿业集团有限公司。2002年3月，正式挂牌成立，为省属国有独资有限责任公司。公司主营煤炭产品，是湖南省焦煤生产的重要基地。集团公司下辖11个全资子、分公司，即周源山煤矿（全资），宝煤、嘉煤、黄牛岭煤业公司等5个控股公司以及机电总厂、丽景工程公司、物资公司、勘探设计公司、机电公司、运销公司6个国有独资公司。公司还有一个救护大队，是湖南省4个矿山救护区域大队之一。集团公司机关总部下设10部1室，有员工1.03万人。公司拥有资产总额8.28亿元，负债3.73亿元，资产负债率45%。从2001年起盈利，在全省同行业中保持领先水平。2005年，公司完成工业产值9.1亿元，销售收入8.7亿元，实现利润1284万元，实现税金7238万元。是年，集团公司董事长欧资源被评为湖南省第四届“十大杰出经济人物”。

二、周源山煤矿

周源山煤矿位于三都矿区中部，距资兴矿务局3千米。始建于1960年5月，1970年7月简易投产时为湘红煤矿。1973年，矿井生产系统形成，进入全面生产时期，改称周源山煤矿。1989年，被能源部评为质量标准矿井。1990年，为机采高峰年，全矿有采煤机组20台，采煤机械化程度达91.1%。顶板支护方法采用单体液压支柱和金属顶梁支护。主副井提升采用罐笼提升，各水平大巷为电机车牵引矿车运输，排水为-370米、-650米二级排水，矿井最大排水量为1400立方米/时。通风方式为中央边界抽出式。2003年，该矿被评为“全国模范职工之家”和“双十佳煤矿”。

周源山煤矿在经营管理上不断完善承包经营机制，每年将安全质量、生产任务、成本控制、工作职责、利润效益与承包单位一并考核，与承包集团工资收入挂钩。为确保安全生产，该矿不断推广新技术、新设备、新工艺，加大矿井技术改造力度。在安全管理上坚持以人为本，以质量标准化为基础的安全管理理念，狠抓职工安全教育培训和安全岗位责任制落实。2005年，实现安全年，生产质量达I级，百万吨产煤死亡率为零，连续三年被评为湖南省安全生产先进单位。

2005年末，全矿在册职工1981人，协议工2723人，离退休职工1573人，全年原煤产量60.12万吨，商品煤灰分39.36%，含矸率0.12%，全员工效5.7吨/工，商品煤售价317.26元/吨，原煤完全单位成本200.6元/吨，当年创利润4458万元。各项经济指标居省属煤矿前列。

三、马田煤业有限公司

原名马田煤矿，位于永兴县西部，地处马田矿区，矿机关距县城36千米。有标准轨距铁路和矿区公路与京广铁路及京珠高速公路、107国道相连接。马田煤矿始建于1953年1月，由4个小煤矿合营组建而成，因矿区处于永兴县马田墟而得其名。该公司所在马田矿区属郴耒煤田北段，矿区储煤面积144平方千米，主要煤系为二迭系上统龙潭组含煤构造，共含煤12层，主采5煤层和6煤层，平均厚2.22米，累计探明储量1.09亿万吨，矿井保有储量9792.1万吨。属低灰低硫高发热量无烟煤，产品畅销中南6省。

1998年10月和2002年6月，该公司因资源枯竭，先后报废闭坑连山冲、平峒两对矿井和高仑矿井，尚有桐子山、爱和山、芝兰冲、高泉塘、新星5对生产矿井，核定年生产能力67万吨。1999年5月，对生产工区全面推行模拟法人租赁承包，实行公开招标的方式，确定承包经营者对承包者模拟法人运作，承包期为3年。2000年10月，马田煤矿改制为湖南省白沙煤电集团马田煤业有限公司，该公司始终坚持“安全第一”方针，坚持走以煤为本、科技兴企、高产高效的路子，加快矿井质量标准化建设步伐，提升品牌质量，做活效益文章，精心打造安全型、诚信型、效益型的马田煤业有限公司。2002年年末，公司有职工4561人，固定资产原值近亿元，净值5566.85万元，同年，生产原煤41.63万吨。

四、高亭司矿业有限责任公司

原名高亭司煤矿，位于永兴县湘阴渡镇境内，距永兴县城15千米。矿辖湘阴、高堰两个工区，已建的马家湾井系湘阴井的延深改造井。设计年生产能力6万吨。1988年高堰井动工兴建，1990

年建成投产，设计年生产能力6万吨。1997年9月，马家湾井动工兴建，设计年生产能力9万吨，概算总投资2125.18万元，2002年底，已完成投资1311万元。公司所辖的湘阴、马家湾井属湘永矿区，主采二迭系上统龙潭组5、6煤层，平均煤厚2.6米，属低沼气矿井，斜井开拓、中央并列式通风，多级排水。高堰井属于永耒向斜东翼竹叶塘勘探区，主采二迭系上统龙潭组2、5煤层，平均煤厚2米，属高沼气矿井，斜井开拓，中央并列式通风，两级排水。2003年12月，企业实现“两个置换”按照股份制改造模式组建成高亭司矿业有限责任公司，依照现代企业制度运作。2004年，实行股份制改造后的第一年，完成产值2583.8万元，利润60.6万元，开拓进尺2854米，产量12.36万吨。2005年8月，高亭司矿业有限责任公司与郴州华润煤业有限公司联合重组，改组为郴州华润煤业有限公司高亭司分公司。

五、郴州煤矿机械厂

1989年，郴州煤矿机械厂在郴州经济技术开发区筹建新厂，1992年年底，全厂成建制搬迁到新厂。是年，重点加强新产品开发，生产的YBT–2.2型局扇两度获湖南省优质产品称号；YBT–5.5千瓦局扇获湖南省优秀新产品称号；YBT–11型局扇1993年获能源部煤矿节能技术改造优秀项目一等奖、获湖南省优秀新产品称号，1994年，获湖南省科技创新金奖。1997年之后，根据市场需要，又开发了Φ–0.5、0.8、1.0、1.2、1.6、2.0米单筒提升绞车，XRC–6、8、10型斜井人车，YBK系列地面抽出式主扇。2003年5月，郴州煤机厂产品出口印度。2004年9月，企业改制，2005年，实现工业总产值1313万元，实现销售收入1251万元，上缴税金84万元，实现利润0.7万元，职工人均月工资1041元，创造郴州煤矿机械厂建厂以来最佳效益。

六、鲁塘石墨矿

鲁塘石墨矿位于郴州地区郴县（苏仙区）鲁塘镇内。1989年以后，归口郴州地区（市）冶金建材行业管理办公室管理。郴州撤地建市后，鲁塘镇划入北湖区管辖。该矿是郴州地区年产石墨5万吨、加工能力4.5万吨的主产矿点。主要生产加工“鲁塘牌”微晶石墨系列产品。1990年继1980年、1985年后，该产品第三次获国家质量银质奖，出口免检。1991—2000年，鲁塘石墨矿矿产资源遭到周边当地私营小矿侵采，生产工区安全事故频繁发生，企业可控制矿产资源日趋枯竭，2000年底，被迫退出采矿作业，将国有矿产资源及设备以租赁或联办等形式挂靠鲁塘石墨集团。后随鲁塘石墨集团的解体，鲁塘石墨矿于2004年4月被迫清算。经审计，资产总额1738.54万元，负债总额7646.21万元，资不抵债金额5007.67万元。继郴州市中级人民法院根据债务人湖南省鲁塘石墨矿的破产申请，宣告该矿破产。

第五节 行业管理

一、煤炭行业管理

（一）煤炭经营许可

1994年以前，全区地、县煤炭经营企业共有11户，按计划调运销售煤炭。随着改革开放不断发展，煤炭经营市场E趋多样化，经营管理不规范的问题随之比较突出。1995年撤地建市后，为规范煤炭经营秩序，按照市政府《郴州市煤炭准销证暂行管理办法》有关规定对全市煤炭经营企业实行煤炭准销证制度，煤炭产品持证经营。

从2000年3月起，全市90%的煤炭经营企业执证经营，有效堵住非法煤炭产品的销售。9月，市政府再次下发《郴州市煤炭经营管理实施细则》，明确规定凡郴州市境内通过铁路运销煤炭的经营企业、单位和个人，必须按照国家和省政府的规定足额缴纳煤炭税费。是年，全市清理不合格铁路发运点14个.清查无证个体经营者150户、城镇型煤加工企业200户，有效遏制长期存在无证经营、无序竞争，偷逃税费的违法行为。

2004年，对符合条件、资质齐全的17户煤炭经营（零售）企业核发煤炭经营资格证书。

2005年，取缔无证经营不合格煤坪100余处。是年，全市有煤炭经营资格证企业147户，其中批发经营企业42户、零售型煤加工企业105户。通过公路运输的经营企业114户，归口铁路运输33户。

（二）采煤沉陷区治理

2002年前，境内国采煤矿沉陷区治理重点是广东省梅田、坪石矿务局采煤形成的9个沉陷区，损害面涉及资兴、嘉禾、永兴、苏仙、宜章、临武6个县（市、区）、36个乡镇、81个行政村和23.3万人口，经多方协商，受灾损失均得到治理和赔付。

2003年前，相继改造和新建的国有重点煤矿有：资兴矿业集团公司开发经营的唐洞、周源山、宝源、宇字、嘉禾、杨梅山6处煤矿11对矿井，白沙煤电集团公司开发经营的马田、街洞、湘永3处煤业有限公司20对矿井，广东省梅田、坪石两矿务局经营的12对矿井。至2003年，上述4个矿务局43对矿井采空面积58.41平方千米，形成采煤沉陷区面积109.42平方千米。建筑物受损居民1.86万户、6.24万人，受损住宅面积168.26万平方米，其中城镇居民受损8518户2.63万人，面积55.41万平方米；农村居民受损1.01万户3.61万人，面积112.85万平方米；受损学校和幼儿园48所，房建面积9.37万平方米；受损医院和卫生所28所，面积3.04万平方米；受损行政、企事业单位和商业服务网点共133家，面积15.17万平方米；受损宜耕土地2300公顷；受损市政基础设施道路121条，生产生活供电线路98条，通信线路22条；受损农用水利工程（包括水库、山塘）等1494项。上述受损区居民住房、学校、幼儿园、医院、卫生所、土地耕地和基础设施均得到妥善处理。

2004年8月，经湖南第一工业设计研究院规划设计的《关于郴州市国有重点煤矿采煤沉陷区综合治理方案》，12月初通过中国国际工程咨询公司专家组评审，2005年7月，报国家发改委立项（不含梅田、坪石两局），是年10月获得批准，项目概算投资6.27亿元，于年底下达治理计划。

（三）煤炭基金征收

1989年，境内国有地方煤炭企业共计实现税金260万元，其中产品税224.6万元，所得税、调节税35.4万元。是年，省政府规定，向煤炭用户价外收取煤炭建设开发基金（市、县矿每吨按3元，块煤、洗精煤和洗动力煤每吨按5元，焦炭每吨按6元，乡镇煤矿每吨按2元收取），用于地区煤炭资源勘探、矿井技改、安全技术及经营基础设施建设。同时，按国家计委、财政部有关规定，向煤炭企业征收煤炭开发基金（简称维简基金），由企业按产量从生产成本中提取，专款专用于生产矿井开拓延伸工程。

1990年1月，省政府颁发《关于调整煤炭开发基金征收标准和管理办法》，规定从2月1日起，提高煤炭开发基金征收标准，国有和乡镇矿每吨征收6元，块煤、焦炭、洗精煤每吨征收10元，按上年度煤炭产量核定征收总额，由各级政府征收，超收全留。地、县两级煤矿征收开发基金50%由地、县集中管理，用于地、县（市）煤矿建设；乡镇及个体矿收取的开发基金扣除10%代收手续费用后，缴县、省各50%集中管理，分别统筹用于全省乡镇煤矿建设。2000年6月，煤炭开发基金停收。

1995年，按照财政部、煤炭工业部颁发《乡镇煤矿维简费暂行管理办法》有关规定和省财政厅、省煤炭工业局制定的相关办法，全市普遍推行“源头买票征收，离路验据稽查”的征收办法，各产煤县（市、区）成立专门的征收办公室，重点乡镇设征收站，使用全省统一发票，所收税费按月结算，分流到财政、税务、煤炭等有关部门。是年，全市征收煤炭税费1.02亿元。

2000年，郴州市煤炭、国税、地税、财政、公安等有关部门联合印发《郴州市铁路运销环节煤炭税费征收暂行办法》，规定从9月20日起，凡境内通过铁路运输销售煤炭的经营企业、单位和个人，必须按规定足额缴纳煤炭税费。12月30日，郴州市煤炭税费联合征收协调办公室正式挂牌成立，设市煤炭局，依照《郴州市铁路运销环节煤炭税费征收工作实施方案》开展工作。

2002年，各重点产煤县（市、区）煤炭税费采取据实征收办法，调整征收标准，加大征收力度，全市共征收煤炭税费2.35亿元，比1998年增加1.33亿元，增幅130%。是年，为加强煤矿维简基金管理，按照省财政厅、省煤炭局下达的《湖南省乡镇煤矿维简费管理办法实施细则》的要求，从9月起，全市煤矿维简费征收标准增加至每吨10元。

2003年，全市煤炭税费收入突破3亿大关，达3.07亿元。2004—2005年，全市煤炭税费征收分别为3.46亿元和3.07亿元。2005年，全市征收乡镇煤矿维简费4564.25万元，其中省集中484万元，市集中600万元，县（市、区）集中995.85万元，煤矿自留2484.4万元。

（四）煤炭销售运转

1989年，全区地方煤矿共产原煤411.2万吨（其中烟煤22.03万吨），通过铁路（郴州至嘉禾浦溪矿井762窄轨铁路正式通车运煤）调运原煤65.13万吨，其中省调43.44万吨，地调21.69万吨，除销往本省外，大部分运销广东、广西省。

1993年，按照京广铁路坪梅支线运输计划，6家国有企业运煤计划分别是：广东省梅田矿务局115万吨、广东省坪石局37万吨、广东省燃料公司62万吨、地方铁路多种经营公司10万吨、郴州燃料公司10万吨、宜章县煤炭公司12万吨。经宜章县煤炭公司与广东省燃料公司协商，允许广东省燃料公司经营宜章县煤炭，广东省燃料公司每年拨给宜章县煤炭公司12万吨运输计划，当年，宜章县收购销售煤炭265万吨。

1995年，随着市场经济的进一步发展，宜章县成为全市私营煤炭外销广东省的重要集散地，当年销售煤炭409万吨。

2002年，全市地方煤矿抓住煤炭市场销售回升价格上扬有利时机，不断拓展市场，全年外销煤炭800多万吨，煤炭产销率达到100%。

2005年，全市地方煤矿共销售煤炭1251.8万吨，销售收入23.4亿元，其中省内销售319.8万吨，占25.5%；外销932万吨，占74.5%。通过铁路外运售煤56万吨，其余均通过公路运输销售。是年，临武县金江镇拥有运煤东风牌汽车300台，是全市个体运煤最多的乡镇。从事煤炭销售运输的乡镇还有宜章县梅日镇、麻田镇、永兴马田镇、北湖区鲁塘镇、嘉禾县袁家镇等。

（五）煤炭行业扭亏增盈

1989年，煤炭市场销售困难，生产经营不正常，桂阳县荷叶，永兴县红星、东风，汝城县曙光等国有地方煤矿（井）处于半停产状态。是年，全地区20个国有地方煤矿在开展扭亏增盈活动中，实行经济承包责任制，经济承包指标中增加“开拓、准备、回采”3个责任指标，合理规定承包人的收入标准，在原煤价格上给予政策扶持（即凡完成指令性和指导性调煤计划的原煤售价可分别在1984年的基础上，上浮70%和100%）。当年国有地方煤矿产煤79.86万吨，平均单位成本59.77元/吨，销售煤价67.60元/吨，实现利润398.6万元，创全区煤炭企业盈利最高历史水平，其中鲤鱼江煤矿等10户盈利企业实现利润758万元。在盈利企业中，鲤鱼江煤矿、华塘煤矿和煤机厂3户企业还开展多种经营活动，创利润计440万元。是年，22个3万吨/年以上的乡镇煤矿，平均单位成本50.96元/吨，平均售价59.10元/吨，显现较大利润空间。

1997年，全市煤炭系统执行《中华人民共和国煤炭法》，狠抓安全生产和扭亏增盈两件大事。煤炭实行“双控”（控制生产总量、控制库存总量），全市地方煤矿生产原煤880.38万吨，年末库存原煤33.06万吨。其中国有地方煤炭生产企业实现销售收入1.25亿元，产销率为100%。多种经营稳步发展，完成工业总产值7501万元，其中非煤多种经营产值4356万元，占工业总产值的58.19%，首次超过原煤产值。是年，煤炭企业职工收入增加，全市煤炭预算内企业盈亏相抵后实现盈利11.6万元，完成市政府下达的扭亏增盈目标。

1998年，国有地方煤炭继续实行“双控”措施，企业完成工业总产值7960.4万元（按1990年不变价计算），其中非煤多种经营产值4251.3万元，占工业总产值的53.4%。全市地方煤矿共生产原煤854.6万吨，其中国有地方煤矿生产原煤75万吨，全面完成省煤炭局下达的“双控”任务，原煤产销率达97%以上，产销基本平衡。年末，国有地方煤矿原煤库存7万吨，乡镇煤矿原煤库存9万吨下。市直4户生产企业，3户盈利企业计盈利33.9万元；1户亏损企业，亏损额9.9万元，盈亏相抵后盈利24万元，基本完成市政府下达扭亏增盈目标任务。

2001年，全市地方煤炭行业进一步落实扭亏增盈管理措施，调整结构，原煤总量得到有效控制，生产原煤1100万吨。全市煤炭产销率达100%，煤炭价格环比平均每吨上涨50～80元，国有地方煤炭企业完成工业总产值9622万元（按1990年不变价计算）。

2002年，以扭亏增盈为重点，以提高经济效益为目标，实现安全和效益“双赢”，走出“特困行业”困境，全市地方煤矿生产原煤1100万吨。国有地方煤炭企业减亏300多万元，利润总额为629.5万元，除市直鲤鱼江、栖凤渡两煤矿共亏损241.7万元外，其他均盈利。

2003年，煤炭价格逐步放开，全市地方煤炭行业实现整体盈利，煤炭产销率达100%，销售收入达21.84亿元。2005年，全市地方煤炭行业坚持安全生产，开展扭亏增盈活动，全年生产原煤1285.6万吨，完成销售收入23.4亿元，征收煤炭税费3.07亿元。

二、煤炭行政管理

（一）管理机构

1989年，郴州地区煤炭行政管理机构有郴州地区煤炭工业局。下设办公室及人事、生产技术、安全监察、计划财务科和纪检组、煤炭工会。下属二级机构有地区矿山救护中队、煤矿基建设计室、煤炭职工培训学校。直属企业有地区煤炭公司、地区煤矿专用物资供销公司、鲤鱼江煤矿、高亭司煤矿、栖凤渡煤矿和煤矿机械厂。9月，地区乡镇煤矿联合服务公司撤销，改设郴州地区乡镇煤矿管理站，为地区煤炭局二级机构，事业编制。1991年3月，地区煤炭局机关增设基本建设技术改造科。1993年，嘉禾、永兴县设煤炭工业局，临武县设煤炭工业公司，3县煤炭工业实行生产、销售一体化管理。其他县的地方煤矿由县经委管理。

1995年5月撤地建市，郴州地区煤炭工业局更名为郴州市煤炭工业局，内设办公室、规划财务科、生产安全科、煤炭调运科和政工科5个科室。地区煤炭公司由市煤炭工业局直属变更由市经委管理。市煤炭工业局直属事业单位有乡镇煤矿管理站、矿山救护中队、煤炭职工培训学校、煤炭建设开发基金征收办公室以及煤矿基建设计室。1997年6月，根据《湖南省行政执法条例》规定，市煤炭局办公室加挂政策法规科牌子。2000年4月，成立郴州市煤炭执法监察大队，与局机关政策法规科合署办公，监察大队由10人组成。2001年，郴州市煤炭工业局更名为郴州市煤炭局，为市政府成员单位，同时加挂郴州市煤炭安全生产监督局牌子，内设办公室、行业管理科（加挂市乡镇煤矿管理站牌子）、安全监督科（加挂煤炭行政执法监察大队牌子）、政工科（加挂纪检监察室牌子）等科室，行政编制13人。2002年12月，撤销市煤炭建设开发基金征收办公室，改设市煤炭维简费征收管理办公室。

2003年2月，市煤炭职工培训学校更名为市煤矿安全技术培训中心。2004年3月，市煤矿基建设计室更名为市煤矿设计院。5月，市编委将市石墨管理职能由市冶金建材行业管理办公室移交市煤炭局，市煤炭局增设石墨管理科，并将原（煤炭）行业管理科更名为煤炭管理科，煤炭执法监察大队与石墨稽察大队合并组建市煤炭石墨监察大队，核定事业编制22人。9月，经省、市教育行政部门批准，成立郴州煤炭职业技术学校，2005年1月，加挂市煤矿安全技术培训中心（市煤炭职工培训学校）的牌子，两块牌子一套人马合署办公。是年，嘉禾县、永兴县、临武县、宜章县和资兴市设煤炭局，北湖区、桂阳县设煤炭石墨局，桂东县、苏仙区、安仁县为煤炭行管办，汝城县则由安监局兼管。

1989—2005年郴州市（地区）煤炭工业局主要负责人名录

表14-3-5-1

单位	姓名	职务	任职时间
郴州地区（市）煤炭工业局	雷衍雄	局长	1989—1998年
郴州市煤炭工业局	雷衍德	书记	1999—2000年
郴州市煤炭工业局	曾佑珍	局长	2000—2004年
郴州市煤炭工业局	缪存修	书记	2000—2002年
郴州市煤炭工业局	曾宪明	局长	2005年—

（二）证照管理

1994年12月，国务院发布《煤炭生产许可证管理办法》《乡镇煤矿管理条例》。根据以上法规，市煤炭局进一步规范行业管理职权。明确规定，郴州市煤炭工业局是市政府主管全市煤炭行业的工作部门，负责全市煤炭行业的宏观管理、行业规划、协调、监督、服务；负责监督检查《中华人民共和国矿山安全法》和国务院《煤矿生产许可证管理办法》《乡镇煤矿管理条例》等安全法律法规的贯彻执行。

20世纪80年代中后期，煤炭生产降低准入门槛，实行国家、集体、个体一齐上，致使个体小煤矿一轰而上，无序竞争，影响煤炭企业的正常发展。1989年，全区乡镇个体小煤窑发展到3146个。在国营煤矿区域内开采的小煤窑1629个，其中危害严重的442个。临武县水东煤矿被148个小煤窑包围，新布置的三采区50万吨煤炭资源被乱采一空。嘉禾县焦冲元煤矿区内，已开采准备的南翼采区39.7万吨储量被17个无证小煤窑严重破坏，矿区内另有8个小窑开挖该矿与三元水库的隔离煤柱。5月，由郴州地区煤炭局会同地区矿产、国土、公安、环保、乡镇企业、劳动、工商、税务等单位，依据国家矿产资源法、矿山安全法，清理整顿矿区内煤炭生产秩序，制止滥采乱挖，坚决取缔无证非法小煤窑，对有证但尚不具备安全生产条件的煤矿责令停产整顿，对有安全隐患的煤矿进行行政处罚。经清理整顿，全市有核发采矿许可证乡镇煤矿115个，其中乡镇集体办矿86个，个体办矿29个。

1990年6月，郴州行署下发《关于清理整顿小矿山坚决取缔无证采矿的决定》，持续推动乡镇煤矿清理整顿工作，继续实行行政许可制度。为强化管理，1995年年初，市煤炭工业局和主要产煤县（市）煤炭局（公司）相继成立煤炭生产许可证办公室，按照乡镇煤矿合法开采必须具备“两证”（采矿许可证、煤炭生产许可证）的规定，负责煤矿生产许可证申报办理。1996年10月，永兴县率先由县煤炭局牵头，合同县地矿局、县劳动局、省属马田煤矿和湘永煤矿、地区高亭司煤矿及各产煤乡镇，对全县煤矿按照“保障安全、资源可靠、合理布局、规模效益”的原则，进行全面规划，全县共规划矿井449对，其中办证矿166个，规划办证矿257处，待测矿26处。1996年12月，《中华人民共和国煤炭法》开始施行，全市乡镇煤矿清理力度进一步加大，规范采矿准入和生产准入行为，引导乡镇煤矿走依法办矿道路。是年，全市21个地方国有煤矿、15个乡镇煤矿，按程序报经市煤炭局初审、省煤炭厅审查合格后，发放“煤炭生产许可证”。1997年，全市地方煤矿又核发煤炭生产许可证40个，上报待发证147个。

1999年，根据国务院和省政府的部署，全市乡镇煤矿以关井压产为重点展开清理整顿工作，全年关闭小煤矿596处，压减原煤产量393.4万吨。依法取得煤炭生产许可证的煤矿共计115个。至此，全市发放煤炭生产许可证285个，持证率达86.9%，其中地方国有煤矿持证率达100%。

自2001年4月始，开展全市煤矿安全生产专项整治活动，按照“五整顿、四关闭、四证”原则严厉打击非法开采和违法生产专项整治工作。“五整顿”即凡超通风能力生产的矿井，没有按规定建立瓦斯抽放系统、监测监控设施不完善、运转不正常的高瓦斯矿井，有瓦斯动力现象而没有采取防突措施的矿井，在建、改扩建矿井安全设施未经过煤矿安全监察机构竣工验收而擅自投产的以及违反建设程序、未经核准（审批）或越权核准（审批）的矿井，在规定期限内没有申请办理安全生产许可证的矿井等五类矿井，必须立即停产整顿并依法处罚。“四关闭”即国有煤矿矿办小井，国有煤矿矿区范围内的小煤矿，不具备基本安全生产条件的各类小煤矿，生产高灰高硫的小煤矿。“四证”即采矿许可证、煤炭生产许可证、营业执照和矿长资格证书。对“四证”不全以及符合“五整顿”“四关闭”规定的煤炭企业，一律关闭整治。2002年，换发、核发煤炭生产许可证245个。

2005年，对全市351处煤炭生产企业，下达停产整顿的监督指令、暂扣相关证照，按照“一矿一个整治方案”的要求进行整治。督办采矿许可证申报初审86件，核发煤炭生产许可证10个。年底，全市地方煤矿持有采矿许可证煤矿548处，生产能力1686.29万吨/年，其中“四证”齐全的煤矿416处，核定生产能力1291.29万吨/年（含原国有地方煤矿19家24处143.41万吨/年）；乡镇煤矿397家，生产能力1158.9万吨/年；全市在建的单证煤矿132处，设计生产能力405万吨/年。矿井生产能力超过200万吨/年的产煤基地有北湖区、嘉禾县、宜章县和永兴县等4个县（区）。2000年—2005年，全市共关闭非法煤矿和布局不合理煤矿3781家（次）。

（三）执法检查

1989年，郴州地区煤炭局多次对有关煤炭法规的执行情况进行监督检查。1997年，市煤炭局增设法规科，对全市煤炭执法人员进行业务培训，当年，培训煤炭执法人员174人，培训合格后颁发执法证件，持证上岗，亮证执法。

2004年4月，将市煤炭行政执法监察大队与石墨监察大队整合为市煤炭石墨监察大队，负责全市煤炭（石墨）行业法律法规的执行、监督、检查。当年，依法查处宜章县罗卜远煤矿特大瓦斯事故瞒报案件，分别给县、镇、矿三方有关责任人给予撤职、记过等行政处分或追究刑事责任，共追究刑事责任6人，行政处分27人、党纪处分13人。

2005年，郴州市煤炭局组织执法监察大队，深入现场检查矿井456对，占生产矿井总数548对的83.2%，查处安全隐患1325处，其中重大安全隐患467处；与市安全生产监管部门联合依法处理违法案件128起，与安全生产监管部门联合下达安全隐患现场处理决定书43份、行政处罚告知书32份，对不符合安全生产条件的290处煤矿下达停产指令。是年，市国土资源、煤炭等9个部门组织8个联合执法工作组，对164个矿下达整改通知书342份，列出整治内容1884条、整改到位1816条，取缔非法煤矿256处，查处超深越界开采等违法案件297件；全市在清查党政领导干部和国有企业负责人入股办矿行为中，立案查处38件，处分31人，其中处级干部2人、科级干部20人。

（四）清理整顿

1989年，全区共组织120个清整小组，对2106个乡镇小煤矿（其中乡办99个，村办133个、个体办1874个）进行为期20天的清理整顿，共取缔非法小煤窑310个（炸毁矿井160个、关闭150个），对320个不具备安全生产条件的乡镇煤矿进行停产整顿，对非法开采和不安全隐患事故进行经济处罚，共罚款13万元、没收煤炭100吨、设备50台件、供电线路1500米。

1996年，全市关闭无证非法矿833个，关闭政治后复开矿267个。

1998年，为落实省政府下达给郴州市关井540处、压产342万吨的指标任务。市政府颁布《郴州市关闭非法和布局不合理煤矿实施方案》，市委、市人大常委会、市政府、市政协曾两次召开联席会议专题研究全市煤炭行业关井压产工作，对关井压产工作提出具体要求，要求通过有关部门扎实有效的工作，全市基本上完成省下达的关井压产任务。

1999年10月，由国家煤炭工业局、国土资源部、公安部等部门有关人员组成的全国煤炭行业关井压产工作督查组莅临郴州市，先后到嘉禾、永兴、资兴等县（市）实地检查。嘉禾县抽检全部合格，其他县基本合格。

2000年3月，国家有关部门、省政府煤炭行业关井压产工作验收组对郴州的关井压产工作和关井质量进行检查验收，全市关闭矿井抽查合格率达100%，总评为基本合格。是年，全市关闭非法和布局不合理煤矿191处。至年底，全市保留乡镇煤矿638个（其中乡办64个、村办193个、个体办381个）。

2005年，通过乡镇煤矿的清理整顿，全市乡镇煤矿采矿秩序、办矿基本条件以及安全状况均有明显好转。年底，全市保留持证乡镇煤矿548个，其中“四证”齐全的矿有416个，单证矿132个，非法采矿得到遏制。

三、石墨工业管理

2000年以前，郴州市石墨工业管理机构不健全，管理职能不明确，管理工作停停打打，石墨生产处于无政府状态。2001年，郴州市委、市政府根据《国务院办公厅转发国土资源部关于进一步治理整顿矿产资源管理秩序意见的通知》要求，强化矿山开采管理，认真执行矿山开采许可证制度，将石墨列入重要矿产目录和省级保护性资源，彻底制止乱采滥挖、采富弃贫等行为。并决定由黄沙坪铅锌矿牵头，将郴州通达有限公司、郴州郴北矿业有限责任公司、郴州鲁塘石墨制品厂、郴州鲁塘微晶石墨碳素有限公司整合组建股份制企业。拟设股本金3600万元，全部以现金入股，实际到位913万元。2002年初，集团股本金由3600万元调减为2200万元，并变更33户企业的股本配额召开股东大会，按照公司章程，选举董事会、监事会、董事长，聘任总经理。2002年3月正式注册登记，并经湖南省外贸经济合作厅审批获得产品出口经营权。集团内设6部1室，定岗38人。

2002年，郴州市人大常委会、市政府向省人大常委会和省人民政府请示予以立法保护郴州微晶石墨资源。市人大常委会作出《关于加强石墨资源保护和生产经营监管的决定》，市政府先后发布《郴州市石墨生产经营管理办法》等一系列规范性文件，并成立郴州市石墨资源管理委员会，由一名副市长任主任，下辖办公室。是年，组建鲁塘石墨集团，该集团以石墨资源为依托，以资产为纽带，以建立现代企业制度为基础，以提高经济效益为中心，以开发科技产品为目标，集产供销、科工贸为一体，拥有自主知识产权。实行“五统一”的管理模式，即：统一生产计划、统一品牌、统一销售、统一结算、统一税费。是年11月，为进一步规范石墨经营行为，市委、市政府决定正式成立由20个部委组成的郴州市石墨资源管理委员会，下设办公室、石墨稽查队，根据《郴州市石墨生产经营管理办法》的有关规定行使管理职权。

2003年，为遏制违规办厂和石墨产品走私的现象，由石墨集团稽查大队执行稽查，对无生产计划生产、私自销售库存产品行为进行查处，但效果不佳。是年6月，临时股东大会决定石墨集团改体，恢复自主生产经营权。

2004年6月，为加大石墨资源管理力度，将郴州市石墨开采和安全生产管理职能划归市煤炭局，市煤炭局增设石墨管理科，原石墨稽查队与原煤炭执法监察大队合并为煤炭石墨执法监察大队，顺利完成职能、机构及人员的整体移交工作。

2005年，随着石墨集团的改体，石墨资源开采浪费和石墨市场无序竞争愈演愈烈。郴州市委、市政府向省人大常委会多次提出石墨立法议案，并代省政府起草《湖南省石墨资源保护条例（草案）》，推动郴州市石墨工业管理进入依法管理阶段。

第四章　冶金工业

郴州是享誉世界的“有色金属之乡”，境内有色冶金矿产资源富集，具有矿种多、储量大、分布广、质量好的特点。境内拥有500多个大、中、小型矿床、矿点，蕴藏有色、黑色、稀有、贵重金属等矿种109种，有色金属矿产探明储量达600万吨（金属量），潜在经济价值高达900亿元。其中钨、铋、钼储量居全国第一位，锡矿储量居全国第三位、全省第一位，锌矿储量居全国第四位、全省第二位。此外，铁矿石储量达1.67亿吨，锰矿石储量约722万吨。

境内有色金属矿品种齐全，探明有色金属储量占湖南省的2/3，成为中国主要的有色金属生产基地。主要分布于6个矿区：柿竹园矿区（以钨、锡、钼、铋为主），黄沙坪、宝山瑶岗仙、界牌岭矿区（以铅锌、钨矿为主），新田岭矿区（以钨、锡矿为主），汝城砖头坳、千里山、骑田岭矿区（以锡矿为主）。其中千里山、骑田岭一带是2000年以来发现的世界上最大的锡矿带。

1989—2005年，郴州有色金属冶金工业发展成为工业经济的主导产业。境内有以黄沙坪、宝山矿为主体的铅锌精矿生产基地，以香花岭锡业有限公司、云湘矿业有限公司、临武湘桂有限公司为主体的锡采选冶炼工业基地，以瑶岗仙为主体的钨精矿生产基地，以柿竹园为主的钨、钼、铋采选冶炼基地，以金贵有色金属（集团）有限公司、鑫达银业有限公司为主体的金银冶炼加工基地。

通过科技创新，技术革新，境内打造出众多名优产品。工业电视、微机电脑控制系统、采掘机械化作业线等新技术在柿竹园、黄沙坪、宝山等矿山得到应用。黄沙坪铅精矿，香花岭白钨精矿，瑶岗位黑钨精矿，柿竹园钨、钼、铋精矿先后获国家银质奖、冶金部优质产品称号和湖南省优质产品称号。锡锭、铅锭、铋锭、锌锭、钨制品、金银制品等畅销国内外。

随着市场竞争加剧和产业结构调整力度加大，全市有色金属产业不断整合，企业的组织结构不断完善，小型企业快速递增，郴州有色金属产业规模化、集约化程度不断加强。遵照中央对国有企业“发展壮大一批、整合重组一批、关闭破产一批”的方针，2000年，对长期扭亏无望的市有色冶炼厂矿产整体资产出让。2002年，核呆破产郴州冶炼厂。2003年，关闭资源枯竭的雷坪有色金属矿。柿竹园矿、黄沙坪铅锌矿、宝山铅锌银矿、香花岭锡矿等中、省国有企业改制为有限责任公司，县属小型企业破产改制为民营企业。通过企业改革改制，2005年，全市有色金属企业实收资本中国有和集体资本所占比重由1998年的83.47%下降到21.6%。郴州有色金属工业企业的资本结构不断优化，国有资本占主导地位的历史逐步完结，非公有制资本成为该产业实收资本的主要来源，资本结构的多元化昭示着产权结构的多元化和有色金属企业市场竞争力的增强。是年，全市有色金属规模以上企业有从业人员16万人，其中专业技术人员6000名，具有高级专业技术职称的达300人。全市有色冶金工业完成工业总产值143亿元，规模工业增加值49.3亿元，在总产值中，采选工业产值占59.28%（1988年为88.5%），冶炼加工产值占40.72%（1988年为11.5%），郴州有色金属产业中采选业所占比重明显下降，冶炼加工业所占比重则显著提高，有色金属产业结构不断趋向合理。

但采选业仍占主导地位，郴州有色金属资源的开发利用程度较低，“原”字号矿产品占垄断地位的格局仍然未打破。

第一节 有色金属矿采选

一、采矿

（一）露天开采

境内露天开采矿区有：汝城钨矿的狮形、山塘含钨细脉带、杉木洞砂矿床、桂东流源锡矿的云英风化壳、香花岭锡矿床的甘溪坪砂矿床、玛瑙山锰矿、桂阳县锰矿的半边月锰矿床和宝山铅锌银矿的露天采场等。还有零星的铁锰小矿点适于露天开采。露天开采一般是沿山坡从上至下分段回采，风钻打眼爆破，工效可达12吨~15吨/工以上。在条件具备的地方，偶尔使用小型洞室松动爆破，工效更高。

宝山铅锌银矿露天采场分山坡露天开采和深凹露天开采，用公路开拓、汽车运输。2005年，共有采运设备87台，采运机械化程度高达95%以上，采矿和剥离均使用潜孔钻机进行钻孔，用岩石炸药爆破，采装用电铲、柴油铲、汽车等设备装运。主要技术经济指标：电铲综合效率400吨~500吨/台班，钻孔效率35 ~ 45米/台班，汽车综合效率30 ~ 35千米/台班。

玛瑙山锰矿用公路开拓露天采场，表土剥离用推土机，装运设备用0.5立方米电铲和8吨~12吨自卸矿车。2005年，共有采运机械设备72台。按采剥总量计算，全员实物劳动生产率每人每年平均约650吨。

桂阳锰矿半边月矿场，使用水力机械开采淋滤残积锰矿，用高压水枪冲击表土矿层，借水力运送矿浆至选厂，每人年采矿量高达4000吨。

香花岭锡矿甘溪坪、汝城钨矿杉木洞的砂矿床，引水到矿床边缘，形成洗砂沟，坡度控制在8度左右，利用水力和人力撬动砂矿层，让泥砂被水沿沟冲洗，金属颗粒在砂沟中沉积，然后清沟收集。

（二）坑为开采

矿床开拓 境内金属矿床大部分实行坑内开采，根据矿层深浅和储量分布以及矿脉走向不同，分别采用斜井、竖井、平窿、溜井等方式进行矿床开拓。宝山铅锌银矿东部铅锌矿体、香花岭锡矿香花铺工区采用斜井开拓，柿竹园矿东坡山和金狮岭、香花岭矿安源及太平则用平窿斜井开拓，柿竹园太平里、桥口铅锌矿采用平窿溜井开拓。矿脉复杂的，多采取平窿、溜井、斜井、竖井联合开拓。开拓标高最高为瑶岗仙钨矿1568米，最低为黄沙坪铅锌矿-20米，一般在400 ~ 0米之内。2005年，郴州有色金属年采出矿能力达300万吨。

采矿方法 根据有色金属矿床矿体形态不同，坑内开采方法也不一样。有巷道采矿法、下向梯段采矿法、横撑支柱法、选别填充法、普通留矿法等。其中留矿法既经济、适用面也广泛，全市80%以上的金属矿采用留矿法回采。除选用留矿法外，还采用房柱法、空场法、充填法。黄沙坪铅锌矿在开采中层矿体时，还用水平分层干式充填法，尾砂充填法和下向分层胶结充填法回采矿石，减少地压活动。

凿岩爆破 1989年，随着科学技术的进步和先进生产力的发展，各种新型凿岩机相继投入使用。

柿竹园有色金属矿、黄沙坪铅锌矿、香花岭锡矿、瑶岗仙钨矿、桥口铅锌矿等矿山均引进具有先进水平的液压凿岩机和双轨液压台车开采。1989年以后，柿竹园矿、黄沙坪铅锌矿、瑶岗仙钨矿等主要有色金属矿相继推广使用非电导爆管起爆法，并先后组建平巷掘进机械化作业线，效率提高到90%。2005年，全市共有凿岩机械设备约1200台。

经过多年开采，含有丰富钨、钼、铋、锡等多种稀有金属的柿竹园矿多金属采矿区的610中段，形成采空区达240万立方米，如果继续实施小规模的爆破，安全隐患较大。经过反复科学论证，柿竹园矿大胆实施大爆矿方案，解决地下采空区的安全隐患问题。

坑内运输　柿竹园有色金属矿、黄沙坪铅锌矿、香花岭锡矿和桥口铅锌矿等平窿掘进机械化作业线，均使用电动车牵引，竖井、斜井掘进的运输则采用单箕提升，单筒、双筒卷扬和单、双罐笼提升等方法。柿竹园有色金属矿、黄沙坪铅锌矿、宝山铅锌银矿等主要有色金属矿山的坑内运输基本实现电气自动化。

通风、供风　境内各大中小型有色金属矿山，均已建立通风系统，大多数采取对角式单翼或双翼抽出式通风，通风困难的采场增加辅扇。柿竹园、黄沙坪、宝山、瑙岗仙等矿山实行风钻凿岩后，均在井口附近建立压风站集中供风，根据采掘作业的需要，配置空压机，用不同的管径形成供风系统。

排水、供水　境内有色金属矿山均已实行湿式凿岩、喷雾洒水。在矿山附近选择适当位置建设水池，净化后，用不同管径建成供水系统，引到各中段，供给采掘工作面。

供电、照明　郴州有色金属矿山所需电力，均由大电网供应。黄沙坪铅锌矿至鲤鱼江67千米110千伏高压线路，宝山铅锌银矿至鲤鱼江60千米110千伏高压线路；香花岭至嘉禾变电站24公千米35千伏高压线路等专门线路为主要供电线路。为保证安全生产用电，柿竹园、黄沙坪、桥口等矿山还自备柴油机组、水轮机或汽轮机组自行发电。

二、选矿

（一）铅锌硫选矿

20世纪80年代后期，柿竹园矿、黄沙坪矿、香花岭矿、宝山矿、桥口铅锌矿等先后新建和扩建生产能力200吨～1000吨/日铅锌选厂。1998年，柿竹园矿新建1000吨/日选厂，2005年再建2000吨/日选厂。2002年，黄沙坪矿扩建1500吨/日的选厂。1995—2000年，宝山铅锌银矿投入5646万元更新改造铅锌选厂，日处理能力提高到3000吨。

在铅、锌选矿过程中，大部分矿山都能综合回收硫精矿和银。宝山铅锌银矿铅锌系统银的回收率达85%，桥口铅锌矿银的回收率达86%。

（二）其他有色多金属矿的选矿

郴州有色金属矿藏丰富多样，同一矿区存在许多伴生矿，有的多达10种有色金属，给选矿带来困难。20世纪70年代，宝山矿建成5个500吨/日系统浮选厂，铜、钼浮选原则流程采用混合浮，先浮出铜、钼混合精矿，扫选尾矿浮硫，再将铜、钼混合精矿分离出铜精矿和混合金矿，再分离得到钼精矿和铅、铋精矿。柿竹园多金属Ⅲ矿带，矿石性质复杂难选，经反复研究试验，研究出“重—浮”“浮—重”“重—浮—重”等选矿流程。1998年，建成1000吨/日多金属选矿厂，生产钨、钼、铋、硫4种产品。2002年，投资200多万元改扩建选厂，使选厂的日处理能力由1000吨增加到1500吨，增加利润300多万元。2004年计划总投资9700万元新建2000吨/日多金属采选项目，2005年，已完成工程总投资9700万元的43.8%，投产后可年增加销售收入3.8亿元，新增税金1.1亿元，利润

1 亿元。

钨、锡选矿 1989 年以来，郴州小有色矿陆续建成小型钨、锡选矿厂，重选工艺设备和设施都有较大进步。瑶岗仙钨矿、香花岭锡矿均实行机械化选矿。瑶岗仙钨矿有 250 吨 / 日钨重选厂。香花岭锡矿有日产选矿能力 300 吨锡选厂，锡精矿品位 48%，回收率 63%。

锰、铁选矿 境内锰矿多为块状，1989 年以后，逐渐增加动力设备，以机械洗选代替人工水洗，洗后分成块状和粉状，块状直接入炉冶炼，粉状可入电炉冶炼。

境内开采的铁矿石，是露天爆破的原矿石，块度为 300 毫米 ~ 1200 毫米，经破碎后，粒度在 10 毫米 ~ 40 毫米，机械筛选除去岩矿，即可入炉冶炼。

1989—2005 年郴州市（地区）铅、锌、铋、钼、锡、钨、锰、铁矿产量统计表

表 14-4-1-1 单位：万吨

项目 / 年份	铅精矿（含铅量）	锌精矿（含锌量）	铋精矿（含铋量）	钼精矿（纯钼 45% 含量）	锡精矿（含铅量）	钨精矿（含铋量）折（三氧化钨 65% 含量）	锰精矿石成品矿量	铁矿石原矿量
1989	3.01	3.90	232	1143	0.31	1.12	3.04	16.32
1990	3.37	3.48	215	1276	0.47	1.06	3.51	17.43
1991	4.22	4.71	278	1342	0.43	1.37	3.60	19.32
1992	4.01	4.50	251	1107	0.57	1.47	3.78	18.64
1993	3.87	4.32	207	927	0.60	1.25	4.00	21.45
1994	3.45	3.87	295	862	0.64	1.07	4.51	20.30
1995	3.70	4.01	265	756	0.70	0.98	3.63	26.11
1996	3.91	4.37	216	708	0.84	1.05	3.57	28.12
1997	4.00	4.60	308	796	1.06	1.27	3.01	35.07
1998	4.74	4.72	372	843	1.50	1.28	2.81	33.10
1999	3.43	4.07	2466	795	0.49	0.64	3.24	43.25
2000	3.35	4.09	389	1016	0.74	0.60	3.46	52.18
2001	4.46	5.46	1025	940	0.98	0.75	3.05	60.73
2002	3.55	4.38	1549	1175	0.96	0.88	3.51	81.06
2003	5.37	4.12	2641	1305	1.60	1.01	3.87	109.37
2004	6.62	3.84	3018	1263	1.93	1.26	4.12	120.98
2005	4.03	3.76	3562	1441	3.39	1.56	2.12	357.12

第二节 有色金属矿冶炼

一、炼锡

20世纪80年代中叶，郴州地区有色冶炼厂从北京有色冶金设计总院引进电炉熔炼——电解精炼炼锡工艺，兴建200千伏安电炉1座，电解生产特号锡（含锡99.95%以上），填补了省内一项空白，锡的冶炼回收率达95%。1989年，该厂扩建一座年产1000吨锡的冶炼车间，建400千伏安电炉1座，10平方米反射炉1座，配套螺旋结晶机取代电解精炼，采用烟化炉贫化炉渣、真空蒸馏处理槽尾锡的新工艺，渣含锡降低到0.04%以下。

1993年，临武县冶炼厂兴建500吨/年的炼锡厂。

1994年，香花岭锡矿建成年产500吨精锡冶炼厂。

2000年，市有色冶炼厂破产改制，整体资产出让给香港怡丰公司，怡丰公司将生产能力扩大到2000吨/年精锡。临武湘桂矿业有限公司在原临武县冶炼厂基础上，兴建2座15平方米反射炉，1座1平方米烟化炉，1座螺旋结晶机，年产锡3500吨。

2001年，香花岭锡矿冶炼厂进行扩建，年产锡2000吨。

2002年，怡丰公司将原市有色冶炼厂转让给云湘矿业有限公司，该公司兴建一座1000千伏安电炉，生产能力扩大到5000吨/年精锡。全市精锡产品均为1#精锡，含锡99.9%，大部分产品通过香港销往日本、东南亚、欧盟等国家和地区。

二、炼锌炼铅

1989年以前，郴州地区无炼锌厂。1991年2月，郴州冶炼厂利用原东江冶金化工厂设备和本地铅锌资源，兴建湿法炼锌厂。一期工程投资1.4亿元，年产电解锌1万吨、硫酸2.1万吨，同时回收镉、银、铅、铜、钴等有色金属。1996年，单月锌片产量突破1000吨，质量为1号锌、部分0号锌，当年生产锌锭4448吨。1997年，生产锌锭6432吨。1998年，通过IS09002国际质量体系认证，产品“东江”牌锌锭畅销国内外，深受用户好评。1998年、1999年、2000年，各生产锌锭7307、6722、7636吨。2001—2002年，该厂破产改制。2003年，改制后恢复生产。2005年，累计生产1号锌锭5万多吨，冶炼总回收率92%。

1988年，桂阳锰矿建成8.8平方米鼓风炉，形成年产能力4000吨粗铅的冶炼厂。20世纪90年代，市内10多家规模在2000吨～8000吨/年的粗铅冶炼厂相继建成投产。2001年，郴州金贵有色金属公司在石盖塘征地2公顷多，建设年产高纯铅1万吨的现代化电解铅车间。2003年，投资2000万元将电解铅车间扩建，建成年产2万吨电解铅和年产3万吨高纯铅的炼铅厂，含铅量大于99.99%，公司产品广泛应用于电器、化工、玻璃、军工等行业。

三、其他有色金属冶炼

（一）炼铋

20世纪80年代末，柿竹园有色金属矿兴建年产能力700吨高纯铋的冶炼厂。该厂铋矿浆电解工程在铋的湿法冶炼上取得重大突破，获 1999 年国家科技发明二等奖。1995—2000 年，玛瑙山锰矿开发磁铁锡铋矿。2002 年，年生产能力为锡精矿 500 吨、铋精矿 500 吨、铋锭 500 吨。2003 年，郴州金贵公司建成年产能力 500 吨高纯的铋厂。此外郴州有色金属工业园区的森泰公司、金旺公司、天兴公司等均能回收铋锭。2005 年，市内形成年产 3000 吨铋锭的冶炼加工能力。精铋主要销往日本、荷兰、东南亚等国家和地区。

（二）炼钨

2002 年以前，郴州市无钨冶炼厂。2003 年，柿竹园有色金属有限责任公司与株洲硬质合金集团有限公司合资兴建郴州钻石钨制品公司，落户郴州有色金属工业园。总投资 1.46 亿元（株洲硬质合金厂出资 51%、柿竹园有色金属有限公司出资 49%），由株洲硬质合金厂控股，该公司通过自主研发和改造钨冶炼技术项目，集双方“品牌、技术、资源、市场”优势为一体，该工程属国家“双高一优”导向计划项目，列入“湖南省十大标志性工程”，是第八批国债专项资金重点扶持项目，2003 年 7 月试生产。该公司组织实施的三个小循环技术，在国际上处于领先水平，不仅能为公司创造可观的经济效益，还能大幅度提升环保质量。投产后，氨耗由原来的 320 千克 / 吨降到 150 千克 / 吨，按年产量 8000 吨计算，年节约液氨 1360 吨。2005 年，该公司累计产量 2.4 万吨，实现销售收入 16.48 亿元，生产的“钻石”牌氧化钨属“湖南省名牌产品”。该公司通过国家质量体系、职工健康安全体系和 ISO14001 环境管理体系等 3 大体系认证。

（三）炼铜

1989 年，境内炼铜主要是把含铜 5% ~ 20% 的物料富集到含铜 40% ~ 50% 的冰铜中，利用鼓风炉生产冰铜。是年，郴州地区有色冶炼厂将冶炼铜的鼓风炉扩大到 0.83 平方米，生产能力达到 1000 吨 / 年冰铜。90 年代以后，区内拥有 0.4 ~ 0.7 平方米的小鼓风炉的私营企业 10 户，断断续续生产冰铜。1999 年，郴州市有色冶炼厂破产改制而停止生产，其他民营企业继续生产冰铜。2005 年，金贵贵生公司利用郴州冶炼厂（该厂已破产）电解锌槽子生产电解铜，规模为生产 500 吨 / 年电解铜。

1989—2005 年郴州市（地区）年产精锡、铅锭、精铋、铜统计表

表 14-4-2-1　　单位：吨

年度＼项目	年产精锡	年产铅锭	年产精铋	年产铜
1989	523	3821	276	584
1990	538	4315	312	613
1991	632	7508	384	523
1992	756	5948	418	762
1993	1062	6801	432	746
1994	1231	7318	476	308
1995	987	11911	365	423
1996	1004	14634	402	542
1997	1136	16027	386	618
1998	1072	17509	305	620
1999	2799	22546	768	—

续表 14-4-2-1

年度＼项目	年产精锑	年产铅锭	年产精铋	年产铜
2000	4073	50003	856	—
2001	5847	69432	1563	—
2002	6440	96615	1887	—
2003	8279	103142	2414	—
2004	9431	126806	2627	—
2005	10185	159340	3105	—

说明：1999—2005 年铜产量无据可查

（四）炼锰

锰冶炼主要在玛瑙山锰矿。该矿拥有 13 立方米高炉 2 座，3600 千伏安、1800 千伏安、400 千伏安电炉各 1 座；年生产能力富锰渣生铁含锰 4% ~ 6%，含铁 90% 以上；粗铅含铅 98%，含银 1.4%。郴州冶炼厂（原地区磷肥厂）也将两座炼磷高炉转产冶炼富锰渣，年平均生产富锰渣 4.5 万吨，生铁 3 万吨，含银粗铅 800 吨。

（五）铁合金生产

1989 年，铁合金生产多为乡村企业。境内生产工业硅的电炉装机容量为 1.89 万千伏安，年生产能力 9000 吨；生产硅铁电炉装机容量 1.75 万千伏安，年生产硅铁 1.2 万吨；生产硅锰电炉装机容量 8000 千伏安，年产硅锰 1 万吨。2000 年以后，受市场影响，生产逐年下降，铁合金生产企业先后停产。

第三节　中国银都

明末清初，永兴县就开始利用金银废旧物资，采用家庭作坊方式冶炼再生金银。20 世纪 80 年代初，该县柏林镇一些掌握传统冶炼技术的能人， 收购外地有色金属矿的尾矿、有色金属冶炼厂的炉渣、炉灰、烟囱灰及阴沟泥，经过冶炼加工，生产出白银和其他贵重金属。因之产生“能人”效应，相关企业不断增多。1989 年，永兴县金银冶炼户达 5000 家，其中柏林镇就有 2000 家。一度无序发展的冶炼生产严重污染环境，草死树枯，许多良田被毁。郴州地区行署、永兴县政府一面扶持白银产业的发展，一面加强市场监管。1990 年以后，通过强强联合，组建现代化企业。1995 年，成立郴州金贵有色金属有限公司，随之，兴光冶炼、富兴贵公司、西河铅业、鑫达银业、永星冶炼、云桂冶炼、银星公司、宇腾化工、湘晨高科、金旺实业等企业相继建立。这些企业积极开展横向联合，从日本、马来西亚等国家和中国港台地区引进资金，与美、英等国一些企业合作，引进金银加工高新技术，逐步发展成规模以上优势企业。郴州金贵有色金属有限公司抓住科技创新，引进优秀技术人才，并与中南大学等单位合作，于 2003 年 11 月建立技术研发中心，配置先进的实验和分析检测仪器，2005 年 10 月，成功开发出“载银纳米二氧化钛抗菌剂”，被列入国家重点新产品计划，并获湖南省科技进步一等奖和由科技部颁发的“民营科技进步创新奖”。

在新型工业化的推动下，永兴县初步建立循环经济产业模式，即在没有直接消耗国家矿产资源的前提下，靠收购来自全国各地的工业“三废”（废渣、废水、废料），加工提炼金银并精深加工金银制品，逐步形成“五大优势”，即白银产量居全国第一的总量优势、独具特色的技术优势、较大的市场优势、较强的品牌优势和较高的效益优势。2002年9月，在内蒙古自治区呼和浩特市举行的首届中国白银年会上，永兴县被世界白银协会、中国有色金属工业协会共同认定为“中国银都”。2004年，永兴县金银冶炼产业实现总产值45亿元，创利税9000万元，出口创汇4980万美元。金银冶炼企业成为永兴县新型工业化的龙头产业、财源建设的支柱产业、富民强县的骨干企业。是年10月，在长沙举行的第三届中国国际白银年会上，永兴县作为年会协办者和参观地，被中国有色金属工业协会正式授予“中国银都”称号。2005年，永兴县具有金银冶炼骨干企业103户，其中年销售收入过5000万元的22户、过亿元的10户；区内金银产业全年实现税金超过2亿元，从业人员约3万人。全市生产金银2010吨，其中兴光冶炼、西河铅业、富兴贵公司3户企业的白银产量进入全国十强。

第四节 冶金企业选介

一、湖南黄沙坪铅锌矿

位于桂阳县黄沙坪镇境内，距县城9千米。该矿隶属于湖南有色金属控股集团有限公司。1958年建矿，1967年正式投产，经多次扩建，已成为全国重要的有色金属原料基地之一。2005年，拥有资产总额3.8亿元，在职职工3191人。主要产品为铅、锌、硫精矿，综合回收银、钨、钼、铋、锡、铁等。选厂日处理能力1500吨，年处理能力50万吨，年产铅锌金属量4万吨、硫精矿8万余吨。同时，从事采选技术开发、工程勘察设计施工、有色金属矿产、建材、机械等生产经营活动。

2005年，该矿生产铅锌金属量4.1万吨，完成工业总产值2.46亿元，实现利润1289万元。该矿长期致力于矿山建设，井下生产全部实现机械化，生产调度、提升运输、选矿流程、计量检测实现自动化、信息化。各类生产技术、经济效益指标在同类企业中位居前列。

二、湖南宝山铅锌银矿

位于桂阳县城城郊宝山路，占地323万平方米，距桂阳县城1千米。该矿1966年10月破土建设，1974年正式投产。1984年前隶属于省冶金局领导。1984年8月，属中国有色金属工业总公司长沙公司直管。1999年8月，属中国铜铅锌集团领导。2000年7月，下放湖南省管理。2001年3月，湖南省有色金属工业总公司成立，宝山矿为该总公司成员单位。2005年底，该矿有在册职工2400余人，离退休人员1470人，中层管理人员117名；有固定资产9744万元，生产能力铅锌原矿16.5万吨/年。当年，产铅含量7356吨、锌含量8849吨，完成产值1.72亿元，实现利税2754.9万元。

三、湖南柿竹园有色金属有限责任公司

2001年8月，由柿竹园有色金属矿整体改制而成，该公司由湖南省国资委直管，是湖南有色

金属控股集团控股的企业，该公司是集采矿、选矿、冶炼于一体的国有大二型企业。2005年，公司拥有资产3.65亿元，净资产总额为2.25亿元；有员工3035人，其中工程技术管理人员311人。

柿竹园多金属矿产储量丰富，蕴藏矿物143种之多，被中外地质专家誉为“世界有色金属博物馆”，矿石资源量达3.6亿吨，其中钨74.7万吨，占世界已探明储量的20.7%，占全国已探明储量的49%；铋30.5万吨，占世界已探明储量的42%，占全国已探明储量的63%；锡48.6万吨，钼13.2万吨。此外，还有伴生萤石矿物储量4598万吨。

该公司拥有年采掘能力100万吨、选矿处理能力90万吨、冶炼能力1400吨生产能力。其主要产品有钨、钼、铋、铅、锌精矿及高纯铋、氧化钼、钼铁等。2005年，生产铅锌金属量6000多吨、钨精矿3300多吨、高纯铋700多吨、氧化钼700吨，是全国钨行业中可靠的接替企业和亚洲最大的高纯铋生产基地。

四、郴州市金贵有色金属（集团）有限公司

公司成立于1997年，是一家以生产、经营高纯铅、高纯银、高纯硝酸、载银纳米二氧化钛抗菌剂及锌、铜等有色金属为主要产品的高科技民营企业。公司总部设在郴州市区苏仙南路。下辖金贵石盖塘有限公司、金贵银业有限公司、金贵贵安有限公司、金贵贵生公司、金贵矿业有限公司、银发银锭有限公司、宇腾化工有限公司（参股36.2%）7家所属子公司。

该公司具有先进的管理水平和丰富的人才资源储备，总资产2亿多元、员工900人，其中研究开发人员68人。2004年，公司产值6亿多元、年利税超千万元，是郴州市民营企业的纳税大户。2005年，具有年产高纯铅3万吨、高纯银300吨、电解铜500吨、锌6400吨、铜2000吨、高纯硝酸银300吨、高纯铋500吨、载银纳米二氧化钛抗菌剂1000吨的生产能力。公司拥有自营产品进出口权，获得商务部批准的白银出口配额，成为我国白银生产出口基地之一，并已通过国际质量管理体系认证和上海华通铂银交易市场颁发的合格银锭供货商/精炼厂认定证书；是湖南省23户年度重点企业之一、湖南省首届30户“优秀非公有制企业”之一；先后获得市级“十佳乡镇企业”“全国用户最喜爱20家白银品牌”（“金贵”牌银）和首届“湖南百家诚信企业示范单位”、“中国优秀科技民营企业”等荣誉称号。

五、湖南省鑫达银业有限公司

公司成立于2003年7月，坐落在永兴“三胞”（港澳同胞、台湾同胞、海外侨胞）经济开发区，占地1.4公顷，员工208人，其中各类中、高级技术人员59人。公司总投资5200万元，下辖白银精品厂、银制品加工厂、顺达冶炼厂、晶源进口汽车修配厂、永银米业公司等企业。是一个集现代化智能办公、生产、销售、网上交易、工业旅游于一体，并初具集团化规模的企业，是“中国银都”的窗口和形象企业。主要产品有“永银”牌1#银锭、黄金、电铅、粗银以及“湘水”牌系列银制品。公司年生产能力为“永银”牌国际1#白银600吨、黄金2吨、国际1#电铅3000吨、粗银400吨。

2003年，公司引进当时国内最先进、自动化程度最高、规模最大的白银提纯生产线。同年11月，顺利通过国家质量管理体系认证。2004年2月，被评为“湖南省民营企业百家质量信得过单位”。公司生产的“永银”牌1#白银于2004年、2005年连续两年被全国最大铂银交易市场——上海华通铂银交易市场评为“全国用户最喜爱20家白银品牌”之一；2004年11月该产品被评为“湖南省名牌”；

2005年8月被中国中轻质量保证中心评为“中国知名品牌”。公司董事长曹生文被评为第三届“新世纪中国改革人物”。

第五节 行业管理

一、行政管理

1989年，郴州地区有色冶金工业的行业管理机构为郴州地区冶金工业局。1993年，为适应经济体制改革，郴州地区冶金工业局改组为郴州地区冶金工业总公司，直管地属企业玛瑙山锰矿、雷坪有色金属矿、郴州冶炼厂、郴州市有色冶炼厂、地区冶金机械厂、冶金汽车队6户企业。1995年，接管桥口铅锌矿，同年，原地区冶金机械厂被东江水泥厂兼并。总公司主要是对市属企业进行目标管理、经营指导、生产技术指导、安全环保监督等。2002年9月，市冶金工业总公司和市建材工业总公司合并转体为市冶金建材行业管理办公室（简称行管办），属行政性事业单位，参照公务员管理。行业管理职能是负责行业规划、行业指导、行业协调及冶金建材部门离退休人员管理。2003年下半年，增加直属国有企业改革改制及原所属国有企业离休干部的管理。行管办不再行驶直接管理企业职能。

1989—2005年郴州市（地区）冶金工业局（公司、行管办）主要负责人名录

表14-4-5-1

单 位	姓 名	职 务	任职时间
郴州地区冶金工业局	贾仲生	局 长	1989—1992年
郴州市（地区）冶金工业总公司	贾仲生	总经理	1993—2001年
郴州市冶金建材行管办	郑国强	主 任	2002—2005年

二、企业管理

1989—2005年，郴州市（地区）国有冶金企业管理实行党政分开、厂矿长负责制，厂长是企业法人，对生产和经营全面负责；党委负责贯彻执行党和国家的各项政策在企业的落实，对企业完成生产任务起保证和监督作用，同时加强党组织建设、做好职工思想政治工作；工会负责健全职工代表大会和各项民主管理制度，维护职工合法权益。

三、行业指导

（一）生产技术指导

1989年，冶金工业企业普遍存在发展后劲不足的问题。因此，积极帮助企业寻找项目，开展技术攻关，帮助企业走出困境，是行业主管部门的主要工作任务。1989—1990年，郴州地区有色冶炼厂700吨/年锡冶炼工程烟化炉冷料开炉，地区冶金工业局组织人员到现场指导。1990年，为郴州冶炼厂争取年产1万吨的锌冶炼项目。2000年，先后开展用螺旋结晶机取代电解生产精锡、玛瑙山锡铋矿项目、年产1万吨锌冶炼工程、火冶富锰渣回收铅银、采矿法的引进、激光选矿、浮选给药微型计量系统试验等项目的研制和推广运用。按照市委、市政府对冶金行业的要求，进行行业规划和指导，为市委、市政府发展冶金工业出谋划策，提出先建锡、铋两大产业集团，再发展冶炼加工，由初级矿产品加工转为精产品加工的思路，并按这一思路制定了“九五”（1996—2000年）、“十五”（2001—2005年）期间结构调整规划。2000年，规范玛瑙山锰矿锡、铋矿采选和市有色冶炼厂产权转让行为，帮助云湘矿冶公司完成年产5000吨锡冶炼生产设备建设。

（二）安全与环保指导

1988年，地区冶金工业局设立安全环保科。2002年，成立行管办，由专人负责安全检查，贯彻国家安全生产政策，编制行业安全技术规程，制订安全生产制度，指导、审批企业的安全措施计划（包括作业现场的安全设施、防尘、防水、防爆、防毒等工程项目），下达安全生产控制指标（如千人负伤率等），并督促制定具体措施，组织定期或不定期安全大检查，协助企业落实整改措施。2005年，为防治“三废”（废气、废水、废渣）污染，行管办督促指导各企业，采取改良通风系统、密封采空区、净化“三废”等综合措施，实现环保目标。雷坪有色金属矿改进通风系统后，井下氰气合格率符合国家标准。郴州市有色冶炼厂通过对废气、废水净化及炉渣综合利用，环境卫生符合国家要求。郴州冶炼厂硫酸系统尾气的净化处理达到排放标准。黄沙坪矿、柿竹园矿、玛瑙山矿、桥口铅锌矿等矿山对“三废”进行了综合治理，经市环保监测站多次检查，均达到国家标准。

第五章 建筑材料工业

1989年，郴州地区有地属6家和县属13家国有建材工业企业。建材工业主要生产水泥、墙体材料和玻璃等产品。通过关、停、关、转，破产重组，国有企业逐步改革改制成股份制企业和民营企业。1995年，全市建筑材料和非金属矿完成工业产值27.4亿元，占全市工业总产值11%，乡级及以上建材工业企业总产值5.62亿元。2005年，全市共有建材工业企业312户，从业人员2.19万人。

水泥生产划分两个发展阶段。1989—2003年，主要在淘汰落后产能的基础上发展，其间，市（地区）先后关闭淘汰直径2米以下的3条普通立窑生产线，县市区相继建成年产8.8万吨以上机立窑，采用“预加水成球，微机配料”等新技术、新设备；2004—2005年，着重发展技术含量高的新型产能。2004年，东江金磊水泥有限公司兴建日产2500吨新型干法旋窑，年产能力达130万吨。2005年，湖南良田水泥有限公司建成日产2500吨新型干法窑熟料水泥生产线，年生产能力80万吨。是年，全市完成水泥产量400万吨，工业总产值8.45亿元，分别比1989年增长4.2倍和5倍。

墙体材料生产技术不断改进。1994年，郴州墙体屋面材料生产企业发展到200户，其生产工艺由非真空挤出设备年产300万块以下机砖，迅速扩大为年产标砖1000万块。1996年，郴州市成立墙体材料改革办公室，推广应用新型墙体屋面材料混凝土彩瓦、混凝土多孔砖、粉煤灰加气混凝土砌块等新型墙体材料。2005年，生产标砖（瓦）42亿块，工业总产值9.8亿元，占当年建材工业总产值的36%，分别比1989年增长5.7倍和4.9倍。

平板玻璃生产也有所发展。1989年，郴州地区只有郴州玻璃厂1户生产企业。1992年，增加了郴州八达破璃股份有限公司，平板玻璃年生产能力提高到340万重量箱。其黄金玻璃产品填补国内此项产品空白。2005年，平板玻璃年产量353万重量箱，工业总产值1.78亿元，分别比1989年增长7.6倍和65倍。

第一节 砖瓦灰砂石

一、砖 瓦

（一）生产概况

1989年，境内有砖瓦企业75户（不含个体），职工5330人。全年生产黏土红砖4.3亿块，非黏土砖1600万块，建筑砌块2万立方米，平瓦800万片，小青瓦2.3亿片。完成工业总产值1.98亿元，占全区当年建材工业总产值的35%。此后，境内国有砖瓦生产企业，一部分破产关闭，一部分改制为股份制企业。1994年，墙体材料特别是节能、节电、利废的新型墙体建材发展较快。是年，全区有墙体屋面材料生产企业200余户，有固定生产职工1万余人。大部分企业还是停留在非真空挤出生产阶段，每年生产墙体材料（包括黏土、煤矸石砖、蒸养粉煤灰砖、蒸养炉渣砖建筑砌块、轻质板材等）折合标准砖20亿块左右。黏土平瓦停止生产。小青瓦只有少数边远乡村生产，仍为手工制作。

1995年，墙体屋面材料生产提速。年产砖由300万块迅速提高到1000万块，产品质量大有提高。1996年，郴州市成立墙体材料改革办公室，推广应用和扶持发展新型墙体材料。此后5年，全市墙体材料年产量以每年10%左右的速度递增，新型墙体材料约占墙体材料总量的20%。其间，全市混凝土彩瓦生产企业相继涌现。2000年，全市有混凝土彩瓦生产企业5户，每年生产混凝土彩瓦约6万片。2005年，全市墙体屋面材料生产企业近300户，年产量约42亿块标准砖（单线生产烧结制品达3000万标准砖）、加气混凝土砌块10万立方米、建筑砌块8万立方米、轻质墙板15万平方米、混凝土多孔砖3000万块标准砖、混凝土彩瓦达5万平方米。年墙体屋面材料生产完成工业总产值达9.8亿元，占全市当年建材工业总产值的36%。

（二）产品

机制砖 1997年，国家取消强度指标不达标的等级砖，对机制砖生产工艺提出更高要求。此后，全市建材企业引进真空挤出生产工艺，淘汰落后的生产工艺和设备，采取两辊（两道对辊）、两练（两练泥机）和真空机组成的生产工艺，由外燃焙烧法改变为内燃焙烧法，把焙烧砖所需的燃料全部掺到砖坯内，而且一些工业废渣（煤矸石、炉渣、粉煤灰等）作为燃料掺入砖坯中，使窑内焙烧温度均匀，产品外观及内在质量大幅度提高。

机制瓦 1989年，区内生产机制平瓦的企业只有4户，有电动制瓦机7台，年产平瓦750万片。由于生产机制平瓦原料制备工艺复杂，企业竞争力逐年下降，2000年以后，全市机制平瓦生产被淘汰。

煤矸石砖 1989年，区内有6户企业利用煤矸石烧制煤矸石砖。1993年后，煤矸石生产企业在原料中掺入30%以上的煤矸石生产煤矸石烧结砖，最高掺量可达56%。在黏土中掺入一定量的煤矸石能够改善原料成型性能，半成品率提高，焙烧速度加快，产品外观改善，抗压强度提高，烧制煤矸石砖占有一定的市场份额。后来，由于煤矸石砖生产工艺复杂，产品原材料运输成本高，20世纪90年代后期，6户企业逐步停产。2005年，只有个别企业季节性生产煤矸石砖。

页岩砖 页岩砖因抗压强度高、外观及质量好而受到市场青睐。从1998年开始，苏仙区龙门池机砖厂利用页岩生产技术烧结普通砖〔其工艺过程为：页岩粉碎（粒径＜5毫米），页岩粉与燃料混合进入搅拌机加水搅拌，然后进入挤出机成型，干燥后，入窑焙烧〕。2005年，全市有10户建材企业利用页岩生产工艺烧结普通砖和多孔砖。

混凝土多孔砖 混凝土多孔砖具有节能、保温、隔热、隔音、外观尺寸规整等优点，并可充分利用工业废渣生产承重和非承重砖。2004年，郴州市深科新型建材有限公司在苏仙区锁石桥村投资1500万元兴建年产3000万标砖混凝土多孔砖生产线。2005年，全市有16户建材企业生产规格为240×115×90（毫米）、240×180×90（毫米）、240×240×90（毫米）的混凝土多孔砖。其生产工艺为：碎石或者工业废渣（炉渣、铁渣等）加水泥、矿渣或石粉，按一定比例配合，进入搅拌机加一定量水搅拌送入成型机振动成型，然后养护（蒸汽养护或自然养护），28天后出厂。

加气混凝土砌块 2004年，郴蓝新型建材有限公司在郴州市有色金属科技工业园内投资1000万元，兴建1条年产10万立方米加气混凝土砌块生产线。2005年，该公司生产粉煤灰加气混凝土砌块10万立方米，完成产值2000多万元，消耗和利用电厂废料5万吨。该公司生产的蒸压加气混凝土砌块是一种全新概念的墙体材料，有别于空心砖和实心无蒸压粉煤灰砖，是国家大力推广应用的一种取代先前广泛使用的黏土实心砖的新产品。该产品的主要原料（70%以上）是火电厂的工业废料——粉煤灰，再配以适当的水泥、石灰及其他原料后，经成型切割，再经过180℃、12个大气压高温高压蒸汽气养护后，形成具有多孔结构的轻质混凝土砌块。该产品的投产填补了郴州市轻质建材系列产品的空白，具有容重轻、保温、隔热、吸音、隔声、耐火、抗渗水、抗震、耐久性能好、无放射性等优良物理性能，能适应框架结构内外填充墙、七层以下承重结构墙体、旧房改造、房屋加层的广泛应用。蒸压加气混凝土砌块碎块还可作为轻质填料用于保温要求较高的工业厂房、室内保温隔热层、卫生间及建筑低洼处的填充料，可大幅度降低填充物的重量。

水磨石地面砖 1989年，全区共生产5.4万平方米水磨石地面砖。该产品以石渣、水泥、白石粉、颜料、钢筋、河砂及有机化合物为主要原料，以磨料、草酸、腊等为辅助材料，经加水搅拌成型、养护、磨底、磨面、磨边、抹浆、养护、细磨、干燥、抛光、上腊等工序而成，分为定型和不定型水磨石夹板和隔脚板。1995年后，由于新型陶瓷地面砖的广泛使用，民用建筑基本取消了水磨石地面砖，但有少量工业厂房地面仍使用水磨石地面砖。

石棉瓦 又称波瓦，境内生产石棉瓦均为个体企业，基本上都是利用闲置场地按需生产，生产厂家多而散。生产产品以石棉纤维为骨料，以河沙、石渣、炉渣灰、水泥为原料，经过筛选、配料、注水、搅拌制成瓦坯，放在波纹模具上压制而成。生产工具简单，一般两个人就可制作，每月可生产2000张左右。

道路广场砖 1989年，全区只有资兴建材厂和宜章白沙乡砖厂等4户个体企业生产，年产量只有10万平方米。随着城镇建设的发展，2002年后，有郴州市北湖区石盖塘镇石宝新型建材有限公司等10余户企业生产道路广场砖，年产量100万平方米。

混凝土彩瓦 1997年，郴州市民生建材有限公司兴建1条混凝土彩瓦机械化生产线，年生产混凝土彩瓦5万平方米。2005年，全市有10余家混凝土彩瓦生产企业，大部分为半机械化生产，年生产量24万平方米。

轻质墙板 20世纪80年代，郴州建筑工程集团机修厂开始人工成型生产轻质墙板。90年代以后，郴州高峰绝热新材料有限公司、石宝新型建材有限公司、红旗造纸厂等先后发展挤压成型工艺和立模成型工艺，生产轻质墙板。2002年，手工工艺及小型企业逐渐淘汰。2005年，郴州市只有高峰和石宝两户企业生产轻质墙板，年产量约2万平方米。

1989—2005年郴州市（地区）砖瓦产量产值统计表

表14-5-1-1 单位：亿块、亿元

年度	产量	产值	年度	产量	产值	年度	产量	产值
1989	7.3	1.98	1995	12.1	3.03	2001	22.38	5.54
1990	8.0	2.2	1996	13.3	3.24	2002	27.94	6.51
1991	8.8	2.42	1997	14.6	3.48	2003	30.79	7.16
1992	9.6	2.5	1998	32	7.6	2004	35.41	8.23
1993	10.5	2.7	1999	17.6	4.1	2005	42	9.8
1994	11.05	2.95	2000	19.1	4.55	—	—	—

二、沙 石

境内建筑所用的河沙、片石、第一碎石、卵石等沙石，基本都是个体和乡镇企业使用手工或机械开采。1989年，全区乡镇以下挂牌生产沙石的企业共44户，其中采石场28户，河沙场16户，从业人员3000人。此后，逐年增多，沙石开采基本上以个体与个体联合、村与村联合、村与乡联合等形成沙石联合企业。2005年，有上百户沙石生产联合企业，从业人员达4000余人，年均产量有860万立方米。

三、石 灰

1989年，郴州地区石灰生产厂家保持在300家左右，生产规模都不大，多以乡村个体企业为主体，生产工艺普遍采用传统的烧制工艺地窑作业，从业人员达4000人。2005年，生产石灰6000万吨，基本能满足市内建筑和农田耕种需要。

第二节 水泥及其制品

一、水泥生产企业

1989年，全区共有水泥厂32户，其中地属2户、县（市）属12户、工矿企业4户、乡镇企业14户。共有职工7787人。拥有破碎机74台、水泥磨37台、生料磨44台、烘干机械12台、普通立窑18台、塔式机立窑21台、湿法旋窑1台、年生产能力264万吨。1995年，全市生产水泥217.4万吨；县以上水泥厂规模除永兴县水泥厂为2万吨外，其余都有4.4万吨以上，全市年生产能力8.8万吨以上的水泥企业有9户。其间，郴州水泥行业普及机械化立窑，取缔土窑生产，并推广应用“预加水成球微机配料”新技术、新设备，如晶种煅烧技术、烘干机沸腾技术、微机包装、立窑偏火自动控制装置、开流型高细磨、节能离心高压风机、高效选效机、高效收尘器、复合矿化剂等应用技术和设备，得到广泛应用。

1998年，全市水泥生产企业增至44户，年生产能力增至460万吨，是1995年的2.12倍。先后建成投产永兴县马田水泥厂年生产能力10万吨、北湖区鲁塘镇水泥厂年生产能力8.8万吨、杨梅山矿水泥厂年生产能力15万吨。根据国家调整产业结构的政策，市内建材行业实行“压缩两小”（小水泥、小玻璃），水泥行业淘汰普立窑和直径小于2.5米的机立窑。永兴县水泥厂、洋塘水泥厂，宜章县关溪水泥厂3户小水泥企业被国家建材局取消生产许可证，淘汰水泥生产能力6万吨。1998年，北湖区水泥厂、资兴市特种水泥厂退出市场。郴州市水泥厂经市经委批准于同年4月1日停产拆窑，实施“退二进三”，利用厂区优越的地理位置，转向第三产业，主要从事建材市场和小区物业管理，是全省淘汰“两小”后“退二进三”的典型企业之一。

2003年，郴州金磊集团采取“先分离后破产”的方式，重新组建东江金磊水泥有限责任公司，实现机制分离、债务分离，采用新的生产经营管理机制。2004年，该公司仅用8个月时间，投资1.8亿元，建造1条日产2500吨新型干法窑水泥生产线，并在2004年12月1次点火成功。该生产线的投产，使该公司水泥年生产能力达130万吨，年新增利税6000万元，水泥产量继续稳居全省同行前列，并填补郴州无新型干法水泥生产空白。

2004年3月湖南良田水泥有限公司改制为湖南良田水泥有限责任公司。企业历经3期技术改造，收购、租赁市内5家水泥厂，是年，投资2.07亿元，新建日产2500吨新型干法窑熟料水泥生产线，形成年生产能力80万吨的规模。

2005年，全市共有水泥厂36户，其中：股份制企业25户，民营企业11户，共有职工7633人；拥有破碎机78台、生料磨45台、烘干机械14台、日产2500吨新型干法窑2台、塔式机立窑30台、湿法旋窑3台、总资产达12.7亿元，年生产能力达543.2万吨，实际产量400万吨，完成水泥工业总产值达8.45亿元，占当年全市建材工业总产值的31%。

1989—2005年郴州市（地区）水泥产量产值统计表

表14-5-2-1　　　　单位：万吨、亿元

年度	产量	产值	年度	产量	产值	年度	产量	产值
1989	95	1.68	1995	217	3.59	2001	220	3.64
1990	110	1.82	1996	216	3.54	2002	308	5.9
1991	120	1.99	1997	221	3.66	2003	340	6.8
1992	130	2.15	1998	241	3.98	2004	370	7.5
1993	140	2.32	1999	208	3.45	2005	400	8.45
1994	150	2.48	2000	203	3.36	—	—	—

二、水泥产品

（一）普通硅酸盐　硅酸盐水泥

1989年，全区水泥产品有：普通硅酸盐水泥（又称普通水泥），产量占全市水泥产量的84%；硅酸盐水泥（简称矿渣水泥），占全市水泥总产量10%；R型普通硅酸盐水泥，占全市水泥总产量的6%。2000—2001年，东江金磊水泥有限责任公司，经过技术攻关，就近利用鲤鱼江电厂粉煤灰作为混合材，首先在1＃、2＃水泥磨上试验成功，取得令人满意的效果，每年可掺加粉煤灰6万吨，年增利税400万元，大大改善水泥性能，取得较好的经济效益和社会效益。2003年，该公司生产道路水泥40万吨、复合水泥20万吨。是年，郴州东江金磊水泥有限责任公司生产的“金磊”牌水泥、宜章辉亮水泥责任公司生产的“强龙”牌水泥被评为国家免检产品。

（二）散装水泥

1989年后，郴州推广散装水泥工作突出，多次受到省散装办的表彰奖励。当年，散装量为3.27万吨，散装率为3.7%；1993年，散装量为17.18万吨，散装率为11%；1995年为24万吨，散装率为12.15%；2000年，散装量为52万吨，散装率为24%；2005年，散装量为121万吨，散装率为29%。

（三）水泥制品

1989年，全区有水泥制品制作场、班、组、点共360余处，其中附属于建筑施工单位的预制场、组254处，乡镇办80处，工矿企业办6处，邮电、广播部门办20处，建筑需要水泥制品临时在工地的生产制作点则随处可见。1996年，个体企业郴州市石宝新型建材公司在郴州市苏仙区白露塘镇新建一条年生产能力10万立方米轻质隔墙条板生产线，主要生产SBGRC9-60型玻纤增强水泥多孔隔条板。有立模、挤压两种成型工艺生产的产品和工业灰渣混凝土空心隔墙条板。2002年，北湖区石盖塘个体企业建成投产年生产能力10万立方米的“石宝”牌人行道砖、植草砖生产线，主要

产品规格有800毫米×200毫米×120毫米、500毫米×600毫米×200毫米、500毫米×350毫米×120毫米、500毫米×230毫米×80毫米4种。2005年，苏仙区白露塘镇红卫村建成一条年产10万立方米钢筋混凝土排水管生产线。是年，全市水泥制品有电杆、水泥管、水泥涵管、水泥预制构件（大型屋面板、空心板、过梁、平板、挑梁、槽瓦、隔板、楼梯板、刀片板、花窗）4大类、上百个品种。其中水泥电杆5万根2.35万吨，水泥管4万节5483立方米，各种水泥预制构件39.8万立方米，全市水泥制品总产值6220万元，有专业从业人员3000人。

三、水泥销售

从1989年起，水泥产品销售计划取消，全部由市场调节。1997年，“金磊”牌水泥被香港新机场建设列为指定产品，机场40万平方米连锁地板砖全部使用“金磊”牌水泥。1998年，金磊水泥公司获得自营出口权后，加大开拓香港市场的力度。1999年，该公司生产散装水泥用专列运送香港，开创国内水泥销售境外市场之先河。境内其他水泥产品60%满足省内市场，40%销往江西、广州、深圳、港澳地区及出口至东南亚国家，销售率长期一直保持在98%以上。

第三节　玻璃·陶瓷

一、玻璃生产企业

（一）郴州玻璃厂

1989年，郴州玻璃厂兴建1条年产50万重量箱的浮法玻璃生产线。1990年，该厂生产浮法玻璃56.2万重量箱，其产品销往内地16个省、市和香港、台湾地区，并出口埃及、韩国、越南、印度尼西亚等国家。1992年6月，该厂改名为郴州玻璃总厂。1995年5月，改为郴州晶星玻璃集团公司，成为以生产经营浮法玻璃及其深加工系列产品为主，兼营矿产品加工、房地产、酒店、服装、文化娱乐的中型企业。有职工1400余人，专业技术人员248人。拥有资产总值2.9亿元，年实现利税4000余万元。其黄金玻璃填补国内此项产品空白。2002年，郴州晶星玻璃集团公司浮法玻璃生产每况愈下，2005年，经郴州市中级法院拍卖，众友玻璃公司以2345万元的价格获得竞买。

（二）其他玻璃企业

1992年4月，由中国洛阳浮法玻璃股份有限公司（控股）、湖南省郴州晶星玻璃集团、湖南省工商银行郴州市分行3家发起，共同创建郴州八达玻璃股份有限公司。该公司拥有资产2.4亿元，占地面积26.7公顷，厂房建筑面积6万平方米，拥有1条日产400吨生产线，可生产3～12毫米规格优质玻璃，年生产能力250万重量箱，年产值1.27亿元。

2000年，根据省经贸委《关于下达湖南省清理整顿小玻璃厂、小水泥厂名单的通知》精神，资兴市兴发玻璃厂退出玻璃生产行业。

2001年，郴玻集团格法玻璃生产线由郴玻集团与郴玻集团工会（职工股）共同投资，在郴州市下湄桥原市建材总厂旧址建成，命名为郴州星辰玻璃有限公司，该生产线总投资8000万元，主要产品为1～10毫米超薄玻璃，日产140吨。

2005年，郴州市2户平板玻璃生产企业共有在职职工827人，年生产能力340万重量箱，年实际生产353万重量箱，完成年产值1.78亿元。

1989—2005年郴州市（地区）玻璃产量产值统计表

表14-5-3-1　　单位：万重量箱、亿元

年度	产量	产值	年度	产量	产值	年度	产量	产值
1989	20	0.027	1995	247.2	0.74	2001	329	1.5
1990	56.2	0.077	1996	262.4	0.79	2002	334	1.56
1991	60	0.082	1997	243	0.73	2003	341	1.63
1992	64	0.08	1998	13.8	0.04	2004	347	1.7
1993	67	0.1	1999	270	0.81	2005	353	1.78
1994	72	0.11	2000	314	0.94	—	—	—

二、玻璃产品

（一）玻璃纤维

1989年以前，资兴市何家山乡光田村兴办玻璃纤维绒布厂，永兴县陶瓷厂和桂阳关溪水电站、嘉禾县石羔乡亦先后创办玻璃纤维厂，生产玻璃纤维。1989年以后，部分个体企业先后办起了一些玻璃纤维厂，一般都是租赁闲置杂房做厂房，用陶坩埚通电熔化。由于设备简单，工艺落后，产量低，质量不过关，2005年，两户个体流动生产企业生产玻璃纤维60吨，产品销往省内道县、蓝山及广东、广西等省（区）。

（二）玻璃纤维布

1989年，区内生产中碱玻璃纤维布的厂家有郴州市城南玻璃纤维布厂和资兴何家山乡光田村玻璃纤维布厂，共有布机16台，年产40万米，产品分平纹和斜纹2种。后因乡村企业玻璃纤维布厂规模较小，生产技术落后，产品质量不过关，销路不畅，先后破产关闭。

三、日用陶瓷

1989年，郴州地区共有陶瓷厂10家，分布在郴州市、资兴、桂阳、嘉禾、桂东、安仁等县（市），中国人民解放军6840部队也办有陶瓷厂，共有年生产能力2900万件，实际年产量2530万件。境内较大的陶瓷企业有郴州瓷厂和嘉禾陶瓷厂。郴州瓷厂有固定资产原值554万元，净值432万元，职工851人，当年完成产量1111万件，其中出口147.94万件，出口交货总值109.69万元。1989—1991年的3年间，该厂陶瓷生产产量逐年降低，年平均产量仅占生产能力的73.5%。1992年后，该厂处于半停产状态。1995年，完成工业总值691万元，完成产量988万件，出口435万件，出口交货总值436万元，实现销售收入422万元，亏损229万元。因扭亏无望，1996年依法破产，破产后组建郴州市恒辉陶瓷有限公司。嘉禾县陶瓷厂于1988年更名为嘉禾县陶瓷耐火材料厂，有固定资产76万元，职工58人，生产流程从手工旋胚、石轮打粉、牛力踩泥、挤泥压泥等改造为电动半机械化流水作业，主要生产日用陶瓷和各种耐火材料。1989年，生产日用陶瓷器9.07万件，产品

销售收入38.1万元，销售税金2.4万元。1999年，该厂开发生产的“无渗透甜酒缸”，科技含量高，产品造型美观，色泽晶莹光滑，是湖南省陶瓷行业唯一无渗透的定型陶瓷产品，填补了湖南省陶器产品无渗透的空白，产品专销广东省连南、阳洲、阳德等各大酒厂，产销顺畅。2001年，该厂新建一座28孔的陶窑，可产陶器10万件。2002年，生产日用陶器11万件，销售收入110万元，销售税金3.4万元。此后，企业生产经营每况愈下，于2005年依法拍卖。

此外，还有个体农户从事土陶生产。日用陶器新品有各型花钵、花盆、龙缸、釉下彩花钵、雕花火盆等，并逐步形成油灯、花插、花钵、花缸、动物、人物和灯座、蜡座8种出口工艺系列产品200多个品种。郴州瓷厂是区内唯一的瓷器出口厂家，至1989年累计出口瓷器3153万件，交货值1680万元，产品销往香港、澳门地区，出口荷兰、美国、比利时、瑞典等国家。1990年以后，由于传统的购销体制被打破，市场竞争激烈，市内陶瓷工业未能赶上形势发展，郴州瓷厂及各县（市）的陶瓷企业于2000年前相继破产停办，只有部分个体农户从事土陶生产。

第四节　其他建筑材料工业

油毡　1989年，区内有桂阳、资兴、宜章3县（市）3家油毡厂，都是小型企业，未能形成规模。2005年，全市有桂阳、资兴、宜章、苏仙区卜里坪等7家油毡厂，共有生产人员100余名，年产油毡8.5万卷，产品销往市内市场。

防水油膏　2005年，苏仙区卜里坪兴办建筑防水材料厂，有10名职工，年产量790吨。产品用于建筑嵌缝、补缝、面层涂刷、防渗水、防漏水，并可代替黏结剂、黏结瓷砖油毡、玻璃纤维布、麻布等。

塑料板　主要产品有永兴县生产的难燃铝塑装饰板，宜章县民办企业生产的红光牌塑料天花装饰板，产量不高。2005年，全市塑料板年产量有11万平方米，年产值90万元左右。

石膏板　2005年，市内有多家个体企业生产石膏板，无固定厂址，多利用闲置场地，按需生产，主要产品有轻质石膏板、防水防潮石膏板、增强防水石膏板等，有彩色、浮雕、隔音等品种，年生产量5万平方米。

商曲瓦　商曲瓦是仿商代一种变异型瓦，其质介于陶、瓷之间，是用于建筑的装饰材料，具有机械强度好、耐风化、抗冲刷、耐腐蚀的特点。1989年，仅有永兴县建材厂生产商曲瓦（包括屋面、地面、内外墙材料），生产能力为年产10万平方米。2005年，市内有5家商曲瓦生产企业，年产量60万平方米。

花阶砖　1989年，境内有郴县（苏仙区）马头岭花阶砖厂、资兴市木根桥水玻璃厂、宜章县城南锦砖厂和杨梅山煤矿地板砖厂等4户企业生产花阶砖，共有从业人员150人，年产量450万块以上。2005年，市内共有花阶砖生产企业10户，年产量1500万块。

建筑涂料　1989年，全区10户建筑涂料生产企业，年产各种建筑涂料8000吨以上。随着企业改革改制，国有或集体建筑涂料生产企业全部成为民营或股份制企业。2005年，全市共有民营或股份制建筑涂料企业16户，生产各种建筑涂料2400吨。

大理石荒料　2005年，宜章县、苏仙区各有3户乡镇企业生产大理石荒料，共有从业人员112人。产品有雪花白石料、细粒汉白玉、细粒亮晶汉白玉、雪花白大理石、淡灰细晶大理石、纹条大理石、黑灰带状大理石、深灰斑块云雾状大理石8个品种，供不应求，主要销往广东省云浮工艺厂、云浮石料厂、广东五金矿产品进出口公司。

大理石饰面板 1989年，境区内有郴州地区建筑材料厂大理石车间、湖南省地质矿产局408地质队大理石加二厂、郴州市安源大理石厂生产大理石饰面板。共有职工150人，拥有框架摇摆式锯床7台、粗磨机3台、细磨机12台、切边机4台及吊车等设备，年生产能力2.12万平方米。2005年，全市共有大理石厂25户，产品有汉白玉、红彩玉、白云彩、彩花、墨玉彩、白色、黑色、灰条纹等饰面板，年生产能力达18万平方米。

大理石石米、石粉 1989年，区内有石米生产企业21户，从业员1373人，生产能力合计在10万吨以上。1990年后随着城镇建设的发展，许多新型瓷砖、涂料出现，石米生产逐年减少。2005年，全市尚有个体石米生产企业11户，从业人员640人，年产量在5万吨左右，产品多为白色，亦有红、黑、黄色。

萤石 1997年，郴玻集团筹资1280万元，将劳动路的市矿冶厂搬迁到卜里坪，并建设一条年产3万吨萤石（干态）的生产线。2005年，市内生产萤石企业有卜里坪矿冶厂和宜章萤石矿2家，均系露天开采，手工操作，共有职工180人，年产萤石3.8万吨，产品有块状和粉状两种。

硅砂 2005年，市内有宜章城南硅砂矿1户乡镇企业生产硅砂，有职工150人，年产量达1.68万吨，产品销往市内玻璃生产企业及广东省。

此外，市内白云石、石英、水晶、钾长石、高岭土、石膏、石棉等非金属矿产品均有生产，规模不大，产量不多，时产时停。

第五节 建材企业选介

一、郴州东江金磊水泥有限责任公司

该公司位于资兴市鲤鱼江镇，是民营股份制企业，租赁原湖南金磊集团生产线进行经营。2003年，金磊集团因资不抵债，申请破产。次年，经郴州市中级人民法院裁定破产终结，其资协议处置给郴州东江金磊水泥公司。该公司成立后，利用国际水泥生产技术，筹建日产2500吨熟料（年产100万吨水泥）新型干法水泥生产线。2004年3月，主体工程开工，12月点火投产，创造同类工程施工工期短（不到10个月）、投资额少（概算1.8亿元，实际仅1.6亿元）的全国纪录，填补了湘南区域（郴州、衡阳、永州）生产新型干法水泥的空白。该生产线全部利用自筹资金和自有土地建设（不新增用地），具有高效（劳动生产率是传统湿法工艺的10倍以上）、节能（煤耗节约50%）、环保（全线封闭生产、高效除尘）、优质（熟料标号提高约1至2个等级）等先进技术优势。在此基础上，公司新增干法窑二期工程建设，即将原有3条生产成本高的湿法回转窑拆除，新建1条日产4000吨熟料（年产170万吨水泥）的新型干法生产线。2005年1月起，3台湿法窑开始停产拆除，年内完成全部拆除和设备处置工作及场地平整。是年，该公司固定资产1.25亿元，总资产3.3亿元，在岗员工720人，完成水泥产量104万吨，完成工业产值2.69亿元，实现利税2900万元。公司以建立生态友好型水泥企业为目标，组织技术攻关，大力推进循环经济、清洁生产等先进技术，在水泥生产燃料中，除石灰石与煤炭为一次性资源外，其余为工业废渣，废渣掺加率达30%以上，生产的两个水泥品种均被省经委认定为资源综合利用产品，每年消耗粉煤灰、铅锌尾矿、磷石膏等工

业废渣近50万吨。是年年底，该公司代表湖南工业企业参加在北京举行的“全国建设节约型社会”大型展览并获得好评。

二、湖南良田水泥有限公司

该公司位于郴县（苏仙区）良田镇。其前身是郴县良田水泥厂，建于1987年9月，1989年投产。依靠股份合作机制滚动发展，历经三期技术改造，至2004年，拥有机立窑5台，并收购、租赁市内5家水泥厂，形成年设计生产能力80万吨的规模。2004年3月，企业改制，由郴县良田水泥厂改为湖南良田水泥有限公司。公司建立了完善的质量保证体系，市符合国家标准的内控指标体系，采用科学的管理方法，引进一流的工艺设备，严格质量检测手段，运用灵活的经营方式，生产的“岭东”牌42.5、52.5级普通硅酸盐水泥各项指标，全部符合国家标准，质量稳定，具有早强、快硬和易性好、防腐耐磨等特点，适用于道路、桥梁、高层建筑。投产后出厂水泥合格率、富裕强度合格率、安定性合格率、均匀性合格率、袋重合格率一直保持100%。1991年，获“部优产品证书”；1996年，通过国家质量认证；2005年，列入“国家免检产品”。1989—1992年，企业先后获得湖南省质量五十强企业、国家认证证书、省免检产品证书、广州市产品使用认证证书、全国乡镇企业质量管理先进单位、质量管理体系认证、国家免检产品等荣誉或资质。1993—2005年，企业一直保持“一级化验室”称号，产品畅销湘南、广州、深圳、佛山、江西等地。2005年，公司在岗员工1286人，固定资产1.56亿元，完成水泥产量64万吨，完成产值1.28亿元，实现利税992万元。同年，投资1.78亿元新建1条日产2500吨新型干法旋窑熟料水泥生产线，年底已完成工程量90%。

三、郴州八达玻璃股份有限公司

该公司位于郴州市同心路32号，筹建于1992年4月，是由中国洛阳浮法玻璃股份有限公司（控股）、湖南省郴州玻璃集团、湖南省工商银行郴州市分行三家发起，共同创建的股份制工业企业。八达公司是郴州市首家工业股份制企业，湖南省首批规范性股份制试点企业之一，也是郴州地区招商引资上亿元企业。公司拥有资产2.4亿元，占地面积26.7公顷，厂房建筑面积6万平方米，有一条生产能力为日产400吨、年产240万重量箱的浮法玻璃生产线，可生产3～12毫米不同规格的优质玻璃，产品各项指标均达到国家相关产品质量标准，并通过国家质量体系认证，并拥有自营进出口权。公司采用的是控股母公司洛玻集团的专利技术“洛阳浮法玻璃工艺”，此项工艺是与英国皮尔金顿、美国匹兹堡齐名的“世界三大浮法”玻璃生产工艺之一。公司自1994年9月投产后，采用国际标准产品认可证书，先后获“法国巴黎名优产品博览会金奖”“出口创汇先进单位”“市级先进企业”“郴州市科学进步一等奖”“湖南省名牌产品”等称号。2004年，公司被郴州市政府评为“郴州市十大标志性工业企业”。2005年，公司在岗职工567人，固定资产1.62亿元，生产能力日产360吨，完成产量255万重量箱，创产值7638万元。

四、郴州市郴蓝新型建材有限公司

该公司位于郴州市有色金属科技工业园内，占地面积2万平方米。2004年3月，公司投入

1000 万元（首期工程），按照现代化企业模式进行设计，建成 1 条现代化生产线，除生产线尽可能引进先进技术和生产工艺外，还在环境美化、企业形象、职工生活和文化设施方面加大投入。作为民营企业，该公司组建高效简练、务实和谐的管理机构，同时制定系统严格的管理制度。公司在生产销售实践中，践行“诚信为本、品质取胜、顾客至上、互惠双赢”的经营理念。2005 年，生产新型环保建筑材料——粉煤灰加气混凝土砌块 10 万立方米，完成产值 2000 多万元，实现利税 500 余万元。

五、湖南省玉山水泥有限公司

该公司前身为郴州南岭水泥厂（郴王建材有限公司），始建于 1993 年。2003 年 12 月，经郴州市苏仙区人民法院依法宣告破产后，由个体老板合资购买，2004 年 5 月，重组为民营股份制企业——湖南省玉山水泥有限公司。该公司位于郴州市苏仙区廖家湾乡 107 国道 1973 千米处，占地面积 48.7 公顷，建筑面积 5.6 万平方米，矿区面积为 0.5 平方千米，年生产能力为 60 万吨。公司自有矿山及采石场，石灰石储量在 1 亿吨以上，按用量 150 万吨 / 年计算，可开采 60 年。公司采用湿法旋转窑生产，主要生产“郴王”牌水泥，该产品以色彩好、超细、超强和易性好、浆法多、黏接力强、耐磨等优点而赢得用户广泛赞誉，曾连续两次获“湖南省水泥行业质量五十强企业”称号，并获得湖南省质量技术监督局颁发的产品质量监督免检资格证书。湖南省内及周边省区很多大型建筑工程及重点建设项目（如京珠高速公路、深圳长城大厦、郴州广电中心等）均采用“郴王”牌水泥。玉山水泥有限公司是湖南省民营企业中规模较大、产品质量较稳定的水泥生产企业。2005 年，玉山水泥有限公司在岗员工 266 人，固定资产 1.18 亿元，年生产水泥 45 万吨，实现产值 1 亿元，创利税 500 万元。

六、汝城县乐施水泥有限公司

该公司位于汝城县城关镇，其前身为汝城县水泥厂。1989 年，第一次技改，更换 1.83 米 ×7 米磨机 2 台；1994 年，第二次技改，原机立窑扩径改 2.5 米 ×8.5 米机立窑 1 座，增加生料 400 型选粉机 1 台，水泥 300 型选粉机 1 台，年生产能力增至 4.4 万吨；1998 年，第三次技改，更换水泥 400 型选粉机 1 台，直径 3.2 米成球盘 1 台，增加预加水成球系统，年生产能力达 6.6 万吨。2003 年，汝城县水泥厂改制，同年 7 月，公开整体拍卖，个体民营企业家以 735 万元竞购，12 月底，成立汝城县乐施水泥有限公司。公司成立后，以原厂职工为主体进行减员重组，由 178 人精减为 118 人，同时在原厂基础上进行全面技术改造。2004 年 6 月，投入资金 800 余万元，将原有设备改造为 2.2 米 ×7.5 米的闭路磨机 2 台，直径 3.8 米的成球盘 1 台，3.2 米 ×10.7 米的机立窑 1 座，年生产能力由 6.6 万吨提高到 12 万吨。是年 9 月，改造投产后，该公司“乐施”牌普通硅酸盐水泥，各项指标均达到国家标准，为县重点水利、公路、高层建筑的指定和首选产品。2004 年 12 月通过国际质量管理体系认证。2005 年，该公司被湖南省评为“维护消费者权益先进单位”。是年，公司有固定资产 2000 万元，生产水泥 8 万吨，实现产值 2000 万元，实现税金 120 万元。

第六节 建材行业管理

一、建材行业管理机构

1989，郴州地区建筑材料工业公司（简称地区建材公司）主管区内建筑材料工业，行使行署授予的行政管理职权。全区292户挂牌建筑材料及非金属矿山企业中，属地区建材公司归口管理的42户，其中公司直属企业有东江水泥厂、郴州地区水泥厂、鲁塘石墨矿、郴州地区炉渣砖厂、郴州地区建材厂、郴州玻璃厂。直属二级企事业单位有地区墙体材料改革办公室、地区散装水泥办公室、地区建筑材料科研所、地区建材科技开发中心、地区建材物资供应站、地区建材厂7家。1995年5月地改市后，地区建材公司更名为郴州市建筑材料工业总公司，其主管部门和职能未变（另代管八达玻璃有限责任公司）。2002年9月，郴州市冶金工业总公司和郴州市建筑材料工业总公司撤销，转体组建郴州市冶金建材行业管理办公室，加挂石墨管理委员会办公室牌子（2004年5月石墨管理委员会办公室转归郴州市煤炭局管理），属行政性事业单位，参照公务员法管理。2003年，又增加直属国有企业改革改制的管理职能，沿用至2005年。

1989—2005年郴州市（地区）建材工业总公司（行管办）主要负责人名录

表14-5-6-1

单 位	姓 名	职 务	任职时间
郴州地区建材工业总公司	秦开伍	总经理	1989—1990年
郴州地区（市）建材工业总公司	陆 康	总经理	1991—1999年
郴州市建材工业总公司	郑国强	总经理	2000—2001年
郴州市冶金建材行管办	郑国强	主 任	2002年—

二、建材行业指导

2002年12月，根据郴州市市政府授予冶金建材行业管理办公室（简称行管办）的职责，行管办设立行业指导科，主要对全市的水泥质量进行监管。2004年11月，行管办自编《水泥企业化验室操作人员理论培训教材》，组织251名化验室操作人员进行培训和考试。对东江金磊水泥有限公司2500吨/日产新型预分解干法窑生产线进行技术指导，2004年，顺利点火投产。帮助金磊公司4000吨/日产、良田水泥有限公司日产2500吨新型预分解干法窑生产线立项和申报省、市重点项目；帮助康达4000吨/日产新型预分解干法窑生产线早日投产；督促和帮助企业采用招商引资、银行贷款、股份合作等方式融资；对周边地区建材市场，特别是水泥市场进行调查和预测分析，加强对建材企业行业指导。

三、建材行业规划

2003—2004年，郴州市冶金建材行业管理办公室根据建材行业实际情况和特点，制定《建材工业规划》《水泥工业发展规划》《散装水泥发展规划》《新型墙材发展规划》。2005年，制定《建材工业“十一五”规划》，对“十一五”期间建材工业发展的指导思想、发展目标、发展的主要任务、技术选择都做出详细阐述，规划要求建材工业年总产量达到800万吨，年总产值达到40亿元，年均增长16%，建材工业占全市规模以上工业总产值8%左右，培育产值过亿元的企业4户（郴州金磊、郴州良田、宜章康达、湖南玉山）。同时，继续落实产业结构调整和加强淘汰“两小企业”工作，支持2500吨/日产以上新型干法窑建设。随着新型干法窑生产不断发展，是年，机立窑开始退出建材市场。

第六章 机械电子工业

1988年，郴州地区归口管理的国有机械电子工业企业共22户，固定资产总值4476万元，完成工业总产值5454万元，上缴销售税金和所得税金230万元，实现利润767万元。1995年，归口管理的企业19户，固定资产总值1.24万元，完成工业总产值2.68亿元，上缴税金2271万元，实现利润1585万元。

1996年后，郴州市国有机械电子工业企业逐渐减少，2005年年末，归口管理的国有企业仅有3户，固定资产总值3461万元，职工总人数958人，工业总产值1698万元，上缴税金39万元，实现利润负426万元。

20世纪90年代中后期，民营、港澳台资进入机械电子工业领域，经过置换公有制企业身份和职工身份的企业不断增多，效益凸显。2005年年末，全市有年产100万元机械电子工业企业42户，剔除原有中国水电八局东江机械厂、路桥集团郴州筑路机械厂（交通部郴州筑路机械厂）、南岭机械厂（7451工厂）、南燕汽车厂（7429工厂）、湖南鑫裕凸轮轴公司（湖南机床附件厂）、湖南地质勘探机械厂、郴州粮油机械厂、郴州煤矿机械厂、郴州变压器厂9户企业后，其他企业33户，比1995年的19户增长57.6%；固定资产总值6.95亿元，是1995年的5.5倍；完成工业总产值5.66亿元，是1995年的2.1倍；上缴销售税金和所得税金2876.74万元，比1995年增长26.6%；实现利润3264.14万元，是1995年的2倍。

第一节 机械制造

一、农业和农产品加工机械

（一）农用动力机械

建于1968年的郴州地区柴油机厂，是生产农用动力柴油机专业企业，1988年，已形成年产销2～4马力柴油机1万台生产能力。1989年后，该厂注重科技兴厂，发挥工程技术人员的作用，完善原产品CZ160F、CZ165F、CZ170F的生产工艺和质量保证体系，同时自主研制5～8马力CZ175F、CZ180F等新产品。至1991年，主要产品2～8马力千里驹牌和郴星牌（CZ）系列小马力风冷单缸柴油机，是耕田机、插秧机、打稻机、农用船浆、抽水机（水泵）等农用机械的配套动力。是年，CZ系列柴油机被列为湖南省农业科技“星火计划”重点项目和国家农用机械新产品计划；CZ175柴油机获国家“星火计划”博览会金奖。1992年，CZ175F柴油机过载保护装置获实用新型专利。1993年，研制倾斜式以外的卧式新产品。1995年，CZ175F柴油机获中国国际新产品新技术博览会科技创新金奖。20 世纪 90 年代后期，已形成年产销 5 万台 10 万 ~ 15 万千瓦柴油机的能力。常年产量 3 万 ~ 4 万台，1999 年产量高达 5.31 万台，总产值 5019 万元，销售收入 4029 万元，实现利润 393 万元，上缴税金 91 万元。这些产品不仅行销国内，而且常年出口东南亚、欧美等国家，1999 年，创出口交货值 300 万元的最好记录。2002 年 5 月，通过国家质量保证体系认证。年底，筹资 1200 万元，在郴州市北湖工业园购地 3.3 多公顷，兴建现代化厂房。

从 1993 年起，位于郴州市燕泉南路的郴州市江达机械厂，也开始生产农用动力的小柴油机，主要是自主研制的 3 马力 165F 风冷柴油机，1995 年，已形成年产量 3000 台、年产值 250 万元的规模，后因资金周转困难，于 1996 年停产关闭。

（二）粮食加工机械

郴州粮食加工机械主要产品是碾米机，也是郴州碾米机厂的当家产品。1989 年后，企业不断完善生产工艺和提高产品质量，同时自主研制出砻碾组合米机、精米机、家用米机新产品。该企业主导产品三利牌铁辊碾米机很适合农村村民使用，成米、碎米、细糠分离干净，质量稳定可靠，很受农民欢迎，被誉为米机的“凤凰”，3 次获机械部优质产品称号。1992 年 3 月，在西安举行的第三届全国农副产品加工机械优质产品、优质服务评比会上，该厂米机和精制米成套设备均获国家金质奖。三利牌产品行销全国，并常年出口国外。1989—1995 年，是企业生产经营的红火期。年产米机 1.5 万 ~ 2 万台，年产成套米机 1000 ~ 1500 台（套），年产值 800 万 ~ 1000 万元。1997 年 9 月，进行职工股份合作制改造，企业更名为郴州三利碾米机股份有限公司。公司改制后，由于没有改变企业和职工国有身份，改制并不成功，企业生产经营一度下滑，但 6NF-9 型碾米机一直是“湖南省名牌产品”。2000 年 4 月，企业虽通过国家质量保证体系认证，终因管理不善，生产经营效益欠佳，于 2002 年 6 月破产关闭。

郴州粮油机械厂也是生产粮食加工机械的企业。主要生产干湿器、榨油机、输送机等粮油仓储设备，行销全国，并出口世界 20 多个以产粮为主的国家和地区。2000 年，该企业获国家科技进步二等奖和国家重点新产品生产企业称号，成为全国粮食加工机械行业获得的最高科技成果奖，也是郴州市首个获得国家科技进步奖的企业。1992—2000 年，因体制机制制约企业发展，生产经营好的年份，年产量没超过 2000 台（套），年产值没超过 2000 万元。2002 年，企业实行股份制改造，企业转体，职工身份转换，建立现代企业管理制度，加快了企业发展。2003 后，年产量 3000 ~ 4000 台（套），年产值 5000 万 ~ 6000 万元。2005 年，先后研制出稻米加工过程中的去石、谷糙分离、糙米精选、碾米抛光、白米分级精选、成套碾米、电子计量包装等 20 多个系列 100 余个产品。其中有 50 多个产品获得自主知识产权、29 项国家专利，8 项省部级科技成果奖，1 项国家科技进步奖，1 项国家科技星火计划一等奖。立式双辊碾米机和立式双辊抛光机，是中国优质稻米产业化粮食加工机械的主要产品。

从事粮食加工机械生产的还有桂阳、宜章、安仁、临武县机械厂和资兴市鲤鱼江机械厂以及民营郴州市华龙粮机科技有限公司 6 户企业。1989—1995 年，桂阳县、宜章县机械厂生产的碾米机，年产量分别为 300 ~ 500 台，年产值分别为 100 万 ~ 150 万元。1996 年后，两厂处于停产半停产状态，分别于 2000 年和 2001 年破产关闭。安仁县机械厂生产压面机，年产量 300 ~ 400 台，年产值 80 万 ~ 120 万元。临武县机械一厂生产磨粉机，年产量 400 ~ 500 台，年产值 100 万 ~ 120 万元。桂阳县机械厂生产澎化机，年产量 600 ~ 700 台，年产值 80 万 ~ 120 万元。后因资金周转困难，均停产关闭。资兴市鲤鱼江机械厂生产米面压皮机，年产量 50 ~ 80 台，年产值 100 万 ~ 120 万元。

从 2001 年起，民营郴州市华龙粮机科技有限公司开始生产稻米加工的砻谷机、碾米机等。

该企业的主要技术骨干人员是原郴州粮油机械厂职工，其产品与郴州粮油机械厂相同，年产量1000～1500台（套），年产值600万～800万元。

（三）农用运输机械

1989—1994年，郴州市（北湖区）机械厂生产资江12型盘式拖拉机，年产量200～300台，年产值200万～300万元。同时，还生产农用拖车，年产量1000～1500辆，年产值150万～200万元。到20世纪90年代中期，因市场萎缩而停产。1992—1995年，郴州柴油机厂试生产福星牌微型农用运输车，动力为375型和380型4缸洛阳拖拉机厂的柴油机，其他部件自制，驾驶室有单排和双排两种，有效载重2吨，4轮后桥驱动，每台售价2万元，累计生产50台农用运输车，但因市场需求量不大停产关闭。2003—2005年，民营郴州吉奥南燕驰峰汽车有限公司生产（组装）神农牌农用运输车，型号为"6轮、尖头、翻斗"和"6轮、平头、翻斗"两种。生产许可证号为湘20031226067，柴油机功率58.8千瓦，使用广西玉林柴油机厂的柴油机和临武县南方车架厂的车架（大梁），其他零部件为市内外农机市场的配套产品。后桥驱动，最高车速每小时60千米，驾驶室准乘2人。年产量100～200台，年产值250万～300万元。

（四）水泵

水泵（抽水机）生产企业有桂东沙田机械厂生产的80-16、100-10、60-6、50-31农业泵；汝城机械厂生产的湘农150-20、200-36、80-33电动泵。1989—1995年，是生产经营较好时期，两厂合计年产量2500～3000台，年产值分别为80万～120万元。1996—2005年，两厂生产的直排离心轻水泵两个系列，年产量4000～5000台，年产值150万～200万元。

（五）耕田机

耕田机生产有汝城机械厂、郴州南岭机械厂和郴州柴油机厂3户企业。1989—1995年，汝城机械厂生产的湘南3型耕田机，年产量300～400台，年产值120万～150万元。1989—1993年，郴州南岭机械厂（7451工厂）自主研制铁牛牌耕田机，年产量200～300台，年产值80万～120万元。1999—2005年，郴州柴油机厂自主研制的卧式柴油机和与之配套的耕田机，年产量5000～6000台，年产值300万～350万元。

（六）其他农机产品

1989—2005年，境内还生产饲料粉碎机、人力打稻机、畜力犁、牛拉蒲滚。各县机械厂生产人力打稻机，年产量共8000～10000台；生产畜力犁、牛拉蒲滚，年产量800～1000部。此外，每年生产中小铁制农机具上万件。临武县机械二厂生产饲料粉碎机，年产量300～500台，年产值50万～80万元。

二、矿山机械

（一）钻探机械

1998年，郴州兰某在郴州市经济技术开发区创办民营地质钻探机械厂。由于矿产资源采探业民营化，以及房地产业地质钻探的运用，该企业的钻探机械市场走好，需求旺盛。2004年，港商投资2000万港元，添置先进的钻探机械制造技术设备，蓝某兄弟购得位于下湄桥107国道旁原郴州市纺织钢针厂厂房和土地后，将地质钻探机械厂从经济技术开发区搬迁到此地。企业占地1.9万平方米，其中建筑面积1.45万平方米，有职工120名（工程技术人员8人），拥有加工生产设备等固定资产1200万元。2004—2005年，每年生产钻探机2000台（套），年销售收入8000余万元，年创税利300万元。

生产钻探机械的企业还有位于桂阳县城关镇的湖南省地质勘探机械厂。该厂自1980年创办以来，由于是为省内本系统服务自给自足修建企业，25年来，没有大的变化。2000年，该厂改制为民营企业，其员工队伍、产销渠道、厂房设备、厂名都没有改变，主要生产100米、800米的延伸岩芯钻机，年产值150万~200万元。2005年年末，有员工37人，有机器设备20台（套），固定资产800余万元。

（二）选矿机械

1989—1999年，境内选矿机械制造业只有始建于1975年的郴州地区冶金机械厂。由于国有企业体制弊端，10年间，生产经营效益欠佳，300多人的工厂，年产值徘徊在300万~500万元，多数年份亏损，1999年12月破产关闭。

2000年后，郴州市先后创办的民营选矿机械企业还有郴州恒达冶金机械有限公司、郴州进兴选矿设备有限公司、郴州金富利矿山机械有限公司、郴州合鑫冶金机械厂、郴州中南矿山机械厂、郴州嘉鸿选矿设备厂等。这6户选矿机械企业，除郴州嘉鸿选矿设备厂的产品外，其他企业产品基本雷同，多为原郴州冶金机械厂生产过的产品。以后改进提质的产品主要有：球（棒）磨机、高堰式单螺旋和双螺旋洗矿机、浮选机、颚式破碎机、振动筛、新型高效节能滚动轴承球磨机、中磁选机，提升搅拌槽等。年产值各有不同，多的2000万~3000万元，少的100余万元。但都获得较好的经济效益。尤其是创建于2001年的嘉鸿选矿设备厂，主要产品为镜面选矿摇床，用于球磨加工的细沙和尾矿（金银锡钨等）分选。该产品技术于2005年9月获国家专利。企业年产量80~100套，年产值200万~300万元。

（三）煤矿机械

1989年，位于郴县栖凤渡镇的郴州煤矿机械厂，通过引进消化再提高和自主研制，已形成企业自有产品：单筒提升绞车、斜井人车、斜流（轴流）式局扇（通风机）、地面抽出式主扇和各式矿车等。2.2型通风机1989年获实用技术专利和湖南省优秀新产品奖，1990年，获湖南省科技进步奖。5.5型通风机获1991年湖南省优秀产品称号，并被国家计委列为国家级重大新产品，1992年获湖南省科技进步三等奖。是年，该企业从栖凤渡镇整体搬迁到郴州市经济技术开发区万华大道，占地5.3公顷多。1993—2000年，郴州市范围内相继开办民营煤矿，煤矿机械需求旺盛，该企业乘势发展，产量产值都有较大增长，年产值由1992年前的300万~400万元上升到年产值上千万元，年盈利50万~80万元。1993年，通风机获全国矿井风机评比抽样第一名和煤炭部煤矿节能技术改造优秀项目一等奖。郴州矿山机械厂（原郴县农修厂），1996年，因城市提质改造，占用该企业高山背所在地修筑苏园西路，该厂停产关闭。2001年以后，郴州煤矿机械厂缺资金、缺人才、缺技术，产品缺乏竞争力，生产经营逐渐回落。2005年，完成产值1313万元，但利润仅为0.7万元，上缴税金84万元。

三、环保设备

（一）水处理设备

1999年，湖南鸿达环保设备制造有限公司成功开发出集装式多功能（或单功能）水处理车，通过省级鉴定后，商品化批量投放市场获得成功。2000年9月，并落户郴州市经济技术开发区。随后，该企业又开发出一体化污水处理成套设备和纯净水生产设备。其中集装式多功能水处理车获国家实用新型专利，可处理六种不同的污水。处理后的水符合国家生活饮用水卫生标准，可直接饮用。此项技术获2001年中国专利技术博览会金奖，被认定为湖南重点环境保护实用技术。2002年，被认定为国家重点环境保护实用技术，并列入国家科技“火炬计划”。2005年，完成工业总产值571万元，实现利润105万元，上缴利税18万元。

（二）静电收尘器

高压静电组合收尘器，是郴州恒达冶金机械有限公司于2003年引进消化再提高，把旋风与高压静电能除尘的性能作用有机地融为一体，处理风量每小时5000～15000立方米的新产品，运用于建材、冶金、化工等企业烟窗的粉尘治理。它能稳定可靠地捕集极细微的粉尘，经过收尘后再排出的空气完全符合国家标准要求。2003年，通过省级鉴定后，当年产值70多万元，2004年、2005年分别为160万元、230万元。

（三）无压热水锅炉

1991年元月，郴州地区科委职工张剑携无压热水锅炉专利技术，到郴州地区水电设备厂合作生产无压（常压）热水锅炉。这种产品是空调设备的主机。1992年，双方因利益分配引发纠纷不欢而散。是年8月，张剑离开郴州到长沙创业，成就了闻名的长沙远大空调设备厂。1993年，郴州地区水电设备厂改为郴州空调设备总厂，继续生产0.5～6吨无压热水锅炉。1994年年初，为改善无压热水锅炉影响生态环境，该厂生产溴化锂冷温水机组，有制冷、采暖、增氧等多用途，使环境空气舒适清新。产品90万～160万元/台（套）。是年底，香港国明集团投资500万港元与该厂合股，企业改制更名为郴州新时代空调设备有限公司。1998年，港方撤资，企业复原名郴州空调设备总厂。以后，该产品核心技术难以创新提高，缺乏竞争力，市场逐步萎缩。2002年7月，该企业破产关闭。

四、公路筑养机械

（一）沥青洒布设备

1988年前，区内生产沥青洒布设备企业仅有交通部郴州筑路机械厂，该厂是郴州地区生产公路筑养机械设备的骨干企业。1989年，该厂研制出高性能、技术先进、大吨位的沥青洒布设备新产品，逐年形成生产规模。沥青洒布车系列，主要有4种型号产品。沥青混凝土搅拌设备系列，主要有沥青搅拌设备等8种产品。液态沥青运输车系列，主要有液态沥青保温运输罐车。沥青路面综合养护系列，主要有沥青路面综合养护车。其中有7项获交通部和湖南省科技成果奖、2项获优质产品称号、3项获国家技术专利。上述产品行销全国，并打入国际市场，是郴州地区机械设备出口基地之一。

1990—1992年，郴州公路工程机械厂试生产沥青混凝土搅拌机4台和沥青洒布车2台，曾在安仁县公路修筑中使用，获得用户好评。1993年以后，因资金、技术短缺而停产。1997年，交通部路桥集团组建后，该厂为全资子公司，更名为路桥集团郴州筑路机械厂；1998年，该厂引进英国技术项目150型公路路面养护车，试产3辆，也因资金和技术问题而没有再投入生产。2000年，企业普及产品设计、财务、信息管理计算机应用。“八五”（1991—1995年）、“九五”（1996—2000年）计划时期，该厂生产经营有所发展，产值年均增长102.2%，从1989年年产值不足1000万元，到1999年达7404万元。“十五”（2001—2005年）计划时期，体制机制因素制约企业发展，生产经营有所回落，总体仍保持正常状态。2005年，完成产值3402万元，实现税收152万元。

（二）水泥摊铺设备

1993年8月，郴州筑路机械厂还承担国家重点项目的引进、消化和吸收任务，引进美国技术项目滑模式水泥摊铺机和路缘铺筑机。是年，总投资2263.93万元，新建和扩建生产车间3159平方米，新建污水处理站1个，配套更新工艺设备81台（套），置微机22台，配套设备44台（套），1997年8月完工。1998—2003年，引进新产品试投产6台（套），国产化率已达80%，其中1台（套）出口越南。后因生产周期长，占用资金多，成本高，不受国内用户欢迎，加之液压控制系统受制于美方，故停止生产。

（三）装配式公路钢桥

此产品主要由郴州筑路机械厂生产，可直接组装成公路钢桥，供公路工程和其他工程施工使用。1989年后，全国各地大兴交通公路建设，为满足市场需求而大批量产销，主要品种为321装配式公路钢桥。产销最好的2005年，产量2252万吨，产值1253万元，占全厂工业总产值的36.8%。

（四）路桥机械

郴州林业机械厂又名郴州第二印刷机械厂，系生产公路钢桥企业。1989年。引进郴州筑路机械厂321钢桥项目技术，经消化吸收，改进为贝雷架、艾克罗钢桥和康拜克钢桥。1992年，该厂的贝雷架、艾克罗钢桥获湖南省优秀新产品和科技进步二等奖。1993年郴州地区印刷机械厂也转产公路钢桥。1994—1998年上半年，该厂生产钢桥车间由郴州公路工程机械厂承包经营。1994年，郴州林机厂生产的AR-150型艾克罗钢桥获国家科技成果奖、湖南省优秀新产品奖。1995年，该厂产品康拜克A型钢桥获国家科技成果奖和优秀新产品、湖南省科技进步二等奖，被列为国家重点火炬计划。是年，产值1.32亿元，销售收入8119万元，实现增值税1198万元，创利润1716万元，固定资产原值1394万元。产品行销国内华南、华东地区，并出口东南亚、非洲等国外市场。1998年，郴州地区印刷机械厂更名为郴州通用路桥工程机械厂。2000年9月，该厂通过国家质量保证体系认证，并通过三年的严格复查，当年产值1382.5万元。2002年，为适应市场需求，自筹资金40万元改造生产车间，调整生产流程，改善生产工艺，增强生产能力。随后该厂产销两旺，产品行销国内，并出口国外。2005年，产值1698万元。后郴州林机厂因体制机制原因，该厂逐步陷入困境，2005年，全面停产，进入改制时期。

（五）其他公路筑养机械

1989年前，郴县公路机械厂生产碎石机、洒水车、夯实机、裂缝跟踪锯4种机械。1989年后，该厂继续组织上述4种机械的生产经营，其品种、技术、性能及加工机械设备都没有大的变化。产品主要供应郴州境区用户，年产值200万～300万元。1998年，该企业转向公路工程施工，原产品停止生产，新上生产加工设备，用作施工机械维修。企业更名为郴州市公路工程机械化施工处。

五、通用（普通）机械

（一）印刷机械

1989年前，郴州地区印刷机械厂生产经营801和615印刷机、280办公胶印机、201铸字机等产品。1989—1992年，随着印刷业电脑激光照排和电子分色的兴起，铅与火的印刷机械逐渐被淘汰，传统凸版铅字印刷机械市场迅速萎缩，虽然该厂企业年产量还有400多万吨，年产值达700万元，但销售不畅，资金回笼困难，难以从产品中获利。1993年，该厂被迫停产传统印刷机械，转向市场看好的公路钢桥生产。

（二）生活锅炉

资兴市鲤鱼江机械厂是区内生产生活锅炉的唯一厂家，主产0.2吨（蒸发水）400型立式生活锅炉。

1989—1995年，年产量20～30台，年产值80万～130万元。为维持企业生存发展，拓展生产自动供水设备和出口铸铁件。1996年后，生产经营步入困难，处于停产半停产状态。2002年10月，该企业破产改制，生产生活锅炉的技术和许可证转让给资兴市诚祥锅炉压力窗口厂继续组织生产，产品产量有所增加。

（三）制管机

1995年，南岭机械厂（7451军工厂）从广东引进装饰管制管机生产技术，生产制管机。制管机生产线和模具型号有制钢、制铝、制塑等生产技术，可生产圆形、方形不同型号的管材。厚度为10～100毫米之间。1997年，郴州威达机械设备有限公司，在市城区下湄桥租用场地生产制管机。1999年，南岭机械厂生产的制管机获湖南省军品民品科技成果交易会金奖。2000年，郴州通用路桥机械厂劳动服务公司生产制管机，规模不大，产销两旺。2001年，郴州不锈钢制管设备有限公司租用场地生产制管机和不锈钢制品。该公司于2003年10月在北湖区工业园购得土地1公顷兴建制管机生产厂房。2004年5月，郴州威达机械设备有限公司与他人合伙在北湖区石盖塘湖南省民营科技工业园购得土地0.53公顷建厂房，购置生产设备30台（套），主要生产20毫米～80毫米不锈钢制管机。2005年，郴州巨新机械设备制造有限公司与他人合股购得原郴州地区轴承厂土地和部分厂房、设备，以扩大制管机的生产规模。当年，郴州市年产值过100万以上的制管机生产企业除南岭机械厂外，还有郴州通用路桥机械厂劳动服务公司车间（分厂），郴州巨新机械设备制造有限公司、郴州威达机械设备有限公司、郴州不锈钢制管设备有限公司等企业。年产量3500台（套），产值6000万元，出口交货值137.8万元。

（四）其他机械

1989年，南燕汽车制造厂（7429军工厂）、郴州地区汽车大修厂、原县级郴州市汽车修配厂均有汽车维修设备镗磨缸机生产。2000年，其他厂家停止生产，只有南燕汽车制造厂维持生产其镗磨缸机，年产量800～1000台，年产值150万～250万元。

1989—1995年，资兴市阀门厂生产球阀、截止阀、止回阀、闸阀等低压阀门，年产值80万元～120万元。1996年后，生产形势不佳，处于半停产状态。到2001年10月，企业破产改制，整体拍卖给民营企业。

1995年前后，提升和输送机械主要有郴州冶金机械厂与郴州东江水泥厂联合办厂时研制的斗式垂直提升机、螺旋系列和链钩系列输送机，可垂直、水平、倾斜运行，提升输送长度3米～70米，适用于建材、化工、煤炭、冶金等企业的粉状和颗粒状物料输送，如水泥、面粉、化肥、煤粉、谷物、矿砂、纸浆等，年产量30～50套，年产值80万～120万元。2000年，郴州冶金机械厂破产后，此类产品技术转让给郴州恒达冶金机械公司，生产经营不断发展，年产量50～80套，年产值150万～200万元。

乒乓球发球机是郴州通用路桥机械厂于2000年自主研制的新产品。2002年8月，获国家专利。该机用于乒乓球体育训练，集机械和电子一体化，它可根据运动员训练需要，发出多球路、多角度、多速度的刁难球。该产品体积不大，便于携带，有台式、卧式、立式三种型号。

六、电器及电工产品

（一）电动机

1989—2001年，郴州市（北湖区）防爆电机厂专业生产电动机，但规模较小，最高年产量不到

10万千瓦，产值未过1000万元，实现税金50万元。2002年5月，企业改制后，将原防爆电机厂有效国有资产与河南省安阳市防爆电机集团合股，重组郴州华安电机制造有限公司，由安阳方控股，出任董事长和总经理，有员工115名（工程技术人员11人），大多数为原电机厂职工。产品仍然是普通系列和防爆系列交流三相异步华安牌电动机，规格为80～315毫米系列品种，功率0.55～160千瓦。产品主要供应机械、石油、化工、煤矿等行业。是年，该企业获中国质量万里行"质量信誉双满意"称号。2003年资产重组后，主要经济指标大幅增长。2003年产量11万千瓦，产值1400万元，实现税金73万元，防爆电机获湖南省优秀技术创新项目。2004年，产量17万千瓦，产值2200万元，实现税金104万元。2005年，产量24.8万千瓦，产值3545，增长61.14%，实现税金122万元。

（二）发电机

嘉禾县水电设备厂是1.5～10千瓦小型交流发电机的专业生产企业。1989—1995年，生产经营正常，产品行销国内，并出口东南亚、非洲等国家和地区，年产量8000～10000千瓦，年产值500万～600万元，年出口交货值200余万元。1995年，产品销售开始下滑。1996年，实行股份合作制改造，企业仍未走出困境。2002年6月，资不抵债，被迫破产关闭。

（三）变压器

1989—2005年，郴州境内有郴县（苏仙区）变压器厂、郴州地区水电设备厂和北湖区解放路街道办事处办的郴州变压器厂三户企业生产变压器。

1989—1995年，郴县变压器厂主产110千伏安～1200千伏安节能变压器，年产量2万千伏安～3万千伏安，年产值300万～400万元。1996年6月，该厂破产后改制为股份合作制企业。1997—2004年，该企业生产110～1600千伏安干式变压器，年产量3万～3.5万千伏安，年产值400万～500万元，2001年，年产值800余万元。2005年11月，该厂机器设备、厂房、土地和职工一起整体转让给湖南郴电设备有限公司，继续从事电器设备生产。

郴州地区（市）水电设备厂，主打产品是水电管道和无压热水锅炉。从1996年开始，还生产110～1600千伏安节能干式变压器，年产变压器600～700台，产值400万～500万元。2002年7月，该厂破产关闭。

1989—2005年，郴州变压器厂，是郴州市（北湖区）解放路街道办事处街道企业，专业生产变压器。该企业没有大起大落，在保持正常生产的同时，靠微利积累扩大再生产。2005年，拥有固定资产680万元，职工178人（含退休人员），产值150万～200万元。

（四）水工电器

郴州市（地区）水工电器的唯一生产厂家是中国水电八局东江机械厂。主要从事大型水电站闸门和埋件的生产及安装。1988年4月创建。1989年以后，该企业先后承担湖南凤滩、东江、五强溪、凌津渡、大源渡、四川二滩、长江三峡等国家大中型水电站工程金属结构件的制作和安装。该厂生产的湖南东江水电站二级放心空调偏心交孤门和链门、四川二滩水电站中孔工程孤门、湖南大源渡船闸人字门的制作和安装均具有国内先进水平，尤是长江三峡水电站底孔孤门的制造和安装具有世界领先水平。"八五"期间，年产值2000万～3000万元；"九五"期间，年产值3000万元～5000万元；"十五"期间，年产值5000万～8000万元。2005年，完成产值9000万元，实现利润200万元，上缴税金100余万元。是年年末，有固定资产原值780万元，拥有智能超声波探伤仪、X光探伤仪等先进检测设备和140毫米卷板机、150吨龙门吊、800吨压力机、12米刨边机、100吨拖车、5.5米数控切割机、自动焊接机、落地镗铣床、8米立车、顶改式退火炉等设备400台（套），其中8米立车和顶改式退火炉时为湖南省最大的精加工设备。

（五）电线电缆

1989—2005年，郴州境内有3户生产电线电缆的企业，即郴州市（北湖区）纺织器材厂、郴州顺通电线厂、郴县（苏仙区）电线电缆厂。专业生产纺织企业使用的纺织电线，年产值200万～300万元。1993年，香港耀英公司投资参股郴州纺织器材厂，重组为湖南华丰电线电缆有限公司，生产纺织电线电缆和汽车电线，年产值500万～700万元。同时，还生产电源延续线，出口美国。2003年，出口交货值4970.6万元。2004年，港方撤资，纺织器材厂破产改制，公司随之关闭。

1993年1月，郴州地区电信局与广东一民营企业合资创办郴州顺通电线厂，专门生产通信电线电缆。1996年1月，广东民营企业撤资退股后由郴州电信局独资经营，工厂占地4亩多，有生产加工设备10多台（套），固定资产60多万元。从2002年起，由本厂内部职工承包经营，年产值200万～300万元，年缴税金10余万元。

生产电线电缆的企业还有北湖区电线电缆厂，创办于2000年2月，是股份制企业。主要生产郴州牌和恒衡牌电线电缆、电力电缆和橡胶电缆三个系列30多个品种。2002年10月，被郴州市质监局确定为重点扶持名优企业。2004年3月，获郴州市工商联合会"全市民营企业质量信得过单位"称号。2005年3月，该企业获郴州市消费委员会"消费者信得过产品"称号。是年，产值450万元，实现税金20余万元。

（六）其他电工产品

1992年1月，郴县（苏仙区）超声波仪器厂被郴县电器设备总厂（高压电器厂）兼并，作为生产电器开关的分厂，转产电力开关柜（箱），其产品与总厂的高压电器配套销售，年产值100万～200万元。同时，郴州地区水电设备厂和郴州变压器厂也生产高低压开关柜（箱），并同变压器配套销售。2003年1月，郴电科技有限公司改属郴州市电力公司港商合股企业，2004年10月，其由湖南郴电国际发展股份公司、郴州市电力公司、香港霖岳投资公司合股生产经营。主要产品为电力配网自动化设备和高低压成套开关设备两大类数10个品种。2005年，该企业获湖南省高新技术企业称号，并成为郴州市经济技术开发区纳税大户。是年，产值1632万元，实现税收177.1万元。

七、汽车及汽车配件

（一）轻型越野车

1988年，驻境广州军区后勤部7429工厂研制生产出轻型越野车。该厂因已具备年生产自主研制的4缸汽油发动机1万台和轻型越野车5000辆的能力，年内更名为湖南郴州南燕汽车厂。所产郴州牌212轻型吉普越野车，有尖头蓬和铁壳两种，四轮前后桥驱动，准乘5人，最大动力85马力，最大时速80千米。从1989年起，为扩大再生产，该厂将一些零部件交由资兴矿务局机修厂等企业生产，产量逐年扩大。1992年，产量3488辆，产值1.16亿元，销售收入1.15亿元，实现利润1448.58万元。是年，获军队企业管理一级（相当国家二级）称号。此后几年，南燕汽车销往全国20多个省（自治区，直辖市），年产销2000～2500辆，年产值6500万～8000万元。1995年，开发南燕皮卡、南燕星王客车（中巴）等新产品，时因资金短缺，未实现商品化批量生产。1998年，50辆南燕吉普车出口越南，出口交货值130万元。2001年5月，国家环保总局、经贸委、公安部、工商行政管理总局联合发文，明令停止生产销售化油器轿车及5座客车。该厂4缸汽油发动机随即停止生产，引发资金危机，导致全面停止车辆生产。2002年1月，该厂由军队移交给湖南省经贸委管理。2003年4月，湖南省经贸委又将该企业移交给广东省广晟资产经营公司管理。随后该厂处于半停产状态，只能生产原企业产品镗磨缸机，同时，靠承接外协机加工和房地产租赁，维持生存，2005年，改制重组。

（二）212吉普车、吉奥货车

1989—1990年，郴州市机械厂试生产森林消防铁壳212吉普车5辆，用武汉的发动机和汽车底盘，手工制作铁壳4轮前后桥驱动，准乘5人，最大动力90马力，最大时速85千米。每辆以2.5万元～3万元售出，后因市场需求量小而停产。2003年12月，湖南省娄底驰峰汽车厂以10%的股份，南燕汽车制造厂（7429军工厂）以汽车生产无形资产（汽车生产许可证）折股20%的股份，浙江省台州吉奥汽车公司（生产吉利牌的士）为主要股份，在郴州7429工厂合股组建郴州吉奥南燕驰峰汽车有限公司。2004年2月，驰峰汽车生产基地由娄底迁至郴州7429工厂，专业生产（组装）郴州吉奥货车，此产品有标准和加长两种，广西玉林柴油机厂120马力发动机，中国二汽东风汽车厂的驾驶室，车架（大梁）由郴州市临武县南方车架厂生产，标准载重4.5吨，最高时速80千米，年产量400～500辆，年产值2500万～3000万元。2005年，年产值1500万元，实现税收20余万元。

（三）汽车配件

1989年，郴县拖拉机站从该县桥口镇搬迁到郴州城区107国道松毛岭脚下，更名为柴油机汽车修理厂。1991年，该企业引进技术设备生产汽车电线束和仪表台，加挂郴县汽车电线厂牌子（一套人马两块厂牌）。汽车电线束产品通过省级鉴定后，随即商品化批量生产，有解放、东风、212吉普车等型号，及柴油、汽油以及标准、加长等品种。1991年后，交通运输业的发展促进该企业产品行销，年产值保持在200万～300万元。1996年，改制重组为股份合作制，企业拥有资产511万元，占地1.93公顷，有职工112人。2000年，汽车电线束和仪表台的生产逐年下降，2004年6月，企业破产关停。

郴州市（北湖区）汽车配件厂是1966年建立的街道集体企业，主要生产解放、东风和跃进牌汽车弹簧钢板。该企业产品除自营外，还与郴州南燕汽车厂、长沙洞庭汽车厂配套销售。年产量400万吨～500万吨，年产值600万～800万元，年利润80万～120万元。同时生产油箱、保险杠、空气过滤器。其中空气过滤器1989—1992年还出口美国，年出口交货值30万美元～50万美元。1997年，因厂址所在地开发修建飞虹西路而停产。2001年，该企业平稳改制，106名在职职工置换身份。

车架（大梁）生产厂家主要有嘉禾县城关的湘南车架厂。该厂创建于1998年，是湘南地区生产东风牌、解放牌和农用运输车等车架企业，占地2.58万平方米，固定资产原值1500万元，年产车架4000～5000部。产品除销往省内，还远销广东、广西、贵州、福建、湖北等省。2001年，该企业通过国家标准质量体系认证。2005年，完成产值2000万元，实现税收40余万元。

八、机械基础件

（一）轴承

1988年，郴州市（北湖区）轴承厂专业生产轴承，年产轴承200万套，年产值800余万元。主要生产机床、电动机配件。1996年11月，该厂破产。1997年元月，重组为职工股份合作制，更名为郴州巨兴轴承有限公司，但企业和企业职工国有身份未改变，其产品大部分通过港商转手销往亚洲、西欧等国外市场。1998年2月，与香港旭阳公司合股经营，由于没有建立规范性的现代企业管理制度，运转困难。2000年，港资撤出，该厂历经承包、租赁，终未取得成功，2004年，破产关闭。2005年11月，通过公开拍卖，由民营企业主购得，组建郴州德鑫轴承有限公司，聘用原厂置换身份的职工20余人（其中工程技术人员3人），于2005年12月注册登记，仍为生产原厂0类（普通）和低噪音轴承两大类，品种有60205、60204、60203、2052、50205等，专供港商营销。

（二）标准紧固件

1989年，区内标准紧固件专业化生产厂家只有郴州市（北湖区）标准件厂1家，该厂占地1.59公顷（其中建筑面积4548平方米），有冷镦机、自动搓丝机、摩擦压力机、车床、冲床、铇床、铣床、磨床等大型加工设备22台（套），并建有热处理车间，有固定资产500多万元。主要产品 ϕ6毫米～ϕ18毫米螺帽，ϕ8毫米～ϕ16毫米螺杆。年产量1500万～2000万件，计300～500吨，年产值200万～300万元，年利润30万～50万元。1996年后，经营不善，企业生存艰难，2001年7月，因城市改造修建龙泉路，企业停办。

（三）铸造

1995年前，郴州地区除嘉禾县办有铸造企业外，地属机械工业企业无论大小都有铸造车间，年铸造6000～8000吨。1996年后，因污染大，成本高，业务不饱和，市内90%以上机械工业企业都关停铸造车间（分厂），实行铸造业务社会化。随即，专业化铸造企业纷纷上马。2005年，其中郴州市郊区有近10家，郴州振兴铸造有限公司是规模较大的一家。2005年，该企业拥有固定资产500多万元，自购生产用地，有普通化铁炉、消烟除尘环保化铁炉、行车等生产设备10台（套）。产品除销往国内市场外，还通过港商出口至国外。是年，完成产值600万元，实现税收10万元。

嘉禾县铸造业自1996起发展，享誉湘南，号称铸造之乡。该县有铸铁、铸铜、铸铝等企业98户，主要集中在袁家、塘村、车头和城关4个镇，其中年产值和销售收入500万元以上企业12户。全县铸造业年产值过3亿元，占全县工业经济四分之一强。产品主要销往省内及广东省、贵州省和上海市、天津市等地。

第二节 电子工业

一、广播扩控设备

1989年前，郴州地区无线电设备厂生产有线广播100瓦～500瓦晶体管扩音机。1989年，该厂还研制生产配套设备播控桌、配电柜。1992年，年产扩音机800部，年产广播配套设备120部（件），年产值300万元，年销售收入317万元，年创利润46万元。1995年，年产扩音机700余部，年产值250余万元。1996年，微电子集成电路无线广播设备取代原有有线晶体管广播设备，该厂因跟不上产品更新转而研制电子盘称、医疗推拉床等，终因市场狭小而停产。2000年后，该厂靠承接机械加工外协业务和房地产租赁维持生存。2004年9月，该企业破产关闭。

二、超声波清洗机

1989 年，郴州市（北湖区）山河电子设备厂生产晶体管超声波清洗机。1991 年，与原郴州地区房产局所属建筑砌块厂合并办厂，迁址于 107 国道旁流星岭，占地 1.4 公顷，共有职工 60 人。之后，该企业研制大功率和小功率、单槽和双槽、半自动和全自动等新产品。1998 年，自主研制的 JCC 超声波连续式清洗烘干设备，其产品适用磁件元器件、电力陶瓷和压力陶瓷元件的清洗保洁，对于保证电子、电器、电力、通信、仪表、电机等设备性能，有着其他清洗烘干方式方法不可替代的作用，填补同类产品的国内空白，其产品行销全国，曾先后销往长春一汽、东风二汽、四川绵阳中国物理工程研究院、长沙曙光电子等企业。同年，该企业实行股份合作制改造，更名为郴州山河电子设备有限公司。2001 年元月，该企业和企业职工身份置换后，重组为民营郴州山河电子设备公司。2005 年，年产量 50 ~ 100 台（套），年产值 300 万 ~ 400 万元。

郴州市机械厂曾于 1991 年生产超声波清洗机，因缺乏竞争力，生产不到两年而停产。

三、金属焊料

1989 年前，郴州市金属焊料厂生产的多芯锡焊产品产销两旺，年产量 30 余吨，年产值 300 余万元。1998 年. 因未能及时更新技术和产品，生产经营逐年下降，2001 年，全面停产。2004 年 4 月，破产关闭。

1998 年，从事冶炼的邓和升自主研制出绿色软钎焊料，投放市场后很受欢迎。1999 年 7 月，在郴州市经济技术开发区成立郴州金箭焊料有限公司。2001 年，该公司生产的免清洗助焊剂获国家重点新产品称号。是年，该公司获 4 项国家发明专利（免清洗助焊、无铅焊料、清洗剂、铝焊锡丝），并被湖南省科技厅认定为高新技术企业。2003 年，集成电路封装用绿色新型软钎焊料项目，被国家发展与改革委员会列为国家级高新技术产业化示范工程，享受国家高新技术优惠政策，获得 700 万元扶持资金支持，其产品不仅行销国内，而且批量出口，产量产值年年大幅攀升，2005 年，总产值 7587 万元，创利润 216 万元，实现税收 65 万元。

四、数码（数字化）电子

1989 年，郴州境内数码（数字化）电子生产企业主要有高斯贝尔公司和华录数码公司。2001 年 8 月，原在广东汕头创业的高斯贝尔公司，被郴州市苏仙区政府招商引资入驻郴州并迅速发展。2005 年，完成产值 1.3 亿元，实现增值税和地税 1770 万元，创利润 500 多万元。该企业的主要产品分为五大类：

数字电视 主要产品有数字电视压缩编码器、数字调制器多路数字信号复接器、有条件接受系统等全套数字电视前端设备等，其中部分产品和技术处于国内先进水平。该企业先后为湖南、江西、新疆等省（自治区）及越南、印度、意大利、德国等国家的 30 多家单位建设开通无线或有线数字电视网。2004 年，由该企业建设开通的吉林省公主岭数字电视无线网被国家广电中心列为样榜工程。

卫星电视应用 卫星电视高频头、接收机、天线是该企业的当家产品。高频头年产量近 1000 万只，居世界前列。卫星电视接受机年产量 200 万台，为国内前三位。卫星接受天线，于 2004 年 8

月正式投产，产销两旺。

射频无线监控 2001年后，高斯贝尔公司抓住研发投产射频无线监控产品，并迅速实现在国际市场上升的机遇，及时批量出口。其品种有：射频无线彩色摄像头（CCD/CMOS）、硬盘录相机、无线液晶显示器、无线网络。该企业自主开发的收发模块，是国内外有关生产厂家的配套产品，社会需求量大。

微波技术产品 该企业自主研发的微波介质陶瓷振荡器，是应用于手机、卫星频头等无线接收和发射有关产品。此前，中国所需的产品主要从日本进口。该公司还生产卫星定位系统多路微波发射机、低嘈声放大器、大功率放大器、无源器件、超短波电台等。

数码家电 主要产品有外语复读机、数码录音笔、U盘、数码瘦身仪、家庭影院。2005年，该公司已投入数字平板电视机的研制，争取成为液晶数字电视机整机生产厂家。

2004年8月，华录数码公司投资4亿元在郴州市出口加工区（白露塘）开工建设数码电子企业。该企业建成后，能形成年产值上亿元的规模生产录像机一体机、机顶盒、上网播放机等。

五、其他电子产品

1989—1993年，郴县医用超声波仪器厂生产超声波诊断仪194部，B超机6部，电脑时控仪67部，监护仪2部，电子零件消磁热敏电阻4万只，年产值100万～200万元。1994年，该厂被郴县电气设备总厂（高压电器厂）兼并而转产电气开关。1996年，电气设备总厂破产改制。

1996年，北湖区无线电厂生产电子保安控制箱95个，交流高压变压器检验器33个，印刷压烫机电气控制器15个，户外电视天线1万付，电话军事指挥台2部，年产值80万～100万元。宜章县无线电厂生产电视机保安器6.17万只，多功能稳压器6700个，年产值80万～100万元。以后，该厂改制为股份合作制，租赁经营，1998年破产改制。

1998年5月，在郴州市经济技术开发区成立郴州利集电子公司，该公司由新加坡集益集团与香港朗灵集团公司合资组建，注册资本300万美元，属外资企业。该企业是落户郴州市最早的港资电子工业企业。生产（组装）迪安牌586微型电脑、电脑主机和电脑化收银机3大类产品，从美国进口部件组装后，主要用于出口。新品牌申请上市，销路不畅，在郴州经营2年后，2000年8月，搬迁到上海浦东。

2003年6月，台商詹某在郴州市经济技术开发区成立郴州伟晟电子有限公司，租用场地4000多平方米，拥有总资产209.89万元。公司加工生产各式移动电话充电器、电子连接器、天线、电池、手机外壳等，产品主要出口东南亚、日本等国和销往中国台湾地区。2005年，在郴州经济技术开发区购地1.3多公顷，投资4000万元，兴建手机配件生产基地。

1989—2005年郴州市（地区）机械电子工业获奖情况和专利产品一览表

表14-6-2-1

产品名称	企业名称	专利证号、获奖等级	专利、获奖时间	主要负责人
DHNB40型滚筒式沥青混凝土搅拌设备	交通部郴州筑路机械厂	交通部重大科技成果三等奖	1989.09	吴家骥、何万彬
CZL9170GLQYE型液态沥青运输车	交通部郴州筑路机械厂	交通部重大科技成果三等奖	1992.08	张克诚、刘良谋

续表 14-6-2-1

产品名称	企业名称	专利证号、获奖等级	专利、获奖时间	主要负责人
DHNB63 型滚筒式沥青混凝土搅拌设备	交通部郴州筑路机械厂	交通部重大科技成果三等奖	1993.07	吴家骥、张克坚
CZL5102GLQ 型沥青洒布车	交通部郴州筑路机械厂	交通部重大科技成果二等奖	1994	余林、李炯
CZL5102GLQ 型沥青洒布车	交通部郴州筑路机械厂	湖南省科技进步一等奖	1993.05	余林、刘智锋
DHNB40A 型滚筒式沥青混凝土搅拌设备	交通部郴州筑路机械厂	湖南省科技进步二等奖	1995.03	朱俊军、徐思造
“泰坦”牌黑色混合料拌合机（25 型系列）	交通部郴州筑路机械厂	湖南省优质产品	1990.12	吴家骥、万根生
CZL5170GLQSJ 型沥青洒布车	交通部郴州筑路机械厂	湖南省科技进步四等奖	1995.3	张克成、余林
LJB1000 型强制式半移动沥青混凝土搅拌设备	路桥集团郴州筑路机械厂	湖南省优秀新产品	1999.05	刘太来、邹今俭
有检测调控装置的沥青洒布车	交通部郴州筑路机械厂	专利号 ZL93208649.7	1993.04	余林、李炯
半挂变截面罐式汽车	交通部郴州筑路机械厂	专利号 ZL93208200.9	1993.04	陈乾锦、樊元清
配后置发动机的沥青洒布车	交通部郴州筑路机械厂	专利号 ZL200320114078.3	2003.11	冯品德、李驰
智能乒乓球发球机	郴州通用路桥工程机械厂	专利号 766999	2001.11	郝卫勇
乒乓球发球机	郴州通用路桥工程机械厂	专利号 515503	2001.10	郑卫勇
“千里驹”牌 170F 柴油机	郴州柴油机厂	机械电子工业部节能产品	1990.4.4	李运诚
“千里驹”牌、“郴星”牌柴油机	郴州柴油机厂	湖南省优质新产品	1990.12	李运诚
CZ175F 节能柴油机开发	郴州柴油机厂	湖南省科技产品博览会金奖	1991.11	王智
CZ175F 柴油机	郴州柴油机厂	“七五”全国星火计划成果博览会金奖	1992.10	王智
CZ175F 柴油机过载保护装置	郴州柴油机厂	实用新型专利	1992	王智
CZ175F 柴油机	郴州柴油机厂	湖南省科学技术进步二等奖	1992.08	王智
CZ175F 柴油机	郴州柴油机厂	中国国际新产品新技术博览会科技创新奖	1995	刘国孝
“郴星”牌 CZ175F 柴油机	郴州柴油机厂	湖南省产品质量奖	1997.09	刘国孝
柴油机燃烧室的磨菇型锅流室结构	郴州柴油机集团有限公司	专利号第 323950 号	1999.04	黄乃荣
CZ165F 型柴油机	郴州柴油机集团有限公司	湖南省优秀技术创新项目	2002.05	刘国孝
BL-30 型贝雷架	郴州公路工程机械总厂	湖南省优秀新产品、湖南省科技进步二等奖	1992	王抗援

续表 14-6-2-1

产品名称	企业名称	专利证号、获奖等级	专利、获奖时间	主要负责人
AR-150 型艾克罗钢桥	郴州公路工程机械总厂	国家科技成果奖、湖南优秀新产品奖	1994	王抗援
康拜克 A 型钢桥	郴州公路工程机械总厂	国家科技进步成果奖、国家优秀新产品、湖南省科技进步二等奖	1995	王抗援
多功能卷弯机	郴州粮油机械厂	专利号 90224936.3	1990.11	谷世斌、胡承义
多层单体重力谷糙分离机	郴州粮油机械厂	专利号 90213002.1	1991.04	胡承义、陈学秀
除稗高频筛	郴州粮油机械厂	专利号 90215996.8	1991.10	刘日祥
白米分级回转筛	郴州粮油机械厂	专利号 90224935.5	1991.12	谷世斌、刘训林
单臂连杆重力谷糙分离机	郴州粮油机械厂	专利号 90212144.0	1992.01	吴杰俊、胡承义
改向无级变速传动装置	郴州粮油机械厂	专利号 ZL93223617.5	1994.03	胡承义
单体引风分离式砻谷机	郴州粮油机械厂	专利号 ZL94230797.6	1995.06	陈学秀、刘先勇
用于粮食加工抛光雾化装置	郴州粮油机械厂	专利号 ZL94230796.8	1995.07	胡承义、陈选生
钢架式平台成套稻谷加工装置	郴州粮油机械有限公司	专利号 ZL96238664.5	1998.03	欧文生、陈学秀
立式双辊碾米机	郴州粮油机械有限公司	专利号 ZL9423868.9	1998.10	陈学秀、谷世斌
一种强制循环外薰投药机	郴州粮油机械有限公司	专利号 ZL97224845.2	1998.12	胡承义、谷世斌
立式白米抛光机	郴州粮油机械有限公司	专利号 ZL97230911.X	1999.06	陈学秀、谷世斌
立式复着水白米抛光机（实用新型）	郴州粮油机械有限公司	专利号 ZL99250053.2	2000.10	陈学秀、欧文生
平衡型重力谷糙分离机	郴州粮油机械有限公司	专利号 ZL99249829.7	2000.11	吴杰俊、陈学秀
立式复着水白米抛光机（外观设计）	郴州粮油机械有限公司	专利号 ZL00318392.0	2000.12	陈学秀、欧文生
隐式支承结构立式双辊白米抛光机（外观设计）	郴州粮油机械有限公司	专利号 ZL013127519	2001.10	戗学秀、陈雅权
旋风除尘局扇（实用新型）	郴州粮油机械有限公司	专利号 ZL01249476.3	2002.05	蔺传彬、马丙春
重力谷糙分离机的分离装置（实用新型）	郴州粮油机械有限公司	专利号 ZL02236283.5	2002.11	吴杰俊、曹曦容
胶辊砻谷机传动调速装置（实用新型）	郴州粮油机械有限公司	专利号 ZL02236497.8	2003.04	胡承义、吴杰俊
白米精选分级机（实用新型）	郴州粮油机械有限公司	专利号 ZL02251750.2	2003.04	吴兆波、陈亮
立式搅拌磨机	郴州粮油机械有限公司	专利号 ZL200430029834.2	2005.06	陈雅权、陈学秀

续表 14-6-2-1

产品名称	企业名称	专利证号、获奖等级	专利、获奖时间	主要负责人
防堵米机	郴州粮油机械有限公司	专利号 ZL200420035928.5	2005.07	谭小平
三辊三级卧式白米抛光机	郴州粮油机械有限公司	专利号 ZL200420035747.2	2005.09	陈学秀、雷章伦
重力谷糙分离机的支承调节装置	郴州粮油机械有限公司	专利号 ZL200420068326.X	2005.09	吴杰俊
重力谷糙分离机的主轴支承结构	郴州粮油机械有限公司	专利号 ZL200420068438.5	2005.11	吴杰俊
抛光机	南岭机械厂（7451厂）	首届全军企业科技成果交易会金奖	1993.10	董伦祥
不锈钢型材生产线	南岭机械厂（7451厂）	99 国际新技术新产品博览会金奖	1999.09	董伦祥
铝塑复合管生产线	南岭机械厂（7451厂）	2001 年国家重点新产品	2001	董伦祥
BGS40 不锈钢塑复合管生产线	南岭机械厂（7451厂）	2002 年度国家重点新产品	2002.08	董伦祥
直缝不锈钢制管机	南岭机械厂（7451厂）	专利号 ZL97217612.8	1997.05	赖志良
卷闸门防盗装置	南岭机械厂（7451厂）	专利号 ZL00207628.4	2000.04	赖志良
YBT-2.2 局扇	郴州煤矿机械厂	湖南省优秀产品	1989	陈继民
YBT-5.5 局扇	郴州煤矿机械厂	湖南省优秀产品	1989	陈继民
YBT-11 局扇	郴州煤矿机械厂	能源部节能优质一等奖、湖南省科技创新金奖	1993	李建国
YBT-11 局扇	郴州煤矿机械厂	湖南省优秀新产品	1994	陈继民
6NF9 型碾米机	郴州碾米机厂	国家金奖	1992.03	蒋子凡
MCHJ15 型精制米加工成套设备	郴州三利碾米机有限公司	湖南省高科技产品推广项目	1998.07	蒋子凡
6NF9 型铁辊碾米机	郴州三利碾米机有限公司	湖南省名牌产品	1999.04	蒋子凡
YB2 160/280 隔爆型三湘异步电动机	郴州华安电机制造有限公司	湖南省优秀技术创新项目称号	2003	吴远清
HD 一体化污水处理成套设备	湖南鸿达环保设备制造有限公司	专利号 ZL98231662.3	2000	何小平、曾郴林
		2000 年度国家级新产品	2000	何小平 陈武贤
		中国专利技术博览会金奖、湖南 2001 年重点环境保护实用技术	2001	
		2002 年国家重点环境保护实用技术（B 类）、湖南省“百万职工创新兴湘优秀技术成果银奖”	2002	

续表 14-6-2-1

产品名称	企业名称	专利证号、获奖等级	专利、获奖时间	主要负责人
一体化净水处理器	湖南鸿达环保设备制造有限公司	专利号 ZL01213383.3	2001	曾郴林
高浊废水处理设备	湖南鸿达环保设备制造有限公司	专利号 ZL00225304.6	2001	曾郴林
		湖南省新产品	2001	陈武贤
HD 集装式多功能水处理车	湖南鸿达环保设备制造有限公司	中国专利技术博览会金奖、湖南省 2001 年重点环境保护实用技术	2001	陈武贤
		专利号 2002BB061063、2002 年国家重点环境保护实用技术（B 类）	2002	
白米分级凉米机	郴州华龙粮机有限公司	专利号 2004200035304.1	2004	胡建飞
双电机无级变速砻谷机	郴州华龙粮机有限公司	专利号 200420068978.3	2004	胡承义
镜面选矿摇床	郴州嘉鸿选矿设备厂	专利号 2004200514454	2005.9	黄国光
环保型清洗剂	郴州金箭焊料有限公司	专利号 ZL01128510.9	2001.01	邓和升
无铅焊料	郴州金箭焊料有限公司	专利号 ZL01128511.7	2001.01	邓和升
免清洗助焊剂	郴州金箭焊料有限公司	专利号 ZL01128513.3	2001.05	邓和升
铝焊锡丝	郴州金箭焊料有限公司	专利号 ZL01128512.5	2001.05	邓和升
高效锁源夹	郴州高斯贝尔有限公司	专利号 ZL012086128	2002.01	刘潭爱
数字电视 QAM 调制器	郴州高斯贝尔有限公司	湖南省科技创新金奖	2003.10	刘潭爱
平板天线	郴州高斯贝尔有限公司	专利号 ZL200420068971.1	2005.10	游究杰
微波介质陶瓷	郴州高斯贝尔有限公司	专利号 200510032271.6	2005.10	陈功田

1989—2005 年郴州市（地区）机械电子工业产品出口情况一览表

表 14-6-2-2

年份	出口企业	出口交货值（万元）	出口产品、产值（万元）	出口国家（地区）
1989	郴筑路、郴柴、郴印机、郴轴承、资兴阀门、资兴鲤鱼江机械、嘉禾水电设备、郴汽车配件	430.76	沥青洒布车 22，160F 柴油机 104.6，轴承 37.04，NP 铸件 45，空气过滤器 30.7，170F 柴油机，35380 压汤机 3.15，铸铁件 29.75，发电机 123.56	越南、泰国、尼泊尔、菲律宾、马来西亚、罗马尼亚、捷克、日本、美国

续表 14-6-2-2

年份	出口企业	出口交货值（万元）	出口产品、产值（万元）	出口国家（地区）
1990	郴筑路、郴柴、郴轴承、嘉禾水电设备、资兴阀门、郴碾米机、郴印机、资兴鲤鱼江机械、郴汽车配件	643.69	沥青洒布车 113，轴承 299.28，NP 铸铁件 88.87，柴油机 18.96，发电机 40.89，碾米机 4.92	菲律宾、越南、泰国、马来西亚、澳大利亚、美国
1991	郴筑路、郴柴、郴轴承、嘉禾水电设备、资兴阀门、郴碾米机、郴汽车配件	320.58	沥青洒布车 67，轴承 84.03，铸铁件 63.49，空气过滤器 46，柴油机 1.8，发电机 52.17，碾米机 6.09	越南、巴基斯坦、澳大利亚、美国
1992	郴筑路、郴柴、郴汽车配件	390	沥青洒布车 335，空气过滤器 35，柴油机 20	巴基斯坦、菲律宾、泰国、马来西亚、越南、尼泊尔、美国，销往中国香港、中国澳门
1993	郴筑路、郴柴	384	沥青洒布车 369，柴油机 15	
1994	郴筑路、郴柴、资兴阀门、资兴鲤鱼江机械	533.84	沥青洒布车 393，铸铁件 138.79，柴油机 2.05	
1995	郴筑路、郴柴、郴轴承、郴纺织电线、资兴阀门、资兴鲤鱼江机械、嘉禾县铸造	2037.29	沥青洒布车 453，轴承 609.5，电焊丝 215.82，柴油机 5，电线电缆 153.9	美国、菲律宾、马来西亚、韩国、越南、孟加拉
1996	郴筑路、郴柴、郴轴承、郴纺织电线、资兴阀门、资兴鲤鱼江机械、嘉禾县铸造	2037.29	沥青洒布车 548，轴承 736.7，铸铁件 202.66，柴油机 8.00，电线电缆 541.93	新加坡、菲律宾、马来西亚、韩国、越南、孟加拉
1997	郴筑路、郴柴、郴轴承、郴公路工程机械、郴纺织电线、嘉禾水电设备资兴阀门、嘉禾县铸造	6592．98	沥青洒布车 17，轴承 119.78，电线电缆 500.05，铸铁件 1627.8，柴油机 16.25，康拜克钢桥 4239.9，发电机 72.2	孟加拉、缅甸、斯里兰卡、越南、坦桑尼亚、澳大利亚
1998	郴筑路、郴柴、郴轴承、郴南燕汽车、郴碾米、郴纺织电线、资兴阀门、资兴鲤鱼江机械、嘉禾县铸造、郴州公路工程机械	9029.56	沥青洒布车 604，轴承 487.6，碾米机 26.32，铸铁件 2265.24，柴油机 31.428，南燕汽车 130，电线电缆 419.15，康拜克钢桥 5065.83	澳大利亚、泰国、马来西亚、印尼、菲律宾、缅甸、越南、斯里兰卡、坦桑尼亚
1999	郴筑路、郴柴、郴轴承、郴碾米机、郴工、郴纺织电线	2360.93	沥青洒布车 114，轴承 359.34，电线电缆 262.75，柴油机 42.9，碾米机 30.24，康拜克钢桥 1551.69	泰国、尼泊尔、菲律宾、越南、孟加拉、几内亚、美国、缅甸
2000	郴筑路、郴柴、郴轴承、郴碾米机、郴粮机	648.73	沥青洒布车 114，轴承 359.34，电线电缆 262.75，柴油机 42.9，碾米机 30.24，康拜克钢桥 1551.69	澳大利亚、泰国、马来西亚、印尼、菲律宾
2001	郴筑路、郴柴、郴碾米机、郴粮机	497.11	沥青洒布车 222，碾米机 36.4，柴油机 8.71，大米加工设备 23	新加坡、越南、泰国、印尼、菲律宾、孟加拉
2002	郴筑路、郴柴、郴通用、郴金箭焊料、郴粮机	1635.31	沥青洒布车 222，钢桥 960，大米加工设备 348.1，柴油机 69.89，焊锡 35.32	厄瓜多尔、缅甸、香港、印度尼西亚、泰国、马来西亚

续表 14-6-2-2

年份	出口企业	出口交货值（万元）	出口产品、产值（万元）	出口国家（地区）
2003	郴筑路、郴金箭焊料、郴高斯贝尔、郴粮机、郴南岭机械	1487.75	沥青洒布车 388，数字接收器 565，圆管抛光机 5.3，焊锡 94.75，大米加工设备 434.7	日本、蒙古、印度、伊朗、越南、美国、俄罗斯
2004	郴筑路、郴柴、郴通用、郴金箭焊料、郴高斯贝尔、郴粮机	2522.94	沥青洒布车和混合料抖和机 341，柴油机 18.24，钢桥 96，焊锡 169，高频头等 1215，大米加工设备 683.7	日本、斐济、南非、印度、伊朗、泰国、德国
2005	郴筑路、郴通用、郴金箭焊料、郴电科技、郴高斯贝尔、郴粮机、郴南岭机械	2895.71	沥青洒布车和混合料抖和机 251，钢桥 240，焊锡 4.45，智能电表 3.06，数码电子 1110，大米加工设备 849.4，制管机和制管模具 137.8	刚果、南非、印尼、加纳、加拿大、泰国、印度、伊朗、越南

第三节　机械电子企业选介

一、郴州柴油机集团有限公司

该公司前身为郴州柴油机厂，创建于 1968 年 10 月，位于郴州城区东风路 7 号，是生产农用动力小型柴油机的专业企业。经过“七五”“八五”“九五”三个五年计划的技术改造，已形成年产 5 万台（10 ~ 15 万千瓦）小型柴油机能力，常年产量 3 万 ~ 4 万台，1999 年产量达 5.31 万台，产值 5019 万元，销售收入 4029 万元，实现利润 393 万元，上缴税金 91 万元。1998 年 2 月，郴州柴油机集团有限公司成立，租赁原厂有效国有资产 733 万元，吸纳社会 16 个法人参股，融资 217 万元，职工个人现金入股 138 万元，组建国有控股多种经济成份并存的混合所有制企业，集租赁、股份制、股份合作制于一体。该公司运行一年后，原郴州柴油机厂申请破产，2000 年 1 月破产终结。2001—2002 年，该公司的社会法人股份和职工个人股份先后退出，该企业仍为国有，注册资本 1000 万元，固定资产原值 1003 万元。2002 年，企业在职职工 678 人（其中工程技术人员 76 人）。2003—2004 年，置换国有企业职工身份（买断工龄）。2004 年 3 月，企业全面停产。2005 年，该企业由东风路搬迁至郴州市北湖工业园园区内。

二、郴州粮油机械有限公司

该公司前身为郴州粮油机械厂，创办于 1967 年 5 月，位于郴州城区燕泉北路。1988 年前，生产榨油机、输送机等粮油仓储设备。1989—1991 年，企业自主研制出稻米加工专利产品，自此，专业从事稻米加工设备研制、生产和销售。1992—1997 年，年粮油机械产量 2000 台（套），年产值 2000 万元。1998 年 1 月，进行股份合作制改造，由原来单一的国有投资主体转变为国有参股控股、职工个人持股的股份合作制企业。是年 5 月，企业更名为湖南郴州粮油机械有限公司。2003 年，企业退出国有产权、职工退出国有身份后，由 29 位股东重组为规范的股份制企业。注册资本 1722 万元。2003—2005年，年产量3500～4000台套，年产值5000万～6000万元。企业总部仍在郴州市燕泉北路20号，科研基地在长沙国家高新技术区麓谷基地，现代化的生产厂房在郴州市经济技术开发区（占地5万平方米）。2005年末，有资产5000万元，有机械加工和检测设备130台（套），员工300多人，其中各类专业技术人员60余人。该公司是中国粮食机械行业协会和中国粮油机械学会常务理事单位，中国机电产品进出口商会会员单位。拥有自营进出口权，是郴州市机械产品出口的基地之一。2000年，开始批量出口，交货值180万元，以后连年大幅增长。2005年，出口交货值849.4万元，是2000年的4.7倍。企业获多项荣誉称号，是国家和湖南省“重合同、守信用”单位，湖南省高新技术企业、知识产权明星企业、郴州市重点纳税大户。“郴粮机”商标被评为湖南省著名商标。

三、郴州恒达冶金机械有限公司

该公司建于1975年，前身为国有企业郴州地区冶金机械厂，厂址位于郴州城区江树岭，隶属郴州地区冶金工业公司。1989年，该公司有固定资产原值284.6万元，在职职工282人。1994—1996年，与郴州东江（金磊）水泥厂联合办厂，更名为郴州冶金建材机械厂。1999年12月，该企业破产改制，178名职工置换国有身份（买断工龄），58名职工退休进入社会养老保险，机械设备和土地公开拍卖。2000年，该厂接受原企业部分有效资产（含无形资产）和部分置换身份后的职工，重组为郴州恒达冶金建材机械厂，租用郴州市下湄桥工业区场地办厂。重组后，经营管理机制逐步健全完善，生产经营稳步发展。2003年以后，产值超1000万元，年利润近20万元，年实现税金40多万元。2004年，在“中国质量万里行”活动中，该企业获产品质量信得过单位。主要产品为球（棒）磨机、浮造机等有色金属选矿成套机械设备和高效静电收尘器、输送机和烘干设备等建设设备两大类10多个品种。是年10月，三股东合股80万元，重新注册郴州恒达冶金机械有限公司。2005年11月，购进土地1公顷、两栋厂房和部分机器设备。是年年末，公司拥有固定资产500万元，机器设备35台（套），职工57人（其中工程技术人员6人）。

四、郴州金箭焊料有限公司

1999年7月成立，厂址位于郴州市经济技术开发区。其主要产品为电子产品和电路封装无铅焊料、清洗剂和免清洗助焊剂。2000年实现批量生产，产品投放市场后很受欢迎，年产值1000万元。是年，湖南省科技厅认定为高新技术企业，“金箭”牌商标被认定为湖南著名商标。2001年，通过国家质量体系认证。从2002年开始，产品连年出口创汇，2004年，交货值169万元，占当年郴州市机械电子产品出口交货值2522.94万元的6.7%。是年，产品获湖南省科技博览会金奖和企业获湖南省纳税信用A级单位称号。2005年8月，企业绿色纤焊系列产品通过国际质量体系认证。2005年年末，有固定资产原值7000万元，占地5.34公顷（其中建筑面积17670平方米），生产、研发、检测设备195台（套），有员工182人，研究人员16人，产值7587万元，利润216万元，实现税收65万元。产品不仅行销全国，并出口至美国、日本、德国、俄罗斯等发达国家。公司拥有进出口自营权，有三洋电子、松下电器、TCL集团、江铃集团、江宝集团等国内外知名客户100多家。

五、郴州高斯贝尔数码科技有限公司

2001年8月，在广东省创业并业绩甚佳的高斯贝尔被郴州市招商引资，入驻湖南省郴州石盖塘民营科技工业园，并先后将研发中心和公司总部搬迁入园，逐渐形成数字电视、卫星电视应用、射频无线监控、微波技术、数码家电五大类产品，产品均通过国家质量体系认证、中国国家强制性产品认证和欧洲安全规定认证，畅销全国，并出口德国、俄罗斯、印度等30多个国家和地区，在中东和欧洲设有两个直销机构，是郴州市电子产品出口主要基地之一。2002年，产值3000余万元。2003年，出口交货值565万元，占郴州市当年机械电子产品出口交货值1487.75万元的37.9%。2004年，出口交货值1215万元。2005年，出口交货值1410万元，占郴州市机械电子产品出口交货值2895.71万元的近一半。2005年，该公司获湖南省和郴州市“重合同、守信誉”单位、AAA级信用企业、重点高科技企业、遵纪守法纳税大户、十佳民营企业等荣誉称号。年末，该企业固定资产原值4亿元，拥有4个技术产品研发中心，3800名员工，该公司在深圳、成都等地设有分厂，生产厂房面积3万平方米，实现年产值1.3亿元，年利润500万元，年实现增值税和地税1770万元。

第四节 行业管理

一、管理机构

1989年前，郴州地区机械电子工业公司（简称机电公司）是郴州地区及所属县（市）机械电子工业企业的行政主管机构。1989年12月，地区机电公司改为郴州地区机械电子工业局（简称机电局），内设办公室、人事监察科、财务统计科、生产技术安全科、企业管理科、电子科、物资供销经理部共7个科（室、部）。1992年，增设技改科，定编22人（不含供销经理部13人），实际在职37人。下设1个二级机构郴州地区机械电子研究所。

1994年12月，地区机电局成建制转体为机械电子工业总公司。内设机构由原来7个精简为办公室、政工科、生产技术科、财务统计科4个科室，人员由原来37人精减为13人。物资供销经理部（在职12人）整体脱钩，成为具有社会法人资格的郴州地区机械电子产品公司。

2002年10月，撤销机械电子工业总公司，组建郴州市机电化工行业管理办公室（简称“行管办”），为副处级事业单位，定编10人（含1名工勤人员）。2005年5月，郴州市国有资产管理委员会成立，市行管办归其管理。

1989—2005年郴州市（地区）机械电子局（总公司、行管办）主要负责人名录

表14-6-4-1

单位	姓名	职务	任职时间
郴州地区机械电子局	邓秉清	局长	1989—1994年
郴州市机械电子总公司	邓秉清	局长	1995—2001年
郴州市机电化工行业管理办公室	邓辉晖	主任	2002—2005年

二、生产经营管理

（一）经营目标管理

1989年，该行业企业第一轮承包经营到期，主管部门对每个企业（主要是归口管理直属企业）进行总结评比．兑现奖罚。随后，进行第二轮经营承包，对郴州地区印刷机械厂、地区柴油机厂、地区林业机械厂、地区无线电厂4个直属企业承包经营者及经营班子考核、选择和认定，然后签订“两包一挂”（包实现产值和实现利润，与经营者及经营班子收入挂钩）或“三包一挂”（包实现产值、实现利润、资产保值增值，与经营者及经营班子收入挂钩）承包合同。

1989—1992年，主管部门还组织开展社会主义劳动竞赛，动员组织员工献计献策提合理化建议，比产量、比质量、比贡献，完成和超额完成工作目标。

1994年，行业主管部门每年初根据政府经济社会发展计划，结合企业实际，制订出工作目标，包括经济效益、技术进步和能耗物耗三大体系，总产值、增加值、利税增长（亏损下降）、产品产销率、资产负债下降率、优质产品产值率和新产品产销率、全程流动资金周转率，安全生产等十几项具体指标，并逐一分解到每个企业，与企业负责人签订目标管理责任状（书），要求企业负责人结合自己的生产经营任务，再细化量化各项考核目标，分解到各科室、车间（分厂）、班组、个人。

1995—2005年，行业主管部门帮助企业建立健全4项质量保证体系，即推广应用新技术、新材料、新产品的开发体系；促进技术进步技改，以工艺装备为手段的生产体系；建立健全计量、标准、许可证、优化生产现场、职工岗位技能培训等基础工作体系和从原材料、加工、装配到销售“一条龙”的跟踪监督体系。

（二）产品技术开发

1989—2005年，为提高机械电子工业的产品质量，改进产品性能，各生产企业广泛开展新产品开发、技术革新与进步的科技改革活动，普遍建立技术攻关部门和工作团队。1989年，成立郴州地区机械电子研究所，时有科技人员15人，其中高级职称3人，为全额拨款事业单位。主要从事机械和电子工业科技信息收集、咨询，机械电子产品质量和新产品开发研究。主管部门和企业都设有科技科或研究所、质检科、技改科，车间（分厂）配有技术员、质检员。另有群众性科技组织即机械工程学会、电工学会、电子学会、会计学会等，有会员300余人，开展技术研究、交流和咨询。

1990年，郴州地区柴油机厂王智等工程技术人员研制开发的柴油机，1991年，获国家星火计划成果博览会金奖，受到江泽民、李鹏等党和国家领导人的赞誉，被列为国务院“八五”（1991—1995年）重点推广产品。王智因在企业技术进步方面贡献突出，1994年获国务院“政府特殊津贴”。1991年，该行业重点产品柴油机出现起动难、漏油和炸缸等多发质量问题，引起有关部门工程技术人员的高度重视，进行设计工艺攻关。是年，研制出安全过载保护装置，解决了质量难题，从而获得国家实用技术专利。是年，郴县（苏仙区）碾米机厂厂长蒋子凡与他人合作研制开发精制米加工成套设备，1992年，获国家科技成果奖，1993年，通过国家“星火计划”验收。蒋子凡在该产品开发和企业生产经营中贡献突出，1994年获国务院“政府特殊津贴”。是年，郴州公路机械厂引进中南工业大学和湖南大学的技术，将321钢桥改制为具有自己特色的贝雷架、艾克罗和康拜克钢桥新产品，成为该厂的当家产品。

1993年，郴州筑路机械厂投资2263.93万元，引进消化美国路绿铺筑机项目，技术水平上新台阶。1998年，该厂经国家经贸委等6部委审核评定为国家大型二档企业。

1998年，北湖区山河电子设备有限公司研制的超声波连续式清洗烘干机，获湖南省1999年高新技术推广项目。

2001年8月，广东高斯贝尔数码科技有限公司入驻郴州，2005年6月，投资2.9亿元，在郴州白露塘出口加工区建设数码电子工业园，公司以大量的资金和人力开展数码电子项目的开发研究与生产。

（三）产品市场开发

1989—1991年，郴州地区机械行业企业普通存在产品积压、市场疲软、销售不畅等问题。为强化销售，搞活产品市场，主管部门组织13户企业自愿合股，1992年6月，成立专业销售行业产品的郴州万华实业股份有限总公司。还在北部湾广西省防城和东兴两地设立分公司，以利打开越南市场让产品进而走向东南亚。随后，该总公司还在郴州建立印刷物资、汽车配件等公司。后因市场自主经营主体和国内外两个市场全部放开，总公司于1998年底停止业务活动。

2000年后，为适应中国加入世界贸易组织后经营，主管部门多次对行业企业领导进行培训，学习世界贸易规则和常识，分析“入世”后利弊，探索应对措施。2001年，因之对行业冲击不大，利大于弊，尤其是产品出口不降反增。2002年，在“入世”后第二年，机械电子行业出口交货值1635.31万元，是2000年648.73万元的2倍多，以后逐年增长。主管部门还注意用够用活国家鼓励机电产品出口、实行出口退税的政策，组织企业主动寻找国外商机，扩大出口贸易。先后有郴州柴油机厂（公司）、郴州碾米机厂（公司）、郴州轴承厂（公司）、嘉禾水电设备厂（公司）等19户企业出口自己的产品。柴油机、碾米机、发电机、轴承、铸造件、钢桥、沥青洒布车、金属焊料等品种常年批量出口。2005年，郴州粮油机械公司和郴州高斯贝尔公司成为郴州市机械电子产品出口两大基地，享有自营出口产品权，两个企业出口交货值占该行业产品出口的一半。是年，该行业实现出口交货值折合2895.71万元人民币，是1989年430.76万元的6.7倍。

第七章 化学工业

自1989始，郴州地区化学工业经过深化改革，不断调整产业结构，坚持技术改造和新产品开发，全市农药、化肥、氯碱三大类产品形成一定规模。至2005年，全市有25户化工企业，拥有固定资产16.13亿元、完成工业总产值9.64亿元，实现销售收入9.86亿元，实现利税5600万元。化学工业成为全市工业经济的支柱产业之一。

第一节 化 肥

（一）碳酸氢铵

20世纪90年代初，嘉禾氮肥厂、临武氮肥厂、桂阳氮肥厂、资兴氮肥厂4家氮肥厂相继破产关闭。1991年，郴州地区氮肥厂并入郴州地区化工总厂。1993年，永兴县氮肥厂并入郴州化肥厂。1998年，全市氮肥行业碳酸氢铵生产形势较好，产量达40.3万吨。1998年以后，由于市场需求减少，生产碳铵的企业减少为4户。2005年，全市4户碳铵生产企业共生产碳酸氢铵23.69万吨，其中湘南氮肥厂5.22万吨，宜章山达化肥有限公司10.98万吨，安仁氮肥厂6.18万吨，郴化集团桥氮分公司1.31万吨。

（二）普通过磷酸钙

1965年12月，郴州化肥厂建成投产，生产普通过磷酸钙（简称普钙）生产能力由年产1.25万吨，逐步扩大到年产20万吨。1997年，郴州化肥厂普钙产量达到20.67万吨，超过设计能力。该厂生产的普钙含有效磷（五氧化二磷）12% ~ 15%、水分12%，适用于农业生产，可作基肥、种肥和追肥使用。产品除市内销售外，约有三分之一销往市外、省外。1998年，由于该产品有效养分含量较低，品种单一，随着专用肥、复合肥不断增加，该产品销售受阻，产量下降，2005年，普钙产量只有7.92万吨，仅为1997年的38.3%。

（三）尿素

尿素属于高浓度氮肥，含氮量46%，是农业生产主要化肥品种。1992年12月，经化学工业部批准，桥口氮肥厂投资1.1亿元，利用原有生产合成氨、碳铵的装置进行技术改造，1996年3月，建成年产4万吨的尿素生产线，当年生产尿素3.69万吨，填补市内不能生产尿素产品的空白。1997年，该厂筹措资金2800万元，扩大生产能力，尿素年产能力由4万吨增至6万吨。1998年，尿素产量达6.08万吨。同年，该厂再投资5000万元，扩大生产，生产能力增至10万吨。2004年，郴化集团继续投资2100万元，再次扩大改造尿素生产线，年生产能力提高到13万吨。2005年，尿素产量10.99万吨。尿素成为郴州市主要化肥品种。

（四）复合肥

为适用农业生产发展对化肥品种的需求，郴州地区化肥厂积极争取中央和省有关部门大力支持，多方筹措资金，大力开展技术改造，扩大复合肥生产规模。1993年3月，投资5000万元，建成年产3万吨磷酸一铵的生产线。1997年6月，又投资6500万元，将3万吨磷酸一铵装置改造成年产9万吨复合肥生产线，实现从单一品种到多品种、从低浓度肥料到高浓度复合肥转变。是年，该厂生产复合肥3.83万吨。郴州化肥厂生产复合肥采用硫酸将氯化钾转化为硫酸钾，然后用稀磷酸混合，加氨铵化，经脱水、造粒而成颗粒状肥料，属于高浓度化肥，含氮、磷、钾元素，并可根据农业生产专用化肥需要（如烟草肥、瓜果肥等）调整养份含量配比，使复合肥质量达到国内先进水平。2000年，该厂生产复合肥6.31万吨。2001年5月，郴州化工集团公司投资1.78亿元，在资兴市东江建成年产高浓度复合肥20万吨的生产线，全市复合肥生产能力扩大到年产29万吨。2005年，该集团公司生产复合肥7.94万吨，产值达到1.43亿元。

（五）复混肥

复混肥又名混配肥，将氮肥、磷肥、钾肥按一定比例混合、搅拌成形，也有一部分产品通过成球，制成颗粒状肥。20世纪90年代初，由于农业生产发展需要，一部分国有企业、民营企业纷纷生产复混肥。1999年，因盲目上马产能过剩，一部分生产企业处于停产半停产状态，其中宜章县沙坪化肥有限公司、永兴湘阴化工厂等停产关闭，全市仍有部分企业继续从事复混肥生产。2005年，全市复混肥年生产能力达16万吨，其中：郴州化工集团5万吨、宜章县湘南化工厂3万吨、安仁县伟业复合肥有限公司3万吨、郴州市金土地化肥有限公司3万吨、宜章县南方化工有限公司2万吨。

第二节　农　药

1989—2005年，郴州市（地区）经化学工业部正式批准定点的农药生产企业有3家。农药生产主要有杀虫双、杀虫单、蝉散乳油等。

（一）杀虫双

杀虫双水剂属于广谱杀虫剂，应用范围广，可用于水稻、蔬菜、水果等农作物杀虫，且在正常剂量使用下，对人畜无害。杀虫双是郴州农药行业的主要产品，生产企业有郴州地区农药化工厂和郴州地区栖江农药化工有限公司（原郴县农药厂）两家。1993年，郴州地区农药化工厂将杀虫双生产能力从年产3000吨扩大改造至年产6000吨。1994年，郴州地区栖江农药化工有限公司将杀虫双生产能力从年产3000吨扩大改造至年产1万吨。是年，全市杀虫双水剂产量达1.58万吨。由于生产过剩，市场需求趋于饱和，产量逐年减少，1997年减至2515吨。2000年，产量又回升为6450吨。2005年，生产杀虫双企业有郴州邦尔泰工贸公司和郴州化工集团公司，是年，生产18%杀虫双水剂1.21万吨。

（二）杀虫单

杀虫单是将杀虫双水剂浓缩、烘干得到含杀虫双95%的粉状产品。因含量高，效果好，方便运输和使用，故为杀虫双水剂的替代产品。2005年，全市生产杀虫单的企业有郴州邦尔泰工贸公司、郴州化工集团公司、郴州农药加工厂。是年，上述三家企业生产杀虫单产量分别为1000吨、1000吨和200吨，产值800万元。

（三）其他农药产品

桂东县农药厂是湖南省政府的扶贫项目。1992 年，在湖南省化工研究院支持下，生产 30% 叶马磷乳油、20% 叶蝉散乳油、40% 速胺磷乳油和 20% 巴沙乳剂，其生产能力为年产 150 吨。是年，实现工业产值 252 万元。2002 年，完成工业产值 300 万元。此外，郴州市农药化工厂生产的苏化 203 农药，设计能力为年产 200 吨，实际产量 316 吨。2004 年，生产 150 吨，另产草胺宁 500 吨。

1989—2005 年郴州市（地区）化肥、农药主要产品产量（实物量）统计表

表 14-7-2-1

单位：吨

产品名称 \ 年份	1989	1990	1991	1992	1993	1994	1995	1996	1997
化学肥料	442163	467983	491077	507969	420326	470990	599276	615128	694686
尿素（郴化集团）	—	—	—	—	—	—	—	36896	55055
碳铵	271663	295483	315972	339819	274779	309216	398703	363905	394569
桥口氮肥厂	71021	75103	78151	82505	94885	106505	107820	41935	110984
资兴氮肥厂	30067	31504	32150	34216	46176	49148	49425	49545	44804
安仁氮肥厂	16289	17250	18151	17212	12842	29934	35077	40903	40948
永兴氮肥厂	21282	24121	25312	26121	10309	—	30242	26307	18510
桂阳氮肥厂	18028	21203	23120	24175	—	—	—	—	—
嘉禾氮肥厂	17580	18215	23521	25120	—	—	—	—	—
临武氮肥厂	7152	13812	15123	16215	—	—	—	—	—
宜章氮肥厂	33306	34152	35124	38125	39278	64754	74135	80653	79174
湘南氮肥厂	56938	60123	65320	76130	71289	58875	102004	124562	100149
普钙（郴化集团）	170500	172500	175105	168150	145206	156414	190822	206655	206720
复合肥（郴化集团）	—	—	—	—	341	5360	9751	7672	38342
化学农药	5581	7059	7595	9662	7757	15816	14816	2300	2515
4049 原油（市农）	458	712	850	912	—	—	—	—	—
25% 杀虫脒（县农）	464	512	615	1505	—	—	—	—	—
18% 杀虫双水剂	4659	5835	6130	7245	7757	15816	14816	2300	2515
郴州市农药化工厂（金蜂、全新公司）	2509	2712	2815	3120	2518	7111	7833	1039	610
郴县农药化工厂（金剑、栖江公司）	2150	3123	3315	4125	5239	8705	6983	1261	1905

产品名称 \ 年份	1998	1999	2000	2001	2002	2003	2004	2005	合计
化学肥料	679368	645465	593202	585173	655281	526407	490850	505486	9390830
尿素（郴化集团）	60080	75700	74862	59811	81475	97906	108797	109903	760485
碳铵	403023	370596	340976	338197	395629	261324	261959	236975	5572788
桥口氮肥厂	119557	86795	82689	61358	63723	20634	12803	13081	1229549

续表 14-7-2-1

产品名称＼年份	1998	1999	2000	2001	2002	2003	2004	2005	合计
资兴氮肥厂	47756	30934	32103	69093	71582	52320	—	—	670823
安仁氮肥厂	39561	34421	27646	19894	27196	30270	46782	61847	516223
永兴氮肥厂	—	—	—	—	—	—	—	—	182204
桂阳氮肥厂	—	—	—	—	—	—	—	—	86526
嘉禾氮肥厂	—	—	—	—	—	—	—	—	84436
临武氮肥厂	—	—	—	—	—	—	—	—	52302
宜章氮肥厂	82515	925380	87602	100098	101773	60308	84456	109829	1197662
湘南氮肥厂	113634	126066	110936	87754	131355	97792	117918	52218	1553063
普钙（郴化集团）	178021	143980	114199	144276	134264	104230	61860	79212	2552114
复合肥（郴化集团）	38244	55189	63165	42889	43913	62947	58234	79396	505443
化学农药	12875	14549	6450	6633	10394	12105	7113	12108	155328
4049 原油（市农）	—	—	—	—	—	—	—	—	2932
25% 杀虫脒（县农）	—	—	—	—	—	—	—	—	3096
18% 杀虫双水剂	12875	14549	6450	6633	10394	12105	7113	12108	149300
郴州市农药化工厂（金蜂、全新公司）	3868	4533	1789	2400	4161	—	—	—	47018
郴县农药化工厂（金剑、栖江公司）	9007	10016	4661	4233	6233	12105	7113	12108	102282

第三节 其他化工产品

硫酸 1989 年，郴州地区化肥厂扩大改造原有一条年产 2 万吨硫酸生产线，形成年产 9 万吨硫酸生产能力。1993 年 5 月，德意化工有限责任公司利用冶炼尾气制酸，建成年产 3 万吨硫酸项目（该项目属冶金系统）。其产品主要供应湖南、广东市场。1996—1998 年，郴州化工集团又将年产 9 万吨硫酸生产线扩建改造成年产 12 万吨的生产能力。1999—2001 年，该集团年平均生产硫酸 13.83 万吨。2002—2004 年，年平均产量为 11.84 万吨。2005 年，生产硫酸 12.75 万吨。郴州化工集团生产的硫酸主要用于本企业生产化肥。

盐酸 1997 年后，郴州市生产盐酸的企业有郴州化工集团和郴州华湘化工有限责任公司。郴州华湘化工有限公司是通过生产烧碱获得氯气生产盐酸，年生产能力 2.5 万吨。1997—2004 年，年平均生产盐酸 9983 吨。郴州化工集团是在生产复合肥时，用硫酸将氯化钾转化成硫酸钾获得氯气而生产盐酸，年生产能力为 7.5 万吨。1997—2004 年，年平均生产盐酸 7484.5 吨。2005 年，郴州化工集团生产盐酸 1.55 万吨，郴州华湘化工有限公司生产盐酸 1.83 万吨。盐酸产品郴州销售较少，主要销往广东、广西省市场。是年，郴州化工集团生产部分试剂用盐酸供应本地市场。

合成氨 2005年以前，郴州有合成氨生产能力19万吨，其中：郴州化工集团10万吨，湘南氮肥厂4万吨，宜章山达化肥有限公司3.5吨，安仁氮肥厂1.5万吨。2005年，全市化工企业生产合成氨15.01万吨，其中：郴州化工集团9.42万吨，湘南氮肥厂1.31万吨，宜章山达化肥公司2.75万吨，安仁氮肥厂1.55万吨。全市化工企业生产的合成氨主要用于生产尿素、碳铵、复合肥等产品，同时，每年有一部分合成氨销往广东省。2000年后，因煤炭价格持续上涨，合成氨生产成本不断升高，产值利润不理想，生产受到影响。

烧碱 烧碱生产是将盐溶液电解所得到电解液即为液体烧碱，再将液碱体烧浓缩即为固体烧碱。1993年3月，郴州华湘化工有限公司建成年产1.1万吨的烧碱生产线，总投资1.2亿元，是郴州地区唯一烧碱生产企业。1996—1999年，年平均产量为1.11万吨。2001年，该公司又投资6000万元，将年产1.1万吨烧碱生产线扩大改造至为年产2万吨的生产线。2004年，投资1.2亿元完成5万吨的产能升级。2005年，该公司生产烧碱4.45万吨，创产值7233万元。

糊树脂 糊树脂生产是将乙炔与氯化氢反应生产氯乙烯，在引发剂等助剂作用下，氯乙稀聚合为糊树脂产品。郴州华湘化工有限公司在烧碱项目建成投产的基础上，1995年投入3000万元，建成年产1万吨糊树脂项目。2001年又投入3000万元，将年产1万吨生产线扩大改造为2万吨生产线。2003年生产糊树脂2.01万吨。由于产品市场需求量不断增加，市场前景看好。2004年，该公司再次将糊树脂项目扩大，年生产能力达4万吨。2005年，该公司生产糊树脂3.01万吨，创产值2.61亿元。成为国内第三家大型糊树脂生产企业。

甲醇 1996年3月，郴州化工集团桥口分公司投资1500万元，在生产合成氨的条件下，采用甲烷化生产精甲醇产品，形成年生产能力1.2万吨甲醇生产线，1996—2002年，平均年产精甲醇1550吨。2005年，该公司生产精甲醇1673吨，创产值502万元。

甲醛 1996年，资兴市氮肥厂与资兴市木材公司共同出资，组建股份合作制企业资兴市化鑫化工有限公司，投资360万元，建成年产1万吨甲醛生产线。1999年，生产甲醛1万吨。2000年，将其扩大改造至年产甲醛1.5万吨，同年，生产甲醛1.1万吨。2002年，生产甲醛1.3万吨。2005年，该公司生产甲醛0.83万吨，年创产值1079万元。

氯酸钾 1999年，桂东湘肇化工公司投资700万元，新建年产能力2000吨氯酸钾生产线。2000年，生产氯酸钾2447吨。2001年，又投资800万元，将年产2000吨生产线扩大改造为年产能力5000吨。由于产品市场销售好，加上桂东水电资源丰富，有较好的生产条件，2002年，桂东高氯酸钾厂建成投产，该厂年生产能力5000吨。2004年，桂东湘肇化工公司和桂东高氯酸钾厂共生产氯酸钾7989吨，其中湘肇化工公司生产4789吨，高氯酸钾厂生产3200吨。2005年，两企业共生产氯酸钾7515吨，其中湘肇化工公司生产4815吨，高氯酸钾厂生产2700吨。

铵梯油炸药 郴州生产铵梯油炸药生产企业仅有7320化工厂。该厂系1969年因战备需要从广州同和迁入郴州街洞，属军队“三线”战略转移企业，其主要产品为岩石粉状铵梯油炸药。由于行业的特殊性，在军队管理期间，该产品以服务部队为主，提供的军品主要用于国防建设。1989年，铵梯油炸药产量3358.84吨，销售收入755万元，实现利润98.12万元，实现税金21.82万元。随着市场经济发展，军品物资面向社会采购，军品生产任务减少，该化工厂逐步转向民品生产。2001年9月，该化工厂被列为军队移交地方保障性企业，2002年8月，由广州军区装备部正式移交郴州市人民政府管理，隶属郴州市经济贸易委员会，企业更名为“湖南郴州七三二〇化工厂”。核定粉状铵梯油炸药年生产能力6000吨，拥有固定资产4139万元，在职职工342人，离退休人员141人。当年，铵梯油炸药完成产量8112.21吨，完成销售收入3534.41

万元，分别比1989年增长2.4倍和4.6倍。实现利润403.5万元，实现税金364.14万元。2005年计划投资1238万元新建1条年产1万吨的乳化炸药生产线。是年，铵梯油炸药产量8831.64吨，完成销售收入4294.34万元，实现利润320.17万元、税金459.44万元。

工业气体 1991年，坐落在郴州市开发区旭辉公司投资3000万元建成一条年生产能力10万瓶的乙炔气生产线。1993年，将其扩大改造至年产能力30万瓶。1996年，该公司投资360万元，建成一条年生产能力50万瓶的氧气生产线，并开发生产氩气、二氧化碳气体等工业气体，其产品主要销往郴州、广州等市场。2005年，该公司生产乙炔气6.8万瓶，氧气50万瓶，完成工业总产值763万元。

1989—2005年郴州市（地区）化工原料及制品产量（实物量）统计表

表14-7-3-1　　单位：吨

年份 产品名称	1989	1990	1991	1992	1993	1994	1995	1996	1997
100%硫酸（郴化集团）	80500	81500	82150	81510	68801	70019	90586	88909	114683
31%盐酸	—	—	—	—	641	—	—	—	8366
郴州化工集团公司	—	—	—	—	—	—	—	—	4544
华湘化工公司	—	—	—	—	641	—	—	—	3822
100%烧碱（华湘化工公司）	—	—	—	—	726	—	—	10067	10407
PVC糊树脂	—	—	—	—	—	—	—	4219	7436
精甲醇（郴化集团公司）	—	—	—	—	—	—	—	2061	1270
甲醛（资兴华鑫化工公司）	—	—	—	—	—	—	—	4392	5040
PVC稳定剂（郴州市助剂厂）	—	—	—	756	742	914	781	1012	710
再生橡胶（安仁橡胶厂）	3150	3215	3415	3560	4923	5300	5821	8517	6712
氯酸钾	—	—	—	—	—	—	—	—	—
桂东湘肇化工公司	—	—	—	—	—	—	—	—	—
桂东高氯酸钾厂	—	—	—	—	—	—	—	—	—
氟硅酸钠（郴州化工集团公司）	760	756	765	755	772	636	733	1007	940

年份 产品名称	1998	1999	2000	2001	2002	2003	2004	2005	合计
100%硫酸（郴化集团）	112130	140373	137049	137639	111757	131312	112394	127463	1768775
31%盐酸	7515	7497	13389	14320	14596	19469	14503	33881	134177
郴州化工集团公司	3870	4309	9990	7482	6914	13894	8873	15540	75416
华湘化工公司	3645	3188	3399	6838	7682	5575	5630	18341	58761

续表 14-7-3-1

产品名称＼年份	1998	1999	2000	2001	2002	2003	2004	2005	合计
100% 烧碱（华湘化工公司）	11680	11934	—	18744	19543	21225	22214	44150	170690
PVC 糊树脂	—	10753	—	14529	14803	20018	21350	30068	123176
精甲醇（郴化集团公司）	1722	1617	1385	1054	1744	710	—	—	11563
甲醛（资兴华鑫化工公司）	6243	10043	11070	9755	13001	3200	7895	8293	78932
PVC 稳定剂（郴州市助剂厂）	663	753	741	466	360	—	—	—	7898
再生橡胶（安仁橡胶厂）	4978	4088	3303	2088	1884	400	—	—	61354
氯酸钾	—	—	2447	—	—	—	7989	7515	17951
桂东湘肇化工公司	—	—	2447	—	—	—	4789	4815	12051
桂东高氯酸钾厂	—	—	—	—	—	—	3200	2700	5900
氟硅酸钠（郴州化工集团公司）	757	563	445	465	449	272	209	179	10463

1989—2005 年郴州市（地区）化工企业工业产值统计表

表 14-7-3-2　　单位：万元

企业名称＼年份	1989	1990	1991	1992	1993	1994	1995	1996	1997
合计	9171	9838	10026	18649	24094	28241	33447	39082	41991
郴州化肥厂	2186	2350	2515	3516	4055	4087	6228	6489	—
鲤鱼江磷肥厂	133	150	161	173	—	—	—	—	—
桥口氮肥厂	1134	1215	1310	1800	3000	3460	4010	5048	—
湘南氮肥厂	885	910	974	1600	2401	2257	3196	3832	3118
资兴氮肥厂	482	530	567	712	1449	1702	2346	2254	2205
安仁氮肥厂	279	307	328	410	391	917	1135	1342	1476
永兴氮肥厂	319	351	375	310	310	—	—	—	—
桂阳氮肥厂	270	297	317	—	—	—	—	—	—
嘉禾氮肥厂	294	324	—	—	—	—	—	—	—
临武氮肥厂	107	118	126	—	—	—	—	—	—
宜章氮肥厂（宜章山达化肥公司）	520	572	612	1050	1167	1918	2225	2355	2316
郴州市氮肥厂（梁家湾）	196	150	—	—	—	—	—	—	—
郴州市农药化工厂（金蜂、全新公司）	1008	1109	1186	2715	2999	—	—	—	—

续表 14-7-3-2

年份 企业名称	1989	1990	1991	1992	1993	1994	1995	1996	1997
郴县农药化工厂（郴州市金剑、栖江公司）	773	815	872	3215	3731	4800	3877	3636	6098
桂东县农药厂	—	—	—	252	65	—	—	—	76
永兴化工一厂	33	35	38	41	5	—	24	—	—
永兴电化厂	121	155	165	410	892	775	495	—	—
郴州市水玻璃厂	53	55	58	72	93	92	92	124	71
安仁橡胶厂	378	395	422	556	901	780	1001	1540	1540
郴州市湘南化工厂	—	—	—	251	394	348	689	1201	2065
郴州旭辉工业气体公司	—	—	—	365	624	677	773	782	709
郴州市化工机械厂	—	—	—	121	175	215	280	440	246
资兴市机械厂（资兴市合力机械公司）	—	—	—	205	374	483	540	334	360
郴州市化工总厂	—	—	—	875	1068	—	—	—	—
郴州市三友化工总厂	—	—	—	—	—	5730	6536	4797	1392
华湘化工有限公司（郴州市电化厂）	—	—	—	—	—	—	—	4908	—
郴州化工集团有限责任公司	—	—	—	—	—	—	—	—	20319
郴州市助剂厂	—	—	—	—	—	—	—	—	—
资兴市华鑫化工公司（资兴市化工公司）	—	—	—	—	—	—	—	—	—
桂东湘肇化工公司	—	—	—	—	—	—	—	—	—
桂东高氯酸钾厂	—	—	—	—	—	—	—	—	—
郴州邦尔泰工贸公司	—	—	—	—	—	—	—	—	—

年份 企业名称	1998	1999	2000	2001	2002	2003	2004	2005	合计
合计	45280	48784	45221	40152	47853	58732	62764	96406	657611
郴州化肥厂	—	—	—	—	—	—	—	—	31426
鲤鱼江磷肥厂	—	—	—	—	—	—	—	—	617
桥口氮肥厂	—	—	—	—	—	—	—	—	20977
湘南氮肥厂	3540	3874	3913	3688	4686	3528	5387	2617	50406
资兴氮肥厂	2738	1013	935	2013	2093	1529			22568
安仁氮肥厂	1278	1550	373	630	795	901	1633	2159	15904
永兴氮肥厂	—	—	—	—	—	—	—	—	1665

续表 14-7-3-2

企业名称 \ 年份	1998	1999	2000	2001	2002	2003	2004	2005	合计
桂阳氮肥厂	—	—	—	—	—	—	—	—	884
嘉禾氮肥厂	—	—	—	—	—	—	—	—	618
临武氮肥厂	—	—	—	—	—	—	—	—	351
宜章氮肥厂（宜章山达化肥公司）	2477	2699	2561	2926	2976	1763	2516	4917	35570
郴州市氮肥厂（梁家湾）	—	—	—	—	—	—	—	—	346
郴州市农药化工厂（金蜂、全新公司）	2552	2929	1411	1850	2180	—	—	—	19939
郴县农药化工厂（郴州市金剑、栖红公司）	4816	5278	2807	2651	4783	4014	—	—	52166
桂东县农药厂	28	—	300	300	300	—	—	—	1321
永兴化工一厂	—	—	—	—	—	—	—	—	176
永兴电化厂	—	—	—	—	—	—	—	—	3013
郴州市水玻璃厂	—	—	—	—	—	—	—	—	777
安仁橡胶厂	1540	1880	620	746	366	78	—	—	12743
郴州市湘南化工厂	1496	1102	1443	1059	1627	1119	—	—	12794
郴州旭辉工业气体公司	786	819	825	362	426	462	646	763	8929
郴州市化工机械厂	—	—	—	—	—	—	—	—	1587
资兴市机械厂（资兴市合力机械公司）	360	248	141	48	—	—	—	—	3093
郴州市化工总厂	—	—	—	—	—	—	—	—	1943
郴州市三友化工总厂	—	—	—	—	—	—	—	—	18995
华湘化工有限公司（郴州市电化厂）	—	—	—	—	—	17457	18469	35978	77034
郴州化工集团有限责任公司	22788	25105	26725	20900	23681	27497	27985	42363	237363
郴州市助剂厂	881	997	982	502	468	—	—	—	4742
资兴市华鑫化工公司（资兴市化工公司）	—	1223	1328	1181	1721	384	988	1079	7904
桂东湘肇化工公司	—	—	857	1296	1751	—	2000	2020	4020
桂东高氯酸钾厂	—	—	—	—	—	—	1760	2300	4060
郴州邦尔泰工贸公司	—	—	—	—	—	—	1380	2300	3680

第四节　化工行业管理

一、化工行业管理机构

1989年，郴州地区化工行业管理机构为郴州地区化学工业局（简称地区化工局），正处级单位。内设办公室、人事监察科、企业管理科、生产安全技术科、计划财务科等职能科室。行使郴州行署授予的行政管理职能职权。直属二级机构有化工供销公司、化工技术学校。1992年，增设技改科，局机关人员33人。1994年12月，地区化工局成建制转体为郴州地区化学工业总公司，加挂郴州地区化工行业管理办公室的牌子。行政管理职能未变。内设机构由原来的6个科室精简为4个科室。化工供销公司、郴州化工技术学校与总公司完全脱钩，成为独立法人单位。

2002年10月，撤销郴州市化学工业总公司和郴州市化工行业管理办公室，组建郴州市机电化工行业管理办公室，为副处级单位，定编10人，归口市经贸委管理，其职能有所改变，不再直接管理企业，不承担投资项目立项、审查、审批职能，不下达企业生产、分配计划，只负责行业规划和行业政策、行业协调、行业服务等管理工作。2005年，归口市国有资产管理委员会管理，其管理职能未变。

1989—2005年郴州市（地区）化学工业局（总公司、行管办）主要负责人名录

表14-7-4-1

单　位	姓　名	职　务	任职时间
郴州地区化学工业局	柳培海	局　长	1989—1994年
郴州市化学工业总公司	柳培海	总经理	1995—2001年
郴州市机电化工行业管理办公室	邓辉晖	主　任	2002—2005年

二、化工行业规划及目标管理

（一）行业规划

按照国家和行业发展战略，郴州化工行业主管部门协助企业作好企业发展规划、产品开发计划和技术改造规划。1989年，全区化工行业“八五”（1991—1995年）发展规划，1995年，制定实施“九五”（1996—2000年）行业发展规划，2000年，地区化工局制定实施“十五”（2001—2005年）行业发展规划3个发展规划，均明确了发展思路和每个时期的发展任务，并对计划实施提出具体要求。在组织实施规划过程中，指导企业制定和完成年度项目任务。对重点项目实行定任务、定人、定责任的目标管理责任制。并严格执行国家产业政策，避免重复建设与浪费，对国家限制和禁止发展的项目，及时予以制止。

（二）目标管理

1989—2005年，在1987年国有所有权与经营权分离，普遍推行第二轮承包经营责任制的前提下，郴州化工行业主管部门会同政府有关职能部门，深入企业对承包经营者进行考核、选择和认定，根

据政府的发展计划目标，签订具体工作目标任务和承包合同，如经济效益指标、技术进步指标、能源原材料消耗指标等。为掌控企业生产经营状况，化工主管部门坚持天天调度生产经营情况，进行资料数据统计分析，及时协调解决企业在生产经营中存在的困难与问题，维持企业生产经营的正常运转。1995年，化工部门获全市工交系统目标管理一等奖；1998年，获全市工交系统管理一等奖、扭亏增盈一等奖。

（三）产品开发

1989年，郴州化肥厂与南京化工研究院联系，开发磷酸一铵新产品，并相继开发复合肥新产品。1991年，郴州华湘化工有限公司与沈阳化工研究院联系，开发糊树脂新产品。1992年，郴州化学助剂厂与北京化工研究院联系，开发塑料稳定剂系列产品。截至2005年，郴州化学工业创新了磷酸一铵、尿素、复和肥、烧碱、盐酸、糊树脂、复合稳定剂、精甲醇、甲醛、氯酸钾、工业气体（乙炔气、氧气等），化学涂料等产品的生产。尿素、复合肥新产品的开发，改变了过去氮肥企业产品单一的状况，实现高深度、复合型产品结构转变。新产品开发，改变了郴州化学工业以化肥、农药为主体的产品产业结构。

（四）安全生产管理

化工行业有相当多的企业，属于高温、高压、易燃、易爆、有毒、有害企业，安全生产是企业管理的重中之重。化工主管部门抽出专人抓企业安全生产工作，检查督促企业落实安全生产机构和管理人员，促进落实企业安全教育培训任务、企业安全制度和安全生产活动及对安全事故的处理。当企业发生安全事故时，主管部门领导和安全人员立即赶到现场，召开事故分析会议，明确事故责任和整改措施。每年召开会议落实安全生产责任状，每季度对化工企业安全生产组织检查，并召开安全生产调度会议，每月对安全生产情况进行统计分析。1989—2005年，全市（区）化工行业安全生产指标均在市安全委员会下达控制指标以内。

（五）维护企业稳定

1996年3月，郴州农药化工厂因经营不善，全厂停产，拖欠职工工资，该厂职工100余人到市委、市政府上访，行业机关领导、工作人员立即赶到现场，及时疏导、劝导上访职工，维护企业稳定。2001年5月，郴州化工集团在改制过程中部分职工情绪不稳定，60余名职工到市政府上访，行业主管部门领导和机关人员赶赴现场，既做职工思想工作，又帮助企业妥善处理在改制中遇到的困难与问题，解除职工思想顾虑，以维护企业稳定。

第八章 轻纺工业

郴州市（地区）轻纺工业分为纺织、一轻、二轻工业3个部分。1989年，共有企业320户，其中纺织工业29户，一轻工业38户（均为预算内国有企业）；二轻工业253户。轻纺工业县属企业和城镇街道企业全部为集体所有制企业。

二轻工业于20世纪80年代初实行内部管理制度改革，大部分农村铁木社、缝纫社实行了整体拍卖，逐步置换资产和职工国有或集体所有制身份。

纺织、一轻国有企业则于20世纪80年代经历扩大企业自主权、实行两步利改税、推行承包经营责任制等改革阶段；进入90年代，国有企业改革步伐加快，生产持续增长，但经济效益却长期徘徊低谷，直至2000年才摘掉长达10年之久的亏损“帽子”。2001年，12户轻纺国有及国有控股企业，盈亏相抵总计亏损1602万元。2002年，全市轻纺工业系统的集体所有制企业全部改制完毕，国有企业仅有纺织3户、一轻5户企业勉强维持生产或租赁经营。2003年，仅存8户国有企业全部纳入破产改制范围。2005年，全市轻纺工业6户市属国有企业除红旗造纸厂破产改制尚未终结外，其他5户企业完成破产改制，所有职工得到一次性安置。

第一节 一轻工业

一、造 纸

1989年，全区一轻工业有制浆造纸企业5户，其中国有企业4户，集体企业1户。共有固定资产原值2384万元，净值1551万元，职工1595人。机制纸主要产品是纸袋纸、牛皮纸、条纹包装纸、书写纸、瓦楞纸和卫生纸，年生产能力2.2万吨。是年，制浆造纸业完成工业总产值2155万元，占全区一轻工业总产值的27.77%；生产机制纸浆1.08万吨，生产机制纸及纸板1.63万吨；生产出口牛皮纸323.98吨。1990年，全区制浆造纸业完成工业总产值3892万元，生产机制纸及纸板1.33万吨，生产出口牛皮纸359.9吨。由于原材料、燃料、动力价格上涨，成本上升，当年全行业严重亏损。1991年，完成工业总产值3592万元，完成机制纸浆1.42万吨，生产机制纸及纸板1.41万吨。是年，在建的4个技术改造项目累计投入3420万元。其中，全区重点工程项目之一的地区红旗造纸厂扩建日产40吨机纸生产线，配套日处理40吨碱回收装置项目恢复施工后，浆纸改造部分累计投入2188万元，碱回收项目完成投资780万元。永兴县造纸厂当年投入132万元添置配套设备，年生产能力增加1000吨。郴州市（北湖区）二造纸厂投入320万元扩建瓦楞纸生产线于年底竣工，年产量增加5000吨。

1992年，经过治理整顿，企业生产开始回升。是年，全行业生产机制纸及纸板1.52万吨，1993年，产量又回落到1.4万吨。1994年，通过技术改造，全区制浆造纸业生产机制纸及纸板2.14万吨，产量首次突破2万吨。1995年，郴州市5户制浆造纸企业由于“八五”时期（1991—1995年）技术改造项目竣工投产，固定资产原值增加至6732万元，净值增长66.27%，职工人数增长24.8%，是年，全行业完成机制纸及纸板1.41万吨，实现销售收入4946万元，盈利30万元。

1996年，永兴造纸厂因亏损严重而停产，其余4户企业完成工业总产值3780万元，完成销售收入4240万元，亏损247万元。根据全市工业产品结构调整规划和环境保护有关规定，加上企业破产改制，郴州一造纸厂、二造纸厂和永兴县造纸厂分别于1996年、1997年关闭改制。1998年，全市制浆造纸企业减至2户，红旗造纸厂因资金困难基本处于停产状态，是年，全行业产值、产量大幅下降，仅完成工业总产值1148万元，机制纸浆产量只有6464吨、机制纸5452吨，实现销售收入1425万元，亏损352万元。

2003年，安仁县造纸厂资产公开拍卖，组建安仁民营股份纸业公司，至此，全市国有一轻企业仅有市红旗造纸厂。是年，完成工业产值5952万元，生产机制纸1.43万吨。2004年，该厂账面总资产1.45亿元，负债总额2.75亿元，资产负债率已达189%，累计亏损金额1.46亿元。经国家企业兼并破产和职工再就业工作领导小组批复，核销该厂银行呆账和资产管理公司债权损失数合计2.11亿元。2005年，该厂向郴州市中级人民法院申请破产获准，进入资产清算阶段。

二、印刷

1989年，郴州地区有印刷企业12户，其中国营企业11户，集体企业1户。有固定资产原值1150万元，净值644万元，职工1316人。是年，全区完成书刊印刷量7.17万令，胶印印刷量7.92万对开色令，完成工业总产值1344万元，占全区一轻工业总产值的17.32%。1989—1991年，全区印刷业共完成工业总产值6035万元，年平均2011.67万元。

1993年，在厂办、校办和个体印刷企业蓬勃兴起，印刷业竞争激烈的环境下，全区有地区美术印刷总厂和郴县（苏仙区）、资兴、永兴、嘉禾、宜章、汝城、桂东7县（市）印刷厂保持盈利。是年，郴州卷烟厂、郴州印刷包装总公司和香港永银国际（集团）有限公司3家共同投资550万美元，组建郴州永怡印刷包装有限公司，主要承印各种食品、烟酒、日化高档包装印刷品。设备有海德堡多包装机、波兰裁纸机、日本畈岛模切机和我国最新产品切烫金两用机。1996年，该公司又引进澳大利亚1条轮转凹印生产线，成为湘南地区第一条具有20世纪90年代先进技术水平的凹印生产线，运转速度为240平方米/分钟。其产品色泽鲜艳、墨色匀称、层次清晰、质感厚实。是年，该公司完成工业总产值4526.1万元，占全市印刷业总产值的80.34%；实现销售收入3879万元、利润862万元、税收367万元。

1995年，全市有印刷企业11户，固定资产净值2710万元，职工1477人，完成工业总产值6007万元，比1993年增长6.62%；完成销售收入5790万元，实现利润614万元。

1996年，全市预算内10家印刷企业，完成工业总产值2393万元；实现销售收入2640万元，亏损2万元。

20世纪90年代中期，随着丝网、胶印印刷以及电脑、打印机、复印机等新型印刷设备的普及使用，手工铅字印刷逐步被淘汰，特别是教育部门和学校印刷厂大量开办，不仅揽住学生作业本印刷业务，还承接社会印刷业务，致使印刷企业业务量急剧下降，普遍亏损，至90年代后期，不少印刷企业相继进入破产改制阶段。1996年，苏仙区印刷厂改为股份制合作企业。1997年，桂阳、桂东县印刷厂先后破产。1998年，全市印刷企业减至7户。是年，完成工业总产值1647万元，实现销售收入1525万元，亏损655.3万元。尽管当年郴州市美术印刷总厂投资1000万元从德国引进当时比较先进的海德堡印刷设备，产值、利润增长较快，然而也无法挽回亏损局面，加上负债技改，包袱日渐沉重，2001年，该厂终以扭亏无望而依法破产。

2001年，资兴市印刷厂依法破产，汝城县印刷厂则改制为个人资产股、个人现金股和国有资产股股份合作企业。

2002年，嘉禾县印刷厂挂牌成立湖南省嘉禾县彩色印刷包装有限公司；永兴县印刷厂进行股份制改革，更名为永兴县印刷有限公司；桂阳县印刷厂资产拍卖后重新组建股份制企业——桂阳县印刷包装有限公司。至2005年，全市只剩下宜章县印刷厂尚未进行改制。

三、食品饮料

（一）酒

饮料酒和白酒 1989年，全区有饮料酒酿造企业8户，固定资产原值1384万元，净值888万元，职工1147人。是年，生产白酒5700吨，完成工业总产值1149万元，占食品饮料行业总产值的58.32%。

20世纪90年代初期，资兴市酒厂先后推出清塘、清塘大曲、十龙曲酒、资虎酒、国公酒、清凉酒、活性酒、糯米酒、松鹤寿灵液等20多个品种。宜章县糖厂开发出神农黄酒、千里缘酒。尽管开发品种不少，但档次不高，产品难销售，资金周转困难，企业效益倒挂。为扭亏增盈，各企业下功夫提高酿造工艺，推出新品牌。宜章酒厂开发的“虎骨酒”，被列入省级新产品。郴州酒厂开发的“秦观酒”，被列入地区级新产品。嘉禾酒厂采用传统佳酿和新技术相结合开发具有地方特色的“嘉禾倒缸酒”，1991年11月，参加在北京举行的国家食品工业十年新成就展示会，获“优秀新产品”称号，产品深受消费者欢迎。嘉禾籍将军萧克品尝后赞言“水是家乡甜，酒是倒缸好”。同为郴州籍的将军曹里怀欣然亲笔题词：“嘉禾倒缸，美酒飘香。”是年，由地区经委立项，省、地、县三级财政投资100万元，对嘉禾“倒缸酒”生产线进行技术改造。在开发新产品的推动下，1992年，全区饮料酒产量迅速提高，共生产饮料酒2.53万吨。是年12月，嘉禾县酒厂年产500吨的倒缸酒生产线投产后，“倒缸酒”又获省轻工厅1992年科技产品二等奖；1994年，获北京亚太国际贸易博览会银质奖和全国第二届武术擂台大赛指定产品金奖。1995年，系统内8家酒厂，亏损598万元。是年，安仁、嘉禾、桂阳、汝城等县酒厂在企业产权制度改革中相继破产。

1997年，临武酒厂利用本县西山优质纯净水，在酒鬼酒配方的基础上研制、酿造成有地方特色、适合南方人口味的浓香型白酒——瑶王酒，并先后开发出52度精品、38度、33度系列产品，同年8月上市。在1997年郴州山水旅游节暨经贸洽谈会和在广东连州市召开的三省（广东、广西、湖南）边贸名优特产品展销会，瑶王酒均被指定为会议专用酒，并在三省名、优、特产品展销会上与美国海洋国际企业集团和美国六马旅游团现场订货8万瓶。

2002年，全市酿造企业全部破产改制。原获省市优质奖的临武县酒厂生产的舜峰酒、郴州市酒厂生产的苏仙酒和中华味淋酒、宜章酒厂生产的玉溪桥虎骨酒，只留有少量存品。

啤酒 1989年，区内啤酒酿造企业有由中国铁道建筑公司铁路运输处出资兴建的资兴啤酒厂，郴州酒厂也建有一条啤酒生产线。1989—1991年，共计生产啤酒7006吨，远未达到生产能力。郴州酒厂后因效益不佳而停产啤酒。1996 年，资兴啤酒厂投资 939 万元，进行技术改造，生产湘雪牌啤酒，产量和质量都有较大提高。2000 年 2 月，青岛啤酒集团正式入驻资兴啤酒厂，由青岛啤酒股份公司和中国铁道建筑总公司铁路运输处（以下简称“铁运处”）共同组建“青岛啤酒（郴州）有限公司”。该公司总投资 1.55 亿元，其中青岛公司以现金投资，占总投资的 70%，铁运处以其原有固定资产设备入股投资，占总投资的 30%。公司总资产达到 1.67 亿元，有员工 300 余人。公司按照青岛啤酒厂的管理模式，推选 6S（整理、整顿、清洁、素养、服务、安全）、TPM（设备自主保全活动）、SOP（标准化操作）等多种先进管理方法，一举成为湖南首家“四标一体化”管理的啤酒企业，开发主要品种有青岛醇厚、青岛淡爽、青岛 2000、青岛东江湖、青岛山水、青岛五星等 20 余个品种。酒质、口味大为改善，产量亦大幅度提高。2001 年，该公司进行年产量达 10 万吨啤酒扩建工程，该工程是郴州市 23 项重点工程之一，2002 年，峻工达产，年生产能力从 1 万吨提高到 10 万吨。2005 年，完成产销量 5.86 万吨，实现利税 126 万元。

果露酒 1989 年，全区有郴州市（北湖区）、资兴、桂阳、嘉禾、汝城和安仁等县（市）酒厂生产果露酒。果露酒产量以郴州市酒厂为主，占全区果露酒年产量 70%。是年，全区生产果露酒 9324 吨、葡萄酒 1600 吨、黄酒 15 吨。1990 年，生产果露酒 6962 吨、葡萄酒 100 吨、黄酒 30 吨。由于大部分酿造企业效益低下，连年亏损，1995 年，果露酒生产 1070 吨，仅为 1990 年产量的 15.36%。2001 年，资兴市组建个体私营企业即东江天然绿色食品有限公司，职工 80 余人，主要生产具有保健作用的瑶山春系列果露酒。此产品以当地野生水果金樱子、杨梅、山楂、猕猴桃等为原料，采用传统方法酿造，饮用后对身体有一定保健作用。2001 年，此产品被湖南省消费者委员会授予“湖南省消费者信得过绿色消费品”称号，并获湖南省第三届农博会金奖。2003 年，生产瑶山春果露酒 300 吨，实现产值 1000 多万元。2005 年，该公司尚在扩建中。

（二）罐头及果脯

1989 年，一轻工业系统仅有郴州食品罐头厂生产罐头，年生产能力为 2500 吨，是年，生产罐头 1041 吨，完成工业总产值 332 万元。罐头品种有水果罐头和蔬菜罐头。1990 年，该厂生产的 2950 克冬笋罐头产品创省优，并获轻工部全国轻工博览会铜牌奖。1991 年，生产罐头 1278 吨，其中蔬菜罐头出口 87.8 吨，完成工业总产值 468 万元，实现销售收入 514 万元，盈利 5 万元。1992 年，生产硬壳包装罐头 2000 吨。1995 年，该厂有固定资产净值 1625 万元，比 1991 年增长 2 倍，职工 240 人。是年，生产蔬菜罐头 1042 吨，其中竹笋罐头 136 吨，藠头罐头 906 吨，完成工业总产值 468 万元，实现销售收入 741 万元，亏损 309 万元。1993 年后，该厂与香港合资兴办“郴港食品罐头有限公司”，继续生产罐头，出口销售，后因产销不旺，于 2000 年整体拍卖，破产改制。

（三）饮料

1989 年，境内饮料生产企业有宜章汽水厂，同时，郴州市、资兴市、永兴、汝城、安仁等县酒厂也兼产饮料。是年，全行业生产饮料 3729 吨，此后年年减产，至 1992 年，宜章汽水厂累计亏损达 20 万元，无力维持，终告破产。其他酒厂也先后破产改制。1995 年，一轻工业系统停止饮料生产。

（四）蔗糖

1989 年，境内制糖企业仅有郴县糖厂，有固定资产原值 561 万元，净值 358 万元，职工 194 人。主要产品为甘蔗糖，副产品为白酒、纤维板。由于区内甘蔗种植面积少，含糖量、出糖率产量低，效益差。是年，该厂产蔗糖 401 吨，完成总产值 211 万元；1990 年产糖 373 吨，完成总产值 333 万元，亏损 63 万元；1991 年，产糖 696 吨，完成总产值 231 万元，亏损增至 145 万元；1992 年，因甘蔗种植面积剧减，生产原料短缺影响蔗糖正常生产，当年仅生产蔗糖244吨，成为亏损大户，且因扭亏无望而破产。至2005年，境内再无制糖生产企业。

四、日用化工产品

（一）火柴

1989年，境内火柴制造业仅有郴州火柴厂。该厂固定资产原值649万元，净值484万元，职工921人，年生产能力30万件。是年，完成火柴产量29.1万件，完成工业总产值486万元。1989—1991年3年间，该厂计生产火柴90.51万件，年平均比1988年增产16.04%，在全省同行业处于领先地位。1992年，该厂固定资产原值为746万元，比1989年增长14.95%，职工人数减少2.61%，完成产量29万件，完成工业总产值1417万元，实现利税74万元。1992年以后，液化汽打火机大量上市取代火柴，市场萎缩，产量随之下降。1993年，生产火柴19.6万件。1995年，产量16万件，仅为1989年的55%，实现销售收入422万元，亏损327万元。1996年，生产火柴16.58万件，终因企业负债太重，依法宣告破产，破产后重组为"郴州市龙凤实业有限公司"，转产开发第三产业。

（二）电池

境内电池生产企业仅有郴州电池厂，该厂位于永兴县马田镇，为县属国有企业，主要产品有大号和五号电池。该厂生产的五号电池，1988年在全国电池质量评比中获第四名、获省第一名。1989年，该厂有固定资产原值105万元，净值66万元，职工214人。是年，完成工业总产值129万元，电池产量1100万只，销售收入379万元，实现利润5万元。1990年，完成产量1200万只，完成工业总产值530万元，实现利税13万元，出口电池254.64万只，交货总值105.68万元。1991年，产量下降为1082万只。同年11月至1992年8月，该厂利用12台五号电池设备和原大号电池退役设备以及部分自制设备，加以技术改造，组合成手工加机械生产五号电池生产线，年产量达6000万只，后又集资27万元，从广州购进5台五号电池生产设备和4台80吨冲床，实现机械化操作，并实现锌筒自产。1992年，郴州电池厂有固定资产原值221万元，比1989年增长1倍多，职工540人，当年生产电池4500万只，完成产值701万元，实现利税52.6万元，产量和效益在全省电池行业中排名第三。1993年，在全区产业结构调整中，电池限量生产，该厂产量逐年下降，终因生产经营每况愈下，于2001年停产改制。

1993年，郴州地区纺织钢针厂在未做可行性论证情况下盲目决策，投资600万元新建两条五号电池生产线，刚投产因销售不畅而效益不佳。1994年，仅生产20万只，设备基本处于闲置状态。1995年，该厂产量1848万只，实现销售收入290万元，亏损37万元。1996年，该厂资产总额420万元，负债976万元，负债率高达232%，被迫于当年12月依法宣告破产。

（三）洗涤与化妆品

1989年，境内合成洗涤剂生产企业仅郴县日化厂，主要生产茶素洗发精、洗发香波和皮鞋油等日化产品。是年，完成产值138万元，产量约450吨。1990年，日用化工厂上收郴县经委直管，并改为地方国营，是年，完成工业总产值184万元。1991年，完成工业总产值258万元。1993年，更名为郴航蓄电池厂。20世纪90年代后期，企业处于半停产状态，亏损严重，一直未能恢复正常生产。2005年依法破产。

（四）电解二氧化锰

桂阳县电解锰厂主要生产金属锰和二氧化锰。1989年，该厂有固定资产原值1135万元，净值

1082万元，职工253人，完成工业总产值105万元。1990年，生产电解二氧化锰570吨，完成工业总产值483万元，实现利税6万元。1991年，产量达949吨，出口金属锰161.8吨、电解二氧化锰60吨，完成工业总产值569万元。1992年后，企业处于半停产状态。1996年，负债3400万元，依法破产后实施股份制改造，组建“桂阳县冶金化工公司”，原厂职工以车间为单位入股，另外向银行贷款120万元，恢复正常生产，并结合开展“学邯郸、学安塑”活动，推行邯钢“模拟市场核算，实施成本否决”的经验，当年实现扭亏。1996—1999年，该公司共计上缴税金325万元，还本付息38万元，清理缴纳职工养老保险金150万元。2001年，累计欠银行贷款571万元，欠税200万元，是年7月拍卖，由个体老板以628万元购买，组建为桂阳县联合锰业公司。

第二节 二轻工业

一、皮革及革制品

（一）制革

1989年，郴州地区制革业标志性企业是地区制革厂，其主要产品有猪皮服装革、反绒服装革、二层服装革、手套革、鞋里革、鞋面革、沙发革、带革、底革、牛皮鞋面革等。该厂有20%以上的产品出口海外，被列为郴州地区出口创汇重点企业。是年，完成工业总产值421万元，生产猪皮革25.82万张，出口6.96万张，交货总值159.31万元，上缴税金18.96万元，实现利润44.39万元。1990年，产值翻番。1991年，完成猪皮革35.86万张，完成工业总产值1470.42万元，实现销售收入1322.22万元，实现利税119.9万元。产品质量一级品率、得革率和产品出口率均创全省同行业和本厂历史最好水平，被评为郴州地区“最佳企业”和社会主义劳动竞赛“优胜单位”。1992年，为提高皮革档次，拓展生产规模，该厂投入1595万元（其中湖南省信托投资公司200万元，工商银行贷款732万元，企业自筹780万元）进行技术改造。1993年3月，研制开发生产的“猪皮彩色轻涂水染型服装革”被湖南省经委评为优秀新产品。

1994年，该厂与香港大生贸易公司合资兴办郴州国盛皮革有限公司，注册资金1500万元，合资经营范围为各种皮革及制品，投资1712.06万元进行技术改造（计划年产猪、牛、羊皮100万张），改造项目增添意大利波来托公司削匀机1台、片皮机1台、喷浆机1台、清洁器2台及国内配套设备，都具有20世纪90年代世界先进水平。技改于年底竣工，1995年正式投产。年生产猪皮革53万张，每张头层革轻革面积由1994年的1.3平方米增加到1.52平方米，完成工业总产值2316万元，实现利税166.47万元。“八五”时期，该厂制革与革制品两大主打产品生产渐入佳境。1991—1995年，该厂生产猪皮革260.92万张，完成工业总产值1亿元，实现利润276.81万元，上缴税金238.15万元。1995年，该公司曾先后获得省委、省政府颁发的“文明建设先进单位”、省统计局和省经委授予的“经济活力百强工业企业”称号。1996年后，国际市场疲软，猪皮革出口降温，加之国家逐步缩减猪皮加工补贴和调整税收政策，企业生产经营渐入困境，连年亏损，2001年，累计亏损1255.3万元，2002年，该公司依法破产，资产整体拍卖，变现安置职工。

（二）皮革制品

1989—2005年，境内有皮革制品企业6户，即郴州皮件厂、嘉禾、资兴、桂阳、宜章等县（市）

皮件厂和郴州地区制革厂。其中郴州皮件厂和嘉禾县皮鞋厂规模较大，主要产品有皮鞋、革皮手套、革皮包、革皮箱和皮革服装等。

郴州皮件厂有固定资产75.2万元，职工285人。主要生产冷压胶粘鞋、手工皮革、出口手套等产品。1989年，生产皮鞋4.4万双，生产并出口革皮劳保手套62.22万幅，出口交货总值247.48万元。完成工业总产值413.2万元，实现利润8.43万元，上缴税金11.61万元。1990年，企业负担重，生产成本高，开始亏损，1992年被迫停产，2004年依法破产，2005年破产终结。

嘉禾县皮鞋厂主要生产劳保皮鞋，年产皮鞋10万双，1988年，被湖南省劳动厅定为劳保皮鞋定点厂家。1991年，该厂与美国太平洋国际有限公司合资创办中美合资企业“湖南省嘉宇皮革制品有限公司”，该公司是嘉禾第一家经国家工商行政部门注册登记的中外合资企业，因美方资金未到位，合资失败。1992年，该厂研制的耐油、耐酸、耐碱皮鞋新产品，通过湖南省劳动厅鉴定，获省劳动厅“创业杯”荣誉。1996年，产量5.84万双。1997年，改制为股份制企业，组建嘉禾县三鹿嘉鞋业有限公司。1999年4月，该公司亏损63万元。2002年，依法破产，实行“两个置换”。

资兴、桂阳、宜章县3家皮件厂，主产皮革，规模小。1989年，3家皮件厂完成工业总产值66.47万元，仅占全区革制品行业当年产值的6.53%。因缺乏市场竞争能力，均于1994年前后停产。资兴、桂阳两家皮件厂利用临街门面优势，转向开发第三产业。宜章皮件厂整体拍卖。

郴州地区制革厂利用本厂皮革资源优势，瞄准具有发展商机的皮革服装市场，与浏阳赤马皮革服装厂合作，生产空军飞行服装，销往驻武汉市和贵州省空军部队，后来又扩大生产民用皮革制品，品种有男女各种颜色规格的夹克、中褛、猎装、真皮手套、皮包等。1989—1999年，共生产皮革服装2.5万件，皮手套5000双，皮鞋8000双，皮包3000只，实现产值600万元。2000年之后，随着企业主导产品猪皮革的生产经营陷入困境，市场萎缩，2003年，停止生产。

二、塑料制品

郴州市（北湖区）塑料厂是全省13户农用薄膜定点生产厂家之一。20世纪90年代前期，每年有350～400吨指令性计划原材料供应，专门生产农用薄膜，支援农业生产；也生产钙塑制品、中空塑制品、食品彩印包装膜和塑料底布鞋等产品。1989年，该厂有固定资产净值60.86万元，职工108人，完成工业总产值902.98万元，生产农用薄膜789.76吨、钙塑产品134.57吨、布鞋64.35万双。此后，随着国家生产农用薄膜指令性计划逐年减少，直到完全取消，该厂产值、产量、利税逐年下降。1992年，该厂与郴州布鞋厂合并组建郴州塑料厂，有固定资产净值94.6万元，职工354人，当年完成工业总产值525.85万元，生产农用薄膜4.52万吨、钙塑产品84.77吨、布鞋19.39万双。1993年1月，该厂与台商合资成立湖南省吉利鞋业有限公司，固定资产净值增至123万元，职工329人，产品以生产旅游鞋为主。当年完成工业总产值253.43万元，农用薄膜生产直线下降，产量只有15.47吨，生产钙塑产品20.85吨、布鞋7.8万双，其中旅游鞋2.5万双。由于市场决策失误，合资一年多因滞销即宣告失败，2003年依法破产，以土地出让所得资金安置职工。

郴县（苏仙区）塑料厂主要生产塑料农药瓶、塑料桶等制品，还生产不同规格的中密度苯胺泡沫和为机械产品配套的塑料除尘器等产品。1989—1999年，累计生产塑料制品1461.49吨。由于设备陈旧、技术落后、市场竞争力差，1995年后，产量逐渐下降，1997年产量33吨，1999年产量80吨，2001年依法破产。

资兴市塑料厂、临武塑料厂都属于小微集体企业。资兴塑料厂以生产塑料包装纺织袋为主，也生产农用塑料水管等产品；临武塑料厂主要生产农村市场钙塑制品，由于规模小，品种单一，科技含量低，以致效益低下，生产经营难以为继，两厂均于1994年相继解散。

三、金属与竹木草藤制品

（一）日用五金制品

铁锅 1989年，铁锅生产企业有郴州锅厂和永兴湘阴锅厂2家。郴州锅厂有固定资产69万元，职工103人。1989—1991年，生产铁锅115.51万口；1992—1994年，生产铁锅91.01万口，产量比前3年下降了21.22%；1995—1997年，生产铁锅90.65万口，又比前3年下降0.4%。由于现代炊具大量上市，传统生产铁锅市场需求量逐年减少，该厂于1998年停产。1999年，资产重组为股份制企业。永兴湘阴锅厂由于产品质量低、效益差等因素，于1990年停产关闭。

白铁制品 1989年，郴州地区11个县（市）都办有白铁制品加工企业。规模稍大的有郴州市五金厂、桂阳县五金厂。郴州市五金厂1989年固定资产60.1万元，净值25.2万元，有职工114人，当年生产白铁桶5.91万只，节煤炉2.52万个，日用白铁制品4.07万件。1992年生产白铁桶7753只，淋浴炉1131个，盘式烤火炉1594个，面条箱6374个，消防桶2100只。该厂生产的多功能热水淋浴炉参加北京第三届民用炉具检测评比获银质奖。1996年，该厂生产白铁桶1.58万只，盘式炉1.11万个，淋浴炉570个，消防桶400只。以后，由于塑料制品以其价廉物美、轻巧实用等特点而逐渐取代白铁制品，加上私营个体加工企业的竞争，该厂于1997年停产。桂阳县五金厂原以加工小五金制品为主，后改为加工金属包装桶。1991年，更名为湘南出口金属包装厂。同年11月，与台胞彭次文联合开发120升金属钢桶新项目，规模为年产2万只。1992年3月正式投产。1994年，完成产值144.52万元，销售收入150.8万元。1998年，因资不抵债而破产，资产变现260万元，安置107名职工。

圆钉 1989年圆钉生产企业仅有郴州圆钉厂，主要生产40、50毫米圆钉。1990年，该厂完成工业总产值124.1万元，销售收入111.39万元，亏损3.17万元。1993年，完成工业总产值86.29万元，销售收入123.89万元，亏损27.15万元。1994年，仅完成产值50.4万元，销售收入102万元，利润亏损达52.38万元，圆钉积压50多吨。1996年后，该厂生产形势每况愈下，大部分职工下岗自谋生计。2003年，以538万元出售全部资产，用以安置职工，企业宣告关闭。

（二）五金工具

活动扳手 1988年，郴州工具厂被省二轻工业厅确定为郴州地区生产出口活动扳手专门厂家。1989年，生产活动扳手51.14万把，出口25.1万把，出口交货总值133.44万元。1989—1994年，该厂先后投资300余万元进行技术改造，引进更新磨擦压力机等专用机械设备400余台，形成多条生产线，年产量由1989年的51万把增加到1994年的116万把，翻了一番多；1995年，产量又上升到135万把。1996年2月，经国家经贸委、对外经济贸易合作部批准，获得自营进出口权。当年，该厂共生产钻石牌系列活动扳手130万把，出口122.2万把，比1989年增长近5倍，外销亚、欧、美洲等20多个国家和地区，产品出口率达到94%，产销率达100%，完成销售收入950万元，创外汇108万美元，实现税利65万元，创建厂以来经济效益最佳纪录。1998年，由于国家关贸政策转变，江浙一带私营企业迅猛发展，外商订货纷纷转向私营企业。该厂外贸出口业务大幅下跌，产、销量下降50%，加之设备和职工队伍老化，生产成本居高不下，负担越来越重。1999年，郴州市遭遇“8·19”特大洪灾，全厂被淹，水深达4.3米，损失惨重。此后，该厂生产经营逐年亏损，2001年停产，

2002年依法破产，2003年资产变现用于安置193名职工。

钢丝钳 嘉禾县五金工具有限公司是北京和湖南省机电进出口公司联营定点生产出口钢丝钳的专业厂家，也是湖南省最早出口钢丝钳的企业之一。1989年，生产钢丝钳239.28万把，出口183.23万把，出口交货总值615.71万元。1988—1998年，累计生产1200万把、27个花色品种的钢丝钳远销欧美等30个国家和地区，为国家创汇折合人民币1500多万元，上缴国家税利250多万元。1991年，“飞箭牌”“钻石牌”钢丝钳获第二届国际博览会银质奖。1992年10月，由湖南省二轻工业厅立项，国务院机电出口办公室批准实施，投入资金520万元，对钢丝钳生产线进行“无余边小切削”技术改造，由于技改失败损失数百万元，从此，企业生产经营跌入低谷，1996年被迫破产。1997年1月，重组为股份制企业嘉禾县五金工具有限公司。公司有股本金400多万元，设三个钢丝钳分厂。公司经营期间（1997年1月至1999年6月），生产钢丝钳190万把，实现销售收入624万元，亏损139万元。1997年7月，公司在改制中依法破产拍卖实行“两个置换”，全部职工得到安置。

（三）度量衡器

郴州衡器厂为区内衡器制造唯一厂家，也是国家定点衡器生产厂家。其产品由国家统一强制检测，按轻工部颁布标准生产。1990年，完成工业总产值230.9万元，生产台秤1.9万台，案秤2.02万台，合计台、案秤3.92万台。1991年，该厂与郴州市电镀厂合并为衡器总厂后，产量大幅上升。1992年，生产台案秤4.86万台，实现产值545万元，利润10.1万元。是年，该厂生产的“南雁牌”台案秤被轻工部评为优质产品。1993年，生产台案秤3.69万台。此时，该厂生产的轻型日用机械衡器产销量及市场占有率为全国同行业第一。1994年10月，该厂与电镀厂分离，由于企业内部管理不善，生产成本居高不下，缺乏市场竞争力，产品严重积压，企业处于半停产状态，产量逐年下降。1995年，只生产台、案秤2.35万台，1996年仅产1.19万台，2001年，企业实有资产净值20.6万元，负债414.9万元，依法实行破产。

（四）铁制中小农具

1989年，境内有铁制中小农具生产企业36户，全部系农村铁木（铁器木器）社，是年，完成工业总产值421.06万元，占金属制品工业总产值的15.29%。由于农村铁木社规模小，均为手工生产，劳动生产率低，加之产品主要面向当地农村，市场狭窄，管理成本不断上升，普遍难以为继。1990年，企业相继停产关闭，自行处置资产安置职工。

（五）竹木草藤制品

竹制品 境内竹制品生产企业主要有郴州木材厂、汝城县竹木厂。郴州木材厂系地区直属国有企业，以木材加工为主，后因木材供应不足，投资兴建了两条一次性竹筷生产线。1989年，生产美食卫生竹筷886万双，出口446万双，出口交货总值折合人民币17万元。1992年，郴州行署将该厂移交给地区林业局管理，后因国家禁止竹筷生产而停产。汝城县竹木厂主要生产办公用具、家具、藤沙发等产品。1993年12月停产，2004年，拍卖资产安置50名职工，企业宣告破产。

木制品 木制品主要是生产木质家具。1989年，全区有家具制造生产企业16户，生产家具8.15万件。以郴州市家具厂和资兴东江家具厂产量居多，占全区家具产量的60%。1992年，全行业生产家具9.49万件，完成工业总产值402万元。同年，郴州家具厂生产的卧室套装家具，在全省评比展销会上被评为家具新产品一等奖。1995年，全行业生产家具3.42万件，同年，郴州家具厂开发生产柚木贴面办公桌、圆形会议桌及条式单人靠椅及配套办公桌椅等新产品。1996年，郴州家具市场受到广东家具冲击，加上企业设备陈旧，技术落后，没有定型拳头产品，全市所有木制生产企业处于半停产状态。2001年5月均进入破产程序，资产拍卖或出售变现安置职工228人。

草藤制品 区内较有名的草藤制品是临武县龙须草席。历史上制作龙须草席，都是农村妇女手工作业。1989年以前，临武县曾开办过编制厂，后因工艺落后不适于机械生产而歇业，草席编制仍以手工家庭作业为主。1990年，外贸收购出口龙须草席1280条。2000年，长期闲置的临武龙须草席编织厂厂房得以处置，资产变现，老职工得到妥善安置。企业破产处置后，少数有草编技艺的工艺师被国家委派去国外传授草编工艺。该县龙须草席手工编织工艺师胡晓琴等人，受国家委派，在1988—1994年间，先后4次赴非洲传授草编工艺。2003年8月，赴几内亚比绍共和国（计划3年）传授草编工艺。

藤制品主要是制作藤椅。1989年下半年，桂东竹藤厂因长期亏损而停产。郴州地区家具厂在生产木制家具的同时，也曾加工少量竹藤椅，1989年，产量为2700件，此后再未生产。

第三节 纺织工业

一、棉纺织

1989年，境内有郴州地区纺织厂、资兴棉织厂、桂阳棉织厂、嘉禾染织厂、汝城棉织厂5户棉纺织企业。主要产品有纯棉、纯涤、麻棉、化纤混纺的纱、线、布以及蚊帐布、劳动布、被单布等。当年，5户企业棉布织机964台，共生产纱锭2.34万锭，完成工业产值4107万元，占全区纺织业总产值的38.9%。生产纱2804吨，其中棉纱1812吨、混纺纱992吨；生产棉线661吨，生产布1541万米，其中棉布517万米。1990年，完成工业产值5583万元，占全区纺织业总产值14.4%。生产纱2377吨，其中绵纱1574吨、混纺纱803吨，生产布1381万米，其中棉布545万米。

1995年，由于汝城棉纺厂破产，全区棉纺企业减为4户，共生产纱锭4.07万锭，捻线锭4120锭。棉布织机937台，固定资产净值5486万元，职工共3446人。是年，生产纱4558吨，其中绵纱207吨、混纺纱4102吨、化纤纱249吨。生产布1728万米，其中棉布272万米。

1997年以后，嘉禾染织厂、桂阳棉织厂和资兴绵织厂由于效益不好，扭亏无望，先后破产改制。2000年，仅存郴州纺织厂。该企业也因为产品销售市场不佳、积压严重，生产一直处于不正常状态，加之管理不善，2003年，累计负债1.29亿元，资产负债率高达140%，是年，申请破产，2005年破产改制终结。

二、麻纺织

1989年，郴州地区麻纺织企业仅有郴州麻纺厂。该厂原为郴州市（北湖区）国有中型企业，主要生产黄麻纱、麻袋等产品，年生产能力1300万条。年内该厂有职工2997人，生产麻袋1451万条，完成工业总产值3111万元。1995年，有固定资产净值1957万元，职工1776人，设备有黄、洋、青麻纺锭3420锭，麻袋织机96台，麻、洋、青麻包布织机60台。是年，完成工业总产值5164万元，生产麻袋881万条、麻纱线3294吨，出口麻袋23万条、麻纱线1250吨，实现销售收入4151万元，麻制品出口交货总值折合人民币788.5万元，利润亏损247万元。1996年，由于诸多因素影响，该厂生产经营每况愈下，当年完成麻袋483万条，完成工业产值2607万元。1998年，企业改制重组，更名为郴州麻制品厂，转为民营股份制企业。企业改制后，享有进出口经营自主权，并获得国际质量标准体系认证。1999年，该厂“湘郴牌”麻制品获“湖南省产品质量奖”后，积极组织专业技术人员进行技术攻关，开发出黄麻4～8支高支纱、5060高密度麻布以及出口美国市场的海森袋、麻网布等新产品，创汇226.92万美元，新产品销售收入占该厂全年销售收入的30%。2001年，该厂利用位于郴州市郊城乡结合部的地域优势，在抓好麻纺主业生产的同时，大力发展第三产业，与郊区农村和台商三方合作，成功开发集休闲、度假、游泳、健身一体化的龙女温泉，年收入达700万元，被誉为郴州市安置下岗职工再就业的基地，2004年，该厂获全国再就业先进单位。同年3月，通过改革改制，企业为2072名职工置换身份。12月，该厂更名为郴州市湘南麻业有限公司。2005年，该公司拥有固定资产净值1691万元，职工1672人，完成工业总产值5012万元；完成麻纱线6959吨，实现销售收入4351万元，上缴利税321万元。

三、针 织

（一）袜子

郴州针织厂（原名郴县针织厂）是境内织袜业主要生产厂家，主要生产各类尼龙袜、棉纱袜和棉纱手套。1989—1992年，共生产各类袜子324.11万双。此后，在个体私营织袜企业产品群起竞争激烈的情况下，该厂产品大量积压，累计亏损100万元。1994年7月，依法破产，资产拍卖变现安置职工。

（二）内衣

内衣生产企业仅有郴州内衣厂。1991年，该厂有固定资产原值479万元，净值304万元，职工462人。是年，完成工业总产值576万元，生产针织内衣151万件，其中棉毛类衫裤13万件，单面布类衫裤138万件，毛纱线衫裤1万件。1992年，完成工业总产值1199万元，生产内衣281万件，出口文化衫289万件，出口交货总值折合人民币1020万元，利润亏损50万元。1995年，完成内衣产量133万件，全部出口，交货总值折合人民币821.3万元，实现销售收入767万元，累计亏损172万元。后因扭亏无望，在1997年破产关闭。

（三）羊毛衫

1995年，资兴市与香港嘉图有限公司合作，共同投资1070万元兴建郴州东江嘉裕针织厂，拥有机械设备800余台，员工1000人。同年5月正式投产，年产针织羊毛衫18万打，产品全部销往美国、加拿大、澳大利亚、日本等国家和地区。1997年，创产值折合6000万元人民币，被中国外商投资企业协会评为全国“双优”外商投资企业，并获“湖南省招商引资先进单位”称号。2005年，企业仍保持着良好的发展态势。

四、棉复制品

（一）床单

1989年，境内床单专业生产企业仅有郴州床单厂。该厂拥有床单织机148台，职工626人。年生产床单83万条，出口32.42万条。1991年，有固定资产原值616万元，净值437万元，职工701人。完成工业产值1416万元，实现销售收入1034万元，亏损30万元。1995年，该厂固定资产净值增加到1642万元，职工859人，完成床单产量109万条，实现销售收入1848万元。床单出口108万条，出口交货总值折合2127万元人民币。2000年，生产床单175万条，出口50.03万条。是年，该厂改制破产组建郴州市床上用品总厂。

1993年，资兴市棉织厂在生产棉织品的同时，扩大生产领域，新建一条床单生产线，年产床单20万条。1997年，由于亏损严重，企业关闭。

（二）毛巾

1989年，境内毛巾专业生产企业仅有永兴县毛巾厂。此外，地区纺织厂和资兴市、桂阳县棉织厂也曾建有毛巾生产线。当年，永兴县毛巾厂有固定资产原值266万元，净值175万元，职工580人，完成工业产值362万元，实现销售收入449.6万元。1990年，该厂先后开发852印花毛巾、3612提花毛巾、7412高档色底，以及割绒毛巾等系列产品。1992年，该厂固定资产原值增至603万元，主要设备有毛巾织机88台，毛巾宽幅机16台。全年生产毛巾422万条、枕巾10万条、澡巾59万条、沙发巾1万条，完成工业总产值693万元，实现销售收入859.5万元、利税122万元。1995年，该厂完成产值651.3万元，实现销售收入1135万元，利润亏损46万元。1996年后，生产形势每况愈下。1998年，重组为股份合作制企业，更名为永兴县苏仙毛巾织造有限公司。1999年，完成产值176万元，实现销售收入241.6万元。2000年，该厂全面停产。2001年9月，资产变现860万元，安置504名在职和退休职工。

桂阳棉织厂1992年恢复生产，试生产油魔巾、印花毛巾、彩条毛巾、有色方巾等8个品种，年产毛巾121万条。1990年，资兴市棉纺厂生产毛巾321.72万条。1995年，生产毛巾612万条。1998年，新上一条生产线，带来企业短暂发展。2002年，资兴、桂阳毛巾厂相继停产。

五、纺织器材

（一）木质、塑料器材

1989年，境内纺织专用木质、塑料器材制造企业仅有郴州市纺织器材厂。是年，生产木质专纺器材（木梭）47万只、塑料专纺器材249万只，占全省产量的95.77%。1990年，生产木梭40万只，塑料纱管96万只。1991年，生产木梭31万只，塑料纱管130万只，完成工业总产值775万元。1992年，生产木梭20万只。1995年，生产木梭20万只，实现销售收入320万元，盈利4.3万元。2000年，改制破产后组建“郴州市金冠实业有限公司”，从事房地产开发。

（二）金属器材

1989年，境内纺织专用金属器材制造企业仅有地区纺织钢针厂。该厂有钢针生产设备102台，年产钢针20亿枚，产品规格达174种，客户达250余家。是年，该厂进行技术改造，先后开发金属针布、粗钞机、针板壳、尼龙针芯、斩刀片、顶梳针等新产品。生产钢针16亿枚，针芯41万片。1990—1991年，共生产钢针13亿枚，生产针芯45万片，产量大幅下降。1992年后，该厂生产一直处于停产或半停产状态。1993年，因盲目决策投资，向银行借贷600多万元无力偿还，企业遭受重创。2001年，该厂虽然开发并条机尼龙针芯，取得一定效益，但难以摆脱沉重资金压力。2003年11月，该厂资产总额814.83万元，负债总额1346.68万元，其中累计亏损987.74万元，资产负债率达165.27%，同年12月依法破产，资产变现后安置职工和偿还债务。

六、服装业

1989年，境内有服装企业14户，服装行业基本是集体所有制小型企业，有职工1273人。其中服装制造业企业13户，职工1108人；制帽企业1户，有职工165人。是年，生产服装总计93.7万件，完成工业总产值1028万元，占纺织工业总产值的9.74%；生产缝制帽4.6万顶，成衣出口交货量8.22万件。1990年，服装企业增至15户，资产原值323万元，职工1184人；生产服装166.1万件，生产布鞋54万双，缝制帽4.68万顶。1991年，服装业有职工1222人，完成工业总产值611万元，完成服装产量75.39万件，实现销售收入319万元，全行业利润为亏损。20世纪90年代中期，外地成衣大量涌入境内市场，服装业经营受到挤压，服装企业陆续关闭拍卖。2002年以后，境内服装企业全部关闭。

1989—2004年郴州市（地区）纺织工业主要产品产量统计表

表14-8-3-1

年份	纱（吨）	布（万米）	麻袋（万条）	袜子（万双）	内衣（万件）	床单（万条）	毛巾（万条）	服装（万件）
1989	2804	1541	1415	138	—	83	343	93.7
1990	2377	1381	1117	107.4	165.32	82	321.72	166.1
1991	3205	1634	1158	71.27	150.91	87	465	75.39
1992	4375	1007	979	8	281	145	584	—
1993	3580	1034	1164	—	—	139	530	56.02
1994	4428	1376	1191	—	—	97	473	—
1995	4558	1728	881	133	—	—	612	196
1996	4948	1669	483	—	—	141	—	—
1997	5154	1968	971	—	—	—	497	—
1998	4524	1300	794	—	—	118	323	96.75
1999	4956	1575	339	—	—	145	215	—
2000	4980	1976	502	—	—	175	21.12	21.35
2001	4772	1231	467	—	—	49	—	18.82
2002	6162	1236	776	—	—	—	—	—
2003	7971	1353	787	—	—	—	—	2967
2004	5131	251.3	728	—	—	—	—	5272

第四节 轻纺企业选介

一、郴州市红旗造纸厂

郴州市红旗造纸厂是市属国有中型骨干造纸企业，始建于1961年，1962年投产，位于郴县（苏仙区）雅市坪，原属于中国人民解放军总后勤部企业，1973年移交郴州地区管理。1989年，该厂固定资产原值1013万元，净值665万元，职工510人。主要设备有两台1092长网纸机，一台1092圆网纸机及相应的制浆供热设施。主要产品为木浆纸袋纸，年生产能力6000吨。1988年，经省批准，投资1.2亿元，扩建一条2362型中纸机生产线，投资2900万元配套日处理40吨碱回收装置，两项工程均属市“九五”时期（1996—2000年）技术改造重点项目。其间，因故一度停建，1991年复工，1995年项目竣工。按照项目定员编制和员工提前培训计划，1992年后招工500人，职工总数由1989年的510人迅速增至1000人。1995年，该厂生产经营一直在低水平线上徘徊。1996年7月，新生产线扩建试产成功后，又因资金短缺，新设备不能正常运转，处于半闲置状态，企业连年亏损。在企业改革改制中不得不剥离部分资产，于1998年与广东凤阳公司合作组建郴州红松纸业有限公司，租赁2362纸机生产线经营，原老厂3台1092纸机全部停产。在与凤阳公司5年合作租赁期间，红松纸业公司共计生产纸袋7.21万吨，完成工业总产值2.38亿元；其本色木浆生产的红松牌80克纸袋纸，达到国颁标准B级，2000年，获“湖南省优质产品”证书。2002年，在财务审计中查出凤阳公司违法侵吞公司资金，严重损害国有企业利益，合作终止。2003年12月，与深圳客商签订资产租赁合同，独资租赁一年。2004年年底，该厂账面总资产1.45亿元，负债总额2.75亿元，资产负债率达189%，累计亏损金额1.46亿元。2005年1月，该厂向郴州市中级人民法院申请破产。同年3月，市中级人民法院依法受理，并委派破产清算组进驻企业，实行破产清算，但尚未终结。其间，该厂生产设备由湖南泰格林纸集团公司租赁经营。

二、郴州市美术印刷总厂

郴州市美术印刷总厂是市属国有中二型印刷企业，始建于1950年，原为郴州群众报印刷厂，1963年改为郴州地区印刷厂。1989年，该厂拥有固定资产352万元，净值231万元，职工381人。具有平印、凸印、负印、塑印4条生产线，产品有书刊印刷、社会零件印刷、四色彩印包装印刷、塑料包装印刷等。因国家加强对烟草、食品饮料、酒等行业的商标管理，印刷业市场需求不足，该厂效益下降。当年，完成平彩印刷产量7748千印、凸彩印刷产量142千印、铅印产量2211千印、塑料印刷完成46.3吨。全年完成工业总产值474.14万元、实现销售收入552.88万元、同比税金37.72万元、利润14.22万元。1990年，生产仍不景气，4条生产线产量仍然下降，平彩印制品产量、凸彩印刷品产量、铅印印刷品产量分别减少449千印、3894千印和2124千印，塑料印刷品减少3.71吨。由于占产值、收入比重大的凸彩印刷品生产线长期处于半停产状态，该厂经济效益大幅下降。全年完成工业总产值409.23万元、销售收入445.93万元、税金16.23万元，利润总额为2.99万元。1991年，该厂投资120万元购进北京人民机器厂四色胶印机，投产后，生产经营情况开始回升，是年，完成工业总产值666万元。1992年，该厂又进行国产设备配套和引进设备技术改造，生产能力增强，市场销售业务扩大，仅承接烟厂烟盒包装印刷业务的客户，就从原来的2家发展到7家。是年，完成工业总产值1064万元、产品销售收入1212万元，实现税金36.76万元、盈利24.15万元，各项经济指标创建厂以来最高纪录。1995年，完成书刊印刷产量8.09万印，胶印印刷2.42万对开色令，全厂亏损251万元。1996年，生产经营有所增长。是年，完成工业总产值1523.4万元，实现销售收入1580.88万元、利润1.23万元。出版印刷的《郴州历代诗文选注》获得"湖南省优质产品"荣誉称号。1998年，该厂在负债1000万元的情况下，从德国引进海德堡四色胶印机、模切机、烫金机、切纸机，当年投产完成产值2300多万元，实现利润169万元。1999年后，印刷市场竞争激烈，该厂市场逐渐萎缩，资产负债达6350万元，负债率为276%。2001年企业依法破产，土地转让费和资产变现1340万元，市财政解决改制资金400万元，共计1740万元全部用于安置职工。2002年，该厂破产改制终结。

三、郴州地区纺织厂

郴州市（地区）纺织厂属国有中型纺织企业，始建于1966年，1979年10月正式投产。当时年产能力为1.8万纱锭。主要生产设备有布机700台，6000线锭、普梳、精梳设备齐全，形成5.3万纱锭生产规模。主要生产纯棉、纯涤、纯麻、麻棉、化纤混纺的纱线、布等产品。1989年，被省政府定为湖南省纺织品生产出口基地，产品销往全国各地及美国、日本、韩国等国家和内地港澳地区。是年，完成工业总产值2803万元，完成纱产量2941吨，布产量1255万米，上缴税金52万元，实现利润326.5万元。1992年以后，该厂依靠扩建形成的生产能力，保持了良好的发展势头。"八五"时期（1991—1995年）完成纱产量2.01万吨，布产量6288万米，比"七五"时期年均增幅13.82%。"九五"时期（1996—2000年）共完成纱产量2.45万吨、布产量8353.92万米，完成工业总产值4.87亿元。比"八五"时期纱产量增长21.84%，布产量增长32.83%，工业总值增长47.43%。该厂从1989年至2003年，总共生产纱锭6.08万吨，布匹1.95亿米，累计完成工业总产值10.67亿元，上缴税金3442.44万元。但因技术落后，资金不足，总体效益不佳。2003年，累计负债1.29亿元。同年11月宣告破产，将生产性资产和土地使用权依法协议以4380万元的造价转让给广东宏生纺织品商店，加上其他非生产性资产处置费合计4700多万元，同时，市财政为破产改制企业解决资金2150万元，破产改制费用共计6850万元，办理了849名职工提前退休手续，解除了1656名职工劳动关系。破产安置工作于2005年9月基本结束。

第五节　轻工行业管理

一、轻纺工业管理机构

1989年5月，郴州地区轻纺工业局成立，负责管理一轻工业和纺织工业。一轻工业主要有制浆造纸、食品饮料、日用化工、日用陶器、包装印刷等行业；纺织工业主要有棉纺、麻纺、针织、服装以及纺织器材等行业。1994年郴州地区轻纺工业局转体为郴州地区轻纺工业总公司，名义上为实体公司性质，实际上仍行使行政管理职能。1995年，郴州地区轻纺工业总公司改称郴州市轻纺工业总公司。2002年9月，撤销郴州市轻纺工业总公司，其人员除一部分退休或提前退休安置外，剩余人员与原郴州市二轻工业总公司人员合并重新组建郴州市轻纺工业行业管理办公室。

1989—2005年，县（市、区）轻纺工业管理机构设置不规范、不统一。郴州市（北湖区）、嘉禾县设立轻纺工业局，统一管理一轻、二轻、纺织工业；安仁县设立安仁县轻化工业局，统一管理一轻、二轻和化学工业；资兴、郴县（苏仙区）、桂阳、临武、宜章、永兴、汝城、桂东等轻纺工业则归属于当地经贸委或劳动部门管理。

1989—2005年郴州市（地区）轻纺工业局主要负责人名录

表14-8-4-1

单 位	姓 名	职 务	任职时间
郴州地区轻纺工业局	曾庆鹄	局 长	1989—1992年
郴州地区（市）轻纺工业（局）总公司	张 彬	局长、总经理	1993—2001年
郴州市轻纺行业管理办公室	戴小艺	主 任	2002—2005年

二、二轻工业管理机构

1989—1994年，全区二轻工业主管机构为郴州地区二轻工业局，加挂郴州地区手工业联社牌子，管理全区皮革塑料、金属制品、衡器、竹木草藤制品、工艺美术和日用杂品等行业。二轻工业全部为集体所有制企业。1994年，按照郴州地区行政公署规定，郴州地区二轻工业局成建制转为经济实体，更名为郴州地区二轻工业总公司，保留“郴州地区手工业联社”牌子。1995年，郴州地区二轻工业总公司改称郴州市二轻工业总公司。2002年9月，撤销郴州市二轻工业总公司，其人员除一部分分流和退休或提前退休安置外，其余人员与郴州市轻纺工业总公司人员合并，组建郴州市轻纺工业行业管理办公室。

县（市、区）二轻工业管理机构变动与市级基本同步。北湖区、苏仙区和桂阳、临武、汝城、桂东等县至2005年仍单独设立二轻工业管理机构，只是更名为二轻行业管理办公室；嘉禾、安仁两县则是一轻、二轻、纺织统一设置管理机构；永兴、资兴、宜章等县分别于1996年、2003年将二轻管理机构撤销，其人员带职能、资产全部并入当地经贸管理部门。

1989—2001年郴州市（地区）二轻工业总公司主要负责人名录

表14-8-4-2

单 位	姓 名	职 务	任职时间
郴州地区二轻工业局	邓昌伟	局 长	1989—1994年
郴州市二轻工业总公司	唐晓忠	总经理	1995—1999年
郴州市二轻工业总公司	戴小艺	总经理	2000—2001年

说明：2002年二轻工业总公司撤销

三、市轻纺行业管理办公室

2002年9月，按照发展社会主义市场经济、转变政府职能的要求，本着精简、统一、效能的原则，市轻纺工业总公司、二轻工业总公司合并成立郴州市轻纺行业管理办公室。其工作职能为：制定行业规划和行业政策，进行行业协调、行业服务管理，调整行业结构，提升行业竞争实力。

第九章 烟草工业

1961年4月，长沙华中烟厂迁入郴州。1964年1月，湖南郴州卷烟厂正式挂牌，8月更名为公私合营的郴州卷烟厂。1985年1月，郴州烟草工业上划行业垂直管理，实行行业和地方政府双重领导。1989年后，郴州卷烟厂列为省、地（市）重点技术改造企业，不断加大技改力度，扩大厂区面积，引进先进设备，完善基础设施，1999年，跻身全国36家重点卷烟企业。2004年，郴州卷烟厂与长沙卷烟厂联合重组。2005年，郴州市烟草公司与上海烟草（集团）公司、广东卷烟总厂、长沙卷烟厂合股经营，成立郴州天泰烟叶复烤有限责任公司。1989—2005年，郴州卷烟厂共生产卷烟556.11万箱，创产值158亿元，实现销售收入155亿元，上缴各项税金81.25亿元，呈现出持续发展的良好态势。

第一节 烟叶生产

一、烟草基地建设

1989年前，湖南省内及邻近省曾发生“烟叶大战”，相互间松级抢购，以致卷烟厂家难以保证调进烟叶的质量（含生产厂家），造成不必要的经济损失。1989年，湖南省烟叶业务实行“一条鞭”垂直管理后，郴州地区着手优质烟开发并获成功，烟叶质量提升。为促进产销衔接，稳定卷烟厂家原料供应，湖南省烟草专卖局（公司）于1991年出台鼓励厂、县挂钩联办烟叶基地文件，对厂、县联办烟叶基地作出具体安排。1991—1997年，郴州卷烟厂在桂阳、郴县（苏仙区）、郴州市（北湖区）、临武、安仁等县（市、区）实行厂县挂钩联办烤烟基地，烟叶种植面积累计1.17万公顷，收购烟叶11.6万吨。

根据省烟草专卖局的有关规定，厂、县挂钩联办烟叶基地运作方式是：工商双方本着自愿互利和一县一厂、一厂多县的原则，确定挂钩对象；省烟草公司根据挂钩情况，全面规划、平衡，进行宏观调控；挂钩对象确定后，工商双方签订协议，明确责任，经省烟草公司鉴证，监督执行，原则上一定五年，如有特殊情况，需要变更时，需报经省烟草局同意，并由省烟草公司组织协调；厂方根据全年生产计划，提报挂钩产地及烟叶调拨等级数量；产地根据厂方挂钩的烟叶数量，落实好种植计划。挂钩合同签订后，厂方根据自己的实力给产地下列扶持：在生产前给产地每50千克烟叶预付生产资金20元；烟叶收购前，按挂钩等级数量预付20%的收购资金；对保质保量按等级比例完成烟叶调拨任务的产地给予适当奖励。同时派出技术人员对主产地进行技术指导，组织部分化肥平价供应给产地。并在名优卷烟指标上给予照顾。产地责任为：按优质烟生产技术要求组织烟叶生产，根据厂县持钩等级数量完成好烟叶调拨计划，不完成挂钩任务，擅自往外销售烟叶者，要加一倍退回预付款及所有利息，并追究单位主要领导责任。

2002年后，在全国烟草行业严抓规范经营的大气候中，厂、县联办烟叶基地建设均较为成功。2002年，郴州卷烟厂在桂阳县联办烟叶基地2000公顷，产前投入150万元，获得厂县双赢效果。

二、烟叶购进与储存

（一）烟叶购进

随着卷烟生产规模逐渐扩大，产品档次逐步升级，烟叶用量随之逐年增加。为满足卷烟生产配方需要，1989年，郴州烟厂除加强本地区烟草基地建设，计划购进本地烟叶外，还从云南省、贵州省等地购买烟叶，进口少量津巴布韦烟叶。1991—2002年，郴州卷烟厂共购进烟叶21.95万吨，年均1.83万吨。其中本地烟叶9.42万吨，占42.9%；国内外地烟叶12.51万吨，占57%；进口烟叶169吨，占0.1%。

2003年，从云南省、陕西省宝鸡计20多个烟叶产区调拨烟叶1.17万吨，其中从云南调进3500吨，从陕西宝鸡调入烟叶500吨，实现库存烟叶总量2.21万吨。并加强本市桂阳县、贵州毕节等地烟叶基地建设，烟叶购进量不断增加。

2004年7月，郴州卷烟厂与长沙卷烟厂联合重组后，改变烟叶采购方式，卷烟生产原料直接由总厂调拨。是年，共调拨片烟1523.4吨，膨化丝269.8吨。

（二）烟叶储存

1989年前，各县（市）烟草公司皆无自有烟叶中心仓库，基层烟草站全无自有烟草生产经营设施，普遍实行暂租房仓储存烟叶。为解决生产经营基础设施问题，1990年，地、县两级烟草公司自筹资金开展烟叶中心库和基层烟草站建设。1992年，各县（市）烟草站相继建成。1993年，各县（市）烟草站烟叶仓库基本建成。1997年，各县（市）烟叶中心仓库相继建成。

1991年8月，郴州地区烟叶生产购销公司在郴州城郊下湄桥兴建1栋6层烟叶仓库，因资金不足，至1994年，仅建成1层，投入使用面积2800平方米。1997年续建，1998年12月竣工投入使用，该项目先后共耗资1560万元，建筑面积1.68万平方米。

1992年，烟叶复烤厂易地技改，地区烟叶购销在下湄桥新厂区兴建一批烟叶仓库，先后建成流烟库1.18万平方米、烟叶储存库1.16万平方米、简易烟叶库1400平方米。

1996年，郴州卷烟厂投资28.28万元，在新厂区建成368平方米投料库。1998年，投资2459万元，建成1.65万平方米烟叶酵化仓库。

2000年，全市烟草系统共投资1.44亿元，先后建成烟叶仓库30.06万平方米。郴州卷烟厂拥有烟叶仓库33栋，烟叶发酵车间（仓库）2个，烟叶仓库总建筑面积6.52万平方米，可储存烟叶1.5万吨。

2003年8月，郴州市烟叶购销公司续建1栋面积2.3万平方米烟叶仓库竣工。此后，全市各产区县（市）烟叶种植面积调减，烟叶收购量减少，库容基本能满足储存需要，未再兴建烟叶仓库。

三、烟叶复烤

（一）郴州烟叶复烤厂烟叶复烤

郴州烟叶复烤厂始建于1978年6月，为湖南省首家烟叶复烤厂，直属郴州地区供销社棉麻烟公司管理。1986 年作价 168 万元将该厂移交郴州烟草分公司管理。1990 年 2 月，将郴州烟草分公司原烟经理部、生产技术科和烟叶复烤厂合并，成立郴州地区烟叶生产购销公司。3 月，郴州烟草分公司耗资 151 万元，将复烤厂流星岭厂区复烤生产线由单幅挂杆改造为双幅挂杆，6 月，完成全部改建工作，7 月正式投产，年复烤能力由 3600 吨提至 1 万吨，分公司固定资产增至 479 万元。同年 8 月，鉴于郴州烟叶复烤厂占地面积仅 1.63 余公顷和 1 条复烤生产线，不能适应全区烟叶复烤需要，经湖南省计委作出郴州烟叶复烤厂搬迁决定，12 月选址郴州市城郊下湄桥司马洞，征地 9.95 公顷，经过两年多建设，烟叶复烤厂完成投资 4775 万元，总建筑面积 3.04 万平方米。主要设备有仿意大利科马斯打叶复烤生产线 1 条、双幅挂杆复烤生产线 1 条。1993 年 3 月，地区烟叶购销公司（含复烤厂）办公地址迁往下湄桥司马洞。6 月，复烤厂新厂区两条生产线投产。1996 年 5 月，湘南烟草（集团）有限责任公司成立，以郴州市烟叶购销公司为主体组建湘南烟草集团烟叶分公司，郴州市烟叶复烤厂厂长由烟叶分公司经理兼任。1997 年 5 月，在郴州城区下湄桥新厂区安装双幅挂杆复烤生产线 1 条。流星岭老厂区挂杆复烤生产线于次年报废。

2001 年 4 月，湘南烟草集团郴州卷烟厂原购进的 1 条仿美国马克打叶复烤生产线移交郴州烟叶复烤厂安装工程开工，利用钢混结构的大型凉烟库为车间，8 月，投料试车成功，9 月试生产，11 月正式通过考核评估交付使用。总投资 3800 万元，新增年打叶复烤能力 1.5 万吨。至年底，郴州烟叶复烤厂有年生产能力 1.5 万吨的打叶复烤生产线 2 条，年生产能力 1 万吨的双幅挂杆复烤生产线 2 条，合计年复烤生产能力为 5 万吨。

2002 年 3 月，湘南烟草集团撤销，同时成立郴州市烟叶购销公司，复归郴州市烟草公司管理，半独立核算。原烟叶复烤厂的 45 名职工继续留用。是年 8 月，按照国家烟草专卖局的有关规定，郴州烟叶复烤厂 2 条双幅挂杆生产线拆除，自此，烟叶复烤全部采用打叶复烤工艺。

2004 年 2 月，郴州市烟叶复烤厂体制单列，直属郴州市烟草公司，实行半独立核算。3 月，该厂投资 2000 多万元，对仿科马斯打叶复烤线进行技术改造，购置 1 套每小时生产能力为 6000 千克的节能型美国马克打叶复烤线，于 7 月建成，8 月正式投产使用。

2005 年，按照国家烟草专卖局的要求，经与上海烟草（集团）公司、广东卷烟总厂、长沙卷烟厂多次协商，5 月，达成合股经营郴州烟叶复烤厂的协议，6 月，召开首届一次董事会，将郴州烟叶复烤厂更名为郴州天泰烟叶复烤有限责任公司，签署《郴州天泰烟叶复烤有限责任公司章程》《郴州天泰烟叶复烤有限公司投资协议书》，选举董事长和总经理。公司注册资金为 1.61 亿元，其中，郴州市烟草公司以固定资产出资 1.11 亿元，占股份总额的 68.98%；上海烟草（集团）公司出资 2000 万元，占 12.41%；广东卷烟总厂出资 2000 万元，占 12.41%；长沙卷烟厂出资 1000 万元，占 6.2%。7 月，进行人事制度改革，完成全员竞聘上岗工作。8 月，根据国家烟草专卖局批复，及时办妥工商登记证、生产企业许可证、组织机构代码证及国税、地税登记证等。9 月 15 日，举行挂牌仪式。10 月，通过中国质量协会质量保证体系认证。

1989—2005 年，郴州烟叶复烤厂共复烤烟叶（投料）27.65 万吨，其中挂杆复烤 15.88 万吨，打叶复烤 11.77 万吨。加工效益在 2002 年后有所提高，其中 2003 年实现加工收入 3533 万元，利润 493 万元；2004 年实现加工收入 3972 万元，利润 806 万元；2005 年实现加工收入 4431 万元。是年，实行股份制改造，全面清产核资。

（二）桂阳县烟叶复烤厂烟叶复烤

桂阳县是湖南省烟叶生产大县，为降低烟叶运往县外的复烤及储运成本，方便本县烟叶就地复烤、调运，经湖南省烟草专卖局（公司）批准，1997 年，筹建桂阳县烟叶复烤厂，厂址设在桂阳县城郊乡鸡公石。1998年3月破土动工，当年9月竣工投产。工程总造价800余万元，主要设施有：复烤车间1栋，面积2508平方米；凉烟仓库1栋，面积3123平方米；选烟棚1栋，面积1144平方米；炉房和配电房各1栋，面积250平方米。主要设备有双幅挂杆复烤生产线1条，年生产能力1万吨。

1998年12月，国家烟草专卖局同意桂阳县烟草公司在桂阳县建设1条6000千克/小时打叶复烤生产线，年处理烟叶1.5万吨，全部使用国产及消化吸收设备。桂阳烟叶复烤厂投产，当年，复烤烟叶4350吨，1999年复烤8750吨，2000年复烤8400吨。2001年，遵照国家烟草专卖局关于限期淘汰挂杆复烤线的指示，桂阳烟叶复烤厂停产。2003年10月，湖南省烟草专卖局行文正式关闭桂阳烟叶复烤厂。

第二节 卷烟生产

一、卷烟生产原料

（一）烟草薄片

郴州卷烟厂于1983年曾生产过烟草薄片97吨，后来由于设备质量差和技术难题得不到解决而停产。1995年3月，建立烟草薄片生产车间。4月，从河南开封汽车配件厂购进2条90千克/小时辊压法烟草薄片生产线。烟厂有设备45台，年生产能力548吨。1996年1月，又购进350千克/小时残烟处理线1条，设备共18台套，残烟年处理能力1066吨，次年投产，生产烟草薄片331吨，掺兑到乙级卷烟中，提高了烟梗、烟末的利用率。

2000年，生产烟草薄片945吨，单箱卷烟耗烟叶为39.8千克。2001年，郴州卷烟厂烟草薄片车间以集团公司开展的“降焦、降耗、增效”活动为契机，产品质量检查指标从原来的9项增加到15项，产品合格率为97.3%，设备完好率达100%，全年生产薄片丝687.4吨。2002年，薄片产量虽下降到594.7吨，但质量合格率达99.5%，单箱卷烟耗烟叶下降到37.47千克。

2004年，卷烟生产原料直接由总厂调拨。是年，共调拨烟草薄片225.1吨（9004件）。

2005年，在保证薄片丝产品质量的前提下，充分利用除尘房的烟末和生产区域内收集到的短梗、梗签等废料作为薄片原料，薄片丝产量增加，原料利用率提高。

（二）滤嘴棒

1989年，郴州卷烟厂开始进行丙纤丝束滤嘴成型的试验和接装试验工作，并在乙级以下过滤嘴卷烟中使用丙纤滤嘴棒，以替代醋酸纤维滤嘴棒，降低生产成本。1990年，烟厂又增加2台滤嘴成型机组，并组建滤嘴棒成型车间。是年，生产滤嘴棒15.7亿支，其后卷烟滤嘴棒逐步实现自给自足。2000年，郴州卷烟厂拥有滤嘴成型机组8台，其中进口机组1台，年加工成型滤嘴棒能力达32亿支。

二、卷烟生产基建与技改

（一）生产车间、办公楼建设

1989年，郴州卷烟厂投资4426万元，先后新建打叶复烤车间7769平方米，理化测试房3244

平方米，生产科研楼1.21万平方米，生活配套设施（包括职工食堂、浴室、医务室、托儿所、汽车库、冷饮室等）5930平方米，新厂部办公大楼和综合服务部（包括综合经营门市部）及来客接待用房1.19万平方米。

1993年，投资531.57万元，完成主厂房改造工程。1996年，投资28.28万元，建成面积368平方米的钢架结构投料库。1998年，投资2459万元，新建面积1.65万平方米烟叶库，可存放烟叶0.75万吨。同年11月，投资200万，建成面积2200平方米的永旺铝箱箔纸车间。2000年，投资4.66亿元，兴建卷烟生产联合工房。同年7月，投资235万元，建成面积2800平方米的金大昌汽车修配中心。当年，新建锅炉房和引风机机房面积1213平方米。2001年，投资1.75亿元，完成建筑面积2.9万平方米联合工房土建主体工程。投资5500万元，完成联合工房制丝线主体工程，投资259万元完成锅炉房一期改造工程。

（二）设备设施建设

1989年，郴州卷烟厂投资2257万元，从英国引进卷接机2台套，6000型包装机2台，滤嘴成型机1台套；投资2994万元，从法国引进卷接机1台套，从英国引进卷接机1台套，从意大利引进硬盒包装机1台套；投资300万元，购置风力送丝机3台套；投资415万元，购置6000型仿卷接包机组2台套；投资476万元，对10千伏220回路供电系统、10千伏总配所、主厂房二、三层卷接包车间集中除尘系统和主厂房二、三层集中负压系统及负压站、厂区工艺外管进行改造。1990年，投资175万元，引进检测仪器5台套，包括从日本岛津引进气相色谱仪1台套、高效液相色谱议1台套、电子分析天平1台套，从香港东南化学仪器有限公司引进近红外快速分析仪1台套，从英国引进自动盘纸透气度仪1台套。

1991年，投资260万元，购置KDF2型滤嘴成型机1台套；投资347万元，购置1000千克/小时仿毫尼白肋烟生产线；投资358万元，建立计算机管理系统；投资460.09万元，引进国外和购买国内科研检测仪器13台套，其中引进设备9台套；投资100余万元，购置横包机1台套。1992年，投资1395.14万元，引进法国卷接机及意大利包装机各1台套；投资204.13万元，购置卷接机组4台套、透明小包机4台。1993年，投资1033.5万元，更新国仿卷接机、SASIB6000型、3000型横包机各1台和YJ14/YJ23卷接机10台。1996年，投资343万元，购置国仿KDF2滤嘴成型机1台套，国仿3000型横包机2台套；投资1877.9万元，从德国引进1台套卷接包设备。

1998年，投资2996万元，对空调系统进行技术改造，陆续购置3台175万大卡/小时的溴化锂机组和5组金属空调箱以及相应的配套设施和监控、自控系统等。1999年，投资376万元，对制丝线关健设备进行技术改造；投资1681万元，对卷接包及连接设备进行更新，购置国产卷接机组、包装机组及连妾设备各1台套；5月，购置国仿卷接机组1台套。

2000年，投资2300万元，购置国仿包装机1台套。购置20吨/小时锅炉1台。

2001年，共完成技改投资1.75亿元，投资5700万元，新增5000千克/小时制丝生产线一条。

2002年，技改项目设备转固投资1.9亿元，土建转固投资7200万元。完成的主要项目：全厂卷烟生产高档设备集中安装在联合工房安装，新增卷接机组、包装机组各2台套及烟支输送系统6台套；完成5000千克/小时的制丝线安装调试；联合工房辅助工程中的制冷站外管工程于3月完工，制冷站5月正式运行；正式站循环水系统改造8月完成；联合工房风力送丝和除尘系统改造的一、二期工程分别于3月、8月完成；联合工房空调系统新增两台大连三洋300万大卡/小时溴化锂制冷机、12台组合空调箱及1套空调自控系统，并配齐辅助配套设备21台套，一、二期改造工程分别于3月、8月完成。

2004年，为适应“白沙”牌烟转入郴州烟厂生产的工艺要求，10月，开始对卷接包、制丝生产线进行整改，共完成整改项目21项，总金额达295.96万元，11月一次性通过总厂验收。

2005年，投资5034.16万元，新添2台套卷接包机组。投资1200万元，更新烟丝在线膨化装置。

三、卷烟产品、产量、效益

1989年，郴州卷烟厂卷烟产量40.33万箱，实现产值5.46万元，销售收入5.12亿元，利润5万元，缴纳税费3.16亿元。1990年，烟厂自主研制的“行”牌卷烟，在中国烟草总公司举行的优质卷烟配方改革招标中中标，当年形成大批量生产；“盖相思鸟”牌卷烟，年底出口东欧和东南亚市场5000件，创汇40万美元，实现该厂卷烟首次出口。

1993年，研制生产“桃花江”“屈原”牌卷烟。“桃花江”牌卷烟当年创税利62.5万元，创税利124.7万元。

1995年后，郴州卷烟厂先后开发出“精品盖相思鸟”“蓝盖郴州”“红软湘南”“特醇盖相思鸟”16支装“盖90郴州”“金郴州”（银盖、红盖）等品牌卷烟，其中后2种新产品为一类产品，投放市场后，均获好评。

2000年，“蓝盖华人”和“金盖华人”卷烟通过湖南省经贸委组织的新产品鉴定，“蓝盖华人”卷烟荣获郴州市科技进步一等奖。新开发的“红福郴州”系三类烤烟型卷烟，“特醇红相思鸟”系四类烤烟型卷烟，投放市场后一度反响较好。来料加工混合型卷烟“钢铁”顺利出口至瑙鲁。当年，产量30.3万箱，产值8.7亿元，销售收入8.9亿元，实现利润2655万元，缴纳税费4.52亿元。

2003年，大力整合产品结构，对“华人”系列和“红福郴州”“90郴州”“湘南”“特醇相思鸟”“精制相思鸟”“特醇红盖相思鸟”等亏损、滞销的牌号卷烟实行停产，全部生产工商双盈、适销对路的产品。继续生产的产品由上年的14个减少到5个。3月，与长沙卷烟厂联合生产“嘴长沙”卷烟8万箱。下半年，开发“红盖相思鸟”，当年销售1.1万箱，成功替代“蓝盖郴州”；11月，在湖南中烟工业公司大力支持下，“相思鸟”牌卷烟与河北省保定卷烟厂联合加工，该合作项目组全体人员经过46天的研制，生产出合格产品977.8箱。当年，烟厂卷烟产量28.13万箱，产值11.19亿元，销售收入11.4亿元，实现利润542万元，缴纳税费4.96亿元。

2005年，郴州烟厂年生产卷烟26.83万箱，产值14.81亿元，销售收入15.2亿元，实现利润亏损6318万元，缴纳税费7.51亿元。

1989—2005年郴州卷烟厂卷烟产品获奖一览表

表14-9-2-1

序号	牌号	等级	规格	获奖时间	获奖名称	授奖单位
1	嘴绞股兰	甲级	84毫米	1989年5月	1988年技术开发优秀新产品	湖南省经委
2	嘴时珍	甲级	84毫米	1990年12月	湖南省优质产品	湖南省经委
3	郴州	乙一级	70毫米	1990年8月	1989年度全国卷烟畅销牌号	中国烟草总公司
4	嘴郴州	乙一级	81毫米	1990年8月	1989年度全国卷烟畅销牌号	中国烟草总公司
5	嘴郴州	乙一级	84毫米	1990年8月	1989年度全国卷烟畅销牌号	中国烟草总公司

续表 14-9-2-1

序号	牌号	等级	规格	获奖时间	获奖名称	授奖单位
6	嘴郴州	乙一级	90 毫米	1990 年 8 月	1989 年度全国卷烟畅销牌号	中国烟草总公司
				1991 年	湖南省优质产品	湖南省经委
7	嘴湘南	甲二级	84 毫米	1989 年 12 月	湖南省优质产品	湖南省优质产品
				1992 年 10 月	湖南省著名商标	湖南省工商局
				1995 年	中国烟草总公司一等品	中国烟草总公司
				1999 年	湖南省烟草公司一等品	湖南省烟草公司
8	嘴相思鸟	甲一级	84 毫米	1991 年	湖南省优质产品	湖南省经委
				1992 年 10 月	湖南省著名商标	湖南省工商局
				1995 年	中国烟草总公司一等品	中国烟草总公司
				1996 年	湖南名牌产品	省经贸委、技术监督局
				1999 年	湖南省烟草公司一等品	湖南省烟草公司
				2000 年 2 月	湖南名牌产品	省经贸委、技术监督局
				2000 年	国家烟草专卖局优等品	中国烟草总公司
9	蓝盖郴州	三类	84 毫米	1995 年	湖南省烟草公司一等品	湖南省烟草公司
				1998 年	中国烟草总公司一等品	中国烟草总公司
				1998 年 9 月	湖南省产品质量奖	湖南省经贸委
				1999 年 12 月	湖南名牌产品	省经贸委、技术监督局
				1999 年	中国烟草总公司优等品	中国烟草总公司
10	盖华人（蓝）	一类	84 毫米	2000 年	郴州市科技进步奖一等奖	郴州市人民政府
				2001 年	全国名牌烟标奖、省局科技进步奖、省局一等品奖	国家烟草专卖局、湖南省烟草专卖局
11	软相思鸟	三类	84 毫米	2001 年 4 月	2000 年度全国卷烟优等品	国家烟草专卖局
				2002 年 12 月	湖南省名牌产品称号	湖南省名牌产品审定委员会
12	精制相思鸟	二类	84 毫米	2002 年 2 月	湖南省卷烟 2001 年度一等品	湖南省烟草专卖局
13	盖华人（红）	一类	84 毫米	2002 年 2 月	湖南省卷烟 2001 年度一等品	湖南省烟草专卖局
14	蓝盖郴州	三类	84 毫米	2002 年 10 月	湖南省产品质量奖	湖南省技术监督局
15	特醇相思鸟	三类	84 毫米	2002 年 12 月	湖南省名牌产品	湖南省名牌产品审定委员会

第三节　烟草行业管理

一、烟草管理机构

1989 年后，郴州卷烟厂党政分设，为有利于党政工作协调发展，党政主要负责人多为一人兼任。

1996年5月，郴州卷烟厂与郴州市烟草公司合并组建湘南烟草（集团）有限责任公司（市本级企业法人），厂、司本级和所属企业合并组建湘南烟草集团，实行工商合一，对全市烟草行业统一领导和经营。市烟草专卖局与集团总部平级，负责辖区专卖管理。集团总部设立党组、董事会、监事会和职工代表大会。董事长兼任党组书记和总经理。郴州卷烟厂成为湘南烟草集团直属核心层企业，保留法人资格，厂长由集团董事长、总经理兼任，厂行政设立领导班子，下设与卷烟生产有直接关联的科室和车间，党务工作由厂党总支管理，其他管理由集团总部领导和相关部室兼管。2002年3月，湘南烟草集团撤销、工商分设，郴州卷烟厂恢复设立厂长负责、党委监督、职工代表大会民主管理的领导体制，厂长兼党委书记。2003年5月，湖南省烟草公司实行工商分设，新成立湖南中烟工业公司，郴州卷烟厂直属湖南中烟工业公司领导和管理，地方隶属关系未变。2004年7月，郴州卷烟厂与长沙卷烟厂联合重组，更名为长沙卷烟厂郴州卷烟分厂，直属长沙卷烟厂管理。总厂对分厂实行年度目标管理责任制，生产品牌、产量计划由总厂安排；财务管理由分厂编制年度预算，报总厂审定，分厂在年度预算内按月报批，批后自主开支，利润缴总厂，所得税由总厂交纳，流转税在当地缴纳。属专卖品范围的大型生产设备由总厂拨给，不属于专卖品范围的物资、设备等由分厂自主采购；其他由分厂自主管理。

1989—2005年郴州市（地区）烟草专卖局主要负责人名录

表14-9-3-1

单　位	姓　名	职　务	任职时间
郴州地区烟草专卖局	刘运光	局　长	1984.07—1989.11
郴州地区烟草专卖局	何美清	局　长	1989.11—1992.05
郴州地区烟草专卖局	黄大康	局　长	1992.06—1994.11
郴州市烟草专卖局	刘孝书	局　长	1995.03—2002.02
郴州市烟草专卖局	姜孝清	局　长	2002.02—

1989—2005年湖南郴州卷烟厂主要负责人名录

表14-9-3-2

单　位	姓　名	职　务	任职时间
湖南郴州卷烟厂	朱国桢	厂　长	1984.12—1994.11
湖南郴州卷烟厂	黄大康	厂　长	1994.11—1998.10
湖南郴州卷烟厂	梅国庆	厂　长	1998.11—2002.10
湖南郴州卷烟厂	涂清明	厂　长	2002.11—2004.07
长沙卷烟厂郴州卷烟分厂	涂清明	厂　长	2004.07—2005.02
长沙卷烟厂郴州卷烟分厂	周文斌	厂　长	2005.02—

二、烟草行业管理制度

自1989年始，郴州卷烟厂先后制定实施《定置管理标准》《定置管理实施办法》《现场管理考核实施细则》等管理制度，继后开展创建“管理样板车间”和“样板机台”活动，对生产现场人流、物流进行规范管理。2005年，与外单位合作开发《生产管理系统》计算机软件，使厂内各类生产管理信息及时汇聚，随时掌控，从而突破传统的卷烟生产管理模式，使生产中的问题真正做到“发现在源头上，控制在过程中”。同年，《郴州卷烟厂工艺规程》发布实施。

1993年，企业用工全面实行合同制，干部任职实行聘任制、任期责任制、岗位轮换交流制，分配实行职责挂钩考核制，进一步拉大分配档次。

1994年，对相思宾馆、嘴棒成型车间（1997年止）、运输经理部、机修车间（1999年止）、卷烟销售分公司、金叶实业有限责任公司等实行租赁经营承包或目标经营承包。1996年5月，郴州卷烟厂和郴州市烟草公司所属企业合并改制组建湘南烟草集团。集团按照《中华人民共和国公司法》和现代企业制度要求，逐步理顺企业内部管理体制和运行机制，规范企业行为，建立健全与集团相适应的一系列管理制度，统一规章。1997年，集团制定实施《设备维修提高设备有效作业率方案》。1998年，以劳动、人事、分配三项制度改革为突破口，以减员增效为中心，全面深化企业内部改革，先后实行全员劳动合同制、岗位技能工资制、竞争上岗、内部退养和人事代理制。1999年，制定《郴州卷烟厂设备管理实施办法》《郴州卷烟厂设备管理制度》等11种设备操作教程体系支持性文件。

2000年，郴州卷烟厂结合国家质量标准体系认证工作，对工艺规程进行全面修订，对卷烟制造从烟叶投料到成品入库各工序工艺要求，均作出更细更严的规定，同时新增《薄片制造工艺规程》和《滤嘴成型工艺规程》。

2003年，与长沙卷烟厂实行联合加工，生产调度管理由粗放型向精细化管理转变，建立健全生产作业计划表格，下达日计划，增加发放“原辅材料计划单”“换牌通知单”，使日计划安排、换牌安排更加清晰，计划信息的传递更快、更准、更严谨。当年，全厂全面应用ERP管理系统，设立设备、计量、物资采购等子系统，使设备管理更加高效、规范。是年，规定设备购置、验收、转移必须办理相关手续，同时，建立准确而详细的台账，按照厂部制定的《闲置、封存设备暂行管理办法》《报废设备暂行管理办法》等有关规定，对闲置、报废设备及时封存。

三、烟草质量管理

1990年，为加强烟草质量管理，郴州地区烟草公司组织对卷烟产品抽检覆盖到所有牌号，抽检合格率为100%，同时，对烟叶、卷烟纸、滤嘴棒等主要原辅材料也进行检测分析。1993年，先后引进国外先进检测仪器、设备和计量器具20台（套），采用计算机管理，建立产品质量监督检测网络，定期对原辅材料进行检测，对卷烟产品进行抽查，检测范围扩大到11个大项。1999年4月，郴州卷烟厂组织开展国家质量体系认证工作，建立一套完善、实用的质量管理体系，于2000年1月通过中国质量管理协会质量保证中心的认证审核，取得国际质量体系认证证书，同年12月，通过中国质量协会的年度监督审核。2000年，国家烟草专卖局对该厂产品质量抽检，合格率为100%。2001年，烟厂制定《质量管理及考核条例》，加大对质量管理的考核，并利用集团公司ERP计算机系统，建立起生产过程动态数据分析库和质量预警系统，强化生产流程的监管。2003年，对生产调度会决议实行检查—考核—评价机制，强化生产调度的权威性，提高产品质量监管力度。2005年，加强工艺调查核实，依据核实论证情况进行工艺管理和分类指导。对“白沙”“长沙”烟支重量予以下调，对筛分和加料工序设备、残烟线、梗线闪蒸工序实施改造，对“白沙”“长沙”烟加料流量和储丝工艺时间和“相思鸟”烟水松纸、烟支圆周进行调整，对外运联合生产点的烟丝质量进行检测。

四、烟草系统目标管理

1990年，郴州卷烟厂全面推行经济、政工“双目标”管理制。年初，结合厂内实际，将经济、政工重要指标和工作项目分解量化，分项计分，总分为100分，明确加分扣分标准。各部门、单位再将各项指标分解落实到基层，层层递交责任书。年中，各单位、各部门按照责任书进行自查自评，年底，由厂部考核组对照目标管理责任书，逐项考核，验收评分，两个“目标”各达90分以上者为达标，有一个“目标”不达标者，或“双目标”虽然达标，但在计划生育、安全生产等方面出现重大违规行为被一票否决者，则取消该单位或部门年度评先评奖资格；对全面达标，且未否决的单位和部门，则按总分多少排序，评出优胜者，分等级给予年度目标管理奖。1993年，分配实行职责挂钩考核制，进一步拉大分配档次。1995年，对生产车间的计件工资由原来只占工资总额的30%变为实行全额计件工资制，加大生产成本考核力度，按成本节支超支的20%进行奖罚。1996年后，建立健全与湘南烟草集团相适应的一系列管理制度，统一规章，对集团核心层各企业及各县（市、区）烟草公司实行“双目标”管理，年终进行考核，兑现奖罚。2004年后，制定实施《郴州卷烟厂质量管理奖惩条例》，并按照奖惩条例落实奖罚。

第十章 医药工业

第一节 制药企业

1989—2005年，郴州市（地区）有5户制药企业，其中3户国有企业（东江制药厂、郴州地区制药厂、南方药酒厂），1户民营企业（湖南湘龙堂制药有限公司），1户中美合资企业（郴州旭辉气体有限公司）。

各县（市、区）药材公司在进行药材商品购销中组建11户中药饮片加工小企业，因其生产加工不稳定，先后于2005年以前关停或改制。2005年，全市仍有4户中药饮片生产企业：由原资兴市药材公司重组成立郴州立丰中药饮片厂，厂址迁至郴州市苏仙区坳上镇；原郴州医药集团郴州市药材公司中药饮片厂，改制后成立郴州大诚中药饮片厂，厂址迁至郴州市北湖区下湄桥；原汝城县药材公司中药饮片厂，改制后在原厂址成立汝城金康中药饮片厂；原宜章县药材公司中药饮片厂，改制后在宜章县白石渡成立宜章安健中药饮片厂。改制后的中药饮片企业生产规模逐步扩大，生产经营不断发展。

三九南开制药有限公司 前身是1970年8月创建的郴州地区制药厂，厂址位于郴州市城区下湄桥。1988年6月，整体搬迁至燕泉街道七里洞。1992年8月，更名为湖南南开制药厂。1998年8月，南开制药厂经郴州市人民政府批准由三九企业集团湖南实业发展有限公司实施承债式整体兼并。2001年2月，完成企业改制，更名为湖南三九南开制药有限公司。2002年6月，整体搬迁至郴州市开发区科技工业园，是年，公司一次性通过国家质量体系认证，发展成为以生产中成药为主的综合制药企业，厂区面积6.6万余平方米，有先进机械设备300多台（套），员工578人，注册资本939万元。1999—2005年，公司完成工业总产值5.38亿元，完成销售收入4.41亿元，实现利税8707.4万元，分别是过去28年（1970—1998年）总和的7倍、100倍、297倍。企业综合实力居湖南省医药工业前列，获“湖南医药工业十佳企业”荣誉称号。

东润联合制药有限公司 原名湖南湘龙堂制药有限公司。湖南湘龙堂制药有限公司系香港联明发展公司的子公司，始建于1994年，先期与湖南南开制药厂合作，生产胶囊剂，主要产品有抗宫炎胶囊、元胡止痛胶囊等。1995年，取得湖南省卫生厅颁发的“药品生产许可证”和湖南省医药管理局“药品生产合格证”。1996年10月，在湖南省郴州市经济技术开发区成立独资企业，注册资本1300万元。2000年9月，整体搬迁至湖南省郴州市经济技术开发区万华路，当年正式投产，完成产值139万元，其主要产品抗宫炎胶囊，当年底通过国家质量体系标准认证。2002年8月，由湖南时代阳光医药集团以1128万元将湘龙堂制药有限公司整体收购，改名为湖南省东润联合制药有限公司，在距原厂1千米的郴州市高科技工业园征地8公顷，投资8000万元，兴建中药提取与前处理车间、固体制剂车间、软胶囊和外用软膏剂等现代新型生产线。2003—2004年，该企业药品生产产值、实现税金、利润分别为7016万元、70.5万元和72万元。2005年8月，该企业外迁广东。

东江制药厂 始建于1993年3月，预算投资8000万元，兴建年产能力1000吨维生素C生产线，因资金未能如期到位，造成两度停工，加之建筑材料和设备价格上涨，施工历时近3年，投资概算达1.28亿元，错过维生素C产品价高畅销的良好时机，企业于1996年7月停产。2001年7月，郴州市政府决定将东江制药厂划归资兴市政府管理。2002年1月，资兴市政府申请东江制药厂破产，清偿债务。是年6月，资兴市人民法院宣布东江制药厂正式破产。

郴州旭辉气体有限公司 成立于1988年，是一家中美合资企业，公司占地6公顷，主要从事各种气体的生产与充装。2001年9月，经省药监局批准，进行医用氧气生产，并获得药品生产许可证。2003年12月，经国家食品药品监督管理局批准，获得医用氧批准文号，正式生产医用氧气。

第二节 药品生产

一、药品剂型

（一）片剂

湖南三九南开制药有限公司是以生产中成药为主、保健品及消毒制剂为辅的综合性制药企业。20世纪80年代，通过改善吸尘、通风设备，研究改进制粒设备，至1989年，陆续开发出穿心莲片、复方感冒灵片、感冒清片、抗菌痢灵片、维C银翘片5个片剂品种。1992年，恢复原撤掉的研究室，充实新产品开发研制室技术力量。1995年，成功研制出国家级新药——痔宁片后，先后开发出抗宫炎片、牛黄解毒片、小儿喜食片、元胡止痛片、养阴降糖片、参苏感冒片、保胎灵片、消栓通络片、归芍调经片等10个品种。生产过程中采用低温真空浓缩，低温真空干燥等技术，保护药物有效成分不被分解。在包衣工序中采用高分子薄膜包衣技术，与传统糖包衣相比，不仅环保、节能，还起到药物防潮作用。同时，药物治疗患者范围扩大到糖尿病患者群体。芍调经片属于全国独家产品，系根据湖南名老中医多年临床经验研制而成，科学配伍当归、白芍、柴胡等纯天然中药材，采取醇定技术精炼萃取药物有效成分芍药甙。该公司在10余年的生产过程中，逐步完善生产技术，制定并执行成熟工艺操作规程，提高产品生产工艺和质量标准，增加产品中主要成分薄层定性鉴别和含量测定，采用薄膜包衣技术取代原糖衣片工艺。2005年，该公司又通过与科研机构合作开发，研制出治疗前列腺炎宁泌泰片和治疗骨质增生肾骨片。是年，三九南开制药公司生产片剂品种有穿心莲片、复方感冒灵片、感冒清片、抗菌痢灵片、维C银翘片、抗宫炎片、牛黄解毒片、小儿喜食片、元胡止痛片、保胎灵片、养阴降糖片、参苏感冒片、消栓通络片、归芍调经片、痔宁片、肾骨片、宁泌泰片17个品种（包括其他剂型改进过来的）。全年完成产值2845万元，占公司当年工业总产值的16.13%。

（二）颗粒剂

颗粒剂原为冲剂。20世纪90年代，随着市场经济的发展，南开制药厂加强产品开发力度，冲剂新品种颗粒剂不断问世。1991年，研制出肾石通颗粒、风热感冒颗粒、姜枣祛寒颗粒3个品种。1992年，研制出清凉防暑颗粒、益肾灵颗粒（无糖型和有糖型）2个品种。1993年，研制出幼泻宁颗粒、稚儿灵颗粒、胃灵颗粒、通脉颗粒、黄疸茵陈颗粒5个品种。1994年，研制出银黄颗粒、热炎宁颗粒、宝宝乐3个品种。1999年，为提高药品质量，南开制药厂继续改进生产设备，引进流化床制粒技术和沸腾制粒机、蒸汽烘箱和普遍采用一步制粒机等设备。2001年，根据国家药品监督管理局的有关规定，原南开制药厂颗粒剂药品全部按部颁标准或2000年《中国药典》标准生产，生产工艺和产品质量都有较大提高，质量检测多由定性改为定量，获得好评。2003年2月，由于"非典"疫情的蔓延，复方板蓝根颗粒、银黄颗粒、复方感冒灵颗粒等药品供不应求。三九南开颗粒的生产产量倍增，产值连续3个月超过1000万元，创历史新高。2005年，三九南开生产的颗粒品种有复方感冒灵颗粒、复方板蓝根颗粒、肾石通颗粒、风热感冒颗粒、姜枣祛寒颗粒、清凉防暑颗粒、益肾灵颗粒（无糖型和有糖型）、幼泻宁颗粒、稚儿灵颗粒、胃灵颗粒、通脉颗粒、黄疸茵陈颗粒、银黄颗粒、热炎宁颗粒、宝宝乐颗粒15个品种，完成产值2950万元。

（三）糖浆剂

糖浆剂是中国医药界传统剂型，郴州糖浆剂生产沿于1977年。20世纪90年代初，原郴州地区制药厂土法上马，耗时三年先后研制出强力枇杷露、强肝糖浆、维血宁、生乳汁4个品种。该厂采用电动行车吊装投料，不锈钢大锅煎汁，蒸汽加热煮提，薄膜蒸发器、不锈钢夹底锅（反应锅）浓缩方式生产。2002年，湖南三九南开制药有限公司实现提取工序不锈钢管道化，沉淀用油水分离机冷冻过滤，灌装机械化流水线操作，缩短了生产周期。2004年，增添冷冻储罐、油水分离机等配套设施。2005年，公司共有糖浆剂品种6个，当年实际投产6个。糖浆剂品名有健脾糖浆、麻杏止咳糖浆、小儿止咳糖浆、强力枇杷露、生乳汁、维血宁6个品种。完成产值1148万元，占公司当年工业总产值的16.11%。

（四）煎膏剂

煎膏剂系中成药传统产品。郴州煎膏剂生产主要采用大容积锥体式提取锅、薄膜蒸发器、不锈钢夹底锅、比重热测等设备，采用的技术为电动行车投料、蒸汽不锈钢煎汁、齿轮泵抽汁、比重瓶测试比重等技术。1993年，南开制药厂生产阿胶三宝膏。2005年，湖南三九南开制药有限公司有煎膏剂品种1个，当年实际投产1个。完成产值6万元。

（五）药酒

20世纪90年代初，郴州地区制药厂利用有齿轮泵、过滤瓶、板框过滤器、自制灌装机生产药酒。90年代中期，原南开制药厂进行技术改造，更新设备，废除了大小陶缸，改用不锈钢循环萃取罐、不锈钢冷冻罐、不锈钢离心泵、多孔聚乙烯烧结过滤机、不锈钢过滤机和氟利昂压缩冷凝机组等生产药酒。所生产的药酒以治疗性为主，调理滋补为辅。2005年，生产治疗风湿药酒、十全大补酒2个品种。前者为治疗性药酒、后者为滋补调理性药酒。

（六）合剂（口服液）

郴州合剂（单量包装又称口服液）的生产经历清凉防暑性产品、治疗性产品、营养滋补性产品三个生产发展阶段。1988年，郴州地区制药厂研制出藿香正气水。20世纪90年代初，南开制药厂更新设备，采用多功能提取罐、真空低温浓缩、冷冻沉淀、离心机、多孔过滤、电化消毒灭菌、恒温储藏等技术，生产生脉饮、补脾安神合剂（又名生命源口服液）、补中益气合剂等产品。90年代中期，该厂先后引进先进的洗瓶、干燥、灭菌、灌装、加盖、贴签等多功能合剂生产流水线。90年代末，湖南三九南开制药有限公司合剂品种有6个，其中有由古方改变剂型的补中益气口服液和新研制的生命源口服液。2005年，该公司生产的合剂（口服液）品种有生脉饮（党参方）、补中益气合剂、藿香正气水、阿胶当归合剂、补脾安神合剂。完成产值1148万元，占公司当年工业总产值的16.11%。

（七）胶囊剂

胶囊剂是湖南三九南开制药有限公司生产的新剂型。2004年，为提高归芎调经片的药效，成功研制出归芎调经胶囊，生产设备有提取锅、搅拌机、烘箱、粉碎机等。药粉填装使用胶囊分装机，实行自动填装。2005年，归芎调经胶囊正式生产投放市场。

二、制药工艺技术

（一）工艺

制粒 中药制粒采用老工艺，工序多，周期长，质量也难以保证。从1998年起，湖南三九南开制药有限公司经过反复试验，采用一步制粒工艺，于1999年获得成功。新工艺减少工序，节约劳力，缩短生产周期，降低操作温度，减少污染，节约能源，确保卫生安全。同时，颗粒均匀疏松，素片硬度增加，崩解时限缩短，水溶出物量增加，药物含量均匀稳定。一步制粒工艺的应用，提高了中药制粒技术水平。

薄膜包衣 1998年，湖南三九南开制药有限公司依靠自身技术力量，着手试验薄膜包衣新工艺，以取代糖衣工艺，通过上百次试验，1999年，成功完成将糖衣片改为薄膜包衣生产技术的科研任务，解决了糖衣片易吸潮及裂片等质量问题，企业的主导产品技术含量迅速提高。薄膜包衣工艺，节约砂糖和滑石粉，操作简便，改善制药卫生状况，减轻劳动强度。经测试，薄膜包衣各项技术指标均优于糖衣片。

无糖颗粒 为满足日益变化医药市场需求，湖南三九南开制药有限公司在制药工艺上不断创新，2003年8月，推出胃灵颗粒无糖型产品，采用国际无糖制作新工艺，对提取物进行精制，应用一步喷雾制粒技术，抽真空低温干燥，最大限度保持药物有效成分。2005年，该公司生产胃灵颗粒、益肾灵颗粒、热炎宁颗粒3种无糖型产品。此类产品为圆粒膨化状，其颜色、整齐程度、内在质量均超过国家有关中药颗粒剂质量标准，在保证质量和良好口感的前提下，所用辅料小，服用剂量少，安全、方便、疗效好。投放市场后收到良好效益，药品市场占有份额扩大。

（二）技术

中药杀菌灭菌技术 20世纪90年代初，南开制药厂对中药材磷化铝熏蒸增效、用量、时间和残留量进行全面研究，将环氧乙烷用于空气灭菌获得成功。继后采用蒸汽流通消毒、灭菌柜高温灭菌和低温间歇灭菌方法控制药品微生物生长。2000年，采用辐照控制微生物进行中试规模研究，此项研究，在药厂生产现场和实验室两地同步进行，又在实验室开展细菌问题跟踪监测，广泛收集市场信息反馈，逐步完善生产工艺，产品质量不断提高，能在常温常压下操作，药品有效成分符合《中国药典》（2000年版）药品含量要求，不受破坏，优于生产中灭菌常用的高压法、湿热法、化学法。2004年，对净洁室空气采取臭氧灭菌，该项技术能够通过臭氧发生器对净化系统空气有效灭菌，无残留，对人体不造成危害；对纯化水采取紫外线杀菌，对纯化水管道系统采取双氧水灭菌，双氧水还原后成为普通水，无残留，对纯化水水质及管道不产生影响，是当年国内制药行业先进的制药灭菌技术。

技术装备 1989年，郴州地区制药厂继续采用制药工业和食品工业所使用的一些生产设备，如减压浓缩锅、薄膜蒸发器、真空干燥箱、多功能提取罐等。20世纪90年代，原湖南南开制药厂生产技术装备更新换代，逐步添置精密仪器，如分析天平、气相色谱仪等。2000年后，湖南三九南开制药有限公司对关键生产工段进行技术改造，将传统生产工艺与现代制药技术相结合，逐步引进全自动胶囊充填机、一步制粒机、沸腾制粒机、高效薄膜包衣机、真空干燥机和前处理提取生产线、片剂生产线、糖浆生产线、口服液生产线国外先进装备和成套生产线。提取车间采用国内先进提取、过滤、浓缩设备。中药生产中提取浓缩工段全部在密闭系统内进行，并实现电气自动控制操作。2001 年，湖南三九南开制药有限公司引进梅特勒电子天平、气相色谱仪、双波长薄层扫描仪、原子吸收光谱仪、高效液相色谱仪等各类先进分析测试仪器设备 30 多台，还增加重金属（砷、铅等）及有毒质检验项目，更新设备、改进技术，使该公司分析检验技术水平提高。

三、医药产品研发

1993 年，南开制药厂将生产技术部与中心化验室合并成立新产品开发研制室，经过 12 年的不懈努力，该研发机构已成为信息收集、技术创新、新产品研发的综合研发中心。该厂与北京中医药大学、上海医科大学、中国中医研究院、上海医科大学妇产科医院、上海中医药大学附属曙光医院、上海第四人民医院、湖南中医药研究所、湖南药品检验研究中心、湖南医科大学湘雅医院、湖南中医学院等数 10 家科研院所建立长期科技合作关系，形成“产、学、研”结合的企业技术创新网络。2000 年后，湖南三九南开制药有限公司研发中心组建二级研发体系，分别承担不同研发任务。其中第一级以市场为导向，开发适应市场需求的短线品种和小型改进技术；第二级以降低成本、提高质量为目的，对当时生产技术进行升级和改进。该公司的二级研发体系能够充分调动中心化验室、生产车间各部门、各层次参与和投入研发积极性，有效解决技术创新与生产、市场营销相脱节的问题，使研发工作能满足公司发展需要，增强公司科技创新能力。该公司坚持“高度负责、科学严谨、适应市场、回报社会”的经营思路，以自主技改升级与对外交流合作相结合的模式，面向市场需求，围绕妇科、心脑血管、抗感冒类三大主导医药产品领域，进行新产品开发以及对老产品进行新剂型、新适应症技术改进的二次研发，提高了产品的科技含量。

第三节 医药行业管理

一、药品生产经营管理

（一）药品监管体系

为加强药品生产质量管理，提高产品质量，1997 年，原南开制药厂颁布《质量监督管理办法》（以下简称《办法》），根据产品生产流程，将产品质量管理科学划分为原材料采购供应、生产部门、中心化验室、成品库、产品销售部门 5 个区域，并根据各区域不同的质量要求制定不同的质量工作标准。对不按标准办事，发生质量事故造成经济损失的，责成写出质量事故书面报告，并追究部门负责人和当事人的经济责任或行政责任。《办法》的实施，健全完善了产品生产质量检测体系，提高了干部职工的质量意识，使质量事故大幅度减少。当年产品一次合格率达 100%。2003 年 1 月，湖南三九南开制药有限公司完善药品生产监管体系，成立单独的质量管理部，负责对物料采购、生产、成品发放及销售的监管，制定产品生产质量管理标准并督促实施。

（二）产品质量管理

1999 年，湖南三九南开制药有限公司克服企业兼并期间检验人员不足、检验设施不完备的实际困难，在片剂、颗粒剂、前处理工段各关键工序上设立质量控制点，增加半成品的检验项目和检验批次，把质量事故消灭在萌芽状态。是年，该公司共检测成品104批，半成品662批、原材料227批，增加薄层层析、色谱分析等先进检测项目，把住产品质量关。2003年，该公司在生产过程中全面推行生产许可、清场合格证制度，改变以前全面质量管理中的一些不合理环节，并加大检查和处罚力度，对质量事故实行责任追踪，落实到人。同年5月，该公司针对炮制工序中所暴露的问题，召开质量分析会，并编写药材炮制操作学习资料，分发给操作人员学习，以规范操作人员行为，减少浪费。

2004年，三九南开制药有限公司根据产品生产质量管理规范要求，强化质量监测能力。该公司根据生产、物料情况进行合理规划，分别从7大剂型中选择12个品种做验证，选择其中10个品种作为现场认证生产品种，另外组织制作26个产品33个品种的生产工艺规程及生产记录，制定生粉灭菌工艺验证、多功能提取灌及配套设备验证、球磨机验证、药材炮制规程等方案。该公司质管部组织中心化验室对75个洁净室连续监测3天，对330批纯化水系统验证连续监测21天，积累数据上万个，为验证提供技术支持。另外，该公司在满足验证工作的同时，还认真抓好正常药品检验工作。是年，该公司检验27个品种751批次、中间产品800多批次、中药材原料370多批次、中药材净料600多批次、原辅料90多批次，纯化水695批次，合格率均达96%以上。

（三）GMP工程（良好生产规范工程）

2002年10月，湖南三九南开制药有限公司启动GMP产品生产质量规范管理、车间技改暨整体搬迁工程。该项目经郴州市人民政府批准，列入2003年郴州市重点建设项目。为保质、快速、高效、节约完成GMP改造项目，该公司专门成立GMP车间技改暨整体搬迁工程领导小组，具体负责项目建设指导、监督、协调工作。年内该公司完成土地征购、厂房建设及配套辅助工程，完成投资2900万元。2003年5月，该公司成立GMP实施验证委员会。2004年2月，完成设备购置、安装、调试（包括空气净化工程）工程项目，完成投资4300万元，占年度投资计划108%。6月，该公司新厂区完工，面积为6.6万余平方米，共设置前处理、提取、固体制剂、液体制剂4个车间。固体制剂有片剂、颗粒剂、胶囊剂3种剂型，属于30万级净化区，有单独的空气净化系统；液体制剂有糖浆剂、合剂、煎膏剂、酊剂4种剂型，有单独的空气净化系统。并组织做好GMP工程认证检查。当年该工程通过省药监局GMP专家验收，认定该公司制药硬、软件条件符合GMP要求。其片剂、颗粒剂、糖浆剂、酊剂、合剂、胶囊剂、前处理（含中药提取）7条生产线一次性通过GMP认证。

（四）药品营销管理

1992年，南开制药厂更新抗宫炎片、归芍调经片等产品的包装，进一步完善片剂、冲剂、口服液等生产线的配套设施，提高产品档次，增加产品附加值。同时，通过“外引内联”，主导产品销售收入逐年增加。1995—1996年，面向市场，大力调整产品结构，停止生产10多个成本高、微利、缺乏市场竞争力的品种，集中人力、物力、财力，重点保证抗宫炎片、阿胶当归精等主要产品的生产。同时加大新产品开发和推介力度，先后开发出归芍调经片、抗菌痢灵片、幼泻宁颗粒和痔宁片等，形成妇科、大宗用药两大系列80余个品种的生产体系。为将新药品推向市场，形成规模效益，该厂先后集资200多万元开展新产品广告宣传，建立新产品销售网络。在销售策略上变被动销售为主动销售，先后在长沙、海南、南昌、重庆等大中城市设立销售点，拓展外销渠道。其在营销方式上推行“两保一挂”销售方案，把销售人员的工资奖金、差旅费、业务活动经费等开支与销售资金回笼及毛利挂钩，层层签订承包责任书。1997年，通过驻点营销，强化营销责任，尝试部分产品实行个人代理销售，圆满完成了全年销售任务。

1999—2001年，公司提出“突出重点、建设网络、强化管理、引导消费”的营销战略，确立以自我营销为主、发展代理商为辅的营销策略。为巩固加强华东、中南地区市场，积极寻求产品区域代理。2000年，完成销售收入976.32万元。鉴于抗宫炎片市场潜力大，竞争激烈的特点，该公司在确保产品质量的前提下，提高劳动生产率和一次合格率，降低成本，薄利多销，并通过在全国各地招标，签订抗宫炎片委托销售合同46份，覆盖全国近60个地市。是年，抗宫炎片完成销售收入740.94万元。肾石通颗粒完成销售收入188.66万元，银黄颗粒完成销售收入284.45万元。为培植名牌产品，该公司加大广告宣传力度，积极挖掘产品“亮点”，以“亮点”寻求“卖点”，如对痔宁片，提出了“多、快、好、省治痔疮”，对归芍调经片提出“调经就是调心情”等消费理念。并在湖南投资200万元，进行全方位广告宣传。是年，归芍调经片完成销售收入744.28万元。2001年，该公司试行区域代理多个产品、地区代理单个品种、单品种全国总经销的销售模式，产品营销网络由中、东部省份拓展到新疆、青海、西藏西部等省（自治区）。

2002年，三九南开制药有限公司本着“稳定、双赢、发展”的原则，在保持微利的基础上，将部分品种回扣率降低，让利于市场。对达到公司规定的单品种药品销量的，均按照市场容量的大小给予奖励；并设立年销售奖和年“销售王子”奖。是年，该公司销量同比翻了近一番。2003年2月，该公司面对抗病毒类药品的抢购潮，积极组织员工加班加点生产抗“非典”药品，其间发往北京市、广东省、山西省等地的复方板蓝根颗粒100万盒，捐赠给郴州、太原、天津、郑州等地的抗“非典”药品价值50万元，取得良好的社会效益。2003年，加强营销广告宣传，成功在中央电视台《开心辞典》专栏为抗宫炎片策划为期5个月的插播广告；在湖北、武汉电视台选择频道对抗宫炎片策划为期3个月的广告。

2005年，三九南开制药有限公司按产品结构，将产品分为市场调拨品种和纯销品种，加快实施产品代理制度，主动开展储备品种的市场调研及产品代理销售工作。是年，签订代理合同17份，代理产品完成情况良好。同时，做好归芍调经片的省级医保申报工作，为湖南、浙江、山西、陕西、青海、云南、内蒙古7个省（区）编制归芍调经片省级医保乙类用药目录。医保用药资格的成功申报，扩大产品的消费群，提高产品知名度，扩大归芍调经片的销路。是年，湖南市场部归芍调经片销量3.9万盒，归芍调经片销量7.3万盒。

二、医药工业行政管理

郴州医药工业行政监管，主要是贯彻《中华人民共和国药品管理法》，依法加强对医药生产经营企业药品质量管理，确保人民群众用药安全。1989年4月，郴州地区医药总公司针对医药系统少数职工私自经营药品、药材的现象，制定《关于不准医药职工私营药品、药材的规定》，明确规定医药系统所有职工不准个人经营，也不许为其亲友牵线搭桥经营药品、医疗器械、玻璃仪器和中药材、中成药，并规定处罚措施。同年5月，郴州地区医药局成立郴州地区医药系统药品质量管理领导小组，对全区医药系统药品质量实行统一管理，指导帮助各医药企业从药品质量意识、质检措施、质检机构和质检力量设置配备上加强管理。并建立一支有专职质管员30人、兼职质检员105人的药品质量管理队伍，配置价值30多万元的质量检测设备。继而建立健全从药材入库、看护保管、生产加工、药品销售到质量事故追究一整套管理制度。

1991年，郴州地区医药局采取“四抓四促”措施，即抓领导班子建设，促企业健康发展；抓企业“工效挂钩”，促效益稳步提高；抓依法管药治乱，促市场有效供应；抓廉政建设，促风气好转，促使全区医药经济提前1个月超额完成全年各项经济指标。自20世纪90年代始，郴州地区制药厂成为亏损企业，企业生产经营不景气。1991年，地区医药局领导下厂蹲点，加强行业管理，为企业排忧解难。是年，该厂完成工业总产值484万元，销售收入453万元，扭转亏损局面。1997年，市级医药行业主管部门以提高经济效益为中心，积极协调行业关系，监督医药企业的经营行为，组织全市医药行业开展“创十佳药店、争十佳营业员”的“双十佳”活动，树立医药行业良好形象。

2001年2月，郴州市医药总公司为改变郴州市区医药企业规模小、经营品种与方式雷同，且出现无序竞争状况，以整合资源，做大做强医药产业，形成规模效益为目的，向郴州市政府申报《关于组建郴州市医药集团有限公司的方案》，经郴州市政府批复同意，将城区原郴州市医药公司、郴州市药材公司、郴州市药品经营公司、郴州市苏仙医药公司合并，联合组成郴州市医药集团有限公司，实行人财物、产供销统一管理，成为国有独资公司。桂阳、资兴、宜章、汝城、永兴、嘉禾、安仁、桂东、临武9县（市）药材公司为集团公司松散型全资子公司，市国资局为集团公司出资人。集团公司有职工921人，其中离退休职工153人。在加强药品购进统一管理中，集团公司成立药品采购中心，之后，将各分公司的中药生产经营业务归并于集团公司中药饮片加工厂，从体制上理顺了一些关系。但后因管理不善，资金不足，销售下降，费用上升，集团公司成立不到一年便陷入举步维艰的境地。2001—2003年，该集团公司实际完成销售总额2.12亿元，亏损477万元，比成立集团公司前城区4家公司3年销售总额下降26.3%。2003年5月，经郴州市企业改革与发展领导小组办公室批准，郴州市医药集团公司继而进行股份制改造。2003年11月，该集团公司企业改制和职工安置工作基本结束。2004年3月，公司剩余的少部分职工顺利组建民营性质股份制“郴州市中康医药有限公司”。郴州市医药总公司所属9县（市）药材公司，成为郴州市医药集团公司松散型全资子公司后，均取消加挂的医药局牌子，其中苏仙区药材公司改名为集团公司郊区药材公司，成为集团公司直属核心企业之一。2003年，郴州市医药集团公司改制时，9县（市）药材公司均实行自主经营，与集团公司脱勾。随着药品经营市场的放开，同年，宜章县与汝城县药材公司进入破产程序。2004年，桂东县药材公司进入破产程序；苏仙区和临武县药材公司实施股份制改造，分别成立苏仙区药材有限责任公司和临武县晴岚药业有限责任公司；资兴市药材公司进入改制阶段。2005年，桂东县和资兴市药材公司破产，职工安置分流终结，企业注销；嘉禾县药材公司挂靠郴州市医药总公司，下划嘉禾县管理，维持正常生产经营。

第十五篇

商贸

郴州市志（1989－2005）

1989年，郴州地区商贸领域历经10年改革开放，形成国有、集体、个体私营等多种经济成分并存的局面。面对商贸市场全面放开和日趋激烈的市场竞争，国有商贸企业积极进行管理体制、经营机制和产权制度改革。

国有商贸企业在改革管理体制方面，普遍实行政企分开，政府权力下放，企业自主经营。1992年，郴州在全省率先实行粮油购销体制改革，放开粮油市场和粮油购销价格，实行政府指导价。粮油企业自主购销，自负盈亏，粮油市场空前活跃。1994年，地县两级商业局、物资局分别改为商业总公司、物资总公司。总公司对下属企业经营活动不再实行统一管理，只对企业人、财、物进行监管。地区供销合作社转变职能，支持下属企业走“产、供、销”并举路子，向科、工、农、贸一体化企业转变，成为综合型经济实体。医药生产购销企业不断扩大企业自主权，政府主管部门由产、供、销、人、财、物“六统一”管理转变为指导性和服务型的间接管理。2002年10月，郴州市人民政府撤销商业、物资总公司，成立商业、物资行业管理办公室，负责商业、物资企业盘活资产、改制重组和破产清算工作。

在改革经营机制方面，地直商贸企业普遍实行承包经营、租赁经营、公有私营等经营形式。1988年，地直国有商业、物资企业启动第一轮承包经营，地区财政局和商业、物资局分别与商业、物资系统企业签订承包合同，企业包完成利润目标、还贷数额、上缴利税，一包三年不变。至1990年，第一轮承包取得较好效益，实现承包目标，完成利润4595.4万元。1991—1993年，地直国有商业、物资企业实行第二轮承包，进一步扩大企业自主权，允许企业多品种、跨行业、跨地区经营，内部实行层层承包，企业经营效益良好。1992年，全区供销合作社系统全面推行“四自一包”（自由组合、自筹资金、自主经营、自负盈亏、包上缴税费）经营责任制，1534个门店中扭亏为盈的704个，不亏不盈的296个，减亏的362个，增加亏损的172个。1994—1996年，全区商业、物资系统企业实行第三轮承包，148家门店柜组有92家实行层层承包经营，未承包的实行工效挂钩分配形式。商业企业利润较第二轮承包有所增长，物资企业较第二轮承包利润大幅下滑，甚至出现严重亏损。1996年后，全市国有商业、物资企业停止承包经营。一些企业由于经营机制不活、资金缺乏、债务沉重、经营成本高等原因，无力参与市场竞争，靠经营资产艰难生存。

20世纪90年代中期，郴州国有商业、物资企业开始进行改制重组、资产拍卖和破产清算。1996年3月，市物资总公司尝试将国有企业转体为股份制公司，将物资系统五家公司合资建设的郴铁北站铁路专用线改制为郴州市物资储运有限责任公司，除国有股外，吸纳职工投资参股，经营效益明显提高。1997年，市物资总公司借鉴外地经验，将市金属、机电、建材、回收、轻化总公司的部分优良资产剥离出来，分别组建有限责任公司，由国家控股，公司职工自愿入股，企业经营效益渐有起色。市国有商业系统实行股份合作企业3户，股份合作门店6个，破产清算企业6户。市商业、物资系统部分商贸企业改制组建有限责任公司以后，企业出现新的生机和活力。2000年，全市商业、物资系统9户有限责任公司销售收入7.56亿元，上缴利税1060万元。但因经营成本高、债务沉重，缺乏市场竞争力。2002年3月，经市体改委批准，市物资储运有限责任公司实行“资产整体转让，一次性安置职工”的改革方案，将公司全部资产转让给一民营企业，所得1000万元，其中694万元股金退还股东，200多万元用于安置职工，剩余部分上缴市财政。市劳动保护用品总公司、市食品酿造厂，通过拍卖企业资产，发放职工安置费，解除企业与职工的劳动关系。2003年，市供销合作社6个直属公司实行产权制度改革。2004年3月，市商业系统的五交化集团公司、纺织品供应站和市物资系统的金属、机电、建材、轻化总公司也宣告破产清算。2005年，全市供销合作社系统142户企业完成产权制度改革。2008年，市直商业、物资系统18户国有企业完成破产清算，盘活企业存量资产2.8亿元，消除企业债务2亿多元，安置职工3900多人。全市国有商业、物资企业退出市场，仅有民用爆破器材（危化物品）和汽车报废处理由改制后的国有企业经营。

在深入开展商贸领域改革的同时，郴州发挥相邻粤港澳的区位优势，发展商品生产，加强商贸市场建设，推行“谁投资，谁建设，谁管理，谁受益”的政策，鼓励国有、集体、民营企业和个人投资建设商贸市场。全市城乡先后建成一批设施先进、功能齐全的商贸市场。2005年，全市城乡有商贸市场、网点12.37万个，其中大型或较大商贸市场288个，平均每万人拥有商业网点267个，共有商贸从业人员20余万人。是年，全市社会消费品零售总额177.77亿元，同比增长13.8%，比1989年增长9.96倍。其中个体、私营商户销售总额78.39亿元，占44.1%；股份合作、联合经营、“三资”企业销售总额99.37亿元，占55.9%。

第一章 商贸体制改革

第一节 商业、物资企业体制改革

一、管理体制改革

1989年，郴州地区商业、物资局是行署对地直商业、物资企业行使行政管理职能的机构。1994年年底，地区商业、物资局分别改为政企合一的商业总公司、物资总公司。总公司对下属贸易企业只管人、财、物，企业经营活动不再实行集权统管。1997年，市商业、物资总公司进一步简政放权，不再行使政府行政管理职能，转为着重抓好国有资产保值增值和企业改制重组工作。2002年10月，市人民政府撤销市商业、物资总公司，组建郴州市商业物资行业管理办公室。2003年后，全市国有商业、物资企业全面启动产权制度改革，实行破产清算。至2005年，全市商业、物资企业基本完成产权制度改革。商业物资行管办只负责处理商业、物资企业的遗留问题。

二、经营机制改革

1988年，郴州地直国有商业、物资企业启动第一轮（1988—1990年）承包经营责任制。地区财政局、地区商业局和物资局为甲方，商业、物资局下属企业的法人代表为乙方，签订承包经营合同，承包人缴纳承包保证金，承包任务一次确定，分年度核算。承包指标主要包括完成利润目标、归还贷款数额、上缴财政利润、上缴税费以及年末库存商品金额等。承包期满，由行署委托审计部门进行审计，兑现奖罚。承包经营扩大了企业经营自主权，给企业注入了活力。地直商业企业三年承包累计实现利润2576.1万元，年均858.7万元，比承包前的1987年利润增长9.37%；地直物资企业三年实现利润2019万元，年均673万元，比承包前的1987年增长90.5%。

第一轮承包结束后，地区财政局不再参与签订承包合同，由地区商业、物资局与所属企业签订第二轮（1991—1993年）承包合同。地区商业、物资局进一步扩大企业经营自主权，允许企业扩大经营范围，内部实行层层承包。承包企业涉足新的经营项目，开始跨行业、跨地区经营，企业经营状况总体良好。但物资企业相互交叉经营，部分企业承包责任落实不到位，以致物资滞销，库存加大，资金周转困难，加上个体、私营物资经营企业的“挤压”，经营效益下降。第二轮承包，地直物资企业实现利润754.6万元，仅为第一轮承包期利润额的37.37%。1993年，地直物资企业银行贷款余额8360万元，比1990年增加56%。1994—1996年，全区商业、物资企业实行第三轮承包经营。商业企业在改革中抓大放小，全市148户商业企业130户实行承包经营、股份合作、国有民营、租赁经营，其余企业推行工效挂钩分配制度，企业利润有所增长。随着生产生活物质经营的放开，全区物资企业利润大幅下滑，一些企业甚至出现严重亏损。1996年后，全市国有商业和物资企业停止承包经营，企业根据自身实际，开展商品经营活动或资产经营。

三、产权制度改革

1996年3月，市物资总公司在直属企业中将国有独资企业物资储运公司转体为股份公司，组建郴州市物资储运有限责任公司，经营郴州物资铁路专用线。公司为独立法人，设股东大会、董事会和监事会。该铁路专用线的资产经评估为694.68万元，原投资参与铁路专用线建设的地区金属公司、轻化公司、机电公司、回收公司、建材公司均按投资额折成股份，转为股金，另动员职工投资参股，作为股东。市物资储运有限责任公司实行股份制后，经营效益明显提高。是年，市物资总公司又组建市工业气体有限责任公司、市公物拍卖股份有限公司。物资企业原经营状况普遍不佳，市金属、机电、建材等公司连年出现亏损。1997年2月，市物资贸易中心和市物资开发公司因资不抵债改制重组，分别重组为市物资实业有限责任公司、市物资配套有限责任公司。市物资总公司借鉴外地改革经验，将市金属、机电、建材、回收、轻化总公司的部分优良资产剥离出来，设立国有股，再由本公司职工自愿投资入股，分别组建市金属材料、建筑材料、机电设备、金属回收、民用爆破器材5家股份有限责任公司。至2000年，市商业系统建立股份合作企业3家，实行股份合作柜组6个。市直商业、物资企业改制组建有限责任公司后，企业出现新的生机和活力，9家有限责任公司实现销售收入7.56亿元，上缴利税1060万元，307名职工实现再就业。

2002年3月，郴州市企业改革与发展领导小组办公室批准市物资储运有限责任公司实施“资产整体转让，一次性安置职工”的改革方案。6月，市财政局批准将该公司净资产转让给一民营企业，转让所得1000万元，其中694万元股金退给5户物资企业，200多万元用于偿还职工股金和安置职工，剩余部分上缴市财政局。9月，该公司65名职工领取一次性经济补偿金后与企业解除劳动关系，25名职工由民营企业安置就业，40名职工自谋职业。是年，市劳保用品总公司拍卖企业资产（包括国有划拨土地使用权），筹措资金1690万元，安置职工206人。市食品酿造厂拍卖企业资产（包括国有划拨土地使用权），筹措资金1500余万元，安置职工210人。市轻化总公司与118名职工解除劳动关系，给予一次性经济补偿，其中98名职工投资入股到市民用爆破器材专营有限责任公司实现再就业。随后，市金属回收总公司改制重组，新组建市汽车报废回收有限责任公司。

2004年，市直18户商业、物资企业全部进入改制重组或破产清算。市北湖商场、市西街商场、市五交化站、市金属公司、市建材公司、市机电公司进入破产清算程序。至2008年，市直18户商业、物资企业完成产权制度改革，处置企业资产2.8亿多元，解除企业债务2亿多元，安置职工3907人。破产企业职工安置费由企业资产变现收入支付，不足部分由市财政兜底解决。企业职工与企业解除劳动关系，领取一次性经济补偿后自谋职业。

第二节　供销合作企业体制改革

一、转变经营机制

1989年4月，郴州行署召开全区供销合作社经理（主任）会议，提出全区供销合作社系统改革的重点是创新企业经营方式，转变企业经营机制。5—9月，地区供销合作社先后举办5期有县市属公司经理、基层社主任参加的经营机制改革培训班。随后，全系统相继将企业所有权与经营权分离，企业实行承包经营、分体经营等经营机制改革。

1992年6月起，全区供销合作社系统全面推行“四自一包”（自由组合、自筹资金、自主经营、自负盈亏，包上缴税费）的“公有私营”承包经营责任制，各县（市）供销社在总结试点经验的基础上，制定承包方案，采取招投标形式，落实承包责任。安仁县21个基层社的162个门店有153个门店落实“四自一包”责任制，减少行政人员60多名。职工自主经营后，责任感、竞争意识和效益观念增强，经营品种增多，服务质量提高，130个门店一举扭转亏损局面，除完成9万多元的上缴任务外，还盈利5万多元。安仁县供销合作社应邀出席省供销合作社召开的供销合作企业经营改革座谈会。1993年，全区供销合作社系统1534个承包经营门店，扭亏为盈的704个，不盈不亏的296个，减亏的362个，亏损的172个，分别占门店总数的45.89%、19.29%、23.60%和11.21%。

1994年，全区部分供销合作企业在激烈的市场竞争中亏损严重。地、县两级供销合作社决定对一些亏损严重企业，试行“死一块、活一块”的“裂变重组、分体经营”改革，亏损严重的关门歇业，效益较好的门店继续实行“社有民营”。地区供销社在地区土产日杂公司试行“分体经营”，组建地区农产品公司和地区综合服务公司，新、老公司划断账目，老公司负责清理偿还历史旧账，新公司轻装上阵全力开展经营。当年新公司摆脱困境，完成销售额600万元，创利5.1万元。同时，针对“社有民营”中存在的问题，控制“社有民营”范围，加强“社有民营”公司的监管。据9个县市统计（未含郴州市、郴县），当年收取承包费399.7万元，只占应收数的75.47%；收回铺底资金500.7万元，只占应收数的55.56%。

1996年2月，郴州市委、市人民政府下发《关于深化供销合作社改革的决定》，要求全市供销合作社系统加快经营体制改革，把供销合作社办成农民欢迎的经济组织。随后，市供销合作社抓住“一个重点”（基层供销社），实现“三个服务”（即为农业、农村、农民服务），大力推进经营体制机制改革。1997年，市供销合作社在供销合作企业中试行股份合作制。苏仙区供销合作社在所属的工业品公司和栖凤渡供销合作社实行股份合作制改革试点，取得较好效果。之后，全市供销合作企业逐步推行职工投资入股、合作经营、自负盈亏、按股分红的股份合作制。2005年，全市供销合作企业实行股份合作经营的占72 %，采取承包、租赁经营的占28%，经营效益总体持续转好。

二、创办经济实体

1989年11月，郴州地区供销合作社组建海口湘郴实业开发公司。各县市供销合作社也尝试兴办经济实体。1990年4月，地区供销合作社成立供销企业管理办公室，管理新办的经济实体。至1991年，全区供销合作社系统先后兴办小冶炼厂、选矿厂、食用菌试验场、食用菌制种推广站、废旧物资加工场等20多家经济实体，安排200多名职工及子女就业，年创收1000万元。1992年，地区供销合作社计划投资1435万元，兴办8个经济实体，年内兴办实体6个。其中南国农贸商场投资350万元，建设经营场地5400平方米，有摊位271个、门面54间，是当时郴州规模第二大的农贸市场，当年销售收入5000万元，摊位门面租金收入100余万元，三年可收回全部投资。1993年，全地区供销合作社新办经济实体14个，有8个县市供销合作社成立经济实体性的集团公司或总公司。1995年，全区供销合作企业经营范围拓展到煤炭、有色金属、矿产品、建材、装璜等20多项业务，营业额超过1亿元。

自1997年始，全市供销合作企业以“公司+农户”的形式参与农业开发。1997年，当年办农村专业合作社26个，引导农民发展土特产品生产，为农户提供产、供、销“一条龙”服务。永兴县供销合作社兴办的山苍籽油专业合作社，吸收152户农民入社，建立920公顷山苍籽生产基地，年产山苍籽油50多吨。1998年，市棉麻公司利用宜章县白石渡镇闲置仓库，兴办生猪养殖场，年出栏生猪5000头。还联合市内养猪大户组建生猪运销有限责任公司，与广州、深圳、珠海等地建立稳定的购销关系。1999年，市供销合作社系统参与开发的农产品有15个在湖南省第二届农博会上获奖。

到2000年，全市供销合作社系统工农贸一体化经营提升到科工农贸一体化经营，相继与有关部门共同兴办临武舜华鸭业公司、资兴东江鱼制品公司、永兴复和食品公司、永兴冰糖橙公司、资兴东江脐橙公司、桂东茶叶开发公司、资兴汤市狗脑贡茶场、宜章莽山钟家茶厂、安仁豪山茶场、郴州茶树良种场等一批科技含量较高的农业产业化龙头企业。2003年，桂东县供销合作社整合4个乡镇的花卉苗木资源，采取“基地+社员+农户”的模式，组建该县第一个农民专业合作经济组织——桂东县供销社花卉苗木专业合作社。2004年，该社被评为“郴州市十佳农民专业合作经济组织”，并获“湖南省先进农民合作经济组织”称号。是年，全市供销合作社系统引进外资4200万元，扩大经营领域，兴建化肥零售、农资批发、石油成品油供应、金属冶炼等一批项目。至2005年，全市供销合作社系统兴办的科工农贸一体化经济实体发展到43家，年创产值3.9亿元，上缴利税1120万元。

三、扩股增资

1989年，郴州地区各级供销合作社进行扩股增资，做大做强供销合作实体经济。是年，全区有社员股5000万股，股金5000万元，县级供销合作社社员股金占供销社流动资金的17.05%。

从1995年10月开始，全市供销合作社系统扩大扩股增资范围，吸收农民和职工入股，本着“入股自愿、退股自由、股额不限、保息分红”的原则，推进扩股增资工作。当年，郴州市第一个股金服务部即桂阳县流峰镇股金服务部诞生，扩股6035股，吸纳股金60.35万元。1996年，市、县两级供销合作社设立社员股金管理办公室，全市47个基层供销社设立股金服务部，新增入股社员2.2万户，增吸股金6300万元。扩股增资缓解了基层供销社流动资金紧缺的困难，购销业务随之扩大。1997年4月，全市扩股增资创历史新高，增加社员股金6323万元，社员股金占基层社流动资金的70%。但由于供销合作社在扩股增资工作中缺乏严格管理，一些地方出现违规融资、盲目投资，甚至乱开支、贪污挪用股金等严重问题。5月，市委、市人民政府根据国务院有关清理、整顿供销合作社扩股增资工作的精神，停止扩股增资，进行股金清退。1999年，市供销合作社加大股金清退力度，至年末，清退股金2522.5万元。2000年，市供销合作社争取银行专项贷款2500万元用于股金清退，使供销合作社的股金清退问题得以解决。

四、企业改制重组

2002年2月，市供销合作社出台《郴州市属供销企业改革实施方案》，重点推进供销企业产权制度改革，实行企业改制重组。是年，桂阳县供销社系统41家独立核算单位中有38家改制，拍卖资产1100处，资产变现3708万元，发放安置费1757万元，1264名职工与企业解除劳动关系，占职工总数的80.7%；为440名职工办理续保，交养老保险金994.47万元；给345名离退休职工补发医疗费51.9万元。桂阳县供销合作社产权制度改革的经验在全省推介。是年，全市供销合作社系统完成产权改制企业92户，资产变现1.1亿元，安置职工2726人。

2003年，市供销合作社有6个直属公司启动产权改制工作；县属119个基层供销社完成产权改制，安置职工4819人，占职工总数的32%。至2004年，全市供销合作企业产权制度改革面达80%，其中市直属企业100%，县直属企业达到76%。

2005年7月，市委、市人民政府召开全市供销合作企业改革改制工作会议，针对部分供销企业改制遇到的资金严重不足、历史遗留问题较多等困难，提出“因企制宜，各个突破”的工作思路。是年，全市供销合作社系统142户企业完成产权制度改革，依法解除企业债务1.55亿元。随之一些改制企业实行资产、人员、经营重组，相继创办一批股份合作经济实体，企业转型渐次推进。

第三节 粮食企业体制改革

1989年，郴州地、县两级粮食局承担全区粮食购、销、调、存、加工管理职能。随着粮食流通体制改革的不断深入，粮食行政管理部门职能逐步转向加强粮食市场宏观调控，依法进行粮食流通市场管理。1995年5月，郴州市粮食局撤销内设的经营性实体机构（公司）。全市粮食流通逐步实现市场化运作，先后实行国家定购、合同收购、放开粮价、按保护价收购农民余粮、粮食购销资金封闭运行等项改革，全市粮油购销工作稳步健康发展。

一、粮食经营改革

从1989年开始，郴州地区粮食购销市场逐步放开，经营方式不断更新。国有粮食经营部门与农户签订定购合同，按定购价收购加奖售（奖售化肥、柴油，预付粮食收购定金）；计划外收购余粮实行议价收购，每50千克粮食由省财政补贴25.88元，其余差额由地、县财政补足；允许农户将余粮在集市自由交易，但不允许转手倒卖。各县市国有粮食企业收购的议价粮，在保证完成上调和就地“议转平”任务后，允许外销。但大米、稻谷出省须经地区粮食局批准，发给“准运证”。1990年，秋粮收购改合同定购为国家定购。为确保完成国家粮食定购任务和平价粮供应，行署决定全区粮食定购任务在年初计划的基础上增加2%，粮食销售取消非农销售年递增1.5%的计划和定量外各项补助粮（保留农村社教工作队和二级以上残疾军人补助）。

1992年年初，郴州行署报请省人民政府同意，启动粮食购销体制和粮价改革试点。2月25日，行署批转《郴州地区粮食购销和价格改革实施方案》。3月1日起，郴州在湖南省率先放开粮食购销市场，实行指导性价格。粮食收购除公粮（即农业税）仍按省定价格外，定购粮定量不定价，实行指导价，一年一定。当年粮食收购指导价为早稻每50千克28元，晚稻31元，取消粮食奖售政策，取消居民粮油平价供应和农村统销、定销粮平价供应政策，打破实行40年的粮油统购统销体制，粮油购销步入市场化。粮油市场随之购销两旺，粮食加工业蓬勃兴起。是年，安仁县个体粮商300多户，其中113户粮商自购原粮，自办粮食加工厂，自备汽车运销，年加工稻谷50万吨，全县一年的粮食贸易量相当于前10年的购销总量。

1994年，郴州一度恢复粮食定购政策，地县两级政府加强粮食市场管理，禁止粮食批发企业直接到农村抬价抢购粮食。从1995年起，地区不再下达粮食定购任务，由国有粮食部门随行就市组织议价收购。1997年，全市国有粮食企业按照国家制定的每50千克早籼稻56元的保护价格敞开收购。1998年9月，根据国务院要求，市人民政府规定除国有粮食收储企业外，其他任何单位和个人不得直接向农民和其他粮食生产者收购粮食；国有粮食收储企业只能在本行政区域内收购粮食，任何单位和个人不得以任何方式阻碍正当的粮食交易活动；凡从事粮食批发业务的，须经粮食行政管理部门审批发证，全面实行粮食批发准入制度。2000年，湖南省人民政府规定，社会粮食经销企业须经市工商局初审后报湖南省工商局批准，呈省政府备案，发给粮食收购资格证后，方可直接到农村收购农民余粮。

2002年，郴州市农业税征收由各县市区根据国家农业税征收政策和本地实际情况自行确定，不再硬性规定征收实物。粮食收购由粮食企业随行就市自主定价；取消粮食运输凭证制度；撤销一切阻碍粮食流通的关卡。2004年10月，市人民政府下发《关于进一步深化粮食流通体制改革的实施意见》，全面放开粮食购销市场和价格，市财政从粮食风险基金中安排2618万元直接补贴种粮农民。

2005年10月，郴州市人民政府下发《关于进一步做好粮食工作的通知》，彻底放开粮食购销市场，鼓励各种经营主体进入粮食购销市场。

二、粮食企业改革

20世纪90年代，郴州地区各县市采取合并乡镇粮食购销站点，重组基层粮食企业，调整国有粮食企业布局等措施，改变国有粮食企业“小而散”的状况，形成规模经营。1992年，永兴县粮食局将城关粮站、城关米厂、县饲料厂合并组建永兴县城关粮油经营集团公司；将马田、油市、油麻3个粮站和马田米厂合并组建永兴县马田粮油经营集团公司。1997年，资兴市、汝城县粮食局也因地制宜调整合并乡镇粮站（店）。

1997年11月，郴州市粮食局成立郴州市粮食企业体制改革领导小组，启动粮食企业股份制改造工作。市粮油机械厂和市粮贸中心分别改制为郴州粮油机械有限责任公司、郴州广德股份有限责任公司。2001年后，按照市委、市人民政府制定的《关于加快国有企业股份制改造的意见》，市粮食局积极、稳妥地组织企业开展股份制改造。安仁县粮食局将城关、禾市、清溪、朝阳、安平、承坪、坪上、关王8个乡镇粮站合并组建安仁县粮食购销公司。2002年6月，汝城县11个国有粮食企业合并组成汝城县粮食购销公司，负责全县粮食购销和军粮、救灾粮、退耕还林粮、水库移民粮和缺粮地区的粮食供应，承担县储备粮收储任务。

2002年，郴州11个县（市、区）和市直7户国有粮食企业先后启动企业产权制度改革。2004年，全市粮食企业8457名职工取消国有企业职工身份，与原企业解除劳动关系。2005年，全市国有粮食企业基本完成产权制度改革，粮食企业由改革前的139户减至28户，其中国有独资和国有控股企业13户，股份制企业15户；国有企业职工由1989年的1.04万人减少至804人，减少92.3%。

三、粮食购销资金管理改革

1989年，郴州地区财政局将粮食财务管理权下放给各县市财政局。各县市财政局将粮食补贴金额纳入财政预算，实行平价粮油亏损包干，超亏由县市财政自理。粮食购、销、调拨和计划内“议转平”差价款按行署下达的计划包干，多购少销，减轻财政负担。粮油企业应缴的税利按规定上缴财政。从1991年5月1日起，粮食收购提价，销价高于购价的差额（即毛利）按实上缴地区财政局，用于弥补因收购价提高的支出。

1998年，国务院决定由中国农业发展银行（以下简称农发行）对粮食收购资金实行封闭运行，防止粮食收购资金“体外循环”被挤占挪用，增强政府对粮食市场的调控能力。粮食购销资金全部在市、县两级农发行设立专户，严格执行“库贷挂钩”“钱随粮走”政策，农发行对粮食收购、调运、销售、储备资金实行全程监管。2001年9月，市粮食局、市农发行联合下发《关于进一步贯彻落实国务院粮食购销改革精神完善购销资金封闭管理的实施意见》，明确按保护价收购粮食，继续实行“收一斤粮食、给一斤粮款”的政策，国有粮食企业实行自主经营。1998—2005年，全市由工商银行、农业银行、农发行发放粮食收购专项贷款50亿元，由于银行完善粮食购销资金管理机制，规范企业资金帐户使用，确保粮食购销资金专款专用，粮食收购不打“白条”。

四、推行粮食经营“两线运行”

从1995年开始，郴州市国有粮食企业以扭亏增盈为中心，全面推行政策性经营和商业性经营“两线运行”，即两者分开账户，分别核算，防止混淆，体现盈亏。国有粮食企业从事政策性经营的粮站、粮库、军粮供应站等企业不得实施国有民营，不得实行个人承包和对外租赁经营；商业性经营企业从事粮油收购、加工、运输、销售以及其它多种经营的一律实行自主经营、自负盈亏。1996年，在推行“两线运行”中，从事政策性经营的企业在确保完成政策性经营业务的前提下，积极开展多种经营，减轻财政负担；而从事商业性经营的企业可主动代理部分粮油政策性经营业务。1997年后，全市粮食政策性经营和商业性经营分线运行日臻完善。政策性经营资金不再挪作商业性经营；商业性经营形成的利润亦不再抵扣政策性经营亏损。政策性经营企业根据工作需要，实行定编、定员、定岗、定责任。是年，全市从事政策性粮食经营的人员3912人，占职工总数的50%，其余人员全部分流开展商业型多种经营。

1998年6月，全市粮食部门推行国有粮食企业主营业务（粮食定购，粮食议购、中央和地方储备粮收购、储存、调拨以及国家指定的粮食进出口业务）与附营业务（主营业务以外所从事的生产、经营活动）分开，附营业务单独设立法人，实行独立核算、自主经营、自负盈亏。至2005年年末，全市国有粮食部门主营业务与附营业务分开经营的企业58户。

第四节 对外贸易体制改革

一、扩大进出口经营

1989—1992年，地、县两级外贸公司（企业）继续委托省内外有进出口权的外贸公司代理进出口业务，扩大进出口经营。同时积极争取省各外贸公司在郴设立支公司，以获取外贸进出口经营权。

1993年3月，郴州地区外贸公司经对外经济贸易部批准获进出口经营权。地区外经贸委成立对外经济贸易有色金属进出口公司、对外经济贸易土畜产品公司、对外经济贸易粮油总公司等8家外经外贸实业机构，挂靠于享有进出口经营权的省公司。郴州还成立湖南省外商投资企业协会郴州地区分会，促进地区外贸业务。是年，全区自营出口额1020.69万美元，为年计划的102.07%，是前两年总和的2.72倍。

1994年，全区自营出口企业发展到9户（不含“三资”企业），挂靠地区外贸公司开展自营出口的地县市公司11户，出口创汇2311万美元，实现利润额比1989年增长31.2倍。

1995年，国家进一步改革对外经贸经营管理，扩大对外贸易。郴州市、县两级政府积极为市内外贸公司（企业）争取自营进出口权。市对外经济贸易冶金公司、香花岭锡矿、郴州市工具厂、嘉禾县五金工具总厂等企业先后获自营进出口权。年底，全市有自营进出口权的企业21户。1997年，11个县（市、区）外贸公司均获自营进出口权。1999年年底，全市拥有获自营进出口经营权的企业34户。

2005年5月，郴州市人民政府召开全市对外经济贸易工作会议，进一步推动外经外贸工作。是年，全市获进出口经营权的企业增至112家，进出口贸易总额2.62亿美元，其中生产性企业出口额达到2587万美元，外贸创汇总额全省排名第4位。

二、外贸企业改革

（一）经营机制改革

1988年，地、县两级外贸进出口企业实行承包经营责任制，对外经济贸易管理部门与外贸企业确定“出口创汇基数、上缴外汇额度基数、出口补贴基数”，一定三年不变。1988—1990年承包期中，全地区外贸公司由于外贸基础差，缺乏专业人才，加上负债重、缺乏流动资金，以致承包效益不佳。1988年外贸出口额折合5551万元人民币，1989年6000万元人民币，1990年又回减到5796万元人民币。1991年，外贸企业大力改革经营模式，拓展出口贸易业务。桂阳太和石墨矿、郴县境内湖南鲁塘石墨矿引进国外良种牲猪，办起养猪场，成为郴州生猪外贸出口的龙头企业。1993年12月，地区外经贸委支持外贸企业创办经济实体，给同心实业公司下拨30万元流动资金，并将同心桥1734平方米仓库、厂房以及1000平方米场地给该公司扩大外贸商品生产。

1995—1996年，市外经贸系统先后创办3个经济实体，即外贸公司的铅铜冶炼厂、粮油食品公司的三里田猪场、开发公司的手袋厂。苏仙区外经贸委发挥资源和地域优势，陆续引进外资兴建郴州圣大磁材有限公司、郴州鹏程有色金属冶炼厂、郴州富通石墨炭素有限公司、郴州高斯贝尔数码科技有限公司、郴州金旺实业有限公司等生产企业，与云南锡业公司合作在白露塘镇兴办精锡冶炼厂，还在邻近乡镇建立大棚蔬菜生产基地、万头猪场各3处。这些企业的产品主要供出口外销。

从1998年起，市对外经济贸易冶金公司等7户外经外贸企业，推行按岗位及职责缴纳经营风险抵押金，实行风险共担、利益共享。同时，外经外贸企业普遍推行内部优化组合，改革分配制度。1999年，市外贸土畜产公司利用地处火车站广场附近的区位优势，利用公司土地与房地产商合作建设市场，实行利润分成，每年还获摊位及门面租金40多万元。到2002年，公司还清债务，还安置20多名职工从事市场物业管理。

2005年，全市外贸出口生产企业发展到73户，外贸出口产品增加至11大类60多个品种，出口市场扩展到20多个国家和地区。

（二）产权制度改革

1995年年底，市直外经贸企业短期贷款1亿元，长期贷款600万元，累计亏损3265.7万元，职工人均亏损近5万元，资产负债率100%以上。1996年年底，市外经贸委决定全面推进企业产权制度改革的“第二次创业”，探索多种形式的产权制度。1997年年初，市外经贸委按照市人民政府印发的《郴州市股份合作制企业试行办法》，选择在外贸广告公司进行改革试点，将公司改制为郴州市广告发展有限责任公司，国有股份占10%，个人股份占90%。改制后，职工积极性提高，广告业务及盈利迅速增长。是年，市直外经贸系统对外经济贸易冶金公司和国际合作公司等4家公司完成股份制改造；市工业品公司和五矿公司依法破产改制，组成新的股份合作企业。之后至2000年，先后有市粮油食品公司与香港玉丰行合资成立湖南玉丰畜牧有限公司在郴州兴办万头生猪养殖场，有市土畜产公司与个体户联营办起木地板加工厂、饲料添加剂厂等，创办多形式所有制的实业组织。

至2005年，全市23家外贸进出口公司先后有20家完成股份制改造和破产清算，其余3家公司转向开展资产经营。

第五节 其他商贸企业体制改革

一、医药经营企业体制改革

1989年5月，郴州地区医药总公司改为郴州地区医药管理局，下辖地区医药经营公司、地区药材公司、郴州市医药公司、南开制药厂4个企业。是年，全区医药销售企业实行第一轮内部承包经营，销售收入9357.24万元，实现利润285.33万元，分别超计划的4.27%和10.03%。1990年，销售总额同比增长2.2%，但利润总额未完成计划目标。1991年实行第二轮内部承包经营，推行部门分线承包、租赁经营，奖金与效益挂钩，各项经济指标均完成任务。1992年，全区14户医药生产、销售企业有7户进入全区流通企业50强。1993年，进一步完善承包经营考核办法，全区医药经营企业实现利税总额568.06万元，同比增长1.47%，伪劣药品及重大药品质量事故均为零。

1994年，医药市场逐步放开，全区14户医药生产、销售企业在激烈的市场竞争中亏损15.3万元，系近20年首次出现亏损。1995—1997年，全市医药生产、销售企业深化企业内部改革，开展“质量、价格、服务”三承诺和“送药下乡”等活动，继续推行目标管理和风险抵押金制度，经营效益曾一度出现好转。但由于销售企业之间为抢占市场盲目进货，加上国家规定储备的药品库（处理突发性事件药品）存积压失效造成巨大经济损失，企业连年亏损，1997年亏损858.6万元，同比增亏662.7万元，累计亏损1434万元。

1998—2000年，各医药销售企业改革经营机制，大力拓宽销售渠道，提高市场占有率。同时普遍实行内部待岗、组合上岗、双向选择、末位淘汰等用工制度，1998年同比减亏603.3万元，企业亏损面由上年的85%下降到45.2%。1999年，医药销售额同比增长9.67%，同比减亏187.7万元，亏损面由上年的45.2%下降到30.8%。

2001年4月，面对非国有医药企业快速进入医药市场的新形势，市医药、药材、药品经营公司及苏仙区医药公司联合组建郴州市医药集团有限公司，桂阳、资兴、宜章、汝城、永兴、嘉禾、安仁、桂东、临武9县市药材公司为市医药集团有限公司的松散型子公司。是年，市医药集团有限公司主营业务收入1.6亿元，同比增长23%，消化以前年度潜亏和挂账亏损100万元。2002年，市医药集团有限公司完成销售收入2亿元，实现利润51.6万元，扭转连续8年亏损的局面。2003年，该公司在日益激烈的市场竞争中，因周转资金不足，购进额减少，以致销售量下降，仅完成销售收入1.35亿元，亏损680万元。

2004年5月，市医药集团有限公司实行改制重组，组建股份制医药企业，9个县市医药公司与市医药集团有限公司脱勾，实行股份制改造或破产清算。2005年，全市国有医药商业企业全部退出经营市场。

二、石油经营企业体制改革

1989年，湖南省石油总公司郴州分公司（简称郴州石油分公司）承担郴州境区内石油成品油供应。各县（市）成品油实行“统购、统配、定量供应”：生产企业用油定量供应，重点行业保证基本用油，一般用户用油从紧安排，非生产性用油从严控制。1991年年初，郴州石油分公司在全省石油系统率先推行职工优化劳动组合，实行“吨油工资包干”或“岗位技能工资”等。

1992年，国家对成品油供应实行计划分配与市场调节相结合，计划内分配油由国家定价，计划外供油自行定价。允许集体和个体经营石油成品油，打破石油公司独家经营局面。1993年，全地区有集体、个体加油站（点）360多个。郴州石油分公司面对石油经营市场的新形势，改变单一经营石油的局面，开始兴办旅馆业、饮食业。1994年，国家对石油成品油经营机制进行改革，针对石油成品油的多头经营出现管理混乱、短斤少两、质量低劣、乱涨价等问题，部署整顿市场秩序，理顺油品价格。当年，市人民政府组织力量对市内400余家石油成品油批发和零售点进行清理整顿，重点整治油品质量、价格、计量、纳税等问题，取缔一批加油站，由郴州石油分公司收购一批加油站，石油成品油供销市场秩序好转。1998年，郴州石油分公司随省石油总公司整体划转中国石油化工股份有限公司（简称中石化），石油流通企业实行垂直管理。

1999年，中石化郴州分公司改革经营机制，按照“三分离”（主业与辅业、优良资产与不良资产、企业职能与社会职能相分离）原则，进行分体经营。2000年，公司内部推行岗位等级工资、末位下岗淘汰等新的管理制度。2004年5月，中国石油天然气股份有限公司（简称中石油）湖南销售郴州分公司成立。至此，中石化郴州分公司、中石油郴州分公司各自建立成品油经营体系。2005年，国家实行石油成品由“统一收购、统一定价、统一结算、统一运输、统一销售”的“五统一”流通政策，恢复国有石油成品油经营部门的主渠道作用，石油流通市场经营无序的状况得以逐步消除。

三、烟草、酒类、盐业经营企业体制改革

（一）烟草

1989年，郴州地区烟草专卖局（郴州烟草分公司）下辖郴州市、郴县、桂阳、嘉禾、宜章、安仁、资兴、永兴、临武9个县（市）级烟草专卖局（烟草公司），烟草经营实行统一管理。1993年，烟草市场产大于销，地区烟草专卖局抓压库促销，允许县级公司从郴州烟厂直接调拨卷烟，销售市场由省内向省外扩张。1994年8月，区内烟草系统启动卷烟销售网络建设工程，建立乡镇卷烟批发点51个。

1996年5月，郴州市烟草专卖局及所属县市烟草专卖局与郴州卷烟厂合并组建湘南烟草集团，实行烟叶和卷烟的购、销统一管理。1997年8月，湘南烟草集团设立对外贸易办，专司烟叶对外销售业务。

2000年，湘南烟草集团严格执行省烟草专卖局“统一定价、顺价销售、上网经销、封闭运行”的规定，对市内卷烟零售户实行户籍化管理。改革烟叶经营体制，烟叶经营权复归市公司，停止烟厂直接到烟叶生产县调拨烟叶，纠正一度出现的烟叶经销中间商压级压价，导致烟叶经营亏损的现象。2002年2月，湘南烟草集团撤销，恢复郴州市烟草专卖局（郴州烟草分公司）和郴州卷烟厂。7月，郴州市烟草专卖局将北湖、苏仙两区卷烟经营业务上收，实行全市城乡统一配送。

2003年3月，市烟草专卖局成立卷烟流通秩序整顿办公室，开展卷烟市场“打假”行动。同时在全市推行电话访销，按访单配送卷烟，规范卷烟市场经营。2004年，烟叶、卷烟购销、调拨改在中国烟草总公司电子商务公司设立的电子商务平台进行，开展网上洽谈交易，其交易须报省公司审核后再正式签订购销合同。

2005年，全市烟草行业实行“大品牌、大市场、大统一、大效益”经营策略，卷烟由市烟草专卖局集中采购，卷烟销售（批发）由市烟草专卖局电话访销，签订订单，按订单集中配送。县级烟草专卖局负责烟叶收购，然后由市烟草专卖局统一对外销售。

（二）糖酒

1989年前，郴州地区糖酒采购和供应由地区糖酒副食品总公司承担。国营零售商场（店）销售的茅台、五粮液等名酒，实行计划调拨。1992年，酒类销售逐渐放开，商家通过各种渠道从厂家直接购进名酒。1995年后，个体、私营糖酒副食品店大量涌现，抢占糖酒经营市场，市糖酒副食品总公司销售量锐减。2000年，市糖酒副食品总公司停止酒类经营，2004年4月，宣告破产清算，糖酒经营让位于个体、私营企业。

（三）盐业

1989年，郴州地区盐业公司负责盐业专营管理。地区盐业公司下设县级公司，负责供应区内10个县（市）（安仁县由株洲市盐业公司供应）及零陵地区的蓝山、新田县的用盐。1995年，郴州撤地设市，市、县两级盐业管理机构进一步充实。市盐业分公司下辖宜章、资兴、永兴、桂阳、桂东、汝城、嘉禾、新田、蓝山9个县级公司、临武批发部和下湄桥中转站（安仁县由株洲市盐业公司供应）。全市用盐数量（含蓝山、新田两县）根据人口基数和生产用盐现状确定，由省盐业主管部门下达指令性计划，市盐业分公司组织调运和供应，并对盐品价格和销售情况进行统一监管。1989年和2003年，郴州两次出现抢购食盐风波，曾一度实行民用食盐凭票供应，盐业部门积极组织食盐调运，很快平息抢购风波。2005年，郴州市盐业分公司继续承担市内及永州市蓝山、新田县的用盐供应和所辖区域内的盐政管理。2006年，安仁县用盐调整由郴州市盐业分公司供应。

第二章　商贸市场建设

第一节　市场网点建设

1989年，全区有商业网点34435个，从业人员3.49万人，每万人有商业网点55个。有传统的城乡集贸市场214个，营业面积65.21万平方米。是年11月，经省人民政府批准兴建的永兴县马田墟市场开业，该市场占地3.6公顷，建筑覆盖面积1.49万平方米，时为湘南最大的集贸市场。农村集贸市场，普遍缺乏基础设施和配套服务，摊点杂乱，一些农贸市场甚至以马路为市，严重妨碍交通。

1990年后，郴州经济快速发展，个体私营工商户大量涌现，拉动市场（网点）建设。地、县两级政府出台“谁投资、谁建设、谁管理、谁受益”政策，制定优惠措施，支持国营、集体、个人兴办集贸市场。1992年起，为筹集建设资金，行署在城镇开征商业网点建设费，凡在城区（含县市城关镇）建设住房均按工程造价的7%交纳商业网点建设费。是年，全区投资1.47亿元扩建和改造集贸市场、经销网点136个，其中集贸市场43个，专业批发市场18个，零售专店51个。郴州地区工商局投资兴建北湖综合市场。郴县（苏仙区）工商部门投资300多万元，对栖凤渡、良田、五里牌、桥口等乡（镇）的15个农村集贸市场进行改扩建，扩容面积1.3万平方米。宜章县工商局投资117.25万元，扩建和改建城关集贸市场、太平集贸市场。郴州市中心城区建成罗家井农贸市场、北湖综合市场、165水果市场、粮食批发市场。郴州行署先后在桂东、汝城、宜章、桂阳、嘉禾、临武等县召开市场网点建设现场办公会，研究解决市场建设中的问题，下拨资金96万元扶持区内16个重点市场网点扩建。

1989—1993年，全区累计投入资金4.9亿元，新、扩、改建各类市场225个，新增营业面积19.2万平方米，全区商业网点营业面积增至84.41万平方米。

1995年5月，郴州撤地设市后，市人民政府成立郴州市市场网点建设领导小组，下设办公室（简称市场建设办）。市场建设办对全市市场体系和现状进行调研，制定《郴州市市场体系网点布局建设实施方案》。当年，根据省人民政府有关市场监管与市场建设相分离的规定，工商行政管理部门不再为市场网点建设投放资金，市场网点建设资金以招商引资和民间投资的办法解决。苏仙区栖凤渡镇、良田镇率先引进外资，搬迁马路市场，建设集贸市场增加摊位400多个。临武县人民政府发动社会力量办市场，集资3000万元，改建扩建县城批发市场和乡镇农贸市场，将县城一些临街建筑的一楼改成商业门面。是年，全市改建扩建市场270个，各类商业网点增至4.36万个，营业面积达104.13万平方米。

1996—2000年，全市启动“九五”时期规划市场（网点）工程。1996年年初，市委经济工作会议研究落实“九五”市场（网点）建设规划，决定采取“政策从宽，税收从轻，手续从简，服务从优，安全从严”的政策，推进市场网点建设；重点建设项目由市委、市政府领导分头督办。全市掀起市场建设高潮，全省第一家金属材料批发市场、全市第一家汽车交易市场和全省第二家汽车配件批发市场，相继在郴州市中心城区开工建设。城区北湖综合市场、罗家井农贸市场、马家坪小商品市场经改建扩建后营业面积均在1万平方米以上，年成交额超亿元，成为郴州骨干市场。1996年，临武县社会投资260万元，新建香花岭集贸市场和土桥市场（岚桥市场）。是年，全市投资2.35亿元，建设市场168个，新增营业面积30.71万平方米。1997年，市财政局投入72万元扶持12个重点市场建设项目。临武县引进广东省花都盛丰经贸有限公司，合作投资720万元建设临武商贸城。广州军区郴州房地产管理处投资兴建郴州首条商业步行街——八一路商业步行街。桂阳县流峰镇引进外资350万美元，兴建占地面积3.4公顷的流峰市场。是年，全市完成投资2.6亿元，新建和扩建市场网点26个，新增营业面积27.1万平方米。1998年8月，湘南最大的蔬菜水果专业批发市场——郴州农副产品批发市场竣工开业。1999年7月，郴玻集团华厦房地产开发有限公司投资3000万元兴建新世纪大市场开业。2000年4月23日，苏仙区引进外资建设良田大市场，市场占地2.5万平方米，内设大型农贸市场及商业街。至2000年底，全市实施“九五”市场（网点）建设规划，建成城乡市场277个，商业网点6.71万个，从业人员17.28万人。

1989—2005年，全市（地区）新建、改建和扩建各类市场288个，其中新建74个，改（扩）建214个，增加营业面积474.41万平方米。有商贸市场中综合性市场244个，日用工业品市场14个，农副产品专业市场30个。

第二节　边贸市场和新型市场建设

一、边贸市场建设

20世纪90年代，郴州各级政府和有关部门以改革开放为契机，在与广东、江西和省内永州、衡阳、株洲三市相邻的边界地区，倾力建设边境市场，发展边境贸易。1992年，地、县、乡三级投资64万元兴建与江西相邻的桂东大地边贸市场。宜章县工商局投资70万元，在南京洞开发区兴建与广东相邻的南京洞边境贸易市场，建筑面积2500平方米，商业门面25个，从业人员120人。汝城县成立三江口经济特区，新建边贸市场，占地5.03公顷，建起门面、摊位、仓库和宾馆、饭店、银行、信用社大楼等。1997—1999年，宜章县投资1.8亿元，在毗邻广东的17个乡镇改建和扩建边贸市场17个，使当地的农副土特产品销往广东和港澳市场，这17个有边贸市场的乡镇的财政收入占全县财政收入的70%。此外，嘉禾县塘村圩、永兴县马田圩等市场经改扩建后成为规模较大、设施配套、功能齐全的市际边贸市场。

2005年，全市建有市际、省际边贸市场75个和一批商业网点，入驻市场的经营者本市居民占57.4%，外来经商者占42.6%，实现边境贸易总额近10亿元。

二、新型市场建设

1989年，地委、行署为改变商贸市场“小、散、杂”状态，提升市场规模和档次，形成“大市场、大流通、大贸易”的商贸新格局，开始注重建设新型专业市场（即大型超市、商业连锁店、商业步行街等），将其列入城市建设总体规划，采取“政府引导、市场运作、社会融资、招商引资”等措施，由地直有关部门共同组织实施。1991 年，几家私营业主联合在郴州城区文化路文秀楼兴建区内第一家超市，主营布匹、服装。地区工商部门及时推介这一新型市场。郴州城区东风路、健康路、郴桂路分别形成服装、日用品一条街；北湖路、解放路形成家电商品一条街。1992 年 9 月，宜章城关镇供销合作社在县城文明南路兴建工业品综合超级市场，建筑面积 5300 平方米，门面 43 个，营业面积 1 万平方米。1993 年，郴州拓普家电公司（原为空调专卖店）开办拓普家电超级市场，年销售额超过 2 亿元。该公司还在区内县城及新田、蓝山等县兴办连锁超市 10 家。1996 年，桂阳县引资 1700 多万元，拆除原摊点拥挤的菜市场，兴建新型商贸城，1998 年年底竣工投入使用，商贸城占地面积 7900 平方米，建筑面积 1.8 万平方米，时有商业门面 359 个、封闭式柜台 496 个、固定摊位 298 个，营业面积 1.67 万平方米，为全市县级城市规模最大的商贸市场。1999 年，郴州市城区相继兴办“万家乐”“玖玖百货”“公平”“山里来”“青山寨”特产连锁专卖店等大型超市 13 家。

2000 年，郴州进一步为入境的新型市场提供各项优惠条件，相继有湘潭步步高有限责任公司进驻郴州，在郴州城区及桂阳、嘉禾设 5 家超市。有长沙家润多、深圳新一佳等名牌超市入郴办连锁超市，形成商业市场新亮点。

2001 年，郴州加大招商引资力度，相继开发建设一批上规模、上档次的新型市场。2003 年 3 月，时为湘南地区规模最大，配套最完善的商品批零兼营的大型综合超市——五岭大市场开业。11 月，由香港万邦实业集团投资兴建的兴隆步行街落成开街。该商业步行街投资 2.2 亿元，商业建筑面积 2.16 万平方米，集购物、观光、娱乐于一体。2004 年 10 月，桂阳县商业步行街建成。该商业步行街占地面积 5.1 公顷，商铺面积 3.27 万平方米，周边有蔡伦广场、古戏台、古民居、古井、古祠堂等，成为独具特色的休闲、观光、购物胜地，当年吸引入驻商家 200 余户，吸纳就业 1000 余人，商品销售和服务营业额上亿元。

2004 年，商务部启动“千乡万村超级市场建设”工程，引导超市连锁店向乡（镇）发展。全市县级财政为开办基层超市连锁店补贴开办费，凡开办一个乡（镇）连锁商店，县财政补贴开办费 3000 元，开办一个村级连锁店补贴开办费 4000 元。是年，郴州 6 家大型超市在安仁、宜章、苏仙、桂阳、资兴、临武、桂东 7 县（市、区）的乡镇开办连锁店 260 多家。2005 年 8 月，香港丰生集团与市经济技术开发区合作，开发湘南地区最大的物流中心——郴州义捷现代物流园。

2005 年，全市有各类大、中型超市 79 家，（郴州市中心城区 17 家，县市城区 62 家），其中建筑面积超过 1 万平方米的 49 家，年成交额过亿元的 39 家；全市有乡镇和村级连锁超市（店）500 多家，商业步行街 47 条。这些新型市场一改过去“小、散、杂”状况，形成集约型、规模化、特色化经营体系。

三、郴州市中心城区市场选介

北湖综合市场　位于郴州市国庆北路、火车站西侧 500 米商业圈内。1991 年动工兴建，1993 年 12 月开业，是全市日用工业品最大专业批零市场。市场占地面积 3.2 公顷，建筑面积 3.5 万平方米，门面摊位 2500 多个。全国 10 多个省市 40 多个县市的 3000 多家客商入驻，常年从业人员 5000 多人。经营商品 1.2 万多种，主要产自上海、深圳、广州、江苏、广东、浙江、福建等省市和本省衡阳、株州、湘潭等地。经营品种主要有百货、电器、鞋帽、服装、床上用品、塑料制品和日杂用品等。以中低价位居多，比国有商场售价约低 10%~30%，适合普通消费群体。消费覆盖人口超 800

万人。市场日纳顾客万人以上，年成交额5亿～6亿元，上缴税费近千万元。该市场各项设备配套齐全，消防设施完善，日常管理严格有序，曾获“全国文明市场”称号。

五岭大市场 2001年年初，郴州市人民政府在实施城市建设“南延东进”及建立现代商业市场体系中，引进香港丰生集团，与市经济技术开发区合作建设郴州五岭大市场，2003年3月开业。五岭大市场占地面积10.4公顷，建筑面积13.6万平方米，有26栋商居混合楼，1100多个门面，分设南杂、副食、烟酒、百货、日化、家电、建材7大批发零售市场。有名牌、品牌总经销商、代理商500多家。市场批发业务以大、中型超级市场和城乡个体经营户为对象，业务覆盖本市及周边省内外20多个县市。市场内有物流配送公司和专业运输户30多家，开通至广东、山东、浙江、福建、江苏省等地运输专线，成为湘南最大的货物集散中心。市场年商品批发零售额4亿元以上，上缴税费千万元。五岭大市场与附近的五岭水果批发市场、七星蔬菜批发市场、五岭机电市场相邻，构成专业互补的城市商贸新区。

马家坪市场 1993年建成营业，系全市第二个日用工业品批发零售市场。市场占地面积3.3公顷，建筑面积1.55万平方米，分设服装、鞋帽、小百货、文化用品、五金、电器等营业区。有摊位1800多个，常年从事经营3000多人，主营中、低档商品，年成交额过2亿元。

七里洞蔬菜批发市场 又名七星蔬菜大市场，建于1998年，是政府“菜篮子工程”项目，全市最大的蔬菜类批发市场。市场总投资3000万元，占地面积4.1公顷，建筑面积4万平方米。设蔬菜交易大棚4个，批发摊位56个，上市蔬菜品种100种以上，年交易量10亿千克，交易额近10亿元。

罗家井农贸市场 位于郴州市中心城区，始建于清末。经不断改建和扩建，至2005年，占地面积2.7公顷，建筑面积2.5万平方米，为郴州中心城区最大的农贸市场。市场交易大厅分设两层，有粮食、肉类、水产、禽蛋、豆制品、蔬菜、小食品、日用品等11个经营区，450个固定摊位，常年个体经营者3000多人，日入市顾客5万人次，年商品成交额5亿元以上。

兴隆、兴旺服饰精品步行街 2003年，郴州兴隆步行街、兴旺风情步行街开业。兴隆步行街全长338米，商业建筑面积2.16万平方米，140多个经营门面。兴旺风情步行街全长320米，有规模较大的经营门面50多个。两条步行商业街是郴州市商业网点最密集、美化亮化最好的街道。街面铺设大理石、花岗岩，栽种多种名贵树木，装饰各种庭院灯、树景灯、礼花灯、射灯等，辅之休闲、娱乐设施。省内外一批知名品牌产品经销商先后入驻步行街，主营精品服饰、高档日用品等，年营业额2亿元，缴纳税费500万元。

机电、五金、矿山设备市场 郴州矿业发达，20世纪90年代初快速兴起五金、机电、矿山设备市场。至2005年，市城区从事五金、机电及矿山设备的商家740多家，其中五金器材经营户410多家，机电设备经营户270多家，矿山设备经营户60多家，从业者3000多人。其中有近500家在郴州市城区的郴桂路、国庆北路、原107国道城区段沿线，成片连线集中经营。70%的商家来自浙江温州、湖南邵东和衡阳等地。其销售范围除覆盖郴州以外，还辐射到衡阳、韶关、赣州、永州等地。2005年实现销售额过10亿元。

第三章 国有商业和物资供应

第一节 国有商业

1989年，郴州地区国有商业企业经营的百货、纺织、五金、家电、化工、日用品等商品已取消国家计划分配，国有、集体、个体私营商户自由采购。采购渠道多种多样，可到上级批发站批发进货，也可以通过看样订货会订货。经济实力雄厚、信誉较好的大型商业企业还可作厂家的总代理、总经销。1990年后，国有、集体、个体私营和“三资”商业企业形成激烈竞争局面，国有商业退出独家经营，企业经济效益普遍不佳，有的连年出现亏损。1990年，全地区国有商业亏损1625万元。1991—1994年，亏损2384.4万元。经营亏损的内部原因是企业的债务包袱沉重、人员多、费用支出大、经营成本高以及经营机制不活。到1996年，全市国有商业企业背负1.2亿元的旧债，其中有历年亏损挂账，也有政策性亏损，一年要支付利息1000多万元。1.6万名职工，其中在岗9142人，下岗3089人，离退休3828人。除在岗职工的工资和下岗人员的生活费以外，一年需支付离退休金1200万元、职工医药费500多万元。

1995年，全市国有商业企业按照“抓大放小，因企制宜，大胆探索，不断完善”的思路，加大改革力度，转换经营机制，实行国有民营、承包经营、股份合作、租赁经营等经营形式的130户，占企业总数的90%。用工制度上，引入竞争机制，岗位能上能下，职务能任能免，机关能进能出。分配制度上，实行岗位工资、计件工资、百元销售额工资含量等形式，打破固定工资模式。嘉禾县国有商业企业以柜、组为单位，推行“四自一包”（自由组合，自筹资金，自主经营，自负盈亏，包上缴利税）经营方式，取得很好效果，成为全市扭亏增盈的典型。是年，全市国有商业企业137个独立核算单位，完成销售总额6.07亿元，同比增长20.1%，上缴利税1374万元，同比减少372万元。51户企业盈利，81户企业亏损，盈亏相抵亏损854.3万元，同比增亏554.9万元。

1996年，全市国有商业企业继续实行经营承包制。批发企业实行品牌总代理、总经销，零售企业改进营销方式，实行连锁经营，开辟自选商场。北湖区糖酒副食品公司，将批发公司与零售商店连锁，统一进货、统一送货、统一价格、统一核算，两年盈利42万元。北湖商场、西街商场、文化路商场等零售企业在店堂内开设服装、小百货、针纺织品、副食品自选商场，方便顾客购物，很受顾客欢迎。一些企业开始注重名牌效应，市五交化总公司考察分析家电市场走势，专设老名牌“容声”冰箱经营科，与厂方签订年销1.2万台的合同，结果年批发零售2.5万台，获厂家返利160万元，成为全省最大的“容声”冰箱经销商，公司当年总销售额突破亿元大关。市糖酒副食品公司抓住“种子”瓶装酒，大力宣传促销，年销售额2000万元。市工矿民族贸易总公司做“中华”牌牙膏总代理，购进1.11万箱，带动其他牙膏销售，牙膏一项年销售额500多万元。是年，全市国有商业企业完成销售额6.21亿元，同比增长2.28%；上缴利税1345万元，同比减少29万元。144个独立核算单位，

101 家盈利，43 家亏损，盈亏相抵亏损 51.5 万元，同比减亏 802.8 万元。

1997 年，全市国有商业企业贯彻“稳中求进”的方针，继续实行国有民营承包经营。承包人每人缴纳 2000 元风险抵押金，与市商业局签订目标管理责任状。继续实行总经销、总代理和名牌战略，大力组织名牌产品进店。市五交化总公司紧紧抓住“容声”冰箱，全年批发零售近 3 万台，获利 160 多万元。此外，公司作“长虹”电视机、“小天鹅”洗衣机等名牌产品的总代理，销售额稳定增长。公司全年销售额近亿元，成为全市最大的商业企业。市百货总公司开展“创维”牌电视机、“威力”牌洗衣机、“宝洁”牌系列洗洁剂总经销，销售额同比增加 30.6%。全市国有商业企业强化内部管理，建立“内部银行”，核定流动资金定额，推行超额占用加息，节约使用奖励。市百货总公司加强资金调度，用好用活资金，年销售额增长 30%，费用下降 3.7%。是年，全市国有商业企业销售总额 6.43 亿元，同比增长 3.45%，上缴利税 1212.7 万元，同比下降 10.2%。全系统盈亏相抵，实现利润 11.9 万元，摘掉连续 7 年亏损的“帽子”。

1998 年，全市国有商业企业进一步解放思想，转变观念，加快企业改革改制，以经济效益为中心，开拓经营。与生产厂家联手，继续实行总经销、总代理，引进名牌产品，开展连销经营。一些商场改封闭式经营为自选超市，开架经营。北湖商场实施品牌战略，购进名、优、特、新产品投入市场，开设“达芙尼”服装、“森达”皮鞋、“长虹”彩电、“科龙”空调、“丽花丝宝”化妆品等名牌专柜，扩大销售额。市百货总公司承做“创维”彩电、“宝洁”日化用品、“梦洁”床上用品等 20 多个品牌在郴州的总经销、总代理，改站内等客上门为站内站外送货上门，当年实现销售额 8305 万元，上缴利税 60 多万元。是年，全市国有商业企业完成销售总额 6.06 亿元，同比下降 5.74%，上缴利税 955.3 万元，同比下降 21.2%。全部企业盈亏相抵，实现利润 12 万元，同比增长 0.8%。

经过前几年努力，全市国有商业企业有的已在改革中走出困难，有的仍然步履艰难，有的到难以维持的地步。1999 年，下岗职工已由上年的 5208 人增加到 8136 人，占职工总数的 63%。安仁、汝城、桂阳县下岗职工的比例分别高达 66%、92% 和 85%。国有商业企业仍然开拓进取参与市场竞争，巩固市场占有率。市百货总公司稳住“创维”“宝洁”“苏泊尔”等 20 多个品牌产品的总经销、总代理权，“宝洁”系列产品年销售额 300 万元。市糖酒副食品公司抓住五粮液、泸州老窖、青酒、酒鬼酒等畅销品牌，加大促销力度，仅五粮液酒年销售额就达 500 万元。北湖商场采取“人无我有，人有我优，人优我廉”的经营策略，以物美价廉赢得市场。市商业总公司继续以效益为中心，狠抓扭亏增盈。成立清产核资小组，组织各企业清收账款，清仓查库，处理库存积压，尽量减少损失。同时，组织各公司盘活存量资产，把闲置的仓库、门店进行改造、改建后对外出租。市五交化总公司联合房地产开发商把劳动路与国庆北路交汇处的仓库改建成新世纪大市场，每年可收门面摊位租金 40 万元。市纺织品总公司职工集资 168 万元，公司自筹 40 万元，施工方出资 60 万元，兴建升平路纺织品综合大楼，一、二层作门面出租，每年可收租金 36 万元。市百货总公司把建设里一仓库改建成批发零售商场，全年增加 700 多万元销售额。是年，全市国有商业企业销售总额 6.02 亿元，与上年基本持平。上缴利税 798 万元，同比减少 157 万元。全部企业盈亏相抵，实现利润净额 9.6 万元，同比减少 2.4 万元。

2000 年，全市国有商业系统职工总人数 1.69 万人，其中在岗 4411 人，下岗 8345 人，离退休 4153 人。市直国有商业企业职工总人数 3206 人，其中在岗 790 人，下岗 1850 人，离退休 566 人。共有门店、柜组 1791 个，其中实行国有民营的 1061 个，承包经营的 146 个，租赁经营的 554 个，股份合作经营的 15 个，其他经营形式的 15 个。从市、县（市、区）商业总公司到柜组，层层分解落实年度目标任务，逐级签订责任合同，实行风险抵押，效益与利益紧密挂钩。是年，全市国有商业企业完成销售总额4.8亿元，同比下降20.2%，上缴国家利税697.6万元，同比减少100.4万元，全部企业盈亏相抵亏损1049.7万元，经济效益出现大幅下滑。

2001年，为适应社会主义市场经济，全市国有商业企业启动产权制度改革。年初，市商业总公司调整充实企业改革领导小组，举办企业改革改制培训班，组织企业负责人学习上级有关文件精神和浏阳、株洲商业企业改制经验，提高认识、统一思想，制定企业改制方案。桂阳县国有商业系统率先实行改制，当年处置国有资产480处，其中资产拍卖变现2104万元，资产量化处置494万元，资产抵债1917万元，1393名职工解除与企业的劳动关系，发放安置费2010万元，为离退休人员缴纳养老保险、医疗保险金675万元。资兴、汝城、苏仙、临武、嘉禾等县市国有商业系统也先后启动产权制度改革。是年，全市国有商业企业边改革边经营，销售总额4.67亿元，同比减少2.76%，上缴利税500万元，同比减少197.6万元。全系统盈亏相抵，又亏损330.8万元，同比减亏715.1万元。

2002年，全市国有商业企业进一步完善企业经营承包责任制，加强资金管理，节省费用支出，加大清欠力度，加速资金回笼，收回欠款400多万元。市商业总公司狠抓企业招商引资，引进外资合作经营。市糖酒副食品公司引进外资联合开办“东北人家”和“麦当劳”2家餐馆，年获利110多万元。北湖商场引进外资把营业大楼装修一新，调整商品结构，增加20多个名牌商品，销量大增，年获利120万元。与此同时，企业产权制度改革顺利推进，市商业总公司制定《郴州市商业总公司直属商业企业产权制度改革总体方案》，对所属企业人员、资产进行调查统计，测算改制所需费用，组织市直公司负责人到资兴、桂阳、汝城学习考察商业企业改革改制经验。市食品酿造厂、市纺织品总公司、市北湖商场、市西街商场根据国家商业总公司的“总体方案”，制定本单位产权制度改革方案，召开职工大会或职工代表大会进行讨论，动员职工积极支持和参与改革。是年，全市国有商业企业完成销售总额4.3亿元，上缴国家税利693.5万元，全部企业盈亏相抵亏损967.5万元，同比增亏636.7万元。

2003年年初，全市机构改革中，撤销原市商业、物资总公司，组建市商业物资行业管理办公室。行管办努力维持企业经营活动，同时大力推进企业产权制度改革。市直18户国有商业物资企业中，市物资配套公司和市物资实业公司两家完成破产清算工作，5户进入破产清算阶段，11户进入产权制度改革程序。

2005年，市直商业、物资企业3户完成破产清算，9户进入破产程序，6户实行股份制改造，成立有限责任公司。

第二节　物资供应与特种物资回收

1989—1994年，郴州地区机电设备、金属材料、建筑材料、轻化工产品的购销业务，主要由地、县两级物资局系统的公司经营。钢材、水泥实行“双轨制”（计划内和计划外）供应。炸药、雷管、导火索属国家专营物资，由地、县两级民爆器材专营公司（支公司）经营和监管，实行计划供应，凭经营许可证进货和销售，使用单位凭准购证购买和使用。区内国有物资供应企业因销售渠道较广、资金较雄厚、经营场地较大，在物资流通中仍占主渠道地位，其销售额占全区物资销售总额的比例分别为：1989年占83%，1990年占91%，1991年占87%，1992年占90%，1993年占70%，1994年占56%。此后，随着生产资料市场的放开，个体、私营物资经营企业以其经营机制灵活、经营成本较低的优势逐渐抢占生产资料流通市场。

1995年以前，市内机关事业单位和国有企业购买汽车实行政府控购，地区机电公司为区内汽车定点供应单位，汽车年销量500辆左右。1996年，汽车市场放开，中国第一汽车制造厂在郴州市中心城区和永兴、临武等煤炭生产大县设立"东风汽车供应站"，实行厂价直销，减少流通环节。此后国内一些汽车生产厂家或汽车经销商也先后进驻郴州，厂商联合，挤占汽车市场。市机电总公司当年汽车销量仅100多辆。1998年，市机电总公司与44家汽车生产厂家和经销企业建立代理业务，争取代理铺底资金300万元，代销汽车500多辆。市金属、建材总公司和北湖区物资局为全国10多家钢厂和水泥厂方代销钢材、水泥，销售钢材3万多吨、水泥30万吨。是年，全市物资企业销售总额2.27亿元，同比增长3.2%。经营亏损总额614万元，同比减亏52%。1999年，全市物资系统深化改革，负重奋进，销售上升，亏损下降。销售总额2.35亿元，同比增长4%，经营亏损总额230万元，同比减亏62.5%。市机电总公司代理厂家增加到160家，重点开拓农用车市场，汽车销量达1080台，同比增长126.4%，其中农用车销售420台，同比增长2.5倍。市金属材料总公司，稳定代理关系，巩固购销渠道，年销售钢材5万多吨，同比增长42.4%。全市民爆器材销售7085吨，创历史最好水平。市金属回收总公司全年回收报废汽车223台。

2000年，全市物资系统摆脱困境，汽车销量突破1600辆，民用爆破器材销售10928吨，回收旧机动车430辆，同比分别增长48%、54%、92.82%。全年完成销售总额2.13亿元，整体扭亏为盈，实现利润6万元，上缴税金315万元。2001年，全市物资企业销售形势继续转好，经济运行质量明显提高。全年完成销售总额2.56亿元，同比增加20.19%；实现利润59万元，同比净增53万元；上缴税金504万元，同比增长60%。

2002年，全市物资系统继续保持良好发展势头，销售汽车2000辆，再一次刷新历史纪录，民用爆破器材销量达到1.1万吨，创历史最好水平。全年完成销售总额2.86亿元，同比增加11.72%；实现利润201万元，同比净增142万元；上缴各种税费400万元。2003年，全市物资系统完成销售总额2.2亿元，同比减少23%；实现利润429万元，同比增长113.42%；上缴税金703万元，同比增长75.75%。全年销售民用爆破器材金额1.6亿元，其中销售炸药1.1万吨、雷管1867万发、导火索1710万米，又创历史新高。同年，加强报废汽车回收管理，全市回收报废老旧汽车570辆。

2004年，全市国有商业、物资企业适应市场经济体制要求，18户企业全部启动产权制度改革，7户企业依法破产清算，进入财产处置、资产变现、职工安置阶段。8户企业完成财务审计、资产评估。其余3户企业继续开展民用爆破器材销售、报废汽车和废旧金属回收、工业气体生产销售。民用爆破器材销售额同比增长8%，上缴税金同比增长26%。

2005年，市商业、物资行管办主抓企业产权制度改革、安全生产、维护稳定和特种物资经营。18户企业中3户破产清盘解散，9户进入破产程序，6户实行股份制改造，成立有限责任公司。

1989—2005年郴州市（地区）商业局（总公司）、物资局（总公司）、商业物资行业管理办公室主要负责人名录

表15-3-2-1

单位名称	姓　名	职　务	任职时间
郴州地区商业局	吴启炳	局　长	1989.01—1990.12
郴州地区商业局	徐醒东	局　长	1991.01—1992.12
郴州地区商业局	彭昌晨	局　长	1993.01—1994.12
郴州地区商业总公司	彭昌晨	总经理	1994.12—1995.05
郴州市商业总公司	彭昌晨	总经理	1995.05—1996.12
郴州市商业总公司	朱文瑞	总经理	1996.12—2000.10
郴州市商业总公司	罗飞跃	总经理	2000.10—2002.10
郴州地区物资局	陈光庭	局　长	1989.01—1991.01
郴州地区物资局	张永忠	局　长	1991.01—1994.12
郴州地区物资总公司	陈少忠	总经理	1994.12—1995.05
郴州市物资总公司	陈少忠	总经理	1995.05—2000.08
郴州市物资总公司	邓辉晖	总经理	2000.08—2002.10
郴州市商业物资行业管理办公室	罗飞跃	主　任	2002.10—

第四章 供销合作企业经营

第一节 农业生产资料经营

一、经营状况

1989年，郴州地、县两级供销合作社农资公司仍然承担化肥、农药、农膜和农业机械、种苗等农业生产资料的购销工作。乡镇农技站、土肥站、植保站（简称农业“三站”）结合技术服务，经营少量化肥、农药、农膜。是年初，行署成立郴州地区农资专营协调小组，统筹协调农资生产、进口、分配、供应。各农资公司开展便民服务，设立乡村农资服务站，组织农资进村入户。是年，全区农资销售额1.82亿元。

1990年，行署行文要求各级供销合作社加强农资商品专营，其他任何单位和个人不得经营。全区供销合作社充分挖掘农资经营潜力，优化销售网点，发挥农资购销的主渠道作用。1991年，全区供销合作社组织供应农机具2.88万台（件）、种子1300吨、种苗237.5万株、食用菌种100万袋，化肥31万吨、农药2160吨、农膜555吨。以后几年，由于农资市场逐步放开，供销合作企业化肥、农膜的销售量逐年下降。

1996年，国家计划分配的农业生产资料由256种减少至19种。全市农资公司改变经营方式，采取与生产企业或经销企业联营、系统内连锁经营和按经济区域设农资批发站的办法，拓展农资购销业务，化肥、农药销量稍有回升。1998年，市内农资市场全部放开，“计划管理”“农资专营”经营方式终结。全市农资市场除钾肥货源较紧外，其他农资供大于求，买方市场基本形成。全市供销合作社系统面对农资销售量逐年减少的趋势，迅速转向重点抓好化肥经营，但仍无法改变销量逐年下降的局面。2001年，全市供销合作社系统农资销量大减，其中化肥销量下降至6.9万吨，仅为1989年的21%。2005年，全市供销合作系统农资销售额下降至7624万元，仅为1989年的41.95%，为农资销售额最高年份1996年的21.06%。

二、主要农资经营

（一）化肥

1989年，郴州地、县两级农资公司在搞好化肥冬储的同时，优价预售下一年的化肥。经营的化肥主要有氮肥、磷肥、钾肥和复合肥四类。1992年，化肥市场开始放开，加上市场供不应求，化肥价格上涨，尿素每吨最高涨至2000元。假冒伪劣化肥也趁机混入市场。1994年，省人民政府为保护农民利益，重申化肥经营仍实行“一主两辅”（以供销社为主，厂家直销和农业“三站”为辅）

体制，要求各地采取措施平抑化肥价格。全区供销合作社虽经努力，化肥价格仍难控制。1995年初，郴州境内尿素售价每吨高达2500元。是年，省人民政府要求生产企业举力增产化肥，尿素销售价控制在每吨1500元，钾肥销售价控制在每吨1300元。地区农资公司即时采取向化肥厂家预付货款的办法，支持挖潜增产，同时筹集外汇从国外组织尿素进口，保证化肥供需平衡，遏制化肥价格上涨。1996年，市内化肥价格涨幅控制在7.5%，比省人民政府要求的控幅目标低12.5个百分点。是年，全市农资公司化肥销售总量28.57万吨，同比增加5566吨，增长1.99%。

到1998年，化肥供应取消计划内平价供应、计划外议价供应的“双轨制”，全部实行市场调节议购议销。全市农资部门化肥销量随之下滑，库存积压，价格回落，尿素价格下降25%，碳酸氢铵下降19%。1999年，国家取消国产化肥统配计划，放开化肥销购渠道和零售价格。市供销合作社面对新形势，一举买断本地产化肥经营权，实行总经销，并采取“把住批发，搞活零售，让利供应”的措施促进化肥销售。2000年，全市农资系统的化肥销量继续下降到13.53万吨，同比下降29.1%。

自2001年始，全市供销合作社强化售前售后服务，推行化肥供应“承诺制”，保证农民买到“放心肥”，同时组织开展科学施用化肥技术下乡活动。2002年，化肥销量开始回升，年销20.17万吨，同比增长28.8%。2003年与2002年持平。2004年销售量降至11.94万吨，同比下降41%。2005年销售12.81万吨，同比上升7.3%，但仅为1989年销量的38.33%。供销系统在化肥销售中仍发挥重要渠道作用。

（二）农药

郴州供销合作社系统经营的化学农药主要品种有硫酸铵、稻瘟净、敌百虫、敌敌畏、乐果、杀虫脒、叶蝉散、速灭威、杀虫霜、钾铵磷、杀螟松乳剂、井冈霉素等杀菌杀虫剂，均属高效低毒类农药。1989年，省内农药货源紧缺，实行计划分配。郴州地区各级供销合作社按计划采购、供应农药，购销基本正常。是年，全区农药销售2565吨，同比下降1.4%。1995年，部分农药品种放开经营，全市供销合作社系统为保证农民利益，积极组织购销正规厂家产品，遏制制贩假劣农药现象，至1997年，农药销售每年保持在2300吨左右。1998年，农药市场全面放开，全市供销合作社系统农药销售量逐年下降，2005年，仅销售农药743吨，仅为1989年的28.97%。

（三）农膜

1989年，郴州供销合作社系统销售农膜370吨。1990年，省物价局调整降低农膜价格，聚乙烯、地膜、微膜每吨出厂价降400～600元，其零售价格也按规定的作价办法进行相应调整，减轻农民负担。1992年，全区农膜销量增至540吨。1993年，农膜销售市场放开，竞争激烈，全区供销合作社系统销售农膜480吨，同比下降11%，以后逐年下降。2005年，全市供销合作社系统农膜销售降至17吨，仅占全市农膜销量的3.4%。

1989—2005年郴州市（地区）供销合作社系统主要农业生产资料销售统计表

表15-4-1-1

项目 / 年份	主要农资销售量（吨）			农资销售额（万元）
	化肥	农药	农膜	
1989	334260	2565	370	18176
1990	324524	2490	366	18038
1991	312100	2160	555	17900

续表 15-4-1-1

年份\项目	主要农资销售量（吨）			农资销售额（万元）
	化肥	农药	农膜	
1992	301100	2100	540	16700
1993	297300	2300	480	18800
1994	291200	2200	410	21600
1995	280100	2300	370	32007
1996	285666	2468	346	36194
1997	267440	2310	245	32481
1998	211081	2040	185	23101
1999	190834	1667	108	19653
2000	135271	1427	102	15420
2001	69909	1191	67	10372
2002	201225	3757	64	14580
2003	201669	2039	49	12343
2004	119411	879	11	8840
2005	128128	743	17	7624
合计	3951218	34636	4285	323829

第二节 农副产品经营

一、购销品种

郴州市（地区）供销合作社系统收购与销售的农副产品主要有棉麻蚕茧、土特产品、食杂果品三大类100多个品种，如棉花、苎麻、蚕茧、竹木、生漆、乌桕油、鸭毛、鹅毛、蜂蜜、鲜果、干果、干菜、辣椒、魔芋、香芋、香菇、木耳、玉兰片、茶叶、药材等。1989年，国家除粮、棉、油、烟叶实行合同定购以外，其余农副产品和完成合同定购任务后的剩余部分，允许自由上市。是年，地区供销合作社系统经营的农副产品中，属国家计划收购的只有棉花一种。1993年后，农户生产的农副产品可直接到市场销售，供销合作社系统收购量随之减少。2005年，市供销合作社系统购销品种主要有野生药材、野生菌、芝麻、香芋、魔芋、香菇、玉兰片、乌桕油等土特产品。

二、经营方式

（一）入户收购、合同定购与分购联销

1989—1993年，境内棉花仍实行计划购销，统一由供销合作社棉麻公司经营。各基层社为防止棉花私自流入市场，建立棉农信息档案，组织挑担进村入户收购。全区每年种植棉花660公顷左右，乡（镇）供销社按辊棉9级31等价格收购，年收购1万担左右。此外，每年收购蚕茧70多吨、芝麻400多吨。1989年购进额3576万元，后因个体商户下乡抢购农副产品，供销合作社系统农副产品购销出现滑坡，1994年购进额仅1180万元，为1989年的33%。因此，供销合作社系统在“入户购销”的基础上又开展“合同购销”。1995年，全市供销合作社系统先后派出500多人次，与700多农户签订农副产品购销合同800多份，购进农副产品价值1100万元。1996年又采取“分购联销”办法，即分户收购后统一组织销售，确保农副产品能卖个好价钱。1997年，全市棉花实行“分购联销”后由上年购销1.5万担增加到1.8万担，获毛利60多万元。

2000年，全市供销合作社系统广泛开展“上门服务增购促销”活动，夏、秋收购旺季，在村组设立购销点上千个，收购农副产品总额1031万元。2001—2005年，全市供销合作社系统农副产品购销额逐年上升，2005年购进4777万元，所收购的土特产品远销广州、深圳、港澳等地，年利润递增15%。

（二）创办经济实体自产自销

1995年1月，郴州地区供销合作社动员组织各级供销部门因地制宜发展养殖业，或参与丘岗山地开发，发展种植业。是年，安仁县供销合作社筹资20多万元，租地种植奈李、蜜桃等果树2公顷多，办生猪养殖场10多个，当年出栏牲猪800多头，售狗100多条，销售收入60多万元，盈利10多万元。1997年，全市供销合作社系统科工农贸一体化经营企业发展到20多户，自产自销农副产品。2005年，全市供销合作社引导农村合作经济组织加入供销社购销活动，全年农副产品购进额达4777万元，创历史新高。

1989—2005年郴州市（地区）供销合作社系统农副产品购进额统计表

表15-4-2-1

年份	购进额（万元）	年份	购进额（万元）
1989	3576	1998	1223
1990	3069	1999	922
1991	2562	2000	1031
1992	1281	2001	825
1993	1250	2002	1477
1994	1180	2003	3455
1995	1100	2004	3308
1996	1098	2005	4777
1997	1342	合计	33476

第三节 生活日用品经营

一、经营品种

（一）日用工业品

1989—1994年，郴州供销合作社系统经营的食盐、煤油、柴油、肥皂、圆钉、元丝等商品，均按地区计委下达的计划进货和投放市场，省、地财政按进货总额的1%补贴利息。食盐、煤油、柴油实行计划分配调拨，价格由物价部门控制，其它日常生活用品价格全部放开。1995—2005年，国家取消日用工业品购销计划及利息补贴，实行市场调节，自由购销。食盐、煤油、柴油、卷烟由国家专营，基层供销社只是代销。

（二）石油产品

1989—1995年，郴州地区计委、地区供销合作社及地区石油公司每年联合下文，将省计委分配的石油成品油再分配到县市石油公司和县市供销合作社。农村基层供销社只销售煤油、柴油、机油。自1996年始，石油成品油经营实行资格准入制度，须经省计委核发“石油产品经营许可证”方能经营。全市供销合作社系统经整顿，撤销加油站10个。2005年年底，全市供销合作社系统石油加油站全部撤销。

（三）烟花爆竹

烟花爆竹属归口经营商品。从2000年开始，市供销合作社系统根据市人民政府关于烟花爆竹统一归口经营的要求，负责全市烟花爆竹经营与安全监管。2005年，除北湖、苏仙两区外，其他9个县市供销社均成立烟花爆竹专营公司。是年，全市供销合作社系统烟花爆竹销售额3620万元，比2000年增长32倍。2000—2005年，全市供销合作社系统烟花爆竹销售额8426万元。

（四）竹木制品

1989—1995年，郴州供销合作社系统经营的第三类农产品即竹木制品，主要有杂木、小杂竹、竹跳板、扁担、把柄、木炭等，每年都由省、地林业部门下达收购计划，分配到县市供销社执行。1996年后，取消竹木制品收购计划，实行议购议销。

（五）生活用品

1989年，郴州地区各级供销合作社自办一些兼营生活用品的小门店，主要经营小百货、纺织品、五交化产品等，年销售额3000万元以上。1995年，全市供销社系统生活用品销售额近2000万元。2005年，全市供销合作社系统商业门店主要经营农业生产资料，生活用品销售额不足1000万元。

二、经营方式

（一）联购分销、串换收购

1989年，郴州各县（市）供销合作社在城镇设购销点440多个。地区供销合作社与330家工厂建立供货关系，直接从工厂进货，减少中间环节，扩大进销差价。是年，联购总额8100万元，分销给基层社4600多万元。1989—1995年，全区供销合作社系统购销生活日用品2亿多元，年均

3340万元。此外通过外购外销拓展业务，实现购销额过亿元。

1989—2005年，全市（地区）供销合作社系统开展日用工业品下乡串换农副产品、土特产品及废旧物资，组织货郎担走村串户3万多人次，每年串换商品金额在600万元左右。其间，在乡镇逢圩赶集日组织日用工业品展销3020场次，销售额上亿元。

（二）批零兼营

1990年，地区供销合作社组织基层供销社到广州、深圳、珠海、温州、株洲等地的生活日用品批发市场采购生活日用品，采取批零兼营的方式经营，营业额4000多万元。1991年4500万元。1992年，全区供销合作社系统直接从全国大中城市的批发市场进货，购进品种、数额逐年增多。1994年，全区供销合作社系统批零兼营额达到6000多万元。1995年后，个体工商户增多，直接到外地进货，供销社系统营业额逐年下降。到2005年，供销社系统退出批发市场。

（三）兴办综合商场

1989—2005年，郴州市（地区）供销合作社系统先后兴办综合商场20多个。其中郴州地区的南国商场、楚南商场、农贸商场、西街商场、工业品商场，以及桂阳供销贸易公司商场，安仁供销贸易公司商场，经营商品多达1万多种。2005年，全市供销合作社系统的综合商场营业额达2.95亿元。

1989—2005年郴州市（地区）供销合作社系统主要经济指标统计表

表15-4-3-1

年份＼项目	商品购进总额（万元）	商品销售总额（万元）	流动资产（万元）	固定资产（万元）	总资产（万元）	实现利润（万元）	上缴税金（万元）
1989	54559	66170	38059	11127	47847	218	2052
1990	40480	56485	34859	11787	47792	-2282	902
1991	26400	46800	39522	12914	53770	129	1042
1992	31800	73700	43952	13792	55738	-123	1128
1993	37300	100600	47032	14903	68284	24	1246
1994	68450	80742	47191	17575	68585	161	1094
1995	91584	96120	53199	18980	78191	171	1038
1996	80513	93745	58843	18255	86220	148	995
1997	70526	82685	67104	19949	95716	103	790
1998	55639	68251	71412	20409	96647	-284	722
1999	55941	63604	73980	20533	100191	-356	551
2000	49400	56800	93890	20571	121241	38	491
2001	42220	48066	85309	19118	111993	8	334
2002	38000	47563	75078	21124	100357	7	559
2003	36619	44288	59598	19097	82388	32	423
2004	24327	32163	40767	13003	57408	21	165
2005	24682	29451	43197	12822	60410	-84	73
合计	828440	1087233	—	—	—	-2071	13605

1989—2005 年郴州市（地区）供销合作社主要负责人名录

表 15-4-3-2

单 位	姓 名	职 务	任职时间
郴州地区（市）供销合作社	周兆焜	主 任	1982.06—1996.03
郴州市供销合作社	刘本喜	主 任	1996.03—2001.08
郴州市供销合作社	李永雄	主 任	2001.08—2005.05
郴州市供销合作社	邝世军	主 任	2005.05—

第五章　粮油贸易

第一节　粮油收购

一、粮食收购

（一）合同收购与国家定购

1989年，国家继续实行粮食（稻谷，下同）合同定购。郴州地区粮食合同定购业务由国有粮食企业经办。是年，全区稻谷总产量144.57万吨，收购入库16.6万吨，收购价为每50千克稻谷22.1元。1990年，国务院决定从当年秋粮入库开始，将粮食合同定购改为国家定购。是年，全区收购稻谷27.17万吨，占定购计划的71.5%，稻谷收购价格每50千克上调至23.5元。

1992—1993年，国家取消粮食定购，粮食收购实行指导性计划和指导性价格，收购价格早稻每50千克56元，中晚稻每50千克65元。1994年，国家恢复粮食定购和粮油购、销、调拨计划管理。为保证完成收购任务，郴州行署实行"三挂钩"（即粮食收购与化肥、柴油供应、发放预购定金挂钩）政策，各县（市）粮食购销包干。收购价格早稻每50千克49元，晚稻每50千克55元。是年，全地区稻谷总产量146万吨，收购21.51万吨，粮食商品率由1989年的11%提高到14.73%。

1995年，全市粮食定购任务维持上年基数不变。收购价格为每50千克早稻53元、中稻54元、优质晚稻61元（含价外补贴）；农业税征实部分，早稻每50千克47元（不含价外补贴）。市人民政府规定从当年起，农民每交售50千克国家定购粮，奖售标准化肥5千克。1996年，市人民政府下达各县市区粮食定购任务16.48万吨，比省人民政府下达的任务增加3%；县落实到乡17.13万吨，比市下达任务增加3.94%；乡落实到户17.32万吨，比市下达任务增加5.1%，实际收购19.74万吨，收购价每50千克早籼稻57元、中籼稻68元、晚籼稻72元。

1998年6月，全市贯彻国务院颁发的《粮食收购条例》。在继续执行国家粮食定购计划的同时，粮食收储企业实行敞开收购、顺价销售和收购资金封闭运行三项政策措施。2001年，国有粮食企业和经批准的个体私营粮食企业按照"购得进、销得出"的原则，自主定价收购、销售。

1989—2005年，全市稻谷总产量2622.17万吨，收购423.42万吨，粮食商品率16.15%，其中国有粮食企业收购291.11万吨，社会粮食企业收购132.31万吨。粮食商品率逐年提高，2005年粮食商品率31%。

（二）保护价收购

1992年3月，郴州放开粮食经营和粮食价格。1993年，为防止"谷贱伤农"，行署根据省人民政府统一制定的保护价收购粮食，即每50千克早籼稻56元、中晚稻65元。此后几年，粮食部门继续对定购外粮食按保护价敞开收购。1997年至1998年，全市按保护价收购，每50千克早籼稻

50元、中晚籼稻58元。1999年，收购价又略作调整：每50千克早籼稻51元、中晚籼稻53~54元。2001—2004年，全市收购价早中籼稻每50千克52元、晚籼稻54~56元。

2005年6月，国务院公布粮食最低收购价。市人民政府为稳定粮食生产，维护农民利益，分别于7月28日和11月8日公布早籼稻与中晚籼稻最低收购价（限价）：早籼稻每50千克70元、中晚籼稻每50千克72元。1993年至2005年，全市（地区）粮食部门累计按保护价收购稻谷207.28万吨，占同期粮食收购总量的61.03%。

二、油脂收购

（一）食用油收购

1989年，郴州地区茶油、菜籽油实行合同定购，由粮食部门与农民签订定购合同。茶油收购按省人民政府要求实行“三七”综合计价办法，即农民在定购任务之内交售的茶油，70%按定购价、30%按议价收购，每50千克茶油的综合收购价为228.1元。并对按定购价收购的茶油给予一定的物资奖励和价外补贴。在国家定购任务未完成以前，各县市除国有粮食部门外，其他任何单位和个人不得插手收购。是年，全区收购茶油2660吨，占计划收购任务的128.6%。1990年，国家提高食用油脂油料的收购价格，全区继续实行收购奖售政策，取消茶油收购补贴。1991年，食用油收购仍实行国家定购，定购计划内交售的食用油按国家规定的价格收购，计划外食用油收购价格随行就市，不奖售物资。

1993年，郴州食用油市场全面放开，取消食用油计划收购，价格随行就市。1994年后，国家对食用油实行指导性计划收购。1999年，政府不再下达食用油指导性收购计划，当年全市食用油收购降至1吨余。1989—2005年，全市（地区）收购食用油8259吨，其中茶油6207吨，菜籽油2052吨。

（二）非食用油收购

郴州境内非食用油主要是桐油。桐油为三类商品，粮食部门很少组织大量收购。为保证军队、机关、学校、企事业单位的特殊用油，粮食部门收购少量桐油。1989—1994年，平均每年收购桐油20至30吨。1995年后，桐油购销完全走向市场。

第二节 粮油销售

1989年，郴州地区国有粮油经营企业（含粮油食品店）246户，其中城市38户，工矿区21户，乡镇187户。1992年后，境内放开粮油市场，国有、集体、私营粮油经营企业互相竞争。1989—2005年，全市累计销售粮食598.9万吨，其中，国有粮食企业销售335.9万吨，占销售总量的56.08%；集体、私营粮食企业销售263万吨，占销售总量的43.91%。粮食销售中稻谷销量481.05万吨，占粮食总销量的80.32%。其中国有粮食企业销售稻谷321.12万吨，占稻谷总销量的66.75%；集体、私营企业销售稻谷159.93万吨，占稻谷销量的33.25%。2005年，在工商部门注册登记的个体私营粮食经营户达2万余户，全市城乡国有粮油企业逐步让位给社会粮商。

一、粮食销售

（一）城镇居民与非农人口粮食销售

城镇居民口粮供应　1989—1992年2月，郴州地区城镇居民口粮按职业、工种、年龄实行定量计划供应，人月均供应粮食13.5千克（大米）。1992年3月，全区放开粮食市场，取消城镇居民口粮定量供应，粮价随行就市。但一度出现抢购粮食和粮价暴涨的状况。1994年，郴州行署决定恢复城镇居民口粮定量供应政策。居民定量定价供应大米标准调减为7.5千克，按品种不同定价，居民凭证（票）到粮店购买。1999年，郴州粮食市场全面放开，再次取消城镇居民口粮计划定量定价供应。2001年5月，全市取消城镇居民粮食转移证明和城镇居民粮油供应簿，终结城镇居民口粮定量供应。

军粮供应　中国人民解放军驻郴部队和武警部队军粮供应由市县粮食行政主管部门指定的国有粮店供应。1989年，军供标准内的粮、油、豆一律按统销平价供应。1992—1993年，军粮供应由地方财政负担平议价差。1994年，军粮平议价差补贴改由中央财政和省财政各分担50%。1996年，军粮平议价差由中央财政全额拨付。2001年，国家进一步完善军粮供应管理办法，军供大米用收储2年内的稻谷加工供应，小麦粉用收储2~3年内的小麦加工供应。2001—2005年，军粮供应价格按上级有关规定执行。

"两劳两所"用粮供应　1989—1992年，郴州地区粮食部门对"两劳两所"（劳动改造、劳动教养，拘留所、看守所）人员的粮油供应标准为每人每月15千克，4年累计供应事业用粮707.1吨、食油8.4吨。1992年3月，全区放开粮食市场，"两劳两所"人员用粮由市场供应。1994—1999年，在恢复城镇居民口粮定量供应期间，"两劳"人员每人月供应大米11.25~15千克，"两所"人员每人每月供大米15千克，粮价与城镇居民购粮价相同。2000年以后，"两劳两所"事业粮供应全部转入市场。

食品及酿造业用粮供应　1989—1992年，郴州地区食品及酿造业所需粮食，由行业主管部门编造用粮计划，经粮食部门核定后凭证定价购粮。其间，全区供应食品业用粮4.73万吨，供应酿造用粮9362吨。1992年粮食市场放开后，此类用粮不再由粮食部门供应。

（二）农村农业用粮销售

统销、定销粮供应　1989年，全地区安排农村统销、定销粮稻谷指标2.5万吨，解决缺粮地区和种植经济作物地区人口吃粮问题。行署规定，从本粮食年度起，菜农定销粮指标当年有结余的可结转到下年度使用；实行定销粮与交售蔬菜挂勾，菜地被占用或菜农人口增加不再增加定销粮指标。是年，全区供应农村统销粮1.31万吨，菜农定销粮6326吨。1992年，菜农转为城镇居民，按城镇居民标准供应粮食，农村统销粮继续供应，直到1999年粮食市场全面放开。

返销粮　1989—1991年，全地区供应灾区、库区移民返销粮（稻谷）5.61万吨。其中1989年春夏期间供应救灾粮稻谷3620吨。1992年，全区灾区返销粮实行购销同价。1994年，地区运用2000吨国家储备粮安排灾区人民生活，调拨价为每50千克稻谷39元，销售价为每50千克42元。1995年，全市安排灾区返销粮5000吨，重点解决"三无"（无钱、无粮、无生产自救能力）特困户用粮。库区移民口粮稻谷的出库价每50千克24.5元，供应移民的实际价格维持1994年度的价格不变。1989—1995年，全区共返销稻谷6.5万吨。1996年至2005年，粮食市场全面放开后，取消农村返销粮供应。

退耕还林粮食供应 1989年，郴州行署为解决退耕还林农户用粮，以“议转平”形式安排汝城县稻谷指标1250吨，桂东县150吨。“议转平”价差由地区财政和林业部门补贴。1991年，全区销售退耕还林粮（稻谷）227吨。2002年开始，市人民政府根据国务院和省人民政府“以粮代赈，退耕还林”的有关政策，每亩退耕还林地每年补助稻谷指标150千克，粮食补助金每50千克稻谷68元，由中央财政下拨，市财政统一管理，每年分两次结算给粮食部门。1989—2005年，全市（地区）粮食部门供应退耕还林粮（稻谷）9603吨。

（三）市场议价销售

1989—1991年，地区国有粮食部门供粮以平价为主，同时开展市场议价销售业务。3年销售议价粮12万吨。1992年3月，行署取消粮食定购和居民口粮定量供应，除军粮供应外，粮食价格随行就市。1994—1995年，市场粮食销售由政府制定最高限价，当市场粮价出现波动时，粮食部门经政府批准运用储备粮或市场调节粮以平抑市场粮价。1996年，实行定销粮价和市场议价粮“两线”运行，粮食市场销售不畅，库存积压严重。1998年，全市国有粮食企业在市场粮价回升幅度不大，粮食收购企业顺销价明显高于市场价的情况下，调整和完善顺价销售作价办法，放宽定价权限，增强市场竞争力。2000—2005年，全市粮食购销市场全面放开，粮食企业按照“购得进、销得出、有利润”的原则，开展粮食贸易。

二、油脂销售

（一）食用油销售

1989年，郴州地区食用油市场逐步放开，除对城镇居民、菜农、军用食油实行定量平价供应外，其他单位用油以议价供应。1992年3月，郴州放开粮油市场，除军队食用油由粮食部门供应外，其余单位用油由市场供应。1989—2005年，境内国有粮油企业共销售食用油1.69万吨，其中茶油9322吨，菜籽油7578吨。

（二）非食用油销售

境内非食用油主要是桐油。1989年，粮食部门为保证国防和工业生产及机关、学校等单位的特殊需要，仍组织桐油销售，货源除自行收购少量桐油外，主要来自上级计划调拨。1989—1992年，全区桐油供应数量不足100吨。1993年后，桐油销售逐年下降，年销售量25吨左右。到20世纪90年代后期，桐油完全放开经营。

1989—2005年郴州市（地区）粮油购销统计表

表15-5-2-1 单位：吨

年份	粮食（稻谷）		食油（茶油、菜籽油）	
	收购	销售	收购	销售
1989	165980	226705	2660	3131
1990	271746	212216	2216	2216
1991	200080	325690	675	1834
1992	200454	305683	766	2479
1993	206466	289351	611	2387
1994	215129	294036	680	1693

续表 15-5-2-1

年份	粮食（稻谷）		食油（茶油、菜籽油）	
	收购	销售	收购	销售
1995	229191	273669	136	1253
1996	197440	151173	189	1106
1997	206336	215961	182	429
1998	101559	123800	137	1
1999	139808	103440	1	67
2000	178056	83080	1	83
2001	361628	354926	2	65
2002	373194	443306	1	48
2003	356573	456163	0	53
2004	366421	488188	0	6
2005	464113	463063	2	49
合计	4234174	4810450	8259	16900

说明：稻谷食油销售数大于收购数是因销售数中含储备粮油和外调粮油

三、粮油加工

（一）大米加工

1989年，郴州地区有大米加工企业17户，年加工大米110.53万吨。一些粮食加工企业改良生产设备和加工工艺，加工质量不断提高。郴州大米厂晋升为省级预备级企业，其加工的晚籼标一米被省工商局授予"湖南省优质产品"称号。1990年，全区农村大办小型大米加工厂，曾出现产能过剩的情况。1991年，郴州大米厂优质米生产线验收达标，生产加工的早籼特制米被商业部评定为优质产品；资兴市鲤鱼江米厂晋升为省级预备级企业。1995年，郴州方利米业公司被省粮食局、省商检局定为出口大米定点加工企业。1997年始，国有粮食加工企业发展较快，一些"小、散、差"的大米加工企业被迫关闭。1998年，郴州市粮食局指定安仁县城关大米厂和安平大米厂加工9920吨特二大米出口菲律宾。2002年1月，郴州方利米业公司加工的"方利"牌早籼标一米、晚籼特级米及一级优质晚籼米被中国粮食行业协会授予"放心米"称号，走俏市场。2003—2005年，郴州大米加工向"精、深"发展，先后有桂阳鹿峰米业股份有限公司生产的"鹿峰"牌系列优质米被农业部授予"无公害农产品"称号；中央储备粮郴州直属库津裕米业公司生产的"津裕"牌系列大米被中国粮食行业协会授予"放心米"称号，"津裕"牌雪丝粘大米和金优米、银丝米、泰香米分别获得第四届中国优质稻米博览交易会金奖与优质奖。2005年，全市有粮食加工企业206户，年加工大米200.48万吨。1989—2005年，郴州累计加工大米2533.96万吨。

（二）面粉加工

1989年，郴州地区生产面粉3.5万吨，其中强力粉8220吨，特制一等粉2.23万吨，标准粉2132吨，面粉工业总产值2299.75万元，净产值510.12万元。地区面粉厂生产的特制一等粉被农业部评为部优产品。1991年，全区生产面粉3.81万吨，同比增加4066吨，增长10.68%。之后，郴州产面粉销售不畅，产量逐年下降。2002 年，郴州面粉总厂因经济效益不佳而停产，至此，郴州停止生产面粉。1989—2002 年，郴州累计加工生产面粉 48.69 万吨。

（三）面条加工

1989 年，郴州地区生产面条 4937 吨。地区面粉厂生产的“玉带”牌面条被农业部评为部优产品。1990 年，地区面粉厂开发生产魔芋面条投放市场，深受消费者青睐。1992 年，地区面粉厂生产面条 1.02 万吨，首次突破年产万吨关。随后，因面条销售渠道不畅，产量和效益逐年下降。郴州大米厂则因面条生产和销售成本高而出现亏损。1995—2002 年，郴州裕湘面业有限公司相继研发生产的“裕湘牌”系列面条获“湖南省名牌产品”称号，畅销省内外市场；郴州面粉总厂生产的“晏乐”牌面条获“湖南省名牌产品”“湖南省畅销产品”称号，还被中国粮食行业协会评为“放心面条”。1989—2005 年，郴州累计加工面条 27.75 万吨。

（四）小食品加工

1989 年，郴州国有粮食企业生产的小食品主要有糕点和面包，全年生产糕点 23.4 吨，面包 2000 千克。1990 年，粮食企业努力开发小食品新品种，地区面粉厂聘请澳门糕点师传艺，生产港式西饼、糕点、花包胚芽面包，销售收入 74.16 万元。1991 年，市粮油食品厂开发的“星球牌”系列方便面获“全国食品工业十年新成就产品奖”。1992 年，全区国有粮食企业生产糕点类食品 13 吨。此后，国有粮食企业逐步退出小食品生产行业，小食品生产被民营粮食加工企业所取代。

（五）油脂加工

1989 年，郴州放开茶油、菜籽油等食用油脂生产经营，由农户或私营企业加工销售。油脂生产规模较大的有永兴茶油化工厂和郴州邦尔泰油脂厂，另有乡、村小型茶油、菜籽油加工厂 500 余家。国有大米加工厂用米糠榨出的毛糠油自行销售作化工原料，糠饼销给当地养殖户作饲料。是年，全区生产毛糠油 778 吨。1989—2005 年，全市油脂产量 16.2 万吨，其中茶油 9.99 万吨、菜籽油 6.16 万吨、毛糠油 575 吨。

（六）饲料加工

1989 年，全地区国有粮食部门办饲料加工厂 10 家，年加工饲料 3.1 万吨。随着养殖业的发展，饲料加工业迅速跟进。1991 年 5 月，嘉禾县粮食局投资 120 万元兴建的嘉禾县混合饲料厂竣工投产。1999 年 5 月，资兴市粮食局饲料公司联合东江库区管理局、资兴市畜牧水产局组建资兴市东江饲料有限责任公司，当年加工饲料 2.4 万吨，被资兴市人民政府定为农业产业化龙头企业。2000 年后，全市粮食部门对经营效益不佳的国有饲料加工企业实行停产转业或改制重组。2005 年，全市国有饲料加工企业仅剩 2 户，其余为民营饲料加工企业，较大的民营饲料加工企业有九鼎饲料公司、希望饲料公司和大北农饲料公司 3 家，年加工生产能力计过 8 万吨。1989—2005 年，郴州累计加工生产饲料 66.76 万吨。

1989—2005 年郴州市（地区）粮油工业企业加工生产产品统计表

表 15-5-2-2 单位：吨

产品 / 产量 / 年份	大米	面粉	面条	茶油	菜籽油	毛糠油	饲料
1989	1105300	32650	4937	1999.3	1240	20.8	31000
1990	1142900	35000	9570	2065	1450	21	31500
1991	1181700	38076	9900	2140	1800	24	32000

续表 15-5-2-2

产品 产量 年份	大米	面粉	面条	茶油	菜籽油	毛糠油	饲料
1992	1221900	36000	10240	3205	2030	26	31800
1993	1263400	35000	10590	3503	2300	29	33000
1994	1306400	34100	10950	4306	3300	31	33900
1995	1350800	31320	13350	4828	3600	34	34000
1996	1396600	32000	13700	5402	3900	35	34700
1997	1444200	31000	14900	6516	4100	36.5	35000
1998	1493300	31500	16100	6960	4250	38.9	38000
1999	1554000	30000	18300	7620	4310	39.1	41050
2000	1596500	29000	21500	7820	4500	39.3	42100
2001	1713900	26000	22800	8500	4710	39.5	43000
2002	1782400	23000	23800	8650	4800	40.1	47000
2003	1853700	18000	23950	8700	4900	40.2	51000
2004	1927800	14000	24100	8800	5100	40.1	52500
2005	2004800	12000	24500	8900	5300	40.5	56000
合计	25339600	488646	273187	99914.3	61590	575	667550

第三节　粮食储运

一、粮食储藏

（一）仓库仓容

1989 年，郴州地区国有粮食企业粮库仓容 47.25 万吨。1998 年，全市利用省人民政府下达的建仓贴息贷款修建棚仓，新增仓容 4.35 万吨。1999 年，全市新建粮库增加仓容 4 万吨。2001 年，国家计委、国家粮食总局投资 1375 万元建设的宜章县白石渡国家粮食储备库竣工投入使用，仓容 2.5 万吨。2005 年，全市共有粮仓 136 处、棚仓 390 栋，仓容 58.1 万吨，有效仓容 50.8 万吨。

（二）仓储保管

1989 年 4 月，地区粮食局清仓查库领导小组，组织力量，采取听汇报、查资料、看现场三结合的办法，普查粮库粮仓安全情况。全区粮食仓储企业进一步落实“综合防治、以防为主”的保粮方针，开展创建“一符四无”（库存账实相符，储粮无虫害、无变质、无鼠雀、无事故）安全粮仓活动，普遍采用“双低”（低温、低药物剂量）、薄膜压盖、单管风机降温等储粮技术。全区有单管降温风机 92 组，鼓风机 18 台。各粮仓均安装了防虫、防鼠和防潮的“三防门”。是年，全区有 92 个粮站达到“一符四无”标准，郴县被省粮食局评为创建“一符四无”粮仓先进县。

1990 年，全区粮仓推广排风扇通风降温储粮技术，75 栋仓库、4.7 万吨储粮采用排风扇通风降温技术，50% 的粮仓完成“白化、绿化、三防门（窗）”改造。1992—1994 年，地区粮食局组织粮站粮库开展磷化铝仓外投药环流熏蒸储粮技术，对木制粮仓门进行技术改造，使用角钢“三防门”，增强防虫、防鼠和防潮效果。1994 年，地区粮食局与郴州粮油机械厂研制 CYW-A 型粮仓熏蒸机，推广储粮熏蒸机械化作业，取得良好效果。安仁县国家粮食储备库投资 24 万元进行仓储微机管理试点，在全区率先实现储粮测温、测湿、粮温报警自动化和电脑控制。

1998 年秋，郴州市粮食局与资兴国家粮食储备库在全省首次成功试行袋装高堆储粮环流熏蒸杀虫技术，熏蒸杀虫后可确保储粮无虫期 10 个月，有效地解决了袋装高堆粮药物渗透不到位、分布不均匀、杀虫效果差的技术难题。其间，各地进一步建立健全仓储管理制度，普遍实行定人、定仓、定任务、定费用、定损耗、包数量、包质量、包“一符四无”的“五定三包”岗位责任制。宜章县粮食局坚持储粮情况“三天一小查，七天一大查，刮风下雨随时查”，并采取百分制考核办法评定“一符四无”单位。

2001 年 4 月，湖南省粮食局清仓查库工作组检查郴州国有粮食企业储粮情况，检查结果表明，全市粮库粮食账实相符，质量良好，储存安全。

2005 年，省、市两级粮食局组织粮食仓储检查和验收，11 个县（市、区）粮仓和市直属库均达到“一符四无”标准。

二、粮食调运

1989—1991 年，郴州粮食运输任务由地区、县（市）粮运队承担。1989 年，全区执行国家粮食储备局发布的《国家粮食运输管理规则》，地区粮食局组织调入粮食 6.07 万吨。1992 年，各县粮运队逐步关停并转。1993 年，粮食经营放开后取消计划调拨，地区粮运队与地区粮食局第二直属库合并，成立永丰储运贸易总公司，承担郴州地区国家粮库粮食调运业务。各县、市粮食企业的粮食调运由社会运输企业和个体运输专业户承担。1996 年，市粮食局撤消下属永丰储运贸易总公司，粮食运输全部由社会专业运输公司承担。2004 年，郴州遭受严重的夏秋干旱，粮食减产，全市调入粮食 12.18 万吨。1989—2005 年，郴州调入粮食 82.12 万吨，调出粮食 24.49 万吨，有 11 年粮食调入，6 年粮食调出。调出粮食的县主要是产粮大县安仁县和永兴县，调入粮食的主要是郴州市（北湖区）、宜章县和嘉禾县。

1989—2005 年郴州市（地区）调入调出粮食统计表

表 15-5-3-1　　单位：吨

年份	调入 / 调出	吨	年份	调入 / 调出	吨
1989	调入	60725	1998	调入	22241
1990	调出	59530	1999	调出	36368
1991	调入	125610	2000	调出	94978
1992	调入	105229	2001	调出	6702
1993	调入	82885	2002	调入	70112
1994	调入	78907	2003	调入	99590
1995	调入	44478	2004	调入	121767
1996	调出	46267	2005	调出	1050
1997	调入	9625	合计	调入	821169 吨
				调出	244895 吨

三、粮食储备

1990年，郴州行署根据省人民政府的安排设立国家专项储备粮项目，到12月31日止，全区粮食系统为国家收购专项储备粮6.48万吨（原粮，下同）。国家专项储备粮粮权属国务院，粮食轮换须报省粮食局批准。1991年，全区代存省储备粮（地方储备粮）3500吨，至1993年，库存省级储备粮2.87万吨。

从1995年开始，郴州建立地方专项粮储备制度。粮食储备规模由粮食和财政部门根据非农业人口数量、粮食产销量、粮食仓容及财政承受能力等因素确定。1996年，全市储备粮2.5万吨。1998年，全市粮食储备3.25万吨，其中市本级1.3万吨、县市区1.95万吨。市、县两级储备粮的动用权分属市、县级人民政府，收储、库存轮换及管理由市、县粮食局负责。地方储备粮用于当地粮食调控、救灾和应付紧急突发事件。

1990—2000年，郴州国家专项储备粮库每年保持储粮×万吨。2001年6月，郴州国家粮食储备库人、财、物及储备粮上划中国储备粮管理总公司长沙分公司。

2004年8月，市委、市人民政府将地方粮食储备工作列入县市区工作考核内容。2005年，市、县两级库存地方储备粮2.51万吨，其中市本级7000吨，县级1.81万吨。

1989—2005年郴州市（地区）粮食局主要负责人名录

表15-5-3-2

单位	姓名	职务	任职时间
郴州地区粮食局	张逢先	局长	1983.08—1990.11
郴州地区粮食局	吴启炳	局长	1990.12—1992.06
郴州地区粮食局	邝秀禄	局长	1992.06—1994.12
郴州地区（市）粮食局	阳中谋	局长	1994.12—1996.07
郴州市粮食局	范儒廷	局长	1996.07—

第六章 医药商业

第一节 药品购销

一、购 进

1989年，郴州境内医药购销市场逐步放开。地区医药管理局针对境内医药批发站违规争抢客户的问题，重申按划定区域供应药品，并规定地区二级和县（市）三级医药、药材批发站自行购销药品的比例和奖罚措施，全区医药市场秩序好转。是年，地直国有医药商业企业购进药品5320万元，其中：西药类3127万元，中药材类482万元，其他1711万元。1990年3月，地区医药管理局印发《关于加强国营医药行业管理的若干规定》，规定县（市）三级批发站必须到地区二级站进货，明确二、三级批发站各自的经营范围，医药经营秩序进一步好转。

1991年3月，郴州行署下发《关于对县市医药行业实行人、财、物、产、供、销集中统一管理的意见》，地区医药管理局规定三级站从二级站进货的比例，同时规定二级站经营的品种必须达到必备药品目录的100%，三级站达到必备目录的95%，保证医药供应品种齐全、价格合理、库存结构优良。是年，地直国有医药商业企业购进总额增至8896万元。西药、中药、中成药、医疗器械采购均完成年度计划。

1992年，全区国有医药商业企业以销定购、以购促销，确保购进医药品种适销对路。地直国有医药商业企业购进医药商品总额9670万元，同比增长8.34%。1994年，一些国有医药零售部门因购进的药品、器材质次价高而滞销，以致进货额减少，销售额下降。1995年3月，地区医药管理局下发《关于全区医药经营的几项规定》，规定各县（市）医药公司原则上要到地区二级站进货，二级站则要到正规厂家进货，确保购进医药商品质量优、品种全、价格廉。

1996年，医药市场进一步放开，医疗单位可直接到厂家或外地医药商家进货，全市国有医药商业企业购销额锐减。1998年，市直国有医药商业企业医药购进额仅1500余万元，只占全市医药购进额的11%。1999—2000年，全市国有医药商业企业实行购销责任制，大力组织适销对路药品，医药购进额回升，2000年购进额7000万元。

2001年，市国有医药行业为扩大医药经营规模，增强市场竞争力，组建郴州市医药集团有限公司，实行药品采购一个口子进货，当年购进药品近1亿元。2002年突破1亿元。2003年，市医药集团公司改制重组，医药购销额下降。2005年，全市国有医药商业企业实行改革改制，全部退出医药流通领域。

二、销 售

1989年，郴州地区国有医药商业系统进入实行第一轮承包经营的最后一年，医药销售总额9357万元，同比下降6.2%。1990年，继续实行承包经营，医药销售总额9562万元，同比增长2.2%。

1991—1994年，郴州地区国有医药企业完善承包经营责任制，扩大零售网点，开拓境外市场，推广医药新品种。1991年，全区国有医药商业企业销售完成计划的114.2%，地区医药公司销售首次突破2000万元大关。1992年，全区国有医药商业企业主动与医疗单位沟通联系，签订购销合同，实行薄利多销，并与60多个医药生产厂家联手举办产品推介会20多次，在长沙、海南等地设批发窗口，推销医药产品300多万元。是年，全区国有医药商业企业销售总额完成年计划的111.27%，同比增加900多万元。1993年，突出抓新药品种上市和开拓区外市场。南开制药厂开发8个新产品投入市场，增加销售额120万元。全区国有医药商业企业销售总额完成计划的117%，同比增加2035万元。1994年，面对医药市场日趋激烈的竞争，市直医药商业企业增加批零网点20多个。地区医药公司新设保健品批发部，扩大经营“名特新优”品种，尽力满足医疗单位用药需要，全年销售近300万元。南开制药厂利用“名牌效应”；打开新产品销路，在全国大中城市开办经销点，增加销售额100多万元。是年，全市国有医药商业企业完成销售总额1.49亿元，同比增加827万元。

1995—1998年，全市药品经营商家剧增，尤其是一些外地药商进入郴州，采取给“回扣”“让利”等手段，争夺医药市场，加上境内一些医疗单位外购药品增多甚至变相从事药品批发销售，以致国有医药商业企业受到严重冲击，销售额连年下降。1996年，全市国有医药商业企业销售额同比减少1073万元，1997年同比减少2097万元，1998年同比减少670万元。

1999年，全市国有医药商业企业加强内部管理，全力开拓市场，积极创新经营方式和提高服务质量，销售额回升，全年完成销售总额1.18亿元，同比增长9.67%。2000年，全市国有医药商业企业推行目标责任管理，千方百计筹集流动资金，努力降低成本费用，完成销售总额1.34亿元，同比增长14%。

2001年，全市国有医药商业系统进行管理机构改革，新组建的郴州医药集团总公司和所属9个县（市）公司，采取统一购进、连锁经营，全年销售总额1.6亿元，同比增长19.4%。2002年，销售总额跃升至2亿元，同比增长25%。2003年，郴州市医药集团总公司进行股份制改造，受改制转体及医药价格调整的影响，全年销售额降至1.35亿元，同比减少32.5%。2005年，全市国有医药商业企业完成改制转体，退出医药经营市场。

第二节　医疗设备器械购销

1989年，郴州地区医疗设备器械由地区国有医药商业企业经营，购销医疗设备62万元。区内医疗单位大型高端医疗设备少，万元以上医疗设备仅1103台。1992年，地区卫生局简政放权，简化审批程序，医疗单位可直接向厂家购进医疗设备器材。有的经销商未经国家有关部门批准也经销医疗器械，造成医疗器械市场混乱。1993—1996年，郴州卫生行政部门加大医疗器械市场治理，取缔无证经营商家，严格检查医疗器械质量，医疗器械购销逐步进入规范经营。1997年，全市国有医药商业企业购销医疗器械4279万元，为1989年的69倍，一批“高、精、尖”医疗设备进入医疗单位，如CT机、大型X光机、PCR检测仪、多功能心电监护仪、核磁共振机、内窥镜等。

1989—2005年，全市（地区）国有医药商业企业销售医疗设备器械累计1.41亿元。市第一人民医院购进一批高精尖医疗器械，成为全市医疗设备最先进、最齐全的医疗机构。市中心血站购进瑞士全自动加样仪、酶免分析系统、血型自动鉴定系统、全血血细胞分离机、血液冷藏箱等具有国内外先进水平的设备。2005年，全市医疗单位有价值万元以上的医疗设备器械4680台，其中50万元以上的176台。

1989—2005年郴州市（地区）国有医药商业企业销售情况统计表

表15-6-2-1

项目＼年份	医药商品销售额						
	计划（万元）	实绩（万元）	其中 市（地区）直企业（万元）	其中 县（市）级企业（万元）	占年计划（%）	比上年增减（万元）	比上年增减幅度（%）
1989	8974	9357	4110	5247	104.27	-620	-6.21
1990	9454	9562	4438	5124	101.14	205	2.19
1991	9785	11175	5640	5535	114.20	1613	16.87
1992	10857	12075	5329	6746	111.22	900	5.37
1993	12083	14110	6823	7287	116.78	2035	16.85
1994	12940	14937	7322	7615	115.43	827	5.86
1995	15130	14558	7029	7529	96.22	-379	-2.54
1996	15340	13485	6112	7373	87.90	-1073	-7.37
1997	12430	11388	4760	6628	91.62	-2097	-15.55
1998	13780	10718	4281	6437	77.78	-670	-5.88
1999	12380	11754	4602	7152	94.94	1036	9.67
2000	—	13376	—	—	—	1622	13.80
2001	—	16000	—	—	—	2624	19.62
2002	—	20000	—	—	—	4000	25
2003	—	13500	—	—	—	-6500	-32.50
2004	—	15192	—	—	—	1692	12.53
2005	—	12859	—	—	—	-2333	-15.36
合计	—	224046	—	—	—	—	—

说明：2000年以后因资料不全，一些数据缺失

第七章　专营商品购销

第一节　石油购销

一、购　进

1989 年，郴州地区石油成品油（包括汽油、柴油、煤油、润滑油等）仍由湖南省石油总公司郴州分公司经营。至 1992 年，区内石油成品油购进分计划内与计划外两部分。计划内调入的油料逐年减少，计划外购进的油料逐年增多。计划内油料主要从省内长岭炼油厂购进，具有运输距离短、成本较低、供应及时等优势；计划外油料主要从湖北鄂城、江岸和广东的炼油厂购进，以及来自外贸的进口油。1989—1992 年，全区计划内调入成品油 24.5 万吨，计划外购进成品油 14.8 万吨，年平均购进成品油 9.83 万吨。

1993 年，国家取消成品油计划分配，郴州石油分公司通过各种渠道组织油源，从省内和广东、江西、黑龙江、甘肃、新疆等地炼油厂购油。1998 年 10 月，郴州石油分公司随湖南省石油总公司整体划转中国石油化工股份有限公司（简称中石化），石油经营机构实行垂直管理。2004 年 5 月，中国石油天然气股份有限公司（简称中石油）湖南销售郴州分公司成立，当年从东北、西北炼油厂购进成品油 2 万吨，2005 年购进 5 万吨。2005 年，全市石油经营单位有 3 座油库，油罐总容量 2.9 万立方米。1989—2005 年，郴州共购进石油成品油 268.9 万吨，保证境内石油成品油需要。

二、销　售

1989 年，郴州石油分公司设郴州、永兴、宜章 3 个一级石油批发公司和资兴、安仁、桂阳、嘉禾、临武、汝城、桂东、白石渡 8 个二级石油批发公司，13 个加油站。石油成品由供应实行计划内平价与计划外议价“双轨制”。计划内平价油主要保证重点行业、单位用油，计划外议价油主要供应社会车辆用油。

随着郴州经济社会快速发展，社会用油量迅速增长。1990 年，郴州石油分公司在 107 国道旁建设一座大型加油站——下湄桥加油站，年销量达 5000 吨。1989—1992 年，郴州石油分公司销售计划内平价油 24.5 万吨，销售计划外议价油 14.8 万吨。

1993 年，在经济利益驱动下，区内各地出现很多个体私营加油站，其通过各种渠道购进成品油在当地零售。郴州石油分公司也在各县市迅速建起一批规模较大的中心加油站，增强成品油零售竞争能力。是年底，区内共有加油站（点）400 余个，其中，个体私营加油站（点）360 多个。1994 年后，全区国有加油站努力改善服务态度，还在加油站设立茶水供应点，给客户赠送实用小物品，以吸引顾客进站加油。1994 年，仅郴州市城区白鹿洞加油站销售成品油 3500 吨，宜章加油站销售成品油 3000 吨。

1997 年，市、县两级政府对加油站（点）进行整顿，重点整治社会加油站供应低劣油料、短斤少两、偷税漏税等违规违法行为，一些违规违法经营和规模太小的加油站（点）陆续被取缔，规模较大、设施较好的加油站由郴州市石油分公司收购。经过整顿，郴州石油成品油销售市场重新走向规范化。2000 年，郴州石油分公司成品油销售从 1997 年的 5 万吨增加到 11 万吨。

2004 年年底，中石化、中石油两个公司在郴州设立的分公司共有 136 个加油站，另有个体私营加油站 70 个，国有和个体私营加油站形成竞争局面。

2005 年，全市销售石油成品油增加到 38 万吨。1989—2005 年，全市共销售石油成品油 268 万多吨，保证了全市石油成品油的需要。

1989—2005 年中石化郴州分公司、中石油郴州分公司主要负责人名录

表 15-7-1-1

单 位	姓 名	职 务	任职时间
中国石油湖南销售郴州分公司	赵宗勤	经 理	1986.01—1995.12
	曾志军	经 理	1995.12—1998.10
中国石油化工股份有限公司湖南郴州石油分公司	曾志军	经 理	1998.10—2003.12
	刘策武	经 理	2004.01—
中国石油天然气股份有限公司湖南销售郴州分公司	龚大鹏	总经理	2004.05—

第二节 烟草专卖

一、烤烟购销

（一）收购

1989 年以后，郴州市（地区）烤烟收购由县级烟草公司负责，县（市、区）政府协调筹集收购资金、维护收购秩序和处理购销纠纷。每年收购烤烟前，郴州市人民政府（行署）召开烟叶收购工作会议，研究部署烟叶收购工作，继烤烟主产县县人民政府发布通告，规范烟叶收购秩序。县级烟草部门按照“符合流向、方便烟农、便于运输、利于管理”的原则，在乡（镇）设置收购站点。各收购站点按照国家烟叶定级标准和收购价格收购，保证烟农合法利益，有关部门严查非法收购和走私贩运烤烟行为。

1997 年，桂阳县在全省烟草购销系统率先试行“交验分离、密码验级、电视监控、微机管理”的封闭式收购模式，既节省用工，又可遏制烤烟收购中的不正之风。1999 年，郴州市推行桂阳县全程封闭式烟叶收购模式，避免收购“人情烟”“面子烟”及以权谋私行为。2003 年始，全市烟叶收购采用“入户进行预检、定时定点交售”措施，提高烟叶收购质量，便于烟农交售烤烟。1989—2005 年，全市（地区）累计收购烤烟 62.47 万吨，其中收购量最大的 1997 年近 8 万吨，收购量最少的 1995 年为 1.48 万吨。

（二）销售（调拨）

1989年，基层收购站点收购的烟叶全部交当地县级烟草公司，然后由地区烟叶购销公司统一对外销售（调拨）。烟叶生产大县桂阳县凭地区烟叶购销公司下达的调拨通知单，就近调拨给郴州卷烟厂。

1992年，全区烟叶收购超过6万吨，供大于求。地区烟草分公司允许县级烟草公司在计划、合同之外多收购的烟叶自行联系销路，自行结算，自负盈亏，全区烟叶得以大部分销出。1994年至1995年，全国烟叶减产，郴州烟叶产量也大幅减少，郴州原积压的烟叶和新烟基本销完。1997年，全国烟叶产大于销，郴州当年收购烟叶近8万吨，只销出3.84万吨。市烟草分公司和桂阳、永兴、嘉禾、临武四县烟草公司亏损3.1亿元。其中，桂阳县烟草公司亏损1.56亿元。

1998年，国家加强烟草生产经营宏观调控，烟叶产销逐步趋向平衡。市人民政府按照省人民政府下达的计划组织烟叶种植，县（市区）烟草公司与烟农签定收购合同，合同之外和等级低次的烟叶不予收购。郴州烟叶主销国内17省市50多家大小烟厂，包括国内著名烟草企业云南红塔集团玉溪烟厂。2000年，全市烟叶重归市烟草分公司统一经营，所得利润市、县二八分成。

2002—2005年，市烟草分公司与全国各卷烟厂购销合同的履行率达95%以上，货款回笼良好，烟叶经营效益稳步提高。

1989—2005年，全市（地区）烤烟累计销售56.24万吨。其间，烟草部门不断拓展烤烟出口业务，先后出口至菲律宾、马来西亚、英国、美国、法国、俄罗斯、波兰、埃及、比利时、柬埔寨等国家以及销往中国香港地区烤烟1.48万吨，创汇1904.9万美元。

1989—2005年郴州市（地区）烤烟收购数量统计表

表15-7-2-1　　单位：吨

年度	北湖区	苏仙区	资兴市	桂阳县	宜章县	临武县	嘉禾县	永兴县	安仁县	桂东县	市（地区）烟叶购销公司	合计
1989	172	3003	88	26100	688	304	8545	5567	1786	—	554	46807
1990	182	3585	20	24289	788	434	5681	4025	2072	2	—	41078
1991	156	2680	4	22270	897	343	5750	2505	1028	—	389	36022
1992	144	4157	348	32671	3640	761	7579	7236	3087	—	605	60228
1993	84	4200	198	25685	2150	2150	6324	7062	2930	—	—	50783
1994	253	352	18	15616	632	1743	3076	1685	381	—	—	23756
1995	726	428	—	7462	565	1900	2240	1289	149	—	—	14759
1996	841	304	—	30526	415	3050	4182	5490	581	—	—	45389
1997	3337	2211	—	48427	1498	3024	8160	11032	2102	150	42	79983
1998	1049	1162	32	10732	608	2186	2343	2541	517	170	—	21340
1999	1505	1167	98	15060	814	1940	1566	3100	567	138	—	25955
2000	1885	1650	48	10257	1000	1980	2634	3250	999	183	—	23886
2001	1548	1497	—	14040	1200	1233	2583	2679	971	112	—	25863
2002	892	886	—	19211	943	897	3186	1413	818	34	—	28280
2003	—	—	—	17999	501	478	3495	1497	515	—	1003	25495

续表 15-7-2-1

年度	北湖区	苏仙区	资兴市	桂阳县	宜章县	临武县	嘉禾县	永兴县	安仁县	桂东县	市（地区）烟叶购销公司	合计
2004	—	—	—	24503	1168	303	4035	2739	857	20	1169	35250
2005	—	—	—	26523	2028	476	6259	3012	2537	22	1184	39870
合计	12774	27282	854	371371	19535	23202	77638	66122	21897	831	4946	624744

说明：此表数据采自郴州市烟草专卖局财务报表；因财务作账规则，其数据个别年份与当年实际收购数量有差异；2003 年以后北湖、苏仙两区烟叶收购数量列入市烟叶购销公司；汝城县所产烟叶多销往宜章和广东毗邻地区，故缺其烟叶收购数据

二、卷烟调销及出口

（一）卷烟调拨与销售

1989—1992 年，郴州卷烟厂生产的卷烟主要在省内销售。1993 年，该厂与益阳、岳阳、湘潭等地烟厂合作，生产具有地方文化特色的“桃花江”“屈原”“故园”牌卷烟，由当地烟草公司销售。省内卷烟经营单位从郴州卷烟厂调拨卷烟 35.71 万箱。

1995 年，郴州卷烟厂拓展省外市场，先后派出 50 个小组，开展省外市场调查和促销活动。1996 年，郴州卷烟进入江苏、浙江、广东、福建、四川、北京、上海等省（市），累计外销 1.81 万箱。新组建的湘南烟草集团研发的卷烟新品牌“金郴州”走俏省内外市场。1998 年，全省卷烟产大于销，市场竞争激烈。湘南烟草集团实行全方位促销策略，抽调 140 人组成 19 个组，分赴全国各地 8190 多个销售点促销。但因受产品品位、价格和各地消费习惯等因素的影响，收效不大。是年，郴州卷烟厂生产的卷烟省内销售 28.09 万箱，省外销售从上年的 1.69 万箱减至 1.46 万箱。

1999—2001 年，湘南烟草集团实施“大品牌、大科技、大市场、大效益”经营策略，扩大销售网点，投入 1418.66 万元，引进先进设备，提高产品质量，增加生产适销对路的“相思鸟”牌香烟，省内稳定东部市场，抢占中、西部市场，省外市场由东部向中西部推移。

2002 年 2 月，撤销湘南烟草集团，恢复郴州市烟草公司。郴州卷烟厂大力调整产品结构，砍掉滞销的，压缩行情一般的，扩大生产市场看好的软“相思鸟”“红盖特醇相思鸟”“蓝盖郴州”等卷烟品种，销售均价由上年的每条 14.81 元上升到 16.79 元。在省内相继培育邵阳、娄底、怀化等样板市场，省外成功进入广东、江西和海南省市场。是年，郴州卷烟厂省内销售 27.75 万箱，省外销售 8234 箱。2003 年，郴州卷烟厂领导分头带队到省外市场促销，大力压缩库存，盘活资金 1220 多万元。

2004 年，郴州卷烟厂与长沙卷烟厂合并，作为长沙卷烟总厂的分厂，其卷烟销售调拨业务归长沙卷烟总厂。

1989—2004 年，郴州卷烟厂向省内销售调拨卷烟累计 518.04 万箱，向省外销售调拨卷烟累计 12.27 万箱，总共销售 530.31 万箱。

（二）卷烟出口

1990 年 12 月，郴州卷烟首次出口至国外市场。郴州卷烟厂生产的 5000 万支、价值 40 万美元的特制嘴“相思鸟”牌卷烟委托出口至东欧和东南亚地区。1994 年 8 月，郴州卷烟厂委托出口 1000 万支“火炬”牌卷烟至罗马尼亚，创汇 1.54 万美元。

1996年，湘南烟草集团成立后，着力开拓国外卷烟市场。1999年，湘南烟草集团郴州卷烟厂分别与香港光明有限公司、香港金士高有限公司签订“COLUMBUS(哥伦布)”、“KRONGTHIP(钢铁)”牌来牌加工出口合同。1999—2001年，该厂先后向美国迈阿密市出口“哥伦布”牌卷烟，向瑙鲁出口“钢铁”牌卷烟共1.99亿支，创汇110.21万美元。2002年，郴州卷烟厂与香港金士高公司合作，加工品牌增至3个，向瑙鲁出口卷烟7577万支，创汇40.96万美元，获利润78.49万元人民币。

1990—2005年，郴州卷烟厂共向东欧、东南亚、美国、瑙鲁等地出口卷烟3.35亿支，创汇192.69万美元。

三、商业卷烟购销

（一）购进

1989年，卷烟货源偏紧，全地区卷烟经营部门从省内零陵、龙山、凤凰、永顺、桑植、新晃、祁东、新邵、隆回、新田、江华等地的烟厂购进卷烟11.4万箱。1990—1992年，卷烟货源较充足，1992年，全区购进省内产卷烟13.43万箱，其中甲、乙级烟占57.5%。

1993年，卷烟市场价格放开，高档烟由俏变平，中档烟由饱和变滞销，低档烟由滞销变紧俏。县、市烟草公司经国家烟草专卖局批准，取得二级站经营批发许可证，进货不再由地区烟草公司代办，可直接从全国各地烟厂进货。卷烟经营部门调整进货品牌结构，省内瞄准长沙、常德两家烟厂，增加卷烟购进计划。1994年，地区烟草公司与福建、江苏两省的烟厂建立业务关系，拓宽进货渠道。

1995年，省内卷烟市场逐渐饱和，地区烟草专卖局下达外购限量计划。1996年，全市卷烟经营部门购进省内产卷烟12.61万箱，购进省外产卷烟2.58万箱，同比减少3691箱。1997—1999年，湘南烟草集团要求全市卷烟经营户以销售本集团郴州卷烟厂的产品为主，经营亏损的卷烟经营户不准购进省内其它烟厂产品。2000年，全国烟草行业加强计划（合同）管理，国家烟草专卖局取消县级烟草公司经营省外卷烟资格。2001年，国家烟草专卖局禁止跨省大购大销经营活动，除市公司二级批发站允许从省外限量购进卷烟外，县（市、区）公司三级批发站不得从省外购进卷烟。2002—2004年，全市卷烟销售以郴州、长沙、常德及零陵卷烟厂的产品为主，省外只购进广东、云南、浙江、四川、贵州省及上海等地烟厂的产品。

2005年，市烟草公司向省烟草专卖局申请，到省外购烟8000箱，保证市场供应。1989—2005年，全市（地区）商业卷烟累计购进省外产香烟223.35万箱。

（二）销售

1989年，国家烟草专卖局规定，国有烟草商业企业批发卷烟，执行统一的批发牌价。郴州地区烟草商业系统共批发卷烟11.88万箱，其中批发省外销售1.26万箱。1991年，全区有国营、集体、个体卷烟零售经营户2万余家。

1992年3月，国家放开卷烟价格，市场竞争激烈。地区烟草公司扩大边境贸易，增设批发网点，遏制卷烟销售下滑趋势。1993年，全区卷烟销售部门批发卷烟13.32万箱，其中批发至省外销售4.27万箱。

1996—1999年，全国卷烟产大于销，郴州卷烟市场持续疲软，价格低迷。为此，湘南烟草集团及县（市、区）烟草公司着力抓好适销品种和郴州自产卷烟销售，维持省外销售业务；加强农村卷烟零售网点建设，扩大农村市场占有率。4年间，郴州卷烟厂在省内批发销售累计40.55万箱，超额完成计划；在省外销售逐年下降，1999年降至2.3万箱。

2001年，临武县烟草专卖局在全市率先成立卷烟零售经营者协会，建立会员自律机制。2002年，全市共有卷烟零售经营户1.13万户，持有零售许可证的1.12万户；持证入网9599户，入网率85.4%，网上批发销售率94.3%。

2003年7月，全市卷烟网络销售工程顺利通过省烟草专卖局验收，卷烟销售建立电子档案。市烟草公司在市中心城区建立“金叶连锁”经营模式，采取特许加盟方式加强对连锁户的管理。市中心城区设卷烟连锁店经营16家、连锁专柜7处。2004年，全市着力建设卷烟销售网络体系，城乡入网卷烟零售户1.43万户，电子结算率90%以上。2005年，市烟草专卖局按照“五个集中”（集中订货、购进、管理、核算、配送）模式规范卷烟销售。同时，成立电话访销“呼叫中心”，对偏远农村卷烟零售户采取“指定代送、约定取货”方式配送卷烟。

1989—2005年，全市累计销售卷烟225.36万箱。

1989—2005年郴州市（地区）商业卷烟购销数量统计表

表15-7-2-2 单位：箱

年度	购进			销售		
	合计	省内	省外	合计	省内	省外
1989	116455	113973	2482	118759	106171	12588
1990	127355	125126	2229	126211	107836	18375
1991	139593	136332	3261	142933	103167	39766
1992	140595	134335	6260	140793	84407	56386
1993	113034	98079	14955	133186	90444	42742
1994	134863	121390	13473	135425	85752	49673
1995	153492	123952	29540	155902	103711	52191
1996	151900	126051	25849	148699	101478	47221
1997	153312	131555	21757	155846	107029	48817
1998	138254	117811	20443	135536	96006	39530
1999	126049	111155	14894	124904	100952	23952
2000	142155	129407	12748	139795	125548	14247
2001	98220	91374	6846	106244	101306	4938
2002	104503	96109	8394	104803	101936	2867
2003	124300	—	—	113050	113050	0
2004	132102	—	—	135316	135316	0
2005	137294	—	—	136197	136197	0
总计	2233476	—	—	2253599	1800306	453293

1989—2005 年郴州市（地区）烟草经营系统经营情况统计表

表 15-7-2-3　　　　单位：万元

年度＼项目	购进总额			销售总额			实现利润
	合计	烟叶	卷烟	合计	烟叶	卷烟	
1989	23927	10972	12955	26099	10435	15664	800.5
1990	27052	10822	16230	31034	13246	17788	634.2
1991	34152	11602	22550	40973	15674	24399	856
1992	45617	17878	27739	50411	21365	29046	1004
1993	50648	17956	32692	54379	19058	34871	637
1994	46751	10872	35879	47804	13480	34324	607.7
1995	65406	15635	49771	98039	48860	49179	1409
1996	127036	55887	71149	173877	111579	62298	3129
1997	136935	68147	68788	190120	118876	71244	220
1998	98324	21979	76345	149831	87238	62593	-13446
1999	99658	26820	72838	147609	84624	62985	1030
2000	97419	21009	76410	180149	111966	68183	1546
2001	79051	22646	56405	167940	108504	59436	-7769
2002	134045	34189	99856	185410	119165	66245	7878
2003	110738	33521	77217	120471	30640	89831	12446
2004	155340	48025	107315	201862	73642	128220	19518
2005	184710	68053	116657	284292	141613	142679	25589
合计	1516809	496013	1020796	2150300	1129965	1018985	56089.4

1996—2005 年郴州市烟草工作办公室主要负责人名录

表 15-7-2-4

单　位	姓　名	职　务	任职时间
郴州市烟草工作办公室	彭伟生	主　任	1996.03—1996.10
郴州市烟草工作办公室	邓余德	主　任	1996.10—

第三节　盐品购销

一、调　入

1989—2005 年，郴州用盐来自省内产盐和省外产盐。省内产盐主要为食用盐，从衡阳市郊的湘衡盐矿购进，运至境内的郴州、白石渡、马田圩、鲤鱼江 4 个火车站盐库；省外调进主要是海盐，用于工农业生产。其间，郴州共调入食用盐和生产用盐共54.91万吨，其中食用盐49.83万吨，年均2.93万吨；生产用盐5.08万吨，年均3000吨。

郴州10个县市区（安仁县由株洲市盐业分公司供应）以及永州市的蓝山、新田县（两县盐业公司隶属郴州盐业分公司）用盐分别从火车站盐库调入。火车站盐库供应区域划分：郴州站盐库供应北湖区、苏仙区、桂阳县、嘉禾县和临武县的部分乡镇及蓝山、新田县；白石渡站盐库供应宜章县、汝城县和临武县、桂东县的部分乡镇；马田圩站盐库供应永兴县和桂阳县的部分乡镇；鲤鱼江站盐库供应资兴市、桂东县的大部分乡镇和永兴县鲤鱼塘乡。

按照省盐业公司的要求，郴州、白石渡、马田圩、鲤鱼江4个火车站盐库，常年保持4~6个月正常销量的储备。2002年前，全市盐品定额储备4200吨，从2003年起，定额储备调整为6485吨。

二、销 售

（一）食用盐销售

郴州市（地区）和县级盐业公司负责食盐销售，盐价由政府统一制定。1989年，郴州盐业供销区销售食盐3.03万吨，食盐价格每500克0.6元。是年，区内曾发生抢购食盐风波，郴州行署部署动用储备盐及实行凭票供应，及时稳定盐业市场。

1994年10月1日，国务院颁布《食盐加碘消除碘缺乏危害管理条例》。郴州境区，宜章、临武、桂阳、资兴、桂东、汝城6县市有18个乡（镇）是碘缺乏症“甲状腺肿大”流行区。1995年，盐业部门调进和推广食用碘盐，碘盐食用覆盖率99%以上。是年，食盐价格每500克提高至0.8元。2001年11月，全省复合膜小包盐调价，每包500克从0.8元调至1元。2003年2月，全国部分地区发生“非典型性肺炎”，引发食盐抢购风，境内短短几天抢购食盐上千吨。郴州市盐务局（盐业分公司）积极组织食盐调运，打击囤积食盐行为，迅速平息食盐抢购风。2005年4月，市盐务局（盐业分公司）推出环保纸塑小包装盐，每500克零售价1.3元。1989—2005年，全市（地区）共销售食盐44.44万吨。

（二）生产用盐销售

20世纪90年代，郴州各县市酱油厂、皮革制造厂等企业先后停产关闭，工业用盐量下降。郴州盐业分公司只为冶炼厂购进售价较低的颗粒盐。2003年全市销售冶炼用盐近600吨。2005年，市内年工业用盐量500吨以上的企业仅华湘化工厂一家，其余工业企业用盐量很少。1989—2005年，全市（地区）共销售生产用盐5.08万吨。

1989—2005年，全市（地区）共销售食用盐和工农业生产用盐49.53万吨，实现销售收入6.52亿元，实现利润2328.49万元，上缴税金2754.27万元。

1989—2005年郴州盐业供销区调入、销售盐品统计表

表15-7-3-1

项目/数据/年度	调入（吨）		销售（吨）		销售金额（万元）	实现利税（万元）		
	计划调入	实际调入	销售总量	其中生产用盐		小计	其中 利润	税金
合计	723364	549080	495257	50832	65154.82	5082.76	2328.49	2754.27
1989	53706	35916	30265	2648	1770.65	197.7	160.25	37.45

续表 15-7-3-1

项目/数据/年度	调入（吨）		销售（吨）		销售金额（万元）	实现利税（万元）		
	计划调入	实际调入	销售总量	其中生产用盐		小计	其中利润	其中税金
1990	41840	38909	33572	2337	2419.68	229.03	171.52	57.51
1991	44367	35022	28159	3863	2350.98	229.36	169.58	59.78
1992	42200	36619	30185	3437	2801.07	258.24	186.30	71.94
1993	41260	37668	32153	2515	3237.28	256.91	175.71	81.20
1994	38180	37376	30014	4362	2661.94	312.61	150.01	162.76
1995	42580	32368	27668	1700	2962.39	275.59	120	155.59
1996	39220	34368	28119	3249	3393.03	210.03	85.16	124.87
1997	35990	33956	29477	1479	3657.78	198.63	63.35	135.28
1998	42450	32628	29500	3128	3922.74	281.85	100	181.85
1999	44590	34465	30062	4403	4256.41	273.66	90.37	183.29
2000	39871	32407	29228	3179	4428.14	254.40	78.94	175.46
2001	41660	31764	29210	2644	4963.70	336.14	108	228.14
2002	42536	28839	26442	2396	4954.33	364.77	97.3	267.47
2003	43550	28649	26581	2068	5691.12	451.28	120	331.28
2004	44650	31105	28464	2641	5525.15	431.88	152	279.88
2005	44750	28932	26149	2783	6158.43	620.52	300	320.52

1989—2005 年郴州市（地区）盐务局（盐业分公司）主要负责人名录

表 15-7-3-2

单 位	姓 名	职 务	任职时间
郴州地区盐业公司	刘定华	经 理	1986.02—1991.04
郴州地区盐业公司	唐桂生	经 理	1991.05—1994.12
郴州地区（市）盐务局（盐业分公司）	田宜香	局长（经理）	1995.01—1997.08
郴州市盐务局（盐业分公司）	康云彪	局长（经理）	1997.08—2002.12
郴州市盐务局（盐业分公司）	周连芝	局长（经理）	2003.01—

第八章 对外贸易

第一节 出口贸易

一、收 购

1989—1995 年，郴州地区对外经济贸易公司按照地区计委和外经贸委确定的收购种类和数量收购出口商品，实行“出口供货额”和“利润额”目标管理。

1989 年，地区外贸公司收购出口商品共八大类 70 多个品种。食品类：大米、腊味、蜂蜜、莲子、干椒、香菇、鸡、鸭、鹅、泥蛙、柑橘、西瓜、蕃茄、冬笋、皮蛋、土豆、金橘、板栗等。土畜产品类：生猪、牛、羊、明胶、篙竹、土纸、茶枯、山药、栀子、蓼叶、皮胶、观赏鸟、竹制品、山苍子油、药材、麻袋、麻纱、烤烟、猪皮革、鸭毛、兔毛、猪肠衣、杂皮等。茶叶类：红碎茶等。轻工类：白板纸、条纹纸、书写纸、瓷灯座、玻璃制品、劳保手套、皮鞋、床单、内衣、木制家具、塑料底鞋等。工艺品类：龙须草席、瓷器等。五金机械类：五金工具、公路机械、石墨电极、沥青洒布车等。化工类：肝素钠、酒石酸、磷硅酸钠、电石、钼酸铵等。矿产品类：钨砂、磷石、软锰粉、钼、锡砂、锡锭、石墨、锌锭、金属砷、铋等。1990 年，外贸收购产品在上年八大类的基础上增加纺织品和医疗用品类。1991—1992 年又增加苎麻类产品。1993—1996 年，收购品种减少，不再收购茶叶、医疗用品、苎麻类产品。1997 年以后，出口商品由个体和民营企业收购。

其间，郴州市人民政府（地区行署）允许专业性和综合性外贸公司实行内贸、外贸一体化经营（国家有特殊规定的商品除外），并给予补贴；对外贸、工贸公司出口商品所实现的利润免征所得税。各外贸公司利用本地资源优势，加强锡砂、锡锭、石墨、茶枯、床单等 17 个拳头产品的收购，收购总量持续上升。1989 年，全区出口商品收购总额 6115 万元，获湖南省人民政府颁发的“出口创汇二等奖”。1992 年，全区出口商品收购总额增至 1.28 亿元，首次突破亿元大关。1996 年，全市出口商品收购总额达到 6.23 亿元，比 1989 年增长 10.2 倍。1989—1996 年，全市（地区）出口商品收购额累计 19.43 亿元，年均递增 28.02%。

二、出 口

（一）自营出口

1989—1992 年，郴州地区对外经济贸易公司均无进出口经营权，只将自己收购的产品，委托省内外有进出口经营权的公司代理出口。1989 年，郴州委托代理出口创汇 48.03 万美元，其中临武县外贸公司委托耒阳侨谊公司代理出口锌精矿 180 吨，创汇 8.53 万美元；永兴县毛巾厂委托广东省外贸公司出口毛巾创汇 39.5 万美元。1990 年，郴州地区烟草专卖局委托湖南省烟草公司向菲律宾、马来西亚出口烤烟 110.88 吨，创利 69.14 万元人民币。郴州卷烟厂委托湖南省烟草公司出口卷烟至东欧和东南亚地区，创汇 40 万美元。

1993 年，郴州地区对外经济贸易公司获进出口经营权。是年，全区自营出口商品 70 个品种，创汇 1020.69 万美元，首次突破 1000 万美元大关，同比增长 46.41%。1995 年，桂阳县外贸公司获进出口经营权。桂阳县外商独资企业郴州钟明电缆有限公司、中外合资企业郴州骑田石墨碳素有限公司等企业自营出口创汇 90.2 万美元，其中石墨球、电线、电缆等产品出口到韩国、日本，并销往中国香港地区。1996 年，全市外贸商品出口扩大到越南、日本、缅甸、印度、印尼、巴基斯坦、伊朗、德国、荷兰、瑞典、英国、美国、澳大利亚、新西兰等 10 多个国家并销往中国香港、澳门、台湾地区，自营出口创汇 2189 万美元，同比增长 25.67%。

1997 年，全市拥有进出口权的单位增至 21 家，开展进出口业务的 18 家。出口产品品种有粮油、食品、土产、轻工、纺织、工艺、五金、矿产、化工、机械产品和家电设备 11 大类 51 个品种。是年 9 月，郴州组团参加湖南省人民政府举办的第六届“湘交会”，选择 100 多种商品参展，签订出口合同 31 个，合同成交额 2343.5 万美元。1998 年，市外贸出口面临亚洲金融风暴，各出口企业及时调整经营策略，稳住亚洲市场，扩大欧洲市场，开拓非洲和拉美市场，与郴州保持贸易往来的国家和地区仍有 32 个，出口商品 65 种，其中新开发的商品 8 种。郴州公路工程机械厂研制的 TSAP-3000 型混凝土搅拌设备和 GLC80 改性沥青搅拌设备，以及郴州丰利金刚石公司开发生产的热压金刚石小圆锯片等，相继打入国际市场。是年，全市完成自营出口总额 1433 万美元。

1999 年，私营外贸出口企业异军突起，出口商品销往 34 个国家和地区，出口额占全市出口总额的 70% 以上。10 月，市人民政府组团参加中国进出口商品交易会，26 户有自营进出口权的企业参团赴会，与外商签订出口合同 22 个，总金额 1360 万美元。市对外经济贸易冶金公司、市公路工程机械厂、市工具厂、鲁塘石墨矿等 8 户企业，被市人民政府评为出口创汇先进单位。2000 年，全市外贸企业对 37 个国家（地区）出口商品 12 类 60 种。出口商品由以农业、轻工业产品为主转向以矿产品为主，石墨产品占全部出口额的 41.4%。

2001 年，郴州新技术产品出口大增，出口国家和地区增加到 38 个。怡丰（郴州）锡业有限公司研发的“牛头牌”锡锭，在英国伦敦金属交易市场注册、挂牌，开全市金属行业商标在国际市场注册之先河。郴州“通达石墨棒”出口价格大幅提高。美国竹皇公司从桂东县竹业集团购入竹地板价值 80 万美元，是年，全市外贸出口创汇 3887 万美元，同比增长 59.96%。

2002 年，郴州一批高新技术产品打入国际市场，郴州金箭焊料有限公司研制的“金箭牌”无铅焊锡丝远销日本。全年高新技术和高附加值产品出口创汇 3500 万美元。1999—2002 年，郴州卷烟厂出口至美国和瑙鲁卷烟 2.75 万箱，创汇 151.17 万美元。

2005 年 6 月，国务院批准郴州建立湖南省首个国家级出口加工区，一批生产电子信息产品和新型材料的产业项目落户郴州，带动全市出口产品优化升级。郴州出口加工区、郴州经济技术开发区、郴州有色科技工业园、郴资桂经济一体化区域成为全市外贸出口基地。以银制品驰名的永兴县成为全省十大出口基地之一。市人民政府组织有关部门和单位参加第十三届坎帕拉国际贸易展、印度孟买中国商品展、马来西亚中国商品展、东盟博览会、迦沙中国商品节等外贸活动，推动本市资源优势、产业优势与国际市场相结合。是年，全市自营出口创汇 2.47 亿美元，高新技术产品出口占出口创汇额的 60% 以上。

（二）加工补偿贸易

郴州开展“三来一补”对外贸易始于1984年。1989年后，郴州发挥毗邻广东和港澳地区的区位优势，着力将郴州办成承接广东“三来一补”产业基地。1990年，郴州市（北湖区）、郴县（苏仙区）、永兴县、桂阳县、嘉禾县、汝城县等地经济技术开发区承接一批来料来图加工业务，客商多为中国香港、台湾商人，加工品种有服装、石材、工艺品、铸铁件、绣制品、针织品等10多个品种。1994年，全区兴办“三来一补”企业13户，生产项目10个。1989—1994年，全区签订“三来一补”合同30个，收工缴费177万美元。

1995年5月，省人民政府将资兴市东江开发区定为湖南省“三来一补”产业基地，给予资兴市人民政府300万美元的项目审批权。6月，时为湖南省最大的来料加工项目郴州东江嘉兴针织厂竣工投产，项目总投资500万元人民币，安置就业1000人，年产羊毛衫、服装15万打。是年，宜章、嘉禾等县市也与台商、港商合作兴办一批“三来一补”企业。1996年，郴州城前岭、资兴东江、嘉禾珠泉、宜章南京洞等省级“三来一补”加工基地，签订“三来一补”合同27个，收工缴费1097.75万美元。

1999年，郴州市委、市人民政府督促有关部门落实国家有关鼓励发展境外加工贸易的优惠政策，优先为加工贸易企业提供中长期贷款，加工贸易所获利润予以优惠待遇，设备、技术、零配件、原材料出口收汇均享受退税优惠。2005年，全市有加工补偿贸易企业12户，收工缴费1330万美元。

第二节 进口贸易

1989—1992年，郴州地区进口物资，经国家和省有关部门批准之后，委托有进出口权的对外经济贸易公司组织进口。1993年，郴州地区对外经济贸易公司等企业陆续取得自营进出口权后，根据本地经济建设需要自行组织进口。进口物资有机械设备、汽车、钢材、服装、化工产品、家用电器、卷烟、食品、原粮、药品等，主要来自美国、日本、德国、英国、荷兰、澳大利亚、加拿大、意大利、俄罗斯、东欧等国家以及中国香港地区。1994年，全区进口额1119万美元，其中郴州卷烟厂进口的一组德国产香烟卷接机，价值183万美元。

1995年，郴州卷烟厂与香港真兴实业有限公司签订贸易合同，香港真兴公司向郴州卷烟厂提供价值500万美元的德国虹霓公司制造的PROTOS70型香烟卷接机2组、意大利GD公司制造的GOX-1香烟包装机1组。是年，全市进口额719万美元。1999年，全市进口物资有矿产品、化工产品、机械设备、纺织品、汽车、医疗器械、家用电器、航空器8大类500余个品种，进口额170万美元。2000年，全市进口额较少，仅36万美元。2001年，全市进口额186万美元，其中进口最多的是建筑机械、车辆、机电产品，进口最少的是化工类产品，仅80美元。

2002年后，全市进口物资增加光学仪器、医疗器械类，包括摄影机、定影机、X射线测照器、胸腔机、阴道探照仪、心脑血管仪等。

2005年，全市进口物资总额1557万美元，为1995年的2.12倍。

1989—2005 年郴州市（地区）外贸进出口额统计表

表 15-8-2-1　　单位：万美元

项目 年度	出口创汇额	进口贸易额	进出口总额
1989	48.02	—	48.02
1990	82.40	—	82.40
1991	203.64	—	203.64
1992	673.15	—	673.15
1993	1020.69	—	1020.69
1994	1212	1119	2331
1995	1749	719	2468
1996	2189	488	2677
1997	1470	67	1537
1998	1433	296	1729
1999	1839	170	2009
2000	2436	36	2472
2001	3887	186	4073
2002	4501	1669	6170
2003	7049	2690	9739
2004	15466	1236	16702
2005	24657	1557	26214
合计	69915.9	10233	80148.90

说明：1989—1993 年出口额为外贸系统业务统计数，1994 年后出口额为海关统计数

1989—2005 年郴州市（地区）对外经济贸易机构主要负责人名录

表 15-8-2-2

单 位	姓 名	职 务	任职时间
郴州地区对外经济贸易委员会	张 杰	主 任	1982.01—1990.03
郴州地区对外经济贸易委员会	李清生	主 任	1990.03—1995.05
郴州市对外经济贸易委员会	李查荣	主 任	1995.05—2001.10
郴州市对外经济贸易局	李朝晖	局 长	2001.10—2004.12

第三节　检验检疫

一、进出口商品检验

1992 年 5 月，中华人民共和国郴州进出口商品检验检疫局成立，是年，进出口商品检验 260 批次，

货值670多万美元。此后，郴州随着外向型经济的发展及经济社会发展需要，进出口商品增多，接受检验的批次货值逐渐增加。1994年，进出品商品检验增至1235批次、货值2331万美元。出口商品品种增至20多个，主要有石墨、金属硅、锡锭、金属砷、三氧化二砷等，进口商品主要是医疗设备及纺织品等。2000年后，进口商品检验主要是机械设备、医疗器械及矿产品；出口商品以矿产品及有色金属产品为主。

1992—2005年，郴州进口商品检验462批次，货值1.2亿美元；出口商品检验21914批次，货值6.9亿美元。

二、动植物检疫和卫生检疫

郴州出入境动植物检疫和国境卫生检疫工作始于2000年。

2000年1月，郴州出入境检验检疫局开始开展郴州供港活大猪检验检疫工作，活大猪是郴州大宗出口农产品。郴州进出口商品检验检疫局每年组织1~2次疫情抽样监测，指导猪场制定和落实防疫措施，防止生猪猪瘟、五号病、蓝耳病等疫情发生，严禁猪场使用违禁药物和饲料。2001—2003年，郴州出入境检验检疫局采取现场检疫监管的方式，对供港活大猪进行检验检疫。从2004年起，活大猪检疫以加强猪场日常免疫监管为主，现场检疫监装（装车）为辅。2000—2005年，共检验检疫供港活大猪2166批17.96万头。监管情况表明，郴州供港活大猪无大疫，也未发现因使用违禁药物致检验结果呈阳性的情况。

2000—2005年，郴州出入境检验检疫局严格动植物检疫和外贸商品卫生检疫，共开展动植物检疫148批，货值450.75万美元，主要商品为出口竹木地板。卫生检疫共检疫集装箱2065标箱，均未发现病疫。

1989—2005年郴州出入境检验检疫局主要负责人名录

表15-8-3-1

单 位	姓 名	职 务	任职时间
郴州进出口商品检验检疫局	王兴利	党组书记、副局长（主持工作）	1992.05—1996.02
郴州进出口商品检验检疫局	熊裕庆	党组书记、副局长（主持工作）	1996.02—1997.02
郴州进出口商品检验检疫局	杨 文	局 长	1997.02—1999.11
郴州出入境检验检疫局	杨 文	局 长	1999.11—1999.12
郴州出入境检验检疫局	李庚英	局 长	1999.12—2003.03
郴州出入境检验检疫局	杨定国	局 长	2003.03—

第四节 海关监管

一、进出口货物与加工贸易监管

1992年前，郴州地区进出口货物须到长沙、广州等地办理报关手续，不适应郴州外向型经济的发展。1992年5月，长沙海关驻湘南监管组正式挂牌，负责郴州进出口货物的查验、征税以及加工贸易监管，郴州火车站确定为进出口货物查验监管场所。7月8日，宜章县宜发塑胶制品有限公司申报进口来料加工货物报关单，货值12万元港币，为郴州报关第一单。是年，查验监管进出口货物2033吨，货值655万美元。1992年12月28日，经长沙海关批准，湘南监管组更名为长沙海关驻郴州监管组。1995年，郴州监管组启用H883PC电脑报关自动化系统，实现审单、征税、统计一条龙作业。此后，郴州监管组利用现代科技实现与全国海关通关系统联网。

1997年12月28日，长沙海关驻郴州监管组更名为衡阳海关驻郴州监管组。

1996年5月，郴州监管组新增贸易审批职能。

1998年3月，郴州监管组制定《关于转关运输及关封管理细则》，明确进口货物转关申报审核、出口货物转关申报审核和关封制作要求。是年6月，郴州监管组经严格审核，同意郴州鑫泉冶炼厂从印度尼西亚转关进口铅锌矿3万吨。

2001年，郴州市经海关审批从事加工贸易出口的企业有郴丰鞋业公司、嘉玛服饰公司、俊丰印染公司等6家。2005年，全市对外加工贸易企业发展到12户，主要从事纺织印染、体育用品、黄麻制品、鞋业、服装等产业，加工贸易货运量、报关数量占监管组业务的一半以上。

2005年6月，国务院批准郴州设立以电子信息产品、精密机床和新型材料为主的国家级出口加工区。是年，郴州出口加工贸易备案金额1197万美元，实际出口金额2052万美元，创历年新高。1992—2005年，郴州进出口货物量210.5万吨，货值7.98亿美元。

1992—2005年郴州海关监管机构办理进出口货物统计表

表15-8-4-1

年度＼项目	进出口货物量（万吨）	货物总值（万美元）	年度＼项目	进出口货物量（万吨）	货物总值（万美元）
1992	0.2	655	2000	5.2	2472
1993	0.3	1020	2001	16.1	4073
1994	0.6	2331	2002	27.4	6170
1995	0.6	2468	2003	31.1	9739
1996	0.7	2676	2004	50.9	16702
1997	0.3	1537	2005	71.6	26214
1998	4	1729	合计	210.5	79795
1999	1.5	2009	—	—	—

说明：进出口总值按当年价计算

二、关税征管

衡阳海关（长沙海关）驻郴州监管组根据国务院颁布的《中华人民共和国进出口关税条例》，履行关税征管职责，对应征、应税和出口退税商品进行查验，对出口退税报关的审批实行严格管理。2002年7月，郴州高等师范专科学校从德国进口红外光谱议1台，价值2.65万美元，经报关查验予以免税。1992—2005年，郴州监管组共征收海关关税1236.8万元人民币，其中关税584.2万元人民币，代征税652.6万元人民币。

1992—2005 年郴州海关监管机构征收关税、代征税统计表

表 15-8-4-2

单位：万元（人民币）

项目 年度	关税	代征税	合计	项目 年度	关税	代征税	合计
1992	36.4	—	36.4	2000	55.5	29	84.5
1993	64.5	—	64.5	2001	49.6	53	102.6
1994	31.1	12.2	43.3	2002	45.7	123.7	169.4
1995	41.3	32.6	73.9	2003	12.8	69.8	82.6
1996	50	35.6	85.6	2004	13.8	33	46.8
1997	47.7	42.8	90.5	2005	54.5	158.5	213
1998	39.7	27.1	66.8	合计	584.2	652.6	1236.8
1999	41.6	35.3	76.9	—	—	—	—

三、外贸企业报关注册

1997 年，长沙海关驻郴州监管组实行外贸企业报关注册备案制度。凡有进出口经营权的企业和“三资”（中外合资、中外合作、外商独资）企业，持有效批文、单证向海关申报，3 个工作日内即在海关有关业务部门完成注册登记手续。是年 1 月，资兴市对外经济贸易总公司成为郴州第一家在海关办理注册登记手续的国有企业。4 月，湖南（郴州）金旺铋业股份有限公司成为郴州第一家在海关办理登记注册手续的私营企业。郴州监管组对外贸企业实行“信得过企业”“信誉良好企业”目标管理，达标企业实行“窗口验放”，即对其进出口货物申报后不须进行现场查验，或由义务监管员查验后放行，加快通关速度及方便货主。

从 1999 年 10 月 1 日起，郴州监管组对登记在册的外贸企业实行分类管理，建立企业档案，实行等级规范化管理。是年，郴州中南纸业有限公司被批准适用 C 类管理。2003 年 5 月，俊丰纺织印染（郴州）有限公司经长沙海关审批，成为郴州市第一家外贸 A 类企业。

从 2005 年 6 月 1 日起，郴州监管组根据海关总署命令，对外贸企业不再实行年审，改为三年换证制度，凡超过三年未办理换证手续的，原“注册登记证书”自动失效。至 2005 年末，郴州监管组累计注册郴州外贸企业 107 户，按海关级别分类：A 类 2 户、B 类 105 户；按产权性质分类：国有企业 12 户、“三资”企业 51 户、集体企业 2 户、私营企业 41 户、其他企业 1 户；按行业分类：农林牧渔业 15 户、采矿业 10 户、制造业 55 户、交通运输业 3 户、信息传输和计算机服务及软件业 11 户，其他行业 13 户。

1989—2005 年海关驻郴州机构主要负责人名录

表 15-8-4-3

单 位	姓 名	职 务	任职时间
长沙海关驻湘南监管组	蒋天锡	负责人	1992.05—1993.03
长沙海关驻湘南监管组	熊松海	副组长	1992.05—1992.12
长沙海关驻郴州监管组	黄晓果	副组长	1992.12—1995.01

续表 15-8-4-3

单 位	姓 名	职 务	任职时间
长沙海关驻郴州监管组	伍祥刚	副组长	1995.01—1997.01
长沙海关驻郴州监管组	杨 波	组长	1997.01—1998.12
衡阳海关驻郴州监管组	刘自力	组长	1999.02—2000.12
衡阳海关驻郴州监管组	黄扬声	组长	2000.12—2005.01
衡阳海关驻郴州监管组	金树柏	组长	2005.01—

第十六篇

旅游业·服务业

锦绣中华，别样郴州。神奇秀丽的自然景观，深远厚重的人文积淀，成就郴州得天独厚的旅游资源。郴州开发和尚未开发的具有观瞻价值的自然、人文景观达400余处。

1987年，郴州地委、行署适时组建郴州地区旅游局，把发展旅游业提上议事日程。1988年后，全区各级政府加大资金投入，先后修缮苏仙岭、北湖公园、万华岩风景区等一批久负盛名的景区景点。同时，着力开发东江湖风景区、五盖山国际狩猎场、莽山森林公园、王仙岭风景区等一批新景区景点，修缮建设邓中夏故居、宜章年关暴动指挥部旧址、湘南起义纪念塔、工农红军在桂东革命活动纪念馆等一批革命纪念地。苏仙岭风景区、北湖公园、万华岩风景区、东江湖风景区被列为“省级风景名胜区”；莽山森林公园、八面山分别被命名为“国家森林公园”“国家级自然保护区”。

1995年5月，郴州撤地设市后，中共郴州市委、市人民政府把发展旅游业作为郴州经济新的增长点。市委、市人民政府主要领导带队对全市旅游资源和旅游业进行全面深入调查研究，同时赴周边省市进行考察，认识到郴州旅游资源丰富，开发潜力巨大，主要问题是缺人才、缺资金、缺知名度。1996年1月，市委、市人民政府作出《关于加快郴州旅游业发展的决定》，决定大力引进和培养旅游业人才，鼓励集体、个人齐参与，内资、外资一起上，多元投资办旅游，使旅游业成为郴州第三产业的龙头产业。从1997年起，郴州每1~2年举办一届大型的“一节一会”（旅游节，经贸洽谈会）活动，采取“旅游搭台，经贸唱戏”的办法，招商引资，加强旅游基础设施建设，促进郴州经济发展，提高郴州的知名度。1997年8月30日至9月1日，首届“中国·郴州山水旅游节暨经贸洽谈会”取得圆满成功，美国、加拿大、新加坡、韩国、瑞士、日本、泰国等25个国家和中国香港、澳门、台湾地区的客商、朋友云集郴州，共签约48个项目，合同引资2083.7万美元。是年，全市旅游基础设施建设投入2.3亿元人民币。

1999年7月，市委、市人民政府审时度势，作出《关于发展旅游支柱产业，创建中国优秀旅游城市的决定》，决定举全市之力，汇全民之智，实施“经济强市、生态大市、旅游名市”发展战略，将郴州建设成粤港澳的“后花园”。2001年，市委、市人民政府聘请由北京大学、首都商贸学院、湖南师范大学著名教授、专家组成的专家组为郴州制定建设旅游强市规划，编制旅游发展总体方案和中长期发展计划。全市旅游基础设施建设如火如荼，相继新开发飞天山国家地质公园、仰天湖风景区、龙华山风景区、龙女温泉、悦来温泉、板梁古民居、湘南起义纪念馆等一批各具特色的旅游景区（点）和旅游休闲健身场地。新建或改造苏仙宾馆、国际大酒店、万国大酒店、五连冠大酒店等一批旅游接待宾馆。2003年6月，郴州市顺利通过国家创建中国优秀旅游城市评审委员会评审。2004年1月8日，在全国旅游工作会议上，郴州市被授予“中国优秀旅游城市”牌匾和奖杯。是年12月，资兴市也被国家旅游局评为“中国优秀旅游城市”。

2004年，湖南省旅游局组织游客投票推选、专家考察评定“湖南省旅游百佳景点”，郴州的苏仙岭风景区、万华岩风景区、东江湖风景区等11个景区景点入选，入选数列全省市州第三位。

至2005年，市委、市人民政府共举办六届“一节一会”，承办湖南省旅游节安排在郴州的系列活动1次。组织有关部门“请进来”“走出去”宣传郴州，推介郴州，利用各种平台发布经济和旅游开发项目280多个，签约项目210多个，其中引进资金64亿元人民币投入景区景点建设，创建了郴州独具特色的山水生态游、漂流探险游、休闲度假游、温泉健身游和红色文化游多个旅游品牌。郴州常年对外开放的旅游景区景点80多个，其中国家A级、AA级、AAA级、AAAA级风景名胜区计8个，国家森林公园2个，国家级自然保护区1个，国家地质公园1个，国际狩猎场1个，省级风景名胜区2个，省级旅游度假区3个，市级旅游度假区1个，名胜古迹、古村落及仿古建筑40多处，革命纪念地和革命纪念建筑26处。开发市内游及周边省市游线路769条。2005年全年接待国内外游客631.4万人次，比1995年增长9.5倍，年均增长26.51%；旅游综合收入42.2亿元，比1995年增长近13倍，年均增长30%。旅游综合收入占当年全市国内生产总值的8.83%。

郴州旅游业的快速发展也带动了第三产业的繁荣。2005年，全市共有宾馆、酒家、旅店1500多家，其中涉外星级宾馆30家；旅行社33家，其中国际旅行社1家；专职旅游车船队8支。全市从事旅游业服务人员1.8万人。

第一章 旅游业

第一节 旅游资源

一、自然景观

（一）名山

苏仙岭 位于郴州市城东。苏仙岭原名牛脾山，又名马岭山。传说西汉文帝三年（177），识百药、通医道、造福乡里、孝顺母亲的苏耽在此修道成仙，皇帝敕封苏耽仙号——苏仙，人们便将牛脾山改名苏仙岭。苏仙岭主峰海拔526米，景区面积2.75平方千米，游览面积1.22平方千米，自古有“天下第十八福地”“湘南胜地”之美称。山上有白鹿洞、升仙石、望母松等“仙”迹；有“三绝碑”“八字铭”“跨鹤图”等10余处摩崖石刻，出自古名家之手，艺术价值极高，为国家重点文物保护单位；还有飞升亭、秀峰亭、报春亭等亭台楼阁，散落万绿丛中，各成妙景。从山麓到山顶有郴州旅舍（秦少游纪念馆）、苏母居、桃花居、白鹿洞、三绝碑、景星观、沉香石、苏仙观、屈将室等40余处景点。1987年2月18日，湖南省人民政府将苏仙岭列为首批“湖南省风景名胜区”。2001年，苏仙岭被评为“湖南省文明风景旅游区示范点”。2002年10月，苏仙岭被国家旅游局评定为AAAA级旅游景区。“苏仙传说”列入国家级非物质文化遗产名录。

飞天山 原名天飞山，距郴州市城区20千米，总面积110平方千米，已开发近40平方千米，属典型的丹霞地貌。景区奇峰耸立，沟壑纵横，由48谷、9寨、4坦（洞穴）、3庙、2江和1泉构成，集山异、水美、林绿、石奇、洞幽、佛秀为一体的独特的自然人文景观。明代大旅行家徐霞客曾在《楚天日记》中点赞飞天山：“江口诸峰，俱石崖盘立，无寸土不丽、无一山不奇……”并在石崖上镌刻“寸土佳丽”四字。飞天山主要景点有飞天美人、飞天云梯、飞天悬棺、飞天壁画、神仙寨、猫王寨、老虎寨、喻家寨、铁鼎寨、九龙水寨、穿坦、黑坦、石佛寺、洗心池、聚仙台等30余处景点。2001年，飞天山被国土资源部批准为国家地质公园。

莽山 位于郴州市宜章县境内，距郴州市城区130千米，总面积200多平方千米，森林覆盖率高达99%，是目前世界亚热带原始次森林、常绿阔叶林保存最完好、最具代表性的林区。莽山生长有花植物1500多种，木本植物700多种，其中属国家一级保护珍稀植物5种；有野生动物麂鹿、水鹿、黑熊、林麝、鼯鼠、猕猴、鹰嘴龟、石蛙、寒鸡、相思鸟等近300种，其中雪豹、黄腹角雉、梅花鹿、金猫、蟒蛇、烙铁头蛇等属国家一级保护动物。中外专家称莽山为“天然动植物博物馆”和“生物基因库”。1992年，莽山被林业部批准为国家森林公园，1994年被国务院批准为国家级自然保护区。由于森林覆盖率高，莽山年平均气温17.2℃，每立方厘米空气负离子含量高达106900个，是优质的“天然氧吧”。莽山地势由东南向西北倾斜，相对高差大，一般为500米~800米，最高差达1400米。

山中岩石经过亿万年风雨侵蚀，风化成形态各异的石块，如金鞭神柱、将军石、童子拜观音、木鱼石、蛤蟆石、罗汉打坐等，形象逼真、栩栩如生。莽山美景还有飞流直下千尺的鬼子寨瀑布、雄踞两山之间的南天门、端庄文静的“三姐妹”石、傲然屹立的摩天岭、风清月朗的夹水风光、高山草原浪畔湖、人工打造的“高峡平湖”、神秘莫测的猴王寨等景点105处，其中一级景点45处。

五盖山 位于郴州市苏仙区大奎上乡境内，距郴州市城区约45千米，总面积达80平方千米。五盖山主峰耸立，直插云霄，峰顶四季被云、雾、雨、露、冰雪所盖，故称五盖山。山间沟壑纵横，森林茂密，古木参天。林中有麂鹿、水鹿、黑熊、林麝、鼯鼠、猕猴、野猪、野兔、鼬獾、大灵猫、小灵猫、青羊、鹰嘴龟等130多种野生动物。1989年3月，经郴州地区计委批准，郴县人民政府开办五盖山狩猎场，开展导猎员培训。1992年9月试猎成功，10月底正式对外营业。1993年3月，林业部将五盖山狩猎场命名为“五盖山国际狩猎场”。五盖山国际狩猎场划分为封闭式狩猎区和开放式狩猎区。封闭式狩猎区面积100公顷，设六个狩猎站，配备导猎员、猎犬和狩猎用具。五盖山国际狩猎场还有点仙石、凤仙池、对联台、观日台、风林庵等20余处景点。

八面山 位于桂东、资兴、炎陵三县市交界处，并延伸到汝城县境，总面积43平方千米，核心保护区24平方千米，主峰海拔2042.1米，为湘南第一高峰。八面山拥有亚洲最大、世界第二的银杉群落。山上珍贵树种有南方铁杉、红豆杉、三尖杉、香榧、银杉、银杏、金叶白兰、亮叶水青，还有全国罕见的面积达33.3公顷的穗花杉纯林。野生动物有金钱豹、短尾猴、水鹿、毛冠鹿、獐、黄麂、果子狸、猫狸等。八面山风景优美，气候宜人，是旅游、休闲、开展夏令营活动的理想场所。

龙华山 位于郴州市永兴县城南3千米处的便江江畔，面积2.69平方千米。景区内有龙华寺、大明寺、鹅公寨塔、穿坦、丹霞蜂窝岩、临江亭等景点。进入景区，满眼苍松翠柏，郁郁葱葱，楼台亭阁，交相辉映。龙华寺等古建筑飞檐翘角，雕梁画栋，镂花门窗，雕琢石栏，古色古香。龙华寺建在黑坦（当地百姓称此山洞为黑坦）内，寺门门联上书：龙山地攒三湘秀，华岳峰钟五岭灵。寺门两边石柱上，金龙缠绕，栩栩如生，为曾参加建设北京人民大会堂的民间老艺人李顺乾雕刻。寺内大厅墙壁，左绘“八姐游春”，右画“屈原吟咏”，工笔细腻，出神入化。寺前大榕树，苍劲挺拔。出寺登高，俯视江面，百舸争流，景象万千。1996年3月，全国丹霞地貌研究开发学会会长黄进教授来此考察时，挥笔写下“诸事纷繁未获闲，融融春日到湘南。天涯何处觅幽境，尽在便江黑坦间”的诗句。

天鹅山 位于资兴市东江湖东北面，距郴州市城区约80千米，总面积200余平方千米。天鹅山海拔1085米，站在山顶可鸟瞰东江湖。山间有原始次生林1340公顷、速生丰产林600公顷、竹林330公顷，森林覆盖率达99%。天鹅山自然景观众多，有天下堡瀑布、濂溪口夕阳、鲤鱼跳龙门等。天鹅山大桥、天鹅山瞭望台、天鹅山种子园、天鹅山钓鱼长廊等人造景点如锦上添花，使天鹅山更加美不胜收。1992年8月，天鹅山被林业部批准为“国家森林公园”。

仰天湖 位于北湖区永春乡境内，距郴州市城区约60千米。仰天湖风景区实际以山为主。景区海拔1430米，面积40平方千米。景区内有一山塘，面积约2公顷，位处高山之间而得名“仰天湖”。湖底有泉水涌出，称浪井或潮井。湖水清澈，有鱼虾繁殖和鸟类栖息。湖周围是茫茫草原，面积约15平方千米。《舆地记胜》载：“黄岭山上有浪井，三日一涌。”明吏部左侍郎郴人何孟春作《黄岭叠翠》一诗，云：“潮井春深垂帝东，仰天秋净浴芙蓉。”仰天湖风景区有南方难得的草原风光，有迷魂谷、天湖三峡、无极峰、天柱峰、十里杜鹃、平头寨、箭台山、玉兔飞湖、天鹅下蛋等自然景观，以及东林庵、解秽堂、龙堂庙、金仙陵等人文景观。仰天湖风景区西南远处冈峦起伏，酷似一仰卧巨佛。巨佛面朝东北，秀眉轻扬，两眼微闭，双唇微张，五官惟妙惟肖。日落西山之时，佛身跃动，光芒四射。每逢农历六月初六，周边城乡赶来烧香拜佛、观光游玩者数千人。

汝城天柱山 汝城县城东5千米处，有两座山峰直插云霄，似顶天立地的柱子，人称“天柱山”。两峰间有溶洞多处，名曰“天柱岩”“清风岩”“弧石岩”等，岩洞内怪石嶙峋，尤以“仙人石”“犀牛石”“金鸡石”最为奇特。峰顶有“入云轩”“弈棋亭”等古建筑遗址。

临武舜峰山 位于临武县城西1.5千米，原名千仞山。传说舜帝南巡时，曾驻跸山下，山因此得名。后人建舜帝庙于山顶。南宋咸淳二年（1266），僧人青峰建资福寺于山腰。元顺帝至正四年（1344）和明世宗嘉靖十三年（1534）两次修葺舜帝庙。1958年，寺庙被毁。舜峰山东、西、北三面悬崖峭壁，南有一小径通山顶。山顶平衍，面积约二亩，有“舜峰晚眺”和“斜倚欲坠”两座巨石。“舜峰晚眺”为临武八景之一。

宜章石虎山 位于宜章县西南浆水乡境内，距县城25千米。石虎山山势陡峭，形如虎踞。山上有武陵祠、福惠泉、会仙洞等众多景观。武陵祠为纪念唐代都统黄师浩而建。祠前矗立一座三拱门牌坊，牌坊正上方是御赐武陵侯匾，匾额下方有八仙雕像。1928年1月，朱德、陈毅发动宜章年关暴动时，路过此山，亲赴武陵祠观瞻。1965年，陶铸到宜章视察工作，也曾专程到此游览。

（二）秀水

北湖 位于郴州市城区中心的国庆北路旁，湖水面积12公顷，湖面碧波荡漾，园内花草、亭台交错，为郴州八景之一。唐贞元21年（805）春，唐代著名文学家韩愈从广东阳山到郴州待命，时任郴州刺史李伯康邀韩愈泛舟北湖，在湖中一亭子叉鱼作乐，韩愈在亭中作《叉鱼招张功曹》一诗。后人为纪念韩愈，将此亭取名为“景韩亭”，后又改名为“叉鱼亭”。与韩愈同时代的另一位大文学家柳宗元贬谪永州时，也曾游北湖，作《和杨尚书（于陵）郴州追和故李中书（吉甫）夏日登北楼十韵之作》诗一首。

东江湖 位于资兴市西南部，距资兴市城区8千米。20世纪80年代初，国家在东江资兴段修建东江水电站，拦河筑坝，形成一座人工湖，湖区总面积150平方千米，蓄水量81.2亿立方米。东江湖四面群山环抱，湖面烟波浩渺，湖水晶莹清澈，港湾交叉纵横，岛屿星罗棋布。1991年3月，东江湖风景区被列为省级风景名胜区。1996年，被游客评选为最佳旅游目的地，“东江漂流”被评选为最佳旅游专项活动。1997年、1998年和2001年，东江湖风景区连续被湖南省旅游局评为最佳旅游景区（点）。2002年11月，东江湖风景区被国家旅游局评为AAAA级旅游区。2004年，东江湖风景区被湖南省旅游局评为“最佳等级旅游区（点）”。东江湖主要景点有东江湖、兜率岩、龙景峡谷、雾漫小东江、猴古山瀑布、大坝奇观、拥翠峡、果园风光、“五岛一村”休闲度假村等。

爱莲湖 位于郴州市城区郴江河畔，是一座人工湖，占地近10公顷，其中，湖面面积4公顷，2001年建成。爱莲湖风景区以宋代理学家周敦颐所著《爱莲说》为主题，以展示郴州历史文化积淀，弘扬廉政文化，重现湘南古民居建筑特色。爱莲湖主要景点有：爱莲湖、爱莲坊、元公坊、濂溪书院、大殿、戏台、清风桥等。

便江 位于郴州市永兴县境内。便江上承东江，下启耒水，长47千米。河道平直宽阔，最深处50米，最宽处360米，水质清澈，四季可通航，自古以来是湘南一条水上要道。便江风景区以丹霞地貌、便江风光、宗教文化为特色。主要景点有“一线天”、丹霞蜂窝岩、丹霞穿窦、三僧石、侍郎坦、南天赤壁、象鼻山、五里翠屏、鳄鱼戏水、雏鹰山、千年古樟、金龟献寿等自然景观；有龙华寺、大明寺、观音岩、侍郎题刻、三侯祠等人文景观。唐代张九龄、王昌龄、杜甫、韩愈、柳宗元、刘禹锡，宋代秦观等著名文学家、思想家及众多文人墨客都曾泛舟便江。韩愈两次贬谪南迁，都是逆便江上郴州。有一次便江涨大水，韩愈被阻上岸，避身山洞，在洞口悬崖题刻，至今留下“昌黎经此”四字。

（三）奇岩

万华岩 位于郴州市城区西南 12 千米，为仍处于发育中的大型地下溶洞，属南方典型的喀斯特溶岩地貌。1979 年开始开发，1987 年 5 月 1 日对外开放，1990 年列入第一批省级风景名胜区。洞口岩顶隐约可见南宋著名理学家张南轩题刻“万華岩”3 个大字。景区主要景点为大型地下溶洞，主洞探明 9 千米多，地下河已探明 8 千米多。已开放的主洞长 2245 米，宽度在 15~20 米，最宽处 110 米，高度在 10~20 米左右，最高处 30 米。有 12 个迷离怪异的大厅，23 个景点，3 个进出口。溶岩景观有石厅、石狮、石鹤、石树、石花、石钟乳、石笋、石幔、石田。有的像“水底龙宫”“瑶池果树”“鲲鹏展翅”“巨蟒捕食”；有的则如“观音坐莲”“玉女垂帷”“双鹤守洞”。尤以“水下晶锥”最为珍贵，为目前国内第二次发现，也是世界罕见的溶岩奇景。1988 年 3 月，中外联合溶岩考察队一行 12 人到万华岩考察，赞万华岩“可与世界所有漂亮的溶洞媲美，具有极高的岩溶科研、洞穴探险、旅游观光价值”。2000 年 10 月，中国科学院地理研究所教授、专家到万华岩考察发现的“石蛋生笋”，在世界尚属首例。2001 年，国土资源部批准万华岩景区为国家地质公园。2002 年，国家旅游局评定万华岩为 AAA 级旅游景区。

秀岩 位于临武县南强乡境内。岩下有多处石灰岩溶洞，洞内有神态各异的钟乳石群。宋、元、明、清历代文人墨客在此留下石碑石刻 27 处。2002 年，临武县人民政府立项开发，已完成寺院重建、溶洞观光、古道跑马、文人墨宝欣赏、登山赏月、文官亭和度假山庄、水上乐园、洞中垂钓等项目。

宜章三仙洞和法官坦 位于宜章县沙坪镇境内，距县城 15 千米。三仙洞游览区占地 100 公顷，集山景、石景、洞景于一体。三仙洞，传说是鹤仙、狮仙、龟仙闭门修炼之地。有一天，八仙之一的铁拐李仙游经此，三仙欲得大仙指点，争先恐后夺关而出，因洞口狭窄曲折，竟被撞成三个出口。三仙洞结构奇特，上下五层，层层迂回贯通。洞中有石人、石笋、石柱、石门、石扇、观音坐莲、摩天大厦等众多景观。法官坦与三仙洞相距 10 千米，洞长 5 千米，高数丈，宽丈余。洞中石人、石柱、石笋、石桥比比皆是，洞底流水、汩汩作响。

便江“一线天” 位于湖南省永兴县便江风景区，距永兴县城 18 千米，系一狭窄、幽深、陡峭、险峻的山谷。山谷长 340 米，高 50 多米，最宽处 3.6 米，最窄处仅 0.2 米，平均宽度不足 0.5 米。广州中山大学教授黄进先生认定：湖南永兴的“一线天”是全国最窄的山谷。旅游界称之为“天下第一缝”。“一线天”四周植被良好，苍松翠竹，流水飞瀑，与便江相映成趣。附近还有神秘的坦洞，怪异的“藤缠石”“石中树”。“一线天”是全国丹霞地貌之珍品，2004 年入选“湖南旅游百佳景点”。

宜章榜山石壁 位于宜章县城南。石壁起自五里冲，向南延伸至罗家观，全为红褐色。因石壁像一幅红榜，故称榜山石壁。壁下峡谷，弯曲如肠，称肠谷，是宜章县通往广东坪石的孔道。峡谷中竹木茂密，流水潺潺。出山谷，沿途多溶洞，洞口石壁上，古人留下多处崖刻。

郴侯寨石壁 位于资兴市蓼江镇程江南岸。《大明一统志》载：“汉昭帝封楚怀王孙（熊畅）为郴侯。”郴侯喜爱此地，建庵屏居，人称郴侯寨。寨内石壁耸立，有裂穴清泉，蹬峰天梯，庵舍楼阁。石壁下青松茂竹，流水潺潺。北魏郦道元所著《水经注》云：“绿水出县东侯公山。”“绿水”又名程水。程水酿酒，色绿味醇，愈久愈香。古桂阳郡置酒官酿于山下，名曰“程酒”。《郴州总志》载：“程乡有千里酒，饮之，至家犹醉。”今庵舍已倾圮，尚存青山石壁，裂穴清泉等景观。

七姊石 位于北湖区江口乡龙广洞村与保和乡宋家洞村交界处一山峰上。传说七仙女偷偷下凡，飘落到此。玉皇大帝派托塔天王和雷公爷请她们回天宫，七姐妹不从。托塔天王无奈，便施法力，将七姐妹变成七块巨石。人们就把它叫七姊石或七仙姑。七姊石中有六块在山顶，另一块挂在西北方向陡峭的半山腰上。山顶六石中，一石顶上有一井，井里常年有水，永不枯竭。人们从中取水饮用，水位不降，不饮不用，井水也不上涨溢出。半山腰那块独立的巨石上有块小石，酷似一俯卧小猴，双眼圆睁，注视着东南方，传说是七仙姑的仙猴。七姊石海拔1400多米，壁如刀削，巍峨挺拔。峰顶那六石互相依偎，向西倾斜，十分险峻。登上石顶，眺望远方，郴州城区、桂阳县城尽收眼底。明代，在山下建守仙庵。清乾隆年间，又在山腰建一庵，承接四方香火。

（四）灵泉

汝城温泉 汝城县境内有温泉5处，流量最大的为热水温泉，其次为罗泉温泉。热水温泉是中国南方水温最高、流量最大、水质最好、热田面积最大的温泉。水温一般为91.5℃，最高达98℃。流量达15000立方米/日。泉水无色透明，稍有硫化氢气味，为低矿物、低硬度、弱碱性矿泉水，含硅、钠、钾、钙、锂、硼、氟、氡等30多种对人体有益的微量元素。热水温泉福泉山庄温泉水"氡"的含量达到145埃曼，对不孕不育症有较好的辅助治疗作用。福泉山庄有泡池33个，其中温水池24个，冷水池9个，并设有800平方米的室内温泉游泳池一个，按摩理疗室13间。

天堂温泉 位于郴州市苏仙区许家洞镇天堂村，距郴州市城区11千米。天堂温泉水，采自地下800米深处，出水温度约58℃，日采量1万余立方米。泉水无色无味无沉淀，含有锂、锶、锌、铋、溴、碘、偏硅酸等多种对人体有益的微量元素。天堂温泉露天浴区，日式风格，园林建筑，有老中医指导调制的特色浴池25个、室内贵宾浴池两个。经常沐浴温泉水，有辅助治疗、美容养颜、强身健体作用。

龙女温泉 位于郴州市北湖区市郊乡铜坑湖村。温泉水来自地层深处，水质清澈透明，含丰富矿物质，水温40℃左右，可饮可浴。龙女温泉有度假别墅、度假酒店和四季皆宜的室内恒温泳馆、温泉泡池、按摩池以及温泉海浪浴、温泉SPA、温泉鱼疗等。龙女温泉景区主要景点有龙女祠、陷池塘、中华百福大鼎、省游泳跳水中心郴州训练基地等。

悦来温泉 位于郴州市永兴县悦来乡境内，是一座集温泉疗养、冷泉戏水、游乐、美食、会议和度假于一体的大型旅游度假区。度假区内有温泉和冷泉两股泉水，温泉出水温度55℃，冷泉常温16℃，温泉水中含有丰富的钠、钙、镁、氡、氯等矿物质。温泉浸浴对神经炎、糖尿病、肠胃病有明显疗效。冷泉戏水包括观冷泉瀑布、冷泉漂流、冷泉泳，是炎夏避暑之首选。度假区还有自旋滑车、空中巴士、空中飞人、高山滑车、飞龟等20多个机动游乐项目。

龙海温泉 位于安仁县龙海镇万田村境内。泉水源自山底岩洞，富含偏硅酸、氟、锶、硫磺等微量元素，洁净，透明，可饮。温泉浴采用流放式自然排放水，卫生安全无副作用。

圆泉 位于郴州市苏仙区坳上镇田家湾村会胜寺旁，距郴州市城区3千米。郴州古八景之一。泉水从石壁圆孔中流出，在地面汇成一个圆形水潭，故名圆泉。北魏郦道元所著《水经注》描述圆泉水："一边暖一边冷，冷处极清绿，浅则见石，深则无底，暖处水白且浊。"古人雅称之为"圆泉香雪"。圆泉水为优质矿泉水，水色晶莹，水质清醇，水味甘洌。用圆泉水沏茶，芬芳馥郁。据《万历郴州志》记载，唐代张又新作《煎茶记》，说"茶神"陆羽同李季卿评论水品时，把天下煎茶之水分为二十等，郴州圆泉水列第十八。南宋嘉定十年（1218），郴州知军万俟侣在泉水左上方的石壁上题镌"天下第十八泉"六字。

嘉禾珠泉 位于嘉禾县城内，因泉水如"唾珠滴玉"而名。泉水从泉底沙砾中涌出，似串串珍珠，此起彼伏，连绵不绝，酷似筛米，俗称"米筛井"。泉水清澈如镜，游鱼可数。每逢皓月当空，水月交映，俨如一轮明月涌出，故称"珠泉涌月"，为嘉禾古八景之一。珠泉水质地清醇，清甜可口。用之酿酒，香醇；做豆腐，鲜嫩；烹饪，饭菜鲜美；洗衣服，清亮柔软。夏日饮此水，清凉止渴；

冬天用此水，温身防裂；常年饮此水，胃肠通畅，肤色红润。泉上的珠泉亭，始建于清道光二十四年（1844），1920年和1958年两次修葺，1986年重修。亭柱上刻楹联“逢人便说斯泉好，愧我无如此水清”，系嘉禾县令达麟于建亭时所撰。1988年1月，开国上将萧克将军回故里，游览珠泉，赞叹之余，欣然命笔，题写“珠泉亭”匾额。

桂阳潮泉　位于桂阳县荷叶镇潭溪村。潮泉水面约200多平方米，四面悬崖峭壁。潮泉水深莫测，有时一日三涨三落，有时十天半月一次。涨潮时水面始泛微波，继而发生闷雷般声音，接着四面峭壁发出“轰隆隆”响声，潮涨最高3米有余；退潮时风平浪静，全无声息。关于潮涨潮落，当地有种种神奇的传说。1984年，湖南省水文队到潮泉考察，用四台抽水机从潮泉向外抽水，欲探泉底，连抽一星期，水位不见下降，涨落如常。宋真宗时在潮泉边建“潮水庙”“听泉庵”“潮泉书院”，20世纪60年代被毁，1996年民间集资在原址仿古重建。

二、人文景观

（一）古迹及仿古建筑

义帝陵　位于郴州市城区文化路西侧，距今已有2200多年历史。据史书记载，秦末陈胜、吴广揭竿起义，刘邦、项羽起兵攻秦，天下群雄纷争。各路起义军在薛山会盟，共同拥立在民间牧羊的楚怀王之孙熊心为楚怀王。秦灭，项羽分封诸侯，佯尊熊心为义帝。公元前206年4月，项羽假“古之帝者，地方千里，必居上游”之名，“使人促义帝迁都于长沙郡郴县”，次年又命九江王英布弑义帝于郴，并葬于郴。汉王刘邦曾派周勃、樊哙等人来郴发丧，并以项羽“大逆不道，弑君不臣”之名，缟素三军，会盟诸侯，共伐项羽，引发“楚汉之争。” 汉以后，虽经王朝更迭，义帝陵一直被保存下来，并经多次修葺。陵园内存“义帝新碑”一块，记载重修义帝庙的情况，石碑南面刻于北宋嘉佑四年（1059），北面刻于元至正五年（1345）。新中国成立后，湖南省人民政府于1956年、1959年两次公布义帝陵为省级文物保护单位，并于1957年拨专款修葺。1966年“文化大革命”期间，义帝陵被毁。1988年，郴州市人民政府拨专款修复义帝陵，陵高5.2米，底径8.5米，修复了神道、华表、护碑亭等。2005年，郴州市二届人大六次会议通过《关于尽快建设好义帝陵并对外开放的议案》，市人民政府决定修缮和扩建义帝陵，一期工程于2005年12月1日动工，2006年9月17日竣工，正式对外开放。

嘉禾普济寺　原名含田寺，位于嘉禾县城含田村，始建于唐代。1966年破四旧（旧思想、旧文化、旧风俗、旧习惯）时被毁。2002年，经湖南省民族宗教局批准，嘉禾县人民政府在本县石羔乡大坪岭村的大砠凹重建普济寺，次年竣工。重建的普济寺，除保留古寺原有的前殿（天王殿）、中殿（大雄宝殿）、后殿（观音殿）外，还增设了地藏殿、静修院、尼姑庵等建筑。重建的普济寺规模宏大，造型雄伟，外观鎏金溢彩，金碧辉煌；内塑千手观音、菩萨、罗汉，神像栩栩如生。

永兴观音阁　又名观音岩，位于永兴县城西2.5千米之便江北岸。始建于唐代，以后曾数次重修。殿宇分九层，第一层山门上镌有“观音岩”三字，两边有楹联：观听四方岩，到此如临南海；音容千古在，何须别问西天。第二层是“佛殿阁”，塑有释迦牟尼和观音像。三层以上殿宇，为重檐歇山式屋顶，雕梁画栋，镂花门窗，尽显富丽堂皇。第七层岩壁的小石洞中，一块天然岩石，状如观音菩萨，观音岩因此得名。登上顶层，凭窗远眺，江中白帆点点，百舸争流，江心一块巨石，宛如卧狮。观音岩依山伴水，景色秀丽，是游览、休闲、度假的好去处。

安仁老君观　位于安仁县安平镇石门村金鼓岭。唐天祐四年（907），当地民众为供奉太上老君而建。1994年，当地群众自筹资金，重建老君观。老君观占地面积1万多平方米，建筑面积3千多平方米，分设四个殿堂，有神像100尊。2005年10月，经省民族宗教局批准为湖南省重点宗教寺观。主要景观有“为谷天下”“天开石洞”和“神奇泉水”等。

安仁万佛寺 位于安仁县城万福东路。始建于明代，1992年改扩建，建筑面积3千多平方米。寺内大雄宝殿、圣帝殿、天王殿内有高10米的贴金主佛3尊，有形态各异、栩栩如生的罗汉500尊，有南海观音32尊。

橘井观 位于橘井路郴州市第一中学校园内。橘井开凿于汉代，井旁栽有橘树。传说苏耽成仙升天前，嘱其母：“明年郡有疫，可取庭前井水橘叶救之。”果然，苏母施以井水橘叶，救治生民，立瘥，是为“橘井泉香”之典故。井水橘叶治病流传全国及日本与东南亚各国。唐代诗人杜甫、王昌龄、元结、沈彬等，均有题咏。唐开元十九年（731），郴人在井旁建祠，北宋真宗赐名“集灵观”“橘井观”。1927年，国民政府在此办学，后因学校扩建，拆除祠庙，井、树尚存。1967年，橘井被填，1984年修复。

犀牛井 位于郴州市城区干城街与裕后街交会处。原名“涌泉”。井水从石窦中涌出，从不枯竭，水质洁净，冬暖夏凉。先人以条石砌井，成长方形，长3米余，宽2米余，最深3米余。水清见底，井中横卧一长巨石，长满苔鲜水草，似体壮毛丰的犀牛，故名“犀牛井”。犀牛井涌出的泉水，清冷甘美，水质尤为纯净，相传此水可治患疾。唐天宝年间改名愈泉。井旁有历代竖立的石雕碑刻，多已剥蚀，辨认不清。

耒山古迹 汝城县小垣乡瑶族居住的白云山和道士山，古称耒山。东汉班固著《汉书·地理志》载：“桂阳郡郴之耒山，耒水所出……耒水源出桂阳耒山，山南水入广东，山北有二源，西北合流会屋岭水。”《万历郴州志》载：“耒山地桂阳（今汝城）县南，四面孤绝，有屋岭山。”《古史考》记载：“神农作耒耜，斫木为耜，揉木为耒。”耒耜，古代掘地翻土的工具，耒为工具之柄，耜为工具之铲。相传距今4700多年前，炎帝神农氏率本部落来到汝城，住耒山下，发明耒耜，教民农耕。汝城人民为纪念神农氏，在城东建“神农庙”。

神农殿 郴州境内有神农殿不下十处，现存规模和影响较大的有二处。一处位于北湖区江口乡的白石仙岭，始建何时无考，系当地百姓为纪念中华人文始祖炎帝神农氏而建。殿堂用麻石砌成。殿门额上刻“神农殿”三字。殿门两旁石刻对联：炎帝圣功扶宇宙，白石仙岩镇山河。殿内有神农坛，古朴而庄重。神农坛两侧书对联：“神化同天地，农功迈古今。”每逢农历二月十九日、六月十九日、九月十九日，周围数十里乡民来殿祭拜、祈福。另一处在安仁县城北门外。原神农殿建于清代，因年久失修已坍塌。2001年，安仁县委、县政府为弘扬神农药文化、打造中草药产业，在县城东南凤凰山重建神农殿。神农殿占地1.2公顷，四级阶梯广场，199级台阶。第四级广场建有神农殿，殿高20.8米，深42.8米，宽32.8米，仿古建筑风格。殿内有一座高7米的炎帝塑像，系安仁籍世界著名雕塑家周国桢先生设计和塑造。“药王节”是当地一文化习俗，每年“春分”前后数日，全国各地药商汇集安仁，进行药材交易，不少游客也特意赶来，寻觅民间“仙方”，一睹节日盛况。安仁县“赶春分”民俗已列为湖南省非物质文化遗产名录。

濂溪书院 位于汝城县城西南金凤岭南麓，四合院式仿古建筑群，依山傍水，坐北朝南，占地面积0.448公顷，建筑面积1669平方米，砖木结构，有大小房屋49间。为纪念北宋著名理学家周敦颐（号濂溪）而建。宋景佑四年至宝元二年（1040—1044），周敦颐任桂阳（汝城）县令，县域政治清明，百业俱兴，文运勃发。周敦颐在桂阳写作流传千古的《爱莲说》一文，赞美莲花“出淤泥而不染，濯清泉而不妖”的高贵品质，表达他的人生态度。为纪念周敦颐，宋嘉定十三年（1220），桂阳县令在县城西南桂枝岭建“濂溪先生祠”。明嘉靖三十一年（1554），创办“濂溪书院”。清嘉庆八年（1804），将书院迁建于金风岭南麓。1989年，濂溪书院被列为县级文物保护单位，2002年，被列为省级文物保护单位，并按原貌复建。

永乐宗祠 又名阮氏宗祠，位于汝城县岭秀瑶族乡永乐村，距县城28千米。宗祠坐东朝西、夯土墙结构，进深15米，宽3.6米，高7米，占地95平方米，建筑面积54平方米。清雍正乙卯、道光丁亥、同治乙丑之《阮氏族谱》均记载，该祠为明成祖朱棣后妃阮氏娇娥所建。明永乐十年（1412），永乐村美貌少女阮娇娥被选为皇妃，深受皇上宠爱。皇上将其出生地牛头坳赐名永乐洞，免除当地百姓所有税赋，同时赐联二幅：“日明月明大明一统，君乐臣乐永乐万年”“国府重开宗祠重建美哉同庆陈留光百世，南京犹旧家庙犹新允矣共观永乐盛万年”。赐金匾一块，谕旨修建“书锦荣坊”（即阮氏宗祠）。至今，祠堂的神龛上仍保存着皇帝所赐对联，村里还保存着阮妃坐过的花轿。

（二）古村落

唐家古村 位于临武县同益乡，距县城14千米。族人姓唐，明永乐年间（1403—1425）从该县土地乡小湾村分迁立村。古村坐东北朝西南，占地面积2公顷。村前一条300余米长的青石板大道，与村中30多条巷道连成一体。村中有明、清、民国建筑80多栋，大部分保存完好。20世纪80年代初期兴建仿古新居60多栋。明、清建筑风格多为独立单栋、上下厅组合，少量为庭院式。外部结构为青砖青瓦，马头墙翘角硬山顶，石料门槛、围角。内部装饰为木质梁柱，窗式隔房，木板吊顶。窗户饰有人物、鸟鱼、花卉等木雕。仿古新居装饰简朴。村口有古关隘1个、清代更楼1座、四方圆顶式印楼（水楼）1座、栓马石10余对、建亭修桥捐资碑6块、古井1口、单拱石桥10余座、青石洗涤码头10余个。古村儒学盛行，人才辈出。据族谱记载，明永乐以后，考取进士2人，入朝出仕多人，其中有两广总督、钦点小京官、行营千总、京宫都痒、京教习等。

板梁古村 位于永兴县高亭镇境内，始建于宋末元初，兴盛于明、清，刘姓族人聚居。村内尚存360多栋连片明清古民居，一般为三进式和二进式。古民居雕梁画栋，石雕、砖雕、木雕，工艺精湛，图案各异，花鸟虫鱼，栩栩如生。村内有古塔、古井、古桥，青一色的石板道。1928年1月，新中国开国大将黄克诚在此发动板梁暴动，消灭国民党在当地的反动武装，成立永兴县工农革命武装。板梁古村为革命纪念地，列入国家级历史文化名村名录。

小埠古村 位于北湖区保和乡，始建于明朝永乐年间。小埠原为一片芦苇荡，名叫“芦村洞”。后大批移民迁来，逐渐繁华，因此改名小埠。现存50余栋古民居，具典型的徽派建筑特色。村中尚有古戏台、茶馆、书院、祠堂、寺庙、庵堂、凉亭、驿道、古塔、古井、古桥等建筑。还有明、清时期的举人碑、拴马石、闺房阁楼等古迹、遗物。古村原有“寨岭晓望”“龙泉古庙”“龙潭拥翠”“塔立仁和”“井秀花桥”“深巷民俗”“古墓垂青”“老槐送客”八景，后部分毁损，尚部分修复重建。

（三）城市公园

北湖公园 位于郴州市城区，1978年建园，面积1.32平方千米，北部为北湖，南部为一片森林。1986年被列为“湖南省风景名胜区”。公园内有北湖水月、叉鱼亭、芳茗榭、欧泰乐园等景点20余处，以及现代群众文化、娱乐、休闲设施。2002年7月，北湖公园被评为国家AA级旅游景区（点）。园内建有中国排球郴州体育训练基地。中国女排曾在郴州集训后首获世界排球赛“五连冠”殊荣，郴州人民为纪念中国女排从郴州腾飞，在园内建立大型中国女排群像雕塑——拼搏。

王仙岭生态公园 位于郴州市城东，建于20世纪末。王仙岭原名王相岭、王相山。传说唐朝末年，郴人王锡在此行医，医术精湛，医德高尚，深得百姓称赞。唐昭宗天复三年（903）三月十五日王锡成仙，后人将王湘山改名王仙岭。王仙岭生态公园面积约6.43平方千米，由36座山峰和峡谷组成，最高山峰海拔999.6米。景区内山青水秀、万木葱茏，林泉共鸣，森林覆盖率达90%以上，有“湘南翠屏”之美誉。山间有一小溪，从40多米高的断崖直泻而下，色如皎练，声似雷鸣，为古郴阳八景之一的“相山瀑布”。公园内原始次森林中野生动植物资源十分丰富。野生动物有水鹿、麂子、毛冠鹿、青羊、大灵猫、鼬、獾、狸、豪猪、野兔、鹰、鸢等130多种；野生植物有南方红豆杉、伯乐树、香果树、华南五针松、福建柏等380多种。主要景点有：普济寺、王仙庙、凤谷庵、蝴蝶泉、情人泉、相山瀑布、鸳鸯池等。

南塔公园 位于郴州市城区南塔岭，面积约40公顷。南塔岭为古郴阳八景之一。山顶有一古塔，始建于唐代。北宋诗人阮阅在郴江百咏中云：“江岸南峰对石城，僧房高在乱云层，台前天阔秋月多，塔上风微夜有灯。”现存古塔重建于清乾隆八年（1743），高七层，塔身呈八方形，八方中东南西北四面有巷门。塔身内墙有螺旋式台阶，拾级而上，可登至四层。五层以上为假巷门。各层有雕石突出，支撑檐板。第一层有雕石24个，二层至七层，每层16个。最上三层转角斗拱有吊钟，风吹则鸣，声闻遐迩，故名“南塔钟声”。1995年，郴州市人民政府将南塔岭辟为公园，修建了各种娱乐设施。

永兴人民公园 位于永兴县城人民大道，为纪念新中国开国大将黄克诚而建，1998年9月28日正式开园。公园依山面水，占地20公顷，园内松柏满园，浏览设施多样。2002年被评为国家A级旅游景点。园内建筑有象征黄克诚将军1925年走出山村参加革命的跨越桥和广场等。广场宽55米，象征黄克诚将军1955年被授予大将军衔；广场中央耸立着黄克诚大将铜像，高8.4米，表示黄克诚大将享年84岁。园内还有黄克诚大将生平事迹陈列馆、大型彩色喷泉、青少年宫、碑廊、娱乐场等。

宜章中夏公园 位于宜章县城南京洞开发区内。1994年10月，宜章县人民政府为纪念我国无产阶级革命家、早期著名的工人运动杰出领袖邓中夏而建。公园中央耸立邓中夏铜像，时任中共中央总书记江泽民为邓中夏铜像题名。公园内环境优雅，空气清新，宜章古八景之一的“艮岩龙隐”位于其中，是人们游览、休闲和接受爱国主义教育的优良场所。

桂阳东塔公园 位于桂阳县城内，面积6.99公顷，雄踞县城东门外。公园以明万历元年（1573）修建的东塔（又名鹿峰塔）命名。公园内自然和人文景点很多。20世纪80年代以后，以东塔为中心开辟修建“雁塔峥嵘”“抽翁古岩”“德泉龙吟”“鹿耳石雄”“石馨铿锵”“栖真仙洞”“霞泉日丽”“云崖游龙”“蔡伦竹屋”“幽谷飞鹿”“孔明观象”“松涛长啸”“快绿草亭”“赵云射戟”“元阁清风”“山亭夕照”“蓉湖落雁”“相忆楼”“欧阳海塑像”19个景点。

（四）名人故居

李涛故居 位于汝城县延寿乡新坡村。建于清光绪二十七年（1901），坐北朝南，二层砖木结构，硬山顶覆小青瓦，楼宽10.26米，进深5.65米，高5.3米。2003年，县人民政府将故居辟为李涛将军生平事迹陈列室。故居被列为湖南省重点文物保护单位。

曹里怀故居 位于资兴市七里镇柏树村。建于清咸丰年间，坐东朝西，二层楼，砖木结构，上覆小青瓦，屋前一池塘，屋后一院坪，属典型湘南民居。故居被列为郴州市文物保护单位。

欧阳毅故居 位于宜章县五岭乡上石口村。建于清嘉庆年间，坐北朝南，依山而建，面积68.94平方米。主体建筑为二层，砖木结构，硬山顶、封火墙，青砖青瓦，置葫芦宝顶。一进过道，左侧为卧室，右侧为小厢房。故居被列为郴州市文物保护单位。

萧新槐故居 位于宜章县沙坪乡。建于清咸丰元年（1851）。故居正面为青砖，另三面为土墙，两层砖木结构。正门门梁上有精美的镂空龙纹图案，室内木质构件。故居被列为郴州市文物保护单位。

（五）革命纪念地

汝城会议旧址 1927年11月26—28日，朱德在汝城县城西街衡永会馆和津江朱家大院召开湘南、粤北各县中国共产党地下党组织负责人会议。会议传达中共中央关于以汝城为中心举行湘南暴动的指示，学习了毛泽东制定的《湘南运动大纲》，制定由朱德率领工农革命军打先锋，以汝城为中心举行湘南暴动的计划。12月上旬，朱德、陈毅奉中央指示，率部南下参加广州起义，途经韶关时，得知广州起义已失败。后在广东乐昌县的杨家寨召开特别军事会议，决定实施“汝城会议”计划，首先组织宜章暴动。汝城会议在思想上、组织上和军事上为1928年1月发动的宜章年关暴动和湘南起义作了必要的准备。2013年，国务院核定并公布“汝城会议旧址”为第七批全国重点文物保护单位。2014年，中国人民解放军空军指挥学院副院长、朱德之孙朱和平少将题写“汝城会议旧址”额匾。

郴县苏维埃政府旧址 位于郴州市中山北街兴中巷35号陈家大屋，是一幢典型的湘南古民居。1928年2月4日，朱德、陈毅率中国工农革命军第一师占领郴州城。2月7日，郴县苏维埃政府成立，政府机关初设郴州城区中山北街26号美国教会福音堂，后迁至城郊东塔岭东山书院。3月12日的“反白事件”平息后，郴县苏维埃政府机关迁至陈家大屋，至4月3日，机关全体人员撤往井冈山。1950年8月，郴县人民政府将其定为“县级重点文物保护单位”。1956年，郴州行署将其定为郴州地区文物保护单位、“爱国主义教育基地”和“青少年革命传统教育基地”。1987年，旧址重建。成为郴州市“重点文物保护单位”和“爱国主义教育基地”。

第一军规（“三大纪律六项注意”）颁布纪念地 位于桂东县沙田镇老虎冲三十六担坵。1928年3月，为策应湘南起义，应中共湘南特委请求，毛泽东率中国工农革命军第一师第一团进入桂东沙田。4月3日，毛泽东在沙田墟老虎冲三十六担坵田边的土台上，向工农革命军和地方赤卫队进行政治思想教育，颁布军纪“三大纪律六项注意”（后发展为“三大纪律八项注意”）。1998年，桂东县人民政府在旧址建立萧克将军题写的“毛泽东同志颁布‘三大纪律六项注意’纪念碑”，碑高8.1米汉白玉质地。纪念地被列为湖南省文物保护单位。2002年，纪念地被列为湖南省爱国主义教育基地，2005年被列为第三批全国爱国主义教育基地。

杨家坪革命纪念地 位于资兴市龙溪乡中塘瑶族村杨家坪组。纪念地包括中共湘南特委机关旧址垒石仗遗址以及英雄树等六处革命遗址。龙溪乡方圆数十里，山高林深，沟壑纵横。1928年5月，湘南特委开辟龙溪革命根据地。9月，国民党军队对湘南特委进行围剿。湘南特委组织革命群众巧借地势，以垒石击退敌人数次进攻。10月，湘南特委机关驻地陷落。湘南特委机关旧址，原为一栋两层土墙木屋，后因年久失修而坍塌。英雄树位于杨家坪的小溪旁，高约20米。国民党军队围攻湘南特委机关时，一红军战士为掩护机关转移，凭借此树击退十名来犯敌兵，最后因寡不敌众，英勇牺牲。树干下部留下枪眼百余个。为纪念这位战士，当地群众将此树命名为“英雄树”。

唐家大屋 位于桂东县城西，建于清末。大屋坐西朝东，背靠凤岭，二层砖木结构，进门中为厅堂，左右为厢房。1928年8月，毛泽东得知红军主力攻打郴州先胜后败的消息后，亲自率领红四军三十一团三营到桂东迎接红军大队主力，于8月19日到达桂东。毛泽东寓唐家大屋右厢房，朱德从沙田赶来与毛泽东会合，寓左厢房。8月23日，毛泽东在唐家大屋召开前委扩大会议。参加会议的有朱德、陈毅、杜修经、何长工等。会上总结“八月失败”的教训，统一认识，决定经江西省崇义、上犹重返井冈山。会议还决定重建中共湘南特委，成立以毛泽东为书记的行动委员会。26日，红军离开桂东，进入江西省崇义县。现唐家大屋保存着当年前委扩大会议会场和毛泽东、朱德的住房，陈列着当年使用过的木床、桌椅、马灯、砚台等实物。1972年，唐家大屋被列为湖南省重点文物保护单位。1983年10月，省人民政府再一次确定唐家大屋为省重点文物保护单位。2001年8月，唐家大屋被列为全省爱国主义教育基地。

城隍庙 位于桂东县城西街。湘南起义以后，桂东县苏维埃政府设于此。1928年8月19日，毛泽东率领红四军三十一团三营抵达桂东县城，与二十八团一营会合。毛泽东曾在城隍庙召开群众大会，登台演说，宣传革命道理。1972年，城隍庙被列为湖南省重点文物保护单位。

红六军团誓师西征旧址 位于桂东县寨前墟旁的河滩上。1934年，中央苏区第五次反“围剿”失败后，为保存革命力量，中共中央和中央革命军事委员会决定进行战略大转移。7月23日，中央革命军事委员会命令红六军团（该军团至寨前墟时才正式宣布成立）作为红军西征先遣队，撤出湘赣革命根据地，向湖南中部挺进。8月7日，任弼时、萧克、王震率领的红六军团9000余人，以湘赣红军独立第四团为前导，从遂川的横石、新江口出发，日夜兼程西进，连续突破敌人4道防线，11日中午，抵达寨前墟。12日上午，在寨前墟的河滩上召开连以上干部大会，庆祝突围胜利并誓师西征。遵照军委指示，正式宣布成立红六军团，任弼时为中央代表和红六军团军政委员会主席，萧克任军团长，王震任军团政委，李达任参谋长，张子意任政治部主任。会上宣布战略转移任务和行军纪律，对部队进行再动员。

红军楼 坐落于汝城县濠头乡，建于1927年，原为四层楼房，砖木结构，坐西北朝东南，占地面积258平方米，一楼为5条拱形门，二三楼四周有木制走廊，为国民党濠头乡乡公所驻地。1934年11月，红一方面军第三、八军团西征进驻濠头，将指挥部设于此。红军在房屋四周书写“实现共产主义”“扩大红军”“自愿参加红军，在此楼报名”等30多条标语，存留至今。现楼内陈列着红三军团总指挥彭德怀用过的办公桌椅。

青石寨红色景区 位于汝城县延寿乡官亭村一带。1934年11月上旬，中国工农红军红五军团为突破国民党第二道封锁线，在延寿与国民党粤军、湘军及胡凤璋团相遇，双方为控制延寿，在延寿乡青石寨展开激烈争夺战。红五军团指挥所就设在官亭村。新中国成立后，为纪念这场战斗，汝城县政府修整红五军团指挥所旧址，修建红军西征纪念碑。景区内主要景点有：官亭村田心组红军借据收藏处原址，老屋组村民胡四德召集族人为红军筹粮旧址，厚仓组红五军团指挥所，红军西征突破国民党第二道封锁线纪念碑，青石寨战场旧址，青石寨西周铙发现旧址，新坡村开国上将李涛故居，寿水村中央军委总后勤部原副部长宋裕和故居。

（六）革命纪念建筑物

湘南起义纪念塔 1988年1月，郴州市城区东塔岭烈士公园湘南起义纪念塔落成。纪念塔为纪念1928年威震全国的湘南起义斗争而建。纪念塔塔区占地1600平方米，塔身为混凝土花岗岩结构，塔基正方形，高1.9米，基座高1.5米，四周建踏步、扶手栏杆、平台地面、花池灯柱；塔高28.1米，寓意湘南起义的时间；塔身用1580块花岗岩石砌成四扇辐墙，状如四挺钢枪高耸云天，寓意“枪杆子里面出政权”。塔基座西面为邓小平手书塔名“湘南起义纪念塔”；东面为萧克撰写的碑文；南北两面为“湘南起义”与“建立红色政权”两幅群体浮雕，用22块汉白玉平贴组成。纪念塔雄伟壮观，庄严肃穆。

工农红军在桂东革命活动纪念馆 位于桂东县城红军路11号，原名“毛泽东同志在桂东革命活动纪念馆”。1966年由湖南省人民政府拨款兴建，1968年落成开馆，郭沫若题写馆名。1982年改建，馆名改为“工农红军在桂东革命活动纪念馆”，王震题写馆名。纪念馆占地约9200平方米。主要建筑有毛泽东塑像、陈列馆、唐家大屋。陈列馆坐南朝北，平房组合，呈曲尺形，砖木结构，盖小青瓦。馆内陈列工农红军在桂东开展革命活动的史实，重点展出1928年毛泽东、朱德、陈毅、彭德怀和蔡会文、方维夏等无产阶级革命家和革命先驱在桂东艰苦卓绝的革命斗争史迹。1972年9月，纪念馆列为湖南省重点文物保护单位。2002年5月，列为全省爱国主义教育基地。

郴县革命烈士纪念馆　位于郴县（现苏仙区）良田镇枫树山。始建于1977年，1984年4月重修。主体建筑300平方米，“品”字形平房，坡顶屋面，盖小青瓦。门额横书“郴县革命烈士纪念馆”，系唐天际题写。馆内陈列新民主主义革命时期郴县籍烈士名录、部分烈士事迹简介以及革命前辈用过的梭镖、抬枪、手雷、指挥刀和农会徽章、袖标、会员证等文物。1988年，纪念馆被列为郴县重点文物保护单位。

美籍飞行员罗伯特·霍勒·厄普邱奇纪念碑　1944年秋天的一个傍晚，湖南省酃县（炎陵县）的上空，发生一场激烈的空战。美国空军23大队74战斗小队（飞虎队）飞行员罗伯特·霍勒·厄普邱奇架机与侵华日军战机战斗时被击中，坠落在桂东县西靖乡桃寮村的大山中，当场机毁人亡。桂东县国民政府将飞行员遗体运至桂东县城三台山厚葬。2005年5月，罗伯特·霍勒·厄普邱奇的遗骨和遗物迁葬其故乡美国北卡罗来纳州莫尔郡海佛镇。2007年春，桂东县人民政府为纪念罗伯特·霍勒·厄普邱奇，在他安息的三台山原址新建一座西方风格的坟墓。墓碑上镌刻着“盟军美籍飞行员罗伯特·霍勒·厄普邱奇之墓”18个大字，镶嵌着他的半身照片，用英文镌刻着他的生平简介。

第二节　景区建设与市场开发

一、景区建设

郴州旅游资源丰富，11个县（市、区）有可供游览观赏的奇山150多座，秀水90多处，奇岩80多处，名胜古迹44处。特别是革命纪念地和革命纪念建筑等人文景观众多。1989年前，这些旅游资源大多处于原生状态，尚未得到开发利用。全区旅游项目主要集中在郴州市、资兴市和郴县，主要景区景点有苏仙岭、北湖公园、万华岩、五盖山、石面坦（后更名飞天山）等。景区景点、旅游基础设施、旅游接待设施开发建设主要由政府投资。

随着改革开放的深入发展，境内旅游景区景点建设逐步开展起来。1990年，由省、地旅游部门投资，修通大奎上通往五盖山狩猎场的沙石公路，修建狩猎场凤林山庄宾馆。东江湖风景区购置游艇，组建全区第一支专业旅游车船队伍。苏仙岭风景区修缮“郴州旅舍”等景观。1991年，五盖山狩猎场被列为省重点建设项目，国家旅游局拨款40万元，建起面积为100公顷的全封闭狩猎场。1992年，省旅游局拨款10万元，加上政府自筹资金，完成五盖山狩猎场凤林山庄宾馆的装修，设贵宾接待室1间。

1992年，资兴市设立东江湖旅游开发区，投资31.5万元购置一艘70座的豪华游艇，投资107万元修建兜率岩溶洞旅游栈道和砼石路游道，在溶洞内安装电器、照明设施等。1993年，资兴市政府多次考察黄草镇内浙水漂流项目，投入资金疏浚河道，为该项目的开发升级打下基础。同年3月，林业部将“五盖山狩猎场”更名为“五盖山国际狩猎场”，并资助在狩猎场修建凤林湖、凤林寺和游泳池等项目。1994年，国家拨款在宜章县城兴建中夏公园。安仁县安平镇群众自筹资金重修的老君观，修整和扩建面积达3000平方米，成为安仁县乃至全地区道教活动的重要场地。

1995年郴州撤地设市后，中共郴州市委、市人民政府即时召开全市旅游工作会议，制定旅游业“谁投资、谁管理、谁受益”政策，鼓励集体、个人齐参与，外资、内资一起上，实行多元投资兴办旅游业。当年全市投入旅游开发资金2500万元。

1996年8月，苏仙区成立石面坦风景区管理处，采用市场运作机制，引进香港恒辉公司投资兴建石面坦宾馆，促成郴州市燃料公司与周跃新、陈斌等私营企业主合股开发石面坦景区，将翠江、郴江沿岸的铁鼎寨、神仙寨、鲤鱼寨及附近山水景观统一命名为“飞天山风景区”，并通过声势浩大的宣传促销活动，使飞天山景区声名鹊起，成为游客争先前往的旅游新景区。是年，万华岩风景区投资100万元修建西大门，铺设游道300米；苏仙岭风景区投资20万元修复当年囚禁张学良将军的房舍（定名“屈将室”），还修建起仿古建筑“少帅亭”和百米游道。

1997年年初，市委、市政府决定举办'97中国郴州山水旅游节暨经贸洽谈会（简称“一节一会”）。全市各级政府及旅游部门以举办“一节一会”为契机，推动景区景点、旅游基础设施、旅游接待设施等建设。五盖山国际狩猎场进行维修改造；东江湖风景区新建黄草宾馆、漂流接待大厅；万华岩风景区建成游道艺廊；苏仙岭风景区修建空中索道；汝城县人民政府批准私营企业主朱硕杰、朱梅仙夫妇投资开发天仙山（又称白石岩）风景区，当年开发白石岩洞、白石书院、太平天国古战场遗址、明太保第、朱英墓、天马庙等多处景点，接待游客1万多人，门票收入20万元；资兴市引资400万元在东江湖景区兴建“南国明珠度假村”；郴州市书画院投资200万元在东江湖珍珠岛上建成书画院；郴州市城区金叶大酒店、晶星宾馆、五连冠宾馆均按三星级标准进行装修改造。是年，全市景区景观建设投入资金1000万元，旅游基础设施建设投入资金2000万元，旅游服务配套设施建设投入资金2亿元。1998年，市国土资源局采取“以地聚财”方式筹措资金8380万元，投建占地13.69万平方米的五岭广场。

1999年，郴州市委、市政府出台《关于发展旅游支柱产业，创建中国优秀旅游城市的决定》，全市各级政府及旅游部门按照国家旅游局制定的中国优秀旅游城市评审标准，加大景区开发建设力度。东江湖风景区投资300万元建成一条长300米的人工漂流滑道；东江湖旅游集团公司投资200万元在小东江建起观雾栈道；资兴市东江镇投资540万元开发龙景峡谷景点，修建观景护栏、亭宇和砼石路游道，建成长150米、落差10米的龙景水上滑道项目；莽山国家森林公园筹资595万元，建起东、西大门，开通程控电话，修建鬼子寨3000米砼石路游道，为景区宾馆添置130个床位的全套设备；宜章县争取上级支持，第二次修缮“宜章年关暴动指挥部旧址”和“湘南起义纪念馆”；永兴县投资100万元疏浚河道，开发注江漂流项目；汝城县温泉旅游度假区（含福泉宾馆）1994年至1999年先后投入3000万元建起玉泉宾馆、地热宾馆、福泉大桥、边贸市场、自来水厂、程控电话、移动电话基站及景区道路。

2000年年初，市委、市政府召开旅游工作会议，要求景区建设与文化建设相结合，开发广度与深度同时并进，使景区景点建设更具郴州特色，旅游品牌更显文化底蕴。并决定从本年度起，市财政每年安排100万元作旅游开发引导资金。是年，莽山国家森林公园林泽湖宾馆主体工程完工。东江湖景区新建湖岸码头风雨走廊，及走廊两侧装饰风景画和文字解说，让游客了解景区的形成和文化内涵；改扩建猴古山瀑布观景点和东江漂流休闲山庄。是年4月，郴州市城区五岭广场竣工，广场外方内圆，源于天圆地方之说，总体构思“取日月之精华，展五岭之神韵”，设集会、休憩、园林绿地、历史文化、群众艺术、交通绿岛六个功能区，成为市民集会、休闲、开展文化活动的重要场地。

2001年，中国郴州（东江湖）生态旅游节暨经贸洽谈会由资兴市承办。资兴市委、市政府加大市内景区（点）建设投入，着力建好节会中的“全国水上摩托艇锦标赛”“首届资兴国际漂流竞技赛”两大水上赛事和五大主体活动现场设施。当年，资兴市汤市乡政府通过招商引资开发建设炎帝温泉度假村，村内修建6000平方米的炎帝温泉公园和露天泳池；资兴市黄草镇在漂流区建起“农家乐”20余户，年内接待游客1.5万人次，创收500万元。

2002年，郴州“一节一会”在苏仙区境内的飞天山国家地质公园举行。促成全市多方计投入10亿元兴建飞天山百鸟山庄、龙潭湖度假山庄、王仙岭生态公园、永兴悦来温泉、东江龙景公园、永兴便江风光带、五盖山国际狩猎场、莽山国家森林公园等景区的基础设施和配套设施。全市各主要景区（点），均获得ISO9000质量管理体系和ISO4000环境管理体系认证。

2003年，中国湖南旅游节·郴州系列活动在苏仙岭展开。年初，发生“非典”疾病，郴州旅游业受到影响，“五一”黄金周游客接待数、门票收入数、宾馆入住率均同比下降78%~95%。是年是郴州创建中国优秀旅游城市迎国检之年。全市各级政府迎难而上，加强对“非典”的预防，同时推出“郴州人游郴州”“健康游郴州”“广之旅自驾车游郴州”等旅游项目。全市掀起“旅游基本建设年”活动，投资1200万元建成东江湖AAAA级景区配套工程——湖边游道及停车场；投资3800万元建设永兴悦来温泉和“一线天”景点；投资2900万元开发万华岩溶洞漂流和沙滩改造；投资3700万元建设王仙岭湘南特色广场；投资1500万建设苏仙岭“南禅寺”游览工程；投资1.2亿元修筑改造莽山国家森林公园公路；投资7000万元修筑仰天湖景区三级公路。是年，全市开发、改造旅游重点项目18个，投入外资、内资15.05亿元。郴州创建中国优秀旅游城市通过国检。

2004年，中国湖南旅游节闭幕式在郴州举行。市委、市政府决定将闭幕式与2004年中国郴州（莽山）生态旅游节的开幕式合办，由宜章县委、县人民政府、莽山林场管理局承办。是年，莽山国家森林公园投资8331万元对入园公路和各景点的主要设施进行全面提质改造；万华岩景区投资180万元建设“世界溶洞第一漂”——万华岩溶洞漂流；资兴市投资2亿元开发大王寨风景旅游区；汝城县投资800万元建设热水漂流；北湖区投资1200万元兴建天堂温泉二期工程。8月，郴州引进湖南华天国际大酒店管理公司在市五岭广场西侧兴建五星级酒店“华天大酒店”，首期到位资金5000万元。

2005年，郴州举办“一节一会”旨在打造“温泉健身”旅游品牌。主题活动分别在龙女温泉（北湖区）、悦来温泉（永兴）、天堂温泉（苏仙区）、热水温泉（汝城）等四大温泉旅游区举行。北湖区1998—2005年投入旅游景区建设资金6.35亿元，其中龙女温泉度假区投入3.6亿元，景区内游、购、娱乐、吃、住、行设施齐全。苏仙区天堂温泉完成二期工程。汝城热水漂流和万华岩溶洞漂流也开通营业。“一节一会”期间，国土资源部和省国土资源厅组织专家组到郴州，对郴州的温泉资源进行考察，考察评审结论为：郴州具有丰富的温泉资源，基本符合命名“中国温泉之乡”的条件。是年10月28日，中国矿业联合会正式将郴州命名为“中国温泉之乡”，成为中国第五个温泉之乡。

1995—2005年，郴州通过各种平台发布旅游开发引资项目280个，签约项目210个，引进资金64亿元人民币，其中外资、民资40余亿元人民币，投入市内110个景区景点的开发建设，其中开发建设年接待游客5万人次以上的景区30处。2005年底，全市有国家A级、AA级、AAA级、AAAA级景区8处，入选《湖南省百优旅游景点》（2004年）11处，入选数位列全省第三；有省级工业旅游示范点2处（青岛啤酒郴州有限公司、永兴鑫达银业有限公司）；获得国家级旅游“名片”3张（郴州市、资兴市分别被评定为“中国优秀旅游城市”，郴州市被命名为“中国温泉之乡”）。

已申报待评国家 AAAA 级景区 2 处、全国红色旅游经典景区 1 处、省级红色旅游景区 2 处。

2005 年郴州境内国家 A 级旅游风景区一览表

表 16-1-2-1

风景区名称	等级	认定时间	总面积（平方千米）	地址
苏仙岭风景区	AAAA 级	2002 年 10 月	2.75	郴州市中心城区
东江湖风景区	AAAA 级	2002 年 1 月	150	资兴市
万华岩风景区	AAAA 级	2002 年 10 月	0.14	北湖区
郴州悦来温泉	AAA 级	2005 年 10 月	0.35	永兴县
桂阳东塔公园	AA 级	2005 年 10 月	0.07	桂阳县
龙华山风景区	AA 级	2002 年 10 月	2.67	永兴县
北湖公园	AA 级	2002 年 7 月	1.32	郴州市中心城区
永兴人民公园	A 级	2002 年 7 月	0.2	永兴县

二、市场开发

（一）宣传促销

1989 年 2 月，郴州地区旅游局组团参加湖南省旅游局在长沙召开的旅游新闻发布会，宣传郴州的旅游景区。1991 年春，郴州中国旅行社通过韶关、香港中旅社在香港《文汇报》《大公报》《天天日报》等报刊登载“郴州游”广告。是年 4 月，香港中旅社组团 17 个 327 人到郴“一日游”，游客赞叹“郴州风景秀丽，服务上乘”。1992 年 10 月，湖南省旅游局在长沙举办“旅游成果展暨旅游交易会”，郴州地区旅游局组团参会，并印彩版《郴州旅游图》1.5 万份在会上散发。同年 11 月，资兴市人民政府举办东江旅游笔会，邀请国内 30 多位知名作家、画家、诗人、书法家、摄影家聚首东江湖，创作出一批推介东江湖风景区的作品。1993 年，郴州地区旅游局组团参加长沙、深圳的旅游新闻发布会，发送《郴州之旅》《东江浙水漂流》等宣传画册 3 万多册。是年 8 月，郴州组团参加在广州举办的全国旅游交易会，发送《五盖山狩猎场》《浙水漂流》录像带 1 万多盒和《南国白浪漂》宣传画 1 万多张。

1995 年年初，郴州地区旅游工作会议提出将东江浙水漂流作为开拓国内旅游市场的拳头产品，将五盖山狩猎作为开拓国际旅游市场的拳头产品，实施两个拳头打出去战略，以精品开发带动郴州旅游发展。是年 7 月 8 日，郴州市举行浙水漂流开漂式，全国 50 余家新闻单位派员参加并发稿宣传。首漂后的三个月，郴州共接待游客漂流 1 万人次，创收 50 万元。五盖山国际狩猎场坚持“国内抓建设、海外抓促销”战略，吸引日本狩猎团体来场狩猎。是年，郴州市委、市人民政府在编制“九五”（1996—2000 年）国民经济和社会发展规划中提出，要将旅游业作为郴州第三产业的龙头产业，成为振兴郴州经济的新产业，采取“走出去”“请进来”的方法，提升郴州在国内外的知名度。

1996 年，郴州先后组团参加 '96 年广州国际旅游展销会、'96 井冈山杜鹃节、'96 深圳国际招商周。是年 6 月，市旅游局向湖南、广东两省近 200 家旅行社寄送宣传资料，邀请两省 6 市旅游界、新闻界 72 人至郴州采访；7 月，市旅游局邀请全国政协委员、香港中旅集团创始人、香港旅游协会会长马志明和香港“五报一刊”记者到郴访问。中国丹霞地貌旅游开发研究会会长、中山大学教授黄进两次率队考察东江湖下游的程江口、石面坦、便江连片丹霞地貌风景区，认为其天然岩洞之多、洞穴之深、蜂窝状红岩分布之广实为罕见，丹霞地貌风景区开发潜力巨大。1997年3月，郴州在广州春季商品交易会上举行'97中国郴州山水旅游节暨经贸洽谈会新闻发布会。是年，为纪念湘南起义70周年，市宣传、文化部门编辑出版《湘南起义风光路》，摄制《湘南起义》电视片，在全国发行放映，宣传郴州红色文化。

1998年3月16日，郴州召开湘南起义70周年纪念大会，应缴参加纪念会的革命老前辈、各级党政军领导和市直机关、学校、驻郴部队、武警代表及新闻媒体记者共800余人。8月28日，郴州市、桂东县在桂东县沙田镇召开万人大会，纪念毛泽东同志颁布“三大纪律六项注意”70周年，举行由将军萧克题写碑名的“毛泽东同志颁布‘三大纪律六项注意’纪念碑”揭幕仪式。是年，全省市、州长和县、市、区长会议期间，郴州旅游行业17家单位组团赴长沙开展旅游系列宣传推介活动，参加湖南卫视《快乐大本营》节目，通过《中国经济时报》、《湖南日报》、湖南卫视等媒体专题报道郴州风景名胜和红色旅游胜地，在省会长沙引起巨大反响。

1999年7月，市政府在郴州国际大酒店举行“崛起的郴州旅游业”新闻发布会。9月，在广州花园酒店举行'99中国湖南郴州旅游信息发布会，邀请50多家新闻界、文艺界和出版界260人参加。湖南“兴业工程”公益广告栏目组拍摄的东江漂流、五盖山狩猎及东江湖水上娱乐等广告片，先后在湖南卫视、湖南经视、湖南有线电视播放，时间长达一个月，为郴州开辟省内及周边省市旅游市场起了重要作用。

2000年3月，郴州市政府组团参加广州国际旅游展销会。9月，由郴州市新闻办、市旅游局、郴州电视台联合摄制的大型旅游风光片《郴州风光无重数》在郴州电视台播出。10月25日，国际风景旅游洞穴协会（ISCA）吸收万华岩风景区为会员，万华岩风景区成为该协会第7个中国洞穴会员单位，取得走向世界旅游市场的“入场券”。

2001年，市旅游外事侨务局组织开展“我心目中的‘后花园’”征文活动；举办“我为郴州美喝彩”歌咏比赛；出版发行第一部全方位、权威性记述郴州自然、人文景观的地理读物——《天下第十八福地——郴州》；在湖南卫视《乡村发现》栏目推介东江湖景区秀丽风光和“农家乐”休闲游；在香港发行的旅游杂志上刊登《离香港最近的草原——仰天湖》一文，推介郴州仰天湖旅游风景区；与广州铁路集团公司签订列车播音合同，在每天过往郴州的50对客车上播放宣传郴州旅游的广告。9月28日，全国首只地方风光邮资信封——《郴州风光》在郴州举行首发式。12月5日，中央电视台体育频道《早安，中国》栏目组在拍摄“走进湖南”大型旅游系列片中，专程到郴州拍摄郴州山水精品景观。是年，市政府在香港南洋酒店举办生态旅游新闻发布会，接待香港北联投资发展有限公司董事长林德率领的考察团到郴州考察旅游投资环境。

2002年5月1日，中国女排队员和来自全国各地的2000多名游客参加“浙水漂流”的更名“东江漂流”首漂式，展示了东江湖的秀美风光和东江漂流的乐趣。6月28日，《中国郴州旅游》互联网站（www.czok.com）正式开通，网站汇总郴州旅游信息，实现动态促销。是年，郴州市旅游主管部门组织旅游界30户企业共80人参加广州旅游展销会，重点推介东江湖、莽山和汝城温泉等旅游项目；组织市内旅游企业赴上海、江苏等8省市开展“郴州旅游大蓬车”活动，沿途举办推介会，发送宣传资料2万余份，并与上海市卢湾区旅游局达成协议，将上海—井冈山旅游专线延伸到郴州主要景区。2003年，“非典”疫情期刚过，郴州市成立旅游市场协调领导小组，大打“健康旅游”品牌，借京珠高速公路开通之机会，举办“广之旅”自驾车游郴州首发团仪式，郴州自驾自助游成为全省旅游方式的新亮点。利用冬天郴州与广东省气温差异，推出“潇湘郴城赏冰雪，冰天雪地泡温泉”独特产品，市政府组团前往广州市举办“2003—2004年郴州冬季/春节旅游产品发布会”。

2003年11月至2004年2月，郴州市接待游客10.8万人次，其中有80多名香港慈善界人士组成的“爱心之旅游三湘”自驾车队游至郴州。春节前后市城区宾馆客房出租率83%，仅农历正月初一，苏仙岭就接待市外游客4500人次。

2004年2月，郴州、永州、衡阳三市在长沙联合召开大湘南旅游圈旅游合作座谈会；3月，以“赏湘南名胜，品湖湘文化”为主题的中国大湘南旅游推介会在广州举行，拉开大湘南旅游序幕。是年，在市城区新建两处“中国优秀旅游城市”城标雕塑，在主要景区（点）和三星级以上宾馆饭店制作“中国优秀旅游城市”标志物，在市城区、耒宜高速公路郴州段及郴州与宜章出入口处制作20余幅大型户外广告，宣传郴州旅游景区景点。

2005年，郴州继续组团“走出去”开辟旅游市场，参加广州国际旅游展销会，在香港会展中心召开郴州（香港）投资贸易暨旅游推介会。“请进来”即邀请“大台、大报、大刊”媒体记者到郴拍摄专题片，其中央电视二台制作播出《玩转郴州》，广东南方卫视台制作播出专题片《郴州旅游探析》《小小黄金周在郴州》，宣传推介郴州旅游景区景点。市有关部门先后接待新华社、经济日报社、湖南卫视台、湖南经视台等26家新闻媒体和19家旅行社工作人员到莽山国家森林公园采风、踩线；接待中美联合探险队两次到万华岩风景区进行溶洞探险探测。

1995—2005年，郴州市旅游局参加在长沙、广州、深圳、上海、南昌、南京、香港等地举办的旅游新闻发布会、旅游产品说明会18次；组团参加国内外旅游产品推介展销会20次；邀请境内外旅游客商来郴考察50批次；邀请境内外新闻记者、作家、画家、诗人、摄影师来郴采访、踩线、参加“笔会”60批次。各新闻媒体刊发、报道郴州旅游业的稿件4400余篇，播出电视专题片60集。尤其是1997—2005年，郴州市举办的6次“一节一会”，对宣传、促销郴州旅游产品、开辟郴州旅游市场起到巨大作用。

（二）旅游线路开发

1986—1991年，北湖公园、苏仙岭风景区、万华岩风景区、东江湖风景区陆续被列入省级风景名胜区，四景区不仅是郴州也是湘南地区的重要旅游专线。1992年，北湖公园接待游客90.1万人次，苏仙岭风景区接待10.51万人次，万华岩风景区接待22万人次，东江湖风景区接待10.85万人次，主要是区内游客和节假日休闲的本地城镇居民。

1992年9月，郴县五盖山狩猎场试猎成功，1993年林业部将五盖山狩猎场命名为“五盖山国际狩猎场”。1995年，郴州市委、市人民政府将五盖山国际狩猎场定位为开拓国际旅游市场的拳头产品，日本狩猎协会大世界俱乐部先后两次来郴考察，签订每年组织200名会员至场狩猎协议，五盖山国际狩猎场成为郴州境内国际旅游的主要线路之一。

1997年11月，广东省珠海市“郴州行”新闻旅游采访团到郴考察，开辟珠海至郴州旅游专线。

1999年9月，郴州、韶关两市召开旅游双向推介会，实行旅游资源共享、信息互通、线路互延，双方旅游线路互延200多千米。

2003年9月，在中国湖南旅游节·郴州拥抱青山绿水，走进健康郴州系列活动中，举办湘粤赣“红三角”旅游发展研讨会，郴州、韶关、赣州三市决定开展旅游合作，线路互延。2004年6月，市旅游外事侨务局联合长沙、韶山、南岳三地旅游局在上海推介“名人（毛泽东故居韶山）、名城（历史文化名城长沙）、名山（南岳衡山）、福地（天下第十八福地郴州）”连成一线的旅游线路，既富有人文魅力又有生态精华。7月，郴州、韶关、赣州三市在广州南沙举办第二届中国“红三角”经贸洽谈会暨旅游推介会，三市签订《“红三角”旅游合作框架协议》。9月，在“中国郴州（莽山）生态旅游节暨经贸洽谈会”期间，郴州市举行湘南起义纪念馆揭幕暨郴州红色旅游启动仪式，拉开红色旅游序幕，拓展郴州旅游线路。

2005年8月3日，郴州市召开第一次红色旅游工作会议，提出充分开发和利用全市革命历史文化资源，加快红色旅游业的发展。经整合，郴州形成具有地方特色的五大旅游线路：以东江湖、飞天山、王仙岭、便江风光带、莽山等风景区为主的"生态休闲品牌"线路；以东江漂流、万华岩溶洞漂流、莽山珠江源漂流、五盖山国际狩猎为内容的"漂流探险品牌"线路；以苏仙岭、郴州女排训练基地、百福大鼎广场、寿佛寺为代表的"寿地福城品牌"线路；以热水温泉、天堂温泉、龙女温泉、悦来温泉为特色的"温泉健身品牌"线路；以宜章年关暴动指挥部旧址、湘南起义纪念馆、"三大纪律六项注意"颁布纪念地、邓中夏和黄克诚等革命前辈故居为代表的"红色摇篮品牌"线路。全市33家旅行社共开辟市内游、周边省市游线路769条。

第三节　旅游服务

一、旅游交通

（一）铁路

1989年，京广铁路郴州段106.6千米，纵贯永兴、郴县、郴州市、宜章4县，设有马田、郴州、白石渡等3个较大的客货车站。是年，京广铁路衡广复线建成通车，郴州至韶关段运行实现电气化。1995年后，客流量剧增，铁路部门数次提速，郴州境内车站全部更换提速道岔。2001年9月10日，京广铁路全线电气化。2005年，经过郴州的旅客列车每天58对，是郴州旅游客流的重要通道之一。

（二）公路

1989年，郴州地区公路通车总里程7389千米，其中国道2条287.84千米，省道10条726.93千米，县市道112条1552千米，乡村道4267千米，专用道556千米，平均每百平方千米有公路38.1千米。其时尚无一级公路，有二级公路157.6千米，三级公路112.75千米，四级公路1783千米，等级公路占公路里程的27.53%。

1994年11月，京珠高速公路动工，2003年通车，其中耒宜高速郴州段102.16千米，郴州境内设有三个出入口，郴州至广州单程只需4个多小时，至长沙3个多小时，均可当日往返。

1997年9月，资兴市关塘至汝城县岭秀公路竣工，公路全长104.693千米，为汝城通往东江湖区的主干线。2001年，连接万华岩与四清湖两大景区的安四公路竣工，全长5.56千米，为新修旅游专线公路。2001年底，起于汝城县三江口镇，南接106国道进入广东省，东北止于汝城县热水镇塘口的三塘公路开通，三塘公路东与江西崇文县文英镇连通，是贯通湘粤赣的一条边境旅游公路，全长39.42千米。

2003年，起于北湖区万华岩镇雷大桥，止于北湖区永春乡仰天湖的郴仰公路全线贯通，全长51.98千米，连接万华岩、四清湖、仰天湖三个景区。苏仙区大奎上乡政府至五盖山国际狩猎场4.2千米砼改油路。郴州大道至王仙岭1.4千米砼改油路。原1813线雅市坪至飞天山5.1千米砼改油路。耒宜高速公路五里牌通道口至飞天山铁鼎寨下1千米砼改油路。修建许家洞711矿至飞天山喻家寨4.2千米砼石路。修建许家洞镇至天堂温泉1千米砼石路。起于资兴市七里村，止于炎陵县船形达炎帝陵的七船公路改建通车，资兴市至炎陵县车程比过去缩短70千米。

2005年，全市公路形成以高速公路、国道、省道为主脉，县道、乡道为经络的公路网。市内各主要景区（点）均在公路网内。郴州市城区有公共汽车300多台，出租小汽车1257台，营运线路52条，去各旅游景区（点）十分便捷。

（三）旅游专用车船队

1989年，东江湖风景区购置1艘旅游船，组建全区第一家旅游车船企业——资兴市旅游车船公司。1995年10月，新成立的郴州交通旅行社购置一辆东风大客车作旅游专车。1996年，全市有5家旅行社购置旅游大巴。1997年10月，资兴市旅游车船公司购置的豪华游船“东江之旅”试水成功，游船长45米、宽10米，内设客房、餐厅、茶座、歌舞厅，可同时容纳150人。2000年，飞天山景区购置1艘豪华游船。2001年，永兴旅行社购置1艘豪华游船和1辆旅游大巴。2002年8月，郴州市汽车运输集团成立郴州市旅游汽车有限责任公司，购置亚星、宇通、依维柯型豪华旅游大、中巴车15辆。2005年，全市有旅游专用车船队8支，配备游船快艇457艘（东江湖有旅游船只300余艘），旅游大巴、中巴42辆，加上公共汽车，能保证游客交通需求。

二、旅行社

1984年，郴州成立第一家旅行社——郴州中国旅行社。1992年，郴州中国旅行社经地区旅游局考核，认定其经济效益、固定资产、服务设施和导游队伍素质达到承办二类旅游业务的条件，经向省旅游局申报，获经营二类旅游业务资格。是年，郴州又相继成立湘南中国旅行社、资兴旅行社、南岭中国旅行社。1998年，成立郴州五盖山旅行社、邮电旅行社、国大旅行社。1999年，成立苏仙旅行社、青年旅行社。至此，郴州的旅行社已发展到9家。

2001年，香港昌兴公司李兴邦投资130万元成立永兴旅行社。

2005年，全市旅行社增至33家，其中五连冠国际旅行社成为郴州首家具备组织出国游资质的旅行社。

1989—2005年，全市旅行社共接待国内游客100余万人次，境外游客20余万人次。

三、宾馆酒店

1989年，郴州体育宾馆、苏仙宾馆（时为地委、行署第二招待所，试改宾馆）为适应旅游接待工作需要，实行业务规范化管理。1990年5月，湖南省旅游局认定郴州体育宾馆、苏仙宾馆为“一星级宾馆”，1992年又被定为涉外酒店。1993年11月，郴州地区招待所、郴州迎宾馆、相思宾馆被定为旅游涉外宾馆。

1998年5月18日，湖南省旅游局评定乐仙酒店为二星级涉外旅游饭店，郴州迎宾馆、南苑宾馆、安仁县安仁宾馆为一星级涉外旅游饭店。8月16日，郴州金叶大酒店、五连冠大酒店被评定为三星级宾馆。

1999年9月29日，郴州国际大酒店举行四星级宾馆挂牌仪式，成为湘南地区第一家高星级宾馆，此举标志着郴州市旅游接待水平向前迈进一大步，国务院机关事务局、国家旅游局来电祝贺。

2004年8月，郴州华天大酒店开工，该酒店按五星级标准建设。

2005年，全市有星级宾馆、酒店30家，其中国际大酒店、万国大酒店、御泉大酒店为四星级宾馆，每天可接待宾客5000余人。是年，全市宾馆旅游营业收入2000余万元。

四、导 游

1989年以前，郴州各景区自行组织培训导游，游客有需要时，游客或旅行社向所到景区（点）提出导游申请。是年，国家旅游局要求旅游行政管理部门对导游人员实行专业考核，导游人员实行持证上岗。地区旅游局安排8人到广州参加导游培训，均取得合格证书，其中4人达到2类业务资质。1993年8月，地区旅游局、劳动局与郴州师范联合开办旅游培训班，招生50人，经两年培训，考试合格，由地区劳动局与地区技校联合发给毕业证书，享受技工学校毕业生待遇。1996年6月，郴州市旅游局针对旅游人才奇缺现状，在北湖区旅游局所属湘南中国旅行社创办郴州市旅游学校，为全市培养了一批包括导游在内的旅游专业人才。

1998年4月，东江湖风景区导游李春涛获全省“十佳导游”称号。

2000年，市旅游外事侨务局举办导游培训及导游等级考试考核培训班，120人获导游证。

2002年4月，市旅游外事侨务局从广州、长沙等地聘请专家举办导游培训班，进行职业与诚信教育，全市150名导游参加培训，全体参训人员在诚信公约前宣誓。8月5日，郴州市人民政府印发《郴州市导游人员管理暂行办法》，以国家《导游服务质量》为标准，规范全市导游人员职业行为。2003年，全市举办粤语培训班一期，免费培训209人，受到国家旅游局表彰。2004年，市旅游外事侨务局组织国家导游资格考试，全市500人报名参考，400人考试合格。

2005年，市旅游协会主办7期旅游工作人员普通话培训，700多人参加，合格率为95%。对全市401名持证导游人员参加年检考核，全部合格。市旅游协会选派5名导游人员参加湖南省红色旅游导游讲解大赛，其中1人获“湖南省优秀导游员（讲解员）”称号。是年，全市持有国家导游资格证书的导游员483名，其中专职导游310人，兼职导游173人。

五、旅游商品

郴州物产丰富，地方特产甚多。1989年前，因无规范的旅游产品商店，游客到郴州多在农贸市场购买茶叶、香菇、木耳、干笋、土酒、橙子、橘子等土特产品。

郴州随着旅游业的逐步兴起，相继开发出一批土特名优产品供游客选购。到2005年，郴州开发、生产深受顾客欢迎的旅游商品有120多种。如资兴市的东江鱼、狗脑贡茶、清江蜜橘；北湖区的“天奇”牌茶叶；苏仙区的“郴阳”牌生蜂蜜系列；桂阳县的子龙郡坛子肉；桂东县的玲珑茶、黄菌干、巴西菇；汝城县的苦丁茶、板鸭；临武县的舜华临武鸭、小徐瓜瓜食品、香芋及野菜食品、沙田干牛巴；永兴县的冰糖橙、永昌兴白银饰品系列；宜章县的“瑶园牌”蜂蜜、“莽山”牌绿茶；嘉禾县的倒缸酒、三味辣椒、湘嘉鱼；安仁县的豪峰茶、神龙百解茶等。其中东江鱼、舜华临武鸭、子龙郡坛子肉、玲珑茶被称为“郴州福城四件宝”。郴州的地方土特产还有野香菇、黑木耳、蘑芋、玉兰片、红米、花豆、苦笋、黄糍粑、甜蕨（红蕨菜）、蕨粉、板栗、甜玉米、竹席（白石竹凉席、紫竹凉席）、禾花鱼等。郴州市城区有“八一路旅游购物一条街”和旅游购物定点商场18家。

东江鱼 采用无污染东江湖冷水鱼作原料，经过特殊工艺制作而成。东江鱼无骨刺、无腥味，肉质细嫩、鲜美，吃一口，满嘴香。有不辣、微辣、特辣等10余个品种，采用真空小袋包装，便于游客携带。

舜华临武鸭 临武鸭为江南特产，中国八大名鸭之一。舜华牌临武鸭选用珠江源头、舜峰山涧、武水山区野外放养的纯种临武鸭为原料，运用现代食品加工技术，结合传统生产工艺，精心制作而成。临武鸭肉质细嫩，高蛋白、低脂肪，味道鲜美。采用真空小袋包装，便于携带保管。曾获湖南省优质农产品金奖。

子龙郡坛子肉 相传三国名将赵子龙计取桂阳郡后，治军有方，军纪严明，深受百姓拥戴。为表达对赵子龙的爱戴之情，当地百姓将油炸猪皮和五花肉放入五爪辣酱坛子内，腌制数月后，赠送给赵子龙下酒送饭，其味又香又辣，开胃增食。赵子龙不愿独享，送与主公刘备，刘备品尝后食欲大增，赞不绝口，随即赐名“子龙郡坛子肉”。子龙郡坛子肉制作工艺流传至今。

老桂东黄菌干 采用桂东县深山老林中野生黄色蘑菇晒（烘）制而成。其菇生长于夏秋相交之时，且只在桂东山区特殊的地质和气候条件下生长。桂东黄菌干肉质肥厚、细嫩，富含人体所需16种氨基酸及蛋白质、钙、磷等多种营养成分，是游客喜购馈赠佳品。

郴阳牌生蜂蜜系列 郴州市苏仙区邓家塘郴阳养蜂场生产。郴阳养蜂场是一家集生产、技术培训、供种、销售于一体的民营专业养蜂企业。其产品有蜂蜜、花粉、蜂胶、蜂王浆、蜂蜡五个系列30个品种。最具特色的“生蜂蜜系列”，是从成熟封盖后的蜂巢中分离出来不经任何加工的高浓度原汁蜜（波美度41° 以上），保持蜂蜜的所有营养成分和活性物质。生蜂蜜系列有枇杷花蜜、荔枝花蜜、五加皮花蜜、荆条花蜜、枣花蜜、菊花蜜、槐花蜜等。2001年，郴阳牌生蜂蜜系列获湖南省第三届农博会银奖。

嘉禾倒缸酒 嘉禾县民间酿造倒缸酒的历史可上溯到秦汉。中华人民共和国成立以后，县人民政府建立酒厂，将民间酿造技术与现代科技结合起来，提高倒缸酒的质量和产量。嘉禾倒缸酒采用本地生产的优质糯米、嘉禾名泉珠泉水和用中草药制成的酒曲酿造成甜酒糟，再加本地生产的土白酒混合发酵而成。倒缸酒酒色微黄，芳香扑鼻，入口甘甜，酒精度适中。特别是每年冬至时节酿造的倒缸酒，密封至春节时再开缸饮用，更是香甜清醇，提神健身。

第四节 旅游业管理

一、管理机构

1984年11月，郴州行署成立郴州地区旅游事业开发筹备小组。随后，又成立郴州地区中国旅行社，挂靠苏仙宾馆，归口行署外事办领导。

1986年10月，成立郴州市旅游局。1987年6月，郴州行署成立郴州地区旅游局，将归口行署办领导的外事办并入旅游局。同年，郴县成立旅游侨务局，资兴市1989年组建旅游局。行署明确旅游局的基本职能为：按照法律法规和国家旅游业的行业标准，规划并组织实施辖区内旅游景区（点）的开发利用，指导所属旅游企业不断提高管理水平和服务质量，维护游客合法权益。

1988年3月，郴州地区中国旅行社与苏仙宾馆脱钩，移交地区旅游局管理，为局二级机构。旅行社内设外联部、接待部、财务部、办公室，办公地址迁至人民中路郴州地区招待所。地区旅游局增设“郴州地区旅游公司”，亦为局二级机构，与郴州地区中国旅行社合署办公。

1993年2月，行署批准成立“郴州地区旅行贸易公司”，隶属地区旅游局，为国营预算外企业，实行自主经营、独立核算、自负盈亏，定编7名，实有工作人员10名。

1995 年 1 月，行署外事办从地区旅游局析出，与侨务办合并成立外事侨务办，地区旅游局独立成局。5 月，郴州撤地设市，郴州地区旅游局更名为郴州市旅游局。郴州市委决定在全省范围内公开选调市旅游局局长，经考试考核，长沙市潘碧灵入选就任市旅游局局长。局机关定编 9 名，实有 9 名。是年，永兴县成立旅游局。宜章、汝城、桂东、嘉禾、桂阳、临武、安仁等县的旅游业由县政府办公室或外事办公室（招商办）管理。

1997 年 5 月，郴州市旅游协会成立，为旅游行业自律机构，接受市旅游局的业务指导与监管。

2001 年 8 月，市委、市政府决定撤销郴州市外事侨务办公室，组建郴州市旅游外事侨务局。2002 年，机构改革中，根据市委、市政府关于机构、职能、编制“三定”方案，郴州市旅游外事侨务局内设办公室、旅游规划培训科（加挂旅游培训中心牌子）、旅游市场开发科、旅游行业管理科、外事科、侨务科（加挂郴州市侨联办牌子）6 个职能科室，定编 21 名，其中行政编制 19 名，事业编制 2 名。局直属机构郴州市归侨、侨眷联合会，定编 3 名；局属全额拨款事业机构郴州市旅游质量监督管理所和郴州市旅游执法大队，两块牌子一套人马，定编 4 人。是年，全市 11 个县（市、区）全部组建旅游管理机构，其中桂东县设县旅游局，其余 10 个县（市、区）设旅游外事侨务局，均为县（市、区）人民政府组成部门。2003 年 3 月，局机关和直属机构定编 28 名，实有 28 名。

至 2005 年，市旅游外事侨务局机构设置和人员编制无变化。

1989—2005 年郴州市（地区）旅游局主要负责人名录

表 16-1-4-1

单　位	姓　名	职　务	任职时间
郴州地区（市）旅游局	吴大强	局　长	1986.11—1995.08
郴州市旅游局	潘碧灵	局　长	1995.09—2000.05
郴州市旅游局	邓八斤	局　长	2000.05—2001.08
郴州市旅游外事侨务局	喻广德	局　长	2001.08—2003.03
郴州市旅游外事侨务局	李向阳	局　长	2003.03—

二、旅游规划

郴州旅游规划管理分两级：市（地区）旅游规划由市（地区）旅游局及所辖景区管委会共同制定，报市政府（行署）和同级人民代表大会（及其常委会）审核批准，接受省旅游局管理与指导；各县（市、区）旅游规划由各县（市、区）旅游局（主管部门）及所辖景区管委会共同制定，报县（市、区）人民政府和同级人民代表大会（及其常委会）审核批准，接受市（地区）旅游局指导与管理。

1993 年 12 月，郴州行署召开国土、交通、林业、建设、金融等 15 个部门参加的郴州旅游规划工作协调会，编制出《1994—2000 年郴州地区旅游规划（草案）》。

1999 年 7 月 5 日，中共郴州市委、市人民政府召开联席会议，研究出台《关于发展旅游支柱产业，创建中国优秀旅游城市的决定》，提出旅游发展总体规划目标及实施方案。要求全面提升城市旅游功能，努力营造粤港澳“后花园”，力争 3~5 年内将郴州建成中国优秀旅游城市。

2001 年 1 月，郴州市人民政府聘请北京大学区域经济研究中心等单位的教授、专家组成的专家组编制郴州旅游业发展规划。8 月 23 日，《郴州市旅游总体发展规划》通过专家评审。规划内容包括郴州旅游业发展战略定位和近、远期发展目标。郴州旅游业发展战略定位为：发挥南岭山水、湘粤边界、楚天福地、潇湘林城优势，将郴州建设成为湖南省最重要的旅游目的地城市之一和南岭地区观光、休闲、度假胜地，将旅游业建设成为郴州国民经济的支柱产业之一；到2015年接待游客2000万人次，实现旅游收入184.5亿元。

《郴州市旅游总体发展规划》出台以后，市、县两级旅游局和景区景点运用各种宣传工具，大力宣传发展规划。市、县两级按照规划要求，严把旅游建设项目审查关：不符合景区发展规划的项目，不申报、不审批；符合规划要求的项目，建设主管部门把好选址、设计、施工关；规划区内的名胜古迹不得拆除和改建。

三、旅游服务监督管理

1988年3月，郴州地区旅游局下设的郴州地区旅游公司，负责全区旅游事务的监督管理。

1989年3月，五盖山狩猎场对全场导猎员进行一个月的导猎培训。1991年，地区旅游局举办首届旅游业青年工人技能竞赛，参赛选手76人。竞赛期间，各宾馆、酒店组织职工赴现场观摩，学习旅游业务技术。1993年，地区旅游局与郴州师范学校联合开办旅游业职工培训班，系统学习旅游业务知识和旅游业法律法规。

1997年5月，郴州市旅游协会成立，为旅游业自律机构。1998年，郴州旅游界实行总经理例会制度，由郴州市旅游协会负责，每两个月召开一次会议，每次会议解决1~2个事关旅游业发展的问题，同时组织开展“流动红旗”评比活动。

1999年，国务院颁布《全国年节及纪念日放假办法》，规定每年春节、“五一”、“十一”三个节日连续放假7天，被称之为“旅游黄金周”。市人民政府成立郴州市假日旅游协调领导小组，加强旅游行业管理，要求旅游部门把旅游安全和服务质量放在第一位，统一制定最低保护价，禁止行业内恶意削价竞争，杜绝“零团费”旅游。2001年，市旅游外事侨务局对旅游市场进行整治，重点检查导游是否持证上岗、景区景点接待设施是否完善、门票价格是否合理、旅行社是否依法经营、酒店服务是否符合质量要求等问题，制止各种不正当竞争和扰乱旅游市场秩序的行为。整治中，调处旅游投诉4起。

为加强全市旅游服务管理和规范旅游市场，2002年1月，市旅游外事侨务局组建郴州市旅游质量监督管理所和郴州市旅游监督管理执法大队。3月，市政府办颁发《郴州市整顿和规范旅游市场秩序工作方案》《郴州市旅游业管理暂行办法》和《郴州市“一日游”管理暂行规定》。全市开展旅游市场打假打非（假冒旅游星级宾馆，非法经营旅行社业务，非法经营旅游客运、非法导游、购物欺诈等）专项整治，查处旅行社超范围经营1家，违规导游4人，清除旅游安全隐患5起。

2003年，全市旅游行政管理部门集中力量，打击“黑社、黑车、黑导”，查处旅行社以虚假广告招揽游客和导游私拿回扣等不正之风。全年受理和调处旅游投诉案件25起。是年，旅游行政管理部门对全市旅行社信誉等级和星级宾馆的星级进行复核评定，评议旅行社19家，其中3家评优，13家合格，3家被宣布歇业整顿、限期整改；复核星级宾馆16家，其中达标14家，限期整改1家，取消星级称号1家。

2005年4月，郴州市旅游外事侨务局下发《关于开展旅行社经营行为集中整顿的通知》后，全市旅游行政管理部门组织对旅游市场进行68次检查，检查旅游团队316个、导游357人次。“十一”黄金周期间，旅游、公安、工商、交通部门联合行动，深入苏仙岭、东江湖、莽山等重点景区景点督查，有效地遏制了欺诈、诱骗游客不良行为的发生。是年，全市旅游行政管理部门受理旅游投诉140件，结案135件，理赔金额1.32万元。

四、旅游安全管理

1989年，郴州地区旅游局指导、督促、检查旅游企事业单位贯彻执行旅游安全法律法规；进行旅游安全教育和宣传；会同有关部门对旅游企事业单位进行开业前的安全设施检查验收；受理游客的投诉和投诉案的处理。

1994年3月，郴州地区旅游局转发国家旅游局《旅游安全管理暂行办法》，并制定出本地区旅游安全防范措施：按属地管理原则，地区所辖旅游景区景点安全由地区旅游局和各景区景点共同负责，各县（市、区）所辖旅游景区景点安全由当地旅游局和各景区景点共同负责。地区对各县市区的旅游业安全负责监督和指导。各级旅游局主要负责人和各景区景点法人代表为安全管理第一责任人。按安全类别属性原则，由各安全主管部门具体负责。交通安全由交通部门牵头负责管理；消防安全由消防部门负责督促检查；治安、卫生安全，由公安部门，卫生防疫部门，食品安全部门各负其责；景区景点安全设施设备，如游道护栏、安全警示、急救人员及车辆、船只配备等，由各景区景点负责。

1995年后，郴州旅游景区景点增多，游客增加。特别是1999年国务院公布实行春节、“五一”和“十一”三个长休假后，全市进一步加强旅游安全管理。市、县两级交通部门牵头制定有关旅游运输安全方案，抓好车辆尤其是旅游巴士的检测、维修，严禁事故隐患车辆营运，严禁超载超速行驶。每年对各风景区旅游船只进行拉网式安全大检查，严肃查处无证运营。

2002年3月25日，郴州市政府办公室印发《郴州市整顿和规范旅游市场秩序工作方案》。“五一”“十一”长假期间，市旅游外事侨务局负责人深入旅游景区景点、宾馆、旅行社明查暗访，对违反旅游法规的事件坚决制止，对旅游安全隐患，责令有关部门及时排除。7月，市“创优”办公室组织旅游、工商、城管、交通、宣传、安全部门的有关人员，对城区各景区（点）及旅游购物、旅游接待、旅游安全情况进行全面检查和督促。9月28日，郴州市委常委、副市长戴道晋带领市假日旅游协调领导小组成员单位负责人，对全市主要景区的旅游安全情况进行现场检查，要求各景区对所有运载工具以及攀岩、探险、漂流、射击等容易出现安全事故的项目和设备进行全面检查、维修，对容易发生火灾、食物中毒的大众娱乐场所进行重点检查，排除隐患。

2004年1月，郴州市旅游外事侨务局联合市交通、公安、卫生、工商行政管理局和交警支队、消防支队、郴州日报社、郴州电视台等单位对苏仙岭风景区管理处、东江湖旅游集团公司、郴州宾馆、五连冠大酒店、国际大酒店、青年旅行社进行春节旅游黄金周安全工作进行大检查，要求各单位对检查中发现的问题在规定时间内整改完毕。4月，市旅游外事侨务局制定《郴州市旅游安全工作责任目标管理考核办法》，对考核内容、考标核准、等级资格及考核方式等作出详细规定。

从2005年起，市委、市政府开始轮流在各县（市、区）召开旅游发展会议，把工作部署、现场参观和旅游安全检查结合起来，督促各旅游服务单位建立健全安全档案，完善安全管理制度，坚持事故隐患及时排除，事故苗头决不放过。

五、旅游资源保护

1989—2005年，郴州坚持旅游资源“严格保护，统一管理，合理开发，永续利用”的方针和“保护第一，开发第二”的原则，制定旅游资源保护和管理规章，广泛开展法律法规宣传，组织群众学习旅游资源保护与管理方面的法规与知识。

旅游资源保护的重点是护林防火。县（市、区）、乡（镇）两级建立护林防火指挥部。景区建立护林防火机构，秋冬季节实行全天24小时值班制度。五盖山国际狩猎场聘请护林防火员30人，兼职扑火队员100人，建立护林扑火应急队3个。各旅游景点都制定《关于野外火源管理暂行规定》和《护林防火六不烧、十不准》。风景区内的古树名木实行挂牌保护。未经批准不得在景区内采集花草、药材和各类动、植物标本。严禁捕杀、买卖野生动物。各景区交通要道和主要游览路线入口处均设置永久性森林防火宣传碑（牌），在景区门票中附加一张“森林防火宣传卡”。在护林防火基础设施建设方面，建立覆盖景区、林区的护林防火通讯网络、防火瞭望台、护林点和森林防火检查站。

第五节 创建“中国优秀旅游城市”

1999年7月，郴州市委、郴州市人民政府审时度势，作出《关于发展旅游支柱产业，创建中国优秀旅游城市的决定》，提出举全市之力，汇全市之智，大力发展旅游业，全面提升城市旅游功能，努力营造粤港澳“后花园”，力争3~5年内把郴州建设成中国优秀旅游城市。2000年，市委、市人民政府成立创建中国优秀旅游城市工作办公室（简称“创优办”），“创优办”依照国家旅游局“创优”工作评定标准，制定工作规划，加强创建过程中的组织、协调、督查等工作。

2001年7月，市委、市人民政府成立由市委书记、市人大常委会主任、市政协主席为顾问，市长任组长的郴州市创建中国优秀旅游城市工作领导小组，领导小组下设办公室、重点工程部、行业管理部、环境整治部、新闻宣传部和标志部。8月1日，市委、市政府召开全市“创优”工作动员大会，宣布《郴州市创建中国优秀旅游城市总体方案》。市人大常委会及时作出《关于批准郴州市创建中国优秀旅游城市的决定》，全市上下联动，迅速掀起“创优”工作热潮。

2002年3月2日，市委、市政府召开全市旅游工作会议，针对“创优”工作时间紧、各地发展不平衡和工作进度较慢等情况，要求各有关部门对照国家标准，明确主攻方向，攻艰克难，保证“创优”工作全面发展。4月17日，市委、市政府召开“创优”工作再动员大会，要求全市各单位、部门以“创优”为龙头，同时抓好创建“全国卫生城市”“国家园林城市”工作。着力完善旅游景区景点基础设施，重点抓好苏仙岭、东江湖、万花岩、飞天山等景区建设，打造一批旅游精品；全面整顿宾馆、酒店、旅行社和导游队伍，强化旅游服务队伍训练，使郴州旅游秩序更优良，旅游服务更优质。是年8月，市“创优”办向湖南省旅游局申请“创优”省检。10月23—28日，湖南省旅游局副局长刘之明率检查团到郴，按照国家旅游局制定的中国优秀旅游城市标准，对郴州的“创优”工作进行全面深入检查，郴州市获得标准分878分，复核分924分，基本达到“中国优秀旅游城市”标准。2003年3月4—7日，国家旅游局验收组专程对郴州“创优”工作进行验收。验收组审阅600余万字的“创优”工作材料，对郴州的旅游景区景点开发建设、旅游经营单位、城市建设、文化娱乐设施、旅游市场秩序等20个大项176个小项逐一审核。同时进行现场检查和暗访，向到郴州旅游的国内外100多名游客进行调查，最终对郴州的“创优”工作作出“四有”（有决心、有措施、有保障、有成效）、“四好”（资源好、定位好、开发好、氛围好）和“三个没想到”（没想到昔日的荒蛮之地迅速崛起成为现代化花园城市、没想到千年古郡处处呈现现代风貌、没想到郴州的夜色如此流光溢彩）的评价。2003年6月25日，郴州创建“中国优秀旅游城市”工作通过国家创建优秀旅游城市评审委员会评审。12月10日，国家旅游局正式授予郴州“中国优秀旅游城市”称号。2004年1月8日，郴州市副市长潘碧灵参加在河南郑州召开的全国旅游工作会议，代表郴州市从国务院副总理吴仪手中接过“中国优秀旅游城市”的牌匾和奖杯。郴州市成为湖南省第六个“中国优秀旅游城市”。

2004年12月，资兴市被国家旅游局评为“中国优秀旅游城市”。

第二章 服务业

第一节 餐饮业

一、经营场所

1989年，郴州地区餐饮行业有宾馆、饭店、酒家、饮食店等近5000家，从业1.68万人。其中国营餐饮企业67户，从业6920人；集体所有饮食店321家，从业2048人；个体和私营有证饮食店4519家，从业7860人。郴州市城区较有名气的国营餐饮企业有：郴州地区招待所、郴县（苏仙区）招待所、苏仙宾馆、郴州迎宾馆、湘南大酒店、来鹤楼酒店、商业大厦酒店、东方大厦酒店、福星楼、郴州饭店、百乐门餐厅等。

20世纪90年代开始，城区部分居民早餐多到个体私营饮食店就餐，广东喝早茶的习惯也传入郴州。至郴游客更是寻觅郴州特色餐饮，以一饱口福。个体早餐店有稀饭、糍粑、甜酒、油条、汤圆、馒头、包子、面包、蛋糕、水饺、汤面和炒面等。冷饮业也逐渐普及，郴州市、桂阳、宜章、永兴、嘉禾等地办起了冰棒、雪糕厂，其中宜章的“中意”牌雪糕享誉区内。1990年，美国开心汤姆快餐店入郴后，城区各式快餐店、盒饭店兴起。1992年，麦当劳、肯德基等国际品牌快餐连锁店在郴州市区相继开业，汉堡包、炸薯条、甜玉米、香辣鸡翅和各式饮料果汁，深受青少年欢迎。

1995年，郴州市城区最早开业的茶楼是永福茶楼，随后有天福茶楼、天瑞茶楼、正和茶楼、春秋茶楼以及经典咖啡馆等30余家茶楼、咖啡馆相继开业。店堂装饰不拘一格，有的古朴典雅、有的时尚新潮，环境清新宜人，成为市民休闲会友和商贸洽谈的场所。是年，全市餐饮业店铺1.03万家，从业2.53万人。其中国有企业76户，从业2102人；集体所有店铺1174家，从业2969人；个体店铺9001家，从业2.03万人。集体、个体饮食网店与1989年比，分别增长266%、99%；从业人员分别增长45%、158%。

1997年冬，在激烈的餐饮市场竞争中，百年老店福星楼、湘南名店湘南大酒店和来鹤楼等因经济效益不佳先后停业，全市国有饮食服务业大部分退出市场，县城许多集体饮食店也相继关停，代之而起的是个体、私营和股份制企业经营的酒家、中西餐饮店、湘粤川菜馆，还有风格各异的风味小吃店、农家土菜馆。郴州市中心城区的人民路、国庆路、中山（东、南、西、北）街、东风路、健康路、文化路、火车站、解放路道口以及城区沿107国道和省道旁兴起的一条条饮食街。是年，全市餐饮业共有店铺1.51万家，从业3.98万人。其中国有和集体260家，从业3190人；非公有制（个体、私营、外资）店铺1.48万家，从业3.66万人。非公有制店铺占全市餐饮业店铺的98.26%，从业人员占全市餐饮业人员的92%。

2000年，郴州冷饮生产从城市扩大到乡（镇），一些中心乡镇集市办起冷饮生产厂、冰库，批发零售冰棒、冰淇淋等。

2005年，全市有餐饮店铺6780家，从业4.74万人。其中公有制（国有和集体经济餐饮）企业615户，从业3388人；非公有制店铺6165个，从业6.69万人。非公有制店铺中个体私营6117家，比1989年的4519家增加1598家。个体私营户注册资本金3814万元，累计资本金1.35亿元，分别比1989年增长282%、255.2%。是年，全市餐饮业销售总额12.33亿元，其中非公制经济店铺销售总额11.09亿元，占全市餐饮业销售总额的89.9%。

二、特色菜肴与名点

郴州菜属湘菜系列，其特点是：用料讲究、油香色浓、主味突出。原料入味以酸、辣、鲜、香见长。20世纪90年代，备受游客和城区居民欢迎的郴州特色菜肴有郴州唆螺、爆炒血鸭、苏仙区马头岭土鸡、嘉禾血灌肠、嘉禾水煮肉、桂阳狗肉、北湖区芙蓉土腊肉、汝城冷水鱼、资兴东江大坝雄鱼头等。2000年后，随着人们生活水平提高和顾客需求多样化，郴州本土传统特色菜系不断创新。2003年7月，香港李锦记湘菜创新研讨会在郴州举行。全市开发出较有名气的菜品有酸辣鸡、黄焖鸡、贵妃鸡、糯米鸡、花油鸡、炒血鸭、芋荷鸭、淮山杞子鸭、烧烤乳猪、虎皮扣肉、虎皮肘子、肉丸子、辣酱肉、清蒸土腊肉、东江三文鱼（一鱼三吃）、银河神仙鱼、苦瓜炒干鱼、平阳辣酱鱼、禾花鱼、剁辣椒雄鱼（鳙鱼）头、蘑芋豆腐、和平豆腐、酿豆腐、酸辣椒、剁（抖）辣椒。郴州山上许多土菜既可配菜，又可单独烹炒，备受食客喜爱，如黄菌干、香菇、木耳、冬笋、玉兰片、蕨苗等。

炒血鸭 系嘉禾、桂阳及郴州城区大众喜爱的一道名菜。其制作方法是宰鸭时，在鸭血中掺少量清水，再搅拌使其不凝固。将鸭去毛和内脏，洗净切块，锅中放适量植物油，将姜块、蒜子、八角、辣椒炸出香味后，倒入鸭肉反复爆炒，再加入少量清水及生抽、五爪辣、精盐等调味品，小火焖煮十分钟，最后将鸭血倒入鸭肉中迅速搅拌，起锅装盆即成。此鸭肉既脆且香。

银河神仙鱼 将鱼剖开，洗净切成块，用姜丝、蒜泥、精盐、酱油等调味品与鱼块拌匀腌制10分钟，再将鱼块倒入精制的米粉中拌匀，放入油锅中煎至七成熟，最后放少量清水盖锅焖煮2分钟即可。此菜色泽金黄，鲜嫩可口，肥而不腻。

蘑芋豆腐 系蘑芋头磨制而成，其形、色、味颇象海参，故有“土海参”之称。如将其置于冰箱冷冻后再烹饪，又酷似鹅掌，味美可口。

辣酱肉 系桂阳特产。取上等鲜红五爪辣，洗净，晾干，加工成辣酱。再用新鲜“五花肉”煮熟切成小块，用油炸成半干，然后与辣酱拌匀，配以豆豉及各种佐料，置于缸内腌制数月即成。辣酱肉肥而不腻，辣中带甜，甜中有香。桂阳县已从辣酱肉派生出辣酱鱼、剁辣椒鱼等系列产品，远销省内外。2000年，“太和辣酱肉”“辣酱鱼”获“湖南省第二届名优特新农副产品博览会”金奖。

肉丸子 先把瘦猪肉（也可用牛肉）剁碎成馅，加入食盐等调料，搓成肉丸，然后以鸡蛋、鸭蛋（比例是三个鸭蛋一个鸡蛋）和面粉或糯米粉搅拌成浆糊，再将肉丸裹上浆糊，放入烧开的茶油（猪油也可）中炸成金黄色，捞出即可。食用时，放入清汤，拌香料加热，其肉香四溢，入口酥松，多吃不腻。

糕点 市中心城区正一街的米饺、荣昌的年糕、华联的蛋糕、国际大酒店的汤圆、曦丹大酒店的月饼、欧阳玉喜的米糕粑、仁和园的小笼包、桂东的黄糍粑、桂阳周裕耀的菜包子等，各具特色，味美可口。

三、郴州市中心城区餐饮企业选介

福星楼酒店 清光绪十年（1884），郴县城东卜里坪村人贺炳荣创办福星楼酒店，原址位于郴县王家祠堂，即今中山北街32号。其后福星楼酒店五易其主，1951年歇业。1984年，郴州市饮食服务公司在燕泉路1号重开福星楼酒店，百年老店获新生，其经营特色、菜点质量享誉郴州。1997年7月，福星楼酒店被评为二级餐饮企业，年底因国有企业改制而歇业。2003年，苏仙区良田镇人李忠进在郴州市香雪路重建福星楼酒店，弘扬湘南饮食文化优良传统。

来鹤楼酒家 原名南湖园酒家，位于郴州市国庆南路8号，建于1981年，建筑面积878.85平方米，有职工50余名，隶属郴州市商业局饮食服务公司。1988年更名为来鹤楼酒家。1992年更名为南鹤楼酒家。1994年恢复来鹤楼酒家名称。来鹤楼酒家以经营酒席为主，其湘菜既有传统风格，又融入郴州地方特色，为食客所称道。1997年被评为二级餐饮业，是年冬因企业改制而停业。2000年，经有关部门批准，以220万元的售价转让给郴州汇通房地产开发有限公司。

湘南大酒店 位于郴州市繁华区人民中路服务大楼一楼，1984年，由郴州市商业局饮食服务公司开办，以经营湘菜为主，是当时郴州乃至省内颇有名气的大型餐饮名店。1990年开设广式早茶，生意火爆。1997年冬，国有餐饮企业改革，实行国有私营，湘南大酒店几轮承包，终因经营效益不佳而歇业。2002年，湘南大酒店与房地产开发商共同开发，新建准四星级湘南大酒店，开设住宿、餐饮、娱乐等服务项目。2005年仍在开发建设中。

三根草·忆湘南酒店 创建于1997年，位于郴州市八一路。酒店坚持“以人为本，服务社会”的宗旨，开展餐饮服务。2003年至2005年被评为“全省十佳餐饮创新企业”“郴州市消费者信得过单位”“郴州市十佳特色餐饮店”“郴州巾帼文明示范岗”店。

郴州满堂福大酒店 1999年7月，郴州人吴继业继承祖业，发扬祖上“怡珍阁”之美食传统，在郴州市飞虹路创办“满堂福大酒店”。2001年12月，人民西路“满堂福”分店开业，2002年2月，苏园路分店开业，2003年9月，国庆南路商业大厦分店开业。4家连锁店，资产1900多万元，营业场地总面积5600多平方米，餐饮席位3600多个，员工400多人。满堂福大酒店雇请名师掌厨，采湘、粤、川菜之精华，结合郴州地方菜系风味，打造具有郴州本土饮食文化特色的“福店喜宴”。2002年、2005年，郴州满堂福大酒店被评为“湖南饮食名店”“湖南饮食文化名店”，其商标在国家工商总局注册成功。

郴州得月楼酒店 2003年8月，郴州人黄志峰创办郴州得月楼酒店有限公司。经过多年发展，公司辖一家三星级宾馆、九家得月楼餐饮连锁店和一个配送中心，成为郴州最大的餐饮龙头企业。2005年，公司加入长沙“鼎福楼”旗舰店。2006年，长沙鼎福楼旗舰店落户郴州五岭广场旁，公司有固定资产5000余万元，员工2000余人。黄志峰曾获“全国光彩之星”称号。

郴州大江南餐饮有限公司 创办于2004年8月，是一家餐饮业旗舰公司。公司辖城区“湘森人家”“大江南酒楼”“厨味自造”等三家各具特色的餐饮店。位于郴州市北湖路的“湘森人家”以传统湘菜、郴州本地土菜和家常菜肴为主；位于郴州市五岭广场西的“大江南酒楼”打破湘菜传统菜肴，将江南菜品融入湘菜，经典雅致，尤受粤、港、澳、台客人欢迎；位于郴州大道的“厨味自造”，自选上乘食材，以鼎罐菜、传统菜、营养滋补养身系列菜为主，追求原汁原味，获得广大食客称赞。

第二节 旅馆业

1989年，郴州地区有宾馆、酒店、旅社550家，从业2300人。大部分旅馆设施简陋，服务水平低，人流不旺，部分旅馆不太景气。1992年，由于企业体制改革，一批国营、集体旅馆转型或停业，全区旅馆数603家，比上年减少22个，从业2713人，比上年增加91人。

1995年后，郴州市经济快速发展，流动人口增多，原有旅馆接待能力已不适应形势发展需要，一批个体私营宾馆、酒店建成。县（市、区）对政府招待所进行改造升级，大力更新设施设备。全市在流动人口比较集中的火车站、汽车站、城市中心、集市贸易地建成一批小型招待所、宾馆、旅社。桂阳县陆续建成桂阳宾馆、平阳宾馆、蔡伦宾馆、金龙大酒店、蒙泉宾馆、林苑宾馆、流峰宾馆等。是年，全市共有二星级宾馆3个，即郴州宾馆、金阳大酒店、相思宾馆；有个体旅馆716户，从业1542人。全市全年接待旅客26.4万人次。

1996年，永兴县城扩容改造，一批大中型、高档次的宾馆先后建成，如永兴宾馆、粮食大厦、永驿宾馆、种子宾馆。其中规模最大的永兴宾馆，装修豪华，内设宴会大厅、小餐厅、雅座包厢，安装空调、彩电、音响等配套设施，实行餐饮、住宿、洗浴、休闲一条龙服务，可同时接待1330人住宿就餐。1997年，郴州城区金叶大酒店、晶星宾馆、五连冠大酒店相继开业。1998年，宜章县南京洞开发区兴中大厦、永兴银都大酒店开业。全市旅馆业的服务质量逐步提高，郴州市乐仙大酒店被评为二星级涉外旅游饭店，郴州迎宾馆、南苑宾馆、安仁县安仁宾馆被评为一星级涉外旅游饭店。2000年，全市旅游饭店有客房1002间，2001年1616间，2002年2001间，2003年发展到2678间。2004年，资兴市加快东江旅游开发区建设，先后建成资兴宾馆、东江山庄、五洲大酒店、黄草鸿雁宾馆、鸿运大酒店、东江宾馆、天鹅湖宾馆、东江湖宾馆、依波茵花园酒店、东江明珠大酒店、交通大酒店。其中资兴宾馆投资2500万元，建有210间客房，配备大、中、小会议室10间，餐饮、娱乐、商务设施一应俱全，是当时资兴市内最豪华的宾馆。

2005年，郴州全市有星级宾馆30家，其他旅馆1498家，从业逾2万人。郴州市中心城区有宾馆（旅社）58家，床位21650张，从业2762人。其中四星级宾馆3家：国际大酒店、万国大酒店、御泉大酒店；三星级宾馆11家；二星级宾馆13家；一星级宾馆3家。是年，全市共接待国内外旅客738万人次，其中港澳台同胞2268人次，外宾647人次。

2005年郴州市涉外星级宾馆一览表

表16-2-2-1

序号	酒店名称	星级	评星时间	地 址
1	郴州国际大酒店	四星	1999.09	郴州市人民西路17号
2	郴州万国大酒店	四星	2005.07	郴州市青年大道
3	御泉大酒店	四星	2005.08	郴州市燕泉路1号
4	五连冠大酒店	三星	1998.08	郴州市体育路
5	金星宾馆	三星	1998.08	郴州市同心路2号
6	资兴宾馆	三星	2001.06	资兴市城区

续表 16-2-2-1

序号	酒店名称	星级	评星时间	地 址
7	天湖大酒店	三星	2001.08	郴州市同心路 1 号
8	新东方大酒店	三星	2004.07	桂阳县迎宾路 83 号
9	苏仙宾馆	三星	2005.03	郴州市苏仙南路
10	宜章宾馆	三星	2005.03	宜章县城关镇文明南路 32 号
11	东江湖国际度假山庄	三星	2005.03	资兴市东江湖内
12	王朝大酒店	三星	2005.08	郴州市骆仙中路
13	永兴银都大酒店	三星	2005.08	永兴县“三胞”经济技术开发区
14	永兴永昌兴宾馆	三星	2005.08	永兴县人民广场
15	相思宾馆	二星	1994.12	郴州市南岭大道
16	郴州宾馆	二星	1995.02	郴州市人民中路
17	金阳大酒店	二星	1995.02	郴州市升平路
18	万华大酒店	二星	2001.08	郴州市人民西路
19	电力宾馆	二星	2003.01	郴州市桔井路
20	苏园宾馆	二星	2003.06	郴州市苏园路 17 号
21	资兴东江宾馆	二星	2004.07	资兴市东江迎宾路
22	资兴天鹅湖宾馆	二星	2004.08	资兴市东江南路
23	临武天和大酒店	二星	2004.08	临武县东云路
24	石油宾馆	二星	2005.04	郴州市工业大道 67 号
25	丰豪大酒店	二星	2005.04	郴州市北湖路 9 号
26	南天大酒店	二星	2005.06	郴州市解放路 7 号
27	郴州迎宾馆	二星	2005.09	郴州市人民西路 13 号
28	安仁宾馆	一星	1997.09	安仁县城区
29	鸿运大酒店	一星	2001.06	资兴市城区
30	麒麟大酒店	一星	2004.07	资兴市区大全路

第三节 娱乐业

1989 年前，郴州地区社会娱乐业仅有电影院上演电影和文化部门的文化馆、站对外播放录像，电影片和录像带由上级文化部门供给。1990 年，郴州市区和各县（市）城区陆续出现卡拉 OK 歌舞厅、音乐茶座、桌球室和儿童游乐场，娱乐场所逐渐增多。

1991—1993 年，全地区审批音像制品发行站 40 个、音像制品出租点 101 个、录像放映点 500 个。1994—1996 年，郴州市城区开始出现旱冰场、保龄球室和跆拳道教练室。电子游戏（含网吧）经营场所发展尤其迅猛，其游戏机由小变大、功能由少变多，具有赌博功能的游戏机泛滥一时，成为娱乐业的整治重点。一些稍具规模的酒店、宾馆为满足顾客休闲需要，也开设卡拉OK室、歌舞晚会或音乐茶座。1999年，全市经登记办证的娱乐业经营单位5000余个，极大地丰富了游客和城乡居民的业余文化生活。但受利益驱动，也出现黄、赌、毒等不良现象。

2000年后，郴州市城区和市、县城区出现“网吧热”，上网人员多为中小学生和无业青年。为防止中小学生占用学习时间上网玩游戏、聊天，教育、文化行政管理部门曾明令各网吧严禁未成年人进入网吧消费。

2005年，全市娱乐业经营单位2200个，其中电影院23家、演出团队44个、电子出版物经营单位37个、图书报刊出版物经营单位388个、电子游戏（含网吧）室830个、歌舞娱乐场所148个、音像制品经营单位570个、体育娱乐类经营单位124个、其他娱乐业单位36个。

第四节　其他服务业

一、小轿车、摩托车出租

（一）小轿车出租

1989年，郴州市城区小轿车出租行业只有顺达出租车公司一家，营运小轿车260台。至2005年，小轿车出租公司发展到9家，分别是郴州市运输服务中心、大众出租汽车公司、兆达出租汽车公司、顺达出租汽车公司、兴达出租汽车公司、民生客运公司、中膂出租汽车公司、腾龙出租汽车公司、郴汽集团出租汽车公司，共有出租小轿车1101台。运价由政府规定，起步价4~6元，2千米以外每千米1元。出租车随叫随停，部分出租车公司开展呼叫服务，随时为市民和游客提供方便快捷的交通服务。

（二）摩托车出租

20世纪90年代，郴州兴起摩托车出租业务（俗称“摩的”）。下岗职工及农村剩余劳动力为“摩的”出租行业的主力军。2005年，市中心城区有出租“摩的”近万台。“摩的”多停靠在车站、宾馆、娱乐场所、住宅小区、商场和单位门口招揽生意，为市民提供全天候服务。“摩的”司机载客视路途远近收取一人一次3~5元的费用，或按路程计价，每月可收入2000元左右，旺季月收入达3000元。有少数“摩的”司机划分地盘，欺行霸市，个别司机甚至敲诈外地到郴旅客。还有一些“摩的”司机无证载客，违法违规经营，市内多次发生“摩的”司机抢劫伤人和被抢被杀恶性事件。公安、城管和交通管理部门曾多次对摩托车出租行业进行整治。

二、美容美发与保健按摩

理发、澡堂沐浴是郴州地区城乡传统服务项目。乡村理发多采用包年制，城镇理发店多为集体和个体经营。1989年，全地区有理发店2590多个，从业2890多人，年营业收入约160多万元。澡堂沐浴冬季开业，夏季制冰或从事其他服务项目。沐浴行业开始由单项服务，发展成综合性的美容美发服务。1989年1月，郴州城区出现第一家美容美发院——纯纯美容美发院，传统的理发业被时尚的洗、染、吹、烫、塑造各种发型的新型美发店所替代。紧接着，外地雅群、友会、露露等美容院落户郴州。1993年，绅士派、天美等大型高端美容美发院相继开业。其服务范围已从头部延伸到脸部、腰部、足部及全身保健按摩和桑拿松骨。北湖路、解放路、文化路、人民路、东风路、劳动路、苏仙路、飞虹路、北苑等地齐集多家美容美发、桑拿足浴店。传统的理发店多在小街小巷和乡村。

1995年3月，郴州松妮保健休闲服务有限公司成立，其前身是刘建国、李远连夫妇在东风路开设的一家面积30平方米、两个理发座位和两张美容床的美容美发小店。

1999年，郴州市美容美发协会成立。位于郴州城区人民中路的海阔天空休闲中心引进韩国玉石体验磁浴和氧吧休闲。市中心城区的御仙宫、金卫、茗园、颐尔康、鸿运、阳光等专店，提供牛奶浴、盐浴、蒸汽浴、桑拿浴，开展洗脚、修足、采耳、按摩等服务项目。

2000年，郴州松妮保健休闲服务公司投资近400万元，在“八一路”创办松妮总部，之后又开设永兴分店、临武分店和国庆南路松妮时尚生活馆连锁经营店，总资产1000余万元，营业场地6000余平方米，员工近400人，集美容美发、保健、足浴、休闲于一体。松妮公司引进日本专业美发器具，高薪聘请技术总监、美容美发师，运用三度立体剪法、三维视觉剪法、真空剪法等美发技术，在超声波作用下，通过微雾喷水，使头发膨胀湿润，在药物作用下护发、烫发、染发、焗油。

2005年，全市从事美容美发和保健按摩行业的企业150余户，从业人员上千人。美发师、美容师、美体师、按摩师、足道师、采耳师已成年轻人新的职业。

三、照相摄影与婚纱服务

1989年，郴州地区照相馆主要分布在市县城区和乡镇，国营和集体性质的少，大多为个体经营，以黑白照为主。1991年，全区照相馆210个，从业402人，注册资金56.2万元，年营业收入800多万元。郴州中心城区照相馆有人民中路服务大楼、升平路和北街照相馆三家，营业面积不过100平方米，可为顾客提供彩色照相服务。在兴隆街和北湖路各有一家引进日本彩照冲洗技术的店铺，销售日本柯达、富士彩色胶卷和冲洗胶卷。20世纪90年代中期，照相设备、技术发展很快，已有彩色摄影、电脑描图、录像等，摄影服务不只在照相馆，而且上门服务。手提式摄影机进入家庭，一些人家办喜事，请人摄影录像以作纪念。

1995年，郴州樱花婚纱摄影有限公司郴州店成立，隶属长沙樱花摄影集团。经过十余年的发展，三次扩店，营业面积从100多平方米扩大到600余平方米，员工从10余人增加到100余人，昔日的家庭式作业转化为公司规模化经营。郴州樱花婚纱摄影店有国家级专业摄影师和毕业于国际标准化妆学校的化妆师。为满足顾客追求时尚、潮流的需求，郴州樱花婚纱摄影店独家采用欧式摄影棚，置备300余套国际品牌服饰，给婚照夫妻提供“蔡美月”婚纱衣妆，使顾客备感尊贵。

1996年，总部在北京的爱尔宝贝儿童摄影在郴州市城区燕泉路开设分店。该店致力于儿童活泼影像的拍摄和制作，擅长记录稚童天真烂漫的精彩瞬间。1998年，郴州樱花婚纱摄影店获湖南省化妆造型艺术展评会“新娘妆一等奖”和“最佳创意奖”，1999年获东南亚婚纱摄影展“最佳作品奖”，2000年被推荐为湖南省人像摄影行业协会副会长单位。2001年5月，爱尔宝贝儿童摄影郴州燕泉路分店引进总部的先进管理经验及文体拍摄技巧，推行实景拍摄，采用湖南首家无闪3D摄影和DEC日清管理系统、恒温摄影棚、空气加湿器以及柯达VC相纸，确保影像质量。

2002年，郴州樱花婚纱摄影店被评为湖南省“质量信誉双满意单位”，2003年被评为湖南省“婚纱艺术摄影名店”。

2005年，郴州照相摄影已普及百姓家庭，人们自拍自娱自乐，摄后再送照相馆冲洗放大，或刻制光盘。全市专业摄影店（含光盘刻制）近800家，从业2000人，其中上规模上档次的近60家。郴州市城区燕泉路的爱尔宝贝儿童摄影店、小倩时尚婚纱艺术摄影楼、五岭数码婚纱店，西街的世纪新娘婚纱摄影店、佳人婚纱艺术摄影店，国庆路的樱花婚纱摄影店、圣玛丽经典摄影楼、幸福数码专业婚纱摄影店。人民路的晶之链摄影、爱特婚纱摄影、花嫁之约婚纱摄影，兴隆步行街的深蓝摄影、柯达数码通印、时光数码摄影、VS时尚摄影，古建街的芭莎婚纱摄影，义帝路的露碧丝金夫人婚沙摄影，文化路的罗曼婚纱摄影，八一路的四十五度摄影，飞虹路的台北新娘摄影，107国道城区段的富士专业数码摄影等专业摄影店（室、楼），均颇受人们青睐。

四、修理业

（一）汽车修理

20世纪80年代，郴州地区交通局在苏仙南路建立一汽车大修厂，主要承担湖南省运输公司郴州分公司和市内各单位国产汽车的修理业务。地区粮运大队、林业运输公司也开办汽车维修厂，主要承担本单位汽车维修。各单位小轿车则要到外地维修。1993年以后，国有汽车修理厂关闭，湘运郴州分公司自办修理厂，国家机关、企事业单位和社会车辆则到个体私营汽车修理点修理，个体私营修理店迅速增加。郴州市城区沿107国道两旁个体私营汽车维修店增至20多家。此外，燕泉路、国庆北路、工业大道、苏仙路、苏仙桥旁都建起汽车修理厂。2005年，全市汽车修理厂有150余家，从业人员2000多人。其中，郴州市中心城区30多家，从业人员300多人。

（二）家电维修

1989年，郴州地区有五金机械、家用电器维修店500多家，从业人员2000多人。其中郴州市城区73家，从业300多人。主要修理农机具、自行车、石油液化气燃器具、高压锅、彩电、洗衣机、冰箱和钟表等生产、生活用具。从业者的手艺多为义子相传或师徒相授，一些技工学校家电维修专业的毕业生自主创业，开设家电维修店。2000年以后，随着家用电器和现代通信器材的普及，家电维修店主要修理空调、冰箱、洗衣机、电视机、电磁炉、微波炉等家电用器，手机专卖店普遍附设手机维修点。2005年，全市城乡家用电器维修店400多家，从业人员2000多人。

（三）修锁开锁、刻图章

1989年，郴州市中心城区有6家修锁开锁店，主要在北街、西街。个体修锁开锁摊点从业者多为残疾人。由于有的修锁开锁执业者存在违法违规行为，于20世纪90年代被取缔。1997年，该行业通过治理整顿后恢复。市中心城区经公安局备案、工商部门注册登记的刻图章服务店3家。北街、西街、东街等街头巷尾还有10多个个体摊户从事雕刻私章服务。20世纪90年代中后期，修开锁从业者增多，大多公开手机号码，为需要开锁的人家上门服务。随着电脑扫描、传真技术的发展，个体雕刻图章的技术也有长足进步。在公安部门登记备案的修锁开锁与刻章公司仅有一家，从业人员8人，在工商部门注册登记的修开锁从业人员有60余人。

五、打字印刷和家政服务

（一）打字、印刷

1989年，郴州市中山北街办起店名为“一二三”的打字社，购进“四通”电脑打字机，打字速度快、质量好。郴州城区机械打字和手印（油印）文稿的工作方式渐而被新型电脑打字复印机所取代。

1990 年，中山北街开办的电脑打字社 10 余家，形成城内打字一条街，承揽郴州行署机关部门半数以上的打印业务。随后，“四通”电脑等新型打印机在机关、企事业单位得到普及。2000 年以后，市燕泉路、国庆路、人民西路及苏园路，均出现打字印刷一体化机和胶印机。位于苏仙北路的民营企业新泉印刷厂也初具规模。这些民营大型胶印机和大图复印机，为社会文件、资料和图片印制提供方便快捷的服务。

（二）家政服务

20 世纪 90 年代中后期，郴州有近 20 家洗衣店、搬家公司及清洁服务部。其间，一些洗涤公司也相继成立，承接餐饮店、宾馆客房的餐巾、桌布、床上用品的洗涤。1998 年，郴州旺发清洁服务部重新注册，改名为开门红保洁公司。1999 年成立的顺达清洁搬家公司，2000 年成立的郴州万顺保洁公司，2004 年成立的万事达家政服务公司，为当时郴州规模较大、管理较为规范的 4 家保洁公司。家政服务项目由单纯的搬家、清洁服务发展到四大类 20 多项服务。清洁保养服务类包括：清洗外墙、地毯、地面抛光打腊、石材翻新、石材结晶处理；保洁家庭服务类包括：家庭保洁、住宅钟点工、定时定点清洗等；清运清理服务类包括：清理化粪池、化油池、污水池、沙井、排水管道及清运垃圾、补漏防水；家玫服务类包括：为家庭推介保姆、钟点工。进入 21 世纪，家政服务公司不断更新服务理念，注重培训自己的专业队伍。如高空作业、外墙清洗工的安全培训；保姆、钟点工的职业道德教育和技能培训。市内各家政专业服务公司专业队伍都在百人以上。此外还有一些未办证的小型搬家清洁公司和游离于劳务市场之外的临时工。2005 年，郴州中心城区注册持证的家政服务公司 4 家，家政服务从业人员 1300 多人。

六、擦鞋、送气与花店

20 世纪 90 年代末，郴州城镇出现擦鞋、送气工。郴州中心城区有 500 余人从事街头擦皮鞋和家庭送石油液化气服务。擦鞋者多为妇女，往往身兼家政钟点工、捡拾废品等多项工作。晴时擦鞋、雨时保洁、闲时拾废品，农忙时节则回家务农。送气者多为农民工，他们受雇于石油液化气店，有固定的客服（户）群，送气工具多为摩托车。

2005 年，郴州城区有 20 余家鲜花店，主要分布在飞虹路、中山西街、国庆南路、人民中路、人民西路一带。多为接送新娘装扮迎亲花车，节庆走访或去医院探视病人的群众提供鲜花礼品经营。

第五节 服务业行业管理

（一）餐饮业管理

政府相关主管部门对餐饮业实施管理。开办饮食店须在工商部门注册登记，取得营业执照。餐饮业的消防安全由消防部门重点监管。从事餐饮业的人员需到医疗卫生部门进行体检，持健康证上岗。1997 年，郴州市物价局对规模经营的饮食店试行等级评定，对餐饮网点实施物价核查和抽查。2000 年，市食品药品监督管理局对食品卫生、防腐、防霉、防中毒进行监督管理。市物价、工商、卫生、食品药品监管部门为加强餐饮服务业的质量、价格、卫生管理，联合组织开展餐饮企业监管与等级评定。

1997年郴州市餐饮企业等级评定一览表

表16-2-5-1

评定时间		特二级	二级	一级	批准机关
1997年1月		晶阳宾馆餐饮部 郴州宾馆餐饮部 苏仙宾馆餐饮部 郴州迎宾馆餐饮部 郴铁大酒店餐饮部 相思宾馆餐饮部	—	湘南大酒店餐饮部 南苑宾馆餐饮部 乐仙大酒店餐饮部 华国大酒店餐饮部 华讯酒家 苏园宾馆餐饮部	市物价局
1997年7月	北湖区	—	郴州渔村、冠生源酒店、风水楼、祥发酒店、市军供大酒店、万兴大酒店、新泰大酒店、三和旺大酒店、东方大厦、福星楼、南天门大酒店、来鹤楼、万家乐大厦餐饮部、阳光大酒店、金燕大厦、六百万大酒店	帝都生猛海鲜酒楼、旭辉大酒家、郴商大酒店、郴州乡巴酒屋、郴州衡阳大酒店、进祥村酒店、长青大酒店、郴州面粉总厂晏乐酒家、沙龙情俱乐部	市物价局
	苏仙区		苏园宾馆餐饮部、富华酒楼	飞虹大厦餐饮部、金融大酒店	
	桂阳县		金鹏大酒店	桂阳宾馆餐饮部、县招待所	
	临武县		天鹅大酒店、大世界美食娱乐城、元和饭庄	县宾馆餐饮部、芙蓉大酒店、新客船咖啡吧	
	嘉禾县		嘉禾县劳动大厦、嘉禾大酒店、商业大厦	穗都大酒店、珠泉大酒店、潇洒酒店	
	宜章县		湘南大酒店、顺兴大酒店、云鹤楼、紫藤阁大酒店	银都大厦餐饮部、南北大酒店、县委招待所餐饮部	
	资兴市		供销大酒店	邮电长城楼宾馆餐饮部、银都大酒店	
	永兴县		三合盛大酒店、怡园大酒店	永兴宾馆餐饮部	
	汝城县		江南大酒店	—	
	安仁县		—	安仁宾馆餐饮部	

（二）宾馆旅店管理

政府对宾馆、旅店实施行政管理包括：工商部门核发营业执照，商务部门实施行业管理，卫生部门开展卫生防疫、食品卫生监督，消防部门实施安全管理。星级宾馆的评定由宾馆自愿申请，旅游部门审批。宾馆内的夜总会、卡拉OK歌舞厅、美容美发、足浴、桑拿、按摩等配套服务项目由公安部门核发特种营业许可证，并实行挂牌责任制，严禁利用宾馆进行黄、赌、毒等违法犯罪活动。1989—2005年，郴州市旅馆行业协会在公安部门指导下，开展一系列治安协防工作。公安部门对市中心城区的重点宾馆、娱乐场所实行挂牌责任制，定点（场所）、定人（干警）监管，一旦有问题，即时出警处理。人民路、燕泉路、北湖路等区域的宾馆、旅社、娱乐场所为重点协防区，国际大酒店、万国大酒店、五连冠大酒店、御泉大酒店等涉外宾馆为重点管理区。

（三）娱乐业管理

相关部门政府对辖区内娱乐业的开办和经营依法实施管理。工商局对申办娱乐业的单位或个人进行审核后发给经营许可证，再由当地文化局审查办理营业执照。凡无证无照者视为非法经营，予以取缔。申办者持证、执照依法经营，照章纳税，经营过程中接受文化市场稽查队的监督管理。

1995 年，郴州市委宣传部为解决市城区娱乐业管理中出现的多头执法问题，经调研协调，明确市城区娱乐业由市文化局统一发证、统一收费、统一稽查，部分项目委托两区文化局管理。娱乐业迅速发展，至 1998 年年底，全市娱乐场所达到 5000 多家。

1999 年，针对娱乐业发展过快过滥现象，市文化局、工商局、公安局联合执法，对中小学校周边、居民小区内和不具备营业条件的娱乐场所进行查封；对违法经营单位（户）予以取缔。2001 年，全市娱乐业经营单位减少为 3200 家。此后，市人民政府每年组织相关部门对娱乐场所进行执法检查和清理整顿，治理群众反映强烈的娱乐业“扰民”“未成年人进入网吧”“黄赌毒现象”以及恶性、暴力犯罪等问题。2004 年，全市稽查娱乐业经营单位 327 家次，查处违规经营网吧 160 家，停业整顿 24 家，取缔 7 家；检查音像制品经营户 78 家，处罚 60 家，收缴非法音像制品 3 万余件，其中淫秽色情音像制品 6000 余件；查处违规经营录像厅 8 家、取缔 2 家；查处违规经营娱乐场所 6 家，外来无证表演团体 5 个，无证演艺人员 86 人。2005 年，全市娱乐业经营单位 2200 家，经营秩序好转。

（四）出租车运营管理

郴州市交通运管部门和公安局交管部门根据有关法律法规，对出租车运营进行管理。特别对重点区域如火车站、汽车站的出租汽车营运从严管理。乘客投诉的违规驾驶员先由其所属公司进行停运学习，再由运管机构依法依规实施处罚。严把出租汽车企业和出租汽车驾驶员服务质量、信誉考核关。交通运管部门以出租汽车企业服务质量、信誉考核结果作为分配出租汽车经营权的重要依据；以出租汽车驾驶员服务质量、信誉考核结果作为出租汽车驾驶员准入、退出的重要依据；严格运价管理，严禁乱涨价乱收费。2000 年至 2005 年，共查处出租车司机拒载、乱收费等各种违法违规行为 240 余起。

（五）锁、章执业与一般性服务业管理

按市政府有关部门规定，修开锁、刻图章执业者必须先到公安部门提出申请，经审查核准后方能到工商行政管理部门办理营业执照，开业服务。但郴州从事该行业的残疾人和街头摆摊设点的个体户基本上未办理有关执业手续。公安部门对涉嫌违法犯罪者进行查处。2005 年，开修锁行业基本处于行政管理缺失状况，而雕刻图章管理基本规范有序，单位公章的刻制管理十分严格，街头刻章者只允许雕刻私章。

美容美发、照相摄影、机电修理、打字印刷、家政服务等一般性服务行业的管理，均由工商行政管理部门办理营业执照，各有关部门进行行业管理。洗浴、桑拿、美容美发业除接受一般行业管理外，还要接受公安治安管理部门的监督。

郴州市志（1989—2005）

第十七篇

开放开发

1989年，中共郴州地委、郴州地区行政公署在引领全区人民创办改革开放过渡试验区中，面对广东省改革创新，全方位开放开发的发展态势，及时作出学习对接广东，扩大对外开放的决定。各地抓住机遇，乘势而上，以全方位开放开发为驱动，全力推进对外经济合作、招商引资、开发区建设和重点工程建设。郴州开放开发呈现快速扩展新态势。

1989—1994年，郴州地区在创办改革开放过渡试验区进程中，特别是自1992年邓小平南方谈话发表后，全区上下进一步解放思想，学习和借鉴广东沿海地区开放搞活的政策和做法，用好、用活、用足国家和湖南省给予郴州创办试验区的一系列优惠政策，坚持“以开放对开放，以开放促开发”，加快建立健全适应社会主义市场经济发展体制机制。郴州先后放开粮油、钢材、煤炭、汽油等产品购销价格，放宽统配物质审批权，放活商品市场流通，拉动经济快速发展。同时深化经济体制改革，打破封闭自守的地方经济壁垒，打开“南大门”发展外向型经济。相继启动创办经济技术开发区，推进外资引进、人才技术引进与交流、区域经济技术协作、招商引资以及重点工程建设等工作方略。到1994年，全区兴建县级以上经济技术开发园区14个，引进内资外资企业510户。全区与30多个国家和地区建立贸易关系，“三资”企业总数发展到132户。重点工程建设步伐加快，在此6年间投入资金40多亿元，相继投建省、地两级重点工程建设项目52项。

1995年5月郴州撤地建市后，中共郴州市委、郴州市人民政府始终坚持把“开放兴郴”“开放带动”作为加快郴州发展的首选战略，着力优化经济发展环境，推进外向型经济。自1995年6月始，由市纪检监察机关对“三资”企业生产经营秩序实行挂牌保护，同时在全省率先实行凭收费卡进企业收费制度，倾力保护外商投资兴业合法权益。1996年，组建郴州市招商局，实行“一个窗口”全权受理招商引资事宜，为外商提供便捷、规范服务。2000年后，市委、市政府先后出台一系列鼓励、扶持开放开发的优惠政策和规定，相继组织全市陆续开展“招商引资年”“重点工程项目建设年”“依法行政年”等活动，为全市发展外向型经济，推进经济技术开发区和重点工程建设创造有利条件。至2005年，郴州开放开发逐步进入一个发展速度快、运行质量高的新层次。

1989—2005年，郴州开放开发充满生机并取得巨大成效。全市（地区）引进外资落户项目538个，实际利用外资12.85亿美元，直接引进先进技术设备过1000万美元；内联引资项目2440个，实际利用资金201.66亿元人民币。开发区建设和重点工程建设取得重大进展，至2005年，全市开发区由1989年的1家发展到拥有省、市、县三级开发区13家，期间开发区（园）引进产业项目累计实现总产值205.80亿元、利税26.81亿元。在此17年间，投建市（地）级以上重点工程建设项目475项，其中竣工投产重点工程项目328个，产生巨大经济效益和社会效益。

第一章　对外开放

第一节　改革开放过渡试验区建设

1988年5月11日，国务院批准郴州连同零陵、衡阳三地市，为广东沿海向内地延伸的改革开放过渡试验区（同年3月，国务院批准广东省为综合改革试验区）。5月16—20日，湖南省常务副省长陈邦柱带领省直19个部门负责人到郴州现场办公，会上宣布省政府给郴州创办改革开放过渡试验区在财政、税收、物价、计划、信贷等方面予以九项优惠政策（见节后附录），要求郴州地区对接广东改革开放先行一步，在全省起探索和示范作用。自此，郴州启动改革开放过渡试验区建设。当年5月，全区放宽放活煤炭经营，取消煤炭限地、限价销售，实行收取煤炭开发基金，省地两级分成。至年底，全区11个煤炭经营企业盈利由上年520万元增加到2500万元。年内陆续启动实行汽车客运附加费收、管、用包干和放开城镇居民食油、生活用煤购销等项改革，放活经营和市场管理体制，拉动公路客运事业和油料、煤炭产业发展。

1989年5月26日，中共郴州地委、郴州行署召开全区改革开放过渡试验区工作会议。面对广东省实行全方位开放“南海潮”的冲击，会议明确提出处于广东沿海与内地“接合部”的郴州，要勇于与广东沿海地区开放搞活政策进行对接试验，“以开放对开放，以开放促开发”，学广东，活郴州。6月，郴州行署印发《关于鼓励外来投资的优惠办法》，出台对外商到郴投资兴业在用地、劳力、运输、征税、利润分成、产品销售和融资等方面实行的优惠措施。9月19日，成立郴州地区改革开放与发展研究会，并召开第一次研讨会。当月，郴州行署创办《过渡试验区探索》刊物，开辟创办试验区舆论宣传阵地。

1989—1992年，郴州地委、行署突出在政策上与广东省接轨，在用好用活省政府给予的优惠政策的同时，制定出台一系列配套政策和实施办法，持续展开各项改革。1989年4月14日，郴州与湖南省交通厅签署《关于汽车养路客运附加费收管用承包合同协议》，郴州地区率先在全省进行汽车养路费收、管、用改革，即确定基数，按比例上缴，多收多留，专款专用，激发聚资加快公路建设活力。至1991年，全区增加收入1900多万元用于公路建设，境区好路率由全省1989年倒数第一位升为顺数第二位。1991年4月，郴州行署出台改革商品流通8条措施，重点放宽商品经营范围和价格管理，拆除阻碍商品流通各种关卡。1992年3月1日起，郴州地区在全省率先放开粮食购销价格和经营市场。继而放宽搞活边境商品流通，基本消除湘粤省际边境地区双轨价格差距，带动郴州工农业生产；改革重要生产资料价格，当年对地区内计划分配的钢铁、焦碳、铜、锌、铅、铅材、汽油、柴油等15种重要生产资料价格，均放开计划价实行市场价调节。活商兴市，郴州地区转入面向市场引导产业发展和物质供配。

在此3年间，郴州敞开大门对外开放，以开放促发展。郴州行署对内外合资经济技术合作提出8

条优惠政策，以及对“三来一补”（来料加工、来件装配、来样制作和补偿贸易，后同）和“三资”（中外合资、外商独资、中外合作，后同）企业，先后制定出台实施放低工缴费、予以补贴运输费用、降低收取土地使用费和征用费，以及免征建筑税等若干优惠规定。到1992年，郴州与21个省市的65个科研单位和大专院校，80多个地（县、市）的310个企事业单位建立联合、协作关系；全区有出口企业30多户，生产出口有色金属、煤炭、轻工及优质农产品等100多种。1989—1992年，全区引进外资项目59个，实际利用外资644.47万美元；引进“三来一补”项目30个，获取工缴费68.86万美元；兴办“三资”企业26户，县级以上经济技术开发区由1988年的1个发展到14个。至此，郴州经济发展逐渐打破计划经济时期关门自守羁束，出现改革、开放、发展新热潮。1992年，据湖南省统计局公布，在全省14个地州市中，郴州综合经济实力由1985年的10位上升到第7位。

此间，住房制度、劳动保险和教育、科技体制改革等稳步推进。以郴县（苏仙区）为代表的实行“普教、职教、幼教”统筹发展的农村教育综合改革，以及行署支持校企联办创办郴州第一所工业中等专业学校的作法，均被教育部向全国教育战线推广。1990年10月15日，郴州行署批准在全区国营企业固定职工中试行个人缴纳退休养老金办法。1991年10月30日，行署同意在全区国营企业试行补充养老保险办法。随后在国有企业和部分事业单位推行缴纳职工待业保险金。

1993年，郴州在推进改革开放过渡试验区建设中解放思想，清除阻力，谋求由实行政策优惠转移到突出以市场为导向拓展经济开放面和产业开发上，倾力推动试验区建设质的提升。年初，郴州地委、郴州行署根据一些部门思想僵化，还习惯于计划经济时期“包揽包统”式管理，或只顾及部门利益，以致出现“上面放权，下面收权”，阻碍放开搞活政策落实的现象，部署在全区组织开展“思想大解放”大讨论。结合这一讨论活动，地、县两级组织经济、政务、纪检等部门到广东省对口学习考察100多次，对照反思，转变观念，推动简政放权全面实施各项开放搞活政策。年内，全区认真落实地委、行署关于搞活商品流通的政策措施，力破多年形成的地方贸易保护，开关松卡撤除地方物流路障关卡57道，建立边贸市场80多个，全年流向广东的工农业产品价值逾8亿元，拉动郴州加快建立农副产品、能源、建材、有色金属、名优土特产品五大外向型生产商品基地。郴州还利用地处东南沿海经济发达地区向内地延伸的过渡地带区位优势，拓宽经济通向港澳及海外渠道。至年底，郴州地区建立外贸出口生产基地20多个，与30多个国家和地区建立贸易关系。全年全区外贸收购总值、自营出口创汇分别比上年增长44.8%和51.6%；批准设立“三资”企业40户，总投资5000万美元。

1993—1994年，郴州地委、地区行署在加快改革开放过渡试验区建设中，面对郴州与广东、江西两省共有500多千米长的接界线，发展边贸经济潜力巨大的优势，组织实施沿铁路线、公路线，沿与广东、江西接壤边界线重点发展边贸经济的“三沿线边贸战略”，驱使产品经济向商品经济转化。此间，在发展边贸经济中，地委、行署动员运用市场机制筹集建设边贸市场资金，先后组织28个市直政府部门到广东、江西省进行发展边贸经济的学习和调研。同时，决定在地处湘赣粤边境线上的汝城县三江口创办全省首家“边境经济特区”。到1994年，投入建设资金5000多万元，将原是荒凉之地的三江口建成初具城镇规模的边贸经济小特区，实现水、电、路、金融、邮电服务设施配套，“筑巢引凤”引来落户兴业的工商企业165户。其间前往考察的湖南省委书记王茂林喜称此为“湘南第一镇”，此后三江口被湖南省人民政府批准为省级经济开发区。在其两年间，全区在“三线”沿线实行工业小区、城镇建设、商贸市场“三位一体”的开发初具雏形，仅在湘粤边境地区建立边贸市场80多个，零星商业网点1.5万多个。当年带动全区有70%的能源、原材料和50%的农产品等物质流向广东，郴州同广东经济依存度达30%。此外，地委、行署坚持以市场为导向，调整产业布局，将优惠政策转移以产业优惠为主，举力发展郴州地方优势产业。到1994年，全区十大有色金属矿年产量占全省的15%左右，煤炭产量占全省的25%，水泥产量和发电量均占全省的15%左右，玻璃生产能力占全省的40%，烤烟产量占全省的42%。1994年，全区工业产值比上年增长34.6%，年增幅位居全省地市州第一；自营出口创汇总额在全省地市州居第一。

1995年年初，郴州地委部署以《郴州日报》为阵地开展“我看郴州”的大讨论，动员广大干部群众结合改革开放过渡试验区建设实际，总结经验找差距，进一步解放思想，敞开郴州大门谈发展。4月，中共郴州市第一次代表大会提出将“开放兴郴”作为发展郴州的首选战略。随后，市委、市政府作出扩大招商引资，加速发展外向型经济的8条决定。明确在引进项目上、在股份比例和产品市场上、在调整招商主体的组织结构上、在招商引资方式上推行“四放开”决策，带动“试验区”经济实现跨越式发展。年内，市委、市政府决定将“全国500家利税大户”之一的东江水泥厂，与美国海德（集团）投资有限责任公司合资扩建，引进外资300万美元；支持郴州丰利金刚石股份有限公司向深圳一家实业公司转让股份54.4%，成为湖南省首家国家股、法人股转让成功的企业；选择100户企业进行重点扶持，引导其向外进行项目招商引资，引技引智，和采取一企（业）两制、产权转让、兼并、合作经营等方式，对企业施行嫁接改造，做大做强。全市旋即又兴起“三重两新”（重大项目、重要对象、重点地区，新领域、新方式）招商引资热潮。在当年第五届湖南省经贸交易会上，郴州以创办“试验区”的政策优势和资源优势，取得“三来一补”项目个数与合同金额、协议外资金额、出口成交外资额三个全省第一。1995年，全市实现新批“三资”企业项目30个，实际利用外资2784万美元；自营出口创汇1749万美元，“三来一补”实收工缴费243.06万美元。是年，还启动以郴州市城区为中心，以交通、市场为轴线，筹划建设连接资兴市、桂阳县、宜章县和永兴县4个点的“十字架”经济大走廊，籍此带动东西南北4条辅助线并进，构成梯度经济开发大框架。

1995年5月3—4日，中共湖南省委、省人民政府在郴州召开改革开放过渡试验区建设现场办公会。会议对郴州在创办试验区中所取得的巨大成效，和为全省改革开放起到的探路、示范作用予以充分肯定。要求进一步解放思想，推进湘南改革开放过渡区的开放与开发。10月，在中共湖南省第七次代表大会上，省委、省政府将郴州列为湖南省优先发展区域带。加之随着湖南各项改革开放举措陆续出台，政策全面放开，至此郴州改革开放试验区融入湖南省优先发展区域带建设。

1988年5月至1995年10月，郴州在创办改革开放过渡试验区中大力探索、创新和发展，成效显著。这一时期，郴州学习参照广东及沿海地区政策，率先在全省进行汽车养路费、客运和客运附加费收、管、用包干，和放开物价及粮油购销体制等20多项改革，15种主要生产资料价格实现由“双轨”制向市场调节并轨，初步建立双向衔接的价格、市场体系。同时，深化经济体制改革，初步建立适合发展外向型经济体制，基本走出自给自足、自我封闭、自我循环的小圈子，开始步入与沿海、国际市场接轨的经济大循环。郴州城前岭、资兴东江、宜章南京洞、嘉禾珠泉、汝城三江口等经济技术开发区均成为外商投资兴业的热点。“三资”企业发展到132户。到1995年，全市形成以年产金属量10万吨的有色金属工业，40万大箱的卷烟工业，装机100万千瓦、产煤1000万吨以上的能源工业，水泥200万吨、玻璃210万重量箱的建材工业为支柱的工业体系。农村经济打破产业界线，由“农、林、牧、副、渔”向“工、商、运、建、服务”延伸发展。1995年全市地区生产总值和财政总收入分别达118.99亿元、9.65亿元，为1989年的3.1倍和3.03倍。与此同时，先后推进医疗劳动保险体制、城镇住房制度和农村教育综合改革等。郴州在全省率先聘任科技副县（市）长和配备科技副乡（镇）长，和推行农村教育分级办学、分级管理等。

在此7年间，郴州在创办改革开放过渡试验区进程中取得巨大成效，但与粤北地区发展比较依然有较大差距，主要是思想观念革新不够，一些领域改革开放体制性、行政性障碍尚未根除；产业结构不尽合理，借助外力挖掘经济优势潜能不充分；外向型工业发展步伐不快，工业经济有待加强培植自身支柱产业、骨干企业和名优产品。

附：

湖南省人民政府对郴州创办“试验区”实行九项优惠政策

1988年5月16日至20日，湖南省常务副省长陈邦柱带领省直有关部门负责人在郴州召开现场办公会议。会议宣布省政府对郴州地区创办“改革开放过渡试验区”予以的九项（具体42条）优惠政策：

一、实行财政定额补贴包干。从1988年起，恢复郴州地区一级财政，省对地区实行定额补贴包干的财政体制。今后所属县市的财政收支平衡，由地区负责。卷烟税每年的增收部分成由原来10%增加到20%。屠宰税全部留地方。农业税附加部分免交省。耕地占用税除上交中央财政外，其余全部留给地区。

二、扩大税收调节权。从1988年起，对中央、省属企业的产品税、增值税、营业税，在10万元以内的减免由地区审批；地县属企业、集体企业的税收由地区审批；地方税的减免由县级人民政府确定。

三、扩大固定资产贷款审批权。技术改造切块贷款部分，建行审批权下放，工商银行下放给地方支行的审批权由300万元扩大到500万元；人民银行的专项贷款，地区分行的审批权每个项目由50万元扩大到100万元。同时，地区享有省级的债券发行权。在省切块下达的计划指标内建设用地，其具体用地计划和项目用地，委托地区行使省级审批权（报省人大常委会批准后执行）。

四、实行外贸出口切块包干。省下令对行署实行出口创汇、上缴外汇、出口补贴3项基数切块承包。同意在郴州设海关、商检机构（需报经国务院批准）。

五、实行粮油购、销、调拨和财务包干。包干后增产增收和节约补贴均由地方自行支配。并同意对合同定购的粮食实行生产资料和价格补贴。

六、扩大物价、劳动工资和人事管理权。地区可以行使省级物价管理权，省管产品的定价权、计划产品的差价、浮动价管理权同时下放给地区。企业工资总额的调控权下放到地区。自然减免指标管理使用权下放给地区，将省政府系列的税务、外贸、粮食三个部门的人事管理由条条管理全改为块块管理。

七、实行烤烟、煤炭上调包干。对烤烟的生产和经营，实行基数内确保上交，基数外价格放开的办法；煤炭实行调拨包干，上调基数一定3年不变。煤炭出口由地区自营。

八、在资金、能源、原材料自行平衡前提下，地区可以审批固定资产投资项目，行使省级技术改造审批权。

九、对郴州地区实行养路费、客运附加费收、管、用包干。自建电站实行自建、自管、自用方针；省重点给予郴州安排农业和水利的开发项目。

根据湘府阅〔1988〕11号《关于郴州地区改革开放若干问题现场办公会议纪要》整理

第二节 对外经济

一、资金、设备引进

1989年，郴州地区在创办改革开放过渡试验区热潮中，引导各级干部群众解放思想，转变观念，正确区分借助外力加快经济发展与“崇洋迷外”界限，相继启动引进国际信贷、受援资金和国（境）外设备工作。1990年，永兴县便江水电站与加拿大出口发展公司签订混合贷款合同，引进资金817万美元用于电站设施建设，年内该县还引进世界银行贷款200万元，用于农业项目开发。当年，郴州纺织器材厂从台湾引进新一代纺织机械设备，生产的VL标准电源伸长线出口至美国；郴县矿山设备合资公司从意大利引进价值114万美元的矿山机电设备，改善矿山公路、供电、供水等设施。1991年，郴州市（北湖区）开办全省首家对外机织毛衣加工项目，从香港引进先进生产设备300台套（价值55万港元），并从香港请来技术专家到厂传授技术，培训工人。

1994—1999年，郴州启动红壤开发项目（即中国政府为支持红壤地区农业开发向世界银行申请的信贷立项项目）。其间，郴州红壤开发实际到位世界银行信贷资金685万美元。加上国内配套资金，郴州先后在12条小流域开发项目区开垦土地1100公顷，改造低产田559公顷，修建水渠16千米，新建、改建公路28千米，架设电线67千米，同时治理一批水土流失面积和开发一批林果种植基地。至1996年，郴州红壤开发项目实现新增产值1375万元、纯收入418.6万元，项目区农民户平增加收入1658元。1999年6月，世界银行考察组考察郴州实施农业综合（红壤）开发项目后，对其收到的生态、经济、社会效益甚为满意。之后，郴州争取和获得施行的国际信贷、受援资金项目逐增。2002年，郴州市发掘和整理国际受援项目15个，年内申报3个，争取到位一批国际受援项目资金。

1989—2005年，郴州市（地区）在经济建设中直接引进利用世界银行和外国银行信贷资金3351万美元，接受外资在郴州援建教育扶贫、造林绿化、妇幼保健、地方病防治等项目资金1735.49万美元，引进各类先进大型设备500余套（台）。

二、人才技术引进与交流

1989年6月中旬，国际性烟草生产技术交流会在郴州召开，郴州烟草生产经营界人士同参会的美国、瑞士烟草专家广泛交流烤烟栽培改良技术。1991年，郴州地区农业局、汝城地热农用研究所与新西兰澳克兰大学开展经济技术合作，引进技术在汝城县热水乡温泉基地研究热用热储工程计算机数学模型，并获成功；郴州饲料厂投资1300万元，从瑞士布勒公司引进投建时为世界先进水平的饲料生产线竣工并投产，其可单班年产浓缩饲料2万吨，混合饲料4000吨，促使该厂成为当时湖南省规模最大的现代化饲料生产厂家之一。

1992年12月，临武县双溪乡大岭村女青年胡小琴应邀到非洲圣多美和普林西比传授和交流草编产品编制技术。至此，该乡有20多名青年跻身国际劳务市场，至非洲从事草编、纺织、缝纫、建筑等7项技术的交流和服务工作。

1995年后，郴州市在扩展国际人才、技术引进与交流中，注重解决当地经济建设中的实际问题。1996年5月19日，临武县与西班牙王国瓦伦西亚大区塞雅县建立友好合作关系签字仪式在深圳市芙蓉宾馆举行，双方愿意在平等互利基础上，开展经贸、科技、文教等方面人才和技术的交流与合作。1997年9月，世界银行中国种子商业化项目经理杰萨德等人，应邀至郴州市种子公司考察种子商业化项目，交流良种繁育、保管、利用技术和营销经验。是年，郴州市政府组织非公有制经济代表团带着生产经营中的实际问题，到新加坡、马来西亚、泰国考察，进行相关生产技术交流。1999年1月，美国和比利时畜牧专家施学仁、波西曼、麦金伦应郴州市政府之邀到郴州作生猪、牛羊养殖技术讲座。7月上旬，郴州市市长龙定鼎到澳大利亚进行为期7天访问，与企业界沟通开展技术合作意向。2001年9月，郴州市政府组团访问美国德克萨斯州拉雷多市，两市就建立友好联系和技术协作交流签订协议。12月，罗马尼亚园艺产品研究所所长马伦·多哥斯库一行到郴，就蔬菜生产和果汁加工企业合作与郴方进行洽谈，双方相互交流园艺种植技术。

到2002年，市、县两级政府参与对外人才、技术引进交流活动逐年增多，业务项目向商务、民营企业等领域扩展。当年3月，郴州市政府在郴州国际大酒店与韩国商务考察团进行会谈，洽谈商务人才、技术交流事宜。11月，美国前总统尼克松远东经济咨询私人顾问、美国贸易发展协会主席罗伯特·古德曼应安仁县政府邀请，到安仁考察灯芯草生产开发，并被安仁县政府聘为县长经济顾问。2004年3月，美国格莱斯顿能源集团代表团到郴州考察洽谈煤层气开发项目。是年，印度西孟邦和美国商务考察团，以及世界500强企业美国康明斯公司考察团先后到郴州，磋商交流商贸经营与管理技能。同年，郴州市政府组织金属、电器民营企业科技考察团，赴美国、加拿大进行技术引进与交流；郴电国际发展股份有限公司与国外先后签订9个水电站的合作设计项目，打通国际小水电建设的技术交流与合作。

1989—2005年，郴州开展国际经济技术交流活动65次；先后引进聘用外籍教师、科技人员53人次。其中应聘在郴州师范专科学校（2003年并入湘南学院）、湘南学院、郴州明星学校、苏仙实验中学等学校任教的外籍教师26人（次）。

三、对外投资经营

郴州对外（海外和大陆境外）投资置业经营始于1996年。当年，郴州公路工程机械厂率先走出国门，在东南亚国家投资承包公路钢桥架接工程；郴州市外经外贸委员会（简称“外经贸委”）组织10多批民营企业负责人赴周边国家考察境外投资承包工程事宜；市工商联和市伟华公司率先在哈萨克斯坦创办安达实业公司。

1997年，郴州市人民政府召开境外加工贸易会议，研讨放宽资本市场鼓励对外投资经营措施，动员有条件的企业到越南、缅甸、柬埔寨、老挝等国开展对外建筑和加工业。是年，由郴州公路工程机械厂等5家公司（厂）组成的郴州市建工集团，获海外工程承包经营权，年内该集团于海外进行工程承包创汇1910万美元。

1998年后，境内各县（市、区）人民政府和外经贸部门在利用民间资本激活县域经济发展同时，还主动收集国外经济信息和投资政策，帮助、协调当地开展对外投资项目谈判，鼓励对外投资创业，发展对外经营经济。至2001年年底，仅临武县农民在越南、缅甸合作开办企业16户，不仅投资创办矿业开采企业，还承包公路、桥梁建设工程。总投资达4600万元人民币。

2000—2001年，郴州市水电局受联合国国际小水电中心委托，成功为印度喀雷拉邦完成水电站工程设计2座。此间，郴州建工集团在缅甸、巴基斯坦、孟加拉国共承接690万美元的建筑工程；郴州路桥公司仅签订一项境外路桥工程合同，订单金额就达3000万美元。

其间，郴州企业相继在海（境）外设立公司，使对外投资经营进入常态化运作。2001年，临武县私营业主联合在越南老街省投资成立郴州有色金属冶炼有限公司，在缅甸成立中缅康邦有色金属公司，开展海外有色金属采炼生产经营业务。2002年，经外经贸部批准，郴电国际发展股份有限公司在印度合资兴建水轮机制造厂，总投资290万美元。2004年，郴州（汝城）三江有色冶金有限公司在越南同越南半源矿业贸易公司，合资兴办越南富安三江有色冶金矿业公司。当年，永兴县富兴贵公司在香港开设华利饰品有限公司，北湖区伊斯达公司在非洲乌干达开办乌干达伊斯达公司，北湖区第一建筑公司申请在香港开办华泰建筑公司。同年7月，黄沙坪铅锌矿与有关单位合作开发巴基斯坦铅锌矿的合同签字仪式在郴州举行。年内郴州市新获准具有对外投资资格企业3户，全市新签对外承包工程合同金额2971万美元，完成承包工程营业额1420万美元。

1996—2005年，全市先后有15户企业（其中规模企业8户）在海外投资兴建工程或承接工程项目建设，境外投资总额9000万美元，工程承包创汇1亿美元。其中郴州市建工集团创汇7000万美元。郴州对外投资经营起步晚，也还存在海外经营缺乏专业中介服务、政策法则指导和金融支持等问题。

第三节　招商引资

一、招商引资环境

1989年后，郴州地委、郴州行署积极运用湖南省政府给予郴州创办改革开放过渡试验区的优惠政策，扩大基建、技改、引进外资审批权，增强招商引资聚集能力。1991年5月，湖南省人民政府委托常务副省长董志文在郴州召开创办“试验区”工作现场办公会议，再次明确给予郴州利用外资提供的优惠政策。地委、行署用足用好这些政策着力优化招商引资环境，当年行文明确规定：对外地到郴州兴办符合国家产业政策和免税规定的企业，投产后减免产品税、增值税两年，免征所得税三年；“三来一补”企业其加工收入免征营业税三年，对“三资”企业坚持按国家规定的优惠政策予以扶持；优先安排符合国家产业政策的技术改造项目和技术引进项目。同年8月14日起，郴州地区外经贸委简化招商引资和对外经济交流组团出国的报批手续。1992年4月，郴州地区外商和“三胞”（侨胞、台湾同胞、港澳同胞）投资工作领导小组办公室拟定《关于加强外商投资管理和服务工作的意见》，明确行署办公室和地区外经外贸、计划、财政，工商、国土、建设、规划等部门各自对外商服务工作职责，具体规定相关部门对外资投资项目的协调责任和项目审批程序，合力创造良好招商引资环境。

1995年郴州地改市后，郴州市采取规范收费、优化服务和保护外商合法权益等一系列举措，改善招商引资投资环境。当年7月，郴州市政府下发《关于印发〈加强对外商投资企业收费管理的规定〉的通知》。并于当月在全省率先对“三资”企业实行凭收费卡收费的制度。10月，成立郴州市招商局，实行“一个窗口”对外，全权受理招商引资事宜，提供便捷规范服务。并在全省率先执行国际通行的会计结算制度和统计方式，建立适应对外开放需求且与国际经济接轨工作新机制。

12月，郴州市监察局、招商局、物价局联合召开会议，推行“三资”企业“一证一卡”收费制度，会上向32户“三资”企业颁发“外商投资企业交费卡”，向工商局、建工局等19家行政事业单位颁发“向外投资企业收费许可证”，启动实行“企业持卡交费，部门凭证收费”制度，做到“明明白白缴费，规规矩矩收费”，严禁乱设收费项目和擅自提高收费标准。自后，郴州境内外商投资企业费赋额年降30%左右。

1996年7月，郴州市政府印发《关于加强对外商投资企业收费管理的规定的通知》，细化对外资投资项目实行优先供地、土地出让金可分期缴纳，并在前三年享受一定额度的所得税减免等优惠政策规定。年内，市委、市政府部署由市纪检监察机关对维护“三资”企业生产经营秩序实行挂牌保护，批准成立外商投诉协调中心、法律服务中心和外商投资企业协会等机构，推进依法保护外商权益工作。当年外商投诉协调中心受理外商投诉109起，转交市直有关部门处理66起，郴州市级领导亲力处理27起，对外商投诉基本做到件件有着落，事事有回音。市长龙定鼎年内两次专程到北湖区华塘镇，为外商企业乐祥电厂到此投资兴业协调解决建设用地问题。

1999年年初，郴州市政府建立涉外部门联席会议制度，不定期召集外经外贸、招商、海关、商检、外汇、税务、金融等部门和单位，协商研究解决招商引资中出现的困难和问题。市招商局从外资项目调度、跟踪解难、项目投建上，及时做好“一条龙”跟踪服务，年内为外商投资协调处理相关事项48起。年终，市政府行文表彰郴州市永怡印刷厂等10户外商先进企业。2001年9月，长沙海关驻郴州监管组与市外经贸委就建立联络协调制度签订《协作协议备忘录》，联手营造规范、公平、顺畅的进出口工作运行机制。当年，市、县两级取消外商企业收费项目169项，减少收费6180万元；降低收费标准项目287项，减少收费7690万元。全力创建让外商“进得来，留得住，发得起”的投资环境。

永兴县是“华侨之乡”，全县有3万多人定居在东南亚和北美等地区。该县着力优化招商引资环境，打好拓资引商这张“侨牌”。至2002年，全县投资10亿余元，加强城镇交通、水电、通信和环境美化等基础设施建设，同时出台鼓励华人华侨投资的一系列优惠政策。成立县经济发展环境保护委员会，全权负责审定执法执收部门收费项目和收费标准，及时查处乱收费、乱罚款行为，促进全县招商引资。2002年，永兴县在建的100个产业项目，由华人华侨直接投资和经侨胞亲属联络引进的资金占项目投资总额的55%。

2002年3月11日，市委、市政府召开全市优化经济发展环境、整顿经济秩序大会。会议公布禁止征收已取消的项目收费，禁止随意查处厂长、经理和董事长，禁止不经批准擅搞检查评比的“三禁止”规定。会上，法院、公安、财政、工商、税务等8个部门的负责人，就优化招商引资环境作承诺发言。3月11日和4月19日，市委、市政府下发《关于进一步优化经济环境的若干规定》《关于加大招商引资力度，鼓励外来投资的若干规定》，制定出台对外来投资者实行“一条龙”服务工作准则，以及对外来投资项目用地、租赁厂房和厂房建设实行收费优惠，并按税收比例奖励产业项目等新的政策规定。继后市外经贸委出台《关于进一步加强对外商投资企业审批管理有关问题的通知》，要求按照世界贸易组织（WTO）规则，清理审批事项，简化审批程序，建立外商投诉反馈和处理制度。

同年，市委、市政府得知全球水泥行业王牌企业菲律宾康达水泥厂的创办者林子敏要在国内投建一条高标准水泥生产线消息后，立即委派一位市领导在第二天就赶往厦门，上门找到林子敏表达郴州愿为其项目引进提供一切便利的意愿。随后具有丰富矿石资源的宜章县挤出3000多万元为该项目从华南电网架设双回路用电专线，提前进行水、电、路等基础设施建设，县政府还出钱买下两个石灰石矿的探矿权供其无偿使用。该项目当年引进后，至2003年年底到位投建资金达2.8亿元人民币。郴州日益趋好的投资环境，不但使引进项目、资金增多，还吸引外商在原有投资的基础上增资扩股，扩大产业规模。2003—2004年，全市审批增资项目8项，项目增资金额达1600万美元。

2004年，郴州市外经贸局通过调研，比较广东、江西等省招商引资实行水、电、土地价格，和规范行政性收费等方面的情况，向市委、市政府撰写专题汇报材料。市委、市政府借鉴参照广东、江西等地的做法，制定出台相应的新举措助推招商引资。2005年，全市健全完善“一家受理，全程服务”“承诺兑现，诚信服务”“特事特办，专题调度”等制度，提高招商服务水平。全市年内组织开展推介郴州的宣传活动12场次，让外商了解郴州区位、资源、政策优势，增强郴州招商引资的吸引力。当年引进到位内资82.4亿元人民币，实际利用外资2.44亿美元；实际到位内资和实际利用外资总量均攀升为全省市州的第二位。

二、招商引资活动

1989年，郴州地区外经贸委组织各县（市）参加香港招商洽谈会，宣传和推介郴州，“走出去”尝试展开对外招商工作。1991年10月中旬，郴州行署以举办庆祝中国女排从郴州集训起飞首获世界冠军10周年活动为契机，邀请日本、新加坡等外商和外省市的工商企业举行经贸联谊洽谈会、商品交易会。活动期间，签订外贸合同金额700多万美元，商品交易成交额达1亿多元人民币。郴州融重大社会活动与招商引资于一体的经贸活动自此起步。

1992年后，郴州积极组织参与和举办省内外经贸洽谈和商品交易活动，扩展招商引资渠道。1992年，郴州行署组织参与湖南省百家企业技术改造项目洽谈会、上海海峡两岸经贸洽谈会，举办郴州深圳（香港）经贸洽谈会等活动，全年招商引资实现历史性突破，合同利用外资金额达到2367.30万美元，是1989—1991年总和465.89万美元的5.1倍；引进技术含量高附加值高的高新技术开发项目20个，其中百万美元以上项目11个。

与此同时，郴州招商引资方式日趋丰富和多样化。1993年，郴州地委、地区行署会同中央电视台拍摄的《走马观花看湖南——郴州改革开放纪实》专题片，在中央电视台第四频道播放，推介郴州良好的对外开放环境和区位、交通、资源优势。资兴市委、市政府组织摄制的《无限风光在东江》专题片在中央电视台一频道播放，并组织在《羊城晚报》《南方日报》《华商时报》等多家报刊宣传报道郴州东江绮丽风光及开发建设前景。嘉禾县珠泉开发区编撰的《珠泉投资者的乐园》等资料图片，先后在《中国开发报》《海南开发报》等报刊刊载。多形式的宣传推介手段，提升了郴州声誉和招商引资的吸引力。当年，郴州地区新批准“三资”企业44户，实际利用外资1211.64万美元，比上年增加965.2万美元。1994年，郴州在湖南省出口商品展销暨经济技术洽谈会上，引进项目24个。当年郴州在全省招商引资实际利用外资率比上年降低40.2%的情况下，实际到位外资率不但未降，反提升21.9%。

自1995年始，郴州招商引资活动加大向省内外一些大、中城市延伸的力度。1995年11月29日，郴州市首次招商引资新闻发布会在深圳市芙蓉宾馆举行。当年，合同利用外资在1000万美元以上的项目7个，引进项目总投资达4.6亿美元。1996年，郴州相继在北京、深圳、香港举办3次招商引进活动，共签订引进三资项目150个，合同引进外资12亿美元，引进“三来一补”项目25个，合同工缴费2000万美元。

1989—1995 年郴州市（地区）招商引资情况统计表

表 17-1-3-1

年度 \ 项目	批准外资项目（个）	总投资（万美元）	注册资本（万美元）	合同利用外资（万美元）	实际利用外资（万美元）	实际到位资金率（%）
1989	5	486.95	473.51	293.49	46.43	15
1990	2	90.23	90.23	74.53	172.40	231.30
1991	3	262.70	259.30	97.87	179.20	183.10
1992	49	6071.23	4656.80	2367.30	246.44	10.40
1993	41	5442.76	4430.59	2588.80	1211.64	46.80
1994	24	2775.24	2149.10	1261.11	1478.06	117.20
1995	30	48683.23	18044.80	16235.50	2783.67	12.40
合 计	154	63812.34	30104.33	22918.60	6117.83	23.30

1996 年，郴州市经济技术开发区始设招商引资“红娘奖”，每年按引进实际到位资金给一定比例奖励资金，调动各方招商引资积极性。1996—1998 年，该开发区上下协作，拓宽渠道，引进外资项目 18 个，实际利用外资 5033 万美元，“三来一补”创收 919.24 万元，外贸出口创汇 488 万美元。

1997 年，郴州市委、市政府决定自此每 1 ~ 2 年举办一次大型的“一节一会”活动，即中国·郴州山水（生态）旅游节暨经贸洽谈会，开展“旅游搭台，经贸唱戏”的招商引资活动。当年 9 月上旬举办 '97 中国·郴州山水旅游节暨经贸洽谈会，引来加拿大、美国等 25 个国家和中国香港、澳门、台湾地区的客商云集郴州，签约招商项目 47 个，其中“三资”项目 37 个，协议（合同）引资 3778.7 万美元。10 月 13 日，市委、市政府通报表彰在 '97 中国·郴州山水旅游节暨经贸洽谈会中招商引资贡献突出的单位 57 个，个人 188 名。此后，郴州这一节会活动促动招商引资愈益取得丰硕成果。1996—2000 年（“九五”计划）期间，全市新批外资项目 140 个，总投资 4.47 亿美元；实际引进利用外资 3.35 亿美元，实际利用外资占全省的比重由 1994 年的 2.6% 提高到 2000 年的 10.7%，其所占比重居位由 1994 年的全省第七位跃至第三位。

2001 年，市委、市政府在推进招商引资中，推出“领导带动、活动推动、部门联动、企业主动”的“四轮”并驱新举措。年内，郴州市精选一批筹划引资过 500 万美元以上项目，实行市、县领导挂钩项目进行跟踪招商引资的责任制；先后举办北京、东莞招商会和 '2001 中国·郴州（东江湖）生态旅游节暨经贸洽谈会等活动。在 '2001 湖南（香港）投资贸易洽谈会上，郴州市外经贸委、经委、招商局、税务、工商、海关等部门通力合作，进行引进项目协调和投资验审，促使年内实现合同利用外资金额 2 亿多美元。当年，市内企业组团前往挪威、南非、德国等 10 多个国家开展招商活动，签订外资引进项目 40 个。2002 年，市委、市政府接连 3 次制定出台加强招商引资的文件，各县（市、区）、82 个市直单位向市委、市政府递交招商引资目标管理书。全年市直单位和 31 户企业在招商引资中共签订引资合同项目 42 个，合同引进资金 6.5 亿元，年内实际到位资金 1.2 亿元人民币。全市全年实际利用外资 1.54 亿美元、内资 12.59 亿元，其年增幅和总量分别排全省市州第一位和第二位。当年，市政府列专款 170 万元，重奖招商引资成效突出的单位和个人。2002 年，郴州实现实际利用外资名列全省市州第二位，仅次于长沙市。2003 年，郴州市借助招商引资推进农业产业化建设，全市推出农业产业化招商引资项目 70 个，引进市域外资金 13.4 亿元人民币。

2005年，郴州注重以自身优势引进战略投资者，提升招商引资的规模、质量。当年6月，郴州市贸促会组织企业代表团至日本、韩国招商，推介郴州的资源、交通、区位优势，共签订上规模投资贸易合同4个，引进外资1780万美元。年内全市在新批新引外资内资项目中，有大企业、大集团、大公司战略投资者项目52个，其中总投资1000万元以上的外资项目15个，投资1亿元以上的内资项目33个。全市新批高新技术外资项目8个，占新批外资项目总数的15%，同比增长33%。同时突出面向重点区域和重点行业招商引资。全年引进广东省投资额56.02亿元，占全市引进内资总额的63%；郴资桂经济一体化沿线4个县（市、区）和7个省级开发园区强劲抓好招引进商，仅市有色科技工业园引进项目13个。全市组织各类大、中型招商活动12场次，共签约内外资项目172个，合同引资150.16亿元。是年12月，市内引进的美国商翔实业集团独资企业赛门金属制品有限公司实现竣工投产。2005年，全市“三资”企业从业人员达到5万人，实现涉外税收3亿元。

1989—2005年，郴州举办面向市域外的招商引资活动129次，累计引进外资落户项目538个，合同利用外资19.6亿美元，实际利用外资12.61亿美元。其间，高斯贝尔、华录电子、云南锡业、华润电力、三九药业、康达水泥、广东宏远等一批拥有自主创新能力，和以电子信息、有色金属深加工、能源新材料为主体的高新技术产业项目相继落户郴州，带动了全市产业结构的优化升级。

在此期间，因受国际经济环境和投资审验不严的影响，郴州招商引资工作出现引进外资实际到位率低、项目竣工慢现象。到2005年，所审批引进的538个项目中进入正常作业运转的仅196个，其中合资项目55个、合作项目41个、独资项目100个，投入正常作业运转项目仅占引进项目的36.4%。同时，郴州招商引资项目总体质量偏低，尤是高科技含量和高附加值项目尚少。产业项目中70%的招商项目是劳动密集型初级产品或产品粗加工项目。农业产业招商引资项目还偏少，尤是物流业、金融业等现代服务业招商引资项目甚少。

2001—2005年郴州市招商引资情况统计表

表17-1-3-2

项目 年度	利用外资			主要招商引资活动
	批准外资项目（个）	合同利用外资（万美元）	直接到位外资（万美元）	
2001	35	16170	10953	3月郴州（东莞）“三来一补”招商活动 7月湖南（香港）投资贸易洽谈会 9月郴州·中国生态旅游节 10月厦门经贸洽谈会
2002	54	20106.75	15424	3月中国安仁春分节 4月深圳投资洽谈会 5月上海经贸活动周 9月郴州生态旅游节 9月厦门投资洽谈会 10月深圳商交会 10月湖南资兴（大连）投资会
2003	54	17098.50	20952	7月湖南郴州（乡镇企业）东莞招商会 10月湖南深圳投资洽谈会 11月郴州（长沙）中小企业投资环境说明招商会
2004	49	19337	14770	3月湖南招商联络会 3月安仁春分药王节商品贸易会 3月郴州（北京）投资说明会 4月北湖区（香港）投资会 8月中国·莽山生态旅游节 8月郴州农业生产经洽会

续表 17-1-3-2

项目／年度	利用外资			主要招商引资活动
	批准外资项目（个）	合同利用外资（万美元）	直接到位外资（万美元）	
2005	52	45751	24398	6月郴州日韩招商洽谈会 8月东莞泛珠江三角农产品交易会 9月郴州（温州）投资说明会 9月厦门国际投资洽谈会 9月郴州·中国生态（温泉）旅游节 9月郴州（东莞）电子信息招商会
合计	244	118463.25	86497	—

第四节　区域合作

一、区域经济技术协作

1989年，郴州地区地、县两级设经济技术协作办公室（简称“经协办”），负责组织、协调区域经济技术协作工作，推进区域优势互补，共同发展。同年4月，郴州地委、行署与湖南农学院就郴州农业开发协作，达成以棉、油、茶为重点的18个项目技术合作协议。当年，全区有横向经济联合实体4家，即地区玛瑙山锰矿与澳门南光五矿有限公司、郴州地区工业发展公司等5家联营组建“湘南玛瑙山明诺期铁合金有限公司”；嘉禾县铁合金厂与郴州电业局、郴州地区工业发展公司联营生产电石、硅铁、锰铁；汝城钨矿与广东省乐昌五山乡联营建成年产3万吨萤石矿；湖南省万里工贸联营公司与嘉禾县水电设备厂等企业协作生产发电机组。此外，当年还有由郴州纺织行业合作组成的床单联产联销企业等。到年末，郴州地区横向经济联合实体共投入资金470万元兴建生产项目7个，施行区域经济技术协作项目177项，引资3009万元。全年区域经济技术协作项目实现产值3321万元、利税655万元。经济技术协作还促进区域人才相互流动315人。

1989年郴州地区地直单位紧密型联营企业情况表

表 17-1-4-1

主管部门	联合企业（公司）名称	经济性质	注册资金（万元）	发照年月	发照机关
郴州地区农业局	郴州地区农工商联合服务公司	全民	32	1989.08	地区工商局
郴州地区商业局	郴州地区商业贸易（集团）公司	全民	50	1989.03	地区工商局
郴州地区外经贸局	湖南省粮油食品进出口（集团）公司郴州分公司	全民	149	1989.06	地区工商局
郴州地区煤炭工业局	郴州地区煤气联营公司	集体	50	1989.04	地区工商局
郴州地区供销社	郴州地区供销社南方集团公司	集体	80	1989.03	地区工商局
郴州地区煤炭工业局	郴州地区煤炭企业联营公司	全民企业联营	31.10	1989.06	地区工商局
郴州地区经委 郴州地区交通局	郴州下湄桥联运公司	全民企业联营	74	1989.08	地区工商局

1990年，郴州地区横向联营企业发展到18户，为上年的2.6倍。经济技术协作项目渐次拓广，年内开展经济技术协作项目95个，其中骨干项目12个。桂阳县农机工程师徐洋来在经济技术协作项目中，研制的“烟叶烘烤灶用热交换器”获国家专利，其生产技术被省内外20多个县市引用。是年，全地区经济技术协作项目实现产值7182.7万元、利税901.9万元，分别完成省下达计划的138%、173%；实现协作流动资金1990.2万元，物资协作总金额6335万元，人才相互流动213人。全区经济技术协作项目涉及省内衡阳、长沙、湘潭等市和湖南省冶金研究院、中南林学院、北京化工研究院、湖南省农作物研究所、湖南省轻工研究所等科研院校（所），以及广东、浙江、河北、北京、上海、贵州、江苏等省市。当年，桂阳县、宜章县经协办被湖南省经协办评为全省经济技术协作先进单位。

1990年郴州地区横向联营企业情况一览表

表17-1-4-2

联合体（集团）名称	成立日期	审批单位	参加联合体（集团）单位名称		联营主要内容	合资金额（万元）	
			主导单位	成员单位		对方	郴方
深城贸易公司	1984.08	深圳市政府	汝城经贸公司	深圳市果菜公司	矿产、土特产联合购销	7.5	7.5
汝城文明物资供应站	1990.11	汝城县经协办	汝城县物资局	汝城县文明乡企业办	扩大农村供应网点	—	—
新湘珠宝联营有限公司	1990.10	郴州市（北湖区）计委	新疆昌吉自治州工贸总公司	郴州市工艺制镜厂	加工宝石	220	20
东江电化厂	1989.04	郴州地区计委资兴市政府	鲤鱼江电化厂	市移民办、地电业局、青岛化工厂	科研生产	450	100
桂阳有色金属研究所	1990.03	桂阳县政府	桂阳县科委	县五金厂、长沙矿冶研究院	科研生产	3	3
桂瑶精选厂	1981.06	桂东县政府	瑶岗仙钨矿	桂东县乡企委、城关镇等	合资开矿	36	84
桂东硅铁厂	1989.08	桂东县政府	桂东县乡企委	地区水利局综合经营公司	合资办厂	30	60
湖南万里工贸联营公司	1988.09	湖南省工商联	湖南机械进出口公司	嘉禾县水电设备厂	发电机组销售	—	2
湖南小型柴油机集团公司	1985	湖南省经委	湘潭柴油机厂	嘉禾县水电设备厂	柴油机产销	—	2
宜章平和多金属矿	1990	宜章县政府	平和乡企业办	杨梅山煤矿	合资开矿	35	35
宜章五岭铁合金厂	1988	宜章县政府	太平里乡企业办	沙坪乡企业办	合资办厂	125	125
宜章五岭电线厂	1985	宜章县政府	太平里乡企业办	沙坪乡企业办	合资办厂	33	33
宜章长策硅锰厂	1988	宜章县政府	长策乡企业办	地区水利局	合资办厂	12	48
宜章城南铸造厂	1985	宜章县政府	廖家湾村村委	宜章县煤炭公司	联合办厂	5	15
宜章湘宜冶炼厂	1985	宜章县政府	麻田村村委	地区金属公司	联合办厂	20	120
宜章湘台竹制品加工厂	1990	宜章县政府	宜章县林业局	台湾实业公司	竹制品加工出口	10	116
玛瑙山锰矿东江分厂	1989.12	郴州行署	玛瑙山锰矿	鲤鱼江磷肥厂	开发富锰渣	—	303
汝城县满天星水电站	1990	湖南省水利厅	汝城县政府	江西719矿	水电资源开发	2000	2000

1991年6月下旬，在郴州召开的湘粤经济技术协作洽谈会上，广东省经济技术协作部门就冶金、建材、化工、农业、电力、轻纺、物资等28个项目，与郴州地区达成经济技术协作互惠互利协议。1992年，郴州地区经协办组织地区冶金局、建材研究所、无线电厂和东江水电八局、安仁县政府、永兴县计委6个单位，参加广东省1992年技术交易会，达成引进技术协议（意向）项目21项。当年，地区冶金局应广东省梅县技术难题招标，解决当地生产二氧化锰中技术难题，该局并与广东省韶关地区铅锌选厂签订有关取样难题的技术输出项目协议；郴州市（北湖区）玻璃厂引进洛阳玻璃厂技术和技术人员，调整产品结构及更新生产技术，完成年产值5215万元、销售收入4452万元、利税1063.64万元，其创利润时在全省160户重点企业中名列第26位。郴州玻璃厂年内还兼并郴州肉联厂，成立郴州八达玻璃股份有限公司，成为区内第一家投资上亿元工业股份制企业。郴州地区经协办全年新批联营企业19户，全区横向经济联合体企业增至23户。同年，资兴市与中南林学院签订科技教育合作协议，根据协议，中南林学院向资兴市派出林科教工程专家顾问组，帮助资兴发展林业科技和教育。至年底，顾问组指导该市投资753.57万元，投建桉树引种、工业用材林栽培及名优特果茶基地等10项科技开发项目。

1995—1996年，郴州区域经济技术协作突出实施一些大项目、新项目。此间，桂阳县畜牧水产局与云南省大理州水产公司协作，在欧阳海库区进行大面积银鱼移植养殖获成功。桂阳县农机公司与邵东三联盘托改装厂进行技术合作，建成桂阳县三联盘拖改装厂，成功生产驾驶室式盘型拖拉机，产品畅销市场。郴州市地热农用研究所与中国医学科学院药用植物研究所，合作开发有降血压美容益寿功能的苦丁茶系列产品，1997年该产品获巴黎国际农产品博览会金奖。

1997年后，全市在区域经济技术协作中加强引智引技，力求提高企业技术创新能力。1998年，濒临破产的资兴市民营企业顺兴铁道线路器材厂，主动与省内外相关科研单位建立技术合作关系，引进技术和技术人才，至2000年，先后开发出“曲线防脱轨距档板”“可调轨距档板”新产品，打入全国14大铁路局产品市场。该厂被铁道部定为重点生产厂家、被省科技厅评为湖南省明星民营科技企业。2000年3月，郴州山河电子设备有限公司经与中国科学院声学所、上海核能研究院进行技术协作，开发生产出超大功率、复合频率的超声波净化设备，成为国内首家向核电工程提供超声波净化设备的公司。该公司变压器厂生产的S9新型节能变压器，通过与天津舜日变压器制造有限公司联营进入天津市场。当年，郴州市农业局与湖南省茶叶研究所、省农业厅经作局协作研究的“茶树新品种选育与推广”项目，以及郴州市林科所、临武县东山林场与湖南省林科院、林木种苗站协作研究的“马尾松优良家系定向选择与应用体系”项目，分获2000年湖南省科技进步二等奖。

2001年8月，湖南（郴州）柿竹园有色金属钻石钨制品有限责任公司与株洲硬质合金厂，合资成立郴州钻石钨制品有限责任公司，成为落户郴州的湖南省最大的钨冶炼项目。郴州区域经济技术协作项目继后不断拓展。同年10月，郴州市政府率团至韶关市参加鲤鱼江至韶关（曲江）500千伏送电线路路径方案协商会议，双方就鲤鱼江电厂扩建向广东地区输电线路定向达成协议。2002年3月，汝城神州食品开发有限公司与湖南农业大学合作，成功研制奈李、青梅等果品蜜饯系列产品。当年郴州晨光科技有限公司与湖南恒基伟业电子有限公司组建亚光冷热源新材料公司，使总投资1亿元的冷热源新材料生产项目落户郴州市经济技术开发区。郴州市计委2002年被湖南省计委评为全省内联引资引技先进单位。

在此期间，境内各县（市、区）举力推进区域经济技术协作。北湖区区委、区政府专门成立专家顾问委员会，负责组织人才和技术引进工作。至2002年，该区与省内外30多家科研院所建立长期的经济技术协作关系，先后以各种形式引进参与协作的外地专家、教授130余人。区属企业郴州湘晨高科实业有限公司经寻求与中国科学院合作，成功开发钯炭催化剂系列产品；区良种茶场依托湖南农业大学开展技术合作，致力提升茶叶质量，跻身全国十大良种茶场示范基地之列。2002年，北湖区经济技术协作促成科技进步对全区经济增长贡献率达52%。

2003—2005年，区域经济技术协作突出开发高新技术项目，协作规模和质量明显提升。2003年3月，郴州市政府与深圳禾之禾环境发展有限公司合作采用BOT（投资—建设—运营）一体化方式，引进建设资金7000万元，促成兴建生化式日处理生活垃圾达500吨的郴州倒窝里现代化生活垃圾处理场。到2004年，全市先后引进中彩视讯、冷杉空调、汇源纳米、东润制药等30户科技型企业落户郴州发展，郴州与之开展相关产业的经济技术协作，带动初步形成以新材料、电子信息、机械制造、生物医药为主的四大高新技术产业。2005年，兴业银行长沙分行与郴电国际发展有限公司等4户企业签订总金额为4.45亿元银企合作协议，开拓银行与企企经济协作新领域。年内，先后有7个省内外考察团至郴州考察、洽谈区域经济技术协作事宜。

二、区域经济开发合作

1992年6月，郴州市（北湖区）与广东省汕头市达濠区结为友好市区，双方达成在生产开发、外经外贸等方面合作协议，开启郴州区域经济开发合作之步。8月，郴州地区与广东省清远市结为友好地市，双方遵循“优势互补、互利互惠、共同发展”原则，携手在资源开发、商品流通、技术交流、市场营销、劳务输出等方面进行合作发展。1992年8月至1995年，两地协作经济开发项目386个，协作资金和物资折合3.67亿元。

1996年11月下旬，郴州市委书记梅克保率团前往上海市参观考察，寻求区域经济开发合作伙伴，促使郴州与上海市卢湾区和奉贤县建立经济技术协作关系。1997年5月上旬，郴州市政府与上海市卢湾区政府签订《湖南省郴州市人民政府、上海市卢湾区人民政府关于建立经济技术合作关系协议》。6月下旬，郴州市政府办公室向各县（市、区）人民政府、市直机关各单位、市属以上企事单位印发这一经济技术合作关系协议书，要求积极主动地与之进行地域经济技术开发合作。1998年8月，上海市卢湾益民百货公司（上市公司）至郴州商品交易会参展，展出日用、百货等商品4000余种。其公司自成一家的经营理念、方式及内部管理，令郴州同行深受启发。至2005年，郴州市与上海市卢湾区相互进行干部交流培训110人（次），双方组织对接式经济考察和旅游60批（次）。

1999年5月上旬，郴州市、广东省韶关市“九九”生态环境旅游双向推介会在郴州举行。两市政府、旅游部门就进一步合作共同开创湘南、粤北旅游产业，拓展旅游市场达成协议。此后，郴州市委、市政府领导先后赴广东省东莞市、北京市顺义区等地洽谈开展区域经济开发合作事宜。

2002年8月，全国政协副主席、著名实业家霍英东发出倡议，即以广东省南沙为依托，将湖南省郴州市、广东省韶关市、江西省赣州市融入三位一体，打造“红三角”①经济开发圈。“红三角”所包含的三市总人口1622万人，总面积7.72万平方千米，三市资源丰富且地处泛珠三角洲经济圈②交通枢纽和粤港澳辐射内陆腹地的“黄金通道”地带，联手合作发展经济潜力巨大。2003年3月，市委、市政府联席会议决定组织投入打造“红三角”经济圈，拓展郴州区域经济合作发展空间。7月，以郴州市政府为主牵头在广州举办第二届中国“红三角”经贸洽谈会暨旅游推介会，郴州

① “红三角”指由同属红砂岩地貌、山水相连的革命老区韶关、郴州、赣州组成的大三角地区。
② 以珠江水系为纽带形成山水相连的省区和香港、澳门特别行政区。

签订经贸合同额达6.9亿元，郴州、韶关、赣州三市旅游局签署“红三角”旅游区域合作开发框架协议。9月，湘粤赣“红三角”旅游发展研讨会暨项目签约仪式在郴州举行。10月，首届中国“红三角”特产展销暨经贸洽谈会在广州南沙海滨新城开幕，郴州参展工业新产品及农业土特产产品100余种，引进经贸投资项目达成合同成交额3000万元。2004年11月，三市在郴州举办“红三角”第三届“英东杯”扶贫帮困活动，郴州投资360余万元，扶助“红三角”区域兴建10所希望小学。年内还先后组织企业参加泛珠江三角洲经济合作产品展示会、湘粤赣“红三角”经贸技术合作洽谈会。当年，郴州从韶关、赣州引进入境投资项目占全年内资项目的25%。

2005年3月，郴州、韶关、赣州三市政府在北京举行中国“红三角”地区项目汇报会。中共中央统战部、国家发改委等部委局领导参加会议。会议介绍“红三角”经济圈建立以来所开展活动及经济合作开发主要成果，争取国家有关部门对其经济开发合作予以扶持。7月，第三届中国“红三角”经贸投资洽谈会在广州市南沙举行。10月，韶关市组织“红三角”采访团到郴州，采访推介郴州市经济社会发展成就。11月下旬，2005年“红三角”区域合作与发展论坛大会在广东省韶关市开幕。会上，郴州市市长戴道晋介绍郴州享有“中国有色金属之乡”“微晶石墨之乡”“中国银都”和“中国温泉之乡”之称的资源优势；郴州、韶关、赣州三市政府与霍英东基金会（简称“3+1”）的代表签署“3+1”合作框架协议。此后，“红三角”区域经济开发合作持续有计划地推进。

第五节 劳务输出

一、向国外劳务输出

1990年，郴州地区外经贸委经劳务输出考察，批准向海外启动首批输出劳务，其中向西德输送厨师3名，派往日本建筑工人20名。全区年内向国外派出劳务人员60人。1993年11月，成立郴州地区对外劳务工作办公室。当年经向省、地区外经贸部门推荐，全区向国外劳务输出工程技术人员14人、医护人员180人。

1996年，宜章县在全市率先成立县级对外劳务输出工作办公室，负责辖区国际劳务输出工作管理和外出劳务人员培训。年内该县向日本、新加坡、澳大利亚等国家输出渔工、厨师、宾馆服务人员26人。是年，全市外派劳务人员140人，总量居全省市州第一。1997年，宜章县对外劳务输出办公室继而把县职业技术学校列为对外劳务输出培训基地，分期分批对外出劳务人员实行专业基础知识培训。年内，全县经培训向新加坡、日本、马来西亚、菲律宾、越南等国家输出劳务人员32人。全市推广宜章县这一作法。是年，郴州市政府明确市贸易促进委员会为全市海（境）外劳务输出管理机构。全市全年向海（境）外劳务输出308人，较1996年翻一番多，列全省市州海（境）外劳务输出人数第三位。

市、县两级重视抓好外出劳务人员培训。各县（市、区）陆续举办对外劳务输出人员培训班。1999年3月，郴州市中等职业技术学校被列为“国家级综合性职业培训基地”，成为郴州对外劳务输出培训重要基地。全市注重培训，提高对外劳务人员素质，获批赴国外劳务人员渐增。2000年，郴州市对外派出劳务人员654人，比上年增长11%，为1990年的10.9倍。

2002—2004年，郴州市加强对外派劳务工作管理，提高对外劳务输出服务质量。2002年8月中旬和10月下旬，郴州市举办两期外出劳务工作人员培训班，培训业务骨干200名，重点组织学习《办理劳务人员出国手续的办法》《对外劳务合作项目审查的有关规定》《国际商务英语》等业务知识，促进外派劳务工作规范化和专业化管理。是年，全市选派32人到韩国、日本、越南等国从事汉语教育和建筑、矿山开采等；选派12名技术人员到印度喀雷拉邦乌鲁米电站从事水电安装工作。2003年6月，召开全市发展劳务经济促进社会保障工作会议，各县（市、区）根据会议部署，相继建立劳务中介（服务）机构和劳务工作网络，及时了解国际劳务市场需求动态，提供外派劳务信息。是年，全市外派劳务817人，同比增长6%，外派劳务人数名列全省市州第三位。2004年，市外经贸局和郴建集团主动与郴州职业技术院校及桂阳、安仁等县联系，了解掌握劳务人员现状，做好外派劳务人员储备工作。全市还加强与广东、江苏省和湖南省省直外经公司联系，争取外派劳务业务。同时扩大外派劳务基地建设，当年由省商务厅批准隶属郴建集团的“湖南省外派劳务培训基地”挂牌运作。全市年内外派劳务800人，超额完成省、市计划任务。

2005年3月，郴建集团、郴电国际等5户对外劳务企业，与市贸易促进委员会全面了解全市外派劳务发展现状，和对外投资企业项目经营状况，拟订外派劳务工作发展规划。6月，郴州市政府制定《外派劳务担保基金管理办法》，部署启动给对外务工予以金融支持业务。市政府同时部署整合开发湘南学院、郴州职业技术学院和市内中等职业技术学校教育资源，拓展对外劳务输出职业技术培训。12月，资兴市职业技术中等专业学校列入“湖南省外派劳务培训基地”。至此，经湖南省商务厅批准，全市有郴建集团、北湖区职业中学、资兴市职业中专和安仁建筑技能培训中心挂牌为“湖南省外派劳务培训基地”。2005年，全市向国外劳务输出820人，同比增长5%。1989—2005年，郴州组织向国外计输出劳务人员6100人。

二、向省内外劳务输出

1989年，郴州地区农村剩余劳动力向大陆境内劳务输出人数愈加增多，尤其以流往广东省广州、深圳、东莞、中山、韶关等地务工者居多。壮年劳力多投向建筑和基础设施工程施工行业，青年多进入服装、鞋业、玩具和轻工电子行业。年内，相继有安仁县成立劳务输出职业介绍所，宜章县在广东省东莞市、嘉禾县在广东省惠州市、深圳市、东莞市开设劳务办事处，旨在为县内至当地务工人员提供职业介绍、劳务纠纷处理等项服务。安仁县技工学校还与广东省企业挂钩，对口培训当地所需技术工人。1990年，宜章县就业培训中心先后为广东省东莞市、仁化县、乐昌县输送技工281人。1994年4月，郴州地区劳动局、地区科技培训中心会同广州黄金贸易市场就业服务站，在郴州体育训练基地举办首届湖南人才劳务集市活动，郴州在集市活动中向广州输送技术人员和其他劳务人员1000余人。

1995年以后，郴州外出务工人员向省内外流向面不断扩大，除往广东省外，还流向上海市、江苏省、浙江省等地务工。全市年平均在省内外务工农民工为30万～50万人次，尤以安仁、嘉禾两县居多，年均有5万～7万人次。次为宜章、临武、桂阳3县，年为3万～4万人次。

1996年，境内各县（市、区）协力建立“组织、培训、推介”三结合的劳务工作机制，推进劳务经济发展。当年，宜章县职业介绍所向县劳动服务公司签订组织劳务输出承包制，年内该所经联络组织直接向省内外输出中等技术工人3300人，其输送的计算机技术人员和电工、车工、焊工广受广东省用工企业欢迎。当年宜章县劳动局被省劳动厅评为湖南省劳务输出工作先进集体。嘉禾县在乡（镇）成立劳动管理服务站，县城关镇的6个居委会成立就业服务中心，组织劳务培训和引导向省内外劳务输出。1998 年 7 月，嘉禾县率先在全市成立县劳动力市场服务中心，建立劳动信息计算机网络和劳务人才资料库，与广东省东莞、深圳、惠州等市劳动部门和 100 多个企业联网，拓展输送劳务人员渠道。当年经推介在广东大企业 TCL 集团、富士康集团的嘉禾籍务工者有 500 多人。嘉禾县年内外出务工人员增至 7 万人，综合劳务收入达 4 亿多元，带动了县域经济的发展。1999 年，嘉禾县跨入湖南省 10 个劳务输出先进县行列。

到 2002 年，郴州市初步形成劳务服务和培训网络。市本级和 11 个县（市、区）均建有劳动力市场工作机构，7 个街道、251 个乡镇建有劳动保障服务站，有 367 户企业设立劳动就业服务组织。全市基本形成市、县、乡、企业多层次劳动用工服务网络。同时还构建以郴州技术学院、湘南技校为骨干，以技工学校和就业培训中心为基础，以社会力量办学为补充的劳务职业培训教育体系。2002 年，全市向省内外输出农村和城镇富余劳动力 6 万人，累计郴州外出至大陆境内各地打工者达 45 万人，年劳务综合经济总收入 39 亿元。

2004 年 3 月上旬，郴州、韶关两地百家企业劳务招聘会在郴州市城区五岭广场举行。是年，全市在省内及广东省、上海市、江苏省等省外打工农民工过 60.5 万人。2005 年，郴州市商务局启动劳务网站建设，搭建劳务信息服务平台。当年，全市在大陆境内劳务人员增至 64 万人，劳务经济总收入增至 53 亿元。

第二章 开发区建设

第一节 开发区建设与管理

一、开发区设置

1988年5月，国务院批准郴州为由广东沿海向内陆地拓展的改革开放过渡试验区。郴州地委、郴州行署及时抓住这一推进开放开发的历史性机遇，随即批准和支持郴州市（北湖区）在郴州城区城前岭创办郴州经济技术开发区，创立对外开放经济基地。是年12月，郴州经济技术开发区经湖南省政府批准设立，成为全省首批创办的开发区之一。

到1989年，郴州地区各县（市）及一些乡镇相继踊跃投建经济技术开发区和工业小区，然而也出现盲目开设“一哄而上”现象。一些园区重复设置，布局和产业功能单一；有的区（园）投建尚未彰显当地资源、区位和交通等方面优势，效益不佳。1990年，地委、行署通过会议和行文作出部署，要求各地开办开发区要力戒低水平重复和产业结构趋同的“一阵风”现象，并对开发区建设提出“突出优势、形成特色、重在成效、精心设置”的工作思路。

1991年8月，郴州地委、行署看准汝城县三江口区域与广东省韶关市和江西省赣州市山水相依的边境区位优势，研究决定在此创办“边境经济特区”，作为发展边区工贸经济和内地与沿海地区政策接轨“试验区”。1992年4月，经湖南省体改委批准，汝城三江口边境经济特区在此挂牌（1996年，省人民政府批准将此地更名为“三江口边境经济开发区”），当年区内成功引进第一家企业即三江口竹胶板厂，投资总额5000万元。继后，三江口开发区建设加快，凸显拉动当地经济发展的边贸优势。

1992年春，地委、行署为发挥永兴县“华侨之乡”招商引资的优势，批准该县设置投建永兴县“三胞”（港澳同胞、台湾同胞、海外侨胞）经济技术开发区，使其成为全省首家创办的“三胞”经济技术开发区。同年，资兴市利用市内东江河（库）区域电力、水源、自然资源充沛，以及工业基础雄厚的优势，因地制宜地决定在此设置兴建资兴市东江开放开发区，开发区规划占地6.15平方千米。9月，资兴市东江开放开发区被湖南省人民政府批准为省级工业园和湖南省“三来一补”加工基地。

1992年4月，宜章县委、县政府利用宜章毗邻粤、港、澳的区位优势，和地处国家南北交通大动脉贯穿之地的交通优势，决定在县城城郊创办南京洞经济开发区。5月，郴州市委、郴州地区行政公署下发批准创办这一开发区批复。1995年8月，湖南省人民政府批准南京洞开发区为省级首批“三来一补”加工基地。至2000年，开发区建成初具规模的经贸、工业两大园区，引进产业项目142个，引进资金4.1亿元。

郴州素有“中国有色金属之乡”之称。2003年4月，市委、市政府为开发郴州有色金属这一优势资源产业。选定在苏仙区境内有色金属矿藏尤为丰富的柿竹园矿区，兴办郴州柿竹园有色金属科技工业园。次年就引进至园落户的金属加工、房产企业4户，投资达2500万元。

在此期间，郴州先后组织清理整顿开发区（园）3次，精简撤消一批优势、特色、效益不明显的开发园区，驱动开发区（园）设置和建设形成各自特色。郴州市经济技术开发区倾力调整区内产业项目设置，利用地处郴州城区人才和区位优势，重点发展高新技术产业。2003年该区科技工业园投入相关开发建设资金就达9000多万元，成功引进一批高新技术企业和项目，形成以电子机电一体化、新材料、生物制药为主的高新技术产业开发特色。当年，郴州市经济技术开发区国内生产总值、实际利用外资、完成财政收入和社会固定资产投入，均在上一年翻番的基础上又实现再翻一番。汝城三江口经济开发区利用地处湘、粤、赣三省交界的边境优势，和当地丰富的自然资源，科学设置产业开发项目，逐步打造成边境出口基地和边境商品集散基地。

到2005年，郴州市、县两级利用自身区位、资源、交通等方面优势，从实际出发精心筛选，设置建立县级以上经济技术开发区（工业园区）13家。其中经各级人民政府审批认定，有省级开发区（园）7家、市级5家、县级1家。一批无优势、无特色、效益低的开发区相继被撤减。至2005年，13家开发区（园）落户各类工业企业349家。据不完全统计，1989—2005年，经济技术开发区（园）引进内资38.1亿元人民币，外资49467万美元；实现工业总产值205.38亿元，财政收入3.27亿元，利税26.81亿元。在此17年间，境内各经济技术开发区（园）着力打造优势产业集群，形成聚集效益和带动效应，促进了全市工农业产业优化升级。郴州逐步成为湖南省优先发展区域带，华南沿海地区产业梯度转移的承接基地。

二、开发区扶持政策

自1989年始，郴州各级党委和政府根据创办经济开发区白手起家面临的实际问题和困难，加强制定、出台一系列优惠政策措施，扶持开发区创造良好营商兴业环境，加快发展。1992年4月，郴州地委、地区行署作出《关于加强郴州经济技术开发区建设的决定》，明确提出放开开发区政策，按照“经济特区”构想建设开发区，允许采取适宜的优惠政策吸引国内外客商投资置业。文件还出台给予开发区可实行区内土地使用权转让，凡至开发区落户内资企业享受税收减免，以及科研院所到开发区投资予以按资额落户等优惠政策。同年7月，郴州行署签发《郴州经济技术开发区若干政策规定》，进而细化予以开发区在用地、税费、财政、金融等方面拥有的优惠政策。其中明确外商至开发区征地兴业免收菜地建设费；对当年出口产值达年产值70%以上的企业，其所得税减至按10%征收，对外商投资的高新技术产业在减免税期满后，还可延长三年按10%征收其所得税；开发区内生产型的“三资”企业免征地方税和地方所得税10年，非生产型的“三资”企业免征5年；外商投资者将企业利润用于开发区再生产5年以上的，给予退还40%的再投资额作为已纳税税款，“三来一补”企业收取工缴费免征增值税或营业税3年。行署这一文件还明确在郴州经济技术开发区建立一级财政，从1993年起5年内自收自支不上交地方财政，地方财政每年从城市建设维护费中，安排一定数量专项资金用于开发区基础设施建设；允许开发区内资出口企业具有较高留汇比例，并对开发区企业流动资金和技术改造贷款，规定予以择优扶持等。

20世纪90年代，郴州各县（市、区）面对创办经济技术开发园区建设资金短缺，园区引资兴业基础条件欠佳，以及管理职能难适应园区运作和对外协调等实际问题，从当地实际出发，亦先后制定出台一系列扶持开发区建设与发展的地方性政策措施。1992年6月、7月，宜章县政府相继制定《关于建设南京洞边际经济技术开发区的若干政策规定》《关于南京洞边际经济技术开发区若干优惠政策的补充规定》。明确给予开发区在行政审批、土地使用、物价和劳动工资，以及开发区外商企业在上缴税费、内销比例等13个方面，享有的放宽放活的优惠政策。1997年，北湖区委、区政府在下发的《关于加快石盖塘工业小区发展的决定》中明确，从1997年起三年内对石盖塘工业小区财政实行全留体制，全部用于小区基础设施建设；凡在小区投资兴办的乡镇企业免征固定资产投资调节税，免交防洪保安基金、蔬菜基地建设发展基金及商业网费。1998年8月，资兴市委、市政府下发《关于加快东江开放开发区建设和发展的决定》，明确将财政、国土、工商、房管、环卫的职能职权及人事权，从市主管局平移给开发区管委会。2001年，永兴县委、县政府作出《关于建设乡镇工业小区的决定》，出台对在工业小区内新办的企业实行免征投资方向投资调节税，企业所得税征收享受外资企业待遇，新上企业第一年免征行政事业性规费、继后5年内减半征收行政事业性规费等政策规定。

2002年4月，郴州市委、市人民政府在下发《关于加大招商引资力度，鼓励外来投资的若干规定》中，进一步明确放宽外商在开发区投资兴业条件，扶持开发区发展壮大的产业项目。文件规定，对外来投资产业项目用地、租赁厂房和厂房建设实行优惠，即企业如一次性交纳土地出让金确有困难，经协商可在5年内分期给付，开发区、工业园区按征地成本费最高限价每平方米100 ~ 150元收取；外来投资者租赁开发区厂房兴办生产经营性项目的，实行租金最高限价；对其兴办的生产性项目，免收除按规定应缴的行政事业性规费以外的其他规费等。同时还确定对开发区外来投资实行产业项目奖励和服务优惠等。至2005年，永兴县、临武县、嘉禾县即先后制定实施扶持开发区招商引资、壮大园区经济的政策规定和具体奖励措施。

在此17年间，郴州地（市）、县两级党委、政府主要在开发区（园）用地、税费征收、产业发展、财政收支、金融贷款、行政审批和管理职权7个方面，先后制定实施一系列扶持优惠政策和特殊措施，逐步建立与开发园区发展相适应的政策体系，开发区投资兴业环境日臻优化。同时，市（地区）、县两级多次组织对落实园区扶持政策情况进行检查督办。

三、开发区管理

1988年10月，郴州经济技术开发区成立管理委员会（简称“管委会”），为境内首设开发区管理机构。此后，郴州省、市、县三级开发区均设管委会，实行由区（园）管委会统一、自主管理的行政管理体制。开发区（园）管委会按所辖关系分别为市、县两级人民政府派出机构，代表政府对开发区行使综合经济事务管理权限，主要负责拟制开发区建设与发展规划、组织园区内基础设施建设与管理、维护园区内生产经营秩序，以及协调处理日常事务为外商提供服务和筹划招商引资等工作。

到1995年，郴州境内各开发区（园）相继全部实行“封闭式管理，开放式运行”管理模式。开发区（园）管理工作由开发区（园）党组织和管委会专事承担。除税务部门征税以及公安机关追逃、消防救火等特殊紧急情况能入园区外，其他任何部门未经市或当地县级政府批准不得入园区检查。禁止在开发区（园）内拉赞助、搞摊派、乱收费。各级开发区（园）享有同级政府的行政审批权，园区内企业具有经营管理自主权和掌控劳动人事、工资、福利、物质等方面自主权。1995年7月，宜章县委、县政府在印发《南京洞开发区领导小组扩大会议纪要》中，明确对南京洞开发区实行封闭式管理，由南京洞开发区管委会行使县一级管理权限，任何部门和单位未经南京洞开发区党委、管委会同意，不得以任何理由进入开发区行使管理职能。各种收费由开发区财政所统一收费和管理，凡擅自进行乱检查、乱收费、乱罚款的，一经发现，坚决查处。1995年后，市、县两级纪检、监察部门相继对开发园（区）“三资”企业实行挂牌保护，保障开发区实行“封闭式管理”，拥有良好创业兴业秩序。

至2005年，全市7家省级开发区（园）除郴州经济技术开发区为正处级事业单位外，其余6家均为副处级事业单位，管委会人员编制20～35人。5家市级和1家县级开发区为科级或股级事业单位，人员定编5～15人。其间，各开发区（园）管委会坚持“服务就是天职，项目就是生命”的办区（园）宗旨，竭力做好园区建设和园区服务工作，着力组织招商引资发展园区产业项目和经济。项目引进普遍推行一般项目责任到人、重点项目由领导挂帅跟踪、外资项目实行全程服务工作管理制度。2001年郴州市经济技术开发区成功组织引进由香港丰生集团独资兴建的五岭大市场项目，占地10公顷，总投资1.8亿元。当年该管委会除为开发区裕湘面业有限公司改造扩建工程用地提供收费优惠外，还千方百计帮助其引进建设资金600万元，促成面业生产能力由年产6000吨扩大到2万吨。

第二节 省级开发区

1989—2005年，郴州市（地区）先后有7家经济技术开发区（园）经湖南省人民政府审核批准，被列入湖南省省级经济技术开发区（园）。其中隶属市政府管理2家，隶属所辖县（市）政府管理5家。7家省级开发区（园）规划建设面积75.43平方千米。至2005年止，建成园（区）面积22.8平方千米，引进落户企业324户，其中有高新技术企业72户、出口型企业52户；有工业企业从业人员3.79万人，其中规模以上工业企业从业人员2.36万人，共有高、中级技术职称人员2701人。2005年，省级开发园（区）实现工业增加值35.05亿元，其中规模以上工业企业创增加值31.48亿元；实现利润总额11.94亿元，其中规模以上工业创利润7.94亿元；上缴税金总额4.45亿元，其中规模以上工业企业上缴税金2.55亿元；全年完成出口创汇总额1.41亿美元。

郴州市经济技术开发区 1988年8月，郴州市（北湖区）委、市政府研究决定，在位于郴州市中心城区以南6公里处的城前岭区域兴建经济技术开发区。同年12月，经湖南省政府批准，郴州市经济技术开发区开工兴建。1992年6月，郴州地委、郴州行署决定对开发区实行“地市共管，以市为主”管理体制，开发区更名为郴州经济技术开发区。1996年6月，开发区升格为正处级事业单位，划归由地改市后的地级郴州市计委管理，改称为郴州市经济技术开发区。2003年1月，郴州市科技工业园并入郴州市经济技术开发区，实行“一区两牌”，统一管理。该区确定为以兴办高新技术产业、出口创汇及“三来一补”企业为主，为科工贸结合的外向型开发区。郴州市经济技术开发区系湖南首批开办的经济技术开发区之一、首批被批准设立的湖南省省级“三来一补”加工基地。

园区规划 1988年12月，郴州市（北湖区）经济技术开发区选址建于郴州市南郊城前岭107国道与郴安公路交接地带2平方千米内。1992年6月，划定开发区规划面积扩至14.79平方千米，规划可用地面积11平方千米。2001年9月，郴州市委、市人民政府下发通知，界定开发区统一有效管理的范围是：在原定14.79平方千米基础上，增加增湖片科技工业园5平方千米和七里洞商住区2平方千米，规划总面积约21.79平方千米。2004年5月，根据国务院关于治理整顿土地市场秩序工作要求，开发区保留规划面积为12.95平方千米。郴州市经济技术开发区整体规划分成A、B、C三个功能区：A区以七里洞（含船洞片区）为中心，系商住、金融、行政管理区；B区以城前岭为中心，系文化、教育、卫生、休闲和食品加工区；C区在增湖、塘尾一带，系发展高科技产业重点区。

园区建设　其间，郴州经济技术开发区加强供水、供电、道路等基础设施建设，使之日臻完善和配套。1989年10月，开发区投资14.3万元建成两口水井，日供水量2400立方米，铺设供水管道3600米。1990年5月，高湾变电站至开发区城前岭用电专线架设完工，全长3.1千米，为10千伏输电线路，总投资34万元。同年万华大道扩建改造工程启动，随即开发区全面铺开道路建设。1993年1月，建成开发区万吨引水工程。同年投资28万元，完成长1.2千米电路改建工程，架设专线3.3千米。1994年投资600万元，建区内3.5万伏变电站1座。1996年开发区管委会与郴州市供水公司投资计1100万元，建日产2万吨水厂一座，铺设供水主干管道7251米，形成区内供水网络。同年，改造开发区不规范供电线路。截止2005年，开发区供水供电设施配套齐全，满足了区内用水、用电；共修建（扩建）开发区道路15条，总长1.32万米，形成内外纵横贯通的交通网络。开发区建成面积为4平方千米。

园区产业　郴州经济开发区成立之初，产业定位以工业为主。随着城市房地产业日渐兴起，区内逐渐形成以工业项目为主，房地产项目为辅的经济发展框架。开发区工业经济逐步实现从以国有企业为主体转为以民营企业为主体；从以粗加工、低技术含量企业为主体转为以高新技术企业为主体；从以规模散小、产业单一企业为主体转为规模以上、多产业企业为主体。1989年，郴州经济开发区内只有郴州煤机厂、郴州南燕汽车厂等4户国有工业企业。1995年工业企业个数增至62户，实现工业总产值1.02亿元，首破1亿元大关，其中高新技术产值升至6187万元。2001年，全区工业企业为60户，实现工业产值3.84亿元，有高新技术企业12户，高新技术产值突破1.24亿元。到2005年，区内有工业企业95户（其中引进的外资企业59户），实现工业总产值16.65亿元。其中高新技术企业26户，实现高新技术产值9.02亿元，为1995年的14.6倍。期间，落户开发区的房地产企业渐增。截至2005年，在开发区登记注册的房地产开发企业由1996年的1户增至30户，其中具有二级资质等级企业1户，三级资质等级的企业24户。2005年，房地产业投资总额由1992年起步房产投资的240万元增至3.25亿元。开发区房地产开发代表项目有涌泉小区、隆华花园、紫云山庄、城市花园、福星花园、怡松园等。

园区经济　开发区在国家“八五”计划（1991—1995年）的1991年，实现工业总产值1116万元，1995年增至1.02亿元，增长8.1倍；税收由1991年的24.9万元上升到1995年的488万元，为1991年的19.6倍。“九五”期间（1996—2000年），开发区实现工业总产值9.86亿元、财政收入4576万元、实际利用外资3589万美元、固定资产投资2.95亿元，5年间依次分别平均年递增22.6%、21.0%、31.4%和7.1%。“十五”期间（2001—2005年），实现工业总产值50.32亿元，平均每年递增44.3%；实现财政收入2.40亿元，平均每年递增43.5%；实际利用外资1.01亿美元，平均每年增长21.0%；实现固定资产投资21.59亿元，平均每年递增31.2%。2005年，开发区实现工业总产值16.65亿元、财政收入7845万元，分别是1988—1994年7年总和10769万元、817万元的15.4倍和9.6倍。1988—2005年，郴州市经济技术开发区实现地区生产总值40.2亿元、工业产值61.99亿元、财政收入2.99亿元、引进到位外资1.5亿美元，先后完成固定资产投资26.85亿元。

1988—2005 年郴州市（郴州）经济技术开发区历年主要经济指标统计表

表 17-2-2-1 单位：万元

年份＼项目	地区生产总值	工业产值	财政收入	实际到位外资（美元）	固定资产投资
1988—1994	14700	10769	817	970	17183
1995	6219	10166	471	260	5980
1996	8081	13606	658	340	6140
1997	12168	16018	758	538	3300
1998	9581	18628	907	561	4700
1999	10084	22259	1033	1133	6951
2000	11926	28114	1220	1017	8410
2001	15846	38411	1848	1171	20100
2002	35869	69573	3533	2376	38347
2003	67165	98176	4862	3088	45692
2004	89329	127629	5913	1005	52115
2005	121068	166533	7845	2508	59600
合计	402036	619882	29865	14967	268518

1988—2005 年郴州市（郴州）经济技术开发主要负责人名录

表 17-2-2-2

单位名称	姓 名	职 务	任职时间
郴州市（北湖区）经济技术开发区	白辉全	主 任	1988.07—1988.10
郴州市（郴州）经济技术开发区	龚忠明	主 任 书 记	1988.10—1995.03 1988.10—1992.05
郴州经济技术开发区	刘城熙	书 记	1992.06—1995.04
郴州市经济技术开发区	李朝晖	主 任	1995.03—2001.08
郴州市经济技术开发区	赵立民	书 记	1996.03—2000.06
郴州市经济技术开发区	陈冬文	书 记	2000.06—2001.08
郴州市经济技术开发区	陈海平	书 记	2001.08—2003.07
郴州市经济技术开发区	黄 明	书 记 主 任	2001.08—2003.12
郴州市经济技术开发区	高爱国	书 记 主 任	2004.01— 2004.01—2004.12
郴州市经济技术开发区	王永康	主 任	2005.01—

汝城经济开发区 1991 年 8 月，汝城县委、县政府报请郴州地委、地区行署批准，在该县与广东、江西省交界的三江口瑶族镇区域兴建边境经济特区，1992 年 4 月，湖南省体制改革委员会（简称“体改委”）批准设立“湖南省三江口边境经济特区”，列为湖南省省级开发园区。办区旨在建设内地经济特区，实行特区特办和比广东沿海更优惠的政策吸引海内外企业到此投资兴业。1996 年，

湖南省人民政府批准更名为“三江口边境经济开发区”，2004年更名为“湖南汝城经济开发区”。

园区规划　1991年，开发区选址于汝城县三江口瑶族镇三江口村106国道区域，园区建设编制总体规划1.7平方千米。截至2005年，已开发利用1.4平方千米，土地综合利用率为82.4%。开发区利用边境区位和汝城矿产、林木资源优势，主要规划建设为湘、粤、赣出口加工基地和边境贸易商品集散基地。

园区建设　1992—1995年，投资186.8万元兴建日供水0.5万吨自来水厂，铺设上下水管6000余米，形成园区供水网络；投资41.1万元建成大坪至三江口11千米的3.5万伏输电工程；投资421.4万元完成兰里水300米河流改道、锦江700米河堤浆砌、3600米下水道修筑，完成开发区内5座桥梁修建和1.1千米长的三江大道扩宽改造。2001—2003年相继投入1200万元进行35千伏安~110千伏安输变站扩改工程，使开发区供电能力达到5.15万千瓦，满足用电需求。至2005年，开发区水、电、路配套设施完善，建有商场、粮贸大厦、银行信用大楼、电信营业厅、学校、幼儿园等。

园区经济　1992年，开发区成功引进第一家企业即三江口竹胶板厂，投资总额5000万元。1993年引进县外投资企业5户，自办企业12户，大小工商企业（户）发展到150多户。之后，随着区内各类企业增多，经济效益递次上升。至2005年，开发区有外资落户项目34个，累计投入项目建设资金2.5亿元。其中有投资1.35亿元的华盛钢铁有限公司、投资计2800万元的斌志木业有限公司和雷氏矿业公司。初步形成以生产加工钢材、木材、竹材、石材为主导的建材经济工业园区格局。1996—2005年，开发区企业实现工业总产值18亿元，平均每年递增28%；创税收5000多万元，平均每年递增30%。

嘉禾珠泉经济开发区　1992年，经湖南省人民政府批准，嘉禾县珠泉经济开发区列为省级开发区。开发区以县城为中心，分设以金融、工贸为主的晋屏小区，以“三来一补”、科教、游乐为主的丙穴小区和以商贸为主的东塔小区。2002年7月，经县委、县政府研究决定，自2003年又在城郊坦塘行政村区域开工投建坦塘工业园。至此，嘉禾珠泉经济开发区形成“三区一园”开发兴业格局。

园区规划　1992年7月，编制珠泉经济开发区“三区一园”（晋屏小区、丙穴小区、东塔小区和坦塘工业园）建设总体规划设计。继后县委、县政府作出“统一规划，分步实施”决策，确定1992—2002年先行建设“三区”，重在带动城区发展工贸经济。开发区“三区”建设以县城为中心，东起钟水河畔，南至城南渡槽，西至文家、大坪岭村，北抵坦塘村，总面积约6平方千米。2003年投建坦塘工业园，规划面积9.5平方千米，后调整为2.93平方千米。突出带动县传统铸造锻造、五金制造工业。至此，珠泉经济开发区整体规划面积为8.93平方千米，分别由“三区一园”组成，构成以传统工业、商贸、文化产业为主的经济开发区。

园区建设　1992年12月至2002年，开发区基本完成晋屏小区、丙穴小区和东塔小区水、电、路等基础设施建设。其间，铺设供水主管道2800米，分支管道5900米，保证园区内用水。并改造三条河溪计560米，增强开发区排水功能。开发区搬移11万伏高压线1.2千米，改造搬移和新架设供电主线共8千米、支线12千米，埋设电缆1.2千米，使区内供电充足。期间，开发区修建道路29条，总长12.5千米。开发区内新建、改建40米宽的晋屏大道、30米宽的金田西路、22米宽的建设路和珠泉西路、20米宽的园林路等交通主干道。2003年3月，铺设通至坦塘工业园供水管道和用电专线，坦塘工业园基础设施建设全面铺开。至2005年，嘉禾珠泉经济开发区建成面积为2.6平方千米。

园区经济　1992—2002年，开发区“三小区（晋屏、东塔、丙穴小区）共引进县外资金项目19个，投资8480万元人民币、1万美元；引进县内工商生产经营大小项目563个，总投资3.66亿元。入区外资项目有湘南车架厂、湘南远通合金粉体设备有限公司、嘉华医院、香港荣生汽修厂等；县域内资项目有嘉禾县塑料编织袋厂、珠泉五金厂、民建彩色印刷厂、珠泉大酒店、晋屏花卉城等。到2002年，开发区完成国民生产总值1.19亿元。2003年，坦塘工业园投建后设立招商引资部。到2005年，坦塘工业园陆续引进嘉禾县雷氏精密机械有限公司、郴州雄建机床铸造有限公司、湖南省诚鑫汽配有限公司等企业10户，引资3.59亿元。当年经济开发区完成工业增加值2330万元，创利润390万元。

资兴东江开放开发区 资兴市东江开放开发区建于1992年初。开发区紧贴东江水电站，邻近郴州城区，区域具有良好交通、电力、水利条件和旅游资源，工业基础厚实。同年9月被湖南省人民政府批准为省级工业园区。

园区规划 1993年1月，资兴市市委、市政府确定东江开放开发区由东江旅游区、鲤鱼江商贸区、罗围工业区、高码工业区"四区"组成。1998年，投资建设罗围食品工业园（原罗围工业区），用地规模1.3平方千米，该园先后引进20多家省内外企业落户园区，成为加工食品的专业园区。开发区至此构成"三区一园"发展格局。东江开放开发区范围原规划总面积10平方千米，2004年核减为6.15平方千米。主要沿新建的鲤鱼江公路大桥两岸扩展。

园区建设 东江开放开发区水、电供给充足，园区投建后主要是改善交通和区内居住环境等基础设施。1992年，开发区内仅有省道1813线自西向东连接境外。1994年鲤鱼江公路大桥竣工通车后，开发区兴建连接唐洞市区与鲤鱼江镇的东江南路，全长27千米，总投资1700万元；1998年，开发区筹资45万元，扩宽改造东江水电路、沿江路。之后至2003年，相继兴建郴资桂高等级公路罗围段、东江迎宾路；开发区区域内新修与外相连的文化南路、竹园路、枫林路。截至2005年，区内形成四纵四横与境外相通交通网络。此间，在开发区兴建商品房2.5万平方米及一批拆迁建房。筹集资金2000万元，在开发区修建占地67万平方米的东江文化广场。开发区自1995年施工投建至2005年，先后累计投入资金2.72亿元，园区内路、水、电、电信及居住基础设施均日愈完善配套。东江旅游区、罗围食品工业园投入正常营运，开发区建成面积6.2平方千米。高码工业园区因征地、资金等多种原因，直至2003年8月才破土动工；鲤鱼江商贸区因与辖区市直有关单位土地关系未理顺，直至2005年尚未开工建设。

园区经济 从1993年起，东江开放开发区东江旅游区相继开发建设东江大坝码头、兜率岩溶洞等旅游重点基础设施和景区景点，总投资6.34亿元。1994年2月，首次引进外资兴建南国明珠度假村。5个旅游经营实体创收效益逐年增长，1994年创收40余万元，1995年创收160万元。1995年5月，湖南省政府批复同意在东江开放开发区内设立省级"三来一补"加工基地。1996年11月，设立省级东江"三来一补"加工基地办公室和东江开放开发区对外加工装配公司。是年，基地首批引进"三来一补"项目2个，利用外资450万美元。2001—2005年，东江"三来一补"加工基地引进加工项目20余个，完成出口总值6500万美元。在此期间，罗围食品工业园先后入驻年产啤酒10万吨的青岛啤酒郴州有限公司、资兴东江鱼集团有限公司等大型食品加工企业，使之成为食品加工专业园区。2005年，罗围食品工业园实现利税6200万元，安排就业岗位5000个。同时，东江旅游区又相继投建东江风景区门楼、东江水寨等一批旅游项目，使资兴东江开放开发区经济效益稳步上升。2005年，开发区实现生产总值2.19亿元、区级（开发区）财政创收573万元，分别是2000年1.4亿元、2.53万元的1.5倍和2.02倍。

永兴"三胞"经济技术开发区 1992年春，永兴县县委、县政府为发挥永兴县"华侨之乡"优势，决定创建华侨经济技术开发区。同年12月，经湖南省人民政府批准为省级开发园区。因县内港澳同胞、台湾同胞、海外侨胞较多，1993年遂将永兴华侨经济技术开发区改设为永兴"三胞"经济技术开发区。

园区规划　1993年5月，永兴县委、县政府制定下发《永兴“三胞”经济技术开发区总体规划》，确定开发区区域为县城便江对岸水南片。2001年4月，为扩大开发区范围，县委、县政府将原属城关镇管辖的水南、便江两村划归开发区管理。2002年8月，又将邻近县城的碧塘乡周家村一些村组列入开发区工业园辖区范围。2004年，开发区规划面积调整为17平方千米，分设为三个经济功能区，即沿江大道和人民大道周边为商贸区，桃源洞至龙山洞区域为生态旅游区，永兴大道及周边地区为工贸区。

园区建设　1993年，永兴“三胞”经济技术开发区建设由永兴县城城区起步。当年，通过解决“农转非”户口收取城市建设配套费694.24万元，用于开发区“三通一平”（通水、通电、通路和平整土地）基础设施建设。1994年，县政府安排投资900万元兴建自来水二厂，满足开发区用水。1996年北大桥通车，改善了开发区交通条件。1998年投入3000万元，基本完成西部开发用地水、电、路、通信等基础设施建设。1999年，开发区辖区相继建成人民东路、沿江东路、永兴大道。至2005年，整个开发区形成两横（沿江路、人民路）三纵（体育路、永兴大道、龙山路）道路贯通框架，供电、供水、通信网络和公共服务设施配套齐全。开发区建成面积2.9平方千米。

园区经济　到1995年，落户开发区企业10户，其中第二产业3户，第三产业7户。1996年开发区完成产值1.38亿元。1998年在永兴经贸洽谈会与外商签订合同17个，意向投资2.36亿元。1999年后，开发园区渐成城市小区，带动餐饮、住宿业发展。2001年，转入投建碧塘工业园阶段。是年，首引永兴鑫达银业有限责任公司入园，投资3200万元。2002年，引进4户企业，总投资2962万元。当年开发区实现国内生产产值1.37亿元，创税收135万元。之后，引入落户企业逐年增多，经济效益不断提升。2005年，引进入驻工贸企业16户，总投资1.55亿元，全年实现国内生产产值3.51亿元，创税收597万元。分别为2002年1.37亿元、135万元的2.6倍和4.4倍。2001—2005年，开发区碧塘工业园引进企业36户，引资3.62亿元，入园就业人数5210人。代表企业有永兴鑫达有限责任公司、永兴西河企业集团等。5年，工业园计实现产值8.97亿元，年均递增26.5%；创税收1262万元，年均递增45.0%。

宜章南京洞边际经济技术开发区　1992年4月，宜章县委、县政府联席会议决定创办南京洞边际经济技术开发区，随后经湖南省体改委批准设立。开发区位于玉溪河南侧107国道边，紧靠县城。1994年，湖南省人民政府确定南京洞开发区为全省60个省级开发区之一。1995年8月，省政府又将开发区批准为湖南省省级“三来一补”加工基地。1996年1月，经湖南省工商局批准，在南京洞开发区建立全省第一个省级边境贸易市场。1997年8月，湖南证券公司郴州营业部宜章交易厅在南京洞开发区开张营业，成为全省第一家县级证券营业机构。

园区规划　1992年，县委、县政府利用毗邻粤、港、澳区位优势，以及京广铁路、京珠高速公路主干道纵贯全县南北的交通优势，编制6平方千米的开发区建设总体规划。开发区分设工业加工区、经贸区、农业经济开发区三个功能区。2003年2月，县委、县政府又规划建设南京洞开发区工业园。工业园位于宜章县城东面1千米，距京珠高速公路出入口仅500米、京广铁路白石渡火车站10千米。2005年，开发区工业园完成土地利用总体规划报批和前期论证工作，征地66.67公顷。

园区建设　1992年南京洞开发区开建后，以平整土地、修（改）建街道为突破口，带动供水、供电和道路等基础设施建设。到2005年，共投入开发区基础设施建设资金4800万元，铺设供水主干道5700米，形成供水网络；修建排水沟及涵洞8.5千米，溢洪道17条；架设、改造供电专线8600米，完成10千伏输电线路架设及低压线改造。开发区共改建扩建四通街、富豪路、南京路、广发街、湘珠街、利民街等道路，开发区辖区街道全长5.8千米。在“三来一补”基地建成标准加工厂房3000平方米、配套场地2000平方米。开发区完成首期加工区、经贸区和农业经济开发区基地工程建设，建成面积2.2平方千米。

园区经济　1992年，开发区成功引进第一家企业即鸿康石材有限公司，投资总额800万元。全年引进产业项目42个，协议投资1.5亿元。1993年4月，开发区南京洞长坪工业加工区重点开发建筑石材工业，年内引进石材加工厂20家，其中外资、合资企业8户，国有、集体、个体企业12户，累计建成生产线64条，总投资2769万元，形成年产石材、板材26万平方米，荒料3000立方米，工艺品上万件的生产加工能力。到1999年，南京洞开发区引进“三来一补”项目资金达203.66万美元。2000年香港俊丰贸易公司投资800万美元，在开发区创办俊丰纺织印染（郴州）有限公司，时为开发区引进的最大外商独资项目。其后，开发区相继引进湖南东方红药业有限公司、郴州恒维电子有限公司等企业，随之开发区商业网点增多。1993—2005年，南京洞开发区先后引进落户工业企业75户（其中规模以上企业5户），企业固定资产投资额达7.2亿元，有建筑面积35万平方米；先后实际利用外资2500万美元、内资4.2亿元人民币。累计实现工业企业总产值19.37亿元、税收3480万元，13年间平均每年递增率分别为22.8%和25.6%。2005年，开发区创工业产值2.82亿元、税收530万元，分别为1993年0.75亿元、130万元的3.7倍和4.7倍。

郴州柿竹园有色金属科技工业园　2003年4月，经湖南省人民政府批准，兴建郴州柿竹园有色金属科技工业园，园区位处苏仙区白露塘镇柿竹园区域。当年完成园区征地88公顷。2005年6月3日，经国务院批准，在柿竹园有色金属科技工业园设立国家级郴州有色金属出口加工区，园、区实行“一个机构、两块牌子”合署办公，统一管理。

园区规划　郴州柿竹园有色金属科技工业园隶属郴州市政府管理。园区利用郴州有色金属矿藏资源丰富的优势，重点发展有色金属、非金属深加工及高新技术产业。工业园规划建设面积为22.5平方千米，其中可用地面积5平方千米。划定为在白露大道以东、柿竹园北路以南，坪田东路以西、溪水路以北为开发区辖区。2003年，编制出22.5平方千米园区总体建设规划，即采用“两核、两轴、两带、多组团”形式进行空间布局。“两核”即以东城综合服务（白露塘）和新型工业服务（雅市坪）为园区核心地；“两轴”即以郴州大道和林邑大道为综合发展中心轴；“两带”旨在发展东、西河两岸景观带；“多组团”则指环绕“两核”地周围建立9个组团（6个工业组团、3个居住组团）。工业园开发突出融“特色、生态、科技”于一体，实行科、工、贸相结合，建立生态型以有色金属加工为主体的科技工业园区。

园区建设　2003年工业园成立之初，园区只有一条钻石钨路。到2004年，基础设施投资1.5亿元，完成道路建设5.4千米；投入5000万元铺设日产5万吨的自来水系统管线。2005年，基础设施投资1.9亿元，修建（扩建）郴邑大道南段、珠江大道、新疆路、牧场路、后营大道5条道路，全长13千米。2003—2005年，还先后修建园区企业厂房10万平方米，民工住房4万平方米。平整生产场地26.7万平方米，完成土方工程量40万立方米。基本完成供水、供电、通信等配套网络建设。至2005年，科技工业园建成面积3.2平方千米。

园区经济　2003年，工业园引进第一家企业即郴州金贵银业发展有限公司。继后，引进郴州汇源纳米科技有限公司、郴州柿竹园莹石有限责任公司、郴州市郴蓝新型建材有限公司，生产项目投资总额计1.2亿元。是年，工业园企业实现产值0.7亿元，创税收1000万元。2004年，园区强力推进招商引资，突出发展优势企业集群，主动承接粤港澳地区产业梯度转移。当年引进投资1000万美元的加拿大西部商业石墨深加工，及投资5000万元的广州中兴通讯管网和郴州湘金有色金属有限公司金属加工等项目16个。是年，工业园企业完成产值4.19亿元，税收1600万元。2005年，引进项目 11 个，合同引资 10.3 亿元。园区突出有色金属产业项目特色，着力培育壮大金贵银业、湘金有色、天兴有色集团（公司）等园区标志性企业和财源龙头企业。当年企业完成产值 11.94 亿元，税收 2000 万元。2003—2005 年，郴州柿竹园有色金属科技工业园共引进外资（郴州境外投资）企业 16 户，引进资金 2.8 亿元，就业人数 4000 人。三年累计实现工业总产值 16.83 亿元，年均递增 184.3%；创税收 4600 万元，年均递增 25.0%。

第三节　市级、县级开发区

郴州市级、县级开发区始建于 1996 年，经组织考评和审定，至 2005 年，郴州市建有市、县级工业开发园（区）6 家，其中市级 5 家、县级 1 家，均隶属县（区）政府和主管部门管理。园（区）规划建设总面积 12.42 平方千米，建成面积 7.52 平方千米，引进落户入驻企业 60 户。2005 年，市、县级工业开发园（区）创工业总产值 28.68 亿元，税收 2.09 亿元。其中北湖区石盖塘乡镇工业小区成效显著，该区至 2005 年引进规模以上工业企业 14 户，初步形成以矿产品、化工、纺织品、农产品加工和生产四大产业为主的民营科技企业阵营。2005 年，该工业小区实现工业总产值 12.4 亿元，利税 2.19 亿元。

石盖塘乡镇工业小区　1996 年 7 月，郴州市北湖区石盖塘乡镇工业小区投资开工兴建。建成后先后被郴州市政府批准列为市级工业小区、湖南省政府确定为全省以发展乡镇工业为主的示范小区。工业小区位于距郴州市城区 9 千米的北湖区石盖塘境内，有京广铁路，107 国道、京珠高速公路毗邻而过，区位、交通条件优越。原规划开发面积 10 平方千米，2005 年调整缩减为 2.73 平方千米。1998 年 7 月，市长龙定鼎召集市直 28 个部门的负责人在工业小区召开现场办公会，确定将该小区建成全市第一个无费区（无行政事业性收费区）。

园区建设　1997 年，石盖塘乡镇工业小区设立后，加强园区内水、电、路等基础设施建设和环境优化。1997 年，北湖区委、区政府下发《关于加快石盖塘工业小区发展的决定》，明确从 1997 年起三年内对石盖塘工业小区财政实行全留体制，资金全部投于小区基础设施建设。1998 年，郴州市政府从小城镇建设资金中列资 30 万元，用于石盖塘工业小区下水道、垃圾池建设。至 2003 年，工业小区已修建工业大道、商业大道，亮化和美化园区 107 国道段，配套建成区内排污管网、路灯、绿化带和人行道，同时工业小区引入民营资本组建恒源供水有限公司。2005 年，区政府借资 1000 万元用于小区二期基础设施建设，完成园区三条主干道的路基建设，和硬化裕湘路、富民路，还配套建成综合市场、商住小区等。此外投资 2200 万元，将 3.5 万伏变电站扩容为 11 万伏。

园区经济　1996 年，郴州市政府决定优先解决工业小区人员“农转非”问题，鼓励外地客商到小区落户创业。1998 年，工业小区成立招商引资领导小组，层层落实招商引资任务；抓住承接珠“三角”产业转移机遇，推行“委托招商”“节会招商”“网络招商”“敲门招商”和“以商招商”等形式拓展招商引资。至 2005 年，小区内生产型规模企业由 1997 年的 3 户发展到 14 户。当年引入合同资金由 2004 年的 1 亿元发展到 6.2 亿元。小区拥有宇腾化工、裕湘面业、金贵有色等一大批民营龙头企业，初步形成以民营科技企业为主体的工业园，构成矿产品、纺织品、农产品加工和化工四大开发产业。投资过亿元项目有投资 3.9 亿元的 8 万吨矿品熔炼、投资 3 亿元的宏生纺织和投资过千万元的裕湘面业三期工程等 7 个上规模项目。

1998—2005 年石盖塘乡镇工业小区企业经济效益统计表

表 17-2-3-1

项目 年份	企业工业总产值（亿元）	同比增长（%）	企业利税总额（万元）	同比增长（%）	规模企业数（户）
1998	2.40	—	2890	—	0
1999	2.80	33	3400	17	6
2000	3.70	35	5708	20	6
2001	4.20	14	6278	11	6
2002	4.80	12	6968	11	8
2003	7.40	85	7955	14	11
2004	8.80	18	11000	35	11
2005	12.40	40	21900	96.10	14

郴州良田工业园　郴州良田工业园始建于 2000 年，位处郴州市苏仙区良田镇辖区内，距郴州市城区 22 千米。同年，其被郴州市人民政府列为市级乡镇工业小区。2003 年 7 月，湖南省乡镇企业局将此列为省级重点乡镇工业园区。工业园区申报园区面积 0.67 平方千米，2004 年调整为 0.4 平方千米。主要引进电子、服饰、建材产业及“三来一补”加工企业。

园区建设　2000 年，工业园开始安装供水管道。2003 年，投入 800 万元向当地征地 26.67 公顷，进行“三通一平”杆线搬迁和道路修建等。2005 年，投资 100 万元铺设供水主干管道 3000 米，建成园内供水网络；设立 110 千伏大园变电站，用电专线覆盖全园区，投资 200 万元架设 6 公里长的 35 千伏和 10 千伏输电线路双回路，确保工业园用电量。2000—2005 年，园区修建工业大道、经济大道；投资 1200 万元修建厂房 2 万平方米，民工住房 3000 平方米。

园区经济　2000 年，园区首引港资企业即嘉玛服饰（郴州）有限责任公司，投资总额 5000 万元。2003 年，引进郴州富华食品有限责任公司，投资总额 2000 万元。之后相继引进一辉手袋厂、3200t/d 新型干法旋窑熟料水泥生产线等。至 2005 年，工业园引进外资企业 8 户，计引资 3.54 亿元。园区代表企业嘉玛服饰（郴州）有限公司系港商独资企业，占地面积 6 万平方米，其生产的内衣、内裤等服饰产品外销至南美洲委内瑞拉玻利瓦等国家。当年公司创产值 2 亿元、出口创汇 1200 万美元、完成税收 1000 万元以上，吸纳劳动就业 1800 人。工业园良田水泥有限公司设计产水泥 200 万吨（含联营企业），拥有固定资产原值 2.26 亿元，年上缴税费超 1000 万元，公司有员工 1286 人，属国家乡镇二型企业。2000—2005 年，郴州良田工业园实现产值 15.36 亿元，其间年均递增 8%；创税收 1.32 亿元，年均递增 10%。

临武县工业园　1996 年 1 月，临武县政府决定，在位于县城东南 1 千米的武水镇兴建城南乡镇工业小区。2000 年经郴州市政府批准，列为市级工业小区。2004 年 2 月，将城南乡镇工业小区更名为临武县工业园。工业园划分为 6 个小区：武水大道以东为食品加工区；隆武路以南、凤岩路以东为五金加工制造区；隆武路以南的官山路至凤岩路为矿产品深加工区；隆武路以北为针纺织加工区；大武路以南、官山路以东为物流中心区；三角坪地带为三类企业聚集区。工业园以食品、矿产品、纺织品加工和五金制造为主导产业。

园区建设　1998—2005年，总投资9000万元，铺设供水主干管道3000米，建成园内生产生活供水网络；投资800万元架设园区用电专线，架设35千伏和10千伏输电双回路，长40千米，满足工业园用电；园区修建（扩建）舜福路、凤岩路、隆武路、官山路、武水大道、南屏路（环城南路）6条道路，全长16千米；先后投资2亿元建厂房4万平方米、民工住房5000平方米。至2005年，园区建成面积为0.36平方千米。

园区经济　县工业园的食品加工开发成效尤为显著。1998年，工业园首引临武舜丰源芋业有限责任公司，投资总额500万元。自后，相继引进一批工贸企业，多为食品、矿产品加工业。截至2005年，工业园引进企业11户，引进资金1.5亿元，在园就业人数3000人。代表企业有临武舜华鸭业发展有限公司，其为农业产业化国家级重点龙头企业，公司构建“公司+协会+农场”的产业化经营模式，进行全国八大名鸭之一的临武鸭种苗孵化、养殖、加工、销售一体化经营。2005年其肉鸭加工能力达到600万羽，年创加工产值1.5亿元，带动全县鸭业生产经营创产值3亿元。1999—2005年，临武县工业园企业实现产值16.55亿元，其间年均递增8%；创税收1.65亿元，年均递增10%。2005年，工业园创产值3亿元、税收3000万元，分别是1999年1.85亿元、1800万元的1.6倍和1.7倍。

桂阳工业园　2002年6月动工兴建。2003年经郴州市政府批准被列为市级开发园区。工业园原规划范围1平方千米，2004年在全国清理整顿各类开发园区中，调减规划面积为0.63平方千米。工业园位处工业基础较好的城郊乡柏树、子龙地带及黄沙坪镇区域。

园区建设　2003年5月，工业园由县自来水公司实施园区供水管网建设，至2005年总投资500元，铺设供水主干管道1200米，形成园区供水网络。2002—2005年，总投资1400万元，架设园工Ⅰ线、园工Ⅱ线双回路用电专线，完成2千米10千伏输电线路架设，满足工业园用电需求，修建（扩建）道路2条长1.2千米；总投资1200万元，建标准厂房1500平方米，民工住房7000平方米。至2005年，工业园建成面积0.4平方千米。

园区经济　工业园主要引进高就业、无污染的轻工制作、食品加工、五金加工等一、二类工业企业。2002年4月，工业园设立招商引资办公室。2003年6月，引进第一家企业即桂阳太和辣业有限公司。至2005年，园区引进企业8户，引进资金2.02亿元，有就业人数1200人。园区代表企业有由港商投资兴建的顺发（郴州）内衣制造有限公司，其主要从事高档女士内衣加工，产品出口欧美地区，系桂阳县轻工业标志企业之一。园区桂阳太和辣业有限公司是以生产辣制食品为主的新型农副产品加工企业，公司拥有资产4659万元，标准厂房3000平方米，2005年2月获郴州市农业产业化龙头企业称号。2002—2005年，桂阳县工业园实现产值2.36亿元，年均递增51%；创税收1410多万元，年均递增104%。2005年，工业园创产值1亿元，税收660万元，分别是2002年的0.3亿元、100万元的3.3倍和6.6倍。

北湖区工业园　2002年3月，北湖区委、区政府决定建立北湖区工业园。6月，经郴州市政府批准被列入市级开发区。园区位于郴州市城区东南面，郴江河上游，市郊槐树下地带，总体规划面积7.2平方千米。园区发展定位为建成以工业为主的城市综合功能区，重点发展深加工产业、环保型产业及物流和商务服务业。2003年7月，成立园区开发公司即郴州市槐海投资开发有限责任公司，为国有独资公司，主要负责投资融资、项目引进等工作。2004年，郴州泰安智能立体车库设备有限公司落户工业园。2005年，郴州市义捷粮油现代物流有限公司和东汇鸿力、郴州珠光等企业落户工业园。至年末，工业园有入驻落户企业9户，实现国内生产总值5243万元，进出口总额折合300万元，财政收入420万元。园区拥有就业员工2340人。

安仁县工业园 2003年1月，安仁县委、县政府研究决定，在县城新区创建安仁县工业园，下设龙海、灵官两个工业小区。主要承接稀贵金属冶炼和加工业的转移。

园区建设 2003年3月，编制安仁县工业园区总体发展规划。工业园规划设园区面积1.3平方千米，后减为1.1平方千米。工业园分设龙海镇、灵官镇两个工业小区。到2004年，龙海工业小区、灵官工业小区分别投资兴建标准厂房，新建主要交通干道及供水系统。县电力局沿主干道架设用电专线线路10千米，以保障企业用电。并兴建工业大道。工业小区均配置工业生产废气排放、废水净化、废渣处理设施，基本实现废气、废水、废渣就地处理，致力建设现代环保型工业园区。

园区经济 工业园招商引资始于2004年。是年，成功引进永昌贵金属、永乐贵金属两家企业分别入驻龙海工业小区、灵官工业小区，协议引资计2亿元。2005年，引进第一家电子加工企业即郴州锦富科技有限公司，由香港鸿矩有限公司独资兴建，总投资1.5亿元。至2005年，工业园累计引进县外投资企业10户，其中引进永乐、永盛、辉阁、雄进、华兴、晶鑫等8家以金属冶炼为主的规模以上企业。2005年，有7户企业开始投产，创产值8亿元、利税2000万元。同年辉阁金属福利有限公司从8月开始投产，至年底仅4个月就上缴税收500多万元。

2005年郴州市经济技术开发区（工业园）基本情况一览表

表17-2-3-2

项目 园区名称	开办时间	园区级别	区位	规划面积（平方千米）	入驻企业（户）	园区主要产业项目
郴州市经济技术开发区	1988	省级	郴州市城区城前岭区域	12.95	95	高新技术产业房产、食品加工
汝城经济开发区	1991	省级	汝城县三江口镇	1.90	34	建材、有色金属加工，商贸
嘉禾珠泉经济开发区	1992	省级	嘉禾县城郊	8.93	10	工贸、“三来一补”、文化娱乐
资兴市东江开放开发区	1992	省级	资兴市东江镇区域	6.15	58	食品工业、旅游、商贸
永兴“三胞”经济技术开发区	1992	省级	永兴县城南区域	17.00	36	金银冶炼加工、五金制造、旅游
宜章南京洞边际经济技术开发区	1992	省级	宜章县城郊	6.00	75	石材、“三来一补”加工、商贸
郴州柿竹园有色金属科技工业园	2003	省级	苏仙区柿竹园矿区	22.50	16	有色金属、非金属深加工，机电、建材
北湖区石盖塘乡镇工业小区	1996	市级	北湖区石盖塘镇	2.73	14	化工、矿产品、纺织品加工
郴州良田工业园	2000	市级	苏仙区良田镇	0.40	8	电子、服饰、建材
临武县工业园	1996	市级	临武县城郊	0.36	11	农产、矿产、纺织品加工，五金制造
桂阳县工业园	2002	市级	桂阳县城郊	0.63	8	农产品、矿产品加工，轻工制作
北湖区工业园	2002	市级	郴州市城郊	7.20	9	机械工业、物流、商贸
安仁县工业园	2003	县级	安仁县龙海镇、灵官镇	1.10	10	金属冶炼、电子

第三章　重点工程建设

第一节　工程项目建设

1989—1994年，由郴州地区计划委员会重点工程建设办公室（简称“重点办”）负责管理重点工程建设。此间，正值郴州经济加速发展之际，中共郴州地委、地区行署突出在电力能源建设和企业生产改造领域遴选重点工程项目，推动经济加速发展。在此6年间，郴州地区先后投入40多亿元，启动省、地两级重点工程建设项目78项。石面坦水电站、华塘火电厂、郴州火电厂、永兴电站、汝城满天星电站、嘉禾火电厂、宜章电厂8家电力能源企业工程项目，相继列入省、地两级重点工程建设项目；地区化肥厂3万吨磷铵工程、柿竹园多金属矿采选1000吨工程、桥口氮肥厂改尿素工程、东江制药厂VC工程等23个生产型工程列入省、市重点工程建设项目。此间一大批工程竣工投产后释放出巨大经济效应。仅1993年9个竣工或部分竣工工业项目投产后，当年就新增产值4亿元，创利税5000万元。

这期间，全区一批事关人民群众生计和经济发展的供水、通讯、交通、商贸业重点工程亦陆续投建或竣工。1990年12月，历时三年建设的郴州地区东江给水第一期工程提前9个月竣工，使郴州市城区日供水量较前增加1.4倍。1991年6月2日零时，开通程控电话5000门，实现国内、国际长途电话直拨。1992年12月，临（武）连（县）公路通车。1993年12月，总投资3000万元，被誉为“南国第一市”的郴州市北湖综合市场第一期工程竣工开业。1994年，五盖山国际狩猎场建设基本完工；湖南省第一座钢管混凝土中承式拱桥——资兴市鲤鱼江大桥竣工正式通车。

1995年5月，郴州在撤地建市后，市委、市政府及时作出“以项目建设带动经济发展”的工作策略，从市情出发制定实施“基础设施、支柱产业、农产品商品基地、科技开发、旅游业开发”五大重点建设工程规划。当年，市、县两级建立领导定项目抓重点工程建设工作制度，促进度、保质量。市委、市政府领导成员实行联县、定点、挂项目的抓重点工程责任制。市委书记梅克保年内挂项目联系郴州锌冶炼厂这一重点工程建设项目后，经常深入工地调查研究，及时为项目建设排忧解难。东江制药厂VC工程是个久拖三年难有进展的老大难重点建设项目，市长龙定鼎主动将这一项目定为自己的重点工程联系点，多次到工地现场调查督导，找相关单位协调解决资金和施工中具体困难。1995年，全市在建重点工程项目27个，投资额为自1989年来最多的一年，达41.06亿元。此后，全市重点工程投建项目和投入资金逐年增加，突出投建新兴产业和企业改造工程项目。

郴州在加快重点工程项目建设中，注重集中财力，合力协作。1996年，北湖区确定重点项目14个，全区尽力紧缩其他支出集中财力完成重点工程投资6800多万元；区委、区政府领导还集中力量，分工负责地组织招商引资，实现到位外资280多万美元。促使年内有6个项目竣工投产，全年实现产值1468万元，创利税301万元。1998年10月至2001年，在投建国家级重点工程京珠高速公路郴州段中，市及所涉县（区）合力协作，均成立由政府领导为指挥长的工程协调指挥部，组建专门工作队伍，做好维护施工环境和工程征地、房屋拆迁等事宜。此间，仅宜章县如期完成工程征用土地260公顷，拆迁房屋面积3.6万平方米、迁坟2475座、搬迁线杆685根等任务。

2000年3月，郴州市委、市政府下发《关于进一步优化经济环境的若干规定》，其中要求对损害重点工程建设的案件发现一起，查处一起，通报一起。翌年，重点查处一批以强揽工程、强买强卖和哄抬征地费为主的阻挠重点工程施工案件，通过群众举报，立案查处278起，予以党纪政纪处理干部46人。为施工单位挽回经济损失300多万元。

2001年，郴州市设立“产业建设引导基金”1200万元，重点引导和扶持投建产业项目工程，提升产业经济发展实力。全年市、县两级通过政府投入、市场融资、招商引资，续建和新开工1000万元以上的重点产业项目工程90个，总投资90多亿元，实际完成投资46.4亿元。年内，郴化20万吨复合肥、青啤（郴州）有限公司10万吨啤酒生产线、郴州电厂节能技术改造、郴烟联合工房一期工程等一批产业重点工程项目建成投产。同时，郴资桂高等级公路、鲁永高等级公路等一批基础设施重点工程项目相继竣工。全市年内完成固定资产投资76.9亿元，比上年增长30.4%，拉动国内生产总值增长5.8个百分点，新增税收5500万元。

2002年，全市优化重点工程项目建设布局，多形式融入建设资金，重点工程建设呈现投资总额高，外资、民间资本、产业项目、高科技项目、单个项目工程投资额增多的“一高五增”新态势。当年，全市组织展开“郴资桂经济一体化重点项目建设年”活动，即集中打造以郴州市城区为中心，东至资兴市、西至桂阳的新兴工业、农业和高新技术产业示范带。年内全市确定重点项目68个，为此前重点工程立项最多之年，其中投建郴资桂经济一体化重点工程项目46个。全市注重吸纳外资和民间资本参与重点工程建设，68个工程项目有外商独资项目13个，总投资17.5亿元；民营企业列入“一体化”重点项目12个，总投资5.1亿元。全年项目建设通过市场运作，吸纳外资和民间投资额占工程投资总额的65%。在郴资桂经济一体化投建的46个重点工程项目中，有生产经营性项目、高新技术产业项目42个，占91.3%。高线铋精加工、亚光冷热源新材料、日产4000吨干法熟料水泥生产线、生态农业科技园、冷水性鱼类养殖基地等一批科技含量高的重点工程项目，相继开工投建。

2003年全市开展“重点项目建设年”活动。市、县两级成立专门领导班子，市级领导每人至少挂点联系一个项目抓督导。当年通过重点项目建设年活动的驱动，全市重点工程建设投资总额153.11亿元，新上市级重点工程项目71个，其中产业项目41个、城区基础设施建设项目30个，总投资153.11亿元。年内竣工投产的重点产业项目新增产值7亿多元。2004—2005年，全市力推新型工业化、农业产业化和城镇化建设重点项目工程建设，加快产业结构升级和城镇基础设施建设。

2005年，郴州投建市级重点工程项目29个，投建项目虽有减少，而投资总额则创新高达183.49多亿元，为1989年投资总额1.16亿元的158.2倍，彰显重点工程建设转向大项目、大投入的新趋势。当年29个项目中投资过亿元项目23个，占项目总数的79.3%。同时优化工程项目投建结构。29个项目中有产业项目19个，占项目总数的65.5%，新建扩建高斯贝尔、冷杉空调、绿色纤焊材料、华录电子、金贵银业、金海岸渔业等一批科技含量高、成长性好的重点工程项目。在投建的19个产业项目中，有外商投资项目12个占63.2%，其总投资达140.28亿元，占当年市级重点建设项目总投资的76.5%。

1989—2005年，郴州市投建省级以上和市级重点工程建设项目计475项。其中，能源和各类产业建设项目337项，占项目总数的71.4%；城市基础设施、交通、市场、旅游、文化、教育等其他工程128项，占项目总数的28.6%。在此17年间，重点工程建设投资对经济增长的贡献率达60%～65%。至2005年，凸显重点工程的聚焦效应和带动作用。全市初步构建有色金属、能源、电子信息、建材、医药食品、化工机械六大工业优势产业；农业基本形成优质稻、禽畜水产、优质果茶、烤烟等八大规模优势产业；一批投建城乡建设和科教文卫等社会事业发展的工程项目取得重大进展。

第二节　工程项目监管

1989—1994年，郴州地区计划委员会重点工程建设办公室负责项目计划安排和规划编制管理，重点做好产业提质改造和水、电、路、通信、市场五大基础设施建设重点工程项目的立项规划，并协调、组织落实投建实施方案。其间，全区对重点工程建设项目普遍推行定责任单位、定进度、定质量、包验收达标的“三定一包”管理制度，地、县两级领导实行定项目跟踪督导的责任制。1994年，郴州行署制定出台对重点工程进行年度检查、督办、考评的规章制度，着力建立健全重点工程管理制度和机制。

1995年6月，郴州市政府单设郴州市重点工程建设项目管理办公室（简称“重点办”），主要履行对重点工程的申报立项进行考察论证，对工程建设进行协调、督查和宏观调控等行政管理职能。7月，市政府印发《郴州市重点建设项目管理暂行办法》，对投建工程施工前期准备、施工进度和质量、项目竣工验收、投产效益评估、考核奖罚等，均制定出台严明的管理细则。同年，成立由市长龙定鼎任组长，由市政府办、市计委、市重点办、市监察局、市财政局、市国土局、市规划局等22个部门和单位组成的郴州市重点工程建设领导小组，及时审定项目的立项，加强对重点工程投建的组织、管理，和协调处理工程建设中出现的重大问题。郴州市重点办编发《郴州重点工程》期刊，及时通报全市重点工程建设进展情况，推介经验，反映问题，督促按时保质完成重点工程建设项目。

1996年，郴州市开始对重点工程全面推行项目法人责任制、工程监理制和市级领导挂点联系制（简称“三制”）。即项目企业法人应担负工程领导责任和经济责任；重点工程必须由具有监理资质人员对工程建设技术、质量进行监理；市委、市政府领导对挂点联系工程项目皆进行全程跟踪检查督导。1996—1997年，市委、市政府领导专程对重点工程视察18次，召开重点工程专题协调会32次，及时督导和研究解决工程建设中出现的矛盾和问题。1997年，市委、市政府又将重点工程工作列入全市督办的12件大事之一进行督查考评。此间，郴州市重点办、市计委在工程项目建设监管中，注重帮助解决项目实施中实际问题。如多次上门协调，帮助郴州市化肥厂“3改9”工程项目1400万缺口资金及时到位。

自1999年始，全市对重点工程项目实行“企业自检、社会监理、政府监督”的质监体系，突出工程质量管理。当年承担京珠高速公路耒宜段（耒阳至宜章）的建设单位结合实际，制订《耒宜高速公路土建工程项目施工目标综合考核办法》和《耒宜高速公路监理工作考核办法》，采用逐项评分的办法对各项工程承包人和监理机构进行考核，奖罚兑现，并对工程综合考核实行质量一票否决制。年内全线下达书面停工令、返工令30多份，责令整改通知12次，清退社会监理机构不称职工程监理人员7人，清退施工资质不合格施工队伍4个。郴州市政府每年组织对一些重大重点工程项目进行专项督查，市重点办坚持月月抓调度、季季有督查，严格考核，督促将质量目标责任落到施工实处。

2000年年初，郴州市政府与20个工程项目法人和5个项目所在地政府签订目标管理责任书，带动各项目施工单位自下而上逐层签订责任书，层层明确管理责任，一级抓一级带动工程建设管理责任到位。2001年4月，市委、市政府下发《关于加快产业项目建设的若干意见》，加大对重点产业项目工程支持和管理的力度，推进重点工程建设环境治理。随即成立市执法执纪小组，年内全市共查处涉及重点工程建设环境案件30多起，刑事拘留10人、治安处罚75人。

从2002年起，全市重点项目全部实行工程监理制。监理人员长驻工地，对项目投资、进度、质量、安全进行全方位监理。当年，46个郴资桂经济一体化建设重点项目，分别明确联系领导、联系单位和责任人。挂点市级领导干部每月至少到项目建设工地现场办公1~2次，进行督查和协调服务。市委还成立郴资桂经济一体化建设重点工程督查报道组，报道组每周不少于3天到项目施工现场督察，重点督查和通报工程资金、技术、监理“三到位”，工程进度、质量、安全“三确保”执行情况，协调查处工程建设中出现的问题。年内，经督查有2个迟迟未开工的工程项目被取消重点项目资格。当年投建的68个市级重点工程项目，完成投资30.96亿元，分别为上年的2.4倍和1.4倍。其中竣工投产和主体工程竣工项目18个，竣工投产项目居此前历年之首。

2003年，市委、市政府部署推行重点工程“动态管理制”“黄牌警告制”“项目淘汰制”，即对项目管理责任不到位、施工缓慢、资金不到位和施工环境差等问题，在督办后如依旧不能解决的，实行责任追究和项目淘汰制，或予以黄牌警告。成立以市委领导任组长的重点工程建设领导小组，下设办公室，及时督查、通报工程进展情况实行动态管理。全年经督察在《郴州日报》公开报道进度慢、管理差的工程项目4个，淘汰取消重点项目资格1个，发出限期整改督办通知和黄牌警告共18份。市重点办、市政府经研室、市计委联合制定《郴州市重点建设项目考核评比办法》。全年市政府主持召开研究解决改善施工环境专题会议9次，全市查处重点建设项目阻工事件50多起。2003年，全市重点工程建设在加强监管中进度和质量都有提升。市级71个重点项目有27个项目基本完工，其中投资过亿元的有鲤鱼江电厂扩建、钻石钨冶炼等项目。重点项目工程验收合格率达100%，优良率在60%以上。

2004年，健全和完善重点工程建设“项目报批、部门责任、进度质量通报、设点测评、工作督查、案件通报、黄牌警告、年度考评”八项制度，同时加强工程建设环境整治。9月，在全市重点工程建设环境专项整治月活动中，查处损害项目建设的刑事、治安案件18起，依法处置以强揽建设项目工程为主的犯罪团伙4个15人。同时就地解决项目施工中拆迁难、施工难、乱搭乱建等问题20多个。市经济环境治理办明查暗访，严厉查处工程施工中出现的问题，追究98名有关责任人责任。

2005年，进一步优化工程建设环境和强化项目准入立项管理。4月，郴州市重点办开展优化重点工程建设环境管理问卷调查，广征治理意见。5月，市委、市政府对11起违规收费等损害重点工程建设的案件进行通报，追究责任17人。全年调处重点工程项目纠纷85起，查处到施工单位阻工扰工、强买强卖、敲诈勒索等案件60起，为企业和投资者挽回经济损失5000多万元。在重点工程审批立项管理上，突出提升投资规模、增加生产经营性项目和高技术含量项目。市级重点建设项目投资准入条件由2000万元提高到5000万元，凡生产经营性和高技术含量项目，优先列入重点工程建设立项项目。

1995—2005年郴州市重点办主要负责人名录

表 17-3-2-1

单 位	姓 名	职 务	任职时间
郴州市重点工程建设项目管理办公室	何正祥	主 任	1995.06—1996.01
郴州市重点工程建设项目管理办公室	何建湘	主 任	1996.01—1996.07
郴州市重点工程建设项目管理办公室	曹华明	主 任	1996.08—2002.09
郴州市重点工程建设项目管理办公室	徐卫东	主 任	2002.10—2003.10
郴州市重点工程建设项目管理办公室	邓八斤	主 任	2003.11—

第三节 工程项目选介

一、省级以上重点工程

1989—2005年，境内投建省级和国家级重点工程项目44项，其中列入国家级重点项目9项，列入省级（含视同省级重点建设项目）35项。实施的9项国家级重点工程建设中，有国家组织实施的农业综合开发的中低产田改造、水利建设、畜牧业开发、开垦耕地、多种经营五大工程项目（参见第十三篇第三章第一节“农业综合开发”），另有投建京珠高速公路郴州段、国家粮食储备库修建和电力工程建设计4项。1991—2003年在农业综合开发中，中央、省财政拨款，地方财政配套及银行贷款投入项目建设资金，累计达10.62亿元。在实施的35项省级重点工程中，以能源、产业、交通、城市建设项目居多，计有25项，占省级重点项目的71.4%。省级重点工程项目投建，改善了郴州经济发展基础条件，培育壮大一批优势产业集群；促使郴州城市建设和旅游、交通运输、商贸业及科教文卫等各项社会事业加速发展。

（一）国家级重点工程

京珠高速公路郴州段 1998年10月28日，国家“九五”（1996—2000年）跨“十五”（2001—2005年）期间重点工程项目，即京珠高速公路郴州市境区段全线开工兴建。工程在郴州市境区内穿越永兴县、苏仙区、北湖区、宜章县4县（区），全段长102.16千米。全线采用重丘区双向四车道高速公路标准建设，路基宽27米，全立交封闭控制出入。境内由南往北建马田、永兴、五里牌、郴州、良田、宜章6处出口联络线，总长12.38千米；建永久性桥梁104座5680.67延米，其中互通式立交桥6座；设涵洞474道、人行天桥27座、分离式立交桥30座。另设服务区2处、停车场3处、管理所1处、收费站8处。工程历时3年多，于2001年12月20日竣工验收，28日零点通车运营。2004年1月，京珠主干线湖南耒宜高速公路段经交通部再次进行验收，以93.2分的综合评分被评为优良工程。

郴东（北）220千伏输变电工程 系国家计委、国家经贸委、国家电力公司和湖南省人民政府批复的关于耒阳电厂二期外送配套输变电工程的重要组成部分，是国家和省级重点项目。工程建设规模为建立2台12万千伏安主变（本期安装1台）；110千伏线路10回（本期6回）；10千伏线路8回（本期4回）。还兴建一批配套的光纤通信设施。工程总投资1.1亿元人民币。2001年12月29日工程竣工投入运营。

鲤鱼江电厂60万千瓦机组扩建 国家计委特别批准的“西电东送”建设项目。项目于2001年11月开工建设，由湖南省电力公司与香港华润（集团）有限公司合资建设。扩建工程动态投资22.08亿元，较之新建同规模电厂可节约投资5亿元以上，9年即可收回工程全部投资，扩建工程投产后能创税收1.5亿元以上。郴州市和资兴市政府成立专门领导小组和协调指挥部，即时解决施工中有关问题。2003年12月31日，该厂两台2×300兆瓦机组扩建工程竣工投产发电，年向广东输电30亿千瓦时左右。工程扩张了郴州市煤炭资源转化为电力能源的能力。

白石渡国家粮食储备库 2000年8月，由国家计委、国家粮食局批准立项建设。储备库位于宜章县白石渡镇车湾村，京广铁路复线旁，距省道1803线公路260米。工程于12月24日奠基开工，由煤炭工业部长沙设计院设计，由市、县建筑公司承建。2001年12月储备库竣工。国家投资1375万元，建房式粮仓5栋，建筑面积6200平方米，总仓容2.5万吨。另建辅助设施有地磅房、机修房、器材房、消防泵房、设备罩棚、质量检测控制中心、配电间等，建筑面积1400平方米。粮食储备库占地总面积5公顷。

（二）省级重点工程

山河引水工程 工程地处苏仙区塘溪乡山河村境内，即在此筑库储水引入郴州市城区作为饮用供水。工程承建以市自来水公司为主，由苏仙区政府、香港业大国际开发集团、深圳金言实业有限公司合资兴建。总投资1.98亿元，其中修筑水库总投资1.16亿元，引水工程8211万元。工程设计水库年蓄水2320万立方米，供水6100万吨。同时建装机容量3×2.5万千瓦水电站一座。工程主体部分由水库大坝、输水管道、水厂净化系统、城市配水管道、灌区、发电站和输电线路七大部分组成。工程于1996年12月动工，2001年4月14日完工试运。2002年，山河引水工程实现销售收入4784万元，利润2000万元，税金400万元。其工程向郴州市城区日供水能力最高可达33.5万吨。

“7·18”通信工程 “九五”（1996—2000年）期间省级重点工程。1996年1月1日开工建设，旨在建成以湖南信息高速公路交换传输平台为主体的18个通信网络，为全省各行各业进入信息高速公路提供条件。至2000年6月，“7·18”通信工程郴州分工程提前半年完成。累计完成固定资产投资11亿元（因设备降价和严格投资管理，计节约投资7.5亿元）。新增电话交换机总容量41万门（城市18万门，农村23万门）、长市光缆2422千米、数据端口1500个。该通信工程的装备达到20世纪90年代国际先进水平。

资郴桂高等级公路 资郴桂（资兴—郴州—桂阳）高等级公路系湖南省交通厅重点建设项目，列入京珠高速公路子项目，为湖南省战备公路。公路贯穿郴州市东西，东连江西、西接广西。全长65.36千米，路基宽18米，采用双向国道，设计时速80千米/小时，属超二级高等公路。郴资段、郴桂段分别于1996年12月和1998年11月开工建设。郴资段于2000年8月底建成通车，郴桂段于2001年5月29日建成通车。2001年6月26日，资郴桂高等级公路全线贯通。工程总投资4.26亿元。

青岛啤酒（郴州）有限公司技改工程 系年产10万吨啤酒生产线技术改造工程，投资1.14亿元。2000年11月破土动工，至2001年4月完成主体工程，6月完工部分设备安装进行调试阶段，8月进行糖化投料试生产，9月22日生产出成品啤酒。11月工程经验收，其土建工程、设备安装工程合格率为100%，产品一次成优率达60%以上。青岛啤酒（郴州）有限公司成为湖南省首家四标一体化管理的啤酒生产企业。

郴化集团20万吨/年复合肥一期工程 1998年3月，国家计委批准郴州市化工集团投建20万吨/年复合肥一期工程。1999年6月6日工程破土动工，建筑面积3.48万平方米，总投资1.42亿元。

工程按照项目建设标准进行施工，实行项目法人、招标投标、政府采购、工程监理制度。至2000年5月，完成原料、磷酸、氢钾、造粒车间和污水处理池、降压站、综合仓库等设施建设，以及进行相关铁路改造。一期工程竣工投产后，达到年产硫基三元复合肥10万吨、盐酸2.5万吨的生产能力。

郴州卷烟厂联合工房改造 省、市挂牌实施的重点建设项目，项目总投资1.5亿元。2001年投入技改投资1.39亿元，完成联合工房土建主体工程、联合工房配套工程、联合工房制丝线主体工程等五大建设项目。在项目建设过程中，湖南烟草集团委托实行工程单项招标29次，节约投资2200万元；该集团与湖南省建设建通监理公司签订联合工房项目监理合同，由监理公司对工程进行全程监理，确保工程质量。2002年5月，郴州卷烟厂联合工房改造工程全部完工投产。

郴州广播电视中心大楼 工程占地面积1.31万平方米（含演播大厅、配电房、门前广场、拍摄基地等附属建筑），由郴州建工集团承建。1998年3月破土动工，2000年12月竣工并投入使用。大楼总投资6850万元（其中市财政贷款贴息1500万元），建筑面积1.63万平方米，楼高88米，地上地下共24层。是郴州广播电视节目采编、制作、播出和有线电视信号接收、发射、传输中心。

二、市（地）级重点工程

1989—2005年，郴州投建市级重点工程项目431项。其中第一产业项目36个，占重点工程项目的8.4%，主要实施改善农业生产条件和农业产业开发项目；第二产业项目282个，占重点工程项目的65.4%，主要开发郴州基础工业产业和新兴工业产业，重点实施企业提质改造和能源工业建设项目；第三产业及其他项目为113个，占重点工程项目的26.2%，主要有城市基础设施、交通、商贸、邮电、通信和科教文卫、旅游等建设项目。这一时期，郴州境区市（地）级重点工程建设总体逐步向规模型、效益型和高新技术型发展，初步形成一个以“大项目、大产业、大效益”为轴心的重点工程建设新格局。其中湘南学院建设郴州市实际完成工程总投资4.58亿元，郴州河郴州城区段整治投入工程资金3.5亿元，郴州柿竹园有色金属科技工业园建设首期工程投入资金2.73亿元。

107国道郴州境区段改扩建工程 国道107线（代号G107）贯穿郴州境区段全长146.78千米。1984—1990年，对郴州境区路段进行油路二级公路改造。全线完成修筑二级油路路缘石、边沟和绿化工程。路面为双层表处，经过截湾、降坡，缩短里程8.6千米，该项目总耗资9079.08万元。日车流量由原2638次提高到1.3万次以上。1991年始，郴州地区行署组织大规模施工，实施全线水泥路逐段改造工程。至1995年，G107线郴州段耗资1.4亿元全部改建为二级水泥路。1996年又耗资773万元按照《国家干线公路文明建设样板路实施标准》整修G107线，完成设置路肩、水沟、一低三化、标志标线等GBM工程。1997年9月，G107线郴州境区段验收合格，成为全省第一家被交通部确认为的文明建设样板路路段。2000—2002年，郴州市公路局投入4789.32万元，对107国道郴州境区段进行钢筋水泥混凝土加铺28.82千米。2000—2003年，完成107国道郴州市城区段（造纸厂—城前岭）改造工程，总概算为2.56亿元。其12.7千米路段变成40米宽的“亮化、美化、绿化、净化”的城市大道。

汝城满天星水电站 1992年10月开工建设。水电站位于浙水（湘江二级支流）下游。电站设计水头142米，最高178米；装机容量为2×1.5万千瓦，年设计发电1.29亿千瓦小时。具有水头高，淹没损失小，无须移民，技术经济指标好等优势。工程概算投资1.14亿元，实际投资1.58亿元。1996年12月20日，水电站建成关闸蓄水，12月30日第一台机组试机发电，1997年2月发电；同年4月24日，第二台机组并网发电。

桥口氮肥厂尿素生产及扩建工程 1993年前，郴州市桥口氮肥厂仅年产2万吨合成氨，品种单一，年销售收入和利润分别只有2000万元、20万元左右。1994年5月，该厂启动建设年产4万吨尿素生产线工程，工程投资6476万元（含甲醇生产线投资），仅用一年半时间便完工。1995年11月15日，年产4万吨尿素生产线正式投料试产，一次点火成功，使这家原来只能单一生产碳铵的小型化肥厂形成年产合成铵3.5万吨、甲醇1.2万吨、尿素4万吨的中等企业，改变了郴州不能生产尿素的历史。当年，桥口氮肥厂被化工部评为“化肥生产优秀企业”。1996年1月，氮肥厂启动生产扩建工程，工程历时9个月，投资3217万元，于当年10月1日竣工投产，形成年产8万吨合成铵、6万吨尿素、1.2万吨甲醇、1.2万吨碳铵的生产能力。1996年桥口氮肥厂固定资产较之1993年翻三番，年销售收入跃至2亿元，年利税达2000万元。至此，企业综合实力进入全省氮肥行业“三强”之列，成为“湖南省大中型工业企业经营活力百强单位”。

郴州市化肥厂“3改9”工程 1995年底，郴州市化肥厂开工建设将年产3万吨磷铵改造成年产9万吨硫酸基NPK复合肥项目（简称“3改9”工程）。该工程总投资4993万元。1997年6月，复合肥生产线项目竣工并生产出合格产品，硫酸生产线于1997年7月16日完工点火试产成功。工程投产后，年产巟酸、合成氨、硫基三元复合肥、盐酸分别在13万吨、1.5万吨、9万吨、2.4万吨以上。

富雷数码电器扩建工程 系郴州高斯贝尔数码电器有限公司在桂阳县境内新扩建的项目工程，增扩生产卫星接收设备、数码复读机、数字录音机、DVD影碟机等产品。工程总投资4000万元，占地面积3.29公顷。该项目于2004年完工投入生产。项目建成投产后可实现年产数码电器产品100万台，产值达3亿元的效益。

华录电子生产项目建设 华录电子为引进外资项目，主要生产可视电话、CD、DVD、车载DVD等电子产品和家用电器及通讯设备。项目规划总投资10亿元，均为自筹，其中外资为90%。一期工程占地32.4公顷，兴建厂房3栋、员工宿舍6栋、专家楼及动力站12栋，总建筑面积20多万平方米。2005年开工投建，完成投资1.36亿元。项目建成后，按年产电子产品100万台（件）计算，销售收入可达23亿元，获税金1.02亿元。

燕泉河综合治理 燕泉河系郴州市城区排水主干渠，城区段全长7153米。原河道狭窄多弯、淤积严重、且阻水违章建筑多，造成排水不畅甚水患不断。1999年“8·13”特大洪灾，给城区燕泉河流域两岸居民和企事业单位造成财产损失逾千万元。2003年，郴州市委、市政府决定将河道治理列入市级重点工程。治理工程起于香雪路、止于郴江河，全长2036米，预算总投资1.4亿元，其中拆迁安置费占70%，需拆迁房屋7万多平方米，是城区1989—2005年拆迁安置任务最重的建设项目之一。整个工程分三期进行，一期工程于2004年3月启动，2005年10月竣工。二期工程于2005年10月中旬动工（2006年年底竣工）。治理工程将河床由原平均宽度6.5米均扩至9米，河口扩至11米，河底普遍清淤加深。沿河两岸砌筑河堤、护栏，敷设截污干管，增设宽5米人行游道，以及配套安装路灯、景观灯和建设绿化景点、园林小区等。设计防洪标准为近期50年一遇、远期100年一遇。

107国道郴州市城区段道路改造 107国道郴州市城区段含七里大道、工业大道段（后改为南岭大道），建于1987年。后随着城市人口和车流量剧增，该路段日益不适应城市发展需要。1998年初，郴州市委、市政府决定改造107国道市城区段道路。改造路段全长12.7千米，水泥砼路面，工程总概算2.56亿元，其中申请国家开发银行贷款1.25亿元，自筹资金1.31亿元。整个工程先后分四期建设。自1999年8月开工启动一期工程，到2005年5月，历时5年多，全部完成107国道郴州市城区段道路四期改造工程，实际完成总投资1.67亿元。有5.8千米国道的路幅拓至50米（红线控制60米），其中机动车道宽15米，非机动车道两边各宽7米；其他路段路幅宽均拓至40米（红线控制50米），配设非机动车道。所经改造道路均建置宽敞人行道（建立交桥一座），更新道路设施，进行绿化、亮化、净化、美化。经改造，城区107线国道段变得宽敞、整洁、美观，市容市貌有根本改观。

郴江河郴州城区段整治 郴江河系湘江源头之一，流经郴州市城区段15.8千米。1999年，郴州市委、市政府根据城区段河道淤塞严重，跨河建筑物严重阻碍河道正常泄洪，时常引发洪灾的实际情况，作出综合整治郴江河的决定。项目建设主要为"三大工程"：河道防洪工程、污水处理工程、沿江风光带建设工程。工程于2000年6月开工启动，至2005年底基本完工。累计完成土方开挖、清淤、疏浚128.85万立方米，护砌防洪堤14.65万立方米，拆除阻河建筑物面积2.2万平方米，防洪泄洪功能明显增强；兴建日处理污水能力24万吨污水处理厂一座，敷设城区截污干管长1.32万米；铺设绿化亮化人行道板1.68万平方米，安装麻石栏杆7200米，新修游道及绿化带7100平方米；完成河道拓宽拉直改造6.3千米，建成苏仙桥、苏园桥、石油大桥、环城路桥4座桥梁，和小游园4座、浮雕1座。至此，累计完成工程投资3.5亿元。郴江河15.8千米段经整治，泄水流畅，两岸花草游园相间，成为郴州市城区一道美景。

同新商贸居住小区 系原郴州市水泥厂环保转产重建工程。工程于1998年启动，到2000年竣工，完成投资1.65亿元，竣工房屋建筑面积14.46万平方米，其中投入使用的商业门面594个，居民居住宅房1076套。使一座原地处城区闹市污染严重的水泥厂变成集商贸、居住、娱乐和停车为一体的新型商贸居住小区，成为当时湘南地区规模最大的居民住宅小区和建材、装饰材料批发经营市场。

湘南学院建设工程 学院位于郴州市苏仙区白露塘镇王仙岭风景区，占地面积98万平方米。2001年10月18日启动工程建设，到2003年4月，新建主校区工程竣工，完成建筑面积51万平方米。同月，经验收评估，教育部正式下文批准成立湘南学院，并于9月1日招生开学。在此近3年间，郴州市市级财政为兴建湘南学院先后投入资金2.3亿元，市政府组织盘活撤并学校土地资源6000多万元，采用市场运作方式引进社会资金1.4亿元，动员全市干部群众个人捐资计2800万元。湘南学院建设工程累计投资4.58亿元。学院系一所面向全国招生的多学科全日制本科学院，实行省市共建、省管为主，填补郴州境内无普通本科高等院校空白。2005年12月，湘南学院有在校学生（含分校校区学生）1.53万人，教职员工1500余人。

郴州市志（1989—2005）

第十八篇

财政·税务

1989年以后，郴州实施财政机构、财政体制、预算管理，农村税费和政府采购等项改革，建立和完善管理监督体制机制，加强财源建设。注重以产业开发培植财源，力求形成当地优势财源、支柱财源。同时加强财政管理与监督，财政收入呈现提速增长。到2005年，郴州财政总收入由1989年的3.19亿元增加到43.12亿元，增长12.5倍，年均增长17.7%；财政一般预算收入由1989年的3.19亿元增加到27.36亿元，增长7.58倍，年均增长14.38%。2005年，财政总收入过5亿元的县（市、区）有资兴市、永兴县；3亿元至5亿元的有北湖区、苏仙区、桂阳县、宜章县；1亿元至3亿元的有嘉禾县、临武县、汝城县；1亿元以下的有安仁县和桂东县。郴州财政一般预算支出由1989年的3.93亿元增至2005年的49.47亿元，增长11.6倍，年均增长17.2%。

其间，郴州税务机构经历由一家税务机构征管税收，转向国税、地税分管的体制改革。1989年至1994年8月，郴州地区级税务机构只有郴州地区税务局一家。1994年9月，国家实施税务管理体制改革，郴州地区税务局分设为郴州地区国家税务局（简称国税局）和郴州地区地方税务局（简称地税局）两家。1995年，郴州撤地建市，郴州地区国家税务局和郴州地区地方税务局分别更名为郴州市国家税务局和郴州市地方税务局，并按照国务院和湖南省人民政府的部署，顺利完成税制改革配套工作。分税制改革前，郴州地区统征税种6大类28个税种，6年入库各项收入总额为43.89亿元。推行分税制改革后，郴州市国家税务局开征税种3类、9种、5个基金；郴州市地方税务局税费征收类别有5类、13种。1995—2005年，加强税收征管，税收稳步增长。市国税局税收、基金入库总收入135.56亿元，年均13.56亿元；市地税局税费、费金征收入库总收入达66.90亿元，其中税费62.59亿元，费金4.31亿元。

第一章　财　政

第一节　财政体制改革

一、财政包干体制改革

1989年，郴州行署继续实行省对郴州财政“定额补贴”的财政管理体制。即省对郴州的财政定额补贴数，按1987年财政体制结算实际上缴2557万元省收入数为基数，其中对行署本级的定额补贴基数为2079万元。省对郴州地区采取系列特殊政策：屠宰税收入全部留归地县不再上缴，不调整收入基数；农业税附加按原规定上缴省2%的部分不再上缴；耕地占用税除上缴中央财政50%外，其余部分留给地县按规定用于发展农业生产；郴州烟厂的卷烟税比上年增收部分，行署分成20%（含烟厂和烟厂所在市分成）；郴州地区财政应负责所属县（市）财政收支平衡，省财政不再与郴州地区各县（市）发生结算关系，各县（市）的财政体制原则上不做变动，个别市的问题由郴州行署自行确定。

是年，实行财政包干体制开始起步。郴州行署除对郴州市（今北湖区）、资兴市财政体制作出调整，即郴州市、资兴市由“总额分成”改为“定额上交，递增包干，超收全留”；当年，郴州市定额上缴2108万元，资兴市定额上缴204.1万元，递增率均为6%。对郴县、桂阳县、永兴县、宜章县、汝城县5个县继续实行“定额上缴，递增包干，超收全留”政策，其5县全年上缴额分别为648.3万元、800.4万元、30.5万元、636.5万元和71.2万元，递增率分别为6%、6%、7%、5%、6%；对临武、桂东、嘉禾、安仁4县继续实行“定额补贴”体制，按照1985年省确定的补贴基数，对其4县定额补贴额分别为8.4万元、297.3万元、33.7万元和138.6万元。

年内，汝城县、郴县、安仁县、资兴市对所属乡（镇）率先采用“收支挂钩，全面包干，递增上缴（定额补贴），一定三年”的财政包干体制；郴州市对所属乡（镇）采用“收支挂钩，总额分成，超收市、乡对半分成”的财政包干体制。12月，郴州行署印发财政局关于对乡镇一级财政实行包干体制的通知，要求积极推进“收支挂钩，全面包干，一定三年”的乡（镇）财政体制。全地区248个乡（镇），实行“大包干”财政体制的43个，实行“收支挂钩”的152个，沿用“收支两条线”财政体制的53个；包干一年一定有111个乡（镇），一定三年有137个乡（镇）。1990年2月，行署印发地区财政局关于完善乡镇财政预算管理体制的通知，随后，乡（镇）财政包干体制进一步推进。当年全区249个乡（镇）普遍实行“收支挂钩”的乡（镇）财政包干体制。

二、分税制体制改革

郴州从1994年1月起，实行分税制财政体制改革。是年10月，郴州地区行署发出《关于实行分税制财政体制的通知》，确立行署与所属县（市）的分税制财政体制，规定原属县（市）的地方税、增值税25%部分和其他各项收入全部留归县（市），原属行署的地直企业所得税（含上缴利润）和其他各项收入归行署。随即，郴州行署对下列收入实行集中管理：原地直工交企业流转税比1992年增加上缴地区50%部分和地直商业、物资、医药企业批发环节营业税，以1993年县（市）实际上解数定额上解，耕地占用税按15%集中，屠宰税由原30%下调到25%集中，城市维护建设税由原来的2%提高到10%集中，资源税按10%集中，国有土地有偿使用收入按25%集中。新增的农业税价差收入20%集中，固定资产投资方向调节税比上年增收部分25%集中。实行分税制后，地级事业行政支出、经济建设支出和其他支出由地区财政负担；县（市）级及其以下的事业行政支出、经济建设支出和其他支出由县（市）财政负担；按照不挤不让原则，省财政返还税收返还基数及新增加的部分，全部返还县（市），如县（市）达不到上划收入目标的，按省规定，相应扣减税收返还数和返还基数。自此，形成“一级政府一级财政”体制架构。1994年，郴州全区完成财政（总）收入7.96亿元，比1993年增加1.5亿元，增长23.18%。

1995年7月，郴州市委、市政府对北湖区、苏仙区财政收入和支出做出明确划分，确定市财政对区级财政定额补贴基数。郴州经济技术开发区由市政府直接管理，开发区范围内属于地方的除个体税收以外各项收入纳入市级财政收入。郴州市只对苏仙、北湖两区财政进行重新核定和分配，未涉及对其他县（市）体制利益调整。是年，对定额补贴县仍实行定额补贴，其中，嘉禾县34万元、临武县8万元、桂东县1017万元、安仁县389万元。对原“定额包干、递增上解”的县（市），改为按1994年实际上解数实行定额上解，其中，资兴市287万元、桂阳县1124万元、宜章县853万元、汝城县100万元，同时取消永兴县的体制上解。郴州市在对各县（市、区）实行分税制财政体制同时，相应提出县（市、区）对乡（镇）实行分税制财政体制的要求。桂阳县、永兴县、资兴市等县（市）相继对乡（镇）财政实行分税制财政体制改革。1995年，市本级当年可用财力1.93亿元，比1994年增加5044万元，增长35.32%。安仁县于1997年、苏仙区和永兴县于1998年消化全部财政赤字。

2002年6月，郴州市出台所得税收入分享改革方案，规定原属中央和省但因改革下放的企业所得税和个人所得税中的利息所得税、市级企业所得税和个人所得税由中央、省、市分享；县级企业所得税和个人所得税（不含利息所得税）由中央、省、县（市、区）分享；以县（市、区）保证完成所得税收入上划基数为前提，郴州市保证各县（市、区）所得税收入基数，市不参与各县（市、区）所得税收入增量分成。是年，市财政局出台《关于核定所得税收入分享改革基数返还额的通知》，分别确定市对11个县（市、区）所得税的返还基数，最高为资兴市1433万元，最低为安仁县282万元。另市本级的留用基数2373万元。同时确定县（市、区）企业所得税和个人所得税上划考核基数（按100%计算），最高为资兴市519万元和1686万元，最低为安仁县101万元和333万元。另市本级企业所得税和个人所得税上划考核基数为2431万元和4464万元。分税制改革的运行，使桂东县2003年消化全部老赤字，结束郴州财政赤字县的历史。

到2005年，郴州市财政总收入达43.12亿元，为1995年的4.47倍，年均增长16.1%；地方财政收入达27.36亿元，为1995年的3.9倍，年均增长14.57%；财政支出达49.47亿元，为1995年的5.02倍，年均增长17.5%。全市11个县（市、区）及市本级连年实现财政收支平衡。

三、预算管理改革

1956—1988年，郴州财政预算外资金总计1.57亿元，只相当于当年同期财政收入5.1%。1989年，郴州财政预算外资金快速增长。郴州地区财政局规定按定员定额核定单位预算，实行编制与单位预算挂钩，全面推行综合预算体制改革：改革预算分配方式，试行预算包干合同制；改革预算安排方法，按编制安排经费；改革预算内外资金安排，全面推行“核定收支，定额（定项）补助，超支不补，结余留用”的预算管理方式。是年4月，地区财政局制定《郴州地区本级会议费开支的规定》，明确财政拨款开支的会议费只限于全区经济计划工作会议、全区三级干部会议和全区性劳模表彰会，对会议费实行包干办法。1990年，全区11个县（市）确定行政事业单位小车实行定点维修。1993年，执行地委制定的《行政事业单位经费预编制挂钩办法》，按编制安排经费，地本级清理超编人员205人，核减经费99.2万元。同时在全省率先推行行政事业单位工资全封闭管理办法，财政部门和各行政事业单位普遍建立“工资基金专户”管理制度。

1995年，郴州对全市性会议全面实行经费由财政直接结算统管办法，明确直管会议范围，确定开支标准。是年，市本级预算外收入1.25亿元，纳入财政专户储存预算外资金4123万元，仅占预算外收入的32.93%。而全市预算外收入则占当年地方财政收入的72.29%。为此，郴州市政府1996年4月印发《关于在市直行政事业单位实行综合预算管理的通知》，明确对市直53户行政事业单位按照“统一征收政策，统一核定收支，统一票据管理，统一核算办法，统一奖罚措施”的原则，对其预算内、外资金实行“核定收支计划，收入全额上缴，支出统筹安排，超收比例分成，短收单位自负，计划一年一定”的管理办法。并采取确定综合财政预算管理范围，明确编制原则、口径和方法等措施。至1998年，郴州市纳入财政专户管理的预算外资金达8.07亿元，全市统筹收入完成9965万元，市本级收入财政专户管理的预算外资金达2.34亿元，通过综合财政预算安排给单位正常经费支出2.03亿元，政府调控资金3185万元。其中上缴财政预算1800万元，拨付城市重点建设支出930万元，调剂单位支出370万元。

2001年，全市纳入财政专户管理预算外收入9.61亿元，财政核拨预算外资金8.57亿元，政府统筹收入完成1.63亿元。市本级纳入财政专户管理非税收入2.14亿元。综合财政预算安排给单位的正常经费支出1.74亿元，政府统筹收入完成3200万元。是年，市委、市政府结合郴州实际，制定印发《郴州市本级预算管理改革方案（试行）》，在市农业局、市民政局和市计生委3个单位开展部门预算改革试点。即实行预算编制、执行、监督三分离，改进预算编制内容，实行零基预算和标准周期预算，以及规范预算调整程序，加强财政内部监督，完善财政预算管理监督体系等。按照“充分试点、稳步推进”的改革要求，2004年7月，北湖区在全市率先推行国库集中收付制度改革。当年，全市选择7个预算单位进行改革试点。

2005年，市本级部门预算试点范围逐步扩大到市中级法院、市公安局、市环保局、市教育局、市林业局等33个单位。年底，全市初步建立起部门预算的基本框架，集中收付制度改革试点增加到14个预算单位。北湖区纳入国库集中收付中心管理的各项财政资金7.67亿元，共支付财政性资金4906万元，其中财政直接支付3337万元，财政授权支付1569万元，直接支付比例为68.%。

四、农村税费征收改革

1998年，郴州市在嘉禾县进行农村“费改税”改革试点。将原向农民征收的公积金、公益金和管理费“三项提留”，以及教育事业费附加、计划生育、优抚、民兵训练、修建乡村道路“五项统筹”等各种收费全部合并，统一改征“农村公益事业建设税”；税率标准控制在当地农民上年度人均纯收入的3%~5%内，具体标准由当地政府确定，一年一定；原有农业税、农业特产税等农业各税征收渠道和税率保持不变，继续征收。这一改革虽然对费改税进行一些探索，但由于没有将农民诸多税费，持别是一些乱收费和乱摊派等收费彻底取消，只是将其合并为一种税；由于课征对象基数是农民上年度的人均纯收入，其都分别缴纳农业税和农业特产税等，再课税有重复计税和税上加税之嫌。同时统计农民纯收入，人为因素影响较大，作为计税依据和实际的税率标准不够严肃，实行起来较难。实践显示：这种并税式改革，农民新的税负与原来要上缴的钱大致相当，农民没有得到实惠。因此，嘉禾县农村费改税改革试点的做法，没有在全市推广。

2000年，永兴县作为湖南省三个农村税费改革试点县之一，从1月起执行税费改革新政策。改革的主要内容是“三取消”“二调整”“一改革”。“三取消”即取消乡统筹、农村教育集资等专门面向农村征收的行政事业性收费和政府性基金、集资；取消屠宰税；逐步取消统一规定的劳动积累工和义务工。“二调整”即调整农业税政策，调整农业特产税政策。“一改革”即改革村提留征收使用办法。2001年11月，根据全省统一部署，郴州市农经局会同市财政局对永兴县试点情况进行复查验收。同年，经省农村税费改革办公室验收，永兴县被认定为合格试点单位。

从2002年开始，郴州市全面推行农村税费改革。至2003年，取消农村“三提五统”、农村教育费附加和教育集资等面向农民的各种收费和屠宰税。2004年，取消除烟叶外的农业特产税，降低农业税税率三个百分点，农业税附加税率相应降低三个百分点。2005年1月起，郴州全面取消农业税。是年，全市农民负担主要有特产税1.84亿元及三提五统等预算外收入3.4亿元，共5.24亿元。改革前的2001年，全市农民负担主要有农业税6384万元、特产税1.23亿元、屠宰税1306万元及“三提五统”等预算外收入3.86亿元，共5.86亿元。2005年农村税费征收改革后，较之2001年全市农民减轻税费负担6252万元，加上农民获得的粮食直补和良种补贴资金7176万元，农民通过减负和增收两渠道实际受益1.34亿元。是年，全市财政获得农村税费转移支付资金1.59亿元，农业税制改革转移支付资金2.3亿元。

五、政府控购与采购改革

1989年，郴州执行贯彻国务院从严控制社会集团购买力的规定，实行专控商品29种。随着控购职能的改变，专控商品品种逐年减少。1992年，省政府决定对小汽车等专控商品开征“控制购买专控商品调节基金”，郴州市控购办公室按规定征收控购调节基金3940万元。到1999年，专控商品仅保留小汽车。是年6月，郴州市政府印发《郴州市政府采购管理办法（试行）》，8月，市编委批复《关于成立郴州市政府采购中心的批复》。按照《郴州市政府采购管理办法（试行）》第二条规定：财政部门负责政府采购的日常管理工作。10月，市政府采购中心成立，挂靠市财政局行财科，主管全市政府采购管理和市直各单位政府采购具体事务。

2000年，全市各县（市、区）政府采购中心成立并开展工作。2001年12月，郴州市政府采购工作领导小组成立。2002年4月，市政府采购中心单列为市财政局科室。2003年1月，市政府采购管理办公室成立，市政府采购中心职能停止。市政府采购管理办公室工作职能由过去的采购管理与操作全面转换为采购管理与监督。是年，全市对公务用车实行定编管理，小汽车控购审批工作由市纪委廉政办公室、市公务用车管理办公室、市控购办公室、市交警支队等部门配合完成。

到2005年，全市组织政府采购2805次，政府采购规模7.38亿元，经控购节省财政资金8229万元。其中，市本级组织政府采购511次，政府采购规模1.91亿元，节约财政资金2296万元。全市工程采购规模 2.66 亿元，占全市总采购规模的 36.04%。服务类采购规模 5834 万元。

第二节　财政收入

一、概　况

1989—2005 年，郴州各级财政收入快速增长。财政总收入（未含上级转移支付收入，下同）由 1989 年的 31894 万元，增加到 2005 年 431190 万元，增长 12.5 倍，年均增长 17.68%。地方一般预算收入由 1989 年的 31894 万元增加到 2005 年的 273618 万元，增长 7.58 倍，年均增长 14.38%。其中，工商税收由 27865 万元增至 119256 万元，增长 3.28 倍，年均增长 9.51%；农业各税由 2780 万元增到 49776 万元，增长 16.91 倍，年均增长 19.76%；企业收入由－2585 万元增加到 16717 万元；非税收入由 2831 万元增加到 61269 万元，增长 20.64 倍，年均增长 21.2%；专项收入由 172 万元增加到 6664 万元，增长 37.74 倍，年均增长 25.68%；其他收入由 831 万元增加到 19936 万元，增长 22.99 倍，年均增长 21.97%。其中自 1994 年分税制改革上划中央两税，从 1994 年的 23418 万元增加到 2005 年的 126326 万元，12 年增长 4.39 倍，年均增长 16.6%。

1989—2005 年郴州市（地区）财政收入年度统计表

表 18-1-2-1　　单位：万元

项目 年度	财政总收入	地方一般预算收入							上划中央两税	上级转移支付收入
		合计	工商税收	农业各税	企业收入	非税收入	专项收入	其他收入		
1989	31894	31894	27865	2780	–2585	2831	172	831	—	11155
1990	32835	32855	28083	2965	–2783	2753	809	1028	—	13965
1991	36044	36044	29693	3011	–2979	3148	1337	1834	—	14242
1992	46883	46883	33479	6306	–1428	5928	1514	1084	—	19353
1993	64621	64621	47110	7780	–1076	6324	1858	2625	—	12311
1994	79601	56183	29648	10090	–506	11435	2574	2942	23418	34111
1995	96451	70199	34813	12591	–718	14546	3240	5727	26252	34543
1996	113769	86371	40354	18184	–803	21379	3070	4187	27398	37133
1997	126289	98348	43699	19630	–663	29444	—	6238	27941	38634
1998	144915	115981	48320	13511	–179	40493	3184	10652	28934	40775
1999	158835	128420	51500	16387	–285	46308	2927	11583	30415	56063
2000	168183	133818	54433	18597	654	45902	3230	11002	34365	57551
2001	191003	152350	62256	24609	2198	48268	3429	11590	38653	93871
2002	218305	173831	62043	40549	5548	52905	3958	8828	44474	134892
2003	291299	214922	73052	55881	10311	59628	5435	10615	56238	144105

续表 18-1-2-1

项目 年度	财政总收入	地方一般预算收入							上划中央两税	上级转移支付收入
		合计	工商税收	农业各税	企业收入	非税收入	专项收入	其他收入		
2004	348221	231643	95601	41546	14767	60073	5565	14091	91583	193693
2005	431190	273618	119256	49776	16717	61269	6664	19936	126326	244904

说明：

1. 地方一般预算收入不包括政府性基金收入，1991 年财政总收入已扣除决算报表中地方一般预算收入中所包括的社保基金收入数 7085 万元，非税收入＝行政事业性收费＋罚没收入。此表财政总收入不包含上级转移支付收入。

2. 工商税收＝工商税收类＋国营企业所得税＋国营企业调节税—屠宰税；农业税收＝农业税收类＋屠宰税；企业收入＝国营企业上缴利润类（国有资产经营收益）＋国营企业计划亏损补贴；非税收入＝其他收入类（各项罚没收入和追赃收入＋行政性收费）；专项收入＝专款收入类；其他收入＝其他收入类（其他收入＋国有土地有偿出让收入）＋国家预算调节基金

1989—2005 年郴州市（地区）地方财政收入县市区统计表

表 18-1-2-2　　单位：万元

项目 年度	合计	市本级小计	县级小计	北湖区	苏仙区	资兴市	桂阳县	永兴县	临武县	嘉禾县	汝城县	桂东县	安仁县
1989	28428	869	27559	7137	2868	3588	4560	2662	1496	1789	1712	532	1215
1990	29750	1469	28281	7228	3207	4032	4934	2333	1439	1844	1654	545	1065
1991	32646	1552	31094	8478	3257	3994	5223	2691	1619	2073	1961	604	1194
1992	42345	1032	41313	10119	3710	8599	6285	3113	2248	2266	2562	773	1638
1993	58402	2687	55715	13437	5435	11552	7609	4239	3409	3077	3429	875	2653
1994	51130	3617	47513	12397	4633	5481	7197	4184	3371	3074	3256	831	3089
1995	63938	15117	48821	5645	3603	7061	8486	5754	4891	4237	3804	1056	4284
1996	78781	17344	61437	6718	4624	8078	11012	7402	5934	6059	4662	1315	5633
1997	89608	19047	70561	6476	6136	8935	12410	8314	6891	7581	5668	1609	6541
1998	105828	23652	82176	7450	7549	10408	13889	10005	8017	8828	6427	1944	7659
1999	117113	25738	91375	8528	8349	11363	15366	11430	8948	9699	6949	2282	8461
2000	121546	26040	95506	9123	8996	11871	16303	12828	9535	10385	7285	2495	6685
2001	138743	30998	107745	10709	11239	13500	17855	14306	10449	11353	7967	2928	7439
2002	157307	34056	123251	11836	13379	15320	21516	16364	12607	11881	8440	3347	8561
2003	194883	46232	148651	15607	16848	18378	26138	19531	15194	13663	9296	4000	9996
2004	209494	53542	155952	20084	21181	22073	30861	23072	16969	7986	4472	3321	593
2005	254275	66272	188003	28323	29872	29378	34652	27289	13211	8869	6733	3976	5700

二、农业各税收入

（一）农业税

1989 年，郴州共有农业人口 357 万人，农业税纳税户数 87 万户，农业税计税面积 20.93 万公顷，应交税额为 3393 万千克细粮，实征税额为 3433 万千克细粮，其中正税 3017 万千克细粮，附加税

416 万千克细粮；实征税额合计人民币为 2355 万元，其中正税 2099 万元，附加税 262 万元。

1996 年，郴州人口 346 万人，农业税纳税户 96.6 万户，农业税计税面积为 19.87 万公顷。至 2000 年，郴州市一直维持农业税征收 4000 万千克细粮以下，是年，实征农业税 3922 万千克细粮，11 年保持在 3000 万 ~3900 万千克细粮水平。

2001 年，郴州农业税征收首次突破 4000 万千克细粮，量达到 4382 万千克细粮。2002 年，农业税征收 7724 万千克细粮，折合人民币首次突破亿元，达 1.44 亿元。2003 年，农业税计征面积 16.73 万公顷，为 1.09 亿千克细粮，折合人民币为 1.57 亿元，创农业税历年新高。其中正税 1.2 亿元，附加税 3730 万元。2005 年，郴州市全面取消农业税征收。

（二）农业特产税

1989 年，郴州地区征收农业特产税 249 万元。1994 年，税制改革，农林牧渔产品税并入农业特产税，加大了农业特产税。年内强化农业特产税稽查力度，集中力量对欠税重点户实施重点稽查攻坚，补征拖欠税款，增加税款收入。当年全区农业特产税突破 1000 万元，剧增到 3973 万元，

1997 年，郴州市征收农业特产税达到 1.08 亿元，2003 年，创历史最高值 3.28 亿元，2005 年，为 1.84 亿元。1989—2005 年，郴州共征收农业特产税 17.1 亿元，入库 14.96 亿元，占全市农业各税入库总收入的 43.5%，年均增长 30.9%。

（三）屠宰税

1989 年，郴州地区征收屠宰税 131 万元。1996 年之后，加强屠宰税征管，达到 1157 万元。2001 年征收 1306 万元，2002 年停止征收。1989—2002 年，郴州共征收屠宰税 1.28 亿元，入库 1.07 亿元；2002 年、2003 年，分别入库历年拖欠税款 99 万元、5 万元。

（四）耕地占用税

1989 年，郴州地区征收耕地占用税 292 万元，按人均耕地占有量确定每平方米的纳税额。1995 年征收 650 万元、2000 年征收 770 万元、2005 年征收 3167 万元。1989 年至 2005 年，郴州共征收耕地占用税 2.48 亿元，入库 2.38 亿元，入库率为 95.95%，占全市农业各税总入库收入的 6.9%，年均增长 16.1%。其中占用耕地面积 4266.47 公顷，平均税额 5.57 元 / 平方米。

（五）契税

1989 年，郴州地区征收契税 15 万元，郴州市 1995 年征收 434 万元。1997 年，全市根据新的契税条例规定，开征土地转让契税。2000 年征收契税 2046 万元，2005 年征收 2.82 亿元。1989—2005 年，郴州共征收契税 7.53 亿元，入库契税 7.41 亿元，入库率为 98.4%；入库数占全市农业各税入库总收入的 21.5%，年均增长 60.2%。

1989—2005 年郴州市（地区）农业各税收入统计表

表 18-1-2-3 单位：万元

项目 年度	合计	农业税	牧业税	特产税	屠宰税	耕地占用税	契税
1989	2780	2093	—	249	131	292	15
1990	2965	2002	—	329	304	303	27
1991	3011	1895	—	415	329	291	81
1992	6306	2339	—	412	354	3122	79
1993	7780	2433	—	480	314	4449	104

续表 18-1-2-3

年度＼项目	合计	农业税	牧业税	特产税	屠宰税	耕地占用税	契税
1994	10090	4282	—	3973	715	795	325
1995	12591	4658	—	5880	969	650	434
1996	18184	6126	—	9501	1157	689	711
1997	19630	5969	—	10843	1403	548	867
1998	13511	5110	—	5086	1478	671	1166
1999	16387	5207	—	7647	1210	555	1768
2000	18597	6061	—	8838	882	770	2046
2001	24609	6384	—	12278	1306	977	3664
2002	40549	12552	—	18431	99	1702	7765
2003	55881	12014	—	32826	5	2109	8927
2004	41546	6819	—	14067	—	2737	17923
2005	49776	—	—	18387	—	3167	28222

说明：表内空格系无原始资料，数据不详

1989—2004 年郴州市（地区）农业税征收汇总统计表

表 18-1-2-4

年度＼项目	计税面积	计税常年产量	依率计征税额	减免税额	应征税额	实征税额（万千克）		折合金额（万元）		农业户数	农业人口	平均税率
单位	（万公顷）	（万千克）	（万千克）	（万千克）	（万千克）	正税	附加	正税	附加	（户）	（万人）	（%）
1989	20.93	39521	4805	1412	3393	3017	416	2093	262	870732	357	12.05
1990	20.93	39563	4779	1624	3596	3171	442	2002	284	881862	360	12.05
1991	20.87	39460	4755	1761	3002	3001	420	1895	265	914600	364	12.05
1992	20.80	39460	4772	1519	3253	3261	457	2339	328	903498	363	12.09
1993	20.80	39460	4772	1479	3293	3293	461	2433	370	911597	362	12.09
1994	20.47	38652	4682	1728	2784	3043	426	4282	599	909918	362	12.09
1995	20.73	39118	4735	1299	3294	3294	461	4658	652	909933	362	12.09
1996	19.87	37229	4509	1261	3327	3327	466	6126	858	910900	363	12.11
1997	19.87	37469	4537	1491	3024	3024	423	5969	785	920518	364	12.11
1998	19.8	37618	4525	1409	3007	3007	421	5110	696	929603	365	12.11
1999	19.8	37618	4503	1351	3192	3192	450	5207	702	858968	366	12.11
2000	19.53	50465	5118	1067	3922	3922	626	6061	951	938709	359	10.25
2001	19.93	52518	5283	1618	4382	4382	490	6384	500	940558	360	10.09
2002	23.53	121209	8722	1650	6437	6437	1287	12552	1875	951232	350	6.91

续表 18-1-2-4

项目 年度	计税面积	计税常年产量	依率计征税额	减免税额	应征税额	实征税额（万千克）		折合金额（万元）		农业户数	农业人口	平均税率
单位	(万公顷)	(万千克)	(万千克)	(万千克)	(万千克)	正税	附加	正税	附加	(户)	(万人)	(%)
2003	16.93	126194	8775	2988	9812	8775	2158	12014	3730	942216	357	6.95
2004	19.47	125095	4957	1427	5780	4957	1382	6819	1262	965792	340	3.96

说明：农业税1989—1990年决算报表实物为稻谷数，应按七折比例换算为细粮数，以下各表凡涉及农业税1989—1990年实物数均按七折换算；从2005年起取消农业税

1989—2005年郴州市（地区）农业税实征税额县市区统计表

表 18-1-2-5　　单位：细粮、万千克

县市区 年份	合计	北湖区	苏仙区	资兴市	桂阳县	永兴县	宜章县	临武县	嘉禾县	汝城县	桂东县	安仁县
1989	3433	49	413	306	476	543	388	357	235	239	0	427
1990	3613	66	430	386	565	573	428	238	228	231	0	468
1991	3421	58	445	364	564	557	300	230	226	213	0	464
1992	3718	76	441	359	587	607	207	453	329	181	0	478
1993	3754	64	447	361	591	601	281	446	316	179	0	468
1994	3469	23	405	265	463	505	339	455	337	264	0	413
1995	3755	178	372	451	587	574	300	257	259	231	0	546
1996	3793	180	357	349	608	640	454	252	239	152	0	562
1997	3447	163	333	308	602	620	410	180	206	120	0	505
1998	3428	172	339	309	539	613	418	187	208	136	0	507
1999	3642	124	269	334	547	624	436	237	351	157	0	563
2000	4548	187	349	355	619	1424	455	228	246	130	0	555
2001	4872	167	363	391	730	1514	476	257	263	147	0	564
2002	7724	75	367	462	1735	1424	754	591	464	568	0	1284
2003	10933	366	805	750	1951	2045	1193	742	635	846	24	1576
2004	6339	189	379	509	1153	1359	346	323	356	670	131	924
总计	73889	2137	6514	6259	12317	14223	7185	5433	4898	4464	155	10304

三、工商各税收入

（一）产品税

1989年，郴州地区根据国务院公布的《中华人民共和国产品税条例》(草案)及财政部和税务总局发布的实施细则，继续征收产品税。应税产品分工业品和农、林、牧、水产品两大部分。其中

工业品部分有24类260个税目，包括除增值税征税对象外的所有工业产品，此外，农、林、牧、水产品部分有10个税目。1991年，产品税的税目，工业产品部分从原来的24类260个税目缩减为12类86个税目，农、林、牧、水产品税目部分不变。1989—1993年，郴州产品税收入（地方部分）为2.52亿元，年平均征收5035.8万元。1994年，税制改革时，取消产品税，原来征收产品税的工业品生产、销售和进口产品、委托加工产品，改为征收增值税；原来征收产品税的农、林、牧、水产品，改为征收农业特产税和屠宰税。

（二）增值税

1989年，郴州地方财政增值税征收3975万元，1993年，征收11172万元，为1989年的2.8倍。从1994年1月起，郴州行署推行规范化的增值税改革，对商品生产批发、零售和进口全面实行增值税，扩大征收范围。增值税实行中央分享75%，郴州地区分享25%。1995年，郴州市共征收增值税8577万元，与改革前的1993年比下降23.23%。2000年，郴州市共征收增值税11428万元；与1993年比上升2.25个百分点，与1995年比上升24.95个百分点。2005年，郴州共征收增值税4.17亿元。1989—2005年，郴州共征收增值税88.48亿元，其中增值税改革后的1994—2005年，增值税收入（地方部分）合计85.6亿元，年平均征收5.04亿元。

（三）营业税

1989年，郴州营业税征收8246万元。1993年12月，国务院印发《中华人民共和国营业税暂行条例》，自此营业税税目、税率按条例执行。税目有交通运输业、建筑业、金融保险业、邮电通信业、文化体育业、娱乐业、服务业、转让无形资产、销售不动产9种。1995年征收8564万元，2000年征收1.68亿元，2005年征收4.29亿元。2005年，征收营业税为1989年的5.2倍。1989—2005年，郴州营业税收入合计28.52亿元，年均征收1.68亿元。

（四）企业所得税

1989年，郴州征收企业所得税3553万元，1995年征收3300万元，2000年征收3620万元，2005年征收4427万元。2005年与1989年比，企业所得税征收增加19.75个百分点。1989—2005年，郴州企业所得税收入（地方部分）合计5.69亿元，年均征收3347.76万元（外商投资企业和国外企业所得税统计在郴州市企业所得税收入中）。

（五）个人所得税

1989年，郴州征收个人所得税154万元，1995年征收2963万元，2000年征收9981万元，2005年征收7726万元。2005年与1989年比，个人所得税征收上升49.84%。1989—2005年，郴州市个人所得税收入（地方部分）合计8.27亿元，年均征收4865.88万元。

1989—2005年郴州市（地区）地方财政工商各税收入分类统计表

表18-1-2-6　　单位：万元

项目/年度	合计	增值税	营业税	企业所得税	个人所得税	城市维护建设税	资源税	房产税	建筑税	固定资产投资方向调节税	城镇土地使用税	车船使用税	其他税收
1989	27865	3975	8246	3553	154	2169	—	517	738	—	379	134	8000
1990	28083	3752	7925	3199	199	2696	—	624	1195	—	445	118	7930
1991	29693	4390	8273	3019	444	2945	—	724	1216	—	455	135	8092
1992	33479	5456	9658	2729	714	3245	154	825	299	923	433	148	8895

续表 18-1-2-6

项目 年度	合计	增值税	营业税	企业所得税	个人所得税	城市维护建设税	资源税	房产税	建筑税	固定资产投资方向调节税	城镇土地使用税	车船使用税	其他税收
1993	47110	11172	13258	2985	999	3334	170	941	39	1482	444	172	12114
1994	29648	7624	6327	4314	1334	4574	801	1229	—	1970	867	238	370
1995	34813	8577	8564	3300	2963	5454	836	1721	—	1775	882	262	479
1996	40354	8975	10994	2948	4549	6030	783	1943	—	2192	850	412	678
1997	43699	9162	11502	2535	6875	6331	724	2154	—	2151	1130	331	804
1998	48320	9565	14621	2822	6409	5974	931	2649	—	2764	1536	333	716
1999	51500	10057	16227	3263	7243	6200	485	2883	—	3305	808	318	711
2000	54433	11428	16787	3620	9981	6420	549	3068	—	580	871	373	756
2001	62256	12798	16450	7161	13864	6504	666	2904	—	119	810	289	691
2002	62043	14532	24646	1960	6781	7927	790	3375	—	40	812	360	820
2003	73052	18363	31196	2072	5760	8743	1056	3501	—	—	794	445	1122
2004	95601	30085	37673	2995	6725	10146	1261	4051	—	—	814	473	1378
2005	119256	41685	42883	4427	7726	12898	1526	4842	—	—	876	490	1903

说明：企业所得税＝工商税收类．集体企业所得税＋私营企业所得税＋中外合资企业所得税＋国营企业所得税＋国营企业调节税；个人所得税＝城乡个体工商户所得税＋个人所得税＋个人收入调节税。空格为数据不详

（六）城市维护建设税

1989 年，郴州征收城市维护建设税 2169 万元，1995 年征收 5454 万元，2000 年征收 6420 万元，2005 年征收 1.29 亿元。2005 年与 1989 年比，城市维护建设税征收增长 83.2%。1989—2005 年，郴州城市维护建设税收入合计 10.16 亿元，年平均征收 5975.88 万元。

（七）资源税

郴州资源税 1989—1991 年征收无考，1992 年征收 154 万元，1995 年征收 836 万元，2000 年征收 549 万元，2005 年征收 1526 万元。1991—2005 年，郴州市资源税征收总数为 1.71 亿元，年均征收 1221.56 万元。

（八）房产税

郴州房产税 1989 年征收 517 万元，1995 年征收 1721 万元，2000 年征收 3068 万元，2005 年征收 4842 万元。2005 年，房产税征收为 1989 年的 9.37 倍。1989—2005 年，郴州市房产税收入合计 3.80 亿元，年均征税 2232.41 万元。

（九）建筑税

郴州建筑税 1989 年征收 738 万元，1993 年征收 39 万元。1989—1993 年，郴州地区建筑税收入合计 3487 万元，年平均征收额为 697.4 万元。其间 1991 年度征收额最高，为 1216 万元。1994 年，税制改革后停征此税。

（十）固定资产投资方向调节税

郴州固定资产调节税 1989 年至 1991 年、2003 年至 2005 年无考。1992 年至 2002 年，固定资产投资方向调节税征收合计 1.73 亿元。

（十一）城镇土地使用税

郴州城镇土地使用税1989年征收379万元，1995年征收882万元，2000年征收871万元，2005年征收876万元。1989—2005年，郴州城镇土地使用税收入合计1.32亿元，年均征收城镇土地使用税776.82万元。

（十二）车船使用税

郴州车船使用税1989年征收134万元，1995年征收262万元，2000年征收373万元，2005年征收490万元。1989—2005年，郴州车船使用税收入计5031万元，年均征收295.94万元。

（十三）其他工商税（含印花税、土地增值税）

郴州其他税收1989年征收8000万元，1995年征收479万元，2000年征收756万元，2005年征收1903万元。1989—2005年，郴州共征收其他税12.48亿元，平均每年征收7340.76万元。其中印花税收入合计9413万元，土地增值税收入合计1154万元。

四、非税收入

1989年，郴州地区地方非税收入①总计1249万元，其中国有资产收入223万元、罚没收入28.31万元、国有企业亏损补贴2831万元、专项收入172万元、其他收入831万元；行政事业性收费和政府性基金收入无考。是年，全区对罚没收入进行全面清理，罚没收入入库3213万元（含追缴历年未入库数）。

1995年，郴州市地方非税收入22795万元，为1989年的18.25倍。其中行政事业性收费3938万元、国有资产收入1321万元、罚没收入1.06亿元、国有企业亏损补贴2039万元、专项收入3240万元、其他收入5727万元；政府性基金收入无考。1996年，全市各级政府组织清理行政事业性收费项目，依法规范行政事业性收费行为。

2000年，全市地方非税收入计7.23亿元，为1989年的57.88倍；其中行政事业性收费3.05亿元，政府性基金1.15亿元、国有资产收入2076万元、罚没收入1.54亿元、国有企业亏损补贴1422万元、专项收入3230万元、其他收入1.10亿元。2002年，根据财政部、省财政厅关于取消部分政府性基金项目的通知精神，郴州市取消政府性基金项目6项，分别是供配电补贴费、出版企业发展专项基金、副食品风险基金、煤炭开发基金、新渔池开发建设基金和消防设施建设收费。是年6月1日起，郴州开征城市污水处理费。2004年，郴州市在全省率先成立国有资产经营中心，组织产权交易活动。当年全市产权交易金额达6.61亿元，其中市本级0.96亿元，分别为财政增收1.85亿元和0.96亿元。

至2005年，郴州市共清理取消收费项目1095项，降低收费标准项目96项，规范收费范围和收费行为项目16项，转服务性收费管理项目13项，更名规范管理收费项目2项，暂停执行收费项目5项，废止收费文件38件，作失效处理收费文件9件，撤销收费文件14件。当年，全市实现产权交易收入2.5亿元。市本级“两个盘活”入库7000万元，其中采矿权收入3000万元，出租车经营权收入1000万元，国企资产变现收入3000万元。是年，郴州市地方非税收入11.72亿元，为1989年的93.82倍，其中行政事业性收费3.95亿元、政府性基金1.26亿元、国有资产收入1.69亿元、罚没收入2.18亿元、国有企业亏损补贴134万元、专项收入6664万元、其他收入1.99亿元。

1989—2005年，郴州累计征收非税收入79.51亿元。其中行政事业性收费30.04亿元、政府

① 含行政事业性收费、政府性基金、国有资产收入、罚没收入、国有企业亏损补贴、专项收入和其他收入共7项

性基金7.25亿元、国有资产收入6.56亿元、罚没收入21.23亿元、专项收入4.90亿元、其他收入12.48亿元；年平均增长23.72%。

1989—2005年郴州市（地区）地方非税收入统计表

表18-1-2-7　　单位：万元

年度＼项目	合计	行政事业性收费	政府性基金	国有资产收入	罚没收入	国有企业亏损补贴	专项收入	其他收入
1989	1249	—	—	223	2831	-2808	172	831
1990	1807	—	—	480	2753	-3263	809	1028
1991	3340	—	—	430	3148	-3409	1337	1834
1992	7098	—	—	557	5928	-1985	1514	1084
1993	9731	165	—	1275	6159	-2351	1858	2625
1994	16445	1203	—	1967	10232	-2473	2574	2942
1995	22795	3938	—	1321	10608	-2039	3240	5727
1996	27833	11978	—	1136	9401	-1939	3070	4187
1997	42986	14350	7967	1270	15094	-1933	—	6238
1998	60579	26250	6429	1456	14243	-1635	3184	10652
1999	62584	32302	2051	1134	14006	-1419	2927	11583
2000	72270	30462	11482	2076	15440	-1422	3230	11002
2001	80629	30707	15144	3636	17561	-1438	3429	11590
2002	74851	33956	3612	6067	18949	-519	3958	8828
2003	91473	37675	5484	10802	21953	-491	5435	10615
2004	102209	37877	7713	14967	22196	-200	5565	14091
2005	117182	39495	12596	16851	21774	-134	6664	19936

五、转移支付收入

（一）省对市财政转移支付

自1997年，上级财政对下级财政实行转移支付政策。是年，湖南省对郴州市一般性转移支付额为973万元。1999年，除一般性转移支付外，开始实行专项转移支付，其中，提高行政事业单位人员工资一项省对市转移支付补助4908万元，固定资产投资方向调节税减半征收使省对市转移支付补助484万元。当年郴州市转移支付合计6554万元。从2000年开始，财政一般性转移支付力度逐年加大，专项转移支付项目增多。是年，湖南省对郴州市一般性转移支付为1442万元，固定资产投资方向调节税停征补助1936万元，行政事业单位调资补助9792万元，合计1.32亿元。2001年，新增加调资补助1.15亿元，一个月奖励工资补助3828万元，中小学教师工资转移支付补助1727万元，永兴县农村税费改革试点转移支付补助2420万元，工资性财力补助200万元，转移支付合计3.4亿元。2002年，农村税费改革转移支付补助1.55亿元，增加退耕还林转移支付补助188万元，当年转移支付合计5.48亿元。

2003年，退耕还林转移支付补助增加到750万元，增加农村中小学“一费制”转移支付补助76万元，当年转移支付合计6.05亿元。2004年，全面推行农村税费改革，该项转移支付增加到1.55亿元，新增加农业税降低2个百分点和取消除烤烟特产税以外的农业特产税转移支付补助2.06亿元，企业军转干部转移支付578万元，建立动物防疫长效机制转移支付380万元，企业基本养老保险转移支付296万元，当年转移支付合计9.19亿元。2005年，取消农业税和除烤烟特产税以外的农业特产税，转移支付补助增加到3.1亿元，同时增加老区转移支付补助785万元、中小学危房改造84万元、中小学远程教育1636万元、国扶省扶贫困县农村学生免杂费671万元、农村计划生育奖励56万元、“三奖一补”5531万元，当年转移支付合计11.53亿元。是年，还增加郴州市本级的配套项目——农村计划生育转移支付配套资金9万元。

（二）市对县（市、区）财政转移支付

1997—2002年，郴州市对各县（市、区）的财政转移支付，依据湖南省财政转移支付办法，除少量留用市本级外，均如数对县（市、区）实行转移支付。2002年，全面推行农村税费改革，按要求市配套转移支付资金475万元。2003年，郴州市对汝城、桂东两个国扶贫困县的农村中小学“一费制”配套转移支付资金30万元。是年起，大部分转移支付资金由省直接支付到县（市、区）。2004年郴州市财政转移支付增加到60万元，2005年又降至23万元。

第三节　地方财政主要支出

一、建设经费支出

（一）基本建设经费支出

1989年，郴州地区基本建设支出446万元，占同期地方财政支出的1.13%；1995年，支出1575万元，占同期地方财政支出1.59%；2000年，支出1013万元，占同期地方财政支出0.54%。1989—2000年，支出范围包括新建扩建国营企业基本建设投资、农田水利基本建设投资、机关学校医院等行政事业单位房屋建筑，以及利用外资和银行贷款的财政贴息等。

2005年，中央、省预算内安排郴州市基本建设资金和其他资金计4.66亿元。其中，国债资金2.11亿元、基建资金5436.10万元、退耕还林资金8988万元、粮食直补资金3263万元、其他粮食补助资金5539.2万元、内贸蔬菜资金90万元、国土资金1201万元，以支持郴州市各项事业和经济建设的发展。是年，郴州市财政共安排城市重点项目建设和维护资金5508万元，重点支持燕泉河治理、南街桥重建、北湖改造、城区环境卫生与绿化、五岭阁等一批与市民生活息息相关的城建项目，改善市民生活环境，进一步提升城市品位。是年，郴州市共支出基本建设资金1.03亿元，占全市地方财政支出2.09%。

1989—2005年，郴州基本建设支出计4.49亿元，占地方财政支出的1.49%；年平均支出2639万元。

（二）专项建设经费支出

1998年始，中央实行积极的财政政策并发行国债。为支持京珠高速公路耒宜段和资郴桂高等级公路建设，郴州市对其工程实行减免有关税费和补助拨款。2003年始，国家制定并实施通乡公路和通村公路建设改造优惠政策，给郴州市拨付车辆购置税和省交通配套补助金9583万元。2003—

2005年，湖南省下达郴州市县乡公路改造计划项目建设总里程982千米，累计下拨资金3.83亿元，其中，中央2.95亿元，省8842万元。郴州市根据湖南省县际及县到乡镇公路建设资金管理暂行办法，由市财政按1万元/千米进行资金配套，此3年间共下拨资金982万元。

2003-2005年郴州市县乡公路改造资金到位情况统计表

表18-1-3-1

单位	项目建设计划（千米）				到位资金（万元）			
	合计	2003年项目	2004年项目	2005年项目	小计	中央级	省级	市级
北湖区	50	29	13	8	1900	1500	350	50
苏仙区	40	6	23	11	1520	1200	280	40
资兴市	182	73	36	73	6916	5460	1274	182
桂阳县	174	71	79	24	6612	5220	1218	174
宜章县	86	31	47	8	3784	2580	1118	86
永兴县	89	42	39	8	3382	2670	623	89
嘉禾县	21	10	11		798	630	147	21
临武县	98	37	37	24	3724	2940	686	98
汝城县	88	42	46		3872	2640	1144	88
桂东县	77	32	42	3	3388	2310	1001	77
安仁县	77	57	10	10	3388	2310	1001	77
合计	982	430	383	169	39284	29460	8842	982

二、教科文体卫经费支出

1989年，郴州教育、科技、文化、体育、卫生经费支出1.23亿元，占同期地方财政总支出的31.37%。1995年9月，郴州市委、市政府作出进一步改革和加强卫生工作的决定，要求各级财政年度卫生事业费增长要高于财政经常性支出，并采取倾斜政策加快农村卫生事业的发展。是年，卫生费支出6145万元，比上年增长19.43%。市教科文体卫经费计支出3.57亿元，占同期地方财政总支出的36.19%。2000年，全市卫生费支出8790万元，其中：医院经费支出1912万元、卫生院经费支出1290万元、防治防疫事业费支出589万元、妇幼保健经费支出475万元、中医事业费支出415万元、行政事业单位医疗经费支出2952万元、其他支出1157万元。全市教科文体卫经费总支出5.79亿元，占同期地方财政总支出的30.95%。

2002年，郴州加大投入，支持农村卫生改革与发展，卫生费支出1.04亿元。2003年，全国爆发“非典”疫情，郴州市拨付卫生部门用于“非典”防疫专项资金1450万元；积极配合新型农村合作医疗试点县工作，全市新型农村合作医疗费支出250万元。全年卫生费支出1.31亿元，比上年增长25.9%，其中卫生院经费和防治防疫事业费支出分别比上年增长23.3%和47.9%。2004年，市委、市政府做出加快全市公共卫生体系建设的决定，公共卫生体系建设费支出8446万元。全年卫生费总支出1.51亿元，比上年增长15.3%，其中乡（镇）卫生院经费支出2309万元，比上年增长39.4%，防治防疫事业费支出比上年增长15.06%。到2005年，郴州市加大农村乡（镇）卫生院基础设施建设，投入乡（镇）卫生院新建、改造资金5600万元，比上年增长16%。全年卫生费总支出1.82亿元。2005年，郴州市教科文体卫经费总支出11.86亿元，占同期地方财政总支出的23.97%，是自1989至2005年支出所占比例最低的一年。

1989—2005年，郴州累计支出教科文体卫经费87.86亿元，占全市（地区）地方财政总支出的29.3%；年均支出为5.17亿元。其中教育经费2000—2005年总支出63.50亿元，占同期地方财政支出的21.21%；1989—2005年，科技支出新产品试制费、中间试验费和重要科学研究补助费3项科技费和科学事业费合计3.83亿元，占同期地方财政支出的1.28%，年均支出2254万元；文化经费、其他文化事业费等支出1.63亿元，年均支出961万元；广播电视事业费支出1.42亿元，年均支出836万元；计划生育事业费支出3.82亿元，年均支出2248万元。

三、抚恤与社会保障经费支出

1989年，郴州地区抚恤与社会保障经费支出1398万元，占全区地方财政总支出的3.6%。全市用于抚恤与社会保障中的卫生支出2425万元，其中医院经费498万元、卫生院经费35万元、防治防疫事业费232万元、妇幼保健经费686万元、中医事业费119万元、公费医疗支出686万元。1990年，全地区卫生支出2922万元，比上年增长20.45%，其中卫生事业费1972万元、中医事业费125万元、公费医疗支出825万元。是年，行政机关单位离退休经费，仍由财政全额预算管理；全额及差额事业单位离退休经费，由财政安排预算从包干经费中列支；自收自支单位由单位自筹解决。是年，郴州市财政支付自然灾害救济金427万元。

1995年，郴州市抚恤与社会保障经费支出2379万元，占全市地方财政总支出的2.41%。1996年，郴州市试行机关养老保险制度，每年由单位向机关养老保险经办机构缴纳保险费，全额拨款单位按职工工资总额的24%缴纳的保险费由财政负担。1998年底，郴州市实施市区城市居民最低生活保障制度，资兴市和其他县从1999年开始实行城市居民最低生活保障制度。

2000年，郴州市抚恤与社会保障经费支付1.18亿元，占全市地方财政总支出6.28%。是年，郴州市基本医疗保险制度正式启动实施，原有的公费医疗和劳保医疗制度同时取消，城镇所有用人单位及其职工都要参加基本医疗保险，实行属地管理，“以收定支，收支平衡”。2000—2005年，市本级基本医疗保险统筹基金累计支出2.04亿元。

2002年以后，郴州市进一步聚力推进就业再就业工作。当年，郴州市政府组织专门力量调研，制定《关于促进就业再就业工作的若干意见》《关于促进下岗失业人员再就业有关政策的通知》，出台一系列促进就业再就业的配套政策和实施意见，形成一整套符合郴州实际的就业政策体系。市劳动和社会保障局、市财政局联合印发《郴州市下岗失业人员再就业资金管理实施意见》，对再就业资金的来源、使用范围、预决算管理等方面作了明确规定，就业再就业资金来源由财政预算安排，主要用于失业人员职业培训和职业介绍及失业保险资金的开支。2002—2005年，郴州市就业再就业资金累计支出1.43亿元，其中市本级4526万元。

2003年，全额事业单位离退休养老金改由机关事业养老保险经办机构发放。2004年，汝城县率先在郴州市实行农村低保（最低生活水平保障）制度改革。2005年，在资兴市、桂阳县两地试点，年底在全市逐步推开，各地坚持“低标准起步，逐年提标扩面”的原则，实行分类施保和动态管理，全市农村低保对象最低保障水平年均360~660元。从2004年始，新型合作医疗在郴州市普遍推广，两年共支出409万元，医疗资助3755人。2005年，郴州市抚恤与社会保障经费支出5.17亿元，占全市地方财政总支出的10.5%，以年均20.2%的速度递增。

1989—2005年，郴州抚恤与社会保障经费累计支付22.06亿元，占全市地方财政总支出的7.4%，年均支付近1.3亿元。

四、行政管理经费支出

1989年，郴州行署继续实行会议费包干办法，全区行政管理经费支出4781万元，占全地区财政总支出的12.2%。1991年，地委、行署要求各级各单位节约行政经费过紧日子，减少行政经费支出。1993年，地委、行署制定《行政事业单位经费与编制挂钩办法》，解决有关定编制定经费的问题，地区本级清理超编人员205人，核减经费99.2万元。同时制定《行政经费定项定额考核指标》，即实行人员经费综合定额、会议费控制、在职人员控制、人员与车辆配置等指标考核。当年全区行政经费支出1.07亿元，年增长比例超过20%。

1995年，郴州市委、市政府确定上收郴州市（北湖区）、郴县（苏仙区）43个独立核算的行政事业单位，有人员2028人，划转财政收支基数620万元。市财政对全市性会议经费由财政直接结算统管，同时对各行政事业单位机构与编制进行全面清理，促进精编减员；市财政加强市直机关公费住宅电话、移动电话经费管理，明确装机范围，规定开支标准和费用结算办法等。是年底，郴州市行政管理费支出1.87亿元，占全市地方财政总支出的15.9%。

1997年，市政府制定《郴州市贯彻实施〈事业单位财务规则〉的意见》，明确事业单位实行收支统管，全面推行"核定收支，定额（定项）补助，超支不补，结余留用"的预算管理形式，将预算内拨款、预算外收入和其他经营服务性收入全部纳入收支计划。年初预算应安排行政事业经费9487.4万元，预算内实际只安排4572.6万元，预算外调剂安排4915.1万元，占预算安排总额的52.%，并下达财务收支计划，签订经费支出目标管理责任书。年内在开展党政机关厉行节约制止奢侈浪费活动中，着力整治群众反映强烈的"筷子"（公款吃喝）、"机子"（公款配置通信工具）等问题，压缩接待费、公共电话费支出。1998年，郴州市本级财政供养的210台小车实行财政统一投保，半年时间节减保险费15万元。推行政府采购管理办法、政府采购招投标和政府采购办事公开等制度，全年完成政府采购项目578项，涉及财政资金6835.99万元，实际采购合同金额5852.86万元，节约资金983.13万元。2000年，郴州市行政管理经费支出2.39亿元，占全市地方财政总支出的12.8%。

2002年，郴州市对政法单位经费支出实行"缴罚分离、票款分离"的收支两条线管理办法；市本级财政统一保险车辆449辆，节省保险费47万元。2003年，对专项资金和市直行政单位会议费实行"统一归口管理，定点分类定标，核定总额包干，财政直接支付，单位列报支出"的管理方式，节资资金58万元。市财政还出台《郴州市行政事业单位小车定编管理暂行办法规定》，并由市纪委、市财政局组成市直公务用车定编管理办公室，全面清理超编公务用车。2004年，市财政局拟定《关于实行移动通信话费职务消费货币化补贴办法》，由市委办公室、市政府办公室发布实施，从次年1月起执行。2005年，市财政出台《关于对市直行政事业单位招待费征收政府调节资金的通知》，凡超支部分按40%比例征收政府调节资金，全年公款招待费比上年下降20%以上。

1989—2005年，郴州行政管理费支出总计37.73亿元，占行政管理费支出的66.1%，占财政总支出费的12.5%。行政管理费用除1997年是负增长外，其余都是正增长，尤其是1992年、1993年、1994年、1996年、2001年、2005年这6年，增长比例达20%以上。其中1989－2005年，公检法司行政管理费支出总计19.3亿元，占行政管理费支出的33.9%，占一般预算经费支出的6.4%。行政管理经费支出依旧占地方财政支出的比例较大。

五、政策性补贴经费支出

1989年，郴州地区财政局对商品粮食、职工住房进行政策性补贴。粮食政策性补贴由中央财政贴息、省财政负责消化，共支付补贴金5959万元，占全区财政总支出的15.16%。其间，粮食流通财务费用由湖南省财政厅直接管理。1992年，郴州房改工作全面铺开，市财政加强对行政事业单位住房资金管理，并纳入专户储存。截至年底，地区本级已有74个行政事业单位开设住房基金收入专户，存入住房资金63.12万元。至1994年，单位住房基金代管金额为2164万元。是年，郴州行署在全地区推行住房公积金制度，对住房公积金的归集、使用作出明确规定。

1995年3月，郴州市住房公积金管理中心成立，进一步加强对住房公积金的管理使用。是年，因商品粮食流通补贴上调至中央和省级财政，郴州市财政政策性补贴经费共支出1551万元，占全市地方财政总支出的1.57%，与1989年比减少4408万元，减少73.8%。2000年，郴州市政策性补贴经费支出2687万元，占全市地方财政总支出的1.4%，与1995年比减少0.14个百分点。

2005年，郴州市其他政策性补贴987万元，占全市地方财政总支出的0.19%。1989年至2005年，郴州市政策性补贴经费累计支出5.26亿元，占全市地方财政总支出的1.76%。

六、其他支出

1989年，郴州行署拨付农田水利资金、水土保持资金、农林合作生产组织资金、农业发展专项资金、发展粮食生产专项资金、农业技术推广资金、农业植保补助资金、农业水气象事业资金、农业综合开发资金、支援不发达地区奖金、工商部门事业费、商品流通部门事业费等1.44亿元，占全地区地方财政总支出的36.6%。1995年，郴州市其他支出为4.12亿元，占全市地方财政总支出的41.8%。2000年，全市其他支出为8.99亿元，占全市地方财政总支出的30.5%。2005年，全市其它支出为2.57亿元，占全市地方财政总支出的51.9%。2005年与1989年比，其他支出上升15.27个百分点。1989年至2005年，郴州其他支出累计为142.44亿元，占地方财政累计总支出的47.5%.其中除涉农支出外，涉及工商业事业费支出累计为3.63亿元，占全市其他总支出费用的0.25%。郴州市财政其他支出中99.75%为涉农支出。

七、上解支出与种粮补助支出

（一）上解支出

郴州财政1989年上解支出为3364万元、1995年为7124万元、2000年为8902万元、2005年为1.41亿元，分别占地方财政总支出的8.6%、7.2%、4.8%、2.9%。1989—2005年，郴州地方财政累计上解支出12.49亿元，占郴州地方财政总支出的4.17%。

（二）种粮补助支出

2004年，郴州市贯彻国务院和省政府一系列促进粮食生产的政策，统一制定对种粮农民直接补贴的办法。是年，由中央、省首次给农民发放粮食直接补贴资金5615万元，其中种粮补贴2618万元，良种补贴2997万元。2005年，市政府继续加大补贴力度，扩大补贴规模。全市粮食直补资金按农业税计税面积16.73万公顷补助，不再扣除5%非粮食种植面积。每亩补贴标准由2004年的11元提高到13元，凡种植了一季当地主要粮食作物的均给予补贴。同时创新补贴资金发放方式，在全市推广补贴资金发放信息化，补贴资金以存折方式直接发放到农民手中。

1989—2005年郴州市（地区）财政主要支出分类统计表

表18-1-3-2　　单位：万元

年度＼项目	合计	基本建设支出	教科文体卫支出	抚恤与社会保障支出	行政管理费	政策性补贴支出	其他支出	上解支出
1989	39298	446	12329	1398	4781	5959	14385	3364
1990	44606	422	14156	1685	5320	5897	17126	3699
1991	53811	864	15523	1413	6065	4356	25605	3832
1992	59295	978	18414	1430	8771	5388	24314	4290
1993	76329	1209	24209	1832	10653	5049	33377	4422
1994	82121	1012	31255	2174	13627	2668	31385	4184
1995	98752	1575	35736	2379	16264	1551	41247	7124
1996	117852	1723	39560	2458	18661	3209	52241	7953
1997	128866	1952	39291	2643	18564	2572	63844	7969
1998	149285	1763	47507	4952	21170	2511	71382	7960
1999	176669	1831	52797	10064	23243	3632	85102	7827
2000	187231	1013	57944	11758	23921	2687	89908	8902
2001	237560	1549	71113	19038	29431	2551	113878	8404
2002	295311	3386	85935	29292	34773	1496	140429	9293
2003	350706	5178	99198	34644	39422	1058	171186	9107
2004	406048	9631	115080	41720	46157	1072	192388	12464
2005	494700	10343	118558	51720	56481	987	256611	14112
总计	2998440	44875	878605	220600	377304	52643	1424408	124906

1989—2005年郴州市（地区）财政收支平衡表

表18-1-3-3　　单位：万元

年度＼项目	财政收入						
	合计	农业各税	工商各税	企业收入	其他收入	专项收入	上级补助收入
1989	31894	2649	25288	122	3663	172	11155
1990	32855	2661	25878	-211	3718	809	13965
1991	43129	2682	27661	-167	12066	1337	14242
1992	46883	5952	31571	1352	6494	1514	17313
1993	64621	7466	44944	1880	8473	1858	12311
1994	56183	9375	26092	3837	14305	2574	34111

续表 18-1-3-3

项目 年度	财政收入						
	合计	农业各税	工商各税	企业收入	其他收入	专项收入	上级补助收入
1995	70199	11622	32567	2507	20263	3240	34543
1996	86371	17027	38707	2018	25549	3070	37133
1997	98348	18227	42739	1739	35643	—	38634
1998	115981	12033	47236	2383	51145	3184	40775
1999	128420	15177	52710	-285	57891	2927	56063
2000	133818	17715	55291	678	56904	3230	57551
2001	152350	23303	63562	2198	59858	3429	93871
2002	173831	40450	62142	5548	61733	3958	134892
2003	214922	55876	73057	10311	70243	5435	144105
2004	231643	41546	95601	14767	74164	5565	193693
2005	273618	21554	213445	12019	19936	6664	244904
总计	1955066	305315	958491	60696	582048	48966	1179261

项目 年度	财政支出							
	合计	基本建设支出	教科文体卫支出	抚恤与社会保障支出	行政管理费	政策性补贴支出	其他支出	上解支出
1989	39298	446	12329	1398	4781	5959	14385	3364
1990	44606	422	14156	1685	5320	5897	17126	3699
1991	53811	864	15523	1413	6065	4356	25605	3832
1992	59295	978	18414	1430	8771	5388	24313	4290
1993	76329	1209	24209	1832	10653	5049	33377	4422
1994	82121	1012	31255	2174	13627	2668	31385	4184
1995	98752	1575	35736	2379	16264	1551	41247	7124
1996	117852	1723	39560	2458	18661	3209	52241	7953
1997	128866	1952	39291	2643	18564	2572	63844	7969
1998	149285	1763	47507	4952	21170	2511	71382	7960
1999	176669	1831	52797	10064	23243	3632	85102	7827
2000	187231	1013	57944	11758	23921	2687	89908	8902
2001	237560	1549	71113	19038	29431	2551	113878	8404
2002	295311	3386	85935	29292	34773	1496	140429	9293
2003	350706	5178	99198	34644	39422	1058	171186	9107
2004	406048	9631	115080	41720	46157	1072	192388	12464
2005	494700	10343	118558	51720	56481	987	256611	14112
总计	2998440	44875	878605	220600	377304	52643	1424408	124906

第四节　财政管理与监督

一、财政资金管理

（一）预算资金管理

1989年至1994年4月前，郴州对预算资金实行“定额补贴”的管理体制[①]。1994年4月，郴州地区财政局、中国人民银行郴州分行印发《关于上划中央收入实行“预抵税收返还”办法的通知》，对县（市）上划中央收入从1994年5月起实行“预抵税收返还”办法，明确县（市）“预抵税收返还”比例计算、具体操作及账务处理方法。1994年6月，郴州地区财政局根据省财政厅关于“工程项目单位采用定期到县实行报账制”的精神，印发《关于农业综合开发无偿资金实行县市报账制的通知》，规定凡农业开发无偿资金，各县（市）财政停止对项目单位直接拨款；所有无偿资金一律拨给县（市）农业开发专户；县（市）农业开发专户设县（市）级财政局，会计出纳由财政派人兼管。1995年1月，地区财政局印发《财政支农周转金管理实施细则》，明确财政支农周转金实行部分有偿使用，对财政支农周转金的来源、使用原则、管理机构、扶持对象、使用范围、使用期限、借款申报、投放程序、占用费收入、业务费提取、会计核算、目标管理、合同管理等分别作出具体规定。1996年4月，市财政局印发《郴州市地方财政周转金管理实施细则（暂行）》，明确地方财政周转金必须遵循“控制规模，限定投向，健全制度，加强监督”的“十六字”方针，按照“统一开户，统一核算，统一计划，统一制度，统一管理”的“五统一”要求进行管理。各级地方财政周转金本金（含周转金占用费及存款利息转入部分），原则上不得超过当年本级预算内可用财力的15%；各类周转金，由同级财政预算部门总户管理、分户核算，其收付须经过财政预算部门办理有关手续；对使用单位放款，可采用财政部门直接放款或委托指定金融机构放款方式放款；放（借）款期限，一般不超过一年，个别特殊情况，不得超过两年；地方财政周转金占用费率实行行业差别费率，一般为月率3‰~6‰。是月，市财政局组织清理并统一银行账户，澄清基金家底，初步形成预算部门、周转金管理业务部门、纪检监督部门相互配合、相互制约、相互监督的管理体系。1998年，中共中央、国务院提出全面取消财政周转金，市财政局于是年12月印发《关于全面取消和清偿财政有偿资金有关事项的通知》，明确提出对各类财政周转金实行“停”“调”“清”“收”具体措施，并公布市本级财政有偿资金清偿专户，此项工作于1999年基本完成。

2002年2月，郴州市财政局行文明确市本级财政扶贫资金专户设财政局预算科（后改为国库科），同时在财政局农业科设立报账专户。是年，郴州市财政局规定财政扶贫资金实行专户管理，扶贫主管部门在使用扶贫资金时，由财政农财科（股）审核批准后，在财政国库科（股）报账。是年9月，市财政局制定《郴州市市级财政扶贫资金报账实施细则》，明确市级财政扶贫资金的报账范围（包括省级和市级财政安排下达的扶贫专项资金，不含市级财政预算包干经费），要求市级各单位使用的财政扶贫资金必须实行项目管理，并严格按照规定程序实行财政报账制。

2003年2月，省财政厅核定郴州市2003年预抵税收返还比例为25.0%。是年12月，市财政局

① 详见本篇第一章第一节。

调整各县（市、区）2004年“预抵税收返还”比例，调整后各县（市、区）“预抵税收返还比例”为15%~60%，宜章县居高为60%，苏仙区居低为15%。至2005年“预抵税收返还比例”未变。是年4月，市财政局印发《郴州市财政局财政资金专户管理暂行办法》，明确财政资金专户的管理范围包括非税收入资金、社会保障资金、世界银行贷款、农业综合开发资金、工资、扶贫资金、副食品风险基金、中央再贷款资金、国债资金、城建资金、粮食风险基金、政府采购资金、住房资金、产业引导资金及其他按政策规定开设的财政资金专户14个，具体规定财政资金专户的账户设立、资金拨付监督管理办法，并明确财政专项资金管理工作由财政部门具体负责，按照程序对使用财政专项资金的单位进行项目申报审批、资金拨付、项目完成验收和绩效考评。

2004年6月，郴州市政府制定《郴州市专项基（资）金监督管理办法》，明确专项基（资）金按照统一领导、分级管理的原则，由各级财政部门负责管理和监督，并在管理方式、收支计划、支出审批、稽查和处罚等方面作出具体规定。是年5月，郴州市财政局印发《郴州市财政局关于将财政资金专户纳入国库管理的通知》，将国债基建资金、国债转贷资金、粮食风险基金、城市维护费、农业周转金、氮肥集款退款专户、会议费、旅游促销资金、三产业资金、教育专项资金10个财政资金专户，由原来主管科室划出，统一归口国库科管理；制定《财政资金支出管理办法》，明确财政资金管理范围、审批权限、拨付程序、监管办法。市财政局于当年8月对局内部各职能科（处）室管理的专项基（资）金，实行“收支分离、集中管理、分类负责、规范审批、统一拨付、监督检查”的管理方式，并明确专项基（资）金的缴库方式、收支预算编审、使用审批、拨付程序和内部制约监督等规定。市财政局还印发《市直会计集中核算单位专项资金核算管理办法》，要求专项资金坚持专款专用原则，实行“归口管理，分项核算”的管理办法，具体规定专项资金的科目设置、会计核算、报账要求、使用监督等。

（二）预算外资金管理

1989年，郴州行署力促行政事业单位的专户储存工作。当年，全区专户储存单位383个，占应存单位的88.9%，储存金额为7114万元，其中郴州地区本级专户储存单位46个，占应存单位100%，储存金额1616万元。是年，全地区综合计划部门融通资金1310万元，其中地级262万元，融通项目163个。

1990年，郴州地区财政局出台《关于进一步加强预算外资金管理的通知》，立足专户储存，强化“收支两条线”管理。是年，专户储存428家，占应储存单位的92.64%，储存金额7885万元；制定《预算外资金融通管理办法》，对融通资金限额、融通对象和用途等作出具体规定，保证资金的安全和投放效益。是年，全区综合部门融通资金1169万元，其中地级566万元。1991年，重点对乱收费进行治理。市财政局会同市物价、税务、审计部门督促检查行政事业性收费及收款收据。1992年，从控制源头着手，加强“收费许可证”“收据准购证”发放和年审工作。年内实行专户储存单位604户，累计储存金额1.2亿元。根据省财政厅颁发的《预算外资金融通办法》加强管理，全年融通资金2618万元，年增产值4352万元、销售收入4609万元、利税600万元。1993年，开展《湖南省行政事业性收费管理条例》贯彻宣传活动，加强对收费的清理整顿，共取消不合理收费项目80多个，查处违纪金额200多万元，收缴入库140万元。1994年，地区财政局代行署拟发《关于集中行政事业单位部分预算外资金的通知》，先后两次开展预算外资金整治活动，取消219个收费项目，降低收费标准258个。

1995年6月12日，郴州市政府召开贯彻落实《湖南省预算外资金管理条例》动员会。全年实行专户储存单位886户，累计专户储存金额1.96亿元，其中市本级专户储存户数112户，累计专户储存金额3195万元。从1996年开始，郴州市对预算外资金管理进行综合改革，至2005年收到明显效果[①]。

二、会计管理

（一）会计机构管理

自1989年始，郴州加强对会计核算机构的管理。1992年2月，郴州地区财政局组织在全区乡（镇）财政所开展会计工作达标活动，重点推动会计机构建设。1996年5月，市政府成立市整顿会计工作秩序领导小组和会计基础工作规范化领导小组，在全市开展整顿会计工作秩序活动，完成自查整改单位2463个，重点检查775个，经整改达到会计基础工作规范化合格单位40个。1997年3月，召开全市整顿会计工作秩序总结表彰大会，表彰先进集体26个，先进个人45名。

从1998年起，全市开展会计工作抓基础、达标准、上等级的会计工作达标活动。是年，验收合格会计基础工作规范化单位54个，会计基础工作规范化单位增至135个。1999年验收合格单位196个，之后经组织验收，到2005年，全市会计基础工作规范化合格单位累计达567个。

2005年，全市组织827个各级各类企业和事业单位开展单位会计执法自查自纠，继后市、县两级政府对365个单位进行重点抽查。1997—2005年，全市共批准和监督14家单位销毁会计档案。

（二）会计人员管理

1989年，会计系列中、初级职称由市财政部门负责评聘，高级职称由湖南省财政厅主管评聘。1991年，郴州推行会计系列考试（评审），合格者方可取得被评聘的资格。1989—1991年评出中级职称592人，初级职称851人。1992年5月，郴州行署成立地区会计系列初级评委会，会计师评聘管理级别未变，初、中级会计师仍由地区评聘；高级职称仍由省级评聘。1995年，郴州市会计系列中级、初级考试停考（1996年后恢复）。9月，完成郴州市会计人员基本情况调查。是年，全市会计人员1.49万人，其中已聘用的高级会计师11人、会计师612人、助理会计师1641人、会计员2781人，未聘用会计师274人、助理会计师655人、会计员1086人。

1998年，对全市2.35万名会计人员档案实行微机管理。1999年12月，开展全市会计人员调查统计工作并建立会计人员信息数据库。是年，以会计准则作为培训会计人员重点内容，完成继续教育培训1.25万人次，对1.52万名在岗会计人员完成年检。

2000年12月，市财政局召开全市“双先”（先进会计单位、先进会计人员）表彰会，表彰先进单位21个，先进财会工作者77人。2002年，市财政局印发《郴州市加强会计从业人员职业道德规范标准》。2003年，会计人员继续教育培训职能由市财政局移交市财税职工中专。2004年7月始，停止收取会计证年检费用。

1992—2005年，全市参加中级会计系列考试人员共2.15万人，合格者3072人；参加初级考试的2.89万人，合格者8579人；参加会计证考试6.7万人，合格者2.21万人。2005年末，全市有会计人员1.87万人，其中具有注册会计师（高级）职称136人，占0.72%；中级职称3429人，占18.3%；初级职称3987人，占21.31%。2005年年底，市财政局印发《关于转发湖南省财政厅关于印发〈湖南省会计从业资格管理办法〉的通知》，按通知要求核发会计从业资格证，通过审核向1.6万名会计人员发放“会计从业资格证”。

---

① 详见本章第一节

（三）会计检查与监督

自1996年始，市财政局对会计检查与监督工作进入常态化管理。是年，市财政局开展会计秩序整顿工作，当年完成会计秩序整顿775户，检查有问题的696户，共查出各类违规违纪金额2936.5万元。是年6月，郴州市启动会计（审计）师事务所脱钩改制工作，至年底，脱钩改制工作基本完成。脱钩改制前全市共有24家会计（审计）师事务所，脱钩改制后，全市保留符合法定条件的会计师事务所4家，其中，有限责任制3家，合伙制1家。

2001年7月24日，在郴州召开全市会计法执行情况重点检查工作会议，布置会计法执行情况重点检查工作。是年，全市11个县（市、区）上报重点检查单位314户，其中行政机关单位98户、事业单位109户、国有企业107户。

2002年，根据郴州市委办公室、市政府办公室《关于市本级开展集中会计核算工作的通知》，和市政府《关于印发〈郴州市本级集中会计核算试行办法〉的通知》规定，郴州市财政局对市直国家机关、人民团体和财政全额拨款与收支“两条线”管理的事业单位，全面实行集中会计核算，撤销银行账户251个，并取消其会计岗位。

2004年，郴州组织《中华人民共和国会计法》执行情况检查，历时3个月。年内全市2139个单位先组织力量认真自查，市政府后对231个单位进行重点检查，市本级查出违纪金额2441.29万元，应收缴入库的227.78万元全部收缴入库。

2005年，全市有会计师事务所7家，其中有限责任性质4家，合伙制3家；会计集中核算制至2005年未有变化。是年对会计法执行情况检查历时1个月，全市827个单位组织力量自查，市本级查出违纪金额150多万元，应收缴入库35万元，实际收缴入库20万元。

三、财务管理

（一）行政财务管理

1989年，郴州地区财政局行财科分管所有行政事业单位的财务。1994年劳动、卫生、民政部门的财务从局行财科划出，由新成立的社会保障科管理。1999年，成立郴州市工资发放中心，负责市直行政事业单位工资集中统一发放等工作，推行财政统一发放工资制度；同年成立郴州市政府采购中心，负责市直行政事业单位政府采购工作。2000年6月，市本级和11个县（市、区）全面实行工资统发制度。自2002年始，教育、科技、文化、计划生育部门财务，由新成立的郴州市财政局教科文科管理。是年，郴州市政府采购中心从市财政局行财科分离，为单独科（室）；郴州市工资发放中心也从行财科分离，并入新成立的郴州市会计核算中心。2003年加强公务用车费和会议费管理。2004年，通过调查公安部门财务，仔细算账，结合市本级财政承受能力，坚持从优待警、科技强警的原则，按照市本级公安在编人员人均4.5万元（北湖和苏仙两区按年人平4.7万元）的标准进行预算安排。当年共安排公安机关人员经费4471万元，比上年增加3075万元，增幅达2.2倍，2005年后仍继续执行此政策。

（二）事业财务管理

1989—1994年，郴州地区重点落实好科、教、文、卫系统事业经费支出，共投入经费1.59亿元，确保科教文体卫各项事业发展需要。1996年，郴州市委、郴州市政府印发《关于进一步推行科学技术进步的决定》，要求各级政府加大财政对科技的投入，确保财政对科技投入增长幅度高于财政收入的增长幅度。1997年，市财政局制定《郴州市贯彻实施〈事业单位财务规划〉的意见》，要求事业单位财务收支统管，全面推行“核定收支，定额（定项）补助，超支不补，结余留用”的新型预算管理形式。1998年，全市将纳入财政预算管理的事业单位工作人员工资实行全封闭管理，确保事业单位工作人员工资按时足额发放。1999年，将市财政拨付工资的事业单位纳入统发范围，单位人员工资由财政部门直接拨付到金融机构个人工资储备帐户。2000年，进一步规范工资统发工作，在此基础上于2003年将市直财政供养的187个行政事业单位划分为A、B、C、D四类，不同类别实行不同预算管理。至是年年底，全市11个县（市、区）将所有公办义务教育阶段的人、财、物全部纳入县级统一管理。2005年起，全市对农村义务教育阶段家庭贫困学生实行“两免一补”政策。同年，郴州全面推行农村部分计划生育家庭奖励扶助制度。

（三）社会保障财务管理

执行公费医疗管理 自1989年始，财政部门负责经费落实和财务管理工作，公费医疗机构负责日常事务管理工作；行政事业单位离退休费纳入财政全额预算管理。1996年，开始试行机关养老保险制度，每年由单位向机关养老保险经办机构缴纳保险费，离退休金由保险经办机构按规定发放，全额单位按职工工资总额24%缴纳养老保险费，所缴费用由财政负担。自2000年始，试行城镇职工基本医疗保险制度改革。从2003年起，在桂阳县开始试行新型农村合作医疗制度，其资金由中央、省、市、县四级财政负担，参入合作医疗农民按规定缴纳部分资金。至2005年，新农合医疗制度在全市各地开始推行。

实行低保制度 从1999年开始，纳入最低生活保障人员予以每人每月100元生活补助。2000年开始，全市建立国有企业下岗职工基本生活保障制度，劳动保障单位均纳入财政全额预算管理。2003年，劳动保障行政主管部门纳入A类管理，经费由财政全额保证；其他事业单位纳入B类管理，经费由财政基本保证。2004年，汝城县率先在全市实行农村低保制度，三次调整提高低保标准，到2005年年底每月人均增至65元。是年，在全市逐步推开农村低保制度。城市低保金额提高到每人每月160元。是年，资兴、桂阳试行农村大病医疗救助制度，并于当年在其他县（市、区）推开。

（四）农业财务管理

1989年10月，国家土地开发领导小组批准郴州地区为农业综合开发区，是年，郴州筹集开发配套资金1162万元、支农周转金1004万元，投放支农周转金1430万元。1990年，地、县（市）财政支农资金，重视农业科研技术及良种推广和教育培训经费的安排，全年安排农业科研及教育培训经费353万元。1991年，地、县两级财政共筹集财政支农周转金2025.4万元。开展财政支农周转金检查，检查全区11个县（市）及地本级对“七五”期间投放的5965.8万元支农周转金的使用。1992年后，农业财务管理主要涉及支农周转金、农业科研和丰收计划推广资金、农业产业化建设资金等。从1998年起，取消财政周转金，对各类周转金实行只收不放政策。至1999年共回收财政支农周转金及其占用费244万元、农业综合开发财政有偿资金及其占用费1980万元。2003年，规范财政供养范围，确定财政对农口系统差额事业单位经费供给区别对待，对部门预算试点单位，严格预算编制执行，确保部门预算的严肃性。从2004年起，实施农村劳动力转移培训阳光工程，对9个县（市、区）拨付财政资金578万元，其中上级财政500万元，市本级财政配套78万元。

（五）企业财务管理

从1993年7月开始，郴州行署根据财政部《企业财务通则》有关要求，加强企业财务管理和经济核算，全区各企业普遍制定财务管理制度，规范企业财务活动行为。1994年，全地区工交企业加强企业生产经营、企业内部财务管理，规范企业财务行为。1995年，郴州市在国有企业中进一步完善企业外部财务监督，企业内部财务约束机制建设，解决企业财务管理中存在的问题，从消费性资金、生产经营资金使用、对外投资、关联企业经营来往、资金调度等方面加强财务监督。2000年，市政府在全市国有企业出售公房中，明确取消支付给职工个人的住房补贴和住房周转金。2001年，全市对国有企业的管理职责权限、资本投入、资本营运、资本收益、财务考核评价、法律责任等进行全面的监督检查。2002年，市财政局先后帮助35户企业，制定财务预算管理基本内容，财务预算形式及编制依据、编制程序和方法、执行与控制，财务预算调整，财务预算分析与考核等制度。2003年，全市国有企业执行财政部下发的《企业资产损失财务处理暂行办法》的规定，明确企业资产损失确认、责任认定、资产损失处理等企业财务管理职责。

（六）基本建设财务管理

1989—1992年，区内基本建设规模小，每年投入资金不足1000万元。1993年、1994年，投资规模达到1000余万元。对以上投资，财务实行预算管理和成本控制管理。1995年，郴州市经济建设提速，市财政管理市本级城市维护费2000余万元，中央、省和市级预算内基建支出2840万元。1998年，国家实行积极的财政政策并发行国债。2002年，市财政投资评审中心成立，开展财政投资评审工作。2005年，市财政管理市本级城市维护费6195万元，中央、省和市级预算内基建支出达4.67亿元。是年年底，全市争取国债项目195个，累计到位国债资金11.8亿元。成立市工程预决算审查办公室，审查工程投资额3400余万元。至2005年底累计审查工程金额4亿元。

（七）对外经济贸易财务管理

1989年，郴州地区招商引资财务管理资金量不大。1992年，地区财政局根据湖南省财政厅要求接手旅游、外事、侨务部门财务管理工作。全地区时有8户国营旅游及侨汇企业。地区财政局针对旅游、侨汇企业长期处于亏损的情况，给予政策和资金方面扶持，向困难企业予以借贷短期周转金。1995年，郴州市大力发展外向型经济，全市实际利用外资2783.67万美元；旅游业进入快速发展阶段，全市用于旅游业投入2500万元。1998年开始，专门设立旅游产业发展引导资金，用于鼓励旅游项目开发建设。同时制定一系列优惠政策，鼓励和支持外来企业、国有企业、民营企业投资开发旅游业。2005年5月，郴州市第一个利用外国政府贷款项目即公共卫生项目（日本政府贷款）正式签约。贷款分为I、II期。贷款I期额度2.53亿日元，年利率为1.5%，贷款期限为30年，含宽限期10年；贷款II期额度762万日元，年利率为0.75%，贷款期限为40年，含宽限期10年。截至2005年，郴州市共利用世界银行贷款2395.76万美元，贷款涉及教育、农业、林业、卫生、水利等方面，全市拨出配套资金1995.75万元，偿还本金折合人民币5292.66万元。"十五"期间（2001—2005），全市发布旅游投资项目280余个，实现签约项目205个，全市用于旅游投入60余亿元，其中投放旅游外资、民资共40亿元。此间，郴州市实际利用外资总量连续五年位居全省市州第二位。2003年起，郴州市财政每年安排300万元（逐年递增）招商引资专项经费支持全市招商引资工作。2005年，郴州市新批外商直接投资企业52户，合同利用外资4.58亿美元，实际到位外资2.44亿美元。全市涉外税收累计2.85亿元人民币，其中国税2.37亿元，地税0.48亿元。

1989—2005年郴州市（地区）外商投资情况统计表

表18-1-4-1　　单位：万美元

年度	项目个数	总投资	注册资本	合同外资	实际利用外资
合计	538	267115.86	117262.18	168968.76	128519.15
1989	5	486.95	473.51	293.49	46.42
1990	2	90.23	90.23	74.53	172.40

续表 18-1-4-1

年度	项目个数	总投资	注册资本	合同外资	实际利用外资
1991	3	262.70	259.30	97.87	246.44
1992	49	6071.22	4656.79	2367.30	246.44
1993	41	5442.76	4430.59	2588.80	1211.64
1994	24	2775.24	2149.11	1261.11	1478.06
1995	30	48683.2	18044.8	16235.5	2783.67
1996	35	11526.8	6873.16	4567.0	5033.34
1997	30	5780.8	4052.90	2247.64	5681.00
1998	23	14074.8	7763.50	6179.57	6449.00
1999	23	1797.62	1180.30	1055.60	6483.29
2000	29	13193.60	7085.56	13537.10	7080.00
2001	35	2825.10	1660.01	16170	10953.00
2002	54	38115.56	12751.57	20106.75	15423.45
2003	54	6279.03	3829.45	17098.50	20951
2004	49	23110.15	13438.35	19337	19882
2005	52	86600.10	28523.05	45751	24398

（八）其他财务管理

投资评审管理 郴州市投资评审工作始于2002年，到2005年年底止，全市11个县（市、区）成立财政投资评审中心10个。其间，全市累计完成投资评审项目745个，评审金额15.76亿元，审定投资金额12.86亿元，审减金额2.9亿元，审减率18.39%。其中市评审中心累计完成评审项目51个，评审金额7.27亿元，审定投资额5.49亿元，节约建设资金（审减金额）1.78亿元，2002—2005年平均审减率24.49%，每年均为国家节约建设资金4450万元；其间县级完成评审项目694个，评审金额8.49亿元，审定投资额7.37亿元，审减投资额1.12亿元，平均审减率13.17%。

乡（镇）财政管理 1989年，乡（镇）财政负责征收农业税及农业税附加、契税、屠宰税、农林特产税、耕地占用税等。全区248个乡（镇），财政体制实行“大包干”43个占17%；实行“收支挂钩”152个占62%；沿用收支两条线53个占21%。体制一年一定111个乡（镇），占45%；一定三年137个乡（镇），占55%。1990年，全区249个乡（镇）不同程度实行“收支挂钩”预算管理体制。1994年，实行“分税分成、收返挂钩”新型乡（镇）财政预算管理体制，原对农林牧水产品（如烤烟）征收产品税改征为农业特产税，由乡（镇）财政所直接征收。1996年，郴州市开展乡（镇）国库建设试点，至年底有18个乡（镇）金库筹建成功。1997年，制定“核定基数，收支挂钩，分税制分成，定额上缴（或补贴），一定几年（一年至三年）”的分税制财政管理体制。2001年，郴州市加强乡（镇）消赤减债工作，全市消化预算外赤字额1250万元，年底预算外赤字额仅剩45万元；减少债务7145万元、年底债务余额1.85亿元。清理农村合作基金会，乡（镇）向财政借款年底余额为1.19亿元。全市乡（镇）从1999年起到2001年止，共消减赤字1.56亿元，3年减债2.49亿元。2003年，郴州市乡（镇）财政所对农业税实行“定点、定时、定额”征收，186个乡（镇）财政所设立农业税征收厅。2004年，各乡（镇）财政所负责发放种粮补贴、良种补贴等财政涉农补贴。2005年，郴州市全面启动乡（镇）财税管理信息化建设。至年底，全市乡（镇）财政供养人口为3.32万名，其中财政预算拨款人数1.91万名，财政补助开支人数1.41万名。是年，乡（镇）财政所的主要工作职责由原来的催粮、催款、抓收入，转变为加强财政支出管理、跟踪专项资金使用、加强涉农资金和农民补贴发放工作，同时负责辖区内烟叶特产税、契税、耕地占用税征收管理。2001—2005年，共减债4.01亿元，占减债目标任务数4.25亿元的94.4%。

街道财政管理 1989—1995年，郴州各街道办事处财政管理体制大致与乡镇财政管理体制相同。1996年，郴州市有街道办事处6个，市区对街道办事处实行“划分税种，核定收支基数，固定收入分级留用，共享收入比例分成，收入全额上解，支出全额下拨，年终结算超收分成，短收自负”的不完全的分税制财政体制。2005年，全市有街道办事处7个，均设有财政所，财政供养人口346人，其中财政拨款开支人数277人，财政补助开支人数69人。是年，全市街道完成财政总收入1300万元，财政总支出1079万元，收入增长幅度略高于支出增长幅度，实现“收支相抵、略有结余”的财政目标。

四、财政监督

（一）财政执法监督

1989年，郴州地区行署根据省财政厅《关于清理职工借用、拖欠公款的通知》精神，组织全地区清理职工借用、拖欠公款单位815户，欠款金额357.4万元，清理归还338.7万元，归还率为94.8%。1991年，全地区检查乱罚款523起，查处516起，查处违纪金额646万元，上缴财政81.5万元；收缴非法票证8430份。1992年上半年，继续查处财政违纪资金42.7万元；当年受理群众来信来访155次，立案经济案件20件，全部查处结案。1993年，立案查处财政违法违纪案件11起，14名违法违纪人员分别受到党纪政纪处分。

1995年，郴州市政府组织开展单位私设“小金库”专项清理检查，查处违纪资金251.8万元，应收缴入库93.9万元，收缴入库89.7万元，入库率为95.9%。1996年，全市开展会计秩序整顿执法检查，检查775户，发现问题696户，共查处各类违规违纪资金2936.5万元。1997年，全市财政执法检查企事业、行政单位104户，查处各类违纪资金725.2万元，应收缴375.9万元，当年收缴入库338.5万元，收缴率为90.05%。1998年，全市财政监督检查单位549户。查处违纪金额3123.9万元，应收缴入库1085.2万元，当年入库816.9万元，入库率72.28%；受理群众来信21件，立案查处19件；对市本级54个单位2.40亿元行政事业性收费及罚没收入进行检查，查处违纪金额1735.5万元，当年收缴财政309.8万元，收缴率不到20%；对6个社会审计中介机构执业质量进行抽查，查处违纪金额69万元，应收缴入库30.6万元全部入库。1999年，全市财政执法检查单位588户，查处违纪金额4449.4万元，应收缴财政1042.3万元，当年收缴入库792.4万元，入库率76.02%。

2000年，《湖南省财政监督条例》出台，市财政局依条例检查单位799户，查处违纪资金4530.3万元，应入库902.5万元，当年入库557.3万元，入库率61.74%。2001年8月，全市对会计法执行情况进行检查，自检单位314户，重点检查78户，补缴地方税45万元，移送司法机关处理企业责任人2人，处罚款会计师事务所2户。2003年，全市监督检查查出违纪资金2293万元，应入库506万元，已入库356万元，入库率70.36%；2004年，继续开展会计法执行情况检查，全市自查2139个单位，进行重点检查231户，市本级查出违纪资金2441.29万元，应收缴入库的227.78万元全部入库。

2005年，郴州市财政清理检查行政事业单位201户，查处私设“小金库”金额2829万元，收缴412万元，立案8件全部结案。

（二）财政资金收支监督

1989年，地区财政监察部门配合地区审计局检查临武县、宜章县、嘉禾县、资兴市、郴州市财政局财政决算，查出违纪金额461.4万元；检查乡（镇）41个，查处违纪金额173.9万元。立案检查13起，结案11起，予以党纪处分4人、行政处罚3人、经济处罚3人。1991年，地区财政局组织对区内11个县、市的57个核算单位进行检查，查出问题资金164万元，应收缴财政19万元，限期退回、调账145万元。1993年，检查1个县级财政，37个乡（镇）财政，查增财政收入57万元，查处财政资金收支违纪人员9人。同时检查支援经济不发达地区发展资金的分配、使用和管理情况，全区查处违纪金额52万元。

1995年，检查资兴市、永兴县、宜章县、安仁县、桂东县、桂阳县、嘉禾县乡（镇）财政财务收支执行情况，帮助其建制、规范管理。1996年，全市财政监督检查县财政1个，乡（镇）财政38个，严肃处理乡（镇）财政财务白条白支、违规控购行为。是年，开展预算外资金专项检查，全市预算外资金滚存结余2.5亿元，自查和重点查出违纪金额2.61亿元。1997—2000年，先后组织对县级财政、乡（镇）财政所收入上缴资金、市本级年度行政事业性收费及罚没收入和农业开发资金、教育事业费附加等进行检查，共查出违纪金额3516.8万元，分别作出收缴财政入库、归还资金渠道处理。

2000年，郴州市政府部署进一步规范财政监督行为，组织对市本级1997年6月至2000年5月征收的解困资金管理情况进行检查，查出未实行财政专户存储、坐收坐支401.4万元，挪用90万元，市政府责令限期改正，并通报检查情况；对市本级1999年“8·13”洪灾社会救济捐款2664.1万元进行跟踪监督检查。2002年，市财政局抓财政机关制度建设，出台《关于印发郴州市财政机关管理办法（试行）的通知》《关于进一步加强局内部财务管理的通知》。2003年，全市开展对7个县的国土有偿使用收入进行检查，查出挤占市级收入292万元。2004年，市财政局出台《郴州市财政局财政资金支出管理办法》，开展一年一度的内审。同时开展对2个县的市级收入检查，查缴违规资金104万元；检查11个县（市、区）收入入库情况，发现借款垫资缴库农业税2598万元，将收费、罚款等非税收入调整为科目税收入库5549万元。

2005年，郴州市财政局与市国土资源局联合专项清理县（市、区）2003年度、2004年度国有土地出让金，清查出应缴纳国有土地出让金2.8亿元，其中应缴市级收入1717.73万元，上缴273.34万元，未缴1444.39万元；全面开展城区房地产投资开发欠税欠费专项清缴工作，严厉打击抗税行为。截至当年11月，清缴税收379万元，清缴入库土地出让金1455万元。是年，还进行预算级次检查，查出混库资金297.4万元全部入库。

（三）税收、财务、物价大检查

1989年，郴州行署组织全地区开展税收财务物价大检查（简称“三大检查”），查出违纪资金356万元，应入库227万元，已入库120万元，入库率52.86%。1990年，“三大检查”重点检查单位1967户，查出违纪金额3694万元，应入库2506万元，入库2037万元，入库率81.28%。1991年，查出违纪金额3193万元，应入库2249万元，入库1950万元，入库率86.71%。1992年，重点检查单位8973户，查出违纪金额1840万元，入库1362万元，入库率74.02%。1993年，检查地区本级单位112户，检查面达49.6%，查出各类违纪金额1840万元，查增财政收入521万元，入库451万元，入库率86.6%。1994年，检查查出偷漏增值税676.94万元、营业税151.58万元、个人所得税19.22万元，其他工商各税211.22万元。1995年，全市查出违纪金额8282万元。1996年，检查9262个单位，检查面53%，查出有问题单位7502户，受经济处罚单位2026户，查出各类违法违纪金额8547万元，应入库金额6549万元，入库金额6222万元，入库率95%。1997年查出违纪金额2916万元，应入库2616万元，入库1818万元，入库率69.49%。1998年，国务院决定取消一年一度的税收、财务、物价三大检查，监督方式由事后检查监督转向加强日常检查监督。

第五节 财源培植

一、财源建设目标

1991年，郴州地区行署制定并发布旨在加强地方财源建设，促进财政收入上台阶的“3581”规划。即设置县（市）财政总收入3000万元、5000万元、8000万元、1亿元4个台阶，提出财政收入上台阶实施方案。确定方案分三步进行：第一步到1993年，实现1个亿元市（郴州市）、1个8000万元县（桂阳县）、3个5000万元县市（资兴市、宜章县、郴县）、4个3000万元县（永兴县、嘉禾县、临武县、汝城县）。全地区财政收入达到4.8亿元。第二步到1995年，实现2个亿元县市（郴州市、桂阳县）、1个8000万元市（资兴市）、3个5000万元县（宜章县、郴县、永兴县）、4个3000万元县（嘉禾县、临武县、汝城县、安仁县）。全地区财政收入达到7亿元。第三步到2000年，实现2个亿元市（郴州市、资兴市）、4个亿元县（桂阳县、宜章县、郴县、永兴县）、1个8000万元县（汝城县）、3个5000万元县（嘉禾县、临武县、安仁县）、1个3000万元县（桂东县）。全区财政收入突破12亿元。为保证方案顺利实施，当年地区财政局成立财源开发办公室，各级财政部门多渠道筹集资金，重点支持符合国家产业政策的财资项目建设；自始郴州每年筹资一定资金扶助企业发展生产，培植财源。每年对财政收入增长幅度超过两位数和实现上台阶目标县(市)予以一次性资金奖励。

1998—2000年，郴州市委、市政府决定实施“财源建设年”计划，组织开展一系列财源建设活动。市财政局以“财源建设的现状与对策”为主线，拟定9个方面的调研课题，形成调研报告260份，《郴州市财源建设现状与对策调研总报告》获省财政厅、省财政学会1998年全省财政系统优秀调研报告一等奖、省社会科学研究成果一等奖。1999年4月，湖南省财源建设现场经验交流暨表彰大会在郴州召开，郴州市政府在大会上介绍财源建设做法，会上播放郴州财源建设专题片《为有源头活水来》，郴州市被大会评为财源建设先进市。市委、市政府将2000年6月确定为“财税建设活动月”，市、县、乡三级结合自身实际开展一系列财税建设月活动。

至2005年，郴州市财政总收入达到5亿元以上的有资兴市、永兴县；3~5亿元的有北湖区、苏仙区、桂阳县、宜章县；1~3亿元的有嘉禾县、临武县、汝城县；8000万~1亿元的有安仁县；5000~8000万元的有桂东县。

1995—2005年郴州市国内生产总值与财政收入增长一览表

表18-1-5-1　　单位：万元

年度	国内生产总值（万元）	比上年增长（%）	财政总收入（万元）	同比增长（%）	财政收入增长速度比国内生产总值增长速度
1995	1189922	24.91	96451	21.23	-3.68
1996	1514908	27.31	113769	17.97	-9.34
1997	1725528	13.90	126289	11.00	-2.90
1998	1904378	10.36	144915	14.70	4.34
1999	2076331	9.03	158835	9.61	0.58
2000	2315497	11.52	168183	5.89	-5.63
2001	2592813	11.98	191003	13.57	1.59
2002	2885615	11.29	218305	14.30	3.01
2003	3272775	13.42	291299	33.44	20.02
2004	3984648	21.75	348221	19.54	-2.21
2005	4758136	19.41	431190	23.83	4.42

说明：本表国内生产总值增长速度按现价计算

2005年郴州市经济发展与财政收入分县市区情况统计表

表18-1-5-2　　单位：万元

县市区	国内生产总值	财政总收入	占国内生产总值（%）	比1995年增长（%）	一般预算收入	上划中央两税	上划中省两个所得税
合计	4758136	431190	9.06	347.06	273618	126323	31249
市本级	—	108238	—	426.17	66272	24966	17000
北湖区	733438	40098	5.47	410.61	28323	9810	1965
苏仙区	520363	40098	7.69	667.95	29872	8565	1581
资兴市	588009	50202	8.54	311.15	29378	18273	2551
桂阳县	639425	47502	7.43	332.94	34652	11444	1406
永兴县	539727	50009	9.27	603.86	27289	20959	1761
宜章县	471742	30064	6.37	226.61	19343	9176	1545
嘉禾县	299627	14022	4.68	165.52	8869	4253	900
临武县	342543	20700	6.04	232.58	13211	6401	1088
汝城县	285048	15373	5.39	186.65	6733	7848	792
桂东县	77387	6166	7.67	327.60	6976	1818	372
安仁县	295569	8798	2.98	75.68	5700	2810	288

二、财源建设开发

1989年以后，郴州加快重点财源项目建设，坚持以项目为载体，努力培植、开辟财源。尤其是2000年后，加力扶持有色金属、能源、建材、食品加工、化工工业和农业产业项目建设，以形成支柱财源。2001年，全市新上建设项目670个，总投资达76.9亿元，其中进入国家和省计划范围项目27个。

2002年，郴州市政府决定将财源建设资金、高新技术引导资金、农业产业化资金、旅游发展资金、乡镇企业发展资金、工业发展资金、第三产业引导资金、蔬菜发展资金等专项资金集中整合，建立产业引导资金，主要用于产业项目贷款贴息、产业项目建设奖励、扩充中小企业担保公司资本金、产业项目前期工作经费等。是年，市财政安排产业引导资金1200万元，其中项目贷款贴息600万元，支持28个财源建设项目，启动银行新增贷款2.60亿元；增加中小企业担保公司资本金300万元，使中小企业担保公司资金累计达到4145万元。

2003年，全市加大对重点企业和工业园区的资金扶持力度，开发培植支柱财源。全年新增产业建设基金和工业园区建设资金2000万元。年内，市财政安排产业引导资金2436万元，其中项目贷款贴息630万元，支持45个财源建设项目，拉动投资16.7亿元，吸引银行新增贷款3.3亿元；增加中小企业担保公司资本金300万元，支持郴州市有色金属科技工业园建设1000万元。2004年，市财政安排产业引导资金2550万元，郴州市有色金属工业园建设资金1000万元，扩充中小企业担保公司资本金300万元，为145个企业担保融资3.1亿元，为57个项目提供财政贴息资金970万元，拉动多方投资18.3亿元。2005年，市财政安排产业引导资金2950万元，其中用于支持郴州市有色工业园建设500万元、郴州出口加工区建设1000万元，用于支持农业产业化、10大标志工业、高新技术产业和旅游发展等项目建设资金共计950万元，支持项目65个。2002—2005年4年中，中小企业担保公司为580户企业担保融资4.8亿元；市本级投放产业引导资金8784万元，财政贴息支持项目建设195个，计拉动投资65.15亿元。到2005年，郴州市财政重点培植发展的郴州市经济开发区、郴州市有色金属科技工业园、郴州市农产品加工示范园等一批财源建设重点项目，先后成为郴州财政增收支柱产业基地。

第六节 财政管理机构

一、市（地）级财政机构

1989年，郴州地区财政局内设12个职能科室，即办公室、人事教育科、监察科、工交企业财务科、预算科、行政事业财务科、农业财务科、综合计划办公室、农业税征收管理科、商贸企业财务科、会计事务管理科（加挂中华会计函授学校郴州分校牌）、控制社会集团购买力办公室；设二级机构2个，即湖南省信托投资公司郴州地区分公司、郴州会计师事务所；1个学术团体（郴州地区财政会计学会）。另地区财税职工中等专业学校隶属地区财政局管理。是年，地区财政局机关干部职工76人①。

1995年5月，郴州地区财政局更名为郴州市财政局，在当年机构改革中，市财政局内设机构定为15个职能科室，即办公室、预算科、综合计划科、工业交通科、商业科、对外经济贸易科、

① 未含二级机构、学术团体、财税干校。

文教行政科（加挂市控制社会集团购买力领导小组办公室牌）、农业科、社会保障科、农业税征收管理科、基本建设科、财税政策法规科、会计科（加挂中华会计函授学校郴州分校牌）、财政监督科（加挂市人民政府税收、财务、物价大检查办公室牌）、政工科，另设2个正科级事业单位，即郴州会计师事务所、市国债服务部。全局核定行政编制39名，地方事业编制3名，机关后勤服务人员事业编制4名，保留省财政厅下拨专项事业编制40名。2个正科级事业单位核定事业编制20名。全局干部职工102人。

2002年3月，市财政局再次进行机构改革，内设职能科（处、室）17个，即办公室、综合规划科、预算科（加挂郴州市控制社会集团购买力办公室）、国库科（加挂郴州市政府采购管理办公室牌）、行政政法科、教科文科、经济建设科、农业科、社会保障科、企业科、对外经济贸易科、会计科（加挂中华会计函授学校郴州分校牌）、资产资源科、统计评价科（加挂郴州市清产核资办公室牌）、监督检查科（加挂财政监督检查局牌）、政工科（加挂市监察局驻市财政局监察室牌）、农业税征收管理处（副处级）。另设9个正科级事业单位：郴州市财源建设办公室（加挂郴州市企业内部集资债券兑付领导小组办公室牌）、郴州市财政投资评审中心、郴州市会计委派制工作办公室、郴州市财政局经济技术开发区分局、郴州市政府采购中心、郴州市工资发放中心、郴州市产权交易中心、郴州市农业税收稽查大队、郴州市财政局城区农业税费征收所。全局核定行政编制41名，事业编制100名，后勤服务编制4名。2005年，郴州市财政局依沿内设17个职能科（处室）和9个事业单位。机关行政编制66名，事业编制117名，后勤服务编制4名。全局干部职工145人。

1989—2005年郴州市（地区）财政局主要负责人名录

表18-1-6-1

单 位	姓 名	职 务	任职时间
郴州地区财政局	许化桂	局 长	1989.01—1994.03
郴州地区（市）财政局	江元保	局 长	1994.04—2001.07
郴州市财政局	樊忠达	局 长	2001.08—2005

二、县（市、区）级财政机构

1989年，郴州全区县级财政机构11个，包括郴州市（北湖区）财政局、郴县（苏仙区）财政局、资兴市财政局、桂阳县财政局、永兴县财政局、宜章县财政局、嘉禾县财政局、临武县财政局、汝城县财政局、安仁县财政局、桂东县财政局。1993年1月，郴州地区经济开发区实行财政单列，成立郴州地区开发区财政局，参照乡（镇）财政体制管理。1995年5月，郴州撤地建市，当年6月，郴州市财政局更名为北湖区财政局，郴县财政局更名为苏仙区财政局。2005年，全市县级财政机构仍为11个：北湖区财政局、苏仙区财政局、资兴市财政局、桂阳县财政局、永兴县财政局、宜章县财政局、嘉禾县财政局、临武县财政局、汝城县财政局、安仁县财政局、桂东县财政局。

第二章 税 务

第一节 税务体制改革

自1994年9月始，实行分税制财政体制。自此，郴州地区国家税务局（简称国税局）和郴州地区地方税务局（简称地税局）机构分设，依照中央政府与地方各级政府事权与财权相结合的原则，将税收总收入分为三类：一类为维护国家利益，实施宏观调控所必须的税种收入形成新的固定中央税；一类为适合地方征收的税种收入，形成新的固定地方税；一类为同经济发展直接相关主要税种收入，形成中央与地方新的共享税。

1994年，在筹划机构分设时，郴州行署依照机构改革实施方案，将地区税务局在职人员2092名，按65%和35%的大致比例分别划入国税系统和地税系统，已离退休的371人则由其本人在两机构中自由选择。继确定在职人员划入国税系统1431人，占68.4%，其中干部1029人，工人402人；在职人员划入地税系统661人，占31.6%，其中干部448人，工人213人。退休人员划入国税系统357人，划入地税系统7人。

税务机构分设后，国税局实行由国家税务总局垂直管理，主要负责中央税、中央与地方共享税的征收与管理；地税局实行由上级地方税务局与地方政府双重管理，主要负责地方税种的征收与管理。1995—2005年，国务院、国家税务总局和省政府对国税、地税的征管范围陆续作过部分调整，郴州市国家税务局、郴州市地方税务局均认真贯彻落实，逐步做到“明确征管范围，履行征管职责，依法依规征收，为国为民聚财”。

第二节 税收种类

一、分税制前税种

（一）主要税种

1989—1994年，在未实行地税、国税分税体制前，郴州地区征收的税种主要分6大类28个税种。

流转税 产品税、增值税、营业税、消费税、特别消费税。

所得税 集体企业所得税、城乡个体工商业个体户所得税、个人所得税、个人收入调节税、私营企业所得税、外国企业所得税、涉外企业所得税。

资产资源税 房产税、资源税、城镇土地使用税、盐税。

行为税 牲畜交易税、屠宰税、车船使用税、印花税。

特定所得税 建筑税、国营企业工资调节税、国营企业奖金税、事业单位奖金税、集体企业奖金税。

特定目的税 固定资产投资方向调节税、城市维护建设税、补税罚款收入。

除上述28个税种外，郴州地区税务局还担负辖区内国家能源交通重点建设基金、国家预算调节基金、教育费附加等3个“费金”的征收。

（二）开征与停征的税种

1989—1994年，郴州地区开征税种4类，停征税种2类。

国家预算调节基金 从1989年1月1日起开征，1994年起停征，至1996年基金尾欠款征收完毕。

城镇土地使用税 1989年从郴州市（北湖区）始开征城镇土地使用税，至1994年正常征收。

固定资产投资方向调节税 1992年起开征此税，至1994年正常征收。

个人收入调节税 1987年开征，于1994年停征，即将个人收入调节税并入个人所得税。

奖金税 1981年开征集体企业奖金税、1985年开征国营企业奖金税、1986年开征行政事业单位奖金税。三税种均于1994年1月起取消。

特别消费税 1994年1月起开征彩色电视机、小汽车等特别消费税，至1994年正常征收。

二、分税制改革后税种

（一）国税税种

1995—2005年，郴州国税系统主要负责征收的税种有：增值税、消费税、进口产品消费税、增值税、中央企业所得税、地方和外资银行及非银行金融企业所得税、证卷交易税、个人所得税、中央税的滞补罚收入、国家能源交通重点建设基金及国家预算调节基金、出口产品退税管理等。

（二）地税税种

1995—2005年，郴州地税系统主要负责征收：营业税、企业所得税、资源税、个人所得税、房产税、城镇土地使用税、固定资产投资方向调节税、土地增值税、车船使用税、城市维护建设税、屠宰税、印花税、城市房地产税、车船使用牌照税、外商投资企业和外国企业所得税。此外，郴州地税系统还负责征收辖区内各级政府规定的规费，即教育费附加、防洪保安基金、文化事业建设税、散装水泥专项基金（仅限相关水泥企业）、社会养老保险费、工会经费等。

第三节 税务征收

一、统一税务征收

1989年1月，全国新开征国家预算调节基金，统一按企业税后利润的一定比例计税征收。郴州地区税务局组织征收宣传，开展调查测算，当年入库预算调节基金1137.5万元。是年，郴州新开征的还有“城镇土地使用税”，入库税款730.30万元；针对取消批发代扣税后造成大量税款流失的问题，地区税务机关及时印发关于恢复批发代扣税工作文件，组织人员编制出一套有关计税、核算、调账程序，并到20户企业开展试点，促成全面恢复批发代扣税工作，全年共组织入库批发代扣税款718.5万元。

1990年，郴州地区税务局推行征、管、查分离（简称“三分离”）和票、款分离（简称“两分离”）的征管制度改革。8月上旬，全区在嘉禾县召开现场会，推介11个单位的改革经验，区内有90个税务所征税实行“两分离”，使征税各环节相互制约，防止税款流失。是年，全区还兴办促产企业363户，年增产值7882万元，仅此一项，年增收利税1954万元。

个人收入调节税征收一直是郴州税收工作的薄弱环节。1989—1991年，仅征收入库456万元。为扭转这一被动局面，1992年，税务部门将其作为征管重点，采取措施堵塞税收的跑冒滴漏，全年入库个人收入调节税350万元，超前两年之和。是年，全区取消建筑税，开征固定资产投资方向调节税，经纳税户和税务工作人员共同努力，建筑税尾欠入库487万元，固定资产投资方向调节税入库971万元，两项之和占当年工商各税总收入的2.04%。

1993年1月，《中华人民共和国税收征收管理办法》颁布实施，郴州认真贯彻执行，全地区全年各项收入8.52亿元，其中工商税收完成8.16亿元，为年计划121.49%，占年收入95.78%。1994年，税收收入有较大增长，全区当年完成各项收入9.61亿元，比上年增加1.09亿元。其中1994年按分税制新开征的消费税（由国税机关征收）新入库2.87亿元，占当年工商各税收入的30.56%。

1989—1994年，全区6年入库各项税收收入总额为43.89亿元，其中工商各税总收入41.72亿元，调节基金、能源交通基金和教育附加税总收入21699万元。

1989—1994年郴州地区税务局工商各税入库统计表

表18-2-3-1　　单位：万元

项目＼年度	1989年	1990年	1991年	1992年	1993年	1994年	合计
工商税收合计	51632	53346	65188	71324	81588	93919	417197
1. 产品税	31842	33258	40949	42659	39994		188702
2. 增值税	4458	4139	5210	6682	12812	40816	74107
3. 营业税	9608	9181	10745	12941	18079	11207	71761
4. 消费税	—	—	—	—	—	28701	28701
5. 工商统一税	4	1	2	5	356	—	368
6. 集体企业所得税	865	693	720	544	566	—	3388
7. 城乡个体工商业户所得税	42	12	504	639	767	—	1964
8. 个人所得税	—	—	4	1	—	1847	1852
9. 个人收入调节税	111	190	155	350	517	—	1323
10. 私营企业所得税	—	5	14	19	6	—	54
11. 外国企业所得税	—	—	0.30	—	3	43	46.30
12. 涉外企业所得税	—	—	1	3	—	—	4
13. 城市维护建设税	2170	2692	3020	3495	3571	4690	19638
14. 车船使用税	133	118	144	152	182	251	980
15. 房产税	517	625	769	901	1012	1297	5121

续表 18-2-3-1

项目＼年度	1989年	1990年	1991年	1992年	1993年	1994年	合计
16. 城镇土地使用税	730	692	973	936	942	913	5186
17. 屠宰税	—	—	—	—	328	850	1178
18. 牲畜交易税	0.10	—	—	—	—	—	0.10
19. 资源税	—	—	104	205	221	810	1340
20. 国营企业奖金税	88	46	27	28	29	—	218
21. 国营企业工资调节税	15	67	75	41	123	—	321
22. 事业单位奖金税	5	17	7	7	10	—	46
23. 集体企业奖金税	24	17	51	25	54	—	171
24. 印花税	132	179	140	149	243	324	1167
25. 特别消费税	11	5	5	—	13	—	34
26. 固定资产投资方向调节税	—	—	—	971	1603	2088	4662
27. 建筑税	739	1195	1417	487	—	—	3838
28. 盐税	1	—	—	11	29	—	41
29. 补税罚款收入	139	215	155	75	129	83	796

1989—1994 年郴州地区税务局“两金”及教育费附加入库统计表

表 18-2-3-2　　单位：万元

类别＼金额＼年度	1989年	1990年	1991年	1992年	1993年	1994年	合计
“两金”附加收入合计	4047	4148	4488	3264	3599	2153	21699
调节基金	1138	1383	1618	1277	887	207	6510
能源交通基金	2349	2160	2188	1194	1165	337	9393
教育费附加	560	605	682	793	1547	1609	5796

二、分税制税务征收

（一）国税征收

1. 流转税类

增值税　1994 年，国家改革增值税制，取消工商统一税、产品税、盐税，将原缴纳增值税和产品税的工业产品，缴纳营业税的商业批发、零售和公用事业中的水、电、热、气，缴纳盐税中的盐以及缴纳工商统一税的“三资”企业，全部纳入增值税征税范围，基本税率分别定为 17%、13% 和 0% 三档，小规模纳税人按 6% 实行价外计征，根据增值税专用发票注明的税款抵扣增值税。1995 年，郴州市认定增值税纳税人 2128 户，是年，入库增值税 4.87 亿元。1998 年 7 月，商业企业小规模纳税人的增值税征收率由 6% 调减为 4%。2003—2004 年，国家对增值税起征点标准进行过两次调整，其中2004年7月1日起，对全市个体工商户增值税起征点调整为：销售货物的起征点提高到5000元/月销售额，销售应税劳务的起征点提高到3000元/月销售额，按次（日）纳税的起征点仍为每次（日）200元。1995—2005年，郴州市共征收增值税86.51亿元，占同期国税总收入的63.81%。

消费税　1994年1月，开征消费税，由国家税务局征收，包括烟酒、酒精、化妆品、护肤护发品，贵重首饰及珠宝、玉石，鞭炮、焰花，汽油、柴油，汽车、轮胎、摩托车、小汽车（包括小轿车、越野车、小客车）4种。1995年，郴州市国税系统征收消费税3.14亿元，占同期国税入库额的37.5%。2001年，企业生产的粮白酒和薯类白酒消费税，由比例税率调整为定额税率和比例税率两种，定额税率为0.5元/500克，比例税率粮白酒为25%，薯类白酒为13%；啤酒为单位税额，出厂价在3000元/吨（含3000元，不含增值税）以上的单位税额为250元/吨，3000元以下的为220元/吨；卷烟消费税率由比例税率调整为定额税率和比例税率，定额税率为每标准箱150元，每标准条调拨价在50元（含50元，不含增值税）以上的比例税率为45%，50元以下的为30%。2002年，对青岛啤酒（郴州）公司开始征税，当年入库增值税、消费税（简称“两税”）1504万元（其中增值税677万元、消费税827万元），比原东江啤酒厂增收1170万元，增收3.5倍。郴州卷烟厂通过产品结构调整，是年，入库“两税”4.2亿元，其中消费税3.34亿元。随着企业改制，是年，原缴纳消费税的南燕汽车厂不再生产汽车，县办小酒厂也基本停产，不再征收“两税”。至2004年，全市有消费税纳税人26户：卷烟1户，酒类2户，汽车1户，金银首饰22户。1995—2005年，全市征收消费税入库40.86亿元，占同期国税入库总额的30.14%。

营业税　1994年，税制改革对营业税进行适当调整，征税面相对缩小。1995年、1996年，郴州市国税系统随增值税年征收营业税198万元、210万元。1997年，国家将金融保险营业税税率由5%提高到8%。提高的3%由国税机关负责征收。1997—2002年6年间，全市国税系统年入库营业税分别为996万元、1917万元、2006万元、2147万元、1311万元、649万元。从2003年1月起，金融保险业营业税率恢复为5%，国税机构由此停止征收金融保险业营业税，郴州国税系统只征收到尾欠税款18万元。1995—2003年，全市征收营业税入库额为9452万元，占国税入库总额的0.7%。

车辆购置税　2001年，国家开征车辆购置税，由国税部门负责征收管理。2001—2004年，郴州市暂由市交通规费征稽处代征。2005年1月，境内车辆购置税由国税局直接征收，税率为10%，是年，市国税系统入库车辆购置税9977万元。

2. 所得税类

内资企业所得税　1994年，取消按所有制形式设置所得税的办法，实行统一的内资企业所得税制度，税率统一为33%。其中中央企业、中央与地方所属企事业单位组成的联营企业和股份制企业所得税，由国税局负责征收；省级以下企业所得税，由地税局负责征收。郴州市国税系统征管的内资企业所得税范围为中央在郴企业、非银行金融企业、军队（包括武警部队）所办的国有企业所得税。1995年，由郴州国税系统负责征收内资企业所得税纳税人232户，全年入库税额为421万元。1997年，国家将原执行55%的金融、保险企业征收税率，调整按33%征收企业所得税税率。2002年，郴州新办企业所得税由郴州国税系统征管。2003年底，郴州市内资企业所得税纳税人523户，入库税金1643万元，2005年达到7906万元。1995—2005年，全市共征收入库内资企业所得税1.96亿元，占同期国税入库总额的1.44%。

涉外企业所得税　1991年7月起，实施《中华人民共和国外商投资企业和外国企业所得税法》及其各级政府制定的实施细则，将中外合资企业所得税和外国企业所得税合并为征收外商投资和外国企业所得税，税率30%，另按应税所得额征收3%的地方所得税，两项合计税率33%。实行分税制后，外商投资和外国企业所得税由国税机构征收。1995年，郴州市国税系统征收入库涉外企业所得税（沿用当时统计科目）93万元。1997年，由郴州国税系统负责征收的涉外企业增至107户，涉外各税总额1312万元，其中涉外企业所得税279万元。2003年，郴州涉外企业增至182户，申报盈利企业增加26户，涉外企业所得税入库达到1012万元。2004年，“涉外企业所得税”统计科目更名为“外商投资和外国企业所得税”（税种名）。2004年、2005年，郴州市国税系统征收外商投资和外国企业所得税分别为340万元、688万元。1995—2005年，郴州征收“涉外企业所得税”与“外商投资和外国企业所得税”累计为3892万元。

个人所得税　1994年，取消个人收入调节税和城乡个体工商户所得税，统一实行征收个人所得税。全区征收范围为境内外籍人员和华侨、港澳台同胞缴纳的个人所得税，以及对个体工商户附征的个人所得税、股息、利息、租金、红利、特许权使用费和其他所得，税率为20%。1995年，市国税系统征收入库个人所得税1186万元，占当年国税入库额的1.41%。从1998年12月底起，取消由国税部门随增值税代地税部门征收的个人所得税。1999年，全市国税部门个人所得税仅征收入库15万元。从1999年12月起，对储蓄存款利息征收个人所得税，税率为20%，由国税机构负责征收。2000年，入库个人所得税2733万元。从2002年1月起，个人所得税收入实行由中央与地方按比例分享，市国税系统入库个人所得税逐年增多。2005年，入库达6583万元。1995—2005年，郴州市共征收入库个人所得税3.56亿元，占同期国税税收入库总额的2.63%。

3. 其他税种类

城市维护建设税　按分税制，城市维护建设税实行差别比例税，纳税人在市区的税率为7%，在县城或建制镇的税率为5%，不在市区、县城或镇的税率为1%，由地税机关负责征收。1995年，市政府委托市国税局系统代征市区、县城的部分城市维护建设税，到1999年停止代征。1995—1998年，全市共代征城市维护建设税886万元。

税款滞纳金、罚款及其他　1995—1997年，全市国税系统征收税款滞纳金及罚款141万元。1995—1998年由市国税系统附征其他税款40万元。

4. 基金及其他收入

1995年，郴州市国税系统征收国家能源交通重点建设基金尾欠款85万元，征收国家预算调节基金尾欠款60万元，从1996年起全部停征。此外，1995—2005年，市国税系统共入库其他收入2224万元。

1995—2005年郴州市国家税务局税收入库统计表

表18-2-3-3　　单位：万元

项目	合计	1995年	1996年	1997年	1998年	1999年	2000年	2001年	2002年	2003年	2004年	2005年
总计	1355584	83827	86354	87916	92091	94046	97586	103498	114138	134602	187716	273810
1. 增值税	865057	48749	44454	45487	48809	53425	58985	65938	73389	90356	141511	193954
2. 消费税	408610	31442	37678	37661	40137	37442	32907	31000	34318	36396	34927	54702
3. 营业税	9452	198	210	996	1917	2006	2147	1311	649	18	—	—
4. 内资企业所得税	19552	421	1383	684	157	884	677	164	332	1643	5301	7906
5. 涉外企业所得税	2864	93	183	279	333	274	136	282	272	1012	—	—
6. 个人所得部	35608	1186	1803	2357	605	15	2733	4650	5012	5027	5637	6583
7. 外商投资和外国企业所得税	1028	—	—	—	—	—	—	—	—	—	340	688

续表 18-2-3-3

项 目	合 计	1995 年	1996 年	1997 年	1998 年	1999 年	2000 年	2001 年	2002 年	2003 年	2004 年	2005 年
8. 城市维护建设税	886	252	275	270	89	—	—	—	—	—	—	—
9. 其他各税	40	12	16	9	3	—	—	—	—	—	—	—
10. 税款滞纳金及罚款	141	78	25	38	—	—	—	—	—	—	—	—
11. 国家能源交通重点建设基金	85	85	—	—	—	—	—	—	—	—	—	—
12. 国家预算调节基金	60	60	—	—	—	—	—	—	—	—	—	—
13. 其他收入	2224	1251	327	135	41	—	1	153	166	150	—	—
14. 车辆购置税	9977	—	—	—	—	—	—	—	—	—	—	9977

（二）地税征收

1. 流转税类

按新税制的设定，由地税机关负责征收的流转税类只有营业税。凡提供应税劳务、转让无形资产或销售不动产的单位和个人均为营业税纳税人。营业税设定有 9 个税目。其中交通运输业、建筑业、邮电通信业、文化体育业税率 3%；金融保险业、服务业、转让无形资产、销售不动产税率 5%；娱乐业为高档消费，适用 5%—20% 幅度的税率。郴州娱乐业按省定标准调整为 10%。1995 年，郴州市应缴纳营业税企业 2523 户，个体工商户 6377 户。1996—2000 年，市地税局连续五年开展营业税普查工作，根据税源变化情况，不断调整完善工作，营业税收入保持年度稳步增长。2000 年，郴州市地税局制定和推行营业税普查考核评比办法，当年营业税收入为 2.05 亿元，占当年地税收入的 41.77%，比 1995 年增收 8081 万元，增长 62.76%。2003 年 1 月，国家税务总局下文调高营业税起征点，郴州市执行湖南省政府规定，市政府所在地营业税起征点由原月营业额 1000 元提高到 2000 元，县（市）及乡（镇）政府所在地起征点由原月营业额 1000 元提高到 1500 元，农村及其他地方起征点仍为 1000 元。2003 年，郴州市地税局对新办的招用下岗失业人员的服务型企业以及下岗失业人员从事个体经营业，实行 3 年内免征营业税的优惠政策。2005 年，市地税局进一步巩固建筑安装行业税收“统一设点、统一开票、统一税率、统一征收”的“四统一”工作模式。年内，市地税系统还对全市 181 户重点营业税纳税户进行普查，收到好的效果，当年征收营业税入库 4.75 亿元，占年内地税总收入的 44.81%，比 1995 年增长 2.81 倍。

1995—2005 年，全市共征收营业税收入 27.79 亿元，占同期地税收入的 44.41%。其中，2003—2005 年，为安置下岗失业人员而新办的服务型企业和下岗失业人员从事的个体经营业，免征营业税 771 万元。

2. 所得税类

企业所得税　自 1994 年 1 月 1 日始，原设定的国有企业所得税、集体企业所得税、私营企业所得税废止，同时统一合并启征企业所得税。郴州地区采用 33% 的比例税率，对年纳税所得 3 万元以下企业和年纳税所得 3 万 ~10 万元的企业采用 18%、27% 的优惠税率计征。1995 年，郴州市地税系统征收企业所得税 3432 万元。1996 年，市地税局开展对城镇集体企业清产核资试点工作，制定企业所得税汇算清缴改革试点方案，被国家税务总局评为全国城镇清产核资试点工作先进单位。1999 年，市地税局制定《企业所得税汇算清缴操作规程》，规范汇算清缴工作全程管理，对凡列入国家或省重点工程建设的水利、交通、能源等基础设施项目，对其设计、施工、监理等环节的企业所得税依率征收。2000年，郴州市推行企业所得税汇算清缴“以自行汇算清缴为主，税务部门检查验收为辅”新模式。同时开发应用企业所得税纳税人管理软件，建立企业所得税减免审批、税前扣除审批、国家设备投资抵免税审批的分户台账。2001年，市地税局制定实施企业所得税减免税和税前扣除项目审批操作规程，对减免税额在30万元以下、税前扣除费用100万元以下的由市地税局审批；凡100万元以上的报省地税局批准；对新办服务型中小企业当年安置下岗失业人员达到员工总数60%（含60%）以上的，免企业所得税3年。2002年，市地税系统对985户企业开展所得税汇算清缴，查补地方税款999.4万元。2003年，全市2600户企业自行申报缴纳所得税。2005年，对减免企业所得税100万元以上的报省地税局审批，100万元以下的由市地税局审批；财产损失500万元（含500万元）以上的报省地税局审批，500万元以下的由市地税局审批。是年，市地税局组织对全市1103户企业进行汇算清缴，查补入库企业所得税1200万元；审核资产损失税前扣除企业5户，核批金额2000万元。是年，全市地税系统征收企业所得税7473万元，为1995年3432万元的2.18倍，占全年地税收入的7.39%。

1995—2005年，全市征收入库企业所得税5.01亿元，其中2002年、2003年达5000万元，2004年达6000万元，2001年、2005年达7000万元。2003—2005年，为安置下岗失业人员减免企业所得税3030万元。

个人所得税　1994年，个税被列为地方固定收入，由地税局系统征收。1995年，郴州市地税系统推行个税代扣代缴和支付个人收入明细表申报试点，同时对个税实行“单列计划，单独考核，单独奖励”的“三单”管理方式。1996年对各类股份制公司、外贸、烟草、电力、金融保险等8个重点行业的361户企事业单位，实行个税双方申报、代扣代缴查验制度。全年单位自查申报缴纳个税85万元，查补个税140万元，落实代扣代缴个税企事业单位4500户。1997年，市委、市政府强调落实关于党员干部必须依法带头缴纳个人所得税的规定，全市发放查验手册6000本，党员干部自行申报补缴个税80万元，市地税局系统干部职工申报缴纳个税36万元。1998年5月，市地税局接管市国税局移交的个体工商户个人所得税征收，遂及时制定个税核实征收表，加强对全市个体工商户和个人承包、承租、租赁户个税的征管。2000年，郴州市按综合税率6.86%（其中个税3%）对建筑安装企业征税，征收个税9981万元，比1995年的1770万元增加8211万元，增长4.64倍。2001年，郴州市制定对高收入行业、单位和高收入人群的个税管理办法。2003年，全市推行个人所得税扣缴软件，在行政事业单位推行以会计核算中心为监管单位，以税务机关为管理主体，以行政事业单位为扣缴义务人的“三位一体”税收管理模式，纳入会计核算中心管理的行政事业单位扣缴申报率达98%，税款入库率达95%。2005年，增加高收入者重点监管对象200户，经扣缴单位代扣代缴个人所得税1.8亿元，至年底，全市征收个税2.1亿元，占当年地税收入的20.78%。

1995—2005年，全市入库个人所得税11.52亿元。2003—2005年，为落实下岗失业人员再就业税收优惠政策，免征个人所得税501万元。

3. 资源税类

资源税　从1994年起，郴州地区实行新资源税制，将征收范围扩大到所有金属矿产品和非金属矿产品，将原盐税并入资源税。凡在郴州境内从事开采应税矿产品的单位和个人，均为资源税纳税义务人。1995年，郴州市地税局围绕“依托统征、源头监控、精细管理、堵塞漏洞”的工作思路，在税费统征的基础上，对账务健全的矿产企业，实行查账征收；对账务不健全的采取核定补税标准方式核定补税额；未纳入税费统征的矿产企业则实行控管源头，以耗电量或以运输车吨位及数量推算产量的方式核实征收，按月入库。是年，郴州地税系统征收资源税830万元。1997年始，全市对税目中未列名称的其他非金属原矿（磷矿石除外），包括地下泉水、砂石、黏土实行征税、税额0.5元/吨或立方米。从1998年5月起，对凡属开采天然地下水，经过工序生产销售或自用的矿泉水实行征税。1999年10月后开采的地热水资源一律按其他非金属矿原矿征税，单位税额为1元/吨。2000年，对建筑施工所用河沙、卵石、石灰石、随建筑安装企业综合税率附征，附征率为0.5%，征收入库金额1000万元。2002年4月，对冶金联合企业矿山铁矿石资源税率按规定标准的40%征收。2003年7月，对大理石和花岗石资源税适用税率，郴州执行省定标准仍为3元/立方米。是年，征收资源税2000万元。2005年，建筑安装企业综合税率附征率明确为每吨0.5元。是年，征收资源税3053万元。1995—2005年，全市仅补交河沙、卵石、红砖等资源税一项入库507万元，温泉水、矿泉水资源税入库208万元。期间，全市地税系统征收资源税15979万元。

城镇土地使用税　1989年1月1日起，郴州地区对凡在郴州城区（含郊区）、县城、建制镇和工矿区拥有土地使用权的单位和个人，开征城镇土地使用税。1995年，郴州市地税局对纳税人拥有土地的面积、地段等级、税额标准进行审核，向纳税人印发城镇土地使用税年税额核定通知（表），作为土地使用税征收主要依据。1996年1月1日起，征收中小学校校办企业使用房屋及土地使用税。1997年，落实市区土地使用税调整和税额核定，对少数地段等级、单位税额使用不当的企业进行核实调整。1998年5月，全市对土地使用税的欠税进行专项清理，追缴。1999—2001年，全市开展土地使用税普查工作，拟定出郴州市土地使用税地段等级税额调整方案。从2002年10月1日起，郴州市执行省地税局核定调整后的土地使用税地段等级税额标准，10—12月加增入库土地使用税260万元。2003年，全市对辖区内市场进行全面调查，摸清税源，分"自营户税源""一般户税源"和"多次转租户税源"，建立税源台账管理。2004年，开展土地使用税欠税清缴，并同时对市区地段等级税额进行再次调查，提升繁华街道适用等级税额。2005年，全市地税系统征收土地使用税1756万元，比1995年的883万元增加873万元。1989—2005年，郴州市（地区）征收城镇土地使用税16016万元，占同期地税收入的2.56%。

4. 特定目的税类

城市维护建设税　1994年，郴州地区城市维护建设税（简称城建税）随同增值税计征。1995年，郴州市地税系统征收城建税5187万元，占地税收入的17.52%。1997年1月，郴州市市区范围内所有企事业单位、私营企业、个体工商户城建税统一按7%计征。2004年，郴州市明确增值税、消费税、营业税扣缴义务人为城建税扣缴义务人。2005年，上级规定生产企业出口货物全面实行免抵退税办法，郴州市于1月1日前已按规定抵免的增值税征收的城建税不再退还，未征的不再补征。是年，全市地税系统征收城建税1.29亿元。1995—2005年，全市征收城市维护建设税8.17亿元，占同期地税收入的13.06%。

固定资产投资方向调节税　1992年，郴州地区对区内用各种资金进行固定资产投资的单位和个人，开征固定资产投资方向调节税。1995年，郴州市地税系统征收固定资产投资方向调节税1773万元，占当年地税收入的5.99%。1998年，征收固定资产投资方向调节税2764万元，占当年地税收入的6.39%。1999年4月，郴州市对经济适用住房标准进行界定，对固定资产投资应税项目在7月1日至12月31日期间实际完成的投资额，按暂行条例规定税率减半征收。是年，实际征收固定资产投资方向调节税3306万元。2000年1月1日，郴州市停征此调节税，到2002年清缴入库，此税尾欠税款740万元。

土地增值税　从1995年1月1日起，郴州地区对区内转让国有土地使用权、地上建筑物及其附属物产权（简称房地产）所取得的土地增值额的单位和个人，开征土地增值税。全年征收土地增值税 20 万元，实现“零”的突破，1996 年征收 40 万元。1997 年，市地税局印发土地增值税学习资料，供地税干部及房地产开发人员熟悉相关政策和业务。1998 年，全市征收土地增值税为 113 万元。2002 年 9 月起，郴州市执行湖南省调整的土地增值税 1% 的规定，对经审核出售的普通标准住宅，在预征时按预征率减半预缴。2005 年，市地税局完善征管措施，摸清税源底子，严格监控和考核，全年征收土地增值税 378 万元。1995—2005 年，全市征收土地增值税 2072 万元，占同期地税收入的 0.33%。

5. 财产行为税类

房产税　1994 年 9 月，国税、地税税务机构分设，郴州地税系统接管征收房产税。1995 年，资产评估，房产税从评估入账的次月起，按评估值扣除 30% 后的余值计征，郴州市征收房产税 1723 万元。1996 年 1 月，郴州市对中、小学校校办企业恢复征收房产税。同时安排各征收单位开展房产税税源普查，以普查促征收。1997 年始，开展房产税欠税专项清理，并实行征管质量责任追究。2000 年，全市征收房产税 3068 万元，占当年地税收入的 6.24%。2003 年 4 月，市地税局对辖区内市场房产税实行税源台账管理，遏制税源流失。是年 9 月 1 日起，应税房屋的房产税，按房产原值一次扣除 20% 后的余值计税，以后各征税年度（除新建、扩建、部分拆除、毁损等原因变动原值外）不再变动计税基数。2005 年，把私房产业税征收作为重中之重，全市集中人力调查和清理，实行单项考核，将市内 9912 户私房产业纳税户列入日常管理，当年征收房产税 4841 万元，占全年地税收入的 4.78%。

城市房地产税　1986 年 10 月，郴州地区对外商企业、港澳合资企业、外籍个人和港澳台、华侨居民在市内的房产，启动开征城市房地产税。自 1992 年始，根据《湖南省鼓励外商投资条例》，郴州停征城市房地产税。2002 年 3 月 29 日，《湖南省鼓励外商投资条例》废止，涉外企业仍然照章纳税。从 2004 年 3 月 1 日起，郴州市对有纳税义务的纳税人恢复征收城市房地产税。到 2005 年止，郴州市地税局所有年度征收的城市房地产税均统计在“房产税”中，未单列征收金额。

车船使用税　1995 年，郴州地税系统征收车船使用税 271 万元。车船使用牌照税实行定期征收。1998 年，市地税局接管原由市国税局涉外分局征管的涉外地方税收部分（包括车船使用牌照税）。2002—2003 年，郴州市地税局自行研发出车辆税征收征管软件系统，将缴税义务与交警部门年检程序“捆绑”运行。2003 年 9 月 1 日起，郴州市调整应税车辆 分类和提高客运汽车、载货汽车的车辆税额，并修改纳税期限，由原来每年两次（6 月、12 月）征收改为一次（4 月 15 日前）申报缴纳。2005 年，车辆使用税进入微机管理，全市征收车船使用税 490 万元。全市所征收的车船使用牌照税均统计于车船使用税中，未单列征收金额。1995—2005 年，郴州征收车船使用税 3988 万元，占同期地税收入的 0.64%。

印花税　1995 年，郴州市征收印花税 321 万元，占地税收入的 1.08%。1998—2000 年，对外商投资企业的订单、要货单据计征印花税。2000 年，全市征收印花税 709 万元，比 1995 年增长 120.87%。自 2004 年 1 月始，全市对印花税违章处罚改按税收征管法及其实施细则处罚规定执行。是年 7 月，执行财政部、国家税务总局批转《湖南省印花税核实征收办法》，核实征税的具体比例是：购销合同，工业按购销金额 80%，商品、物资批发业按购销金额 60%，商品批零兼营（含批发零售业务销售金额划分不清的）按购销金额 40%；其他行业按购销金额（营业收入）40% 核定；加工承揽合同按加工或承揽金额 90% 核实；税目税率表中的其他税目均按金额 100% 比例核定。2005 年，全市地税系统征收印花税 1715 万元，比 1995 年增长 434.89%。1995—2005 年，全市征收印花税 8281 万元，占同期地税收入的 1.32%。

屠宰税 1995 年，郴州市征收屠宰税入库 941 万元。1997 年，全市推广农村屠宰税征收新模式，屠宰税以地税所为基础，以职能部门为依托，以乡镇管税为保障，实行规范化征收管理。1998 年，市地税局在屠宰税征收管理过程中，明确“五个不准”（不准地税部门参加有关摊派税的会议；不准对有摊派行为的地方发放屠宰税票；不准将摊派上来的款项作屠宰税入库；不准层层增加屠宰税任务；不准将屠宰税任务层层分解到村、组和农户），违者严肃查处。2001 年，全市征收屠宰税 1309 万元，占当年地税收入的 3%。1999—2001 年，市地税局在结合制止屠宰税摊派的同时，不定期地开展屠宰税专项检查。2002 年 4 月，郴州市执行省政府决定，停征屠宰税。之后至 2003 年，清收屠宰税尾欠 104 万元。1995—2003 年，全市征收屠宰税 8495 万元。

1995—2005 年郴州市地税各税种收入统计表

表 18-2-3-4 单位：万元

项目 年度	税收收入	其中												减免税
		营业税	企业所得税	个人所得税	资源税	城镇土地使用税	城市维护建设税	固资投向调节税	土地增值税	房产税	车船使用税	印花税	屠宰税	
1995	29597	12446	3432	1770	830	883	5187	1773	20	1723	271	321	941	192
1996	34296	15086	2910	2739	823	885	5767	2226	40	1950	303	408	1159	101
1997	37649	16153	2462	4523	721	1130	6060	2152	74	2155	330	487	1402	64
1998	43253	18750	2404	5807	930	1541	5885	2764	113	2642	333	597	1487	57
1999	47250	19599	3131	7242	972	1615	6200	3306	124	2883	321	649	1208	87
2000	49148	20527	3670	9981	1097	1742	6419	581	95	3068	374	709	885	46
2001	56538	20578	7266	13864	1334	1622	6505	119	133	2900	285	623	1309	105
2002	64396	28979	5122	14361	1580	1624	7928	40	209	3377	360	717	99	140
2003	74936	35731	5886	15545	2115	1588	8742	—	514	3501	446	863	5	919
2004	87704	42586	6354	18374	2524	1630	10146	—	372	4051	475	1192	—	1885
2005	101092	47479	7473	21009	3053	1756	12898	—	378	4841	490	1715	—	3402
合计	625859	277914	50110	115215	15979	16016	81737	12961	2072	33091	3988	8281	8495	6998

说明：1. 2003—2005 年营业税、企业所得税、个人所得税为下岗失业再就业人员减免税收 4032 万元；
2. 城市房地产税、车船使用牌照税未单列栏目，其数据分别统计在房产税、车船费使用税中

6. 费金征收

教育费附加 自 1994 年，郴州教育费附加随同增值税计征。按机构分设的征收管理规定，教育费附加分别由国税局和地税局征收。国税系统征收的按铁道、各银行总行、保险总公司营业税附征的教育费附加，作为中央预算固定收入；按增值税、消费税附征的教育费附加和地税系统按营业税附征的教育费附加，作为地方预算固定收入。1995 年，全市地税系统征收教育费附加 616 万元，1996 年为 1573 万元。1998 年 4 月，市地税局从市国税局系统接管集贸市场和个体增值税户教育费附加的征收管理。2000 年，全市征收教育费附加 1832 万元。占费金收入的 57.9%。2003 年 1 月 1 日起，郴州市凡新办的服务型企业（除广告业、桑拿、按摩、网吧、氧吧外）和新办的商贸企业（文件有特别规定的除外），如当年新招用下岗失业人员达到职工总数的 30%（含 30%）以上，并与其签订

3年期限劳动合同的，经劳动保障部门认可和税务机关审核，3年内随营业税减免、免征教育费附加。对下岗失业人员从事个体经营的（文件有特别规定的行业除外），自领取税务登记证之日起，3年内随营业税减免、免征教育费附加。2005年，全市征收教育费附加4866万元。1995—2005年，全市地税系统征收教育费附加2.61亿元，占同期费金收入的60.37%。

防洪保安资金　1995年1月1日，郴州市开征防洪保安资金，分别由地税、工商、国土、财政等部门负责征集。市地税局负责市内国有、集体、股份、联营企业及银行、保险、信托投资公司，财务公司和城乡信用社缴纳防洪保安资金的征集。在职职工和“三资”企业中方职工缴纳的防洪保安资金，由其单位代收再解缴地税部门。是年，郴州市地税部门征收防洪保安资金306万元。1996年4月，市地税局要求县（市）地税局，城镇地税分局将已代征的单位和个人缴纳的防洪保安资金，于当月内全额缴入县以上财政部门的资金专户，严格查处隐瞒、贪污、挪用、截留防洪保安资金问题；对不按规定缴纳防洪保安资金者，从代征机关送达缴纳通知书之日起，按拖欠额每日加收5‰的滞纳金，并追究相关人员责任。2000年，全市征收防洪保安资金1266万元。2002年1月1日，《湖南省防洪保安资金征收管理办法》颁布实施，郴州市进一步明确防洪保安资金征收对象和免缴范围，调整征收标准，并明确地税部门负责市内独立核算企业和在职职工以及其他收入的事业单位和在职职工的征收。2005年，郴州市地税系统征收防洪保安资金2131万元，比1995年增加1825万元，增长5.96倍。1995—2005年，全市征收防洪保安资金1.41亿元，占同期费金收入的32.75%。

文化事业建设费　1997年8月1日始，郴州市开征文化事业建设费，由市地税局负责征收管理。文化事业建设费的费率按营业收入或经营收入的3%征收。1998年，全市征收文化事业建设费62万元。自1999年11月始，对纳税人从事广告代理业务的征收文化事业建设费。2000年，全市征收文化事业建设费76万元。2001年1月，郴州市明确实行“定期定额”征收方式的个人娱乐业、广告业缴费人，其应缴纳的文化事业建设费一律纳入定额总额内，所占比例为：娱乐业10%、广告业25%，单独开票入库。2005年，全市征收文化事业建设费116万元。1998—2005年，全市征收文化事业建设费668万元。

社会养老保险费　从2002年1月起，郴州市地税局负责征收市内外商投资企业及其中方职工，和私营企业主及其职工的基本养老保险费。企业缴费比例，2002年为14%，以后每年提高2%，直至20%为止。个人缴费比例为6%，以后每两年提高1%，直至提高8%为止。2002年，郴州市征收基本养老保险费207万元。2003—2004年，按社保费“一保二扩”（即保证参保户数和工资基数，扩大征收面、扩大征收基数）的要求，调整工资基数缴费比例，扩大缴费基数。2003年，全市征收基本养老保险费232万元，2004年征收253万元。2005年，基本养老保险费单位缴费比例提高到20%，个人缴费比例提高到8%。是年，市地税部门征收基本养老保险费259万元，占费金收入7998万元的3.24%。2002—2005年，郴州市征收基本养老保险费951万元。

工会经费　2003年7月，郴州市政府办公室《转发市总工会、市地税局关于市属以上企事业单位应上缴的工会经费委托市地税局代收意见的通知》，受郴州市总工会授权委托，市地税局在税收征管辖区内正式启动工会经费代收工作。是年，全市地税系统征收工会经费230万元，占费金收入的3.84%。2004年，全市加强调查研究，摸清费源底子，全年代收工会经费497万元。2005年5月，市地税局、市总工会规定各企事业单位是法定缴费人，应缴工会经费统一由企事业单位的财务部门直接向市地方税务机关缴纳，当年地税部门征收工会经费626万元。2003—2005年，郴州市地税部门共征收工会经费1353万元。

1995—2005年郴州市地税局费金征收收入统计表

表18-2-3-5 单位：万元

项目 \ 年度	1995	1996	1997	1998	1999	2000	2001	2002	2003	2004	2005	合计
教育费附加	616	1573	1753	1726	1550	1832	1998	2364	3613	4166	4866	26057
防洪保安资金	306	693	1073	973	979	1266	1341	1561	1842	1971	2131	14136
文化事业建设费	—	—	—	62	80	76	86	81	79	88	116	668
社会养老保险费	—	—	—	—	—	—	—	207	232	253	259	951
工会经费	—	—	—	—	—	—	—	—	230	497	626	1353
合计	922	2266	2826	2761	2609	3174	3425	4213	5996	6975	7998	43165

第四节 税务稽查

一、统一稽查

1989年，郴州地区开展税收大检查，自查补税企业4387户，补报税款820万元；税务稽查1625户，查补入库税款1959万元。1991年，郴州地区行署发布《关于整顿个体经济税收秩序的通知》，全区税务部门加强与司法机关配合，发挥依法进行税务检查、税务稽查职能作用。年内对区内1.79万户个体工商户逐一进行税收检查，查补税款1085.2万元。1993年，全区税务部门继续加强税收秩序整顿工作，年内将税收检查与纳税户自查结合起来，通过宣传发动，全区3.37万户纳税户自查出问题户4474户，专业税收检查出问题户11624户，自查与专项检查查补税款3347.08万元，其中偷税1714万元；当年查补入库税款2215.92万元，另收滞纳金6.6万元，罚款57.36万元。

二、分税制稽查

1994年，郴州地区地方税务局系统设立稽查局，为地税局直属机构。郴州地区国税局稽查业务仍归口征管科管理。

1995年，郴州市国家税务局设立稽查局。1996年，全市国税、地税建立和完善市一级稽查体系。市国税局系统稽查队伍总人数144人，占在职人员的10%。是年，郴州市国税市、县两级稽查局对2019户纳税户进行专项稽查、日常稽查、专案稽查及税收检查，共补税、罚款3530万元。1997年，全市国税稽查机构抽调119人，对85户重点企业上门跟踪催缴陈年旧欠税款8000万元，加收滞纳金40余万元。全市地税稽查部门重点对粮食、烟草、建筑安装3个行业实行专项稽查，查补各项偷税漏税款1038.56万元，处以罚款106.66万元。1998年，市国税稽查局与税政法规部门联合组成28个检查组，突击检查境内公路沿线118户加油站，查补税款132万元；专项稽查湘南烟草集团公司下属5个分公司，查补增值税26.3万元、消费税68万元、企业所得税274.6万元；重点稽查市建设银行、农村信用社等金融企业，查补税款600万元。市地税稽查部门在征管范围内开展“拉网式”清理漏征漏管纳税户，重点清理无门面、无固定场所、无证经营的个体漏征漏管户2368户，查补各项税收1243万元，同时完成定税调额工作；清理行政事业单位销售不动产、门面出租等地方税收，入库（行政事业单位）税收6420万元。1999年，全市税务部门进一步加大稽查力度，国税部门全年检查纳税户1947户，查补税款6788万元，罚款389万元，其中查出湘南烟草集团烟叶公司接受伪造增值税专用发票81份，涉税金额1300万元的大案；地税稽查系统全年稽查企业和个体户1635户，入库各项税款4600万元，其中对郴州市城区人民东路345户个体户经一个月的普查，查补税款48万元，罚款1万元。

2001年，郴州市国税局组织12个检查组，甄别排查全市1227户增值税一般纳税人近230万份增值税专用发票，查出虚开增值税发票案48起，虚开税款464万元，查出接受虚开增值税发票34份、虚抵税额293万元，8名涉税犯罪嫌疑人被刑事拘留，其中3人移送起诉，2人被判刑；市地税系统全年查处偷税案85起，抗税案11起，查补入库税款3400万元，查封、撤销15个发票开票点，收缴非法票据550份。2002—2003年，市国税部门将稽查重点放在压缩陈欠税款，两年清缴陈欠税款3635万元，清缴新欠税款3372万元。2003年底，将陈欠税款减至4879万元，为实施分税制10年来最低比率。全市地税稽查系统启用“一级稽查”（选案、检查、审理、执行“四分离”稽查）模式，开展城区建筑业税收专项稽查，查处工程承包负责人43人，查补入库税额300万元。期间通过新闻媒体公告税案32件、违章户70户。

2004—2005年，全市国税稽查系统检查纳税户859户，查补税款4662.65万元，罚款844.28万元，加收滞纳金40万元；移送司法机关查处案件44件，追究刑事责任22人，有效地促使新欠税款率由2004的1%压缩至2005年的0.5%以下，实现省国税局提出的“将陈欠压缩在20%以下，新欠控制在2%以内”的征管目标。至2005年底，郴州市地税局进一步巩固“一级稽查”体制，取消稽查任务考核，树立稽查执法与稽查服务并重的理念，全年上门检查纳税户243户，查补入库税款2100万元，罚款170万元，加收滞纳金4万元，查处举报税案32件。同时以查前告知、自查补报、稽查约谈和规范稽查文书为重点，推行阳光透明稽查，努力向服务型稽查转变。

第五节　税务管理

一、征管宣传

1989年，郴州地区税务局乘换发税务登记证之机，印发换证通告6500份，出动宣传车28台次，编写黑板报174期，向社会广泛开展依法纳税宣传，仅郴州市城区就完成换证2.53万户。1990年，地、县（市）税务局与当地共青团组织、个协组织和工商、司法部门通力合作，组织个体工商户学习税法知识，全地区参加学习个体户2.4万人，经考核合格2.26万人，年内有37人分别获国家和省税务机关授予的“守法模范纳税户”称号。1991年，郴州地区税务局与潇湘电影制片厂合作拍摄的税收宣传电视剧《雨夜深情》，在中央、省、市级电视台播放。从1992年起，国家税务总局把每年4月确定为全国“税收宣传月”。1992年，郴州行署领导在郴州电视台发表税收宣传电视讲话，地区税务局在《郴州日报》开设“税收与发展”专栏，在郴州电视台播放税收专题节目。1993年1月《中华人民共和国税收征收管理法》正式实施，全区开展以税收征管法为重点内容的“税收宣传月”活动。中小学校开设税收宣传课，有5万多中小学生接受税法知识教育；鲤鱼江电厂、水电八局、黄沙坪铅锌矿等大中型企业举办税法学习班、报告会，向全体干部职工进行税法教育。

1995年4月，郴州市以“税收与法制”为主题，开展“税收宣传月”活动。市国税局组织编写印发《税收宣传要点》《税收知识问答300题》；全市办培训班79期，参加考试的企业法人代表和财务人员5065人；市地税局4月8日开展地税咨询日活动，全体税务干部走上街头宣传地税知识，为纳税人解疑答惑；月内还举办全区地税系统“爱我地税、兴我地税”演讲赛。1996年，全市财政、国税、地税系统先后联手在街头、厂矿、集镇设立税法宣传咨询点60多个。全市国税系统开展“纳税先进企业”“纳税大户”推荐评比活动，评选出31户纳税先进企业和100户纳税大户。1997年，郴州市地税系统开展个人所得税征收宣传，先后设立咨询点66个，散发宣传资料5万份，全市地税干部职工主动申请缴纳个人所得税35万元。

1998年，在开展的“税收管理质量年”活动中，全市以各级党政干部、企业法人、个体大户和税务干部为税法宣传重点对象，举办培训班20期，电视讲座10期，坚持正反宣传教育相结合，向社会推介一批模范纳税户，也曝光少数偷、逃、抗、骗税典型案例。1999年，市地税局将税法宣传与发票检查工作相结合，一边启动“百万师生学税法工程”，一边以查处发票违章案例为教材宣传税法。此活动被评为全省地税系统税法宣传最佳项目。

2000年，全市围绕“税收与未来”主题，大力宣传社会主义市场经济条件下税收的地位和作用，宣传税收调控政策对国家未来发展的重大影响。郴州市国税局向全市党政领导和部门负责人赠送《领导干部税收知识读本》2000册。市地税局在市广电中心演播室举行发票公开摇奖活动，籍以宣传纳税光荣。2001年5月1日，新修订的《中华人民共和国税收征收管理法》（简称征管法）正式实施，各地精心组织一系列宣传活动。陆续有资兴市开办“网上税校”、桂阳县举办“征管法”知识抢答赛、安仁县组建“联合税收宣传队”、汝城县开展“税收宣传进两会”活动。全年全市地税系统举办新征管法培训班16期，对适用新“征管法”与原“征管法”的一些变化问题作深入探讨。

自2003年始，全市税务部门连续3年在“税收宣传月”中都以“依法诚信纳税，共建小康社会”为主题展开宣传教育，当年4月16日，市国税局、地税局会同市司法局、市财政局组织宣传彩车队在郴城内巡回宣传，49个咨询点分布在街头、车站、交通要道发放《办税指南》、“办税联系卡”等宣传资料5.1万册（份）。2004年，市地税部门结合税务宣传，及时为下岗再就业个体经营户减免税款1138万元，让税法宣传更暖人人心，容易接受。2005年，利用经济税收结合点、征纳双方共鸣点、社会公众关注点，创新宣传形式，在税收宣传月里组织召开税企发展座谈会、税收工作汇报会，在《当代商报》上公布纳税大户排名榜。市地税局还开展“千名税干进企业、服务经济促发展”活动，为企业发展生产经营送“金点子”100个、“金对策”50条。把税收宣传与解决实际问题，与发展生产促税收结合进行。

二、税源建设扶持与服务

1989年，郴州地区税务系统设立促产增收培植税源点202个，促产增收项目253项，发放生产周转金267.3万元，为企业提供各种经济信息470条，使企业增加产值9000万元，增加税金3200万元。是年，全区为1049户企业减免税款3673.6万元，批准集体企业税前还贷421.66万元，帮助企业渡过资金难关发展生产。1990年，地、县（市）两级税务局促产办制定促产增收工作规划和考核办法，全地区税务系统设立促产点178个、促产项目235项，促产重点放在“两烟”（桂阳、嘉禾、永兴的烤烟、郴州市的卷烟）、“三个行业”（郴县轻纺业、资兴机械业、宜章煤炭业）；为138户企业发放生产周转金387.80万元，引导企业从银行融资268万元，协助盘活资金176.5万元，促成企业或项目横向经济联合32对；为企业提供小调查、小分析、小建议500条。是年，帮助363户促产企业增加产值7882万元，增加利税1954万元。由省税务局主编的《促产增收—百例》，采用郴州税务系统促产实例9例。1991年，地区税务局制定《1991年促产增收效益目标管理办法》，全地区设立促产点262个，促产项目283个，为企业发放生产周转金655万元，当年促产工作使企业增加产值1.10亿元，增加税金1800万元。

1992年，学习贯彻邓小平南方谈话和中央2号文件精神，认真探索改革开放过渡试验区税收工作新路子。地区税务局结合郴州实际，向地委、行署提出在创办试验区中31条放宽税收政策的建议，为《关于加快郴州经济技术开发区建设的决定》和《郴州地区鼓励外来投资优惠办法》等市级文件的出台提供重要的决策 依据。在具体税收工作中，采取一系列税收灵活措施，对新办企业和新产品开发予以扶持，是年，全地区办理减免税和对困难企业批准税前还贷8000万元。

1995年，税务系统在管理中加强服务，推进税源建设。永兴县国税局针对煤炭行业出现"费挤税"问题，提出的"税费统征"建议，使永兴当年煤炭税收增加800万元，随即全市矿产品行业推行这一办法。1997年，市地税局将郴州市钢针厂、良田建材厂作为促产点，组建支帮促小组深入企业，帮助技术改造，理顺外部环境，加强内部管理，使两厂产值市场增长26.5%，年税利增长18.25%。是年，嘉禾县国税局塘村税务所发动8户个体经营户组建嘉禾县锻造厂，走集团化道路，规范经营方式，统一质量标准，使产业做大做强，增强了市场竞争力，第二年即走出困境增加税收200万元。1999年8月13日，郴州遭遇特大洪灾。郴州国税、地税系统让因受灾造成近期缴纳税款有困难的企业及时申请延期缴纳，并审批停业申请，全力支持纳税户抗灾自救，尽快恢复生产。当年市国税系统减免受灾企业所得税114.8万元，市地税系统减免地方税费280万元。

2002年，郴州税务系统努力开发地方税源增长点。市国税系统把扶持民营企业经济发展作为涵养税源的重点之一。永兴县国税局对全县金银冶炼企业落实"三废"回收有关税收优惠政策，吸引冶炼企业入园入区规模发展，每年税收增加1200万元。市地税局积极与香港万邦实业集团有限公司联系，促成该公司与市政府达成2.3亿元投资兴隆街旧城改造项目协议，该项目一次性增加税收2700万元，并带动一批个体、私营企业发展，解决3200人就业，每年增加税收5000万元。2003年，市国税局召开外商投资企业负责人座谈会，同时积极向国家税务总局和省局争取优惠政策，力促青岛啤酒有限公司、华润电力有限公司来郴投资建厂，使两企业落户郴州，当年增加税收2亿元。是年，投资郴州的中外合资、中外合作、外商独资企业（项目）达到182户（个），成为郴州税源增长亮点。是年，竭力落实财政部、国家税务总局针对"非典"疫情出台的税收减免政策，全市对受影响较大的企业减免税220万元，审批延期缴纳税款400万元，将"非典"影响尽可能减至最低限度。是年，地方各税入库总额7.49亿元，比2002年增加1.05亿元。

2004年，全市注重加强对重点企业、重点行业的税源跟踪管理，营造良好的招商引资环境。市国税系统征管的年增值税收入100万元以上的企业8户，市地税系统征收的年营业税收入200万元以上的企业有21户。当年在税源跟踪监管中，市国税系统以落实税收优惠政策为主，规范税收执法，营造一个好的招商引资和税收征管环境；市地税系统既监管企业财务税收情况，又帮助企业发现生产经营难点，协同企业解决产品营销、融通资金和盘活资产等问题，协力提高企业招商引资的凝聚力。2005年，市国税系统注重 涵养税源， 用足用活外商投资企业优惠政策，帮助企业做大做强。全市涉外企业共入库两税2.31亿元。面对资源利用率低、生态环境脆弱的现实，地税开征水电行业资源税，适当调低温泉（地热水）资源税的税收标准，起到既增加税收又保护资源环境的效果。是年，全系统资源税入库3053万元，比2004年增加529万元。同年全市21户重点监控的纳税户，实际入库1.94亿元，比2004年增加3969万元，增长25.6%。

三、征收管理

1989年，郴州地区税收征管实行“一员到户，各税统管”的征管方式，选择20户企业开展价税分流扣税法试点，全区工商各税入库5.16亿元。1990年，全区组织贯彻国务院关于整顿税收秩序，加强税收管理的决定，推行征、管、查“三分离”，票、款“两分离”征收管理，同时继续试点价税分流。8月，在嘉禾县召开全区税务征管制度改革现场会，推介11个单位的经验。年内全区实行征、管、查“三分离”的税务所13个，实行征管、检查“两分离”的税务所53个，到年底，郴州地区先后有90个税务所采取票款分离管理法，消除长期以来所形成的“一人进厂，各税统管”，集征、管、查职能于一身而造成的权力约束缺位现象，避免执法不严，收“人情税”等弊端。1991年上半年，全地区开展地方税和“两金”（纳税保证金、发票保证金）的专项检查，检查纳税单位2073户，查补地方税和“两金”1159.7万元，入库725.9万元。是年，组织全地区税管干部系统学习行政复议条例。全区申请税务行政复议案件26件，经审理受理10件，不予受理10件，申请人主动撤回6件。经复议裁决，均服裁息诉。1992—1994年，全地区推行开门办税制度，强化内部制约机制，促进机关税收征管廉政建设。

1995年，郴州市国税局内设郴州市林邑税务师事务所，为事业性机构，履行法定范围内受纳税人和缴税义务人委托，代办税务事宜职责。同年，按国务院和湖南省人民政府的调整范围，市地税局及时接管涉外企业的地方税征管。市地税局针对地方税税源零星分散、面广额小、征收难度大的特点，对不同纳税对象，确定不同代征代缴的税种和单位，建立起协税护税网络。即个人所得税由企事业单位代扣代缴，车船使用税、车辆运输营业税由交通部门代征代缴；建筑营业税由银行代征代缴；印花税由银行、信用社、保险公司、司法公证处和国土局等部门代征代缴；投资方向调节税由发改委机关代征代缴；屠宰税由乡镇机关代征。当年代征代缴入库税款1206万元。同时，市地税局对个体饮食和娱乐行业实行“双定”（定营业额、定税额）和查实相结合的征管方法，促使饮食娱乐业税收额成倍增长。

1996年，全市根据国家税务总局和省税务机关的部署，开始推行“以纳税申报和优化服务为基础，以计算机网络为依托，集中征收，重点稽查，强化管理”的新的征管模式，实现专管员由管户向管事、由上门收税向纳税人主动申报缴税、征管技术由手工操作向现代化（计算机技术）管理“三个转变”。市国税系统完成撤所而建立征收分局的任务，市内95个税务所调整为66个征收分局。11个县（市、区）国税局年内投入资金400万元，添置电脑47台，筹建办税服务大厅。市地税系统着力抓好纳税申报率、税款入库率、填票合格率等基础性工作，是年，郴州市地税征收对象有95%的企业、85%的个体户实行自行申报纳税。

1997年，全市建成11个国税办税服务大厅，总面积4700平方米，总投资1200万元，共配备计算机260台，1.6万户纳税户实现集中到办税服务厅缴税，年税收额占总任务的75%。1998年3月，市地税局办税服务大厅正式运作，至此全市地税系统共设办税服务厅28个，均按税务登记、纳税申报、发票发售、文书受理、税务咨询等设立专门窗口，实行“一站式”服务。办税服务厅的集中征收、公开办税方式既提高了征管效率，又起到“外反偷税、内防不廉”的监督制约效果。是年，市国税局成立进出口税收管理分局，专司出口退税管理工作。分局坚持“三审”（初审、复审、领导审批）制度，年内郴州17户外贸出口企业出口货物金额1.18亿元，经“三审”办理出口退税1300万元，创外汇收入1423.88万美元。是年4月，湖南省人民政府对全省国税、地税部分税收征管范围进行调整，郴州市国税局、地税局及时对各自负责征收管理的纳税人实行统一代码，分别登记，分别管理。年底，市国税系统办理税务登记验证3.16万户，其中企业3901户，个体工商业2.77万户；市地税系统新办税务登记5700户，其中企业610户，个体工商户5090户，注销1700户。

1999年，全市国税系统推行“局务公开、民主管理”，实行制度、财务、决策、定税、处罚“五公开”，全系统公开定税户1.29万户，公开处罚纳税户968户，公开处罚违章违纪税务干部252人次。全市地税机关邀请市、县（市、区）领导机关和纪委及财政、国税等单位参加，组织8个催欠组到欠税企业清缴欠税，一户一户落实压欠计划，市内金融部门积极为企业注入资金，落实清欠计划，全年共收回欠税1.35亿元，实现省地税局提出的“压缩老欠20%，杜绝新欠”的目标。2000年，全市地税局系统组织开展“登记率、申报率、入库率、滞纳金加收率、欠税增减率、申报准确率、立案率、结案率、处罚率、复议变更（撤销）率”税收征管质量考核工作。当年11月，省地税局组织对全省14个市州局征管质量指标进行实地考察，郴州市成为全省5个达标市州之一。

2001年，《中华人民共和国税收征收管理法》再次修订颁布。市国税局依法对内出台征管质量千分制考核办法，即按“完成任务、税务登记率、纳税申报、入库率、滞纳欠税、查补税款、纳税检查（稽查）、计算机应用、发票管理、执行政策”10大类59个具体指标进行量化，考核全系统税务干部。市国税局还对增值税一般纳税人推行“纳税信誉等级分类管理”，对全市996户增值税一般纳税人进行信誉等级分类评定，经省国税局批准，A级12户，B级99户，C级885户，D级0户。对不同的信誉级别的纳税户在“纳税申报、税务稽查、税款预储”等方面予以不同的待遇，促使提高征管水平。是年7月1日，郴州“金税工程”（全国增值税专用发票计算机稽核网络系统）4个子系统（防伪税控开票、认证、稽核、协查）与全国税收“信息高速公路”连通，全市有169户重点税源户被纳入“金税工程”控管。市地税局在贯彻新修订的“征管法”中，在全省地税系统率先推出“一级稽查”，重点开展专案稽查和大案、要案稽查。

2002—2004年，全市推行征管改革，力破税收难点。市地税局自行研发车辆税收征管软件，并将缴税义务与交警部门的车辆年检“捆绑”运行，对不缴税的车辆不年检，使车辆税收无形流失的难题得到有效治理。2003年，市国税局与东软公司研发出“定位定税管理信息系统”软件，经试点运行成功，在全市推广，较好地破解全市以缴纳增值税为主且零星分散的三万户个体工商户税收征管难题，防止税源流失。2004年，市国税局制定《办税服务厅管理办法（试行）》，实行办事“公开”和首问责任制，规范服务行为，全方位提高征管服务水平。全市12个县级国税局全部应用定位定税管理信息系统，9100户纳税人实现网上缴税。是年，市地税局启动“税银联网”征管方式，在城区试点开展网上申报业务，与银行联网，实现双定户税款和网上申报户税款的自动划缴。

2005年，市国税局系统采取开展税收执法评议检查措施，完善税收服务体系，解决民政福利企业和资源综合利用、废旧物资收购、农副产品加工等行业税征税管难题。市地税局系统实行“执法与服务并重”管理法，全年取消稽查收入任务考核，努力向“服务型”稽查转变，突破私房产业和矿产行业的纳税“瓶颈”。全市9912户私房产业纳税户步入日常管理，入库税收1400万元，矿产采掘业各项税收入库1.04亿元。至2005年年末，由市国税 系统负责征管的纳税户1.34万户，其中增值税一般纳税人1544户，小规模增值税纳税人1621户，个体工商户1.02万户。由市地税系统负责征管的纳税户4.79万户，其中企事业单位4389户，个体工商户4.35万户。国税、地税纳税人到办税服务厅缴税均占98%以上。年内，通过专项稽查和执法检查，市国税系统查补入库税款2845

万元，涉及纳税人394户；市地税系统查补入库税款3426万元，涉及纳税人446户。

四、发票管理

1989年，郴州地区税务系统建立“专人保管，专库存放，专账登记，专项报表”的“四专”发票管理制度。增值税专用发票由国家监制，并进行防伪处理。1991年，全区地、县两级税务局设立发票管理站，归口征管科（股）管理。发票管理站内设发票印刷审批、检查、会计、出纳、保管、窗口开票等岗位。是年6月，国家税务总局发文部署全国统一“发票监制章”和发票换版工作，旧版发票由税务机关限期收回销毁。

1993年1月1日，开始全面使用新版发票。同年12月，财政部颁布《中华人民共和国发票管理办法》，国家税务总局印发《〈中华人民共和国发票管理办法〉实施细则》。郴州税务系统贯彻“发票管理办法”及其“实施细则”，由发票管理站具体执行，进一步严格发票印制、发售、领、用、存、缴销、审核等环节的规章制度。

1994年，增值税专用发票仍由国家统一监制。1995年，郴州市地税局按照《湖南省发票定点承印厂管理办法》，确认郴州彩色包装印刷厂一家做发票承印厂。1996年，增值税防伪税控系统开通运行，进入防伪税控系统企业的电脑专用发票由市国税局征管科直接发售。未进入防伪税控系统的企业，销售单笔业务金额在百万元以上的，办理《代开百万元专用发票申请书》，经审批后到郴州市国税局征管科代开。取得金额在百万元以上的电脑发票经郴州市国税局征管科认可后方可抵扣进项税额。代开增值税专用发票按规定的预征率实行税款预征。1997年，市国税机关进行普通发票换版，销毁作废自印发票和存根联6.61万本。在检查中，发现发票违章企业181户，处以罚款125万元。是年8月，市国税局协助稽核增值税发票，发现有问题发票15份，涉及抵税12.6万元，经查追回税款及罚款23万元。1998年，市国税局发出增值税专用发票交叉稽核467份，收回219份。回复外来稽核卡940份，协助河北、河南查处虚开增值税专用发票29份，查补税款17万元。1999年下半年，市地税局在全市范围推行出租车税控计价器。是年，市地税局规定县（市、区）地税局设立发票管理所，与征管科（股）合署办公。

2000年，郴州市国税局建立发票专用库房，安装安全报警装置，内装红外线投影监控仪、录相摄影机和防火、防盗、防潮等设备。是年，全市使用10万元版增值税专用发票的一般纳税人，全部按规定进入防伪税控系统。2001年，市国税局参与全国“807”案（广东省潮阳普宁虚开专用发票骗取出入退税案）专项检查，在郴州查出虚开增值税专用发票37份，查补税款225万元，为国家挽回经济损失980万元。2002年6月1日起，市地税局启用统一的防伪发票专用章，凡无此章发票均为无效发票，作违章处理。与此同时，取消服务业裁剪发票，启用新版服务业定额发票，取消建筑安装（简称建安）发票开票点和建安企业持票资格，建安发票由市地税局征管科统一印制、发放管理，县（市、区）地税局直接到市局征管科领用发票。同年10月1日，市地税局在全市交通运输、建筑、金融保险、邮电通信、文化体育、娱乐、服务、转让无形资产、销售不动产等行业中有一定经营规模和固定经营场所的纳税人中，推广使用税控收款机，税控收款发票由市地税局审批，统一到茂源纸品有限公司印制。2003年，经群众举报，市国税系统查处无证印刷发票厂家3个，收缴非法印刷的各种票据1万本，追缴税款152万元，查禁城区发票非法代开点8个。当年，市地税局作出规定，严禁非代征单位和个人代开各种发票，对代开服务、建安、临时经营、劳务等发票实行专人管理、专人开具、专人缴销，一票一税。是年，市地税局研发出建安发票管理系统和车辆税收管理系统两套地税征管运用软件，减少假发票的出现。2004年，由省地税局统一部署，统一全省地税普通发票分类代码和发票号码，旧版发票使用至当年年底止。10月，市地税系统开始统一使用由省地税局监制的全国统一式样的公路、内河货物运输业统一发票。从2004年起，市地税局在郴州市中心城区和部分县（市）城区开展发票“刮奖”活动，鼓励消费者索要发票增加税收。2005年，全市于3月底前完成所有比对异常发票的审核检查工作，规定增值税一般纳税人的所有发票、缴款书都要采集电子数据和纸质资料才能申报抵扣税，从源头上控制征管漏洞。是年，市地税局组织发票执法检查，检查纳税户3393户，查补税款106.75万元，罚款50.9万元。

第六节　税务机构

一、郴州地区税务局

1989年，郴州地区税务局机关内设办公室、人事科、宣传教育科、监察科、征收管理科、流转税科、所得税科、计划会计科、地方税科、工会10个科（室）。1991年5月，增设税务行政复议办公室。1993年5月，成立涉外税务分局。郴州地区税务局下辖郴州11个县（市）税务局。全地区设税务所94个，为各县（市）税务局派出机构。至1994年9月，郴州地区税务局有在职干部职工2092人，其中地区局90人，11个县（市）税务局2002人。

二、郴州地区（市）国家税务局

1994年9月30日，郴州地区税务局一分为二设立郴州地区国家税务局（简称国税局）。国家税务局系统实行国家税务总局垂直管理领导体制，在机构、编制、经费、领导干部职务审批等方面按下管一级的原则，实行垂直管理。地方各级国家税务局正副局长由上一级国家税务局审批任免。中共党的组织关系仍隶属当地党的委员会，党组领导成员由上一级国税局党组征求地方党委意见后任免。地区国税局成立时，局机关内设办公室、税政管理一科、税政管理二科、征收管理科、计划财务科、人事教育科、监察审计科、纪检组（与监察审计科合署办公）、机关工会、系统工会（与机关工会合署办公）、涉外税收分局和稽查局12个科室局（分局）。

地区国税局辖郴州市、资兴市、郴县、桂阳、嘉禾、临武、宜章、汝城、桂东、永兴、安仁等11个县（市）国税局，各县（市）国税局机关统一内设办公室、税政管理股、征收管理股、计划财务股、人事教育股、监察审计股、纪检组（与监察审计股合署办公）、工会、稽查队9个股室队。全地区设94个税务所，为11个县（市）国税局在乡镇的派出机构，撤销原保留下来的2个税务检查站。1994年9月，全区国税系统在职干部职工1431人，其中地区国税局机关91人，11个县（市）国税局1340人。

1995年，郴州地区国家税务局更名为湖南省郴州市国家税务局（简称市国税局），县级郴州市和郴县国家税务局分别更名为湖南省郴州市北湖区、苏仙区国家税务局。市国税局仍垂直管理9个县（市）和北湖、苏仙两区国税局，其管理体制和管理方式不变。是年，市国税局机关增设思想教育科（与机关党组、工会三块牌子一套人马合署办公）、进出口税收管理分局、发票管理所、税政管理三科、政策法规科、离退休干部办公室（归口人事科管理）。原人事教育科更名为人事科，同时设立郴州市林邑税务师事务所，为“自收自支、独立核算、自负盈亏、依法纳税”事业单位，归口市国税局监管。是年，全市国税系统由原来的94个税务所精简撤并为66个征收分局（副科级单位），仍为各县（市、区）国税局派出机构，经费实行报账制，各分局内部再设若干个征收组。

1997年1月，湖南省郴州市北湖区、苏仙区国税局分别更名为湖南省郴州市国税局一分局、二分局，两分局原派出的征收分局更名为税务所。1997年9月，市国税局设立信息管理中心，当年全市国税系统由原来的66个征收分局（税务所）撤并为50个征收分局（税务所）。2000年9月，市国税局设立湖南省郴州市国家税务局三分局，负责开发区和郴州卷烟厂的税收征管。同月，郴州市设立注册税务师管理中心，由市国税局、市地税局分别抽人组成。与此同时，郴州市林邑税务师事务所与市国税局脱钩。2001年，市国税局3个城市分局按行政区划分别更名为湖南省郴州市北湖分局、苏仙分局和开发区分局。分局不设稽查科，由市国税局统一实行“一级稽查”模式。全市征收分局（税务所）统一更名为税务所。全市将50个税务所再次撤并调整为38个税务所。2002年，市国税局将税政科更名为税政一科，增设税政二科。2003年，市国税局监察审计室更名为监察室，其内部审计职能划归计划财务科。

2004年3月，湖南省郴州市国家税务局及各县（市、区）国家税务局再次更名，将原名称前所冠“湖南省”删去，3个城市分局则一律按属地更名为“郴州市北湖区国家税务局”“郴州市苏仙区国家税务局”“郴州市开发区国家税务局”。同年，撤销全市国税系统所设的38个税务所，在各级国税局各设一个税务所，设立办税服务厅，实行县（市、区）国税集中征收。

至2005年，郴州市国税局内设12个科室：办公室、人事教育科、监察室、计划统计科、财务管理科、征收管理科、机关党委办、流转税管理科、所得税管理科、政策法规科、进出口税收管理科、国际税务管理科；设2个事业单位：信息中心、机关服务中心；直属局1个：稽查局。市国税局下辖“1市（资兴）、3区（北湖、苏仙、开发）、8县（桂阳、永兴、宜章、嘉禾、临武、汝城、桂东、安仁）”国家税务局。全市国税系统共有在职人员1358人，其中市国税局163人，12个县（市、区）局1195人。

三、郴州地方税务局

郴州地区地方税务局（简称地税局）于1994年9月30日正式挂牌成立。地区地税局机关内设办公室、人事教育科、税政一、二、三科、计划会计科、征收管理科、监察内审科8个科室，直属机构1个：稽查局。地区地方税务局实行由省地税局和郴州地区行署双重领导，以省地税局领导为主的管理体制，其机构编制、人员调配、办公活动经费和劳动工资均由省地税局垂直管理。

地区地税局下辖郴州市（北湖区）、资兴市、郴县（苏仙区）、桂阳、临武、嘉禾、宜章、汝城、桂东、永兴、安仁11个县（市）地税局及其派出机构87个基层税务所。时全地区地税系统在职干部职工777人，其中地区地税局50人，11个县（市）地税局727人。

1995年，郴州地区地方税务局更名为郴州市地方税务局，县级郴州市地方税务局、郴县地方税务局分别更名为郴州市地方税务局北湖分局、郴州市地方税务局苏仙分局，并增设郴州市地方税务局直属分局。市地税局内设机构增设发票管理所。

1996年3月，成立郴州市地方税务局涉外税收分局，为市地税局直属机构。市地税局内设机构增设审计科。1998年，市地税局机关增设思想政治工作科。1999年，成立市地税局省级税收征收分局（与直属分局两块牌子，一套人马合署办公）。2000年，市地税局机关新设立机关后勤服务中心。2001年，设计算机信息中心、注册税务师管理中心（与市国税局共同管理）。2003年，市地税局增设政策法规科，当年4月，市地税局高新技术产业开发区分局挂牌成立。2004年4月，郴州市地税局北湖分局、苏仙分局分别更名为郴州市北湖区地税局、郴州市苏仙区地税局。

至2005年，郴州市地税局内设办公室、人事教育科、税政一、二、三科、计划会计科、征收管理科（加挂发票管理所牌）、监察科、审计科、思想政治工作科、后勤服务中心、政策法规科、计算机信息中心、注册税务师管理中心（与市国税局合署办公）。直属机构有市地税局稽查局、市地税局省级税收分局（与直属分局两块牌子、一套人马合署办公）、涉外税收分局、高新产业区分局。辖11个县级地税局及其派出机构共35个基层税务分局、8个基层税务所。全市地税系统实有人数1197人，其中市地税局在职干部职工76人，11个县（市、区）在职干部职工1121人。离退休干部职工111人。

1989—2005年郴州税务局主要负责人名录

表18-2-6-1

单位	姓名	职务	任职时间
郴州地区税务局	陈书桂	局长	1985.01—1994.09
郴州地区（市）国税局	陈书桂	局长	1994.10—1995.09
郴州市国税局	何正祥	局长	1995.11—2004.05
郴州市国税局	李韧	局长	2004.05—
郴州地区（市）地税局	伍福元	局长	1994.09—1998.09
郴州市地税局	潘寿民	局长	1999.04—

郴州市志（1989—2005）

第十九篇

金融

1989年，郴州地区银行机构有中国人民银行、中国工商银行、中国农业银行、中国银行、中国建设银行所属下设机构，以及农村信用社、城市信用社和邮政储蓄所。保险机构有中国人民保险公司郴州地区中心支公司。证券机构有湖南省证券公司郴州代理处。信托投资机构有湖南省信托投资公司郴州分公司。是年末，郴州有各类金融机构（网点）854家，从业人员5445人，已初步形成人民银行为主管，国有专业银行为主体，城乡信用社、邮政储蓄、保险、证券、信托相互配合、协调发展的金融组织体系。

从1990年起，郴州地区各银行金融机构积极开展“支、帮、促”活动，扶持企业改革挖潜、盘活资金。同时，大力整顿金融秩序，清收违章放贷拆借资金，惩罚高息揽储和乱压汇票行为，改善金融服务，建立良好的金融市场秩序。1992年5月，湖南省证券公司郴州分公司进入武汉证券交易中心。1993年1月，郴州地区成立湖南省首家地市级农村信用合作营业部。同年12月，湖南省信托投资公司郴州办事处证券营业部在全省率先开展深（圳）、沪（上海）股票异地交易业务。至1993年，全区银行金融机构首次实现存贷顺差1.15亿元，银行和邮政汇兑资金转入正常支付。

1995年，郴州撤地建市，金融体制改革步伐加快，国有专业银行逐步向商业银行转体。1996年8月始，郴州市贯彻国务院《关于农村金融体制改革的决定》，市农业发展银行郴州市分行与中国农业银行郴州市分行分设，实现农业政策性金融业务与商业性金融业务分离。同时，农村信用社与农业银行全面脱钩，保险业实行分业经营，证券机构亦与原主办单位全面脱钩，各自均成为独立经营、自负盈亏的经济实体。其间，全市金融系统不断加大信贷投放，支持经济发展。1997年，全市金融机构各项贷款余额首次突破100亿元大关，达到108.93亿元。同时，全市银行系统逐步取消手工汇兑，实现电子汇兑，电子化操作水平大大提高。金融机构全面清理自办经济实体，金融秩序逐步好转。

1997年后，中共郴州市委、市政府继续整顿社会金融秩序，并着力开展创建金融安全区工作。1997—1999年，全市共清理关闭农村合作基金会158家、供销社股金服务部56家、农村互助储金会2022家，将61家符合条件的农村合作基金会并入农村信用社。同时，查处滥办金融组织和违规金融行为，依法取缔宜章县老干部基金会、临武期货、汝城“标会”等非法金融组织。2001年9月，市政府批准创立郴州中小企业贷款担保公司，解决中小企业融资难问题。2003—2005年，市政府先后组织协调银行企业开展融资洽谈，累计签订信贷项目协议181份，签约信贷金额101.33亿元。其间，市委、市政府下发《郴州市创建金融安全区实施方案》，部署整治乱设金融机构、乱办金融业务、乱提利率和乱集资现象，并大力清收党政机关工作人员拖欠的银行贷款。同时，各金融机构进一步优化金融机构布局，规范经营行为，提升信贷资产质量与经营效益，广泛开展争创“文明窗口”“青年文明号”“十岗百佳”“文明单位”等竞赛活动。中国人民银行郴州市中心支行完善文明创建工作领导、考核、激励机制，对全市人民银行系统文明优质服务实行精细化、规范化管理，2000年，被中国人民银行总行授予全国首批“双文明单位”称号；中国建设银行郴州市分行南大支行创新金融服务模式，为客户提供多元化优质文明金融服务，被共青团中央和中国建设银行总行授予全国“青年文明号”“女职工文明示范岗”及“柜面优质服务单位”称号。1989—2005年，郴州市（地区）有600余家金融单位获市级以上“文明单位”“青年文明号”称号，其中获国家级“文明单位”“青年文明号”称号16家。

2005年，郴州市有银行业金融机构网点699家，其中市级9家、县级79家、乡镇及其乡镇以下611家，共有从业人员5609人。各项存款余额393.07亿元，各项贷款余额156.89亿元。有保险业机构网点150家，其中市级9家、县级50家、乡镇91家，共有从业人员678人，当年累计完成保险收入7.19亿元，理赔支出1.18亿元。有证券业机构网点10家，其中市级3家、县级7家，共有从业人员78人，吸纳客户7.2万户，是年，实现各类证券交易额78.7亿元。至此，全市金融业在推进商业化改革中，呈现行业组织结构日渐完善、行业服务不断改善、经营效益稳步提高的新态势。

第一章 金融改革与金融机构

第一节 金融改革

一、金融管理体制改革

20世纪80年代中期，郴州地区开始建立以国家专业银行为主，地方性金融机构为补充的多种经济成分并存、分工协作、多功能、开放式金融体系。金融业转向多元化结构发展，金融资源配置市场化日益凸显。1989年6月，全区在发展银行、保险和信托投资业的同时，又设立区内首家证券机构。到1993年末，区内除各国有银行增设一批金融机构网点外，又开办城市信用社7家、信托投资公司5家、证券机构3家、保险机构1家。

1996年，郴州市贯彻实施国务院《关于农村金融体制改革的决定》，对农业银行实行“一分一脱”，即按政策性金融与商业性金融分离原则，将郴州农行部分政策性业务划出，另设郴州农发行；农村信用社与郴州农行脱离行政隶属关系，成为自成体系的信用合作金融组织。是年，郴州农行实现商业银行转轨。郴州工行、郴州中行、郴州建行亦相继实现商业银行转轨。四家国有银行转为国有商业银行后，其所属的信托投资公司先后撤销。是年5月，人民保险系统进行机构体制改革，人保郴州市中心支公司实行财保和寿保分业经营，强化专业经营管理。1997年，全市保险机构新增太平洋人寿保险、财产保险、新华人寿保险、泰康人寿保险和华安财产保险5家股份制保险分支机构。

自1999年1月始，按照人民银行管理体制改革，郴州人行归口人行武汉分行管辖。2000年，郴州市10家城市信用社分别归并到当地农村信用联社管理，从体制上解决城市信用社风险问题。2003年12月，郴州银监分局从郴州人行分出单设，专职履行银行业监管职能。郴州人行的职能调整为执行国家货币政策、维护金融稳定和提供金融服务。全市金融业形成人民银行、银监分局、国有商业银行、政策性银行、农村信用社与保险、证券组成的完整金融体系。

与此同时，国有金融机构在深化改革中顺利向股份制经营体制转轨，以适应商业化营运的需要。2005年，郴州工行、中行和建行3家国有银行在逐步剥离不良贷款的基础上，完成国有商业银行股份制改造，按股份有限公司体制运行；4家保险机构和3家证券机构亦相继实行股份制改造；农村信用社改制工作全面启动。

在此17年间，郴州市金融系统机构设置与内部人员管理体制改革稳健推进。以安全、质量、效益为核心，不断优化机构网点布局；用工制度打破“铁饭碗”，普遍推行劳动合同制；工资分配打破“大锅饭”，全面实行工效挂钩的浮动工资制；干部任职和职称聘任打破“终身制”，全部实行能上能下的优胜劣汰制。逐步形成竞争上岗、按责定酬、工效挂钩和考核兑现为主要特征的人事劳资管理体制。至2005年年末，全市相继撤销低效益的县支行及经营网点120家、农村信用社25家、信用站357家，清退代办员、临时工566人。

二、经营体制改革

1989年后，郴州作为国务院批设的改革开放过渡试验区，经济建设加速推进。境内各金融机构改变过去单一的“管贷管收”的经营方式，变“坐店经营”为“上门服务”，积极主动为经济建设提供多方位的金融服务。1991年，郴州工行组建“支、帮、促”信贷服务队，帮助企业盘活沉淀资金8400万元，清理收回贷款5400万元，支助176户企业扭亏为盈。1992年，区内各家银行为“边、小、亏、微”企业发放流动资金贷款，较之上年增贷1.43亿元。1993年，全区银行重点扶持特困企业，郴州农行选择111家特困工商企业作为“支、帮、促”对象，较上年新增贷款2.43亿元，帮助企业盘活资金2241万元，促使57家企业减亏，44家企业实现扭亏为盈。

自1997年始，郴州工行、农行、中行、建行四家商业银行全面推进集约化商业化经营，实行总行一级法人，统一核算。县级支行信贷规模、业务稽核和财务费用管理统一上收市行，县级支行费用实行报账制。各银行调整经营战略，缩减金融机构证券及投资业务，逐步建立健全集约化经营和存贷增量比例管理体系，加强成本管理，优化信贷结构，堵住低效、高风险贷款，积极盘活信贷资金。郴州农行放贷改变过去“四处撒胡椒面”的做法，采取“治散治差，扶优扶强”的信贷举措，对湘南烟草集团公司发放烟叶收购贷款8500万元。年末，工业贷款余额比1996年末减少213万元。郴州建行实行放贷责任制，每笔贷款确定专人跟踪，减少贷款风险，至1999年末，全行不良贷款降至4.22亿元，比率33.53%，比1997年年末减少1.47亿元，下降8.7个百分点。

从1998年1月起，人民银行取消贷款限额办法，对国有商业银行实行资产负债比例管理。各家银行、信用社不断创新服务内容，改进信贷经营方式。农村信用社根据农村各类生产专业户快速发展的新形势，改变过去“抓大放小”的放贷方式，启动“农户小额信用贷款证制度”，对农户贷款经审定发证后，无需抵押担保即可随用随贷，信用社工作人员还进村入户送贷上门。至2002年，郴州市农村信用社累计发放农业贷款9.81亿元，其中小额农贷3.88亿元，占农业贷款的39.6%。

与此同时，郴州市金融业不断拓展经营面，经营方式日益更新。至1998年年末，全市有82家国有商业银行分支网点开办外汇或代客户买卖外汇业务，为6家星级宾馆代办外币兑换业务；国有商业银行均开办银行卡、电话银行、企业财务顾问、代理保险和代理保管等中间业务，以及自助银行、异地通存通兑、网上银行及票据、保函和信用证等新兴业务。全市农村信用社将信用社办成主要为入股社员服务的新型合作金融组织，实行社员民主管理，加大贷款投放力度，支持农村经济社会发展。

2003年后，郴州市金融业加快经营体系改革，调整信贷投向，确保重点建设项目、重点行业、企业信贷需要，防止盲目放贷。每年召开银企合作融资洽谈会，筛选一批重点、优质项目作为银行放贷对象。同时，市政府建立金融信贷投放奖励基金，奖励放贷对象选得准、效益好的项目，是年，奖励市级银行、信用社42万元。全市金融机构坚持以“安全、质量、效益”为经营核心，面向社会需求，相继推出住房、汽车和助学等系列个人消费贷款业务，开发使用银行信用卡、自动柜员机和电子银行等新型支付结算工具，满足客户多元化需求。农村信用社在全面推行农户小额信用贷款、联保贷款的同时，开办下岗失业担保贷款，帮助下岗职工再就业。保险、证券机构推行文明优质服务，各项业务快速增长。2005年年末，全市银行机构各项存款余额393.07亿元，各项贷款余额156.89亿元。9家保险机构全年完成保费收入7.19亿元，理赔支出1.18亿元，3家证券机构累计开户7.2万户，全年实现证券交易量78.7亿元。

第二节 金融机构

一、金融监管机构

中国人民银行郴州市中心支行 前身为中国人民银行郴州分行（简称郴州人行），归中国人民银行湖南省分行垂直领导，系郴州地区金融业调控监管职能机构。1989 年，郴州人行内设办公室、人事科、稽核科、国库科、金融管理科、计划科、外汇科、货币发行科、保卫科、纪检监察室、营业部、科技科、会计科和工会办 14 个科（室、部），另设湖南省证券公司郴州代理处（后更名为湖南省证券公司郴州证券交易营业部）。郴州人行下辖汝城、宜章、桂阳、永兴和资兴 5 个县级支行。是年末，全区人民银行系统在职干部职工 272 人，其中人行机关 117 人、县支行 155 人。1990—1991 年，增设安仁、嘉禾和临武县支行。1994 年 3 月，成立湖南省融资中心郴州办事处，专司银行间资金拆借和资金调剂业务。同年 10 月，该行电子联行系统正式运行。1995 年 12 月，湖南省证券股份有限公司郴州证券交易营业部与郴州人行正式脱钩。1997 年 6 月，新设农村合作金融管理科，与市农村金融体制改革办合署办公，履行农村信用社监管职能。1998 年 12 月，郴州人行劳动服务公司下辖的 3 家经济实体实行歇业托管。1999 年 1 月 1 日，中国人民银行郴州分行更名为中国人民银行郴州市中心支行，隶属人行武汉分行管辖。2003 年 12 月，郴州银监局从郴州人行分出单设，专司银行业监管工作。郴州人行及其所辖各支行金融监管机构随之撤销。2004 年 7 月，郴州人行增设事后监督中心，负责该行会计、国库和货币发行等会计核算业务的事后监督工作。2005 年年末，郴州人行机关内设办公室、纪检监察室、宣传群工部、人事科、货币信贷管理科、调查统计科、会计财务科、科技科、货币金银科、国库科、内审科、外汇管理科、监督中心、保卫科、后勤服务中心和营业部 16 个科（室、部）。全市人行系统在职干部职工 331 人，其中中心支行机关 124 人，8 个县（市）支行 207 人。

1989—2005 年中行郴州市（地区）人民银行主要负责人名录

表 19-1-1-1

单 位	姓 名	职 务	任职时间
中国人民银行郴州分行	任兆国	行 长	1989.01—1996.02
中国人民银行郴州分行	唐江成	行 长	1996.08—1999.01
中国人民银行郴州市中心支行	唐江成	行 长	1999.02—2005.12

国家外汇管理局郴州市中心支局 1985 年 6 月，国家外汇管理局郴州分局（以下简称郴州外汇局，1995 年后简称市外汇局）成立，与郴州人行“两块牌子，一套人马”，行政上隶属省人民银行领导，业务受国家外汇管理局湖南省分局管辖，局长、副局长由郴州人行行长、副行长分别兼任，下设外汇管理科，办理具体业务。是年末，在编管理人员 10 人，其中，局长 1 人、副局长 4 人、科长、副科长各 1 人，科员 3 人。1999 年 1 月，国家外汇管理局郴州分局更名为国家外汇管理局郴州市中心支局（简称郴州外汇局），其管理体制维持不变，局长、副局长由人行郴州分行行长、分

管副行长分别兼任。是年年末，在编人员7人，其中局长、副局长各1人，科长、副科长各1人，科员3人。2005年年末，在编管理人员8人，其中局长、副局长，科长、副科长各1人，科员5人。郴州外汇局系管理辖区经营外汇业务的金融机构，主要职责是贯彻执行国家外汇管理法规，审批辖区进口付汇、对公对私批汇，调拨外汇与地方留成外汇、调剂外汇，主管“三资”企业（即外商独资、中外合资和中外合作企业）和“三项贸易”（即租赁、补偿贸易和来料加工、来件装配、来样来图加工及中小型补偿贸易）的外汇活动；管理外债，查处外汇违法案件，办理侨汇券发放、回笼、留成、销毁业务，管理收发外汇牌价等。

中国银行业监督管理委员会郴州监管分局　2003年12月，经中国银行业监管委员会批准，中国银行业监督管理委员会郴州监管分局（简称郴州银监局）成立，办公地址在郴州人行新办公楼内。市银监分局内设办公室、银行监管一科、二科、合作金融监管科、统计信息科、人事科和信用合作管理办公室7个科（室），下辖资兴、永兴、桂阳、宜章、嘉禾、安仁和临武等县（市）监管组。其主要职责是：严格依法行政，有效实施监管，保护存款人利益，适时监控风险，维护金融稳定。是年，在编人员66人，全部从人行内部划转。其中局机关36人、下辖监管组30人。2004年，辖内县（市）管理组更名为监管办事处。2005年8月，机关搬至郴州人行老办公楼办公。同时，信用合作管理办公室分离，成立湖南省农村信用合作社联合社郴州办事处，独立行使农村信用社行业管理与服务职能。2005年末，郴州银监局机关内设办公室、财务科、银监一科、银监二科、合作金融监管科、统计信息科和人事科7个科（室）。在职干部职工64人，其中机关34人，监管办事处30人，由罗治光担任局长。

二、银行机构

中国工商银行股份有限公司郴州市分行　前身为中国工商银行郴州地区中心支行（简称郴州工行），主要经营工商企业存、贷款与居民储蓄等。1989年，郴州工行内设办公室、人事科、房产部、信托部、储蓄部和稽核部等14个科（室、部），下辖金融机构网点125家，其中县（市）支行11家、办事处1家、分理处43家、储蓄所70家，共有从业人员1364名。1991年7月，郴州工行成立国际业务代办处，恢复房地产信贷部。1992年，成立宏发房地产开发公司和湖南省工行信托投资公司郴州办事处。1994年8月，撤销省工行信托投资公司郴州办事处，由郴州工行房地产信贷部接管。1995年9月，中国工商银行郴州地区中心支行更名中国工商银行郴州市分行（简称郴州工行），所辖郴州市和郴县支行分别更名为北湖区支行和苏仙区支行。1996年，郴州工行在精简机构中撤销分理处3家，所辖5个支行内设机构合并为“二部一室”（业务部、人事部和办公室）。1999年，桂东县支行因效益不佳降格为分理处；宏发房地产开发公司等10家公司与郴州工行剥离。2000年，撤销汝城支行、桂东分理处和其它基层分理处、储蓄所计22家，另有9家储蓄所歇业。2004年，郴州工行进一步调整网点布局，原76个网点减至44个。是年9月，组建工行郴江支行。2005年4月，郴州市10个县级支行内部机构统一设置办公室、人秘部、保卫部3个职能股室。10月，郴州工行更名为中国工商银行股份有限公司郴州市分行（简称郴州工行），机关科室更名为部室。2005年末，郴州工行系统有机构网点44家，其中县支行10家、分理处25家、储蓄所9家，在职正式员工707人。

中国农业银行郴州市分行　前身为中国农业银行郴州地区中心支行（简称郴州农行），主要经营农业、乡镇企业贷款和机关企事业存款及城乡居民储蓄等。1989年，郴州农行下辖机构网点188家，其中县（市）支行11家、营业所116家、储蓄所60家、信托投资公司1家，在职正式员工1518

人。1994 年 5 月，增设城郊办事处和汝城县三江口支行。1996 年 2 月，中国农业银行郴州地区中心支行更名为中国农业银行郴州市分行（简称郴州农行），郴州市和郴县支行分别更名为北湖区支行和苏仙区支行。是年，推行集约化经营，撤销汝城县三江口支行，机构网点缩减至 169 家。1996 年 11 月，郴州农行与郴州市农业发展银行分设；12 月，与农村信用社全面脱钩，并撤销郴州农业信托投资股份有限公司。1999 年，郴州农行按照集约化经营要求，在 13 家县支行分设营业部，撤销县以下基层营业所、分理处、储蓄所计 28 家。2002 年，又撤销基层营业所、分理处、储蓄所 26 家。2005 年 2 月，郴州农行营业部更名为农行郴州市国庆路支行，12 家县支行营业部改为支行内设部门。2005 年年末，农行系统有机构网点 83 家，其中县支行 13 家，营业所 60 家，储蓄所 10 家，在职正式员工 1170 人。

中国银行股份有限公司郴州市分行 前身为中国银行郴州支行（简称郴州中行），主要经营外汇兑、存、储和人民币存、贷、贸易结算等。1989 年，郴州中行内设人事教育科、办公室、信贷科、综合计划科和监察室，下辖机构网点 14 家，其中办事处 1 家、储蓄网点 9 家、县支行 4 家，在职职工 95 人。1992 年 12 月，设立中行资兴支行。1993 年 10 月，中国银行郴州支行更名为中国银行郴州分行（简称郴州中行），机关科室改称部室。1994 年 1 月，中行郴江办事处更名为中行北湖支行；8 月，撤销中行湖南省信托咨询公司郴州办事处，由中行房地产信贷部接管；9 月，成立信贷二部及中行街心分理处，接管原信托咨询公司郴州办事处全部业务。2000 年 1 月，郴州中行科室由原有的 19 个精简至 16 个；6 月，撤销长期效益不佳的中行汝城支行。2004 年 8 月，中国银行郴州分行更名为中国银行股份有限公司郴州市分行（简称郴州中行）。2005 年 9 月，郴州市城区文化路、健康路分理处更名为支行；11 月，郴州中行机关设综合管理、人力资源、个人金融、计划财务、风险管理、公司业务、国际结算和营业部 8 个部。2005 年末，郴州中行有机构网点 29 家，其中市营业部 1 家、县支行 4 家、城区单店式支行 3 家、分理处 21 家。计有在职正式职工 469 人。

中国建设银行股份有限公司郴州市分行 前身为中国人民建设银行郴州地区中心支行（简称郴州建行），主要经营固定资产投资的拨付、结算与单位存贷、居民储蓄等。1989 年，郴州建行下辖机构网点 67 家，其中县支行 11 家、专业支行 1 家、营业部 1 家、储蓄网点 54 家，有正式职工 312 人。1993 年 3 月，增设房地产信贷部，并将投资一科、二科、建经科合并为投资信贷科。1995 年 9 月，中国人民建设银行郴州地区中心支行更名为中国人民建设银行郴州市分行（简称郴州建行）。1996 年 3 月，更名为中国建设银行郴州市分行，所属县支行相应更名。8 月，撤销建行湖南省信托咨询公司郴州办事处，由郴州建行房地产信贷部接管。1998 年，郴州建行实行商业银行集约化经营，撤并网点 11 家，撤销安仁县支行，并将桂东县支行降为分理处。2002 年，撤销基层网点 8 家，并率先在全市创建儿童银行和 IT 银行。2003 年起，推行扁平化管理及减员增效改革，将原分行机关 21 个处、室（部）精简为 9 个处、室（部），将城区支行 24 家网点收归分行管理，仅保留支行营业部，另撤销县以下基层网点 10 家。2004 年 5 月，郴州城区南大、北街、东风、西街和环城 5 家分理处升为网点经营型支行。9 月，郴州建行更名为中国建设银行股份有限公司郴州市分行（简称郴州建行）。2005 年，郴州建行内设办公室、人力资源、计划财务、会计结算、公司业务、风险管理、纪检监察、资产保全和个人金融部 9 个部室。机构网点 38 家，其中县支行 7 家、储蓄所 5 家、分理处 16 家、营业部 10 家。计有在职职工 327 人。

中国农业发展银行郴州市分行 1996 年 11 月，经湖南省人民银行批准从郴州农行划出设立（简称郴州农发行），主要经营粮棉油等主要农副产品收购贷款及其收储企业资金结算等业务。1996 年，郴州农发行内设办公室、信贷、计划会计、监察保卫、稽核和人事教育 5 个科室，下辖营业部 1 个及苏仙、资兴、永兴、宜章、桂阳、汝城、安仁和桂东等县（市、区）支行8家，另设嘉禾、临武县2个业务组，有职工196人。2001年2月，按照精简高效原则，裁减支行副行长4人、中层干部8人，实行人员优化重组45人。2005年，郴州农发行内设机构有办公室、资金计划、客户服务、信贷与风险、财务会计、人力资源、监察保卫、信息技术和后勤服务中心等9个职能科室（中心），将嘉禾、临武业务组人员与业务合并至分行营业部管理。是年年末，有机构网点9家，其中营业部1家，县支行8家。计有职工197人。

农村信用合作社 1989年，郴州地区农村信用合作社归口郴州农行管理，有农村信用联社11家、联社营业部11家、信用社243家、信用分社78家、储蓄所5家、信用站2199家，员工计1537人。1990年2月，郴州市（北湖区）农村信用联社从农业银行分出单独办公。1992年，郴州农行对全区农村信用站实行并、留、撤大调整，信用站由1989年的2199家减至1855家，并首次招收大中专院校毕业生105人充实基层信用社。同年10月，郴州农行在郴县（苏仙区）开展恢复农行与信用社合署办公试点。1993年1月，郴州农行从各县市信用联社筹集铺底资金531万元，组建全省首家县级农村信用合作营业机构，即农行郴州地区信用合作营业部。1996年8月，国务院颁布《关于农村金融体制改革的决定》，明确农业银行不再管理农村信用社，其业务由县联社接管，人民银行监管；12月，全市农村信用社正式与农行脱离行政隶属关系，由市农村金融体制改革领导小组办公室代行管理职能，业务上直接归口郴州人行农村金融管理科管理。各县（市、区）农村信用联社由当地人民银行实行业务监管。1997年4月，郴州市农业金融体制改革办公室组建经济民警大队。1998年，撤销长期资不抵债的信用社41家，合并营业部5家，撤并信用站300家，信用社降格为信用社分社的34家。1999年，在清理整顿农村合作基金会中，将61家资大于债的农村合作基金会并入农村信用社。撤销信用社1家，信用分社2家，信用站715个。2001年3月，郴州市信用合作管理办公室成立，取代原市农业金融体制改革办公室行使对信用社的行业管理职能。2005年9月，市信用合作管理办撤销，成立湖南省农村信用社联合社郴州办事处，行使对农村信用社的管理职能。是年内，郴州在全省农村信用社系统率先完成信用站的清理整顿工作，撤销基层信用站70家。是年末，全市有农村信用社机构网点343家，其中县联社11家、联社营业部11家、信用社182家、信用分社125家、储蓄所14家。在职员工计2298人。

城市信用合作社 1988年6月，经湖南省人民银行批准，郴州市（北湖区）劳动服务公司组建郴州地区第一家城市信用社，即人民城市信用社。1992年9月，郴州人行组建郴州地区城市信用社中心社，行使全区城市信用社管理职能。1993年年末，郴州地区先后增设郴州市日鑫、安仁宏发、桂阳万利达、宜章万利达、资兴宏达和永兴宏达6家城市信用社。1994年4月，郴州地区城市信用社中心社更名为郴州市中兴城市信用合作社，不再承担区内城市信用社的管理职能。1999年，各城市信用社进行“扩股增资、民主管理、整章建制”工作，共增资扩股413.55万元，同时普遍建立社员代表大会、理事会、监事会“三会”组织。同年10月，根据中国人民银行《关于对城市信用社整顿工作的通知》精神，郴州人行为防范和化解地方金融风险，对郴州市10家城市信用社进行全面清理整顿和清产核资。截至2000年，市内10家城市信用社先后合并到当地农村信用合作联社，并入资产4.02亿元，负债40.2亿万元。

三、保险机构

中国人民保险公司郴州市中心支公司 前身为中国人民保险公司郴州地区中心支公司（简称人

保公司）。1989年，辖县级支公司11家，有员工257人。1995年，更名为中国人民保险公司郴州市中心支公司。1996年5月，保险业实行分业经营，市人保公司分设为中保财产保险股份有限公司郴州市分公司和中保人寿保险股份有限公司郴州市分公司。

中国人民财产保险股份有限公司郴州市分公司 其前身为中保财产保险股份有限公司郴州市分公司，1996年5月从市人保公司分设出来，辖县级支公司11家、县级营业部1家、汽修厂1家（与寿险合办），人员205人。1999年4月，公司更名为中国人民保险公司郴州市分公司。2003年7月，又更名为中国人民财产保险股份有限公司郴州市分公司，内设总经理室、综合部、信息技术部、营销管理部、车险管理部及理赔中心、承保中心和财务中心8个职能部室（中心）。2005年，市人保财险分公司辖11家县级支公司及资兴市三都、北湖区郴江、市经济技术开发区3家县级营销服务部。计有正式职工151人、聘用人员79人、代理人员398人。

中国人寿保险股份有限公司郴州市分公司 其前身为中保人寿保险股份有限公司郴州市分公司。1996年5月，从市人保公司分设出来，辖北湖、苏仙、资兴3家县级支公司，桂阳、永兴、宜章、嘉禾、安仁、临武6家营业部和汝城、桂东、三都3家营业所。此外，在乡镇、厂矿设立保险站（分站）120家，聘有营销人员200名。1998年1月，公司实行营销体制改革，将北湖、苏仙支公司营销部与分公司营销部并为4个城区直属分部。1999年5月，公司更名为中国人寿保险公司郴州分公司，将县级支公司业务及财务上收分公司统一管理。2001年5月，将三都营业部并入资兴市支公司，桂阳、永兴、宜章、嘉禾、临武、汝城、安仁、桂东8家营业部（所）升格为支公司。2002年6月，将全市98家乡镇（厂矿）保险站（分站）调整为75家保险营销部。2003年8月，公司又更名为中国人寿保险股份有限公司郴州市分公司，设综合、人力资源、财务、信息技术、个险销售、团险销售、中介7个代理部及业务处理、客房服务中心。同年，公司新增乡镇保险营销部。2005年，公司辖县级支公司11家，乡镇（厂矿）营销服务部88家，有正式员工144人、聘用人员209人、代理人员1954人。

中国平安保险公司郴州支公司 该公司1995年12月成立。1996年，公司在桂阳、宜章、汝城、永兴、临武、资兴、嘉禾7县（市）设立保险营销服务部，全年实现财险保费收入715万元，理赔支出60万元，利润126万元。1997年3月始，公司实行分业经营，分设财产保险和人寿保险两家郴州支公司。

中国平安财产保险股份有限公司郴州中心支公司 其前身为中国平安财险郴州支公司。1997年3月，从中国平安保险公司郴州支公司分设出来（简称市平安财险），有职工17人。1998年6月，市平安财险对经营业绩未达标的永兴、宜章、临武、嘉禾、汝城5家营销部实行内部歇业，重点发展业绩优良的资兴、桂阳两家营销部。2000年，撤销业务发展缓慢的永兴、宜章、临武、嘉禾、汝城5家营销服务部。2002年，撤销桂阳营销部。2004年4月，市平安财险更名为中国平安财产保险股份有限公司郴州中心支公司。2005年年末，该支公司辖县级支公司1家，有正式员工22人、代理人员52名。

中国平安人寿保险股份有限公司郴州中心支公司 其前身为中国平安人寿郴州支公司。1997年3月，从中国平安保险公司郴州支公司分设出来，内设总经理室、办公室、人事部、服务部、契约部、团险部和营销部，人员定编56人。2004年4月，该公司更名为中国平安人寿保险股份有限公司郴州中心支公司。2005年，中心支公司辖县级支公司2家、营销服务部5家，有员工448人，其中正式员工52人、营销代理人员349人、后勤服务人员47人。

中国太平洋人寿保险股份有限公司郴州中心支公司 2002年5月成立，内设办公室、计财、客户服务、个人保险、团体保险和银保部6个职能部室，职工27人。同年12月，公司在安仁、永兴、资兴、桂阳、嘉禾、宜章6县（市）设立营销服务部，并在全市208家银行网点开展保险代理业务。2003年，公司实现保费收入2018万元，理赔支出98.4万元，跃居全国太平洋人寿保险系统百强支公司行列。2005年，该公司辖城区本部1家、县级营销部6家，有员工236人，其中正式员工27人、代理人员209人。

中国太平洋财产保险股份有限公司郴州中心支公司 成立于2002年7月，内设总经理室、办公室、计财、理赔、业管、业务、营销、市场部，职工28人。2005年3月，公司将原业务部分为业务一部、业务二部和业务三部，其他内设机构不变。是年末，有正式员工10人、代理人员41名。

新华人寿保险股份有限公司郴州中心支公司 2003年4月成立，内设总经理室、办公室，及财务、个体保险、团体保险、银代、续收和客户6个服务部。同年9月，设立资兴营销服务部。2004年，公司相继在桂阳、宜章、嘉禾、汝城县设立4个营销服务部。2005年10月，又在永兴、宜章、嘉禾县增设3个营销部。2005年，公司辖城区本部1家、县级营销服务部5家、乡镇营销服务部3家，有员工877人，其中正式员工20人、营销代理人员857人。2005年，公司实现保费收入1733万元，理赔支出97.8万元。盈利137万元，被新华寿保总公司评为“全国优秀中心支公司”。

泰康人寿保险股份有限公司郴州中心支公司 2003年6月成立，内设总经理室及公共资源（含财务）、新生活广场、营销、团体保险和银保5个部。2003年7月，公司在桂阳、宜章、永兴、资兴、嘉禾和临武6个县（市）设营销服务部。2005年，公司辖县级营销服务部6家，有员工607人，其中正式员工33人、营销代理人员574人。

华安财产保险股份有限公司郴州中心支公司 2005年5月成立，内设人事行政、计划财务、承保、理赔（客户服务）和业务5个部。是年末，公司有员工30人，其中正式员工11人、代理销售人员19人。是年，公司实现保费收入543万元，理赔支出120万元，盈利25.6万元，被华安财保省公司评为全省先进集体。

四、证券机构

泰阳证券有限责任公司郴州营业部 该营业部前身为湖南省证券公司郴州代理处，1989年6月成立，在郴州市（北湖区）、桂阳、永兴、资兴、宜章、安仁和汝城7县（市）设立证券转让网点，办理国债代理发行、兑付和买卖等业务。同年8月，代理处暂停营业，翌年6月恢复营业。1992年5月，代理处更名为湖南省证券公司郴州分公司，成为独具法人资格的经济实体，又先后更名为湖南省郴州证券公司、湖南省证券股份有限公司郴州证券交易营业部。同年7月，营业部成功加入武汉证券交易中心，与全国证券大市场接轨。12月，营业部开通上海、深圳股票异地交易。1996年12月，营业部与郴州人行脱钩，由湖南省证券股份有限公司授权经营。1997—2000年，经省人民银行批准，营业部先后在宜章、资兴、桂阳和永兴4县建立证券服务部。2001年4月，郴州证券交易营业部更名为泰阳证券有限责任公司郴州营业部（简称市泰阳证券）。2005年，市泰阳证券辖营业网点14家，其中主营业厅1家、县级服务部4家、技术推广站9家，有正式员工45人、临时工10人。

财富证券有限责任公司郴州八一路证券营业部 该营业部前身为湖南省信托投资公司郴州分公司证券营业部。1991年4月成立，主办代理国债发行、兑付、买卖和代管业务。1993年，营业部在湖南省财政信托系统率先开通深沪股票交易业务系统。2002年8月，收归于湖南省信托投资公司，与湖南省国有资产投资经营总公司共同组建财富证券有限责任公司，更名为财富证券有限责任公司郴州八一路证券营业部（简称市财富证券）。2005年，市财富证券辖市级营业部1家，县级营业部3家，在职员工30人。

中信建投证券有限责任公司郴州解放路证券营业部 该营业部前身为中国工商银行郴州地区中心支行南岭证券部，1992年5月成立，主要开展有价证券代理发行、买卖和代管等业务。1996年6月，南岭证券部与郴州工行脱钩后由华厦证券收购，更名为华夏证券郴州营业部。2005年1月，华夏证券与中信建投证券有限责任公司合并重组；12月，华夏证券郴州营业部更名为中信建投证券有限责任公司郴州解放路证券营业部，内设综合部、电脑部、客户拓展部和财务部，有正式员工15人。

五、其他金融机构

郴州市邮政储汇分局 1986年8月，郴州地区邮电局开始经营邮政储蓄业务。1989年10月，该局成立邮政储汇管理科。11月，桂阳县邮电局设立郴州地区首个邮政储汇股。1990年，区内各县市邮电局均设邮政储汇股，开展储汇业务。1995年，郴州市有72个城乡邮电所开设邮政储汇业务。1998年，国家实行邮政、电信分营，市、县两级邮政局设市场经营部管理储汇业务。2002年，市邮政局成立城南、城北储汇分局，郴州城区12个邮政储蓄所划转市储汇分局管理，市邮政局重新设立储汇业务管理科，各县市邮政局也相继恢复储汇股（部）。2004年1月，市邮政局撤销郴州城区城南、城北储汇分局和综合业务营销部，合并组建郴州市邮政储汇分局。2005年，郴州市有邮政储蓄机构网点154家，其中市局网点48家、县局网点106家，有正式员工864人。是年年末，全市邮政储蓄存款余额54.48亿元，是1989年的143.4倍。

湖南省信托投资公司郴州分公司 1987年2月，经省人民银行批准，由郴州地区财政局组建，注册资本金500万元。主要开展信托、委托类存贷款业务。1988年1月，公司与地区财政局脱钩。1995年6月，公司资本金2020万元，业务经营拓展到投资、租赁、担保、拆借和代理、咨询等范围。2001年6月，经清算核实，有资产3673万元，负债2793万元，所有者权益880万元。同年10月，公司被注销停业，债权债务列入破产清算。

中国人民建设银行郴州地区信托投资公司 1987年2月，经省人民银行批准，由郴州地区建设银行组建，注册资本金500万元。主办信托、委托类存贷款及投资、租赁等业务。1988年1月，公司与地区建行脱钩。1995年6月，公司资本金2000万元。1996年8月，公司在清理整顿中被撤销。撤销时，公司资产总额5591万元，负债4984万元，所有者权益607万元。

中国工商银行湖南省信托投资公司郴州办事处 1992年4月，经省人民银行批准，由郴州地区工商银行组建，注册资本金2000万元。主办信托、委托类存贷款业务及投资、租赁等业务。1994年8月，办事处在清理整顿中被撤销，其债权债务由郴州地区工行房地产信贷部接管。撤销归并时，公司资产总额2984万元，负债955万元，所有者权益2029元。

中国银行湖南省信托咨询公司郴州办事处 1993年1月，经省人民银行批准，由郴州地区中行组建，注册资本金500万元。主要开展信托、委托类存贷款业务。1994年8月，办事处在清理整顿中被撤销，其债权债务由地区中行房地产信贷部接管。撤销归并时，公司资产总额1770万元，负债1508万元，所有者权益262元。

郴州农业信托投资股份有限公司 1988年6月，经省人民银行批准，由郴州地区农业银行组建，注册资本金1000万元。主要开展信托、委托类存贷款及投资、租赁等业务。1996年11月，公司在清理整顿中被撤销，其债权债务由市农业银行郴江支行接管。撤销归并时，公司总资产9481万元，负债9451万元，所有者权益30万元。

第二章　银行业务

第一节　负债业务

一、储蓄存款

1989年初，郴州地区物价上涨，群众担心货币贬值，纷纷提取存款抢购物资，导致银行存款锐减。2月，中国人民银行发出通知，上调金融机构存款利率。3月，地区行署组织全区银行业开展“爱国储蓄月”“妇女储蓄月”活动，提高群众储蓄意识。各家银行、信用社创新吸储揽存形式，相继开办有奖储蓄、有奖有息储蓄、连环保值储蓄、儿童礼券特种定期储蓄和定期保值、定活两便、存本取息储蓄以及可转让大额定期储蓄等储蓄业务。全区农村信用社开办化肥贴息以及其他生产资料有奖储蓄。各行（社）采取多种奖励措施，激励员工上门揽储。是年年末，全区储蓄存款余额11.54亿元。1990年，中国人民银行先后两次下调存款利率，为银行降低经营成本，各银行随之加大储蓄宣传力度，改善金融服务，全区储蓄存款稳步增加。是年年末，全区储蓄存款余额15.83亿元。

1992年后，区内房地产热、股票热和集资热持续升温，使大量社会资金流向房地产业、股市及民间借贷市场，给银行储蓄存款带来较大冲击。为稳定储源，郴州行署成立金融系统储蓄竞赛委员会，组织开展储蓄竞赛活动。郴州农行在全行及信用社开展“优质文明服务月”活动。郴州建行开展“我为建行作贡献”揽储增存竞赛活动，全年职工揽储5564万元，开办特种大额储蓄存单业务吸收存款2819万元。1993年，郴州工行推出“四季发”有奖储蓄，揽储金额1000万元。郴州农行推出“月月发”有奖储蓄，揽储金额4000万元。郴州建行推出“发中发”有奖储蓄，揽储金额1000万元，继又推出通知储蓄和双凤朝阳、大满贯、利生利等新储种。1994年，郴州农行组织农村信用社开展“爱国兴湘”储蓄活动，并与各县（市）联社主任分别签订工作目标责任状，从上至下将储蓄任务层层分解到社、柜、人员，实行吸储量与薪酬挂钩，年终由地区农行组织考核，兑现奖罚。是年年末，全区储蓄存款余额46.07亿元。

1998—1999年，中国人民银行先后四次下调存款利率，其中一年期定期存款利率平均降幅达50%以上，居民中出现“有钱不存”“只取不存”的弃储现象。为稳定和增加储蓄存款，郴州建行、农行、中行等金融机构实施“兴储强行”战略，领导、部门、员工分工揽储，实行存款总量、成本、费用管控的“资金计价制”和“储蓄承包制”。郴州建行组织开展“首季开门红”“百日劳动竞赛”等揽储活动，并实施精品网点战略，投入800万元按统一的企业视察形象识别系统改造43个所（柜），对前台所有计算机设备进行升级，增强网点吸储能力。1999年，所（柜）平均吸储由上年的1694万元升至2200万元，基本消除1000万元以下的所（柜）。市农村信用社发动职工上门揽储，抢抓季节性资金回流于信用社。1999年年末，郴州市储蓄存款余额102.06亿元，首次突破100亿元大关。

2000年，郴州市银行业在激烈的市场竞争中，按照现代商业银行经营理念，不断创新工作方式，加强网点建设，创新储蓄种类，改善经营服务，以优质服务抢占储蓄存款市场。郴州农行在郴州电视台冠名点播电视连续剧600多集，给各网点客户印发推介农行业务品种的《农家历》3万本。春节期间，农行出动员工500多人次张贴储蓄广告32万张，在17个咨询点发放宣传资料35万份，趁外出务工人员返乡过节之际揽汇吸纳存款。同时，派出工作组赴广东省东莞、珠海、顺德等地，揽回外出务工人员存款1000多万元。郴州建行在全市率先推出电子银行、儿童银行和个人银行等，利用网络优势扩展个人银行业务份额。2003年，郴州工行以打造城区精品网点为核心，在全市建立吸储2000万元以上的精品网点12个、亿元储蓄所12家，全年新增储蓄存款5.05亿元，一举扭转储蓄存款下滑势头。2004年，郴州农行推行个人业务国际质量标准体系，实施客户分层差异化服务，增强客户满意度。郴州建行致力推介特色产品，为有条件的网点新增客户窗口和自动服务区。元旦、春节前夕，特邀书法家为储户赠写春联，仅在“两节”期间就增储3.96亿元，创历年“开门红”最好成绩。各家银行还加强储蓄软件开发利用，运用电子技术促进储蓄业务。2005年年末，全市银行储蓄存款余额共计287.45亿元，比1989年增加275.91亿元，增长23.9倍。

二、单位存款

1989年，在财政、信贷紧缩的情况下，低利息的单位存款成为金融机构的重要资金来源。郴州地区各银行机构采取“以管稳存、以帮吸存、以贷引存、以审促存”措施，加大机关、团体和企事业单位存款的揽储力度，同时受理单位提供的信托存款业务。各家信托投资公司亦抓紧办理信托存款业务。郴州中行力推长城卡吸收存款。年末，全区金融机构有企业存款余额4.1亿元；农村存款余额7576万元；信托存款余额5298万元。1991年，郴州工行组织揽存服务队，深入机关和企事业单位上门揽存，新增单位存款5821万元。1992年，郴州中行配备专职公存员负责单位存款工作，并督促各县市支行抓好纯存无贷户存款，净增企业存款2251万元，完成年计划的281%；郴州建行建立吸纳存款责任制，广泛吸收自筹资金和固定资产投资资金及其他资金，年内仅从自筹基建资金中累计揽存3.7亿元，交存率刷新纪录达183%。1993年末，郴州地区金融机构企业存款余额9.10亿元，机关团体财政性存款余额1.02亿万元，农村存款余额1.72亿元，信托存款余额2520万元。

1994年，各金融机构锐意创新，多形式、多途径广辟单位存款渠道。郴州工行组织上门代收学费，在全市75%的中小学校代收学费2375万元；郴州建行加大对企业的“支、帮、促”力度，增强企业发展生产的“造血”功能，净增企业存款7369万元；城乡信用社新增信托存款418万元，实现信托存款业务“零”的突破。1996年，郴州工行建立存款大户定期走访制度，经常召开联谊会、座谈会，并在各网点设立大户台账、大户接待室和大户专柜等，净增企业存款1.68亿元。1998年，郴州人行调整金融机构存款统计科目，强化融资分类管理。郴州市金融机构推行按调整后的存款统计科目统计。年末，全市企业存款余额24.61亿元，代理财政性存款余额2.99亿元，农业存款余额2.96亿元，信托存款余额4528万元。

2000年，郴州建行实行存款户分类管理，建立客户档案，为客户提供优质高效服务，先后吸引耒宜高速公路、财政、石油、医疗保险、邮电通讯、工商以及县市工资代发等行业的单位开户储存，新增企业存款1.25亿元；宜章、桂阳和汝城等县信用联社争取政府下文，将县内农口单位资金归集于信用社储存。年末，全市金融机构财政存款余额2.28亿元，机关团体存款余额3.1亿元。2002年，郴州农行将存款额纳入分行与支行领导班子考核内容并与奖罚挂钩，并以日均增长取代时期增长指标考核，解决月末、季末、年末存款“鼓肚子”问题。该行还新增市交通规费征稽系统账户，日均增储4000万元。2003年，全市信用联社推广汝城县信用社实行企业存款工作末位淘汰制的做法，将任务完成情况与下拨网点费用挂钩，促成净增企业存款2512万元。2004年，郴州建行抓住企业破产改制之机，揽入企业破产安置资金存款3.2亿元、职工集资退股资金存款6000万元。

2005年年末，郴州市金融机构企业存款余额64.26亿元，财政、机关团体存款余额24.51亿元，农业存款余额11.76亿元，比1989年分别增加60.16亿元、23.63亿元和11.01亿元，各增长14.7倍、27倍和14.52倍。

1989—2005年郴州市（地区）各项人民币存款余额统计表

表19-2-1-1

单位：万元

项目 年份	合计	企业存款	机关团体财政存款	储蓄存款	农业存款	信托存款	其他存款
1989	188193	41047	8746	115382	7576	5298	10144
1990	247473	48693	14118	158297	8992	3842	13531
1991	314903	65362	11755	210973	10865	654	15294
1992	407790	82964	9419	273923	14801	1448	25235
1993	511913	89975	10231	351157	17165	2520	40865
1994	641036	167537	—	460722	3336	7228	2213
1995	793214	191590	—	587575	4085	4690	5274
1996	954241	234145	—	712168	3995	-575	4508
1997	1054170	235587	—	791247	27336	—	—
1998	1202944	246149	—	881794	29626	4528	40847
1999	1396835	291346	40164	1020593	33129	-5908	17511
2000	1564929	304395	48477	1145745	51099	-4606	19819
2001	1957441	310555	53812	1528222	51437	-6731	20146
2002	2272283	313645	115117	1759021	68082	-7036	23454
2003	2683795	421387	133419	2032891	78435	-6589	24252
2004	3235876	552899	166758	2392232	100536	-6719	30170
2005	3930769	642606	245077	2874507	117643	40	50896

三、外汇存款

1989年，郴州地区金融机构利用郴州旅居海外侨胞和港澳台同胞回乡探亲访友人数逐年增多的发展态势，拓宽外汇存款渠道，外汇存款余额不断增加。2月，中国人民银行上调外汇存款利率。郴州中行随即开办外币存款和外汇兑换、侨汇解付业务。是年年末，郴州中行外汇存款余额108万美元。

1991年，外贸出口业务发展迅速，郴州中行随之加大外汇存款工作力度，实行综合业务承包考核管理制度。年末，全行外汇存款余额383万美元，为1989年的3倍有余，其中企业存款余额12

万美元，实现“零”的突破。1992年，郴州工行设国际业务部，建行、农行相继成立国际业务代办处，开办外汇存款业务。1994年，郴州人行设金融机构外汇信贷收支分析表，单独汇集银行外汇业务情况。是年末，郴州地区金融机构外汇存款余额增至717万美元。1995年，郴州工行将外汇业务延伸至县支行，吸收企业外汇存款223万美元、外汇储蓄存款57万美元。1998年末，郴州市金融机构外汇存款余额1502万美元，首次突破1000万美元大关。

2000年，国内B股市场正式向个人开放，郴州中行与郴州证券营业部联手，为客户开设B股资金账户，提供银证转账服务，扩大银行外汇存款来源，是年年末，郴州中行外汇储蓄存款余额达1493万美元，企业外汇存款余额20万美元。2002年，郴州农行选调熟悉国际金融业务和懂外语的员工充实到国际业务岗位，同时加强外汇业务骨干培训。至2003年年末，郴州农行外汇存款余额达441万美元，其额居湖南省市（州）农行系统第二名。2005年，郴州市金融机构外汇存款余额3176万美元，为1989年的28.4倍多。其中企业外汇存款余额618万美元、外汇储蓄存款余额1863万美元、其他外汇存款余额695万美元。

1989—2005年郴州市（地区）外汇存款余额统计表

表19-2-1-2　　单位：万美元

年份＼项目	合计	企业存款	储蓄存款	其他存款
1989	108	—	108	—
1990	204	—	204	—
1991	383	12	371	—
1992	544	134	410	—
1993	981	430	551	—
1994	717	21	696	—
1995	908	48	860	—
1996	730	18	712	—
1997	787	25	762	—
1998	1502	510	990	2
1999	1231	480	751	—
2000	1513	20	1493	—
2001	2433	247	2176	10
2002	2600	92	2508	—
2003	2640	212	2419	9
2004	2759	280	2181	298
2005	3176	618	1863	695

第二节 资产业务

一、短期贷款

（一）工商业贷款

1989年，郴州地区各国有专业银行按照“控制总量、调整结构、扶优限劣、提高效益”的信贷方针，重点对一批国营大中型骨干企业发放贷款。是年，郴州工行为东江水泥厂等大中型骨干企业发放贷款1.3亿元，支持企业实现工业总产值10.9亿元，上缴利税3.4亿元；发放商业贷款2170万元，帮助64家商业企业走出困境，实现利润3100万元；为烟草收购部门发放贷款1.2亿元。郴州农行发放农资贷款1.11亿元、农副产品收购贷款6.59亿元。郴州中行发放外贸贷款3900万元，支持全区外贸企业提前1个月完成全年出口产品收购任务。与此同时，各家银行机构对那些非生产性企业，建立压贷台帐，压缩放贷规模。是年末，全区金融机构工业贷款余额6.76亿元，商业贷款余额8.51亿元。

1990年，郴州地区工商企业市场疲弱、产销不旺。各家银行在调查摸底的基础上，加大贷款投放力度，支持工商企业搞活生产经营，帮助企业走出困境。郴州工行重点对郴州烟厂、郴州筑路机械厂、郴州柴油机厂等骨干工业企业放贷5.96亿元；对46户出现暂时性经营亏损，资金周转困难的企业放贷930万元，帮助41户企业恢复正常生产经营。1991年，郴州工行组建企业“支、帮、促”信贷员服务队，下基层帮助企业盘活沉淀资金8400万元，清收贷款5400万元，帮助176户企业实现扭亏为盈。1992年，郴州工行、农行、中行增加商业贷款，新增流动资金贷款1.43亿元，重点扶持“边、小、亏、微”工商企业脱困与发展。

1993—1995年，各银行加大对特困企业和骨干企业的信贷支持。1993年，郴州农行选择111户特困工商企业作为“支、帮、促”对象，新增贷款2.43亿元，帮助企业盘活资金2241万元，处理积压商品930万元。是年年底，111户特困企业中57家实现减亏1286万元，44户盈利254万元。1994年，郴州工行对大中型工业企业发放流动资金贷款1.85亿元，对69户困难企业和扭亏有望企业发放贷款1.85亿元，为特困企业发放职工基本工资贷款500万元，为受灾企业发放救灾贷款1400万元，帮助企业渡过难关。1995年，郴州工行成立审贷委员会，建立审贷例会制度，将全市工行系统新增贷款审批权上收到郴州分行，由分行审贷委员会集体审批，当年审批新增国有大中型骨干企业流动资金贷款1.42亿元。是年年末，全市金融机构工业贷款余额17.99亿元，商业贷款余额17.76亿元。

1997年，各家银行根据国家适度从紧的货币政策，严控贷款总量，集中资金保重点、增效益。郴州工行实行“以存定贷”的管理办法，对骨干企业只发放流动资金贷款，全年仅增工业贷款4213万元，商业贷款1528万元；郴州农行坚持“治散治差、扶优扶强”的信贷方针，纠正以往贷款忽视重点“四处撒胡椒面”的做法，实行集约化经营和存贷比例管理，重点对湘南烟草集团发放烟叶收购贷款8500万元；郴州中行压缩小户放贷和清收散杂户贷款，集中向桂阳环球石墨有限公司、郴州外贸粮油公司等9户工商企业放贷1.38亿元，年末工业贷款余额仅增200万元，商业贷款余额则净减1236万元。1998年，郴州农行集中资金重点支持烟草、电力等优势行业和优良客户，全年新增商业贷款8506万元，并对桂阳烟草公司授信3亿元，使其成为全国烟草行业首家通过国家农业银行总行授信的企业。

2001—2002年，为推进全市工业化建设，各家银行重点支持信誉好、市场前景好的企业和项目建设，两年累计发放工业贷款26.44亿元、商业贷款6.93亿元。2003年，郴州市委、市政府部署开展“重点项目建设年”活动。郴州工行、农行、建行、中行四家国有商业银行，对74个投资百万元以上的在建项目，累计发放工业贷款11.45亿元、商业贷款1.6亿元。是年，全市工商企业生产经营境况普遍好转，一些项目竣工后即获得效益，企业纷纷提前还贷。

2004年，郴州市银行金融机构实行“有保有压、区别对待”的信贷方针，严格控制向国家明令限贷的行业投放贷款，加大对符合国家产业政策的行业和企业的信贷支持力度。郴州工行先后为华润电力集团、东江水电站、郴电国际、湘晨高科、临武舜华鸭业等企业发放贷款4.65亿元；郴州农行开展“贷款审批质量年”活动，全年召开贷审会31次，审批贷款项目245项8.5亿元，其中向AA级以上企业投放贷款2.1亿元。同时，各家银行强化贷款回收，严防信贷风险。2005年，郴州发生“7·15”“7·26”两次罕见洪灾，各银行金融机构累计发放灾后重建贷款1.74亿元。2005年末，郴州市银行业金融机构工业贷款余额13.53亿元，商业贷款余额17.27亿元，分别比1989年末增加6.77亿元、8.76亿元，增长100.21%、102.87%，其中，4家国有商业银行商业贷款余额6.37亿元，比1989年末减少2.11亿元，下降24.83%。

（二）农业贷款

1989年，郴州地区启动国家设立的湘南农业综合开发项目，大力推进农村“吨粮田”、水利设施建设和营造丰产林及发展优质养殖业。郴州农行千方百计筹集资金加大农业贷款投放，发放农业贷款1.33亿元、湘南农业综合开发项目贷款2000万元。全区农村信用社员工“背包下乡”，走村串户送贷上门。资兴市波水信用社与当地供销社联合，组织信贷员爬山涉水为偏远山区的7个村750个生产专业户，送贷上门发放贷款110.6万元。是年末，全区农业贷款余额2.6亿元。

1991年，农业贷款种类增多。郴州农行发放湘南农业综合开发贷款3469万元，支持开发项目207个；发放科技扶贫贷款1125万元，支持4大行业实施15大系列科技扶贫项目255个；为支持畜牧良种繁育推广、农机推广、植保和农副产品加工等72家农村社会化服务机构发展，发放农业贷款1.85亿元。全区农村信用社为支持农村生产专业户的发展，新增专业户贷款2886万元。为支持遭受旱灾灾民的生产自救，农行系统组织160支服务队深入灾区，及时发放抗旱救灾款1.79亿元。是年，郴州地委、行署授予郴州农行“抗旱救灾工作先进单位”称号。

1993年，郴州地区银行、信用社农业贷款余额6.53亿元。1994年，全区金融系统适当压缩贷款规模，农业贷款余额净减1.63亿元。1995年，贯彻中央农村工作会议精神，为支持发展优质、高产、高效农业和小康村建设，郴州市农行、信用社新增农业贷款1.46亿元。1996年，全市农村信用社重点支持“优、特、新”农业产业，发放支农贷款6.45亿元，净投放1.07亿元。资兴市信用联社发放贷款276万元，支持东江库区农民发展品牌水果“东江柑橘”种植和大面积网箱养殖工程鲫鱼工程，使“东江柑橘”提质增量，远销加拿大和东南亚等地，工程鲫鱼养殖在国内首获成功。

1998年，郴州农行实行商业化改革，农贷职能基本转由农村信用社承担。农村信用社为适应小型多样的农家经营方式，启动便捷的“农户小额信用贷款证”制度。2000年，郴州市11个县（市、区）信用联社按照“一次核定、随用随贷、余额控制、周转使用”的原则，推广小额农贷业务。2001年，全市农村信用社增设“农户小额信用贷款”科目，全面推行小额农贷业务。信用社干部职工进村入户核定发证、送贷上门2.31万人次，发放农业贷款5.8亿元。是年，全市65%以上的农村信用社被乡镇人大代表评议为“群众最满意单位”。2002年，郴州市农村信用社建立农户经济档案，完善农户信用评级制度，小额农贷制度日臻完善。全年累计发放农业贷款9.81亿元，其中小额农贷3.88亿元，占农业贷款总量的39.5%。桂东县信用联社发放小额贷款1171万元，支持城关、寒口等乡镇农户兴建巴西菇种植大棚1800多个；支持新塘、大塘、四都等乡镇种植甜玉米、花豆和反季节蔬菜333余公顷。桂阳县信用联社贷款7736万元，支持农户开发优质烤烟基地9600公顷、药材基地8.8公顷。汝城县信用联社放贷1.1亿元支持全县兴建各类小水电站30多座，年发电产值逾4000万元。2003年，全市农村信用社累计发放农业贷款13.46亿元。

2004—2005年，各县（市、区）农村信用联社改进农贷，特别是小额农贷的管理与服务，开展下乡送证、送贷、送科技、送信息的“四送”服务，帮助农民群众既能贷到生产所需资金，又能用好资金创造财富。2004年，累计发放农业贷款21.75亿元，其中农户贷款9.78亿元，小额农贷11.05亿元，小额农贷首次突破10亿元大关。汝城县信用联社为马桥乡发展花豆生产发放贷款140万元，支持农户种植花豆400余公顷，年产值1800多万元，人均增收500余元，使年内贷款本金收回率达95%，利息收回率100%。2005年末，郴州市金融机构农业贷款余额30.73亿元，比1989年增加28.13亿元。农村信用社发放农户小额信用贷款证47.3万户，占有贷款需求且符合贷款条件农户的97%，实放小额农贷41.3万户，小额农贷余额12.38亿元，占农业贷款余额的42.6%。

（三）乡镇企业、“三资”企业、个体私营企业贷款

1989年，郴州地区乡镇企业、“三资”企业、私营企业及个体工商户相继增多，为帮助这些企业发展壮大，郴州银行系统和城乡信用社加大放贷力度。是年年末，全区银行、信用社乡镇企业贷款余额1.89亿元、私营企业与个体户贷款余额843万元（“三资”企业贷款时未单设科目统计）。

1991年，郴州农行、信用社实行“区别对待，扶优帮弱”的放贷原则，采取行、社联合贷款和社、团贷款方式，集中资金对产品对路、效益好的乡镇企业予以重点扶持，新增乡镇企业贷款4118万元。1993年，郴州农行从郴州地区164家亏损乡镇企业中选择79家特困企业，作为“支、帮、促”对象给予重点信贷支持，使85%以上的企业减亏增盈。

1997年，中国人民银行调整金融机构贷款统计科目，在“短期贷款”项下始设“‘三资’企业贷款”子目。是年末，郴州市“三资”企业贷款余额7652万元。其中郴州工行贷款余额7518万元；郴州中行贷款余额134万元。之后，全市农行、信用社在推行商业化经营中，为确保放贷安全，对乡镇企业、“三资”企业和私营企业及个体户的贷款量逐年减少。

2000年，郴州市农村信用社累计发放乡镇企业贷款1.87亿元，取得明显的资金投放效益。桂东信用联社贷款600万元支持县高氯酸钾厂（民营企业）扩大生产，产品除保障国内重点军工企业所需外，还远销至日本、印度等国，年创利税200万元；北湖信用联社为郴州裕湘面业公司（民营企业）贷款600万元扩展生产，使企业年生产能力达1万吨，产品畅销国内市场。2001年，全市农村信用社累计发放乡镇企业贷款1.57亿元，支持100余家乡镇（民营）企业拓展生产，为国家创税3000多万元。

2002年，郴州农行调整信贷战略，扶优扶强，重点支持高斯贝尔数码科技有限公司、金旺实业有限公司、汝城斌志木业公司等优质民营企业发展生产经营，乡镇企业贷款余额同比由下降563万元转为净增100万元，“三资”企业贷款余额净增140万元，个体私营企业贷款余额由同比下降410万元转为净增2136万元。2005年年末，全市银行、信用社乡镇企业贷款余额6.23亿元（其中农行8383万

元，信用社 5.39 亿元）；“三资”企业贷款余额 1300 万元，私营企业及个体贷款余额 1.28 亿元。

1989—2005 年郴州市（地区）短期贷款余额统计表

表 19-2-2-1　　单位：万元

项目 年份	合计	工业贷款	商业贷款	建筑业贷款	农业贷款	乡镇企业贷款	“三资”企业贷款	个体私营贷款	其他贷款	
									小计	其中个人消费贷款
1989	204361	67599	85140	3702	25993	18930	—	843	2154	—
1990	239172	82846	93765	4250	33866	21360	—	1013	2072	—
1991	277376	93483	108070	4990	40253	25478	—	1110	3992	—
1992	326702	106838	123260	5642	52233	23851	—	1415	13463	—
1993	402603	129612	145687	6592	65321	36234	—	1522	17635	—
1994	475822	156235	157737	7775	42755	49211	—	4756	57353	—
1995	579155	179962	177604	12198	57845	62334	—	1439	87783	—
1996	705833	202372	213114	10359	72929	79123	—	1493	126493	—
1997	806831	214545	263285	29563	88248	89726	7652	9455	104357	—
1998	811824	216433	248016	28797	108947	83179	8798	8494	109160	—
1999	793204	197390	245311	14150	119349	80868	5429	6837	123870	—
2000	698537	143607	211513	12862	125641	59259	3036	2480	140139	961
2001	719353	173978	203119	12084	144173	60598	4377	1752	119272	2445
2002	838812	217784	200590	10884	169353	62055	5048	3122	169976	9841
2003	854368	194979	176304	12529	216560	61401	1656	5600	185339	12229
2004	876353	157150	179111	8260	310523	22107	1995	13563	183644	15053
2005	862638	135345	172726	4327	307338	62293	1300	12852	166457	14953

二、中长期贷款

（一）基本建设与技术改造贷款

1989 年，郴州地区金融机构基本建设贷款与技术改造贷款统称“固定资产贷款”。郴州建行在压缩一般性贷款的同时，对基本建设贷款实行“三个倾斜”，即向国家、省、地重点建设项目倾斜，向能源、交通、煤炭项目倾斜，向关系国计民生的项目倾斜，先后向郴县农药厂、东江引水工程、东江水泥厂和郴州柴油机厂等企业发放基本建设贷款 4325 万元，到年末净增固定资产贷款余额 3858 万元。郴州工行对区内 327 个企业和项目，发放技术改造贷款 1.7 亿元。是年年末，郴州地区银行业固定资产贷款余额 2.98 亿元，其中技术改造贷款余额 1.09 亿元。

1990 年，银行金融机构按照“扶优限劣”的原则，调整优化信贷结构，重点向效益看好的企业投放基本建设和技术改造贷款。郴州建行全年新增固定资产贷款 6176 万元；郴州工行向能源、烟草、化工等企业累计发放技术改造贷款 9500 万元，使这些企业新增产值 6000 余万元，上缴税金 2900 万元，实现利润 630 万元。1991 年，郴州建行建立固定资产贷款评估调查和用款监督等制度，新增固定资产贷款1.27亿元，新增技术改造贷款1632万元；郴州工行放贷185万元扶持郴州柴油机厂研发成功CZ-175新型柴油机，年内实现销售利润121万元，这一科研成果还获得国家科委1991年度科技“星火计划”金奖。

从1994年起，各金融机构将基本建设贷款、技术改造贷款列入新设的“中长期贷款”科目核算。全区国有商业银行的固定资产贷款和技术改造贷款向能源、交通、通信、市政建设等基础设施项目倾斜。1995年，郴州建行新增固定资产贷款7514万元，重点支持一批交通、能源建设和化肥生产技改项目。1998年，郴州建行新增贷款2197万元，投入东江库区建设项目和郴化集团、市公路工程公司、郴州机械厂等企业的生产技术改造项目。1999年，郴州中行对资郴桂高等级公路贷款1.2亿元。2000年，郴州建行投放基本建设及技术改造贷款3.29亿元，重点支持郴化集团、郴建集团和鲁永公路、经济大道和107国道改造等重点项目建设。2001年，郴州工行新增贷款7700万元，用于107国道、山河引水工程管道改造及市电信局电信扩容项目建设；郴州农行投放6127万元用于云锡（郴州）公司冶炼厂、省农网等项目改造工程。郴州中行、建行为资郴桂高等级公路、鲤鱼江电厂、省道1833线鲁永公路及国庆南路等基建项目放贷6.18亿元。是年年末，全市银行金融机构基本建设贷款余额1.12亿元、技术改造贷款余额3001万元。

2004年，根据国家金融宏观调控政策，郴州各家银行逐步缩减基本建设贷款，基本停放企业技术改造贷款。2005年年末，全市金融机构基本建设贷款余额24.36亿元，为1989年的12.9倍；技术改造贷款余额1784万元，比1989年减少9133万元。

（二）个人消费贷款

2000年，国家实施拉动消费、扩大内需政策，郴州市银行金融机构开始发放个人消费贷款。郴州工行开办住房、汽车贷款项目；郴州农行开办“金钥匙”住房按揭贷款项目；郴州中行开办住房、汽车、助学和家居装修等贷款项目；郴州建行成立个人消费贷款中心，开设住房、汽车等贷款业务；全市农村信用社开办商业性助学贷款项目，发放助学贷款997万元，帮助3630名农村贫困学生圆“大学梦”。是年年底，全市金融机构个人消费贷款余额1.61亿元，其中中长期贷款1.52亿元，占贷款总额的94.04%。

2001年，各银行、信用社针对购房、购车、入学及商铺投资等社会消费需求热点，加大个人消费贷款投放。郴州中行取得涌泉小区经济适用房和锦湘花园开发项目的按揭贷款业务，发放个人消费贷款250笔，新增个人消费贷款余额2473万元。2003年，郴州中行开展“真情回报客户，共创理想人生”主题营销活动，取得城区燕泉商业广场、骆仙名居和香雪商业街等一批优质住房、商铺项目的按揭贷款权，新增个人消费贷款余额1.43亿元；郴州建行在本部及所属南大分理处和北湖支行，设立个人贷款中心和个人汽车金融服务中心，新增个人消费贷款1.81亿元。是年年末，郴州市银行机构个人消费贷款余额11.61亿元。其中，中长期个人消费贷款余额10.38亿元，占总额的89.46%。

2004年，个人消费贷款冷热不均，居民购房贷款剧增，个人购车贷款则因保险公司的退出及车价的下跌而锐减。农村信用社试办下岗失业人员小额担保贷款业务，年内累计发放贷款260笔计451万元。2005年，郴州中行重点支持金色都汇、欧典名园、风情康居园等一批优质住房和商铺按揭项目，新增贷款1.46亿元，其贷额量居郴州市银行贷款之首。是年，全市农村信用社普遍推行下岗失业人员小额担保贷款业务，累计放贷1192笔2029万元。是年年末，全市银行系统个人消费贷款余额15.29亿元，其中中长期个人消费贷款余额13.79亿元，占总额的90.22%。

三、政策性贷款

（一）农业综合开发与扶贫贷款

1994年7月，郴州农行系统正式代理农业发展银行农业综合开发与扶贫贷款业务。是年年末，全区农业综合开发贷款余额1.25亿元、扶贫专项贴息贷款余额5477万元。

1995—1996年，郴州市银行系统加大对农业综合开发项目的信贷，累计发放农业综合开发贷款2.01万元，用于丘岗开发170项、林业开发105项、水电资源开发23项、种植业160项、养殖业54项和农副产品加工业42项。全市农行还对汝城、桂东、宜章3个国家、省扶贫开发重点县，累计发放扶贫专项贴息贷款1.26亿元、扶贫贷款2127万元。1996年年末，全市农业综合开发贷款余额1.9亿元，比1994年增长51.96%；扶贫专项贴息贷款余额1.1亿元，比1994年增长100.83%。

1997年1月，郴州农发行实行业务自营后，直接办理农业综合开发和扶贫贷款。全年发放农业综合开发贷款1.5亿元，重点扶持优质种植业、养殖业基地建设及水电、林业开发；发放扶贫专项贴息贷款3414万元和扶贫贷款2413万元，重点扶持汝城、桂东、宜章3个国家、省重点扶贫开发县发展乡镇企业、种养业和小水电开发。汝城县东岭、三星和田庄等乡镇的贫困村和贫困户利用贷款，建成白毛茶、硒山茶种植基地，年产茶叶90多吨；桂东竹胶板厂利用扶贫贷款扩大生产，年生产能力增至1万平方米，产品畅销省内外；宜章畜禽良种场用扶贫贷款建成万头出口生猪生产线。1998年4月，郴州市农业综合开发贷款余额2.89亿元、扶贫与专项贴息贷款余额1.48亿元，比1996年末分别增长51.84%和34.7%。

1998年5月，农业综合开发贷款与扶贫贴息贷款复归农业银行办理。郴州农行对专项贷款实行专门机构、专门账户、专人管理和专门考核的“四专”监管制度。是年，发放专项贷款6700万元，年末，全市农业综合开发贷款余额2.02亿元、扶贫贴息贷款余额1480万元。

1999—2002年，郴州农行着力支持汝城、桂东、宜章、安仁4个国家级、省级扶贫开发重点县的经济开发，新增农业综合开发贷款2.19亿元、扶贫专项贴息贷款1.92亿元，主要用于汝城、桂东县的小水电建设。2002年，该行发放小水电货款1.94万万元，扶助汝城县建成小水电站18座，装机容量达13.4万千瓦。此外，还通过信贷扶助汝城斌志木业有限公司、桂东竹胶板厂、嘉禾三味食品有限公司和临武舜华鸭业公司等一批农业产业化龙头企业扩大生产规模；为宜章县一中、安仁县一中分别贷款1000万元和500万元，支持贫困县发展教育事业。2002年年末，郴州农行农业综合开发贷款余额2.85亿元、扶贫专项贴息贷款余额3.43亿元，分别比1998年增长41.3%和22.2倍。

2003—2005年，郴州农行专项贷款以提高信贷资产质量和效益为中心，以防范和化解信贷风险为重点，提高农业综合开发与扶贫贷款金融安全系数。2005年，郴州农行农业综合开发贷款余额由2002年的2.85亿元缩减至2.75亿元，扶贫专项贴息贷款余额由2002年的3.43亿元缩减至2.18亿元。

（二）粮油收购、储备、调销、加工贷款

1989年至1994年5月，郴州地区粮油收购、储备贷款由郴州农行、工行办理。1994年6月，全区农行设立农业发展银行代理办，代理中央专项粮棉油收购、储备、调销和加工贷款。是年年末，四项贷款余额分别为3.19亿元、9184万元、1.15亿元和1995万元。

1995—1996年，全市实行粮油收购、调销、储备贷款与库存挂钩办法投放资金，对粮油收购贷款实行“专户专账、统贷统还”管理，确保放贷安全。1996年，新增地方粮油储备贷款业务。郴州市专项粮油收购、储备和加工贷款余额分别为4.65亿元、1.9亿元和1.03亿元，均比1994年有大幅增加；粮食调运贷款则有所缩减，由1994年的1.15亿元减至8427万元。1997年1月，粮油收购、储备贷款由郴州农行划转郴州农发行接管，对中央储备粮油贷款实行专项信贷管理，对省级储备粮贷款实行封闭管理。市、县两级财政、银行筹措贷款资金，建立粮食收购资金供应责任制，推行收购贷款专款专用制度，使粮油收购按时付款，“不打白条不拖账”。是年，全市发放粮食收购贷款2.7亿元，收购粮食2.05亿千克，粮食库存值5.7亿元。

1998年，郴州农发行对粮食购、销、存实施“库贷挂钩，钱随粮走，购贷销还，封闭运行”的管理措施，粮食收购普遍推行“三三制”操作办法，即由银行驻粮站（库）信贷员根据收购进度，先发放3天的收购铺底资金，尔后每3天核打一次收购码单，待入库粮食核实后再发放后3天的收购铺底资金。是年，全市发放粮食收购贷款1.21亿元，支持粮食部门收购粮食1.04亿千克，确保了“收一斤粮给一斤粮的钱”，累计实现粮食销售收入9195万元，收回贷款9169万元。同时，郴州农发行发放仓储设施建设贷款，扩大仓储容量。1998年，通过发放贷款支持粮仓建设，全市增加有效仓容556万千克。是年末，全市仓储设施贷款余额890万元。1999—2001年，郴州农发行发放简易建仓贷款1050万元，帮助粮食企业解决维修仓储设施资金紧缺之难。

2000年，郴州农发行积极支持经济效益好、销售渠道稳定的粮食购销企业，为其发放粮食收购贷款2.55亿元，促使企业收购粮食2.57亿千克；累计收贷2.02亿元、收息4468万元。2001年，郴州农发行采用保证、抵押、质押等担保贷款方式，发放调销贷款3402万元，支持粮食企业调运粮食3265万千克，获利392万元。

2002年，郴州粮食购销市场和购销价格放开，郴州农发行加强粮食收购贷款管理，对全市除中央储备企业外的59户粮油企业进行贷款资格认定，有57户企业被评定信用等级和获统一授信，并办理有效资产抵押5400万元，协议抵押资产1.5亿元。同时，郴州农发行加强粮食调销贷款到期清收工作。2003年年末，全市农发行专项储备贷款余额2.68亿元、粮食收购贷款余额3650万元，调销贷款余额50万元。

2004年，市、县两级扩建粮食储备库，郴州农发行发放储备粮贷款4690万元，支持收购储备粮2990万千克。2005年，郴州农发行放贷支持省级储备库收购粮食2750万千克，支持市、县两级储备库收购粮食5342千克。同时，对重组的国有粮食购销企业重新进行资格认定和信用等级评定，重新办理资产抵押手续；新增储备粮、油轮换贷款业务，协同企业做好粮、油贷款轮换工作。

2004—2005年，郴州农发行对市内5家粮食加工骨干企业进行贷款资格认定，与郴州裕湘面业、晶利米业和邦尔泰苏仙油脂厂等粮油加工骨干企业建立信贷关系，支持企业做大做强粮油加工产业。2005年末，郴州农发行各项储备贷款余额3.07亿元。其中中央储备粮油贷款余额2.31亿元、省级储备粮贷款余额3724万元、市县级储备粮贷款余额3877万元；储备粮油轮换贷款余额630万元、粮食收购贷款余额2.01亿元、粮油加工贷款余额2000万元。粮食调运和仓储设施贷款全部收回。

1989—2005年郴州市（地区）中长期贷款余额统计表

表19-2-2-2　　单位：万元

项目 年份	合计	基本建设贷款	技术改造贷款	其他中长期贷款	
				小计	其中个人消费贷款
1989	32745	18899	10916	2930	—
1990	40255	25446	11513	3296	—
1991	56737	36516	15567	4654	—

续表 19-2-2-2

项目 年份	合计	基本建设贷款	技术改造贷款	其他中长期贷款	
				小计	其中个人消费贷款
1992	80330	51409	23359	5562	—
1993	89974	53836	29520	6618	—
1994	146861	52286	41098	53477	—
1995	167783	51678	57713	58392	—
1996	176548	54751	59319	62478	—
1997	206167	74045	60880	71242	—
1998	250647	86114	74205	90328	—
1999	282506	98907	78032	105567	—
2000	353466	89361	85965	178140	15164
2001	411476	102856	88366	220254	28078
2002	469242	182308	17800	269134	43665
2003	661804	276095	14651	371058	103823
2004	692566	255630	3359	433577	142316
2005	685488	243617	1784	440087	137963

（三）人民银行专项贷款

1989年，郴州人行在郴州地区筛选专项贷款项目4个、续贷项目8个，累计发放专项贷款751万元，其中老少边穷贷款428万元、开发性项目贷款73万元、贫困县县办工业企业技术改造贷款250万元，重点续贷项目（郴州市玻璃厂浮法玻璃生产线技改项目）放贷200万元。是年年末，专项贷款项目36个，贷款余额2943万元，其中扶助竣工投产项目31个，实现年产值1.47亿元、利润800万元，上缴税收380元。

1990年，郴州人行通过桂阳县人行委托桂阳县工行对湖南宝山铅锌矿（原宝山铜矿），发放金银专项贷款500万元；委托桂阳县建行贷款400万元，支持其扩大生产经营。1991年，郴州人行对全区38户工商企业开展“支、帮、促”活动，并向省人民银行争取调剂贷款1300万元，重点帮助11家工商企业解决流动资金紧缺困难。永兴县造纸厂一度严重亏损，在郴州人行专项贷款的支持下完成技改项目，年新增产值413万元，扭亏为盈87.2万元，上缴税收25万元。

1992年，郴州人行实施“保重点、出效益”的信贷方针，严把专项贷款调查、审查、检查关，防范信贷风险。是年，经严格审核对6个县市11个技改项目累计发放专项贷款2020万元，年内收回专项贷款812万元，为历年专项贷款发放、收回额之最。是年末，全区人行专项贷款余额6026万元。1994年，人民银行专项贷款实行“只收不放”政策，到1996年，贷款余额由1994年的8343万元减至7632万元。

1997年，全市人行机构专项贷款除保留600万元的金银专项贷款外，其余专项贷款全部划转郴州农行办理。此后，人行不再办理政策性专项贷款业务。2005年，经中国人民银行总行批准，金银专项贷款全部冲销，年末，郴州人行专项贷款余额为0。

四、信托、外汇贷款及票据融资

（一）信托贷款

自1989年始，郴州地区财政局、郴州建行、农行相继设立信托投资公司，办理企业流动资金贷款、固定资产贷款、技术改造和科技开发贷款等信托投资业务。是年，全区金融机构信托贷款余额3660万元，其中国有银行余额2044万元，信托投资机构余额1616万元。此后，郴州工行、中行新增信托投资机构，全区（市）信托贷款业务扩大。1994年，农村信用社开办信托贷款业务。是年末，区内金融机构信托贷款余额9510万元，其中国有银行余额8148万元，农村信用社余额268万元，信托投资机构余额1094万元。1995年，城市信用社开办信托贷款业务。1996年，郴州建行、农行开办的信托机构在清理整顿中被撤销，业务由主办银行接管。是年末，郴州市信托贷款余额锐减至1375万元，其中信用社余额329万元，信托投资机构余额1046万元。1997年，全市银行、信用社停止信托贷款业务，大力回收到期信托贷款。2001年，由原地区财政局开办的信托投资公司被注销，其债务列入破产清算。2002年，全市金融机构均停止开展信托贷款业务，年末，信托贷款余额为0。

（二）外汇贷款

1989年，郴州中行贯彻国务院治理经济环境、整顿经济秩序的精神，采取“压内贸、保外贸”措施，重点保证出口创汇多、还贷能力强的外贸企业收购出口产品所需资金，对区内直接生产出口产品的企业和“三资”企业尽量给予支持。是年末，郴州中行外汇贷款余额73.55万美元。1990年，郴州中行按照“谁出口支持谁、谁效益好支持谁”的信贷原则，精心筛选4户外贸企业和1户外事企业给予重点支持。其中，贷款440万美元帮助地区土畜进产出口公司完成300吨松香、1000吨黄麻纱的收购计划；贷款200万美元帮助郴州市（北湖区）外贸公司收购铋砂加工成铋锭出口，当年实现减亏35万元。1991年末，郴州中行外汇贷款余额277万美元。1995年末，郴州市外汇贷款余额1047万美元。1996年，郴州中行优化贷款结构，努力盘活、回收外汇贷款，保证重点外贸企业和“三资”企业的外汇需求。1999年末，郴州中行外汇贷款余额增至1115万美元。从2000年起，郴州中行着力盘活、清收不良资产与资产保全，外汇贷款逐步缩减。2002年年末，郴州中行所有贷款均体现为人民币贷款，外汇贷款余额为0。

（三）票据融资

1987年，郴州地区银行系统开始办理票据贴现业务，帮助企业解决临时性资金困难。时因管理严格，票据融资发生额较少，之后相继停办。1994年，人民银行总行决定恢复银行承兑汇票结算，区内各家银行陆续开办票据承兑与贴现业务，但业务依然发展缓慢。1996年1月，《中华人民共和国票据法》正式实施，郴州市国有商业银行票据贴现业务渐趋活跃。1997年年末，全市贴现余额达1764万元。1999年6月，中国人民银行大幅下调银行再贴现利率，银行办理票据贴现业务剧增。2000年，农村信用社相继开办票据贴现业务，是年，全市银行金融机构累计办理贴现1.92亿元，年末，票据贴现余额达2607万元。2002年，农村信用社受资金限制，缩减票据贴现业务。2003年，全市国有商业银行扩大票据贴现规模，全年累计办理票据贴现5.12亿元。2004年，银行紧缩银根，全市票据贴现业务减少，农村信用社停办此项业务。是年末，全市国有商业银行票据贴现余额1544万元。2005年年末，全市国有商业银行票据贴现余额1.53亿元，仅占各项贷款总额的1.55%。

五、其他资产业务

（一）证券与投资

1987年，郴州建行、农行和地区财政局相继成立信托投资公司，开办证券与投资业务，主要购买国库券、股票及向企业直接投资等，因投资规模小，年末3家信托机构投资余额仅50万元。1991年，各信托投资公司加大投资力度，年末，投资余额245万元。1992年，郴州工行、中行亦成立信托投资公司。1992年，在沿海地区房地产投资热的影响下，郴州工行、中行、农行、建行等银行金融机构纷纷创办经济实体，到深圳、广东、海南等地区参与炒房产、炒地皮等经营活动，但因盲目投资和市场变化、经营不善等原因，多为亏损。1993年，郴州地区5家信托投资公司计投资余额4371万元。当年，郴州工行成立宏发房地产公司，投资4500万元到惠州、深圳、东莞等地炒房地产，最后仅收回1396万元；郴州农行成立海南金穗实业公司，筹资6721万元到海口炒房地产，最终仅收回3367万元；郴州建行房地产开发公司和信托投资公司共投入1.58亿元到广州、惠州等地进行房地产开发，最后仅收回2748万元。

1994年，郴州地区国有商业银行清理整顿所办信托投资公司，郴州工行、中行信托投资公司被撤销，明确金融机构的证券与投资业务以国库券、债券承购包销和商业票据、中央银行票据买卖为主。1996年，开展第二次清理银行信托投资机构，郴州建行、农行所办信托投资公司被撤销。是年末，全市国有商业银行、信用社证券及投资余额3.67亿元；信托投资公司证券及投资余额871万元。1997年，国有商业银行调整经营战略，逐步缩减证券及投资业务。2001年10月，郴州市财政局开办的信托投资机构被撤销。

2005年末，全市金融机构有价证券及投资余额1.5亿元，比1996年年末净减2.16亿元，其中国有商业银行4110万元，净减2.03亿元；信用社1.09亿元，净减1351万元。

（二）现金资产

1989年末，郴州地区金融机构对库存现金实行限额管理制度，各家银行、信用社根据人民银行核定的库存量开展现金业务，以保证开户单位和储户日常取现需要，超限额现金缴存人行发行库。是年，在企事业单位推行定额转账支票和付款转存等结算方式改革，以减少现金支取量。1991年年末，全区国有专业银行及城乡信用社库存现金余额8238万元。

1993年，郴州人行在金融机构信贷收支分析表“特种占款”项下，正式设立“库存现金”子目，对库存现金实行专项核算。是年末，郴州地区国有商业银行和城乡信用社库存现金余额2.11亿元。1994年，全区银行实行新的会计制度，将“库存现金”从“特种占款”项下分离出来，作为银行各项资产项下的一个独立子目进行核算。银行金融机构对库存现金推行“钱账分管、双人管库、双人复核、双人守库、双人押运”等一系列出纳管理与操作制度，防止差错和意外事故的发生。此外，适时调整和核定库存现金限额，确保现金足额供应。1999年末，全市金融机构库存现金余额2.87亿元。

2000年后，郴州市银行金融机构在加强资金统一调度、减少不合理占用资金的同时，完善硬件设施建设，推进支付结算电子化。2005年年末，全市金融机构库存现金余额4.88亿元，其中银行增长18.82%，农村信用社增长11.93%，邮政储蓄增长25.66%。

第三节　中间业务

一、结 算

1989年4月，郴州地区银行金融机构废止国内信用证、省内限额托收承付、异地结算托收承付、委托付款书和同城托收无承付结算方式，推行现金支票、转账支票、委托收款、汇兑、银行汇票、商业汇票和信用卡等结算方式，办理结算业务手续费和凭证工本费，按《银行结算办法》规定的标准收取。是年，郴州中行设立国际结算科，通过进出口结售汇等方式，开办国际结算业务，为企业办理结汇业务9笔78.5万美元。

1990年，各银行金融机构同时推进国内结算和国际结算业务。1991年，由郴州人行与省人行共同开发的同城票据实时清算网络系统投入运行。郴州市同城票据交换结束手工操作，实现“当日清算、当日到账”的目标。郴州中行全面开展办理议付信用证、解付国外汇入汇款、汇出国外汇款及代卖出外汇等国际结算业务，办理国际贸易及非贸易结算业务700万美元。1992年，郴州工行、建行分别设立国际业务部（代办处），工行办理国际结算业务10笔100万美元；建行办理国际结算业务2笔2.2万美元和167万元港币。1993年，郴州人行建立全国人行系统电子联行卫星小站，在郴州地区推广运用电子联行清算系统。1994年，全区电子联行清算系统上线运行，清算效率提升。郴州中行、工行和建行办理国际结算业务分别升至1524万美元、1142万美元和112万美元。

1995年，郴州市4家国有银行相继开通全省系统内电子汇兑业务，国内异地结算时间由过去的3日到账缩短到次日到账。1996年，郴州工行、中行加入本系统内全国联网人民币电子汇兑系统，实现同城资金收付即时到账、异地资金划拨24小时到账。全市农村信用社加入人民银行电子联行天地对接系统，利用商业银行结算网络办理联行业务。从1997年12月1日起，全市银行金融机构结算业务收费执行人民银行总行新的《支付结算办法》规定的标准。是年，郴州中行国际结算业务快速发展，全年共办理国际结算业务360笔1730万美元，结算业务收入达112万元，首次突破100万元。1999年，全市4家国有商业银行开通全省通存通兑业务，同城结算覆盖面由全市扩展至全省。

2000年，郴州市银行金融机构计算机网络系统与人民银行同城票据清算系统实现互联，银行异地汇划通过同城票据交换网络直接发送到人民银行。全市农村信用社开通系统内省辖电子汇兑系统，并成功加入全国特约电子汇兑清算中心。郴州中行将国际结算业务重点转到民营、“三资”企业，全年共办理进出口收付汇业务567笔1583万美元，实现业务收入60.6万元人民币。2002年，全市县级农发行除临武、嘉禾外，全部加入系统内全国电子联行系统。11个县级农村信用联社营业部开通省辖电子汇兑业务。郴州中行开展国际结算业务知识、服务和管理等培训，全年办理国际结算业务1085笔3011万美元。2003年，全市邮储电子汇兑系统上线，市城区邮储网点全部实现通存通兑。农村信用联社开办第一批县辖电子汇兑网点，提高结算效率。郴州农行成立国际业务部，加大营销、管理和服务力度，是年，办理国际结算业务220笔456万元，次年，办理国际结算业务620笔6876万美元，市场占有率跃居全市金融机构第二位。

2005年，郴州市国内结算实现国有商业银行、农村信用社的大额支付清算业务全部通过人民银行大额实时支付系统进行支付清算，同城、异地、跨行及行内之间的支付业务均可在1分钟之内安全到账，国际结算业务快速发展。是年，郴州农行办理国际结算业务 1.14 亿美元，其中进口业务 155 笔 247 万美元，出口业务 1111 笔 1.11 亿美元；郴州中行办理国际结算业务 706 笔 1.18 亿美元；郴州工行办理国际结算业务 5408 万美元，办理结售汇 5310 万美元；郴州建行办理国际结算业务 408 笔 821 万美元。

二、银行卡

1989年，郴州中行在郴州地区推出首张银行信用卡“长城卡”。“长城卡”分个人卡、公司卡两种，个人卡主要面向国家机关工作人员发行，公司卡主要面向未在中国银行开户的厂矿、企事业单位发行。持卡人可凭卡存取现金、消费和异地转账，使用便捷。是年，郴州中行发行个人“长城卡”268 张、公司“长城卡”35 张，吸收储蓄存款 310 万元、单位存款 323 万元。

1993 年，郴州建行、工行和农行分别设立信用卡业务部。郴州建行在郴州市城区和各县（市）支行设立代办处 12 个，并与区内商店、酒家、宾馆、娱乐等行业的 24 个单位签约建立特约商户关系，发行“龙卡”710 张，吸收存款 8459 万元；郴州工行发行“牡丹卡”3000 张，吸收存款 600 万元，累计交易额 93 万元；郴州农行发行“金穗卡”2504 张，吸收存款 336 万元，累计交易额 86 万元。1994 年，郴州建行在各县（市）支行开办信用卡代理业务，发卡 1327 张；特约商户增至 45 户，完成交易 5428 笔 8581 万元。1998 年，郴州市邮政储蓄启动邮政“绿卡”工程，发行邮政储蓄“绿卡”4580 张，吸收存款 2100 万元；郴州建行组织开展“龙卡”推介促销活动，推出具有存取现金功能的储蓄卡新品种，发行信用卡 1696 张，吸收存款 867 万元，发行储蓄卡 3.24 万张，吸收存款 8408 万元。并利用储蓄卡为单位代发工资，新增客户 1.59 万户。2000 年，郴州农行推出准贷记卡、借记卡，发行准贷记卡 1.58 万张、借记卡 8.37 张，实现卡存款余额 2.49 亿元；郴州工行与市交警部门联合发行“牡丹交管卡”3.52 万张，与证券公司联合发行证券卡 4000 张，与 252 家企事业单位建立特约关系户，吸收银行卡存款 4248 万元，实现卡交易额 9.1 亿元。2003 年，郴州农行扩宽银行卡营销渠道，发行“金穗信用卡”“准贷记卡”“借记卡”等 13.7 万张，在全省农行系统年度银行卡发放考评中名列第一。2004 年，郴州建行抓住学校秋季开学之机，在郴州市一些重点学校推广发行学生储蓄卡，为学校和学生办理学费代扣代缴和利用转账 POS 机代收学费 4000 多万元。

2005 年，郴州市银行金融机构全面开展银行卡业务。郴州工行发卡 3015 张，年末卡存款余额 1910 万元、交易额 3.3 亿元、消费额 1144 万元；郴州农行发卡 54.69 万张，年末卡存款余额 12.28 亿元、交易额 7.44 亿元、消费额 7.44 亿元；郴州中行发卡 25.79 万张，年末卡存款余额 8556 万元、交易额 5.47 亿元、消费额 2800 万元；郴州建行发卡 61.27 万张，年末卡存款余额 1.99 亿元、交易额 10.63 亿元、消费额 4320 万元；郴州市邮政储蓄发卡 8.1 万张，年末卡存款余额 3.25 亿元、交易额 9764 万元、消费额 194 万元。

三、代 理

1985 年，郴州地区银行金融机构开始代理人民银行专项贷款发放和管理业务。到 1989 年年末，全区 4 家国有银行代理人民银行专项贷款余额 2930 万元，信托投资机构委托贷款余额 1713 万元。其间，一些银行金融机构亦开始接受委托贷款、工资代发与转存及代收代催拖欠款等业务。1990 年，郴州农行、建行和工行相继开办代理证券发行、买卖和保管等业务。1994 年 7 月，郴州农行正式代理郴州地区农发行贷款业务，年末，各项贷款余额7.32亿元。是年，郴州建行新增代理国家开发银行贷款业务，支持区内电力、交通、城市基础设施和通讯等行业重大项目的建设，年末，贷款余额5745万元。农村信用社开办代收水电费和税金、代发退休金和民政补贴等业务，全年代理代收1127万元、代付1372万元。1995年，郴州建行设立委托代理科，统一管理人民银行、政策性银行、财政及企业委托代办的各项贷款项目评估、审查与投放业务。1996年，郴州建行办理委托贷款业务3.76亿元；郴州农行新增代理农发行地方储备粮油贷款业务，发放贷款823万元，收回151万元。

1997年9月，郴州农发行与市人保财险公司签订协议，试办财产保险、责任保险和农业保险等业务，后因农发行业务范围调整，遂停办代理业务。1999年，郴州市4家国有商业银行分别与市中国人寿、市平安寿险公司签订保险代理协议，代理人身保险、意外伤害保险等人寿保险业务。郴州中行代保险公司上门收取保费，代收保费1342万元，实现收入20万元。市邮政储蓄为市电信局、联通公司代缴话费，代缴话费3490万元，创业务收入34.9万元。

2000年，郴州市实行财政统发工资改革，郴州建行率先开办为财政统发工资单位代发工资业务，代发工资6.5万户3.5亿元。郴州农行、郴州市邮政储蓄相继开办代发机关事业单位工资业务，农行还开办代收移动公司话费、法院诉讼费、电费、住房公积金、社会保险金和医疗保险费等业务。

2002年，郴州工行、农行和建行分别与市太平洋人寿保险签订协议，在全市109个银行网点开办“红利来”保险代理业务，代收保费2032.7万元。

2003年，郴州工行、农行开办代销开放式基金业务，分别代销基金2505.49万元和320万元；市邮政储蓄开办代发养老金业务，全年代发养老金8.61万户2.47亿元。2004年年末，4家国有商业银行及邮政储蓄累计为郴州4家人寿保险机构代收保费1.15亿元。

2005年，郴州市各银行金融机构瞄准市场需求，坚持将代理业务做强、做大、做久。郴州农发行将代理保险业务范围扩展至财产和人身保险，代收保费47万元，代理收入8.46万元。郴州工行与市中国人寿联合召开保险代理产品说明会，代收保费8887万元。农村信用社开办代发农户粮食直补、农村医疗保险基金、退耕还林补贴款和代收电话费等业务。市邮政储蓄开办代发农户粮食直补、农村计划生育奖励金和“希望工程”助学金等业务，还代售中国福利彩票1.86万笔9.82万元。

四、电子银行

1995年，随着电子网络技术的推广运用，郴州市国有商业银行相继开展电子银行业务。2001年5月，郴州工行率先成立电子银行发展办公室，开办网上银行、电话银行业务，当年，办理网上银行企业开户8户、个人开户208户，办理电话银行企业开户254户、个人开户1.09万户。郴州建行遂推出电子银行业务。电子银行开通后，客户通过电脑或电话即可轻松办理银行转账、缴费、查询、挂失等多种业务，银行金融服务效率明显提高。

2002年，电子银行业务迅速发展。郴州工行网上银行企业开户增至37户，个人开户增至2512户，实现电子银行交易额605亿元。2003年3月，郴州中行亦开通网上银行业务，网上银行企业开户30户、个人开户7800户；办理电话银行企业开户35户、个人开户7850户，累计实现电子银行交易额560万元。7月，郴州农行开通网上银行业务，年内办理网上银行企业开户8户、个人开户201户，累计实现电子银行交易额43万元。

2005年，郴州工行电话银行开户81户、个人开户5012户，网上银行企业开户202户、个人开户9274户，累计实现交易额33.5亿元、业务收入62万元；郴州农行网上银行企业开户45家、个人开户 865 户，累计实现交易额 8.06 亿元；郴州中行电话银行企业开户 35 户、个人开户 2.3 万户，网上银行企业开户 30 户、个人开户 1.89 万户，累计实现交易额 6.5 亿元、业务收入 67 万元；郴州建行电话银行个人开户 1.62 万户、企业开户 84 户，网上银行个人开户 5266 户，累计实现交易额 75.26 亿元。

第三章 社会金融

第一节 民间借贷与典当

一、民间借贷

1989年后，郴州地区城乡个体私营经济快速发展，资金需求量大增，民间自由借贷活动渐趋活跃。民间借贷资金的用途由以求学、就医和婚嫁等消费性需求为主，逐转变为以采矿、办店、买车跑运输及发展种养殖、加工业等生产经营投资性需求为主。借贷方式主要为双方立书面借据，有的尚有抵押担保。贷款期限多为1年之内的短期借款，利率为月息1分~1.5分，少数高利贷月利达2分、3分，甚至更高。结息方式1年以内的利随本清，一年期以上的则多按季或按年结息，个别的还预收利息。

到2005年，郴州市城乡民间借贷的借出（入）户、借出（入）金额均呈上升趋势。临武、资兴和桂阳3县市农村居民借贷情况抽样调查显示，1989—2005年，农村居民借入、借出资金户占总户数的比重在18%~42%之间波动，借入、借出金额多数年份户均在300元以上且向上增长，其中金额最多的年份在650元以上。临武、资兴、桂阳和永兴4县（市）城镇居民抽样调查显示：其间城镇居民借入、借出资金户占比为0%~39%，户均借入、借出金额多数年份在500元以上，其中最多年份在5200元以上。城镇居民中借贷户占总户数之比虽比农村居民少，但户均借贷金额却明显高于农村居民。

这一时期，辖内民间借贷成为解决居民生活困难，促进城乡个体私营经济发展的重要融资渠道。人行嘉禾支行对53户规模以上民营工业企业的抽样调查显示：是年，企业累计新增民间借贷资金1930万元，占其全年新增投资总额的21.54%，为企业新增银行借款的6.2倍。但是，由于民间自由借贷行为缺乏金融法规监管，加之多为“高利贷”，以致引发一些有损经济发展和社会稳定的纠纷。永兴县是有名的传统金银冶炼之乡，县内有个体私营金银冶炼企业上百家，民间借贷活动非常活跃。2005年，有10家个体私营冶炼企业因无力支付高额民间借贷利息，企业主被逼外逃或企业设备财物被债主哄抢，由此造成一些民间借贷纠纷，企业资金链断裂，生产经营难以为继，先后停产关闭，直接经济损失8000万元以上，全县由此减少产值6亿余元，财税收入减少1300多万元。这10家因民间债务而倒闭的个体私营冶炼企业，原民间借贷额累计日均在500万元以上，月息为1.5分~6分之间，其中3分~6分的高利贷占50%以上。此外，民间借贷也给社会安定造成不良后果。汝城县“标会”为郴州境内影响较大的民间借贷组织。2005年年末，全县追捕携款外逃的会头57人，追缴“标会”融资资金361.6万元，但仍有2000余万元债务未得到清偿，给当地群众生活和社会秩序带来负面影响。

附：

汝城“标会”

从20世纪50年代起，汝城县出现一种以个人自愿为基础、资金互助为目的的民间自发借贷组织，当地人俗称之为“标会”（又称“轮会”）。每个标会有会头和相对固定的会员、会日和出会点。每逢会日，会员便集中到出会点，各自用小纸条标出本人姓名和出息额（即“标息”），谓之“请会”。每次请会，以出息最高者得标，获取会员资金（会款）的融资权。70—80年代，汝城“标会”一直保持其资金互助、供需互补的性质不变。此后，随着资金供需矛盾日益突出，这一民间借贷形式逐渐演变成为以资金互助为幌子、以谋取暴利为目的进行非法融资活动的民间金融组织，并迅速在县城及部分乡镇蔓延。

1997年，汝城县各种形式的“标会”组织多达400余个，其中县城区就有300来个。每个“标会”会员由最初的数人增至数十人，会员除农民、个体经营户和工人外，还有教师、党政干部及金融机构的从业人员等。每次请会的会脚金额由始初的300~500元增至1000~2000元，请会的会期由原十天、半月增至一个月。标息一般为每1000元在100~300元之间，最高时达830元，形成“抢会”融资。在标会融资活动中，一些会头因无法支付到期会款和利息，即用后面“请会”取得的会款支付之前到期的会款和利息，又酿成“炒会”，且出现了一批专业的“炒会”队伍。有的会头为躲避巨额债务，干脆赖账或外逃，以致“烂会”“逃会”事件时有发生。至1998年年末，全县“标会”涉及人数累计达1700多人，涉及金额1.33亿元，其中有70多名会头携款2100余万元外逃。

为维护汝城县金融秩序和社会安定，1998年9月，汝城县政府成立由公、检、法、司、人行及有关单位组成的联合调查组，对“标会”情况进行彻底清查。10月30日，县政府成立打击非法标会领导小组及办公室，迅速组织力量查处“标会”融资活动。到1999年，全县共查处会头及有关人员40人，追缴“标会”资金114万元，收缴动产、不动产折价153万元，清退会员资金294万元。2000—2002年，又查处“标会”会头及有关人员154人，追缴“标会”资金199万元，收缴动产及不动产折价155万元，清退会员资金2230万元。至2005年年末，全县追捕外逃会头及会员57人，其中被判刑11人；追缴标会资金361.6万元，收缴动产、不动产折价后抵债252.2万元，账面清退多角债权债务1537.11万元。至此，全县仍有31名欠会款5万元以上的会头外逃，未清偿的债务2000余万元。

二、典 当

20世纪90年代初，随着经济社会的发展，社会融资需求日益旺盛，原本消失多年的当铺又开始出现。1995年，宜章县梅田、麻田和浆水等经济相对发达的乡镇相继开办多家私人当铺，仅梅田镇就有4家（均未经人民银行审批）。每家当铺的流动资金在100万元左右，当物以金银首饰、家用电器、机动车辆、文物字画、有价证券及房屋等为主。当期多为一周左右，短则1天；当值一般为抵押物实值的50%左右，手续费为10%~15%。此外，一些当铺还从事高息贷款业务。这些当铺虽为当地群众尤其是私营企业融资起到拾遗补缺作用，但因未经人行审批和管理不规范，存在诸多经营问题和金融风险。1996年4月，中国人民银行发布《典当行管理暂行办法》后，郴州市组织清理整顿典当行，至1999年末，全市未经审批的私人当铺被撤销停办。2000年8月，全市典当行的审批、监管由政府经贸管理机构负责。2002年2月，经湖南省经贸委审核并报国家经贸委批准，全市首家私营典当行即宜章及时雨典当有限责任公司正式成立。主要从事金银器皿、机动车辆、电器及房地产抵押等典当业务，并建立典当经营制度。是年，办理典当业务290笔，营业额45万元，盈利2万元。2003年7月，经湖南省商务厅批准，临武县开源典当有限责任公司挂牌营业，其当息与银行借款利率相当，收取一定的手续费。

2003年，境内一些私人寄卖行也开始出现。是年3月，经工商部门注册登记，郴州市首家私人寄卖行在宜章县黄沙镇开业，主要办理机动车辆、房地产、家电、金银饰品、有价证券及生产资料等物品的寄卖业务。此后，市内寄卖行逐渐增多。2005年年末，全市经工商部门注册的寄卖行有185家，仅宜章县就有17家。

第二节 农村“两会一部”

一、农村合作基金会

1993年3月，桂阳县荷叶乡农村合作基金会（以下简称农合会）挂牌，成为郴州地区第一家农村合作基金组织。随后，嘉禾县17个乡镇、资兴市龙溪乡等3个乡镇及郴州市郴江镇也先后成立农合会。是年末，全区农合会发展至55家，累计筹资余额3395万元，放款2714万元。1994年5月，郴州行署在嘉禾县召开农合会现场经验交流会。1995年3月，行署下发《关于进一步加快农村合作基金会发展的通知》，强调做好聚集农村闲散资金工作，支持当地经济发展。1996年年末，全市11个县（市、区）乡镇农合会增至207家，县、乡两级农合会达218家，累计筹款余额5.83亿元，放款8.14亿元。其中筹款200万元以上的乡镇农合会10家，安仁县安平镇农合会聚资多达1010万元。是年，农合会均由县（市）农村经营管理局（站）主管，县级农合会干部多由主管局（站）干部兼职，乡级农合会则由乡（镇）主要领导兼管。农合会虽在聚集民间资金支持当地经济建设中起到一定作用，但因农合会资金的储、贷基本游离于国家金融管控之外，聚资、放贷均缺乏规范、严格管理，加上乡、镇直接参与农合会经营管理，有的甚至把农合会当作乡镇调剂资金的“小金柜”，金融风险弊端日益显现。1997年，郴州市委、市政府贯彻落实国务院和省人民政府关于清理整顿农合会的通知精神，组织力量对全市219家农合会进行“清产核资、清收清欠、分类处理、兑付存款”。市政府向中央银行借款2.17亿元用于清偿工作。1999年，将符合条件的61家农合会并入当地农村信用社管理，将资不抵债的158家农合会全部清盘关闭。

二、农村救灾扶贫互助储金会

1989年后，郴州地区农村救灾扶贫互助储金会（简称互助储金会）发展较快。互助储金会以村办为主，资金主要源自农户入会股金或单位存入的储金，所筹集的资金主要用于向会员提供贷款服务。1998年末，郴州市建立互助储金会2077家，入会农户56.83万户，占农户总数的61%，累计吸收储金4865.5万元，发放救灾、扶贫贷款3651.4万元。互助储金会的建立，虽为农村救灾解难、扶贫济困起到一定作用，但因其属民间互助性组织，脱离人民银行的金融监管，经营管理极不规范，以致违规吸储与放款，造成大量放贷资金无法如期收回，引发诸多金融矛盾。1999 年 4 月，国务院下发通知，对农村互助储金会进行清理整顿。至 2001 年年末，全市撤销农村互助储金会 2022 家，累计清收欠款 2801.4 万元，清退储金 4015.5 万元，分别占应收应退总额的 76.72% 和 82.53%。2005 年年末，互助储金会全部被撤销，但仍有 850 万元欠款未清收清退。

三、农村供销社股金服务部

1995 年 11 月，郴州市政府组织人员赴广西玉林地区考察学习供销社新辟融资渠道的经验后，先在桂阳县流峰等 5 个乡（镇）基层供销社建立股金服务部，开展扩股增资试点。是年年末，5 家供销社股金服务部筹集入股资金 523 万元，放款 343 万元。股金服务部的建立，在一定程度上缓解了基层供销社资金紧缺的状况，随后，这一做法推广至全市。至 1996 年年末，全市供销社系统建立股金服务部 43 家，共吸纳 5.47 万户入股，吸纳资金 6345 万元。入股对象主要有供销社系统、乡镇企事业单位的干部职工和农民，筹集的资金主要用于农民和乡镇有关单位购置冬储农业生产资料、收购农副产品及发展多种经营。1998 年年末，全市供销社股金服务部增至 56 家。由于股金服务部存在内部机制不健全、经营管理不善等问题，导致违规公开吸收公众存款和放贷款、供销社内部挪用资金、放贷资金难以如期收回等问题，扰乱了当地金融秩序。1999 年，在农村“两会一部”的清理整顿中，全市 56 家股金服务部全部关闭。随后，市政府组织供销社清收欠款和清退股金，先后向中央银行借款 2500 万元用于股金服务部清偿工作。2005 年年末，仍有 1613 万元股金未清偿。

第三节 企业集资与融资担保

一、企业集资

1985 年，郴州地区一些企业开始开展内部集资，解决企业资金困难。郴州市（北湖区）酒厂采取投资入股、借资的方式，向厂内外职工、其他企业集资 31.8 万元，用于新建年产 3000 吨啤酒生产线。郴州碳素厂、郴州服装厂等 37 户企业以各种方式共集资 908.2 万元。之后，开展集资的企业增多，企业集资的形式主要有集资入股、内部借资、职工集资、联营合资以及带资进厂等，集资期限不等，多为 1 年 ~3 年，年利率一般为 10% 左右，均高于同期银行储蓄存款，筹集的资金主要用于固定资产投资。

1989 年 5 月，中国人民银行下发《关于加强企业内部集资管理的通知》（以下简称《通知》），《通知》要求将企业内部集资纳入人民银行金融业务管理范围。1992 年 5 月，郴州人行批准郴州日杂生资公司面向企业内部集资 40 万元，用于职工住房建设，期限 3 年，年利率不得高于银行同期储蓄存款利率的 20%。并批准郴州地区医药公司面向企业内部职工集资 40 万元，用于补充企业流动资金，期限 1 年，年利率 9%。至 1992 年年末，郴州人行批准区内 7 户企业开展内部集资，累计集资金额 267 万元。这些企业内部集资到期后，均按规定兑付本息。

自 1993 年始，郴州地区兴办经济技术开发园区、房地产开发力度加大，企业集资急剧升温。随之也出现一些企业乱集资，且将集资款投向建房、开店和炒房地产等非生产经营活动。1993 年，郴州行署根据国务院下发的《关于清理有偿集资活动，坚决制止乱集资问题的通知》精神，组织相关职能部门对企业乱集资现象进行清理整顿，强化金融机构监管责任，有效地制止企业的乱集资现象。

1995年后，郴州市进一步加强企业集资规范化管理，对企业未经批准擅自设立的集资项目，郴州人行会同市政府有关部门进行查处，责令撤销；对企业申报的集资项目，市、县人行认真审查并进行全程监管，有效维护了全市金融秩序。

二、融资担保

2001年9月，郴州市财政局、郴州汽车运输集团和郴州玻璃生产集团3家单位出资，联合组建全市首家融资性担保公司，即郴州市中小企业贷款担保公司。是年，公司办理中小企业贷款担保业务5笔，担保金额590万元。

2002年4月，资兴市财政局出资600万元，组建资兴市中小企业信用担保中心，成为郴州市首家县级融资性担保公司。2003年1月，宜章县财政局出资500万元，组建宜章县住房置业担保有限责任公司。2004年11月，永兴县信用担保有限责任公司成立，公司注册资本金1000万元，皆由个人出资。融资性担保公司主要为企业贷款承负担保责任，按规定收取一定的费用。

2002—2005年，郴州市中小企业贷款担保公司累计办理各项担保业务688笔，担保总金额4.78亿元；资兴、宜章和永兴三家县级担保公司累计办理担保业务1193笔，担保总金额1.23亿元。其间，各家担保公司不断充实资本金，增强担保能力。至2005年年末，郴州市中小企业贷款担保公司注册资本增至4亿元，实收资本5220万元，净积累540.5万元。

第四章 保险业务

第一节 财产保险

一、企业财产保险

1989年，郴州地区人民保险公司开办企业财产保险业务，主险为企业财产保险，附加险有机器设备损坏险、盗窃险等险种，全年，企业财产保费收入415.9万元，理赔支出201万元。是年，公司还试办企业借款保证保险业务，承保企业借款保证保险业务974笔，保费收入49.8万元。中国人民保险公司推介该公司拓展企业财产保险的做法。

1990年，人保公司拓展企业借款保证保险业务，全年，企业借款保证保险费收入65.89万元。是年，公司实现企业财产保险保费收入417.04万元，理赔支出123万元。1991年，地区人保公司对经营效益好的企业，除实行固定资产原值承保外，还附加机器设备损坏险、盗窃险等业务。对尚未参保或曾发生过重大火灾的企业，主动上门宣传保险、营销与售后服务。是年，人保公司企业财产保费收入510.4万元，理赔支出238万元。1992年，人保公司走访区内24户大中型企业，大力推广各类企业财产保险及附加险业务。1994年，公司企业财产保费收入增至878.9万元；理赔支出869.4万元。企业借款保证保险业务因条款设计欠缜密而停办。

1995年12月，中国平安保险公司进驻郴州市场，成立郴州支公司，与郴州市人保公司形成竞争态势。1996年5月，市人保公司实行分业经营后，市人保财险分公司开办个体工商户财产保险等新险种，以扩大市场份额，全系统企业财产保费收入1150.5万元，理赔支出949.4万元。1997年，市人保财险分公司企业财产保险增至3328户，承保金额达71.4亿元，保费收入1462.9万元，赔款支出916.2万元。其中，个体工商户财产保险增长较快。是年，市平安财险企业财产保险费收入247万元。1998年，市人保财险采取“停、限、丢、放、转”等办法，调整企业财产保险业务结构，调出亏损业务28万元。同时，继续抓好续保挖潜，加大对大中型企业和个体工商户的服务，企业财产承保金额36.8亿元，保费收入1463.3万元，其中北湖、苏仙、资兴、临武、宜章等县（市、区）5个支公司均突破10亿元；理赔支出789.7万元。

1999年8月13日，郴州遭受百年未遇的特大洪灾，企业和个体工商户受损严重，市人保财险分公司抽调121人，组成40个理赔小组，奔赴受灾的60多户投保企业，帮助企业抢救、转移保险财产价值2000多万元，随后两次召开保险理赔兑现大会，赔付企业财产险132件，赔付金额1537万元；赔付个体工商户险56件，赔付金额110万元。

2000年，郴州市各财产保险公司强化企业财险营销与售后理赔服务。市人保财险分公司成功争回郴州卷烟厂、郴州八达玻璃集团、柿竹园矿等大保户的全部或大部分业务，企业财产保费收入

1546.1万元，理赔支出643万元。2001年，市人保财险分公司为全市各大型建设项目提供财产保险，承保额2.23亿元，保费收入65万元。2002年7月，中国太平洋财产保险股份有限公司郴州中心支公司（简称市太平洋财险）成立后，开办企业财产基本险、企业财产综合险、民营小企业财产险和附加机器损坏险、附加盗窃险等业务。同时，制定实施《理赔十项承诺》《理赔工作责任追究制度》等规定。同年8月8日，郴州再次遭受特大洪灾，市太平洋财险理赔人员赶赴受灾企业查勘定损，召开赔付会，现场为20户受灾企业兑付赔款21万元。是年，市人保财险分公司在巩固老客户的同时，与青岛啤酒（郴州）有限公司、资兴鲤鱼江电厂、资兴程江口电站、永兴便江二级电站等企业建立承保关系，保费收入1611万元，理赔支出718万元。2003年，市人保财险分公司承保湖南华润电力鲤鱼江有限公司20亿元的财产保险业务，保费收入1671.5万元，创历史新高，理赔支出623万元。2004年，市人保财险分公司主动联系鼎安、华润两家保险经纪公司，将业务拓展至深圳、广东、云南、湖北和河北等地，企业财产保费收入1484.5万元，理赔支出1134万元。是年，市太平洋财险企业财产承保额14.2亿元，保费收入178.93万元，理赔支出49.49万元。

2005年年末，郴州市有财产保险机构4家，开展企业财产保险险种50个，均取得较好的经营效益。市人保财险分公司企业财产承保额65.8亿元，保费收入1631.4万元，理赔支出536万元。市太平洋财险企业财产承保额17.6亿元，保费收入102.86万元，理赔支出72.57万元。市平安财险企业财产承保额2.01亿元，保费收入45万元。2005年5月成立的华安财险郴州支公司企业财产承保额1.5亿元，保费收入15.3万元。

二、家庭财产保险

1989年，郴州地区人保公司家庭财产保险业务以一般家庭财产保险为主，险种单一，业务发展缓慢，保费收入仅50万元，理赔支出36万元。1990年，该公司开办长效家庭财产保险新险种，仅3个月就收取保费214.6万元。同年7月26日，郴县白露塘镇珠江桥、白水和观山洞3个自然村遭受龙卷风袭击，村民受损严重，灾后第10天，地区人保公司即将2.5万元理赔款送到保户手中。1991年，地区人保公司又推出长效还本家庭财产保险业务和1年期城镇家庭财产保险贺卡等新险种。1994年末，该公司家庭财产保险承保额达4.8亿元，年保费收入162.3万元，理赔支出106.6万元。1995年，郴州市人保财险分公司配合全市住房制度改革，开办职工购房保险业务，共承保职工住房保险金额225.9万元，保费收入8.5万元。同时，还推出城市家庭财产两全保险、现金保险及农村房屋保险等业务。是年7月至8月，全市先后遭受暴雨洪水袭击，不少投保农户房屋受损严重。市人保财险公司组织人员深入灾民家中展开房屋保险理赔，支付赔款105.5万元，赔付率375.5%。同年，此险种因农村房屋保险业务亏损严重而停办。1999年8月，郴州遭遇特大洪灾，市人保财险公司实行“快定损、快理赔、快兑现”的方针，组成理赔小组奔赴受灾的600多户投保家庭进行抢险施救与理赔工作，赔付家庭财产险603件95.8万元。

2000年，市人保财险扩大家庭财产保险承保范围，推出家庭财产综合保险、附加现金（首饰）盗抢险、家用电器用电安全险、管道破裂和水渍保险等新险种，家庭财产承保额2.17亿元，保费收入172.4万元，理赔支出42万元。2002年，市人保财险分公司又推出个人贷款抵押房屋综合保险业务，家庭财产保费收入282.9万元，理赔支出80万元。2003年，太平洋财险郴州中心支公司开办安居综合险、自助式保家无忧险等险种，有承保家庭2708户，承保金额8100万元，保费收入52.77万元，理赔支出0.03万元。2004年，郴州市人保财险家庭财产承保额17.1亿元，保费收入502.1万元，理赔支出24万元。

2005年，郴州市内各保险机构开办家庭财产险种20余个。市人保财险分公司采取“散单团做、以点带面、巩固大客户”等做法，重点做好个体私营企业和农村居民新险种推广工作，家庭财产承保额36.4亿元，保费收入548.8万元，同比增长9.3%，理赔支出23万元。太平洋财险郴州中心支公司推出幸福之家综合财产保险新险种，通过员工直销、银行代理等方式，家庭财产承保额2.8亿元，保费收入108 22万元，理赔支出0.5万元。华安财险以社区、居委会为单位，在全市开展家庭财产保险营销竞赛活动，承保家庭财产1051笔，承保金额1.05亿元，保费收入10.5万元。平安财险家庭财产保费收入5.5万元。

三、机动车辆保险

1989年，郴州地区人保公司采取“统一保单、简化投保手续”等措施，对全区机动车辆实行车辆损坏保险、第三者责任保险、挡风琉璃保险、驾驶员及旅客意外伤害保险等保险服务，承保机动车辆9531车辆，承保金额3.51亿元，保费收入807.9万元，理赔支出743万元。

1991年3月，地区人保公司、地区农机局联合下发《关于开展拖拉机保险业务的通知》，并在宜章县城南乡进行试点，开展拖拉机保险业务。是年，地区人保公司机动车辆承保4.06亿元，保费收入1011.8万元，理赔支出654万元。1992年，地区人保公司先后试办汽车附加设备保险、汽车营业中断保险业务，并将承运货物保险、车上人员责任保险纳入车辆综合保险范围。是年9月1日，桂东县个体车主柏小军的东风大货车在广东境内的107国道与一台双排座车相撞，造成4人死亡的特大交通事故。该车买保险虽只支付4000多元，但地区人保公司按合同规定及时赔付20万元。1994年，地区人保公司又开办附加设备保险和营业中断保险，当年，机动车险承保额12.2亿元，保费收入3391.5万元，理赔支出2791.6万元。

1995年5月，郴州市政府召开全市机动车辆保险工作会议，继市政府办公室下发《关于进一步搞好机动车辆第三者责任法定保险的通知》。1996年，郴州市人保财险公司成立保险事故车辆招标定损管理中心。当年，市人保财险承保机动车辆1.76万辆，其中汽车1.28万辆、拖拉机2123台、摩托车2583辆，另承保3艘机动船保险责任，机动车辆保费收入由1995年的3615.1万元增至4029.9万元，理赔支出2966.1万元。1998年，市人保财险分公司查处假车保案8件，挽回经济损失130多万元。1999年，郴州遭受特大洪灾，市人保财险分公司组成理赔小组赴灾区展开抢险施救与理赔工作，赔付机动车辆保险269件，赔付金额350.6万元。

2000年后，郴州市机动车辆保险执行新费率和新条款。市人保财险分公司联合公安、交警和交通等部门，在全市开展“保险杯”春运交通安全宣传和百日交通安全竞赛活动，扩大机动车辆保险市场份额。2002年，市人保财险分公司与市交警部门联合，在全市开办汽车消费贷款保证保险业务，并与4家国有商业银行及12家汽车经销商建立合作关系。太平洋财险郴州中心支公司开业即将机动车辆保险当作公司拳头业务，开办包括机动车辆保险、第三者责任险、车上人员责任险、玻璃破碎险、盗抢险和自燃险等险种的“神行车保”系列险。2003年，市太平洋财险加大机动车辆保险展业营销力度，机动车辆保费收入522.36万元，理赔支出297.15万元。“神行车保”业务被中国消费者协会授予“‘3·15’服务品牌”称号。

2004年，市人保财险分公司以实施《中华人民共和国道路交通法》为契机，着力推行机动车辆第三者强制险，修改营运车承保条件和扩大非营运车所占比重，同时开展农机保险、摩托车保险和效益型附加险业务，机动车辆保费收入8838.1万元，理赔支出6120万元。

2005年，市人保财险分公司推出“理赔无忧，车险快捷”服务项目，并建立车险检测中心，提高车险定损速度和准确性。是年，承保各类机动车辆4.95万辆，承保金额41.4亿元，保费收入1.15亿元，理赔支出7205万元，保费增幅居2005年湖南省市州财保系统第一名。太平洋财险郴州支公司发挥“神行车保”品牌优势，规范管理和提高理赔质量，全年机动车辆保费收入986.71万元，理赔支出401.39万元。华安财险郴州支公司推行“比出险客户的亲人早到三分钟”的服务理念，致力提高机动车辆承保服务时效，拓展建立大客户关系，全年机动车辆保险费收入478万元。平安财险机动车辆保费收入754万元。

四、货物运输保险

1989年，货物运输保险业务以国内铁路、公路货物运输保险为主。是年，郴州地区人保公司实现货物运输保费收入172.6万元，理赔款支出39万元。1990年，地区人保公司抓住区内有色金属企业进出口货物运输量大幅增长的有利时机，采取“票票承保”和“足额承保”等方式，拓展有色金属进出口货物运输等涉外保险业务，实现国内外货物运输保费收入193.3万元，理赔支出40万元。公司被评为全省人保系统先进单位。

1991年，根据《中华人民共和国铁路法》的规定，铁路货物运输保险业务归口人保总公司与铁道部承办，地区人保公司货物运输保险业务在受到一定限制的条件下，着力拓展公路货物运输保险业务，全年货物运输保费收入仍实现156.9万元。1995年，郴州市人保公司货物运输保费收入增至351.7万元，理赔支出100.8万元。1996年5月，市人保公司实行分业经营后，市人保财险分公司与郴州八达玻璃股份有限公司、晶星玻璃厂和桂阳县烟草公司等企业，建立玻璃、烟叶等货物运输承保关系，全年货物运输承保额1.74亿元，保费收入156.1万元，理赔支出56.9万元。1997年，市人保财险分公司加大展业力度，货物运输承保额跃升到24.34亿元，实现保费收入420万元。

1998年，市人保财险系统贯彻人保总公司有关铁路、公路货物运输保险新条款，保险费率按货物类别分级、联运货物保险费率按运输工具最高费率另加0.5‰计收。是年，市人保财险永兴支公司以交通规费征稽所代办的形式，开办公路定额货物运输保险业务，一举实现货运险“零”的突破，提前7个月超额完成全年任务，省公司向全省推介其做法。2002年，市太平洋保险除办理国内货物运输保险业务外，还开展东南亚、欧美等地出口货物运输涉外保险业务，货物运输保费收入2.85万元。2003年，市人保财险分公司在激烈的市场竞争中，实现货物运输保费收入331.9万元，理赔支出43万元，同时，完成出口货物运输保费收入7.73万元。2005年，市人保财险分公司承保货物运输险保费收入441.7万元，理赔支出89万元，出口货物运输险保费收入24.83万元，理赔支出为0；太平洋财险货物运输保费收入2.82万元，理赔支出3.07万元；市平安财险货物运输保费收入2.5万元。是年，始办此项业务的华安财险亦实现保费收入2.6万元。

五、农业保险

1989年，郴州地区人保公司农业保险业务以种植业、养殖业保险为主。是年，郴州境内两次遭受洪灾，农业生产损失严重。全区农业保费收入仅25.2万元，但理赔支出55万元，赔付率高达218.25%。从1990年起，郴州行署组织开展“创建保险先进县”活动，人保公司将农业保险延伸至各项种植业，是年，全区农业保费收入58.5万元，理赔支出23.7万元。桂东县因农业保险成效突出，被人保总公司授予“全国保险先进县”称号。

1991年年初，地区人保公司针对农业保险季节性强的特点，及时召开全区烤烟种植重点县农保专干会议，要求集中时间、集中力量打好烤烟种植保险突击战。会后，桂阳、嘉禾、永兴、安仁、汝城、宜章和郴县等县人保支公司加强与烟草公司的联系，共计承保7000公顷优质烤烟生产保险业务。同时，做好森林、水稻、柑橘和蔬菜等保险业务展业续保工作，全年农业保费收入133.1万元。是年3月，桂东县山洪暴发，331个村民小组的农作物严重受灾，地区人保公司组织专人赴灾区查勘定损，灾后7天内便将3.7万元赔款送到1825户灾民手中。是年，人保公司农业保险收入133.16万元，理赔支出102.8万元，赔付支出占农业保费收入的77.2%。

1992年，郴州地区保险行业将创建保险先进县与推进农业保险结合起来，郴州市、资兴、郴县、桂阳、宜章、嘉禾和桂东7个县市达到省级保险先进县标准。郴县、宜章、嘉禾、永兴、安仁、桂东、资兴和桂阳8县（市）实现“联合共保”，积累专项风险基金216万元。1993年，地区人保公司按照“量力而行，适度发展”的方针，重点抓好森林火灾损失保险，同时，试办耕牛、生猪、蚕、兔、鱼和鸡等养殖业保险业务，以及推行水稻保险业务。是年，因农业保险险种减少，人保公司农业保费收入307.5万元，理赔支出247.7万元。

1996年5月，郴州市人保财险分公司在实行人保分业经营后加大农业种养业保险扩销与服务力度，当年承保森林火灾损失保险面积7.45万公顷、生猪保险6080头、鸡禽保险12.37亿羽，承保金额1.57亿元，保费收入338.7万元，理赔支出303.1万元。1997年，市人保财险公司又开展水稻、水果、蔬菜种植灾害损失保险业务，保费收入909.3万元，理赔支出672万元。是年10月，市人保财险公司应邀出席在山东省召开的全国农业保险经验交流会。

郴州大部分地区为山区，受地形地貌和雨水较多等自然条件影响，自然灾害频发，以致农业保险赔付率年均高达70%以上。1998年，市人保财险农业保费收入942.3万元，赔款支出808.2万元，年赔付率85.8%。1999年，为提高农业保险业务质量和效益，市人保财险支公司对全系统农业保险业务进行全面清理，调减无效益、虚假保费625万元。是年，郴州市农业保费收入降至288.3万元，理赔支出降至201.7万元。2005年，全市人保财险农业保险费收入仅35.5万元，理赔支出则高达114万元，赔付率达321.12%，为1989年以来年亏损最重的一年。

第二节 人身保险

一、个人保险

1989年，郴州地区人保公司开办个人简易人身保险业务，保费收入567.8万元，赔付41万元。1990年后，人保公司新增少儿两全保险、独生子女保险等险种，全区人身保险业务稳步发展。1995年，人保公司人身保险保费收入2292.4万元，赔付支出765.2万元。

1996年，人寿保险郴州分公司作为全省5个试点单位之一，率先在北湖区引入人寿保险代理人营销机制，并推出少儿一生幸福保险、成人福寿安康保险和少儿、成人附加住院医疗保险等新险种。同年，平安人寿保险进驻郴州，相继开办平安康乐险、长寿险和永乐险等险种。1997年，人寿保险郴州分公司新增99鸿福终身、88鸿利终身、鸿寿养老金和重大疾病终身保险等新险种，并拓展农村人寿保险市场。1998年，人寿保险郴州分公司个人险保费收入1.32亿元，保费收入额居全省市州第二，市场占有率、市民人均交费率、营销员人均出单率皆居全省第一。人寿保险郴州分公司拓展人身保险的作法，被省公司以“郴州寿险营销模式”向全省推广。是年7月，保户何莉萍在擦窗户时不幸坠楼身亡，案发后市人寿公司按合同规定，将20.79万元身亡保险金及时送到保户家属手中。是年，市人寿赔款支出1021.3万元，赔付率7.69%。

1999年，人寿保险郴州分公司新增康宁终身保险、康宁定期保险等13个险种。并加快农村保险营销网点建设，全市乡镇（厂矿）保险站点达105个，配备专职保险员和协保员1143名，个人人身保费收入1.67亿元，其中农村保费收入8708万元，占总量的52%以上。2001年，市人寿公司推出国寿千禧理财两全保险（分红型）等一批具有储蓄、保障和投资功能的保险产品，并将产品宣传与展业有机结合。年内举办的首期保险产品说明会预收保费43万元，创2001年全省单场产品说明会预收保费最高记录。

2002年，郴州市人寿保险机构在大力发展个人保险业务的同时，按规定及时做好保险理赔工作。同年5月，市太平洋人寿保险股份有限公司成立后，即推出太平盛世、长虹两全、幸福一生和小康之家保险等险种，组建培训个人寿险营销队伍486人，个人寿险保费收入656.2万元，办理理赔案26件，累计赔付58万元。是年10月，永兴县投保户林斌因意外伤害致残，市太平洋人寿公司在接报后24小时内遂将预付款3万元送到保户家中。2003年上半年，新华人寿、泰康人寿保险郴州支公司相继成立。新华人寿年内开办个人意外伤害保险和个人短、长期健康保险等9个险种，全年保费收入201.7万元。一保户购买200元的个人意外伤害险保险后不幸意外身亡，公司及时将10万元赔款送到保户家中。

2005年，全市人寿保险机构加强营销队伍建设，调整产品结构，优化客户服务，个人寿险业务持续发展。人寿保险郴州分公司实现个人人身保费收入3.87亿元，赔付支出2314.11万元；市太平洋寿险保费收入1081.4万元；市平安人寿保费收入5900万元，赔付支出232万元；市新华人寿保费收入1158.4万元；市泰康人寿保险收入1256万元。此外，市人保财险分公司在混业经营中推出个人安康险，承保4.66万人次，创保费收入750.1万元。

二、团体保险

1989年，郴州地区人保公司开始办理老人长寿团体保险业务。老人长寿团体保险每人缴费（储金）600元，身故后由保险公司给付400元保险金作为丧葬费用，并退还本金。桂东县不但为全县“五保户”老人实行统保，还在郴州地区率先开展行政事业单位干部职工公费医疗统筹保险试点。是年，全区人保公司团体险保费收入64.3万元。1990年，地区人保公司先后推出福寿安康团体保险、团体定期保险、团体人寿保险和团体人身意外伤害满期还本保险等新品种。1993年，地区人保公司继续在全区开办集体、社办、村办和个人缴费的养老保险，还在安仁、汝城和嘉禾等县开展村干部养老保险，即每人一次性缴费1000元，由县、乡、村和个人按比例分担。1994—1995年，由于受药价、费用上涨等因素影响，地区人保公司先后停办行政事业单位干部职工公费医疗统筹保险和城镇集体单位退休职工养老金统筹保险业务。

1998年，人寿保险郴州市分公司在桂阳县试办全家福保险，随后，在全市推广。2000年，该公司开办建筑工程团体人身意外伤害保险，实现团体险保费收入457.84万元。即后，太平洋寿险、新华人寿、泰康人寿和平安人寿等人寿保险机构相继推出团体补充养老金保险、补充医疗保险、学生平安保险和矿工及建筑施工人员意外伤害等团体险业务。2003 年，市人保财险机构开展混业经营重返寿险市场，推出学生幼儿意外伤害保险、机动车辆驾驶员意外伤害保险和乘客意外伤害保险等团体新险种，保费收入 712.2 万元。2004 年，人寿保险郴州分公司开办团体大病医疗补助保险和“家宁宝”“金色盾牌”“合家欢乐礼仪系列”等组合型保险产品，团体险保费收入 881.3 万元。

2005 年，郴州市 5 家人寿保险机构及市人保财险机构承保团体险业务 13.15 万人次，保费收入 3262.7 万元，仅泰康人寿承保团体险就实现保费收入 1293 万元。比 1989 年的 64.3 万元增长 50.8 倍。

三、责任保险

（一）雇主与公众责任保险

1997 年，人保财险郴州分公司试办雇主与公众责任保险，承保雇主责任保险 842 笔、公众责任保险 2120 笔，承保金额 3994 万元，保费收入 48.3 亿元。1998—2001 年，人保财险郴州分公司雇主与公众责任保险业务稳步发展，承保雇主责任保险 1386 笔，赔偿限额 4.06 亿元，保费收入 318.5 万元；承保公众责任保险 6304 笔，赔偿限额 3.91 亿元，保费收入 277 万元。从 2002 年起，人保财险郴州分公司在煤矿、非煤矿山和烟花爆竹等高危行业开展雇主责任保险业务，其中北湖、苏仙、资兴、宜章、永兴、桂阳和汝城等县（市、区）煤矿和非煤矿山普遍参保。是年，公司承保雇主责任保险 567 笔，赔偿限额 11.42 亿元，保费收入 190.4 万元；承保公众责任保险 1041 笔，赔偿限额 15.26 亿元，保费收入 230.2 万元。此后，各地雇主责任保险业务平稳发展。2005 年，人保财险郴州分公司根据民用爆炸物品行业对保险市场的需求，新开办民用爆炸物品综合责任保险业务。全年雇主责任保险赔偿限额 1.6 亿元，保费收入 77 万元；公众责任保险赔偿限额 10.1 亿元，保费收入 214.9 万元。

（二）供用电责任保险

1998 年，人保财险郴州分公司开始推广供用电责任保险，供用电责任保险赔偿限额 4200 万元，保费收入 25.1 万元。之后，该业务逐年发展。2002 年末，人保财险郴州分公司办理供用电责任保险业务 1748 笔，赔偿限额 5583.1 万元，保费收入 52.7 万元。2003 年，郴州市供用电责任保险业务步入低谷，人保财险郴州分公司仅承办供用电责任保险 3 笔，赔偿限额 4456.9 万元，保费收入 20 万元。2004 年，人保财险供用电责任保险业务逐步回升，承保供用电责任保险 5 笔，赔偿限额 1.61 亿元，保费收入 108.5 万元。2005 年，人保财险供用电责任保险赔偿限额 8.26 亿元，保费收入 70.8 万元。

（三）医疗责任保险

2000 年，人保财险郴州分公司试办医疗责任保险业务，颇受医疗机构和医务人员欢迎。2002 年，开办附加手术无过失责任保险及附加住院医疗意外保险。2003 年，国务院《医疗事故处理条例》颁布实施后，市人保财险适时拓展医疗责任保险业务，承保医疗责任保险医院 84 家、诊所 502 所，保费收入 288.3 万元。2005 年，市人保财险承保医疗责任保险医院 32 家、诊所 230 所，分别占郴州二级以上医院的 90% 和乡镇卫生院的 80%，保费收入 234.99 万元，赔付支出 62.01 万元。

（四）校园方与监护人责任保险

2002 年，人保财险郴州分公司推出校园方责任保险与监护人责任保险业务，郴州市中小学校和中小学生 100% 参保，赔偿限额 9.64 亿元，实现保费收入 66.6 万元。2003 年，其保险业务整体下滑，校园方责任保险赔偿限额 1.76 亿元，实现保费收入 20.7 万元；监护人责任保险赔偿限额 1.13 亿元，实现保费收入 13.8 万元。2004 年，校园方责任保险赔偿限额 16.1 亿元，实现保费收入 3.4 万元，监护人责任保险赔偿限额 1.59 亿元，实现保费收入 11.4 万元。2005 年，校园方责任保险赔偿限额 5.19 亿元，实现保费收入 0.8 万元，赔偿支出 0.09 万元；监护人责任保险赔偿限额 1.11 亿元，实现保费收入 25.5 万元，赔付支出 13.28 万元。

（五）客运与危险货物承运人责任保险

2004 年 7 月 1 日，国家《道路运输条例》正式实施。人保财险郴州分公司趁机开办道路客运承运人责任保险与危险货物承运人责任保险，70% 以上的客运车辆和危险货物运输车辆均参与投保，其中郴汽集团公司的 1000 余台客运班车全部投保，全年保费收入 85 万元。2005 年，市人保财险客运承运人责任保险累计赔偿限额 7687.7 万元，实现保费收入 28.3 万元，赔付支出 0.5 万元。

第五章 证券业务

第一节 债券

一、国债

郴州地区各银行金融机构设立代理国债发行窗口始于1981年。时按照国家计划分配的任务，面向城乡居民和企事业单位发行与兑付国债业务。1989年，全区代理发行各类国债2050万元，兑付国债本息295万元。1990年，郴州地区国债发行改计划分配为银行承购包销，未销完的全部由包销银行自行购买。全区年内迎来国债兑付第一个高峰年，兑付国债本息1210.6万元。郴州人行被中国人民银行评为1990年度“全国银行系统国债工作先进单位”。1991年，地区财政局成立国债服务部，代理国债发行、兑付和转让等业务。区内两家证券公司开展国债承购包销业务，计包销国债1100万元。是年，全区代理发行国债2295.5万元，兑付国债本息1923万元。1992年，郴州人行在全区设立610个国债代理发行与兑付网点，抽调1830名工作人员投入国债发行与兑付工作。是年，通过银行证券机构承购包销、上柜销售、定点兑付和上门服务等方式，全区共代理发行各类国债4613万元、兑付本息5096万元。1993年，郴州地区国债发行工作转向市场化运作。郴州人行对全区国债发行与兑付情况进行清理检查，发现未上划国债款项14万元，未及时缴回剩余国债62万元，漏开收款单据国债120万元，均按有关规定妥善处理。1994年起，国债由实物式债券改为凭证式、记账式债券。至1996年，郴州市银行金融机构共代理发行凭证式国债1.09亿元。

1997年，郴州市银行及证券机构共代理发行凭证式、记账式国债1.45亿元，兑付国债本息825万元。1997—1998年，郴州人行对商业银行及财政局国债服务部自1982年来的国债发行与兑付情况进行两次清理检查，及时纠正国债业务差错，按规定为遗失单据的单位和银行补办相关登记手续。

2000年，郴州人行印发200多份国债到期催兑公告，并组织人员上门或电话联系催兑，兑付单位历年国债本息126.3万元。2001年后，郴州市无记名国债兑付业务集中到各县（市、区）的国债常年兑付点办理，历年到期应兑未兑的单位国债全部移交郴州人行国库部门集中兑付。郴州人行对11个县（市、区）的常年国债兑付点进行检查，并设立举报电话，及时处理兑付点拒兑国债等问题。2002—2003年，全市银行代理发行凭证式国债9期，累计金额1.64亿元，兑付国债本息121.26万元。2003年，郴州人行国债收款单柜台兑付核算管理系统上线运行。2004—2005年，全市银行每年代理发行凭证式国债5期，累计金额1.42亿元，兑付国债本息6.74万元。期间，为解决历年零星国债“兑付难”问题，郴州人行国库部门在全省率先开办历年零星无记名国债兑付业务224笔，兑付本息3.68万元。

二、企业债券

1988年8月，郴州人行批准郴州市（北湖区）自来水公司面向驻市用水单位，发行郴州地区首期企业债券即东江引水工程建设券面额500万元，期限4年，年利率5.4%。债券由行署担保，指定湖南省证券公司郴州代理处及市区各银行代理发行。1991年11月，经郴州人行批准，郴州卷烟厂面向区内企事业单位及城乡居民，发行企业债券200万元，期限1年，年利率9%。债券由郴州地区财政局担保，指定湖南省证券分公司郴州代理处代理发行。由于债券利率比当时银行存款利率高出3.25个百分点，一天之内便抢购一空。至1992年6月，郴州人行先后批准9户企业发行企业债券，累计金额3350万元。其债券面额不等，债期1~4年，利率均高于同期银行存款利率。债券发行收入主要用于企业基本建设和技改项目，债券到期后，均按规定兑付本息。

从1992年下半年起，企业债券发行工作由郴州人行划转各级政府部门管理。是年10月，郴州行署为解决区内一批骨干工业企业建设资金短缺问题，决定面向全区党政机关、企事业单位、社会团体、金融机构和城乡居民发行3年期和5年期地方企业集资券1.2亿元，年利率分别为12%和15%，指定由湖南省信托投资公司郴州地区办事处证券营业部负责发行。是年年末，实发债券1.08亿元，其中城乡居民认购8763.56万元，占发行总额的81.42%。1996年，市政府批准东江冶金化工厂、东江制药厂发行企业债券计1500万元，期限3年，年利率分别为17%、15%，指定由东江水泥厂担保，湖南省信托公司郴州市办事处证券交易营业部承销。发行对象为市公路工程机械厂、市棉麻总公司、市自来水公司和市面粉厂。4户企业分别向银行贷款后，将资金划转给东江冶金化工厂和东江制药厂，贷款利息由郴州市财政负担。1992年6月至2005年年底，经行署（市政府）批准，发行地方企业集资券总计1.35亿元，到期后均按规定兑付本息。

三、债券交易

1989年6月，郴州人行成立湖南省证券公司郴州代理处，当年代理国债买卖与转让业务1207万元。1990年，郴州出现国债券倒卖现象，二道贩子收购国债后，再高价卖出，从中牟利。郴州人行组织开展打击倒卖国债券行为，派出保卫人员到证券公司维持交易秩序，追查国债黑市交易人员，是年，省证券公司郴州代理处代理国债买卖与转让业务1164万元。

1991年，湖南省证券公司郴州代理处正式开办国债自营买卖与转让，业务代理国债与自营买卖3254万元；郴州农行、建行和中行相继开办国债代理买卖与转让业务，累计金额4131万元。湖南省信托投资公司郴州分公司证券营业部，办理证券代理买卖与转让业务394.4万元。1993年7月，湖南省证券公司郴州分公司设立武汉办事处，拓展国债代理买卖与转让业务，全年证券交易额达17.5亿元，位列全国会员单位20强。是年，全区4家国有银行证券部国债代理买卖业务持续发展：郴州工行（南岭证券部，1992年设立）完成1130万元，农行完成1320万元，建行完成4452万元，中行完成1080万元。1994年，湖南省证券公司郴州分公司国债代理买卖业务交易额35.7亿元。

1996年，根据郴州人行证券分业经营要求，郴州农行、中行、工行和建行全部停办证券代理买卖与转让业务，各证券机构国债代理买卖与转让业务也逐步缩减。2005年，湖南省证券公司郴州分公司国债代理交易额减至8215万元。

第二节 股 票

一、上柜股票

郴州银河发展股份有限公司股票 1992年6月，经湖南省经济体制改革委员会（简称省体改委）批准，郴州地区设立首家定向募集公司即郴州银河发展股份有限公司。公司总股本为2180万股，其中法人股972.7万股、个人股1207.3万股，每股发行价为1元，所募集的资金全部投至深圳、惠州等沿海地区房地产开发。1993年，经湖南省证券监督管理委员会（简称省证监委）批准，个人股在郴州工行南岭证券部上柜交易。1998年9月，根据中国证券监督管理委员会（简称中国证监会）有关精神，其个人股停止上柜交易。

2002年5月，经湖南省地方金融证券领导小组办公室（简称省金融证券办）批准，郴州银河发展股份有限公司将全部法人股以600万元的价格，转让给山东省泰安市亨昌工贸有限公司。后经省金融证券办批准，公司进行3次增资扩股。2005年末，公司总股本增至11.7亿股，其中控股股东即山东泰安市亨昌工贸有限公司持有法人股3.87亿股，占公司总股本的33.08%。公司每股净资产1.18元，每股盈利0.02元。

郴州“八达”玻璃股份有限公司股票 1992年8月，经省体改委批准，郴州“八达”玻璃股份有限公司成立。公司总股本为4000万股，其中法人股2000万股（洛阳玻璃股份有限公司700万股、郴州玻璃集团有限公司650万股，郴州工行所属郴州市兴业租赁公司650万股），个人股2000万股，每股发行价为1元。所募集资金用于公司开发生产浮法平板琉璃。1993年，经省证监委批准，其个人股在郴州工行南岭证券部上柜交易。是年，公司按10送1及每股派0.1元的方案分红派息，总股本增至4400万股。1998年9月，根据中国证监会有关精神，个人股停止上柜交易。

1998年后，公司因扩大生产经营需要，经省金融证券办批准进行增资扩股，股权发生变更。2005年年末，公司总股本增至1.5亿股，其中洛阳玻璃股份有限公司7898万股，占52.65%；中国华融资产管理公司长沙办事处3715万股，占24.77%；市国有资产监督管理委员会1187万股，占7.91%；个人股2200万股，占14.67%。公司所有者权益6496万元，每股净资产0.43元，每股利润负0.06元。

郴州丰利金刚石股份有限公司股票 1993年8月，经省体改委批准，郴州丰利金刚石股份有限公司成立。公司总股本1200万股，其中法人股850万股（郴州市超硬材料厂以物折价400万股、郴州工行所属银利实业发展公司350万股、市宏发房地产开发公司100万股），个人股350万股，每股发行价为1.28元。郴州工行下属的两个子公司实际到位股本金160万元，折算后各持股78.13万股和46.88万股，加上个人股入股资金448万元，首期累计募集资金608万元。1993年，经省证监委批准，其个人股在郴州工行南岭证券部上柜交易。1995年8月，公司以每股1.28元的价格，将653.13万法人股转至深圳市大兆达实业公司。是年年末，公司为股东和股民分红送股205万股，总股本增至1405万股。1996年11月，公司按1∶5的比例配股，每股价格1.5元，配法人股和个人股6780.16万股，累计募集资金2283.28万元。资金用于扩大金刚石生产能力及开发高新技术产品等。1998年9月，根据中国证监会有关精神，个人股停止上柜交易。

2000年1月，经省体改委批准，公司回购部分法人股以减少股本。公司总股本为5237.25万股，其中深圳市大兆达实业公司3093.82万股，占59.03%；郴州超硬材料厂180万股，占总股本的3.44%；郴州市宏发房地产开发公司56.25万股，占1.07%；个人股1907.18万股，占36.42%。公司后因亏损严重，债务缠身，2000年3月停产，2005年末仍未恢复生产。

二、上市股票

2000年12月26日，经湖南省人民政府批准，郴州市电力公司牵头联合宜章、临武、汝城和永兴县4家地方电力公司及联合国工发组织国际小水电中心，共同设立湖南郴电国际发展股份有限公司。公司下辖郴州市、宜章、临武、汝城和永兴5家电力公司，拥有6家控股子公司，注册资本金2.1亿元。公司主营电力供应，兼营电力开发、电力设备制造、工业气体及国际小水电技术合作，并拥有全省最大的地方电网，其网内发电装机总容量82.6万千瓦，配电台区1.21万个，供电区域面积1.26万平方千米。

2001年1月，经深圳大鹏证券有限责任公司推荐，公司进入上市辅导期。2002年4月，顺利通过上市辅导验收。2004年3月26日，经国海证券有限责任公司推荐，并报中国证监会核准，公司发行7000万股A股股票，股票名称为“郴电国际”。4月8日，郴电国际在上海证券交易所挂牌上市，发行价格每股5.48元，发行对象为2004年3月23日前持有沪深证券交易所已上市人民币A股股票及其市值总和不少于1万元的投资者，发行方式为定价配售。2004年，公司实现净利润3545.1万元。经公司董事会决议，以总股本2.1亿股为基数，按每10股派1元（税后0.8元）的方案分红派息，派息登记日为2005年6月3日。2005年，公司实现净利润4326.4万元。是年末，公司资产总额达26亿元，净资产12亿元，每股收益0.21元，净资产收益率6.41%，股票收市价为5.13元，总市值10.79亿元。

三、股票交易

1992年，省人民银行确定在郴州、株洲和岳阳3个地市开展代理股票交易试点，湖南省证券公司郴州分公司正式开办代理股票交易业务。12月1日，郴州证券公司建立上海、深圳股市行情卫星地面工作站，安装电子显示屏，股票交易成功率随即提高。12月，公司开通沪深股票异地交易业务。是年，公司开立股票账户63户，代理股票交易5901万元。

1993年，湖南省郴州证券公司加入沪深证券交易所，由二级代理机构升格为一级代理机构，新增股票账户4930户，代理股票交易额21.12亿元。同年，工行南岭证券部、地区信托投资公司证券营业部相继开通沪深股票交易业务。经省证监委批准，南岭证券部代理郴州八达、银河和丰利个人股（股权证）上柜交易业务，全年累计代理交易额1031万元。1995年，郴州证券交易营业部正式开办股票自营买卖业务，实现股票自营业务交易额2300万元。公司新建营业大厅，设立大、中、专户室，开通电话、磁卡委托交易系统，全年新增股票账户408户，代理股票交易额52.43亿元。1996年，沪深股市走势看好，郴州证券交易营业部新增股票账户1854户。1997年6月，设立宜章证券营业部，开辟县级证券市场，为继广东乐昌之后的全国第二家县级证券网点。是年，新增股票账户4471户，累计交易额16.42亿元。同年，郴州证券交易营业部新增股票交易总额14亿元。1998年，沪深股市转向低迷，郴州证券交易营业部即与郴州建行联合，在全市开通“银证通”业务，为股民网上银证转账提供便利。9 月，华夏证券郴州营业部停办本地股权证上柜交易业务。1999 年 5 月，沪深股市在经历近两年的熊市后回暖。6 月，上证指数突破 1705 点大关。是年，郴州证券交易营业部新增股票账户 4144 户，交易额达 23.1 亿元。2000 年，沪深股市持续上涨，各证券机构抓住时机推行远程委托与网上交易业务，同时，在资兴、永兴和桂阳等县（市）增设证券营业部，拓展县级证券市场，股票账户和交易额大幅增加。

2001 年 6 月，国务院发布《减持国有股筹集社会保障资金管理暂行办法》，上证指数冲至 2245 点，创下中国股市 11 年来最高点。是年，深圳大鹏证券郴州营业部与郴州工商银行联合，开通“银证通”存折炒股业务，新增股票账户 704 户，股票交易额 15.38 亿元；市泰阳证券有限责任公司在市区以外的 9 个县市增设“银证通”技术推广站，推广网上交易及“银证通”业务，新增股票账户 5458 户，股票交易额 26.79 亿元；华夏证券郴州营业部新增股票账户 980 户，股票交易额 10.8 亿元。年内 B 股市场向境内居民全面开放，各证券营业部相继开办沪、深 B 股代理买卖业务，以扩大股民投资渠道。

2002 年后，沪深股市连年呈现持续振荡下滑态势。2005 年，绝大部分股民的股票市值损失 7 成至 8 成，各证券机构股民新开户数和证券交易额缩减。是年年末，郴州市泰阳证券开户 3.88 万户，全年交易额 40.08 亿元；市财富证券开户 2.16 万户，全年交易额 26.63 亿元；市中信建投证券开户 1.06 万户，全年交易额 11.99 亿元。

第三节 其他业务

1991 年 4 月，湖南省信托投资公司郴州分公司证券营业部开办有价证券代保管业务，全年办理各类有价证券代保管 290 万元。同年，郴州农行开办有价证券代保管业务，办理各类证券代保管业务 550 万元。此外，湖南省证券公司郴州代理处开始试办证券代保管业务，业务量甚小。1992 年，根据人行总行有关规定，证券公司停办证券代保管业务。2001 年 8 月，郴州市泰阳证券公司在全市率先开办商品期货交易业务，是年期货开户数 132 户。2003—2005 年，市泰阳证券商品期货交易额连年递增，年期货交易额分别为 9.06 亿元、15.86 亿元和 21.18 亿元。

此外，各家银行、证券机构相继开办代销基金业务。2003 年，郴州工行代销基金 2505.49 万元，郴州农行代销基金 320 万元。2004 年，郴州中行代销基金 514 万元。2005 年，郴州农行代销基金 770.1 万元；市财富证券代销基金 700 多万元。

第六章　金融管理

第一节　货币发行与流通管理

一、货币发行与流通

1989年，郴州地区发行与流通的货币以第四套新版人民币为主，其主币币值有1元、2元、5元、10元、50元和100元6种，辅币币值有1角、2角、5角和1分、2分、5分6种。同时还发行与流通第三套人民币、第二套人民币的辅币。从1992年6月起，中国人民银行发行第四套人民币1元、5角、1角3种金属币。同年10月，发行第五套人民币100元券。从1996年3月1日起，第三套人民币实施只收不付。从1999年1月1日起，第二套人民币（除纸、硬分币外）停止流通。从1999年10月1日起，陆续发行1999版第五套人民币，主币币值有100元、50元、20元、10元、5元、1元6种，辅币币值有5角、1角两种。2000年7月1日，第三套人民币停止流通。第五套人民币发行期间，郴州人行在规定的发行日3个月前，在郴州市各金融网点张贴宣传画，并通过电视、报刊等新闻媒体以及现场咨询等方式，宣传解答第五套人民币知识。2004年7月31日，第五套人民币各种券别的纸币和5角、1角金属币在郴州陆续全部发行。

1989—2005年，中国人民银行还相继发行中国人民银行纪念币、纪念钞52套。其中有中华人民共和国成立40周年、50周年纪念币（50周年纪念钞为国家首发纪念纸钞），中国共产党成立70周年纪念币，毛泽东、刘少奇、周恩来、朱德、邓小平和宋庆龄诞辰100周年纪念币以及第十一届亚洲运动会纪念币等。每次纪念币发行时，郴州人行按照上级下拨的任务和要求，认真做好相关发行工作。这些纪念币与纪念钞，均与同面额的人民币等值流通。但因发行数量少，题材特殊，发行后一般被钱币爱好者收藏，基本未进入市场流通。

二、货币投放与回笼

1989年，郴州人行贯彻“抽紧银根，控制现金投放”的方针，投放现金4.36亿元，回笼3.62亿元，收支两抵净投放7436万元；郴州地区金融机构投放现金36.78亿元，回笼36.16亿元，收支两抵净投放6216万元。至1992年，全区货币一直呈净投放态势。是年，郴州人行投放现金8.58亿元，回笼7.53亿元，净投放1.05亿元；全区金融机构投放现金91.89亿元，回笼89.76亿元，净投放2.13亿元。1993年，随着国民经济的快速发展，现金回收量明显增多，郴州地区开始由货币净投放区转为净回笼区。是年，郴州人行投放现金10.5亿元，回笼12.67亿元，净回笼2.18亿元；全区金融机构投放现金147.33亿元，回笼148.98亿元，净回笼1.65亿元。1998年后，郴州市农村外出务工人员增多，每年带回家乡的现金均在10亿元以上。2001年12月，京珠高速公路建成通车后，全市公路收费额也大幅增长，现金回笼量明显增加。2002年，全市人民银行净回笼现金29.26亿元，金融机构净回笼现金29.13亿元，比1993年分别增长12.4倍和16.68倍。2005年，仍保持货币净回笼态势，全市人民银行净回笼现金25.83亿元，全市金融机构净回笼现金26.7亿元。

1989—2005年郴州市（地区）现金收支情况统计表

表19-6-1-1　　单位：万元

项目/年份	现金支出		现金收入		净投资、净回笼（±）	
	人行	金融机构	人行	金融机构	人行	金融机构
1989	43607	367873	36171	361657	+7436	+6216
1990	53252	381084	41750	369311	+11502	+11773
1991	70424	473124	54878	457832	+15546	+15292
1992	85816	918889	75333	897633	+10483	+21256
1993	105076	1473286	126899	1489756	−21823	−16470
1994	152106	2068207	190404	2105599	−38298	−37392
1995	178878	2610425	275710	2701582	−96832	−91157
1996	284833	3165736	361990	3201148	−77165	−35412
1997	326821	3431642	357449	3501520	−30628	−69878
1998	259978	3686284	400573	3840607	−140595	−154323
1999	284422	4258390	438931	4422792	−154509	−164402
2000	266607	5060489	518167	5312049	−251560	−251560
2001	317683	6545934	609174	6833733	−291491	−287799
2002	390164	8022381	682749	8313707	−292585	−291326
2003	544353	10589869	821152	10875217	−276799	−285348
2004	634667	13493699	896431	13751696	−267764	−257997
2005	696236	16484167	954630	16751132	−258394	−266965

三、现金管理

1989年9月，郴州行署根据国务院颁布的《现金管理条例》，下发《关于加强现金管理的通知》，明确凡在金融机构开立账户的单位，必须按规定使用现金，接受开户行的监管，郴州人行负责对开户银行的现金支付进行监督和稽核。其后，郴州人行加强对金融机构及开户单位的现金支付情况的经常性检查。1996年，郴州人行对郴州市273家现金收付量大的企事业单位库存现金进行现场检查，堵住不合理现金支付1000余万元。

1997年，中国人民银行《关于大额现金支付管理的通知》下发后，郴州人行对郴州市开立基本账户的单位进行库存现金限额核定。对一些现金收入量大的单位如公路收费站等，银行金融机构实行上门收款和非营业时间收款。加强个人储蓄账户现金管理，严禁公款私存。对一日一次性提取现金5万元以上（含5万元）者，取款人须提供有效身份证件，经核实后予以提取；对一次性提取现金20万元以上（含20万元）者，取款人须提前一天预约。全市银行金融机构每月向人民银行报送现金出入库计划，经人行计划部门审批后按计划出库。

1998年，郴州人行对郴州市79家县级银行金融机构现金收支统计业务情况进行现场检查，查出未建立现金台账，乱统、乱估、乱编现金报表的机构14家，未按现金科目归属现金项目、错统现金报表的机构60家。同时，对218家银行机构开展现金业务检查，查出非基本账户取现、大额提现不登记、报备不全的业务43笔，金额353万元。郴州人行对严重存在以上问题的单位，均给予通报批评和经济处罚。

2001年，中国人民银行对银行金融机构现金计划实行“双线下达，条块结合，总行协调”的管理办法。郴州人行针对上年度现金投放超计划问题，制定下发《关于做好当前现金回笼工作的紧急通知》，要求银行金融机构加强大额现金支付管理，合理确定业务库存现金量，核定开户单位库存现金限额，按规定检查开户单位现金收支情况，严控不合理现金投放。是年，郴州人行组织开展现金检查4次，检查银行金融机构685家，查处违规机构29家。

2003年，中国人民银行实行现金管理制度改革，由原来的指令性计划管理改为指导性计划管理。2004年，郴州人行从实际出发，重新核定工行、农行、中行、建行和农发行等8家银行金融机构库存现金限额。针对“嘉禾拆迁事件”中暴露出的银行机构现金与账户管理违规问题，组织银行机构进行现金执法检查4次，检查银行机构76家、银行账户25.95万个，发现违规账户240个；检查开户单位大额现金支取业务2485笔、其它现金业务9143笔，发现各类违规业务694笔，累计金额2.05亿元。

2005年，郴州人行加大现金管理检查力度，查处违规账户182个、违规现金业务171笔，对违规单位均作了处理。同年，还对全市686家银行金融机构开展现金收付与管理工作考评，评出先进集体22家、先进个人27名。

四、查禁假币

1989—1993年，郴州人行每年开展一次大型社会宣传活动，提高广大城乡居民识别假币的能力和反假币意识，营造打击假币流通的社会氛围。1996年，境内出现违法销售人民币100元、50元券样品和印刷品行为，郴州人行立即会同公安、工商等部门在零售摊点进行清理，收缴100元、50元券印刷品628张，扣押4个摊点业主的营业执照。1999年，市人行组织480名宣传员上街开展“爱护人民币宣传周”活动，设置反假币宣传点30个，接受群众现场咨询90多万人（次）。2000年，市内各金融机构在营业网点配备防伪点钞机和鉴别仪。市政府成立打击制贩假币犯罪联合行动领导小组，制定下发《郴州市打击制贩假币犯罪联合行动实施方案》。2002年5月，郴州人行配合苏仙公安分局破获一起假币大案，抓获贩运假币团伙成员陈某，当场缴获假人民币188万元。2003年，郴州市打击制贩假币领导小组印发《郴州反假货币工作人员上岗资格培训统一教材》1万册，组织全市1918名反假货币人员进行上岗资格考试，有1889人取得《反假货币资格证书》。是年，郴州人行对市城区86家和县（市、区）324家金融网点，进行假币收缴鉴定管理办法执行情况检查，重点查处嘉禾、资兴等县市金融机构流出假币事件，对违规机构和人员予以处罚和通报批评。2005年6月，郴州市建立反假货币工作联席会议制度。2000—2005年，全市累计破获制贩假币案90多起，摧毁犯罪团伙5个，抓获犯罪嫌疑人200余人，其中被判刑或处以罚金56人；全市公安部门和金融机构累计收缴假人民币594.65万元，收缴假外币折合30余万元人民币。

第二节 信贷管理

一、信贷控制

1989年，郴州人行对专业银行贷款规模实行“限额管理，以存定贷”的管理制度，即核定贷款最高限额，为指令性计划，不得突破；信用社年内最高贷款余额不得突破存款及自有资金余额的75%，年末，控制在55%以内。1989年、1990年、1991年，郴州地区金融机构分别年新增贷款余额1.45亿元、4.21亿元和5.91亿元，全部控制在计划限额之内。同时，郴州地区推行信贷资金风险保障管理，确保信贷营运安全。1992年，全区银行对区内贷款企业进行摸底排队，对三、四类企业贷款一律实行财产抵押，对扶贫贷款实行“以贷促收，以收定贷，收贷挂钩”管理，对关停企业贷款则实行破产还贷，确保银行信贷资金安全。1993年，全区执行“贷前调查，贷时审查，贷后检查”的“三查”制度，规定国营、集体企业贷款必须参加财产保险，乡镇企业由主管部门设立贷款风险保证金，要求贷款企业按照规定补充自有流动资金，自有资金比例逐步达到30%。同年2月，郴州人行与地区司法局联合下文，要求全区金融机构实行借贷公证。借款方到期拒不偿还时，公证部门根据债权人的申请，无需经过诉讼程序便可直接申请人民法院予以强制执行还贷。

1994年，郴州地区银行信贷管理体制改革后，实行限额控制下的增量资产负债比例管理，即专业银行年新增贷款必须控制在新增存款的75%以内，信用社必须控制在70%以内，在限额范围内，可以多存多贷。随后，全区实行贷款证制度，各企事业单位、私营工商户必须先到人民银行办理贷款证，方能到开户银行或信用社办理贷款。1995年，郴州市各家银行分别成立贷款集体审批领导小组，推行贷款项目责任管理制度。1996年，市内各国有商业银行实行集约化经营，县级支行贷款权上收一级，对重点项目或大型企业的巨额资金需要，一家银行无法承担的，由郴州人行与政府出面协调，通过组织银团贷款方式加以解决。是年，全市新增各项贷款余额13.55亿元。

1998年起，郴州市银行金融机构取消贷款限额，实行资产负债比例管理，对贷款增量按照“总量控制，抓大放小，引导规范，综合平衡”的原则，实施规模经营；临时贷款遵循“总量控制，优化配置，先批后贷，期限管理”的方针，实行责任制管理。1999年，郴州人行在全市推广银行信贷登记咨询系统，为银行放贷提供个人、企业信用情况查询服务，保障银行信贷安全。同时，推行主办银行制度，引导银行金融机构确保信贷重点，加大有效投入。是年，郴州化工集团、郴州电子公司、郴州金亚公司、桂阳烟草公司、汝城满天星电站和郴资桂高等级公路建设有限公司6户企业，与农行、中行和建行签订主办银行合作协议，签约金额2.94亿元，年末，到位2.88亿元，到位率98%。同时，还试办封闭式贷款，先后对郴州空调设备厂、郴州麻制品厂、郴州粮油进出口公司和金剑农药厂4户企业发放封闭式贷款1090万元，保证亏损企业中有市场、有效益的产品能正常生产。

2002年，郴州市银行金融机构贯彻实施国家稳健的货币信贷政策，加强政府、银行和企业之间协调，找准信贷切入点。郴州市政府制定下发《关于加大信贷力度，支持中小企业加快发展的指导意见》，引导银行加大对中小企业发展的信贷支持，年内新增贷款余额18.35亿元，超额完成年初规定的增贷15亿元的信贷任务。2003年，郴州市委、市政府确定为“重点项目建设年”，全市银行金融机构为农业“产业化”项目建设新增贷款22.46亿元（剔除农发行因政策性因素减少的 1 亿元）。

2004 年，国家开始实施宏观调控政策，银行严控对有色金属、建材等行业中的低水平重复建设项目的贷款，重点满足符合国家产业政策的重点行业、企业、项目以及“三农”等方面的信贷需求。是年，郴州市银行金融机构累放贷款 87.67 亿元；新增贷款余额 4.68 亿元。2005 年，郴州市政府举办第三届银企协作项目融资洽谈会，签订银企协作项目 62 个，总金额 42.45 亿元，全市金融机构新增贷款 11.76 亿元同比增长 8.1%。

二、不良贷款处置

1989 年，郴州地区银行金融机构推行贷款期限管理制度，对逾期、呆滞、呆账等非正常贷款开展全面清收，驱动盘活信贷资产。郴州工行清收逾期、风险贷款 2.4 亿元、呆滞贷款 263.33 万元；全区农村信用社收回逾期贷款 2041 万元、呆滞贷款 534.8 万元、呆账贷款 7.5 万元。1991 年，全区银行金融机构实行以放款人为主体的清收责任制，启动诉讼程序处置不良贷款。1993 年，郴州工行采取转化、清收和诉讼保全等措施，共转化清收呆滞、风险贷款 5504 万元，保全贷款 185 笔、现金 2723 万元；郴州中行采取专人跟踪、启动诉讼程序等措施，收回逾期人民币贷款 197 万元、外汇贷款 50.2 万美元。

1996 年，在国有企业转轨改制中，针对企业破产逃债问题，各家银行重点抓不良贷款处置。郴州工行申报核销呆账贷款 48 户、金额 1.38 亿元，经工商总行批准核销 24 户、金额 4052 万元；郴州建行推行不良贷款回收考核奖励措施，收回不良贷款 9756 万元，其中逾期贷款 5448 万元，呆滞、呆账贷款 86 万元、规模贷款 1780 万元及贷款利息 2442 万元；郴州市农村信用社采取任务到人、攻坚清收、依法强制清收和落实债权清收等措施，收回逾期贷款 5400 万元和呆滞、呆账贷款 810 万元。1998 年，郴州工行对新增贷款实行“谁签字、谁负责，谁发放、谁收回”的贷款第一责任人制度，完善贷款风险责任管理；农村信用社采取“新老划线、责任到人、清防并举、清陈堵新”等措施，清收不良贷款 1782 万元、利息 804 万元，年末，该社不良贷款率比年初下降 2.3%。

1999 年起，郴州市各银行金融机构推行贷款五级分类管理制度，即将所有贷款分为正常、关注、次级、可疑和损失五个类别，分类建立健全贷款管理台账，进行风险精细管理。1999—2000 年，全市 4 家国有商业银行向本行资产管理公司剥离不良贷款 21.23 亿元，占年末不良贷款总额的 55.19%。全市农村信用社收回不良贷款 7.34 亿元。2001 年，郴州农行成立 93 人的专业清收队，拿出 350 万元作为奖金与清收人员绩效挂钩，清收呆滞、呆账贷款本息 1.38 亿元；郴州建行实施不良贷款降比“一把手”负责制，在全行开展“提质降比”竞赛活动，不良贷款净减 4781 万元，不良贷款率比年初下降 9.37 个百分点。2002 年年末，全市银行金融机构不良贷款余额 48.5 亿元，不良贷款占 39.09%。

2003 年，郴州市银行金融机构继续加大对不良贷款的清收力度。郴州人行建立企业“黑名单”制度，对全市 50 户逃废银行债务“黑名单”企业进行通报，累计涉及银行债权 3.45 亿元，并下达整改通知，责令限期落实还款计划措施。是年，郴州农行主动参与和推动企业破产兼并工作，成功收回一笔全市数额最大的不良贷款，即苏仙区石面坦水电站贷款本金 3645 万元、利息 295 万元；郴州建行采取减息还本、以物抵债、处置变现、呆账核销、清息转贷、协议收息等方式，压缩不良资产 9965 万元，其中回收现金 3910 万元，不良贷款率下降 7.09 个百分点。全市农村信用社对出现不良贷款反弹和新形成不良贷款负有重要责任的社主任予以诫勉、劝辞直至取消任职资格的处置，促使年内压缩不良贷款1.54亿元，年末不良贷款余额减至12.81亿元，占比降至36.2%。2004年，全市银行金融机构共清收、转化不良贷款3.71亿元。郴州中行、建行加快股份制改造步伐，分别剥离不良贷款7275万元和4.08亿元。

2005年，郴州市农村信用社以向人民银行申请发行央行专项票据的方式，累计置换不良贷款4.2亿元，同时清收党政机关及国家公务人员拖欠贷款200余万元，年末，不良贷款余额7.31亿元，不良贷款占比由2003年的36.2%减至15.29%；郴州建行对不良贷款实行“一户一策”收贷措施，收回现金3854万元，不良贷款率至年末减至5.14%，为全市银行最低占比率。是年，全市银行金融机构不良贷款余额36.81亿元，不良贷款率降至23.46%。

第三节 国库、结算与账户管理

一、国库管理

1989年，按照国务院1985年颁布的《中华人民共和国国家金库条例》规定，郴州人行设立国库科，专门行使国库管理职能。郴州地区各专业银行营业机构均为国库经收处，负责办理各级预算收入的收纳业务；农村信用社可转划国库款项，但不是正式的国库经收处。是年末，全区共设地区中心支库1个，县级支库7个（郴州市，郴县、资兴、汝城、宜章、永兴和桂阳）、专业银行代理支库1个（农业银行桂东支行）。其中，地区中心支库和郴州市、郴县支库由郴州人行国库科直接经管，其他县支库由人行各县市支行会计国库股经管。全区国库实行垂直管理，各级人行行长兼任国库主任；国库资金支付与退库业务，均由县支库以上机构按规定程序办理。1991年，郴州地区增设安仁、嘉禾和临武3个县支库。是年，全省县级支库收纳的中央、省级预算收入，由过去直接上划省分库改为上划所属地市中心支库；代理支库收纳的收入由原代理行省分行转划省分库，改为直接上划所属地市中心支库，再由中心支库汇总上划省分库。在实际操作中，地区中心支库按要求严格区分预算内和预算外资金的支出项目，在办理预算收入退库中，做到无合法批文不办、无单位申请不办、超越权限的审批不办，全年办理预算收入退库和支拨5.21万笔4.88亿元，堵住不合理支拨退库262笔495.16万元。1992年7月，郴州地区中心支库自主开发郴州地区同城票据交换电子计算机联网国库运行系统，国库资金入库速度加快，当日票据抵用率由原来的46%提高到98%。

1994年5月，郴州地区国库按照分税制改革要求，将国库会计账务按照中央国库、地方金库两个会计科目分别设立分户账户。国库会计核算方式由原来的收付记账法改为借贷记账法。全区国库严格划分中央、地方预算固定收入，按规定比例办理中央与地方共享收入的划分入库手续。是年，全区开展税款入库大检查，共检查银行机构72家，占全区经收处总数的31%，发现延压税款1466万元，对违规机构处罚8855元。1995年，郴州市中心支库实行大额拨款和退库审查报批制度。1997—1999年，市中心支库在全市逐步建立基金预算收支核算体系，开展全市过渡账户清理。同时强化计算机病毒防治，确保全市国库系统计算机安全运行。

2000年1月，郴州市各县级支库和代理支库实行“行库往来”核算，严把非预算单位拨款和财政拨款的审批关。市中心支库共堵住不合理拨款与退库180笔850万元。8月，全市国库业务启用人民银行总行推广的国家金库会计核算系统进行处理。2002年，全市组织开展“国库会计核算质量年”活动，推行国库会计核算奖惩制度。市中心支库在全省国库业务综合考评中获第三名。2003年1月，全市国库系统启用新的2.0版会计核算系统。是年，市中心支库被人行总行评为全国国库会计核算系统（2.0版）推广运用工作先进集体。2004年，市中心支库在北湖区选择7家预算单位开展国库集中收付制度改革试点，清理撤销市内乡镇国库经收处17个。

2005年，郴州市国库实行集中支付改革试点单位增至21家，全市年内实现国库资金数据传送网络化，市中心支库及8个县支库皆参加当地银行同城票据交换，并开通市中心支库与8个县支库的内部往来业务。是年5月，国库会计核算系统与大额支付系统全面对接，实现国库资金直接清算。10月，全市地税系统推广应用电子缴税业务，税款入库效率提高。

二、结算管理

1989年，郴州地区银行间结算继续通过人民银行设立的银行票据交换所进行结算，各票据交换所按照“全额提出、差额清算、先付后收、收妥抵用、银行不垫款”的原则，对各专业银行报送的结算凭证进行集中定时交换，当场轧平账务和清算资金。是年8月，郴州人行与省人民银行联合开发的银行同城票据交换计算机处理系统上线运行，全区银行同城票据交换从此告别手工操作，全年处理银行同城票据交换135场次，交换和清算票据10多万笔，金额6亿多元。

从1990年2月起，全国实行银行联行、省辖清算制度改革，全区县级以上专业银行省内跨系统汇划业务，全部通过当地人民银行转汇并清算。所有专业银行的全国联行跨系统，系统内10万元以上汇划款项，全部通过当地人民银行转汇并清算。1991年10月，由郴州人行与省人民银行开发的银行同城票据实时清算网络系统上线运行，新建计算机录入数据网点20个和数据中心1个，银行同城票据清算实现当日清算、当日到账。银行同城票据交换当日抵用率由原来的46%提高到98%。系统获湖南省科委和中国人民银行评定的科技进步三等奖。1993年，郴州人行建立全国电子联行业务系统，处理银行联行往来账务1.87万笔36亿元，账务额居全省第三位。1996年，中央银行会计核算系统（3.0版）上线运行，人民银行会计核算从此跨入电算化时代。1998年11月，郴州市城市电子支付清算系统上线运行，在原同城票据清算网络系统的基础上，实现会计核算系统、同城清算系统及电子联行系统“三网”互联与清算一体化。2000年后，郴州市银行系统结算方式不断改进，工作效率不断提高。是年，全国电子联行“天地对接”系统上线运行，实现与城市支付清算网络系统、中央银行会计核算系统对接，全国并网运行。各银行机构异地汇划业务，可通过同城票据交换网络直接发至人民银行，无须再进行手工录入，彻底解决电子联行业务联网后存在的“地上三天，天上三秒”的转汇瓶颈问题。同年，中央银行会计核算系统与电子联行小站互联，实现电子联行业务自动化，并在业务发送时可直接扣款，避免过去业务录入后可能出现的金融机构透支现象。2003年，郴州市银行卡联网联合上线运行，为城乡居民和企业提供现代化的支付结算工具。2005年，中央银行会计集中核算系统上线运行，会计核算主体由县支行上移到中心支行。同年，大额实时支付系统上线运行，全市银行系统结算渠道更为顺畅，资金周转速度和效率进一步提高。

三、账户管理

1989年1月，郴州人行在郴州地区开展银行账户清理整顿。截至4月末，清理企事业单位3926个，清理各类银行账户6151个，涉及存款2.16亿元，贷款6.3亿元；清出多头开户单位686个、多头账户1019个，涉及分散存款6465万元、多头贷款2.05亿元，分别占清理总数的17.47%、16.5%、29.88%和32.49%。之后，按“三对三查、协调仲裁、审查验收”等措施，重新确定企事业单位在银行开设基本账户3075个，辅助、专用和其他账户2150个，注销多头账户627个，调解裁定划转存款437笔，金额1021万元，收回和划转贷款56笔2219万元，归位财政性存款140笔406万元，全区银行账户多头开户现象得到遏制。

1991年，按照省人民银行颁布的《湖南省银行开户许可证管理办法》要求，郴州人行在郴州地区实施银行开户许可制度，并成立银行账户清理发证办公室，安排专人负责银行账户清理与发证工作。按照“一业为主，适当交叉，尊重客户自愿”和“一个单位只准选择一家银行开立一个基本账户”的原则，核发开户许可证6529户，撤并处理486户。1993年，贯彻省人行《关于加强结算管理，强化结算纪律，深化结算改革的意见》，在全区实施“两个严禁”措施，即严禁银行和其他金融机构替单位多头开立基本存账户，严禁企业出租、出借银行账户，对违反规定的银行和金融机构一律责令撤并开立的账户，并处以1000元至5000元的罚款；除违规企业，除责令纠正外，按违规金额的5%处以罚款，并没收非法所得。1994年11月，人总行废止1977年10月颁布的《银行账户管理办法》，出台新的《银行账户管理办法》，规定存款账户分为基本、一般、临时和专用等4种存款账户，存款人可以自主选择银行，银行也可自愿选择存款人。机关、团体、部队、企事业单位、个体经营户和个人，银行和非银行金融机构都可按规定申请开立银行账户。1995年，郴州人行开发银行结算账户管理系统，对各银行和非银行金融机构开立账户实施自动审核。同时，与市技术监督局联合实施开户代码证管理制度，为防止企业逃避银行监管提供制度保障。1996年，按照省人行下发《湖南省非基本存款账户开户许可证管理办法》，在全市实行“一个企事业单位只能选择一家银行的一个营业机构开立一个非基本存款账户”的账户自查证制度和开户申报制度。1999年，在全市开展自查工作，自查清理各类存款账户2.43万户，其中保留2.02万户，撤并4033户。并对工行、农行、中行、建行、农发行和城乡信用社48个金融机构网点进行重点抽查，抽查各类存款账户1.24万户，查处违规账户1889户，除责令限期整改外，还对违规账户处以35.7万元的罚款。

从2000年4月起，郴州市实行个人存款账户实名制。2003年9月，人行总行出台《人民币银行结算账户管理办法》，重新明确开立各类银行结算账户的存款人资格，首次将个体工商户纳入单位银行结算账户进行管理。2005年，在全市推广全国银行结算账户管理系统，防止利用银行结算账户套取现金、偷逃税款、逃废债务和洗钱等违法违规行为。

第四节 金融业准入管理

一、机构准入与退出

1989年，郴州人行继续履行全区金融机构的设立、撤并和变更等事项的审批与管理职责。同年，对全区537家金融机构设置情况进行专项检查，清查面70%，撤销不符合条件的代办机构24家和效益较差的储蓄所3家。同年，报省人民银行批准，设立全区首家证券机构。

1990—1993年，郴州人行贯彻中国人民银行关于金融机构设立“总量控制、调整布局、规范管理”的精神，郴州地区共批设银行、农村信用社机构网点48家、迁址29家、升格3家、降格2

家、撤销6家、撤并2家、更名4家；增设城市信用社7家、信托投资公司2家、县级保险机构网点1家、证券机构1家。1993年，郴州人行还对全区296家银行、证券、信托机构开展年检，检查面65%，对违规经营单位处罚12.54万元。1994年，清理整顿信托投资机构，撤销郴州工行、中行所属的2家信托投资公司。

1995年，郴州人行建立金融机构营业许可证、金融机构法人许可证制度，对全市427家银行机构、429家城乡信用社、151家邮政储蓄网点和31家保险分支机构开展年检、换证工作，为8家金融机构办理更名手续，为13家金融机构办理补证手续，对其遗失许可证的行为进行查处，处罚金12万元。此外，根据中国人民银行要求，撤销郴州建行、农行所属2家信托投资公司。1997年，郴州人行为调整优化机构网点布局，批设银行机构网点5家、撤并29家、改为银行办事处2家、分理处9家；清理银行联办代办储蓄机构，除12家改为自办储蓄所和保留5个代办点外，其余予以撤销；查处郴州农行营业部擅自撤销新华、火车站2家储蓄所的行为。1998年，郴州人行对全市金融机构网点实行优化整合，撤销银行机构网点31家、农村信用分社40家，撤并信用站471家；对全市34家保险机构进行年检，撤销违规设立的保险代办站9家；将郴州人行承担的证券机构监管工作移交证券委长沙办事处负责。

1999年，为净化农村金融市场，全市开展清理整顿农村“两会一部”工作。经人行武汉分行批准，将61家符合条件的农村合作基金会并入农村信用社，其余全部清盘关闭。2000年，经人行武汉分行批准，将县以下城市信用社和郴州地区信用社归并至辖内农村信用联社管理。同年，保险机构监管工作由郴州人行移交省保监委负责。2001年6月，撤销市内最后1家信托投资机构。

2003年12月，郴州银监局从郴州人行分出单设，以强化对银行业的监管。2004年，郴州银监局为郴州市702家银行机构换发新版“金融机构许可证”，并新建许可证管理登记档案；对全市4家无证邮政储蓄网点进行检查，补发证照3家，取缔1家。2005年，郴州银监局共批准郴州市银行金融机构网点开业、升格、撤销、迁址、更名及其他变更事项238件；清理全市70家农村信用站，除批准7家信用站升格为信用分社外，其余63家全部撤销。

二、金融业务准入

1989年，郴州人行继续加强对金融机构新办业务企业债券发行、企业内部资金的管理。同年，批准郴州工行、农行、中行、建行和邮政储蓄5家金融机构开办“摸奖储蓄”“零存整取定期有息有奖储蓄”“可转让大额定期储蓄存单”“儿童礼券特种定期储蓄”“化肥奖售储蓄”等储蓄业务。是年，郴州地区金融机构新增城乡居民储蓄存款余额2.97亿元。

1990—1993年，郴州人行批准地区工行、农行和建行开办的储蓄新业务12种总额6000万元。期间，为帮助企业缓解资金紧缺状况，批准7家企业内部集资267万元，批准8家企业发行企业债券2850万元。1995—1998年，郴州人行批准郴州建行开办储蓄新业务，累计发行额3000万元。批准郴州工行、农行下属13家储蓄所开办 “个人定期存款存单小额抵押贷款”业务，为城乡居民解决个人小额贷款难题提供便利。为拓展金融机构外汇业务，经报省外汇局批准，郴州工行、农行和建行先后开办外汇存款、贷款和汇兑业务，郴州中行下属的6家储蓄所、分理处，郴州工行1家县支行、2家储蓄所均开设代办外汇业务。1998年，郴州市又有9家银行分支机构经批准允许经营外汇业务。

1999年后，郴州人行对金融机构新开业务一律实行核准与报备制度。1999—2003年，郴州人行核准郴州市82家国有商业银行分支机构网点开办外汇或代客买卖外汇业务，核准6家星级宾馆代办外币兑换业务。同时，对4家国有商业银行开办的银行卡、电话银行、企业财务顾问、工程咨询、代理开放式基金认购、申购和赎回、代理保险和代理保管等中间业务，均办理报备手续。

2004—2005年，郴州银监局履行银行业金融机构监管职能，累计办理金融业务审批及报备手续70余项。先后批准开办自助银行、电话银行、网上银行及票据、保函和信用证等新业务，以满足客户的多元化金融需求。

第五节　金融市场监管

一、利率监管

1989年，郴州人行贯彻中国人民银行《关于加强利率管理工作暂行规定》，建立经常性利率执行巡回检查制度，查出资兴工行鲤鱼江储蓄所擅自给二年期以下各档次的整存整取储蓄存款提高利率10%、违规吸储23.38万元，以及资兴农行鲤鱼江营业所擅自给一年期整存整取储蓄存款提高利率10%、违规吸储12.6万元的案例，当即将其违规吸收的储蓄存款予以冻结，不予计息。1990年，郴州人行抽查郴州地区金融机构30家，检查存款9156笔6910万元、贷款9036笔3.76亿元，发现利率违规存款144万元、违规贷款4440万元，纠正多收利息13万元，其中责令退还企业12万元，没收0.93万元，并通报全区。1993年，郴州人行组织市级金融机构缔结《储蓄同业公约》，建立储蓄违规举报中心，对举报属实人员给予500元奖励。是年，收到储蓄违规举报24起，查实以发放实物及手续费揽储的储蓄机构网点12家，处以罚款13.5万元。1994年，郴州人行开展利率检查68次，查出违规单位23家，违规金额1736万元，处以罚款31.57万元。1996—1997年，郴州人行开展利率和公款私存检查74次，查出存款利率违规金额1.65亿元，贷款利率违规金额2964万元，公款私存3301万元，处以罚款135万元。

1998年，郴州人行贯彻中国人民银行下发的《关于坚决制止和严肃查处高息揽存的紧急通知》精神和国务院总理朱镕基对高息揽存所作的“下重药”治理的批示，在郴州市组织开展打击高息揽储专项整治活动，查出利率违规存贷款326笔4107万元，处以罚款36.94万元，处分责任人16人。在专项整治中，郴州人行查出宜章县万利达城市信用社以支付手续费等方式违规吸存620笔937.35万元一案，对其处以罚款5万元，并撤销该社主要负责人任职资格和给予行政记大过处分。

1999年3月，中国人民银行颁布《人民币利率管理规定》，郴州人行随即成立利率管理领导小组，加强利率管理。同时，贯彻中国人民银行《关于扩大金融机构县以下机构贷款利率浮动幅度的通知》精神，自4月1日起，各金融机构（不含农村信用社）县以下（不含县城）营业机构贷款利率最高上浮幅度扩至30%，最低下浮幅度10%。2000年，郴州人行及时纠正部分金融机构将存款考核指标与职工个人工资、奖金、福利和职务提拔挂钩等违规作法。2001年，郴州人行对金融机构利率执行情况开展专项检查，检查存贷款业务4.49万笔14.51亿元，对违规单位处以罚款5.68万元。2002年，郴州人行与全市10家银行业金融机构联合制定《关于维护存贷款利率秩序的公约》。同时，对邮政储蓄开展揽储专项检查，查出违规揽储512笔2944.5万元，除依法没收其违法所得外，还处罚6.26

万元，处理相关责任人1人。组织对农村信用社266家网点利率政策执行情况进行现场抽查，查出违规机构22家，违规资金604笔1532.6万元，对问题严重的宜章农信社处罚10万元。

2004年，金融机构贷款利率浮动区间逐步扩大，郴州市国有商业银行贷款利率浮动区间控制在0.9～1.4之间，农村信用社除农户、入社股民贷款外，贷款利率浮动区间控制在0.9～2.0之间。郴州人行建立利率监测制度，选定5户工商企业、3家个体工商户和5家农户作为利率监测点，按月采集上报有关数据。10月，中国人民银行进一步放宽金融机构贷款利率浮动区间，国有商业银行贷款利率不再设定上限，农村信用社贷款利率仍然实行上限管理，最大上浮系数为贷款基准利率的2.3倍。建立人民币存款利率下浮制度，金融机构以中国人民银行规定的人民币基准利率为上限，利率下限为0。全市各金融机构人民币存款仍然执行央行制定的基准利率。2005年，郴州人行继续对金融机构利率政策执行情况进行定点监测，特别要求全市11家农村信用联社实行利率报备制度，以掌控农村信用社贷款利率水平。

二、外汇市场监管

1989年，郴州地区外汇局继续贯彻《中华人民共和国外汇管理暂行条例》，办理外汇调剂业务。全年为企业办理外汇调剂业务85笔476.2万美元，其中为郴州卷烟厂调剂62.3万美元，支持其完成技术改造项目，投产后年新增高级过滤嘴香烟生产能力5.5万箱，新增产值740万元。1990年，郴州地区实行外汇度现汇使用计划管理制度。1991年，地区外汇局调剂770万美元，支持郴州卷烟厂完成“七五”技改项目配套建设。同年，全区实行出口收汇核销管理制度。郴州外汇局年内办理出口收汇核销94万美元、进口用汇445万美元，发放侨汇券110万元，收回旧侨汇票2.8万张；新批准区内兴办“三资”企业3家。1993年，地区外汇局办理出口收汇核销652万美元、进口用汇429万美元，对公批汇3个团组67人次、金额16万美元，使用周转外汇89万美元、额度借贷15万美元；新批准利用外资项目44个，实际利用外资1212万美元。同时联合地区公安、工商局开展打击外汇黑市行动，整治规范外汇市场秩序。

1994年，国务院对外汇体制进行重大改革，实行汇率并轨，取消外汇留成和上缴，实行银行结售汇制度，停止发行外汇券，实行人民币经常项目有条件兑换。郴州地区全面推行银行结售汇制度和进口付汇制度，批准外汇指定银行19家。1996年，国家放宽经常项目外汇管理限制，实行人民币经常项目完全可自由兑换。外商投资企业被纳入银行结售汇体系，享受比中资企业优惠的外汇管理政策。全市外商投资企业快速发展，全年办理工商注册登记的外商投资企业达66户。在外汇年检中，有23户审核合格，合格率为34.84%。

1998年，郴州市外汇局加大外汇执法检查力度，立案查处外汇违规案件6起，处罚人民币5.87万元，重点查处永兴县对外经济贸易开发总公司以2张假报关单向郴州中行申请购汇179.9万美元的骗汇事件。2000年，全市办理银行结汇2748万美元、银行售汇527万美元；办理出口收汇核销2294.1万美元，全市外债余额2394.5万美元；办理外商投资企业外汇登记126家，核准资本项目结汇104万美元，核准企业外债购汇还本利息335.4万美元，配合税务机关征税95万元人民币。2001年，郴州外汇局成立郴州市打击非法外汇买卖违法犯罪活动办公室，查出2户企业出口逾期未收汇20.38万美元，共处人民币罚款5万元。2002年，郴州市推出境内居民个人购汇管理信息系统，放开居民购汇银行与地域限制，外汇局只对2000美元以上的购汇业务进行审核。市内4家国有商业银行被批准可直接办理外商投资项下资本金结汇业务。全年全市外商投资企业资本金结汇2774.37

万美元，年末外债余额1733万美元。2004年，全市实行进料加工企业以收抵支差额收汇核销制度，出口收汇核销首次突破1亿美元大关，达1.18亿美元；进口付汇核销131万美元。市外汇局采取特事特办的方式，为康达（湖南）水泥有限公司快速办理融资1700万美元的手续。还与市公安局联合开展外汇现场检查6次，检查外汇指定银行机构9家，立案查处外汇违规案件10起，对违规机构处罚人民币3万元。

2005年，郴州外汇局出台《郴州市出口加工区外汇管理实施细则》，要求银行金融机构切实做好出口加工区外汇管理服务工作，并在永兴县设立首个县级外汇核销代办点，为当地提供便捷的出口收汇核销服务。是年，全市办理出口收汇核销1.97亿美元、进口付汇核销140万美元；办理外商投资企业外汇登记手续26户，办理验资业务55笔3870万美元；授权银行办理外商投资企业资本金结汇3019万美元，审核办理外汇转贷款还本付息1.81万美元。全市全年合同利用外资2.45亿美元，实际到位外资1.7亿美元，全市外债余额3229万美元。

三、金银市场监管

1989年，金银收购与配售仍纳入国家计划，由人民银行统一收购与配售。郴州地区金银收购业务主要集中在永兴县，该县有金银冶炼联营企业16户、个体冶炼户3000多家。这些金银冶炼企业从全国各地收购工业废渣、废水、废料，加工提炼出金银交售当地人民银行。此外，桂阳、宜章两县一些企业也有少量金银产出。是年，全区收购黄金1.4千克、白银4575.99千克。

1990年，郴州人行与地区公安局、工商局、税务局、物价局等单位联合，在全区开展打击金银走私贩私和取缔非法生产金银饰品专项活动，取缔金银饰品非法加工点75家（处），没收金银666.5克。1992年后，随着城乡居民对金银饰品的需求量增大，郴州人行每年配售黄金20千克～60千克、白银40千克～65千克。1996年，郴州市收购黄金33.7千克，白银2.37万千克。郴州人行对市为18家金银生产和金银饰品零售企业进行年检，对其中14户有违《郴州金银同业公约》的企业作出处理。同时与市公安局联合开展打击金银走私集中整治活动，罚没黄金578克、白银400余千克。

1997年，受亚洲金融危机冲击，国际黄金市场金价大跌，导致大量黄金流入国内。永兴县一些个体冶炼户趁机将境外流入的黄金融铸后再交售给人民银行，以赚取差价。是年，黄金收购量高达2527千克。与此同时，受国际金价下跌影响，郴州市内金银饰品零售市场金银价格一度出现混乱状态。郴州人行与市物价局联合召开全市金银饰品零售企业负责人会议，统一制定金银饰品零售价和优惠幅度，稳定全市金银饰品销售价格。1998年，郴州人行加强金银收购业务管理，实行按合同定时定量收购，严禁趁机倒卖黄金的行为。同年6月起，根据中国人民银行和省人民银行指示，银行暂停金银收购业务。

1999年10月，国家开放白银市场，取消白银统购统配管理政策。人民银行不再对白银制品加工、批发和零售业务实行许可证管理制度，但继续对黄金制品加工、批发和零售业务实施管理。从2000年起，郴州人行在全市开展"经营金银业务许可证"换发工作，对郴州金行有限公司等29家保安措施齐全、资本金充足、经营状况良好的单位换发了新证；对郴州友华物资公司等3家报送资料不全、正在重新装修经营场地的单位暂缓换证，对郴州香山冶炼厂等11家经营状况较差且不服人民银行管理的单位，经省人民银行批准取消其经营金银业务资格。

2001年10月，国家取消黄金制品零售许可证管理制度，实行核准制。2002年10月，国家全面开放黄金市场，人民银行不再办理黄金配售业务，也不再对黄金制品加工、批发和零售市场进行管理。

第六节　金融秩序治理

一、金融稽核

1989年，郴州人行继续对郴州地区金融机构的业务营运实施稽核与监督。1989—1993年，组织开展金融机构金融业务稽核20次，查出各种违规业务发生额52.75亿元，处罚违规机构73家，罚款及罚息计180.68万元，并清退或没收多收利息81.5万元。1994年，郴州人行组织开展利率检查68次，查出违规单位23家，违规金额1736万元，处罚31.57万元。

1995年，国家相继颁布有关金融监管的法律法规。郴州人行组织力量对855家金融机构开展现场依法稽核，查出金融业务违规金额15亿元，处罚81.63万元。对各县市粮食企业和农行、农发行系统粮棉油收购资金管理与使用的专项稽核中，查出收购资金被企业占用8060万元、被银行占用1116万元、被财政占用2.85亿元，当即督促整改，确保郴州市粮食收购资金及时到位。此外，督促各家银行将“三部”（房地产部、国际业务部和信用卡部）财务并入大账统一核算，促进国有商业银行内部经营规范化。

1996—1997年，郴州人行建立健全金融监管责任制，先后组织开展银行业金融机构业务稽核、专项检查85次，查出违规机构182家，违规业务金额22.27亿元，对违规机构处罚金184.9万元。同时，全面清查城乡信用社资产负债、经营风险等情况，按照属地管理原则，明确专人实施跟踪监管，定期考核；组织对县以上保险机构业务活动进行稽查，查出违规资金3339万元，立即责令整改，督促退回多收保费及贷款利息9.8万元，罚款3.31万元；清理整顿全市证券市场，清理证券回购资金5621万元，对发现的问题严格督促整改。

1998年，郴州人行加强对利率、信贷管理、邮政储蓄业务和保险业务等多项金融业务的现场稽核，检查金融机构587家，查出各类违规业务金额45.72亿元，处罚违规机构17家，罚款61.84万元，处分相关责任人16人。1999年，开展银行机构账外经营、农村信用社贷款、邮政储蓄业务及内控情况等多个项目的现场稽核，查出工行永兴县支行违规从存款账户放贷580万元，以委托方式放贷460万元的问题，依法免除该行行长职务，并通报全市金融机构。

2000—2002年，郴州人行先后对利率执行情况、外汇经营审批手续、个人存款实名制执行情况、金融统计和邮政储蓄等16个项目开展现场检查。在外汇业务现场检查中查出4个国有商业银行网点擅自办理外币储蓄业务112笔；在个人存款实名制执行情况检查中，查出违规机构52家；在金融统计业务检查中查出1家银行机构在信贷统计报表中隐瞒企业存款1.2亿元、储蓄存款250万元；在邮政储蓄专项检查中查出违规揽储512笔2944.5万元。对以上的违规行为，除依法没收违法所得外，还处以罚款，对5名责任人给以行政处分。

2004—2005年，郴州银监局对银行贷款五级分类、部分行业贷款、新增贷款质量、内控制度建设和国库管理等27个项目进行现场检查，查出违规机构689家，违规金额107.67亿元，罚款22.64万元，处理相关责任人28人，提出整改意见446条。2004年9月，在查处农行苏仙区支行320万元特大库款盗窃案中，查出各类问题 14 个，提出整改意见 6 条，取消高管人员任职资格 1 人，建议处分相关责任人 22 人。其间，郴州人行按照职责分工，先后对郴州市国有独资商业银行和农村信用社的现金管理、人民银行结算账户、支农再贷款、金融统计和外汇管理等工作开展专项检查，检查银行机构 95 家，处罚违规机构 11 家。

二、金融风险防范化解

20 世纪 80 年代末，银行大量贷款不能按期收回，成为不良贷款。1989 年，郴州人行运用再贷款、再贴现等货币政策，帮助解决银行临时性资金困难。1992 年，受房地产开发、炒股、集资热的影响，区内银行存款急剧下降，资金供求矛盾突出。1993 年 3 月，郴州地区银行各项存款余额比年初下降 1.44 亿元，各项贷款余额比年初下降 2724 万元，累欠银行汇差资金 2.3 亿元，银行备付减差 4.4%，比最低控制线还低 0.6 个百分点。为此，郴州人行动员全区银行金融机构大力组织存款，盘活资金存量，严控信贷规模，加强固定资产贷款管理和同业拆借管理，收到较好效果。7 月，全区银行金融机构各项存款余额 44.77 亿元，比年初净增 3.99 亿元，其中储蓄存款净增 3000 万元，提前完成省政府下达的全年增储任务。全区银行由借差转为存差 4267 万元，备付率升至 9.45%，货币净回笼 1.09 亿元，确保银行、邮政储蓄的正常兑付。之后，又在全区银行金融机构清理违章拆借、自办经济实体和绕规模贷款等违规行为，建立借贷公证制度和抵押担保制度，强化金融风险防范机制。

自 1996 年，郴州市部分县（市）农村合作基金会出现违规高息揽存，冲击金融机构存款业务现象；少数银行、信用社也互抬利率争揽存款，无序竞争，辖区金融风险凸现。郴州人行派出检查组，对违规高息揽储的 3 家农村合作基金会和 6 家金融机构各罚款 5 万元，并通报全市。1997 年，郴州人行与市农金体改办总结经验教训，动员全市农村信用联社出资 4724 万元，组建全市农村信用社支付风险基金，先后调剂使用资金 75 次，累计金额 7.62 亿元，保证全区农村信用社的正常支付。1998 年，郴州人行成立城市信用社风险防范领导小组，制定应急方案，建立城市信用社支付保证基金，当年调剂使用 25 次，累计金额 2600 万元。全市城市信用社年末存贷比为 55.34%，资产流动性比 48.12%，未发生一起支付风险。郴州人行还成立农村信用社综合治理领导小组，组织农村信用社清收不良贷款 1782 万元。是年末，全市农村信用社存贷比 55.6%，不良贷款率比年初下降 2.3%，资不抵债信用社比年初减少 16%，备付金率达 26.6%，全年未出现支付风险。

1999 年，郴州人行推行“人盯机构、人盯法人”的监管责任制，全面实行监管责任人“AB 角”制度，将 198 家高风险农村信用社、6 家县以下城市信用社的监管任务落实到人，跟踪监管；实行“一社（信用社）一策”措施，严重资不抵债的高风险社建立支付情况旬报制度，对可能出现支付风险的机构由监管责任人驻点监控；对不良贷款占比增加的信用社及时发送《风险告诫书》，督促整改。2001 年，各县市农村信用联社对改制归并的城市信用社进行规范改造，充实股本金，完善股本结构，强化内控管理，抓好“降比、增效、控案”工作。2002 年末，郴州市农村信用社各项存款余额 50.6 亿元，贷款余额 28.9 亿元；不良资产率比年初下降 18.7%；资金备付率 11.9%，逐步摆脱困境。

2003 年 12 月，郴州银监分局成立后，先后制定《郴州市农村信用社风险处置预案》《90 万元以上大额贷款监控办法》《最大 10 户大额贷款监控办法》等规章制度，对农村信用社大额贷款实行跟踪监管，按月监测。同时，在郴州市试行《农村合作金融机构风险评估和预警指标体系》，对 11 家县市区农村信用联社、194 家基层法人社进行综合评级，对放贷超标严重、风险突出的信用社，下发预警通知书与主要负责人诫免谈话。2004 年年末，全市农村信用社不良贷款余额减少 3.89 亿元，不良贷款率降至3.28%，比年初下降10.81个百分点。2005年，郴州银监局对郴州中行、建行的金融风险开展评级工作。郴州人行针对郴州世贸中心等部分房地产商资金供应链断裂、银行信贷风险凸现状况，及时督促银行采取补救保全措施，防范可能出现的信贷风险。

三、查处社会金融“三乱”

1989年以后，郴州地区出现多种社会信贷组织，一些地方出现的乱提利率、乱办金融业务和乱集资等金融“三乱”行为，严重影响社会金融秩序。1989年，郴州人行在《郴州报》、郴州电视台开辟金融法律知识专栏，在街头设立咨询点，发放宣传资料，开展金融法制宣传教育，增强民众抵御金融“三乱”的意识。同时，聘请一批社会监督员，设立举报电话，对金融“三乱”行为发现一起，查处一起。

1996年3月，安仁县3家农村合作基金会采取预付高额红利等手段，与金融机构争揽存款。郴州人行接报后，派出监管小组进行查处。5月，市政府组织召开郴州人行、市农办、市民政局等部门联席会，专题研究清理规范农村合作基金会融资问题。会后，市政府制定下发《关于加强农村合作基金会管理的通知》，明令遏制农合会违规揽储行为。11月，宜章县老干部基金会以筹集股金为名，用高利率揽储放贷，开业两个月吸存263万元，放贷180万元。后经省、市、县人民政府与人民银行合力整治，于次年5月依法关闭，所有存款陆续清退完毕。

1997年10月，临武县一家名为湖南省湘源龙腾商品信息服务有限公司的外地企业，在县城文昌路设立临武县商品信息服务有限公司，对外挂牌“临武期货”，擅自开办香港恒生指数期货经营业务，扰乱当地金融市场秩序，市、县人民银行接报后，与临武县财政局、工商局一道，依法予以取缔，责令其清退所有客户的保证金。

2002年年初，苏仙区政府办公室下发文件，决定以募股方式，向苏仙区财政拨款的行政事业单位及干部职工集资4000万元，用于区内王仙岭景区开发，期限1年，年息10%。7月，共募集资金800万元。此事件在《中国青年报》披露后，郴州市政府会同郴州人行派人调查核实，责成苏仙区政府立即停止集资活动，并如数清退所有集资款。

2003年5月，郴州市委、市政府成立郴州市创建金融安全区工作领导小组，将整治“三乱”作为创建金融安全区的重点工作来抓。2005年，全市法院坚持“快受、快审、快结”的方针，共受理金融诉讼案2945件，审结2685件，审结标的10.8亿元；受理执行案件685件，执结390件，标的5320万元。2004年6月，郴州市及宜章、嘉禾县分别被省政府评为全省金融安全区创建工作先进单位。2005年8月，市政府成立郴州市社会信用体系建设领导小组，制定出台《郴州市社会信用体系规划》，以推进社会信用体系规范建设。

四、农村“两会一部”整顿

1988年后，郴州地区相继组建的农合会、互助储金会和供销社股金服务部，均系农村集体性质的融资组织。其宗旨为扶持农村经济发展和救灾扶贫提供金融服务，但因游离于人民银行的监管体系之外，缺乏规范严格的管理，在发展中逐步偏离服务宗旨，引发一系列的农村金融风波，影响农村金融市场与社会稳定。其中，对社会金融秩序影响最大的是农村合作基金会。

1993—1997年，郴州地区（市）先后组建县、乡两级农村合作基金会（简称“农合会”）219

家。到 1998 年，“农合会”累计筹款余额 8.35 亿元，放款 10.19 亿元。由于违规高息揽储，超规模盲目放贷，致使到期债务不能兑付，部分乡镇农金会出现众人挤兑风波。1999 年 4 月，郴州市委、市政府贯彻国务院《关于清理整顿农村合作基金会工作方案的通知》和湖南省农村合作基金会清理整顿工作会议精神，成立以市长龙定鼎为组长、30 个相关部门负责人为成员的清理整顿工作领导小组，随后发布整顿公告。郴州人行从全市抽调专人组成 204 个工作组，按照“清产核资、分类处理、清收清欠、兑付存款”四个步骤，对全市 219 家“农合会”进行清产核资。经清理核实，截至 7 月 23 日，全市“农合会”资产总额 6.08 亿元，负债总额 6.72 亿元，已资不抵债。经分类审核人行分行后，将符合条件的 61 家“农合会”并入当地农村信用社，其余 158 家资产小于负债的“农合会”全部清盘关闭，其资产总额 3.97 亿元，负债总额 4.61 亿元，资不抵债 6359 万元。之后，在清收“农合会”放贷资金中，全市先后出动上万人的清收清欠队伍，对欠款户采取“有钱还钱，无钱以物（房）变现还债”的措施，全力清收欠款；对国家工作人员欠贷或担保贷款的，采取“停薪、停职、免职”等行政手段，限期归还。到 1999 年年底，全市共发出“两停一免”通知书 7219 份，清收干部职工借款或担保借款 6078 万元，处理干部职工 1067 人；地方人民法院依法审结农合会案件标的 5200 万元，收回欠款 3120 万元。全市清收农村合作基金会欠款 4.38 亿元，占应收款项的 72.97%。市政府向中央银行借款 1.17 亿元（5 年期），次年，再借 1 亿元（8 年期），用于农合会清偿债务。2001 年年末，全市累计清兑存款 8.21 亿元，占应兑付额的 97.85%，其中北湖、资兴、永兴、临武、桂东和汝城 6 县市区全部兑付完毕，2005 年末，仅剩安仁县 600 万元兑付款待兑付。

郴州市在对“农合会”进行清理整顿的同时，全面清理整顿农村救灾扶贫互助储金会和供销社股金服务部。至 2001 年年末，全市共撤销农村储金会 2022 家，其中乡镇办 22 家，村办 2000 家，累计清收欠款 2801.4 万元，清退储金 4015.5 万元，分别占应收、应退款总额的 76.72% 和 82.53%。全市 56 家供销社股金服务部被关闭，只保留 20 个网点负责股金兑付业务。2005 年年末，全市农村储金会还剩 850 万元尚未清收和清退，其中安仁县 610 万元，北湖区 240 万元；全市农村供销社股金服务部尚有 1613 万元股金待清偿。